管道器材选用与工程应用

宋岢岢　编著

中国石化出版社

内 容 提 要

本书是一本配管设计（管道设计）专业参考书，既有系统的压力管道器材选用理论知识介绍，又有国内外许多大、中型工程应用实例，同时能够紧密地结合最新的现代化工程技术在管道设计中的应用，介绍了现代化计算机技术在配管设计中的应用及提高配管设计工作效率的一些技巧，并结合最新版的国内外标准规范，对配管设计管道器材选用进行了系统的讲解。使读者可以依据本书，更加透彻理解和灵活利用国内外各种标准规范，熟练配管设计方法技巧，以提高配管设计质量。

本书与《管道应力分析与工程应用》《工业管道配管设计与工程应用》《压力管道设计及工程实例》可配套使用。

本书可作为压力管道设计专业人员的实用技术参考资料和培训教材，也可作为工艺、项目管理、采购、施工等人员的参考用书和高等院校相关专业的实用教学资料。

图书在版编目（CIP）数据

管道器材选用与工程应用／宋岢岢编著．—北京：中国石化出版社，2022.4
ISBN 978-7-5114-6633-4

Ⅰ．①管… Ⅱ．①宋… Ⅲ．①管道工程-工程设计 Ⅳ．①U172

中国版本图书馆 CIP 数据核字（2022）第 052577 号

中国石化出版社出版发行
地址：北京市东城区安定门外大街 58 号
邮编：100011 电话：(010)57512500
发行部电话：(010)57512575
http://www.sinopec-press.com
E-mail:press@sinopec.com
北京力信诚印刷有限公司印刷
全国各地新华书店经销
*
787×1092 毫米 16 开本 53.5 印张 1336 千字
2022 年 5 月第 1 版 2022 年 5 月第 1 次印刷
定价：320.00 元

前　言

在石油、化工、轻工、食品、制药、冶金、电力等工程设计中，管道设计起着举足轻重的作用，尤其是在石油化工行业，管道设计专业是石油化工工程设计的主体专业，管道设计水平直接关系到装置建设的投资和装置建成投产后能否长期、高效、安全、平稳运行。伴随工业装置规模的日益大型化、现代化、集约化、信息化和智能化，对管道设计的技术要求也越来越高。

管道设计专业是一门运用多种学科的综合技术，既要求从事这项设计的工程技术人员具有工艺、设备、生产操作、检修和施工等方面的知识，也要求具有材料、力学、机械、设备、结构、仪表、电气等多学科知识，还要求能够运用好计算机和外语两个最重要的工具，根据拟设计装置工艺、设备、土建、仪表、电气等各专业的设计要求，结合装置建设地地理、地质、水文、气候和气象条件，并遵循相关法规和规定，用管道及其组件将装置中各设备安全、经济、合理地连接。国际上通用的 ASME B31 管道设计系列规范指出：管道设计者的资格，设计者是负责管道系统工程设计的人员，应具有使用本规范的经验。设计者所要求的资格和经验取决于系统的复杂性和临界性，以及个人经验的性质。如果设计人员不满足下列准则之一，就得要得到业主的批准：(a)完成了要求4年以上脱产学习的工程学位，并具有不低于5年的相关管道设计的经验。(b)有地区法定机构认可的注册专业工程师资格及相关管道设计的经验。(c)15年的相关管道设计经验。包括压力、持续荷载和偶然荷载及管道柔性的设计计算经验来说明相关管道设计的经验是令人满意的。可以看出，ASME B31 系列规范对管道设计者资格提出了严格的要求。

我国颁布了 TSG 07《特种设备生产和充装单位许可规则》，替代原 TSG R1001《压力管道设计许可规则》，TSG 07 规定管道专业负责人需具备高级职称，一名管道设计人员，按照研究生25岁毕业，如果一切顺利的话在42岁时方可获得审定资格。有的设计单位要求管道专业负责人一般需具备审定资格。一些企业标准常比这个国家最低标准要求更加严格一些，并在学历、经历、专业论文等方面有条件要求。

管道设计专业技能一般包括：装置设备布置、管道布置、管道器材选用及管道应力分析等。在国内外，有些工程公司把管道专业工作划分为装置设备布置、管道布置、管道器材选用及管道应力分析等进行流水作业，有些工程公司由管道设计人员独立完成装置设备布置、管道布置、管道器材选用及管道应力分析等基本工作。无论怎样分工，管道设计人员能够更好地、全面地掌握这些基本技能，将能更好地做好管道设计专业工作。我国和国外对压力管道设计和审批人员的考核内容要求更加全面和严格。

在做配管设计时，如果仅是对设备、管道等设施的摆放布置设计，不碰撞、便于支承、符合防火防爆规范、还挺美观，就万事大吉，校审人列出的问题仅仅是碰撞、间距等表面问题，而涉及管道系统工艺、器材柔性等重要问题却视而不见，更别提利用技术经济原理进行设计优化。无知者无畏，这些不达标的设计成品造成了成本浪费，造成了工程质量和安全的巨大隐患。好的管道设计成品，就像有经验的音乐家用情谱写的一首美妙的歌曲好听沁人心脾，就像有经验的厨师精心烹饪的一顿可口的佳肴美味唇齿留香。本书针对配管设计中存在的这些问题，进行了详细的讲述，内容新颖、实用，可作为配管设计专业人员的实用参考手册。

笔者在工作中遇到多位国内外管道专业专家，他们在繁忙的工程设计工作中编著了诸多管道设计专业指导书籍，总结了大量的宝贵经验，提出了许多新颖的管道设计思路，给笔者留下了很深刻的印象，这些专家实干、创新和勤勉的精神值得学习。

本书与《管道应力分析与工程应用》《工业管道配管设计与工程应用》《压力管道设计及工程实例》可配套使用。书中更新了有关国内外标准规范的有关内容，在系统地阐述基本理论的基础上，紧密结合很多国内外实际工程项目的精华内容，紧密结合现代化的工程新技术，紧密结合计算机辅助管道设计新技术，紧密结合管道设计常用到的上百种最新标准规范，力求成为实用而系统的管道设计参考书，力求对提高设计水平、加快设计速度、增进设计质量起到一定的作用。

书中融入了笔者几十年来国内外大、中型工程配管设计生产一线的经验和体会，图文并茂，资料齐全，内容丰富；紧密结合现代工程设计的实际，汇集了许多管道设计的思路和实例，读者遇到类似的设计工作内容可以直接参考使用，可以在很大程度上提高读者的工作效率。内容系统通俗，变抽象理论为具体实践经验，融合了很多工作技巧和创新。同时，也凝聚了众多工程的经验教训。书内还重点编写了现代化计算机技术在管道设计专业工作中的创新创效。

目前的配管设计参考书多以抽象的理论描述、汇编国内外标准规范和规定居多，缺少工程实践经验的介绍，多属一般的规定，在工程实践参考中，发现很多不合理的地方。本书将在系统地介绍管道设计理论基础上，配上丰富多彩的工程设计实际应用，更加有助于读者理解和学习。

本书作为石油、化工、轻工、食品、制药、冶金、电力等行业从事管道设计(配管设计)人员手头既有实用价值又有比较全面参考价值的必备技术资料，也可作为高等院校相关专业的教学参考资料。

感谢中国寰球工程公司教授级高级工程师汪平、马学娅的大力支持并提出许多中肯建议，感谢北京化工大学博士生导师钱才富教授的大力支持，感谢一直关心本书编写的技术专家和领导，感谢同行朋友们的大力支持和帮助，感谢我的家人。参加本套书编写的专家还有兰斌、马顺利、李艳松、尚庆雨、嵇霞、路清泉、郝文利、赵银虎、张建秋、赵强等。路漫漫其修远兮，吾将上下而求索。我愿在未来的工程项目配管设计工作实践中，以更加丰厚的成绩来答谢曾经关心、帮助和支持过我的老师、同事、朋友！

由于作者水平有限，书的内容方面不可避免地存在某些疏漏和不足之处，望读者和专家不吝赐教。

目　　录

第一章　绪　　论

第一节　配管设计管道器材

一、配管设计管道器材的概念

管道器材由管道组成件、管道支吊架、管道隔热、管道防腐蚀涂漆等组成。管道用于连接管廊、罐、塔、加热炉、泵、反应器、换热器、压缩机等设备设施，用以输送、分配、混合、分离、排放、计量或控制流体流动。

管道组成件(piping components)，是用于连接或装配成管道的元件，包括管子(pipe)、管件、法兰、垫片、紧固件、阀门及管道特殊件等。

管道特殊件(piping specialties)指非普通标准组成件，是按工程设计条件特殊制造的管道组成件，包括膨胀节、补偿器、特殊阀门、爆破片、阻火器、过滤器、挠性接头及软管等。

管道支吊架(piping supports and hangers)，是用于支承管道或约束管道位移的各种结构的总称。管道支吊架的设计及材料选用在《管道应力分析与工程应用》一书详细讲述。

管道系统的特点包括：①长径比较大、易失稳、受力情况复杂；②管内介质种类、流体状态复杂，运行条件变化多端；③管道组成件种类繁杂，各有特点；④管道布置、安装及检验要求复杂。

TSG 07、ASME B31 等国内外标准规范对配管设计人员的基本技能提出了严格的要求，实际工程设计过程中，如果配管设计人员管道器材知识欠缺，易造成设计问题。例如，管道(piping)、管子(pipe)和管线(pipeline)的概念和范畴是不同的。管子只是管道的一部分，当管子与管件、阀门和其他一些机械设备连接，并由支吊架支承时，才被称为管道。有的管道设计人员常混淆和误用这几个概念，闹出笑话，例如，有的配管设计人在轴测图上把管道等级(piping specification)错误写成管子等级(pipe specification)。管道设计专业器材选用典型问题实例将在本书详细讲述。

二、配管设计管道器材选用的特点

管道器材是管道(配管)设计基础，它直接影响管道系统乃至整个工程装置的质量、安全和经济性。管道器材在石油、化工、轻工、食品、制药、冶金、电力等工程装置中成本占比较大，管道器材的费用约占整个 EPC 总承包工程总投资的 20%(其中，管件费用约占 7.5%，阀门费用约占 53%，法兰费用约占 12%，螺栓、螺母及垫片费用约占 3%，管道其他费用约占 2.5%)；管道专业设计工作量约占整个工程总设计工作量的 30%~40%；管道施工安装工作量约占整个工程总工作量的 50%。以上比例如图 1.1.1 所示。

全球管道安全生产形势严峻，火灾爆炸的频率和造成的经济损失，一直呈增长趋势。据资料统计：石油化工装置统计事故中 35%是由于管道系统引发的，这足以引起人们对管道安

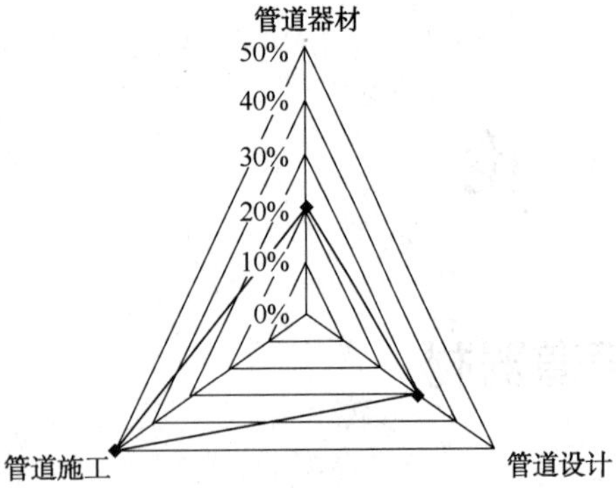

图 1.1.1　管道器材、管道设计、管道施工所占比例

全屏障作用的关注。管道器材防护失效造成泄漏的原因，不外乎机械破坏、腐蚀和密封失效，这正是管道设计安全的要害。了解并处理好这些问题是管道设计者的责任。《中华人民共和国特种设备安全法》规定特种设备是指对人身及财产安全有较大危险性的锅炉、压力容器(含气瓶)、压力管道、电梯、起重机械、客运索道、大型游乐设施、场(厂)内专用机动车辆以及法律、行政法规规定适用本法的其他特种设备。压力管道作为特种设备纳入监管范围。

管道器材(piping material)选用是根据工程设计的总体条件、工艺条件及采购特点等因素，对管子、管件、阀门、法兰、垫片、紧固元件、特殊管道器材、隔热材料、涂漆材料等的选用，包括管道材料的标准、材质、规格、结构形式、连接形式等内容的选定。国内外有的设计单位还包括计算管道口径，计算管道壁厚及强度，汇总管道材料数量，向采购提出请购单，编制管道材料的采购技术要求文件(material requirement)，对管道材料提供商文件的评阅(technical bid evaluation)、施工现场管道器材的检验和试验等内容。管道器材选用的工作贯穿前端设计(FEED)、工程询价(inquiry)、设计(design)、采购(procure)、施工(construct)等阶段，具有以下特点。

1. 标准化

目前大多数管道及其元件都进行了标准化，并有相应的应用标准作支持。配管设计管道材料选用时，首先要考虑的就是管道标准体系的选用。这些标准应包括管子系列标准、管件系列标准、法兰及其连接件系列标准、阀门系列标准等。其中管子标准和法兰标准最具有代表性。

世界各国应用的管道标准体系有很多，不同国家有不同的应用标准和标准体系，而在我国，不同行业又各采用不同的应用标准和标准体系。这些标准之间千差万别，甚至有些标准和标准体系相差甚远，相互之间无法配套使用和互换，从而给使用者带来了不少麻烦。配管设计管道材料选用的第一步就是选择标准体系，并作为装置内各专业设计的统一规定，以避免各相关专业因采用不能互换的其他标准体系而导致无法开展设计衔接。

有的国家将石化装置配管设计管道器材规定了统一的材料等级，无论是什么装置，管道器材均从这个统一的材料等级规定内进行选用并拷贝使用。

在我国，有 GB1 燃气管道、GB2 热力管道、GCD 动力管道、GA 长输管道，如果流体介质种类较单一，管道器材选用的种类相对较少，可不单独列材料等级规定文件。

2. 国际化

现在的工程项目越来越国际化，有的是建设在国外，有的是国外投资建设在国内，有的是在国外采购，有的需要同时在几个国家采购管道器材，这就要求在管道器材设计时按照工程项目的具体要求，选用国际化标准的管道器材。管道器材选用设计标准规范也逐渐在统一向通用的国际化标准看齐。笔者前些年负责的某配管设计，按照业主的要求，不同种类的管道材料需要分别在 6 个国家进行采购。

3. 经济性

经济性是指管道的一次投资费用和操作维护费用的综合指数低。一般情况下，如果一次投资较高的话，其可靠性好，操作、维护费用低；相反亦然。另外，在我国，美标体系管道材料价格，与我国标准体系管道材料价格也有差别，应根据工程项目实际情况确定。对于特别重大和复杂的决策，可借助计算机分析选取技术和经济的最优化组合。在设计时，尽力做到管系中各元件具有相同的强度和寿命。

4. 多学科性

管道器材设计是配管设计的基础技能之一，管道器材设计既要求从事这项设计的工程技术人员具有材料、力学、机械、技术经济等多学科知识，还要求能够运用好计算机和外语两个最重要的工具，结合项目实际的采购情况，根据工艺专业的工艺管道数据表要求，根据管道布置、设备布置和管道应力分析的特殊要求，根据甲方提出的要求，并遵循相关法规和规定，用计算机文本、表格或者数据库表示出来，成为一个系统的、集体的、创造性的智力劳动。

氧气、硫酸等介质配管设计管道器材的选用，需要考虑流体的流速，还需要考虑配管设计的布置情况进行选材。有时候氧气管道主管与分支旁路管的管道材质不应相同，因分支旁路管道内氧气流速快，例如，$p=2.0$MPa 的氧气管道，氧气最高流速 15m/s 时可选用碳钢管道材料，当氧气最高流速达到 25m/s 时需选用不锈钢管道材料。

某工程浓硫酸管道用普通碳钢管道材料，运行后发现腐蚀破坏，多处开始泄漏，后来换成了 316L 材质管道。经分析原因，是流速和硫酸浓度的问题。

某热水管道在管廊上用普通碳钢管道加普通保温管道，直埋段时改用高密度聚乙烯外保护预制直埋保温管。

5. 复杂性

管道工程设计过程中实际应用的管道器材种类很多，使用工况也千差万别，影响因素和环节也比较多。管道是一个系统，相互关联相互影响，牵一发动全身，管道组成件和管道支承件的种类繁多，各种材料各有特点和具体技术要求，材料选用复杂。管道长径比很大，极易失稳，受力情况比压力容器更复杂。管道内流体流动状态复杂，缓冲余地小，工作条件变化频率比压力容器高(如高温、高压、低温、低压、位移变形、风、雪、地震等都可能影响管道受力情况)。在做配管设计管道器材选用时需要全面统一考虑。

三、配管设计管道器材选用的过程与职责

1. 管道器材选用的过程

国内外各行业、各设计单位配管设计管道器材选用的专业分工可能不同，本书按其中较典型的过程讲述。

(1) 选择管道材料。根据输送介质的化学性质、流动状态、温度、压力等因素确定碳钢、不锈钢还是非金属。

(2) 选择管道内介质的流速。根据介质的性质、输送的状态，及相接的设备、流量等确定。

(3) 确定管径。根据介质流量和流速等条件确定。

(4) 选择管道标准体系。根据工程统一规定，选用国内标准还是国外标准，国内标准包括 GB、SH、HG、DL、SY、NB 等；国外标准选用欧标系统还是美标系统，包括 ASME、ASTM、API、ISO 等。

(5) 确定管道壁厚。根据介质的压力及所选择的管道材料确定。

(6) 选择管道连接方式。确定管道与管道、管道与设备、管道与阀门、设备与阀门等

的连接方式，是法兰还是焊接？管道及其元件连接型式包括无缝焊接、承插焊、螺纹、对焊、卡箍、熔融等。

(7) 选择阀门和管件、选择管道的热补偿器。如采用转弯、支管、固定等方式自然补偿，选择合适的膨胀节补偿器。

(8) 隔热形式、厚度及材料的选择。

(9) 选择管道的防腐蚀措施。

(10) 管道布置。确定管道的敷设方式——明装或暗设；在垂直面和水平面的排布；计算管道的阻力损失；校核泵的能力、管道口径等是否正确合理。

(11) 选择管架及固定方式、确定管架跨度。

(12) 设计平、剖面配管图、透视图、管架图和工艺管道支吊点、预埋件布置图等。

(13) 编制管材、管件、阀门、管架及绝热材料综合汇总表。

(14) 工程项目早期涉及管道材料等级(piping classes)、MR 文件、厂商文件评阅以及模型建库。

2. 管道器材选用的职责

管道器材选用职责各设计单位要求各不相同，典型的职责如下所述：

(1) 管径等参数的确定。

(2) 管道材料选用设计规定、管道等级(索引、壁厚、分支表、异径管表、缩写词等)。

(3) 阀门规格书。

(4) 隔热工程规定。

(5) 防腐与涂漆工程规定。

(6) 非标管件的设计。

(7) 特殊件的选用和设计。

(8) 管道与仪表专业的分工规定。

(9) 建立和维护管道设计模型数据库。

(10) 综合材料汇总表。

(11) 管道材料采购技术服务：①采购技术文件(PR)，做采购订单；②技术评标(technical bid evaluation，TBE)，厂商(vendor)文件评阅，审查和批准供应商的管道材料文件；③必要时访问供应商并出席启动会议，测试管道元件或参加澄清会议。

(12) 配合施工现场及采购做管理服务、材料咨询、材料控制与材料代用设计。

管道器材的选用需要有一定的工作经验，不同的国家，不同的标准对设计人的工作经验要求不同，并强调其也必须是一个良好的沟通者，需具备管道布置、管道应力、工艺等知识，同时特别需要掌握腐蚀(corrosion)和焊接(welding)等技术知识。

四、工程各阶段配管设计管道器材选用的工作内容

工程一般包括项目建议书阶段、可行性研究(feasibility study)阶段、总体设计(general design)、FEED(front end engineering design)前端工程设计、报价(quotation)阶段、基础(初步)设计(basic design)、详细(施工图)设计(detail design)阶段等。国内外各行业、各设计单位配管设计管道器材选用的专业分工和工作内容可能不同，本书按其中较典型的过程讲述。不同阶段管道器材选用的工作内容，见表 1.1.1。基础设计不同于初步设计，也不同于

FEED 设计，它们的英文翻译也都不同，详细讲述见《压力管道设计及工程实例》《工业管道配管设计与工程应用》。

表 1.1.1 工程各阶段管道器材选用的主要工作内容

设计阶段	主要工作内容
可行性研究	对工程成本有重大影响的管道材料估算
基础设计	1. 工程概算、采购部门的管道材料； 2. 管道材料设计工程规定； 3. 管道材料标准； 4. 管道材料等级索引； 5. 管道材料等级表； 6. 管道壁厚表； 7. 支管连接表； 8. 隔热设计工程规定； 9. 涂漆与防腐设计工程规定； 10. 如果采用三维或四维协同设计，需要编制计算机数据库； 11. 提出第一次管道材料请购单； 12. 编制技术风险备忘录
FEED	以工程合同为准，工作内容可参照基础设计，但又不同于基础设计
EPC 总承包报价	提出工程估算的综合管道材料量
详细设计	1. 细化管道材料设计工程规定； 2. 细化管道材料等级索引； 3. 细化管道材料等级表以及建立管道材料数据库； 4. 细化管道壁厚表； 5. 细化支管连接表； 6. 细化隔热设计规定； 7. 细化涂漆与防腐设计规定 8. 阀门数据与尺寸表； 9. 管道与仪表材料分界规定； 10. 管道材料施工说明书； 11. 对订货周期长或国外订货的材料，作出材料估计，并提出请购单(material requisition，简称MR，有的国外工程公司称为 PR，procurement requisition)； 12. 提出特殊管件及非标管件的请购单(包括相关图纸及数据表)； 13. 编制最终(全装置的分类)的材料汇总表(material bulk list)、保温涂漆汇总表，提出材料备品数量的建议，并提出最终请购单； 14. 向采购部门提出推荐供货厂(商)的建议或意见，对制造厂商的报价文件进行技术评审(technical bid evaluation，TBE 或者 technical bid analysis，TBA)； 15. 汇总管道材料汇总表，对于采用计算机 3D 设计的工程项目，需要从计算机内自动汇总管道材料汇总报表； 16. 同供货厂(商)进行技术联系，并审查供货厂(商)的图纸资料
施工和试车总结阶段	1. 对现场事故报告和材料短缺或损坏报告进行研究处理； 2. 对材料代用请求进行审核，必要时与工艺专业对流体力学、柔性等方面的影响作详尽的研究； 3. 根据试车生产考核，对管道材料的选择和设计规定作出技术评价； 4. 编制本项工作的工程设计完工报告

五、配管设计管道器材选用的工作程序

国内外各行业、各设计单位配管设计管道器材选用的工作程序可能不同，本书按其中较典型的过程讲述。管道器材选用的工作程序如图 1.1.2 所示。

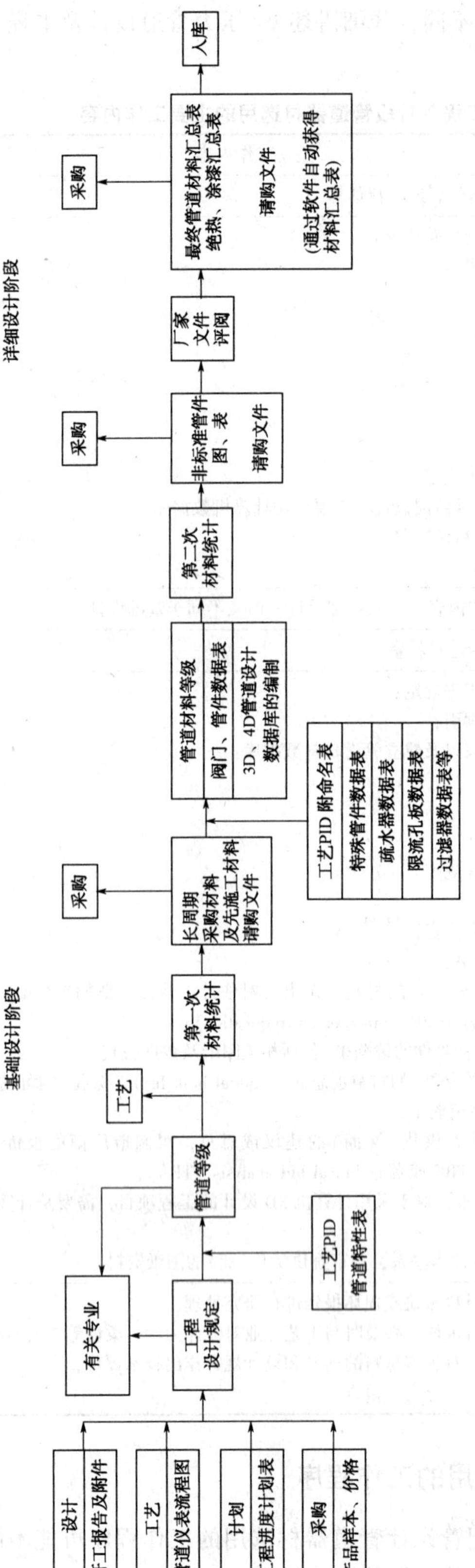

图1.1.2 配管设计管道器材选用的工作程序

注：关于管道3D、4D等数字化设计详述见《压力管道设计及工程实例》

六、国内外对管道设计专业人员的资格和经验要求

ASME B31.3 的“301.1 Qualifications of the Designer(设计人员的资质)”提出了对管道设计人员的资格和经验要求：管道设计人员负责管道系统的工程设计，应有使用 ASME 规范的经历。对设计人员资格和经验要求，将取决于系统的复杂性和关键性以及个人的经验。如果个人不符合下列任何条件之一的，就需要业主的批准：

(1) 完成一个四年制或更多年的全日制工程学士学位学习，再加上至少 5 年以上相关的压力管道设计经验。

(2) 由当地的专门管辖机构的专业工程注册，并有相关的压力管道设计经验的认可。

(3) 完成工程有关的学位，至少需要 2 年的全日制学习，再加上至少 10 年相关的压力管道设计经验。

(4) 15 年相关压力管道的设计经验，应包括压力管道设计与计算，持续和偶发的荷载设计，及管道的柔性分析等经验。

我国颁布了 TSG 07《特种设备生产和充装单位许可规则》，该法规替代原 TSG R1001《压力管道设计许可规则》，TSG 07 规定管道专业负责人需具备高级职称。一名管道设计人员，按照研究生 25 岁毕业，如果一切顺利的话在 42 岁时方可获得审定资格。有的设计单位要求管道专业负责人需具备审定资格。一些企业标准常比这个国家最低标准要求更加严格一些，并在学历、经历、专业论文等方面有条件要求。

近些年，国内外管道设计事故时有发生，各设计单位对管道设计质量的要求更加严格，对管道设计专业的资格和经验的要求更加苛刻。但是，实践证明，无论是化工、炼油，还是制药装置的管道设计，仅是工艺专业设计内容不同，对于管道专业设计人员，设计原理和内容是相同的，管道设计人员掌握了管廊、塔、容器、反应器、换热设备、加热炉、泵、压缩机、罐等设备、设施及其有关管道的配管设计原理和设计做法，就可以较好地完成这些不同类型装置设备设施的管道设计。

七、氧气管道管径和流速变化器材选用问题与工程应用

在某石化装置，笔者发现某氧气管道阀门侧面还设计了防爆操作防护墙，有些防护过度。归根结底是配管设计人员没有真正理解标准规范的设计要求，由心中过度害怕引起。如图 1.1.3 所示，某氧气管道主管是 18″的 A312 TP304/TP304L(SMLS)，后增加了旁路，配管设计人员仍选用 A312 TP304/TP304L(SMLS)管道是错误的，因按照此工艺图，旁路 1.5″的流速加大了，需要选用镍基合金材料(UNS N06600)才可以满足工程设计质量。氧气管道材料应根据管道压力、温度和流速不同选用碳钢、不锈钢和镍基合金；宜采用无缝钢管、无缝管件、全通径阀，其操作状态全开或全关，不得使其处于半开半关状态；切断阀操作过程两端压差不能过大，阀门宜用法兰连接；垫片宜选用带内环聚四氟乙烯缠绕垫片；填料不应采用易脱落碎屑、纤维的材料或可燃的材料制成，宜选用聚四氟乙烯材料；三通宜选用等径三通，氧气管子、管件、阀门等应进行脱脂处理。见欧洲工业气体协会标准(EIGA)

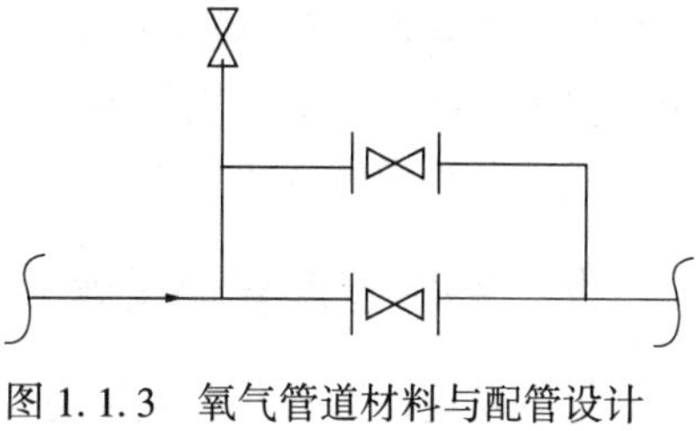

图 1.1.3　氧气管道材料与配管设计

《Oxygen Piping Systems》(氧气管道系统)IGC DOC 13/12/E 等规范。本书后面章节将详细讲述。

如图 1.1.3 所示，紧急切断阀通常是自动的，在全开位置运行，通常仅在紧急情况下关闭。紧急切断阀是高流量阀，通常为闸阀、刀形闸阀、蝶阀或球阀。旁通阀通常是从手动阀的上游到下游的隔离阀，安装目的是通过隔离阀对压力进行均衡，一旦建立了压力均衡，隔离阀可以安全打开。旁通阀也用于对下游系统缓慢加压，以缓解超速和快速增压风险。受控、缓慢加压需要使用节流流量控制型阀门，由于其具有流量控制功能，旁通阀分为节流阀、过程控制阀。虽然被归类为过程控制阀，旁通阀通常为手动操作阀，通常是截止阀或球阀等。为尽量减少旁通管线中可能聚集的颗粒数量，旁通管连接应安装到主管中心线或中心线以上。

按 GB 50030《氧气站设计规范》，设计压力大于 0.1MPa 的氧气管道上，不得用闸阀。设计压力大于或等于 1.0MPa 且公称直径大于或等于 150mm 的氧气管道上的手动阀门，宜设旁通阀。设计压力大于 1.0MPa，公称直径大于或等于 150mm 的氧气管道上经常操作的阀门，宜用气动阀门。

八、海水管道选用玻璃钢管道及地上敷设问题与工程应用

笔者了解到国外某海边新建工厂，工厂用水是由海水除氯离子后使用，配管设计人员认为已经增加了配套的除氯离子装置，选用普通碳钢管子，并布置在地面上。但是，根据所在国家的规范条文解释描述，这种海水除氯离子水并非全部除去了氯离子，不能选用普通碳钢管道，必须使用玻璃钢管道。因详细设计已经进行到 80%阶段，不宜再埋地敷设玻璃钢管道，配管设计人员认为玻璃钢管道如果在地上敷设则管材易老化。

但是，根据 AWWA M45《玻璃钢管设计规范》、AWWA C950-01《玻璃纤维压力管道》、API Spec 15LR《低压玻璃钢管道和管件》、API Spec 15HR《高压玻璃纤维管线管规范》、API RP 15TL4《玻璃纤维管的维护与使用推荐作法》、ASTM D2996-01《长丝缠绕玻璃纤维(玻璃纤维增强热固性树脂)管道标准规范》、ASTM D2992《玻璃纤维(增强的热固树脂玻璃纤维)管及配件用液体静压设计基础标准实施规程》、ASTM D2996-01《长丝缠绕玻璃纤维(玻璃纤维增强热固性树脂)管道标准规范》等规范，玻璃钢管道完全可以布置在地面上，可以选用不怕太阳直晒的玻璃钢管道。玻璃钢管道的质量约是普通碳钢的 20%~30%，热膨胀系数是普通碳钢管道的 3 倍左右。

九、热水直埋管道配管设计器材选用问题与工程应用

笔者发现作为石化装置配管设计人员，很少将蒸汽管道、热水管道进行埋地设计，而配管设计人员，不会做热力管道的直埋设计，而是挖掘地沟，将热力管道挂在沟壁上，盖上盖板，则认为是布置在地面以下了。但设计成本和安全性不太好，不如直埋设计。

某 *DN*1600 热水供水回水管道布置在管廊上选用了普通碳钢材料，其中有一段 200m 的管廊无空间布置，只能直埋在管廊下面。直埋热水管道需要解决隔热层不能进水和热水管道的热补偿问题，地上管道的选材就不适用地下直埋了。直埋热水管道通常有钢套钢管道和钢管外套高密度聚乙烯管道，各有优缺点。钢套钢热水管道直埋设计见《工业管道配管设计与工程应用》一书详述。高密度聚乙烯外护管保温管道配管设计如图 1.1.4 所示。

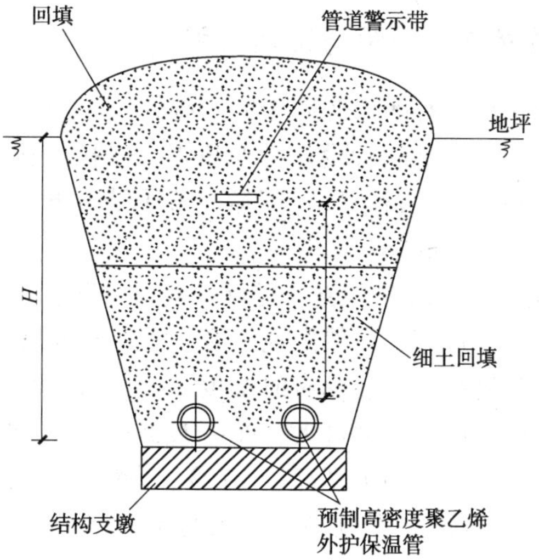

图 1.1.4 高密度聚乙烯外护管保温管道配管设计

国外执行某工程，某热水管道直埋选用了 GB 管道器材，工作钢管选用了 ϕ1219 PIPE，SAW，LGS BE GB/T 9711 PSL2 L245N SH/T 3405。硬质聚氨酯泡沫塑料预制直埋保温管，GB/T 29047 高密度聚乙烯外护管 ϕ1400。

十、高温高压蒸汽管道器材选用问题与工程应用

在刚开始运行的某工厂，笔者发现某 40″高压蒸汽管道错误设计，选用了不锈钢管道材料，造成高压蒸汽管道在运行时每几十米起一个上拱形翘空。厂内维护人员和原设计人员认为支吊架设计错误，把原管托修改成了倒钩形限制上拱，但事与愿违，将结构横梁顶弯也没有限制住高压管道的热供。其实这种现象管道应力分析无问题，原自然补偿弯布置和支吊架设计也没有问题，如果错误修改成倒钩形支架无法解决根本问题。

笔者分析这个高压蒸汽管道热拱应力问题主要由以下原因引起：

(1) 管道材料错误设计选用了不锈钢，不但价格比合金钢高数倍，而且不锈钢热膨胀系数比合金钢大很多，自然补偿弯也多了很多。这种不锈钢材料热膨胀后并不能完全恢复原长度，每次冷热循环，管线就会热拱更大一些。

(2) 如把原管托修改成了倒钩形管托，限制了管子的热膨胀，违背了管道柔性设计原则，限得越死越易出问题。

(3) 操作人员开工时送的蒸汽温度偏低，这根高压蒸汽管道配套的疏水阀不合格，造成高压蒸汽管道内产生冷凝水排出不畅通，造成 40″管子的底部比顶部低 100℃，这也是造成这根高压蒸汽管道拱起的原因。一般情况下管道内介质通过管道截面时是均温的，但是，有时管道横截面上温度的分布是不均匀的。在水平管道的上表面温度高于下表面，同一管段上下部的热膨胀是不同的，这就产生了热拱(thermal blowing)现象。

热拱使管道产生相当大的弯曲位移，可能导致管道支架失效、材料疲劳破、管道阀门法兰泄漏、结构框架超载等情况。

因选材错误造成热拱事故的详细讲述见《管道应力分析与工程应用》一书。高温管道选用不锈钢材料看似符合规范，但在高温蒸汽管道系统就易出现事故。

十一、硫酸管道器材选用问题与工程应用

笔者调研硫酸管道的选材，有的选普通碳钢、有的选 316L、有的选非金属管道，各有各的适应工况。某浓硫酸管道，某配管设计专业负责人是按照普通碳钢管道内衬橡胶选材的，管段间用法兰连接，在工厂运行一段时间后，管子陆续开始腐蚀泄漏。究其原因是因为橡胶内衬与管道热膨胀等引起的。

输送 98%的常温浓硫酸选用碳钢管道，运行了较长时间，无问题。后来此厂家把外购浓硫酸改为自产浓硫酸，此碳钢管道突然出现全面泄漏。分析原因如下：

（1）自生产浓硫酸的浓度瞬时波动。有时浓度低于 85%，碳钢在硫酸浓度低于 85%以下才会导致腐蚀。有时自产浓硫酸浓度过大，如达 100%~102%的发烟硫酸，此时对碳钢钝化膜会形成破坏，造成管道泄漏。而浓度高于 102%，碳钢又可以使用。

（2）自生产浓硫酸有时送出温度过高。一般高于 60℃送出，腐蚀性会加大，碳钢不适用。

（3）自生产浓硫酸有时流速过大。通常碳钢所生成的 $FeSO_4$附着力很强，流速应控制在 1.2m/s 以下，流速过大会导致钝化膜冲刷。

（4）自生产浓硫酸含卤素族离子。

（5）自生产浓硫酸存在经常放空的情况，一旦接触空气，浓硫酸吸水性极强，会导致腐蚀产生。

自生产浓硫酸的不稳定性，造成碳钢钝化膜破坏，后来全部更换为 316L 管道才解决了腐蚀问题。硫酸管道的器材选用见本书后面章节详细讲述。

十二、消防水管道连接方式选用问题与工程应用

罐区内一般设计成矮管廊或地墩，如在罐区内设计成三、四层的高管廊属于不合理设计，造成罐区消防等安全隐患。有的工程消防水管道竟然也布置到了罐区内管廊上。

1. 消防水管道连接方式的现状

某全压力液化烃罐区，雨淋阀后的消防水管道采用了普通碳钢材质管道，是不正确的。按照 GB 50160《石油化工企业设计防火标准》规定，全压力式、半冷冻式液化烃储罐固定式消防冷却水管道的设置应符合下列规定：消防冷却水系统可采用手动或遥控控制阀，控制阀应设在防火堤外，距被保护罐壁不宜小于 15m；控制阀前应设置带旁通阀的过滤器，控制阀后及储罐上设置的管道，应采用镀锌管。因为控制阀后的管道长期不充水，易受腐蚀。若选用普通钢管，多年后管道内部锈蚀成片脱落堵塞管道或喷头，故要求用镀锌管。地上立式罐消防冷却水系统也是这样的要求。

镀锌管道的连接是采用法兰、焊接还是卡箍？笔者调研了国内外多个应用实例。

有的工程采用了法兰连接，采购普通碳钢管道，在施工现场预制后，分段运输至镀锌厂家进行镀锌处理。有的工程项目是购买了镀锌管子、管件、法兰后，大部分用法兰连接，个别位置在施工现场直接焊接，有焊缝的位置刷冷镀锌油漆。

有的工程采用了焊接连接，采购镀锌管道后，直接在施工现场焊接连接，有焊缝的位置刷冷镀锌油漆。这种连接方法，焊接位置的防腐处理方式不太好。这些工程未采用卡箍件的原因是：以前某工程管廊上的卡箍连接管道泄漏问题较多。

有的工程采用了卡箍连接，卡箍连接用的卡箍件有时可能会影响管间距，但连接位置防腐蚀效果较好，施工也比较方便。

2. 两个消防规范提倡不采用焊接连接

这两个消防规范提倡不采用焊接连接，不仅是考虑采用焊接会直接破坏镀锌钢管的镀锌保护层，而且焊接会加速镀锌钢管锈蚀速度，同时采用焊接是人工操作，不能确保焊接的质量要求，会导致存在先天性的隐患，所以规范从保证消防管道系统的施工质量方面提倡不采用焊接的管道连接方法。

（1）GB 50261《自动喷水灭火系统施工及验收规范》对管道连接的要求：

① 薄壁不锈钢管的安装应采用卡压、环压、法兰、沟槽式、卡凸式等连接方式。

② 钢管的安装应采用卡压、卡套、钎焊、沟槽式等连接方式。

③ PVC-C(氯化聚氯乙烯)管材与管件应采用承插式粘接方式进行连接。

④ PVC-C 与法兰式(螺纹式、沟槽式(卡箍))管道、管件及阀门，应采用 PVC-C 法兰与其他材质的法兰(内丝接头的注塑管件螺纹连接、沟槽(卡箍)注塑管件连接)进行对接连接。

（2）GB 50974《消防给水及消火栓系统技术规范》对管道连接的要求：

① 埋地管道。当系统工作压力不大于 1.20MPa 时，宜采用球墨铸铁管或钢丝网骨架塑料复合管给水管道；当系统工作压力大于 1.20MPa 小于 1.60MPa 时，宜采用钢丝网骨架塑料复合管、加厚钢管和无缝钢管；当系统工作压力大于 1.60MPa 时，宜采用无缝钢管。钢管连接宜采用沟槽连接件(卡箍)和法兰；当采用沟槽连接件连接时，公称直径小于等于 *DN*250 的沟槽式管接头系统，工作压力不应大于 2.50MPa，公称直径大于或等于 *DN*300 的沟槽式管接头系统，工作压力不应大于 1.60MPa。

② 架空管道。当系统工作压力小于等于 1.20MPa 时，可采用热浸锌镀锌钢管；当系统工作压力大于 1.20MPa 时，应采用热浸镀锌加厚钢管或热浸镀锌无缝钢管；当系统工作压力大于 1.60MPa 时，应采用热浸镀锌无缝钢管。

③ 架空管道的连接宜采用沟槽连接件(卡箍)、螺纹、法兰、卡压等方式，不宜采用焊接连接。当管径小于或等于 *DN*50 时，应采用螺纹和卡压连接；当管径大于 *DN*50 时，应采用沟槽连接件连接、法兰连接；当安装空间较小时应采用沟槽连接件连接。

十三、FBE 内涂敷管道的选用对配管设计的影响与工程应用

普通碳钢、奥氏体不锈钢材料均不耐 Cl^-腐蚀，而抗 Cl^-腐蚀性能优良的双相钢材料(如 UNS 31803)、Monel 合金等材料价格高昂，大量使用必将增加项目建设成本。而耐腐蚀性能优异的内衬防腐蚀衬里、内涂防腐蚀涂层管道材料，如内衬橡胶(PP)、聚四氟乙烯(PTFE)或内涂敷环氧树脂、熔融环氧粉末(FBE)涂层等管道材料，不仅能有效对抗水质中的 Cl^-腐蚀，且价格相对低廉。其中，熔结环氧粉末 FBE(Fusion-Bonded Epoxy)内涂敷管道应用较典型。

内涂敷管道的配管设计，有的设计成各段管子焊接连接，在施工现场补涂敷；有的设计成各段管子法兰连接，焊接部分需到涂敷厂进行涂敷，然后运回施工现场进行法兰连接。这两种方式的配管设计方案，均需保证涂敷机械可以进行内涂敷。因焊接预留和焊接时热影响破坏，例如 FBE 内涂敷管道焊接施工时必须进行焊缝、焊口的防腐涂层修补，即补口，而焊缝、焊口处又是腐蚀的高发区域，更容易引起腐蚀穿孔和应力腐蚀开裂。因此，补口

方案设计是否合理，是FBE内涂敷管子、管件能否成功选择和应用的关键。各家内涂敷公司技术各不相同，配管设计时，需要向涂敷厂家了解涂敷技术对配管布置设计的影响。

对于FBE内涂敷管道系统，其管道支架设计应尽量避免在管道系统上进行焊接，宜选用管夹、卡箍等非直接与管道焊接型支架，尽可能减少因支架焊接对管道内FBE防腐涂层的破坏。对于无法避免的焊接式固定支架、弯管支托、假管支托，可适当采用工厂预制的方式，将支架预焊至直管段或管件上，以减少现场焊接导致的FBE内防腐涂层破坏。

在进行管道布置设计时，要求在主管上为分支管补口设置法兰，法兰端面与分支管中心线距离不宜大于500mm，以便现场采用手持工具为分支管焊缝及周围的FBE热影响区进行现场除锈及FBE补口，如图1.1.5(a)所示。为减少支管补口法兰的设置数量，在进行管道布置设计时，应尽可能将支管设计到靠近主管工艺法兰附近，同时，工艺条件允许的话，可将多个分支接管集中布置在同一补口法兰附近。

如图1.1.5(b)、(c)是某法兰连接FBE管的配管。业主要求所有的内涂敷管道必须到内涂敷厂家进行涂敷。因此，项目的总承包方先与内涂敷厂家进行配管设计要求的交流，内涂敷厂家要求：配管直管段不得超过12m(这是内涂敷厂家的最长涂敷能力)，如图1.1.5(b)所示，每12m长管段加设法兰；每个拐弯的弯头需能保证直线涂敷到，如图1.1.5(c)所示，弯头位置增设了法兰。设计完成后，采购管子、法兰等散材，按照法兰分段预制管道，运输到内涂敷厂家进行内涂敷，再运回施工现场，拧法兰螺栓连接。

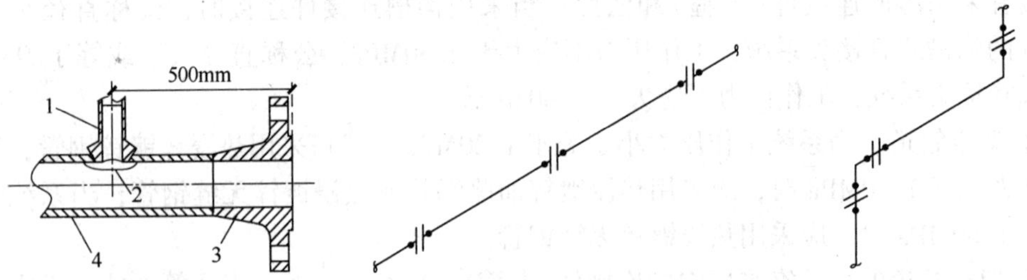

(a)支管连接处补口法兰设置　(b)法兰连接FBE管的配管　(c)法兰连接FBE管的配管

图1.1.5　FBE内涂敷管道的配管设计要求

1—分支管；2—补口区域；3—补口法兰；4—主管

十四、大口径管道外形失效问题与工程应用

如图1.1.6所示，笔者了解到国外工程某90″大口径管道刚吊装到框架和管廊上，产生外形失效。由于在国外设计和施工，大口径管道采购周期较长，造成不好的影响和损失。究其原因包括：①管道本身材质不能达到应有的环刚度，管道管壁设计缺陷；②埋地管道周围土变形、管道地基及周围回填土压实度不够等。本书后面有关章节将详细讲述这类问题。

十五、大口径阀门操作方式的问题与工程应用

大口径阀门手轮开关困难，一般成年人的水平极限输出力为60~90kgf左右，有规范规定了普通阀门手轮的力和力矩的范围。例如，截止阀的流向为低进高出，当人对阀门进行关闭时，人体水平推动手轮转动，使阀瓣向下运动，实现关闭，这时需要克服三个方面的力的组合，即：①轴向顶推力F_a；②填料与阀杆摩擦力F_b；③阀杆与阀瓣芯部接触摩擦力F_c。力矩总和为$\sum M=(F_a+F_b+F_c)\cdot R$。

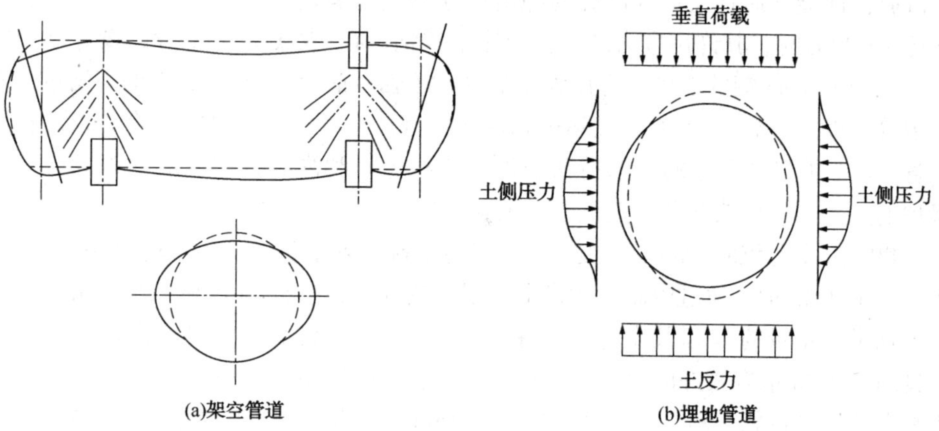

图 1.1.6　大口径管道外形失效

口径越大，轴向顶推力也越大，当接近关闭状态时，轴向顶推力几乎接近管网实际压力(因关闭时 $p_1-p_2 \approx p_1$，$p_2=0$。p_1 和 p_2 为阀门两侧的压力)。如一个 *DN*200 口径的截止阀用于 10bar(1bar=100kPa)的蒸汽管上，其仅第一项关闭轴向顶推力 $F_a=10\times\pi r^2=3140$kgf，而关闭所需的水平圆周力：

$$\phi=\frac{2\sum M}{D_S}=\frac{3140\times2}{80}=78.5\text{kgf}$$

式中，D_S 为手轮直径。

已接近正常人体所能输出水平圆周力的极限，所以由一个人在这种工况下完全关闭阀门是非常困难的。

大口径闸阀普通手轮，较难操作。最优的操作方式是用伞齿轮操作，例如，有的闸阀选用 Z541H-16C(根据 JB/T 308《阀门型号编制方法》规定：Z 代表闸阀；5 代表传动方式，伞齿轮；4 代表连接方式，法兰连接；1 代表结构形式，刚性单闸板；H 代表密封面材质，Cr13 不锈钢；16 代表公称压力 1.6MPa；C 代表阀体材质为碳钢)；也可选用电动操作的 Z941H。

某类阀门带齿轮驱动阀门见表 1.1.2。规定在半开位置时，用手操作或用工具操作时受力不能超过 35kgf。阀门的驱动机械装置没有在表中列出，但应满足厂家所提供的力矩要求。齿轮驱动装置应该不受气候影响且带有可视的开/关指示。齿轮驱动阀的手轮位置应表示在外形图上并得到买方批准。所有闸阀、截止阀的阀盖上应有上密封座。

表 1.1.2　齿轮驱动阀门

等级/lb	齿轮	截止阀和角阀	球阀和旋塞阀	蝶阀
150	≥14″	≥12″	≥6″	≥8″
300	≥10″	≥10″	≥6″	≥6″
600	≥8″	≥6″	≥6″	

十六、P91 材质管道的选用与工程应用

ASTM A335 P91 钢相当于 GB/T 5310 的 10Cr9Mo1VNb，不仅具有高的抗氧化性能和抗

高温蒸汽腐蚀性能，而且还具有良好的冲击韧性和高而稳定的持久塑性及热强性能。在使用温度低于620℃时，其许用应力高于奥氏体不锈钢。在550℃以上推荐的设计许用应力约为T9和2.25Cr-1Mo钢的2倍。可作为亚临界、超临界锅炉壁温≤625℃的高温过热器、再热器用钢管，以及壁温≤600℃高温集箱和蒸汽管道，也可作为核电热交换器以及石油裂化装置炉管。P91钢以其良好的高温持久强度、热稳定性和高温抗蠕变能力等综合性能，在电站锅炉的过热器、再热器及主蒸汽管道上获得应用。

T91/P91为改良9Cr-1Mo钢，是在T9钢的基础上研制开发的新型铁素体型耐热合金钢。改良9Cr-1Mo钢是通过限制碳含量上下限，更加严格地控制P和S等残余元素含量的同时，添加了一定量的N以及微量的V和Nb，以达到细化晶粒，提高钢管的持久强度要求。改良9Cr-1Mo钢有较好的综合力学性能，高温时组织稳定，焊接性能和工艺性能良好，适合于高温受压部件的材料。P91钢管与9Cr-1Mo钢管相比，600℃的持久强度是后者的3倍，且保持了原9Cr-1Mo钢的优良的抗高温腐蚀性能。

P91钢管在1984年纳入ASME SA-335。P91管在电站锅炉中主要用于制造设计壁温不超过600℃高温过热器集箱、高温再热器集箱以及高温再热器管道、主蒸汽管道，在石油化工装置主要用于超高压蒸汽管道。

例如，某超高压蒸汽管道，设计压力为14MPa，设计温度为550℃，4″以下管子可选用A335-P22，6″以上管子可选用A335-P91。我国于1995年也将该钢种纳入GB 5310标准中，牌号定为10Cr9Mo1VNb。P91管材市场，*NPS*≤20″的钢管由于生产厂商众多，价格相对较低(约7万元人民币/t)。*NPS*≥24″的钢管生产厂家较少，价格相对较高(约16万元人民币/t)。

十七、不锈钢管道生锈及防腐蚀涂漆问题与工程应用

304不锈钢为了保持不锈钢所固有的耐腐蚀性，含有最为重要的元素铬(含量18%以上)和镍(含量8%以上)。这也是业内会把这类不锈钢叫作18/8不锈钢的原因。304不锈钢是应用最为广泛的一种铬-镍不锈钢，具有良好的耐蚀性、耐热性、低温强度和机械特性；冲压、弯曲等热加工性好，无热处理硬化现象，使用温度为-196~800℃。

当不锈钢板表面出现褐色锈斑(点)时，笔者见到有些人开始非常惊奇，认为“不锈钢是不生锈的，生锈就不是不锈钢了，可能是质量出现了问题”。其实，这是对不锈钢缺乏了解的一种错误看法。不锈钢在一定的条件下也会生锈。

不锈钢具有抵抗大气氧化的能力，即不锈性，同时也具有在含酸、碱、盐的介质中耐腐蚀的能力，即耐蚀性。但其抗腐蚀能力的大小是随其钢质本身化学组成、加工状态、使用条件及环境介质类型而改变的。例如304钢管，在干燥清洁的大气中，有绝对优良的抗锈蚀能力，但将它移到海滨地区，在含有大量盐分的海雾中，很快就会生锈了，而316钢管则表现良好。因此，不是任何一种不锈钢板，在任何环境下都能耐腐蚀、不生锈的。

不锈钢是靠其表面形成的一层极薄而坚固细密的、稳定的富铬氧化膜(防护膜)，防止氧原子的继续渗入、继续氧化，而获得抗锈蚀的能力。一旦因某种原因，例如不锈钢表面存积着含有其他金属元素的粉尘或异类金属颗粒的附着物，在潮湿的空气中，附着物与不锈钢间的冷凝水，将二者连成一个微电池，引发了电化学反应，保护膜受到破坏，形成电化学腐蚀，这种薄膜遭到了不断地破坏，空气或液体中氧原子就会不断渗入或金属中铁原

子不断地析离出来，形成疏松的氧化铁，金属表面也就受到不断地锈蚀。这种表面膜受到破坏的形式很多。

在有污染的空气中(如含有硫化物、氧化碳、氧化氮的大气)，遇冷凝水，形成硫酸、硝酸、醋酸液点，引起化学腐蚀。以上情况均可造成不锈钢表面防护膜的破坏引发锈蚀。海滨地区有的选用316材质不锈钢，能抵抗海水腐蚀。建设在海滨附近的石油化工厂内的不锈钢材质管道，有的也需要涂防腐蚀漆，改性环氧树脂、环氧酚醛树脂及有机硅耐热漆可适用在不锈钢基材上，此时应要求油漆里的氯离子含量小于100×10^{-6}。

例如，GB 51261《天然气液化工厂设计标准》规定，对于在沿海地区建设的天然气液化工厂，应对所用的奥氏体不锈钢、绝热外保护层采取抗海洋盐雾腐蚀的保护措施。

十八、高温高压蒸汽管道不用不锈钢材质的原因与工程应用

管道设计温度在425℃以下，碳钢的强度、性能可满足设计要求；经济性便宜，制造、焊接容易，与各种板子、管子、锻件、铸件的配套性良好，易于采购。如果管道设计温度超过425℃，碳钢的高温性能下降比较厉害，长期使用，钢中渗碳体分解成为游离碳，并以石墨形式析出导致强度下降，所以这时其可靠性不足，要用合金钢。

例如，某425℃蒸汽管道，本来设计选用的是15CrMo，由于业主仓库有较多的304不锈钢管道，于是配管设计时就改选用了304不锈钢材质管道，按规范规定，温度没有问题。但运行一段时间后管道开始泄漏。究其原因，是因为这种蒸汽流体不可避免会含有微量氯离子，蒸汽在蒸发、冷凝、输送过程中会存在氯离子凝缩过程，在某些区域死角有氯离子聚集，高压高应力状态下，温度越高，影响越大，引发奥氏体不锈钢应力腐蚀开裂。有一些规范规定，不锈钢管道内流体的氯离子的含量不应超过25×10^{-6}。

对于高温高压蒸汽管道多选用合金钢，在经济性和力学性能上更优于不锈钢。

十九、超出一般规范要求超高压管道的设计与工程应用

SH/T 3059适用于设计压力不大于35MPa的管道系统，GB 50316适用于设计压力不大于42MPa的管道系统。超高压管道设计、制造、安装的标准规范可依据：TSG D0001《压力管道安全技术监察规程》(适用于公称压力≥42MPa且≤70MPa的管道)、ASME B31.3《工艺管道》第Ⅸ章高压管道(规定高压指的是超过ASME B16.5的*PN*420(CL2500)额定级规定设计温度和材料组别所允许的压力)。

1. 设计温度和压力

设计温度应低于材料的蠕变温度，应考虑最苛刻压力和温度的工况组合，对于管道系统，除了超压泄放装置允许的超压限度外，不允许出现超过设计压力的压力波动。

2. 应力计算

普通圆筒受力状态属于三向应力状态，轴向、环向、径向应力分布和大小满足拉美公式。只有当壁厚较薄(如$t<D/6$)时，径向应力可以忽略。按照材料力学的第三强度理论(最大剪应力理论)，壁厚计算方可定为$pD/2S$的基本形式。故对于$t\geqslant D/6$的厚壁圆筒，应力状态和分布根据第三强度理论的壁厚计算推导必然不适用，直管壁厚计算时既要考虑拉美公式，依照爆破理论或者屈服理论(极限强度理论)求值，又要考虑疲劳分析的影响。

超高压管道组成件采用以下方法之一进行压力设计：①可对比的经验设计方法；②有

限元应力分析法；③型式试验法；④直管应采用极限强度法(全屈服)进行压力设计。

3. 材料选用

(1) 管子应为无缝管，不得使用螺旋焊缝，管子制造单位应对每根钢管进行超声波检测和涡流检测，每一热处理批次的钢管应进行硬度检测，每根无损检测合格的管子应当按照设计文件的规定进行耐压试验；

(2) 不得使用铸造管件，管件制造单位应对每个锻造的管件进行超声波检测；

(3) 所有铸造阀门的铸造质量系数 $E_c=1.0$，未经建设单位同意不得进行重大补焊；

(4) 阀门制造单位应对所有阀门法兰焊接接头应进行射线检测，超声检测不得代替射线检测，阀门外表面和能检测到的内表面应进行磁粉或渗透检测，锻造阀门应进行超声或者射线检测；

(5) 不得使用承插焊管件、虾米弯、活套法兰；

(6) 透镜垫应采用热加工工艺锻造成型，锻造比应不小于4；

(7) 允许使用整体锻造支管、无缝三通、能进行100%射线检测的全焊透支管接头，整体锻造支管内表面应光滑，不得出现凹坑、刮痕等，交叉孔处不得出现尖角；

(8) 锥螺纹接头不得大于 *DN*15；

(9) 适用于钢及镍基合金、钛合金，除密封件外不得采用非金属材料；

(10) 不适用于高温蠕变工况；

(11) 无损检测结果为Ⅰ级合格。

超高压管道的安装、无损检测、压力试验等在标准规范中均有详细的要求。

二十、低温低应力工况与严寒地区管道不选用低温钢的设计与工程应用

(1) 针对金属材料低温脆性问题，国内外相关规范都规定了金属材料的最低使用温度及低温冲击试验要求。GB/T 20801.2 规定了碳钢低温低应力工况免除冲击试验的最低使用温度是-101℃。

GB/T 20801 将同时满足下列三个条件的工况定义为低温低应力工况：

① 低温下的最大工作压力不大于常温下最大允许工作压力的30%。

② 管道由压力、重量及位移产生的轴向(拉)应力总和不大于10%材料标准规定最小抗拉强度值。

③ 仅限于GC2级管道，且最低设计温度不低于-101℃。

低温低应力工况下管道或其管道元件的设计温度虽然低于或等于规范规定的材料低温界限，但其总体应力小于或等于规定的低应力水平。此时管道不会发生脆性断裂。

(2) 判断低温低应力工况需要的数据如下：

① 内压直管最大允许压力计算可根据壁厚计算公式推算，见 GB/T 150 规定。法兰最大允许工作压力按照钢制管法兰标准(如 ASME B16.5、SH/T 3405)规定的法兰常温压力额定值选取。阀门常温最大允许工作压力按 ASME B16.34、GB 12224 等标准规范执行。

② 压力、重量及位移产生的轴向(拉)应力总和的求法：

a. 低温低应力工况的判定与管道布置相关，应避免低温管道直连布管。

b. 复杂布置管道应经过详细应力分析以保证管道综合轴向应力小于10%材料最小抗拉强度。

c. 管道存在如压力波动、流体冲击等冲击工况，即使满足低温低应力工况要求，也不建议采用，避免外部冲击荷载造成的脆断风险。

d. 极冷地区常温操作的 GC3 级管道，项目建设地冬天极端温度低于-20℃，若满足低温低应力条件可参照低温低应力工况进行管道设计。

e. 低温低应力工况是 GC2 管道免除冲击试验的条件之一，最大应力需满足规范要求的低应力水平。

f. 低温低应力工况不适用于 GC1 级和剧烈循环工况。

g. 在工厂正常投运时，管道温度很难达到环境低温。在工厂停运时，管道温度可能达到环境低温，但是管道内压已经泄压，管道综合应力难以接近抗拉强度，在进行严寒环境下公用管道介质的选材时，已很少选用低温钢。

二十一、图纸文件混淆 *NPS* 和 *DN* 造成连续报价失败

某设计单位多个工程的设计图纸上，错误地写着 *NPS*≤40mm 和 *DN*≤1½″，造成评标专家认为该设计单位最基本的管道概念不清楚，设计质量不合格，造成该设计单位多次投标报价因此项丢分较多而错失中标机会。*NPS* 和 *DN* 的详细讲述见本书第三章或《工业管道配管设计与工程应用》。

二十二、管道设计规范 EN 13480 与 GB/T 20801 的比较

EN 是欧洲标准，即 European Norm。按参加国所承担的共同义务，通过此 EN 标准将赋予某成员国的有关国家标准以合法地位，或撤销与之相对立的某一国家的有关标准。也就是说成员国的国家标准必须与 EN 标准保持一致。

EN 13480.1　工业用金属管道　第 1 部分：总则

EN 13480.2　工业用金属管道　第 2 部分：材料

EN 13480.3　工业用金属管道　第 3 部分：计算和设计

EN 13480.4　工业用金属管道　第 4 部分：制造和安装

EN 13480.5　工业用金属管道　第 5 部分：检验和测试

EN 13480.6　工业用金属管道　第 6 部分：埋地管道的附加要求

我国的压力管道规范 GB/T 20801 与 EN 13480 一致。有些条款 GB/T 20801 比 EN 13480 取值更加严格。EN 13480 与 GB/T 20801 适用的地域范围、管道等级范围等不同。

GB/T 20801.1　压力管道规范　工业管道　第 1 部分：总则

GB/T 20801.2　压力管道规范　工业管道　第 2 部分：材料

GB/T 20801.3　压力管道规范　工业管道　第 3 部分：设计和计算

GB/T 20801.4　压力管道规范　工业管道　第 4 部分：制作与安装

GB/T 20801.5　压力管道规范　工业管道　第 5 部分：检验与试验

GB/T 20801.6　压力管道规范　工业管道　第 6 部分：安全防护

二十三、环氧乙烷(EO)管道器材选用与工程应用

笔者发现有的管道设计人员对环氧乙烷(Ethylene Oxide，EO)管道器材选用出错较多。EO 化学式是 C_2H_4O，又称“氧化乙烯”，化学性质活泼，为易燃、易爆、易自聚的有毒有机

物质，沸点为 10.7℃，闪点为-17.8℃，自燃点为 429℃，爆炸极限(体积分数)为 3%～100%。温度高于 40℃时环氧乙烷开始聚合。环氧乙烷是重要的有机化工原料，广泛应用于洗涤、制药、印染等精细化工及制药行业，如制药行业用的麻醉剂和用于合成精细化工行业的溶纤剂等。全球环氧乙烷产量的 60%都转变为乙二醇，乙二醇可进一步加工成聚酯纤维和树脂。

环氧乙烷容易自聚，尤其在铁的氧化物、氯化铝、氧化铝、金属钾、酸、碱等杂质接触时能分解或聚合，放出大量热量，在高温情况下，会造成温度、压力上升，甚至引起爆炸事故。由于一些化学物质会诱发环氧乙烷的自聚，如铁锈。因此，在环氧乙烷的管道设计时一定要避免使用容易生锈的碳钢材质。管道及仪表一般均选用不锈钢材质，例如 304 不锈钢。

环氧乙烷管道上的法兰、阀门公称压力一般应留有适当的裕量，实际工程设计中一般采用 2.5MPa(欧标)或 300LB(美标)。由于天然橡胶和石棉垫片会被环氧乙烷溶解促进环氧乙烷聚合，一般选用不锈钢缠绕式垫片，例如聚四氟乙烯-不锈钢缠绕式垫片。

环氧乙烷管道对隔热材料和外保护材料要求也非常严格，见本书第七章详述。

二十四、涡激振动工况管道器材选用与工程应用

国内外新闻报道某几座大桥发生较大振幅的振动，引起不小的影响。笔者分析大桥之所以振动，是因为流体力学中的涡激导致，即当流体绕过物体时，在表面附近出现与主流方向相反的回流，连续流动则会产生周期性的脱离，从而对物体形成周期性地激励。当脱离频率与物体固有频率接近时，将引发物体发生共振。在管道设计中易产生涡激振动的情况较多，例如：换热器管束、温度计外保护套管、均速流量计插入管、放空管道、蒸汽凝结水管道、火炬管道、阀门内件、管道分支、管道弯头等位置。笔者在某厂遇到某均速流量计插入管因涡激振动引起连接件位置管道泄漏，如图 1.1.7 所示。对于涡激振动，首要确定涡激频率，并使管道配管结构固有频率避开涡激频率。下面以流量计插入管为例简要讲述。

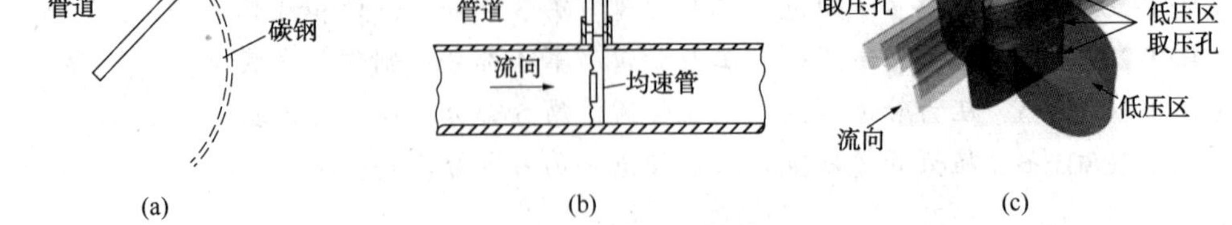

图 1.1.7 均速流量计插入管涡激振动

1. 涡激频率的计算

管内流体流过流量计插入管时，会形成两列几乎稳定的、非对称的、交替脱落的、旋

转方向相反的涡流(即卡门涡街)，从而产生周期性变化的沿流动方向及垂直流动方向的力作用到流量计插入管。当涡脱频率与流量计插入管固有频率接近时，则引起流量计插入管共振，严重时导致疲劳断裂，如图 1.1.8 所示。

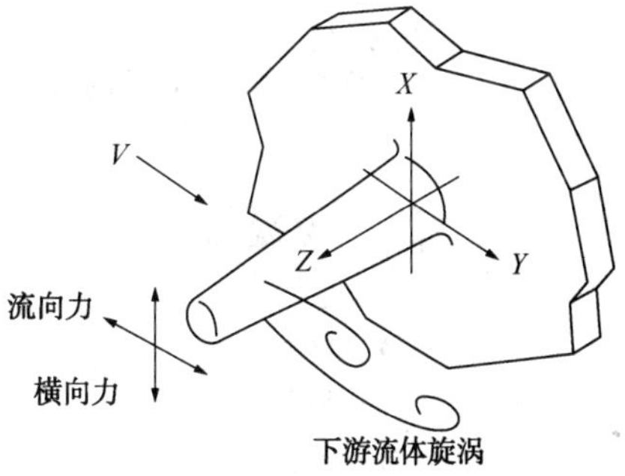

图 1.1.8 流量计插入管固有频率计算

流量计插入管涡激频率可按式(1.1.1)估算：

$$f_s=\frac{\omega_s}{2\pi}=Sr\frac{V}{B} \tag{1.1.1}$$

式中 Sr——斯特劳哈尔数，计算公式如下：

$$Sr=\begin{cases}0.22(1-22/Re), & 22\leqslant Re\leqslant 1300\\ 0.213-0.0248[\lg(Re/1300)]^2+0.0095[\lg(Re/1300)]^3, & 1300\leqslant Re<5\times10^5\\ 0.22, & 5\times10^5\leqslant Re<5\times10^7\end{cases} \tag{1.1.2}$$

式中 Re——雷诺数，计算公式如下：

$$Re=\frac{VB\rho}{\mu} \quad 或 \quad Re=\frac{VB}{\nu} \tag{1.1.3}$$

式中 V——介质流速；

B——套管端部尺寸。

当黏度不确定时，斯特劳哈尔数 Sr 近似选取 0.22。

2. 流量计插入管固有频率计算

流量计插入管固有频率计算，见式(1.1.4)和图 1.1.9。

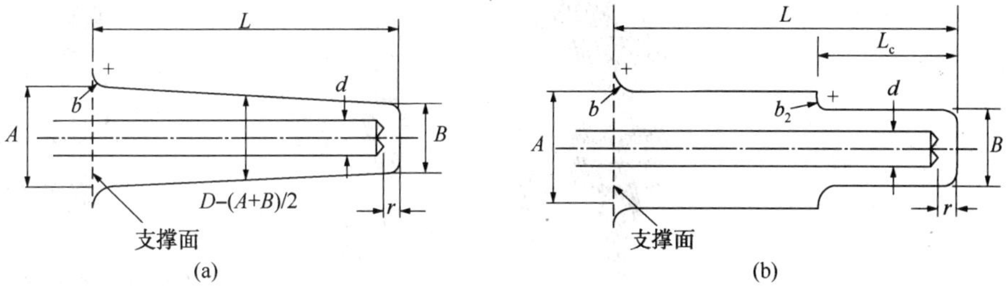

图 1.1.9 流量计插入管固有频率计算简图

$$f_a=\frac{1.875^2}{2\pi}\left(\frac{EI}{m}\right)^{1/2}\frac{1}{L^2} \tag{1.1.4}$$

式中 E——操作温度下弹性模量；

I——$\pi(D_a^4-d^4)/64$，第二惯性矩；

L——均速流量计插入管未支撑长度；

m——$\rho_m\pi(D_a^2-d^2)/4$，均速流量计插入管单位长度质量。

对于直形插入管，D_a 为插入管直径；对于锥形插入管，$D_a=(A+B)/2$；对于阶梯形插入管，$D_a=A$。

初步计算插入管固有频率后，再考虑形状、介质、质量、安装等修正系数，最终确定安装状态下套管的固有频率。

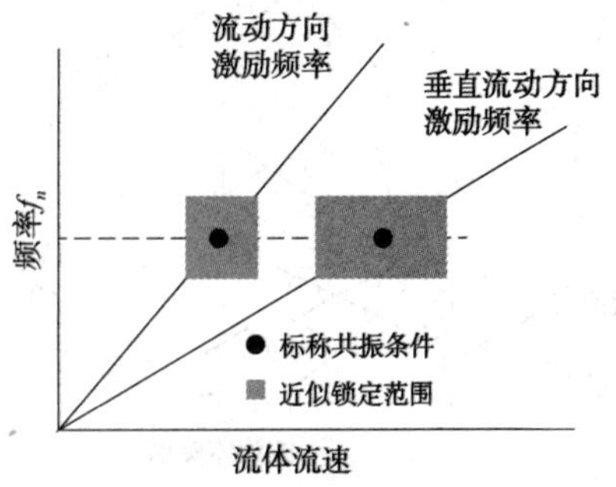

图 1.1.10 激励频率和垂直流动方向激励频率与流速

3. 频率校核

在进行校核时，至少要保证涡激频率与套管固有频率错开 20%。由于流动方向的激励频率和垂直流动方向的激励频率不同，校核时两个方向的频率均应考虑，即介质流速要避开图 1.1.10 中灰色部分的流速。在进行涡激频率计算时，除了考虑正常操作工况的介质流速外，还应考虑可能存在的超出正常操作工况流速的情况，如启机、停机和压力泄放等工况。

4. 涡激振动工况管道器材选用设计要点

(1) 接头连接件的选用。如图 1.1.11 所示，接头连接件的选用错误在工程设计中经常发生。有的工程管道专业把仪表连接件选用的分工划给仪表专业，因这种仪表经常用不锈钢的，如果管道为碳钢的，因专业分工不清楚，造成施工现场不锈钢与碳钢直接焊接，虽然有异种钢焊接方法，但是在施工现场较难保证质量。这种情况常应按照图 1.1.11(g)、(f)选用，用法兰过渡连接。

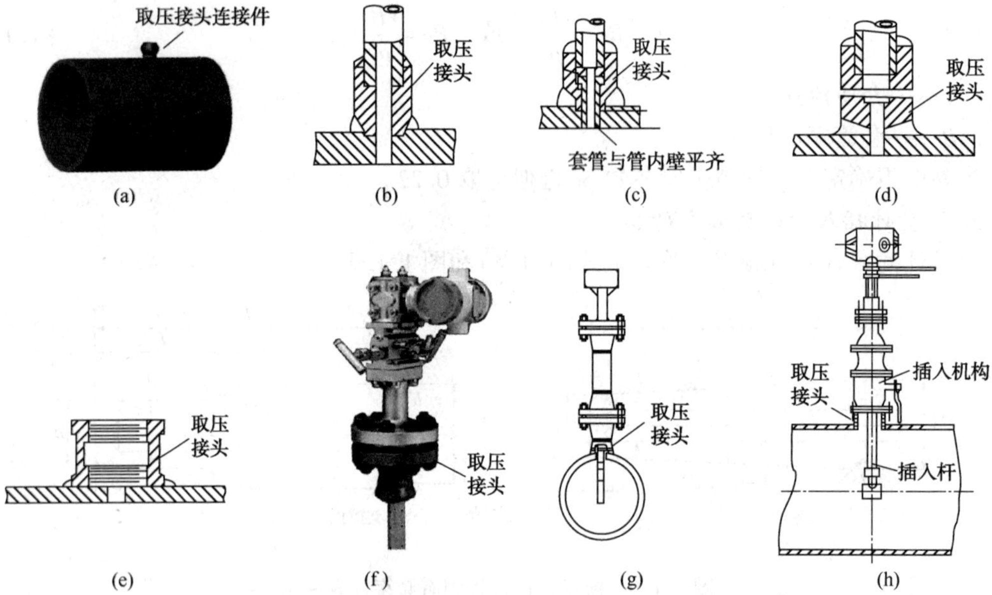

图 1.1.11 均速流量计插入管连接件的选用

(2) 为了避免套管产生共振，需要尽可能提高套管固有频率或降低涡激频率。

① 减小插入管长度。根据插入管固有频率计算公式可知，插入管固有频率与长度 L 的平方成反比。因此，在保证测量精度的前提下，减小 L 可以有效提高插入管固有频率。

② 增大插入管支撑处直径。增大插入管支撑处直径 A 也会提高固有频率，采用锥形插入管和阶梯形插入管通常优于直形插入管。

③ 降低流速。涡激频率与介质流速成正比关系，在工况允许的条件下，降低流速可以有效降低涡激频率，从而避免插入管共振。

④ 安装位置。为了避免不稳定流的耦合，插入管安装应避开阀门、三通、孔板等附近位置。

⑤ 设置支撑圈。有的工程直接在主管上开孔，未设置管接头就把仪表连接件插入并焊

接，造成了事故隐患，除了这种流量计插管，还有温度计插管等类似情况，连接件可设置支撑圈、补强板或采用其他形式的支撑。支撑圈与插入管之间的间隙充满黏性流体会显著增加阻尼，从而抑制插入管的共振。

管道器材选用需要参考的配管设计、管道应力分析内容见《工业管道配管设计与工程应用》《管道应力分析与工程应用》的详细讲述。

二十五、不锈钢和碳钢直接焊接的设计与工程应用

常有配管设计人员咨询笔者：不锈钢和碳钢（低合金钢）是否可以直接焊接？首先应该明确，不锈钢和碳钢是可以直接焊接的，但是在管道设计时，需要分具体情况进行分析，才能最终确定。

不锈钢与碳钢管道可能存在异种钢焊接的情况：①由于仪表配管大多管径小，对管道内洁要求高，一些设计单位为了统一装置的仪表配管，材料都采用不锈钢管，不锈钢仪表与碳钢管道可能存在异种钢焊接；②有的特殊伴热管为不锈钢，而蒸汽分配站为碳钢，此时会出现碳钢与不锈钢的连接；③有的设备为不锈钢，而压力管道为碳钢，此时会出现碳钢与不锈钢的连接；④有的夹套管芯管用不锈钢、夹套用碳钢，有的夹套芯管用不锈钢、夹套也用不锈钢、热媒管用碳钢，会出现碳钢与不锈钢的连接。

1. 一般情况碳钢与不锈钢不直接接触

（1）在GB 50235《工业金属管道工程施工规范》规定“不锈钢管道与支架之间应垫入不锈钢或氯离子含量不超过50×10^{-6}的非金属垫片”，原因是不锈钢和碳钢直接接触会发生电化学腐蚀，在储存、运输、加工和安装时，一定要严格分开。

（2）不锈钢的金相组织和表面钝化膜，使得它在一般情况下较难与介质发生化学反应而被腐蚀，但并不是在任何条件下都不能被腐蚀。在腐蚀介质和诱因（如划伤、飞溅、割渣等）存在的条件下，不锈钢也能与腐蚀介质发生缓慢的化学和电化学反应被腐蚀，而且在一定条件下的腐蚀速度相当快而产生锈蚀现象，尤其是点蚀和缝隙腐蚀。不锈钢件的腐蚀机理主要为电化学腐蚀。当不锈钢与碳钢直接接触会产生腐蚀。

（3）不锈钢与碳钢直接接触腐蚀分析。铬-镍不锈钢是现今运用最为广泛的不锈钢，国内牌号06Cr19Ni10，国际常用牌号304，不锈钢因为含有18%以上的铬以及8%以上的镍含量，从而具有良好的耐腐蚀和成型的综合性能。

碳钢材料含碳量的多少直接关系到碳素钢材料性能，随着含碳量增加，钢的硬度、强度随之提升，钢材的塑性、可焊性能降低。同时碳钢中锰元素、硅元素、镍元素、硫元素也对碳钢材性能影响。

电偶腐蚀，是由两种不同电位金属接触，从而引起电位低的金属发生腐蚀的异种金属接触腐蚀。当不锈钢材料与碳钢材料混合储存时，不锈钢含有镍、铬金属元素而活泼性降低，电极电位便高于普通碳钢为阴极、碳钢为阳极。在潮湿的空气中水汽不可避免地溶入二氧化碳而形成酸性的电解质，从而形成电偶反应，碳素体中的铁元素失去电子，形成正二价铁离子，得到电子的铁元素变成三氧化二铁，电流就会如此通过高位电极（阳极）金属流入低位电极（阴极），至此金属化学能以电能的形式损失，阴极金属因受到保护而腐蚀减慢，阳极以电子损失而更快地腐蚀。

当不锈钢与碳钢直接接触时，随着时间的推移，碳钢的腐蚀不断地钝化，碳钢腐蚀的

产物对碳钢起到了一定性的保护作用，从而减缓了碳钢的腐蚀速率。但是不锈钢的腐蚀随着时间的推移，材料表面的钝化保护膜不断地损失，且不锈钢因为前期腐蚀速率极小，腐蚀产物较少，难以对不锈钢材料起到保护作用，最终是不锈钢材料随着时间的推移其腐蚀的速率不断地加大。综合上述，不锈钢与碳钢的接触腐蚀为前期碳钢材料腐蚀速率较快，但是随着时间的推移碳钢腐蚀速率减低，而不锈钢的腐蚀速率不断地加大。

2. 不锈钢与碳钢的异种钢焊接

根据 GB 50236《现场设备、工业管道焊接工程施工规范》、SH/T 3526《石油化工异种钢焊接规程》等规范的要求，进行不锈钢与碳钢异种钢焊接。但是，不锈钢与碳钢的异种钢焊接容易出现以下问题。

(1) 熔点差异。不锈钢和碳钢材料熔点不一样，当焊接过程中，两种金属熔点相差较大时，就可能出现焊接性能降低，熔点较低的金属会产生金属流失，还有可能是蒸发和合金元素的大量烧损，这样就会产生很多实际操作问题。

(2) 热导率和比热容差异。金属的热导率和比热容是影响焊接技术重要因素，对被焊接材料的熔化和焊缝的凝固结晶造成影响。不锈钢热导率数值大约是碳钢的三分之一，明显差异很大，这样的差异就会导致两种金属物质熔化时间不同步，金属结合效果也不太好，运行过程中就会影响焊接过程，最终焊缝性能不良。

(3) 线膨胀系数差异。不锈钢和碳钢线膨胀系数是不一样的，这种不同性能就会在焊接连接后促使两种金属冷却后产生不同反应，焊缝收缩量不同，接头处就会出现高应力状态，促使焊缝处或者热影响区域产生裂纹，甚至导致焊缝与金属剥离现象。

(4) 电磁性差异。两种金属的电磁性差异不同，就有可能导致焊接连接时出现不稳定现象，不锈钢和碳钢的电磁性就存在很大差异，容易造成焊接电弧偏弧或者电弧燃烧不稳定结果，这样就会出现焊缝处变形变坏。

(5) 形成脆性化合物。金属进行焊接后在焊缝处形成新物质，成为金属间化合物，这些物质有些物理属性较脆，就可能对接头处力学性能产生较大影响，甚至会降低焊缝处塑性和韧性。有些金属焊接后，接头处性能良好，但是容易生成其他物质，比如在热影响区的晶界上形成一种贫铬层，这种物质含有碳化物，一旦产生，就会导致在使用过程中产生晶间腐蚀。

3. 不锈钢与碳钢的连接

(1) 不锈钢与碳钢管道的法兰连接

通过上述综合分析，配管设计时，一般尽量避免异种钢焊接，当遇到工艺参数改变，管道等级变化，不锈钢与碳钢管道需要连接时，一般用法兰连接分界。特别是高温、高压流体管道避免异种钢焊接。

(2) 不锈钢与碳钢的焊接连接与工艺措施

当常温、低压流体管道在特殊情况下，必须采用不锈钢和碳钢直接焊接时，需注意焊接完成后最后进行消除应力热处理，并需注意以下焊接工艺措施：

① 选择焊接材料。不锈钢和碳钢进行焊接，焊口处金属化学成分是由填充金属决定，两种不同金属具有不同焊接属性，从调整焊缝和熔合区组织性能，改变焊接接头应力分布状况，抑制熔和区中碳扩散等方面进行研究，实现结构使用性能最终目标，帮助焊缝金属的成分应力接近其中一种金属成分，一般工业中都是选择奥氏体不锈钢焊条 A307。

② 焊接接头坡口。焊接接头处会出现不同大小坡口，4mm 厚度不用开坡口，采取直接

焊接方式进行；4~6mm 厚度，焊缝处直接进行双面焊接，不需要开坡口；6mm 以上就属于大数值，进行开坡口就需要确保焊接熔合区的性能，一般都是开 V 形或者 X 形坡口。

③ 焊接操作方法。采用手工弧焊方式。选择比较小的热输入，小的焊接电流，采取比较快的焊接速度，电流和速度要控制在合理范围，不引起失误。采用短弧焊，焊接时电弧要偏向碳钢材料方向，保障两侧金属材料受热均匀一致，确保两边受热一致。

④ 焊后处理和检验。

二十六、不锈钢法兰需选用不锈钢螺栓的疑问与工程应用

笔者在审查某些配管设计人员文件时，发现某不锈钢法兰错误设计成了不锈钢螺栓，设计人员认为不锈钢法兰如果选用碳钢或者合金钢螺栓会产生腐蚀。实际上，在工程设计时，通用的材料设计规定和材料等级表上，不锈钢法兰并非必须选用不锈钢螺栓，有些流体工况不锈钢法兰不能选用不锈钢螺栓。例如，某流体选用了 A182-F304/F304L 材质的不锈钢法兰，垫片选用了不锈钢缠绕垫片 316LS. S/GRAP.（IR-304S. S，OR-304S. S），而螺栓螺母则选用了 A193-B7/A194-2H 合金钢材料。

不锈钢法兰非必须选用不锈钢螺栓的原因分析如下：

（1）GB 50316《工业金属管道设计规范》规定：在剧烈循环条件下，法兰连接用的螺栓或者双头螺柱，应采用合金钢材料。剧烈循环条件是指管道内部应力交替变化次数很大的场合，如往复式压缩机管道、PSA 分离等，若不选用高强度合金钢螺栓，而采用不锈钢等低强度螺栓，根据疲劳理论，由于不锈钢螺栓强度较低，交变应力幅度较大时对应的许用循环次数较小，长期使用会导致螺栓突然疲劳断裂造成重大危险。

（2）HG/T 20634《钢制管法兰用紧固件》规定，符合 GB/T 1220 的 304、316 不锈钢螺栓为低强度螺栓，只能用于 CL150、CL300 的法兰配套非金属平垫片时。低强度螺栓能承受的预紧力有限，压力等级较高、刚度较大的法兰，或者硬度较大的半金属和金属垫片在配套使用不锈钢螺栓时，可能因为预紧力不够而达不到密封效果。

（3）HG/T 20635《钢制管法兰、垫片、紧固件选配规定》规定：低强度紧固件仅用于公称压力≤CL300，采用非金属平垫片的法兰接头，不应使用于剧烈循环工况。

（4）合金钢螺栓在交货时，已经涂有防锈油，可避免与不锈钢法兰的直接接触。对于法兰，设计时需要的是其强度和刚度(即法兰盘的厚度和法兰颈部的厚度)，合金钢螺栓和不锈钢法兰接触产生的微弱腐蚀不会对其使用性能产生任何影响。只有对于钢管和管件等强调密封的场合，才要求严格避免不锈钢与碳钢直接接触。

二十七、醋酸乙烯管道器材的选用与工程应用

某管道专业设计人员在确定醋酸乙烯流体的管道器材时，认为普通碳钢管道可以满足防止醋酸乙烯的腐蚀，实际上，这是一种较不安全的管道器材选用设计。因为，醋酸乙烯单体(VA)是一种容易发生聚合反应的化学中间体，也是许多聚合物和乳液应用的组成成分之一。正常情况下保存的规格级醋酸乙烯单体(VA)不会形成聚合物，但是经验证明，聚合引发剂很容易被引入体系中，从而引发醋酸乙烯单体(VA)的聚合反应。失控的聚合反应是指醋酸乙烯(VA)发生无法控制的聚合反应。醋酸乙烯单体(VA)会聚合形成醋酸乙烯聚合物，但是，当自由基含量过高时，就会发生失控的聚合反应。失控的醋酸乙烯聚合反应十

分剧烈，产生的压力波动非常大。而多数储罐或管道无法承受这些压力环境。因此，为了防止失控的聚合反应事故的发生，采取必要的预防措施是十分重要的。

自由基可以通过多种方式形成，而且当遇到其他自由基以及单体本身时，自由基会变得非常活跃。其实并非所有醋酸乙烯聚合物的形成都会造成失控的聚合反应，但是仍需注意可能引起迅速的聚合反应发生的因素，以避免发生失控的聚合反应。引起自由基的形成并从而形成醋酸乙烯聚合物的因素主要包括：

① 醋酸乙烯单体(VA)暴露在氧气(空气)中。

② 较高的温度。

③ 储罐的材质，尤其是含有铁锈或其他金属氧化物。

④ 阳光或其他辐射源。

⑤ 存在已知的自由基引发剂，如过氧化物混和物。

为了降低自由基的形成，在醋酸乙烯中应添加阻聚剂。作为自由基的净化剂，对苯二酚的稳定性作用源于对苯二酚与自由基发生反应，生成非常稳定的化合物，从而防止这些自由基与醋酸乙烯单体(VA)发生进一步的反应。在碳钢槽罐中储存醋酸乙烯单体会增加生成醋酸乙烯聚合物的几率。实验证明，保存在碳钢储罐中对苯二酚的消耗量是保存在彩色玻璃储罐中的2倍。此外，碳钢储罐中的铁锈对醋酸乙烯单体造成了更大的不稳定作用，同时也会造成对苯二酚的消耗。因此，为了降低引发聚合物形成的几率，醋酸乙烯单体应储存在纯净的碳钢储罐中。为了预防铁锈引发形成聚合物，在制造新的储罐时，建议使用不锈钢制造储罐，这样基本上就不会产生铁锈。管道器材也相应选用不锈钢材质。

第二节 管道器材常见失效形式

管道在运行过程中，常见堵、漏、腐等问题，失效形式总结如下。

一、低温脆性断裂

材料温度低于其脆性转变温度时，其冲击韧性急剧下降，造成脆性断裂。操作温度等于或低于-20℃时，按规范要求选用低温材料是无疑的。由于地区环境温度的影响，或如液化气体急剧汽化，管道金属温度可能等于或低于-20℃时，亦应按相当低温材料选用，并要求按设计最低温度做冲击试验。

二、高温破坏

高温破坏，即金属材料在高温下组织和性能恶化。常见的如蠕变、珠光体球化、石墨化、回火脆化等导致金属材料弱化和脆化。

1. 蠕变失效

金属材料在(0.3~0.5)T_m(熔点)温度时，在恒应力作用下发生应变，随着时间的推移，应变增加，继而出现塑性变形，以稳定蠕变发展到快速蠕变以至断裂。蠕变失效形式有：过量变形，如炉管“鼓肚”；弹性应用松弛，如螺栓紧固力降低、断裂。

2. 碳钢、珠光体耐热钢的珠光体球化

钢的珠光体中片状碳化物球化的速度和程度主要决定于温度和时间，碳钢在温度为

400℃时完全球化约需 2×10^6h，510℃时则只需 2.9×10^4h。球化后的钢材，室温强度、高温强度和持久强度均降低。

3. 碳钢和碳钼钢的石墨化

碳钢和0.5Mo钢长期在高温下工作，组织中过饱和碳原子发生迁移和聚集，转化为石墨，使材料强度降低。石墨化最容易发生于焊接热影响区。早年，美国某电站505℃的主蒸汽管道采用0.5Mo钢管，在运行5年后断裂，造成严重损失。0.5Mo钢在468℃温度下长期工作就有石墨化倾向，发生事故只是迟早的事。GB/T 150《压力容器》强调“碳素钢和碳锰钢在高于425℃温度下长期使用时，应考虑钢中碳化物相的石墨化倾向”。

4. 回火脆化

临氢环境，铬钼钢长期在375~575℃温度下工作，可能出现可逆性回火脆化，表现为脆化转变温度升高，如某2¼Cr1Mo钢脱硫反应器在332~432℃运行30000h后，脆化转变温度由−37℃升至60℃。因而，回火脆化被认为是2¼Cr1Mo钢脆性破坏的主要危险。为防止开停工脆断，找到设备管道安全升(降)压温度是重要的。应予指出的是：临氢铬钼钢脆裂，常是回火脆化和氢脆共同作用的结果。金属材料高温破坏，还有像σ相析出脆化、强化合金析出相脆化都会致使基本弱化导致破坏。

三、疲劳失效

金属材料在交变荷载或温度周期变化的情况下，出现变形损伤乃至断裂的现象。其危险性在于：没有明显的塑性变形就突然断裂。制氢装置的变压吸附操作，约每8min升降压1次，在设计寿命期内，升降压循环次数超过百万次，管道若不按疲劳设计考虑，疲劳破坏在所难免。某有机合成厂，在从国外引进的3kt/a合成酒精装置中，乙烯罐高位放空管只因为供货方未按原设计要求设防震拉筋，管线焊缝处发生断裂，乙烯喷出起火爆炸。事故分析发现：断口上有两个对称的疲劳区，疲劳扩展断口面积占4/5，结论是疲劳破坏。

经过费用比较后，选用耐腐蚀材料(含复合材料)或增加管道的腐蚀裕量；应对管道壁厚实施在役检测，也可对均匀腐蚀实行监控。复合材料有金属复合和非金属复合两种，都是以碳钢管为基材，用机械方法将耐蚀材料复合于管道表面。前者最紧要的是复合界面结合剪切强度和结合率应符合要求；后者最紧要的是抗真空性能。

四、腐蚀破坏

腐蚀现象实质是环境介质对材料反应敏感性的反映。通常根据材料被腐蚀的速率，分成耐蚀材料、尚耐蚀材料和不耐蚀材料。由于千变万化的环境条件和材料的缺陷，使腐蚀变得复杂而难以预计。

1. 均匀腐蚀

由于化学或电化学反应，使材料表面失去金属，壁厚减薄失效的均匀腐蚀，可以参考经验、试验的腐蚀速率数据和设计寿命，选用耐腐蚀材料(含复合材料)或增加管道的腐蚀裕量。

2. 应力腐蚀

应力腐蚀泛指由于腐蚀和应力共同作用，造成结构材料破坏失效。包括应力腐蚀开裂、腐蚀疲劳、磨蚀、氢脆和氢鼓泡等应力腐蚀，占腐蚀失效的1/3以上。要防止或减少应力腐蚀开裂，还要了解应力的性质和应力源。应力腐蚀开裂是拉应力与腐蚀共同作用的结果，而应力源主要来自焊接残余应力和加工残余应力以及热应力。因此，对有 SCC 倾向的材料-环境组合，在条件允许时应避开敏感区；管道布置时应注意增加其柔性，以降低热应力水平；设计文件中应明确提出热处理要求，以消除或降低残余应力。必要时选用超低碳双相不锈钢。

3. 局部腐蚀

局部腐蚀多属微电池作用引起的局部破坏，如点腐蚀、缝隙腐蚀、晶间腐蚀以及不同电势序材料间的电化学腐蚀，局部腐蚀占腐蚀失效的 30%左右。缝隙腐蚀一般发生在缝隙中。为此管道设计应尽量避免螺纹连接和承插焊连接。不同材料等级的管道，最好以法兰为界，避免异种钢材焊接，以避免材料问电化学腐蚀的发生。防止奥氏体不锈钢晶间腐蚀可选用超低碳材料；也可选用含稳定元素(Ti、Nb)材料；还可以对材料进行固溶处理。

4. 其他腐蚀

管道材料的防腐还应考虑大气的影响。海洋大气和工业大气由于氯离子、H_2S 和 SO_2 等的作用，腐蚀有时甚至是严重的。不锈钢管在海洋大气或工业大气环境，进行表面防腐处理也有利于防止湿隔热状态下的腐蚀破坏。对含湿的酸性气体(如 CO_2、SO_2、H_2S)和氯气管道，由于操作条件改变和气候的变化可能出现露点腐蚀。某厂生产装置大幅度增加水碳比约 4 周后，某换热器三通处突然爆破起火，爆破口壁厚仅剩 3mm，据分析，高水碳比下，露点比原设计高约 10℃，露点腐蚀和冲刷腐蚀共同导致了管道破坏失效，管道可采用伴热的方式维持管内介质温度在露点以上。

保温层下的腐蚀(CUI)是指发生在施加了保温层材料的管道或设备外表面上的一种腐蚀现象。CUI 有一个重要特点就是，外加的保温层会造成一个高温高湿的密闭环境，从而导致腐蚀的加剧。而且更严重的是 CUI 无法及时发现，因为为了美观效果，通常会在保温层外包裹一层镀锌铁皮或铝层，这样在腐蚀的初级阶段，很难被观察到，而当保温层下的腐蚀被发现时，通常已经是腐蚀很严重的时候，甚至已经发生安全事故。在本书防腐蚀章节进行详细讲述。

五、法兰密封失效

法兰密封是由法兰、螺栓、垫片共同作用实现的。法兰的刚度及密封面型式、螺栓预紧力、垫片性能都直接影响法兰的密封效果。管道位移对法兰产生附加力或力矩，对法兰密封也有不良影响。

1. 设备配对法兰

国外设备结构材料与国内材料机械性能不尽相同，温度压力值亦存在差异。以碳钢 API 阀为例。如果简单配用 20 号碳钢相当压力等级法兰，很可能出现法兰密封失效。因为 20 号钢强度较 A105 钢低，许用压力值也低。解决办法是核对 20 号钢温度压力值是否符合要求，采用强度与 A105 钢相当的材料(如 25 号钢、16Mn 钢)。

2. 管道等级分界处金属垫选用

为避免异种钢焊接，不同材料等级管道多在法兰连接处分界。高压力等级法兰往往采用金属垫以承受较高的密封比压。而金属垫硬度应比法兰密封面硬度至少低 HB30，因此，不同材料法兰连接，垫片(圈)应按低硬度法兰选用。否则，低硬度法兰密封面容易受到损伤，导致密封失效。

3. 法兰密封副匹配

法兰密封副是由法兰、螺栓、垫片组成的密封结构的总称，各组成件的正确匹配也影响密封效果。对某些有毒、易燃介质管法兰，为防止泄漏，规范有最低压力等级的要求，即使操作温度及压力不高，甚至远低于规定等级，螺栓、垫片材料应与之配套，以防螺栓预紧力达不到法兰垫片所需初始密封比压要求，或垫片产生过度变形。

4. 管道位移的影响

法兰出现挠性变形，使垫片受力不均，造成密封副失效。就现象看，是法兰刚度不够，其本质是管道位移对法兰产生附加力和力矩。对苛刻工况，可应用管道应力分析软件对法兰连接进行泄漏分析验算。

六、阀门泄漏

阀门泄漏有内漏和外漏之分，内漏是阀门关闭时，介质通过阀座和阀芯接触面的泄漏；外漏是指通过阀杆填料或阀盖法兰介质外泄。内漏外漏都可能造成严重后果。某炼油厂重整装置检修后，一加热炉点火爆炸，整台炉子掀翻，原因是燃料气阀门泄漏，炉膛充满燃料气。

1. 双密封座阀应做双向密封试验

JB/T 9092《阀门的试验与检验》与 API 598 等效，对阀门密封试验方法、保压时间、允许泄漏量有详细规定。每个作为隔离或切断作业的阀门，都应进行关闭试验，以保证其密封性，值得注意的是，属双密封座的大部分闸阀和球阀，密封试验应分别在每一侧进行并符合规定要求。这样，该阀在生产过程中，无论哪一侧受压都不泄漏。

有关的标准规范还有：GB/T 26480《阀门的检验和试验》、GB/T 13927《工业阀门 压力试验》、JB/T 7927《阀门铸钢件外观质量要求》、SH 3518《阀门检验与管理规程》、SH/T 3064《石油化工钢制通用阀门选用、检验及验收》等。

2. 阀门件材料应视操作条件确定

不同温度压力、介质性质除对阀体材质有要求外，对诸如阀座、阀芯、阀杆、中法兰螺栓及垫片、阀杆密封型式及材料等都有要求，而国内阀门型号不足以反映以上内容，难免滥用。推行阀门规格书可以有效地反映设计对阀的要求，保证阀门的使用质量。

3. 对焊连接选端部带短管的小阀

对焊连接小阀现场焊接和热处理过程，阀座可能产生变形，影响阀的密封性能。选用带短管的小阀则可免除弊端。

4. 火灾安全型阀的应用

软密封阀有良好的密封性能，但火灾情况下，软密封失效导致严重泄漏。对于火灾危险设备或管道采用软密封结构阀门时，应采用火灾安全型结构，软密封失效后，在装的金属密封结构起作用，在一定时间内维持良好密封，使设备或管道内危险介质不外泄。

七、管道堵塞

某工程某管道正常运行后，在管道末端一直没有流体流出，究其原因是因为管道某段堵塞引起。管道堵塞主要有以下原因：

(1) 配管设计时，分支管道引出方向不正确，造成主管道内的杂质坠落积攒到分支小管道内，造成分支管道无流体流出。见《压力管道设计及工程实例》《工业管道配管设计与工程应用》书内的详细讲述。

(2) 配管设计方法不正确易造成管道堵塞。如图 1.2.1 所示，图(a)易堵塞，图(b)不易堵塞。

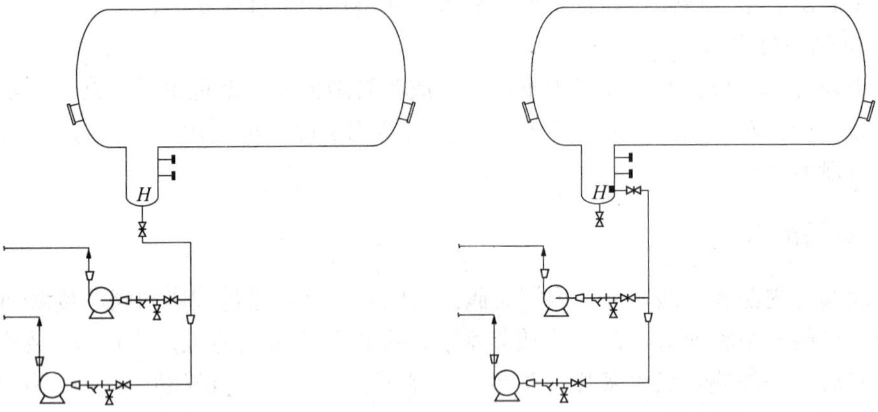

(a)易堵塞 (b)不易堵塞

图 1.2.1 配管设计方法不正确易造成管道堵塞

(3) 伴热效果不良，造成管内流体结晶，引起管道堵塞。

(4) 施工时遗留的铁块、焊条、碎屑等杂物未清理干净，引起管道堵塞。

(5) 阀门、管件、管子失效或不合格，引起管道堵塞。

八、液锤和汽锤

某低压蒸气管道正常运行后，一段时间均正常，但是，后来某天凌晨，管廊发生较大的声响和振动，这根管道在轴向发生了约 1m 的位移，如图 1.2.2 所示，集液包碰到结构梁，引起泄漏。原因是蒸汽流体品质为达到设计要求造成液锤和汽锤，液锤和汽锤的详细讲述，见《管道应力分析与工程应用》一书(宋岢岢，中国石化出版社，2020.11)。

(a) (b)

图 1.2.2 配管设计方法不正确易造成管道堵塞

九、恶劣天气破坏

某厂建设在较寒冷的地区，经过一场暴雪后，笔者发现框架、管廊、设备、管道上积累了很厚的一层冰雪，有的是一个尖锥形冰柱，这些尖锥形冰柱不断地从高层坠落到下层管道上，把某些管道的保温层砸坏了。

某厂区 *DN*600 直埋蒸汽管道，由于受连日暴雨影响，埋蒸汽管道的土壤被水浸泡，产生较大的浮力，使直埋蒸汽管道上浮出地面，造成管道蒸汽泄漏事故。

十、外力破坏

某厂循环水管道 *DN*1500，是玻璃钢材质管道，因地面一下无法布置，则布置在了地面以上，按照规范要求管壁距离路边 1m，某日大型汽车在路上通过，轮胎下突然蹦出一个大石头子，将玻璃钢管道击出一个裂口，引起泄漏。后来此段管线换成了金属管道，并在管道与路之间设置了防护网。

有的管道受滑坡、地震等地质灾害外力的影响。

第三节　配管设计管道器材常用材料分类

配管设计管道器材的选用依据输送介质的温度、压力以及腐蚀情况、货源、价格等因素，按管道器材化学成分和基本组成分，管道器材常用材料总的分类见表 1.3.1。

表 1.3.1　配管设计管道器材常用材料总的分类

分类		描述
金属材料(耐温高、耐压高，易加工、安装)	黑色金属	黑色金属通常指铁和铁的合金。黑色金属材料在管道设计中占的比例较大
	有色金属	铁及铁合金以外的金属及其合金，铝、铅、铜、镁和镍等及其合金
非金属材料(耐腐蚀性能好，品种多，但耐热、耐压性低)	耐火材料	耐火砌体材料、耐火水泥及耐火混凝土
	耐火隔热材料	玻璃纤维(又称矿渣棉)、石棉以及它们的制品
	耐蚀(酸)非金属材料	石墨、耐酸水泥、天然耐酸石材和玻璃等
	陶瓷材料	电器绝缘陶瓷、化工陶瓷、结构陶瓷和耐酸陶瓷等
高分子材料	橡胶	天然橡胶、丁苯橡胶、氯丁橡胶、硅橡胶等
	塑料	聚四氟乙烯、聚氯乙烯、聚乙烯、ABS、聚丙烯等
	合成纤维	聚砜和聚乙烯等聚酯纤维、含氯纤维和聚酰胺纤维等
复合材料	无机-有机材料 非金属-金属材料 其他复合材料	玻璃纤维增强塑料、聚合物混凝土、沥青混凝土、钢筋混凝土 钢丝网水泥、塑铝复合管、铝箔面油毡、水泥石棉制品和不锈钢包覆钢板等

第四节　配管设计常用黑色金属材料

一、常用黑色金属的分类

黑色金属材料是工业上对铁、铬和锰的统称，也包括这三种金属的合金。与黑色金属相对的是有色金属。事实上纯净的铁及铬是银白色的，而锰是银灰色。由于钢铁表面常覆盖一层黑色的 Fe_3O_4，而锰及铬主要应用于冶炼黑色的合金钢，所以才被“错误分类”为黑色金属。常用黑色金属的分类见表 1.4.1。

表 1.4.1　常用黑色金属的分类

分　类	碳含量/%（质量）	备　注
铸铁(Pig Iron 或者 Cast Iron)	2.06~6.69	又称生铁
钢(Steel)	0.0218~2.06	碳素钢(Carbon Steel)：除铁、碳和限量以内的硅、锰、磷、硫等杂质外，不含其他合金元素的钢。碳素钢的性能主要取决于含碳量。含碳量增加，钢的强度、硬度升高，塑性、韧性和可焊性降低。与其他钢类相比，碳素钢使用最早，成本低，性能范围宽，用量最大。适用于公称压力 $PN \leq 32.0$MPa，温度为 -30~425℃ 的水、蒸汽、空气、氢、氨、氮及石油制品等介质。常用牌号有 WC1、WCB、20、16Mn 等
		合金钢(Alloy Steel)：钢里除铁、碳外，加入其他的元素，就叫合金钢。在普通碳素钢基础上添加适量的一种或多种合金元素而构成的铁碳合金。根据添加元素的不同，并采取适当的加工工艺，可获得高强度、高韧性、耐磨、耐腐蚀、耐低温、耐高温、无磁性等特殊性能
熟铁(Wrought Iron)	一般小于 0.0218	又称锻铁、纯铁、精铁：熟铁软，塑性好，容易变形，强度和硬度均较低，用途不广

二、铸铁的分类与工程应用

(1) 铸铁包含：炼钢用铸铁(又称白口铁)和铸造用铸铁。真正有工业应用价值的铸铁其含碳量一般为 2.5%~6.67%。铸铁的主要成分除铁之外，碳和硅的含量也比较高。由于铸铁中的含碳量较高，使得其中的大部分碳元素已不再以 Fe_3C 化合物存在，而是以游离的石墨存在。

(2) 按照石墨的形状特征，铸铁可分为灰口铸铁(石墨成片状)、球墨铸铁(石墨成球状)和可锻铸铁(石墨成团絮状)三大类。

(3) 按照铸铁成分中是否含有合金元素，可分为一般铸铁和合金铸铁两大类。

(4) 一般铸铁可分为普通铸铁和变质(孕育)铸铁。

(5) 其他铸铁分类：如耐热铸铁(heat resistant iron)和耐蚀铸铁(anticorrosion iron)。铸铁可焊性、塑性、韧性和强度均比较差，一般不能锻，但它却具有优良的铸造性、减摩性、切削加工性能，价格便宜。常用作泵机座、低压阀体等材料；地下低压管网的管子和管件，目前，除少数介质(如浓硫酸、浓硝酸、仪表空气等)外，大多数工艺介质管道元件都不采用铸铁。铸铁按照石墨的形状特征分类及性能，见表 1.4.2。

表 1.4.2 铸铁按照石墨的形状特征分类及性能

分 类	性能及特点
灰口铸铁 (Grey Cast Iron)	① 石墨以片状形式存。 ② 灰口铸铁浇铸后缓冷得到的组织为铁素体和游离石墨共存，断口呈灰色，灰口铸铁也因此而得名。灰口铸铁的各项机械性能均较差，工程上很少使用。 ③ 灰口铸铁标准有 GB/T 9439《灰铸铁件》，牌号为 HT200、HT250、HT300、HT350。 ④ 管道组成件的设计温度应不小于-10℃且不大于230℃，设计压力应不大于2.0MPa；灰口铸铁管道组成件用于可燃介质时，其设计温度应不大于150℃，设计压力应不大于1.0MPa；应采取防止过热、急冷急热、振动以及误操作等安全防护措施；制造、制作、安装过程中不得焊接。 ⑤ 不得用于 GC1 级管道或剧烈循环工况。 ⑥ 灰口铸铁代号为 HT
可锻铸铁 (Malleable Iron)	① 可锻铸铁是经过长时间石墨化退火，使石墨以团絮状存在于铸铁组织中。 ② 性能特点：强度、塑性、韧性均优于灰口铸铁，其延伸率可达12%；但可锻铸铁制造工艺复杂，价格比较高。 ③ 由于可锻铸铁具有一定的塑性，故“可锻”的名称也由此而出，其实它仍为不可锻。 ④ 用途：可锻铸铁在工程上常用作阀门手轮以及低压阀门阀体等。 ⑤ 根据断面颜色或组织的不同，可锻铸铁又分为黑心可锻铸铁、白心可锻铸铁和珠光体可锻铸铁三种。常用的是黑心可锻铸铁。 ⑥ 可锻铸铁标准有 GB/T 9440，牌号为 KTH300-6、KTH300-10。 ⑦ 管道组成件的设计温度应大于-20℃且不大于300℃，设计压力应不大于2.0MPa；可锻铸铁管道组成件用于可燃介质时，其设计温度应不大于150℃，设计压力应不大于1.0MPa。 ⑧ 可锻铸铁代号为 KT，又称玛钢
球墨铸铁 (Nodular Cast Iron)	① 球墨铸铁是通过在浇注前向铁水中加入一定量的球化剂进行球化处理，并加入少量的孕育剂以促进石墨化，在浇注后直接获得具有球状石墨结晶的铸铁。 ② 性能特点：球墨铸铁的各项性能指标均优于可锻铸铁，比可锻铸铁价格便宜。 ③ 用途：可代替可锻铸铁用在较苛刻条件下，用途更广泛。 ④ 球墨铸铁标准有 GB/T 1348《球墨铸铁件》，牌号为 QT400-18、QT400-15。用于受压管道组成件时，使用温度应大于-20℃且不大于350℃，但球墨铸铁不得用于 GC1 级管道的管道分级。 ⑤ 球墨铸铁代号为 QT

三、碳素钢的分类与工程应用

碳素钢也叫碳钢。钢材料的分类方法主要依据为 GB/T 13304《钢分类》，该标准主要参照 ISO 4948-1《钢分类第 1 部分：根据化学成分对非合金钢和合金钢的分类》和 ISO 4948-2《钢分类第 2 部分：根据主要质量等级和主要性能或应用特性对非合金钢和合金钢的分类》两个部分，结合 EN 10020《钢的等级定义和划分》和我国国情编制而成，是一个钢铁产品的基础标准。碳素钢的分类见图 1.4.1。

管道工程用碳素钢一般是指含碳量≤0.35%(美标)或≤0.30%(中国标准)，含锰量不大于1.6%，合金总含量在2%以下，可焊性良好的铁素体钢(P1-1，P1-2)。由于碳素钢在800℉(427℃)以上会引起石墨化现象，致使机械性能降低，所以 ASME B31.3《工艺管道》中规定 ASTM A53-A(无缝钢管)，ASTM A53-B，ASTM A106-A(高温作业碳钢无缝钢管），ASTM A106-B 等碳钢材料的使用上限为 800℉（427℃）。在国内，各行业规定不统一。10 号钢与 20 号钢的上限温度应规定为 425℃，Q235-A 的上限温度应规定为 300℃（但作为紧固件时，上限温度应为 200℃）。碳素钢制品型式：无缝管、电阻焊焊管（ERW）、机组电熔焊焊管（EFW）、板焊管、无缝管件（以无缝管为坯料）、焊制管件、板、锻件、铸件。

- a.按化学成分（含碳量）
  - 工业纯铁 C≤0.04%的Fe、C合金
  - 低碳钢 C≤0.25%的钢(强度低、塑性好、焊接性能好。如:Q235-A、20g、20等)
  - 中碳钢 C>0.25%~0.60%的钢(强度及塑性适中,用于紧固件和锻件。如:35钢等)
  - 高碳钢 C>0.60%的钢(强度和硬度高、塑性差,可制作弹簧、钢丝绳等。如65Mn(C=0.62~0.7)等)
- b.按品质分类
  - 普通碳素钢（P≤0.05% S≤0.05%）
    - 甲钢A 按机械性能供应钢A1,A2,A3…A7
    - 乙类钢B 按化学成分供应的钢B1,B2,…B7等
    - 特类钢C 按机械性能+化学成分C1,C2,C3…C
  - 优质碳素钢(P≤0.04% S≤0.04%)如: 10,15, 20,25等
  - 高级优质钢(P≤0.03% S≤0.02%)
- c.冶炼方法
  - 冶炼设备
    - 平炉钢 普碳钢、低合金钢、优质碳素钢
    - 转炉钢 普碳钢
    - 电炉钢 优质钢和合金钢
  - 脱氧程度
    - 沸腾钢
    - 镇静钢
    - 特殊镇静钢
- d.按用途
  - 结构钢
  - 承压用钢(压力容器用、锅炉用钢)
  - 工具钢
  - 特种用途钢
- e.按成型方法
  - 铸钢
    - Ⅰ高级铸钢S、P≤0.04%
    - Ⅱ优级铸钢S、P≤0.05%
    - Ⅲ普通级铸钢S、P≤0.06%
    - 一般阀门均为铸钢,一般应注明级别,不注为Ⅲ级。适用于制造一些形状复杂,难以进行铸造和切削加工成形而又要求较高的强度和塑性的零件
  - 锻钢 用锻造方法生产的各种锻材和锻件。锻钢的质量和机械性能都优于铸钢,能承受大冲击力的作用,用于重要的受力零件
  - 轧钢
    - 热轧钢 表面质量及尺寸精度较差,不能轧制细、薄的钢材。主要用来生产型钢、钢管、钢板等大型钢材
    - 冷轧钢 与热轧相比,表面光洁、尺寸精确、机械性能好。常用来轧制表面质量优良和尺寸精确的板、管、带等细薄产品
  - 冷拔钢 以热轧钢为原料，在冷态下进行多次拉拔而成的各种钢材。特点:精度高、表面质量好。主要用于生产钢丝和小直径圆钢和钢管

图 1.4.1 碳素钢的分类

四、普通碳素钢的分类与工程应用

普通碳素钢与优质碳素钢相比，由于有害杂质元素 S、P 含量相对较高，综合机械性能和耐蚀性较差，故不宜用在较重要的场合，但普通碳素钢价格便宜，故工程上常用于各种钢构架、支吊架等，而流体输送管道上使用时常有一定的限制。普通碳素钢的表示方法和

代号按 GB 700《碳素结构钢》。工业管道中常用的普通碳素结构钢牌号为 Q235A、Q235B、Q235C、Q235D 四种，这些牌号的质量要求是顺次提高的。Q235A 与 B 级用于制造金属结构件、心部强度要求不高的渗碳件或碳氮共渗件、拉杆、连杆、吊钩、车钩、螺栓、螺母、套筒、轴以及连接件；C、D 级用于制造重要的焊接结构件。

选用 Q235AF、Q235A、Q235B、Q235C 钢号的条件须符合 GB/T 150 的具体规定，受压元件壁厚小于 8mm 时，尽量采用碳素钢钢板，受压元件壁厚取决于刚度时，优先选用碳素钢。

碳素钢的钢号表示方法举例：Q235BF。①Q 表示屈服点；②235 表示材料的屈服强度，MPa。分别为 195、215、235、275 四个等级；③B 为质量等级号，分别用 A、B、C、D 字母表示。A 级不做冲击试验，B 级做常温 V 形缺口冲击试验；C、D 两级常用在重要场合下。④F 表示冶炼时的脱氧方法，分别为 F、Z、TZ。根据冶炼过程脱氧程度分类：F 为沸腾钢(open steel)；Z 为镇静钢(killed steel)，可省略不注；TZ 为特殊镇静钢，也可省略不注。具体特点见表 1.4.3。

表 1.4.3 普通碳素钢根据冶炼过程脱氧程度分类及特点

分 类	特 点
沸腾钢	①在浇铸前不用硅和铝脱氧，钢液中含氧量多，浇注及凝固时会产生大量 CO 气泡，在钢锭模内产生沸腾现象，这类钢叫沸腾钢。②沸腾钢冷凝后没有集中缩孔，因而成材率高，成本低，表面质量及深冲性能好。但因含氧量高，成分偏析大，内部杂质多，抗腐蚀性和机械性能差，且容易发生时效硬化和钢板的分层，故不宜作重要用途
镇静钢	①脱氧较完全，浇铸时钢水在钢锭模内不产生 CO 气体，这类钢叫镇静钢。②成材率低，成本高。但镇静钢中气体含量低，时效倾向小，钢镜中气泡、疏松较少，质量较好
特殊镇静钢	比镇静钢脱氧程度更充分彻底的钢，特殊镇静钢的质量最好，适用于特殊重要的结构工程，仅用于 D 级钢。

五、优质碳素钢的分类与工程应用

优质碳素钢(high-quality carbon steel)中的有害杂质元素 S、P 比普通碳素钢低，不仅如此，二者的冶炼方法也多有不同，普通碳素钢多用成本最低转炉冶炼，而优质碳钢则采用平炉或纯氧顶吹转炉冶炼，脱氧较好，杂质含量较低，故其综合机械性能、耐蚀性等均优于普通碳素钢。优质碳素钢与高级优质碳素钢相比，价格不高，且是工程上应用最广泛的碳素钢。

优质碳素钢的表示方法和代号执行 GB/T 221《钢铁产品牌号表示方法》。优质碳素钢的钢号前面数字表示钢中平均含碳量的万分之几，如 20 钢表示钢中平均含碳量为万分之 20。钢中渗有合金元素时，在钢号后面加上其元素符号，如 Q345(16Mn)、Q390(15MnTi)。特殊用途的优质碳素钢，在钢号后面注有汉语拼音字母，如 20g(20 锅炉钢)(注：在 GB 713 标准内，20g 和 20R 合并后改为 Q245R。20g 与 20G 是不同的，而 20G 钢管是 GB/T 5310《高压锅炉用无缝钢管》钢号(国外对应牌号：德国 st 45.8、日本 STB 42、美国 SA 106B)，为最常用锅炉钢管用钢，化学成分和力学性能与 20 板材基本相同。

08 F
- F——沸腾钢
- 08——含碳量的万分之几

XX XX XX X
- X——特殊用途标记,R容器用钢;g锅炉用钢;D低温用钢
  如为沸腾钢或半镇静钢,尚应加“F”或“b”
- XX——含锰元素的量达到0.7%以上时,或特意加入的其他元素,为该元素的化学符号,
  如 Mn、Si等(16MnR)
- XX——两位数字,表示钢中平均含碳量的万分之几,如:10、20、25、30等
- XX——“ZG”表示铸钢,铸钢以外的生产方法不表示

例如：优质碳素钢 20#牌号意义表示钢材的平均含碳量为 0.2%。

美国 ASTM 标准采用了 AISI(美国钢铁学会)和 SAE(美国汽车工程师学会)碳素钢的牌号表示方法，AISI 和 SAE 的牌号表示方法一般采用 4 位数字，前两位表示钢类，后两位表示碳含量，编号系统如下：

10×× 碳素钢[锰含量(质量分数)不大于 1.0%]

11×× 含硫易切钢

12×× 含硫和含磷易切钢

15×× 高锰碳素钢

此外，有些牌号的 4 位数字之间加入字母“B”，表示含硼钢，或加入字母“L”，表示含铅钢；有些牌号在 4 位数之后加字母“LC”，表示超低碳[碳含量(质量分数)不大于 0.03%]，加字母“H”，表示保证淬透性。UNS(金属与合金牌号统一数字系统)已在 ASTM 标准中使用，该系统由 1 个代表钢或合金的前缀字母和 5 位数字组成，碳素和合金结构钢(包括轴承钢)为 G×××××，5 位数字中前 4 位采用了 AISI 和 SAE 的牌号系列，第 5 位(最后一位)数字一般为“0”。若要表示钢的特殊性能和用途，以及含有特殊元素，则采用其他数字，如 G××××1 表示含硼钢，G××××4 表示含铅易切钢等。保证淬透性的钢则牌号前缀字母为“H”，后面 4 位数字与 AISI 和 SAE 牌号系列数字编号相同，第 5 位一般为“0”含硼钢的第 5 位数字仍用“1”来表示。

美标材料表达方法与国标不同：A106 GR. B、API 5L GR. B、A333 GR. 6、B564 UNS40400 等，它们前面的 A106、API 5L 等表示制造标准号，GR. B 或 UNS 40400 表示材料系列号或者为材料号。

GB/T 699《优质碳素结构钢》给出了优质碳素钢的化学成分和机械性能要求。工业管道中常用的牌号为 08、10、20 三种。08 和 10 钢因含碳量低、硬度低、塑性好，常用作金属垫片。20 钢则常用于管子和管件。

GB/T 8163《输送流体用无缝钢管》、GB/T 9948《石油裂化用无缝钢管》、GB/T 6479《高压化肥设备用无缝钢管》、GB/T 3087《低中压锅炉用无缝钢管》、GB/T 5310《高压锅炉用无缝钢管》等标准给出了优质碳素钢钢管的材料制造要求，它们都是工业管道常用的钢管标准。

GB/T 710《优质碳素结构钢热轧薄钢板和钢带》、GB/T 711《优质碳素结构钢热轧厚钢板和钢带》、GB/T 713《锅炉和压力容器用钢板》、YB/T 5139《压力容器用热扎钢带》等标准给出了优质碳素钢钢板的材料制造要求，它们都是管道常用的钢板标准。选用时，应根据其应用范围确定。

GB/T 12225《通用阀门 铜合金铸件技术条件》、GB/T 12228《通用阀门 碳素钢锻件技术条件》等标准给出了优质碳素钢的铸件材料制造要求。

六、高级优质碳素钢的分类与工程应用

高级优质碳素钢各方面性能略优于优质碳素钢，但价格较高，工程上用得并不多。一般情况下，如果采用优质碳素钢不能满足使用条件要求，将考虑选用相应的合金钢而不用高级优质碳素钢。高级优质碳素钢在优质碳素钢的牌号后加 A。

七、碳素工具钢的分类与工程应用

碳素工具钢(tool steel)的常用钢号为 T7～T13，T 表示碳素工具钢，后面的数字表示平均含碳量的千分之几。T7、T8 常用于制造风镐、冲压模具冲头，T10、T11 用于制造绞刀等。碳素工具钢标准见 GB/T 1298《碳素工具钢》。

八、国内外常用碳素钢管、钢板牌号的比较

常用碳素钢管、钢板牌号的中国和美国标准比较见表 1.4.4。

表 1.4.4　常用碳素钢管、钢板牌号的中国和美国标准比较

<table>
<tr><th>质量等级</th><th>中国</th><th>美国</th></tr>
<tr><td rowspan="2">结构钢(板、管)</td><td>Q195、Q215、Q235(GB 700《碳素结构钢》、GB/T 3091《低压流体输送用焊接钢管》)</td><td rowspan="2">ASTM A283《碳素结构钢(板)》、ASTM A36《普通碳素结构钢(板)》、ASTM A285《压力容器用低和中等抗张强度的碳素钢(板)》、ASTM A134《EFW 电熔(电弧)焊钢管》，NPS 为≥16″、ASTM A135《ERW 电阻焊钢管》</td></tr>
<tr><td>Q345(GB/T 1591《低合金高强度结构钢》)</td></tr>
<tr><td>优质钢(板、管)</td><td>08、10、20、25、15Mn～25Mn(GB/T 699《优质碳素结构钢》、GB/T 8163《输送流体用无缝钢管》、GB 3098《紧固件机械性能》)</td><td>—</td></tr>
<tr><td>压力容器钢(板)</td><td>Q245R、Q345R(GB 713《锅炉和压力容器用钢板》)</td><td rowspan="2">ASTM A515《中、高温压力容器用碳钢板》、ASTM A516《中、低温压力容器用碳素钢板》、ASTM A299《压力容器用钢板通用要求》</td></tr>
<tr><td>锅炉钢(板)</td><td>Q245R、Q345R(GB 713《锅炉和压力容器用钢板》)</td></tr>
<tr><td>压力管道(管)</td><td>20G、20MnG、25MnG(GB 5310《高压锅炉用无缝钢管》、GB 9948《石油裂化管》、GB 6479《高压化肥设备用无缝钢管》)</td><td>ASTM A53《无镀层及热浸镀锌焊接与无缝公称钢管》、ASTM A106《高温作业碳钢无缝钢管》、ASTM A671《常温和较低温度用电熔焊接钢管》、ASTM A672《中温高压用电熔化焊钢管》</td></tr>
</table>

续表

质量等级	中国	美国
低温钢(板)	16MnDR(GB 3531《低温压力容器用低合金钢钢板》)	ASTM A333《低温设备用无缝和焊接钢管的标准规范》Gr1、Gr6
低温钢(管)	09DG、16MnDG、10MnDG(GB/T 18984《低温管道用无缝钢管》)	
长输管线用管(无缝及焊管)	L245(GB/T 9711.1《石油天然气工业 输送钢管交货技术条件 第1部分：A级钢管》、L245NB、L245MB(GB/T 9711.2《石油天然气工业 输送钢管交货技术条件 第2部分：B级钢管》	API 5L《管线管》GrB(PSL1、PSL2)、ASTM A381《高压输送用金属弧焊(EFW)钢管》
螺旋焊焊管	Q235B(SY/T 5037《低压流体输送管道用螺旋缝埋弧焊钢管》)	ASTM A134《电熔(电弧)焊钢管，NPS为≥16″》

九、合金钢的分类与工程应用

合金钢(alloy steel)为得到或改进钢的某些性能而在钢中加入一种或多种合金元素规定含量界限值(GB/T 13304《钢分类》)的金属材料。合金钢种类颇多，用途较广，在管道工程中，以不锈钢和低合金钢、调质钢、耐热钢和低温钢应用较多。合金元素因溶于铁素体中起固溶强化作用，从而提高了材料的硬度和强度，但同时却使其韧性和塑性相对降低。

合金钢是按照含碳量、合金元素的种类和数量来编号的；牌号首数字表明钢的碳含量，其数字后面，用元素符号表明钢中的主要合金元素，含量由后面的数字表明。合金元素平均含量小于1.5%时，不标数，平均含量在1.5%~2.5%、2.5%~3.5%分别标2、3。如16Mn，钢号开头的两位数字表示钢的碳含量，以平均碳含量为0.16%，Mn的含量<1.5%。12Cr1MoV表示含碳量为0.12%，含铬在0.05~0.15%之间，含Mo和V<1.5%。

合金钢与碳素钢相比，它具有较高的强度，较好的耐热性，较好的耐低温性能，较好的耐腐蚀性能等优点，甚至有些生产环境采用碳素钢是满足不了要求的。管道中常用的合金钢有低合金钢、调质钢、不锈钢、耐热钢和低温钢。合金钢分类和用途见表1.4.5。

表1.4.5 合金钢分类和用途

低合金钢	①合金元素总量小于5%的合金钢叫作低合金钢。低合金钢如16Mn，18MnMoNb等主要是加入少量合金元素，如Mn，V，Mo，Nb等来提高强度，但是成本增加比较少，而且这些钢的低温韧性和高温强度也明显比碳素钢优异。 ②碳锰系和碳锰钒系。GB/T 1591《低合金高强度结构钢》给出了化学成分和机械性能要求：材料牌号为Q295A(B)、Q345A~E、Q390A~E、Q420A~E、Q460C~E；用于常温及以上温度时，可用A、B或C级；用于-20~-40℃时，可用C或D级。表示方法及代号同普通碳素钢。 受压元件壁厚取决于强度时，在符合适用范围前提下，依次选用低碳钢，低合金钢，即20R，16MnR，15MnVR等钢板。碳素钢和碳锰钢在425℃下长期使用，因钢中的渗碳体分解而产生碳化物相的石墨化倾向，使材料的强度、塑性和冲击韧性下降，钢材明显变脆，所以不能使用，必须采用低碳珠光体耐热钢。 ③铬钼系和铬钼钒系。GB/T 3077《合金结构钢》给出了化学成分和机械性能要求。材料牌号主要为12CrMo、15CrMo、12Cr1MoV；它们常用作抗氢腐蚀、抗高温硫或硫化氢腐蚀和耐热(次高温)等材料。例如，12CrMo和15CrMo常用于550℃以下的高温工况，或用于320℃以下的临氢工况；12Cr1MoV常用于575℃以下的高温高压蒸汽介质。

续表

低合金钢	表示方法及代号： XX XX XXXX X 特殊用途标记,同优质碳钢部分,对高级优质合金钢,在其后加"A" 主要合金元素特号及其含量,其中前两位为元素符号,后两位数字为该合金元素的平均百分比含量。数字为一位数时则用一个数字表示,含量不足1.5%时可省略不注。有多个合金元素时则依次按此规则填写 两位数字,表示钢中平均含碳量的万分之几 两个字母"ZG"铸钢,铸钢以外的生产方法不表示 25 Cr2 Mo V A 高级优质合金钢 合金元素含量<1.5% X 仅标合金元素 1.5%~2.49% 标"2" 2.5%~3.49% 标"3" 3.5%~4.49% 标"4" …… 17%~19.00% 标"18" 含碳量25% %(两位数字表示)
中合金钢	① 合金含量在 5%～10%之间称为中合金钢。 ② 它的含碳量较高，强度高，可焊性差。 ③ GB/T 3077《合金结构钢》给出了化学成分和机械性能要求：材料牌号为 40Cr、45Cr、30CrMo、30CrMoA、35CrMo、35CrMoA、25CrMoVA 等用于螺栓、螺母材料。表示方法及代号同低合金钢中的铬钼系和铬钼钒系
高合金钢	① 合金含量大于 10%的称为高合金钢。采用的高合金钢主要是为抗腐蚀，或者低温以及高温。 ② 高合金钢的种类及用途：合金钢种类很多，按质量分为优质合金钢、特质合金钢；按特性和用途又分为合金结构钢、不锈钢、耐酸钢、耐磨钢、耐热钢、合金工具钢、滚动轴承钢、合金弹簧钢和特殊性能钢(如软磁钢、永磁钢、无磁钢)等。 ③ 只有 Cr 的含量大于 12%时才称为不锈钢。不锈钢合金元素含量比较高，均超过 10%，有的高达 50%甚至更多；它含有大量的合金元素，故其耐热、耐蚀等性能大大优于碳素钢和低合金钢，但随之而来的是其价格也远远高于碳素钢和低合金钢。不锈钢(包括奥氏体型、奥氏体-铁素体双相型、铁素体型、马氏体型和沉淀硬化型)的表示方法按 GB 221《钢铁产品牌号表示方法》规定如下：除含碳量的表示方法不同外，其他均与低合金钢相同。此时的含碳量以一位数字来表示，该数字为平均含碳量的千分之几。当平均含碳量小于千分之一时，用"0"表示；当平均含碳量小于 0.03%时，用"00"表示。 06Cr19Ni10 合金元素表示方法同低合金钢 含碳量千分之几（一位数表示） C<0.1% 用"0"表示"低碳" <0.03% 用"00"表示"超低碳"

十、国内外铬钼钢钢号、化学成分和力学性能对比

国内外常用铬钼钢钢号对比见表 1.4.6。

国内外常用铬钼钢化学成分对比见表 1.4.7。

常用铬钼钢化学成分和常温力学性能对比见表 1.4.8。

常用铬钼钢铸件化学成分和力学性能对比见表 1.4.9。

常用铬钼钢锻件化学成分和力学性能对比见表 1.4.10。

常用国内外铬钼钢钢板化学成分和力学性能对比见表 1.4.11。

表 1.4.6 国内外常用铬钼钢钢号对比

公称成分	国际		国外			
	钢管	钢板	钢管		钢板	
	GB	GB/JB	ASTM	JIS	ASTM	JIS
C-Mo	15MoG 20MoG	—	A335-P1 A209-T1 A250-T1	STBA12 STFA12	A204Gr. A A204Gr. B A204Gr. C	SB46M SB49M
0. 5Cr-0. 5Mo	12CrMo	—	A213-T2 A335-P2	STBA20 STPA20	A387Gr. 2	SCMV1
1Cr-0. 5Mo	15CrMo 15CrMoG	15CrMoR	A213-T12 A335-P12	STBA22 STFA22 STPA22	A387Gr. 12	SCMV2
1. 25Cr-0. 5Mo	12Cr1Mo	14Cr1MOR	A199-T11 A335-P11	STBA23 STFA23 STPA23	A387Gr. 11	SCMV3
1Cr-0. 5Mo-V	12Cr1MoVG	12Cr1MoVR	—	—	—	—
2. 25Cr-1Mo	12Cr2Mo	12Cr2Mo1R	A199-T22 A213-T22 A335-P22	STBA24 STFA24 STPA24	A387Gr. 22 A387Gr. 22L	SCMV4
5Cr-0. 5Mo	12Cr5Mo	—	A199-T5 A213-T5 A335-P5	STBA25 STFA25 STPA25	A387Gr. 5	SCMV6
9Cr-1Mo	12Cr9Mo	—	A199-T9 A213-T9 A335-P9	STBA26 STFA26	A387Gr. 9	—
9Cr-1Mo-V	10Cr9mo1VNbN	—	A199-T91 A213-T91 A335-P91	—	A387Gr. 91	—

表 1.4.7 国内外常用铬钼钢化学成分对比

公称成分	钢号	国别	化学成分/%								力学性能			
			C	Mn	Si	S	P	Cr	Mo	V	抗拉强度 R_m MPa	下屈服强度 R_{eL} MPa	伸长率 A（纵向/横向）/%	冲击吸收能量 KV_2（纵向/横向）/J
C-Mo	20MoG	中	0.15~0.25	0.40~0.80	0.17~0.37	≤0.015	≤0.025	—	0.44~0.65	—	415~665	≥220	≥22/20	≥40/27
	A335-P1	美	0.10~0.20	0.30~0.80	0.10~0.50	≤0.025	≤0.025	—	0.44~0.65	—	≥380	≥205	—	—
	STBA12 STFA12	日	0.10~0.20	0.30~0.80	0.10~0.50	≤0.035	≤0.035	—	0.44~0.65	—	—	—	—	—
0.5Cr-0.5Mo	12CrMo	中	0.08~0.15	0.40~0.70	0.17~0.37	≤0.015	≤0.025	0.40~0.70	0.40~0.55	—	410~560	≥205	≥21/19	≥40/27
	A213-T2 A335-P2	美	0.10~0.20	0.30~0.61	0.10~0.30	≤0.025	≤0.025	0.50~0.81	0.44~0.65	—	≥380	≥205	—	—
	STBA20 STPA20	日	0.10~0.20	0.30~0.60	0.10~0.50	≤0.035	≤0.035	0.50~0.80	0.40~0.65	—	—	—	—	—
1Cr-0.5Mo	15CrMo	中	0.12~0.18	0.40~0.70	0.17~0.37	≤0.015	≤0.025	0.80~1.10	0.40~0.55	—	440~640	≥295	≥21/19	≥40/27
	A213-T12 A335-P12	美	0.05~0.15	0.30~0.61	≤0.50	≤0.025	≤0.025	0.80~1.25	0.44~0.65	—	≥415	≥220	≥30	—
	STBA22 STFA22 STPA22	日	≤0.15	0.30~0.60	≤0.50	≤0.035	≤0.035	0.80~1.25	0.45~0.65	—	—	—	—	—
1.25Cr-0.5Mo	12Cr1Mo	中	0.08~0.15	0.30~0.60	0.17~0.37	≤0.015	≤0.025	1.00~1.50	0.45~0.65	—	415~560	≥205	≥22/20	≥40/27
	A335-P11 A199-T11	美	0.05~0.15	0.30~0.60	0.50~1.00	≤0.025	≤0.025	1.00~1.50	0.44~0.65	—	≥415	≥205	≥22	—
	STBA23 STFA23	日	≤0.15	0.30~0.60	0.50~1.00	≤0.030	≤0.030	1.00~1.50	0.45~0.65	—	—	—	—	—

续表

公称成分	钢号	国别	化学成分/%								力学性能			
			C	Mn	Si	S	P	Cr	Mo	V	抗拉强度 R_m MPa	下屈服强度 R_{eL} MPa	伸长率 A（纵向/横向）/%	冲击吸收能量 KV_2（纵向/横向）/J
1Cr-0.5Mo-V	12Cr1MoV	中	0.08~0.15	0.40~0.70	0.17~0.37	≤0.010	≤0.025	0.90~1.20	0.25~0.35	0.15~0.30	470~640	≥255	≥21/19	≥40/27
2.25Cr-1Mo	12Cr2Mo	中	0.08~0.15	0.40~0.60	≤0.50	≤0.015	≤0.025	2.00~2.50	0.90~1.13	—	450~600	≥280	≥22/20	≥40/27
	A213-T22 A335-P22	美	0.05~0.15	0.30~0.60	≤0.50	≤0.025	≤0.025	1.90~2.60	0.87~1.13	—	≥415	≥205	—	—
	STBA24 STPA24 STFA24	日	≤0.15	0.30~0.60	≤0.50	≤0.030	≤0.030	1.90~2.60	0.87~1.13	—	—	—	—	—
5Cr-0.5Mo	12Cr5Mo	中	≤0.15	0.30~0.60	≤0.50	≤0.015	≤0.025	4.00~6.00	0.45~0.60	—	415~590	≥205	≥22/20	≥40/27
	A213-T5 A335-P5	美	≤0.15	0.30~0.60	≤0.50	≤0.025	≤0.025	4.00~6.00	0.45~0.65	—	≥415	≥205	≥30	—
	STBA25 STFA25 STPA25	日	≤0.15	0.30~0.60	≤0.50	≤0.030	≤0.030	4.00~6.00	0.45~0.65	—	—	—	—	—
9Cr-1Mo	12Cr9Mo	中	≤0.15	0.30~0.60	0.25~1.00	≤0.015	0.025	8.00~10.00	0.90~1.10	—	460~640	≥210	≥20/18	≥40/27
	A335-P9	美	≤0.15	0.30~0.60	0.50~1.00	≤0.025	≤0.025	8.00~10.00	0.90~1.10	—	≥415	≥205	—	—
	A213-T9	美	≤0.15	0.30~0.60	0.25~1.00	≤0.025	≤0.025	8.00~10.00	0.90~1.10	—	≥415	≥205	≥30	—
	STBA26 STFA26	日	≤0.15	0.30~0.60	0.25~1.00	≤0.030	≤0.030	8.00~10.00	0.90~1.10	—	—	—	—	—

续表

公称成分	钢号	国别	化学成分/%								力学性能			
			C	Mn	Si	S	P	Cr	Mo	V	抗拉强度 R_m MPa	下屈服强度 R_{eL} MPa	伸长率 A (纵向/横向)/%	冲击吸收能量 KV_2 (纵向/横向)/J
9Cr-1Mo-V	10Cr9Mo1VNbN	中	0.08~0.12	0.30~0.60	0.20~0.50	≤0.010	≤0.020	8.0~9.5	0.85~1.05	0.18~0.25	≥585	≥415	≥20/16	≥40/27
	A335-P91	美	0.08~0.12	0.30~0.60	0.20~0.50	≤0.010	≤0.020	8.00~9.50	0.85~1.05	0.18~0.25	≥585	≥415	≥30/20	—
2.25Cr-1Mo	12Cr2Mo	中	0.08~0.15	0.40~0.60	≤0.50	≤0.015	≤0.025	2.00~2.50	0.90~1.13	—	450~600	≥280	≥22/20	≥40/27
	A213-T22 A335-P22	美	0.05~0.15	0.30~0.60	≤0.50	≤0.025	≤0.025	1.90~2.60	0.87~1.13	—	≥415	≥205	—	—
	STBA24 STPA24 STFA24	日	≤0.15	0.30~0.60	≤0.50	≤0.030	≤0.030	1.90~2.60	0.87~1.13	—	—	—	—	—
5Cr-0.5Mo	12Cr5Mo	中	≤0.15	0.30~0.60	≤0.50	≤0.015	≤0.025	4.00~6.00	0.45~0.60	—	415~590	≥205	≥22/20	≥40/27
	A213-T5 A335-P5	美	≤0.15	0.30~0.60	≤0.50	≤0.025	≤0.025	4.00~6.00	0.45~0.65	—	≥415	≥205	≥30	—
	STBA25 STFA25 STPA25	日	≤0.15	0.30~0.60	≤0.50	≤0.030	≤0.030	4.00~6.00	0.45~0.65	—	—	—	—	—
9Cr-1Mo	12Cr9Mo	中	≤0.15	0.30~0.60	0.25~1.00	≤0.015	≤0.025	8.00~10.00	0.90~1.10	—	460~640	≥210	≥20/18	≥40/27
	A335-P9	美	≤0.15	0.30~0.60	0.50~1.00	≤0.025	≤0.025	8.00~10.00	0.90~1.10	—	≥415	≥205	—	—

续表

公称成分	钢号	国别	化学成分/%								力学性能			
			C	Mn	Si	S	P	Cr	Mo	V	抗拉强度 R_m MPa	下屈服强度 R_{eL} MPa	伸长率 A（纵向/横向）/%	冲击吸收能量 KV_2（纵向/横向）/J
9Cr-1Mo	A213-T9	美	≤0.15	0.30~0.60	0.25~1.00	≤0.025	≤0.025	8.00~10.00	0.90~1.10	—	≥415	≥205	≥30	—
9Cr-1Mo	STBA26 STFA26	日	≤0.15	0.30~0.60	0.25~1.00	≤0.030	≤0.030	8.00~10.00	0.90~1.10	—	—	—	—	—
9Cr-1Mo-V	10Cr9Mo1VNbN	中	0.08~0.12	0.30~0.60	0.20~0.50	≤0.010	≤0.020	8.0~9.5	0.85~1.05	0.18~0.25	≥585	≥415	≥20/16	≥40/27
9Cr-1Mo-V	A335-P91	美	0.08~0.12	0.30~0.60	0.20~0.50	≤0.010	≤0.020	8.00~9.50	0.85~1.05	0.18~0.25	≥585	≥415	≥30/20	—

表 1.4.8 常用铬钼钢化学成分和常温力学性能对比

钢号	化学成分/%											力学性能							标准
	C	Mn	Si	S	P	Cr	Mo	V	Ti	Ni	Cu	抗拉强度 R_m/MPa	下屈服强度 R_{eL} 或规定塑性延伸强度 $R_{p0.2}$/MPa	伸长率 A/% 纵向	伸长率 A/% 横向	冲击吸收能量 KV_2/J 纵向	冲击吸收能量 KV_2/J 横向	硬度/HBW	
15MoG	0.12~0.20	0.40~0.80	0.17~0.37	≤0.015	≤0.025	—	0.25~0.35	—	—	—	—	450~600	≥270	≥22	≥20	≥40	≥27	—	GB 5310
20MoG	0.15~0.25	0.40~0.80	0.17~0.37	≤0.015	≤0.025	—	0.44~0.65	—	—	—	—	415~665	≥220	≥22	≥20	≥40	≥27	—	GB 5310
12CrMoG	0.08~0.15	0.40~0.70	0.17~0.37	≤0.015	≤0.025	0.40~0.70	0.40~0.55	—	—	—	—	410~560	≥205	≥21	≥19	≥40	≥27	—	GB 5310
12CrMo	0.08~0.15	0.40~0.70	0.17~0.37	≤0.015	≤0.025	0.40~0.70	0.40~0.55	—	—	≤0.30	≤0.20	410~560	≥205	≥21	≥19	≥40	≥27	≤156	GB 9948—2013
12CrMo	0.08~0.15	0.40~0.70	0.17~0.37	≤0.015	≤0.025	0.40~0.70	0.40~0.55	—	—	—	—	410~560	≥205	≥21	≥19	≥40	≥27	—	GB 6479

续表

钢号	化学成分/%											力学性能							标准
	C	Mn	Si	S	P	Cr	Mo	V	Ti	Ni	Cu	抗拉强度 R_m/MPa	下屈服强度 R_{eL} 或规定塑性延伸强度 $R_{p0.2}$/MPa	伸长率 A/%		冲击吸收能量 KV_2/J		硬度/HBW	
														纵向	横向	纵向	横向		
15CrMoG	0.12~0.18	0.40~0.70	0.17~0.37	≤0.015	≤0.025	0.80~1.10	0.40~0.55	—	—	—	—	440~640	≥235	≥21	≥19	≥40	≥27	—	GB 5310
15CrMo	0.12~0.18	0.40~0.70	0.17~0.37	≤0.015	≤0.025	0.80~1.10	0.40~0.55	—	—	≤0.30	≤0.20	440~640	≥295	≥21	≥19	≥40	≥27	≤170	GB 9948—2013
15CrMo	0.12~0.18	0.40~0.70	0.17~0.37	≤0.015	≤0.025	0.80~1.10	0.40~0.55	—	—	—	—	440~640	≥295	≥21	≥19	≥40	≥27	—	GB 6479
12Cr1Mo	0.08~0.15	0.30~0.60	0.50~1.00	≤0.015	≤0.025	1.00~1.50	0.45~0.65	—	—	≤0.30	≤0.20	415~560	≥205	≥22	≥20	≥40	≥27	≤163	GB 9948
12Cr1MoVG	0.08~0.15	0.40~0.70	0.17~0.37	≤0.010	≤0.025	0.90~1.20	0.25~0.35	0.15~0.30	—	—	—	470~640	≥255	≥21	≥19	≥40	≥27	—	GB 5310
12Cr1MoV	0.08~0.15	0.40~0.70	0.17~0.37	≤0.010	≤0.025	0.90~1.20	0.25~0.35	0.15~0.30	—	—	≤0.20	470~640	≥255	≥21	≥19	≥40	≥27	≤179	GB 9948
08Cr2AlMo[注1]	0.05~0.10	0.20~0.50	0.15~0.40	≤0.015	≤0.025	2.00~2.50	0.30~0.40	—	—	—	—	400~540	≥250	≥25	—	—	—	—	GB 150
12Cr2MoG	0.08~0.15	0.40~0.60	≤0.50	≤0.015	≤0.025	2.00~2.50	0.90~1.13	—	—	—	—	450~600	≥280	≥22	≥20	≥40	≥27	—	GB 5310
12Cr2Mo	0.08~0.15	0.40~0.60	≤0.50	≤0.015	≤0.025	2.00~2.50	0.90~1.13	—	—	≤0.60	≤0.20	450~600	≥280	≥22	≥20	≥40	≥27	≤163	GB 9948
12Cr2Mo1	0.08~0.15	0.40~0.60	≤0.50	≤0.015	≤0.025	2.00~2.50	0.90~1.10	—	—	—	—	450~600	≥280	≥22	—	≥40	—	—	GB 150
12Cr2Mo	0.08~0.15	0.40~0.60	≤0.50	≤0.015	≤0.025	2.00~2.50	0.90~1.13	—	—	—	—	450~600	≥280	≥22	≥20	≥40	≥27	—	GB 6479
12Cr2MoWVTiB[注2]	0.08~0.15	0.45~0.65	0.45~0.75	≤0.015	≤0.025	1.60~2.10	0.50~0.65	0.28~0.42	0.08~0.18	—	—	540~735	≥345	≥18	—	≥40	—	—	GB 5310

续表

钢号	化学成分/%											力学性能							标准
	C	Mn	Si	S	P	Cr	Mo	V	Ti	Ni	Cu	抗拉强度 R_m/MPa	下屈服强度 R_{eL} 或规定塑性延伸强度 $R_{p0.2}$/MPa	伸长率 A/% 纵向	伸长率 A/% 横向	冲击吸收能量 KV_2/J 纵向	冲击吸收能量 KV_2/J 横向	硬度/HBW	
07Cr2MoW2VNbB[注3]	0.04~0.10	0.10~0.60	≤0.50	≤0.010	≤0.025	1.90~2.60	0.05~0.30	0.20~0.30	—	—	—	≥510	≥400	≥22	≥18	≥40	≥27	≤220	GB 5310
12Cr3MoVSiTiB[注4]	0.09~0.15	0.50~0.80	0.60~0.90	≤0.015	≤0.025	2.50~3.00	1.00~1.20	0.25~0.35	0.22~0.38	—	—	610~805	≥440	≥16	—	≥40	—	—	GB 5310
12Cr5Mo1	≤0.15	0.30~0.60	≤0.50	≤0.015	≤0.025	4.00~6.00	0.45~0.60	—	—	≤0.60	≤0.20	451~590	≥205	≥22	≥20	≥40	≥27	≤163	GB 9948
12Cr5MoNT												480~640	≥280	≥20	≥18			—	
12Cr5Mo	≤0.15	≤0.60	≤0.50	≤0.015	≤0.025	4.00~6.00	0.40~0.60	—	—	≤0.60	—	390~590	≥195	≥22	≥20	≥40	≥27	—	GB 6479
12Cr9Mo1	≤0.15	0.30~0.60	0.25~1.00	≤0.015	≤0.025	8.00~10.00	0.90~1.10	—	—	≤0.60	≤0.20	460~640	≥210	≥20	≥18	≥40	≥27	≤179	GB 9948
12Cr9MoNT												590~740	≥390	≥18	≥16			—	
10Cr9Mo1VNbN[注5]	0.08~0.12	0.30~0.60	0.20~0.50	≤0.010	≤0.020	8.0~9.5	0.85~1.05	0.18~0.25	—	≤0.40	—	≥585	≥415	≥20	≥16	≥40	≥27	≤250	BG5310
10Cr9MoW2VNbBN[注6]	0.07~0.13	0.30~0.60	≤0.50	≤0.010	≤0.020	8.5~9.5	0.3~0.6	0.15~0.25	—	≤0.40	—	≥620	≥440	≥20	≥16	≥40	≥27	≤250	GB 5310
11Cr9Mo1W1VNbBN[注7]	0.09~0.13	0.30~0.60	0.10~0.50	≤0.010	≤0.020	8.5~9.5	0.9~1.1	0.18~0.25	—	≤0.40	—	≥620	≥440	≥20	≥16	≥40	≥27	≤238	GB 5310

注：1. Al 的成分为 0.30%~0.70%。

2. W 的成分为 0.30%~0.55%、B 的成分为 0.002%~0.008%。

3. Nb 的成分为 0.02%~0.08%、N 的成分为≤0.03%、W 的成分为 1.45%~1.75%、B 的成分为 0.0005%~0.006%。

4. B 的成分为 0.005%~0.011%。

5. Nb 的成分为 0.06%~0.10%、N 的成分为 0.03%~0.07%。

6. Nb 的成分为 0.04%~0.09%、N 的成分为 0.03%~0.07%、W 的成分为 1.5%~2.0%、B 的成分为 0.001%~0.006%。

7. Nb 的成分为 0.06%~0.10%、N 的成分为 0.04%~0.09%、W 的成分为 0.9%~1.1%、B 的成分为 0.0003%~0.006%。

表 1.4.9　常用铬钼钢铸件化学成分和力学性能对比

钢号	化学成分/%									力学性能				标准
	C	Mn	Si	S	P	Cr	Mo	Ni	V	抗拉强度 R_m/MPa	下屈服强度 R_{eL}/MPa	伸长率 A/%	冲击吸收能量 KV_2/J	
ZG19MoG	0.15~0.23	0.50~1.00	0.30~0.60	≤0.035	≤0.035	≤0.030	0.40~0.60	—	—	450~600	≥250	≥21	≥25(20℃)	GB/T 16253
ZG14MoVG	0.10~0.17	0.40~0.70	0.30~0.60	≤0.035	≤0.035	0.30~0.60	0.40~0.60	≤0.40	0.22~0.32	500~650	≥320	≥17	≥13(20℃)	GB/T16253
ZG20CrMo	0.15~0.25	0.50~0.80	0.20~0.60	≤0.030	≤0.030	0.50~0.80	0.40~0.60	—	—	460	≥245	≥18	≥20	JB/T 10087
ZG15Cr1Mo	≤0.20	0.50~0.80	≤0.60	≤0.030	≤0.030	1.00~1.50	0.45~0.65	—	—	458~660	≥275	≥20	—	JB/T 10087
ZG15Cr1MoG	0.10~0.20	0.50~0.80	0.30~0.60	≤0.035	≤0.035	1.00~1.50	0.45~0.65	—	—	490~640	≥290	≥18	≥27(20℃)	GB/T 16253
ZG17Cr1Mo1VG	0.13~0.20	0.50~0.80	0.30~0.60	≤0.035	≤0.035	1.20~1.60	0.90~1.20	—	0.15~0.35	590~740	≥420	≥15	≥24(20℃)	GB/T 16253
ZG20CrMoV	0.18~0.25	0.40~0.70	0.20~0.60	≤0.030	≤0.030	0.90~1.20	0.50~0.70	—	0.20~0.30	≥490	≥315	≥15	≥20	JB/T 10087
ZG15Cr1MoV	0.12~0.20	0.40~0.70	0.20~0.60	≤0.030	≤0.030	1.20~1.70	0.90~1.20	—	0.25~0.40	≥490	≥345	≥15	≥20	JB/T 10087
ZG12Cr2Mo1G	0.08~0.15	0.50~0.80	0.30~0.60	≤0.035	≤0.035	2.00~2.50	0.90~1.20	—	—	510~660	≥280	≥18	≥25(20℃)	GB/T 16253
ZG16Cr2Mo1G	0.13~0.20	0.30~0.60	0.50~0.80	≤0.035	≤0.035	2.00~2.50	0.90~1.20	—	—	600~750	≥390	≥18	≥40(20℃)	GB/T 16253
ZG15Cr2Mo1	≤0.18	0.40~0.70	≤0.60	≤0.030	≤0.030	2.00~2.75	0.90~1.20	—	—	485~660	≥275	≥18	—	JB/T 10087
ZG16Cr5MoG	0.12~0.19	0.50~0.80	≤0.80	≤0.035	≤0.035	4.00~6.00	0.45~0.65	—	—	630~780	≥420	≥16	≥25(20℃)	GB/T 16253
ZG14Cr9Mo1G	0.10~0.17	0.50~0.80	≤0.80	≤0.035	≤0.035	8.00~10.0	1.00~1.30	—	—	630~780	≥420	≥16	≥20(20℃)	GB/T 16253

表 1.4.10　常用铬钼钢锻件化学成分和力学性能对比

钢号	化学成分/%									力学性能					标准
	C	Mn	Si	S	P	Cr	Mo	Ni	Cu	钢材厚度/mm	抗拉强度 R_m/MPa	下屈服强度 R_{eL}/MPa	伸长率 A/%	冲击吸收能量 KV_2/J	
35CrMo	0.32~0.38	0.40~0.70	0.15~0.40	≤0.015	≤0.025	0.80~1.10	0.15~0.25	≤0.30	≤0.25	≤300	620~790	≥440	≥15	≥41(0℃)	NB/T 47008
										>300~500	610~780	≥430	≥15	≥41(0℃)	
15CrMo	0.12~0.18	0.30~0.80	0.10~0.60	≤0.015	≤0.025	0.80~1.25	0.45~0.65	≤0.30	≤0.25	≤300	480~640	≥280	≥20	≥47(20℃)	NB/T 47008
										>300~500	470~630	≥270	≥20	≥47(20℃)	

续表

钢号	化学成分/%									力学性能					标准
	C	Mn	Si	S	P	Cr	Mo	Ni	Cu	钢材厚度/mm	抗拉强度 R_m/MPa	下屈服强度 R_{eL}/MPa	伸长率 A/%	冲击吸收能量 KV_2/J	
12Cr1MoV注1	0.09~0.15	0.40~0.70	0.15~0.40	≤0.015	≤0.025	0.90~1.20	0.25~0.35	≤0.30	≤0.25	≤300	470~630	≥280	≥20	≥47(20℃)	NB/T 47008
										>300~500	460~620	≥270	≥20	≥47(20℃)	
14Cr1Mo	0.11~0.17	0.30~0.80	0.50~0.80	≤0.015	≤0.025	1.15~1.50	0.45~0.65	≤0.30	≤0.25	≤300	490~660	≥290	≥19	≥47(20℃)	NB/T 47008
										>300~500	480~650	≥280	≥19	≥47(20℃)	
12Cr2Mo1	≤0.15	0.30~0.60	≤0.50	≤0.012	≤0.020	2.00~2.50	0.90~1.10	≤0.30	≤0.25	≤300	510~680	≥310	≥18	≥47(20℃)	NB/T 47008
										>300~500	500~670	≥300	≥18	≥47(20℃)	
12Cr2Mo1V注2	≤0.15	0.30~0.60	≤0.10	≤0.010	≤0.012	2.00~2.50	0.90~1.10	≤0.25	≤0.25	≤300	590~760	≥420	≥17	≥60(-20℃)	NB/T 47008
										>300~500	580~750	≥410	≥17	≥60(-20℃)	
12Cr3Mo1V注3	≤0.15	0.30~0.60	≤0.10	≤0.010	≤0.012	2.70~3.30	0.90~1.10	≤0.25	≤0.25	≤300	590~760	≥420	≥17	≥60(-20℃)	NT/T 47008
										>300~500	580~750	≥410	≥17	≥60(-20℃)	
1Cr5Mo	≤0.15	≤0.60	≤0.50	≤0.015	≤0.025	4.00~6.00	0.45~0.65	≤0.50	≤0.25	≤500	590~760	≥390	≥18	≥47(20℃)	NB/T 47008
10Cr9Mo1VNb注4	0.08~0.12	0.30~0.60	0.20~0.50	≤0.010	≤0.020	8.00~9.50	0.85~1.05	≤0.40	≤0.25	≤500	590~760	≥420	≥18	≥47(20℃)	NB/T 47008

注：1. V 的成分为 0.15%~0.30%。

2. V 的成分为 0.25%~0.35%、Nb 的成分为≤0.07%、Ti 的成分为≤0.03%，B 的成分为≤0.002%。

3. V 的成分为 0.20%~0.30%、Ti 的成分为 0.015%~0.035%、B 的成分为 0.001%~0.003%。

4. V 的成分为 0.18%~0.25%、Nb 的成分为 0.06%~0.10%、Al 的成分为≤0.04%、N 的成分为 0.03%~0.07%。

表 1.4.11 常用国内外铬钼钢钢板化学成分和力学性能对比

ASTM 标准钢号	板厚 δ/mm	化学成分/%							力学性能			
		C	Mn	Si	S	P	Cr	Mo	抗拉强度 R_m/MPa	下屈服强度 R_{eL}/MPa	伸长率 A/%	冲击吸收能量 KV_2/J
A204Gr. A	δ≤25	≤0.18	≤0.98	0.13~0.45	≤0.035	≤0.035	—	0.41~0.64	450~585	≥255	≥19	—
	25<δ≤50	≤0.21										
	50<δ≤100	≤0.23										
	δ>100	≤0.25										
A204Gr. B	δ≤25	≤0.20	≤0.98	0.13~0.45	≤0.035	≤0.035	—	0.41~0.64	485~620	≥275	≥17	—
	25<δ≤50	≤0.23										
	50<δ≤100	≤0.25										
	δ>100	≤0.27										
A204Gr. C	δ≤25	≤0.23	≤0.98	0.13~0.45	≤0.035	≤0.035	—	0.41~0.64	515~655	≥295	≥16	—
	25<δ≤50	≤0.26										
	50<δ≤100	≤0.28										
	δ>100	≤0.28										
A387Gr. 2	任意	0.04~0.21	0.50~0.88	0.13~0.45	≤0.035	≤0.035	0.46~0.85	0.40~0.65	380~550	≥230	≥18	—
A387Gr. 12	任意	0.04~0.17	0.35~0.73	0.13~0.45	≤0.035	≤0.035	0.74~1.21	0.40~0.65	380~550	≥230	≥18	—
A387Gr. 11	任意	0.04~0.17	0.035~0.73	0.44~0.86	≤0.035	≤0.035	0.94~1.56	0.40~0.70	415~585	≥240	≥19	—
A387Gr. 22	任意	0.04~0.15	0.25~0.66	≤0.50	≤0.035	≤0.035	1.88~2.62	0.85~1.15	415~585	≥205	≥18	—
A387Gr. 22L	任意	≤0.12										
A387Gr. 21	任意	0.04~0.15	0.25~0.66	≤0.50	≤0.035	≤0.035	2.63~3.37	0.85~1.15	415~585	≥205	≥18	—
A387Gr. 21L	任意	≤0.12										
A387Gr. 5	任意	≤0.15	0.25~0.66	≤0.55	≤0.030	≤0.035	3.90~6.10	0.40~0.70	415~585	≥205	≥18	—
A387Gr. 9[注1]	任意	≤0.15	0.25~0.66	≤1.05	≤0.030	≤0.030	7.90~10.10	0.85~1.15	415~585	≥205	≥18	—
A387Gr. 9L[注2]	任意	0.06~0.15	0.25~0.66	0.18~0.56	≤0.012	≤0.025	7.90~9.60	0.80~1.10	585~760	≥415	≥18	—

注：1. V 的成分为≤0.05%。

2. V 的成分为 0.16%~0.27%、Nb 的成分为 0.05%~0.11%、Ti 的成分为≤0.01%、B 的成分为 0.025%~0.08%、Al 的成分为≤0.02%、Zr 的成分为≤0.01%。

续表

钢号	化学成分%									力学性能					标准
	C	Mn	Si	S	P	Cr	Mo	Ni	Cu	钢材厚度/mm	抗拉强度 R_m/MPa	下屈服强度 R_{eL}/MPa	伸长率 A/%	冲击吸收能量 KV_2/J	
15CrMoR	0.12~0.18	0.40~0.70	0.15~0.40	≤0.010	≤0.025	0.80~1.20	0.45~0.60	—	—	6~60	450~590	≥295	≥19	≥31(20℃)	GB 713
										>60~100	450~590	≥275	≥19	≥31(20℃)	
										>100~150	440~580	≥255	≥19	≥31(20℃)	
14Cr1MoR	0.05~0.17	0.40~0.65	0.50~0.80	≤0.010	≤0.020	1.15~1.50	0.45~0.65	—	—	6~100	520~680	≥310	≥19	≥34(20℃)	GB 713
										>100~150	510~670	≥300	≥19	≥34(20℃)	
12Cr2Mo1R	0.08~0.15	0.30~0.60	≤0.50	≤0.010	≤0.020	2.00~2.50	0.90~1.10	—	—	6~150	520~680	≥310	≥19	≥34(20℃)	GB 713
12Cr1MoVR[注1]	0.08~0.15	0.40~0.70	0.15~0.40	≤0.010	≤0.025	0.90~1.20	0.25~0.35	—	—	6~60	440~590	≥245	≥19	≥34(20℃)	GB 713
										>60~100	430~580	≥235	≥19	≥34(20℃)	
12Cr2Mo1VR[注2]	0.11~0.15	0.30~0.60	≤0.10	≤0.005	≤0.010	2.00~2.50	0.90~1.10	≤0.25	≤0.20	30~120	590~760	≥415	≥17	≥60(-20℃)	GB 150

注：1. V 的成分为 0.15%~0.30%。

2. V 的成分为 0.25%~0.35%、Nb 的成分为≤0.07%、Ti 的成分为≤0.03%、B 的成分为≤0.002%、Ca 的成分为≤0.015%。

十一、不锈钢的分类与工程应用

世界各国冶金生产者和冶金学者为了创造发明这一钢种，从 19 世纪后期，就开始精心的研究，直到 1910 年才有高铬合金的首批生产。在 20 世纪初的 1913 年，英国报道了含碳量为 0.4%的钢中含有 9%~16%铬时具有良好的抗腐蚀性能。接着，德国在 1914 年报道了含铬含镍的钢能抗氧化和酸的作用；加拿大在 1915 年、美国在 1916 年获得生产这类钢的专利权；1917 年法国也报道了含铬 10%~15%、含镍在 20%~40%的合金钢。不锈钢是世界各国冶金生产者和冶金学者进行精心研究的成果。

不锈钢是一种以铁和碳为基础的含有较多合金元素的高合金钢，具有不易生锈的特点，但是，不是绝对的不生锈，而是生锈量、被腐蚀量少，生锈和被腐蚀的过程较慢，甚至根本不能察觉。不锈钢的钢号中碳含量以千分之几表示。例如“1Cr13”钢的平均碳含量为 0.1%；若钢中含碳量≤0.03%或≤0.08%者，钢号前分别冠以“00”及“0”表示之，例如 0Cr18Ni9(06Cr19Ni10)为不锈钢牌号，牌号表示钢材中的主要合金元素的百分含量，C≤0.08%，Cr=17.00%~19.00%，Ni=8.00%~11.00%。不锈钢的分类与工程应用见表 1.4.12。

表 1.4.12 不锈钢的分类与工程应用

分类方法	类别与工程应用	
按主要化学组成	铬不锈钢、铬镍不锈钢和铬锰氮不锈钢等	
按主要用途	可分为：不锈钢、耐酸钢、不起皮钢、耐热钢等四种。有的将电热合金作为不锈钢的组成部分。它们的主要功能和代表性钢号分列如下： ① 不锈钢：在空气及弱腐蚀介质中能抵抗腐蚀。具有这种功能的钢叫作不锈钢。其代表性钢号有：0Cr13、1Cr13、2Cr13、3Cr13、4Cr13、Cr14、Cr15、9Cr18、9Cr18MoV、Cr14Mo 等。 ② 耐酸钢：在各种腐蚀性强的介质(如酸、碱、盐溶液等)中能抵抗腐蚀作用。其代表性钢号有：Cr17、Cr28、Cr17Ti、Cr18Ti、Cr25Ti、Cr17Mn9、Cr17Ni2、0Cr18Ni9、1Cr18Ni9、2Cr18Ni9、2Cr13Ni4Mn9、Cr14Mn14Ni、Cr18Mn8Ni5、Cr18Mn10Ni5Mo3、1Cr18Ni9Ti 等。 ③ 不起皮钢铁(又叫抗氧化钢)：在高温下有足够的热稳定性，能够抵抗气体腐蚀而不剥落氧化铁皮的功能。简单讲，就是在高温下抗气体的侵蚀不起皮的钢。 ④ 耐热不锈钢：珠光体耐热钢一般用作设计温度高于 350℃的耐热用钢或抗氢用钢	
按金相组织	铁素体不锈钢(ferrite stainless steel)	① 含铬 12%~30%。常温组织为铁素体组织。可在材料表面形成一层致密的 Cr 氧化薄膜，能有效地保护材料免遭腐蚀。耐腐蚀性能与抗氧化性能均比较好，但机械性能与工艺性能较差，多用于受力不大的耐酸结构及作抗氧化钢使用。这类钢能抵抗大气、硝酸及盐水溶液的腐蚀，并具有高温抗氧化性能好、热膨胀系数小等特点。防腐性能不如奥氏体型不锈钢，焊接性能也比较差，还容易出现 475℃回火脆性和 σ 相析出引起的脆性，因此，这种不锈钢在工业管道中应用得不多，而在压力容器中常用作复合材料的复层。 ② 其耐蚀性、韧性和可焊性随含铬量的增加而提高，耐氯化物应力腐蚀性能优于其他种类不锈钢。随着铬含量的提高，其耐酸性能也提高，加入钼(Mo)后，则可提高耐酸腐蚀性和抗应力腐蚀的能力。这类不锈钢的国家标准牌号有 00Cr12(022Cr12)、1Cr17(10Cr17)等。 ③ GB/T 1220 标准共给出了 7 种铁素体型不锈钢的材料牌号，而常用的材料牌号有 00Cr12(022Cr12)和 0Cr13Al(06Cr13Al)

续表

分类方法	类别与工程应用	
按金相组织	马氏体不锈钢(martensite stainless steel)	① 合金含量与铁素体型不锈钢类似；具有较高的硬度和耐磨性，耐蚀性较弱，常用于医疗中的手术刀，而工业管道中则常用作碳素钢和铬钼钢阀门的阀杆和阀芯。这类钢是在淬火、回火处理后使用的。 ② 这类钢中铬的质量分数为 12%~18.0%，但碳的质量分数最高可达 0.6%。碳含量的增高，提高了钢的强度和硬度。在这类钢中加入的少量镍可以促使生成马氏体，同时又能提高其耐蚀性。这类钢的焊接性较差。 ③ GB/T 1220 标准共给出了 19 种马氏体型不锈钢的材料牌号，而常用的材料牌号有 1Cr13(12Cr13)、2Cr13(20Cr13)、3Cr13(30Cr13)等
	奥氏体不锈钢(austenitic stainless steel)	① 含铬大于 18%，还含有 8%左右的镍及少量钼、钛、氮等元素。综合性能好，可耐多种介质腐蚀。奥氏体不锈钢的常用牌号有 1Cr18Ni9、0Cr19Ni9 等。这类钢中含有大量的 Ni 和 Cr，使钢在室温下呈奥氏体状态。这类钢具有良好的塑性、韧性、焊接性和耐蚀性能，在氧化性和还原性介质中耐蚀性均较好，用来制作耐酸设备，如耐蚀容器及设备衬里、输送管道、耐硝酸的设备零件等。奥氏体不锈钢一般采用固溶处理，即将钢加热至 1050~1150℃，然后水冷，以获得单相奥氏体组织。 ② 奥氏体型不锈钢一般属于耐蚀钢，是应用最广泛的一类钢，其中以 18/8 型(06Cr19Ni10，旧牌号为 0Cr18Ni9)不锈钢最有代表性，它有较好的力学性能，便于进行机械加工、冲压和焊接。在氧化性环境中具有优良的耐腐蚀性能和良好的耐热性能。但对溶液中含有氯离子的介质特别敏感，易于发生应力腐蚀。18/8 型不锈钢按其化学成分中碳含量的不同又分为三个等级：一般含碳量(W_c≤0.15%)低碳级(W_c≤0.08%)和超低碳级(W_c≤0.03%)。世界许多国家都感到镍储量的紧缺。为了节省镍，早在四五十年代世界上就开始用锰和氮取代 18/8 型不锈钢中的部分镍。研制并列入国家标准的钢板牌号有 1Cr17Mn6Ni5N(GB/T 5216)和 0Cr19Ni9N(GB/T 1220)等。 ③ 奥氏体不锈钢主要用于耐物料腐蚀或者物料要求干净不能受铁离子污染的工况。奥氏体不锈钢一般不用作设计温度低于 500℃的耐热用钢。奥氏体不锈钢一般只在无法选择低合金钢作低温用钢时才用作低温用钢。当所需厚度大于 12mm 时，应优先考虑选用奥氏体不锈钢复合钢材
	奥氏体-铁素体双相不锈钢(dual phase stainless steel)	① 兼有奥氏体和铁素体不锈钢的优点，并具有超塑性。奥氏体和铁素体组织各约占一半的不锈钢。 ② 在含 C 较低的情况下，Cr 含量在 18%~28%，Ni 含量在 3%~10%。有些钢还含有 Mo、Cu、Si、Nb、Ti，N 等合金元素。该类钢兼有奥氏体和铁素体不锈钢的特点，与铁素体相比，塑性、韧性更高，无室温脆性，耐晶间腐蚀性能和焊接性能均显著提高，同时还保持有铁素体不锈钢的 475℃脆性以及导热系数高，具有超塑性等特点。 ③ 与奥氏体不锈钢相比，强度高且耐晶间腐蚀和耐氯化物应力腐蚀有明显提高。双相不锈钢具有优良的耐孔蚀性能，也是一种节镍不锈钢
	沉淀硬化不锈钢(precipitation hardening stainless)	① 沉淀硬化型不锈钢是指可以进行沉淀硬化处理的奥氏体或马氏体型不锈钢。这种不锈钢有很高的强度和硬度，其耐蚀性则接近于奥氏体不锈钢，在工业管道中它常用作螺栓和螺母材料。基体为奥氏体或马氏体组织。其能通过沉淀硬化(又称时效硬化)处理使其硬(强)化的不锈钢。 ② 按其组织形态可分为三类：沉淀硬化半奥氏体型、沉淀硬化马氏体型和沉淀硬化奥氏体型不锈钢。这种钢有很好的成形性能和良好的焊接性，可作为超高强度的材料在核工业、航空和航天工业中得到应用。 ③ GB/T 1220 标准给出了 05Cr15Ni5Cu4Nb、0Cr17Ni4Cu4Nb(05Cr17Ni4Cu4Nb)、0Cr17Ni7Al(07Cr17Ni7Al)、0Cr15Ni7Mo2Al(07Cr15Ni7Mo2Al)共 4 种沉淀硬化型不锈钢的材料牌号

十二、不锈钢的性能及各种元素的作用

形成不锈钢的性能和组织，主要是由各种元素决定的。由于这些元素的加入，导致钢的内部组织发生变化，从而使钢具有特殊的性能。

1. 铬

铬是构成不锈钢的基本元素。铬是决定不锈钢耐腐蚀性能的最基本元素。铬能使钢的表面很快形成一层实际为腐蚀介质不能透过和不溶解的富铬的氧化膜；铬还能有效地提高钢的电极电位。当含铬量不低于12.5%时，可使钢的电极电位发生突变，由负电位升到正的电极电位。因而可显著提高钢的耐蚀性。铬的含量越高，钢的耐蚀性能越好。当含铬量达到25%、37.5%时，会发生第二次、第三次的突变，使钢具有更高的耐腐蚀性能。

2. 镍

镍单独不能构成不锈钢。镍对不锈钢耐腐蚀的影响，只有它与铬配合时才能充分显示出来。在含铬18%的钢中加入9%的镍，就能使钢在常温下获得单一奥氏体组织，并可以提高钢对非氧化性介质(如：稀硫酸、盐酸、磷酸等)的耐蚀性，并能改善钢的焊接和冷弯等的工艺性能。

3. 锰和氮

锰和氮可代替铬镍不锈钢中的镍。锰和氮在不锈钢中有与镍相仿的作用。锰的稳定奥氏体作用为镍的二分之一，而氮的作用比镍大很多，约为镍的40倍左右。因而锰和氮可代镍获得单一的奥氏体组织。但锰的加入会使含铬低的不锈钢耐蚀性降低。同时，高锰奥氏体钢不易加工。因此，在不锈钢中不单独使用锰，只用部分代替镍。

4. 碳

碳在不锈钢中具有两重性。碳在不锈钢中的含量及其分布的形式，在很大程度上左右着不锈钢的性能和组织：①碳是稳定奥氏体元素，并作用的程度很大，约为镍的30倍，含碳量高的(马氏体)不锈钢，完全可以接受淬火强化，从而在机械性能方面可大大提高它的强度；②由于碳和铬的亲和力很大，在不锈钢中要占用17倍碳量的铬与它结合成碳化铬。随着钢中含碳量的增加，则与碳形成碳化物的铬越多，从而显著降低钢的耐蚀性。所以，从强度与耐腐蚀性能两方面来看，碳在不锈钢中的作用是互相矛盾的。在实际应用中，为了达到耐腐蚀的目的，不锈钢的含碳量一般较低，大多在0.1%左右，为了进一步提高钢的耐腐蚀能力，特别是抗晶间腐蚀的能力，常采用超低碳的不锈钢，含碳量在0.03%甚至更低。

5. 钛和铌

钛和铌能防止不锈钢的晶间腐蚀。不锈钢加热到450～800℃时，常常由于在晶界析出铬的碳化物而使晶界附近的含铬量下降形成贫铬区，导致晶界附近的电极电位下降，从而引起电化学腐蚀。这种腐蚀叫作晶间腐蚀。常见的如在焊缝附近的热影响区内发生的晶间腐蚀。而钛和铌是强碳化物形成元素，它们与碳的亲和力比铬大得多，钢中加入钛或铌，就能使钢中的碳首先与钛或铌形成碳化物，而不与铬形成碳化物，从而保证晶界附近不致因贫铬而产生晶间腐蚀。因此，钛和铌常用来固定钢中的碳，提高不锈钢抗晶间腐蚀的能力，并改善钢的焊接性能。钛或铌的加入量要根据含碳量而定，一般地，钛的加入量为含碳量的5倍，铌为碳的8倍。

6. 钼和铜

钼和铜能提高某些不锈钢对某些介质的耐腐蚀性能。钼和铜能提高不锈钢对硫酸、醋酸等腐蚀介质的耐蚀能力。钼还能显著提高对含氯离子的介质(如盐酸)以及有机酸的耐蚀能力。但含钼的不锈钢不宜在硝酸中应用，含钼的不锈钢在沸腾的65%硝酸中的腐蚀速度比不含钼的增加一倍；铜加入铬锰氮不锈钢中，会加速不锈钢的晶间腐蚀。钼对钢获得单一奥氏体组织有不利影响，因此在含钼钢中，为了使钢在热处理后具有单一的奥氏体组织。镍在锰等元素的含量中要相应提高。

7. 硅和铝

硅和铝能提高不锈钢的抗氧化能力。硅对提高铬钢抗氧化能力的作用很显著，含5%铬及1%硅的钢，抗氧化的能力可与12%铬钢相等。如要使钢在1000℃能抵抗氧化，含0.5%硅时需要22%的铬，如加入2.5%~3%的硅以后，只需要12%的铬就可以了。有资料还介绍，向Cr15Ni20的铬镍钢中加2.5%的硅，抗氧化性能可相当于Cr15Ni60的铬镍合金。向高铬钢中加铝也能使抗氧化性能显著提高，它的作用与加硅的功能相仿。向高铬钢中加硅和铝的目的：一是为了进一步提高钢的抗氧化性能；二是为了节约用铬。硅和铝对提高铬钢抗氧化性能的作用虽然很大，但也有很多缺点。最主要的是它使钢的晶粒粗化和脆性倾向增大。

8. 钨和钒

钨和钒加入钢中，其主要作用是提高钢的热强性。

9. 硼

高铬铁素体不锈钢(Cr17MO2Ti)中加0.005%的硼，可使钢在沸腾的65%醋酸中的耐腐蚀性能提高；奥氏体不锈钢中加入微量(0.0006%~0.0007%)的硼，可使钢的热态塑性改善；硼对提高钢的热强性有良好的作用，可使不锈钢的热强性显著提高；含硼的铬镍奥氏体不锈钢在原子能工业中有着特殊的用途。但不锈钢中含硼会使钢的塑性和冲击韧性降低。

10. 其他

除以上元素外，有些不锈钢中还分别加入稀有金属元素和稀土元素以改善钢的性能。

十三、国内外配管设计常用不锈钢牌号对比

1. 碳(C)含量标识

(1) 旧牌号

Cr之前的数字表示碳的千分之几的含量。如201(1Cr17Mn6Ni5N)：碳(C)含量千分之一；2Cr13(420)，7Cr17(440A)，分别表示碳(C)含量千分之二和千分之七；C≤0.08%为低碳，标识为“0”，如(304)0Cr18Ni9(06Cr19Ni10)；C≤0.03%为超低碳，标识为“00，如00Cr17Ni14Mo2(316L)。

(2) 新牌号

Cr之前的数字表示碳(C)的万分之几的含量。如：

201牌号为12Cr17Mn6Ni5N(旧牌号为1Cr17Mn6Ni5N)，表示碳(C)含量万分之十二(0.12%)；

304牌号为06Cr19Ni10(旧牌号为0Cr18Ni9)，表示碳(C)含量万分之六(0.06%)；

316L 牌号为 022Cr17Ni12Mo2(旧牌号为 00Cr17Ni14Mo2)，表示碳(C)含量万分之二点二(0.022%)。

其他标识基本不变。新牌号中碳(C)含量较之以前更加明确，对产品生产技术也有了更高的要求。

2. 个别材质原料含量发生调整

304 中 Cr 和 Ni 的含量分别涨了 1 个点，316L 中 Ni 的含量上涨 2 个点；444 中 Cr 含量上涨了 1 个点，Ni 含量减少了 1 个点；304N1 中 Ni 含量减少了 1 个点。各钢种之间做了不同程度的调整，镍奥式体中调整幅度比例较大。原料含量发生变动的部分钢种比较见表 1.4.13。

表 1.4.13 国内外配管设计常用不锈钢牌号对比

序号	中国 GB		日本 JIS	美国		韩国	欧盟	印度	澳大利
	旧标准	新标准		ASTM	UNS	KS	BS EN	IS	亚 AS
奥氏体不锈钢									
1	1Cr17Mn6Ni5N	12Cr17Mn6Ni5N	SUS201	201	S20100	STS201	1.4372	10Cr17Mn6Ni4N20	201-2
2	1Cr18Mn8Ni5N	12Cr18Mn9Ni5N	SUS202	202	S20200	STS202	1.4373		—
3	1Cr17Ni7	12Cr17Ni7	SUS301	301	S30100	STS301	1.4319	10Cr17Ni7	301
4	0Cr18Ni9	06Cr19Ni10	SUS304	304	S30400	STS304	1.4301	07Cr18Ni9	304
5	00Cr19Ni10	022Cr19Ni10	SUS304L	304L	S30403	STS304L	1.4306	02Cr18Ni11	304L
6	0Cr19Ni9N	06Cr19Ni10N	SUS304N1	304N	S30451	STS304N1	1.4315	—	304N1
7	0Cr19Ni10NbN	06Cr19Ni9NbN	SUS304N2	XM21	S30452	STS304N2	—	—	304N2
8	00Cr18Ni10N	022Cr19Ni10N	SUS304LN	304LN	S30453	STS304LN	—	—	304LN
9	1Cr18Ni12	10Cr18Ni12	SUS305	305	S30500	STS305	1.4303	—	305
10	0Cr23Ni13	06Cr23Ni13	SUS309S	309S	S30908	STS309S	1.4833	—	309S
11	0Cr25Ni20	06Cr25Ni20	SUS310S	310S	S31008	STS310S	1.4845	—	310S
12	0Cr17Ni12Mo2	06Cr17Ni12Mo2	SUS316	316	S31600	STS316	1.4401	04Cr17Ni12Mo2	316
13	0Cr18Ni12Mo3Ti	06Cr17Ni12Mo2Ti	SUS316Ti	316Ti	S31635	—	1.4571	04Cr17Ni12MoTi20	316Ti
14	00Cr17Ni14Mo2	022Cr17Ni12Mo2	SUS316L	316L	S31603	STS316L	1.4404	~02Cr17Ni12Mo2	316L
15	0Cr17Ni12Mo2N	06Cr17Ni12Mo2N	SUS316N	316N	S31651	STS316N	—	—	316N
16	00Cr17Ni13Mo2N	022Cr17Ni13Mo2N	SUS316LN	316LN	S31653	STS316LN	1.4429	—	316LN
17	0Cr18Ni12Mo2Cu2	06Cr18Ni12Mo2Cu2	SUS316J1	—	—	STS316J1	—	—	316J1
18	00Cr18Ni14Mo2Cu2	022Cr18Ni14Mo2Cu2	SUS316J1L	—	—	STS316J1L	—	—	—
19	0Cr19Ni13Mo3	06Cr19Ni13Mo3	SUS317	317	S31700	STS317	—	—	317
20	00Cr19Ni13Mo3	022Cr19Ni13Mo3	SUS317L	317L	S31703	STS317L	1.4438	—	317L
21	0Cr18Ni10Ti	06Cr18Ni11Ti	SUS321	321	S32100	STS321	1.4541	04Cr18Ni10Ti20	321
22	0Cr18Ni11Nb	06Cr18Ni11Nb	SUS347	347	S34700	STS347	1.4550	04Cr18Ni10Nb40	347
奥氏体-铁素体型不锈钢(双相不锈钢)									
23	0Cr26Ni5Mo2	—	SUS329J1	329	S32900	STS329J1	1.4477	—	329J1
24	00Cr18Ni5Mo3Si2	022Cr19Ni5Mo3Si2N	SUS329J3L	—	S31803	STS329J3L	1.4462	—	329J3L
铁素体型不锈钢									
25	0Crl3Al	06Crl3Al	SUS405	405	S40500	STS405	1.4002	04Cr13	405
26	—	022Cr11Ti	SUH409	409	S40900	STS409	1.4512	—	409L

续表

序号	中国 GB		日本 JIS	美国		韩国 KS	欧盟 BS EN	印度 IS	澳大利亚 AS
	旧标准	新标准		ASTM	UNS				
27	00Cr12	022Cr12	SUS410L	—	—	STS410L	—	—	410L
28	1Cr17	10Cr17	SUS430	430	S43000	STS430	1.4016	05Cr17	430
29	1Cr17Mo	10Cr17Mo	SUS434	434	S43400	STS434	1.4113	—	434
30	—	022Cr18NbTi	—	—	S43940	—	1.4509	—	439
31	00Cr18Mo2	019Cr19Mo2NbTi	SUS444	444	S44400	STS444	1.4521	—	444
马氏体型不锈钢									
32	1Cr12	12Cr12	SUS403	403	S40300	STS403	—	—	403
33	1Cr13	12Cr13	SUS410	410	S41000	STS410	1.4006	12Cr13	410
34	2Cr13	20Cr13	SUS420J1	420	S42000	STS420J1	1.4021	20Cr13	420
35	3Cr13	30Cr13	SUS420J2	—	—	STS420J2	1.4028	30 Cr13	420J2
36	7Cr17	68Cr17	SUS440A	440A	S44002	STS440A	—	—	440A

十四、配管设计常用 304、304L、316、316L 的比较与工程应用

304 是目前常用型号，即 18/8 不锈钢。GB 牌号为 06Cr19Ni10(旧牌号为 0Cr18Ni9)。

316 是继 304 之后，第二个得到最广泛应用的钢种，主要用于食品工业、制药行业和外科手术器材，添加钼元素使其获得一种抗腐蚀的特殊结构。由于比 304 具有更好的抗氯化物腐蚀能力因而也作“船用钢”来使用。316 则通常用于核燃料回收装置。18/10 级不锈钢通常也符合这个应用级别。

1. 性能对比

304[0Cr18Ni9(06Cr19Ni10)]不锈钢是最普遍的钢种，作为一种用途广泛的钢，具有良好的耐蚀性、耐热性、低温强度和机械特性；冲压、弯曲等热加工性好，无热处理硬化现象(无磁性，使用温度-196~800℃)。

304L[00Cr19Ni10(022Cr19Ni10)]不锈钢(L 为低碳)作为低碳的 304 钢，在一般状态下，其耐蚀性与 304 刚相似，但在焊接后或者消除应力后，其抗晶界腐蚀能力优秀；在未进行热处理的情况下，亦能保持良好的耐蚀性，使用温度-196~800℃。

316[0Cr17Ni12(06Cr17Ni12Mo2)]不锈钢因添加钼，故其耐蚀性、耐大气腐蚀性和高温强度特别好，可在苛刻的条件下使用；加工硬化性优(无磁性)。

316L[00Cr17Ni14(022Cr17Ni12Mo2)]不锈钢(L 为低碳)作为 316 钢种的低碳系列，除与 316 钢有相同的特性外，其抗晶界腐蚀性优。

2. 化学组分对比

化学组分对比见表 1.4.14，316 和 316L 不锈钢是含钼不锈钢种。316L 不锈钢中的钼含量略高于 316 不锈钢，由于钢中含钼，该钢种总的性能优于 310 和 304 不锈钢，高温条件下，当硫酸的浓度低于 15%和高于 85%时，316 不锈钢具有广泛的用途。316 不锈钢还具有良好的抗氯化物侵蚀的性能，所以通常用于海洋环境。316L 不锈钢的最大碳含量为 0.03%，可用于焊接后不能进行退火和需要最大耐腐蚀性的用途中。

某石化工程装置，浓硫酸管道刚开始选用普通碳钢管道，由于自产浓硫酸浓度不是很

稳定，造成管道多处泄漏，后来配管设计修改为 316 材质管道。

表 1.4.14　化学组分对比　%

类型	C≤	Mn≤	P≤	C≤	Si≤	Cr	Ni	Mo	其他
304	0.08	2.0	0.045	0.03	1.0	18~20	8~12		—
304L	0.03	2.0	0.045	0.03	1.0	18~20	8~12		—
316	0.08	2.0	0.045	0.03	1.0	16~18	10~14	2~3	—
316L	0.03	2.0	0.045	0.03	1.0	16~18	10~14	2~3	—

3. 耐腐蚀对比

316 不锈钢耐腐蚀性能优于 304 不锈钢，在浆和造纸的生产过程中具有良好的耐腐蚀的性能。而且 316 不锈钢还耐海洋和侵蚀性工业大气的侵蚀。

一般 304 不锈钢与 316 不锈钢在抗化学腐蚀性能方面差别不大，不过在某些特定介质下有所区别。最初开发出的不锈钢为 304，在特定情况下，这种材料对点腐蚀(pitting corrosion)比较敏感。额外增加 2%~3%的钼可以减少这种敏感性，这样就诞生了 316。此外，这些额外的钼还可以降低某些热有机酸的腐蚀。

316 不锈钢几乎成为食品饮料行业标准材料。由于世界范围内钼元素的短缺及 316 不锈钢中镍含量更多，316 不锈钢的价格比 304 不锈钢更贵。

在各种类型的水介质(蒸馏水、饮用水、河水、锅炉水、海水等)中，304 不锈钢与 316 不锈钢的抗腐蚀性能几乎一样，除非介质中氯离子的含量非常高，此时 316 不锈钢就更合适。

在大多数情况下，304 不锈钢与 316 不锈钢的抗腐蚀性能没有多大区别，但有些情况下也可能差别很大，需具体情况具体分析。

4. 耐热性对比

在 1600℃以下的间断使用和在 1700℃以下的连续使用中，316 不锈钢具有好的耐氧化性能。在 800~1575℃的范围内，最好不要连续使用 316 不锈钢，但在该温度范围以外连续使用 316 不锈钢时，该不锈钢具有良好的耐热性。316L 不锈钢的耐碳化物析出的性能比 316 不锈钢更好，可用于上述温度范围。

5. 热处理对比

在 1850~2050℃的温度范围内进行退火，然后迅速退火，再迅速冷却。316 不锈钢不能过热处理进行硬化。

6. 焊接对比

316 不锈钢具有良好的焊接性能。可采用所有标准的焊接方法进行焊接。焊接时可根据用途，分别采用 316Cb、316L 或 309Cb 不锈钢填料棒或焊条进行焊接。为获得最佳的耐腐蚀性能，316 不锈钢的焊接断面需要进行焊后退火处理。如果使用 316L 不锈钢，不需要进行焊后退火处理。

7. 机械性能对比

在所有钢材中，奥氏体不锈钢的屈服点最低。因此从机械性能考虑，奥氏体不锈钢并不是用于阀杆的最佳材料，因为要保证一定的强度，阀杆的直径就会加大。屈服点不能通过热处理来提高，但可以通过冷成型提高。机械性能对比见表 1.4.15。

表 1.4.15 机械性能对比

类型	抗拉强度/(N/mm)	屈服强度/(N/mm)	伸长率/%	洛氏硬度/HRB
304	600	210	60	80
304L	530	200	50	70
316	560	210	60	78
316L	530	200	50	75

8. 磁性对比

由于奥氏体不锈钢的广泛应用，给人们造成所有不锈钢都没有磁性的错误印象。对奥氏体不锈钢而言，基本可以理解为非磁性，经淬火的锻钢确实如此。但通过冷成型处理的304会多少带点磁性。对铸钢而言，如果是100%奥氏体不锈钢则没有磁性。

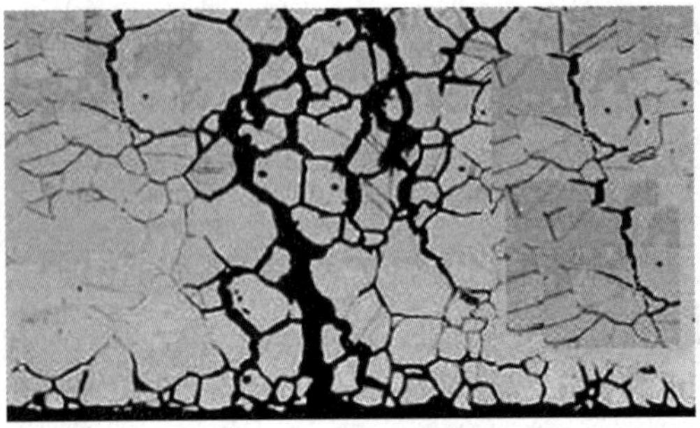

图 1.4.2 晶间腐蚀

9. 低碳类型的不锈钢

奥氏体不锈钢的抗腐蚀性能来自金属表面形成的氧化铬保护层。如果材料加热到450~900℃高温，材料的结构就会发生变化，沿晶体边缘会形成碳化铬。这样在晶体边沿就无法形成氧化铬保护层，从而导致抗腐蚀性能降低。这种腐蚀称为“晶间腐蚀”，见图1.4.2。

由此开发出了304L不锈钢和316L不锈钢来对抗这种腐蚀。304L不锈钢和316L不锈钢的含碳量都较低，因为碳含量减少，所以就不会产生碳化铬，也就不会生成晶间腐蚀。

含碳量超过0.03%的不稳定的奥氏体型不锈钢(即不含钛或铌的0Cr18Ni9不锈钢)，如果热处理不当则在某些环境中易产生晶间腐蚀。这些钢在425~815℃之间加热时，或者缓慢冷却通过这个温度区间时，都会产生晶间偏析，这样的热处理造成碳化物在晶界沉淀(敏化作用)，并且造成最邻近的区域铬贫化使得这些区域对腐蚀敏感。敏化作用也可出现于焊接时，在焊接热影响区造成其后的局部腐蚀。较高的晶间腐蚀敏感性并不意味着非低碳材料就更容易腐蚀。在高氯环境中，这种敏感性也越高。对于软阀座常规蝶阀而言，由于我们并不在阀板上进行焊接操作，因此采用低碳不锈钢并没有多大意义，不过大多数规格书会要求采用304L不锈钢或316L不锈钢。

十五、奥氏体不锈钢的分类与工程应用

(1) 根据其含碳量的不同分为高碳型、低碳型(C≤0.08%)、和超低碳型；常温为单一奥氏体组织，消除了组织间的电位差，故有利于抗电化学腐蚀；它含有大量耐蚀合金元素，抗高温化学腐蚀；具有良好的机械性能和可焊性，故工程上应用很广泛。奥氏体不锈钢价格较高，约是碳钢材料的10倍，是普通合金钢的近4倍，故不是必须使用时就不要轻易选用。

(2) GB 1220《不锈钢棒》给出了奥氏体不锈钢的材料牌号，而常用的材料牌号有0Cr18Ni9(304)(06Cr19Ni10)、00Cr19Ni10(304L)(022Cr19Ni10)、0Cr17Ni12Mo2(316)(06Cr17Ni12Mo2)、00Cr17Ni14Mo2(316L)(022Cr17Ni12Mo2)等。

（3）高碳奥氏体不锈钢含碳量较高（C＝0.04%～0.12%），高温强度较高，常用作耐热钢。

（4）超低碳型奥氏体不锈钢含碳量较低（C≤0.03%），不易产生晶间腐蚀倾向，常用作耐蚀钢；强度较低，不应在高温下使用。00Cr19Ni10（304L）（022Cr19Ni10）用于≤400℃，00Cr17Ni12Mo2（316L）（022Cr17Ni12Mo2）用于≤450℃。

（5）低碳型奥氏体不锈钢含碳量（C≤0.08%），性能介于高碳和超低碳之间。304、316不锈钢用于-196～+700℃。

十六、双相不锈钢的国内外标准比较与工程应用

（1）双相不锈钢（奥氏体-铁素体不锈钢）是指它的微观组织是由铁素体相和奥氏体相组成的材料，二相各约占50%。在实际使用中其中一相约在40%～60%之间较为合适。双相不锈钢从20世纪40年代在美国诞生以来，已经发展到第三代。它的主要特点是屈服强度可达400～550MPa，是普通不锈钢的2倍，因此可以节约用材，降低设备制造成本。在抗腐蚀方面，特别是介质环境比较恶劣（如海水，氯离子含量较高）的条件下，双相不锈钢的抗点蚀、缝隙腐蚀、应力腐蚀及腐蚀疲劳性能明显优于普通的奥氏体不锈钢，可以与高合金奥氏体不锈钢媲美。

（2）根据两相组织的特点，通过正确控制化学成分和热处理工艺，将奥氏体不锈钢所具有的优良韧性和焊接性与铁素体不锈钢所具有的较高强度和耐氯化物应力腐蚀性能结合在一起，使双相不锈钢成为一类集优良的耐腐蚀、高强度和易于加工制造等诸多优异性能于一身的钢种。它们的物理性能介于奥氏体不锈钢和铁素体不锈钢之间，但更接近于铁素体不锈钢和碳钢。双相不锈钢的耐氯化物孔蚀和缝隙腐蚀能力与铬、钼和氮含量有关，耐孔蚀和缝隙腐蚀能力可以类似于316不锈钢，或者高于海水用不锈钢如6%Mo奥氏体不锈钢。所有的双相不锈钢耐氯化物应力腐蚀断裂的能力均明显强于300系列奥氏体不锈钢，而且其强度也大大高于奥氏体不锈钢，同时表现出良好的塑性和韧性。

（3）双相不锈钢一般可分为低合金型、中合金型、高合金型和超级双相不锈钢型四类。我国新标准GB/T 20878《不锈钢和耐热钢 牌号及化学成分》中加入了许多双相不锈钢牌号。如：14Cr18Ni11Si4AlTi、022Cr19Ni5Mo3Si2N、12Cr21Ni5Ti。代表牌号UNS S32304（23Cr-4Ni-0.1N），钢中不含钼，PREN值为24～25，在耐应力腐蚀方面可代替AISI304或316使用。

（4）双相不锈钢的分类：①第一类属低合金型，代表牌号UNS S32304（23Cr-4Ni-0.1N），钢中不含钼，PREN值为24～25，在耐应力腐蚀方面可代替AISI304或316使用。②中合金型，代表牌号UNS S31803（22Cr-5Ni-3Mo-0.15N），PREN值为32～33，其耐蚀性能介于AISI 316L和6%Mo+N奥氏体不锈钢之间。③高合金型，一般含25%Cr，还含有钼和氮，有的还含有铜和钨，标准牌号UNSS32550（25Cr-6Ni-3Mo-2Cu-0.2N），PREN值为38～39，这类钢的耐蚀性能高于22%Cr的双相不锈钢。④属超级双相不锈钢型，含高钼和氮，标准牌号UNS S32750（25Cr-7Ni-3.7Mo-0.3N），有的也含钨和铜，PREN值大于40，可适用于苛刻的介质条件，具有良好的耐蚀与力学综合性能，可与超级奥氏体不锈钢相媲美。

（5）常用双相不锈钢的国内外比较见表1.4.16。

表 1.4.16　常用双相不锈钢的国内外比较

型号 \ 国家	中国	美国	瑞典	德国	法国	日本
低合金型	00Cr23Ni4N	UN23 (SAF2304)	SS232(SAF2304)	W. Nr. 1. 4362	UR35N	DP11
中合金型	00Cr18Ni5Mo3Si2 00Cr22Ni5Mo3N	UNS S31500 UNS S31803	SS2376(3RE60) SS2377(SAF2205)	W. Nr. 1. 4417 W. Nr. 1. 4462	UR45N	DP1 DP8
高合金型	0Cr25Ni5Mo2 00Cr25Ni7Mo3WCuN	UNS S32900 UNS S31260	SS2324(10RE51)	W. Nr. 1. 4460 W. Nr. 1. 4501	—	329J1 329J2L
超级双相钢	00Cr25Ni7Mo4N 00Cr25Ni6Mo3CuN	UNS S32750 UNS S32550	SS2328(SAF2507)	W. Nr. 1. 4410 W. Nr. 1. 4507	—	UR47N+ UR52N+

(6) 双相不锈钢的特点与应用。①常温组织为奥氏体+铁素体组织；由于含有硅、铝等合金元素，加之它具有双相组织，故它抗氯化物引起的晶间腐蚀应力腐蚀性能明显优于奥氏体型不锈钢。②具有良好的综合机械性能和可焊性，常代替奥氏体型不锈钢用于容易发生晶间腐蚀的工作环境。③该种材料制造工艺复杂，成本较高，价格约是奥氏体型不锈钢的3～4倍，故这种材料在工程上应用的并不普遍。GB/T 1220 给出了 1Cr18Ni11Si4AlTi(14Cr18Ni11Si4AlTi)、00Cr18Ni5Mo3Si2(022Cr19Ni5Mo3Si2N)、022Cr22Ni5Mo3N 等共 6 种奥氏体-铁素体型不锈钢的材料牌号。

十七、国内外常用配管设计材料牌号与标准的比较

国内外常用配管设计材料牌号与标准的比较：碳钢无缝管见表 1.4.17，碳钢焊接有缝(ERW)管见表 1.4.18，碳钢管件见表 1.4.19，碳钢板焊有缝管(EFW/SAW)见表 1.4.20，碳钢锻件见表 1.4.21，碳钢铸件见表 1.4.22，低温碳钢、低温镍钢无缝管见表 1.4.23，低温碳钢、低温镍钢板焊有缝管(EFW/SAW)见表 1.4.24，低温碳钢、低温镍钢管件见表 1.4.25，低温碳钢、低温镍钢锻件见表 1.4.26，低温碳钢、低温镍钢铸件见表 1.4.27，合金钢无缝管见表 1.4.28，合金钢管件见表 1.4.29，合金钢板焊有缝管(EFW/SAW)见表 1.4.30，合金钢锻件见表 1.4.31，合金钢铸件见表 1.4.32，不锈钢无缝管见表 1.4.33，不锈钢焊管(EFW)见表 1.4.34，不锈钢板焊管(EFW)见表 1.4.35，不锈钢管件见表 1.4.36，不锈钢锻件见表 1.4.37，不锈钢铸件见表 1.4.38，镍及镍合金管见表 1.4.39，镍及镍合金管件见表 1.4.40，镍及镍合金锻件见表 1.4.41，紧固件见表 1.4.42。

表 1.4.17　国内外常用配管设计材料牌号与标准的比较——碳钢无缝管

国外标准	国外材料牌号	国内标准	国内材料牌号
ASTM A106	A	GB/T 9948	10
	A	GB/T 6479	10
ASTM A53	A	GB/T 3087	10
	A	GB/T 8163	10
	B		20
	B	GB/T 3087	20

续表

国外标准	国外材料牌号	国内标准	国内材料牌号
ASTM A106	B	GB/T 6479	20
	B	GB/T 9948	20
	B	GB/T 5310	20G
	B		20MnG
AP15L	B(PSL1)	GB/T 9711	L245/B(PSL1)
	B(PSL2)		L245/B(PSL2)
ASTM A369	FPB	YB/T 4173	20G
ASTM A369	FPB		20MnG
ASTM A53	C	GB/T 8163	Q345A
ASTM A369	FPC	YB/T 4173	25MnG
ASTM A106	C	GB/T 6479	Q345B
	C		Q345D
AP15L	X42~X80(PSL2)	GB/T 9711	L290/X42~L555/X80(PSL2)

表 1.4.18 国内外常用配管设计材料牌号与标准的比较——碳钢焊接有缝(ERW)管

国外标准	国外材料牌号	国内标准	国内材料牌号
ASTM A53	A-ERW	GB/T 3091	Q215A
	B-ERW		Q235A
AP15L	A(PSL1)ERW	GB/T 9711	L210/A(PSL1)
	B(PSL1)ERW		L245/B(PSL1)
	X42~X65(PSL2)ERW		L290/X42~L450/X65(PSL2)

表 1.4.19 国内外常用配管设计材料牌号与标准的比较——碳钢管件

国外标准	国外材料牌号	国内标准	国内材料牌号
ASTM A234	(WPA)	GB/T 13401	CF370
	WPB		CF415
	WPB		CF415K
	WPC		CF485
	WPC		CF485K
MSS SP75 ISO 15590-2	WPHY42~WPHY80	GB/T 29168.2	L290/X42~L450/X80

表 1.4.20 国内外常用配管设计材料牌号与标准的比较——碳钢板焊有缝管(EFW/SAW)

国外标准	国外材料牌号	国内标准	国内材料牌号
ASTM A134	A283-C	GB/T 3091 SY/T 5037	Q215A
	A283-D		Q235A
AP15L	B(PSL1)	GB/T 9711	L245/B(PSL1)
	B(PSL2)		L245/B(PSL2)
	X42~X80(PSL2)		L290/X42~L555/X80(PSL2)
ASTM A671	CC60	—	—
	CC70	—	—

表 1.4.21 国内外常用配管设计材料牌号与标准的比较——碳钢锻件

国外标准	国外材料牌号	国内标准	国内材料牌号
ASTM A181	70	GB/T 12228	25
ASTM A105	—		A105
ASTM A181	60	NB/T 47008	20
ASTM A105	—		16Mn
ASTM A694 ISO 15590-3	F42～F80	GB/T 29168.3	F290(F42)～F555(F80)

表 1.4.22 国内外常用配管设计材料牌号与标准的比较——碳钢铸件

国外标准	国外材料牌号	国内标准	国内材料牌号
ASTM A216	WCA	GB/T 12229	WCA
	WCB		WCB
	WCC		WCC

表 1.4.23 国内外常用配管设计材料牌号与标准的比较——低温碳钢、低温镍钢无缝管

国外标准	国外材料牌号	国内标准	国内材料牌号
ASTM A333	6	GB/T 6479	Q345E
	6	GB/T 18984	10MnDG
	6		16MnDG
	3		06Ni3MoDG
	8	—	—

表 1.4.24 国内外常用配管设计材料牌号与标准的比较
——低温碳钢、低温镍钢板焊有缝管(EFW/SAW)

国外标准	国外材料牌号	国内标准	国内材料牌号
ASTM A671	CC60	—	—
	CC70	—	—

表 1.4.25 国内外常用配管设计材料牌号与标准的比较——低温碳钢、低温镍钢管件

国外标准	国外材料牌号	国内标准	国内材料牌号
ASTM A234	WPL6	GB/T 13401	LF415K1
ASTM A420	WPL6		LF415K2
	WPL6		LF485K2
	WPL3		LF450K3
	WPL8		LF680K4

表 1.4.26 国内外常用配管设计材料牌号与标准的比较——低温碳钢、低温镍钢锻件

国外标准	国外材料牌号	国内标准	国内材料牌号
ASTM A350	LF2	NB/T 47009	16MnD
	LF3		08Ni3D
ASTM A522	Type1		06Ni9D

表 1.4.27 国内外常用配管设计材料牌号与标准的比较——低温碳钢、低温镍钢铸件

国外标准	国外材料牌号	国内标准	国内材料牌号
ASTM A352	LCB	JB/T 7248	LCB
	LCC		LCC
	LC3		LC3
	LC9		LC9

表 1.4.28 国内外常用配管设计材料牌号与标准的比较——合金钢无缝管

国外标准	国外材料牌号	国内标准	国内材料牌号
ASTM A335	P5	GB/T 9948	12Cr5MoI
	P5		12Cr5MoNT
	P9		12Cr9MoI
	P9		12Cr9MoNT
	P12		15CrMo
	P12	GB/T 6479	15CrMo
	P12	GB/T 5310	15CrMoG
ASTM A369	FP12	YB/T 4173	15CrMoG
	FP22		12Cr2MoG
ASTM A335	P11	GB/T 9948	12Cr1Mo
	P22	GB/T 5310	12Cr2MoG
	P22	GB/T 9948	12Cr2Mo
	P22	GB/T 6479	12Cr2Mo
—	—	GB/T 5310	12Cr1MoVG
—	—	YB/T 4173	12Cr1MoVG
—	—	GB/T 9948	12Cr1MoV
—	—	GB/T 6479	10MoWVNb
ASTM A335	P91	GB/T 5310	10Cr9Mo1VNbN
ASTM A369	FP91	YB/T4173	10Cr9Mo1VNbN

表 1.4.29 国内外常用配管设计材料牌号与标准的比较——合金钢管件

国外标准	国外材料牌号	国内标准	国内材料牌号
ASTM A234	WP12-1	GB/T 13401	AF12
	WP12-2		AF12G
	WP11-1		AF11
	WP11-2		AF11G
	WP22-2		AF22
	WP22-3		AF22G
	WP5		AF5
	WP5		AF5G

续表

国外标准	国外材料牌号	国内标准	国内材料牌号
ASTM A234	WP9(C1，1)	GB/T 13401	AF9
	WP9(C1，3)		AF9G
	WP91		AF91
—	—		AF14

表 1.4.30　国内外常用配管设计材料牌号与标准的比较——合金钢板焊有缝管(EFW/SAW)

国外标准	国外材料牌号	国内标准	国内材料牌号
ASTM A691 1CR-2	A387 12-2	—	—
ASTM A691 1-1/4CR-2	A387 11-2	—	—
ASTM A691 2-1/4CR-2	A387 22-2	—	—

表 1.4.31　国内外常用配管设计材料牌号与标准的比较——合金钢锻件

国外标准	国外材料牌号	国内标准	国内材料牌号
ASTM A182	F12-2	NB/T 47008	15CrMo
	F11-2		14Cr1Mo
	F22-3		12Cr2Mo1
	F5a		12Cr5Mo
	F91		10Cr9Mo1VNbN
—	—		12Cr1MoV

表 1.4.32　国内外常用配管设计材料牌号与标准的比较——合金钢铸件

国外标准	国外材料牌号	国内标准	国内材料牌号
ASTM A217	WC6	JB/T 5263	WC6
	WC9		WC9
	C12A		C12A
	C5	GB/T 16253	ZG16Cr5MoG

表 1.4.33　国内外常用配管设计材料牌号与标准的比较——不锈钢无缝管

国外标准	国外材料牌号	国内标准	国内材料牌号
ASTM A312	TP321	GB/T 14976	06Cr18Ni11Ti
	TP347		06Cr18Ni11Nb
	TP321H	GB/T 14976 GB/T 9948 GB/T 5310	07Cr19Ni11Ti
	TP347H		07Cr18Ni11Nb
	TP304L	GB/T 14976	022Cr19Ni11
	TP304		06Cr19Ni10

续表

国外标准	国外材料牌号	国内标准	国内材料牌号
ASTM A312	TP304H	GB/T 14976 GB/T 9948 GB/T 5310	07Cr19Ni10
	TP316L	GB/T 14976 GB/T 9948	022Cr17Ni12Mo2
	TP316	GB/T 14976	06Cr17Ni12Mo2
	TP316H		07Cr17Ni12Mo2
	TP309		06Cr23Ni13
	TP310		06Cr25Ni20
ASTM A213	347HFG	GB/T 5310	08Cr18Ni11NbFG
ASTM A790	31803	GB/T 21833	022Cr22Ni5Mo3N
	32205		022Cr23Ni5Mo3N
	32750		022Cr25Ni7Mo4N

表 1.4.34　国内外常用配管设计材料牌号与标准的比较——不锈钢焊管(EFW)

国外标准	国外材料牌号	国内标准	国内材料牌号
ASTM A312	TP304L-W	GB/T 12771 HG/T 20537.3	022Cr19Ni11
	TP304-W		06Cr19Ni10
	TP316L-W		022Cr17Ni12Mo2
	TP316-W		06Cr17Ni12Mo2
	TP321-W		06Cr18Ni11Ti
	TP347-W		06Cr18Ni11Nb
	TP310-W		06Cr25Ni20
ASTM A790	31803-W	GB/T 21832	022Cr22Ni5Mo3N
	32205-W		022Cr23Ni5Mo3N
	32750-W		022Cr25Ni7Mo4N

表 1.4.35　国内外常用配管设计材料牌号与标准的比较——不锈钢板焊管(EFW)

国外标准	国外材料牌号	国内标准	国内材料牌号
ASTM A358	304L	HG/T 20537.4 GB/T 32964	022Cr19Ni11
	304		06Cr19Ni10
	316L		022Cr17Ni12Mo2
	316		06Cr17Ni12Mo2
	321		06Cr18Ni11Ti
	347		06Cr18Ni11Nb
	310	HG/T 20537.4	06Cr25Ni20

表 1.4.36 国内外常用配管设计材料牌号与标准的比较——不锈钢管件

国外标准	国外材料牌号	国内标准	国内材料牌号
ASTM A403	WP304L	GB/T 13401	SF304L
	WP304		SF304
	WP304H		SF304H
	WP316L		SF316L
	WP316		SF316
	WP316H		SF316H
	WP321		SF321
	WP321H		SF321H
	WP347		SF347
	WP347H		SF347H
	WP310		SF310
ASTM A815	WP31803		SF2225
	WP32205		SF2205
	WP32750		SF2507

表 1.4.37 国内外常用配管设计材料牌号与标准的比较——不锈钢锻件

国外标准	国外材料牌号	国内标准	国内材料牌号
ASTM A182	F304L	NB/T 47010	022Cr19Ni10
	F304		06Cr19Ni10
	F304H		07Cr19Ni10
	F316L		022Cr17Ni12Mo2
	F316		06Cr17Ni12Mo2
	F316H		07Cr17Ni12Mo2
	F321		06Cr18Ni11Ti
	F321H		07Cr18Ni11Ti
	F347		06Cr18Ni11Nb
	F347H		07Cr18Ni11Nb
	F904L		015Cr21Ni26Mo5Cu2
	F62		015Cr20Ni18Mo6CuN
	F51		022Cr22Ni5Mo3N(S22253)
	F60		022Cr22Ni5Mo3N(S22053)
	F53		022Cr25Ni7Mo4N

表 1.4.38 国内外常用配管设计材料牌号与标准的比较——不锈钢铸件

国外标准	国外材料牌号	国内标准	国内材料牌号
ASTM A351	CF3	GB/T 12230	CF3
	CF8		CF8
	CF3M		CF3M
	CF8M		CF8M
	CF8C		CF8C

表 1.4.39 国内外常用配管设计材料牌号与标准的比较——镍及镍合金管

国外标准	国外材料牌号	国内标准	国内材料牌号
ASTM B161	UNS N02200	GB/T 2882	N7(200)
	UNS N02201		N5(201)
ASTM B165	UNS N04400		NCu30(400)
ASTM B167	UNS N06600		NCr15-8(600)
	UNS N06600	GB/T 30059	NC3102(600)
ASTM B444	UNS N06625	—	—
ASTM B407	UNS N08800	GB/T 30059	NS1101(800)
	UNS N08810		NS1101(800H)
ASTM B705	UNS N08825		NS1402(825)
ASTM B622	UNS N10276	—	—

表 1.4.40 国内外常用配管设计材料牌号与标准的比较——镍及镍合金管件

国外标准	国外材料牌号	国内标准	国内材料牌号
ASTM B366	WPN(200)	—	—
	WPNL(201)	—	—
	WPNC(400)	—	—
	WPNCI(600)	—	—
	WPNCMC(625)	—	—
	WPNIC(800)	—	—
	WPNIC10(800H)	—	—
	WPNIC11(800HT)	—	—
	WPNICMC(825)	—	—
	WPNC276(C276)	—	—

表 1.4.41 国内外常用配管设计材料牌号与标准的比较——镍及镍合金锻件

国外标准	国外材料牌号	国内标准	国内材料牌号
ASTM B564	UNS N02200	NB/T 47028	N7(200)
	UNS N02201		N5(201)
	UNS N04400		NCu30(400)

续表

国外标准	国外材料牌号	国内标准	国内材料牌号
ASTM B564	UNS N06600	GB/T 26030	NW6600(600)
	UNS N06625		NW6625(625)
	UNS N08800	NB/T 47028	NS1101(800)
	UNS N08810	GB/T 26030	NW8810(800H)
	UNS N08811		NW8811(800HT)
	UNS N08825		NW8825(825)
	UNS N10276	NB/T 47028	NS3304(C276)

表 1.4.42 国内外常用配管设计材料牌号与标准的比较——紧固件

国外标准	国外材料牌号	国内标准	国内材料牌号
ISO 898-1	5.6	GB/T 3098.1	5.6
	8.8		8.8
ISO 3506	A2-50	GB/T 3098.6	A2-50
	A4-50		A4-50
	A2-70		A2-70
	A4-70		A4-70
ASTM A193	B7	GB/T 3077	35CrMo
	B7	HG/T 20634	42CrMo(B7)
ASTM A320	L7		A320 L7
ASTM A193	B16	GB/T 3077	25Cr2MoV
	B8	GB/T 1220	06Cr19Ni10(304)
	B8M		06Cr17Ni12Mo2(316)
	B8-2	HG/T 20634	A193 B8-2
	B8M-2		A193 B8M-2
ASTM A453	660		A453-660

第五节 配管设计常用有色金属材料

一、配管设计常用有色金属的概念

(1) 狭义的有色金属(Non-ferrous Metal)称非铁金属，指除黑色金属外的金属和合金，是铁、锰、铬以外的所有金属的统称。其中除少数有颜色外(铜为紫红色、金为黄色)，大多数为银白色，有色金属有 60 多种，又可分为九大类：①重金属：铜、铅、锌等；②轻金属：铝、镁等；③轻稀有金属：锂、铍等；④难熔稀有金属：钨、钛、钒等；⑤稀散金属：镓、锗等；⑥稀土金属：钪、钇及镧系元素等；⑦放射性金属：镭、锕等；⑧贵金属：金、银、铂等；⑨碱金属：钾、钠等。

(2) 广义的有色金属还包括有色合金。有色合金是以一种有有色金属为基体(通常大于50%)，加入一种或几种其他元素而构成的合金。

二、铜的选用与工程应用

铜合金具有较高的强度和塑性，具有高的弹性极限和疲劳极限，同时还具有较好的耐蚀性、抗碱性及优良的减摩性和耐磨性。铜又分纯铜(俗称紫铜)、黄铜和青铜等。

1. 纯铜

纯铜面呈紫红色，有良好的导电性、导热性和耐大气腐蚀性，熔点为1083℃。在管道工程中常用纯铜制成钢管和法兰垫片。因纯铜硬度较低，退火后变得更柔软，故常用作高压管道中的法兰垫片。纯铜管的低温性能比钢材好，故纯铜管常用于空分设备管道、冷冻管道和仪表管道。纯铜的高温性能差，在120℃以下，容许抗拉强度为29.43MPa。温度若再升高，其机械强度则急剧下降，当温度上升至250℃时，其容许抗拉强度只相当于常温时的2/3，已不宜在压力下使用。常用的纯铜牌号为T2、T3、T4，杂质含量T2最少，T4最多。

2. 黄铜(brass)(H)

黄铜是铜和锌的合金，其机械强度高，有较好的耐腐蚀性和浇铸性，可用来制作管子、管件和阀门等。化工上常用的有H80、H68、H62("H"是黄铜代号，后边的数字表示合金中铜的平均含量)。H80比H68塑性好。作强度计算时，在120℃以下，黄铜容许抗拉强度为29.43MPa。随着温度升高，其强度则急剧下降，当温度没超过225℃时，黄铜阀件可用在压力不超过1.6MPa的管道中。

3. 青铜(bronze)(Q)

青铜是铜和锡的合金，又称锡青铜。由于锡的价格较高，故制造青铜也常用其他元素代替，因而又有无锡青铜，如铝青铜、铅青铜、硅青铜等。青铜通常由浇铸而成，其强度、硬度及耐腐蚀性都比黄铜好。青铜常用于制造蜗轮、齿轮、轮，以及管道工程中的阀件和管件等。

例如，制冷系统空调器用铜配管的材料为磷脱氧无缝拉制铜管，牌号为TP2(GB/T 5231)，供应状态有M(软)、Y(硬)，材料标记方法分别为TP2M，TP2Y。对应日本牌号分别为C1220T-OL，C1220-H。要求使用内表面无氧化的光亮管。其直径、壁厚可参照GB/T 1804。其化学成分分析方法按GB/T 5121进行，性能可按GB/T 228、GB/T 242、GB/T 246。

三、铝的选用与工程应用

铝的熔点为527℃，它具有良好的导热性和导电性，强度和硬度较低，可塑性好。铝容易氧化，在空气中，铝的表面能形成一层极薄的氧化铝保护膜，防止继续氧化。铝合金薄板常用作工业管道绝热工程的管子、塔、罐、换热器、阀门、法兰以及其他平壁设备保护层材料。纯铝的强度和硬度虽然很低，若加入其他元素可以提高。铝合金分为铸造铝合金和可压迫变形的铝合金两大类。管道工程中，常用L2和L3牌号的铝管输送硝酸和醋酸等，但是铝不能抵抗碱性腐蚀。当温度高于150℃时，铝管不宜用作配管设计。

四、铅的选用与工程应用

铅是一种暗灰色的金属，熔点为327℃，它有很好的耐腐蚀性能，常用来作硫酸设备和管道衬里。铅在大气、淡水、海水中很稳定，铅对硫酸、磷酸、亚硫酸、铬酸和氢氟酸等则有良好的耐蚀性。铅不耐硝酸的腐蚀，在盐酸中也不稳定。铅质软，可塑性好，管道工程中常用铅管。在安装铸铁管承插口时，常用铅做接口填塞材料，以牌号为 Pb6 的铅较适宜。硬铅是铅和锑的合金，它的抗腐蚀性略低于纯铅，但机械强度较高，常用于制造耐酸设备。铅蒸气有毒，故熔化铅时，要防止烫伤和铅中毒。在化工行业，铅主要用于处理硫酸的设备上。Pb4 用作设备内衬，Pb6 用作管道接头，硬铅可制造硫酸工业用的泵、阀门、管道等。

五、锌镍钛镁的选用与工程应用

1. 锌(zinc)

锌呈浅灰色，熔点为 419℃，它有较好的耐腐蚀性和力学性能。有些钢管和管件为增强耐腐蚀性能，常在表面镀一层锌，如室内给水工程中常用的镀锌管。

2. 镍(nickel)

镍及镍合金是化学、石油、有色金属冶炼、高温、高压、高浓度或混有不纯物等各种苛刻腐蚀环境下比较理想的金属材料。

3. 钛(titanium)

钛熔点高，热膨胀系数小，导热性差，强度低，塑性好。钛具有优良的耐蚀性和耐热性，其抗氧化能力优于大多数奥氏体不锈钢，而在较高温度下钛材仍能保持较高的强度。常温下钛具有极好的抗蚀性能，在大气、海水、硝酸和碱溶液等介质中十分稳定，但在任何浓度的氢氟酸中均能迅速溶解。

4. 镁(magnesium)

镁合金是航空工业的重要结构材料，它能承受较大的冲击、振动载荷，并有良好的机械加工性能和抛光性能。其缺点是耐蚀性较差及熔铸工艺复杂。

六、有色金属的牌号

有色金属及合金牌号的命名，规定以汉语拼音字母或国际元素符号作为主题词代号，表示其所属大类，如用 L 或 Al 表示铝，T 或 Cu 表示铜。主题词以后，用成分数字顺序结合产品类别来表示。即主题词之后的代号可以表示产品的状态、特征或主要成分。如：LF 为防(F)锈的铝(L)合金；LD 为锻(D)造用的铝(L)合金；LY 为硬(Y)的铝(L)合金，这三种合金的主题词是铝合金(L)。又如：QSn 为青(Q)铜中主要的添加元素为锡(Sn)的一类；QAL9-4 为青(Q)铜中含有铝(AL)，成分中添加元素铝为 9%，其他添加元素为 4%，这两种合金的主题词是青铜(Q)。因此，产品代号是由 GB 340《有色金属及合金产品牌号表示方法》规定的主题词汉语拼音字母、化学元素符号及阿拉伯数字相结合的方法来表示，见表 1.5.1、表 1.5.2。

有色金属及合金产品的状态、加工方法、特征代号，采用规定的汉语拼音字母表示。如热加工的 R(热)，淬火的 C(淬)，不包铝的 B(不)，细颗粒的 X(细)等。但也有少数例外，如优质表面 O(形象化表示完美无缺)等。

表 1.5.1 常用有色金属和合金元素的名称及代号

名称	代号		名称	代号	
	化学元素符号	汉语拼音字母代号		化学元素符号	汉语拼音字母代号
铜	Cu	T	锌	Zn	
铝	Al	L	铅	Pb	
镁	Mg	M	锡	Sn	
镍	Ni	N	锑	Sb	
钛	Ti	T	金	Au	
黄铜	—	H	银	Ag	
青铜	—	Q	镉	Cd	
白铜	—	B	铍	Be	

表 1.5.2 专用有色金属合金名称及其代号

名　称	采用代号	名　称	采用代号
防锈铝	LF	镁合金(变形加工用)	MB
锻铝	LD	焊料合金	HI
硬铝	LY	阳极镍	NY
超硬铝	LC	电池锌板	XD
特殊铝	LT	印刷合金	I
硬钎焊铝	LQ	印刷锌板	XI
无氧铜	TU	稀土	Xt
金属粉末	F	钨钴硬质合金	YG
喷铝粉	FLR	钨钛钴硬质合金	YT
涂料铝粉	FLU	铸造碳化钨	YZ
细铝	FLX	碳化钛——(铁)镍钼硬质合金	YN
特细铝粉	FLT	多用途(万能)硬质合金	YW
炼钢、化工用铝粉	FLG	钢结硬质合金	YE
镁粉	FM	轴承合金	Ch
铝镁粉	FLM	铸造合金	Z

七、国内外有色金属的应用比较

国内外有色金属牌号的比较见表 1.5.3。

表 1.5.3 国内外有色金属牌号的比较

中国		美国	日本
纯铜	T2	110	TCu1
	T3	—	CuPP11
	T4	—	CuPP12
黄铜	H80	240	RBs4
	H68	—	BS_2A
	H62	280	BS_2B
	HPb59-1	377	PbBS14

续表

中国	美国	日本
纯铝 L2	1260	A1050
L3	1050	A1100
L4	1230	A1200
LF2	5052	A5052
LF3	5154，5252	A5154
LF21	3003	A3003
纯钛 TA1	Cr. 1	T28
TA2	Cr. 2	T35
TA3	Cr. 3	T49

第六节 金属材料性能的影响因素

一、温度对金属材料性能的影响

(1) 金属材料在高温下的性能变化：材料的蠕变、应力松弛；材料的球化、石墨化；材料的高温氧化。

(2) 金属材料在低温下的性能变化：一般情况下，对于每种金属材料都有这样一个临界温度，当环境温度低于该临界温度时，材料的冲击韧性会急剧降低。通常将这一临界温度称为脆性转变温度。

二、常见元素对金属材料性能的影响与工程应用

常见元素对金属材料性能的影响见表 1.6.1。

表 1.6.1 常见元素对金属材料性能的影响

常见元素	对金属材料性能的影响
碳(C)	钢中含碳量增加，屈服点和抗拉强度升高，但塑性和冲击性降低，当碳含量超过 0.23%时，钢的焊接性能变坏，因此用于焊接的低合金结构钢，含碳量一般不超过 0.20%。碳量高还会降低钢的耐大气腐蚀能力，在露天的高碳钢就易锈蚀；此外，碳能增加钢的冷脆性和时效敏感性。含碳量增加，碳素钢的强度和硬度增加，塑性、韧性和焊接性能下降。 管道中一般采用含碳量小于 0.25%的碳钢。含碳量的增加，其球化和石墨化的倾向增加。作为高温下耐热用的高合金钢，含碳量应大于等于 0.04%，但此时奥氏体不锈钢的抗晶间腐蚀性能下降
硅(Si)	在炼钢过程中加硅作为还原剂和脱氧剂，所以镇静钢含有 0.15%～0.30%的硅。如果钢中含硅量超过 0.50%～0.60%，硅就算合金元素。硅能显著提高钢的弹性极限，屈服点和抗拉强度，故广泛用于作弹簧钢。在调质结构钢中加入 1.0%～1.2%的硅，强度可提高 15%～20%。硅和钼、钨、铬等结合，有提高抗腐蚀性和抗氧化的作用，可制造耐热钢。 硅固溶于铁素体和奥氏体中可起到提高它们的硬度和强度的作用。硅含量若超过 3%，将显著地降低钢的塑性、韧性、延展性和可焊性，并易导致冷脆，对中、高碳钢回火时易产生石墨化。 各种奥氏体不锈钢中加入约 2%的硅，可以增强它们的高温不起皮性。在铬、铬铝、铬镍、铬钨等钢中加入硅，都将提高它们的高温抗氧化性能。但硅含量太高时，材料的表面脱碳倾向增加。

续表

常见元素	对金属材料性能的影响
硅(Si)	低硅含量对钢的抗腐蚀性能影响不大，只有当硅含量达到一定值时，它对钢的抗腐蚀性能才有显著的增强作用。硅含量为15%~20%的硅铸铁是很好的耐酸材料，对不同温度和浓度的硫酸、硝酸都很稳定，但在盐酸和王水的作用下稳定性很小，在氢氟酸中则不稳定。高硅铸铁之所以抗腐蚀，是由于当开始腐蚀时，在其表面形成致密的 SiO_2 薄层，阻碍着酸的进一步向内侵蚀
硫(S)/氧(O)	硫在通常情况下也是有害元素。使钢产生热脆性，降低钢的延展性和韧性，在锻造和轧制时造成裂纹。硫对焊接性能也不利，降低耐腐蚀性。所以通常要求硫含量小于0.055%，优质钢要求小于0.040%。在钢中加入0.08%~0.20%的硫，可以改善切削加工性，通常称易切削钢。 硫和氧作为杂质元素常以非金属化合物(如FeS、FeO)形式存在于碳素钢中，形成非金属夹杂，从而导致材料性能的劣化，尤其是硫的存在常引起材料的热脆[注]。硫和磷常是钢中要控制的元素，并以其含量的多少来评定碳素钢的优劣。 [注]：由于FeS可与铁形成共晶，并沿晶界分布。Fe-FeS共晶物的熔点为985℃，当在1000~1200℃温度下，对材料进行压力加工时，由于它已经溶化而导致晶粒开裂，使材料呈现脆性。材料的这种脆性现象常称为热脆
磷(P)/砷(As)/锑(Sb)	磷、砷和锑是作为杂质元素，它们对提高碳素钢的抗拉强度有一定的作用，但同时又都增加钢的脆性，尤其是低温脆性。磷和砷都是造成碳素钢严重偏析的有害元素。磷对钢的焊接性不利，它能增加焊裂的敏感性。 [注]：由于磷以固溶型式存在于铁素体中，影响铁素体的晶格变形，使碳素钢在常温下呈现脆性。这种现象常称为冷脆。 由于低合金钢熔点较高，磷、砷、锑等杂质元素容易在高温下迁移聚集，从而导致低合金钢的高温回火脆性[注]。一般情况下，低合金钢均采用较高级的冶炼方法(如电炉冶炼)，故其硫、磷等杂质元素含量较低。 [注]：合金钢在进行高温回火热处理或长期在高温下工作时，其中的杂质元素磷、砷、锑等容易在高温下迁移聚集。 由于这些元素的熔点一般比合金元素低，它将“割裂”材料基体而导致合金钢在高温下呈现脆性。因为合金钢的这种脆性发生在红热的温度下，故常称为红脆
钨(W)	钨熔点高，密度大，是贵生的合金元素。钨与碳形成碳化钨有很高的硬度和耐磨性。在工具钢中加钨，可显著提高红硬性和热强性，作切削工具及锻模具用。 钢中钨含量高时有二次硬化作用，以及增加耐磨性。钨对钢的淬透性、回火稳定性、机械性能的影响均与钼相似。但以重量计，其作用效果不如钼显著。钨提高钢在高温下的蠕变抗力，当与钼复合使用时，效果更佳。钨能提高钢的抗氢作用的稳定性。钨通常加入低碳和中碳的高级优质合金结构钢中，钨能阻止热处理时晶粒的长大和粗化，降低其回火脆化倾向，并显著提高钢的强度和韧性
锰(Mn)	在炼钢过程中，锰是良好的脱氧剂和脱硫剂，一般钢中含锰0.30%~0.50%。在碳素钢中加入0.70%以上时就算“锰钢”，不但有足够的韧性，且有较高的强度和硬度，提高钢的淬性，改善钢的热加工性能，如16Mn钢比A3屈服点高40%。锰量增高，减弱钢的抗腐蚀能力，降低焊接性能。锰与硫形成MnS，可防止因硫而导致的热脆现象，从而改善钢的热加工性能。因此，在工业用钢中一般都含有一定数量的锰。含锰11%~14%的钢有极高的耐磨性，用于挖土机铲斗、球磨机衬板等。 锰与铁形成固溶体，可提高钢中铁素体和奥氏体的硬度和强度。在碳锰钢中常利用锰来提高钢的强度，但它使材料的延展性有所降低，而且增加了应力腐蚀开裂的敏感性。在一般碳锰钢和低合金钢中，其含量应在1%~2%。 锰在钢中由于能降低临界转变温度，故碳锰钢的低温冲击韧性比碳素钢好。锰能强烈增加碳锰钢的淬透性。锰含量较高时，有使钢晶粒粗化并增加钢的回火脆性的不利倾向。锰对钢的焊接性有不利的影响。为改善钢的焊接性，应在许可的范围内，适当降低钢的碳含量。焊接时也需采用优质低氢焊条和相应的焊接工艺

续表

常见元素	对金属材料性能的影响
铬(Cr)	在结构钢和工具钢中，铬能显著提高强度、硬度和耐磨性，但同时降低塑性和韧性。铬又能提高钢的抗氧化性和耐腐蚀性，因而是不锈钢、耐热钢的重要合金元素。铬含量的增加使铬钼钢和铬钼钒钢有良好的抗高温氧化性和耐氧化介质腐蚀作用，并增加钢的热强性。但铬含量太高时或者处理不当，易发生 相和475℃回火脆化。 铬增加钢的淬透性并有二次硬化作用。铬是显著提高钢的脆性转变温度的元素，随着铬含量的增加，钢的脆性转变温度也逐步提高，冲击值随铬含量增加而下降。在含钼的锅炉钢中，加入少量的铬，能防止钢在长期使用过程中的石墨化。在单一的铬钢中，材料的焊接性能随铬含量的增加而恶化
铝(Al)	铝是钢中常用的脱氧剂。钢中加入少量的铝，可细化晶粒，提高冲击韧性。铝还具有抗氧化性和抗腐蚀性能，铝与铬、硅合用，可显著提高钢的高温不起皮性能和耐高温腐蚀的能力。铝的缺点是影响钢的热加工性能、焊接性能和切削加工性能。 铝与氮及氧的亲和力很强，因此它也用作炼钢时的脱氧定氮剂，并起到细化晶粒、阻抑碳钢的时效、提高钢在低温下韧性的作用。铝作为合金元素加入钢中时能提高钢的抗氧化性，改善钢的电磁性能，提高渗氮钢的耐磨性和疲劳强度等。 铝在铁素体及珠光体钢中，当它的含量较高时，材料的高温强度和韧性较低。当铝含量达到一定量时，可使钢产生钝化现象，使钢在氧化性酸中具有抗蚀性，但使钢的焊接性变坏。 铝还能提高钢对硫化氢的抗蚀作用。铝含量在4%左右的钢，在温度不超过600℃时有较好的抗硫化氢腐蚀作用。在钢铁材料表面镀铝和渗铝，可以提高其抗氧化性和在工业和海洋性气氛中的抗蚀性
钼(Mo)	钼能使钢的晶粒细化，提高淬透性和热强性能，在高温时保持足够的强度和抗蠕变能力(长期在高温下受到应力，发生变形，称蠕变)。结构钢中加入钼，能提高机械性能。还可以抑制合金钢由于淬火而引起的脆性。在工具钢中可提高红性。 钼属于强碳化物形成元素，当其含量较低时，与铁及碳形成复杂的渗碳体；当含量较高时，则形成特殊碳化物。在较高回火温度下，由于钼的弥散分布，可使材料出现二次硬化。钼对铁素体有固溶强化作用，同时也提高碳化物的稳定性，因此对钢的强度产生有利作用。钼是提高钢热强性最有效的合金元素。钼同样也能提高马氏体钢和奥氏体钢的热强性。钼在钢中，由于形成特殊碳化物，可以改善在高温高压下抗氢侵蚀的作用。钼常与其他元素如锰、铬等配合使用，可显著提高钢的淬透性；钼含量约0.5%时，能抑制或降低其他合金元素导致的回火脆性。钼在不锈耐热钢中，也能使钢表面钝化，但作用不如铬显著。钼与铬相反，它既能在还原性酸(HCl、H_2SO_4、H_2SO_3)中又能在强氧化性盐溶液(特别是含有氯离子时)中，使钢材表面钝化。因此，钼可以普遍提高钢的抗蚀性能。钼加入奥氏体耐酸钢中，能显著地提高材料对醋酸、环烷酸的抗蚀性。在含有氯化物的溶液中，常会引起奥氏体耐酸钢的点腐蚀和晶间腐蚀。材料中加入钼后，这种倾向在很大程度上会被减缓或抑止
镍(Ni)	镍能提高钢的强度，而又保持良好的塑性和韧性。镍对酸碱有较高的耐腐蚀能力，在高温下有防锈和耐热能力。但由于镍是较稀缺的资源，故应尽量采用其他合金元素代用镍铬钢。 镍是奥氏体不锈钢中的主加元素。镍能细化铁素体晶粒，改善钢的低温性能。含镍量超过一定值的碳钢，其低温脆化转变温度显著降低，而低温冲击韧性显著提高，因此镍钢常用于低温度材料。一般情况下，含镍达到3.5%的镍钢可以在-100℃低温下使用，含镍达到9%的镍钢可在-196℃超低温下使用。 含镍的低合金钢还有较高的抗腐蚀疲劳的性能。镍钢不宜在含硫或一氧化碳的气氛中加热，因为镍易与硫化合，在晶界上形成低熔点的NiS网状组织而产生热脆。在高温时镍将与一氧化碳化合形成$Ni(CO)_4$气体而由合金中逸出，从而在材料中留下孔洞。 在不锈耐热钢中，镍与铬、钼等元素适当配合使材料在常温下为奥氏体组织，即得到所谓的奥氏体不锈钢或耐热钢。然而，目前镍在全世界范围内都是一种比较稀缺的元素，故作为一种合金元素，应该只有在用其他元素不能获得所需要的性能时，才考虑使用它。 由于镍可降低临界转变温度和降低钢中各元素的扩散速度，因而它可提高钢的淬透性。镍不增加钢对蠕变的抗力，因此一般不作为热强钢中的强化元素。在奥氏体热强钢中，镍的作用只是使钢奥氏体化，钢的强度必须靠其他元素如钼、钨、钒、钛、铝来提高。镍是有一定抗腐蚀能力的元素，对酸、碱、盐以及大气均具有一定的抗蚀能力

续表

常见元素	对金属材料性能的影响
钛(Ti)	钛是钢中强脱氧剂。它能使钢的内部组织致密，细化晶粒力；降低时效敏感性和冷脆性。改善焊接性能。在Cr18Ni9奥氏体不锈钢中加入适当的钛，可避免晶间腐蚀。钛是最强的碳化物形成元素，与氮、氧的亲和力也极强，是良好的脱气剂和固定氮、碳的有效元素，含钛的高合金钢不宜用作铸件。 在奥氏体不锈钢中，由于钛能固定碳，有防止和减轻材料晶间腐蚀和应力腐蚀的作用。如果奥氏体不锈钢中的钛、碳含量之比超过4.5时，由于此时材料中的氧、氮和碳可以全部被固定住，故使得材料对晶间腐蚀、应力腐蚀和碱脆有很好的抗力。当钛以碳化钛微粒存在时，由于它能细化钢的晶粒并成为奥氏体分解时的有效晶核，可使钢的淬透性降低，但也使材料的高温固溶强化效果降低。钛能提高耐热钢的抗氧化性和热强性。钛作为强碳化物形成元素，可以提高钢在高温、高压、氢气中的稳定性。当钢中的钛含量达到碳含量的4倍时，可使钢在高压下对氢的稳定性几乎高达600℃以上
铜(Cu)	武钢用大冶矿石所炼的钢，往往含有铜。铜能提高强度和韧性，特别是大气腐蚀性能。 铜在钢中突出的作用是改善普通低合金钢的抗大气腐蚀性能，特别是和磷配合使用时。 缺点是在热加工时容易产生热脆，铜含量超过0.5%塑性显著降低。当铜含量小于0.50%对焊接性无影响
硼(B)	硼的作用是当钢中含有微量(0.001%~0.005%)硼时，钢的淬透性可以成倍的提高。钢中加入微量的硼就可改善钢的致密性和热轧性能，提高强度
磷(P)	在一般情况下，磷是钢中有害元素，增加钢的冷脆性，使焊接性能变坏，降低塑性，使冷弯性能变坏。因此通常要求钢中含磷量小于0.045%，优质钢要求更低些
钒(V)	钒是钢的优良脱氧剂。钢中加0.5%的钒可细化组织晶粒，提高强度和韧性。钒与碳形成的碳化物，在高温高压下可提高抗氢腐蚀能力
铌(Nb)	铌能细化晶粒和降低钢的过热敏感性及回火脆性，提高强度，但塑性和韧性有所下降。在普通低合金钢中加铌，可提高抗大气腐蚀及高温下抗氢、氮、氨腐蚀能力。铌可改善焊接性能。在奥氏体不锈钢中加铌，可防止晶间腐蚀现象
钴(Co)	钴是稀有的贵重金属，多用于特殊钢和合金中，如热强钢和磁性材料
氮(N)	氮能提高钢的强度，低温韧性和焊接性，增加时效敏感性
稀土(Xt)	稀土元素是指元素周期表中原子序数为57~71的15个镧系元素。这些元素都是金属，但它们的氧化物很像“土”，所以习惯上称稀土。钢中加入稀土，可以改变钢中夹杂物的组成、形态、分布和性质，从而改善钢的各种性能，如韧性、焊接性、冷加工性能。在犁铧钢中加入稀土，可提高耐磨性

第七节　配管设计管道器材选用设计条件与限制

工程上的实际应用环境条件十分复杂，不同的介质、介质温度、介质压力等操作条件的组合，构成了无数个选材条件。配管设计管道选材除了要确定材料牌号外，还要确定材料标准，不同的材料标准，对材料质量的要求是不一样的。

一、设计压力条件

1. 管道设计压力

管道设计压力是指在工作条件下，管系中可能遇到的工作压力和工作温度组合中最苛刻条件下的压力。最大工作压力及最高工作温度是指正常工作过程中可能出现的工作压力与其对应的工作温度的组合中最苛刻条件下的压力及温度。

2. 管道设计压力的确定原则

(1) 管道设计压力不得低于最大工作压力。

（2）装有安全泄放装置的管道，其设计压力不得低于安全泄放装置的开启压力（或爆破压力）。

（3）所有与设备相连接的管道，其设计压力应不小于所连接设备的设计压力。

（4）输送制冷剂、液化气类等沸点低的介质的管道，按阀被关闭或介质不流动时介质可能达到的最大饱和蒸气压力作为设计压力。

（5）管道或管道组成件与超压泄放装置间的通路可能被堵塞或隔断时，设计压力按不低于可能产生的最大工作压力来确定。

3. 设计压力的确定

（1）设有安全阀的压力管道：

管道设计压力≥安全阀开启压力

（2）与未设安全阀的设备相连的压力管道：

管道设计压力≥设备设计压力

（3）离心泵出口管道：

管道设计压力≥泵的关闭压力

（4）往复泵出口管道：

管道设计压力≥泵出口安全阀开启压力

（5）压缩机排出管道：

管道设计压力≥安全阀开启压力+压缩机出口至安全阀沿程最大正常流量下的压力降

（6）真空管道：

管道设计压力=全真空

装有安全控制装置的真空管道，设计压力取最大压差的1.25倍或0.1MPa中的较小值，并按外压条件进行设计。对于没有安全控制装置的真空管道，设计压力取0.1MPa。

（7）凡不属上述范围管道：

管道设计压力≥工作压力变动中的最大值

（8）当管道被分隔件（包括夹套管、盲板等）分隔为几个单独的受压段时，该分隔件的设计压力应不小于在操作中两侧受压室可能遇到的最苛刻的压差和温度组合工况的压力。

4. 管道系统中每个管道组成件的设计压力

管道系统中每个管道组成件的设计压力，应不小于在操作中可能遇到的最苛刻的压力和温度组合工况下的压力，但管道压力温度设计规定的下列情况可除外：

例如：超过设计条件的压力偶然变动应限制在下列任一范围内，压力超过相应温度下的压力额定值或由压力产生的管道名义应力超过材料许用应力值的幅度和频率应满足下列条件之一：

（1）变动幅度不大于33%，每次变动时间不超过10h，且每年累计变动时间不超过100h。

（2）变动幅度不大于20%，每次变动时间不超过50h，且每年累计变动时间不超过500h。

当波动为自限（例如压力泄放）时，在每次变动时间不超过50h且每年累计变动时间不超过500h条件下，压力额定值变动幅度不大于20%，或管道名义应力超过材料许用应力值的幅度不大于20%。

5. 最苛刻的工况导致管道组成件具有鼓大厚度和鼓高压力等级

最苛刻的压力和温度组合工况应考虑压力源(如泵、压缩机)、压力脉动、不稳定流体的分解、静压头、控制装置和阀门的失效或操作失误、环境影响等可能产生的运行条件。

二、设计温度条件

(1) 管道设计温度系指管道在正常工作过程中，在相应设计压力下可能达到的管道材料温度。管道系统中每个管道组成件的设计温度应按操作中可能遇到的最苛刻的压力和温度组合工况的温度确定。同一管道中的不同管道组成件的设计温度可以不同。

(2) 确定设计温度时，应考虑流体温度、环境温度、阳光辐射、加热或冷却介质的温度以及管道隔热、传热的影响。

(3) 对无外隔热层的管道，介质温度低于65℃时，管道组成件的设计温度与介质温度相同，但应考虑阳光辐射或其他可能导致介质温度升高的因素。介质温度高于或等于65℃时，管道组成件的设计温度确定应符合以下规定：

① 对于阀门、管子、翻边端部和焊接管件，取介质温度的95%。

② 对于松套法兰以外的法兰，取介质温度的90%。

③ 对于松套法兰取介质温度的85%。

④ 对于螺栓取介质温度的80%。

⑤ 也可以取实测的平均壁温或根据传热计算得到的平均壁温。

(4) 外部隔热管道的设计温度一般取介质温度，但也可以取实测的平均壁温或根据传热计算得到的平均壁温，采用伴管或夹套结构的管道应考虑加热或冷却对设计温度的影响。

(5) 内部隔热管道的管道组成件，设计温度应按传热计算或试验确定。

(6) 管道设计时应考虑最低设计温度对管道设计、材料选用和应力分析的影响。

(7) 以传热计算或实测得出的正常工作过程中介质的最高工作温度下的管道壁温，作为设计温度。在不便于传热计算或实测管壁温度的情况下，以正常工作过程中介质的最高(或最低)工作温度作为管道设计温度。

① 金属管道。

a. 不保温管道：

介质温度<38℃管道：

管道设计温度=介质最高温度

介质温度≥38℃管道：

管道设计温度=95%介质最高温度

b. 外部保温管道：

管道设计温度=介质最高温度

c. 内保温管道(用绝热材料衬里)：

管道设计温度=传热计算管壁温度或试验实测的管壁温度

d. 介质温度≤0℃时：

设计温度=介质最低温度

② 非金属管道及非金属衬里的金属管道。

a. 无环境温度影响的管道：

管道设计温度=介质最高温度

b. 安装在环境温度高于介质最高温度的环境中的管道(除已采取防护措施者以外)：

管道设计温度=环境温度

(8) 介质的正常工作温度加(或减)一定裕量作为设计温度，按下式确定：

介质正常工作温度为0~300℃，设计温度≥介质正常工作温度+30℃

介质正常工作温度大于300℃，设计温度≥介质正常工作温度+15℃

(9) 当流体介质温度接近所选材料允许使用温度界限时，应结合具体情况选取设计温度，避免增加投资或降低安全性。当按计算结果会引起更换高一档的材料时，从经济上考虑，允许按工程设计要求，将15℃附加量减小，但必须有措施，使运行中不至于超温。

(10) 工程应用：某常温流体介质*DN*600管线，设计人员在确定管道设计温度时，只是按照介质设计温度确定为110℃，而这条管线是需要蒸汽吹扫的管道，吹扫蒸汽的温度远远高于110℃。造成原管道设计温度偏低，管道补偿器补偿量不够。这条管线在施工完毕后，才被检查出，配管设计又重新布置了补偿器并重新施工。

三、荷载条件

1. 持久荷载

(1) 介质压力。管道内压、外压或最大压差(设计压力应与对应的设计温度一起作为荷载条件)。

(2) 重力力荷载。

① 静荷载：管道组成件、隔热材料重量以及施加在管道上由管道支承的其他永久性荷载。

② 活荷载。输送介质的重量或液压试验介质的重量，以及由于环境和操作条件造成的冰、雪的重量。

2. 偶然性荷载

偶然性荷载系指短时间作用于管道的载荷，包括：

(1) 风荷载。设计室外管道时，应计算风荷载。计算方法见《管道应力分析与工程应用》。

(2) 地震荷载。设计管道时，应计算由地震引起的水平力。计算方法见《管道应力分析与工程应用》。

(3) 流体排放反力。由于流体的减速或排放而产生的反作用力，管道的设计、布置、支承应能承受此作用力。计算方法见《管道应力分析与工程应用》。

3. 温度及位移荷载

温度及位移载荷系指管道系统由温度及位移而引起的荷载，包括：

(1) 因约束产生的荷载：温度变化时，因管道受约束使管道不能自由热胀冷缩而产生的轴向力和力矩。

(2) 端点位移引起的荷载：管道支吊架或管道连接的设备发生位移引起的荷载。

(3) 由于膨胀特性不同产生的荷载，材料热胀系数差异导致热膨胀的不同而产生的荷载，如双金属管道、夹套管道、非金属衬里管道等。

(4) 温度梯度形成的荷载，因温度剧变或分布不均匀而在管中产生的应力所形成的荷载，如高温流体通过厚壁管或流体分层流动而产生的管道弯曲。

4. 循环荷载

循环荷载系指管道系统由压力循环、热循环以及其他循环引起的疲劳的荷载。

5. 冲击荷载

冲击系指外部或内部条件引起的冲击力，包括介质流动导致的冲击、介质流速的变化、压力波动、液体闪蒸、水击、液体或固体的猛击或喷发。

6. 振动荷载

振动系指由冲击、压力脉动、紊流涡流、压缩机共振以及风荷载引起的振动。管道设计、布置、支承应能消除过度和有害的振动影响。

四、环境影响条件

（1）对于被隔断管道中的流体，应考虑因受环境加热产生膨胀所导致的压力升高或因受环境冷却而导致管道的压力下降甚至真空。

（2）当管道系统的设计温度低于0℃时，应考虑因表面冷凝、冰冻而引起的阀门、泄压装置或排放管道故障以及低温对柔性分析和材料选用等的影响。

（3）管道布置和特定管道系统的设计要求。管道布置和特定管道系统，如泄放管道、埋地管道、可燃介质和有毒介质管道、燃气管道、低温管道、管道的隔热和静电接地设计要求。

五、压力和温度的允许变动范围

（1）确定设计压力和设计温度时，应考虑管道系统运行时发生的压力和温度的变动。

（2）各行业标准规范要求，压力管道 GC1 级等要求苛刻的管道，压力和温度不得超出设计范围。

（3）除符合下列各项条件以及下列④的要求外，GC2 级管道应按压力和温度变动中的最苛刻组合确定设计条件：

① 管道系统中没有铸铁或其他脆性金属材料的管道组成件。

② 由压力产生的管道名义应力不超过材料在相应温度下的屈服强度。

③ 管道系统预期寿命内，超过设计条件的压力-温度变化的总次数不大于 1000 次。

④ 压力变动的上限值不大于管道系统的试验压力。

⑤ 持续和周期性变动不改变管道系统中所有管道组成件的操作安全性能。

⑥ 温度变动的下限值不小于规定的材料最低使用温度。

⑦ 阀门闭合元件的压力差不超过阀门制造商规定的最大额定压力差。

（4）压力超过相应温度下的压力额定值或由压力产生的管道名义应力超过材料许用应力值的幅度和频率应满足下列条件之一：

① 每次变动时间不超过 10h，且每年累计变动时间不超过 100h，许用应力提高不得超过 33%。

② 变动幅度不大于 20%，每次变动时间不超过 50h，且每年累计变动时间不超过 500h。当波动为自限（例如压力泄放）时，在每次变动时间不超过 50h、且每年累计变动时间不超过 500h 条件下，压力额定值变动幅度不大于 20%，或管道名义应力超过材料许用应力值的幅度不超过 20%。

六、各种类型管道许用应力条件与比较

（1）材料许用应用的确定基准应符合相关标准的要求。

（2）管道组成件材料的许用应力，中国标准材料应符合现行国家标准的有关规定；美国标准材料应符合 ASME B31 的有关规定。

（3）管道柔性设计的应力限制应符合相关标准的有关规定。

（4）持续荷载的计算应力应符合下列要求：

① 管道组成件的厚度及补强计算满足规范的要求，则由于内压所产生的应力应认为是安全的。

② 管道组成件的厚度及稳定性计算满足规范的要求，则由于外压所产生的应力应认为是安全的。

③ 管道中由于压力、重力和其他持续荷载所产生的纵向应力之和 σ_L，不应超过材料在预计最高温度下的许用应力$[\sigma]_h$。

（5）计算的最大位移应力范围 σ_E 应符合下列要求，与 ASME B31.3 一致：

计算的最大位移应力范围 σ_E 不应超过按下式确定的许用的位移应力范围$[\sigma]_A$：

$$[\sigma]_A = f(1.25[\sigma]_c + 0.25[\sigma]_h) \tag{1.7.1}$$

若$[\sigma]_h$大于 σ_L，其差值可以加到上式中的 $0.25[\sigma]_h$ 项上，则许用位移应力范围为：

$$[\sigma]_A = f[1.25([\sigma]_c + [\sigma]_h) - \sigma_L] \tag{1.7.2}$$

式中 $[\sigma]_c$——在分析中的位移循环内，金属材料在冷态（预计最低温度）下的许用应力，MPa；

$[\sigma]_h$——在分析中的位移循环内，金属材料在热态（预计最高温度）下的许用应力，MPa；

σ_L——管道中由于压力、重力和其他持续荷载所产生的纵向应力之和，MPa；

$[\sigma]_A$——许用的位移应力范围，MPa；

f——管道位移应力范围减小系数。

式（1.7.1）中 f 可由表 1.7.1 确定。

表 1.7.1 管道位移应力范围减小系数 f

循环当量数 N	系数 f	循环当量数 N	系数 f
$N \leqslant 7000$	1.0	$45000 < N \leqslant 100000$	0.6
$7000 < N \leqslant 14000$	0.9	$100000 < N \leqslant 200000$	0.5
$14000 < N \leqslant 22000$	0.8	$200000 < N \leqslant 700000$	0.4
$22000 < N \leqslant 45000$	0.7	$700000 < N \leqslant 2000000$	0.3

循环当量数 N 应按式 1.7.3 计算：

$$N = N_E + \sum [r_j^5 N_j],\ j = 1,\ 2,\ \cdots,\ n \tag{1.7.3}$$

式中 N——管系预计使用寿命下全位移循环当量数；

N_E——与计算的最大位移应力范围 σ_E 相关的循环数；

σ_j——按小于全位移计算的位移应力范围；

r_j——按小于全位移计算的位移应力范围 σ_j 与计算的最大位移应力范围 σ_E 之比；

N_j——与按小于全位移计算的位移应力范围 σ_j 相关的循环数。

（6）许用位移应力范围计算应符合下列要求：

① 对于铸件，热态及冷态下的许用应力应计入铸件质量系数 E_c。对纵向焊接接头，热态及冷态下的许用应力（$[\sigma]_c$及$[\sigma]_h$）不需乘焊接接头系数 E_j。

② 管道位移应力范围减小系数 f 主要用于耐蚀性良好的管道，在主应力循环数高的地方，应采用抗腐蚀的材料。

（7）偶然荷载与持续荷载产生的应力应按下列要求：

① 管道在工作状态下，受到内压、自重、其他持续荷载和偶然荷载所产生的纵向应力之和，应符合下式规定，且式中应力增大系数 i 的 0.75 倍的值不得小于 1。

在操作条件下的压力、重力及其他持续荷载产生的纵向应力与风荷载或地震荷载等临时荷载产生的应力组合，不应大于现行国家标准规定的材料许用应力的 1.33 倍；进行应力组合时，风荷载和地震荷载不应同时考虑。

$$\frac{PD_i^2}{D_o^2-D_i^2}+0.75i\frac{M_A}{W}+0.75i\frac{M_B}{W}\leqslant K_T[\sigma]_h \tag{1.7.4}$$

式中 K_T——许用应力系数，当连续运行任何 24h 内，偶然荷载作用时间少于 10%时，$K_T=1.15$；时间少于 1%时，$K_T=1.2$；

M_A——由于自重和其他持续外载作用在管道横截面上的合成力矩，N·mm；

M_B——安全阀或释放阀的反座推力、管道内流量和压力的瞬时变化、风力或地震等产生的偶然荷载作用于管道横截面上的合成力矩，N·mm；

W——截面系数，mm^3；

i——应力增大系数；

P——设计压力，MPa；

D_i——管子或管件外径，mm；

D_o——管子或管件内径，mm。

管道在工作状态下，受到压力、自重、其他持续荷载和偶然荷载所产生的应力之和的规定，是参照 ASME B31.1 的规定。K_T系数是参照 ASME B31.3 的规定。

在式（1.7.4）中，第一项$\frac{PD_i^2}{D_o^2-D_i^2}$有的标准用$\frac{PD_o}{4t_{sn}}$或$\frac{PD_o}{4t_{Fn}}$代替。

② 在试验条件下所产生的应力可不受持续荷载及最大位移应力范围的限制，可不计入其他临时性荷载。

除另有规定外，在系统压力试验下管道中产生的应力，不应超过管道在该试验温度下许用应力的 1.5 倍，并不考虑风荷载、地震荷载等临时荷载的影响。

③ 地震烈度在 9 度及以上时，应进行地震验算。

（8）管道运行中的压力和温度的允许变动范围应符合下列规定：

金属管道在运行中其压力、温度或两者同时发生非经常性的变动，且下列所有规定都能满足时，应认为在允许的范围内。否则，必须按照压力-温度变动过程中耦合时最严重工况下的设计条件确定。

① 没有铸铁或其他非塑性金属的受压组成件。

② 公称压力产生的应力不应超过在设计温度下的屈服点。

③ 纵向应力不应超过本规范规定的极限。

④ 在管道寿命内，超过设计条件的压力-温度变动的总次数不应超过1000次。

⑤ 在任何情况下，最高变动压力不应超过管道的试验压力。

⑥ 超过设计条件的非经常性变动应符合下列限制之一。

允许超过压力值或提高温度的程度相当于允许提高许用应力值，其规定如下：

一次变动持续时间不超过10h，且每年累计不超过100h时，许用应力提高不得超过33%。

一次变动持续时间不超过50h，且每年累计不超过500h时，许用应力提高不得超过20%。

⑦ 持续的和周期性的变动对系统中所有组成件的工作性能无影响。如压力变动对阀座等部件的密封无影响。

⑧ 变动后的温度不应低于规范中规定的最低使用温度。

对于非金属衬里管道，压力和温度允许的变动值，应在取得成功的使用经验或经过试验证实可靠时，方可使用。

(9) 对于动力管道，一般遵循DL/T 5054《火力发电厂汽水管道设计规范》、ASME B31.1《动力管道》、EN 10216《承压设备用无缝钢管》等规范的要求。许用应力要求与工艺管道、工业管道有些不同。

除延伸率大于等于30%的奥氏体不锈钢和镍基合金外，管子与管件用钢材的许用应力应根据钢材的强度特性取下列三项中的最小值：

$$\frac{R_m^{20}}{3},\ \frac{R_{eL}^t}{1.5}或\frac{R_{p0.2}^t}{1.5},\ \frac{R_D^t}{1.5} \quad (1.7.5)$$

式中 R_m^{20}——钢材在20℃时的抗拉强度最小值，MPa；

R_{eL}^t——钢材在设计温度下的下屈服强度最小值，MPa；

$R_{p0.2}^t$——钢材在设计温度下0.2%规定非比例延伸强度最小值，MPa；

R_D^t——钢材在设计湿度下10^5h持久强度平均值，MPa。

(10) 对于公用管道，在我国一般遵循GB/T 38942《压力管道规范 公用管道》等规范的要求。许用应力要求与式(1.7.5)相同。

(11) 对于长输管道，一般遵循GB/T 34275《压力管道规范 长输管道》、GB 50251《输气管道工程设计规范》、GB 50253《输油管道工程设计规范规范》、ASME B31.4《液态烃和其他液体管线输送系统》、ASME B31.8《输气和配气管道系统》等规范的要求。

① 输油管道直管段的许用应力应符合下列要求。

a. 线路段许用应力要求。

$$[\sigma]=K\phi\sigma_s \quad (1.7.6)$$

式中 $[\sigma]$——许用应力，MPa；

K——设计系数，输送原油、成品油管道除穿跨越段、敏感区域段按照GB 50423和GB 50459的规定取值外，输油站外一般地段设计系数取0.72；输送液化石油气(LPG)管道设计系数取值，执行GB/T 34275的规定；

σ_s——钢管的最低屈服强度，MPa，应按GB/T 34275的规定取值；

ϕ——焊缝系数，应按GB/T 34275的规定取值。

b. 输油站内管道的许用应力应按 GB 50253 的规定选取。

c. 对于旧钢管，如有出厂证明及制造标准资料，经材料性能检验及试压合格后，可按式(1.7.6)计算许用应力。

d. 对于为了达到规定的最低屈服强度要求而进行过冷加工(控轧、冷扩)，并在其后加热至大于或等于 300℃(焊接除外)的钢管，其许用应力应按式(1.7.6)计算值的 75%取值。

e. 钢管的许用剪应力不应超过其最低屈服强度的 45%；支承外载荷作用下的许用应力(端面承压)不应超过其最低屈服强度的 90%。

② 管道结构支承固定件、结构附件和约束件所用钢材的许用拉应力和压应力不应超过其最低屈服强度的 60%；许用剪应力不应超过其最低屈服强度的 45%；支承应力(端面承压)不应超过其最低屈服强度的 90%。

③ 管道及管件强度验算的应力限用值应符合下列规定：

a. 根据设计内压力计算出的应力值不应超过钢管的许用应力；

b. 对于输送加热油品的管道，当管道轴向受约束时，其当量应力不得超过钢管最低屈服强度的 90%；当管道轴向不受约束时，热胀当量应力不得超过钢管的许用应力；

c. 架空结构构件的强度验算应符合 GB 50459 的规定。

④ 管道及管件由于永久载荷、可变载荷所产生的轴向应力之和，不应超过钢管的最低屈服强度的 80%，但不应将地震作用和风载荷同时计入。

⑤ 跨越管段钢管许用应力应按式(1.7.7)计算：

$$[\sigma] = \eta F \sigma_s \tag{1.7.7}$$

式中 $[\sigma]$——钢管许用应力，MPa；

η——钢管许用应力提高系数，运营阶段工况取 1.0，施工阶段工况(包括试压工况)取 1.3；

F——管道强度设计系数，应按 GB/T 34275 要求选用；

σ_s——钢管的规定最低屈服强度，MPa。

七、ASME B31 规定的许用应力

ASME B31.3 规定的管材许用应力见表 1.7.2，规定的螺栓许用应力见表 1.7.3。

表 1.7.2 ASME B31.3 规定的管材许用应力

计算管子强度时的许用应力值不应超过下列中的最小值(不包括螺栓的许用应力值)：
a. 室温下规定的最小抗拉强度的 1/3；
b. 该温度下的抗拉强度的 1/3；
c. 室温下规定的最小屈服强度的 2/3；
d. 该温度下屈服强度的 2/3。但对奥氏体不锈钢和某些镍钢除外，它们可以达到该温度下屈服极限的 90%，但不能大于室温下规定的最小屈服强度的 2/3；
e. 每 1000h 蠕变率为 0.01%的平均应力的 100%；
f. 每 100000h 终了时的平均断裂应力的 67%；
g. 每 100000h 终了时的最小断裂应力的 80%

表 1.7.3　ASME B31.3 规定的螺栓许用应力

计算螺栓强度时的许用应力值不应超过下列中的最小值：
a. 室温下规定的最小抗拉强度的 1/4；
b. 该温度下的抗拉强度的 1/4；
c. 室温下规定的最小屈服强度的 2/3；
d. 该温度下屈服强度的 2/3；
e. 每 1000h 蠕变率为 0.01%的平均应力的 100%；
f. 每 100000h 终了时的平均断裂应力的 67%；
g. 每 100000h 终了时的最小断裂应力的 80%

ASME B31.4 则规定许用应力为最小屈服点的 72%。ASME B31.1 与 ASME B31.3 的规定相近。

八、GB/T 150 规定的管材和螺栓的许用应力

GB/T 150 规定的管材(螺栓材料除外)的许用应力见表 1.7.4，规定的螺栓材料的许用应力见表 1.7.5。

表 1.7.4　GB/T 150 规定的管材(螺栓材料除外)的许用应力

材料	许用应力取下列各值中的最小，MPa
碳素钢、低合金钢	$\frac{\sigma_b}{3.0}$　$\frac{\sigma_s}{1.6}$　$\frac{\sigma_b^t}{1.6}$　$\frac{\sigma_D^t}{1.5}$　$\frac{\sigma_n^t}{1.0}$
高合金钢	$\frac{\sigma_b}{3.0}$　$\frac{\sigma_s(\sigma_{0.2})}{1.2}$　$\frac{\sigma_s^t(\sigma_{0.2}^t)}{1.5}$①　$\frac{\sigma_D^t}{1.5}$　$\frac{\sigma_n^t}{1.0}$

注：①对奥氏体高合金钢制受压元件，当设计温度低于蠕变温度范围，且允许有微量的永久变形时，可适当提高许用应力至 $0.9\sigma_s^t(\sigma_{0.2}^t)$，但不超过 $\sigma_s^t(\sigma_{0.2}^t)/1.5$。此规定不适用于法兰或其他有微量永久变形就产生泄漏或故障得场合。

表 1.7.5　GB/T 150 规定的螺栓材料的许用应力

材料	螺栓直径/mm	热处理状态	许用应力取下列各值中的最小值/MPa	
碳钢	≤M22	热轧、正火	$\sigma_s^t/2.7$	$\sigma_D^t/1.5$
	M24～M48		$\sigma_s^t/2.5$	
低合金钢 马氏体高合金钢	≤M22	调质	$\sigma_s^t(\sigma_{0.2}^t)/3.5$	
	M24～M48		$\sigma_s^t(\sigma_{0.2}^t)/3.0$	
	≥M52		$\sigma_s^t(\sigma_{0.2}^t)/2.7$	
奥氏体高合金钢	≤M22	固溶	$\sigma_s^t(\sigma_{0.2}^t)/1.6$	
	M24～M48		$\sigma_s^t(\sigma_{0.2}^t)/1.5$	

表中　σ_b——材料标准抗拉强度下限值，MPa；
$\sigma_s(\sigma_{0.2})$——材料标准常温屈服点(或材料发生 0.2%屈服变形时对应的强度值)，MPa；
$\sigma_s^t(\sigma_{0.2}^t)$——材料在设计温度下的屈服点(或材料在设计温度下发生 0.2%屈服变形时对应的强度值)，MPa；
σ_D^t——材料在设计温度下经历 10×10^4h 断裂的持久强度的平均值，MPa；
σ_n^t——材料在设计温度下经历 10×10^4h 蠕变率为 1%的蠕变极限，MPa。

九、常用金属材料的使用温度

(1) 配管设计常用金属材料的使用温度见表 1.7.6。

表 1.7.6 常用金属材料的使用温度

材料	材料牌号	使用温度/℃
碳素结构钢	Q235AF	0~200
	Q235A Q235B	-10~350
	Q235C	-10~400
优质碳素结构钢	10	-29~425
	20	-20~425
	20G	-20~450
	Q245R	-20~450
低合金钢	Q345R	-40~450
	16MnD	-40~350
	09MnD	-50~350
	09Mn2VD	-50~100
	09MnNiD	-70~350
	12CrMo	-20~525
	15CrMo	-20~550
	12Cr1MoVG	-20~575
	12Cr2Mo	-20~575
	12Cr5Mo(1Cr5Mo)	-20~600
高合金钢	06Cr13(0Cr13)	-20~400
	06Cr19Ni10(0Cr18Ni9)	-196~700
	06Cr18Ni11Ti(0Cr18Ni10Ti)	-196~700
	06Cr17Ni12Mo2(0Cr17Ni12Mo2)	-196~700
	0Cr18Ni12Mo2Ti	-196~500
	06Cr19Ni13Mo3(0Cr19Ni13Mo3)	-196~700
	022Cr19Ni10(00Cr19Ni10)	-196~425
	022Cr17Ni12Mo2(00Cr17Ni14Mo2)	-196~450
	022Cr19Ni13Mo3(00Cr19Ni13Mo3)	-196~450

注：括弧内材料为旧牌号。

（2）设计条件下，非标准管道组成件的计算应力，不应超过管道设计温度下材料的许用应力。

设计温度下和试验条件下的管道应力的计算参见 GB 150《压力容器》、GB 50316《工业金属管道设计规范》、GB 50251《输气管道工程设计规范》和 SH/T 3501《石油化工有毒、可燃介质管道工程施工及验收规范》。不同规范的计算公式略有不同，计算时应注意。

（3）高温管道钢材，应符合下列要求：

① 高温压力管道受压元件的钢材使用温度，不应超过现行 GB 50316《工业金属管道设计规范》和 GB/T 20801.2《压力管道规范 工业管道 第 2 部分：材料》中规定的材料许用应力值所对应的温度上限。

② 非受压元件的钢材使用温度，不应超过钢材的极限氧化温度。常用金属材料的抗氧化极限温度参见表 1.7.7。

表 1.7.7　常用金属材料的抗氧化极限温度

钢材牌号	抗氧化极限温度/℃
碳素钢	≤560
12CrMo	≤590
15CrMo	≤590
1Cr5Mo	≤650
0Cr18Ni9、0Cr18Ni10Ti、0Cr17Ni12Mo2	≤850
0Cr25Ni20	≤1100

注：所列奥氏体不锈钢牌号为旧牌号，设计应按 GB/T 20878《不锈钢和耐热钢 牌号及化学成分》的奥氏体不锈钢新牌号或新、旧牌号对照标注。

③ 长期使用在高温条件下，碳素钢、碳锰钢、低温镍钢的使用温度不应超过 425℃，0.5Mo 钢不应超过 468℃，ASME、ASTM 标准规定碳素钢和碳锰钢的使用温度不应超过 427℃(800°F)；碳素钢、碳锰钢、低温镍钢在高于 425℃长期使用时，应注意钢中碳化物相的石墨化倾向。因为在这种条件下，钢中的渗碳体会发生分解，$Fe_3C \rightarrow Fe+C$(石墨)，这一分解使钢中的珠光体部分或全部消失，使材料的强度和塑性下降，冲击韧性下降更大，钢材明显变脆。

④ 含铬 12%以上的铁素体不锈钢受压元件，使用温度不宜超过 400℃。

⑤ 奥氏体不锈钢的使用温度高于 540℃(铸件高于 425℃)(525℃为培训教材上的温度)时，钢中含碳量不应小于 0.04%，并且在固溶状态下使用。若含碳量太低，在高温下钢的强度会显著下降。因此，一般规定超低碳奥氏体不锈钢使用温度，304L(00Cr18Ni9)控制在 400℃以下，316L(00Cr17Ni14Mo2)控制在 450℃以下。

⑥ 奥氏体不锈钢可按含碳量的多少进行分类，以最常用的 18-8 型不锈钢为例：含碳量较高的钢号有 1Cr18Ni9(C≤0.15%)；含碳量较低的钢号有 0Cr18Ni10Ti(C≤0.08%)；含碳量最低的钢号有 00Cr19Ni10(C≤0.03%)。通常将 C≤0.08%的奥氏体不锈钢称为低碳不锈钢，将 C≤0.03%的奥氏体不锈钢称为超低碳不锈钢。奥氏体不锈钢含碳量越低，耐晶间腐蚀性越好。故在耐晶间腐蚀用途中，以往含碳量较高而加有稳定化元素(Ti、Nb)的不锈钢已实际趋向淘汰。

⑦ ASME B31.3《工艺管道》规定奥氏体不锈钢的使用温度高于 538℃(1000°F)时，钢中含碳量应不小于 0.04%，奥氏体不锈钢的使用温度高于 538℃(1000°F)时选用 H 型不锈钢，如 304H、310H、321H、347H 不锈钢。GB/T 20878《不锈钢和耐热钢　牌号及化学成分》有和 ASTM 标准相对应的 H 型不锈钢和耐热钢牌号，但该标准规定的牌号及化学成分只适用于制、修订不锈钢和耐热钢(包括钢锭和半成品)产品标准时采用。选用国产 H 型不锈钢时应按照相应的不锈钢产品标准选用。国产 H 型不锈钢规定含碳量为 0.04%~0.10%，并没有对钢材晶粒度做出要求。ASTM 标准对 H 型奥氏体不锈钢除规定含碳量为 0.04%~0.10%外，对晶粒度也做出了规定要求。以上是我国奥氏体不锈钢和 ASTM 标准奥氏体不锈钢一个较大的不同之处，设计选用时应予以注意。低碳奥氏体不锈钢高温使用的附加要求按 GB/T 20801.2《压力管道规范　工业管道　第 2 部分：材料》的规定。

十、配管设计常用 ASME 基本材料

1. 碳钢

(1) 使用温度范围：-29℃≤t≤425℃。

(2) 碳钢碳当量(The Carbon Equivalent(CE))不超过0.43%，(公式 $CE=C+Mn/6+(Cr+Mo+V)/5+(Cu+Ni)/15$)。

(3) 介质：无腐蚀性管道系统(新鲜水、工厂空气、氮、燃料气等)。

(4) 管子：ASTM A106 Gr. B，API 5L Gr. B。

(5) 管件：ASTM A234 Gr. WPB。

(6) 锻造：ASTM A105。

2. 低温碳钢

(1) 如果介质最低温度低于-29℃。

(2) 介质：低温无腐蚀性管道系统(如火炬气)。

(3) 管子：ASTM A333 Gr. 6。

(4) 管件：ASTM A420 Gr. WPL6。

(5) 锻造：ASTM A350 Gr. LF2。

3. 奥氏体不锈钢

(1) 海边用奥氏体不锈钢是被限制的，最高介质温度为600℃。当腐蚀率太高以至于不能用碳钢时。

(2) 介质：燃料气、化学制剂、仪表空气、湿烃化物(腐蚀性)。

(3) 管子：ASTM A312 Gr. TP304/304L，ASTM A312 Gr. TP316/316L。

(4) 管件：ASTM 403 Gr. WP304/304L，ASTM 403 Gr. WP316/316L。

(5) 锻造：ASTM A182 Gr. F304/304L，ASTM A 182 Gr. F316/316L。

4. 双相不锈钢

(1) 当设计条件超过SS 316的范围。

(2) 管子：ASTM A790 UNS S31803。

(3) 管件：ASTM A815 UNS S31803。

(4) 锻造：ASTM A182 Gr. F51。

5. 合金钢

(1) 高温介质用钢：①Cr-Mo抗热钢(含0.5%～9% Cr，0.5%～1.0% Mo，最大含0.20% C)。②合金钢最高用于650℃。③管子：ASTM A 335 Gr. P11，A335 Gr. P22。④管件：ASTM A234 Gr. WP11，A234 Gr. WP22。⑤锻造：ASTM A182 Gr. F11，A182 Gr. F22。

(2) 低温用钢：①用于0～-195℃，常用镍钢。②管子：ASTM A 333 Gr. 3。③管件：ASTM A420 Gr. WPL3。

第八节 配管设计管道寿命与腐蚀裕度的设计

一、管道使用寿命的有关影响因素

管道的寿命问题一直是工程技术人员关注的热点。设计寿命与管道的腐蚀余量有关。对于均匀腐蚀来说，当知道其年腐蚀速率后，根据预定的设计寿命，就很容易算出其应取的腐蚀余量了。除此之外，设计寿命还与交变应力作用的荷载变化次数、氢损伤的孕育时间、断裂因子的扩展期等影响因素有关，同时又与管道的一次性投资、资金代偿期和技术更新周期有关。

二、国内外不同行业对管道使用寿命的设计比较

美国一杂志上推荐的设计使用寿命为：碳钢为 5 年；铬钼钢和不锈钢为 10 年。国外的一些工程公司对总承包项目和非总承包项目分别规定了不同的设计寿命，前者一般为 10 年，后者一般为 15 年，以便从中获取较大的利润。

SH/T 3059 标准规定管道的设计使用寿命为 15 年。我们国家规定，重要建筑和高层建筑主体结构的耐久年限为 100 年，一般性建筑为 50~100 年。实际上是有很多超期运行的。但是，设计的时候要有一个基准，应以合同要求为准。

对于设备应依据规范等规定的预期使用年限确定设计寿命，设备总装配图上注明设计使用年限(疲劳容器标明循环次数)。除工程另有规定外，各设备、管道设计使用年限，一般要求如下：

(1) 重要的反应器(包括不可拆卸的内件和催化剂支撑梁)：30 年。

(2) 一般反应器及可拆卸内件：20 年。

(3) 对于连续运转的离心机，其连续运转周期一般应大于 8000h，离心机的设计寿命一般至少应为 10 年。

(4) 塔器、容器：20 年。

(5) 球形储罐：20 年。

(6) 对于要求每年一次大检修的工厂，泵的连续运转周期一般不应小于 8000h，为适应 3 年一次大检修的要求，API 610 标准规定石油、石油化工和天然气工业用泵的连续运转周期至少为 3 年，泵的设计寿命一般至少为 10 年。API 610 标准规定石油、石油化工和天然气工业用离心泵的设计寿命至少为 20 年。

(7) ASME、TSG、SH/T 3059《石油化工管道设计器材选用规范》等规范规定，管道设计寿命一般为 15 年。

(8) 根据 GB 50494《城镇燃气技术规范》，燃气管道的设计使用年限不应小于 30 年(钢质管道在腐蚀控制良好的条件下，寿命可超过 30 年。聚乙烯管道使用寿命一般可达 40~50 年)。暗埋的用户燃气管道的设计寿命不应小于 50 年，管道的最高运行压力不应大于 0.01MPa(同建筑设计寿命)。

三、管道设计寿命与使用寿命的比较

设计寿命是指设备、管道等预期达到的使用寿命。设计寿命不一定等于实际使用寿命，它仅仅是设计者根据预期的使用条件而给出的估计，其作用是提醒使用者，当超过设备、管道的设计寿命时应采取必要的措施，例如：经常测量厚度和缩短检验周期等。一般是设计者根据规范给定设计寿命，腐蚀裕量=年腐蚀速率×设计年限。

一般石油化工管道设计标准推荐不超过 15 年设计年限，实际上管道的使用年限是可以根据使用过程评定的。如果过程良好是可以一直使用下去的，如果使用过程不好质检部门评定不合格，可能连 10 年也用不了。因此设计寿命不等于实际使用年限。很多压力管道设计人员混淆了这个概念，不是设计年限写得越长越好，也并不是设计年限写短了，超过之后就报废了。

有些设计人员咨询笔者，如果考虑管道壁厚腐蚀余量的时候应按照“腐蚀率乘以设计寿命”，管道设计寿命与设备设计寿命不同怎么处理？石油化工装置管道设计寿命如果按照15年设计，到设计寿命后，管道都需要更换吗？如何设计估算改造工程中管道的剩余寿命？石油、化工、电力等行业阀门的设计寿命有何不同？

四、管道剩余使用寿命的评估方法

实际工程应用中，管道的寿命预测已取得了理想的成果。管道的剩余寿命评估常用方法见表1.8.1。

表1.8.1　管道的剩余寿命评估常用方法

评估方法	内　容
低周疲劳裂纹扩展的寿命评估	主要是根据Mason-Coffin(曼森-柯芬)方程，寻找应变与寿命之间的关系。主要需确定裂纹的扩展规律，裂纹从线性扩展规律转变为非线性规律的转折点寿命即为裂纹的萌生寿命，相应的裂纹尺寸即为裂纹萌生尺寸。 工程上确定疲劳萌生寿命的方法，主要是规定当裂纹尺寸达到某一给定长度时的疲劳周次为疲劳裂纹的萌生寿命。但由于裂纹萌生过程中存在很大的随机性，即使同一材料在其相邻区域上截取不同的试样，同一裂纹长度指标对应的循环周期可能处于裂纹扩展的不同阶段。所以需要利用恰当的物理模型与统计方法确定一种可靠的裂纹尺寸与寿命的关系。为了预测裂纹的萌生寿命，人们提出了不同的分析模型。Mason-Coffin(曼森-柯芬)方程是从宏观力学出发得到的一种常见的应力—应变法，它定义了裂纹萌生寿命与应变之间的关系。该方法对系统中出现宏观裂纹后持续扩展的规律描述是成功的，而在宏观裂纹出现前的规律描述不尽如人意
含缺陷压力管道的寿命评估	主要是用Paris公式，找出缺陷尺寸与寿命的关系。含缺陷压力管道寿命预测过程中最重要的是确定极限裂纹尺寸和计算应力强度因子。 ASME IWB-3650是目前使用最广泛的压力管道缺陷评定规范之一，在它的基础上发展起来的Paris公式，含缺陷压力管道的疲劳寿命分析必须考虑每一可能超标缺陷对剩余寿命的影响，缺陷的长度及深度的变化对管道承载能力影响很大。但由于压力管线中的大多数超标缺陷都是浅长型缺陷，浅长型裂纹的扩展主要是以深度方向为主，裂纹长度方向的变化极小，所以主要考虑缺陷深度的扩展
高温管道的寿命评估	主要是确定管道的使用温度与寿命之间的关系。高温管道剩余寿命预测过程最重要的是确定其高温持久性能。 高温管道剩余寿命预测是整个安全性评估工作中最重要部分，对这类管道一般采用试验的方法来评估其可靠性，通常采用持久强度试验的方法。持久强度试验的目的是确定断裂时间与应力值之间的关系及应力与试验温度的关系。此外，持久强度的外推法，除等温线法外还可采用时间-温度参数法。在确定出这两种关系后，为确保安全，可取一定的安全系数与实际应力相乘作为计算应力，然后分别代入上述试验确定的，得出剩余寿命与高温管道的温度之间的关系，通过计算从中选择最可靠的剩余寿命值作为该高温管道的剩余寿命值。 采用此方法时，考虑了一定的安全系数，所以并非在到达剩余寿命年限后，该管道就再无法使用，而是建议到时再重新按照上述方法进行安全评定，进一步确定其安全状况
管道腐蚀剩余寿命的评估	研究的是腐性速率的问题。 被腐蚀管线的寿命会降低，其寿命一般通过确定腐蚀速率的方法得出。与管道剩余强度评价相比，管道剩余寿命预测难度较大。实际过程中，管道所处的腐蚀环境复杂，影响因素也较多，腐蚀的规律很难确定。确定腐蚀动力学规律的方法主要有两种：一是采用实验室加速试验方法；二是采用现场挂片试验方法。 当腐蚀临界深度确定后，根据腐蚀速率的分布规律和概率分布模型，可认为当腐蚀深度达到临界深度时，管道失效。 确定腐蚀规律的两种方法也都有一定的不足，前者得到的腐蚀动力学规律和现场情况难以很好地对应。直接应用试验结果所得的预测结果比较保守，经济性比较差；而后者虽然和实际情况对应性较好，但试验周期却较长

五、国外某管道材料腐蚀余量的要求与工程应用

国外对某管道材料腐蚀余量的要求见表 1. 8. 2、表 1. 8. 3。

表 1. 8. 2　某国外对管道材料腐蚀余量的要求

介质	温度范围/℃ ≤	压力等级/lb	基本材料	腐蚀余量/mm	介质	温度范围/℃ ≤	压力等级/lb	基本材料	腐蚀余量/mm
氨水	250	150	碳钢	1.5	热贫甲醇	420	600	碳钢	1.5
肼	250	150	碳钢	1.5	炭黑水	150	600	碳钢	3
化学品	250	150	碳钢	1.5	炭黑水	200	600	碳钢	6
氨和液氨	250	150	碳钢	1.5	工艺气体	250	600	碳钢	6
消泡剂	250	150	碳钢	1.5	工艺气体	520	900	1Cr½Mo 钢	1.5
二氧化碳气体	250	150	碳钢	1.5	7.0MPa 蒸汽	510	900	1Cr½Mo 钢	1.5
冷却水	250	150	碳钢	1.5	合成气	260	900	1.25Cr0.5Mo	1.5
火炬气体	250	150	碳钢	1.5	工艺冷凝液	190	900	304 不锈钢	0
燃料气体	250	150	碳钢	1.5	氧	380	900	304 不锈钢	0
燃料油	250	150	碳钢	1.5	工艺气体	−45	150	脱氧碳钢	1.5
烃类排放液	250	150	碳钢	1.5	低温富甲醇	−45	150	脱氧碳钢	1.5
贫甲醇	250	150	碳钢	1.5	二氧化碳	−85	150	3.5Ni 钢	1.5
挥发油	250	150	碳钢	1.5	酸性气体	−85	150	3.5Ni 钢	1.5
工艺冷凝水	250	150	碳钢	1.5	贫甲醇	−85	150	3.5Ni 钢	1.5
工艺水	250	150	碳钢	1.5	氮	−85	150	3.5Ni 钢	1.5
安全阀排出物	250	150	碳钢	1.5	工厂空气	75	150	碳钢	2
0.4~1.0MPa 蒸汽	250	150	碳钢	1.5	冷却水	75	150	碳钢	2
氮气	250	150	碳钢	1.5	透平冷凝液	90	150	碳钢	2
炭黑水	250	150	碳钢	6	仪表空气	70	150	镀锌碳钢	1.5
酸性气体	250	150	碳钢	1.5	饮用水	70	150	镀锌碳钢	1.5
安全阀排出物	400	150	碳钢	1.5	液化石油气	320	300	碳钢	1.5
挥发油	400	150	碳钢	1.5	消泡剂	320	300	碳钢	1.5
工艺冷凝水	400	150	304 不锈钢	0	氨和液氨	320	300	碳钢	1.5
氧	400	150	304 不锈钢	0	柴油	320	300	碳钢	1.5
化学污水	150	150	304 不锈钢	0	烃类排放物	320	300	碳钢	1.5
贫甲醇	150	150	304 不锈钢	0	挥发油	320	300	碳钢	1.5
泥浆废气	150	150	304 不锈钢	0	贫甲醇	320	300	碳钢	1.5
低温氮	−45	150	脱氧碳钢	1.5	真空残余油	320	300	碳钢	1.5
二氧化碳	−45	150	脱氧碳钢	1.5	锅炉给水	350	300	碳钢	1.5
液氨	−45	150	脱氧碳钢	1.5	氮	350	300	碳钢	1.5
高压氮	420	600	碳钢	1.5	富甲醇	70	300	脱氧碳钢	1.5

续表

介质	温度范围/℃≤	压力等级/lb	基本材料	腐蚀余量/mm	介质	温度范围/℃≤	压力等级/lb	基本材料	腐蚀余量/mm
氨和液氨	70	300	脱氧碳钢	1.5	氮	380	900	碳钢	1.5
工艺气体	430	600	1Cr½Mo 钢	1.5	合成气	380	900	碳钢	1.5
10.0MPa 蒸汽	500	600	1Cr½Mo 钢	1.5	氨和液氨	380	900	碳钢	1.5
工艺气体	260	600	304 不锈钢	0	锅炉给水	380	900	碳钢	1.5
工艺冷凝水	260	600	304 不锈钢	0	工艺气体	530	1500	1Cr½Mo 钢	1.5
中压氧	70	600	304 不锈钢	0	10MPa 蒸汽	520	1500	2.25Cr1Mo 钢	1.5
4.0MPa 锅炉给水	420	600	碳钢	1.5	合成气	500	1500	304 不锈钢	0
4.0MPa 蒸汽冷凝液	420	600	碳钢	1.5	合成气	320	1500	碳钢	1.5
7.0MPa 蒸汽冷凝液	380	900	碳钢	1.5	10MPa 锅炉给水	350	1500	碳钢	1.5

表 1.8.3　国外某管道选材及腐蚀余量的要求

输送介质	压力等级/lb	应选用的材料	管道腐蚀余量/mm
原水、净化水、软水、低压冷凝液、空气、氮气	150	API 5L B 级无缝钢管	1.27
低压蒸汽	150	API 5L B 级无缝钢管	1.27
地上、地下冷却水	150	API 5L B 级无缝钢管	1.27
		API 5L B 级焊接钢管	1.27
中压蒸汽、冷凝液、锅炉给水	300	API 5L B 级无缝钢管	1.27
干二氧化碳	1500	API 5L B 级无缝钢管	1.27
高压蒸汽	600	ASTM A335 P11 级无缝钢管	1.27
润滑油、工艺冷凝液	150	ASTM A312 TP304 级无缝钢管	0
低压碳酸盐、甲铵、温二氧化碳	150	ASTM A312 TP304L 级无缝钢管	0
		ASTM A358 TP304L 级有缝钢管	0
低温及排放氨	150	ASTM A3336 级无缝钢管	1.27
低温及排放氨	300	ASTM A3336 级无缝钢管	1.27
熔融尿素	300	ASTM A312 TP304L 级无缝钢管	0
低压尿素	150	ASTM A312 TP316L 级无缝钢管	0
		ASTM A358 TP316L 级有缝钢管	0
中压尿素、氨	300	ASTM A312 TP316L 级无缝钢管	0
高压氨	2500	API 5L B 级无缝钢	1.27
高压尿素	1500	尿素级不锈钢无缝钢管	0

六、管道剩余强度评价方法与工程应用

腐蚀管道的剩余强度评价的目的就是评价管道受到腐蚀、产生腐蚀缺陷时管道是否能在规定的压力下继续运行，选择何种评价准则与经济利益和安全运营密切相关。目前最具

代表性的剩余强度评价准则是 API 579《Recommended Practice Fitness for Service》服役适用性评价推荐做法和 ASME B31G《Manual for Determining the Remaining Strength of Corroded Pipelines》腐蚀管道剩余强度计算。我国颁布的腐蚀管道的剩余强度评价标准，如 SY/T 6151《钢质管道管体腐蚀损伤评价方法》与 ASME B31G 基本相同，SY/T 6477《含缺陷油气输送管道剩余强度评价方法》与 API 579 部分内容接近。SY/T 10048《腐蚀管道评估的推荐做法》与挪威船级社 DNV RP-F101《Recommended Practice for Corroded Pipelines》相近。

一般只受内压的密闭容器，其环向应力是轴向应力的两倍，管道通常承受比密闭容器小得多的轴向力，其轴向应力也小，由管道的环向截面承受管道的轴向应力，对管道的环向截面要求相对较低，因而 B31G 主要从缺陷的纵向长度对管道缺陷进行评价。而 AP1 579 不仅考虑缺陷的纵向长度，对缺陷的周向长度和缺陷深度也进行评价。虽然评价内容在形式上有所不同，但实质均是要求计算应力应小于许用应力。

七、腐蚀余量取值设计

腐蚀余量(有的写为腐蚀余量、腐蚀余度)的值是按工艺装置生产厂的经验和实验室的试验数据确定。工程设计中一般是按材料在流体中的年腐蚀速率(mm/a)乘以装置使用年限而定(一般为 8~15 年)。腐蚀速率与材料选用的关系见表 1.8.4。

表 1.8.4 腐蚀速率与材料选用的关系

选用	可充分使用	可以使用	尽量不用	不用
年腐蚀速率/(mm/a)	<0.005	0.05~0.005	0.5~0.05	>0.5
腐蚀程度	不腐蚀	轻腐蚀	腐蚀	重腐蚀
腐蚀余量/mm	0	>1.5	>3	>5~6

输送工艺介质、蒸汽、蒸汽冷凝液和公用空气或水系统中，碳钢和铁素体合金钢的允许腐蚀余量最小为 1.5mm。衬里管、奥氏体不锈钢和非铁基材料允许腐蚀余量最小为 0mm。

当流体腐蚀性较强时，相应在计算管壁厚度时增大管壁厚度。有时尽管只有 2~5 年的寿命，但由于比不锈钢价廉，采用定期更换也是允许的。这就要进行技术经济比较并在工程设计文件中说明，定期测量壁厚和更换管子。

当使用不锈钢材料时，可在温度不高的部分用非金属材料或衬里材料替代不锈钢。

第九节 管道器材选用的一般要求与限制

一、配管设计管道器材选用一般要求

1. 满足材料的使用性能

材料的机械性能和化学、物理等特性，应符合有关标准和规范的要求。各种金属材料的使用温度范围应符合有关的标准规范。例如：①石油化工系列通常要求符合 GB/T 150《压力容器》、GB 50316《工业金属管道设计规范》、GB/T 20801《压力管道规范 工业管道》、ASME B31.1《动力管道》、ASME B31.3《工艺管道》等要求。②长输管道系列通常要求符合 GB 50251《输气管道工程设计规范》、GB 50253《输油管道设计规范》、ASME B31.8《输气和

配气管道系统》等要求。③市政燃气管道通常应符合 GB/T 38942《压力管道规范 公用管道》、GB 50028《城镇燃气设计规范》等要求。4 城市热力管网通常应符合 CJJ 34《城市热力网设计规范》、CJJ 28《城镇供热管网工程施工及验收规范》等要求。

2. 满足操作条件要求

（1）根据操作条件判断该管道属于哪一类管道，即管道分级问题，不同行业、不同国家对管道分级可能不同。不同类别的管道因其重要性不同，发生事故带来的危害程度不同，对材料的要求也不同。一般情况下，高类别的管道从材料的冶炼工艺到最终产品的检查试验都比低类别的管道要求高。

（2）应考虑操作条件对材料的选择要求。不同的材料对同一腐蚀介质的抗腐蚀性能是不相同的。在腐蚀环境中，选用材料应避免灾难性的腐蚀形式(如应力腐蚀开裂)出现，而对均匀腐蚀，一般至少应限定在“耐腐蚀”级。材料的耐腐蚀性能。对于全面腐蚀只考虑腐蚀余量就能保证其管道的强度和寿命。对于局部腐蚀，不能采用增加腐蚀余量的方法，必须从材料的选择方法考虑其选材或采取相应工艺措施和防腐蚀措施。

（3）介质温度也是选用材料的一个重要参数。因为温度的变化会引起材料的一系列性能变化，如低温下材料的脆性，高温下材料的石墨化、蠕变等问题。很多腐蚀形态都与介质温度有密切的关系，甚至是腐蚀发生的基本条件。因此工业管道的选材应满足温度的限制条件。

3. 满足材料加工工艺和工业化生产要求

（1）理想的材料应该是容易获得的，即它应具有良好的加工工艺性、焊接性能等。例如，对于一些腐蚀环境，选用碳钢和不锈钢复合制成的管道及其元件来代替纯不锈钢材料是经济适用的，但由于许多制造厂的复合工艺不过关，使用中屡次出现问题，从而给复合材料的应用带来了限制。

（2）工程上的材料应用是系列化、标准化的。它不像在实验室中，可以做到少量、理想化的材料应用。将材料标准化、系列化便于大规模生产，减少材料品种，从而可以节约设计、制造、安装、使用等各环节的投入，同时也将降低生产成本。

（3）工程上应首先选用标准材料，对于必须选用的新材料，应按照所在国家和行业标准规范要求进行技术评定，合格后才能使用。对于进口的材料，应提出详细的规格、性能、材料牌号、材料标准、应用标准等技术要求，并按国内的有关技术要求对其进行复验，合格以后才能使用。

4. 满足既适用又经济要求

要求运用工程学、材料学、腐蚀学等方面的知识综合判断。有时是可以定量计算，有时无法定量计算。①经济性是选材必须考虑的重要因素，不仅指选用的材料本身价格，同时使制造出的产品价格最低。所选用材料应尽量减少品种和规格，以便采购、生产、安装和备件的管理。②不同材料价格在不同地区和时间差别较大，设计人员要有市场意识和经济观念，应对材料市场的价格有所了解，以便经济、科学地选择。

（1）腐蚀。对于某一个腐蚀环境，选用高级的、价钱高的材料时遭受的腐蚀可能是危险性较大的局部腐蚀，而选用低级的、价钱低的材料时遭受的腐蚀可能是具有较大腐蚀速率的均匀腐蚀。进行综合的技术经济评定后，此时就应考虑选用低级材料并辅以其他防腐措施。总之这一类型的材料选用应进行经济核算。

(2) 材料标准及制造方面。管道的类别与材料标准和制造要求并没有一个完全一一对应的关系，要求应用有关知识来综合考虑。材料标准和制造标准中，都有许多需要用户确认的选择项。当用户没有指定时，制造商将按自己的习惯去做。例如，钢管的供货长度、供货状态等都属于这类项目。有些项目则是附加检验项目，这些检验项目不是必需的，只有用户要求时制造商才做。用户可以根据使用条件不同，追加若干检验项目以便更好地控制材料的内在质量。但提出了这些特殊要求就意味着产品价格的上升，有些检验项目如射线探伤的费用是很高的。如何追加这些附加检验项目，应结合使用条件和产品的价格综合考虑。

二、铸铁管道器材的选用与工程应用

常用的铸铁有可锻铸铁和球墨铸铁两种。

1. 铸铁管道材料选用一般限制条件：

(1) 使用在介质温度为-29~343℃的受压或非受压管道。

(2) 不得用于输送介质温度高于150℃或表压大于2.5MPa的可燃流体管道。

(3) 不得用于输送任何温度压力条件的有毒介质。

(4) 不得用于输送温度和压力循环变化或管道有振动的条件下。实际上，可锻铸铁经常被用于不受压的阀门手轮和地下管道；球墨铸铁经常被用于工业用管道中的阀门阀体。

(5) 奥氏体球墨铸铁经低温冲击试验合格后，可用于-196℃。

2. 其他一般要求：

(1) 灰铸铁、可锻铸铁、高硅铸铁的拉伸强度和塑性及韧性较低，仅用于强度、韧性要求不高的工况。

(2) 灰铸铁不宜使用于在环境或操作条件下是一种气体或可闪蒸产生气体的液体，这些流体能点燃并在空气中燃烧。如烃类和可燃性气体在特殊情况下必须使用时，其设计温度不应高于150℃，设计压力不应超过1.0MPa，对于不可燃、无毒的气体或液体，设计压力不宜超过1.6MPa，设计温度不宜超过23℃。

(3) 可锻铸铁温度范围为-19~300℃，但为输送可燃性介质的管道时，温度不应高于150℃和压力不大于2.5MPa。高硅铸铁不得用于可燃性介质。

(4) 球墨铸铁用于制造受压零部件时，使用温度限制在-19~350℃，设计压力不应超过2.5MPa。在常温下，设计压力不宜超过4.0MPa，它不可采用焊接方法连接，但奥氏体球墨铸铁除外。奥氏体球墨铸铁用于-19℃以下时应进行低温冲击试验，但使用温度不得低于-196℃。

(5) 其他铸铁不适用于剧烈循环操作条件，如过热、热振动及机械振动和误操作，应采取防护措施。埋地铸铁管道组成件可用于2.5MPa以下。

三、碳素钢和低中合金钢管道器材的选用与工程应用

1. 普通碳素钢管道材料选用一般限制条件

(1) 沸腾钢：①应限用在设计压力≤0.6MPa，设计温度为0~250℃的条件下；②不得用于易燃或有毒流体的管道；输送极度危险介质、高度危害介质及液化烃的压力管道应采用优质钢制造，输送可燃介质的管道不得采用沸腾钢制造。③不得用于石油液化气介质和有应力腐蚀的环境中。

（2）镇静钢：①限用在设计温度为 0～400℃范围内；②当用于有应力腐蚀开裂敏感的环境时，本体硬度及焊缝硬度应不大于 HB200，并对本体和焊缝进行 100%无损探伤。

2. 优质碳素钢管道材料选用一般限制条件

优质碳素钢是工业管道中应用最广的碳钢，对应的材料标准有：GB/T 699、GB/T 8163、GB/T 3087、GB/T 5310、GB/T 9948、GB/T 6479 等。这些标准是根据不同的使用工况而提出了不同的质量要求。它们共性的使用限制条件：

（1）输送碱性或苛性碱介质时应考虑有发生碱脆的可能，锰钢（如 16Mn）不得用于该环境。

（2）在有应力腐蚀开裂倾向的环境中工作时，应进行焊后应力消除热处理，热处理后的焊缝硬度不得大于 HB200。焊缝应进行 100%无损探伤。锰钢（如 16Mn）不宜用于有应力腐蚀开裂倾向的环境中。

（3）在均匀腐蚀介质环境下工作时，应根据腐蚀速率、使用寿命等进行经济核算，如果核算结果证明选用碳素钢是合适的，应给出足够的腐蚀余量，并采取相应的其他防腐蚀措施。

（4）碳素钢、碳锰钢和锰钒钢在 425℃及以上温度下长期工作时，其碳化物有转化为石墨的可能性，因此限制其最高工作温度不得超过 425℃（锅炉规范则规定该温度为 450℃）。

（5）临氢操作时，应考虑发生氢损伤的可能性。

（6）含碳量大于 0.24%的碳钢不宜用于焊接连接的管子及其元件。

（7）用于-20℃及以下温度时，应做低温冲击韧性试验。

（8）用于高压临氢、交变载荷情况下的碳素钢材料宜是经过炉外精炼的材料。

3. 其他一般要求

（1）碳素钢和碳锰钢在高于 425℃温度下长期使用，应考虑钢中碳化物相的石墨化倾向，而 05Mo 钢约在 480℃以上长期工作，也会使石墨化现象加快发展，从而使机械性能恶化。

（2）碳钢和低合金钢大都为铁素体加珠光体组织，在高温下如 450℃以上，珠光体中的片状渗碳体逐步转化为球状，使材料的蠕变极限及持久强度大大下降。为防止石墨化和珠光体球化，在这一温度范围内宜选用 Cr-Mo 耐热钢。

（3）高温氧化碳素钢和低合金钢在高温下不仅强度大大下降，同时材料表面极易氧化。钢中加入足够的 Cr、Si、Al 可有效防止高温氧化。

（4）苛性脆化管材表面受一定浓度的碱性流体长期浸蚀或反复作用，并在高温和应力的综合影响下易产生脆化破裂。

（5）金属材料在一定的温度和压力范围内与氢介质易接触产生氢脆现象。氢腐蚀是在晶界上发生化学作用，渗碳体分解，引起组织变化，产生裂纹并扩展，严重降低了材料的机械性能，甚至遭到破坏，是最危险的腐蚀，特别是处在高压条件下，更应引起注意。为此，应查阅“常用钢种在氢介质中使用的极限温度曲线图”，即“纳尔逊”曲线来选择材料。

四、高合金钢管道器材的选用与工程应用

1. 铬钼合金钢管道材料选用的一般限制条件

常用的铬钼合金钢材料标准有 GB/T 9948、GB/T 5310、GB/T 6479、GB/T 3077、GB/T 1221

等，其使用限制条件如下：

(1) 碳钼钢(C-0.5Mo)在468℃温度下长期工作时，其碳化物有转化为石墨的倾向，因此限制其最高长期工作温度不超过468℃。

(2) 在均匀腐蚀环境下工作时，应根据腐蚀速率、使用寿命等进行经济核算，同时给出足够的腐蚀余量。

(3) 临氢操作时，应考虑发生氢损伤的可能性。

(4) 在高温H_2+H_2S介质环境下工作时，应根据Nelson曲线和Couper曲线确定其使用条件。

(5) 应避免在有应力腐蚀开裂的环境中使用。

(6) 在400~550℃温度区间内长期工作时，应考虑防止回火脆性问题。

(7) 铬钼合金钢一般应是电炉冶炼或经过炉外精炼的材料。

2. 高合金钢管道材料选用的一般要求

(1) 含Cr铁素体钢在400~500℃温度下长期使用会产生475℃脆性。此外在500~800℃加热后易析出占相从而导致占相脆性。

(2) 奥氏体钢导热性差，其导热系数为碳钢的1/3。Cr18-Ni18型钢既耐低温也耐高温，可用于-196~800℃温度范围，但应力腐蚀破裂是奥氏体不锈钢极为重要的腐蚀破坏形态。能造成奥氏体不锈钢应力腐蚀开裂的介质有各种氯化物水溶液、高温碱液、硫化氢水溶液、连多硫酸($H_2S_xO_6$，$x=2\sim57$)、高温水及蒸汽等。另外，奥氏体不锈钢对Cl^-极为敏感，易产生点腐蚀。因此不论管内外，均应对Cl^-含量加以严格控制。

(3) 不含稳定化元素Nb、Ti的非超低碳奥氏体不锈钢，在450~850℃下加热停留以及焊接接头的热影响区，都会产生晶间腐蚀的倾向。为此，在这一操作温度下，应选用低碳材料或采取相应措施如固溶化处理。

五、各标准焊后热处理的一般要求与比较

(1) GB 50316《工业金属管道设计规范》对焊后热处理的规定。①碳钢管道壁厚大于或等于19mm时应进行焊后热处理。②管道焊后需要热处理的厚度及要求除按GB 50316的规定外还应符合GB 50235《现场设备、工业管道焊接工程施工规范》，GB 50184《工业金属管道工程施工质量验收规范》的规定。③当15CrMo材料含碳量高于0.15%时，任何壁厚均宜进行焊后热处理。④当管子或管件采用焊接连接时，推荐的预热和热处理要求所采用的厚度，应是连接接头处的较厚的壁厚。但GB 50316也列了除外情况。⑤钢管弯曲后的热处理除符合GB 50316的规定外，还应符合GB 50235《工业金属管道工程施工及验收规范》的规定。

(2) SY/T 0011《天然气净化处理厂设计规范》的6.3.10条规定“在酸性环境中使用的碳钢管道及设备应进行焊后热处理”。

(3) SY 4209《石油天然气建设工程施工质量验收规范 天然气净化处理厂工程》中说明含量>5%的焊缝热处理后要进行硬度检查。未明确<5%的情况，未明确热处理工艺要求。

(4) GB 50236《现场设备、工业管道焊接工程施工规范》中仅对壁厚大于30mm的有温度要求，而薄壁管未有要求及做法。

六、配管设计常用管道器材焊前预热及焊后热处理的一般要求

焊接接头应按照ASME B31等规范进行应力消除。当管道材料等级中要求焊后热处理时，不管壁厚多少，焊接接头均应进行应力消除。配管设计常用管道器材焊前预热及焊后热处理的一般要求见表1.9.1。

表1.9.1 常用管材焊前预热及焊后热处理

管材类别	名义成分	管材牌号	焊前预热		焊后热处理		备注
			壁厚/mm	温度/℃	壁厚/mm	温度/℃	
碳素钢	C	10，20	≥26	100~200	≥30	600~650	适用于C≤0.30%的全部碳素钢
中低合金钢	C-Mn	16Mn、16MnR	≥15	150~200	>20	600~650	
	C-MnV	09MnV	≥15	150~200	>20	560~590	
		15MnV	≥15	150~200	全部	560~590	
	C-Cr-Mo	12CrMo	≥13	150~250	≥16	650~700	
					<16且C<0.25%	不处理	
		15CrMo	≥6	200~300	>10	650~700	
		12Cr2Mo	全部	250~350	>6	700~750	
		5Cr-1Mo	全部	250~350	全部	700~750	
		9Cr-1Mo	全部	250~350	全部	750~780	
	C-Cr-Mo-V	12Cr1MoV	全部	250~350	$DN>100$	700~750	
					$DN<100$且$t_m<13$	不处理	
	C-Ni	2.25Ni、3.5Ni	全部	100~150	≥19	600~630	
高合金钢	C-Cr-Ni	奥氏体不锈钢	全部	>10	任意	不要求	

七、耐热钢管道器材的选用与工程应用

(1) 耐热钢(High Resisting Steel)管道器材选用的一般限制条件：工业管道中常用的不锈耐热钢材料标准主要有GB/T 14976、GB/T 4237、GB/T 4238、GB/T 1220、GB/T 1221等。其共性的使用限制条件如下：①含铬12%以上的铁素体和马氏体不锈钢在400~550℃温度区间内长期工作时，应考虑防止475℃回火脆性破坏，这个脆性表现为室温下材料的脆化。因此，在应用上述不锈钢时，应将其弯曲应力、振动和冲击载荷降到敏感载荷以下，或者不在400℃以上温度使用；②奥氏体不锈钢在加热冷却的过程中，经过540~900℃温度区间时，应考虑防止产生晶间腐蚀倾向。当有还原性较强的腐蚀介质存在时，应选用稳定型(含稳定化元素Ti和Nb)或超低碳型(C<0.0.03%)奥氏体不锈钢；③不锈钢在接触湿的氯化物时，有应力腐蚀开裂和点蚀的可能，应避免接触湿的氯化物，或者控制物料和环境中的氯离子浓度不超过25×10^{-6}(25ppm)；④奥氏体不锈钢使用温度超过525℃时，其含碳量应大于0.04%，否则钢的强度会显著下降；⑤在高温、高压、H_2+H_2S介质环境下工作

时，应根据 Couper 曲线确定其使用条件；⑥含铬 16%以上的高铬不锈钢和含铬 18%以上的高铬镍不锈钢在 540~900℃温度区间长期工作时，应考虑防止产生 σ 相析出，从而引起室温下材料的脆化和高温下材料蠕变强度的下降。一般情况下，应控制其铁素体含量小于 8%；⑦奥氏体不锈钢应避免与铅、锌或其化合物在其熔点温度以上接触，以防止晶间腐蚀破坏的发生；⑧奥氏体不锈钢使用温度超过 525℃时，其含碳量应大于 0.04%；⑨对有剧烈环烷酸腐蚀的环境，应选用含钼的奥氏体不锈钢(如 0Cr17Ni12Mo2、00Cr17Ni14Mo2)或其复合材料(复合板或复合管)。

(2) 其他一般要求：除超低碳不锈钢和双相不锈钢外，大多数不锈钢都可作为耐热钢。GB/T 1221 标准共给出了 40 种耐热钢的材料牌号。大多数不锈钢都可用作耐热钢。工程上常用的耐热钢材料牌号有：①奥氏体型：0Cr18Ni9(304)(06Cr19Ni10)、0Cr17Ni12Mo2(316)、0Cr18Ni10Ti(321)、0Cr18Ni11Nb(347)、0Cr25Ni20(310)、0Cr23Ni13 等；②铁素体型：00Cr12、0Cr13Al 等；③马氏体型：1Cr5Mo、1Cr13、2Cr13、3Cr13 等；④沉淀硬化型：0Cr17Ni4Cu4Nb、0Cr17Ni7Al 等。

(3) 工程上常用的耐热合金钢还有 Cr2Mo、Cr9Mo 等材料，但 GB1221 标准中却没有列入。Cr2Mo、Cr9Mo 材料和 1Cr5Mo 一样，属于低碳型合金钢，常温下可获得铁素体和珠光体组织但容易淬硬而出现马氏体组织。这类钢有较高的热强性，常用于 350~650℃且腐蚀性不强的工况下，如动力系统的高温蒸汽管道。它还有一定的抗高温硫腐蚀和高温氢腐蚀的能力。这类钢焊接性较差，容易出现延迟裂纹，一般焊后要进行热处理。

八、高温管道器材的选用与工程应用

(1) 一般将温度>350℃称为高温。高温压力管道受压元件的钢材使用温度，不应超过现行 GB 50316《工业金属管道设计规范》中规定的材料许用应力值所对应的温度上限。

(2) 这里主要讨论含 Cr 元素与 Mo 元素的珠光体-马氏体型高温钢。同奥氏体不锈钢相比，这类钢有如下特点：膨胀系数较小，导热系数大，抗高温氧化性能和抗氢腐蚀性能较好，高温强度较高，工艺性能好，价格低等。

(3) 非受压元件的钢材使用温度，不应超过钢材的极限氧化温度。常用金属材料的抗氧化极限温度见表 1.9.2。

表 1.9.2 常用金属材料的抗氧化极限温度

钢材牌号	抗氧化极限温度/℃
碳素钢	≤560
12CrMo	≤590
15CrMo	≤590
1Cr5Mo	≤650
0Cr18Ni9(06Cr19Ni10)、0Cr18Ni10Ti、0Cr17Ni12Mo2	≤850
0Cr25Ni20	≤1100

(4) 长期使用在高温条件下，碳素钢和碳锰钢的使用温度不应超过 425℃，0.5Mo 钢不应超过 468℃，ASME、ASTM 标准规定碳素钢和碳锰钢的使用温度不应超过 427℃(800°F)。碳素钢和碳锰钢在高于 425℃长期使用时，应注意钢中碳化物相的石墨化倾向。因为在这种条件下，钢中的渗碳体会发生分解，$Fe_3C \rightarrow Fe+C$(石墨)，这一分解使钢中的珠光体部分或

全部消失，使材料的强度和塑性下降，冲击韧性下降更大，钢材明显变脆。对于石油化工管道 SH/T 3059、ASME B31.3 规定了材料使用温度上限。

（5）含铬 12%以上的铁素体不锈钢受压元件，使用温度不宜超过 400℃。

（6）奥氏体不锈钢的使用温度高于 525℃时，钢中含碳量不应小于 0.04%，并且在固溶状态下使用。若含碳量太低，在高温下钢的强度会显著下降。因此，一般规定超低碳奥氏体不锈钢使用温度，304L（00Cr18Ni9（06Cr19Ni10））控制在 400℃以下，316L（00Cr17Ni14Mo2）控制在 450℃以下。

（7）铁素体不锈钢受压元件的使用温度高于 370℃时，应考虑室温下的材料脆性。

（8）双相不锈钢的使用温度不直高于 300℃。

（9）铁及铁合金的使用温度不宜高于 300℃。

（10）镍及镍基合金的使用温度应符合有关规范规定。

九、低温管道器材的选用与工程应用

（1）不同标准规范对低温管道的定义。①我国标准一般规定设计温度低于或等于-20℃的管道属于低温管道。GB 50316、SH/T 3059 和 GB 150 规定设计温度低于或等于-20℃的压力管道属于低温管道。GB 50235、SH/T 3501 规定设计温度低于或等于-29℃的压力管道属于低温管道。②ASTM、ASME 规定设计温度低于或等于-29℃(-20°F)的管道属于低温管道。③目前 ASTM、ASME 对于低温管道采用了，根据材料组别、厚度、应力水平和热处理状态确定材料最低设计金属温度的方法，这种方法建立在大量实验研究的基础上，运用断裂力学的判据，针对每种材料的性能、厚度、热处理状态分别确定低温限，是比较科学的方法。我国标准将低温限统一定为-20℃根据经验人为地划定的界限，对于一些材料具有不合理性。④石油化工行业低温管道用材料应按 ASME B31.3 等规范的规定确定是否做低温冲击试验，试验要求应符合 ASME B31.3 等规范的规定。

（2）低温工况管道材料的选用。

① 具有面心立方晶格的金属材料(如铜 Cu、镍 Ni、奥氏体钢等)一般没有低温冷脆现象，是最好的低温用材，故含铜、镍等元素的合金钢常用于低温工况。晶粒越细钢材的低温冲击韧性越好，故一般铁素体钢要正火处理后使用。杂质元素硫(S)、磷(P)、氧(O)都将降低钢材的低温冲击韧性，一般要严格控制。

② 中国的低温用钢有 16Mn、09Mn2V、06AlCu、06MnNb 等，或者用奥氏体不锈钢。但前者一般适应的低温温度不宜太低，而奥氏体不锈钢又比较贵，故这里介绍 ASTM 中常用的低温用钢，即镍(Ni)钢。见表 1.9.3。

表 1.9.3 常用镍钢的化学成分和机械性能

牌号	化学成分/%				强度及塑性			V 型冲击韧性		适用
	C	Mn	Si	Ni	σ_s/MPa	σ_b/MPa	σ/%	$T_{试}$/℃	α_k/(J/cm^2)	温度/℃
2.5Ni	≤0.17	≤0.70	0.15~0.30	2.1~2.5	260	≥500	23	-50	20	-50
3.5Ni	≤0.17	≤0.70	0.15~0.30	3.25~3.75	260	≥500	23	-101	20	-101
5Ni	≤0.13	0.30~0.60	0.20~0.35	4.75~5.25	460	≥670	20	-170	34	-170
9Ni	≤0.13	≤0.90	0.15~0.30	8.5~9.5	530	≥700	20	-196	34	-196

（3）低温用钢及低温界线。①Q235B，Q235A 使用下限温度为≥0℃；②20 钢使用下限温度为≥-19℃；③L245，A105，WPB，WCB 使用下限温度为≥-29℃；④16Mn、16MnD 使用下限温度为≥-40℃；⑤10MnD，A333 Gr6，WPL6，LF2，LCB 使用下限温度为≥-46℃；⑥3.5Ni 使用下限温度为≥-101℃；⑦奥氏体不锈钢，Al，Cu 使用下限温度为≥-196℃。

（4）碳素钢、低温碳钢、铬钼合金钢、不锈钢的最低使用温度及低温冲击试验免除条件应符合有关标准规定。

（5）低温管道用钢应采用镇静钢。

（6）管道设计温度≤-20℃的碳素钢、低温碳钢、低合金钢、中合金钢和铁素体高合金钢，母材及其焊缝金属和热影响区应按有关标准规定进行低温冲击试验。

（7）铬镍奥氏体不锈钢母材在设计温度等于或高于-196℃，且满足下列各项要求时，可免做低温冲击试验：①材料含碳量应小于或等于 0.10%；②材料应为固溶热处理状态。

（8）铬镍奥氏体不锈钢焊缝金属及热影响区在满足下列各项要求时，可免做低温冲击试验：①含碳量小于或等于 0.10%的奥氏体不锈钢母材，不加填充金属焊接，设计温度不应低于-101℃；②焊缝金属含碳量小于或等于 0.10%，焊接使用的填充金属符合相应标准，设计温度不应低于-101℃；焊缝金属含碳量大于 0.10%，焊接使用的填充金属符合相应标准，设计温度不应低于-48℃。

（9）除抗拉强度下限值大于 540MPa 的钢材及螺栓材料外，使用的材料在低温低应力工况下，当设计温度加 50℃后，高于-20℃时，管道材料可免做低温冲击试验。

十、低温低应力工况管道器材的选用与工程应用

设计温度低于或等于-20℃的低温管道用钢材，除含碳量小于和等于 0.10%且符合标准的铬镍奥氏体不锈钢在材料温度不低于-196℃时不做低温冲击试验外，其余钢材均应做夏比（V 形缺口）低温冲击试验。试验要求应符合 GB/T 150《压力容器》和 GB 50316《工业金属管道设计规范》的规定。

低温管道用钢材做低温冲击试验不包括“低温低应力工况”。“低温低应力工况”指压力容器壳体及其受压元件或受压的管道组成件的设计温度虽然低于或等于-20℃，但其环向应力小于或等于钢材标准常温屈服点的 1/6，且不大于 50MPa 的工况。“环向应力小于或等于钢材标准常温屈服点的 1/6，且不大于 50MPa”是“低温低应力工况”的判据。

“低温低应力工况”的定义分别详见 GB/T 150 附录 C“低温压力容器”、GB 50316、GB/T 20801.2 和 HG/T 20585《钢制低温压力容器技术规定》。这几个规范同时规定，除抗拉强度下限值大于 540MPa 的钢材及螺栓材料外，压力容器壳体及其受压元件或受压的管道组成件在低温低应力工况下，当设计温度加 50℃后，高于-20℃时，压力容器和管道材料可免做低温冲击试验。

GB 50316、GB/T 150 和 GB/T 20801.2、HG/T 20585 的“低温低应力工况”定义不同。①GB/T 20801.2 规定：“低温低应力工况”系指同时满足下列各项条件的工况：a. 低温下的最大工作压力不大于常温下最大允许工作压力的 30%；b. 管道由压力、重量及位移产生的轴向（拉）应力总和不大于 10%材料标准规定最小抗拉强度值（计算位移应力时，不计入应力增大系数）；c. 仅限于 GC2 级管道，且最低设计温度不低于-101℃。（注：直管和对焊管件类元件的最大允许工作压力按 GB/T 20801.3 计算确定；法兰、阀门类元件的最大允许工

作压力按相应标准规定的常温压力额定值选取。)②HG/T 20585 中第 2.0.4 条规定:“低温低应力工况:系指容器壳体或受压元件在低温(≤-20℃)操作条件下一次总体薄膜应力 σ 降至 GB/T 150 规定的材料许用应力[σ]与焊接接头系数 ϕ 乘积的 75%以下的工况”。在满足上述定义的“低温低应力工况”条件下,该标准中规定了设计温度的调整值。HG 20585 规定:在符合“低温低应力工况”下,调整后的设计温度高于-20℃但低于 0℃时,压力容器的钢材及其焊接接头的冲击试验温度应等于或低于调整后的设计温度,而其他设计、制造、检验要求可不必遵循本标准的规定;显然,HG 20585 关于在符合“低温低应力工况”下,调整后的设计温度高于-20℃但低于 0℃时,压力容器的钢材及其焊接接头需按调整后的设计温度进行低温冲击试验的规定,和 GB/T 150 附录 C 的规定相比要求严格了。③GB 50316 和 GB 150 附录规定:在符合“低温低应力工况”下钢材可免做低温冲击试验。

十一、剧烈循环条件下管道器材的选用与工程应用

剧烈循环条件是指管道计算的最大位移应力范围超过 0.8 倍的许用位移应力范围,而且在管道组成件的使用寿命期间内的当量循环次数大于 7000 或由设计确定的产生相等效果的条件。由管道热膨胀产生的位移所计算的应力称为位移应力范围,从最低温度到最高温度的全补偿值进行计算的应力,称为计算的最大位移应力范围。

剧烈循环条件下的管道组成件应满足下列特殊要求:

① 宜采用锻造件和/或无缝管件;

② 采用轧制焊接件时,焊接接头系数不应小于 0.9;

③ 采用钢铸件时,铸造质量系数不应小于 0.9;

④ 不锈钢管件的壁厚不得低于规范规定的最小壁厚;

⑤ 不应选用大于 *DN*40 的承插焊接头;

⑥ 螺纹连接仅限用于温度计套管;

⑦ 不应采用平焊法兰,应采用对焊法兰,且法兰连接用的螺栓或螺柱应采用合金钢的材料;

⑧ 斜接弯头(管)的一条焊缝改变方向的角度不应大于 22.5°。

十二、极度危害介质、高度危害介质及液化烃管道器材的选用与工程应用

输送极度危害介质、高度危害介质及液化烃的管道应采用优质钢制造;输送可燃介质的管道不得采用沸腾钢制造。含碳量大于 0.24%的材料,不宜用于焊制管子及管件。在特殊情况下,如选用含碳量超过 0.24%(0.25%)的钢材,应限定碳当量不大于 0.45%。

输送极度危险介质、高度危害介质及液化烃的压力管道应采用优质钢制造,输送可燃介质的管道不得采用沸腾钢制造。

输送腐蚀介质管道用材料应有耐腐蚀能力。除一些局部腐蚀和应力腐蚀需按具体情况考虑外,均匀腐蚀可根据介质对金属材料的腐蚀速率来选材。

十三、剧毒流体管道器材的选用与工程应用

(1) 流体介质毒性分级可依据《危险化学品目录》、HG/T 20660《压力容器中化学介质毒性危害和爆炸危险程度分类标准》、GB 5044《职业性接触毒物危害程度分级》、GBZ/T 230《职

业性接触毒物危害程度分级》等规范要求。

（2）剧毒流体管道器材不应使用任何脆性材料。

（3）无缝管或经100%无损探伤焊管，不锈钢管和对焊管件的壁厚不得低于标准规范要求的最小壁厚。

（4）管件应选用锻件或无缝；支管连接优先采用无缝三通。

（5）锥管螺纹密封，用于 $DN \leqslant 20$mm，并密封焊。

（6）不应使用带填料密封的补偿器。

（7）应采用防止阀杆填料处泄漏的阀门，包括波纹管密封的截止阀或旋塞型或其他具有可靠的密封结构型式的阀门。例如采用两段填料加孔环，并带小引出口的填料函的阀门。

（8）法兰公称压力的选用至少留25%余量，不低于2.0MPa。

（9）不应采用平焊法兰。

（10）采用软垫片时，应使用榫槽面或凹凸面的法兰。

十四、标准规范对压力管道器材选用的一般限制

（1）金属材料（螺栓除外）的断后伸长率应当不低于14%，材料在最低使用温度下具备足够的抗脆断能力。由于特殊原因必须使用断后伸长率低于14%的金属材料时，能够采取必要的防护措施；材料适合相应制造、制作加工（包括锻造、铸造、焊接、冷热成形加工、热处理等）的要求，用于焊接的碳钢、低合金钢的含碳量小于或等于0.30%。

（2）铸铁管道组成件的一般限制要求。

① 灰铸铁、可锻铸铁不得应用于GC1级、GCD级管道和剧烈循环工况，球墨铸铁不得应用于GCD级管道和剧烈循环工况。

② 灰铸铁、可锻铸铁、球墨铸铁在制造、制作和安装、维修过程中不得使用焊接。

③ 用于制冷系统中符合低温低应力工况的铸铁材料，使用温度应当高于-30℃。

④ 球墨铸铁用于管道组成件时应采用附铸试块取样，其断后伸长率应不小于15%，压力额定值不大于5.0MPa，使用温度应当高于-20℃，并且不高于350℃。

⑤ 灰铸铁和可锻铸铁管道组成件在下列条件使用时，必须采取防止过热、急冷急热、振动以及误操作等安全防护措施：

a. 灰铸铁的压力额定值不大于2.0MPa，使用温度范围为-10~230℃。

b. 可锻铸铁的压力额定值不大于2.0MPa，使用温度范围为-20~300℃。

c. 灰铸铁和可锻铸铁用于有毒或者可燃介质时，压力额定值不大于1.0MPa，使用温度不高于150℃。

（3）碳素结构钢管道组成件的一般限制要求。

① 普通碳素结构钢不得用于GC1级、GCD级管道。

② 沸腾钢和半镇静钢（碳素结构钢）不得用于GCD级管道和有毒或者可燃介质管道，设计压力应不大于1.6MPa，使用温度范围为0~200℃。

③ Q215A、Q235A等A级镇静钢不得用于GCD级管道和有毒或者可燃介质管道，设计压力应不大于1.6MPa，使用温度不高于350℃，最低使用温度按照标准的规定。

④ Q215B、Q235B等B级镇静钢不得用于剧毒介质管道，设计压力应不大于3.0MPa，使用温度不高于350℃，最低使用温度按照标准的规定。

⑤ 用于 GCD 级管道时，设计压力应不大于 1.6MPa，设计温度不高于 300℃。

(4) 用于管道组成件的碳素结构钢的焊接厚度一般要求。

① 沸腾钢、半镇静钢，厚度不大于 12mm。

② A 级镇静钢，厚度不大于 16mm。

③ B 级镇静钢，厚度不大于 20mm。

(5) 碳钢、奥氏体不锈钢钢管及由其制造的对焊管件的使用限制应当符合表 1.9.4 的要求。

表 1.9.4 钢管及其对焊管件的使用限制

<table>
<tr><th>钢管标准</th><th>材料</th><th>钢管和管件制造工艺</th><th>不允许使用范围</th></tr>
<tr><td>GB/T 3091《低压流体输送用焊接钢管》</td><td>碳素结构钢</td><td>(1)电阻焊焊管;
(2)电熔焊焊管</td><td rowspan="3">(1) 有关规定;
(2) 设计压力大于 1.6MPa;
(3) GC1 级管道;
(4) 剧烈循环工况;
(5) GCD 级管道</td></tr>
<tr><td>SY/T 5037《普通流体输送管道用埋弧焊钢管》</td><td>碳素结构钢</td><td>电熔焊焊管</td></tr>
<tr><td>GB/T 13401《钢制对焊管件技术规范》</td><td>碳素结构钢
(CF370)</td><td>无缝及焊接对焊管件</td></tr>
<tr><td rowspan="2">GB/T 9711《石油天然气工业管线输送系统用钢管》</td><td>碳钢
(PSL1)</td><td rowspan="2">电阻焊焊管</td><td>(1) GC1 级、GCD 级管道;
(2) 剧烈循环工况;
(3) 设计压力大于 4.0MPa</td></tr>
<tr><td>碳钢
(PSL2)</td><td>(1) GC1 级剧毒或气体管道;
(2) 剧烈循环工况;
(3) GCD 级管道</td></tr>
<tr><td>GB/T 8163《输送流体用无缝钢管》</td><td rowspan="2">碳钢</td><td rowspan="3">无缝管</td><td>(1) GC1 级管道;
(2) GCD 级管道时，设计压力大于 1.6MPa 或者设计温度高于 300℃</td></tr>
<tr><td>GB/T 3087《低中压锅炉用无缝钢管》</td><td>(1) GC1 级管道;
(2) GCD 级管道时，设计压力大于 5.3MPa</td></tr>
<tr><td>GB/T 9711《石油天然气工业管线输送系统用钢管》</td><td>碳钢
(PSL1)</td><td rowspan="2">GC1 级管道</td></tr>
<tr><td>GB/T 13401《钢制对焊管件技术规范》</td><td>碳钢
(CF415，CF485)</td><td>无缝及焊接对焊件</td></tr>
<tr><td>GB/T 12771《流体输送用不锈钢焊接钢管》
HG/T 20537.3《化工装置用奥氏体不锈钢焊接钢管技术要求》</td><td rowspan="2">奥氏体不锈钢</td><td>电熔焊焊管(不添加填充金属或者焊缝不做射线检测)及对接焊管件</td><td rowspan="2">(1) GC1 级管道;
(2) 剧烈循环工况;
(3) GCD 级管道设计压力大于等于 16.7MPa，或者设计压力大于等于 4.0MPa，并且设计温度大于或者等于 570℃</td></tr>
<tr><td>HG/T 20537.4《化工装置用奥氏体不锈钢大口径焊接钢管技术要求》</td><td>电熔焊焊管(添加填充金属，但是焊缝不做射线检测)及对接焊管件、焊缝不做射线检测</td></tr>
</table>

(6) 碳钢、碳锰钢、低温用镍钢不宜长期在425℃以上使用。铬钼合金钢在400~550℃区间长期使用时，应当根据使用经验和具体情况提出适当的回火脆性防护措施(此条与本书前面“高温管道材料选用”的要求相同)。

(7) 奥氏体不锈钢使用温度大于540℃(GCD级管道大于525℃，铸件大于425℃)时，应当控制材料含碳量不低于0.04%，并且在固溶状态下使用。

奥氏体不锈钢在540~900℃区间长期使用时，应当采取适当防护措施防止材料脆化。

奥氏体不锈钢在下列条件下，应当考虑发生晶间腐蚀的可能性：

① 低碳(C≤0.08%)非稳定化不锈钢，在热加工或者焊接后使用；

② 超低碳(C≤0.03%)不锈钢在425℃以上长期使用。

(8) 高温蠕变工况使用的铬钼合金钢、强韧型铁素体耐热钢、300系列奥氏体不锈钢、镍基耐热合金，应当考虑焊接接头高温长期强度的降低对管道组成件预期寿命的影响。

(9) 为防止硫、铅及其化合物在高温下侵蚀镍基合金导致晶界脆化，镍及镍基合金在各种环境气氛下的使用温度上限应当符合标准的规定。

(10) 低温条件下金属材料及其焊接接头的使用温度限制和冲击韧性要求应当符合标准及其材料标准的要求。

(11) 铸钢材料应当符合标准、产品标准的规定。

(12) 焊接材料应当符合标准、设计文件和焊接工艺评定文件的规定。

(13) 管道用密封件的选用应当考虑设计压力、设计温度以及介质、使用寿命等的要求，并且符合标准及其密封材料标准的规定。

(14) 管道支承件的使用应当符合标准及其管道支承件标准的规定。

(15) 工厂化预制管段还应符合下列要求：

① 工厂化预制管段预制前，制造单位应当根据管道设计文件和工厂化预制管段技术协议的要求编制管道预制工艺文件，工艺文件经委托方审查确认。

工艺文件应包括工厂化预制管段轴测图、工厂化预制管段加工工艺卡、工厂化预制管段清单、管件坡口加工清单、安装说明和技术要求等内容。

② 工厂化预制管段的材料验收、下料、弯制、坡口加工、组对、焊接、热处理、检验等要求应当符合标准和设计文件的规定。

③ 质量证明文件。工厂化预制管段产品质量证明文件至少应当包括标注材质、规格和实际尺寸、焊缝位置和编号、返修和热处理位置、无损检测等信息的工厂化预制管段轴测图，压力管道元件的产品合格证、质量证明书或者复验、试验报告，管道焊接、热处理记录，无损检测报告，检验和试验报告，工厂化预制管段清单，管道工厂化预制监督检验证书等内容。

(16) 超高压管道的一般要求。

① 管子应为无缝管，不得使用螺旋焊缝，管子制造单位应对每根钢管进行超声波检测和涡流检测，每一热处理批次的钢管应进行硬度检测，每根无损检测合格的管子应当按照设计文件的规定进行耐压试验；

② 不得使用铸造管件，管件制造单位应对每个锻造的管件进行超声波检测；

③ 所有铸造阀门的铸造质量系数 $E_c=1.0$，未经建设单位同意不得进行重大补焊；

④ 阀门制造单位应对所有阀门法兰焊接接头进行射线检测，超声检测不得代替射线检

测，阀门外表面和能检测到的内表面应进行磁粉或渗透检测，锻造阀门应进行超声或者射线检测；

⑤ 不得使用承插焊管件、虾米弯、活套法兰；

⑥ 透镜垫应采用热加工工艺锻造成型，锻造比应不小于 4；

⑦ 允许使用整体锻造支管、无缝三通、能进行 100%射线检测的全焊透支管接头。整体锻造支管内表面应光滑，不得出现凹坑、刮痕等，交叉孔处不得出现尖角；

⑧ 锥螺纹接头不得大于 *DN*15；

⑨ 适用于钢及镍基合金、钛合金，除密封件外不得采用非金属材料；

⑩ 不适用于高温蠕变工况；

⑪ 无损检测结果为Ⅰ级合格。

(17) 超高压管道的工厂化预制的一般要求。

① 复验。制造单位应当按热处理批号进行复验，抽查比例不低于 5%且不少于 2 根，复验项目包括化学成分、力学性能、低倍组织、晶粒度、非金属夹杂物和无损检测。

② 焊接。超高压管道的焊接不得使用焊接垫板、密封焊。

③ 检测应当符合以下规定：每根钢管应进行超声波检测和涡流检测；除标准三通和主管管箍外，焊接支管连接应进行 100%射线检测；每个锻造的管件应进行超声波检测；每一热处理批次的钢管应进行硬度检测；所有阀门法兰焊接接头应进行射线检测，超声检测不得代替射线检测，阀门外表面和能检测到的内表面应进行磁粉或渗透检测，锻造阀门应进行超声或者射线检测；无损检测结果为Ⅰ级合格。

④ 耐压试验。超高压管道预制完毕后，应当按照设计文件的规定进行耐压试验。

(18) 防腐蚀管道(金属管道内部衬里或/和外部防腐蚀覆盖层)的一般要求。

① 防腐蚀管道的金属壳体材料的质量应当符合相关标准的要求。

② 用于管道内衬防腐层和外防腐层的材料应当符合相关标准的要求，都需要具有出厂合格证和检验资料。材料应在有效期内使用，不得使用过期的材料。

③ 防腐蚀管道应当符合以下规定：

a. 内衬防腐层材料和外部防腐层材料的设计温度应按相关标准确定。

b. 管道基体和衬里层以及管道基体和外部防腐层的界面粘接强度不得低于相关标准和设计文件的规定，安全使用的耐负压值不得低于失效值(失效值的定义见 HG/T 4093《塑料衬里设备——衬里耐负压试验方法》的规定)的 80%。

c. 防腐蚀管道的设计压力应当执行金属管道的规定，还应考虑内衬材料的承压能力。

d. 出厂前还应进行耐压等试验，并符合以下要求：

壳体液体试验，试验压力为 1.5 倍设计压力，在达到保压时间后，壳体(衬里前)不应发生渗漏或引起结构损伤；

密封液压试验，试验压力为 1.1 倍设计压力，试验压力在保压和检测期间应保持不变，无可见泄漏；

按设计规定的真空度进行负压试验，保压时间应不低于 1h(负压试验的保压时间的定义见 HG/T 4304《耐蚀聚烯烃(PO)塑料衬里技术条件》的规定)。试验期间不应有明显形变或凹陷。试验后衬里层不应有起泡、脱层、吸扁等现象。

十五、冲击试验的一般要求与工程应用

(1) 管道设计温度低于或等于-20℃，而高于使用温度下限的碳素钢、低合金钢、中合金钢和高合金铁素体钢，出厂材料及采用焊接堆积的焊缝金属和热影响区应进行低温冲击试验。

(2) 奥氏体不锈钢，含碳量大于0.1%，设计温度低于-20℃而高于使用温度下限时，出厂的材料及采用焊接堆积的焊缝金属和热影响区应进行低温冲击试验。

(3) 奥氏体高合金钢的使用温度等于或高于-196℃时，可免做低温冲击试验。

(4) 符合下列条件之一时，管道材料可免做低温冲击试验：

① 使用温度等于或高于-450℃，且不低于材料使用温度下限，同时，材料的厚度无法制备5mm厚试样时。

② 除了抗拉强度下限值大于540MPa的钢材及螺栓材料外，使用的材料在低温低应力工况下，若设计温度加50℃后，高于-20℃时。

(5) 下列条件的材料用于管道时，母材、焊缝及热影响区应增加冲击试验：

① Q235A、Q235B及Q235C材料，使用温度在图1.9.1曲线*A*以下至使用温度下限(-10℃)范围内时。

② 钢号为10、20、20g、16Mn、20R、16MnR及15MnVR的材料，使用温度在图1.9.1曲线*B*以下至使用温度下限范围内时。

③ 使用温度低于0℃至使用温度下限范围内的18MnMoNbR、13MnNiMoNbR及Cr-Mo低合金钢(不包括低温钢)的任意厚度的钢板。

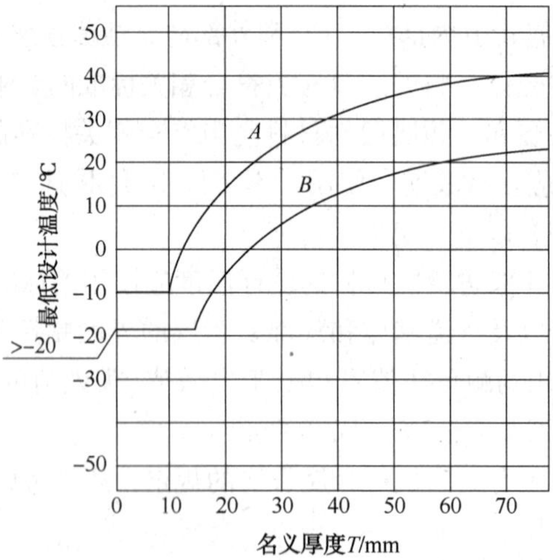

图1.9.1 碳钢、锰钢材料冲击试验的温度

注：最低使用温度/厚度组合位于相应曲线或以上的，可免除冲击试验。位于曲线以下的，应进行冲击试验(低温低应力工况、低温降应力工况及小截面除外)。碳钢(包括碳铬钢)使用于GC3(新的压力管道分级已取消GC3)级管道时，可免除冲击试验。

④ 在温度下限以上使用有色金属和它的合金材料时，如填充金属成分与母材成分不同，焊接接头应进行低温拉伸试验，延伸率应符合设计规定。

⑤ 制造厂已做过冲击试验的材料，但加工后经过热处理时，应进行低温冲击试验。

⑥ 焊接结构中，对热影响区的低温冲击试验可满足对基体材料的冲击试验。

⑦ 材料冲击试验的方法应按现行国家标准 GB/T 229《金属夏比缺口冲击试验方法》的规定。在低温下的冲击功值应符合低温用材料标准或表 1.9.5 的规定。当冲击功不相同的基体材料焊接一起时，其冲击试验能量应符合较小抗拉强度的基体材料的要求。

（6）除低温低应力工况及免除冲击试验外，压力管道元件制造单位应对所有压力管道元件进行冲击试验，优先取横向试样。锻造的管件取样应沿锻造的主加工垂直方向，缺口方向与主要加工方向平行；标准试样的最小夏比 V 形缺口冲击吸收能量见表 1.9.5。

表 1.9.5　最小夏比 V 形缺口冲击吸收能量

试样方向	壁厚/mm	试样数量	规定最小屈服强度≤932MPa 的材料冲击吸收能量/J	规定最小屈服强度>932MPa 的材料冲击吸收能量/J
横向	≤25	三个试样平均 单个试样最低	27 20	34 27
	>25 和≤50	三个试样平均 单个试样最低	34 27	41 33
	>50	三个试样平均 单个试样最低	41 33	47 38
纵向	≤25	三个试样平均 单个试样最低	54 41	68 54
	>25 和≤50	三个试样平均 单个试样最低	68 54	81 65
	>50	三个试样平均 单个试样最低	81 65	95 76

阀门应进行夏比冲击试验，试样应满足表 1.9.5 的纵向值，或者制备三组相互垂直的试样，任何一组获得的最低冲击值应满足表 1.9.5 的横向值。

（7）冲击试验方法。

① 冲击试验方法应符合 GB/T 229 和 GB/T 12778 的规定。

② 标准冲击试样为 10mm×10mm×55mm 夏比缺口冲击试样。

③ 当因截面尺寸限制无法制备标准试样时，也可采用厚度为 7.5mm、5.0mm、2.5mm 的小尺寸试样或尽可能宽的小尺寸试样，小尺寸试样的缺口宽度一般应不小于材料厚度的 80%。

④ 试样缺口应沿厚度方向切取，三个试样为一组。

（8）金属材料的低温冲击试验（韧性试验）要求国内外标准规范的比较。

① 碳钢和低、中合金钢进行低温冲击试验的温度与 GB/T 150《压力容器》、ASME 等规范一致。国内材料在-20℃及以下使用的低温材料、焊缝和热影响区都要做冲击试验。图 1.9.1 曲线 *A*、*B* 与 ASME B31.3 的规定，国内标准将 ASME 标准的曲线 *B* 开头从-29℃改为-20℃。

② 碳钢材料在低温低应力工况下，最低使用温度可降至-70℃并免做冲击试验。根据低温低应力工况下使用温度降低量，20#钢管如加厚，在应力很低的情况下，可用于低于

-20℃的寒冷地区及冷冻的系统中。

③ 材料的冲击韧性试验方法、冲击功数据等内容国内外标准是相近的。

(9) 工程应用一。

某配管设计人在材料描述内遗漏了"IMPT"(冲击试验)要求，造成施工现场到货的管道材料不合格，进行了重新采购。

(10) 工程应用二。

某 Q245R PLS1 钢管取 3 处样，做冲击试验结果如表 1.9.6。焊缝不合格。

表 1.9.6 某钢管冲击试验

检测项目	检测方法	技术要求	检测结果	结论
冲击吸收能量 (10×10×55mm，-29℃，KV_2)(焊缝)/J	GB/T 2650	平均值≥18，单个值≥14	9.5/6.5/7.5	不符合
冲击吸收能量 (10×10×55mm，-29℃，KV_2)(母材)/J	GB/T 2650	平均值≥18，单个值≥14	41.0/19.5/20.0	符合
冲击吸收能量 (10×10×55mm，-29℃，KV_2)(热影响区)/J	GB/T 2650	平均值≥18，单个值≥14	83.0/81.5/101.0	符合

十六、腐蚀环境奥氏体不锈钢的倾向试验一般要求

奥氏体不锈钢使用于可能引起晶间腐蚀的环境时，应按 GB/T 4334 进行晶间腐蚀倾向性试验。奥氏体不锈钢除下列情况外，应以供货状态的试样进行晶间腐蚀倾向试验：

(1) 焊接结构(包括焊缝金属)用钢材应以供货状态经敏化处理的试样进行试验，焊接接头以焊态试样进行试验。

(2) 除固溶处理和稳定化热处理外，凡在制造和使用过程中需经历 400℃以上温度加热的奥氏体不锈钢，应以供货状态经敏化处理的试样进行试验。敏化处理的制度宜为 650℃，保温时间为 0.5~2h；双相不锈钢宜为 650℃，保温时间不应小于 0.5h。

十七、含有氢气管道器材的选用与工程应用

对操作温度等于或高于 200℃，介质中含有氢气的碳钢及低合金耐热钢管道，应根据管道最高操作温度加 20~40℃的裕量和介质中氢气的分压，按临氢作业用钢防止脱碳和微裂的操作极限(Nelson 曲线)选择适当的抗氢钢材。

Nelson(纳尔逊)曲线摘自 API RP941《炼油厂和石油化工厂用高温高压临氢作业用钢》。该标准规定在选择材料时应在相关曲线之下增加一定的安全储备，曲线温度一般取设计温度加 28℃，曲线压力取设计压力加 0.35MPa。

设计温度≤230℃的含氢管道可选用碳钢。

对操作温度等于或高于 250℃，介质中含有 H_2S 和 H_2 的管道材料选用，应根据管道操作温度和介质中 H_2S 的含量、按照有关规范 Couper 曲线确定。

十八、湿 H_2S 应力腐蚀管道器材的选用与工程应用

(1) 金属在应力(拉应力)和腐蚀性介质的共同作用下(并有一定的温度条件)所引起的

破裂为应力腐蚀破裂。常用金属材料易产生应力腐蚀破裂的环境组合见有关的标准规范。GB 50316 规定，管子弯曲及管件成形后的热处理，有应力腐蚀的管道及其他对消除残余应力有严格要求的管道，需热处理时，必须在设计文件中规定。这些要求也适用于其他应力腐蚀管道器材选用的要求。

（2）湿 H_2S 应力腐蚀环境。当管道中介质所含 H_2S 符合下列条件时，则为湿 H_2S 应力腐蚀环境：①介质温度≤(60+2*P*)，*P* 为介质压力：MPa。②介质中 H_2S 分压≥345MPa。③介质中含有液相水或操作温度处于露点之下。④介质 pH<6，但当介质中含有氰化物时 pH>7。

（3）在湿 H_2S 应力腐蚀环境中，管道用材料应符合下列要求：

① 材料标准规定的屈服强度 $\sigma_s \leqslant 355$MPa；材料实测的抗拉强度 $\sigma_b \leqslant 630$MPa；材料使用状态应为正火、正火加回火、退火或调质状态。

② 碳当量 *CE* 限制：低碳钢和碳锰钢 $CE \leqslant 0.40\%$（$CE = C\% + Mn/6\%$）；低合金钢（包括低温镍钢）$CE \leqslant 0.45\%$[$CE = C\% + Mn/6\% + (Cr + Mo + V)/5\% + (Ni + Cu)/15\%$]；钢材焊接时，焊缝热影响区的一部分被加热至 A_{c3}（亚共析钢加热时，所有铁素体都转变奥氏体的温度）以上，快速冷却后会被淬硬。钢材含碳量越高，热影响区的硬化与脆化倾向越大，在焊接应力作用下容易产生裂纹，钢的各种化学成分对钢淬硬性的影响通常折算成碳的影响，称为碳当量。

③ 管道需经焊后热处理，热处理后焊缝（含热影响区）的硬度不大于 200HB；

SH 3501《石油化工有毒、可燃介质管道工程施工及验收规范》规定热处理后焊缝（含热影响区）的硬度值，不应超过母材标准布氏硬度值加 100HB，且符合下列规定：合金总含量小于 3%，不大于 270HB；合金总含量 3%～10%，不大于 300HB；合金总含量大于 10%，不大于 350HB。

GB 50235《工业金属管道工程施工及验收规范》规定热处理后焊缝（含热影响区）的硬度值，当设计文件无明确规定时，碳素钢不宜大于母材硬度的 120%，合金钢不宜大于母材硬度的 125%。

④ 钢扳厚度大于 20mm 时，应按 JB/T 4730《承压设备无损检测》进行超声波探伤，符合Ⅱ级要求。

⑤ 选用镇静钢，可用钢材为 Q235B、Q235C、20、20g、16Mn 等。

⑥ 硫化氢管道采用伴热，避免产生冷凝液而腐蚀管道，可用碳钢不用不锈钢。

⑦ 酸性天然气系统和酸性天然气-油系统管道材料的选择，可参考 SY/T 0599《天然气地面设施抗硫化物应力开裂和抗应力腐蚀开裂的金属材料要求》的规定。

连多硫酸应力腐蚀环境下，可能产生连多硫酸应力腐蚀开裂，奥氏体不锈钢应选用超低碳或稳定化型不锈钢。

（4）用于含硫化氢介质的阀门材料可遵循 NACE MR0103 或 NACE MR0175 的要求。

十九、NaOH 溶液应力腐蚀管道器材的选用与工程应用

（1）输送 NaOH 的碳钢或低合金钢管道在一定的条件下，能引起碳钢材料的应力腐蚀开裂（碱脆）。影响碳钢产生应力腐蚀开裂的因素有碱液浓度、温度和材料中存在的残余应力等。

(2) 一般情况下，当 NaOH 浓度和温度超出表 1.9.7 的规定时，应对焊缝(含热影响区)进行消除应力热处理。

表 1.9.7 对焊缝(含热影响区)进行消除应力热处理

NaOH/%	5	10	15	20	30	40	50	60
温度/℃	85	76	70	65	54	48	43	40

当 NaOH 浓度和温度超出表 1.9.8 的规定时，应考虑采用含镍合金。

表 1.9.8 采用含镍合金

NaOH/%	10	20	30	40	50
温度/℃	105	100	97	82	77

(3) 碳钢和低合金钢在 NaOH 溶液中的应用范围见本书第四章图 4.2.16。

碳素钢和低合金钢管道的操作温度和碱液溶液位于图 4.2.16 的 B 区时，焊后或冷加工后应进行消除应力热处理。热处理温度宜为 600~650℃，保温时间 2.4min/mm，且不应少于 1h，当操作温度和碱液浓度位于 A 区时，碳素钢和低合金钢制的管道焊后不需进行消除应力热处理，开停工或检修期间应采取水冲选，不得进行蒸汽吹扫；当操作温度和碱液浓度位于 C 区时，材料应选用镍基合金。

二十、液氨应力腐蚀环境管道器材的选用与工程应用

(1) 当管道中介质为液氨，并符合下列条件时，则为液氨应力腐蚀环境：

① 介质为液态氨，含水量小于或等于 0.2%，且有可能受空气(O_2或 CO_2)污染的场合；

② 介质温度高于-5℃。

(2) 在液氨应力腐蚀环境中，使用低碳钢和低合金高强度钢(包括焊接接头)应符合下列要求：

① 对于 20、Q345 钢，应采取下列措施之一：焊后应进行消除应力热处理；控制焊接接头(包括热影响区)的硬度值不大于 200HB；使液氨含水量大于 0.2%。

② 对于 15MnV、18MnMoNb 低合金高强度钢，焊后必须进行消除应力热处理。

二十一、材料间相互连接或接触管道器材的选用与工程应用

(1) 选择管道材料时，应考虑不同材料间相互连接或接触，在工艺过程中可能产生的有害影响。

奥氏体不锈钢与低熔点金属如铝、铋、锑、镉、镓、铅、锰、锡和锌及其化合物在高温(高于低熔点金属的熔点)下接触，将产生晶间腐蚀，应避免奥氏体不锈钢在 350℃ 以上时与上述低熔点金属及其化合物接触。

(2) 奥氏体不锈钢无论是内部或外部与氯化物和其他卤化物之类的介质接触时，都可能产生应力腐蚀开裂。外部的损坏可能是由于隔热材料的选择和应用不当所致，或是来自墨水、油漆、票签、胶带、黏胶或其他含氯或卤素的附属物。奥氏体不锈钢隔热材料的选择可按 GB 50126《工业设备及管道绝热工程施工规范》和 GB/T 17393《覆盖奥氏体不锈钢绝热材料规范》的规定选用。

（3）奥氏体不锈钢管道的管托和有静电接地要求的奥氏体不锈钢管道，导线跨接或接地引线应采用不锈钢板过渡，不应和不锈钢管道直接连接。

二十二、腐蚀速率的选用与工程应用

（1）输送腐蚀性介质管道用材料应有耐腐蚀能力。除晶间腐蚀和其他局部性腐蚀需按具体情况考虑外，一般可根据介质对金属材料的腐蚀速率选用。

（2）管道金属材料的耐腐蚀能力根据介质对金属材料的腐蚀速率，可分为下列四类：

① 年腐蚀速率不超过 0.05mm 的材料为充分耐腐蚀材料；

② 年腐蚀速率超过 0.05~0.1mm 的材料为耐腐蚀材料；

③ 年腐蚀速率为 0.1~0.5mm 的材料为尚耐腐蚀材料；

④ 年腐蚀速率超过 0.5mm 的材料为不耐腐蚀材料。

（3）对于尚耐腐蚀材料，可根据技术经济比较，确定是在较大腐蚀裕量的条件下应用或者另选用较高级别的耐腐蚀材料，但不应选用不耐腐蚀材料。

第十节 非金属管道器材选用的一般要求与限制

一、配管设计非金属管道器材选用的一般要求

（1）非金属管道的设计应满足设计条件下的力学、耐腐蚀、蠕变和热膨胀等性能要求。非金属管道(非金属管道包括纤维增强塑料、纤维增强塑料衬里、聚乙烯及其他非金属材料管道)的材料及性能应符合相应材料的相关国家标准、行业标准。

非金属管道的原材料不得使用或者添加再生料(回收料)[再生料(回收料)是指已使用过的塑料制品经清洁、破碎、研磨或者造粒后制得的材料]。

（2）设计条件要素：①设计温度下的抗拉强度、抗压强度、抗弯强度、抗剪强度和弹性模量；②设计条件下的蠕变速率；③许用应力；④延展性和塑性；⑤冲击和热冲击性能；⑥温度限制；⑦熔化和气化转变温度；⑧气孔和渗透性；⑨试验方法；⑩连接方法及其有效性。

（3）设计条件的耦合。

①非金属管道设计应根据介质的设计压力、设计温度和流体特性等工艺条件，并结合环境和各种荷载等条件进行；②非金属管道系统的每个组成件的设计压力，不应小于运行中遇到的内压和外压与温度偶合时最苛刻条件下的压力。最苛刻条件应为强度计算中管道组成件需要最大厚度及最高公称压力时的参数；③非金属管道的设计温度应为管道在运行时，压力和温度相偶合的最苛刻条件下的温度。在确定设计温度时，应考虑介质温度、环境温度、阳光辐射或其他热源造成的苛刻温度；④酸、碱、油介质的影响。

（4）配管设计非金属管选用应特别注意的可能性。

① 发生火灾时的破坏。笔者调研某事故现场，发现金属管道未遭到火灾破坏，一些非金属管道因火灾遭破坏较严重；

② 毒性影响；

③ 非金属管热膨胀系数一般比金属管大，需注意非金属管道的挠性问题。非金属材料

的线性膨胀系数较大，导热性差，刚性差。选用非金属材料必须考虑其加工工艺性能和连接性能。对于衬里的材料，需考虑衬里材料和基体材料的黏结力和亲和力，当用于负压工况时尤其应注意。

（5）温度稍微上升时材料拉伸强度的减弱。一些非金属材料的强度受流体温度、太阳直晒温升的影响较大。露天敷设的管道应含有稳定剂。对长期暴露在阳光下的非金属管道应当采取相应的隔离防护措施。

（6）设计选用时应根据所输送介质的腐蚀、磨蚀情况以及电绝缘、阻力降等要求选用适当的材料和型式的管材。各种非金属管的耐腐蚀性能、物理性能以及规格尺寸、偏差等可从相关的设计资料、设计手册查找。由于非金属管的标准化程度不如钢管高，使用时要注意各制造厂在制造工艺、规格尺寸、各种性能等方面的差异。

（7）装置生产过程中各种操作工况和使用操作条件，如压力、温度和被输送流体的物化性质(组成、腐蚀性、物态、间歇或连续操作)。

（8）各种工程材料的特性，正确地选择所使用的材料，分析在装置生产过程中可能出现的各种材料问题(如材料韧性降低的影响，同时要考虑所选用材料的加工工艺性和经济性)。

（9）对于新型材料和特殊材料的选用要严格建立在试验与生产的基础上，经过充分论证后方可选择使用。

（10）当介质腐蚀性强，不适宜选用一般碳钢及合金钢，须选用贵重合金时，为了考虑经济实用性，可用非金属材料(例如 PVC、PP、PTFE 等)。需注意以下几点：①允许使用的温度及压力范围，衬里管道的真空度大小。②塑料管道及附件受光和氧作用引起的老化现象，塑料管道在特定温度下对介质的腐蚀性能。③压力和温度突变的场合。④塑料在某些介质作用下失去弹性而发生的脆性现象。

（11）热塑性塑料一般不用于地面上输送可燃性流体。对可燃、易燃的非金属材料，必须采取防火措施。

（12）脆性材料(硼硅玻璃、陶瓷)不得用于输送有毒、可燃易爆及危险性介质。

（13）非金属管道不得用于输送可燃、毒性危害程度为极度或高度危害的介质。

（14）各种不同的非金属材料对各种流体有着不同的耐腐蚀性能。可根据有关非金属材料手册、试验数据和产品样本加以选择。

（15）热固性树脂材料用于输送有毒或可燃性流体时，应采取安全防护措施。

（16）塑料类管子的壁厚必须考虑塑料的蠕变，防止管子在预期寿命内不会因蠕变而发生破裂，根据不同塑料选用其安全系数。各种高分子材料的性能差别较大，且在选用时应对各类材料性能加以综合分析、对比评估，选出合适材料并进行试验，进一步验证材料性能的可靠性。同时还需要了解所选材料加工工艺性能和制造、安装、维修等性能。

（17）非金属管道不得用于有剧烈振动和剧烈循环的场合。

（18）非金属管道不宜在火灾爆炸危险区内的地上敷设。

（19）硬聚乙烯管道(PVC-U)不得用于输送气体介质。

（20）需减少热损失和防止管内液体凝结、结晶或冻结的非金属管道应进行保温，管道保温应采用不可燃的轻质材料。埋地的非金属管道不得采用法兰连接，管道上的阀门应设在阀门井内。

(21) 非金属压力管道元件[非金属压力管道元件包括聚乙烯(带金属骨架的聚乙烯、纤维增强聚乙烯)及其他非金属材料管、管件和阀门；纤维增强塑料及纤维增强塑料衬里管和管件制造单位应当有可靠的技术资料和试验方法，以确保原材料及非金属压力管道元件的适用性。

非金属压力管道元件的制造单位应当对其制造工艺进行工艺评定或工艺验证。

(22) 按照相应的标准、工程规定(设计要求)等对非金属管道的支撑、防护、热变形补偿和接头连接型式进行设计。

(23) 非金属管道不允许使用在超过设计压力、设计温度的环境下；非金属管道的最高使用温度不高于其材料的热变形温度减20℃；非金属管道的最高设计压力与其使用温度相关，应按相关标准规定或者应用实例的工况考虑其温度折减系数；除纤维增强塑料及纤维增强塑料衬里压力管道元件可以用于GC1(3)级管道外，其他非金属压力管道元件不得用于GC1级管道。

(24) 应当根据非金属管道和介质重量以及非金属管道的长度设计支吊架。管道支架、导向架和固定架的选择和采用，除应当核算局部载荷或者应力的负面影响外，还应避免点荷载和非金属管道与支架间的点支撑。

(25) 当非金属管道有阻燃性能要求时，应采用阻燃树脂、添加阻燃剂或其他措施。

(26) 非金属管道有防静电性能要求时应当采取有效的防静电措施。

(27) 架空敷设的非金属管道与高于其使用温度的设备、非金属管道(无隔热)的净距不应小于0.5m，否则应采取隔热防护措施。

(28) 非金属管道法兰与异种材料法兰相接时应采用相应的垫片或垫环。

(29) 对非金属管道系统可能出现的水锤、负压进行专项核算。

二、纤维增强塑料及纤维增强塑料衬里管道设计的一般要求

(1) 用于制造纤维增强塑料管道的树脂应为不饱和聚酯树脂、乙烯基酯树脂、环氧树脂、酚醛树脂等。树脂使用前应当复验其热变形温度，其值应当高于压力管道设计温度20℃以上。

(2) 用于制造纤维增强塑料管道的纤维增强材料应为玻璃纤维、碳纤维、玄武岩纤维等。制造单位应当检测纤维增强材料的最小强度，检测值不得小于其标称性能(标称性能是指制造单位在产品说明书中标明的有关产品性能)的90%。

(3) 非金属管道中的纤维增强塑料及纤维增强塑料衬里管道所用树脂材料的断后伸长率应当不低于2.5%。

(4) 管道的层合板铺层设计应通过纤维及其制品类型、树脂体系及配比、铺层的次序、方向和层数、成型工艺(含固化工艺)、树脂含量(重量比)等方面的设计以达到设计要求力学性能。

(5) 管道组成件之间粘接所用树脂基体及纤维增强材料的类型应与管道保持一致。

(6) 纤维增强塑料衬里管道的热塑性塑料衬里与纤维增强塑料结构层的层间剪切强度不得小于5MPa。

(7) 纤维增强塑料及纤维增强塑料衬里材料的压力管道元件的最低设计温度(使用温度)不得低于-40℃，最高设计温度不得高于120℃，衬PTFE、PVDF、PFA不得高于165℃。

(8) 管道的层合板(层合板指由两层或多层同种或不同种材料压制而成的整体板材)许用应力按照式1.10.1计算:

$$[q]=\varepsilon_{d}X_{lam} \quad (1.10.1)$$

式中 $[q]$——管道的层合板许用应力;

ε_{d}——管道的层合板许用应变,应按照指定值法或长期性能测试法确定,并且应当小于树脂断裂延伸率的10%;

X_{lam}——管道的层合板弹性模量,应按照采用铺层计算法或铺层实测法进行计算。

(9) 粘接接头的许用承载力不得低于被粘接管道的许用承载力。纤维增强塑料及纤维增强塑料衬里管道的设计应按照标准GB 51160确定。用于有毒或可燃流体工况时,应采取安全防护措施。

三、聚乙烯及其他非金属材料管道设计的一般要求

(1) 聚乙烯及其他非金属材料管道的设计温度应符合表1.10.1的要求。

表1.10.1 聚乙烯及其他非金属材料管道的设计温度

管道材料	设计温度/℃		管道材料	设计温度/℃	
	最低	最高		最低	最高
PE	-40	80	ABS	-40	60
PVC-U	0	60	PVDF	-20	150
PVC-C	0	80	PTFE	-40	155
PP	-15	95	PFA	-40	165

(2) 聚乙烯压力管道元件在试验温度200℃下的氧化诱导时间不得小于35min;加工前后熔体质量流动速率的变化率不大于15%。

(3) 氯化聚氯乙烯(PVC-C)压力管道元件的氯含量不小于62%。

(4) 在国家或行业现行标准中,对压力管道元件的公称压力(在国家或行业标准中已规定了压力管道元件公称压力的,是指在20℃以水为介质时管道系统耐压能力的参考数值)及对应的工作压力-温度参数值做出规定的,均可作为设计基准。压力管道元件标准所规定的基础数值不应低于管道的设计压力和设计温度。

(5) 在国家或行业现行标准中,未确定许用应力或压力-温度参数值的聚乙烯及其他非金属材料压力管道元件,其设计应力应根据设计温度和长期静液压强度确定,最小设计安全系数除符合GB/T 18475《热塑性塑料压力管材和管件用材料 分级和命名总体使用(设计)系数》的规定外,还应考虑介质、环境、工况等因素的特殊要求。

(6) 聚乙烯及其他非金属材料管道的设计温度下的爆破压力,不低于设计压力的4倍:

$$P_{D}\leqslant P_{b}/n$$

式中 $n\geqslant4$——安全系数(应当针对不同危害程度的介质选取安全系数);

P_{D}——最大设计压力;

P_{b}——设计工况下的爆破压力。

(7) 应根据输送介质的种类、设计压力、设计温度、施工方法以及环境条件等,选择压力管道元件的材料和壁厚。

（8）不得用于在地面上输送可燃性流体。

（9）UPVC 和 CPVC 管道不应使用于压缩空气或其他压缩气体工况。

（10）氯化聚氯乙烯（PVC-C）树脂的氯含量大于 67%；氯化聚氯乙烯（PVC-C）混配料的氯含量大于 62%；聚乙烯（PE）材料在试验温度 200℃下的氧化诱导时间不得小于 40min。

四、非金属管道配管设计材料应力与荷载的一般要求

1. 许用应力

非金属管道材料在 ASME B31.3 附录 B 列出了静压设计应力（HDS）。应力和许用压力按材料分类并按温度用表列出。允许在温度之间采用内插法。

（1）热塑性塑料。ASTM F2837 叙述确定 HDS 的方法。ASME B31.3 附录 B 中列出了那些材料和温度的 HDS 值。

（2）热固性增强树脂（层压的）。ASME B31.3 附录 B 列出材料的设计应力（DS）值应为 ASTM C582 表 1 中规定的最小抗拉强度的 1/10，并仅在-29～82℃（-20～180℉）的温度范围内有效。

（3）热固性增强树脂和增强塑料胶泥（缠绕法和离心浇注法）。ASME B31.3 附录 B 列出的材料的静压设计基本应力（HDBS）值应按 ASTM D2992 中的方法求得，并仅在 23℃（73℉）时有效。HDS 应按 ASTM D2992 所述的方法，将 HDBS 乘以一个按使用要求选择的工况（设计）系统 F。

2. 持续荷载应力

外荷载下管道的设计应根据下述进行：热塑性塑料管道：ASTM D2321 或 AWWA C900；热固性增强树脂（RTR）和增强塑料胶泥（RPM）管道：ASTM D3839 或 AWWA C950 附录 A；

确定最大许用挠度时，应考虑到应变及可能产生的皱折，在任何情况下许用径向挠度均不得超过管内径的 5%。

3. 临时荷载

运行期间由于压力、重量和其他持续荷载以及如风、地震等临时荷载在管道系统的组件中产生的应力总和，不应超过内压应力、外压应力、外荷载应力的有关部分的范围。无需考虑风和地震力同时发生的可能性。

五、流体工况对非金属管道材料的一般要求

对于非金属材料，应在所有流体工况中防止超温、冲击、振动、脉动以及机械损伤等。

1. 热塑性塑料

除满足下列全部要求外，不得用于在地面上输送可燃性流体：

① 管道直径不超过 DN25；

② 获得业主的批准；

③ 按有关规范要求（本书后面有详述）提供安全防护。

当用于 D 类流体工况以外的工况时应采取安全防护措施。

PVC 和 CPVC 不应使用于压缩空气或其他压缩气工况。

2. 增强塑料胶泥（RPM）管道

当用于 D 类流体工况以外的工况时，管道应采取安全防护措施。

3. 热固性增强树脂(RTR)管道

当用于有毒或可燃流体工况时，应采取安全防护措施。表 1. 10. 2 给出热固性增强树脂的推荐温度范围。

表 1. 10. 2　热固性增强树脂管推荐的温度范围

材料		推荐温度范围			
树脂	强化剂	最低		最高	
		℃	℉	℃	℉
聚酯 环氧树脂	玻璃纤维 玻璃纤维	-29	-20	149	300
呋喃 呋喃	碳 玻璃纤维	-29	-20	149	200

4. 硼硅玻璃和陶瓷

当用于有毒或可燃流体工况时，应采取安全防护措施。应防止流体工况的大的、迅速的温度变化。

5. 非金属衬里的金属管道和非金属衬里的金属管道

基体、衬里材料和它们之间黏结剂的性能影响着衬里管道的设计温度限制。表 1. 10. 3 给出用于衬里的热塑性塑料推荐温度限制。

表 1. 10. 3　用于衬里的热塑性塑料推荐温度范围

材料	最低		最高	
	℃	℉	℃	℉
PFA PTFE	-198	-325	260	500
FEP ECTFE ETFE	-198	-325	204 171 149	400 340 300
PVDF PP PVDC	-18	0	135 107 79	275 225 175

六、国内外常用非金属管道选用表

国内外常用非金属管道选用表见表 1. 10. 4。

表 1. 10. 4　国内外常用非金属管道选用表

序号	种类	代号	标准	使用温度/℃	使用压力/MPa	规格/mm	连接方式	适用范围
1	高密度聚乙烯管	HDPE	QB/T1930	≤60	1	DN25-1000	热熔焊、电熔焊	适用于给排水管、埋地管、耐磨管、化工管燃气管

续表

序号	种类	代号	标准	使用温度/℃	使用压力/MPa	规格/mm	连接方式	适用范围
2	硬聚氯乙烯化工管	PVC-U	GB/T 4219 GB/T 4220	≤60	1.6	*DN*25～800	承插、法兰	适用于化工耐酸管
3	玻璃钢外增强聚乙氯烯复合管	FRP/PVC	HG/T 21636	<80	1.6	*DN*25～800	承插、法兰	适用于工艺酸管
4	玻璃钢外增强聚丙烯复合管	FRP/PP	HG/T 21579	-15～+100	1.6	*DN*15～600	承插、法兰	适用于工艺酸管、污水管(酸带溶液)
5	玻璃纤维(内)增强聚丙烯管	FRPP (或 RRP)	HG 20539	-20～+120	1	*DN*15～500 (800)	对焊 (法兰、螺纹)	适用于工艺酸管,污水管
6	纤维缠绕玻璃钢管	FRP (FW)	JC/T 552 HG/T 21633	≤120 (与树脂有关)	≤1.6	*DN*25～3000	承插、法兰	适用于有压力耐酸管、污水管
7	钢衬改性聚丙烯复合管	CS/PP	HG/T 2437 HG/T 20538	-14～+100	1.6	*DN*25～400	法兰(螺纹)	适用于有压力工艺酸管
8	钢衬聚四氟乙烯管(推压管)	CS/F (PTFE)	HG/T 20538 ASTM D1675	-20～+180	1.6	*DN*25～400 (*L*≤4000)	法兰(螺纹)	适用于高温工艺耐酸管
9	钢衬聚乙烯管	CS/HDPE	ASTM F1545	<60	1.6	*DN*25～1000	法兰	适用于大直径耐磨管
10	钢衬 F40 管	CS/F40 (ETFE)	ASTM F1545	-20～+180	1.6 真空	*DN*25～1600	法兰	适用于耐酸、耐高温、真空管
11	钢衬橡胶管	—	HG 21501	≤85	1	*DN*25～400	法兰	适用于耐酸管
12	建筑硬聚氯乙烯给排水管	UPVC	GB/T 10002 ISO 4422 ISO 3633	≤60	1.6	*DN*25～250	承插、套管	适用于建筑给排水管
13	PVC 加筋排水管	(R～Rib)	—	60	1	*DN*150～400	承插	适用于埋地管
14	PVC 双壁波纹排水管	—	GB/T 18477	60	1	*DN*110～500	承插	适用于埋地管
15	夹砂玻璃钢管	—	JC/T 838 ASTM D2996 AWWA C950	60	1.6	*DN*500～2500	承插	适用于埋地管
16	苯乙烯/丁二烯/丙烯腈管	ABS	HG 21561	≤70	1	*DN*15～200	承插、法兰	适用于一般纯水管
17	聚偏氟乙烯管	PVDF(F2)	—	≤160	1	*DN*25～150	对焊、法兰	适用于高纯水管、强腐蚀性管
18	搪玻璃管	—	HG/T 2130～2142	≤200	1	*DN*50～250 (L≤3000)	法兰	适用于一般腐蚀性管

续表

序号	种类	代号	标准	使用温度/℃	使用压力/MPa	规格/mm	连接方式	适用范围
19	钢骨架 PE 管	—	给水用管 CJ/T 123~124 工业用管 CJ/T 3600~3690	70	2.5	*DN*50~500	电熔焊	适用于给水管、污水管、燃气管
20	交联(高密度)聚乙烯管	XPE (或 XLPE)	DIN 16892 BS 7291 GB/T 18992	95	1.6	*DN*20~63	卡环加紧式	适用于热冷水管
21	铝塑复合管	HPPE/ Al/ HDPE	CJ/T 108 ASTM F1282 GB/T 18977	60	1.6	*DN*10~50	卡环式加紧	适用于冷水管
22	无规聚丙烯管	PPR	GB/T 18742 DIN 8077	60	1.6	*DN*20~75	热熔	适用于冷、热水管
23	聚丁烯管	PB-1	DIN 16968	90	1.6	*DN*20~32	热熔	适用于热水管

第十一节　配管设计管道器材选用易混淆术语

一、交货状态(delivery condition)

交货状态是指交货产品的最终塑性变形加工或最终热处理的状态。最终塑性变形加工状态也可理解为不经过热处理交货的状态，如热轧(锻)及冷拉(轧)状态。经正火、退火、高温回火、调质及固溶等处理的统称为热处理状态交货，或根据热处理类别分别称正火、退火、高温回火、调质及固溶等状态交货。

二、热轧状态(hot rolling condition)

钢材在热轧或锻造后不再对其进行专门热处理，冷却后直接交货，称为热轧或热锻状态。

热轧(锻)的终止温度一般为800~900℃，然后一般在空气中自然冷却，因而热轧(锻)状态相当于正火处理。所不同的是因为热轧(锻)终止温度有高有低，不像正火处理加热温度控制严格，因而钢材组织与性能的波动比正火大。目前不少钢铁企业采用控制终轧温度轧制，由于终轧温度控制很严格，并在终轧后采取强制冷却措施，因而钢的晶粒细化，交货钢材有较高的综合力学性能。无扭控冷热轧盘条比普通热轧盘条性能优越就是这个道理。

热轧(锻)状态交货的钢材，由于表面覆盖有一层氧化铁皮，因而具有一定的耐蚀性，储运保管的要求不像冷(拉)轧状态交货的钢材那样严格，大中型型钢、中厚钢板可以在露天货场或经苫盖后存放。

三、冷拉（轧）状态[cold drawn（rolling）condition]

经冷拉、冷轧等冷加工成型的钢材，不经任何热处理而直接交货的状态，称为冷拉或冷轧状态。与热轧（锻）状态相比，冷拉（轧）状态的钢材尺寸精度高，表面质量好，表面粗糙度低，并有较高的力学性能。

由于冷拉（轧）状态交货的钢材表面没有氧化铁皮覆盖，并且存在很大的内应力，极易遭受腐蚀或生锈，因而冷拉（轧）状态的钢材，其包装、储运均有较严格的要求，一般均需在库房内保管，并应注意库房内的温湿度控制。

四、常用钢的热处理方法分类

常用钢的热处理方法分类见图 1.11.1。

热处理的方法虽然很多，但任何一种热处理工艺部是由加热、保温、冷却三个阶段组成，见图 1.11.2，只是加热温度的高低，保温时的长短和冷却速度不同。

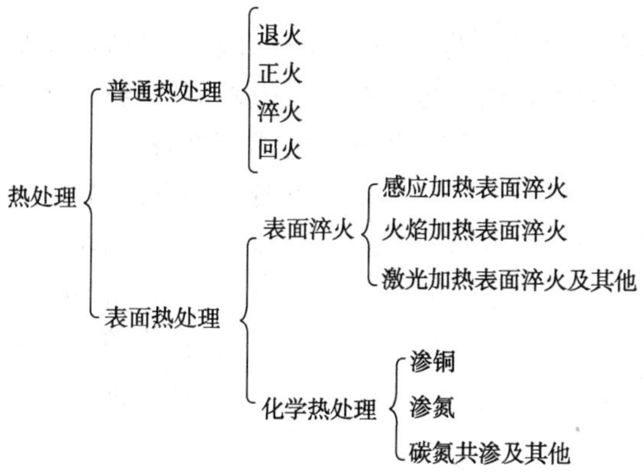

图 1.11.1 常用钢的热处理方法分类

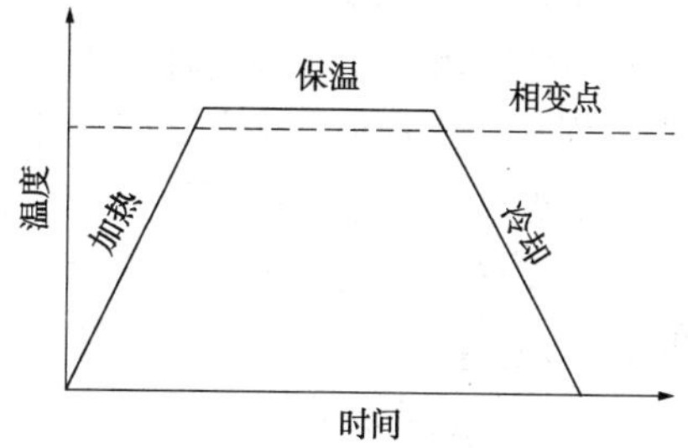

图 1.11.2 热处理工艺曲线

五、正火状态（normalized condition）

钢材出厂前经正火热处理，这种交货状态称正火状态。由于正火加热温度（亚共析钢为 A_{c3}+30～50℃，过共析钢为 A_{ccm}+30～50℃）比热轧终止温度控制严格，因而钢材的组织、性能均匀。与退火状态的钢材相比，由于正火冷却速度较快，钢的组织中珠光体数量增多，珠光体层片及钢的晶粒细化，因而有较高的综合力学性能，并有利于改善低碳钢的魏氏组织和过共析钢的渗碳体网状，可为成品的进一步热处理做好组织准备。碳素结构钢、合金结构钢钢材常采用正火状态交货。某些低合金高强度钢如 14MnMoVBRE、14CrMnMoVB 钢为了获得贝氏体组织，也要求正火状态交货。

六、退火状态（annealed condition）

为降低钢的硬度和提高塑性，便于加工，或者为消除冷却与焊接时产生的硬脆性与内应力，可将钢材加热到 800～900℃，经过保温后缓慢冷却，可达到使用的要求。如白口铁在 900～1100℃退火，可降低硬脆性，得到可锻性。

钢材出厂前经退火热处理，这种交货状态称退火状态。退火的目的主要是为了消除和改善前道工序遗留的组织缺陷和内应力，并为后道工序做好组织和性能上的准备。

合金结构钢、保证淬透性合金钢、冷镦钢、轴承钢、工具钢、汽轮机叶片用钢，铁素体型不锈耐热钢的钢材常用退火状态交货。

七、高温回火状态(high temperature tempering condition)

钢材出厂前经高温回火热处理，这种交货状态称为高温回火状态。高温回火的回火温度高，有利于彻底消除内应力，提高塑性和韧性，碳素结构钢、合金结构钢、保证淬透性合金钢钢材均可采用高温回火状态交货。某些马氏体型高强度不锈钢、高速工具钢和高强度合金结构钢，由于有很高的淬透性以及合金元素的强化作用，常在淬火(或正火)后进行一次高温回火，使钢中碳化物适当集中，得到碳化物颗粒较粗大的回火索氏体组织(与球化退火组织相似)，因而，这种交货状态的钢材有很好的切削加工性能。

八、固溶处理状态(solid solution treatment)

钢材出厂前经固溶处理，这种交货状态称为固溶处理状态。这种状态主要适用于奥氏体不锈钢材出厂前的处理。通过固溶处理，得到单相奥氏体组织，以提高钢的韧性和塑性，为进一步冷加工(冷轧或冷拉)创造条件，也可为进一步沉淀硬化做好组织准备。

钢材交货状态还有许多种，例如调质状态、时效处理状态等。此外，还有酸洗、剥皮、磨光、抛光等表面加工状态。同一钢材可以有多种不同的交货状态，以满足使用单位各种不同的需要。正确地选择钢材交货状态，对使用单位的进一步加工、处理，确保产品质量，降低生产成本都有十分重要的意义，必须引起足够的重视。订购钢材时，在货单、合同等单据上，必须注明是何种交货状态。当选定热处理状态交货时，还应注明是指钢材本身还是试棒，以免发生错误。

九、抗蚀性(corrosion resistance)

抗蚀性又叫耐蚀性，是指金属材料抵抗周围介质腐蚀作用的能力。金属的抗蚀性好，就不易受到周围介质的作用而发生质量上的变化，表现出稳定的化学性能，因此又叫作化学稳定性。根据腐蚀的种类不同，抗蚀性可分为抗氧化性，耐酸性等。

一般来说，钢铁的抗蚀性不如有色金属。但是，不同有色金属的抗蚀性不同，同一种有色金属的抗蚀性的好坏，也因周围腐蚀介质的种类不同而异。

抗蚀性，是在不同介质作用下的零件和构件选用金属材料的重要依据。

十、力学性能(mechanical properties)

金属材料在外力作用下表现出来的各种特性，如弹性、塑性、韧性、强度、硬度等。

十一、弹性(elasticity)

金属材料受外力作用发生了变形，当去掉外力后，恢复原来形状和尺寸的能力，称为弹性。金属材料弹性的好坏，是通过弹性极限、比例极限来反映的。

金属的弹性，对制造弹性零部件具有重要意义。

十二、塑性(plasticity)

金属材料在外力作用下产生永久变形(指去掉外力后不能恢复原状的变形),但不会被破坏的能力,叫作塑性。塑性用伸长率、断面收缩率表示。

金属的塑性与变形方式有关。例如,有些金属在受拉伸变形时要发生破坏,但受挤压或模锻时可不发生破裂。

金属的塑性是进行压力加工、冷弯工艺等必须考虑的重要因素。另外,适当的塑性对提高金属结构的安全可靠性十分必要。

十三、强度(intensity & strength)

金属材料在外力作用下抵抗变形和断裂的能力称为强度。金属材料的强度是通过比例极限、弹性极限、屈服强度、抗拉强度等许多强度指标来反映的。

在外力作用下工作的零件或构件,其强度是选用金属材料的重要依据。

十四、强度极限(ultimate strength)

强度极限 σ_b:在拉伸应力-应变曲线上的最大应力点,单位为 MPa。

十五、比例极限(proportional limit)

在弹性变形阶段,金属材料所承受的和应变能力保持正比的最大应力,称为比例极限。由于比例极限很难测定,所以常常采用发生很微小的塑性变形量的应力值来表示,称为规定比例极限。用 σ_p 表示,单位为 MPa(兆帕)。计算公式为:

$$\sigma_p = [P_p(\text{规定比例极限负荷}) / F_o(\text{试样原横截面面积})]$$

十六、弹性极限(elastic limit)

金属能保持弹性变形的最大应力,称为弹性极限。由于弹性极限很难测定,所以常常采用很微小的塑性变形量的应力值来表示。弹性极限用 σ_e 表示,单位为 MPa(兆帕)。

十七、屈服极限(yield limit)与规定的最小屈服强度(SMYS)

屈服极限用 σ_s 表示,指材料的拉伸应力超过弹性范围,开始发生塑性变形时的应力。有些材料的拉伸应力-应变曲线并不出现明显的屈服平台,即不能明确地确定其屈服点。对于此种情况,工程上规定取试样产生 0.2%残余变形的应力值作为条件屈服极限,用 $\sigma_{0.2}$ 表示,单位为 MPa。

SMYS:规定的最小屈服强度(the specified minimum yield strength)。这个词汇经常在一些压力试验等规范内出现。

十八、抗拉强度(tensile strength)与规定的最小拉伸强度(SMTS)

金属试样拉伸时,在拉断前所承受的最大应力,称为抗拉强度。它表示金属材料在拉力作用下抵抗大量塑性变形和破坏的能力,抗拉强度以 σ_b 表示,单位为 MPa。计算公式为:

$$\sigma_b = [P_b(\text{试样拉断前的最大负荷}) / F_o(\text{试样原横截面面积})]$$

SMTS：规定的最小拉伸强度(the specified minimum tensile strength)。这个词汇经常在一些压力试验等规范内出现。

十九、抗弯强度(bending strength)

试样在位于两支承中间的集中负荷作用下折断时，折断横截面(危险截面)所承受的最大正应力，称为抗弯强度。抗弯强度以 σ_{bb} 表示，单位为 MPa。

二十、抗压强度(compressive strength)

材料在压力作用下不发生碎裂时所能承受的最大正应力，称为抗压强度。抗压强度以原面积除负荷，单位为 MPa。

二十一、伸长率(elongation percentage)

金属在拉伸试验时，试样拉断后，其标距部分所增加的长度与原标距长度的百分比，称为伸长率。以 δ 表示，单位为%，计算公式为：

δ = {[L_1(拉断后试样标距长度，mm) − L_0(试样原标距长度，mm)]/L_0(试样原标距长度，mm)} ×100%

标距长度对伸长率影响很大，所以伸长率必须注明标距。如对长试样($L_0 = 11.3\sqrt{F_0}$，圆试样可简化为 $L_0 = 10d_0$)，伸长率用 δ_{10} 或 δ 表示；对短试样($L_0 = 5.65\sqrt{F_0}$，圆试样可简化为 $L_0 = 5d_0$)，伸长率用 δ_5 表示。F_0 为试样原横截面面积，d_0 为试样的原直径。凡 L_0 与 F_0 满足上面括号内关系的试样，称为比例试样。非比例试样的 L_0 与 F_0 之间无上述一定关系。对待薄板、线材及部分小型材，其试样通常采用非比例试样(按有关标准规定)。

二十二、断面收缩率(section shrinkage)

金属拉伸试验中，在断裂处试样截面面积减小的百分率，称为断面收缩率。以 ψ 表示，单位为%。计算公式为：

ψ = {[F_0(试样原横截面面积，mm^2) − F_1(试样断裂处的最小横截面面积，mm^2)]/F_o(试样原横截面面积，mm^2)} ×100%

二十三、持久极限(endurance limit)[持久强度(rupture strength)]

持久极限指金属材料在给定温度下，经过一定时间破坏时所能承受的恒定应力，单位为 MPa。常用符号 σ_b 带有一个或两个指数表示，如 $\sigma_b/100$，表示在常温下持久时间为 100h 的应力；$\sigma_b 400/100$，表示在试验温度 400℃时，持久时间为 100h 的应力，就是所谓高温持久强度。

二十四、蠕变极限(creep limit)

金属材料在一定温度和长时间受力状态下，即使所受应力小于其屈服强度，但随着时间的增长，也会慢慢地产生塑性变形，这种现象称为蠕变。

蠕变极限，是指金属材料在一定温度和恒定应力下，在规定的时间内的蠕变变形量或蠕变速度不超过某一规定值时所能承受的最大应力，单位为 MPa。以伸长率测定蠕变极限时，符号为$\sigma_{0.2}$带有三个指数。如$\sigma_{0.2}$700/100，即表示试验温度为700℃时，经100h试验后，允许伸长率为0.2%时的蠕变极限。此时还必须注明，蠕变极限是按总伸长率或残余伸长率测得的，在以给定的蠕变速度测定的蠕变极限时，符号σ带有两个指数。如$\sigma_{1.10}^{600}-5$，即表示在试验温度为600℃时，蠕变速度为1×10^{-5}%/h的蠕变极限。此时必须注明测得规定蠕变速度的试验时间。

二十五、疲劳极限(fatigue limit)

金属材料在受重复或交变应力作用时，虽其所受应力远小于抗拉强度，甚至小于弹性极限，经多次循环后，在无显著外观变形情况下而会发生断裂，这种现象称为疲劳。金属材料在重复或交变应力作用下，经过周次N的应力循环仍不发生断裂时所能承受最大应力称为疲劳极限，以σ_{-1}表示，单位为MPa。

二十六、疲劳强度(fatigue strength)

金属材料在重复或交变应力作用下，循环一定周次N后断裂时所能承受的最大应力，叫作疲劳强度，以σ_N表示，单位为MPa，此时，N称为材料的疲劳寿命。某些金属材料在重复或交变应力作用下没有明显的疲劳极限，常采用疲劳强度表示。

二十七、冲击吸收功(impact absorbing energy)或冲击韧性值(impact toughness)

金属材料对冲击负荷的抵抗能力称为韧性，通常用冲击吸收功或冲击韧性值来度量。用一定尺寸和形状的试样，在规定类型的试验机上受一次冲击负荷折断时所吸收的功，称冲击吸收功，以符号A_K表示，单位为J；试样刻槽处单位面积上所消耗的功，称为冲击韧性值，以a_k表示，单位为kJ/m^2。计算公式为：

$$a_k = A_K(\text{冲击吸收功，kJ})/F(\text{试验前试样刻槽处的横截面面积，m}^2)$$

在动负荷下工作的金属零部件，实际上很少受一次超载冲击被破坏，而是受小能量的多次重复冲击才被破坏，因此仅用一次消耗于A_K或冲击韧性值a_k来衡量其抗力是不够准确的，而应以多次重复冲击试验来度量。据研究表明，在能量不太大的情况下，材料承受多次重复冲击的能力，主要决定于强度。冲击吸收功A_K包括以下三部分：①消耗于试样弹性变形的弹性功；②消耗于试样塑性变形的塑性功；③消耗于裂纹开始产生、扩展直至断裂的撕裂功。

由于冲击功仅为试样缺口附近参加变形的体积所吸收，而此体积又无法测量，且在同一断面上每一部分的变形也不一致，因此用单位截面积上的冲击功(冲击值)a_k来判断冲击韧性的方法在国内外已逐渐淘汰。

二十八、低温冲击韧性(low temperature impact toughness)和高温冲击韧性(high temperature impact toughness)

金属材料在常温、低温及高温下所测得的冲击吸收功或冲击韧性值是不一样的。低温条件下测得的冲击韧性，称为低温冲击韧性；高温条件下测得的冲击韧性，称为高温冲击韧性。低温或高温下测得的冲击吸收功或冲击韧性值都要注明试验温度。

二十九、金属材料的冷脆(cold brittleness)及脆性转变温度

钢材在较低温度时发生的脆性断裂，通常称为冷脆。材料发生脆裂时的临界温度称为韧性-脆裂转变温度，简称脆性转变温度。

三十、硬度(hardness)

材料抵抗更硬物体压入其表面的能力，称为硬度，根据试验方法和适用范围的不同，硬度可分为布氏硬度(Brinell hardness)HB、洛氏硬度(Rockwell hardness)HR 和维氏硬度(Vickers Diamond hardness)HV 等许多种，其测定方法和适用范围各异。

硬度(hardness)：反映材料对局部塑性变形的抗力及材料的耐磨性。硬度不是一个单纯的物理量，而是反映弹性、强度与塑性等综合性能指标。它是金属材料的重要性能指标之一。一般来说，硬度越高耐磨性越好。

三十一、布氏硬度(Brinell hardness)

用一定直径 D 的淬硬钢球，以规定负荷 P 压入试验金属表面并保持一定时间，除去负荷后，测量金属表面的压痕直径，以直径算出压痕球面积 F 再以负荷 P 除以压痕球面积 F 所得之商，为该金属的布氏硬度值。布氏硬度以 HB 表示，单位为 kgf/mm^2，但使用中一般不标注单位。计算公式为：

$$HB=2P/\pi D[D-\sqrt{(D^2-d^2)}]$$

式中 P——所加的规定负荷，kgf；

D——钢球直径，mm；

d——压痕直径，mm。

布氏硬度测定较为准确可靠，但只适用于测定 HB8～HB480 范围内的金属材料。对于硬度较高的金属或较薄的板、带材则不适用。

三十二、洛氏硬度(Rockwell hardness)

洛氏硬度和布氏硬度都是压痕试验法，所不同的是它不是测定压痕直径的大小，而是测定压痕的深度。洛氏硬度的测定是在先后两次施加负荷(初负荷 P_0 及总负荷 P)的作用下，将标准型压头(金刚石圆锥体或钢球)压入金属表面，当卸除主负荷 P_1($P_1=P-P_0$)后，可得到由于主负荷 P_1 所引起的残余压入深度值 e。e 值越大，金属的硬度越低；反之则硬度越高。e 值以规定单位 0.002mm 表示，压头轴向位移一个单位(0.002mm)相当于洛氏硬度变化一个数，它是个无名数，洛氏硬度用符号 HR 表示。洛氏硬度分为 HRC、HRA 和 HRB 三种。

其他硬度还有维氏硬度(HV)、肖氏硬度(HS)等。

三十三、晶粒(crystalline grain)、晶界(grain boundary)

组成金属材料的小晶体，称为晶粒。晶粒与晶粒之间的分界面，称为晶界。

三十四、相(phase)、相界(phase boundary)

在金属或合金中，凡成分相同、结构相同并有界面互相隔开的均匀组成部分，称为相，

相与相之间的界面，称为相界。

三十五、固溶体(solid solution)

组成合金的一种金属元素的晶体中溶有另一种元素的原子形成的固态相，称为固溶体。固溶体一般有较高的强度、良好的塑性、耐蚀性以及高的电阻和磁性。

按溶质原子在晶格中的位置不同可分为置换固溶体和间隙固溶体。①置换固溶体：溶质原子占据溶剂晶格中的结点位置而形成的固溶体称置换固溶体。当溶剂和溶质原子直径相差不大，一般在15%以内时，易于形成置换固溶体。铜镍二元合金即形成置换固溶体，镍原子可在铜晶格的任意位置替代铜原子。②间隙固溶体：溶质原子分布于溶剂晶格间隙而形成的固溶体称间隙固溶体。间隙固溶体的溶剂是直径较大的过渡族金属，而溶质是直径很小的碳、氢等非金属元素。其形成条件是溶质原子与溶剂原子直径之比必须小于0.59。如铁碳合金中，铁和碳所形成的固溶体——铁素体和奥氏体，皆为间隙固溶体。

按固溶度来分类，可分为有限固溶体和无限固溶体。无限固溶体只可能是置换固溶体。

按溶质原子与溶剂原子的相对分布来分，可分为无序固溶体和有序固溶体。

三十六、金属化合物(metal compounds)

合金中不同元素的原子相互作用形成的、晶格类型和性能都完全不同于其组成元素的，具有金属特性的固态相，称为金属化合物。金属化合物多数具有熔点高、硬而脆的特点，是合金中很重要的强化相。

三十七、奥氏体(A)(austenite)

奥氏体(A)，是碳在γ-Fe中的固溶体，溶碳能力较大，在723℃为0.8%，在1147℃时达到最大值2.06%，它是碳钢在高温时的组织。

性能特点：奥氏体是一种塑性很好，强度较低的固溶体，具有一定韧性。不具有铁磁性。因此，分辨奥氏体不锈钢刀具(常见的18-8型不锈钢)的方法之一就是用磁铁来看刀具是否具有磁性。古代铁匠打铁时烧红的铁块即处于奥氏体状态。

三十八、铁素体(F或FN)(ferrite)

铁素体是碳在α-Fe中的固溶体，其溶碳能力较差，室温下仅溶碳0.006%，在723℃时达到最大值0.02%，所以其强度、硬度较低，塑性及韧性很高，它是碳钢在常温时的主体相。

三十九、渗碳体(Fe_3C)(cementite)

渗碳体是铁和碳的化合物，含碳量为6.69%，性能硬而脆，几乎没有塑性，它是钢中的强化相。

四十、珠光体(P)(pearlite)

珠光体是铁素体和渗碳体相间排列的片状层组织，是一种机械混合物，因此，其机械性能介于铁素体和渗碳体之间，综合力学性能较好。

四十一、临界点(critical point)

钢加热和冷却时发生相转变的温度叫临界点或临界温度，在实际加热和冷却时，钢的相变与在极端缓慢加热(或冷却)的平衡状态不一样，往往是在一定的过热或者过冷的情况下进行。这样就使得实际加热或冷却时的临界点不在同一温度上。临界点用 A 表示；加热时的临界点在临界点 A 右下标字母 C；冷却时的临界点在临界点 A 右下标字母 r。对钢来说；常见的平衡状态和加热时的临界点有：

A_1——是在平衡状态下，奥氏体、铁素体、渗碳体共存的温度，也就是一般说的下临界点。

A_3——是亚共析钢在平衡状态下，奥氏体和铁素体共存的最高温度，也就是一般所说的亚共析钢的上临界点。

A_{cm}——是过共析钢在平衡状态下，奥氏体和渗碳体共存的最高温度，也就是过共析钢的上临界点。

A_{c1}——钢加热时，所有珠光体都转变为奥氏体的温度。

A_{c3}——亚共析钢加热时，所有铁素体都转变奥氏体的温度。

A_{ccm}——过共析钢加热时，所有渗碳体都溶入奥氏体的温度。

A_{r1}——钢高温奥氏体化后冷却时，奥氏体转变为珠光体的温度。

A_{r3}——亚共析钢高温奥氏体化后冷却时，铁素体开始析出的温度。

A_{rcm}——过共析钢高温完全奥氏体化后冷却时，渗碳体开始析出的温度。

M_s——钢高温奥氏体化后，在大于临界冷却速度冷却时，其中奥氏体开始转变为马氏体的温度。符号中右下角小"s"是"始"字汉语拼音的第一个字母，在英文书籍中用"M_s"表示。在俄文书籍中用"M_h"表示。

M_z——奥氏体转变为马氏体的终了温度。符号中右下角"z"是"终"字汉语拼音的第一个字母，在英文书籍中用"M_f"表示。在俄文书籍中用"M_k"表示。

A_{c1}、A_{c3}、A_{ccm}随加热速度而定。加热速度越快，它们越高；而 A_{r1}、A_{r3}和 A_{rcm}则随冷却速度的加快而降低，当冷却速度超过一定值(临界冷却速度)时，它们将完全消失，一般 $A_{c1}>A_1>A_{r1}$、$A_{C3}>A_3>A_{r3}$、$A_{ccm}>A_{cm}>A_{rcm}$。对碳钢来说，这些临界点在铁碳平衡图上可查到。

四十二、热处理(heat treatment & thermal treatment)

热处理，就是将金属成材或零件加热到低于熔点的一定温度，并将此温度保持一段时间，然后冷却至一定温度的工艺过程。热处理过程一般都要经过加热→保温→冷却三个阶段。

热处理和其他加工处理不同，它不改变金属成材或零件的形状和大小，而是通过改变金属的内部组织，来改善金属的性能，提高材料的使用价值，满足各种使用要求，并提高质量、节省材料及延长使用寿命。钢的热处理工艺包括退火、正火、淬火、回火和表面热处理等方法。

四十三、退火(annealing)

常用的退火又可分为完全退火、再结晶退火和消除应力退火。完全退火是将铁碳合金完全奥氏体化（加热到A_{c3}以上20～30℃）然后缓慢冷却，以获得接近平衡组织的工艺过程。完全退火适用于处理亚共析钢、中合金钢，目的是改善钢铸件或热轧型材的机械性能。由于加热温度超过上临界点，使组织完全重结晶，可达到细化晶粒、均匀组织、降低硬度、充分消除内应力等目的。

再结晶退火是将变形后的金属加热到再结晶温度以上（600℃～A_{c3}之间），保持适当时间，使被冷加工拉长了的和破碎了的晶粒重新成核和长大成正常晶粒，成为没有内应力的新的稳定组织，使钢的物理机械性能基本上都能得到恢复。对于连续多次冷加工的钢材，因随加工道次的增加、硬度不断升高，塑性不断下降，必须在两次加工中间安排一次再结晶退火、使其软化，以便钢材能进一步加工。这种退火又称为软化退火或中间退火。

消除应力退火是为了除去由于塑性变形加工、焊接等原因造成的以及铸件内存在的残余应力而进行的热处理工艺，消除应力退火的加热温度低于钢的再结晶温度。

四十四、正火（normalizing）

将钢加热到A_{c3}（A_{c3}是指加热时自由铁素体全部转变为奥氏体的终了温度）或A_{cm}（A_{cm}是实际加热中过共析钢完全奥氏体化的临界温度线）以上30～50℃，保温后在空气中冷却，得到珠光体型组织的热处理工艺叫正火。正火主要用于碳钢和低合金钢，其目的是在于提高其机械性能，细化晶粒，改善组织，使晶粒细化和碳化物分布均匀化，去除材料的内应力，降低材料的硬度。

正火与退火的区别是正火的冷却速度稍快，所获得的组织比退火细，机械性能也有所提高。

四十五、淬火（quenching）

“蘸火”是淬火工艺的行业术语。将钢加热到A_{c3}（亚共析钢）或A_{c1}（过共析钢）以上30～50℃，保温后以大于临界冷却速度的速度快速冷却的热处理工艺叫淬火。淬火一般是为了得到马氏体组织，使钢得到强化；淬火马氏体是碳在α-Fe中的过饱和固溶体。

淬火的目的是使过冷奥氏体进行马氏体或贝氏体转变，得到马氏体或贝氏体组织，然后配合以不同温度的回火，以大幅提高钢的强度、硬度、耐磨性、疲劳强度以及韧性等，从而满足各种机械零件和工具的不同使用要求。也可以通过淬火满足某些特种钢材的铁磁性、耐蚀性等特殊的物理、化学性能。

四十六、回火（tempering）

钢淬火后为了消除残余应力及获得所需要的组织和性能、把已淬火的钢重新加热到A_{c1}以下某一温度，保温后进行冷却的热处理工艺叫回火。按回火温度的不同，回火可分为低温、中温和高温回火。

四十七、调质（quenching and high temperature tempering）

通常将淬火加高温回火的热处理工艺叫调质。调质后获得回火索氏体组织，可使钢件得到强度与韧性相配合的良好的综合机械性能。

四十八、固溶处理(solution treatment)

固溶处理指将合金加热到高温单相区恒温保持，使过剩相充分溶解到固溶体中后快速冷却，以得到过饱和固溶体的热处理工艺。其目的是为了改善金属的塑性和韧性，并为进一步进行沉淀硬化处理准备条件。适用于多种特殊钢、高温合金、特殊性能合金及有色金属。尤其适用：①热处理后须要再加工的零件；②消除成形工序间的冷作硬化；③焊接后工件。

对于非超低碳型的奥氏体不锈钢，通过固溶处理可使过剩的碳被固溶在奥氏体中，从而可消除其晶间腐蚀的敏感性。一般情况下，对不锈钢多加热到1000~1120℃，并按每毫米1~2min进行保温，然后进行急冷，使得过剩的碳来不及向晶界间迁移，从而达到消除晶界贫铬的目的。经固溶处理过的奥氏体不锈钢仍要防止在敏化温度加热，否则碳化铬会重新沿晶界析出。

四十九、稳定化处理(stabilizing treatment & steadiness treatment)

稳定化处理是稳定组织，消除残余应力，以使工件形状和尺寸保持在规定范围内的任何一种热处理工艺。主要运用在：

① 为使工件在长期服役的条件下形状和尺寸变化能够保持在规定范围内的热处理。对于预应力钢材，稳定化处理的作用是将钢丝中的大部分残余应力消除，使绞线结构稳定，切断时不松散，弹性极限提高，在长期保持张力下服役时应力损失(松弛)较低。

② 含钛或含铌的奥氏体不锈钢的一种提高抗晶间腐蚀能力的热处理方法。在奥氏体不锈钢冶炼时加入数倍于含碳量的钛或铌元素，可在形成 $Cr_{23}C_6$ 之前优先形成钛或铌的碳化物，这些碳化物几乎不固溶于奥氏体中。在焊接从高温冷却时，即使经过易析出 $Cr_{23}C_6$ 的敏化温度区间(850~450℃)时也不会沿晶界大量析出 $Cr_{23}C_6$，从而大大提高了抗晶间腐蚀的能力。为了使钢达到最大的稳定度，还应作稳定化处理，即将构件加热至900℃使 $Cr_{23}C_6$ 充分溶解到奥氏体中，而此时让钛和铌充分形成非常稳定的碳化钛和碳化铌。然后在空气中冷却，即使经过敏化温度时，也无 $Cr_{23}C_6$ 在晶界析出。经稳定化处理后的奥氏体不锈钢便大大降低了晶间腐蚀的可能性。

五十、敏化处理(sensitizing treatment)

使金属(通常是合金)的晶间腐蚀敏感性明显提高的热处理。钢中的碳(通常含0.08%)与铬结合，在热处理过程中或在焊接过程中在晶界析出，形成的碳化物使晶界出现贫铬，并在晶界形成抗腐蚀薄膜同时发生局部的晶界腐蚀，降低了材料的耐应力腐蚀性。一般在420~850℃范围内停留时间过长，奥氏体不锈钢会由于碳化铬的析出而造成晶间贫铬，增加材料的晶间腐蚀倾向，这个温度范围即为敏化区间。

所谓敏化处理一般是指已经经过固溶处理的奥氏体不锈钢，在500~850℃加热，将Cr从固溶体中以碳化铬的形式析出，造成奥氏体不锈钢的晶界腐蚀敏感性，这就是敏化处理，是用来衡量奥氏体不锈钢晶界腐蚀倾向的，即一种检测手段。此外稳定化处理是为了进一步提高抗晶界腐蚀能力而进行的热处理。

五十一、碳当量(carbon equivalent)

碳当量是将钢铁中各种合金元素折算成碳的含量。碳素钢中决定强度和可焊性的因素主要是含碳量。合金钢(主要是低合金钢)除碳以外各种合金元素对钢材的强度与可焊性也起着重要作用。为便于表达这些材料的强度性能和焊接性能，便通过大量试验数据的统计简单地以碳当量来表示。有许多碳当量指标，如拉伸强度碳当量、屈服强度碳当量、焊接碳当量，还有裂纹敏感性指标(实质上也是碳当量)。通过对钢的碳当量和冷裂敏感指数的估算，可以初步衡量低合金高强度钢冷裂敏感性的高低，这对焊接工艺条件如预热、焊后热处理、线能量等的确定具有重要的指导作用。

每一种元素的碳当量以 $1/X$ 表示，X 一般为正整数，由统计数据决定。若干元素的碳当量计算之和即各个 $1/X$ 值之和。同一元素在不同的碳当量计算法中其 X 值不同。不同研究者得到的 X 值也不相同。由于各国所采用的试验方法和钢材的合金体系不尽相同，所以应清楚各国所使用的碳当量公式的来源、用途及应用范围等。

(1) 国际焊接学会(the International Institute of Welding)推荐的碳当量公式 CE(IIW):

$$CE(\mathrm{IIW})=\mathrm{C+Mn/6+(Cr+Mo+V)/5+(Ni+Cu)/15}\quad(\%)$$

式中的元素符号均表示该元素的质量分数，下同。该式主要适用于中、高强度的非调质低合金高强度钢($\sigma_b=500\sim900$MPa。当板厚小于 20mm，CE(IIW)<0.40%时，钢材淬硬倾向不大，焊接性良好，不需预热；CE(IIW)= 0.40%~0.60%，特别当大于 0.5%时，钢材易于淬硬，焊接前需预热。

(2) ① 美国金属学会提出的用于计算预热温度的碳当量 CE 经验公式:

$$CE=\mathrm{C+Mn/6+Ni/15+Mo/4+Cr/4+Cu/13}\quad(\%)$$

该式适用于碳钢和低合金高强度钢。

② 美国金属学会提出的用于评定淬火碳钢和低合金钢的焊接性的碳当量公式:

$$CE=\mathrm{C+Mn/6+(Cr+Mo+V)/5+(Si+Ni+Cu)/15}\quad(\%)$$

③ 美国焊接学会(AWS)提出的碳当量公式:

$$CE=\mathrm{C+Mn/6+Si/24+Ni/15+Cr/5+Mo/4+Cu/13+P/2}\quad(\%)$$

该式适用于碳钢和低合金钢。

(3) 英国的碳当量公式。英国迪尔登(Dearden)和奥尼尔(O neill)为评定热影响区的裂纹而提出的碳当量公式:

$$CE=\mathrm{C+Mn/6+Ni/15+Cr/5+Mo/4+V/5+Cu/13+Co/150}\quad(\%)$$

(4) ① 日本 JIS 和 WES 标准规定的碳当量公式:

$$Ceq(\mathrm{JIS})=\mathrm{C+Mn/6+Si/24+Ni/40+Cr/5+Mo/4+V/14}\quad(\%)$$

该式主要适用于低碳调质的低合金高强度钢($\sigma_b=500\sim1000$MPa)。

② Pcm 公式。日本伊藤等人进行了大量试验后，提出了冷裂敏感指数(Pcm)的计算公式:

$$Pcm=\mathrm{C+Si/30+(Mn+Cu+Cr)/20+Ni/60+Mo/15+V/10+5B}\quad(\%)$$

该式适用于 C=0.07%~0.22%，$\sigma_b=400\sim1000$MPa 的低合金高强度钢。

第二章　标准体系的选用

第一节　国内外标准体系的选用与比较

一、配管设计中的标准体系现状

配管设计管道器材选用的标准体系选用，需根据工程具体情况和所属行业进行选用。不同的标准体系，管子外径、法兰尺寸、器材选用的要求、施工检验的要求、管道布置设计的要求等方面可能不同。

有的工程项目需执行两个标准体系，需界定好管道的分界与衔接。例如，笔者负责某石化工厂的改造设计，在运行的某装置用的是欧标法兰体系和管子系列，拟改造后与其衔接的管道系统将采用美标体系。某年负责的新建炼化一体工程，厂内包括了工业管道、长输管道、动力管道、公用管道等不同的标准体系管道系统的设计与衔接。

二、配管设计管道器材的两大标准体系

①管道材料设计时首先要考虑的问题就是管道及其元件标准系列的选用。②标准体系应包括管子系列标准、管件系列标准、法兰及其连接件系列标准、阀门标准等。它们之间相互衔接、相互配合，确定了管道及其元件的基本参数。这些标准中以管子标准和法兰标准最具代表性，它们是其他应用标准的基础。③世界上各国应用的标准体系有很多，不同的国家不同的行业有不同的标准体系，它们之间有些相差很多，无法配套使用。因此，管道设计的第一步就是选择标准体系，并作为设计的统一规定，以免各相关专业因采用不能互换的其他标准体系而导致错误。世界各国应用标准大体上分为两大类。以管子标准和法兰标准为主来介绍。

欧式法兰标准体系与美式法兰标准体系：①欧式法兰标准体系。以200℃作为计算基准温度，压力等级按 *PN*0.1、*PN*0.25、*PN*0.6、*PN*1.0、*PN*1.6、*PN*2.5、*PN*4.0、*PN*6.3、*PN*10.0、*PN*16.0、*PN*25.0、*PN*40.0 等分级的所谓的“欧式法兰(因为这一系列标准为德国 DIN 标准，并为苏联等欧洲国家所使用，故通常称之为欧式法兰)”。②美式法兰标准体系。以大约430℃(对 150Lb 级则是 300℃)作为计算基准温度，而压力等级按 *PN*2.0(Class 150)、*PN*5.0(Class 300)、*PN*6.8(Class 400)、*PN*10.0(Class 600)、*PN*15.0(Class 900)、*PN*25.0(Class 1500)、*PN*42.0(Class 2500)分级的所谓的“美式法兰(因为这一系列标准为美国 ASME 标准，并为世界各国石油工业广泛采用，故通常称之为美式法兰)”。

管子的“大外径”系列与“小外径”系列，具体见本书后面章节详细讲述。

三、美国标准体系与工程应用

1. 管子

(1) 大外径系列的标准 ASME B36.10 和 ASME B36.19。

（2）公称直径范围：*DN*6～*DN*2000mm。

（3）壁厚表示方法。钢管壁厚表示方法有管子表号、钢管壁厚尺寸和管子重量三种方法。

① 以管子表号“Sch”表示壁厚。ASME B36.10 壁厚等级：Sch10、Sch20、Sch30、Sch40、Sch60、Sch80、Sch100、Sch120、Sch140、Sch160 十个等级；ASME B36.19 壁厚等级：Sch5S、Sch10S、Sch40S、Sch80S 四个等级。

② 以钢管壁厚尺寸表示。中国、ISO、日本部分钢管标准采用。

③ 以管子重量表示管壁厚度，它将管子壁厚分为三种：标准重量管，以 STD 表示；加厚管，以 XS 表示；特厚管，以 XXS 表示。对于 *DN*≤250mn 的管子，Sch40 相当于 STD，*DN*<200mm 的管子，Sch80 相当于 XS。

2. 管法兰

（1）美式法兰。

（2）压力等级：CL150、300、400、600、900、1500、2500psi，7 个等级。公称直径：*DN*15～*DN*600mm。

（3）法兰密封面：凸台面(RF)、凹凸面(MF)、榫槽面(TG)、金属环连接面 4 种。

（4）法兰型式：平焊式、承插焊式、对焊式、螺纹连接式、松套式及法兰盖，6 种。

3. ASME B31 规范的有效时间

一般来说，需遵循本版规范 B31.3 的规定。除非合同各方专门订立协议采用另一版本或管辖机构明文规定采用另一版本，否则应以整个管道安装起始作业的原合同日期前至少 6 个月所颁布的最新版本和增补作为管道所有设计、材料、制作安装、检验和试验直至完工和初始运行的控制性执行文件。

4. 美国标准体系 ASME 中常用标准

美国标准体系 ASME 中常用标准见表 2.1.1。

表 2.1.1　美国标准体系 ASME 中常用的标准

标准号	标准名称	
ASME B36.10	Welded and Seamless Wrought Steel Pipe	焊接和无缝轧制钢管
ASME B36.19	Stainless Steel Pipe	不锈钢无缝及焊接钢管
ASME B16.9	Factory-Made Wrought Bullwelding Fittings	工厂制造的锻钢对焊管件
ASME B16.11	Forged Fittings-Socket Welded and Threaded	承插焊和螺纹锻造管件
ASME B16.28	Wrought Steel Buttwelding Short Radius Elbows and Returns	钢制对焊小半径弯头和回弯头
ASME B16.34	Valves-Flanged, Threaded, and Welding End	法兰连接、螺纹连接和焊接连接的阀门
ASME B16.5	Pipe Flanges and Flanged Fittings: NPS 1/2 through NPS 24 Metric/Inch Standard	管法兰和法兰管件
ASME B16.36	Orifice Flanges	孔板法兰
ASME B16.42	Ductile Iron Pipe Flanges and Flanged Fittings: Classes 150 and 300	球墨铸铁法兰和法兰管件

续表

标准号	标准名称	
ASME B16.47	Large Diameter Steel Flanges: NPS 26 Through NPS 60 Metric/Inch Standard	大直径钢法兰（注：ASME B16.47 A 系列即 MSS SP-44 标准，B 系列即 API 605 标准）
ASME B16.20	Metallic Gaskets for Pipe Flanges: Ring-Joint, Spiral-Wound, and Jacketed	管法兰用缠绕式、包覆式垫片和环槽式用金属垫片
ASME B16.21	Nonmetallic Flat Gaskets for Pipe Flanges	管法兰用非金属平垫片
ASME B18.2.1	Square, Hex, Heavy Hex, and Askew Head Bolts and Hex, Heavy Hex, Hex Flange, Lobed Head, and Lag Screws(Inch Series)	方头和六角头螺栓和螺纹
ASME B18.2.2	Square and Hex Nuts	方头和六角头螺母
API std605	Large Diameter Carbon Steel Flanges	大口径法兰、法兰盖
API std526	Flanged-steel Safety Relief Valves	法兰连接钢制泄压阀
API std598	ValveInspection and Test	阀门的检验与试验
API std599	Metal Plug Valve—Flanged and Welding Ends	法兰连接和焊接连接的金属旋塞阀
API std600	Bolted Bonnet Steel Gate Valves for Petroleum and Natural Gas Industries	法兰和对焊连接的钢制闸阀
API std602	Compact Carbon Steel Gate Valves	小型钢闸阀（紧凑型闸阀）
API std603	Corrosion-resistant, Bolted Bonnet Gate Valves—Flanged and Butt-welding Ends.	150 磅耐腐蚀用法兰阀
API std608	Metal Ball Valves—Flanged, Threaded and Welding End	法兰连接和对焊连接的金属球阀
API std609	Butterfly Valves, "Double Flanged" Lug-type and Wafer-type	支耳型和对夹型蝶阀
API std6D	Pipeline Valves(Gate, Plug, Ball, and Check valves)	管道阀门规范
MSS SP-44	Steel Pipeline Flanges	带颈平焊法兰
API 6A	Wellhead and Christmas Tree Equipment	井口装置和采油树设备规范
AWWA C207	Flanges for Water-works Service, 4 in through 144 in Steel	水工业用钢制管法兰标准

四、德国标准体系与工程应用

1. 管子

大外径系列。

2. 管法兰

（1）欧式法兰。

（2）压力等级：德国标准《压力和温度说明、概念、公称压力等级》（DIN2401）规定的公称压力等级如下所示：

1、1.6、(2)①、2.5、(3.2)、4、(5)、6、(8)、10、(12.5)、16、(20)、25、(32)、

40、(50)、63②、(80)、100、(125)、160、(200)、250、(315)、400、(500)、630、(700)、(800)、1000、(1250)、1600、(2000)、2500、4000、6300。

注：① 应优先选用其中不带括弧的压力等级；

② 以前也用过64这个数，63与64可以互换。

在DIN2401压力等级系列标准中，规定公称压力为200℃时的最大许用工作压力，单位为bar。

此压力等级系列标准在俄罗斯及东欧影响较大，我国JB、HG法兰标准的公称压力等级也与此压力等级标准相同。

(3) 公称直径：*DN*6~4000mm。

(4) 法兰密封面：平面、凸台面、凹凸面、榫槽面、橡胶环连接面、透镜面及膜片焊接面7种。

(5) 法兰型式：平焊板式、平焊松套式、翻边松套式、对焊翻边松套式、对焊环翻边松套式、对焊式、螺纹连接式、整体式及法兰盖9种。

3. 德国常用的标准

德国常用的标准见表2.1.2。

表2.1.2　德国常用的标准

标准号	标准名称	标准号	标准名称
DIN 2410. T. 1	管子及钢管标准概述	DIN 2501. T. 1	法兰　连接尺寸
DIN 2448	无缝钢管　尺寸及单位长度质量	DIN 2519	钢法兰　交货技术条件
DIN 2458	焊接钢管　尺寸及单位长度质量	DIN 2980	带螺纹的钢管配件
DIN 2500	法兰　一般说明		

五、俄罗斯标准体系与工程应用

1. 管子

小外径系列，外径尺寸同我国的JB系列。

2. 管法兰

(1) 欧式法兰。

(2) 压力等级：*PN*0.1、*PN*0.25、*PN*0.6、*PN*1.0、*PN*1.6、*PN*2.5、*PN*4.0、*PN*6.4、*PN*10.0、*PN*16.0、*PN*20.0，11个等级。

(3) 公称直径：*DN*6~3000mm。

(4) 法兰密封面：全平面、凸台面、凹凸面、聚四氟乙烯用榫槽面、透镜面及椭圆形环连接面7种。

(5) 法兰型式：平焊板式、平焊松套式、翻边松套式、对焊式、螺纹连接式、整体式及法兰7种。

(6) 德国管法兰标准DIN和俄罗斯管法兰标准ГОСТ在$PN \leq 16.0$的等级中可以配对使用，但已不能互换(因为接管尺寸系列不同)。ГОСТ标准体系目前在国际工程上已很少用。俄罗斯常用的标准见表2.1.3。

表 2.1.3 俄罗斯常用的标准

标准号	标准名称
GOST 12820	Steel Plane Welded Flanges for pnom from 0.1 to 2.5MPa(from 1to 25kgf/cm^2). Design and Dimensions

六、日本标准体系与工程应用

1. 管子

(1) 大外径系列(JIS G3454、JIS G3458、JIS G3459)与 ASME 大多数相同。

(2) 无缝钢管公称直径：*DN*6~*DN*650mm。

(3) 壁厚表示方法：直接用壁厚数值表示，管子表号"Sch"表示壁厚。①碳钢及合金钢 JIS G3454、JIS G3458：Sch10、Sch20、Sch30、Sch40、Sch60、Sch80、Sch100、Sch120、Sch140、Sch160，10 个等级；②不锈钢 JIS G 3459：Sch5S、Sch10S、Sch20S、Sch40S、Sch80S、Sch120S、Sch160S，7 个等级；③焊接钢管公称直径：*DN*350~*DN*2000mm。

2. 管法兰

(1) 管法兰 JIS B2201、JIS B2220 等自成体系，既不属于"美式法兰"，也不属于"欧式法兰"。

(2) 公称直径：*DN*10~*DN*1000mm。

(3) 公称压力等级：2K、5K、10K、16K、20K、30K、40K、63K，共 8 个等级。

(4) 法兰密封面：光滑面、大凸台面、小凸台面、凹凸面、榫槽面，5 种。

(5) 法兰型式：平焊式、承插焊式、对焊式、螺纹连接式、松套式及法兰盖 6 种。

(6) 日本的 JIS B2201 标准自成体系，既不属于"美式"，也不属于"欧式"。该标准包括的公称压力等级共八个，对应的温度-压力等级见表 2.1.4。

表 2.1.4 JIS 法兰标准在 120℃时的温度-压力等级近似值

公称压力	2K	5K	10K	16K	20K	30K	40K	63K
120℃时许用压力值/MPa	0.3	0.7	1.4	2.2	2.8	5.0	6.8	10.5

(7) JIS 标准体系与 ASME 和 DIN 等都不能配套使用。为了弥补这个缺陷，日本石油学会编制了一套 JPI 标准，它基本上等效采用了 ASME、API 标准体系，故它能与 ASME 互换。

3. 日本标准体系 JIS 中常用的标准

日本标准体系 JIS 中常用的标准见表 2.1.5。

表 2.1.5 日本标准体系 JIS 中常用的标准

标准号	标准名称	标准号	标准名称
JIS G3452	普通用途碳钢管	JIS G3459	不锈钢钢管
JISG 3454	承压用碳钢管	JIS G3468	电弧焊大直径不锈钢钢管
JISG 3455	承压用碳钢管	JIS B2201	铁素体材料管法兰压力等级
JISG 3456	高温用碳钢管	JIS B2202	管法兰尺寸
JISG 3457	电弧焊碳钢管	JIS B2210	铁素体材料管法兰基础尺寸
JIS G3458	合金钢管	JIS B2220	钢制管法兰

续表

标准号	标准名称	标准号	标准名称
JIS B2302	钢制螺纹连接管件	JIS B2316	承插焊管件
JIS B2311	普通用途的钢制对焊管件	JIS B2401	O 形环
JIS B2312	钢制对焊管件	JIS B2404	管阀兰用缠绕式垫片
JIS B2313	钢板制对焊管件	JIS B3453	压缩石棉垫片

七、国际标准化组织标准体系与工程应用

1. 管子

基本上属大外径系列 ISO4200，标准 ISO4200 系列 1 基本上采用了 ASME 的尺寸，仅 *DN*>1100mm 时(已不太常用)使用了“小外径系列”的尺寸。

2. 管法兰

(1) 管法兰同时包括了“美式法兰”和“欧式法兰”两个系列。ISO7005-1 代表了当前世界法兰标准的应用趋势。

(2) 公称压力等级：第一系列：*PN* 1.0、1.6、2.0、5.0、11.0、15.0、26.0、42.0，8 个等级；第二系列：*PN* 0.25、0.6、2.5、4.0，共 4 个等级。第一系列为基本系列，第二系列为限制系列。

(3) 上述两个系列中的 *PN*2.5、*PN*6、*PN*10、*PN*16、*PN*25、*PN*40 共 6 个等级属“欧洲系列”。而 *PN*20(相当于 Class150)、*PN*50(相当于 Class300)、*PN*110(相当于 Class600)、*PN*150、*PN*260(相当于 Class1500)、*PN*420 共 6 个等级属于“美洲系列”，二者在结构尺寸和密封面尺寸上是不能互换的。上述美洲系列和欧洲系列两个压力等级标准在世界不同区域均有很大的影响，目前还无法统一成一个标准。国际标准化组织考虑到这现状制定了相应的标准，此标准实际上是一个折中的标准。它将上述两个标准的主要压力等级分别列在两个系列中。

(4) 国际标准化组织的法兰标准 ISO7005-1 同时包括了“美洲系列”和“欧洲系列”两个系列，以期与这两个标准体系都能配伍，它代表了当前世界法兰标准的应用趋势。如表 2.1.6 所示。

表 2.1.6 ISO7005-1 法兰压力等级系列

系列 1	系列 2	系列 1	系列 2
*PN*10	*PN*2.5	*PN*110	—
*PN*16	*PN*6	*PN*150	—
*PN*20	*PN*25	*PN*260	—
*PN*50	*PN*40	*PN*420	—

注：系列 1 为基本等级，系列 2 的应用应加上限制，并应尽可能取消，*PN*40 限制使用。

3. ISO 标准体系中常用的标准

ISO 标准体系中常用的标准见表 2.1.7。

表 2.1.7 ISO 标准体系中常用的标准

标准号	标准名称	
ISO 6708	Pipework Components-Definition and Selection of *DN*(Nominal Size)	管件 公称尺寸定义
ISO 7268	Pipe Components; Definition of Nominal Pressure	管件 公称压力定义
ISO 4200	Plain End Steel Tubes, Weld and Seamless-General Tables of Dimensions and Masses Per Unit Length	焊接和无缝平端钢管尺寸和单位长度
ISO 1127	Stainless Steel Tubes-Dimensions, Tolerance	不锈钢钢管尺寸公差和单位长度质量
ISO 3183	Petroleum and Natural Gas Industries-Steel Pipe for Pipelines-Technical Delivery Conditions	石油和天然气工业用钢管
ISO 6759	Seamless Steel Tubes for Heat Exchangers	热交换器用无缝钢管
ISO 7005-1	Metallic Flanges	金属管法兰
ISO 7483	Dimensions of Gaskets for Use With Flanges to ISO 7005	符合 ISO 7005 标准的管法兰密封垫片
ISO 3419	Non-alloy and alloy steel butt-welding fittings	非合金钢和合金钢管件
ISO 5251	Steel Butt-welding Fittings	不锈钢对焊管件
ISO 7121	Steel Ball Valves for General-purpose Industrial Applications	法兰型钢制球阀
ISO 10497	Testing of Valves-Fire Type Testing Requirements	阀门试验 防火试验要求

八、英国、法国标准体系与工程应用

1. 管子

(1) 大外径系列。

(2) BS 1600 其直径范围和壁厚分级同 ASME B36.10/B36.11。

(3) BS 3600 基本上等同采用了 ISO 标准，其直径范围和壁厚分级同 ISO 4200。

(4) 管子尺寸标准有两类，一是以 BS1600 为代表的管子、管件标准，它基本上等同采用了 ASME 标准，其直径范围和壁厚分级同 ASME B36.10/B36.19；二是以 BS 3600 为代表的管子、管件标准，它基本上等同采用了 ISO 标准，其直径范围和壁厚分级同 ISO 4200。

2. 法兰标准

(1) 法兰标准同时包括了"美式法兰"和"欧式法兰"两个系列。

(2) BS 1560 基本上等同采用了 ASME 标准，其结构型式和密封面型式同 ASME B16.5。

(3) BS 4504 基本上等同采用了 DIN 标准，其结构型式和密封面型式同 DIN2500。

(4) 英国采用的压力等级标准为两类，相应的法兰标准也分为两类，一是以 BS 1560 为代表的法兰标准，它基本上等同采用了 ASME 标准，其结构型式和密封面型式同 ASME B16.5；二是以 BS 4504 为代表的法兰标准，它基本上等同采用了 DIN 标准，其结构型式和密封面型式同 DIN 2500。

法国和英国采用的压力等级标准类似。

3. BS 中常用的标准

BS 中常用的标准见表 2.1.8。

表 2.1.8　BS 中常用的标准

标准号	标准名称
BS 1600	石油工业用钢管尺寸
BS 3600	承压用焊接钢管和无缝钢管的尺寸及单位长度质量
BS 3605.1	承压用焊接和无缝不锈钢钢管与
BS 1560	管法兰(美式法兰)
BS 4504	管法兰(欧式法兰)
BS 1740.1	锻钢制管件
BS 1965	对焊承压管件
BS 1640	石油工业用对焊管件
BS 3799	石油工业用螺纹及承插焊管件

九、中国国家标准体系与工程应用

1. 管子

(1) 尺寸系列标准 GB/T 17395 属于“大外径系列”。

(2) 接管分为系列Ⅰ、系列Ⅱ。系列Ⅰ为“大外径系列”，以期能与 SH 标准等匹配；系列Ⅱ为“小外径系列”，以期能与 JB 标准等匹配。

2. 法兰

(1) 欧式法兰。

(2) 法兰标准：GB/T 9112 包括欧式法兰和美式法兰。

(3) 分为系列Ⅰ、系列Ⅱ，公称压力 *PN* 0.25、0.6、1.0、1.6、2.5、4.0、6.3、10.0、16.0MPa，9 个等级。

(4) 公称通径 *DN*10～2000mm。

(5) 法兰型式：整体、带颈螺纹、对焊、带颈平焊、板式平焊、平焊环板式松套、对焊环板式松套、翻边环板式松套和法兰盖等 9 种。

(6) 密封面型式：平面、突面、凹凸面、榫槽面 4 种。

3. 法兰

(1) 美洲法兰。

(2) 系列Ⅰ(大外径)。

(3) 公称压力：*PN* 2.0、5.0、11.0、15.0、26.0、42.0MPa，6 个等级。

(4) 公称通径：*DN*10～600mm。

(5) 法兰型式：整体、带颈螺纹、对焊、带颈平焊、带颈承插焊、对焊环带颈松套和法兰盖等 7 种。

(6) 密封面型式：平面、突面、凹凸面、榫槽面、环连接面 5 种。

(7) 它基本上能涵盖 JB 标准和 HG 标准的“欧洲体系”标准。

4. 工程应用

(1) “欧式法兰”和“美式法兰”，其温度-压力等级值的确定是将中国材料与欧洲材料和美洲材料进行性能对比后，选用 ISO 7005-1 中规定的相应材料的压力-温度参数。

(2) 中国国家标准体系也是一个比较完整的标准体系。它的管件标准分为 A、B 两个系列，其中 A 系列为"大外径系列"，以期能与 SH 标准等匹配；B 系列为"小外径系列"，以期能与 JB 标准等匹配。

(3) 目前，国内的工业管道及其元件的应用标准很多，又均不完整。常用的标准就有国家标准(GB)、机械行业标准(JB)、石化行业标准(SH)和化工行业标准(HG)等。这些标准各有各自的温度-压力表、密封面尺寸和接管尺寸，相互之间互换性差，有些甚至不能配套使用。

(4) 我国的管道元件压力标准是在考虑我国工业发展的历史状况和当前国际标准的发展趋势的前提下编制而成。对 *PN*(公称压力)的定义按 ISO/CD 7268 和 BS EN 1333《管道元件 *PN* 的定义和选用》进行了修改。

(5) 中国标准体系的法兰标准 GB/T 9112~GB/T 9123 等效采用了 ISO 7005-1 标准，因此它同时包括了"欧式法兰"和"美式法兰"两个体系。公称压力有两个系列：一是以 *PN*0.25、*PN*0.6、*PN*1.0、*PN*1.6、*PN*2.5、*PN*4.0 共 6 个等级组成的Ⅰ系列，属于"欧式法兰"；二是以 *PN*2.0、*PN*5.0、*PN*10.0、*PN*15.0、*PN*25.0、*PN*42.0 共 6 个等级组成的Ⅱ系列，属于"美式法兰"。

5. 中国国家标准体系常用标准

中国国家标准体系常用标准见表 2.1.9。

表 2.1.9 中国国家标准体系常用标准

标准号	标准名称	标准号	标准名称
GB/T 17241	铸铁管法兰	GB/T 6170	Ⅰ型六角螺母 A 和 B 级
GB/T 12459	钢制对焊无缝管件	GB/T 6171	Ⅰ型六角螺母细牙 A 和 B 级
GB/T 13401	钢板制对焊管件	GB/T 6175	Ⅱ型六角螺母 A 和 B 级
GB/T 14626	锻钢制螺纹管件	GB/T 6176	Ⅲ型六角螺母细牙 A 和 B 级
GB/T 14382	管道用三通过滤器	GB/T 12220	通用阀门标志
GB/T 14383	锻钢制承插焊管件	GB/T 12221	法兰连接金属阀门　结构长度
GB/T 9112~9124	钢制管法兰	GB/T 12224	钢制阀门　一般要求
GB/T 4622.1~3	管法兰用缠绕式垫片	GB/T 12234	石油、天然气工业用螺纹…
GB/T 9126.1~4	管法兰用石棉橡胶垫片	GB/T 12235	石油、天然气工业用螺纹…
GB/T 9128.1~2	管法兰用金属环垫片	GB/T 12236	石油、天然气工业用螺纹…
GB/T 13404	管法兰用聚四氯乙烯包覆垫片	GB/T 12237	石油、天然气工业用螺纹…
GB/T 15601	管法兰用金属包覆垫片	GB/T 12238	石油、天然气工业用螺纹…
GB/T 30	六角螺栓	GB/T 12239	工业阀门　金属隔膜阀
GB/T 52	六角螺母	GB/T 12244~12246	减压阀
GB/T 56	六角厚螺母	GB/T 12247~12251	蒸汽疏水阀
GB/T 901	等长双头螺柱 B 级	GB/T 13927	工业阀门　压力试验

十、中国石化行业标准体系与工程应用

1. 管子

(1) 尺寸系列标准(SH/T 3405)，基本属于"大外径系列"。

（2）SH/T 3405 等效采用了 ISO4200 标准，当 $DN \leqslant 1100$mm 时，它能与 ASME B36.10/36.19 标准配套使用。

（3）SH/T 3405 直径范围和壁厚分级见表 2.1.10。

表 2.1.10　SH 3405 直径范围和壁厚分级

序号	钢管类别	公称直径范围/mm	壁厚分级
1	奥氏体不锈钢无缝钢管	10～400	Sch5S、Sch10S、Sch20S、Sch40S、Sch80S
2	碳素钢、合金钢无缝钢管	10～600	Sch20、Sch30、Sch40、Sch60、Sch80、Sch100、Sch120、Sch140、Sch160、XXS
3	奥氏体不锈钢焊接钢管	80～1000	2.0～12mm
4	碳素钢、合金钢焊接钢管	150～2000	4.0～18mm

2. *法兰*

（1）标准 SH/T 3406 属于“美式法兰”。

（2）公称压力：*PN*1.0、*PN*2.0（CL150）、*PN*5.0（CL300）、*PN*6.8（CL400）、*PN*10.0（CL600）、*PN*15.0（CL900）、*PN*25.0（CL1500）、*PN*42.0（CL2500），8 个等级。

（3）公称直径：*DN*15～*DN*1500mm。

（4）法兰密封面：当 $DN \leqslant 600$ 时，凸台面、凹凸面、全平面、榫槽面、环槽面 5 种；$DN \geqslant 650$ 时，凸台面 1 种。

（5）法兰型式：当 $DN \leqslant 600$ 时，平焊、对焊、承插焊、螺纹连接、松套 5 种；$DN \geqslant 650$ 时对焊 1 种。

（6）SH/T 3406 等效采用了 ASME B16.5 和 API 605 标准。

3. *工程应用*

SH/T 3406 在结构尺寸和密封面型式上与 ASME B16.5、API 605 有着很好的互换性，它能与 ASME、API、MSS 等标准的管道元件配套使用。但因为 SH3406 采用了我国材料标准而不是美国材料标准（ASTM），故二者的温度-压力表有少许偏差，故在考虑二者互换时，应注意并核对它们的温度-压力对应允许值。石化行业标准体系的法兰标准（SH 3406）等效采用了 ASME B16.5 和 API 605 标准，属于“美式法兰”。SH 3406 在结构尺寸和密封面型式上与 ASME B16.5、API605 有着很好的互换性，因此它能与 ASME、API、MSS 等标准的管道元件配套使用。但因为 SH/T 3406 采用了我国材料标准而不是美国材料标准（ASTM），故二者的温度-压力表有少许偏差，故在考虑二者互换时，应注意并核对它们的温度-压力对应允许值。SH3406 标准的公称压力等级共包括 *PN*1.0、*PN*2.0（Class 150）、*PN*5.0（Class 300）、*PN*6.8（Class 400）、*PN*10.0（Class 600），*PN*15.0（Class 900）、*PN*25.0（Class 1500）、*PN*42.0（Class 2500）八个等级。

4. *石化行业标准体系中的常用标准*

石化行业标准体系中的常用标准见表 2.1.11。

石化行业标准体系属于一个比较完整的标准体系，它等效采用了 ASME 标准，代表着先进和发展方向。又由于它的法兰（SH/T 3406）能与 API 标准阀门匹配使用。通过近几年的应用证明，这套标准体系是一个科学的、先进的，同时又是可操作性好的标准体系。

表 2.1.11 石化行业标准体系中的常用标准

标准号	标准名称	标准号	标准名称
SH/T 3401	管法兰用石棉橡胶板垫片	SH/T 3406	石油化工钢制管法兰
SH/T 3402	管法兰用聚四氟乙烯包覆垫片	SH/T 3407	管法兰用缠绕式垫片
SH/T 3403	管法兰用金属环垫片	SH/T 3408	钢制对焊无缝管件
SH/T 3404	管法兰用紧固件	SH/T 3409	钢板制对焊管件
SH/T 3405	石油化工企业钢管尺寸系列	SH/T 3410	锻钢制承插焊管件

十一、中国化工行业标准体系与工程应用

1. 管子

尺寸系列标准(HG/T 20553)A 系列属于“大外径系列”，B 系列属于“小外径系列”。

2. 法兰

同时包含欧式法兰和美式法兰。

(1) 欧式法兰标准(HG/T 20592)。①压力等级：*PN*2.5、6、10、16、25、40、63、100、160 等 9 个等级。②公称直径：*DN*10～*DN*2000mm。③法兰型式：板式平焊、带颈平焊、带颈对焊、整体式、承插焊、螺纹、对焊环松套、平焊环松套、法兰盖、衬里法兰盖等 10 种。④密封面型式：突面、凹凸面、榫槽面、环连接面、全平面等 5 种。它可以与 JB 阀门配套使用。

(2) 美式法兰标准(HG/T 20615)。①公称压力：Class 150(*PN*20)、Class 300(*PN*50)、Class 600(*PN*11.0)、Class900(*PN*15.0)、Class 1500(*PN*26.0)和 Class 2500(*PN*42.0)共 6 个压力等级。②公称直径：*DN*15～600。③法兰型式：带颈平焊、带颈对焊、长高径法兰、整体法兰、承插焊法兰、螺纹法兰、对焊环套法兰、法兰盖等 8 种。④密封面型式：突面、凹凸面、榫槽面、环连接面、全平面等 5 种型式。

化工行业管道标准体系也是一个相对比较完整的标准体系，同时具有“大外径系列”和“小外径系列”、“欧式法兰”和“美式法兰”两个系列，故其使用面比较广，它既可以与国外的 ASME、DIN、ISO 等标准配合使用，又可以与国内的 GB、SH、JB 等标准配合使用。

(3) 美式大直径钢制管法兰标准(HG/T 20623)。①公称压力：Class 150(*PN*20)、Class 300(*PN*50)、Class 600(*PN*11.0)、Class900(*PN*15.0)共 4 个压力等级(A、B 系列相同)。②公称直径：*DN*650～1500(A、B 系列相同)。③法兰型式：带颈对焊法兰、法兰盖等 8 种。④密封面型式：A 系列为突面(RF)、环连接面(RJ)，B 系列为突面(RF)。

3. 法兰标准(HG/T 20592 和 HG/T 20615)

化工行业标准体系的管法兰标准参照了 ISO 7005-1 标准的编写模式，即同时包含了“欧式法兰”和“美式法兰”两个体系。

其欧式法兰标准 HG/T 20592 的公称压力等级共包括 *PN*0.25、*PN*0.6、*PN*1.0、*PN*1.6、*PN*2.5、*PN*4.0、*PN*6.3、*PN*10.0、*PN*16.0、*PN*25.0 等 10 个压力等级，公称直径范围为 *DN*10～*DN*2000mm，法兰型式有板式平焊、带颈平焊、带颈对焊、整体式、承插焊、螺纹、对焊环松套、平焊环松套、法兰盖、衬里法兰等 10 种，密封面型式有突面、凹凸面、榫槽面、环连接面、全平面等 5 种。它可以与我国的 JB 阀门配套使用。

其美式法兰标准 HG/T 20615 基本上等效采用了 ASME 标准。其中，对于 $DN \leqslant 600$mm 的法兰则等效采用了 ASME B16.5 标准，而对 $DN \geqslant 650$mm 的法兰则等效采用 API 605 标准。法兰的公称压力等级共包括 *PN*2.0、*PN*5.0、*PN*11.0、*PN*15.0、*PN*26.0 和 *PN*42.0 等 6 个压力等级，公称直径范围为 *DN*15～*DN*1500mm，法兰型式有带颈平焊、带颈对焊、整体法兰、承插焊、螺纹、松套等 5 种，密封面型式有突面、凹凸面、榫槽面、环连接面、全平面等 5 种型式。

化工行业工业管道标准体系也是一个相对比较完整的标准体系，而且经历了若干年的生产实践检验，具有成熟的使用经验。其使用面比较广，它既可以与国外的 ASME、DIN、ISO 等标准配合使用，又可以与国内的 GB、SH、JB 等标准配合使用。

4. 化工行业标准体系中的常用标准

化工行业标准体系中的常用标准见表 2.1.12。

表 2.1.12　化工行业标准体系中的常用标准

标准号	标准名称
HG/T 20537.1	奥氏体不锈钢焊接钢管选用规定
HG/T 20553	化工配管用无缝及焊接钢管尺寸选用系列
HG/T 21634	锻钢制承插焊管件
HG/T 21635	碳钢、低合金钢元缝对焊管件
HG/T 21631	钢制有缝对焊管件
HG/T 21632	锻钢制承插焊、螺纹和对焊接管台
HG/T 21637	化工管道过滤器
HG/T 21577	快速特种接头
HG/T 20592～20635(注)	钢制管法兰、垫片、紧固件

注：HG/T 20592～20635《钢制管法兰、垫片、紧固件》内容如下：

HG/T 20592 为钢制管法兰标准 *PN* 系列(欧洲体系)；

HG/T 20606～20607、HG/T 20609～20612 为钢制管法兰用垫片标准 *PN* 系列(欧洲体系)；

HG/T 20613 为钢制管法兰用紧固件 *PN* 系列(欧洲体系)；

HG/T 20614 为钢制管法兰、垫片、紧固件选配规定 *PN* 系列(欧洲体系)。

HG/T 20615 为钢制管法兰标准 Class 系列(美洲体系)；

HG/T 20623 为大直径钢制管法兰标准 Class 系列(美洲体系)；

HG/T 20627～20628、HG/T 20630～20633 为钢制管法兰用垫片标准 Class 系列(美洲体系)；

HG/T 20634 为钢制管法兰用紧固件 Class 系列(美洲体系)；

HG/T 20635 为钢制管法兰、垫片、紧固件选配规定 Class 系列(美洲体系)。

十二、中国机械行业标准体系与工程应用

1. 管子

管子尺寸属于“小外径系列”。

2. 法兰

(1) 法兰标准属于欧式法兰。

(2) 压力等级：*PN* 0.25、0.6、1.0、1.6、2.5、4.0、6.3、10.0、16.0、20.0 等 10 个压力等级。

(3) 公称直径：*DN*15~*DN*1600mm。

(4) 法兰型式：整体、板式平焊、对焊、平焊环板式松套、对焊环板式松套、翻边板式松套和法兰盖等7种。

(5) 密封面型式：平面、凸面、凹凸面、榫槽面、环连接面5种。

(6) JB没有相应的管子尺寸系列标准、管件标准，体系很不完善，需要GB体系作支持。

(7) JB法兰标准把不同等级的材料列入同一温度-压力表中，以至失去了其科学性。

(8) JB阀门标准以有限的型号给出选用系列(从各产品汇编中体现出来)，既限制了其使用范围，又失去了其灵活性。从许多生产装置的应用情况来看，JB阀门的使用性能也不尽人意；JB阀门不能与ASME配伍使用，不便于与世界接轨。

3. 机械行业标准体系中的常用标准

机械行业标准体系中的常用标准见表2.1.13。

表2.1.13 机械行业标准体系中的常用标准

标准号	标准名称
JB/T 74	管路法兰技术条件
JB/T 75	管路法兰类型
JB/T 79.1~79.4	整体铸钢管法兰
JB/T 81	板式平焊钢制管法兰
JB/T 82.1~82.4	对焊钢制管法兰
JB/T 83	0.25、0.6、1.0、1.6、2.5MPa平焊环式松套钢制管法兰
JB/T 84	4.0、6.3、10.0MPa凹凸面对焊环板式松套钢制管法兰
JB/T 85	0.25、0.6MPa翻边式松套钢制管法兰
JB/T 86.1~86.2	钢制管法兰盖,
JB/T 4700~4703	压力容器用法兰
JB/T 87~90	管路法兰用垫片
JB/T 4704~4706	压力容器用垫片

十三、动力管道标准体系与工程应用

1. 管子

管子尺寸常用GB标准。

2. 法兰

法兰标准常用*PN*系列和Class系列两类。动力管道标准体系中的常用标准见表2.1.14。

表2.1.14 动力管道标准体系中的常用标准

标准号	标准名称
GB/T 9124.1	钢制管法兰　第1部分：*PN*系列
GB/T 9124.2	钢制管法兰　第2部分：Class系列
GB/T 17116.1~17116.3	管道支吊架

续表

标准号	标准名称
GB/T 50764	电厂动力管道设计规范
DL/T 441	火力发电厂高温高压蒸汽管道蠕变监督规程
DL/T 515	电站弯管
DL/T 616	火力发电厂汽水管道与支吊架维修调整导则
DL/T 695	电站钢制对焊管件
DL/T 715	火力发电厂金属材料选用导则
DL/T 834	火力发电厂汽轮机防进水和冷蒸汽导则
DL/T 850	电站配管
DL/T 869	火力发电厂焊接技术规程
DL/T 5054	火力发电厂汽水管道设计规范
DL/T 5072	发电厂保温油漆设计规程
DL/T 5366	发电厂汽水管道应力计算技术规程
GB/T 1047	管道元件公称尺寸的定义和选用
ASME B31. 1	动力管道

十四、公用管道标准体系与工程应用

公用燃气管道标准体系中的常用标准见表 2. 1. 15。

表 2. 1. 15　公用燃气管道标准体系中的常用标准

标准号	标准名称
TSG D2002	燃气用聚乙烯管道焊接技术规则
GB/T 3091	低压流体输送用焊接钢管
GB/T 8163	输送流体用无缝钢管
GB/T 9711	石油天然气工业　管道输送系统用钢管
GB/T 12459	钢制对焊管件　类型与参数
GB/T 13401	钢制对焊管件　技术规范
GB/T 13295	水及燃气管道用球墨铸铁管、管件和附件
GB/T 13611	城镇燃气分类和基本特性
GB/T 13612	人工煤气
GB 15558. 1	燃气用埋地聚乙烯(PE)管道系统　第 1 部分：管材
GB 15558. 2	燃气用埋地聚乙烯(PE)管道系统　第 2 部分：管件
GB 15558. 3	燃气用埋地聚乙烯(PE)管道系统　第 3 部分：阀门
GB 50028	城镇燃气设计规范
GB 50032	室外给水排水和燃气热力工程抗震设计规范
GB 50494	城镇燃气设计规范
GB 51102	压缩天然气供应站设计规范
GB 51142	液化石油气供应工程设计规范

续表

标准号	标准名称
GB 51156	液化天然气接收站工程设计规范
CJJ 33	城镇燃气输配工程施工及验收规范
CJJ 63	聚乙烯燃气管道工程技术规程
CJJ 95/J 273	城镇燃气埋地钢制管道腐蚀控制技术规程
CJ/T 125	燃气用钢骨架聚乙烯塑料复合管及管件
HG/T 20592~20635	钢制管法兰、垫片、紧固件

公用热力管道标准体系中的常用标准见表 2. 1. 16。

表 2. 1. 16　公用热力管道标准体系中的常用标准

标准号	标准名称
CJJ 34	城市热力网设计规范
CJJ 28	城市供热管网工程施工及验收规范
CJJ/T 81	城镇直埋供热管道工程技术规程
CJJ 88	城镇供热系统运行维护技术规程
GB/T 4272	设备及管道绝热技术通则
GB/T 8175	设备及管道绝热设计导则
GB 50264	工业设备及管道绝热工程设计规范
GB 3096	声环境质量标准
GB 50032	室外给水排水和燃气热力工程抗震设计规范

十五、长输管道标准体系与工程应用

长输输油管道标准体系中的常用标准见表 2. 1. 17。

长输输气管道标准体系中的常用标准见表 2. 1. 18。

表 2. 1. 17　长输输油管道标准体系中的常用标准

标准号	标准名称
GB/T 9711	石油天然气工业　管线输送系统用钢管
GB/T 21447	钢质管道外腐蚀控制规范
GB/T 21448	埋地钢质管道阴极保护技术规范
GB 50183	石油天然气工程设计防火规范
GB 50251	输气管道工程设计规范
GB 50253	输油管道工程设计规范
GB 50423	油气输送管道穿越工程设计规范
GB 50459	油气输送管道跨越工程设计规范
GB 50470	油气输送管道线路工程抗震设计规范
ASME B31. 8	输气和配气管道系统

表 2.1.18 长输输气管道标准体系中的常用标准

标准号	标准名称
GB/T 9711	石油天然气工业 管道输送系统用钢管
GB/T 21447	钢质管道外腐蚀控制规范
GB/T 21448	埋地钢质管道阴极保护技术规范
GB 50183	石油天然气工程设计防火规范
GB 50251	输气管道工程设计规范
GB 50423	油气输送管道穿越工程设计规范
GB 50459	油气输送管道跨越工程设计规范
GB 50470	油气输送管道线路工程抗震设计规范
ASME B31.8	输气和配气管道系统

第二节 管道的分级(类)

一、我国压力管道分级(类)

《中华人民共和国特种设备安全法》明确规定：“本法所称特种设备，是指对人身和财产安全有较大危险性的锅炉、压力容器(含气瓶)、压力管道、电梯、起重机械、客运索道、大型游乐设施、场(厂)内专用机动车辆，以及法律、行政法规规定适用本法的其他特种设备。”国家对特种设备实行目录管理。《中华人民共和国特种设备安全法》把压力管道纳入特种设备范围，并对其进行监察管理。

根据《特种设备生产单位许可目录》我国压力管道分级(类)见表 2.2.1。我国压力管道分级(类)详细讲述见《压力管道设计及工程实例》一书。

表 2.2.1 我国压力管道分级(类)

<table>
<tr><th colspan="2">许可级别</th><th>许可范围</th><th>备注</th></tr>
<tr><td rowspan="2">长输管道(包括输油管道和输气管道</td><td>GA1</td><td>1. 设计压力大于或者等于 4.0MPa(表压，下同)的长输输气管道
2. 设计压力大于或者等于 6.3MPa 的长输输油管道</td><td>GA1 级覆盖 GA2 级</td></tr>
<tr><td>GA2</td><td>GA1 级以外的长输管道</td><td>—</td></tr>
<tr><td rowspan="2">公用管道</td><td>GB1</td><td>燃气管道</td><td>—</td></tr>
<tr><td>GB2</td><td>热力管道</td><td>—</td></tr>
<tr><td rowspan="3">工业管道(包括工艺管道、制冷管道、动力管道)</td><td>GC1</td><td>1. 输送《危险化学品目录》中规定的毒性程度为急性毒性类别 1 介质、急性毒性类别 2 气体介质和工作温度高于其标准沸点的急性毒性类别 2 液体介质的工艺管道；
2. 输送 GB 50160《石油化工企业设计防火标准》、GB 50016《建筑设计防火规范》中规定的火灾危险性为甲、乙类可燃气体或者甲类可燃液体(包括液化烃)，并且设计压力大于或者等于 4.0MPa 的工艺管道；
3. 输送流体介质，并且设计压力大于或者等于 10.0MPa，或者设计压力大于或者等于 4.0MPa 且设计温度高于或者等于 400℃的工艺管道</td><td>GC1 级、GCD 级覆盖 GC2 级</td></tr>
<tr><td>GC2</td><td>1. GC1 级以外的工艺管道
2. 制冷管道</td><td>—</td></tr>
<tr><td>GCD</td><td>动力管道</td><td>—</td></tr>
</table>

二、GB 50316、GB 50235、SH/T 3059、SH/T 3501、GB 50517 管道分级(类)

GB 50316《工业金属管道设计规范》，根据输送的流体性质和泄漏时造成的后果将管道分为 A1、A2、B、C、D 五类流体管道，新版的 GB 50316 将按照新的分类方法划分。

GB 50235《工业金属管道工程施工规范》，按国家有关规定划分为 GC1、GC2 和 GC3。除压力管道以外的其他管道，按 C 类流体管道和 D 类流体管道分类。新版的 GB 50235 将取消 GC3。

SH/T 3059《石油化工管道设计器材选用规范》与 GB 50517《石油化工金属管道工程施工质量验收规范》将管道分为：SHA1、SHA2、SHA3、SHA4、SHB1、SHB2、SHB3、SHB4、SHC1、SHC2、SHC3、SHC4。SH/T 3501《石油化工有毒、可燃介质钢制管道工程施工及验收规范》包括：SHA1、SHA2、SHA3、SHA4、SHB1、SHB2、SHB3、SHB4。新版的石油化工管道分级(类)的流体毒性将依据《危险化学品目录》规定的毒性。

三、ASME 管道分级(类)

美国管道规范属 ASME B31。ASME B31 包括以下 7 部单独出版的管道美国国家标准：

B31.1　动力管道　典型基于发电站、工业设备和公共设施电厂、地热系统以及集中及分区的供热和供冷系统的管道。

B31.3　工艺管道　典型基于炼油、化工、制药、纺织、造纸、半导体和制冷工厂，以及相关的工艺装置和终端设备的管道。

B31.4　液态烃和其他液体的输送管线系统　工厂与终端设备间以及终端设备、泵站、控制站和计量站内输送主要为液体产品的管道。

B31.5　制冷管道　制冷和二次冷却剂的管道。

B31.8　气体输送和分配的管道系统　生产厂与终端设备(包括压气机、控制站和计量站)间输送主要为气体产品的管道；气体收集管线。

B31.9　建筑管道　典型基于工业设备、公共设施、商业和市政建筑以及多单元住宅内的管道，但不包括 B31.1 覆盖的规格、压力和温度所要求的范围。

B31.11　浆液输送管道系统　工厂与终端设备间以及终端设备、泵站和控制站内输送含水浆液的管道。

每部标准均包括设计、材料、管道组件限制、制作、装配、安装、检查、检验和试验等内容，是一部完整的综合性标准。美国国家标准 ASME 压力管道规范 ASME B31.3，根据输送流体性质和泄漏时造成的后果，将管道输送的流体分为 D 类、M 类、高压和常规四类流体工况(fluid service)。①D 类流体工况(category D fluid service)：不易燃、无毒、并且在规定操作条件下对人类肌体无害；设计表压≤1035kPa(150psi 或 1.05MPa)；设计温度在 -29~186℃(-20~366℉)。②M 类流体工况(category M fluid service)：有剧毒，在输送工程中如有较少量泄漏到环境中，吸入或与人体接触时能造成严重的和难以治疗的伤害，即使迅速采取措施也无法挽救。③高压流体工况(high pressure fluid service)：业主规定按 ASME 标准高压管道进行设计和建造的工况。④常规流体工况(normal fluid service)：即不受 D 类、M 类或高压流体工况管辖的管道。

流体类别的确定可以参考 ASME B31.3 附录 M(Appendix MGuide To Classifying Fluid

Services)的程序图。流体类别确定后即可按照 ASME B31.3 的有关章节的具体要求对输送流体的管道进行设计、加工和检验。

四、按设计压力管道分级(类)

按设计压力管道的分类：①低压管道工程压力<1.6MPa；②中压管道工程压力 1.6~6.4MPa；③高压管道工程压力 6.4~10MPa；④超高压管道工程压力 10~20MPa。各设计单位设计压力分类数值可能不同，此处数值仅供参考。

按设计压力容器的分类：①低压容器：0.1MPa≤p<1.6MPa；②中压容器：1.6MPa≤p<10MPa；③高压容器：10MPa≤p<100MPa。④超高压容器：p≥100MPa。

按设计压力阀门的分类：①真空阀：工作压力低于标准大气压的阀门；②低压阀：p≤1.6MPa；③中压阀：2.5~6.4MPa；④高压阀：10.0~80MPa；⑤超高压阀：p≥100MPa。

五、按设计温度管道分级(类)

常温管道、低温管道、中温管道、高温管道，低温容器、常温容器、中温容器、高温容器，超低温阀、低温阀、常温阀、中温阀、高温阀的分类见表 2.2.2。各设计单位设计温度分类数值可能不同，此处数值仅供参考。

表 2.2.2　按设计温度管道、容器、阀门的分类

	管　道	容　器	阀　门
超低温	—	—	t<-100℃
低温	t≤-40℃	t≤-20℃	-100℃≤t≤-40℃
常温	-40℃<t≤120℃	-20℃<t≤120℃	-40℃≤t≤120℃
中温	120℃<t≤450℃	150℃<t≤450℃	120℃≤t≤450℃
高温	t>450℃	t>450℃	t>450℃

六、管道分级(类)的变化

国内外管道设计标准规范在不断地更新变化，以上提及的分级(类)方法可能随着新版标准规范的变化也不断发生变化，管道设计要以最新颁布的标准规范为依据。

第三节　配管设计管道器材标准体系之间的配伍

(1) 管道设计的第一步就是选择标准体系，并作为装置的设计统一规定，以避免各相关专业因采用不能互换的其他标准体系而导致错误。世界各国应用的标准体系虽多，但大体上可以分为两大类。管道常用标准体系配伍见表 2.3.1。

上述各标准体系间的标准配合时应注意下面一些问题：

① GB 法兰与 SH 法兰，二者引用的材料标准不尽相同。

② SH 标准体系中引用 API 阀门时，应注意二者的温度-压力值的差别。尤其是碳素钢和铬钼钢材料，由于二者应用的材料的可比性较差，往往会出现这种情况：对同一个公称压力等级，SH 法兰却比同一温度下 API 阀门的许用压力值低很多，此时就应适当提高法兰材料的强度等级，否则会造成阀门能力的浪费。

表 2.3.1 管道常用标准体系配伍表

	"大外径系列"			"小外径系列"	
	SH 标准体系	GB 标准体系	ASME 标准体系	JB 标准体系	HG 标准体系
一般管道	SH/T 3405	GB/T 17395	ASME B36.10		HG/T 20553
长输管道	GB/T 9711.1	GB/T 9711.1	API 5L		
管件	SH/T 3408 SH/T 3409 SH/T 3410 GB/T 14626	GB/T 12459 GB/T 13401 GB/T 14383 GB/T 14626	ASME B16.9 ASME B16.11 ASME B16.28	GB/T 12459 GB/T 13401 GB/T 14383	HG/T 21634 HG/T 21635 HG/T 21631
法兰	SH/T 3406	GB/T 9112～GB 9131	ASME B16.5	JB/T 74～86	HG/T 20592～HG/T 20605
垫片	SH/T 3401 SH/T 3402 SH/T 3403 SH/T 3407	GB/T 4622.1～2	ASME B16.20 ASME B16.21	JB/T 87 JB/T 88 JB/T 89 JB/T 90	HG/T 20606～HG/T 20612
紧固件	SH/T 3404	GB/T 5780～GB/T 5782 GB/T 41 GB/T 6170	ASME B18.2.1 ASME B18.2.2	GB/T 5780～GB/T 5782 GB/T 41 GB/T 6170	HG/T 20613～HG/T 20614
阀门	API 600 API 602 API 603 API 608 API 609 API 594	GB/T 12232～ GB/T 12247	API 600 API 602 API 603 API 608 API 609 API 594	JB 系列	JB 系列

③ GB 和 SH 标准体系中，管子尺寸系列有少量的差异，应用时应加以注意。

(2) 管道标准体系配伍设计的注意事项。

① 可用的管道标准体系比较多，而且各标准体系之间有些是不能配套使用的，有些虽然基本能配套使用但尚有个别问题应注意。

② 一个装置或同时建设的几个装置应尽量采用同一个标准体系，这样可以避免由于不同标准体系之间的配合问题而带来的一些错误。

③ 工程中经常遇到在一个装置上同时采用两套或多套标准体系的情况，或者是由于某套标准体系的应用标准不完善，需要其他体系的标准进行支持。这就要求管道工程师除了要了解有关的标准体系之外，还应知道各体系之间的标准配合问题。

④ 注意核对各标准的温度-压力值。

第四节 配管设计管道器材国内外常用标准

一、各国各行业管道标准的选用与工程应用

配管设计管道器材选用的标准规范有很多种，中国有 GB、SH、HG、SY、DL 等标准规范，美国有 ASME、ASTM、API、MSS 等标准规范，德国有 DIN 标准，法国有 FN 标准，日

本有 JIS 标准，俄罗斯有 GOST 标准，英国有 BS 标准，国际标准有 ISO 标准（注：ISO 标准是指由国际标准化组织（International Organization for Standardization，ISO）制定的标准。国际标准化组织是一个由国家标准化机构组成的世界范围的联合会，现有 140 个成员国。根据该组织章程，每一个国家只能有一个最有代表性的标准化团体作为其成员，原国家质量技术监督局以 CSBTS 名义国参加 ISO 活动）。

由于标准不断在更新修改，不同的标准对同一管道器材的规定也可能不同，甚至互相矛盾。因此，在选用标准规范时，应根据工程项目所在地、所在行业及工程项目的特点进行选用。

笔者发现有的石化工程，装置内有氧气管道，就把 GB 50030《氧气站设计规范》列在设计文件内，在设计时有的执行了规范（例如，在控制阀门处设置了防爆墙），有的仅是列规范未执行。其实在石化装置内 GB 50030 是不适用的，不需执行此规范，设计文件内也不需要列此文件。多年前遇到某炼油制氢工程，设计人员也错误地在设计文件内列了 GB 50177《氢气站设计规范》，原因如上所述。

二、常用 API 管道标准

美国石油学会（American Petroleum Institute，API）创建于 1919 年，是美国第一家国家级的商业协会。API 的一项重要任务，就是负责石油和天然气工业用设备的标准化工作，以确保该工业界所用设备的安全、可靠和互换性。一般情况下，API 标准每 5 年至少进行一次复审、修改、重新确认或撤销。有时复审周期可延长一次，但延长不超过 2 年。所以，除已授权再版延期，API 标准自出版之日起，5 年后不再有效。标准共分三大类：①石油设备设计及制造规范；②石油设备使用及维护推荐做法；③钻井及采油作业推荐做法。其管道标准有：

API 5L Specification for Line Pipe 管线钢管规范

API 6A Specification for Wellhead Equipment 井口装置和采油树设备规范

API 590 Steel Line Blanks 石油系统用“8”字盲板

API 599 Steel and Ductile Iron Plug Valves 法兰端、螺纹端和焊接端金属旋塞阀

API 600 Steel Gate Valves-Flanged and Butt-Welding Ends 石油和天然气工业用阀盖螺栓连接的钢制闸阀（ISO 10434）

API 602 Compact Steel Gate Valves-Flanged, Threaded, Welding, and Extended-Body Ends 石油和天然气工业用公称尺寸小于和等于 *DN*100 的钢制闸阀、截止阀和止回阀（ISO 15761）

API 607 Fire Test for Soft-Seated Quarter-Turn Valves 转 1/4 周软阀座阀门的耐火试验（ISO 10497-5）

API 941 Steels for Hydrogen Service at Elevated Temperatures and Pressures in Petroleum Refineries and Petrochemical Plants 适用于石油精炼厂和石化厂高温和高压气工况的钢

三、常用 ASME 管道标准

美国机械工程师学会（American Society of Mechanical Engineers，ASME）成立于 1880 年，在世界各地建有分部，是一个有很大权威和影响的国际性学术组织。ASME 主要从事发展

机械工程及其有关领域的科学技术，鼓励基础研究，促进学术交流，发展与其他工程学、协会的合作，开展标准化活动，制定机械规范和标准。它拥有125000个成员，管理着全世界最大的技术出版机构，主持每年30个技术会议，200个专业发展课程，并制定了许多工业和制造标准。自成立以来，ASME领导了机械标准的发展，从最初的螺纹标准开始到现在已发展了超过600多个标准。1911年成立了锅炉机械指令委员会，在1914~1915年颁布了机械指令，以后该指令又与各个州及加拿大的法律相结合。ASME已成为在技术、教育及调查领域内世界性的工程学机构。此外，ASME还是ANSI 5个发起单位之一。ANSI的机械类标准，主要由它协助提出，并代表美国国家标准委员会技术顾问小组，参加ISO的活动。其管道标准有：

ASME B31. 1 Power Piping 动力管道

ASME B31. 3 Process Piping 工艺管道

ASME B31. 4 Liquid Transportation Systems for Hydrocarbons, Liquid Petroleum Gas, Anhydrous Ammonia, and Alcohols 液态烃和其他液体管线输送系统

ASME B31. 8 Gas Transmission and Distribution Piping Systems 输气和配气管道系统

ASME B16. 1 Cast Iron Pipe Flanges and Flanged Fittings 铸铁法兰和管法兰

ASME B16. 3 Malleable Iron Threaded Fittings 可锻铸铁螺纹管件

ASME B16. 5 Pipe Flanges and Flanged Fittings 管法兰和法兰管件

ASME B16. 9 Factory-Made Wrought Steel Buttwelding Fittings 工厂制造的锻钢对焊管件

ASME B16. 11 Forged Steel Fittings, Socket-Welding and Threaded 承插焊式和螺纹式锻造管件

ASME B16. 12 Cast Iron Threaded Drainage Fittings 铸铁螺纹排水管件

ASME B16. 21 Nonmetallic Gaskets for Pipe Flanges 管法兰用非金属平垫片

ASME B16. 22 Wrought Copper and Copper Alloy Solder Joint Pressure Fittings 锻压铜和铜合金钎焊连接压力管配件

ASME B16. 28 Wrought Steel Buttwelding Short Radius Elbows and Returns 锻轧钢制对接焊小弯头半径弯头和180°弯头

ASME B16. 34 Valves — Flanged, Threaded, and Welding End 法兰、螺纹和焊接端连接的阀门

ASME B16. 39 Malleable Iron Threaded Pipe Unions 可锻铁螺纹管活接头

ASME B16. 42 Ductile Iron Pipe Flanges and Flanged Fittings 球墨铸铁管法兰和法兰连接管配件

ASME B16. 47 Large Diameter Flanges 大直径管钢制法兰(NPS 26~NPS 60)

ASME B16. 48 Line Blanks 钢制管线盲板

ASME B36. 10M Welded and Seamless Wrought Steel Pipe 焊接和无缝锻钢管(NPS 1/8~NPS80)

ASME B36. 19M Stainless Steel Pipe 不锈钢钢管(NPS 1/8~NPS30)

四、常用ASTM管道标准

美国材料实验学会(American Society for Testing and Materials, ASTM)前身是国际材料试

验学会(International Association for Testing Materials，IATM)。19 世纪 80 年代，主要是研究解决钢铁和其他材料的试验方法问题。同时，国际材料试验学会还鼓励各国组织分会。随后，在 1898 年 6 月 16 日，有 70 名 IATM 会员聚集在美国费城，开会成立国际材料试验学会美国分会。1902 年在国际材料试验学会分会第五届年会上，宣告美国分会正式独立，取名为美国材料试验学会(American Society for Testing Materials)。随着其业务范围的不断扩大和发展，学会的工作中心不仅仅是研究和制定材料规范和试验方法标准，还包括各种材料、产品、系统、服务项目的特点和性能标准，以及试验方法、程序等标准。1961 年该组织又将其名称改为沿用至今的美国材料与试验学会(American Society for Testing and Materials，ASTM)。ASTM 是美国最老、最大的非营利性的标准学术团体之一。经过一个世纪的发展，ASTM 现有 33669 个(个人和团体)会员，其中有 22396 个主要委员会会员在其各个委员会中担任技术专家工作。ASTM 的技术委员会下共设有 2004 个技术分委员会。有 105817 个单位参加了 ASTM 标准的制定工作，主要任务是制定材料、产品、系统和服务等领域的特性和性能标准，试验方法和程序标准，促进有关知识的发展和推广。根据 ASTM 出版物报道，1997 年 ASTM 制定新标准 350 个，修订标准 1698 个，开展标准化活动 2681 次。从这些数字可以看到，活动频繁，并且卓有成效。ASTM 标准现分为 15 类(Section)，各类所包含的卷数不同，标准分卷(Volume)出版，共有 73 卷，以 ASTM 标准年鉴形式出版发行。标准年鉴分类、各类卷数及标准数如下：第一类 钢铁产品；第二类 有色金属；第三类 金属材料试验方法及分析程序；第四类 建设材料；第五类 石油产品、润滑剂及矿物燃料；第六类 油漆、相关涂料和芳香族化合物；第七类 纺织品及材料；第八类 塑料；第九类 橡胶；第十类 电气绝缘体和电子产品；第十一类 水和环境技术；第十二类 核能，太阳能；第十三类 医疗设备和服务；第十四类 仪器仪表及一般试验方法；第十五类 通用工业产品、特殊化学制品和消耗材料。ASTM 标准的表示形式：ASTM 标准用标准代号+字母分类代码+标准序号+制定年份+标准英文名称来表示。①标准序号后如带字母 M 则为公制单位标准，不带字母 M 的为英制单位标准。②制定年代后面如有括号，则括号内的年代表示标准重新审定的年代。③制定年代后面如有 a，b，c. ……，则表示标准修订版次。④制定年代后面如有 £1，£2，£3. ……，则表示标准仅进行编辑性修改而无实质内容修改的次数。⑤字母分类代码的含义：A——黑色金属；B——有色金属；C——水泥，陶瓷，混凝土与砖石材料；D——其他各种材料(石油产品，燃料，低强塑料等)；E——杂类(金属化学分析，耐火试验，无损试验，统计方法等)；F——特殊用途材料(电子材料，防震材料，医用外科用材料等)的腐蚀、变质与降级。其标准有：

铸件

A47	铁素体可锻铸铁铸件
A48	灰口铸铁铸件
A126	阀门，法兰与管配件的灰口铸铁铸件
A197	冲天炉可锻铸件
A216	含碳量适宜于熔焊的高温用钢铸件
A217	高温承压元件的马氏体不锈钢和合金钢铸件
A278	温度不大于 650℉ 承压元件的灰口铸铁铸件
A351	高温用奥氏体钢铸件

A389　高温受压元件的特殊热处理合金钢承压元件
A395　高温用铁素体球墨铸铁承压元件
A536　球墨铸铁铸件
锻件
A105　管道元件的碳钢锻件
A181　一般用途的管道碳钢锻件
A182　高温用锻制或轧制合金钢管道法兰，锻制管配件，阀门和零件
A350　要求缺口韧性试验的管道元件碳钢和低合金钢锻件
铸造公称管
A377　球墨铸铁承压管
A426　高温用离心铸造的铁素体合金钢管
A451　高温用离心铸造的奥氏体钢管
A452　高温用离心铸造的奥氏体冷轧钢管
无缝公称管个管子
A106　高温用无缝碳钢公称管
A176　用于换热器和冷凝器的无缝冷拔低碳钢管子
A192　高压用无缝碳钢锅炉管子
A199　用于换热器和冷凝器的无缝冷拔中合金钢管子
A210　用于锅炉和过热器的无缝中碳钢管子
A213　用于锅炉，过热器和换热器的无缝铁素体和奥氏体合金钢管子
A335　高温用无缝铁素体合金公称管
A369　高温用锻造和扩孔碳钢和铁素体合金钢公称管
A376　用于高温中央电站的无缝奥氏体钢公称管
A430　高温用锻造和扩孔奥氏体钢公称管
无缝和焊接的公称管和管子
A106　无镀层，热镀锌的焊接和无缝的钢制公称管
A176　一般用途的无缝和焊接的不锈钢管子
A192　无缝和焊接的奥氏体不锈钢公称管
A199　低温用无缝和焊接的钢制公称管
A210　对碳钢，铁素体合金和奥氏体合金钢管子的一般要求
A213　对特殊的碳钢和合金钢公称管的一般要求
A335　高强度低合金焊接和无缝的钢制公称管，薄板和带材
焊接的公称管和管子
A134　电弧熔合焊接的钢制公称管(尺寸≥NPS16)
A135　电阻焊钢制公称管
A139　电弧熔合焊接的钢制公称管(尺寸≥NPS4)
A178　电阻焊的碳钢锅炉管子
A211　螺旋焊的钢制公称管或铸铁公称管
A214　用于换热器和冷凝器的电阻焊碳钢管子

A226　　高压锅炉和过热器的电阻焊碳钢管子
A249　　用于锅炉，过热器，换热器和冷凝器的焊接奥氏体钢管子
A254　　铜钎焊钢制管子
A358　　高温用电熔焊奥氏体铬-镍合金公称管
A409　　高温耐腐蚀大直径奥氏体焊接钢制公称管
A587　　用于化学工业的电焊低碳钢公称管
A671　　常温，低温用电熔焊钢制公称管
A672　　中温高压用电熔焊钢制公称管
A691　　高温高压用电弧熔焊的碳钢和合金钢公称管
管配件
A234　　中高温用碳钢和合金钢的锻制管配件
A403　　奥氏体不锈钢锻制管配件
A420　　低温用碳钢和合金钢锻制管配件
板材，薄板和带材
A240　　用于压力容器的耐热铬和铬镍不锈钢板
A283　　中，低抗拉强度碳钢板
A285　　用于压力容器的中，低抗拉强度碳钢板
A299　　用于压力容器的锰-硅碳钢板
A387　　用于压力容器的铬-钼合金钢板
A515　　中高温用的压力容器碳钢板
A516　　中低温用的压力容器碳钢板
杆材，棒材和型材
A276　　不锈钢和耐热钢棒材和型材
A322　　标准级不锈钢棒材
A479　　用于锅炉和其他压力容器的不锈钢和耐热钢线材，棒材和型材
A564　　热轧和冷加工的时效硬化不锈钢和耐热钢线材，棒材和型材
A575　　M 商品级的碳钢棒级
A576　　热锻优质碳钢棒材
结构件
A36　　结构件
A125　　热处理的螺旋弹簧钢
A229　　经油淬的机械弹簧钢丝
A242　　高强度低强度结构钢
ASTM 非铁基金属材料标准
铸件
B26　　砂模铝合金铸件
B61　　蒸汽设备和阀门的青铜铸件
B62　　青铜或铜币合金铸件
B108　　金属模铝合金铸件

B148　铝青铜铸件
B367　钛和钛合金铸件
B584　砂模铜合金铸件
锻件
B247　铝和铝合金模锻，手工锻和轧制的环锻件
B283　铜和铜合金模锻(热压)锻件
B381　钛和钛合金锻件
B462　高温耐腐蚀 UNS N08020，UNS N08024，UNS N08026 和 UNS N08367 合金钢法兰，锻造管配件，阀门和部件
B564　镍和镍合金锻件
无缝公称管和管子
B42　标准尺寸的无缝紫铜公称管
B43　标准尺寸的无缝红铜公称管
B68　光亮退火的无缝紫铜管子
B75　无缝铜制管子
B88　无缝铜制水管子
B111　铜和铜合金的无缝冷凝器管子和密封的圈管子
B161　无缝的镍制公称管和管子
B163　用于冷凝器和换热器的镍和镍合金无缝管子
B165　镍-铜合金(UNS N04400)无缝公称管和管子
B167　镍-铬-铁合金(UNS N06600-N06690)无缝公称管和管子
B210　铝合金拉拨无缝管子
B234　用于冷凝器和换热器的铝和铝合金拉拨无缝管子
B241　铝合金无缝公称管子和无缝挤压管子
B251　铜和铜合金锻制无缝管子的一般要求
B280　用于空气调节器和制冷设备工地的无缝铜制管子
B302　无螺纹紫铜公称管
B315　无缝铜合金公称管和管子
B407　镍-铁-铬合金无缝公称管和管子
B423　镍-铁-铬-钼-铜合金(UNS N08825-N08821)无缝公称管和管子
B466　铜-镍无缝公称管和管子
B677　UNS N08904，UNS N08925 和 UNS N08926 无缝公称管和管子
B729　UNS N08020，UNS N08026 和 UNS N08024 镍合金无缝公称管和管子
无缝和焊接的公称管和管子
B337　钛和钛合金无缝和焊接的公称管
B338　用于冷凝器个换热器的钛和钛合金的无缝和焊接管子
焊接的公称管和管子
B464　铬-镍-铁-钼-铜-钶稳态合金(UNS N08020)焊接公称管
B467　铜-镍焊接公称管

B468 板材，薄板和带材
B603 铜合金焊接公称管
B673 UNS N08904，UNS N08925 和 UNS N08926 焊接公称管
B674 UNS N08904，UNS N08925 和 UNS N08926 焊接管子

管配件
B361 工厂制造的铝和铝合金的焊接锻制管配件
B366 镍合金管配件

板材，薄板和带材
B168 镍-铬-铁合金(UNS N06600-N06690)板材，薄板和带材
B209 铝和铝合金薄板和带材
B265 钛和钛合金带材，薄板和板材
B402 用于压力容器的铜-镍合金板材和薄板
B409 镍-铁-铬合金板材，薄板和带材
B424 镍-铁-铬-钼-铜合金(UNS N08825 和 N08821)板材，薄板和带材
B463 铬-镍-铁-钼-铜-钶稳态合金(UNS N08020)板材，薄板和带材
B625 UNS N08904，UNS N08925，UNS N08031，UNS N08932 和 UNS N08926 板材，薄板和带材

杆材，棒材和型材
B150 铝青铜杆材，棒材和型材
B151 铜-镍-锌合金(镍银)和铜-镍杆材和棒材
B221 钛合金挤压成形棒材，杆材，线材，型材和管子
B348 钛和钛合金棒材和坯材
B408 镍-铁-铬合金杆材和棒材
B425 镍-铁-铬-钼-铜合金(UNS N08825 和 N08221)杆材和棒材
B473 UNS N08020，UNS N08024 和 UNS N08026 镍合金棒材和线材
B649 镍-铁-铬-钼-铜低碳合金(UNS N08904)和镍-铁-铬-钼-铜-氮低碳合金(UNS N08925，UNS N08031 和 UNS N08926)棒材和线材

钎料
B32 钎料金属

五、常用 MSS 管道标准

美国阀门及配件工业制造商标准化协会(Manufacturers Standardization Society of the Valve and Fitting Industry，MSS)成立于 1924 年，其前身为管配件及阀门制造商标准化委员会(Committee of Manufacturers on Standardization of Pipe Fittings and Valves；CMSPFV)，系由美国阀门制造商协会(Valve Manufacturers Association，VMA)、美国管接头制造商协会(Pipe Fittings Manufacturers Association，PFMA)和美国商业协会(Trade Association，TA)共同成立。标准制定的项目有：阀门、管接头、法兰、螺纹、术语、符号、材料、铸铁与可锻铁管接头、连接器、蝶形阀、水工、焊接器材、管道吊架、阀门传动装置，以及质量标准等。在 11 个美国全国附属标准委员会中，均有该协会的代表。与美国机械工程师协会(ASME)和

美国机械承包商协会(MCAA)，联合主持制定美国国家标准(ANSI)法兰盘及其配件的标准。此外，与美国焊接协会(AWS)、美国锅炉与压力容器检验师委员会(NBBPVI)、美国防火协会(NFPA)、美国石油学会(API)和美国给水工程协会(AWWA)等均有协作关系。从1924年起制定标准。标准编号：标准代号 MSS+SP(Standard Practices)+序号+制订年份。MSS 还通过其网站介绍了 ASTM、NFPA、ASM、ASME、AASHTO、SAE 等标准信息，包括内容介绍、适用范围、价格等信息。其标准有：

MSS SP-44 Steel Pipe Line Flanges 钢制管道法兰

MSS SP-83 Steel Pipe Unions, Socket-Welding and Threaded 承插焊和螺纹连接的碳钢管接头

MSS 标准实施细则

SP-6	管法兰接触面以及阀门和配管连接端法兰的标准表面处理
SP-9	青铜，铁和钢制法兰的配合面
SP-25	阀门，管配件，法兰和连接管的标准标志体系
SP-42	150 级具有法兰和对接焊端部的耐腐蚀闸阀，球阀和止回阀
SP-43	对接焊不锈钢锻制管配件
SP-45	旁路和疏水管接头
SP-51	150LW 级耐腐蚀铸造法兰和法兰管配件
SP-53	阀门，法兰，管配件和其他管道元件的钢铸件和锻件的质量标准——磁粉检验方法
SP-54	阀门，法兰，管配件和其他管道元件的钢铸件和锻件的质量标准——射线照相检验方法
SP-55	阀门，法兰，管配件和其他管道元件的钢铸件和锻件的质量标准——目视检验表面缺陷方法
SP-58	管道吊杆和支撑件的材料，设计和制造
SP-61	钢制阀门水压试验
SP-67	蝶阀
SP-69	管道吊杆和支撑件——选择和应用
SP-75	高强度锻制对焊接管配件标准
SP-79	承插焊变径管插入件
SP-80	青铜闸阀，球阀，角阀和止回阀
SP-89	公称管吊杆和支撑——制造和安装实施细则
SP-93	阀门，法兰，管配件和其他管道元件的钢铸件和锻件的质量标准——液体渗透检验方法
SP-94	阀门，法兰，管配件和其他管道元件的钢铸件和锻件的质量标准——超声检验方法
SP-97	整体补强锻造支管出口管配件——承插焊，螺纹连接和对接焊端部
SP-105	本规范采用的仪表阀门

六、常用 NACE 管道标准

National Association of Corrosion Engineers/International Standardization Organization(NACE,

美国防腐蚀工程师学会）成立于1943年，当时的创始人是管道行业的防腐工程师。现在，NACE是世界上最大的传播腐蚀知识的组织，其职责是提高公众对腐蚀控制和预防技术的认识，NACE现有300个技术协调委员会，主要工作包括调查、研究和介绍腐蚀技术的发展动态，设置共同的行业标准，为美国、加拿大和其他许多国家的会员和非会员提供各种各样的培训项目等。NACE实施会员制，会员可以享受一些培训课程和出版物的费用折扣；NACE每年召开一次年会，是世界上专业人员了解新产品，获得技术信息，与腐蚀专家建立联系的平台，NACE标准覆盖了腐蚀防控的各个领域，包括方法，设计和材料选择等研究热点。NACE标准是技术委员会为腐蚀预防和控制领域设定的非强制性指南。NACE为地下管线提供腐蚀判定，并为相关产品提供材料认证。NACE还为技术人员提供专业资格认证，如涂料专业服务工程师的认证。NACE会务组每年都会在中国北京、上海开设培训班，前来参见培训的人员，完成学业要求并考试合格后获得NACE国际颁发的涂装检查员资格证书，分为NACE CIP-1，2，3个等级。其标准有：

NACE MR0175/ISO 15156 Petroleum and Natural Gas Industries-Materials for use in H_2S-Containing Environments in Oil and Gas Production 石油和天然气工业油、气生产中含硫化氢（H_2S）环境下使用的材料

七、常用AWWA管道标准

American Water Works Association（AWWA，美国水行业协会），成立于1881年，是安全用水方面的权威机构。AWWA标准服务包括AWWA标准，从A到E系列。资源（A系列）；处理（B系列）——过滤、软化、消毒、凝结、等级和腐蚀控制、味道和气味控制、预防；输送（C系列）——铸铁管道及配件、钢管、混凝土管、石棉水泥管、阀和消防栓、输油管线长度、服务生产线和塑料管；存储（D系列）；抽水（E系列）。

AWWA和ANSI/AWWA标准有：

C-110/A21.10	铸铁管配件（2-48in）
C-111/A21.11	用于铸铁公称管和管配件的橡胶垫片接头
C-115/A21.15	螺纹连接法兰的铸铁连接管
C-150/A21.50	球墨铸铁公称管的厚度设计
C-151/A21.51	金属模或砂模离心浇铸球墨铸铁公称管
C-200	制成的电焊钢制公称管
C-207	钢制管法兰
C-208	钢制水管的管配件尺寸
C-300	无预应力钢筋混凝土水管——钢制圆筒形式
C-301	预应力钢筋混凝土水管——钢制圆筒形式
C-302	无预应力钢筋混凝土非圆筒形水管
C-500	用于一般水介质工况的闸阀
C-504	橡胶座蝶阀
C-600	铸铁水管住管道的安装
C-606	具有凹槽和台肩的接头

第三章　配管器材的计算

第一节　管道压力等级的确定与计算

一、压力等级的定义与一般要求

(1) 管道压力等级：通常把管道中由标准管件的公称压力等级和壁厚等级共同确定的，能反映管道承压特性的参数叫作管道的压力等级。常把管道中管件的公称压力等级叫作管道压力等级。管道压力等级包括两部分：以公称压力表示的标准管件的公称压力等级；以壁厚等级表示标准管件的壁厚等级。管道的公称压力等级应根据设计条件查相应规范(例如：SH/T 3406、JB/T 74、GB 9131、ASME B16.5 等)得到，一般情况下，管路的公称压力在对应温度下的许用压力值不得超出设计压力。

(2) 管道的组成件一般都是标准件，管道组成件的设计主要是管道标准件的选用，管道压力等级的确定也就是其标准件等级的确定。

(3) 影响压力等级确定的因素。除了设计温度和设计压力是管道压力等级确定的基本参数外，还有一些因素影响到管道压力等级的确定。

① 标准体系。不同的标准体系其公称压力等级系列是不同的，对应的温度-压力表也不相同。相同的设计条件，而选用不同的应用标准，其公称压力等级是不同的。在确定管道公称压力等级之前，应首先确定其应用标准体系。

② 材料。不同的材料，其机械性能是不同的，那么它们在标准中的温度-压力表上的对应值也是不相同的。因此在确定管道的公称压力之前应首先确定管道及其元件的材料。材料的选用是由设计温度、设计压力和操作介质确定的。管道中各元件的材料标准往往是不同的，一般情况下，管子用管材，法兰 用锻材，而阀门多用铸材。无论用什么材料标准，它们都应该是同等级的材料，即具有对操作条件的同等适应性和等强度；注意管材、板材、棒材、铸材的配伍。

③ 介质。管道的公称压力在对应温度下的许用压力不得超出其设计压力。对由于管子及其元件失效而将造成严重危害或易于产生重大事故的介质，在考虑其公称压力等级时，不应仅仅按温度-压力表来确定，应适当提高其公称压力等级，即提高其安全可靠系数。例如：对输送剧毒介质的管道，当采用 SH 标准体系时，无论介质的操作压力是多少，其公称压力等级应不低于 *PN*5.0；当采用 JB 标准体系时，应不低于 *PN*4.0。

④ 附加荷载。法兰温度-压力表的对应值是指法兰不受冲击载荷的对应值。法兰遭受外部管道给予的弯曲、振动、温度循环等附加载荷时，会影响其密封性、强度的可靠性，应将这些外部载荷折算成当量介质压力来确定管道所需的公称压力。一般情况下，对于 *PN*2.0 等级的法兰，当其工作温度大于 200℃时，或 *PN*5.0 及以上等级的法兰在工作温度大于 400℃时，均应考虑管道系统对法兰产生的附加载荷的影响，否则应提高管道系统的公称压力等级。附加荷载的计算详细讲述见《管道应力分析与工程应用》一书。

二、压力等级确定的原则

1. 弹性分析原则

在进行金属材料强度分析时，可用的分析方法是很多的，如弹性分析法、极限分析法、安定分析法、疲劳分析法、非弹性分析法、试验应力分析法等。但目前应用最多的仍是弹性分析方法。安定分析法、非弹性分析法和试验应力分析法等在现在的工程设计中也时有用到。极限分析法和疲劳分析法则常分别用于高温蠕变和交变应力情况下的材料强度分析。ASME B31.3、GB/T 20801、SH/T 3059 等标准给出的管道壁厚计算公式是按弹性准则导出的，即将材料限制在弹性范围内。这个准则同样也反映在法兰和阀门的温度-压力对应值的计算方法上。

2. 等强度原则

等强度原则就是指同一管道中各个元件具有对介质相同的适应性、相同的强度和相同的寿命(可拆的易损件如阀门填料、垫片除外)，主要体现在材料的配伍和应用标准的选用上。对于管道元件的公称压力等级，应选用同一应用标准或相近的应用标准，它们的温度-压力表也应该相同或相近。

有的管道设计人员说“同一个管道中一些管件如弯头、三通、异径管等由于存在应力集中的问题，其壁厚等级应比管子高一级”，这种说法是不合理的。对于管道元件，一般应选用同一体系的应用标准，而且这个等强度原则是通过管道壁厚等级号(管子表号)来表示的。

3. 靠系列原则

各个国家、各个行业都推出了相应的应用标准，将常用的管子、管件、法兰等组成件进行适当的归类，使其形成标准系列。管道设计人员在设计中应尽量选用标准的管道组成件。这样做，便于互换、便于大规模生产、便于备材等环节。在石油化工行业，由于介质种类多、操作参数变化大，压力等级划分过多是不现实、不经济的。某工程如果完全按理论计算选取管道的壁厚值，对于 *DN*200 的管子来说其壁厚就可能有十多个系列，管子、管件制造商如果按照理论计算壁厚系列生产管子和管件，就不得不频繁调整其生产参数、模具，将增加大量的生产成本，也是非常不实际的。采购、施工现场管理也将非常不实际。

三、*PN* 和 Class 压力等级的选用

1. 公称压力(nominal pressure，*PN*)

管道组成件的公称压力一般表示管道组成件在规定温度下的最大许用压力。目前，国内外管道组成件的公称压力已经标准化，各国管道元件公称压力虽然不同，但基本上可分为两个系列，即美洲系列和欧洲系列。*PN* 与管道系统元件的力学性能和尺寸特性相关，用于参考的字母和数字组合的标识。它由字母 *PN* 和后跟无因次量纲的数字组成。公称压力标记示例：

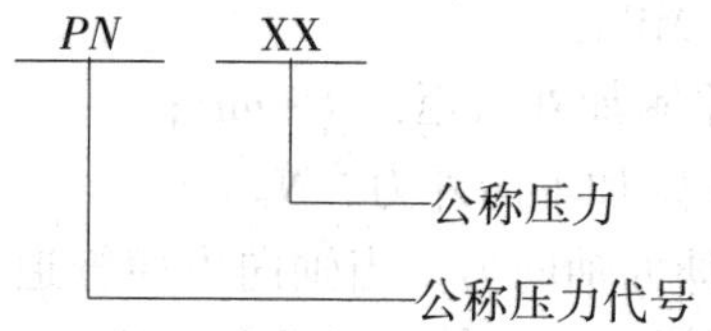

注 1：字母 *PN* 后跟的无量纲数字不代表测量值，不应用于计算目的，除非在有关标准中另有规定。

注 2：除与相关的管道元件标准有关联外，术语 *PN* 不具有意义。

注 3：管道元件允许压力取决于元件的 *PN* 数值、材料和设计以及允许工作温度等，允许压力在相应

标准的压力温度等级表中给出。

注4：具有同样 *PN* 和 *DN* 数值的所有管道元件同与其相配的法兰应具有相同的配合尺寸。

PN、Class 与实际压力的关系详细讲述见本书第五章。

ISO 7268(管道元件 公称压力的定义)介绍了公称压力。国内标准 GB/T 1048《管道元件 公称压力》规定的公称压力系列见表3.1.1。

表3.1.1 公称压力数值

PN 系列	Class 系列	*PN* 系列	Class 系列
PN 2.5	Class 25[a]	*PN* 250	Class 900
PN 6	Class 75	*PN* 320	Class 1500
PN 10	Class 125[b]	*PN* 400	Class 2000[d]
PN 16	Class 150	—	Class 2500
PN 25	Class 250[b]	—	Class 3000[e]
PN 40	Class 300	—	Class 4500[f]
PN 63	(Class 400)	—	Class 6000[e]
PN 100	Class 600	—	Class 9000[g]
PN 160	Class 800[c]		

注：带括号的公称压力数值不推荐使用。

a 适用于灰铸铁法兰和法兰管件。

b 适用于铸铁法兰、法兰管件和螺纹管件。

c 适用于承插焊和螺纹连接的阀门。

d 适用于锻钢制的螺纹管件。

e 适用于锻钢制的承插焊和螺纹管件。

f 适用于对焊连接的阀门。

g 适用于锻钢制的承插焊管件。

2. 公称压力等级的确定

一条管道中如果同时含有两个或两个以上不同温度-压力表的不同标准，应逐一核对使它们均得到满足。管道系统在热态下工作时，各管道元件会因热膨胀而发生变形和位移，当这个变形和位移受到阻碍时，会产生附加位移载荷。由于这个附加载荷与管系的空间走向和支架的设计有关，因此又叫管系力。当管道元件承受管系力后，应将它折算成当量设计压力来校核管道所需要的公称压力，因为一般的法兰标准给出的温度-压力等级对应值都是仅考虑内压作用时的对应值。当法兰同时承受内压和管系力作用时，其当量设计压力可按式(3.1.1)计算。附加荷载的计算详细讲述见《管道应力分析与工程应用》一书。

$$P_d = P + \frac{16M}{\pi D_G^3} + \frac{4F}{\pi D_G^2} \tag{3.1.1}$$

式中 P_d——法兰的当量设计压力，MPa；

P——管道中的介质压力，MPa；

M——法兰连接承受的管系附加外力矩，N·mm；

F——法兰连接承受的管系附加轴向外力，N。

计算时只考虑使管道受拉伸的轴向力。当轴向力使管道受压缩时，取 $F=0$。垫片压紧力作用中心圆直径 D_G 按下列原则确定：①对于活套法兰，D_G 应为法兰与翻边接触面的平均直径；②对于其他型式的法兰，当垫片基本密封宽度 $b_o \leq 6.4$mm 时，D_G 等于垫片与法兰接触密封面的平均直径；当垫片基本密封宽度 $b_o > 6.4$mm 时，D_G 等于垫片与法兰接触密封面的外径减去垫片有效密封宽度 b 的 2 倍。

3. 管道的级别

管道的级别一般由最弱的受压单元的压力-温度等级来确定，管道中最弱的单元可能是低材质或低等级的管件。表 3. 1. 2 是基于 ASME B16. 5 和 *PN* 等级命名的标准管子的等级的划分。管道的等级也可由其他的 ASME 标准来划分，例如：ASME B16. 1、B16. 3、B16. 24、B16. 42。

表 3. 1. 2　基于 ASME B16. 5 的管子压力等级和相应的 *PN* 值

Class	150	300	400	600	900	1500	2500
PN	20	50	68	110	150	260	420

注：① 不同类别的压力-温度等级随温度和材料而变。

② 压力-温度等级参见 ASME B16. 5 或 ASME B16. 34。

ASME 系列的公称压力(*PN*)表示等级的命名，*PN* 以 bar 为单位表示压力等级的近似值，1bar = 14. 5psi(100kPa)。不同公称压力值之间，*PN* 等级数值不能反映其比例关系，不过 Class 数值却将此关系反映了出来。因此，用 Class 数值来表示等级。

四、壁厚压力等级的选用

1. 许用应力

许用应力一般是由材料的强度指标除以相应的安全系数而得到的数值。材料的机械性能指标有屈服极限、强度极限、蠕变极限、疲劳极限等，这些指标分别反映了不同状态下失效的极限值。为了保证管道强度安全，常将管道元件中的应力限制在某一值，该数值即为许用应力。材料的许用应力是确定管道壁厚等级的基本参数。不同的标准体系，材料的许用应力值可能不同。

2. 腐蚀余量

腐蚀余量是考虑因介质对管道的腐蚀而造成的管道壁厚减薄，在设计时增加的管道壁厚值。它的大小直接影响到管道壁厚的取值和壁厚等级的确定。国内外许多工程单位通常将腐蚀余量分为如表 3. 1. 3 所示。

表 3. 1. 3　腐蚀余量分级

腐蚀余量	说　明
无腐蚀余量	对一般的不锈钢管道多取该值
1. 6mm 腐蚀余量	对于腐蚀不严重的碳素钢和铬钼钢多取该值
3. 2mm 腐蚀余量	对于腐蚀比较严重的碳素钢和铬钼钢管道多取该值
加强级(大于 3. 2mm)腐蚀余量	对于有固体颗粒冲刷等特殊情况下的管道，根据实际情况确定其具体值

3. 壁厚偏差

管子及其元件在制造过程中，相对于公称壁厚(理论壁厚)都会有正、负偏差，在确定管子及其元件公称壁厚时需要考虑可能出现的负偏差值。各种管道标准中规定的负偏差值可能不同，国内外标准规定的壁厚偏差值见本章第 3 节讲述。

4. 焊接接头系数

金属的焊接过程，实质上是一个冶金过程，一般铸造组织缺陷较多，材料性能也下降。

对于纵焊缝或螺旋焊缝的焊接管子及元件，相对于无缝管及元件来说常给它一个强度降低系数(即焊接接头系数)，以衡量其机械性能下降的程度。焊接钢管的一般焊接接头系数见表3.1.4。国内外管道标准规范对焊接接头系数均有规定，例如，GB 50316规定焊接接头系数应根据规范焊接接头的型式、焊接方法和焊接接头的检验要求确定，对有色金属管道熔化极氩弧焊100%无损检测时，单面对接接头系数为0.85，双面对接接头系数为0.90；局部无损检测时，对接接头系数见规范内数据。

表3.1.4 焊接钢管的一般焊接接头系数

序号	焊接方法	接头型式	焊缝型式	检验型式	焊接接头系数 Φ
1	锻焊(炉焊)	对焊	直线	按标准要求	0.6
2	电阻焊	对焊	直线或螺旋形	按标准要求	0.85
3	电弧焊	单面对焊	直线或螺旋形	无RT(射线探伤) 10%RT(射线探伤) 100%RT(射线探伤)	0.8 0.9 1.0
		双面对焊	直线或螺旋形	无RT(射线探伤) 10%RT(射线探伤) 100%RT(射线探伤)	0.85 0.9 1.0

5. 铸造质量系数

相对于轧制或锻制的管道元件，铸件缺陷相对较多，机械性能有所下降。在ASME B31.3中，为了衡量铸件机械性能下降的程度，用铸造质量系数来表示。铸造质量系数同样与无损探伤的检验数量有关。一般情况下，符合材料基本要求且根据MSS SP-55的规定已经过肉眼检验的静态铸件，可取其基本铸造质量系数为0.8，对每一铸件进行补充检验后可以按表3.1.5的要求提高。铸件用作压力管道及其元件的情况并不多，*DN*≥50阀门的阀体常采用铸件，阀门阀体的强度设计一般由制造商进行，多数阀门标准已经给出了最小壁厚要求，实际管道设计中很少用到铸造质量系数这个概念。ASME B31.3规定，用于剧烈操作条件下及工艺介质管道上的焊接和铸造管件，其焊接质量系数和铸造质量系数均不得低于0.9。在国内外管道设计标准规范中，有铸造质量系数的规定。例如，GB 50316规定：如对铸件进行补充检测，质量系数可提高至表内规定的数值，但在任何情况下，质量系数不应超过1.00。

表3.1.5 铸造质量系数

检验内容	铸造质量系数
(1) 根据ASME B46.1规定，对所有表面进行机加工，表面机加工精度为250μin，以增加表面检查效果	0.85
(2) 对于碳素钢和铬钼钢铸件，按ASTM E709或E138标准，进行磁粉探伤(MT)，并按ASTM E125的参照照片判定合格	0.85
(3) 对于不锈钢铸件，按ASTM E165标准，进行液体渗透探伤(PT)，并按ASTM E125的参照照片判定合格	0.85
(4) 对每个铸件，按ASTM E114标准进行全面超声波探伤(UT)，并确定缺陷深度不超过公称壁厚的5%	0.95

续表

检验内容	铸造质量系数
(5) 对每个铸件，按 ASTM E142 标准进行全面的射线探伤(RT)，并确定符合 ASTM E446、E186、E280 标准 II 级合格	0.95
满足(1)和(2)、(3)	0.9
满足(1)和(4)、(5)	1.0
满足(2)、(3)和(4)、(5)	1.0
满足 MSS SP-55 标准要求	0.8

五、压力-温度额定值的确定与工程应用

(1) 一般金属管件等都可使用法兰的压力-温度额定值表，它是指在不同工作温度下所能承受的最大无冲击工作压力，特别是对高温下使用的管件，压力-温度额定值表是设计中极重要的参数。压力-温度额定值也称(法兰或阀门)压力-温度等级(pressure-temperature rating)。它是管道压力等级的内容之一。实际上它是与公称压力对应的许用工作压力和工作温度的额定值。对于压力管道组成件，有管道、管件(弯头、三通、异径管、支管元件等)、法兰、盲板、阀门、垫片、紧固件等。这里有两种形式的管道压力等级：①对于管道、管件等以壁厚等级确定的压力等级；②对于法兰、盲板、阀门、过滤器等规定的压力-温度等级。两种形式的管道压力等级的确定是压力管道设计的基础和设计的核心。它是管道布置、管道应力校核的设计前提条件，也是影响管道经济性和可靠性的重要因素。

(2) 管道组成件的公称压力及对应的工作压力-温度额定值应符合标准规范要求。选用管道组成件时，该组成件标准中所规定的额定值，不应低于管道的设计压力和设计温度。对于只标明公称压力的组成件，除另有规定外，在设计温度下的许用压力可按式(3.1.1)计算：

$$P_A = PN\frac{[\sigma]^t}{[\sigma]_x} \tag{3.1.1}$$

式中　P_A——在设计温度下的许用压力，MPa；

PN——公称压力，MPa；

$[\sigma]^t$——在设计温度下材料的许用应力，MPa；

$[\sigma]_x$——决定组成件厚度时采用的计算温度下材料的许用应力，MPa。

在工程设计中编制“管道等级及材料选用”时，常把材料相同和设计参数相近的多条管道编在一个等级内。因此，应在各条管道的设计参数 $P/[\sigma]^t$ 中找出最大值，作为这个等级的设计压力和设计温度。

当几种标准的额定值有差异时，要注意选用安全的值。当执行的标准规范中没有规定压力-温度额定值及公称压力的管道组成件时，可用设计温度下材料的许用应力及组成件的有效厚度(名义厚度减去所有厚度附加量)通过计算来确定组成件的压力-温度额定值。

两种不同压力-温度参数的流体管道连接在一起时，分隔两种流体的阀门参数应按较严重的条件决定。位于阀门任一侧的管道，应按其输送条件设计。

多条设计压力和设计温度不同的管道，用相同的管道组成件时，应按压力和温度相耦合时最严重条件下的某一条管道的压力和温度条件进行设计。

由于各国标准对不同材料的基准温度不同，所以相同公称压力值的法兰，在相同温度下允许的工作压力就有不同。同样，使用温度与基准温度不同时，允许的工作压力也与公称压力不同。在编制管道材料等级表时，非金属和衬里管道的压力-温度额定值，必须通过试验和有使用经验才能使用。

(3) 以压力等级或公称压力表示，并规定了压力-温度参数的标准管道组成件其压力-温度参数应按相应标准确定。如国内外法兰、阀门的压力-温度等级。下列标准有关压力-温度额定值数据：ASME B16.5 管法兰和法兰管道(NPS1/2 至 NPS24)，ASME B16.47 大直径管法兰(NPS26 至 NPS60)，HG/T 20592～20635 钢制管法兰、垫片、紧固件的欧洲体系和美洲体系，SH/T 3406 石油化工钢制管法兰，GB/T 9124 钢制管法兰技术条件（美洲体系和欧洲体系）。

(4) 以钢管壁厚系列(包括壁厚、表号或重量级别等表示方法)和额定磅级表示，但未规定压力-温度参数的标准管道组成件，其压力-温度参数，应根据与其许用应力相同的材料的无缝钢管减去附加裕量后的壁厚确定。如对焊管件、国标锻钢管件和 ASME B16.11 锻钢管件。锻钢管件磅级额定值计算与管子表号(Sch.)或管子重量壁厚代号的相互关系见表 3.1.6。

表 3.1.6 锻钢管件磅级额定值计算与管子表号(Sch.)或管子重量壁厚代号的相互关系

管件磅级代号	管件形式	用作额定值计算依据的管子	
		Sch. No	管壁厚代号
2000	螺纹式	80	XS
3000	螺纹式	160	…
6000	螺纹式	…	XXS
3000	承插焊式	80	XS
6000	承插焊式	160	…
9000	承插焊式	…	XXS

(5) 压力-温度额定值的确定，在 ASME 规范中有定义并提供有计算公式，是依据实验数据和安全系数，根据不同材料的机械性能确定的一个“经验公式”。HG 的欧洲体系和美洲体系中，对于温度等级的下限分别是≤-20℃和≤38℃，并明确规定，当应用的温度≤-20℃时其压力值按-20℃取、≤38℃时按 38℃时取；而 ASME B16.5 和 B16.47 的温度等级下限是-29～38℃，也规定，当应用的温度低于-29℃时其压力额定值应不大于-29℃时的额定值。二者有差异也有类似的地方。SH/T 3406 也明确规定，低于 20℃的压力参数与 20℃时相同；并明确规定，工作温度指在压力作用下法兰材料的温度，可按介质温度考虑(即并非指设计温度)。SH 标准还规定：$PN \leqslant 2.0$MPa 的法兰的工作温度超过 200℃和 $PN \geqslant 5.0$MPa 的法兰工作温度超过 400℃时，应避免法兰承受温度剧变和附加荷载，否则可能降低法兰密封性能。

(6) 在“管道材料选用及等级规定”文件内，一般需列出法兰的压力-温度额定值，某碳钢管道 Class150 时法兰的压力-温度额定值见表 3.1.7。

表 3.1.7　某碳钢管道 Class150 时法兰的压力-温度额定值

温度/℃	-29	38	50	100	150	200	250	300	325	350	375	400	425	450	475	500	538
压力额定值/MPa	1.96	1.96	1.92	1.77	1.58	1.38	1.21	1.02	0.93	0.84	0.74	0.65	0.55	0.46	0.37	0.28	0.14

表中数值与 ASME B16.5 的 1.1 组材料压力-温度额定值一致。

六、管道压力-温度允许变动范围

管道运行中的压力和温度的允许变动范围应符合下列要求：

(1) 金属管道在运行中其压力、温度或两者同时发生非经常性的变动，且下列所有规定都能满足时，应认为在允许的范围内。否则，必须按照压力-温度变动过程中耦合时最严重工况下的设计条件确定。压力或温度非经常性变动的程度，相当于许用应力的提高幅度，参照 ASME B31.3 的规定。

① 没有铸铁或其他非塑性金属的受压组成件。

② 公称压力产生的应力不应超过在设计温度下的屈服点。

③ 纵向应力不应超过本规范规定的极限。

④ 在管道寿命内，超过设计条件的压力-温度变动的总次数不应超过 1000 次。

⑤ 在任何情况下，最高变动压力不应超过管道的试验压力。

⑥ 超过设计条件的非经常性变动应符合下列限制之一：

允许超过压力值或提高温度的程度相当于允许提高许用应力值，其规定如下：

一次变动持续时间不超过 10h，且每年累计不超过 100h 时，许用应力提高不得超过 33%。

一次变动持续时间不超过 50h，且每年累计不超过 500h 时，许用应力提高不得超过 20%。

⑦ 持续的和周期性的变动对系统中所有组成件的工作性能无影响。如压力变动对阀座等部件的密封无影响。

⑧ 变动后的温度不应低于规范中规定的最低使用温度。

(2) 对于非金属衬里管道，压力和温度允许的变动值，应在取得成功的使用经验或经过试验证实可靠时，方可使用。

七、国内外压力-温度额定值的比较

阀门的压力-温度额定值是在指定温度下用表压表示的最大允许工作压力。当温度升高时，最大允许工作压力随之降低。压力-温度额定值数据是在不同工作温度和工作压力下正确选用法兰、阀门及管子的主要依据，也是工程设计和生产制造中的基本参数。许多国家都制定了阀门、管件、法兰的压力-温度额定值标准。

1. 中国国家标准

GB/T 9124《钢制管法兰技术条件》参考了 DIN 2401 和 ASME B16.5 标准中压力-温度额定值的制定原则及方法，参照国际标准 ISO 7005，分别制定了适用于两个公称压力系列(*PN*0.25~4.0MPa，*PN*2.0~42.0MPa)的法兰压力-温度额定值。标准中规定了 13 种法兰材料在 12 个公称压力等级下，工作温度为 20~530℃的最大允许压力。

2. 美国标准

(1) 在美国标准中，钢制阀门的压力-温度额定值按 ASME B16.5、ASME B16.34 的规定；铸铁阀门的压力-温度额定值按 ASME B16.1～B16.4，ASME B16.42 的规定；青铜阀门的压力-温度额定值按 ASME B16.15、ASME B16.24 的规定。

(2) 美国 ASME B16.5 中规定了英制单位和米制单位两种法兰尺寸系列，同时分别列出了适用于两种单位制的法兰压力-温度额定值。美国 ASME B16.42《球墨铸铁管法兰及法兰管件》标准中规定了 CL150 和 CL300(*PN*2.0 和 *PN*5.0MPa)球墨铸铁法兰压力-温度额定值，在标准附录中又规定了压力-温度等级的制定方法，其基本原理、适用范围、限制条件及制定程序与 ASME B16.5 基本一致。

(3) 美国 ASME B16.34 纳入了 ASME B16.5 中法兰连接阀门的温度-压力额定值数据。该标准中法兰连接阀门的压力-温度额定值采用了 ASME B16.5 的制定方法。该标准列出了法兰连接和对焊连接的标准级阀门及对焊连接特殊级阀门的压力-温度额定值数据表。

3. 德国标准

德国标准 DIN 2401《管道压力级、钢和铸铁管道部件的允许工作压力》是一个比较综合的压力-温度额定值标准，列出了无缝管、焊接管、法兰、阀门、管件及螺栓在不同材料、不同温度条件下的允许工作压力。该标准包括法兰材料 6 种、法兰连接铸铁阀门材料 4 种、铸钢 5 种。钢材均为碳钢和低合金钢，未包括不锈钢。标准中明确规定，当选用与原始材料不同的其他材料时，其允许工作压力根据适用材料的强度特性值与标准中规定的原始材料在 20℃时的强度值之间的比值进行计算。

4. 国际标准

国标标准 ISO 7005《普通管法兰》是将美国标准 ASME B16.5 和德国标准中公称压力级的法兰标准合并在一起。因此，压力-温度额定值标准分别采用了美国和德国两个国家的法兰压力-温度额定值标准的制定方法及相应数据。ISO 7005-1 中的公称压力等级 *PN*0.25、1.6、1.0、2.5、4.0MPa 属德国法兰体系；*PN*2.5、10、15、25、42MPa 属于美国法兰体系。每一体系的压力-温度额定值标准只适用于各自体系的法兰标准。

5. 美国消防协会(NFPA)等级

必须在美国消防协会(NFPA)许可的范围内进行设计和在一定的压力下试验。此系统通常分为 175psi(1207.5kPa)、200psi(1380kPa)和特定等级。

6. 美国给水工程协会(AWWA)等级

美国给水工程协会的一些标准和规范用于设计和安装水管和其他系统管道。管道压力等级可按照 AWWA C207 、钢管法兰等标准中的法兰等级使用，或按管道中连接件的等级为基础来使用。

第二节　管道口径的选用与水力计算

一、配管设计管道口径计算与选用的一般原则

管道口径的确定工作，有的设计单位由工艺专业负责，有的设计单位由管道专业负责，

无论如何分工，管道口径大小的确定是管道设计的首要任务之一。

1. 管径的经济性最优原则

管径应根据流体的流量、性质、流速及管道允许的压力损失等确定。对大直径厚壁合金钢等管道管径的确定，应进行建设费用和运行费用方面的经济比较。

管径选择对装置的经济效果十分重要，随着管径的增大，不仅增大了管壁厚度和管子重量，还增大了阀门和管件的尺寸，增加了保温材料的用量，因此在计算管径时，在允许压力降的前提下应尽量选用较高的流速，以减小管径。但是，随着流速的增高，管内摩擦阻力也加大，增加了压缩机和泵的功率消耗及操作费用。因此，需在建设投资和操作费用之间寻找最佳结合点，即以总成本最低来求得经济管径。

2. 满足压力降要求原则

管道压力降计算是按阀门全开的情况下计算的，管道的压力降必须小于允许压力降，否则工艺所需最大流量将低于所需值。允许压力降较小的管道，应选用较低的流速，允许压力降较大的管道可选用较高的流速。对于同一介质在不同管径的情况下，流速虽相等，管道压力降却相差很大。在计算管径时，允许压力降相同，管径不同的管道应选用不同的流速，小管径选用较低流速，大管径选用较高流速。黏度较大的流体，管道压力降较大，应选用较低的流速，黏度较小的流体管道压力降较小，应选用较高的流速。

3. 工艺控制要求原则

一般调节阀压力降应占整个控制系统总压力降的30%左右，在流量比较平稳的管道系统中，可取调节阀压力降占系统总压力降的20%。如果调节阀压力降很小，为了改变流量，调节阀阀杆行程需变化很大的比例，当要控制低流量时，调节阀将几乎关闭，这样就使得流量控制变得困难。

4. 限制管壁磨损原则

在大多数情况下，金属的耐腐蚀性能主要依靠其接触腐蚀介质表面的一层保护膜，管内介质流速过高会损坏保护膜，引起管道冲蚀和磨损，最终将缩短管道的预期使用寿命。例如，当铜镍合金管内为海水介质时，允许的流速为1.5～3m/s，当流速达到45m/s时，其腐蚀速率将是不允许的。工艺(系统)工程师在进行管道工艺计算时，应该注意在下列条件下会使腐蚀速率加快，必须采取限制流速的措施：①腐蚀介质会引起管壁脆弱。②软金属(如铅或铜)。③工艺介质中存在有磨损性的固体颗粒。④带有大量管件的管道将导致高的湍流。

如果遇到此类问题，当没有资料数据，又无法解决怀疑的腐蚀问题时，应该采取限制流速的办法，建议液体最大流速为2m/s。部分腐蚀介质的最大流速见表3.2.1。

表3.2.1　部分腐蚀介质的最大流速

介　质	最大流速/(m/s)	介　质	最大流速/(m/s)
氯气	25.0	碱液	1.2
二氧化硫气	20.0	盐水和弱碱液	1.8
氨气		酚水	0.9
$p \leq 0.7$MPa	20.2	液氨	1.5
0.7MPa$<p\leq$2.1MPa	8.0	液氯	1.5
浓硫酸	1.2		

5. 满足介质安全输送的规定

特殊介质的流速还应符合相应的国家标准。氧气流速应符合 GB 50030《氧气站设计规范》，氢气流速应符合 GB 50177《氢气站设计规范》，乙炔流速应符合 GB 50031《乙炔站设计规范》。部分流体的最大流速可参见表 3.2.2。

表 3.2.2 部分流体的最大流速

流体	最大流速/(m/s)	流体	最大流速/(m/s)
乙烯气		氢气、氧气($p \leq 3.0$MPa)	≤15
$p \leq 22$MPa	≤30	乙醚、苯、二硫化碳	≤1
22MPa$<p \leq 150$MPa	5~6	甲醇、乙醇、汽油	≤3
乙炔气		丙酮	≤10
$p \leq 150$kPa	4~8		
$p \leq 2.5$MPa	4		

注：本表摘自《化学工程手册》。氢气和氧气的具体流速应根据压力和管道材质按有关规范及标准做调整。

6. 满足噪声控制要求

管道系统在高流速、节流、气穴、湍流等情况下都会产生噪声。工艺(系统)工程师应确定合适的流速，对管道系统的阀门(包括控制阀)、特殊管件(如喷射器等)和由于管道中物料流向突变的管道系统以及火炬管道系统、安全阀放空管道系统等，在工作时由于高流速湍流引起的高噪声进行控制。流体在阀门或管道内的流速越快，噪声也越高，降低流速可减小噪声。在无气穴的情况下，流速增加1倍，噪声增加18dB。对噪声限制较严的管道，需对流速加以限制，一般采用扩大管径的方法来降低流速。对于截面与流向急剧变化的管段，其流速还应进一步降低。在实际使用中，不同的环境对管道噪声有不同的要求，但气流输送情况不受此限制，因为气流中固体颗粒与管壁的摩擦将大大增加管道噪声。管道内流速的限制值见表 3.2.3。

当无法用降低流速的办法控制噪声时，可查阅有关噪声控制设计规范，如 HG/T 20570.10—1995《工艺系统专业噪声控制设计》，用其他方法控制管道系统噪声。

表 3.2.3 管道内流速的限制值

管道周围的声压级/dB	防止噪声的流速限制值/(m/s)	管道周围的声压级/dB	防止噪声的流速限制值/(m/s)
70	33	90	57
80	45		

7. 符合管材的标准规格

公制和英制管道具有不同的外径及壁厚系列。常用公称直径的管道外径见本书有关章节。除另有规定或采取有效措施外容易堵塞的液体不宜采用公称直径小于 25mm 的管道。

二、管道口径计算与选用的一般要求

(1) 管道计算所需要解决的问题，不外乎是根据管道的尺寸、流体能量(包括外加能量)和流量的关系，由已知量来确定未知量。实际工艺设计中遇到的工艺管道计算问题，大致有以下3类。

① 已知管径、管长、管件和流量，求流体通过管道的阻力降以及所需外加能量。

② 已知管长、管件和允许阻力降，求适宜的管径。

③ 已知管长、管件和系统中一处的截面参数，求另一截面处的压力、流速、流量等参数，判断是否满足有关工艺要求，如 $NPSH_a > NPSH_r$。

对于配管设计，本书重点讲述第②种。

(2) 设定平均流速并按式(3.2.1)或式(3.3.2)初算内径，再根据工程设计规定的管子系列调整为实际内径，最后复核实际平均流速。如果只经过初步选择而不经复核后最终确定，则可能因选择不当，在试车投产后出现不满足工艺要求的问题，此时再进行补救则比较困难。

在工艺生产过程中，流量是有波动的。在工艺设计中需将正常生产条件下的最大流量、正常流量、最小流量确定下来。管道设计不能只按正常流量考虑，以免在需要通过最大流量时，管道的流通能力不足。泄放管道，一般是指安全阀、泄压阀或排放阀后的管道，需按设计的最大泄放量计算。

(3) 装置内管道的管径选择方法。

① 管径分初步选择和最终确定两个阶段进行。

② 管径选择时，不能只根据流量和流速确定管径，需综合考虑流量、流速和压力降，通过计算或查图表确定。

③ 气体管道的两端压差或管道压力降超过进口绝对压力的20%时，按可压缩流体计算和选择管径。

④ 气液两相流管道需满足其特殊要求，并按非闪蒸型和闪蒸型进行计算和选择管径。

工艺装置设计中管道的管径选择方法是流体力学原理的具体应用，需要设计人员在周密考虑各种因素的影响后作出判断。对于厂际管道和装置之间管道的管径选择，每百米管长的最大摩擦压力降控制值是不一定适用的。非牛顿流体(流动过程中剪应力与剪变率之比不是常数的流体)具有流变特性，不能用一般的流体力学计算方法计算。气力输送和水力输送有特定的计算方法。

气体和大部分液体属于牛顿流体，高分子量液体及胶体、悬注液、乳浊液一般属于非牛顿流体。

三、初步口径计算

(1) 预定介质流速确定管径。当按预定介质流速来确定管径时，采用下式以初选管径：

$$d = 18.81W^{0.5}u^{-0.5}\rho^{-0.5} \tag{3.2.1}$$

或

$$d = 18.81V_0^{0.5}u^{-0.5} \tag{3.2.2}$$

式中　d——管道的内径，mm；

W——管内介质的质量流量，kg/h；

V_0——管内介质的体积流量，m^3/h；

ρ——介质在工作条件下的密度，kg/m^3；

u——介质在管内的平均流速，m/s。

常用流速的范围见表 3.2.4。

(2) 压力降控制值确定管径。当按每 100m 计算管长的压力降控制值(Δp_{f100})来选择管径时，采用下式以初定管径：

$$d = 18.16W^{0.38}\rho^{-0.207}\mu^{0.033}\Delta p_{f100}^{-0.207} \quad (3.2.3)$$

或

$$d = 18.16V_0^{0.38}\rho^{0.173}\mu^{0.033}\Delta p_{f100}^{-0.207} \quad (3.2.4)$$

式中 μ——介质的动力黏度，Pa·s；

Δp_{f100}——100m 计算管长的压力降控制值，kPa。

推荐的 Δp_{f100}值见表 3.2.5、表 3.2.6。

表 3.2.4 常用流速的范围

介　质	工作条件或管径范围	流速/(m/s)
饱和蒸汽	DN>200 DN=200~100 DN<100	30~40 35~25 30~15
饱和蒸汽	p<1MPa p=1~4MPa p=4~12MPa	15~20 20~40 40~60
过热蒸汽	DN>200 DN=200~100 DN<100	40~60 50~30 40~20
二次蒸汽	二次蒸汽要利用时 二次蒸汽不利用时	15~30 60
高压乏汽		80~100
乏汽	排气管: 从受压容器排出 从无压容器排出	 80 15~30
压缩气体	真空 p≤0.3MPa(表) p=0.3~0.6MPa(表) p=0.6~1MPa(表) p=1~2MPa(表) p=2~3MPa(表) p=3~30MPa(表)	5~10 8~12 20~10 15~10 12~8 8~3 3~0.5
氧气②	p=0~0.05MPa(表) p=0.05~0.6MPa(表) p=0.6~1MPa(表) p=2~3MPa(表)	10~5 8~6 6~4 4~3
煤气	管道长 50~100m p≤0.027MPa p≤0.27MPa p≤0.8MPa	 3~0.75 12~8 12~3
半水煤气	p=0.1~0.15MPa(表)	10~15
天然气		30
烟道气	烟道内 管道内	3~6 3~4
石灰窑窑气		10~12
氮气	p=5~10MPa	2~5
氢氮混合气③	p=20~30MPa	5~10
氨气	p=真空 p<0.3MPa(表) p<0.6MPa(表) p<2MPa(表)	15~25 8~15 10~20 3~8
乙烯气	p=22~150MPa(表)	5~6
乙炔气④	p<0.01MPa(表) p<0.15MPa(表) p<2.5MPa(表)	3~4 4~8(最大) 最大 4
氯	气体 液体	10~25 1.5
氯仿	气体 液体	10 2
氯化氢	气体(钢衬胶管) 液体(橡胶管)	20 1.5
溴	气体(玻璃管) 液体(玻璃管)	10 1.2
氯化钾烷	气体 液体	20 2
氯乙烯 二氯乙烯 三氯乙烯		2

续表

介 质	工作条件或管径范围	流速/(m/s)
乙二醇		2
苯乙烯		2
二溴乙烯	玻璃管	1
水及黏度相似的液体	p=0.1~0.3MPa(表) p≤1MPa(表) p≤8MPa(表) p≤20~30MPa(表)	0.5~2 3~0.5 3~2 3.5~2
自来水	主管 p=0.3MPa(表) 支管 p=0.3MPa(表)	1.5~3.5 1.0~1.5
锅炉给水	p>0.8MPa(表)	1.2~3.5
蒸汽冷凝水		0.5~1.5
冷凝水	自流	0.2~0.5
过热水		2
海水、微碱水	p<0.6MPa(表)	1.5~2.5
油及黏度较大的液体	黏度 0.05Pa·s *DN*25 *DN*50 *DN*100	 0.5~0.9 0.7~1.0 1.0~1.6
	黏度 0.1Pa·s *DN*25 *DN*50 *DN*100 *DN*200	 0.3~0.6 0.5~0.7 0.7~1.0 1.2~1.6
	黏度 1Pa·s *DN*25 *DN*50 *DN*100 *DN*200	 0.1~0.2 0.16~0.25 0.25~0.35 0.35~0.55
液氨	p=真空 p≤0.6MPa(表) p≤2MPa(表)	0.05~0.3 0.8~0.3 1.5~0.8

介 质	工作条件或管径范围	流速/(m/s)
氢氧化钠	浓度 0~30% 30%~50% 50%~73%	2 1.5 1.2
四氯化碳		2
硫酸	浓度 88%~93%(铅管) 93%~100%(铸铁管、钢管)	1.2 1.2
盐酸	(衬胶管)	1.5
氯化钠	带有固体 无固体	2~4.5 1.5
排出废水		0.4~0.8
泥状混合物	浓度 15% 25% 65%	2.5~3 3~4 2.5~3
气体	鼓风机吸入管 鼓风机排出管	10~15 15~20
	压缩机吸入管 压缩机排出管: p<1MPa(表) p=1~10MPa(表) p>10MPa(表)	10~20 10~8 10~20 8~12
	往复式真空泵吸入管 往复式真空泵排出管	13~16 25~30
	油封式真空泵吸入管	10~13
水及黏度相似的液体	往复泵吸入管 往复泵排出管	0.5~1.5 1~2
	离心泵吸入管(常温) 离心泵吸入管(70~110℃) 离心泵排出管 高压离心泵排出管	1.5~2 0.5~1.5 1.5~3 3~3.5
	齿轮泵吸入管 齿轮泵排出管	≤1 1~2

① 本表所列流速,在选用时还应参照相应的国家标准。

② 氧气流速应参照 GB 50030《氧气站设计规范》。

③ 氢气流速应参照 GB 50177《氢气站设计规范》。

④ 乙炔流速应参照 GB 50031《乙炔站设计规范》。

表 3.2.5　一般工程设计的管道压力降控制值

管道类别	最大摩擦压力降/(kPa/100m)	总压力降/kPa	管道类别	最大摩擦压力降/(kPa/100m)	总压力降/kPa
			蒸汽和气体		
液体			公用物料总管		按进口压力的5%
泵进口管	8		公用物料支管		按进口压力的2%
泵出口管:			压缩机进口管:		
DN 40、50	93		p<350kPa(表)		1.8~3.5
DN 80	70		p>350kPa(表)		3.5~7
DN 100及以上	50		压缩机出口管		14~20
			蒸汽		按进口压力的3%

表 3.2.6　每100m管长的压力降控制值推荐的 Δp_{f100} 值

介　质	管道种类	压力降/kPa
输送气体的管道	负压管道①	
	p≤49kPa	1.13
	49kPa<p≤101kPa	1.96
	通风机管道 p=101kPa	1.96
	压缩机的吸入管道	
	101kPa<p≤111kPa	1.96
	111kPa<p≤0.45MPa	4.5
	p>0.45MPa	0.01p
	压缩机的排出管和其他压力管道	
	p≤0.45MPa	4.5
	p>0.45MPa	0.01p
	工艺用的加热蒸汽管道	
	p≤0.3MPa	10.0
	0.3kPa<p≤0.6kPa	15.0
	0.6kPa<p≤1.0MPa	20.0

介　质	管道种类	压力降/kPa
输送液体的管道	自流的液体管道	5.0
	泵的吸入管道	
	饱和液体	10.0~11.0
	不饱和液体	20.0~22.0
	泵的排出管道	
	流量小于150m³/h	45.0~50.0
	流量大于150m³/h	45.0
	循环冷却水管道	30.0

① 表中 p 为管道进口端的流体之压力(绝对压力)。

(3)以实际的管子内径 d 与平均流速 u 核算管道压力损失，确认选用管径为可行。如压力损失不满足要求，应重新计算。管道平均流速的选择，应符合下列规定：平均流速应根据流体的性质、状态和管道允许的压力损失选用。放空管逆的阀后管道流速，不应大于以下式计算的气体声速。

$$v_c = 91.20(kT/M)^{0.5} \tag{3.2.5}$$

$$k = \frac{C_p}{C_V} \tag{3.2.6}$$

式中　v_c——气体的声速或临界流速，m/s；

k——气体的绝热指数；

C_p、C_V——质量定压热容、质量定容热容，J/(g·K)；

T——气体温度，K；

M——气体分子量。

四、单相流管道压力损失计算

仅适用于输送牛顿型流体[注：牛顿型流体(newtonian fluid)流动过程中剪应力与剪变率之比为常数，并等于其动力黏度的流体。非牛顿流体(non-newtonian fluid)流动过程中剪应力与剪变率之比不是常数的流体]的管道，压力损失的计算包括直管的摩擦压力损失和局部阀门和管件的摩擦压力损失计算，不包括加速度损失及静压差等的计算。液体管道摩擦压力损失的计算，应符合下列规定。

(1) 圆形直管的摩擦压力损失应按下式计算。

$$\Delta p_f = 10^{-5}\frac{\lambda\rho v^2}{2g}\cdot\frac{L}{D_1} \tag{3.2.7}$$

式中 Δp_f——直管的摩擦压力损失，MPa；

L——管道长度，m；

g——重力加速度，m/s^2；

D_1——管子内径，m；

v——平均流速，m/s；

ρ——流体密度，kg/m^3；

λ——流体摩擦系数。

(2) 局部的摩擦压力损失的计算可采用当量长度法或阻力系数法。

① 当量长度法：

$$\Delta p_k = 10^{-5}\frac{\lambda\rho v^2}{2g}\cdot\frac{L_e}{D_1} \tag{3.2.8}$$

② 阻力系数法：

$$\Delta p_k = 10^{-5}\cdot K_R\frac{\rho v^2}{2g} \tag{3.2.9}$$

式中 Δp_k——局部的摩擦压力损失，MPa；

L_e——阀门和管件的当量长度，m；

K_R——阻力系数。

③ 液体管道总压力损失为直管的摩擦压力损失与局部的摩擦压力损失之和，并应计入适当的裕度，其裕度系数宜取1.05~1.15。

$$\Delta p_t = C_h(\Delta p_f + \Delta p_k) \tag{3.2.10}$$

式中 Δp_t——管道总压力损失，MPa；

C_h——管道压力损失的裕度系数。

④ 气体管道摩擦压力损失的计算，应符合下列要求：当总压力损失小于起点压力的10%时可采用上述公式计算摩擦压力损失。当总压力损失为起点压力的10%~20%时，仍采用上述公式，但应以平均密度计算摩擦压力损失。当某些系统总压力损失大于起点压力的20%时，应把管道分成足够多的段数逐段进行计算，最后得到各段压力损失之和。

五、两相流管道的流型判断

气体和液体在管道中并行流动称为两相流。在管道设计中经常遇到这样的工况，例如：

火炬管道、蒸汽管道、其他工艺气液混合管道等场合。两相流管道压力降计算的前提是确定两相流动的流型，然后在此基础上选用相应的公式进行计算。

1. 水平管内的基本流型

水平管内气液两相流的基本流型主要取决于气速和液速的大小，管径和流体的性质也是影响因素之一。水平管内气液两相流的基本流型分为7类，详见表3.2.7。

表3.2.7 水平管内气液两相流的基本流型

流型	图例	特征说明	气体、液体表面速度/(m/s)
分层流	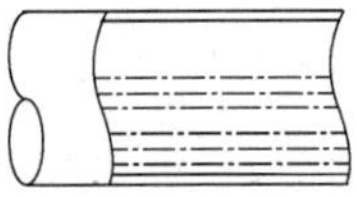	液相和气相速度都很低，气液分层流动，气液表面比较平滑	$u_{sg}\approx 0.6\sim 3.0$ $u_{sl}<0.15$
波动流	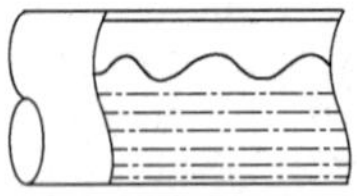	气液分层流动，但两相间的相互作用增强，界面上出现振幅较大的波动	$u_{sg}\approx 4.5$ $u_{sl}<0.3$
环状流	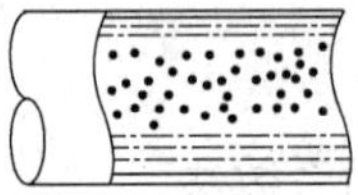	液体呈膜状沿管壁流动，但膜厚不均匀，管底处的液膜厚得多，气体在管中心夹带着液滴高速流动	$u_{sg}>6$
塞状流	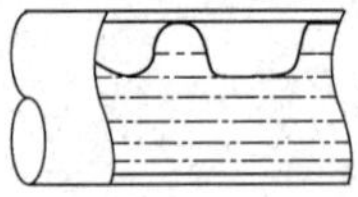	气体呈弹头形大气泡，气泡倾向于沿管顶流动，沿管顶的液体和气体如活塞状交替运动	$u_{sg}<0.9$ $u_{sl}<0.6$
液节流	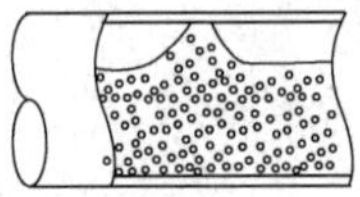	泡沫液节沿管道流动，液相虽然连接，但是夹带着许多气泡，管中常有突然的压力脉动，造成管道振动	
气泡流	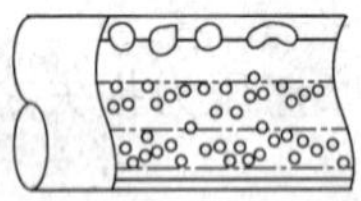	气泡分散在连续的液相中，当气速较低时，气泡聚集于管顶，随着气速增加，气泡分布趋于均匀	$u_{sg}\approx 0.3\sim 3.0$ $u_{sl}\approx 1.5\sim 4.5$
雾状流	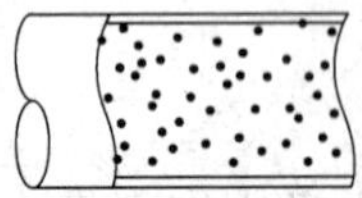	管道内的液体大部分甚至全部被雾化，由气体夹带着高速流动	$u_{sg}>60$

有关水平管内气液两相流的基本流型的判定和流型转变的界定的文献有许多，但是由于实验方法和条件等方面的差异造成了各家对水平管内气液两相流的基本流型的判定和流型转变的界定不尽相同。图3.2.1给出了Troniewski提供的水平流型图。图中，G_g、G_l为气相和液相的质量流速，单位为kg/(m^2·s)。

$$\lambda = \left(\frac{\rho_g}{\rho_a} \times \frac{\rho_l}{\rho_w}\right)^{0.5}$$

$$\Phi = \frac{\sigma_w}{\sigma_l} \times \left[\frac{\mu_l}{\mu_w} \times \left(\frac{\rho_w}{\rho_l}\right)^2\right]^{\frac{1}{3}}$$

式中 ρ_a，ρ_w——空气和水的密度；

σ_l，σ_w——液相和水的表面张力。

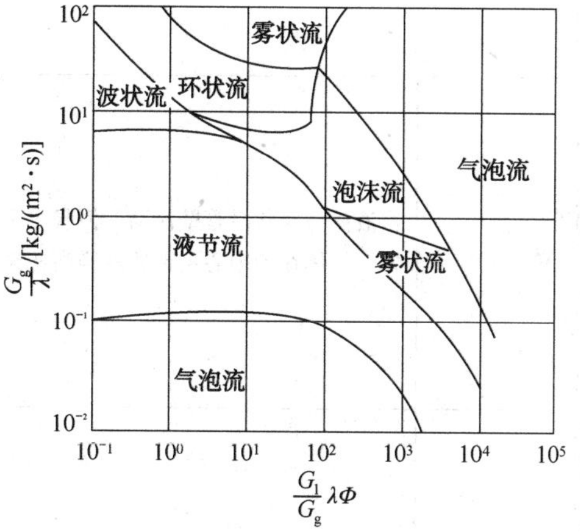

图 3.2.1 Troniewski 水平流型

2. 垂直管内的基本流型

垂直管内气液两相流的基本流型和水平管一样，主要取决于气速和液速的大小，管径和流体的性质也是影响因素之一。一般来说，垂直管内气液两相流的基本流型详见表 3.2.8。图 3.2.2 给出了 Troniewski 提供的垂直流型图。

表 3.2.8 垂直管内气液两相流的基本流型

流　型	图　例	特 征 说 明	气体、液体表面速度/(m/s)
气泡流	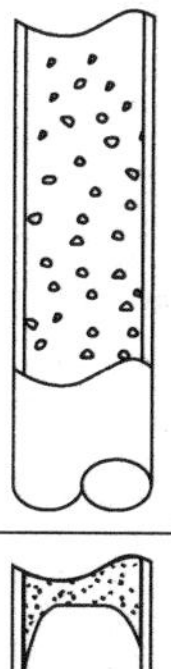	液体在垂直管内上升流动，气体以气泡的形式分散于液体中。随着气速的增加，气泡的尺寸和个数逐渐增加	$u_{sg} \approx 0.3 \sim 3$ $u_{sl} \approx 1.5 \sim 4.5$
液节流	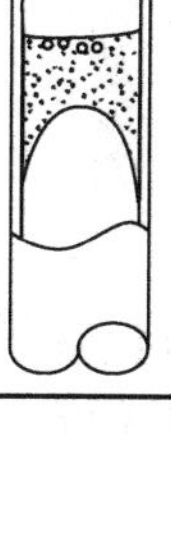	大部分气体形成弹头形大气泡，其直径大于管道半径。气泡均匀向上运动。液体中的气泡呈分散状态。当含气量进一步增加时，弹头形大气泡的长度和运动速度都相应增加	

续表

流　　型	图　　例	特　征　说　明	气体、液体表面速度/(m/s)
泡沫流	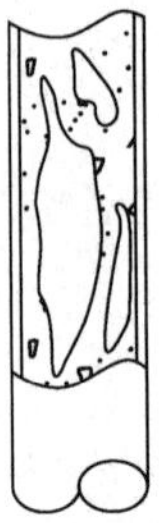	弹头形气泡变得狭长并发生扭曲，相邻气泡间液节中的液体被气体反复冲击，呈现液体振动和方向交变的特征	
环状流	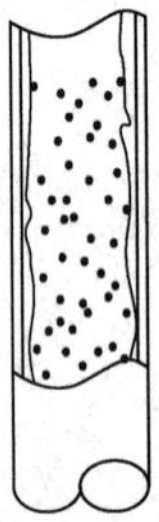	液体呈膜状沿管壁流动，但膜厚不均匀，气体在管中心夹带着液滴高速流动	$u_{sg} > 6$
雾状流	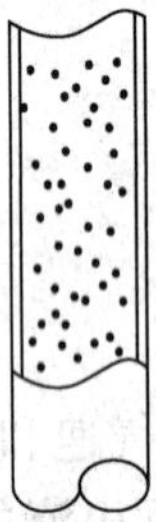	管道内的液体大部分甚至全部被雾化，由气体夹带着高速流动	$u_{sg} > 60$

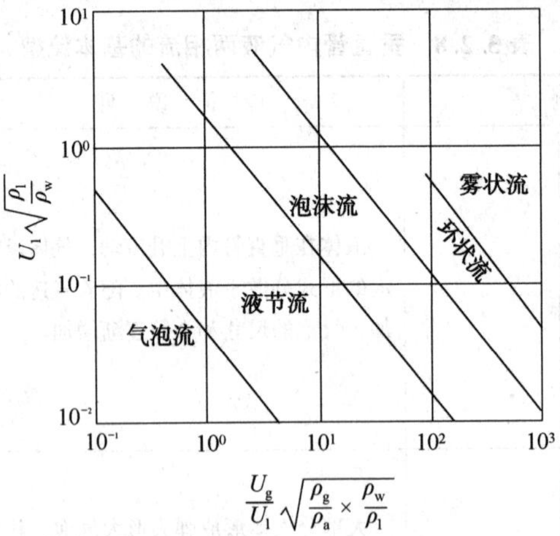

图 3.2.2　Troniewski 垂直流型

六、气液两相流管道压力损失计算

气液混合物中，气相体积(体积含气率)在6%~98%范围内时，宜采用两相流方法计算管道压力损失。计算气液两相流管道压力损失时，首先应设定管径进行流型的判断，当流型为柱状流或活塞流时，应缩小管径，使流型成为环状流或分散流。气液两相流管道压力损失的计算，应采用经过验证认为实用的计算方法，总压力损失宜按计算值乘以 1.3~3.0 的裕度系数。

气液两相流为闪蒸型时，应分析沿管道流动时质量含气率变化对压力损失计算的误差，当管道进出口质量含气率的变化大于5%时，可分段进行计算，计算方法与非闪蒸型两相流管道的压力损失计算方法相同。

七、管道口径计算与选用的常用标准规范

SH/T 3035《石油化工工艺装置管径选择导则》

SH/T 3108《石油化工全厂性工艺及热力管道设计规范》

HG/T 20570.6《管径选择》

GB 16912《深度冷冻法生产氧气及相关气体安全技术规程》

GB 50031《乙炔站设计规范》

GB 50177《氢气站设计规范》

八、长输管道和公用管道水力计算与工程应用

GB 50251《输气管道工程设计规范》、GB 50253《输油管道工程设计规范》等长输管道设计规范均包含水力或热力计算。

CJJ 34《城镇供热管网设计规范》等公用热力管道规范的水力计算要求包含了设计流量、确定供热系统的管径及热源循环水泵、中继泵的流量和扬程、分析供热系统正常运行的压力工况，确保热用户有足够的资用压头、进行事故工况分析、进行动态水力分析等内容。

某工程，对于公用燃气管道根据 CJJ 63《聚乙烯燃气管道工程技术标准》公式 4.2.2-3，对聚乙烯燃气管道进行水力计算。

$$\frac{p_1^2 - p_2^2}{L} = 1.27 \times 10^{10} \lambda \frac{Q^2}{d^5} \rho \frac{T}{T_0}$$

根据 GB 50028《城镇燃气设计规范》公式 C.0.2-1 对钢制燃气管道进行水力计算。

$$\lambda = 0.11\left(\frac{K}{d} + \frac{68}{Re}\right)^{0.25}$$

$$\frac{p_1^2 - p_2^2}{L} = 1.4 \times 10^9 \left(\frac{K}{d} + 192.2\frac{d\nu}{Q}\right)^{0.25} \frac{Q^2}{d^5} \rho \frac{T}{T_0}$$

式中参数选用及水力计算复核结果如下：

p_1——燃气管道起点的压力(绝对压力)，400kPa；

p_2——燃气管道终点的压力(绝对压力)，395kPa；

Δp——燃气管道摩擦阻力损失，4.5kPa；

λ——燃气管道的摩擦阻力系数，0.3；

L——燃气管道的计算长度，0.278km；

Q——燃气管道的计算流量，600m^3/h；

d——管道内径，200mm；

ρ——燃气的密度，2.86kg/m^3

T——设计中所采用的燃气温度，288.15K；

T_0——273.15K

ν——燃气的运动黏度，3.847m²/s；

K——管壁内表面的当量绝对粗糙度，0.1mm。

九、管道口径的计算与选用的计算机技术应用

管道口径的计算与选择的计算机应用软件比较有代表性的，有美国 CRANE 系列软件，美国 ASPEN 软件公司制作的 ASPENPLUS 系列过程模拟软件等，能够计算单相流(不可压缩流体和可压缩流体)、两相流(非闪蒸型和闪蒸型)、真空流动等流体的管道压力降。有一些设计单位用 Excel 软件进行管道口径初步计算并进行管道压力降计算。

第三节 配管设计管道壁厚的计算与选用

一、DN、NPS、D_e、D、d、ϕ、d_n、Dg、OD、ID、NB 管径的比较与工程应用

在工程设计过程中，图纸文件对管径的标示错误时常发生，给设计单位造成了不好的影响。

(1) *DN*(nominal diameter)管道公称直径，后面单位为 mm。*DN* 既不是外径也不是内径。镀锌钢管、铸铁管、碳钢管、合金钢管、不锈钢管、钢塑复合管等管材，标注公称直径“*DN*”(如 *DN*15、*DN*50)。GB/T 1047《管道元件公称尺寸的定义和选用》、ISO 6708《管道元件 *DN*(公称尺寸)的定义和选用》等规范有详细规定。

(2) NPS(nominal pipe size)管道公称尺寸，后面单位为 in。常见到有的管道工程师错误地“在 *DN* 后面写英寸单位，在 NPS 后面写毫米单位的数值”，显得特别不专业，让业主质疑管道工程师的设计质量。

(3) D_e(external diameter)主要是指管道外径，塑料管道 PPR、HDPE、PP 管外径，一般采用 D_e 标注的，均需要标注成外径×壁厚的形式，例：*DN*25：D_e25×3mm。

(4) D 一般指管道内径。

(5) d 指公称内径。GB/T 11836《混凝土和钢筋混凝土排水管》中钢筋混凝土(或混凝土)管等管材，管径标注 d 应为公称内径。钢筋混凝土(或混凝土)管、陶土管、耐酸陶瓷管、缸瓦管等管材，管径宜以内径 d 表示，如 d230 、d380 等。

某配管设计人员在布置并排直埋石油、天然气及污水管道时，前两者是普通碳钢管道，污水管道是水泥管道，管道设计人将 d1000 错误认为是管道外径，造成管道布置间距出现问题。

(6) ϕ 表示普通圆的直径，也可表示管材的外径，但此时应在其后乘以壁厚。如 ϕ25×3 ，表示外径 25mm ，壁厚为 3mm 的管材。对无缝钢管或有色金属管道，应标注“外径×壁厚”。例如 $\phi10^8$×4 ，ϕ 可省略。中国、ISO 和日本部分钢管标准采用壁厚尺寸表示钢管壁厚系列。对这类钢管规格的表示方法为管外径×壁厚。例如 ϕ60.5×3.8mm。

(7) d_n 表示公称外径(nominal outside diameter)，在 GB 15558.1《燃气用埋地聚乙烯(PE)管道系统 第 1 部分：管材》中，对于燃气用埋地聚乙烯(PE)管道常用标准尺寸比

(standard dimension ratio，SDR)来表示壁厚，SDR 管材的公称外径 d_n 与 e_n(公称壁厚 nominal wall thickness) 的比值 SDR = d_n/e_n 计算并圆整得出。例如，某 PE 管道可表示为：d_n200 PE100 SDR17 GB15558.1。

某燃气用埋地聚乙烯(PE)管道的设计文件，设计人员将管道口径写成了 *DN*200，是错误的，应写成 d_n200。

(8) *Dg* (diameter gong，汉语拼音“公”的声母)，*Dg* = *DN*，单位都是毫米，但 *Dg* 是我国一些国标的表示方法，现在的标准规范使用得越来越少了。*Dg* 的名称叫“公称通径”。

(9) OD(outside diameter)指管子外径，单位是 mm。ID (inside diameter)指管子内径，单位是 mm。

(10) NB 是英制钢管单位的公称外径，单位是 in。

二、钢管壁厚的三种常用表示方法的比较

钢管壁厚的表示方法在不同的标准中各不相同，但主要有三种：

(1) 以管子表号 Sch 表示公称壁厚。①此种表示方法以 ASME B36.10《焊接和无缝钢管》为代表并为其他许多标准所采用，常以“Sch”标示。管子表号是管子设计压力与设计温度下材料许用应力的比值乘以 1000，并经圆整后的数值，见式(3.3.1)。

$$\mathrm{Sch} = \frac{p}{[\sigma]^{t}} \times 1000 \quad (3.3.1)$$

②ASME B36.10 和 JIS 标准中，管子表号有：Sch10、20、30、40、60、80、100、120、140、160；③ASME B36.19 中不锈钢管管子表号有：5S、10S、40S、80S；④SH 3405 中，无缝钢管采用了 Sch20、30、40、60、80、100、120、140、160 等 9 个表号，不锈钢管采用了 Sch5S、Sch10S、40S、80S 等 4 个表号。⑤无缝钢管和焊接钢管的管子表号可分别查图 3.3.1 和图 3.3.2确定。

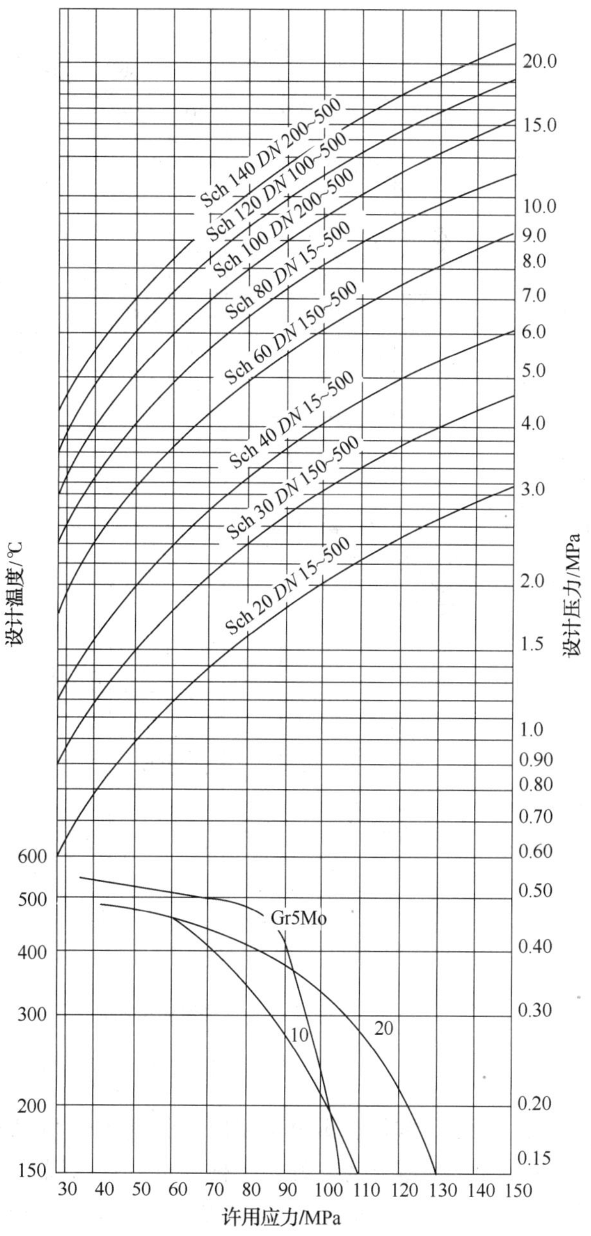

图 3.3.1 碳钢和合金钢无缝钢管管子表号选用图

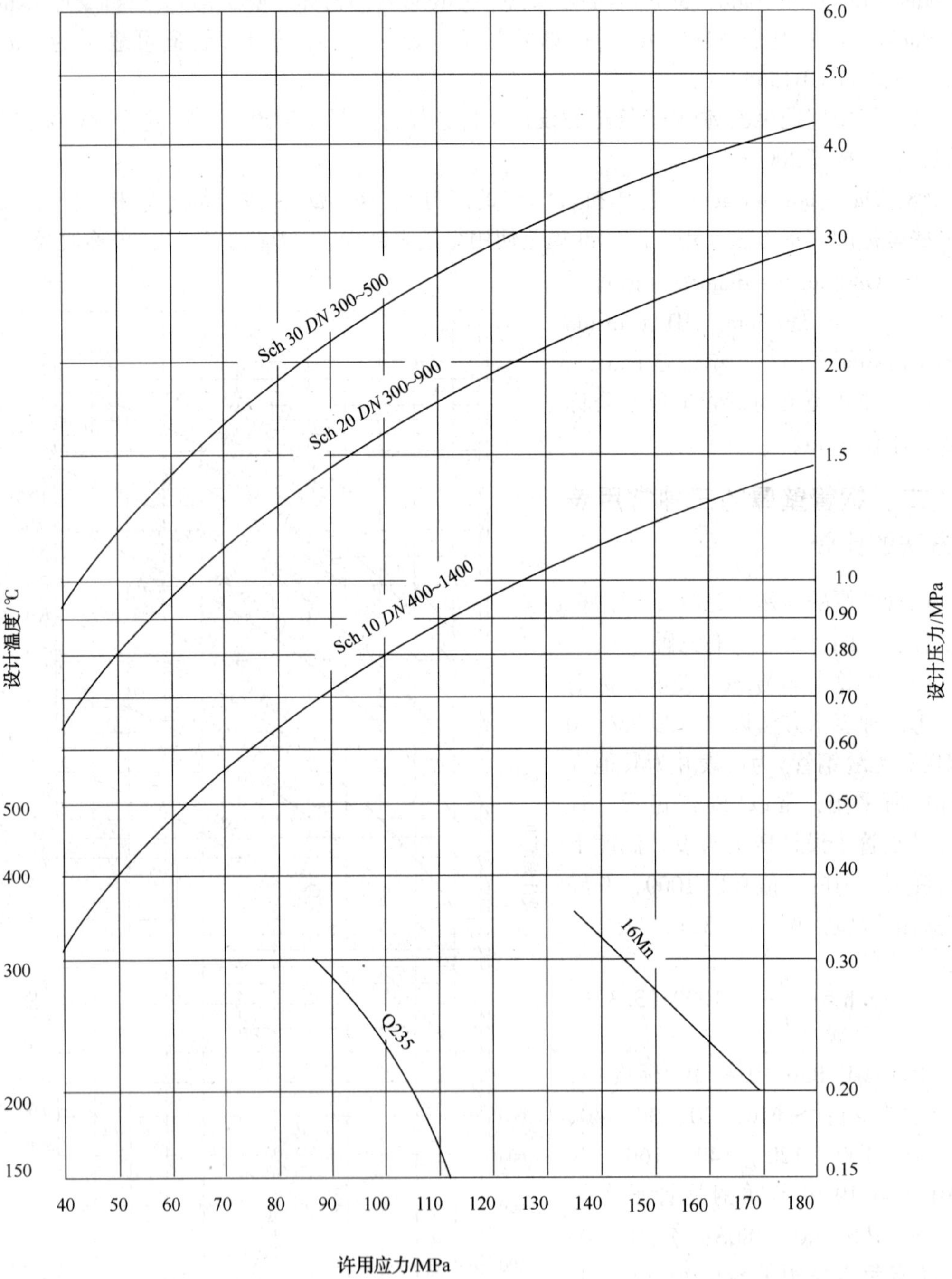

图 3.3.2 大口径焊接钢管管子表号选用图

（2）以管子重量表示公称壁厚。美国 MSS 和 ASME 也规定了以管子重量表示壁厚的方法，并将管子壁厚分为三种：①标准重量管，以 STD 表示；②加厚管，以 XS 表示；③特厚管，以 XXS 表示。对于 *DN*≤250mm 的管子，Sch40 相当于 STD；*DN*<200mm 的管子，Sch80 相当于 XS。

(3) 以钢管壁厚值表示公称壁厚。中国、ISO 和日本部分钢管标准采用了壁厚值表示钢管公称壁厚。

三、管表号 Sch. 的特点与计算工程应用

(1) ①管表号 Sch. 适用于表达一定范围内多个公称直径管子的壁厚；②管表号 Sch. 的数值代表许用应力为 100MPa 时钢管的承压能力(bar)；③可以减少钢管壁厚规格数量，便于组织批量生产，库存销售。

(2) 1927 年美国标准协会进行标准化铸钢、铸铁钢和非标管(tube)的尺寸。当时只有一小部分的管壁厚系列被应用，即基于今天在使用的钢管尺寸 IPS 体系：标准重量(STD)、特加重壁厚(XS)和双倍特加重(XXS)管。但是这三个尺寸不满足应用的需要，于是该委员会在行业中进行了调查，制订了基于管壁厚分级差距更小的标识管壁厚的管表号系统(虽然 IPS 和 NPS 编号在意义上相同)。最初的目的是使每一个管表号编号与给定的压力等级相关联，但是通常使用中的此编号与管壁厚背离太大，当时的目的没有达到。曾在 1939 年希望将 STD、XS 和 XXS 三个壁厚标识逐步淘汰而采用管表号编号，但时至今日这三个仍在使用。自最初的管表号制订以来，基于行业应用和 API、ASTM 及其他标准，对管表号进行了多次修订和补充。不锈钢管的应用曾在 20 世纪中期很普遍，由于其抗腐蚀的优越性，更薄壁厚管被允许使用。截至 1949 年，基于压力要求修订的最接近 BWG 编号的薄壁厚管表号 5S 和 10S 被制订，后来又制订了加注“S”的其他管表号。由于它们的薄壁性，此小尺寸的“S”管在 ASME 36. 19M 规范上要求不能螺纹连接，只能采用电熔焊接连接。

(3) 从公称管径(NPS)和管表号上不能看出相应的管外径(OD)和壁厚，只能通过 ASME B36. 10M 和 B36. 19M 来获得。例如，NPS14 Sch40，通过标准可知其 OD 为 14″、壁厚为 0. 437″。但是，并不是所有的 NPS 和 OD 对应的值都是一样的，这样就产生了混乱。对于 NPS1/8 到 NPS12，其 NPS 和 OD 值是不相同的。例如，NPS12 管子的 OD 实际上是 12. 75″，要知道其真实的管外径(OD)，只能通过标准查知。对于 Tube 管，其 NPS 总是与实际的 OD 相同。NPS14 及以上尺寸，NPS 与 OD 值是相同的，例如，NPS14 的管子，其真实的 OD 也正好是 14″。

NPS1/8 到 NPS12 的管子尺寸其 NPS 与 OD 不同的原因是，当时壁厚标准最初对这些管的 NPS 值用同一内径(ID)表示，后来经过发展，ID 也有所变化，于是对这些尺寸的管用 NPS 既不与 ID 相同，也不与 OD 相同。

(4) 对于一个给定的 NPS，其 OD 总是保持不变，其壁厚随着管表号增大。对于一个给定的管表号，其 OD 随着 NPS 而增大，但壁厚保持不变或增大。如果应用 ASME B31. 3 中的公式，可以发现随着 NPS 的增加而保持不变的管表号其压力等级会降低。

(5) 有些规定使用的管表号为：标准壁厚(STD)、特加重(XS)、双倍特加重(XXS)，尽管这种表示方法已属于一种老的被称为钢铁管尺寸(IPS)的标识方法。IPS 编号与 NPS 编号方法是一样的。对于 NPS1/8 到 NPS10(包括 NPS10)之间的尺寸，STD 与 Sch 40S 是一样的，XS 与 Sch 80S 是一样的，不同的是 XXS，其与 Sch 160 通常更厚一些。管表号数字后加注的“S”，比如“NPS Sch 10S”最常用于不锈钢管的壁厚标识中，但也有一些不锈钢管的壁

厚也用不加“S”的碳钢-合金钢(对应标准 ASME B36.10M)标准选用，因此加注了“S”只是区别 ASME B36.19M 中不同于 ASME B36.10M。

(6) 管表号 Sch. 与壁厚换算实例。

按 SH/T 3059 内压直管金属直管的壁厚确定方法管道壁厚计算公式见式(3.3.2)。

$$\text{Sch. №} = 1000p/[\sigma]_{\psi} \quad (3.3.2)$$

注：Sch. 的数值相当于钢管$[\sigma]_{\psi}$为 100MPa 的承压能力(bar)。

$$S = S_0 + C = \frac{pD_0}{2[\sigma]^{t}\phi + 2pY} + C = \frac{\text{Sch.} \times D_0}{2000 + 2 \times \text{Sch.} \times 0.04} + 2.54 \quad (3.3.3)$$

式中 S——管子壁厚，mm；

D_0——外径，mm；

p——内压，MPa；

$[\sigma]^{t}$——许用应力，MPa；

ϕ——焊接接头系数；

C——设计余量；

Y——温度修正系数，按表 3.3.1 选取。

已知管子外径和表号，则可以按照式(3.3.3)推算出管子实际壁厚值。

表 3.3.1 表号壁厚换算实例 mm

DN	外径	Sch 40	Sch 80	Sch 160
25	33.4	3.21	3.87	5.20
		3.21	3.87	5.20
50	60.3	3.74	4.94	7.33
		3.74	4.94	7.33
200	219	6.91	11.27	19.95
		6.91	11.27	19.95
600	609	14.70	26.82	50.95
		14.70	26.82	50.95

四、国内外标准壁厚系列的比较

1. ASME B36.10M 和 ASME B36.19M 壁厚系列

ASME B36.10M《焊接和无缝轧制钢管》和 ASME B36.19M《不锈钢管道》壁厚系列见表 3.3.2。

表 3.3.2 ASME B36.10M 和 ASME B36.19M 壁厚系列

公称直径		ASME	壁厚/mm																		公称直径	
NPS/in	DN/mm	外径 D/mm	Sch5S	Sch10S	Sch5	Sch10	Sch20	Sch30	Sch40	Sch40S	STD	Sch60	Sch80	Sch80S	XS	Sch100	Sch120	Sch140	Sch160	XXS	NPS/in	DN/mm
1/8	6	10.3	—	1.24	—	1.24	—	1.45	1.73	1.73	1.73	—	2.41	2.41	2.41	—	—	—	3.15	4.83	1/8	6
1/4	8	13.7	—	1.65	—	1.65	—	1.85	2.24	2.24	2.24	—	3.02	3.02	3.02	—	—	—	3.68	6.05	1/4	8
3/8	10	17.1	—	1.65	—	1.65	—	1.85	2.31	2.31	2.31	—	3.2	3.2	3.2	—	—	—	4.01	6.4	3/8	10
1/2	15	21.3	1.65	2.11	1.65	2.11	—	2.41	2.77	2.77	2.77	—	3.73	3.73	3.73	—	—	—	4.78	7.47	1/2	15
3/4	20	26.7	1.65	2.11	1.65	2.11	—	2.41	2.87	2.87	2.87	—	3.91	3.91	3.91	—	—	—	5.56	7.82	3/4	20
1	25	33.4	1.65	2.77	1.65	2.77	—	2.9	3.38	3.38	3.38	—	4.55	4.55	4.55	—	—	—	6.35	9.09	1	25
1¼	32	42.2	1.65	2.77	1.65	2.77	—	2.97	3.56	3.56	3.56	—	4.85	4.85	4.85	—	—	—	6.35	9.7	1 1/4	32
1½	40	48.3	1.65	2.77	1.65	2.77	—	3.18	3.68	3.68	3.68	—	5.08	5.08	5.08	—	—	—	7.14	10.15	1½	40
2	50	60.3	1.65	2.77	1.65	2.77	—	3.18	3.91	3.91	3.91	—	5.54	5.54	5.54	—	—	—	8.74	11.07	2	50
2½	65	73	2.11	3.05	2.11	3.05	—	4.78	5.16	5.16	5.16	—	7.01	7.01	7.01	—	—	—	9.53	14.02	2½	65
3	80	88.9	2.11	3.05	2.11	3.05	—	4.78	5.49	5.49	5.49	—	7.62	7.62	7.62	—	—	—	11.13	15.24	3	80
3½	90	101.6	2.11	3.05	2.11	3.05	—	4.78	5.74	5.74	5.74	—	8.08	8.08	8.08	—	—	—	—	—	3½	90
4	100	114.3	2.11	3.05	2.11	3.05	—	4.78	6.02	6.02	6.02	—	8.56	8.56	8.56	—	11.13	—	13.49	17.12	4	100
5	125	141.3	2.77	3.4	2.77	3.4	—	—	6.55	6.55	6.55	—	9.53	9.53	9.53	—	12.7	—	15.88	19.05	5	125
6	150	168.3	2.77	3.4	2.77	3.4	—	—	7.11	7.11	7.11	—	10.97	10.97	10.97	—	14.27	—	18.26	21.95	6	150
8	200	219.1	2.77	3.76	2.77	3.76	6.35	7.04	8.18	8.18	8.18	10.31	12.7	12.7	12.7	15.09	18.26	20.62	23.01	22.23	8	200
10	250	273	3.4	4.19	3.4	4.19	6.35	7.8	9.27	9.27	9.27	12.7	15.09	12.7	12.7	18.26	21.44	25.4	28.58	25.4	10	250
12	300	323.8	3.96	4.57	3.96	4.57	6.35	8.38	10.31	9.53	9.53	14.27	17.48	12.7	12.7	21.44	25.4	28.58	33.32	25.4	12	300
14	350	355.6	3.96	4.78	3.96	6.35	7.92	9.53	11.13	—	9.53	15.09	19.05	—	12.7	23.83	27.79	31.75	35.71	—	14	350
16	400	406.4	4.19	4.78	4.19	6.35	7.92	9.53	12.7	—	9.53	16.66	21.44	—	12.7	26.19	30.96	36.53	40.49	—	16	400
18	450	457	4.19	4.78	4.19	6.35	7.92	11.13	14.27	—	9.53	19.05	23.83	—	12.7	29.36	34.93	39.67	45.24	—	18	450
20	500	508	4.78	5.54	4.78	6.35	9.53	12.7	15.09	—	9.53	20.62	26.19	—	12.7	32.54	38.1	44.45	50.01	—	20	500
22	550	559	4.78	5.54	4.78	6.35	9.53	12.7	—	—	9.53	22.23	28.58	—	12.7	34.93	41.28	47.63	53.98	—	22	550

续表

公称直径		ASME	壁厚/mm																	公称直径	
NPS/in	*DN*/mm	外径 *D*/mm	Sch5S	Sch10S	Sch5	Sch10	Sch20	Sch30	Sch40	Sch40S	STD	Sch60	Sch80	Sch80S	XS	Sch100	Sch120	Sch140	Sch160	XXS	NPS/in	DN/mm
24	600	610	5.54	6.35	5.54	6.35	9.53	14.27	17.48	—	9.53	24.61	30.96	—	12.7	38.89	46.02	52.37	59.54	—	24	600
26	650	660	—	—	—	7.92	12.7	—	—	—	9.53	—	—	—	12.7	—	—	—	—	—	26	650
28	700	711	—	—	—	7.92	12.7	15.88	—	—	9.53	—	—	—	12.7	—	—	—	—	—	28	700
30	750	762	6.35	7.92	6.35	7.92	12.7	15.88	—	—	9.53	—	—	—	12.7	—	—	—	—	—	30	750
32	800	813	—	—	—	7.92	12.7	15.88	17.48	—	9.53	—	—	—	12.7	—	—	—	—	—	32	800
34	850	864	—	—	—	7.92	12.7	15.88	17.48	—	9.53	—	—	—	12.7	—	—	—	—	—	34	850
36	900	914	—	—	—	7.92	12.7	15.88	19.05	—	9.53	—	—	—	12.7	—	—	—	—	—	36	900
38	950	965	—	—	—	—	—	—	—	—	9.53	—	—	—	12.7	—	—	—	—	—	38	950
40	1000	1016	—	—	—	—	—	—	—	—	9.53	—	—	—	12.7	—	—	—	—	—	40	1000
42	1050	1067	—	—	—	—	—	—	—	—	9.53	—	—	—	12.7	—	—	—	—	—	42	1050
44	1100	1118	—	—	—	—	—	—	—	—	9.53	—	—	—	12.7	—	—	—	—	—	44	1100
46	1150	1168	—	—	—	—	—	—	—	—	9.53	—	—	—	12.7	—	—	—	—	—	46	1150
48	1200	1219	—	—	—	—	—	—	—	—	9.53	—	—	—	12.7	—	—	—	—	—	48	1200

2. HG/T 20553《化工配管用无缝及焊接钢管尺寸》壁厚系列

HG/T 20553 壁厚系列见表 3.3.3。标准中Ⅰa 系列，*DN*6～*DN*600 钢管的外径等效采用了 ISO 4200，*DN*650～*DN*2000 大直径焊接钢管的外径等效采用 API Spec 5L。Ⅰb 系列是Ⅰa 系列的代用系列。钢管的外径，是将Ⅰa 系列的外径圆整到整数，并符合 GB/T 17395《无缝钢管尺寸、外形、重量及允许偏差》。钢管的外径和壁厚值。

Ⅱ系列是国内沿用的老系列，符合沿用的 GB、HG 及 JB 法兰的 B 系列钢管外径，并符合(无缝钢管尺寸、外径、重量及允许偏差) GB/T 17395 的钢管外径和壁厚尺寸、主要是考虑目前国内供货及老厂改建和扩建情况，原有的钢管外径系列仍有保留的必要。

壁厚选择时的计算要求，是参照 ASME B36.10M 的规定。

表 3.3.3 HG/T 20553 壁厚系列

公称直径		Ⅰ系列	Ⅱ系列	壁厚/mm														NPS	DN
NPS	DN	外径 D	外径 D	Sch5S	Sch10S	Sch10	Sch. 20	Sch30	Sch40S	Sch40	Sch60	Sch80S	Sch80	Sch100	Sch120	Sch140	Sch160		
1/8	6	10.2	—	1	1.2	—	—	—	1.8	1.8	—	2.3	2.3	—	—	—	—	1/8	6
1/4	8	13.5	—	1.2	1.6	—	—	—	1.8	1.8	—	2.9	2.9	—	—	—	—	1/4	8
3/8	10	17.2	14	1.2	1.6	—	—	—	2.3	2.3	—	3.2	3.2	—	—	—	—	3/8	10
1/2	15	21.3	18	1.6	2	—	—	—	2.9	2.9	—	3.6	3.6	—	—	—	4.5	1/2	15
3/4	20	26.9	25	1.6	2	—	—	—	2.9	2.9	—	4	4	—	—	—	5.6	3/4	20
1	25	33.7	32	1.6	2.9	—	—	—	3.2	3.2	—	4.5	4.5	—	—	—	6.3	1	25
1¼	32	42.4	38	1.6	2.9	—	—	—	3.6	3.6	—	5	5	—	—	—	6.3	1¼	32
1½	40	48.3	45	1.6	2.9	—	—	—	3.6	3.6	—	5	5	—	—	—	7.1	1½	40
2	50	60.3	57	1.6	2.9	—	3.2	—	4	4	—	5.6	5.6	—	—	—	8.8	2	50
2½	65	76.1	76	2	3.2	—	4.5	—	5	5	—	7.1	7.1	—	—	—	10	2½	65
3	80	88.9	89	2	3.2	—	4.5	—	5.6	5.6	—	8	8	—	—	—	11	3	80
3½	90	—	—	—	—	—	—	—	—	—	—	—	—	—	—	—	—	3½	90
4	100	114.3	108	2	3.2	—	5	—	6.3	6.3	—	8.8	8.8	—	11	—	14.2	4	100
5	125	139.7	133	2.9	3.6	—	5	—	6.3	6.3	—	10	10	—	12.5	—	16	5	125
6	150	168.3	159	2.9	3.6	—	5.6	—	7.1	7.1	—	11	11	—	14.2	—	17.5	6	150
8	200	219.1	219	2.9	4	—	6.3	7.1	8	8	10	12.5	12.5	16	17.5	20	22.2	8	200
10	250	273	273	3.6	4	—	6.3	8	8.8	8.8	12.5	12.5	16	17.5	22.2	25	28	10	250
12	300	323.9	325	4	4.5	—	6.3	8.8	10	10	14.2	12.5	17.5	22.2	25	28	32	12	300
14	350	355.6	377	4	5	6.3	8	10	10	11	16	12.5	20	25	28	32	36	14	350
16	400	406.4	426	4	5	6.3	8	10	10	12.5	17.5	12.5	22.2	28	30	36	40	16	400
18	450	457	480	4	5	6.3	8	11	10	14.2	20	12.5	25	30	36	40	45	18	450
20	500	508	530	5	5.6	6.3	10	12.5	10	16	20	12.5	28	32	40	45	50	20	500
22	550	559		5	5.6	6.3	10	12.5	10		25	12.5	28	36	40	50	55	22	550
24	600	610	630	5.6	6.3	6.3	10	14.2	10	17.5	25	12.5	32	40	45	55	60	24	600

3. SH/T 3405《石油化工钢管尺寸系列》壁厚系列

SH/T 3405 壁厚系列见表 3. 3. 4。

表 3. 3. 4 SH/T 3405 壁厚系列(SH 3405 金属管道公称直径，外径，壁厚系列)

公称直径		外径 *D*	壁厚/mm															公称直径	
NPS	*DN*		Sch5S	Sch10S	Sch20S	Sch40S	Sch80S	Sch20	Sch30	Sch40	Sch60	Sch80	Sch100	Sch120	Sch140	Sch160	XXS	NPS	*DN*
3/8	10	17	1. 2	1. 6	2	2. 5	3. 2	—	—	2. 5	—	3. 5	—	—	—	—	—	3/8	10
1/2	15	22	1. 6	2	2. 5	3	4	—	—	3	—	4	—	—	—	5	7. 5	1/2	15
3/4	20	27	1. 6	2	2. 5	3	4	—	—	3	—	4	—	—	—	5. 5	8	3/4	20
1	25	34	1. 6	2. 8	3	3. 5	4. 5	—	—	3. 5	—	4. 5	—	—	—	6. 5	9	1	25
1¼	32	42	1. 6	2. 8	3	3. 5	5	—	—	3. 5	—	5	—	—	—	6. 5	10	1¼	32
1½	40	48	1. 6	2. 8	3	4	5	—	—	4	—	5	—	—	—	7	10	1½	40
2	50	60	1. 6	2. 8	3. 5	4	5. 5	3. 5	—	4	5	5. 5	—	7	—	8. 5	11	2	50
2½	65	76	2	3	3. 5	5	7	4. 5	—	5	6	7	—	8	—	9. 5	14	2½	65
3	80	89	2	3	4	5. 5	7. 5	4. 5	—	5. 5	6. 5	7. 5	—	9	—	11	15	3	80
3½	90	—	—	—	—	—	—	—	—	—	—	—	—	—	—	—	—	3½	90
4	100	114	2	3	4	6	8. 5	5	—	6	7	8. 5	—	11	—	14	17	4	100
5	125	140	2. 8	3. 5	5	6. 5	9. 5	5	—	6. 5	8	9. 5	—	13	—	16	19	5	125
6	150	168	2. 8	3. 5	5	7	11	5. 5	6. 5	7	9. 5	11	—	14	—	18	22	6	150
8	200	219	2. 8	4	6. 5	8	13	6. 5	7	8	10	13	15	18	20	24	23	8	200
10	250	273	3. 5	4	6. 5	9. 5	15	6. 5	8	9. 5	13	15	18	22	25	28	25	10	250
12	300	325	4	4. 5	6. 5	9. 5	17	6. 5	8. 5	10	14	17	22	25	28	34	26	12	300
14	350	356	4	5	—	—	—	8	9. 5	11	15	19	24	28	32	36	—	14	350
16	400	406	4. 5	5	—	—	—	8	9. 5	13	17	22	26	32	36	40	—	16	400
18	450	457	—	—	—	—	—	8	11	14	19	24	30	35	40	45	—	18	450
20	500	508	—	—	—	—	—	9. 5	13	15	20	26	32	38	45	50	—	20	500

续表

公称直径		外径 D	壁厚/mm															公称直径	
NPS	*DN*		Sch5S	Sch10S	Sch20S	Sch40S	Sch80S	Sch20	Sch30	Sch40	Sch60	Sch80	Sch100	Sch120	Sch140	Sch160	XXS	NPS	*DN*
22	550	559	—	—	—	—	—	9.5	13	17	22	28	35	42	48	54	—	22	550
24	600	610	—	—	—	—	—	9.5	14	18	25	32	38	45	52	60	—	24	600

4. JIS 钢管壁厚系列

JIS 钢管壁厚系列见表 3.3.5。

表 3.3.5　JIS 钢管壁厚系列

公称直径		外径	JIS 管壁厚度/mm																							
mm	in	D_o/mm	SGP	5S	10	10S	20	20S	30	40	60	80	100	120	140	160	STPY(焊接钢管)G3457									
6	1/8	10.5	2.0	1.0		1.2		1.5		1.7	2.2	2.4														
8	1/4	13.8	2.3	1.2		1.65		2.0		2.2	2.4	3.0														
10	3/8	17.3	2.3	1.2		1.65		2.0		2.3	2.8	3.2														
15	1/2	21.7	2.8	1.65		2.1		2.5		2.8	3.2	3.7														
20	3/4	27.2	2.8	1.65		2.1		2.5		2.9	3.4	3.9				5.5										
25	1	34.0	3.2	1.65		2.8		3.0		3.4	3.9	4.5				6.4										
32	1¼	42.7	3.5	1.65		2.8		3.0		3.6	4.5	4.9				6.4										
40	1½	48.6	3.5	1.65		2.8		3.0		3.7	4.5	5.1				7.1										
50	2	60.5	3.8	1.65		2.8	3.2	3.5		3.9	4.9	5.5				8.7										
65	2½	76.3	4.2	2.1		3.0	4.5	3.5		5.2	6.0	7.0				9.5										
80	3	89.1	4.2	2.1		3.0	4.5	4.0		5.5	6.6	7.3				11.1										
90	3½	101.6	4.2	2.1		3.0	4.5	4.0		5.7	7.0	8.1				12.7										
100	4	114.3	4.5	2.1		3.0	4.9	4.0		6.0	7.1	8.6		11.1		13.5										
125	5	139.8	4.5	2.8	5.1	3.4	5.1	5.0	—	6.6	8.1	9.5		12.7		15.9										
150	6	165.2	5.0	2.8	5.5	3.4	5.5	5.0	—	7.1	9.3	11.0		14.3		18.2										
175	7	190.7	5.3	—	—	—	—	—	—	—	—	—	—	—	—	—										

续表

公称直径		外径	JIS 管壁厚度/mm																							
mm	in	D_o/mm	SGP	5S	10	10S	20	20S	30	40	60	80	100	120	140	160	STPY(焊接钢管)G3457									
200	8	216.3	5.8	2.8	6.4	4.0	6.4	6.5	7.0	8.2	10.3	12.7	15.1	18.2	20.6	23.0										
225	9	241.8	6.2	—	—	—	—	—	—	—	—	—	—	—	—	—										
250	10	267.4	6.6	3.4	6.4	4.0	6.4	6.5	7.8	9.3	12.7	15.1	18.2	21.4	25.4	28.6										
300	12	318.5	6.9	4.0	6.4	4.5	6.4	6.5	8.4	10.3	14.3	17.4	21.4	25.4	28.6	33.3										
350	14	355.6	7.9		6.4		7.9		9.5	11.1	15.1	19.0	23.8	27.8	31.8	35.7	6.0	6.4	7.1	7.9						
400	16	406.4	7.9		6.4		7.9		9.5	12.7	16.7	21.4	26.2	30.9	36.5	40.5	6.0	6.4	7.1	7.9						
450	18	457.2	7.9		6.4		7.9		11.1	14.3	19.0	23.8	29.4	34.9	39.7	45.2	6.0	6.4	7.1	7.9						
500	20	508.0	7.9		6.4		9.5		12.7	15.1	20.6	26.2	32.5	38.1	44.4	50.0	6.0	6.4	7.1	7.9	8.7	9.5	10.3	11.1	11.9	12.7
550	22	558.8			6.4				12.7	15.9	22.2	28.6	34.9	41.3	47.6	54.0	6.0	6.4	7.1	7.9		9.5				
600	24	609.6			6.4				14.3	17.5	24.6	31.0	38.9	46.0	52.4	59.5	6.0	6.4	7.1	7.9		9.5	10.3			
650	26	660.4			7.9				—	18.9	26.4	34.0	41.6	49.1	56.6	64.2	6.0	6.4	7.1	7.9				11.1		
700	28	711.1															6.0	6.4	7.1	7.9	8.7	9.5	10.3	11.1	11.9	12.7
750	30	726.0															—	6.4	7.1	7.9	8.7	9.5	10.3	11.1	11.9	12.7
800	32	812.8																6.4	7.1	7.9	8.7	9.5	10.3	11.1	11.9	12.7
850	34	863.6																		7.9	8.7	9.5	10.3	11.1	11.9	12.7
900	36	914.4																		7.9	8.7	9.5	10.3	11.1	11.9	12.7
1000	40	1016.0																		7.9	8.7	9.5	10.3	11.1	11.9	12.7
1100	44	1117.0																				9.5	10.3	11.1	11.9	12.7
1200	48	1219.2																				9.5	10.3	11.1	11.9	12.7
1350	54	1371.6																							11.9	12.7
1500	64	1524.0																							11.9	12.7

5. 国内外标准钢管外径系列、壁厚系列的比较

国内外标准钢管外径系列、壁厚系列的比较见表 3.3.6。

表 3.3.6 国内外标准钢管外径系列、壁厚系列的比较

外径系列	标准	公称直径 *DN*	壁厚系列
英制管(美)	ASME 36.19M ASME 36.10M	6~750	Sch5S，10S，40S，80S
		6~900	Sch5，10，20，30，40，60，80，100，120，140，160
		6~1200	STd，XS，XXS
英制管 (ISO)	HG/T 20553 Ⅰa 系列	6~600	Sch5S，10S，20 S，40S，80S
		6~600	Sch10，20，30，40，60，80，100，120，140，160
		650~2000	6.3，7.1，8.0，8.8，10.0，11.0，12.5，14.2，16.0，17.5，20.0
英制管 (ISO)	SH/T 3405	10~400	Sch5S，10S，20S，40S，80S
		10~600	Sch20，30，40，60，80，100，120，140，160
		15~300	XXS
英制管 (板焊管)	板焊管	150~4000	CWP12，16，20，25，32，40，50，63，80，100，125，160，200，250
		150~4000	CWP12S、16S、20S、25S、32S、40S、50S、63S、80S、100S、125S、160S、200S、250S
公制管	HG/T 20553 Ⅱ系列	10~600	2.0，2.5，3.0，3.5，4.0，4.5，5.5，5.5，6.0，6.5，7.0，7.5，8.0，8.5，9.0，9.5，10，11，12，13，14，15，16，17，18，19，20，22，24
		700~2000	6，7，8，9，10，11，12，13，14，15，16

五、板焊管及其壁厚等级 CWP

(1) 大口径管道缺乏壁厚等级。

(2) 适用于以单张钢板为坯料的板焊管(plate welded pipe，以平板板材预成型为管状，带有一条或两条纵向直焊缝的电熔焊焊管)。

(3) 适用范围：*DN*150~4000。

(4) CWP 含义：①数值相当于许用应力与焊接质量系数的乘积，等于 125MPa 时钢管的承压能力(bar)。②按两种腐蚀余量(0，1.5mm)设置。③其中 CWP 12、16、20、25、32、40、50、63、80、100、125、160、200、250 共 14 个。④其中 CWP 12S、16S、20S、25S、32S、40S、50S、63S、80S、100S、125S、160S、200S、250S 共 14 个。⑤最大厚度 40mm。板焊管壁厚等级系列——CWP12~250 见表 3.3.7，板焊管壁厚等级系列——CWP12S~250S 见表 3.3.8。

表 3.3.7 板焊管壁厚等级系列——CWP12~250

公称直径		板焊管	壁 厚/mm													
NPS	*DN*	外径/mm	CWP12	CWP16	CWP20	CWP25	CWP32	CWP40	CWP50	CWP63	CWP80	CWP100	CWP125	CWP160	CWP200	CWP250
6	150	168.3	3	3	4	4	4	6	6	6	8	10	10	12	14	18
8	200	219.1	3	4	4	4	6	6	8	8	10	12	14	16	18	22
10	250	273	4	4	4	6	6	8	8	10	12	14	16	18	22	26
12	300	323.8	4	4	6	6	6	8	10	10	12	16	18	22	26	30
14	350	355.6	4	6	6	6	8	8	10	12	14	18	20	24	30	36
16	400	406.4	4	6	6	8	8	10	12	14	16	20	22	28	34	40
18	450	457	6	6	6	8	10	10	12	14	18	20	26	30	38	
20	500	508	6	6	8	8	10	12	14	16	18	22	28	34		
22	550	559	6	6	8	8	10	12	14	18	20	24	30	36		
24	600	610	6	8	8	10	10	12	16	18	22	26	32	40		
26	650	660	6	8	8	10	12	14	16	20	24	28	34			
28	700	711	6	8	10	10	12	14	18	20	26	30	38			
30	750	762	6	8	10	10	12	16	18	22	26	32	40			
32	800	813	8	8	10	12	14	16	20	24	28	34				
34	850	864	8	8	10	12	14	16	20	24	30	36				
36	900	914	8	10	10	12	14	18	22	26	32	38				
38	950	965	8	10	12	12	16	18	22	28	34	40				
40	1000	1016	8	10	12	14	16	20	24	28	34					
42	1050	1067	8	10	12	14	16	20	24	30	36					
44	1100	1118	8	10	12	14	18	20	26	30	38					
46	1150	1168	10	10	12	14	18	22	26	32	40					
48	1200	1219	10	12	14	16	18	22	28	34	40					
50	1250	1270	10	12	14	16	20	24	28	34						

续表

公称直径		板焊管	壁　厚/mm													
NPS	*DN*	外径/mm	CWP12	CWP16	CWP20	CWP25	CWP32	CWP40	CWP50	CWP63	CWP80	CWP100	CWP125	CWP160	CWP200	CWP250
52	1300	1321	10	12	14	16	20	24	30	36						
54	1350	1372	10	12	14	16	20	24	30	38						
56	1400	1422	10	12	14	18	20	26	32	38						
58	1450	1473	10	12	16	18	22	26	32	40						
60	1500	1524	10	12	16	18	22	28	34	40						
64	1600	1626	12	14	16	20	24	30	36							
66	1650	1676	12	14	16	20	24	30	36							
68	1700	1727	12	14	16	20	24	30	38							
72	1800	1829	12	14	18	22	26	32	40							
76	1900	1930	12	16	18	22	28	34								
78	1950	1981	14	16	20	24	28	34								
80	2000	2032	14	16	20	24	28	36								
84	2100	2134	14	16	20	24	30	38								
88	2200	2235	14	18	22	26	32	38								
90	2250	2286	14	18	22	26	32	40								
96	2400	2438	16	18	22	28	34									
100	2500	2540	16	20	24	28	34									
102	2550	2591	16	20	24	30	36									
104	2600	2642	16	20	24	30	36									
108	2700	2743	18	20	26	30	38									
112	2800	2845	18	22	26	32	38									
114	2850	2896	18	22	26	32	40									
120	3000	3048	18	22	28	34										

续表

公称直径		板焊管	壁厚/mm													
NPS	*DN*	外径/mm	CWP12	CWP16	CWP20	CWP25	CWP32	CWP40	CWP50	CWP63	CWP80	CWP100	CWP125	CWP160	CWP200	CWP250
126	3150	3200	20	24	28	36										
128	3200	3251	20	24	30	36										
132	3300	3353	20	24	30	36										
136	3400	3454	20	26	30	38										
138	3450	3505	20	26	32	38										
144	3600	3658	22	26	32	40										
152	3800	3861	22	28	34											
160	4000	4064	24	28	36											

表 3.3.8 板焊管壁厚等级系列——CWP12S~250S

公称直径		板焊管	壁厚/mm													
NPS	*DN*	外径/mm	CWP12S	CWP16S	CWP20S	CWP25S	CWP32S	CWP40S	CWP50S	CWP63S	CWP80S	CWP100S	CWP125S	CWP160S	CWP200S	CWP250S
6	150	168.3	2	2	2	2	2	3	4	6	6	8	10	10	14	16
8	200	219.1	2	2	2	2.5	3	4	6	6	8	10	12	14	16	20
10	250	273	2	2	2.5	3	4	6	6	8	10	12	14	16	20	24
12	300	323.8	2	2.5	3	4	6	6	8	10	12	14	16	20	24	30
14	350	355.6	2	2.5	4	4	6	8	8	10	12	16	18	22	28	34
16	400	406.4	2.5	3	4	6	6	8	10	12	14	18	22	26	32	38
18	450	457	2.5	4	4	6	8	8	10	12	16	20	24	28	36	
20	500	508	3	4	6	6	8	10	12	14	18	22	26	32	40	
22	550	559	4	4	6	8	8	10	12	16	18	24	28	34		
24	600	610	4	6	6	8	10	12	14	16	20	26	30	38		
26	650	660	4	6	6	8	10	12	14	18	22	28	34			

续表

公称直径		板焊管	壁 厚/mm													
NPS	*DN*	外径/mm	CWP12S	CWP16S	CWP20S	CWP25S	CWP32S	CWP40S	CWP50S	CWP63S	CWP80S	CWP100S	CWP125S	CWP160S	CWP200S	CWP250S
28	700	711	4	6	8	8	10	12	16	20	24	30	36			
30	750	762	6	6	8	10	12	14	16	20	26	32	38			
32	800	813	6	6	8	10	12	14	18	22	26	34	40			
34	850	864	6	8	8	10	12	16	18	22	28	36				
36	900	914	6	8	10	10	14	16	20	24	30	38				
38	950	965	6	10	10	12	14	16	20	26	32	40				
40	1000	1016	6	10	10	12	14	18	22	26	32					
42	1050	1067	6	10	10	12	14	18	22	28	34					
44	1100	1118	8	10	10	12	16	20	24	30	36					
46	1150	1168	8	12	12	14	16	20	24	30	38					
48	1200	1219	8	12	12	14	16	20	26	32	40					
50	1250	1270	8	12	12	14	18	22	26	32	40					
52	1300	1321	8	12	12	14	18	22	28	34						
54	1350	1372	8	12	12	16	18	24	28	36						
56	1400	1422	8	14	14	16	20	24	30	36						
58	1450	1473	10	12	14	16	20	24	30	38						
60	1500	1524	10	12	14	16	20	26	32	40						
64	1600	1626	10	12	14	18	22	28	34							
66	1650	1676	10	12	16	18	22	28	34							
68	1700	1727	10	12	16	18	24	30	36							
72	1800	1829	10	14	16	20	24	30	38							
76	1900	1930	12	14	18	20	26	32	40							
78	1950	1981	12	14	18	22	26	34	40							

续表

公称直径		板焊管	壁　厚/mm													
NPS	*DN*	外径/mm	CWP12S	CWP16S	CWP20S	CWP25S	CWP32S	CWP40S	CWP50S	CWP63S	CWP80S	CWP100S	CWP125S	CWP160S	CWP200S	CWP250S
80	2000	2032	12	14	18	22	26	34								
84	2100	2134	12	16	18	22	28	36								
88	2200	2235	12	16	20	24	30	38								
90	2250	2286	14	16	20	24	30	38								
96	2400	2438	14	18	22	26	32	40								
100	2500	2540	14	18	22	28	34									
102	2550	2591	14	18	22	28	34									
104	2600	2642	14	18	22	28	34									
108	2700	2743	16	18	24	30	36									
112	2800	2845	16	20	24	30	38									
114	2850	2896	16	20	24	30	38									
120	3000	3048	16	20	26	32	40									
126	3150	3200	18	22	28	34										
128	3200	3251	18	22	28	34										
132	3300	3353	18	22	28	36										
136	3400	3454	18	24	30	36										
138	3450	3505	20	24	30	36										
144	3600	3658	20	24	30	38										
152	3800	3861	22	26	32	40										
160	4000	4064	22	28	34											

六、常用板焊管的承压能力与壁厚等级的工程应用

(1) CWP 数值相当于许用应力与焊接接头系数的乘积等于 125MPa 时钢管的承压能力 (bar)，见表 3.3.9。

(2) 按当量 (相当于常温) 设计压力选用。

(3) 考虑 1.5*D* 弯头和标准异径管的削弱，提高 1 级。

(4) 考虑支管连接的削弱，提高 1~2 级。

表 3.3.9 常用板焊管的承压能力

材料	常温许用应力/MPa	焊接接头系数	常温许用应力与焊接接头系数乘积	折扣率
Q235B	125	0.85	106	0.85
20R 20g	133	1.0	133	1.06
		0.9	120	0.96
L245	138	0.95	124	1.0
16MnDR	163	1.0	163	1.30
15CrMoR	150	1.0	150	1.20
12Cr2Mo1R	172	1.0	172	1.38
304 321 347	138	1.0	138	1.10
		0.9	124	1.0
		0.85	117	0.94
304L 316L	115	1.0	115	0.92
		0.9	104	0.83

七、国内外钢管外径壁厚偏差比较与工程应用

某工程采购了钢管，与钢管厂家签订的合同，是按照钢管交货的实际重量计价的。在施工现场交货时，发现订购到货的部分管子外径和壁厚都偏大，并超出了规范及合同要求数值。这种不合格管道对工程质量影响较大，根据规范与合同要求，进行了退货处理。

(1) GB/T 3091《低压流体输送用焊接钢管》规定，钢管外径和壁厚的允许偏差，一般应符合表 3.3.10，也可根据需方的要求，协商确定。

表 3.3.10 外径和壁厚的允许偏差

mm

外径 *D*	外径允许偏差		壁厚 *t* 允许偏差
	管体	管端(距管端 100mm 范围内)	
D≤48.3	±0.5	—	±10%*t*
48.3<*D*≤273.1	±1%*D*	—	
273.1<*D*≤508	±0.75%*D*	+2.4 -0.8	
D>508	±1%*D* 或±10.0，两者取较小值	+3.2 -0.8	

(2) GB/T 8163《输送流体用无缝钢管》规定，钢管的外径允许偏差应符合表 3.3.11 的规定。热轧(扩)钢管的壁厚允许偏差应符合表 3.3.12 的规定。冷拔(轧)钢管的壁厚允许偏差应符合表 3.3.13 的规定。

表 3.3.11 钢管的外径允许偏差 mm

钢管种类	外径允许偏差
热轧(扩)钢管	±1%D 或±0.5，取其中较大者
冷拔(轧)钢管	±0.75%D 或±0.3，取其中较大者

表 3.3.12 热轧(扩)钢管壁厚允许偏差 mm

钢管种类	钢管公称外径 D	S/D	壁厚允许偏差
热轧钢管	≤102	—	±12.5%S 或±0.4，取其中较大者
	>102	≤0.05	±15%S 或±0.4，取其中较大者
		>0.05~0.10	±12.5%S 或±0.4，取其中较大者
		>0.10	+12.5%S −10%S
热扩钢管	—		+17.5%S −12.5%S

表 3.3.13 冷拔(轧)钢管的壁厚允许偏差 mm

钢管种类	钢管公称壁厚 S	允许偏差
冷拔(轧)	≤3	$^{+15\%S}_{-10\%S}$或±0.15，取其中较大者
	>3~10	+12.5%S −10%S
	>10	±10%S

(3) GB/T 12770《机械结构用不锈钢焊接钢管》钢管的壁厚允许偏差应符合表 3.3.14 的规定。

表 3.3.14 钢管壁厚的允许偏差 mm

公称壁厚 S	壁厚允许偏差	公称壁厚 S	壁厚允许偏差
<0.5	±0.10	>2.0~<4.0	±0.30
≥0.5~1.0	±0.15	≥4.0	±10%S
>1.0~2.0	±0.20		

(4) GB/T 12771《流体输送用不锈钢焊接钢管》规定，钢管外径和壁厚的允许偏差应符合表 3.3.15 和表 3.3.16 的规定。根据需方的要求，经供需双方协商，并在合同中注明，可供应表 3.3.15、表 3.3.16 规定以外尺寸允许偏差的钢管。

表 3.3.15　钢管外径的允许偏差　mm

类　别	外　径 D	允许偏差	
		较高级(A)	普通级(B)
焊接状态	全部尺寸	±0.5%D 或±0.20，两者取较大值	±0.75%D 或±0.30，两者取较大值
热处理状态	<40	±0.20	±0.30
	≥40~<65	±0.30	±0.40
	≥65~<90	±0.40	±0.50
	≥90~<168.3	±0.80	±1.00
	≥168.3~<325	±0.75%D	±1.0%D
	≥325~<610	±0.6%D	±1.0%D
	≥610	±0.6%D	±0.7%D 或±10，两者取较小值
冷拔(轧)状态、磨(抛)光状态	<40	±0.15	±0.20
	≥40~<60	±0.20	±0.30
	≥60~<100	±0.30	±0.40
	≥100~<200	±0.40%D	±0.5%D
	≥200	±0.5%D	±0.75%D

表 3.3.16　钢管壁厚的允许偏差　mm

壁厚 S	壁厚允许偏差	壁厚 S	壁厚允许偏差
≤0.5	±0.10	>2.0~4.0	±0.30
>0.5~1.0	±0.15	>4.0	±10%S
>1.0~2.0	±0.20		

(5) ASTM A106《高温用无缝碳钢管标准规范》的重量、直径、壁厚的偏差。

① 重量：任何长度的管子重量不得超过规定重量的 10%和不得小于规定重量的 3.5%。除非制造商与定购方另有协议，小于或等于 NPS 4(*DN*100)的管子可方便地按批称重，而大于 NPS 4(*DN* 100)的管子应分别称重。

② 直径：

除按特殊外径公差管或内径公差管订购的管子外，外径偏差不得超过表 3.3.17 所给值。

对作为特殊外径公差管订购的外径大于 10in(250mm)的管子，外径的变化范围不得超过或小于规定外径的 1%。

对作为内径公差管订购的内径大于 10in(250mm)的管子，内径不得超过或小于规定内径的 1%。

③ 厚度：任一点的最小壁厚小于规定公称壁厚的百分数不得大于 12.5%。

表 3.3.17 钢管外径的允许偏差

NPS(*DN*)	允许外径偏差			
	大于		小于	
	in	mm	in	mm
⅛~1½(6~40)	1/64[0.015]	0.4	1/64[0.015]	0.4
>1½~4(40~100)	1/32[0.031]	0.8	1/32[0.031]	0.8
>4~8(100~200)	1/16[0.062]	1.6	1/32[0.031]	0.8
>8~18(200~450)	3/32[0.093]	2.4	1/32[0.031]	0.8
>18~26(450~650)	⅛[0.125]	3.2	1/32[0.031]	0.8
>26~34(650~850)	5/32[0.156]	4.0	1/32[0.031]	0.8
>34~48(850~1200)	3/16[0.817]	4.8	1/32[0.031]	0.8

八、ASME B31.3、SH/T3059、GB/T 20801 管道壁厚计算方法

1. ASME B31.3 壁厚设计计算与对比分析

轴向应力 σ_{φ}。圆周的切线方向：环向应力 σ_{θ}。壁厚方向：径向应力 σ_{r}。

见图 3.3.3(a)和(b)，轴向平衡，内压产生的轴向合力与壳壁横截面上的轴向总拉力相等。轴向平衡：从 $\frac{\pi}{4}D^2p = \pi Dt\sigma_{\varphi}$，推导得：$\sigma_{\phi} = \frac{pD}{4t}$

见图 3.3.3(c)，y 方向平衡，由圆周平衡，得周向应力：$\int_0^{\pi}\frac{D}{2}l\sin\alpha \mathrm{d}\alpha = 2tl\sigma_{\theta}$，推导得：$\sigma_{\theta} = \frac{pD}{2t}$

$\sigma_{\theta} = 2\sigma_{\varphi}$

轴向应力仅为周向应力的一半，可忽略不计。根据第一强度理论，$\sigma_{\theta} = \frac{pD}{2t} \leqslant [\sigma]$，可得粗略的薄壁内压圆筒壁厚计算公式 $t = pr/[\sigma]$ 或 $t = pD/2[\sigma]$。

从上面的推导过程可知，对于理想的薄壁圆筒管状设备，如果要使其强度承受给定内压而不致破坏，所取的计算厚度应与内压和管子直径的乘积成正比，与材料的许用应力成反比。经过多年发展和对公式的不断修正，形成了目前广泛认可的 ASME B31.3 经典壁厚计算公式(3.3.4)或式(3.3.5)。

2. ASME B31.3 管道壁厚计算方法

(1) 管道的直管部分所要求的厚度应按公式(3.3.4)确定：

$$t_m = t + c \tag{3.3.4}$$

考虑到钢厂的负偏差，应选用管道最小壁厚 $T \geqslant t_m$。

(2) 直管的压力设计公式中的代号意义如下：

c——机械裕量(螺纹或沟槽深度)与腐蚀和磨蚀裕量的总和。对于带螺纹的组件，应采用公称螺纹深度(ASME B1.20.1 的尺寸 h 或相当的尺寸)；对于没有规定公差的机加工表面或槽，应在规定的切削深度加上 0.5mm(0.02in)的公差；

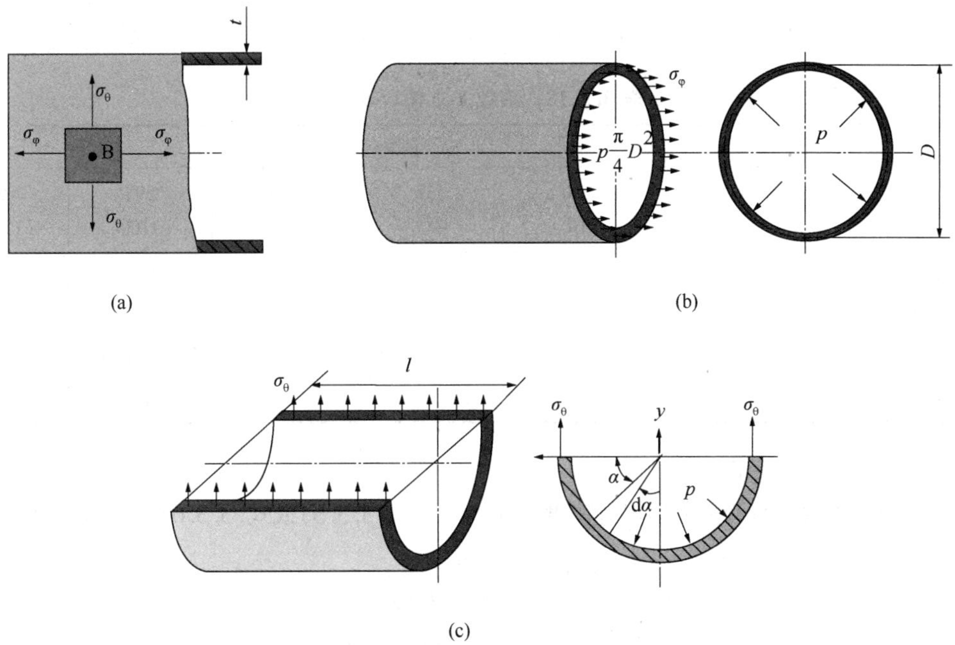

图 3.3.3　薄壁圆筒应力分析

d——管道内径。对于压力设计计算时，管道内径应是采购技术条件下的最大值；

D——管道的外径，如标准或技术条件表列或实测；

E——ASME B31.3 表 A-1A 或 A1-1B 所列质量系数；

p——设计内压(表压)；

S——材料的许用应力，见 ASME B31.3 表 A-1；

T——管壁厚(实测或按采购技术条件中的最小壁厚)；

t_m——包括机加工、腐蚀和磨蚀裕量在内的所需最小厚度；

t——压力设计厚度；

W——焊缝结构强度降低系数。

W 是考虑蠕变温度下新加的一个小于或等于 1 的系数。实际上式(3.3.5)和式(3.3.6)最初来源于较精确且较复杂的拉美(Lamé)公式(在 1883 年提出)的经验近似式。

焊缝接头强度降低系数 W 是引起焊缝接头失效的名义应力与相同持久时间母材失效的名义应力的比，在缺少更多可用数据的情况下(如蠕变试验)，对于所有材料，在温度不大于 510℃(950℉)时，应取为 1.0，在温度 815℃(1500℉)时，应取为 0.5。中间温度的强度降低系数应使用线性内插法取得。对于温度高于 815℃(1500℉)的情况，由设计者负责确定强度降低系数。

使用焊缝接头的蠕变试验来确定强度降低系数时，宜使用全厚度横截面焊缝试样试验，其持久时间不低于 1000h。除非设计者考虑由于横穿焊缝应力重新分配的影响，应使用全厚度焊缝试样。

Y——当 $t/D/6$ 时从 ASME B31.3 表查得系数，见表 3.3.18。对于中间温度，Y 值可用内插法求得。

当 $t \geqslant D/6$ 时，$Y = \dfrac{d + 2c}{D + d + 2c}$

表 3.3.18 系数 Y 之值($t<D/6$)

材料	温度/℃(℉)					
	≤482 (900)	510 (950)	538 (1000)	566 (1050)	593 (1100)	≥621 (1150)
铁素体钢	0.4	0.5	0.7	0.7	0.7	0.7
奥氏体钢	0.4	0.4	0.4	0.4	0.5	0.7
其他韧性材料	0.4	0.4	0.4	0.4	0.4	0.4
铸铁	0.0	…	…	…	…	…

(3) 承受内压的直管。

① 当 $t<D/6$ 时，直管的内压设计厚度，应不小于式(3.3.5)或式(3.3.6)计算出的厚度：

$$t = \frac{pD}{2(SE + PY)} \tag{3.3.5}$$

$$t = \frac{p(d + 2c)}{2[SEW - p(1 - Y)]} \tag{3.3.6}$$

② 当 $t \geqslant D/6$ 或 $p/SE>0.385$ 时，直管的内压设计厚度要对诸如失效机理、疲劳影响和热应力等因素予以特殊考虑。

(4) 承受外压的直管。确定承受外压的直管的壁厚和刚性加强要求时，应遵照 BPV 规范Ⅷ卷第 1 册 UG-28 至 UG-30 规定的程序，使用 UG-29 规定的两刚性加强圈断面中心线间长度作为设计长度 L_0。作为例外的是当 $D_0/t<10$ 时，用于确定 p_{a2} 的 S 值应是在设计温度下管道材料下列数值中较小值：

① 1.5 倍 ASME B31.3 附录表 A-1 的许用应力；

② 0.9 倍列于第Ⅱ卷 D 篇表 Y-1 相应材料屈服强度。

(第Ⅷ卷中的符号 D_o 相当于 ASME B31.3 中的 D)

3. SH/T 3059 管道壁厚计算方法

地上管道的壁厚一般按环向应力设计，与地下管道的壁厚设计方法相同。

(1) 当直管的计算壁厚 t 小于管子外径 D_o 的 1/6 时，直管的计算壁厚应按式(3.1.7)计算，管子的名义壁厚应按式(3.3.8)计算：

$$t = \frac{pD_o}{2[\sigma]^t\phi W + 2pY} \tag{3.3.7}$$

$$\bar{T} = t + C_1 + C_2 + C_3 + C_4 \tag{3.3.8}$$

式中 t——直管的计算壁厚，mm；

p——设计压力，MPa；

D_0——管子外径，mm；

$[\sigma]^t$——设计温度下管子材料的许用应力，MPa；

ϕ——焊缝系数，对无缝钢管取 1；

W——焊缝接头强度降低系数；

Y——温度对计算直管壁厚公式的修正系数；

$\bar{T}$——名义厚度，标准规定的厚度，mm；

C_1——材料厚度负偏差，按材料标准规定，mm；

C_2——腐蚀、冲蚀裕量，mm；

C_3——机械加工深度。对带螺纹的管道组成件，取公称螺纹深度；对未规定公差的机械加工表面或槽，取规定切削深度加 0.5mm，mm；

C_4——厚度圆整值，mm。

焊缝系数、焊缝接头强度降低系数、温度修正系数在 SH/T 3059 内均有表格可查询。

组成件耐压强度计算厚度(简称计算厚度)。设计厚度为计算厚度与厚度附加量之和。名义厚度为计算厚度加厚度附加量后圆整至该组成件的材料标准规格的厚度。有效厚度为名义厚度减去附加量的差值。最小厚度为计算厚度与腐蚀或磨蚀附加量之和。

(2) 当直管的计算壁厚 t 等于或大于管子外径 D_o 的 1/6 时，或设计压力 p 与在设计温度下材料的许用应力$[\sigma]^t$ 和焊缝系数 ϕ 乘积之比$\{p/([\sigma]^t\phi)\}$大于 0.385 时，直管的计算壁厚应根据断裂理论、疲劳、热应力及材料特性等因素综合考虑确定。

(3) 受外压直管的壁厚和加强圈计算，应符合 GB/T 150 的有关规定。

4. GB/T 20801 管道壁厚计算方法

(1) 直管的内压管道设计应符合下列要求：

① 当 $t<D/6$ 时，直管的计算厚度 t 按式(3.3.9)计算：

$$t = \frac{pD}{2 \times (S\phi W + pY)} \tag{3.3.9}$$

② 当 $t \geqslant D/6$ 或 $p/S\phi > 0.385$ 时，计算时还应考虑失效机理、疲劳影响和温差应力等因素。

(2) 直管的外压(或真空)设计应符合下列要求：

① 应根据 D、L、T_e 值以及所用材料，按 GB/T 150.3 等有关标准，并按 $p \leqslant [p]$的准则确定计算厚度；

② 对于 $L/D \geqslant 25$ 且 $D/T_e \geqslant 65$ 的碳钢、低合金钢、奥氏体不锈钢以及铸铁直管，当设计温度不超过 300℃时，可按式(3.3.10)计算许用外压$[p]$；

$$[p] = \frac{2.2}{3}E\left(\frac{T_e}{D}\right)^3 \tag{3.3.10}$$

式中　E——设计温度下材料的弹性模量，由 GB/T 20801.2 的表确定，MPa；

T_e——有效厚度，为名义厚度减去厚度附加量和材料厚度负偏差以后的厚度，mm；

D——管外径，取管子外径的名义值，或由实测所得，mm。

③ 加强圈的设置和设计应符合 GB/T 150.3 的规定。

④ 厚度、附加量和负偏差及其相互关系，见图 3.3.4。

九、公用管道、长输管道壁厚计算方法

1. 公用管道壁厚计算方法

钢管壁厚计算应按式(3.3.11)~式(3.3.13)进行计算。设计压力小于或等于 1.6MPa 的钢制燃气管道，最小公称壁厚应按 GB 50028 的规定执行。设计压力大于 1.6MPa 的钢制燃气管道，直管段壁厚应按式(3.3.11)计算：

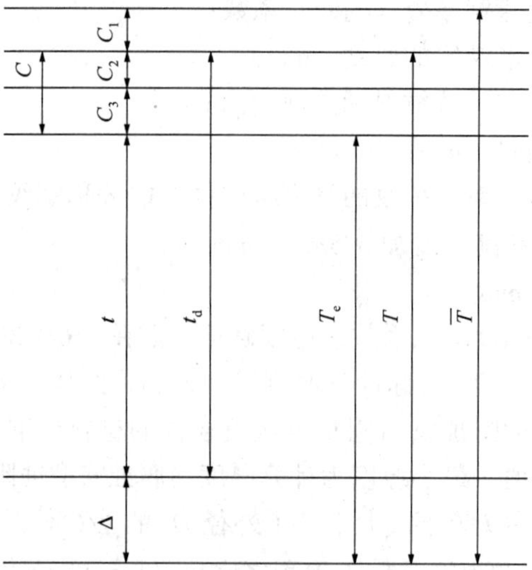

图 3.3.4 厚度、附加量和负偏差及其相互关系

图中 C——厚度附加量，为腐蚀、冲蚀裕量和机械加工深度的总和，即 $C=C_2+C_3$，mm；

C_1——材料厚度负偏差，按材料标准规定，mm；

C_2——腐蚀、冲蚀裕量，mm；

C_3——机械加工深度(对带螺纹的管道组成件，取公称螺纹深度，对未规定公差的机械加工表面或槽，取规定切削深度加 0.5mm)，mm。

T——最小厚度，为实测所得或取名义厚度减去材料厚度负偏差 C_1，mm；

$\overline{T}$——名义厚度，材料标准规定的厚度，mm；

T_e——有效厚度，为名义厚度减去厚度附加量和材料厚度负偏差以后的厚度，mm；

t——计算厚度，按内压或外压(或真空)，分别由公式计算而得的厚度，mm；

t_d——设计厚度，为计算厚度与厚度附加量之和(必要时可用 T 值替代)，mm；

Δ——厚度圆整值，mm。

$$\delta = \frac{pD}{2\sigma_s \phi F} \tag{3.3.11}$$

式中 δ——钢管计算壁厚，mm；

p——设计压力，MPa；

D——钢管外径，mm；

σ_s——钢管的最小屈服强度，MPa；

F——强度设计系数，根据地区等级选取；

ϕ——焊缝系数，当采用符合 GB/T 9711 的 PSL2 和 GB/T 8163 的钢管时，取 1.0。

弯管壁厚应按式(3.3.12)和式(3.3.13)计算：

$$\delta_b = \delta \times m \tag{3.3.12}$$

$$m = \frac{4R - D}{4R - 2D} \tag{3.3.13}$$

式中 δ_b——弯管的壁厚，mm；

δ——弯管所连接直管段的计算壁厚，mm；

m——弯管壁厚的增大系数；

R——弯管的曲率半径，mm；

D——弯管的外径，mm。

钢管的选用壁厚应根据管道的计算壁厚，并考虑管道直径偏差引起的对口焊接要求，按钢管产品规格中公称壁厚系列选取。

计算热煨弯管壁厚时，钢管如果是经冷加工又经加热处理，且加热温度高于 320 ℃，其屈服强度应取该管材最低屈服强度(σ_s)的 75%。

2. 长输管道壁厚计算方法

输油气管道所采用的钢管、管道附件的材质选择，应根据设计压力、温度、所输介质的物理化学性质和使用地区等因素，经技术和经济上的比较后确定。采用的钢管和钢材应具有良好的韧性和可焊性。

(1) 输油管道用管壁厚计算。直管段管壁厚度应按式(3.3.14)计算：

$$\delta = \frac{pD}{2[\sigma]} \tag{3.3.14}$$

式中　δ——直管段钢管计算壁厚，mm；

p——设计内压力，MPa；

D——钢管外直径，mm；

$[\sigma]$——钢管许用应力，MPa，应按 GB/T 34275 要求选用。

(2) 输气管道用管壁厚计算。直管段管壁厚度应按式(3.3.15)计算：

$$\delta = \frac{pD}{2\sigma_s \phi K t} \tag{3.3.15}$$

式中　δ——钢管计算壁厚，mm；

p——设计压力，MPa；

D——钢管外径，mm；

σ_s——钢管的最小屈服强度，MPa；

ϕ——焊缝系数，按 GB/T 34275 取值；

K——强度设计系数，根据地区等级选取，见 GB/T 34275；

t——温度折减系数，当温度小于 120℃时，t 值取 1.0。

(3) 弯管壁厚计算。弯管的壁厚应按式(3.3.16)~式(3.3.18)计算：

$$\delta_H \geqslant \delta \tag{3.3.16}$$

$$\delta_i \geqslant \delta m \tag{3.3.17}$$

$$m = \frac{4R - D}{4R - 2D} \tag{3.3.18}$$

式中　δ_H——弯管的外弧侧壁厚最小值，mm；

δ_i——弯管的内弧侧壁厚最小值，mm；

δ——弯管所连接直管段的计算壁厚，mm；

m——弯管的壁厚增大系数；

R——弯管的曲率半径，mm；

D——弯管的外径，mm。

弯管的母管壁厚应按式(3.3.19)计算：

$$\delta_b = \frac{1}{1-c}\delta \qquad (3.3.19)$$

式中 δ_b——弯管母管计算壁厚，mm；

δ——弯管所连接直管段的计算壁厚，mm；

c——弯管弯制允许最大壁厚削薄率，不大于9%。

注：对于热煨弯管，还应考虑煨制过程中的壁厚减薄因素。

十、国内外各类管道壁厚计算方法的比较

管道壁厚计算方法大多等效或参照采用ASME等标准规范体系。因国内行业分工不同导致管道类别较多。

1. 工业管道与国外规范的比较

GB/T 20801《压力管道规范 工业管道》因被国家安全技术法规TSG D0001《压力管道安全技术监察规程工业管道》引用而成为强制标准，与常用的SH/T 3059《石油化工管道设计器材选用规范》、DL/T 5054《火力发电厂汽水管道设计规范》、GB 50316《工业金属管道设计规范》等标准等同采用了ASME B31.3管道壁厚计算公式，计算时材料许用应力取值稍有差别。

目前ASME B31.3的有效版本在分母SE项增加了一个焊接接头强度降低系数，GB/T 20801和SH/T 3059也进行了修改。

GB 50316是国家强制标准，仍然有效，将要发布的新版规范内也将增加焊接接头强度降低系数，但其许用应力取值偏保守。

动力管道规范ASME B31.1仅对焊接钢管而不对无缝钢管增加焊接接头强度降低系数，这点与国内电力行业的动力管道规范是一致的。DL/T 5054与现行的ASME B31.1是一致的，许用应力取值相对于ASME B31.3高，特别是无缝钢管在蠕变温度下的计算结果比工艺管道要小得多。国内各工业管道规范因标准不同可能导致管道壁厚计算和取值结果完全不同。

2. 国内工业管道规范和长输管道、公用管道规范的比较

GB 50253《输油管道设计规范》、GB 50251《输气管道设计规范》主要参照ASME B31.4《液态烃和其他液体管线输送系统》、ASME B31.8《输气和配气管道系统》。

无论是长输管道还是燃气管道，均引入了设计系数的概念。因长输管道和燃气管道许用应力取值相对较高且不考虑腐蚀裕度(因有阴极保护)和负偏差(设计系数中已考虑)等厚度附加量，同等条件下，长输管道和公用管道的壁厚计算和取值比工业管道要薄很多。当工业管道与长输管道、公用管道，或不同设计系数长输管道、公用管道之间直接焊接连接时，因壁厚差异不宜直接用打破口的形式连接，而是要加一段过渡管段。

3. 负压工况下管道壁厚校核

上面对各种标准规范在内压下压力管道的壁厚计算进行了比较分析，按内压壁厚计算并考虑其他因素选取的壁厚可保证压力管道的强度在内压下不会失效。有时还要考虑外压工况下，特别是大口径薄壁管道，应校核管道的壁厚或许用外压，确保管道刚度和安全运行。

(1) ASME B31.3对直管外压下壁厚计算和加强圈要求，应符合ASME规范第Ⅷ卷第1

册 UG-28。

(2) GB/T 20801 对直管的外压(真空)设计是按 GB/T 150。同时对 $L/T \geqslant 25$ 且 $D/T_e \geqslant 65$，当设计温度不超过 300℃时，可简化公式(3.3.9)计算许用外压。GB/T 20801 简化的许用外压计算公式和 GB/T 150 的计算结果是一致的。ASME 规范第Ⅷ 卷第 1 册 UG-28 在相同条件下也可得出相同得结果。

(3) 如果许用外压不满足设计条件，可按 GB/T 150 或 ASME 规范第Ⅷ卷第 1 册 UG-29、UG-30 设计加强圈。

十一、管子壁厚与管件壁厚的匹配设计

一般标准管件的壁厚设计，是选取端部与所连接管子相同的厚度，即管件的承压应与管子相匹配。目前国内管件标准增加和明确了对弯头内弧侧壁厚和三通肩部圆弧过渡区的最小壁厚要求。当采用焊接弯头和焊接三通时，应特别注意该处的最小厚度是否满足要求。

十二、厚壁管和薄壁管的应力分布与计算方法

1. 直管元件在内压作用下的应力分布

通常将直管元件划分厚壁管和薄壁管，根据不同的假设理论来研究直管元件的应力分布。厚壁管和薄壁管的划分一般以 $k=d_o/d_i=1.2$ 为界，当 $k>1.2$ 时为厚壁管，$k \leqslant 1.2$ 时为薄壁管。

2. 厚壁管的应力分布

假设直管的内、外径分别为 d_i 和 d_o，沿壁厚任意点到管中心的距离为 ρ，管道承受均匀的介质内压为 p，那么厚壁管中各点的应力计算表达式如下：

$$\sigma_L = \frac{pd_i^2}{d_o^2 - d_i^2} \tag{3.3.20}$$

$$\sigma_\theta = \frac{pd_i^2}{d_o^2 - d_i^2}\left(1 + \frac{d_o^2}{4\rho^2}\right) \tag{3.3.21}$$

$$\sigma_r = \frac{p{d_i}^2}{d_o^2 - d_i^2}\left(1 - \frac{d_o^2}{4\rho^2}\right) \tag{3.3.22}$$

式中 σ_L——轴向应力；

σ_θ——周向应力，或环向应力；

σ_r——径向应力。

引入径比 $k=d_o/d_i$，代入上面的公式可得：

$$\sigma_L = \frac{p}{k^2 - 1} \tag{3.3.23}$$

$$\sigma_\theta = \frac{p}{k^2 - 1}\left(1 + \frac{{d_o}^2}{4\rho^2}\right) \tag{3.3.24}$$

$$\sigma_r = \frac{p}{k^2 - 1}\left(1 - \frac{{d_o}^2}{4\rho^2}\right) \tag{3.3.25}$$

从上述公式可看出以下规律：①轴向应力 σ_L沿管道壁厚均匀分布；周向应力 σ_θ和径向应力 σ_r沿管道壁厚分布是不均匀的。各应力沿管壁厚的分布示意图，见图 3.3.5。②周向应力 σ_θ在内壁处最大，在外壁处最小；③径向应力 σ_r在内壁处为$-p$，在外壁处为0。④三个应力分量中，数值上周向应力 σ_θ最大，轴向应力 σ_L次之，径向应力 σ_r最小。

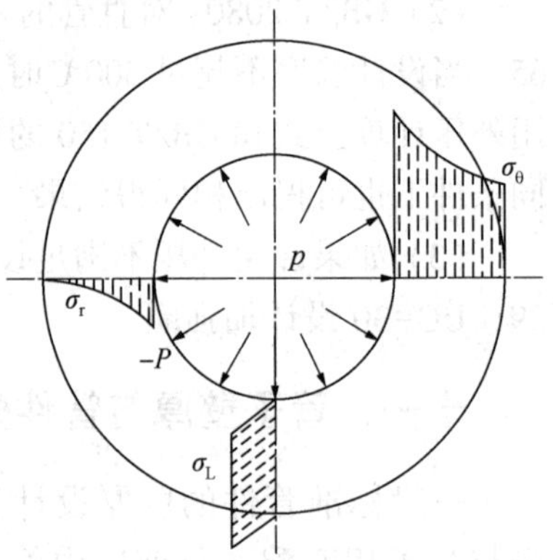

图 3.3.5 管壁应力分布示意

3. 薄壁管的应力分布

对于薄壁管，在理论上有以下假设：①由于管壁很薄，认为应力沿管壁是均匀分布的。②对于薄壁管，径向应力 σ_r相对于周向应力 σ_θ和轴向应力 σ_L很小，可以忽略不计。③根据上述假设，由材料力学可知，内压作用下薄壁管的应力计算表达式如下：

$$\sigma_L = \frac{pd_m}{4t} \tag{3.3.26}$$

$$\sigma_\theta = \frac{Pd_m}{2t} \tag{3.3.27}$$

$$\sigma_r = 0 \tag{3.3.28}$$

式中 t——管壁厚；

d_m——管子平均直径，$d_m=(d_o+d_i)/2$

可见，在内压作用下，薄壁管的周向应力是轴向应力的 2 倍，且大于 0；径向应力为 0。

十三、直管壁厚计算方法的推算原理

(1) 直管计算壁厚 t，是根据压力，按照强度理论计算得到的壁厚。

(2) 内压作用下直管计算壁厚 t 的确定。内压作用下直管计算壁厚公式的出发点是薄壁模型，管壁上任意点的三个主应力分别为：

$$\sigma_1 = \sigma_\theta$$
$$\sigma_2 = \sigma_L$$
$$\sigma_3 = \sigma_r$$

根据第三强度理论可知：

$$\sigma_1 - \sigma_3 = \sigma_\theta - \sigma_r \leqslant [\sigma]^t \tag{3.3.29}$$

由式(3.3.27)，代入 $\sigma_\theta = \dfrac{pd_m}{2t}$，$\sigma_r = 0$，可得：

$$\frac{pd_m}{2t} = \frac{p(d_o - t)}{2t} \leqslant [\sigma]^t \tag{3.3.30}$$

由此不等式解出 t，可得：

$$t \geqslant \frac{pd_o}{2[\sigma]^t + P} \tag{3.3.31}$$

计入焊接头系数 E_j和温度影响系数 Y，对上式进行修正，最终得到内压作用下直管的

计算壁厚 t 为：

$$t = \frac{pd_o}{2([\sigma]^t E_j + YP)} \tag{3.3.32}$$

式中　d_o——直管外径，mm；

p——设计压力，MPa；

$[\sigma]^t$——在设计温度下材料的许用应力，MPa；

E_j——焊接接头系数；

Y——温度影响系数，当 $t < d_o/6$ 时、$t \geq d_o/6$ 时的取值见本书前面所述。

特别注意，新版的 ASME B31.3 在分母 SE 项增加了一个焊接接头强度降低系数，新版的 GB/T 20801 和 SH/T 3059 也进行了修改。

十四、各类管道的最小壁厚要求

1. 工业管道最小壁厚一般要求

(1) 管子壁厚不应小于的值。①按规定计算的壁厚；②按 $D_o/150$（D_o 管子外径，mm）确定的管子壁厚；③最小选用壁厚应符合表 3.3.19 要求。

表 3.3.19　最小选用壁厚

材　料	公 称 直 径			
	≤100	150~200	250~300	≥350
碳素钢、低合金钢	2.4	3.2	4.0	4.8
高合金钢、奥氏体不锈钢	1.5	2.3		

(2) 剧烈循环条件或 A1 类流体的管道，采用不锈钢管子及对焊管件时，不应小于表 3.3.20 所列的厚度。

表 3.3.20　剧烈循环条件或 A1 类流体管道用不锈钢管子及对焊管件的最小厚度　mm

DN	最小厚度	*DN*	最小厚度
15	2.5	150	3.5
20	2.5	200	4
25	3	250	4.5
(32)	3	300	5
40	3	350	5
50	3	400	5
(65)	3.5	450	5
80	3.5	500	6
100	3.5	(550)	6
(125)	3.5	600	6.5

(3) 外螺纹的钢管和外螺纹钢管件的最小厚度应按表 3.3.21 的规定。

(4) 内螺纹管件及承插焊管件的厚度应符合现行国家标准的规定。

(5) 选用低压流体输送用焊接钢管的系列厚度及现行国家标准 GB/T 3092《低压流体输送用焊接钢管》及 GB/T 3091《低压流体输送用镀锌焊接钢管》中的加厚管子，可用于输送设计压力小于或等于1.6MPa和设计温度在0～200℃的C类流体。普通厚度的管子仅用于D类流体。

表3.3.21 外螺纹的钢管及钢管件的最小厚度 mm

流　体	材　料	公称直径	最小厚度
所有	碳钢	15	3.5
		20	3.9
		25	4.5
		32	4.8
		40	5.0
		50	3.9
		>50	不用
所有	不锈钢	15	2.8
		20	2.9
		25	3.2
		32	3.6
		40	3.6
		50	3.9
		>50	不用
需有安全防护时	碳钢或不锈钢	15	2.8
		20	2.9
		25	3.2
		32	3.6
		40	3.6
		50	3.9
		65	5.0
		80	5.5
		100	6.0
		150	6.0

2. GB/T 20801对管子及管件的最小壁厚要求

GB/T 20801对管子及管件的最小壁厚要求进行了规定。例如：用于GC1级管道和剧烈循环工况的对焊管件应符合下列规定：

（1）符合GB/T 12459附录B的最小壁厚要求；

（2）采用带折边异径管，且半锥角不大于30°。

3. 公用管道最小壁厚一般要求

（1）中、低压燃气管道一般宜采用聚乙烯管道。当选用钢管时，应分别符合GB/T 3091《低压流体输送用焊接钢管》、GB/T 8163《输送流体用无缝钢管》的要求。

（2）次高压采用钢制管道最小壁厚要求如下：

次高压燃气管道应采用钢管。地下次高压B燃气管道也可采用钢号Q235B焊接钢管，并应符号现行国家标准GB/T 3091《低压流体输送用焊 接钢管》的规定。

次高压钢质燃气管道直管段计算壁厚应计算确定。最小公称壁厚不应小于表3.3.22的规定。

表 3.3.22　钢质燃气管道最小公称壁厚

钢管公称直径/mm	公称壁厚/mm	钢管公称直径/mm	公称壁厚/mm
100~150	4.0	600~700	7.1
200~300	4.8	750~900	7.9
350~450	5.2	950~1000	8.7
500~550	6.4	1050	9.5

(3) 对于室内燃气管道：

① 选用符合 GB/T 3091 标准的焊接钢管时，低压宜采用普通管，中压应采用加厚管；

② 选用无缝钢管时，其壁厚不得小于 3mm，用于引入管时不得小于 3.5mm；

③ 当屋面上的燃气管道和高层建筑沿外墙架设的燃气管道，在避雷保护范围以外时，采用焊接钢管或无缝钢管时其管道壁厚均不得小于 4mm。

对于不锈钢波纹管：

① 不锈钢波纹管的壁厚不得小于 0.2mm，其质量应符合国家现行标准 CJ/T 197《燃气用不锈钢波纹软管》的规定；

② 不锈钢波纹管应采用卡套式管件机械连接，卡套式管件应符合有关标准的规定。

4. 长输管道最小壁厚一般要求

长输管道最小壁厚一般要求见 GB 50251、GB 50253 等规范的要求。

十五、管道壁厚等级的确定方法

管道器材受压元件的壁厚选用，应符合下列要求；①管道器材受压元件的最小壁厚应考虑腐蚀、浸蚀、磨损、负偏差及螺纹或开槽深度裕量；②按强度计算管道器材受压元件壁厚时，应考虑由于支撑、结冰、回填土等附加荷载的影响，当由此增加的壁厚产生过大的局部应力和在结构上无法解决时，应通过附加支撑、拉杆等不增加壁厚的措施来保证其强度。

按上述的方法计算值先按四舍五入的原则进行圆整，然后查相应的应用标准，与计算值最接近且稍高的对应壁厚就是该管道的公称壁厚。对应有管子表号时，就用管子表号表示，无对应管子表号时，就用壁厚值表示。管子表号或壁厚值所表示的参数就是该管道的公称壁厚等级。

对于不宜靠用标准中公称壁厚的管道，例如管道应力不允许有太大壁厚的管道元件，大批量同规格的管道元件，由昂贵材料制造的管道元件等，其壁厚等级应按计算值就近圆整取值。管道上其他组成件(如弯头、三通、异径管、封头等)，也以上述确定的数字或代号表示其公称壁厚等级，并由此确定它们与管子是等强度的。

十六、俄罗斯与中国长输管道壁厚计算方法的比较

对于输油和输气管道的壁厚计算，俄罗斯管道规范和国内管道规范所采用的公式差别较大，根据俄罗斯管道规范 SNIP 2.05.06《干线管道设计规范》的规定，管道壁厚由式(3.3.33)和式(3.3.34)计算确定。当存在纵向和轴向压缩应力时，壁厚应根据式(3.3.34)确定。

$$\delta = \frac{npD}{2(R_1 + np)} \tag{3.3.33}$$

$$\delta = \frac{npD}{2(R_1\psi_1 + np)} \tag{3.3.34}$$

$$R_1 = \frac{R_1^{H} m}{(k_L k_H)} \tag{3.3.35}$$

$$\psi_1 = \sqrt{1 - 0.75\left(\frac{|\sigma_N|}{R_1}\right)^2} - 0.5\frac{|\sigma_N|}{R_1} \tag{3.3.36}$$

式中 δ——直管段钢管计算壁厚，mm；

n——荷载(管道工作内压)可靠性系数，可取 1.1；

p——工作压力(在壁厚计算时可视为设计内压力)，MPa；

D——管道外径，mm；

R_1——计算抗拉强度，MPa；

m——管道工作条件系数，按表 3.3.23 取值；

k_L——材料的可靠性系数，可根据钢管的特性取 1.34，1.40，1.47，1.55；

k_H——钢管用途可靠性系数，一般可取 1；

R_1^{H}——标准抗拉强度，MPa；

ψ_1——考虑管子双轴受力状态系数；

σ_N——纵向轴向压缩用力，由计算荷载和作用力确定，MPa。

表 3.3.23 管道工作条件系数 m

管道及其管段等级	管道工作条件系数 m	管道及其管段等级	管道工作条件系数 m
B	0.60	Ⅲ	0.90
Ⅰ	0.75	Ⅳ	0.90
Ⅱ	0.75		

输油管道钢管管壁厚计算公式见 GB 50253《输油管道工程设计规范》。输气管道钢管管壁厚度计算见 GB 50251《输气管道工程设计规范》。公式中的参数 F 与俄罗斯管道壁厚计算公式中的参数 k 含义一样，只是 F 应根据地区类别取不同的值。在我国规范中，输油管道和输气管道的直管段壁厚计算公式基本相同，不同的是输气管道壁厚计算设计系数的取值不一样，另外，输气管道还需考虑温度折减系数 t。

将俄罗斯管道规范中的壁厚计算公式与我国规范计算公式比较可知，两者在壁厚的计算上有很大的不同。

(1) 俄罗斯规范对壁厚的计算考虑的因素较多，如荷载可靠性系数 n、工作条件系数 m、材料的可靠性系数 k_L 和钢管用途可靠性系数 k_H 等。而我国的规范中仅考虑了设计系数 k 及焊缝系数 ϕ。

(2) 俄罗斯规范中壁厚的计算采用的是标准抗拉强度 R_1^{H}，而我国规范中采用的是最小屈服强度 σ_s。抗拉强度和最小屈服强度在数值上有较大的区别，例如，根据 API 5L《管道钢管规范》，X65 材料标准抗拉强度是 531MPa，最小屈服强度是 448MPa。

(3) 在俄罗斯管道规范中，当钢管存在纵向和轴向压缩应力时，还考虑了管子双轴受力状态系数 ψ_1。我国规范中未包括这种情况。

(4) 采用俄罗斯管道规范计算的壁厚与我国规范计算的壁厚有一定的差异，但不是太大，前者比后者保守。

(5) 按 GB 50253 规定，输油管道工程设计计算输油量时，年工作天数应按 350 天计算，而俄罗斯规范 BHTH 2-86《干线输油管道工艺设计规范》中规定，输油管道的年工作天数应根据管道长度和管道直径来选取，工作天数从 345~356。

十七、某工业管道壁厚的计算与工程应用

(1) 一条输送过热蒸汽的管道，设计压力为 3.0MPa，设计温度为 350℃，欲选用外径为 ϕ219 的无缝钢管，求管材的壁厚(管材的材质为 20 号优质碳素钢，许用应力为 90MPa，附加厚度规定采用 2mm)。

解：对于内压直管，根据 SH/T 3059 确定其壁厚，$S_0<D_0/6$，直管的壁厚为：

$$S = S_0 + C = \frac{pD_0}{2[\sigma]^t\phi W + 2pY} + C = \frac{3.0 \times 219}{2 \times 90 \times 1 \times 1 + 2 \times 3.0 \times 0.4} + 2 = 5.6\text{mm}$$

因此可选用 ϕ219×6 的无缝钢管。

(2) 某蒸汽管道规格为 ϕ325×8，蒸汽压力为 2.5 MPa，试验算管子壁厚是否符合强度要求(许用应力值为 100MPa，厚度附加值采用 2.0mm)。

解：由公式 $S=S_0+C=\dfrac{pD_0}{2[\sigma]^t\phi W+2pY}+C$，可得：

$$[\sigma] = \frac{\dfrac{pD_0}{S-C} - 2pY}{2\phi W} = \frac{\dfrac{2.5 \times 325}{8 - 2.0} - 2 \times 2.5 \times 0.04}{2} = 67.6\text{MPa}$$

计算结果表明 $[\sigma]$ <100MPa，故管壁厚度符合要求。

十八、超高压管道壁厚的计算与不同规范的比较

有的管道设计压力超过了普通规范的要求，如本书第一章所述，SH/T 3059 适用于设计压力不大于 35MPa 的管道系统，GB 50316 适用于设计压力不大于 42MPa 的管道系统。对于设计压力超过 35MPa 或 42MPa 等较高压力管道的壁厚如何计算？

(1) 我国化工行业标准 HG/T 20256《化工高压管道通用技术规范》，管道分为 A、H 两个系列。A 系列管道适用于压力等级 Class900(PN150)、Class1500(PN260)、Class2500(PN420)通用化工高压管道的设计、制造和施工；H 系列管道适用于压力等级 PN160、PN220、PN260、PN320 高压氢氮气合成和尿素装置的高压管道的设计、制造和施工。

高压管道材料许用应力应按现行国家标准 GB/T 20801.2《压力管道规范 工业管道 第 2 部分：材料》的有关规定取值。高压管道用锻件材料许用应力应按现行国家标准 GB/T 150.2《压力容器 第 2 部分：材料》的有关规定取值。

A 系列的弯管和 H 系列的弯管、焊接三通、透镜垫及采用螺纹法兰连接的直管，其原材料所用高压管子的壁厚宜为正偏差。

高压法兰和法兰盖应采用锻件制造，锻件级别不得低于行业标准 NB/T 47008《承压设

备用碳素钢和合金钢锻件》、NB/T 47009《低温承压设备用低合金钢锻件》和 NB/T 47010《承压设备用不锈钢和耐热钢锻件》规定的Ⅲ级。

(2) 超高压管道的壁厚计算可依据 ASME B31.3《工艺管道》(第Ⅸ章高压管道规定高压指的是超过 ASME B16.5 的 PN420(CL2500)额定级，规定设计温度和材料组别所允许的压力)。

高于在对应温度下设计压力的压力偏差，对任何管道系统都是不允许的。卸压时的累积除外。

① 管道直管段所需壁厚应按式(3.3.37)确定。

$$t_m = t + c \tag{3.3.37}$$

考虑到制造厂的负公差，所选管子的最小壁厚应≥t。

② 下列符号用于直管道压力设计的公式：

t_m——所需最小壁厚，包括机械、腐蚀和磨蚀裕量；

t——压力设计壁厚，内压按内压直管计算或按外压直管所列程序计算。

$c = c_1 + c_0$

= 机械裕量(螺纹或切口深度) 加腐蚀和磨蚀裕量的总和

式中 c_1——内裕量总和；

c_0——外裕量总和。

对于螺纹组件，应采用公称螺纹深度(ASME B1.20.1 中的 h 或相当者)，但对直螺纹接头，如下列情况符合，则外螺纹槽深度无需考虑：

a. 螺纹槽深度≤20%壁厚的；

b. 动外径与内径比 $D/d>1.1$；

c. 内螺纹连接提供足够的补强；

d. 螺纹加上退刀部分长度超出补强的距离≤管道的公称壁厚。

藉连接而获得的足够补强定义是：为保证接头的静爆破压力≥管道无螺纹部分的爆破强度所需的补强是否足够，应按要求验证。

③ 超高压内压直管的壁厚计算。内压设计壁厚 t 应不小于按具体规定外径和最小壁厚管道的式(3.3.38)计算的厚度或按具有规定内径和最小壁厚管道的式(3.3.39)计算的厚度。

$$t = \frac{D - 2c_0}{2}\left[1 - \exp\left(\frac{-1.55p}{S}\right)\right] \tag{3.3.38}$$

或

$$t = \frac{d - 2c_1}{2}\left[\exp\left(\frac{1.55p}{S}\right) - 1\right] \tag{3.3.39}$$

另外，管内设计表压 p 可按式(3.3.40)或式(3.3.41)计算：

$$p = \frac{S}{1.155}\ln\left[\frac{D - 2c_0}{D - 2(T - c_1)}\right] \tag{3.3.40}$$

或

$$p = \frac{S}{1.155}\ln\left[\frac{d + 2(T - c_0)}{d + 2c_1}\right] \tag{3.3.41}$$

式中 T——管道壁厚(实测的或按采购技术条件中最小值)；

p——设计内压(表压)；

D——管道外径，对于按本章进行的设计计算，管道外径是技术条件允许的最大值；

d——管道内径，对于按本章进行的设计计算，管道内径是技术条件允许的最大值；

S——取自 ASME B31.3 表 K-1 的许用应力。

④ 超高压外压直管的壁厚计算。对于 $D/t<3.33$ 的管道，若管道至少一端暴露在完全的外压中而产生轴向外压应力者，外压直管压力设计厚度应按高压内压直管壁厚计算公式确定。对 $D/t \geqslant 3.33$ 和 $D/t<3.33$ 两端都不承受外压的管道，其压力设计壁厚应按 ASME B31.3 普通压力承受外压的直管壁厚计算公式确定，但应力值应取自 ASME B31.3 表 K-1。

⑤ 超高压管道材料的一些特殊要求。不允许使用球墨铸铁或其他铸铁。镀锌材料不允许用于受压组件，也不能用焊接方法连接到受压组件上去。

⑥ 超高压管道无损检测的一些特殊要求。所有环缝、纵缝和支管连接焊缝均应按规定100%检查。超声波检查不应代替射线照相检查，但可作为其补充。

（3）GB/T 20801、TSG D0001 也有超高压管道设计的要求。如果是油井超高压管道，也可参考 API 6A《井口装置和采油树设备规范》和 GB/T 22513《石油天然气工业钻井和采油设备井口装置和采油树》等标准来计算。

十九、$t \geqslant D/6$ 管道壁厚的计算与工程应用

根据壁厚计算公式，管道承压厚度的直接影响因素是压力和材料许用应力，高压将导致管线厚度增加；许用应力变小也会导致其增加。温度是影响材料许用应力的关键因素，温度升高将导致材料强度的下降。由于许用应力是屈服强度和安全系数的比值，同样在温度升高到一定范围时，也将导致材料许用应力的减低，在温度和压力增大的情况下，将导致壁厚的增大，就出现 $t \geqslant D/6$ 情况。

当 $t \geqslant D/6$ 时，管道的应力计算并不完全满足薄膜理论。因为对薄壁壳体的几项基本假设中，除需满足材料本身的性能外，还需满足：①小位移假设；②直法线假设；③不挤压假设。这里后两条已经不适用于管道应力计算。早在 1833 年管道专家就已经研究并得出环向应力在靠近管壁内侧处高于靠近管壁外侧处。

管道壁厚计算的精准公式是拉美（Lamé）公式，波特曼（Boardman）公式是拉美公式的简化公式，当 $t \geqslant D/6$ 时，波特曼公式不再适用，按照拉美公式计算管道壁厚。本书式（3.3.5）和式（3.3.6）最初来源于较精确且较复杂的拉美（Lamé）公式，当 $t \geqslant D/6$ 时，按照 ASME B31.3 中的要求，修正系数 Y 为 $Y=\dfrac{d+2c}{D+d+2c}$。对于管道压力等级大于 2500 lbf/in 的情况，须按照 ASME B31.3 中高压管道（K 篇）进行壁厚计算和应力分析。

二十、玻璃钢管道壁厚的计算与工程应用

某国外工程，建设所在地在海边，循环水管线须布置在管廊上，刚开始选用了普通碳钢管道，但是按照当地的设计规范，即使海水已经脱氯离子也需选用玻璃钢管子，玻璃钢管道壁厚的计算或选用可按下述有关规范。有的规范是根据设计压力范围选定壁厚，有的是根据管子壁厚计算公式计算后再确定玻璃钢管道壁厚。

HG/T 21633 玻璃钢管和管件

HG/T 20696 纤维增强塑料化工设备技术规范

SY/T 6267 高压玻璃纤维管线管规范

SY/T 6266 低压玻璃纤维管线管和管件

SY/T 7043 石油天然气工业用高压玻璃钢油管

GB 51160 纤维增强塑料设备和管道工程技术规范

AWWA C950 玻璃纤维压力管道

AWWA M45 玻璃纤维管道设计

API 15HR 高压玻璃纤维管线管

API 15LR 低压玻璃纤维管线管和管件

二十一、PE 管道壁厚的计算与工程应用

公用管道的中低压燃气管道常选用 PE 管道。PE 管道的壁厚通常采用标准尺寸比 SDR（管材的公称外径 d_n 与公称壁厚 e_n 的比值，由式 SDR = d_n/e_n 计算并圆整得出）表示。常用的 PE 管道壁厚标准尺寸比 SDR 有：SDR11、SDR17、SDR21、SDR26。

PE 燃气管道工作压力由管道的最大工作压力（MOP）确定。最大工作压力（MOP）是以 200℃，50 年的管道设计使用寿命为基础确定，聚乙烯管道系统的 MOP 取决于使用的聚乙烯材料类型（MRS），PE 管道壁厚（标准尺寸比 SDR）和使用条件（设计系数 C），以及耐快速裂纹扩展（RCP）性能，通过 RCP 校核 MOP，核算公式见式（3.3.42）。

$$\mathrm{MOP_t} = \frac{2 \cdot \mathrm{MRS}}{(\mathrm{SDR} - 1) \cdot C \cdot D_\mathrm{F}} \tag{3.3.42}$$

式中 $\mathrm{MOP_t}$——工作温度下的最大允许工作压力；

MRS——最小要求强度，PE 80 为 8.0MPa；PE 100 为 10.0MPa；

SDR——标准尺寸比，国际标准和国家标准中常用的有 SDR11、SDR17 等系列。同时也允许使用现行国家标准 GB/T 10798《热塑性塑料管材通用壁厚表》和 GB/T 4217《流体输送用热塑性塑料管材　公称外径和公称压力》中规定的管系列（S）推算出的其他标准尺寸比（SDR），即标准尺寸比 SDR17.6 也可使用，并应按现行国家标准 GB 15558.1《燃气用埋地聚乙烯（PE）管道系统　第 1 部分：管材》的相关规定执行。

C——设计系数，燃气管道一般取 C 大于等于 2.0；

D_F——不同工作温度下聚乙烯管道工作压力折减系数。

根据 ISO 4437《燃气用塑料管道系统　聚乙烯（PE）》、EN 1555《燃气用塑料管道系统　聚乙烯（PE）》以及现行国家标准 GB/T 15558.1《燃气用埋地聚乙烯（PE）管道系统　第 1 部分：管材》中的规定，在不考虑施工因素和温度折减，用式（3.3.48）计算可得出：PE100、SDR11 系列管材的 MOP 为 1.0MPa。BS EN12007-2：2012《燃气供应系统　最大工作压力到 1.6MPa 的管道系统　第 2 部分：（MOP 到 1.0MPa）聚乙烯的性能要求》标准中，PE100、SDR11 系列管材的 MOP 为 1.0MPa。在实际工程应用中，由于还应考虑施工和使用条件，一般在实际运行中的设计系数高于 2.0，即 MOP 小于 1.0MPa。

目前，丹麦、巴西规定 PE100、SDR11 系列管材的 MOP 为 0.7MPa；法国、西班牙规定 PE100、SDR11 系列管材的 MOP 为 0.8MPa；英国、德国、匈牙利、摩尔多瓦规定 PE100、SDR11 系列管材的 MOP 为 1.0MPa；乌克兰、俄罗斯规定 PE100、SDR9 系列管材的 MOP 为 1.2MPa。

考虑到我国国情及安全性能要求，设计系数（C）取值大于等于 2.5，比较经济合

理。该取值2.5高于ISO 4437《燃气用塑料管道系统　聚乙烯(PE)管道》、EN1555《燃气用塑料管道系统　聚乙烯(PE)》以及GB/T 15558.1~15558.3《燃气用埋地聚乙烯(PE)管道系统》产品标准中规定(C 大于等于2.0)，与美国应用标准(C 大于等于2.5)的规定一致。因此，对于输送天然气的聚乙烯管道，PE100、SDR11系列管材的最大工作压力(MOP)为0.8MPa。

二十二、非金属管道壁厚的计算

管道直管部分要求厚度按式(3.3.43)确定：

$$t_m = t + c \tag{3.3.43}$$

考虑到制造厂的负公差，所选管道的最小厚度 T 应 $\geqslant t_m$。

承受内压管的设计厚度 t 应不小于由下列公式之一所计算的厚度。

(1) 热塑性塑料管

$$t = \frac{pD}{2S + p} \tag{3.3.44}$$

(2) RTR(层压)管

$$t = \frac{pD}{2S + p} \tag{3.3.45}$$

(3) RTR(缠绕)和RPM(离心浇注)管

$$t = \frac{pD}{2SF + p} \tag{3.3.46}$$

式中　t_m——包括机械、腐蚀、磨蚀裕量在内所需的最小厚度；

t——压力设计厚度；

c——机械裕量(螺纹或切槽深度)加腐蚀和磨蚀裕量之和，对于螺纹元件，采用公称螺纹深度(ASME B1.20.1中的尺寸 h 或相当的尺寸)。对于未规定公差的机械加工面或切槽，其公差可假定为：在规定的切槽深度以外再加0.5mm(0.02in)；

T——管壁厚度(测量的或按采购技术条件的最小值)；

F——工况(设计)系数；

p——设计内压力(表压)；

D——管道外径；

S——ASME B31.3附录B相应表中的设计应力。

工况设计系数 F 应在充分估量工况条件和具体材料的工程性能后由设计人员加以选择。当使用循环的HDBS(静压设计基本应力)时，应有工况(设计)系数 $F \leqslant 1.0$；当使用静态HDBS时，应有工况(设计)系数 $F \leqslant 0.5$。

二十三、管道强度计算书

某国外工程，按照当地的规范要求，工程设计文件需要包括每根管线的管道强度计算书，国内很多设计单位没要求此项内容，仅在管道材料等级规定或材料表内包括管道壁厚。管道强度计算书的内容一般包括：管线号、口径、物料、设计压力、设计温度、管道材质、管道强度壁厚计算依据的规范和公式、壁厚验算结果、弯管强度验算结果、三通强度验算结果等内容。

第四节 管件壁厚及强度计算

管件的壁厚一般选取端部与所连接管子相同的厚度。管件标准一般明确了对弯头内弧侧壁厚和三通肩部圆弧过渡区的最小壁厚要求。当采用焊接弯头和焊接三通时，应特别注意该处的最小厚度要求是否满足。

一、管件壁厚等级的确定

管道上的其他组成件(如弯头、三通、异径管等)，以确定的管子表号或公称壁厚值表示其公称壁厚等级，并由此确定它们是等强度的，一般并不用单独计算。

但设计中有时总也避免不了用到一些结构尺寸或形状等部分不符合标准的管件。非标的特殊管件、特殊情况(如开孔补强)下的壁厚设计按本节下述方法确定，在 ASME B31.1、ASME B31.3、GB/T 20801、GB 50316、SH/T 3059 等国内外标准规范内均有讲述。

二、弯管或弯头壁厚强度计算与工程应用

(1) 弯管或弯头的计算厚度(位于 $\alpha/2$ 处)可按式(3.4.1)确定，与 ASME B31.3 是一致的。

$$t_w = \frac{pD}{2 \times \left[\left(\frac{S\phi W}{I} + pY\right)\right]} \tag{3.4.1}$$

当计算弯管或弯头的内侧厚度时：

$$I = \frac{4 \times \left(\frac{R}{D}\right) - 1}{4 \times \left(\frac{R}{D}\right) - 2} \tag{3.4.2}$$

当计算弯管或弯头的外侧厚度：

$$I = \frac{4 \times \left(\frac{R}{D}\right) + 1}{4 \times \left(\frac{R}{D}\right) + 2} \tag{3.4.3}$$

式中 I——计算系数；

R——弯管或弯头在管子中心线处的弯曲半径(对于弯管，一般取 $R \geqslant 3D$)，mm；

t_w——弯管或弯头在内侧、外侧或弯管中心线处的计算厚度，mm；

α——弯管或弯头的转角，(°)。

当计算弯管中心线侧壁处厚度时：$I=1.0$。

(2) 弯管在弯制成型后的端部最小厚度应不小于直管设计厚度。

(3) 某弯头壁厚计算工程应用。

某管道 $\phi219\times6$，流体为饱和蒸汽，设计压力 $p=3.8$MPa，设计温度 $t=250$℃，在投运若干年后，检修时发现某弯头外弧侧壁厚因汽水冲刷减薄了 0.5mm，需判断是否可继续使

用，还是需要更换一批新弯头？

查阅原设计文件资料，原弯头是无缝钢管弯制的 *PN*4 .0 热压弯头，材质 20g，*DN*200，外径和壁厚为 $\phi219\times6$ ，弯头外弧、内弧和左右两侧各点实测最小壁厚为 6mm，弯曲半径$R=305$mm。

根据查得钢材 20g 在 250℃的许用应力为 110MPa。许用应力修正系数 η 取 1。温度修正系数 Y 取 0.4。因饱和蒸汽伴有两相流动工况，附加厚度 C 取 2mm。

由条件知当 $S_0<D_0/6$ 时，直管的计算壁厚为：

$$
\begin{aligned}
S = S_0 + C &= \frac{pD_0}{2\,[\sigma]^t\phi W + 2pY} + C \\
&= \frac{3.8\times219}{2\times110\times1.0+2\times3.8\times0.4} + 2 \\
&= 3.731 + 2 \\
&= 5.731\text{mm}
\end{aligned}
$$

式中 S_0——直管的计算壁厚，mm；

p——设计压力，MPa；

D_0——直管外径，mm；

$[\sigma]^t$——设计温度下直管材料的许用应力，MPa；

ϕ——焊缝系数；

W——焊缝接头强度降低系数；

S——包括附加裕量在内的直管壁厚，mm；

C——直管壁厚的附加裕量(考虑腐蚀因素和机械强度要求的附加厚度对于汽水通常可取 0.5~2。对于强腐蚀介质，应考虑材料的腐蚀速率和运行年限，适当增加余量)，mm；

Y——温度修正系数。

原弯头的附加厚度有 2.711mm ，有余量，尽管因汽水冲刷减薄了 0.5mm，弯头最薄处壁厚为 5.5 mm，已经到达最小壁厚值，应更换弯头。

三、斜接弯管壁厚及强度计算

(1) 斜接弯头(虾米弯、虾米腰)是常见的一种弯管型式。计算方法同 ASME B31.3 一致。对虾半腰的使用范围及结构上的要求，国内外规定不一致。国内通常要求虾米腰使用在温度及压力不太高的情况下。ASME B31.3 规定斜接角大于 22.5°时，不得使用于剧烈循环工况；斜接角大于 45 °时，则不得用于输送可燃或有毒的介质，设计压力不得大于 1.033MPa，设计温度不得低于-29℃和高于 186℃。还规定了虾米腰的最小有效半径，θ 为弯管切割角，即斜接角的一半。而 A 则为内侧环焊缝间距的一半，它规定 A 等于或大于 25mm。

(2) 只承受内压的斜接弯管如图 3.4.1 所示，角度 α 大于 3°且小于或等于 45°。

斜接角度 α 小于或等于 3°时按直管计算；

角度 θ 不大于 22.5°的多接缝斜接弯头，最大许用内压力应按式(3.4.4)和式(3.4.5)计算，并取两者计算结果的较小值，其中弯头曲率半径 R 应按式(3.4.6)计算；

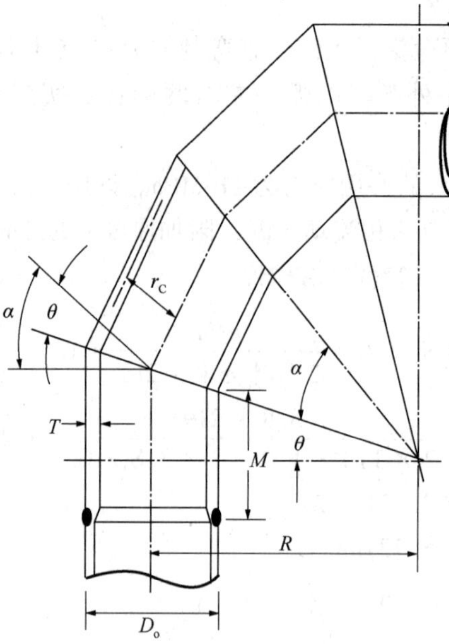

图 3.4.1 斜接弯头

$$p_m = \frac{[\sigma]^t \phi W T_e}{r_c}\left[\frac{T_e}{T_e + 0.643 \mathrm{tg}\theta \sqrt{r_c T_e}}\right] \tag{3.4.4}$$

$$p_m = \frac{[\sigma]^t \phi W T_e}{r_c}\left[\frac{R - r_c}{R - 0.5 r_c}\right] \tag{3.4.5}$$

$$R \geqslant \frac{A}{\mathrm{tg}\theta} + \frac{D_o}{2} \tag{3.4.6}$$

式中 p_m——斜接弯头最大许用内压力，MPa；

T_e——有效厚度，为名义厚度减去腐蚀，冲蚀裕量和材料厚度负偏差，以及机械加工深度以后的厚度，mm；

R——弯头曲率半径，mm；

r_c——管子平均半径，mm；

A——经验值，按表 3.4.1 的规定查取。

表 3.4.1 经验值 A

斜接弯头的有效厚度 T_e/mm	经验值 A	斜接弯头的有效厚度 T_e/mm	经验值 A
≤13	25	≥22	$[2T_e/3]+30$
$13<T_e<22$	$2T_e$		

单接缝斜接弯头的最大许用内压力的计算应符合下列要求：

角度 θ 小于或等于 22.5°的单接缝斜接弯头的最大许用内压力应按式(3.4.4)计算；

角度 θ 大于 22.5°的单接缝斜接弯头的最大许用内压力应按式(3.4.7)计算：

$$p_m = \frac{[\sigma]^t \phi W T_e}{r_c}\left[\frac{T_e}{T_e + 1.25 \mathrm{tg}\theta \sqrt{r_c T_e}}\right] \tag{3.4.7}$$

图中斜接弯头切线段长度 M 应取下列两式计算结果的较大值；斜接弯头的斜接角 α 取 θ 的 2 倍。

$$M = 2.5\sqrt{r_c \cdot T_w} \tag{3.4.8}$$

$$M = \mathrm{tg}\theta(R - r_c) \tag{3.4.9}$$

式中　M——斜接弯头切线段长度，mm；

T_w——最小厚度，实测厚度或为名义厚度减去材料厚度负偏差以后的厚度，mm。

(3) 承受外压的斜接弯管的厚度确定，与外压直管相同。

受外压直管的壁厚和加强圈计算，应符合 GB/T 150 的有关规定。

四、三通壁厚及强度计算

(1) 三通强度的计算通常采用原西德锅炉规范 TRD301 中的压力面积法计算公式。这种计算方法是在实验基础上(爆破试验等)通过理论分析推导而得，并经工程实践验证，因此是可靠的。三通产品标准主要选用 ASME B16.9 等标准。ASME B31.3 对各种三通、焊接支管的应力增强系数做出了规定，这对于管道系统应力分析是必要的。

(2) 对于三通管件，由于其分支根部(俗称肩部)采用了一个较小的圆弧形 R 过渡，故在此处存在较大的应力集中，从而存在一个较大的峰值应力。显然，对三通管件的肩部取直管的壁厚值是不够的。

挤压三通的壁厚计算应采用压力面积法，计算时，应控制三通承载截面上的一次应力不超过材料在工作温度下的许用应力，许用应力应按式(3.4.10)计算。承受内压的三通外形见图 3.4.2 承载区的尺寸应按式(3.4.11)和式(3.4.12)计算。

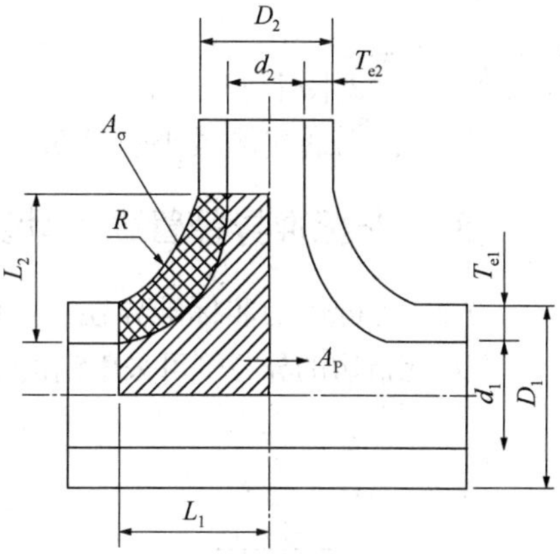

图 3.4.2　三通

$$[\sigma]^t \geqslant p\left(\frac{A_p}{A_\sigma} + \frac{1}{2}\right) \tag{3.4.10}$$

$$L_1 = \sqrt{(d_1 + T_{e1})T_{e1}} \tag{3.4.11}$$

$$L_2 = \sqrt{(d_2 + T_{e2})T_{e2}} \tag{3.4.12}$$

式中　A_p——通过主管、支管中心线的纵向截面在最大承载范围内的承压面积，mm^2；

A_σ——通过主管、支管中心线的纵向截面在最大承载范围内的钢材承载面积，mm^2；

L_1——主管最大承载长度，mm；

L_2——支管最大承载长度，mm；

d_1——主管内径，mm；

d_2——支管内径，mm；

T_{e1}——主管有效厚度，mm；

T_{e2}——支管有效厚度，mm。

挤压三通主管最小壁厚 T_t 应按式(3.4.13)和式(3.4.14)计算。

$$T_t = \frac{pd_1 + 2[\sigma]^t E_j C_2 + 2pYC_2}{2[\sigma]^t E_j - 2p(1 - Y)} \tag{3.4.13}$$

$$E_j = \frac{d_1 A_\sigma}{2T_{e1} A_p} \leqslant 1 \tag{3.4.14}$$

式中 T_t——最小厚度，实测厚度或为名义厚度减去材料厚度负偏差以后的厚度，mm；

E_j——三通强度减弱系数。

三通的最大许用工作压力，也可采用验证性试验确定。

(3) 某三通壁厚计算工程应用。

某管道输送的热水设计压力 $p = 2.5$MPa，设计温度 $t = 250$℃，管网准备采用单筋加强等径三通，即 $D_0 = d_0 = 219$mm，材料为 20 钢(GB 3087)，改变介质流向，实测该三通最小壁厚为 5.8mm，给予校核计算。

设计温度 $t = 250$℃，低于 20 钢的最高使用温度上限，材料为 20 钢材质是可以的。根据附录查得，钢材 20 钢在 250℃下的许用应力为 110MPa。温度修正系数 Y 选取 0.4。

$$S = S_0 + C = \frac{pD_0}{2[\sigma]^t \phi W + 2pY} + C = \frac{2.5 \times 219}{2 \times 110 \times 0.8 + 2 \times 2.5 \times 0.4} + 2 = 3.06 + 2 = 5.06\text{mm}$$

因此，三通实测最小壁厚 5.8 mm 大于计算的最小壁厚 5.06mm，是可行的。

五、非标准异径管强度计算

(1) 无折边的非标准异径管(图 3.4.3)的设计，应符合下列要求。

① 无折边的异径管可采用钢板卷焊，对偏心异径管的焊缝宜位于如图 3.4.3(b)所示的位置。

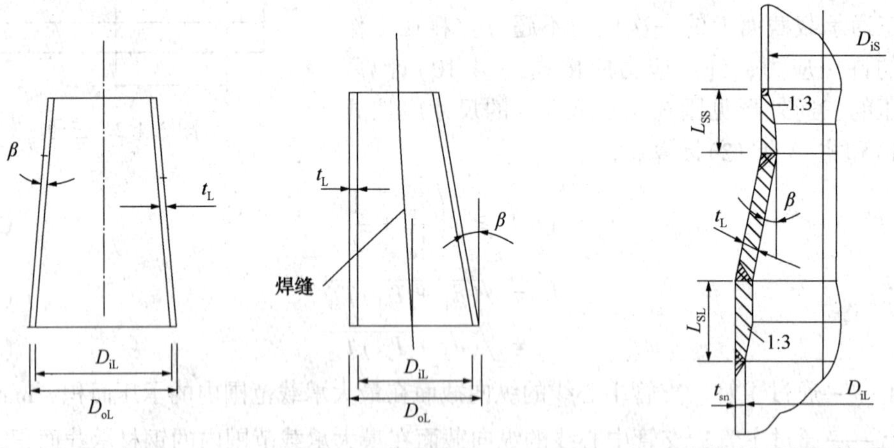

图 3.4.3 无折边的异径管

② 无折边异径管的设计压力，应符合规范的规定。

③ 同心异径管，斜边与轴线的夹角 β 不宜大于 15°。偏心异径管斜边与端部轴线的夹角 β 不宜大于 30°。

(2) 受内压无折边异径管的厚度，应按下列要求确定。

① 应按设定的斜边与轴线的夹角 β，以下列三个公式计算异径管各部的厚度，选其厚度最大值。

$$t_{LC}=\frac{pD_{ol}}{2([\sigma]^{t}E_{j}W+PY)\cos\beta} \tag{3.4.15}$$

$$t_{LL}=\frac{Q_{L}pD_{iL}}{2[\sigma]^{t}E_{j}W-p}t_{LL}=\frac{Q_{L}pD_{ol}}{2[\sigma]^{t}E_{j}W+(2Q_{L}-1)p} \tag{3.4.16}$$

$$t_{LS}=\frac{Q_{S}pD_{iS}}{2[\sigma]^{t}E_{j}W-p}t_{LS}=\frac{Q_{S}pD_{os}}{2[\sigma]^{t}E_{j}W+(2Q_{S}-1)p} \tag{3.4.17}$$

式中 t_{LC}——异径管锥部计算厚度，mm；

t_{LL}——异径管大端计算厚度，mm；

t_{LS}——异径管小端计算厚度，mm；

p——设计压力，MPa；

D_{ol}——异径管大端外径，mm；

D_{os}——异径管小端外径，mm；

β—— 异径管斜边与轴线的夹角，(°)；

D_{iL}——异径管大端内径，mm；

D_{iS}——异径管小端内径，mm；

Q_L——异径管大端与直管连接的应力增值系统(图 3.4.4)；

Q_S——异径管小端与直管连接的应力增值系数(图 3.4.5)。

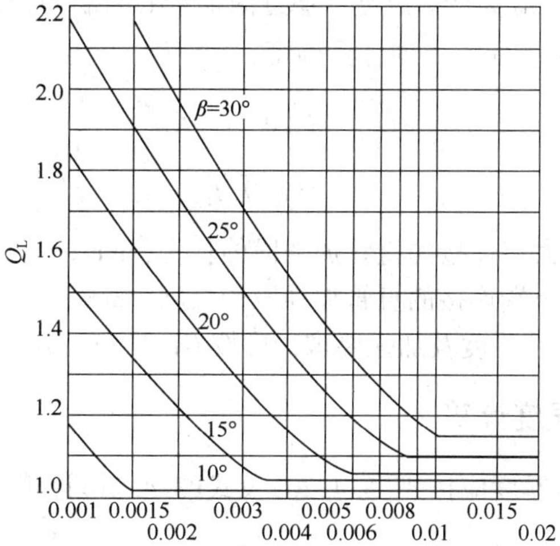

图 3.4.4 异径管大端与圆筒(直管)连接处 Q_L 值图

注：曲线系按最大应力强度(主要为轴向弯曲应力)绘制，控制值为 3 $[\sigma]^t$。

② 异径管厚度的选取：

a. 当计算的厚度最大值小于或等于大端连接的直管有效厚度 t_{se} 时，异径管的名义厚度可取与直管相同的名义厚度。

b. 当计算的厚度最大值大于大端连接的直管有效厚度 t_{se} 时，应按下述要求处理：管道布置允许减小斜边与轴线的夹角 β 时，可重新计算；不能改小斜边与轴线的夹角 β 时，可采用式(3.4.15)~式(3.4.17)方法计算的厚度最大值，并采用无折边的非标准异径管[图 3.4.3(c)]的设计结构，该异径管应在两端增加直管的加强段。

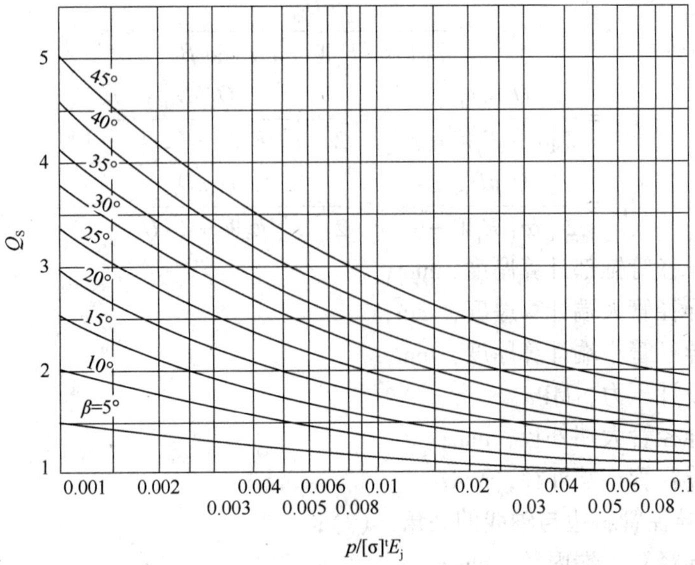

图 3.4.5 异径管小端与圆筒(直管)连接处的 Q_S 值图

注：曲线系按连接处每侧 $0.25\sqrt{0.5D_{iS}t_{LS}}$ 范围内的薄膜应力强度(由平均环向拉应力和平均径向压应力计算所得)绘制，控制值为 $1.1[\sigma]^t$。

③ 异径管名义厚度 t_L 应为计算厚度、厚度附加量 C 及材料厚度圆整值之和。

④ 直管加强段的长度，应按下列计算确定：

$$L_{SL} = 2\sqrt{0.5D_{iL}t_{LL}} \tag{3.4.18}$$

$$L_{SS} = \sqrt{D_{iS}t_{LS}} \tag{3.4.19}$$

式中 L_{SL} ——与异径管大端连接的直管加强段的长度，mm；

L_{SS} ——与异径管小端连接的直管加强段的长度，mm。

(3) 承受外压的异径管厚度及加强要求，应按 GB/T 150《压力容器》的规定。

六、平盖厚度及强度计算

(1) 无拼接焊缝平盖厚度应按式(3.4.20)及式(3.4.21)计算。

$$t_p = K_1(D_i + 2C)\left[p/([\sigma]^t\eta)\right]^{0.5} \tag{3.4.20}$$

$$t_{pd} = t_p + C \tag{3.4.21}$$

式中 t_{pd} ——平盖的设计厚度，mm；

t_p ——平盖计算厚度，mm；

D_i ——管子内径，mm；

K_1，η ——与平盖结构有关的系数，按表 3.4.2 选用；

p ——设计压力，MPa；

$[\sigma]^t$ ——设计温度下材料的许用应力，MPa；

C ——厚度附加量之和，mm。

表 3.4.2　平盖结构型式系数

平盖型式	结构要求	系数 K_1	系数 η		注
			$h_3>2t_{sn}$	$2t_{sn}>h_3>2t_{sn}$	
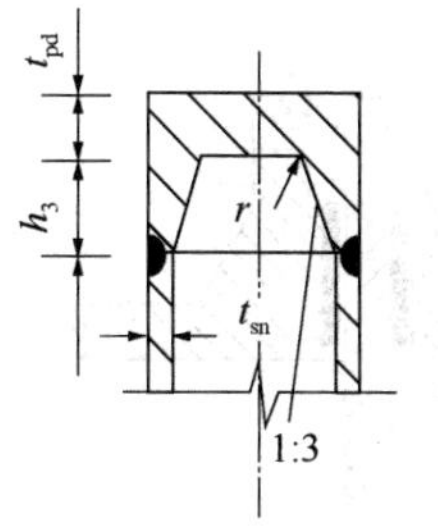	$r\geqslant 2\frac{t_{sn}}{t_{pd}}$ $h_3\geqslant t_{sn}$ V 形焊口	0.4	1.05	1.00	①
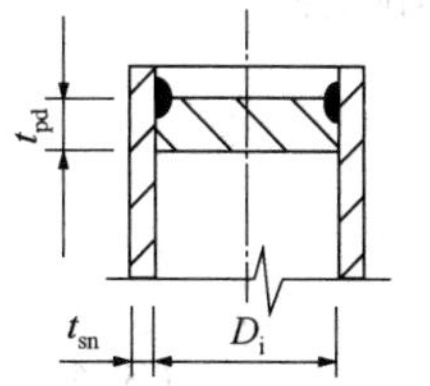	V 形焊口 加角焊	0.6	0.85		①，②
		0.4	1.05		①，③
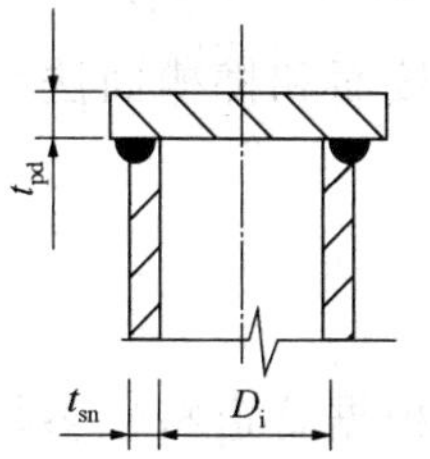	V 形焊口 加角焊	0.6	0.85	①，④	

注：① 坡口尺寸应符合有关的规定。

② 用于公称压力小于或等于 2.5MPa 和公称直径小于或等于 400mm 的管道。

③ 只用于水压试验，公称直径小于或等于 400mm 的管道。

④ 用于公称压力小于 2.5MPa 和公称直径小于 40mm 的管道。

（2）在平盖中心开孔时，应按 GB/T 150《压力容器》的规定进行补强计算。

七、盲板厚度计算与工程应用

（1）夹在两法兰之间的盲板如图 3.4.6 所示，其计算厚度可按式(3.4.22)确定。用整体钢板制造时，式中焊接接头系数 E_j 等于 1。对于永久性盲板应按式(3.4.23)增加厚度附加量。

$$t_m = 0.433d_G\left[p/([\sigma]^t W\cdot E_j)\right]^{0.5} \tag{3.4.22}$$

$$t_{pd} = t_m + 2C_2 + C_1 \tag{3.4.23}$$

式中　t_m——盲板计算厚度，mm；

d_G——对于突面、凹凸面或平面法兰，为垫片内径；对于环连接面和榫槽面法兰，为垫片的平均直径，mm；

p——设计压力，MPa；

$[\sigma]^t$——在设计温度下材料的许用应力，MPa；

E_j——焊接接头系数；

W——焊缝接头强度降低系数；

t_{pd} ——盲板的设计厚度，mm；

C_2 ——腐蚀或磨蚀附加量，mm；

C_1 ——厚度减薄附加量，机械加工深度，mm。

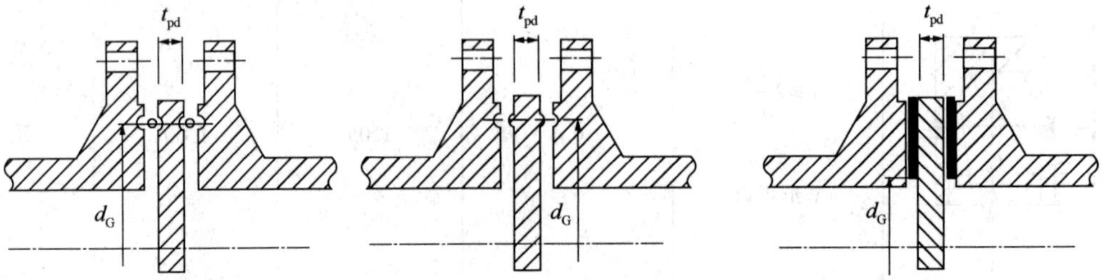

(a)FRJ密封面盲板　　(b) MRJ密封面盲板　　(c)FF或RF密封面盲板

图 3.4.6　法兰间的盲板

(2) GB/T 20801 对盲板厚度计算要求如下。

$$t_m = d_g\sqrt{\frac{3p}{16SW\phi}} \tag{3.4.24}$$

式中　d_g——对于突面、凹凸面或平面法兰，为垫片内径；对于环连接面和榫槽面法兰，为垫片的平均直径，mm；

t_m——盲板计算厚度，mm。

(3) 某试压用盲板最小厚度计算工程应用

某工程计算试压用盲板厚度，管道设计人员根据式(3.4.22)，并根据管道特性参数，进行计算，如表 3.4.3 所示。

表 3.4.3　某工程试压用盲板厚度的计算表　　mm

公称直径	试验压力/MPa																					
	0.5	1.0	2.0	3.0	4.5	6.0	7.5	8.0	10.5	13.0	15.0	16.0	18.5	21.0	23.0	27.0	28.0	32.0	33.0	37.0	38.0	42.0
15	6	6	6	6	6	6	6	6	6	6	6	6	6	6	6	6	6	6	6	6	6	6
20	6	6	6	6	6	6	6	6	6	6	6	6	6	6	6	6	6	6	6	6	6	6
25	6	6	6	6	6	6	6	6	6	6	6	6	6	6	6	6	6	6	6	6	6	8
40	6	6	6	6	6	6	6	6	6	6	6	6	6	8	8	8	8	8	8	10	10	10
50	6	6	6	6	6	6	6	6	6	8	8	8	8	8	10	10	10	10	10	12	12	12
65	6	6	6	6	6	6	6	6	8	8	8	10	10	10	10	12	12	12	12	14	14	14
80	6	6	6	6	8	8	8	8	10	10	10	10	12	12	12	14	14	16	16	16	16	18
100	6	6	8	8	8	8	10	10	12	12	14	14	14	16	16	18	18	20	20	20	22	22
150	6	6	8	10	12	12	14	14	16	18	20	20	22	22	24	26	26	28	28	30	30	32
200	6	8	10	12	14	16	18	18	22	24	26	26	28	30	32	34	34	36	36	40	40	44
250	6	8	12	14	18	20	22	24	26	30	32	32	34	36	38	44	44	48	48	50	52	54
300	8	10	14	16	20	24	26	28	30	34	36	38	40	46	48	52	52	56	56	60	60	64
350	8	10	16	18	22	26	28	30	34	38	40	44	46	50	52	56	58	62	62	66	66	70
400	10	12	18	22	26	30	32	34	38	44	48	50	54	56	60	64	66	70	70	74	76	80

续表

公称直径	试验压力/MPa																				
	0.5	1.0	2.0	3.0	4.5	6.0	7.5	8.0	10.5	13.0	15.0	16.0	18.5	21.0	23.0	27.0	28.0	32.0	33.0	37.0	38.0	42.0
450	10	14	20	24	28	34	36	38	46	50	54	56	60	64	66	72	74	78	80	84	86	90
500	12	16	22	26	32	36	40	44	50	56	60	62	66	70	74	80	82	86	88	94	94	100
600	14	18	26	32	38	46	50	52	60	66	72	74	80	84	88	96	98	104	106	112	114	120

八、法兰强度的计算与工程应用

（1）特殊要求的非标准法兰可按 GB/T 150《压力容器》进行设计。

（2）当法兰除承受内压外，还承受较大附加外荷载(如重力荷载、位移荷载等)时，可采用法兰的当量压力校核法兰的承载能力，法兰的当量压力不宜大于法兰的许用工作压力。法兰的当量压力按下列公式确定：

$$p_{FD} = p + p_{eq} \tag{3.4.25}$$

$$p_{eq} = \frac{16M}{\pi D_g^{\ 3}} + \frac{4F}{\pi D_g^2} \tag{3.4.26}$$

式中　p_{FD}——法兰当量压力，MPa；

p——介质工作压力，MPa；

p_{eq}——由附加外载产生的当量压力，MPa；

M——附加在法兰连接处的弯矩，N·mm；

D_g——垫片压紧力作用中心圆直径，mm；

F——附加在法兰连接处的轴向力，N。

这个公式引入的当量压力，简化了计算过程，但计算结果偏于保守，也可采用其他方法进行法兰校核。见《管道应力分析与工程应用》一书的详细讲述。

这里的当量压力源于经验公式，国内外应用广泛。外力矩 M 产生的轴向力为 $4M/D_g$，按相当于在 D_g 直径范围内的内压产生的轴向力折算成内压，即为 $16M/\pi D_g^3$。对于轴向力 F 按相当于在 D_g 直径范围内的内压产生的轴向力折算成内压，即为 $4F/\pi D_g^2$，加上管道的介质工作压力 p，即得出法兰设计压力 p_{FD}。为安全考虑，当管道的轴向力为拉力时计入，为压缩力时，对法兰连接的密封有利，故不考虑。

对剧烈循环工程和极度危害介质管道特别指明校核法兰承载能力，主要考虑工况条件变化大，介质危害程度高。其他需进行应力分析的甲类可燃气体和甲类可燃液体高温管道，当附加外载荷较大时，应考虑可能引起法兰泄漏的问题。

（3）必要时，还可按 GB/T 17186.1《管法兰连接计算方法 第 1 部分：基于强度和刚度的计算》的规定校核法兰刚度。

（4）工程应用。

某管道口径为 $DN400$ 设计压力 1.5MPa，在管道上 A 点有一法兰，见图 3.4.7，所受外力如下：$M_X = 460 \times 10^4$N·mm，$M_Y = 500 \times 10^4$N·mm，$M_Z = 800 \times 10^4$N·mm，$F_X = 4000$N，$F_Y = 3000$N，$F_Z = 6000$N，该法兰的压力等级

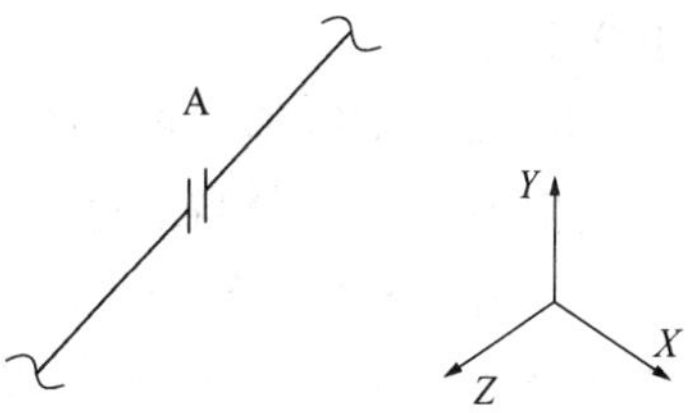

图 3.4.7　工程应用图

2.0MPa，垫片压紧力作用中心圆直径 D_g 为 595mm，核算法兰的压力等级。

解：

$$p_{eq}=\frac{16\times M}{\pi\times {D_g}^3}+\frac{4F}{\pi {D_g}^2}$$

$$=\frac{16\times\sqrt{{M_X}^2+{M_Y}^2}}{3.14\times {D_g}^3}+\frac{4\times F_Z}{3.14\times {D_g}^2}$$

$$=\frac{16\times\sqrt{4600000^2+5000000^2}}{3.14\times 595^3}+\frac{4\times 6000}{3.14\times 595^2}=97.789+0.0216=97.810\text{MPa}$$

$p_{FD}=p+p_{eq}=1.5+97.810=99.310\text{MPa}$

$99.310\text{MPa}>2.0\text{MPa}$

答：经核算该法兰的压力等级是不够的，需要修改配管以减少外加荷载。

九、支管连接形式的选用与强度计算工程应用

(1) 某工程施工时，由于某管道的三通未采购到，业主发联络单让管道设计人员判断在主管直接开孔焊接支管是否可行。

(2) 支管连接形式的选用

支管直接焊接在主管上的支管连接，除下列情况外，应进行开孔补强校核，并根据校核结果采取相应的补强措施；支管通过加强度接头与主管连接；支管连接处作为一个整体受压元件设计、制造并经检验合格。

直接焊接在主管上的支管连接应符合下列要求：不应用于有机械振动、压力脉动和温度急剧变化的部位的管道；不宜用于设计温度超过 425℃ 的管道；当支管连接处承受由于支管热变形、外荷载及支架位移等引起的应力时，应对附加荷载在支管连接处产生的影响进行分析并采取必要的加强措施。

下列工况的支管连接应采用三通、45°斜三通或四通；承受机械振动、压力脉动和温度急剧变化的管道分支。设计压力等于或大于 2.0MPa、设计温度超过 250℃ 以及支管外径与主管外径之比大于 0.8。

(3) 支管与主管的焊接结构见图 3.4.8。

(4) 等面积补强法的要求

① 支管连接的补强计算可采用等面积补强法，等面积补强法是开孔补强计算的最低要求，等面积补强法计算时应符合下列规定；

a. 当主管外径与主管最小壁厚之比小于 100 时，支管外径与主管外径之比不应大于 1.0；当主管外径与主管最小壁厚之比等于或大于 100 时，支管外径与主管外径之比应小于 0.5；

b. 支管轴线和主管轴线相交，其夹角 β 不应小于 45°。

② 外加补强材料应符合以下规定：

a. 外加补强材料可不同于主管材料，但应和主管、支管材料具有相似的焊接性能、热处理要求、电位差和热膨胀系数等；

b. 当外加补强材料的许用应力低于主管材料的许用应力时，用于补强的截面积 A，应

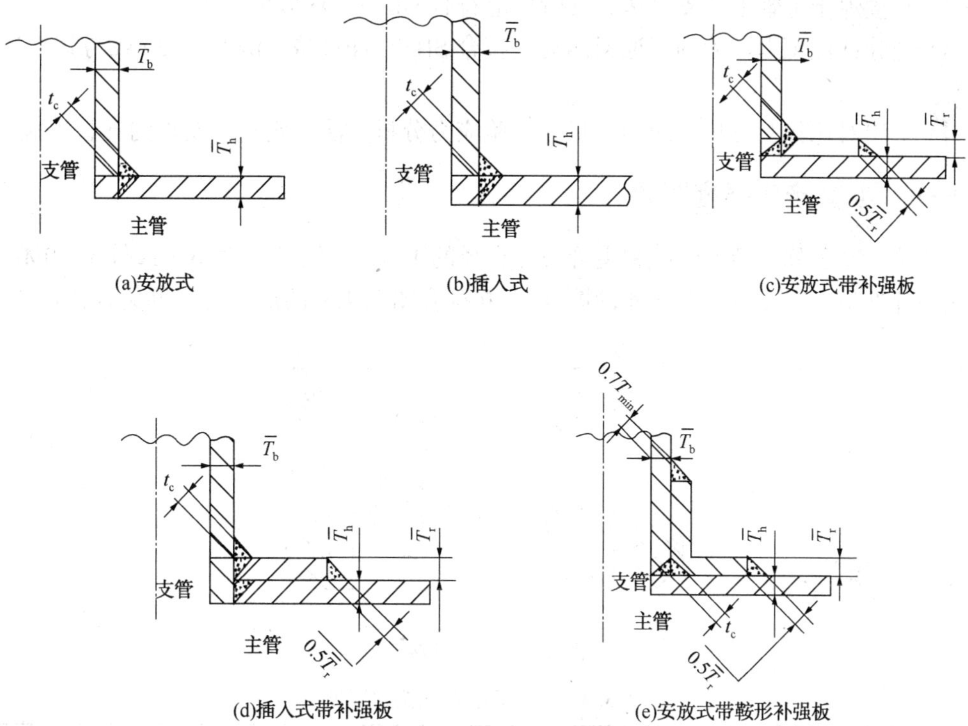

图 3.4.8　不同形式焊接支管

乘以二者许用应力的比值后再进行校核；当补强材料的许用应力高于主管材料的许用应力时，材料强度的影响可不予考虑。

③ 对于 GC1 级压力管道和剧烈循环工况，不宜采用补强板进行补强。

④ 下列管件或连接结构不得用于剧烈循环工况：

a. 非轧制或非锻造成型的三通；

b. 图 3.4.8 所示(a)和(c)的支管连接结构；

c. 管表号为 Sch10S 及以下的管件。

(5) 当用于剧烈循环工况时，应采用图 3.4.8(b)或(d)的结构，补强板上设置排气孔。

(6) 如果主管道壁厚设计有足够的裕量，经核算则支管可直接开孔焊接在主管上，不需要另外的补强板(注意补强和另外补强的区别，补强不一定非得设计另外的补强板，管道本身的富裕厚度也可补强)。

(7) 有的规范规定，有支管连接的管子因开孔而被削弱，除非管子周向应力小于管材屈服强度的 20%，否则必须进行补强板(圈)结构补强。

十、支管直接焊接到主管不需要补强的要求

符合下列情况之一者，不需要进行补强计算，也不需要采取其他补强措施；

(1) 直接焊于主管上的螺纹及承插焊半管箍(半管接头)，应符合下列各项要求：

① 支管的公称直径不应大于 *DN* 50；

② 支管的外径 D_b 与主管的外径 D_h 之比小于或等于 1/4；

③ 螺纹及承插焊半管箍应符合 SH/T 3410 或 GB/T 14383 或与其相当标准的规定。

（2）直接焊于主管上的支管座，支管座应符合 GB/T 19326 的规定。

（3）经验证性压力试验的三通或四通应符合 SH/T 3408 或 GB/T 12459 或与其相当标准的规定。

（4）采用对比经验分析、应力分析或试验应力分析方法确定符合要求的支管连接。

十一、半管接头强度要求

半管接头≤公称直径 50mm 和主管公称直径的 1/4，且设计压力小于或等于 10MPa 时，在接头端部处最小厚度≥表 3.4.4 的厚度 t，并符合图 3.4.9 的形式时，可免做补强计算。

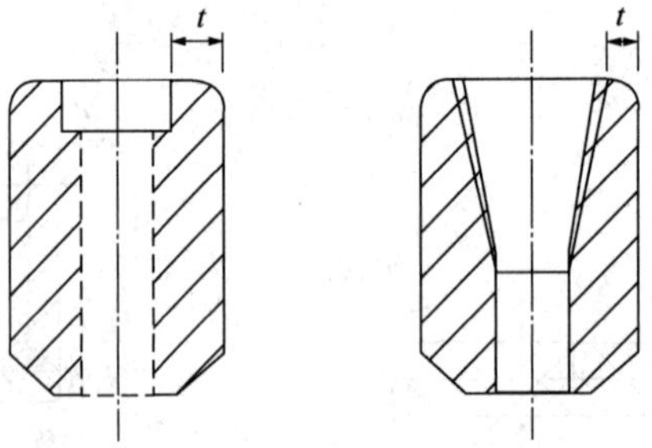

图 3.4.9　半管接头

表 3.4.4　半管接头端头部厚度

公称直径	厚度 t/mm，最小值	公称直径	厚度 t/mm，最小值
15	4.1	32	5.3
20	4.3	40	5.5
25	5.0	50	6.0

十二、焊支管台、螺纹支管台及承插焊支管台强度要求

（1）选用对焊支管台、螺纹支管台及承插焊支管台（见图 3.4.10），应按设计压力-温度参数条件整体补强。对焊支管台的端部厚度，应等于支管的厚度。

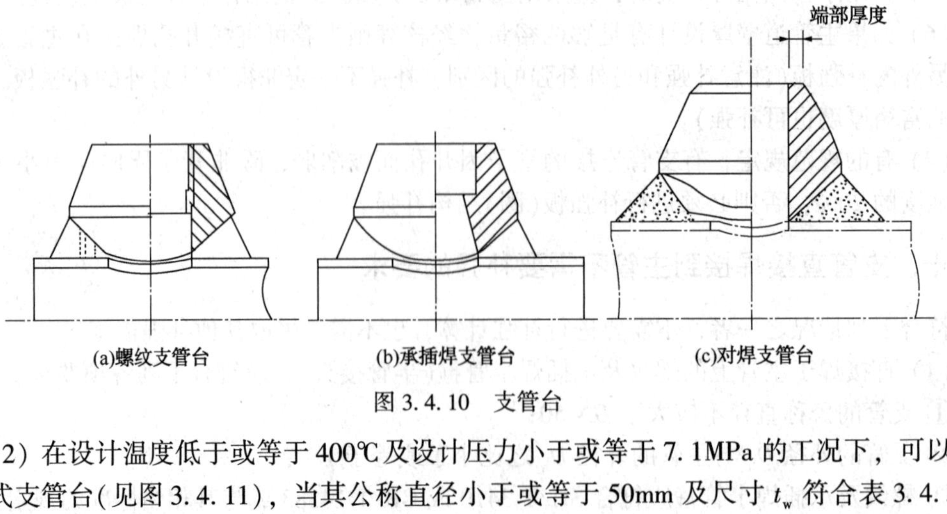

(a)螺纹支管台　(b)承插焊支管台　(c)对焊支管台

图 3.4.10　支管台

（2）在设计温度低于或等于 400℃及设计压力小于或等于 7.1MPa 的工况下，可以使用插入式支管台（见图 3.4.11），当其公称直径小于或等于 50mm 及尺寸 t_w 符合表 3.4.5 时，

可免做补强计算。

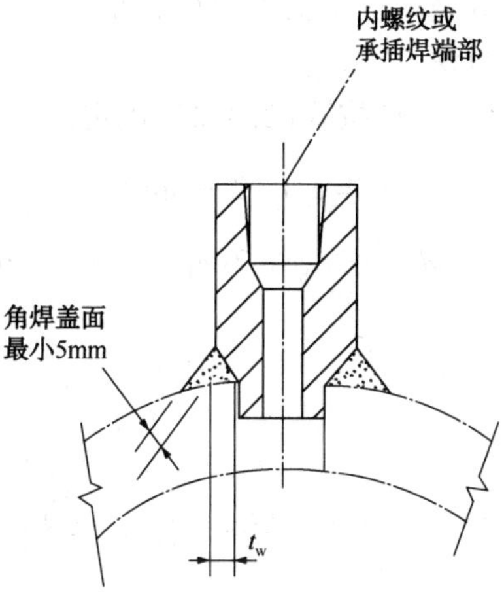

图 3.4.11 插入式支管台

表 3.4.5 插入式支管台的尺寸

公称直径	尺寸 t_w/mm，最小值	公称直径	尺寸 t_w/mm，最小值
15	4.8	40	7.1
20	5.6	50	8.7
25	6.4		

十三、焊接支管补强板的计算安装与工程应用

(1) 焊接支管的补强计算(如图 3.4.12 所示)，应符合下列要求。

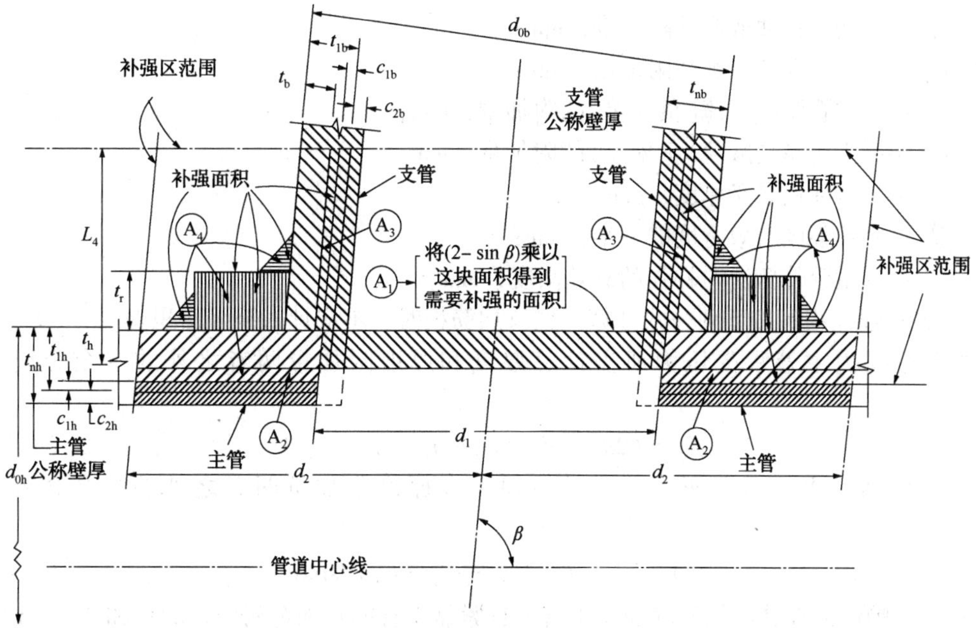

图 3.4.12 焊接支管的补强计算

(2) 支管轴线与主管轴线斜交的结构型式，图中支管轴线与主管轴线的夹角 β 应介于 45°～90°。主管为焊接管时，焊缝应位于主管的斜下方。

(3) 开孔补强面积的计算方法：

① 主管开孔需补强的面积 A_1，应按式(3.4.27)确定：

$$A_1 = t_h d_1 (2 - \sin\beta) \tag{3.4.27}$$

$$d_1 = [d_{ob} - 2t_{nb} + 2(c_{1b} + c_{2b})] / \sin\beta \tag{3.4.28}$$

② 开孔补强有效范围的计算：

$$d_2 = \begin{cases} d_1 \\ \dfrac{d_1}{2} + (t_{nh} - c_{1h} - c_{2h}) + (t_{nb} - c_{1b} - c_{2b}) \end{cases} \text{取两者中之大者} \tag{3.4.29}$$

$$L_4 = \begin{cases} 2.5(t_{nh} - c_{1h} - c_{2h}) \\ 2.5(t_{nb} - c_{1b} - c_{2b}) + t_r \end{cases} \text{取两者中之小者} \tag{3.4.30}$$

式中 t_h ——主管计算厚度，mm；

t_b ——支管计算厚度，mm；

t_{nh} ——主管名义厚度，mm；

t_{nb} ——支管名义厚度，mm；

A_1 ——主管开孔削弱所需的补强面积，mm^2；

β ——支管轴线与主管轴线的夹角，(°)；

d_{ob} ——支管名义外径，mm；

d_1 ——扣除厚度附加量后主管上斜开孔的长径，mm；

c_{1b} ——支管腐蚀或磨蚀附加量，mm；

c_{1h} ——主管腐蚀或磨蚀附加量，mm；

c_{2b} ——支管厚度减薄(负偏差)的附加量，mm；

c_{2h} ——主管厚度减薄(负偏差)的附加量，mm；

t_r ——补强板名义厚度，mm；

d_2 ——补强区有效宽度的一半，mm；

L_4 ——主管外侧法向补强的有效高度，mm。

③ 各补强面积，按下列公式计算，如有加筋板时，不应计入补强面积内。

补强范围内主管承受压力所需计算厚度和厚度附加量两者之外的多余金属面积 A_2，mm^2。

$$A_2 = (2d_2 - d_1)(t_{nh} - t_h - c_{1h} - c_{2h}) \tag{3.4.31}$$

补强范围内支管承受压力所需计算厚度和厚度附加量两者之外的多余金属面积 A_3，mm^2。

$$A_3 = 2L_4(t_{nb} - t_b - c_{1b} - c_{2b}) / \sin\beta \tag{3.4.32}$$

补强范围内的焊缝面积和附加在主管上且紧靠支管的补强金属面积的总和 A_4，mm^2。

$$A_4 = A_5 + (d_r - d_{ob}/\sin\beta)(t_r - c_{2r}) f_r \tag{3.4.33}$$

式中 A_5——焊缝截面的计算面积；

c_{2r}——补强板厚度减薄(负偏差)的附加量，mm；

d_r——补强板的外径，mm；

f_r——补强板材料与主管材料的许用应力比，即 $f_r=[\sigma]_{RP}^t/[\sigma]_M^t$，当 $[\sigma]_{RP}^t \geqslant [\sigma]_M^t$ 时，f_r 取 1；

$[\sigma]_{RP}^t$——在设计温度下补强板材料的许用应力，MPa；

$[\sigma]_M^t$——在设计温度下主管材料的许用应力，MPa；

(4) 补强面积计算结果应符合式(3.4.34)的规定：

$$A_2+A_3+A_4 \geqslant A_1 \tag{3.4.34}$$

(5) 主管上多支管的补强，应符合下列要求：

① 当主管上任意两个或两个以上相邻开孔的中心距小于相邻两孔平均直径的 2 倍，其补强范围重叠时(如图 3.4.13 所示)，此两个或两个以上的开孔必须按前面的叙述进行补强计算，并采用联合补强方式进行补强。

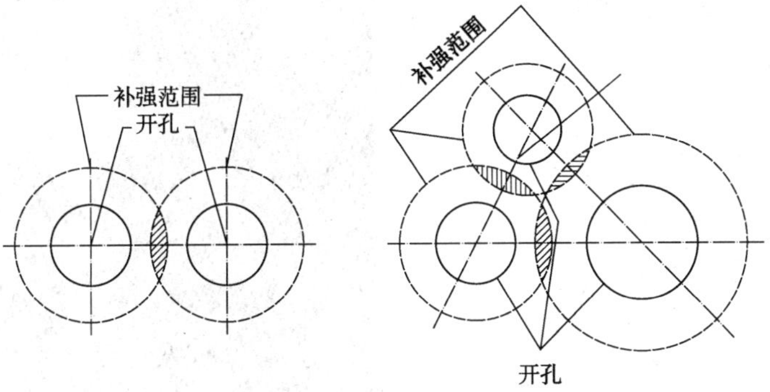

图 3.4.13 主管上多支管的补强

② 采用联合补强时，总补强面积不应小于各孔单独补强所需补强面积之和，置于两相邻孔之间的补强面积至少应等于各孔所需补强面积之和的 50%，且此两相邻孔中心距至少应等于两开孔平均直径的 1.5 倍。在计算补强面积时，任何部分截面不得重复计入。

(6) 管道开孔补强的两种方法：①补强圈补强：以全熔透焊缝将内部或外部补强圈与支管、主管相焊。②整体补强：增加主管厚度，或以全熔透焊缝将厚壁支管或整体补强锻件与主管相焊。

(7) 采用补强圈补强时应遵守的规定：①采用的钢材标准抗拉强度 $\sigma_b \leqslant 540$MPa；②主管壁名义厚度 $\delta_n \leqslant 38$mm；③补强圈厚度应不大于 $1.5\delta_n$。

(8) 工程应用。

① 某国外工程补强板设计简化见图 3.4.14。

② 分支表对补强板的规定。对于国内外设计单位，对于分支连接形式的选用规定可能不同，根据具体工程的特点、管道物料、设计压力和温度、采购市场等因素，通常编制“分支表”(见表 3.4.6 示例)来规定，在管道支管带或不带加强板。

③ 补强板的安装。下面是一个补强板的组装示例。a. 确定支管的位置，并在主管上开一个圆孔，其直径应等于支管的内径。b. 对支管进行修整，使其与管道外径相等，并形成

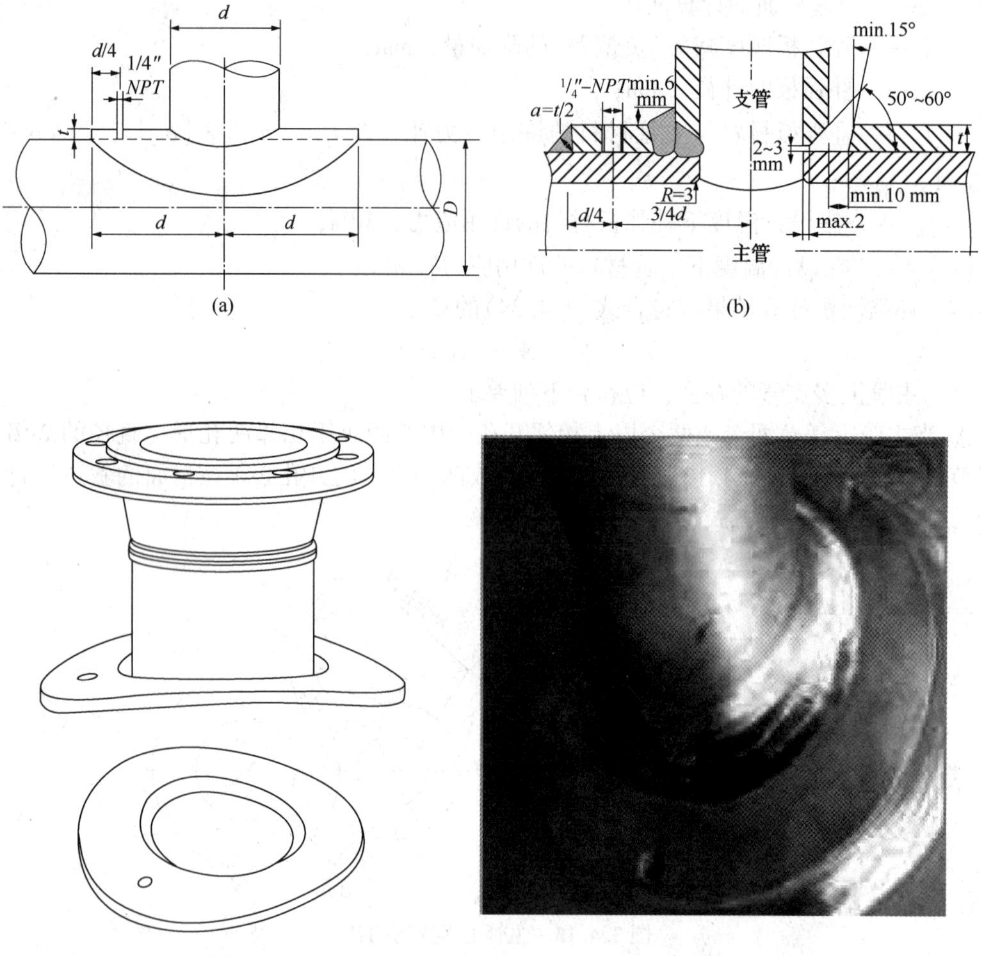

(a) (b) (c) (d)

图 3.4.14

注：①补强板的材料与主管相同。厚度至少 3mm，最大 20mm。

② 补强板的长度是支管外径的 2 倍，至少 50mm。

约 30mm 的焊接坡口。c. 将支管放置在管道上的孔位置周围，间隙约为 3~4mm，并在足够多的位置点焊支管。然后新的分支可以完全焊接。根据要求进行无损检测(NDE)。d. 通过分支将补强板放置。在足够数量的地方点焊，然后将补强板内外完全焊接；根据规定再次进行无损检测。注意，如果支管处的法兰是焊接的，必须确保补强板环放置得更早。

④ 通气孔(weep-hole)。见图 3.4.14(c)和(d)，可能看到补强板(加强垫)上有一个圆孔。这是一个“通气孔”，通常可设置为 1/4″*NPT*，可能有多种功能。有时也称为信号孔(tell tale hole)或通气孔(vent hole)。关于这个孔的使用众说纷纭，因此笔者给出了泄放孔的两种可能用途：a. 通气孔可以通过肥皂泡方法测试，以检查是否泄漏。b. 在焊接过程中，这个孔可作为截留气体的通风口，防止补强板变成“夹套”容器。

压力试验完成后，应密封补强垫上的通气孔。

ASME B31.3 第 304 规定：应在衬垫或鞍座的侧面提供一个通气孔，以显示支管和管路之间焊缝的泄漏，并允许在焊接和热处理期间通气。

表 3.4.6 某管道分支表

支管口径	32	T																	
	30	B	T																
	24	B	B	T															
	20	B	B	B	T														
	18	B	B	B	B	T													
	16	B	B	B	B	B	T												
	14	B	B	B	B	B	B	T											
	12	B	B	B	B	B	B	B	T										
	10	B	B	B	B	B	B	B	B	T									
	8	B	B	B	B	B	B	B	B	B	T								
	6	B	B	B	B	B	B	B	B	B	B	T							
	4	B	B	B	B	B	B	B	B	B	B	B	T						
	3	B	B	B	B	B	B	B	B	B	B	B	B	T					
	2	B	B	B	B	B	B	B	B	B	B	B	B	B	T				
	1½	S	S	S	S	S	S	S	S	S	S	S	S	S	E	T			
	1	S	S	S	S	S	S	S	S	S	S	S	S	S	E	E	T		
	3/4	S	S	S	S	S	S	S	S	S	S	S	S	S	E	E	E	T	
	1/2	S	S	S	S	S	S	S	S	S	S	S	S	S	E	E	E	E	T
	NPS	32	30	24	20	18	16	14	12	10	8	6	4	3	2	1½	1	3/4	1/2
公称直径		主管口径																	

注：

B：Branch Weld 焊接支管

E：Reducing Tee 异径三通

P：Branch Weld w/ Reinforcing Pad（Pad thickness equals run pipe thickness. Pad width equals 1/2 branch OD.） 焊接支管(带补强板)

S：Sockolet 承插支管台

T：Tee 等径三通

第四章　配管设计管子和管件的选用

第一节　管子分类与尺寸

一、管子分类

1. 按用途分类(表 4.1.1)

表 4.1.1　管子按用途的分类

输送用及传热用	流体输送用、长输管道用，石油裂化用，化肥用，锅炉用，换热器用等
结构用	普通结构用，高强结构用，机械结构用等
特殊用	钻井用，高压气体容器用等

2. 按材质分类(表 4.1.2)

表 4.1.2　管子按材质的分类

金属管	铁管	铸铁管	承压铸铁管(砂型离心铸铁管，连续铸铁管)
	钢管	碳素钢管	Q235 焊接钢管，10#、20#钢无缝钢管，优质碳素钢无缝钢管
		低合金钢管	16Mn 无缝钢管，低温钢无缝钢管
		合金钢管	奥氏体不锈钢管，耐热钢无缝钢管
	有色金属管	铜及铜合金管	拉制及挤制黄铜管，紫铜管，铜基合金管(蒙乃尔等)，耐蚀耐热镍基合金(Hastelloy)
		铅管	铅管，铅锑合金管
		铝管	冷拉铝及铝合金管，热挤压铝及铝合金圆管
		钛管	钛管及钛合金管
非金属管	—	橡胶管	输气胶管，输水吸水胶管，输油，吸油胶管，蒸汽胶管
		塑料管	酚醛塑料管，耐酸酚醛塑料管，硬聚氯乙烯管，高、低密度聚乙烯管，聚丙烯管，聚四氟乙烯管，ABS 管，PVC/FRP 复合管，高压聚乙烯管
		石棉水泥管	—
		石墨管	不透性石墨管
		玻璃陶瓷管	化工陶瓷管(耐酸陶、耐酸耐温陶、工业瓷管)
		玻璃钢管	聚酯玻璃钢管，环氧玻璃钢管，酚醛玻璃钢管，呋喃玻璃钢管
	衬里管	—	橡胶衬里管，钢塑复合管，涂塑钢管

3. 按制管工艺分类(表 4.1.3)

表 4.1.3　管子按制管工艺分类

分类			制管工艺
无缝钢管	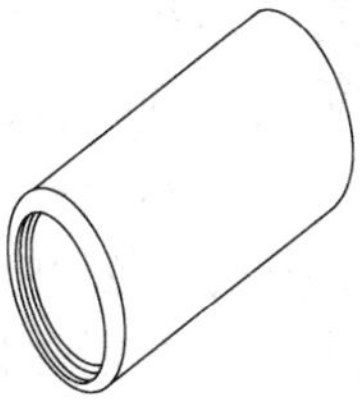		热轧，冷拔，冷轧，锻造，离心铸造
有缝(焊接)钢管	直焊缝钢管	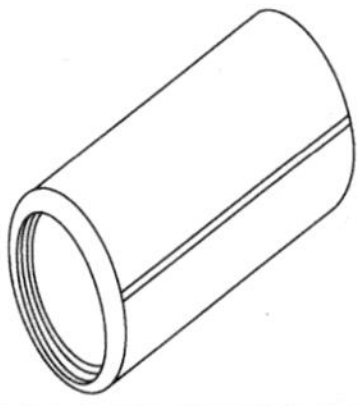	炉焊、电阻焊(ERW)、埋弧自动焊(SAW)、氩弧焊(GTAW)、二氧化碳气体保护焊(GMAW)、等离子焊接(PAW)、二氧化碳气保焊药芯焊丝(FCAW)、手工电弧焊(SMAW)
	螺旋焊缝钢管	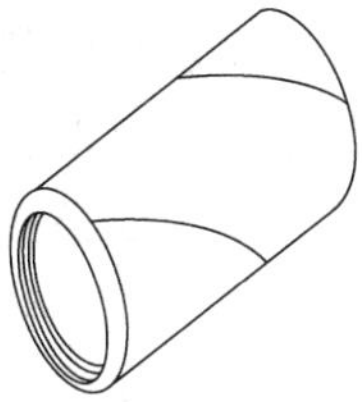	电阻焊(ERW)、埋弧自动焊(SAW)

4. 按公称压力和设计温度分类

按管道的公称压力划分时，习惯上将真空管道与低压管道合并。凡公称压力小于 2.5MPa 的管道称为低压管道；公称压力为 4~6.4MPa 的管道称为中压管道；公称压力为 10~100MPa 的管道称为高压管道；公称压力大于 100MPa 的管道称为超高压管道。

按管道工作温度划分时，习惯上将在-40~120℃温度范围内工作的管道称为常温管道；将在 120~450℃温度范围内工作的管道称为中温管道；将在高于 450℃温度下工作的管道称为高温管道；将工作于-40℃以下温度环境的管道称为低温管道。

5. 某管子分类不清引起的事故

某工程 *DN*2000 的火炬气管子，GB/T 9711.2 标准的 L245 有缝管子。因为含苯的比例较大，按照规范应该进行 100%焊缝无损检验。设计初衷是订购 GB/T 9711.2 标准的直缝钢管，需要检验的焊缝长度会比螺缝钢管短。但是，在订货材料单的描述内没有写清楚是 GB/T 9711.2 标准的直缝钢管还是 GB/T 9711.2 标准的螺缝钢管，结果到施工现场的是 600m 符合 GB/T 9711.2 标准的螺缝钢管，增加了额外的无损检测，给工程造成了很大的额外支出。

二、钢管尺寸(IPS)、公称直径(*DN*)、公称管径(NPS)、外径(OD)和内径(ID)

(1) 表示钢管尺寸((iron pipe size，IPS)的方式也有不同的分类：公称直径(nominal diameter/diameter nominal，*DN*)、外径(outside diameter(OD))和内径(inside diameter，ID)。如图 4.1.1 所示。

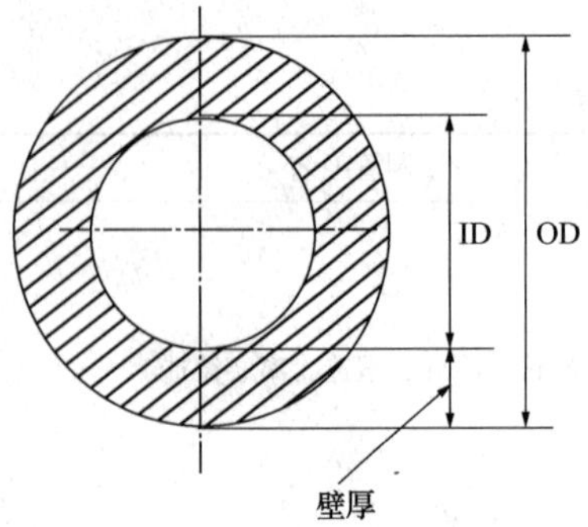

图 4.1.1 管子的外径和内径

（2）公称直径（*DN*）又称平均外径（mean outside diameter），表示管子、管件等管道器材元件的名义上的直径。金属管的管壁很薄，管外径与管内径相差无几，所以取管的外径与管的内径之平均值当作管径称呼。同一公称直径的管子采用不同的标准体系，外径则可能有差异。对于同一标准、公称压力和公称直径相同的管子和法兰是相同的连接尺寸。公称直径的单位，美国采用英寸，中国采用毫米，日本则并列两种单位。公称直径标记示例：

DN XXXX

XXXX — 公称直径(mm)

DN — 公称直径代号

我国目前还没有配管用钢管尺寸系列（公称直径、外径、壁厚）的国家标准，只有钢管的生产标准尺寸系列（只有外径、壁厚两个系列），而现行配管用钢管的行业标准除了公称直径外，外径系列、壁厚系列不完全相同。公称直径是用以表示管道系统中除用外径表示的组成件以外的所有组成件通用的一个尺寸数字。在一般情况下，是一个完整的数字，与组成件的真实尺寸接近，但不相等。

国际上通常把钢管的公称尺寸称为公称直径，而不称为公称通径，主要是因为对于直径≥350mm（14in）的管子的公称直径是指其外径而不是其内径。但对于螺纹连接的管子及管件，因其内径往往与公称直径接近，亦可称为公称通径。

（3）公称管径（nominal pipe size，NPS），是北美用于管道尺寸标准体系之一。其管道尺寸用以英寸单位的 NPS 和管表号（用 Sched. 或 Sch.）表示。与 NPT（national pipe thread）的简称来源相混淆有关，NPS 常被错误地叫作美国国家管道尺寸（national pipe size）。NPS 与 *DN* 的对应关系见表 4.1.4。

表 4.1.4 NPS 与 *DN* 的对应关系

NPS	*DN*	NPS	*DN*	NPS	*DN*	NPS	*DN*
1/8	6	3½	90	22	550	44	1100
1/4	8	4	100	24	600	48	1200
3/4	10	5	125	26	650	52	1300
1/2	15	6	150	28	700	56	1400
3/4	20	8	200	30	750	60	1500
1	25	10	250	32	800	64	1600
1¼	32	12	300	34	850	68	1700
1½	40	14	350	36	900	72	1800
2	50	16	400	38	950	76	1900
2½	65	18	450	40	1000	80	2000
3	80	20	500	42	1050	…	…

注：NPS80 以上的管子 *DN* 数值，由对应的 NPS 值乘以 25。

（4）公称直径 *DN* 与 *NB* 的关系。单位有公制（mm）及英制（inch）的区分，所以有下列的称呼方法：以公制（mm）为基准，称 *DN*（nominal diameter），是公制（metric unit）；以英制（inch）为基准称 *NB*（nominal bore）。例如：镀锌钢管 *DN*50，Sch20；镀锌钢管 *NB*2，Sch20。外径与 *DN*、NB 的关系见表 4.1.5。

表 4.1.5　外径与 *DN*，*NB* 的关系（数据依据 ASTM A53）

DN/mm	*NB*/in	OD/mm
15	1/2	21.3
20	3/4	26.7
25	1	33.4
200	8	219.1

（5）GB/T 1047《管道元件 *DN*（公称尺寸）的定义和选用》*DN*：用于管道系统元件的字母和数字组合的尺寸标识。它由字母 *DN* 和后跟无因次的整数数字组成。这个数字与端部连接件的孔径或外径（用 mm 表示）等特征尺寸直接相关。（注 1：除在相关标准中另有规定，字母 *DN* 后面的数字不代表测量值，也不能用于计算目的。注 2：采用 *DN* 标识系统的那些标准，应给出 *DN* 与管道元件的尺寸的关系，例如 *DN*/OD 或 *DN*/ID。）

GB/T1047《管道元件 *DN*（公称尺寸）的定义和选用》

DN 系列

优先选用的 DN 数值如下：

*DN*6	*DN*100	*DN*700	*DN*2200
*DN*8	*DN*125	*DN*800	*DN*2400
*DN*10	*DN*150	*DN*900	*DN*2600
*DN*15	*DN*200	*DN*1000	*DN*2800
*DN*20	*DN*250	*DN*1100	*DN*3000
*DN*25	*DN*300	*DN*1200	*DN*3200
*DN*32	*DN*350	*DN*1400	*DN*3400
*DN*40	*DN*400	*DN*1500	*DN*3600
*DN*50	*DN*450	*DN*1600	*DN*3800
*DN*65	*DN*500	*DN*1800	*DN*4000
*DN*80	*DN*600	*DN*2000	

（6）SH/T 3059《石油化工管道设计器材选用规范》管子公称直径 *DN* 系列，应按以下系列优先选用：15，20，25，40，50，80，100，150，200，250，300，350，400，450，500，600，700，800，900，1000mm。公称直径大于 1000mm 时，宜按 200mm 递增。

（7）ASME 标准的管子尺寸要求：①ASME B36.10M 焊接和无缝锻钢管（NPS 1/8～NPS80）；②ASME B36.19M 不锈钢钢管（NPS1/8～NPS30）。

三、英制管（大外径管子）、公制管（小外径管子）的区分与工程应用

（1）笔者发现有的配管设计人员，经常混用英制管和公制管（注意区分管子公称直径是用英寸表示还是用毫米表示的不同）。石油化工行业管子有公制和英制两种。公制钢管是按

ISO4200《焊接和无缝平端钢管管的尺寸和单位长度重量一览表》标准制造的，而英制钢管则是按 ASME B36.10《焊接和无缝轧制钢管》和 ASME B36.19《不锈钢管》标准制造的。过去，我国的钢管规格分大外径系列和小外径系列两种，人们把大外径系列称为 A 系列，小外径系列称为 B 系列。大外径系列管子的管径和 ASME 标准接近。小外径系列管子的管径和当时的俄罗斯标准一致。例如，*DN*50mm 的管子，大外径系列管子的外径为 60.3mm，而小外径系列管子的外径为 57mm；*DN*100mm 的大外径系列的无缝钢管的外径为 114mm，小外径系列的无缝钢管的外径为 108mm。现在，我国无缝钢管标准 GB/T 17395《无缝钢管尺寸、外形、重量及允许偏差》和 ISO4200 标准有一定的对应性。

（2）管子系列标准，一类是以表 4.1.6 为对应外径尺寸的所谓“大外径”系列；另一类则是以表 4.1.7 为对应外径尺寸的所谓“小外径”系列。

表 4.1.6 “大外径”系列

*DN*15-ϕ22mm	*DN*20-ϕ27mm	*DN*25-ϕ34mm	*DN*32-ϕ42mm	*DN*40-ϕ48mm
*DN*50-ϕ60mm	*DN*65-ϕ76(73)mm	*DN*80-ϕ89mm	*DN*100-ϕ114mm	*DN*125-ϕ140mm
*DN*150-ϕ168mm	*DN*200-ϕ219mm	*DN*250-ϕ273mm	*DN*300-ϕ324mm	*DN*350-ϕ356mm
*DN*400-ϕ406mm	*DN*450-ϕ457mm	*DN*500-ϕ508mm	*DN*600-ϕ610mm	

表 4.1.7 “小外径”系列

*DN*15-ϕ18mm	*DN*20-ϕ25mm	*DN*25-ϕ32mm	*DN*32-ϕ38mm	*DN*40-ϕ45mm
*DN*50-ϕ57mm	*DN*65-ϕ73mm	*DN*80-ϕ89mm	*DN*100-ϕ108mm	*DN*125-ϕ133mm
*DN*150-ϕ159mm	*DN*200-ϕ219mm	*DN*250-ϕ273mm	*DN*300-ϕ325mm	*DN*350-ϕ377mm
*DN*400-ϕ426mm	*DN*450-ϕ480mm	*DN*500-ϕ530mm	*DN*600-ϕ630mm	

注：①在英制单位转化为公制单位时约去了小数点。

② 定义不确切，但已是多年来的习惯叫法，不妨仍这样叫。“小外径”的概念也是如此。

（3）ISO4200 标准把钢管分成三个系列，三个系列的管外径均不一样。第一系列内的钢管有标准化附件配用。第二系列则是没有齐全的附件标准。第三系列是特殊用途钢管，有很少量附件标准。ISO4200 标准第一系列钢管，其中有 A～G7 种优先选用壁厚，D、E、F 和 G 壁厚常用于非合金和合金钢材；A、B、C、E、F 和 G 则常用于不锈钢钢管。GB/T 17395 标准则把钢管分成通用、非通用和少数特殊、专用钢管 3 个系列，3 个系列的钢管外径均不相同。通用系列属于推荐选用系列，管外径和 ISO4200 标准第一系列一致，但壁厚上限比 ISO4200 厚。英制管和公制管的特点，见表 4.1.8。

表 4.1.8 英制管和公制管的特点

*DN*150 以下	英制管是“大外径”，公制管是“小外径”，即英制管外径>公制管外径
*DN*200～300	英制管外径＝公制管外径
*DN*350 以上	英制管外径＝NPS · 25.4mm；公制管外径＝*DN*+30mm（或 20mm）；即英制管外径<公制管外径。
DN 公制（SI）系列：中国、欧洲；NPS 英制（IN）系列：美国；日本混用：400A（16B）	

四、钢管的外径系列特点及采购要求

根据钢管生产工艺的特点，钢管产品是按外径和壁厚系列组织的。目前世界各国的钢管尺寸系列尚不统一，各国都有各自的钢管尺寸系列标准。

（1）国外钢管的外径系列。在国际上比较广泛应用的钢管标准有美国的 ASME B36.1、德国的 DIN2448、英国的 BS3600 和国际标准化组织的 ISO4200 等标准。在日本虽然有 JIS 标准，但是为了进入国际市场，也按上述的美国、英国、德国的标准生产钢管。

（2）钢管外径采用的单位。在世界各国的钢管外径尺寸系列中，我国、日本、德国和国际标准化组织等用 mm 表示外径尺寸，美国则有公制和英制两种表示方法，分别用 mm 和 in(″)表示外径尺寸。例如，按 JIS 标准 1B(25mm)的钢管外径为 34mm，而美国 1in 的钢管外径为 33.4mm(或 1.31″)。

（3）不同系列钢管外径的一致性。①国外钢管外径尺寸虽不完全相同，但当公称直径 <14in 时，除少数几个外径差别较大外其余公称直径钢管的外径尺寸差别很小，不影响互换性。从 14in 开始，钢管外径等于公称直径。例如公称直径 14in 其外径为 14in 或 355.6(14×25.4mm)。②GB/T 8163《输送流体用无缝钢管》的外径尺寸相同，是一个密集尺寸系列，(从 ϕ6mm~ϕ630mm)。当 *DN*≤250mm 时与国外标准的外径尺寸(除 *DN*100、*DN*150 外)基本相同，可以互换。但从 *DN*300mm 开始，钢管外径尺寸差别较大。③我国焊接钢管的外径从 ϕ323.9mm 至 2220mm 是按 GB/T 9711.1《石油天然气输送用钢管交货技术条件—A 级钢管》规定生产的，其外径尺寸与 ISO 标准一致；从 ϕ10mm 至 ϕ165mm 焊接钢管的外径是按 GB/T 3092 标准规定生产的。④目前在我国现行标准中，对于同一公称直径的钢管外径尺寸还不统一。SH/T 3405《石油化工企业钢管尺寸系列》规定的钢管外径系列(*DN*300 的外径除外)与 ISO 4200 标准基本一致(SH/T 3405 的外径为整数，ISO 的外径带小数；*DN*300 的外径 SH/T 3405 为 325mm，ISO 为 323.9mm)。当 *DN*≤1100mm 时，它能与 ASME B36.10/36.9 标准配套使用。SH/T 3405 直径范围和壁厚分级见表 4.1.9。⑤国际标准化组织(ISO)统一制订了世界通用的钢管标准外径。其中 ISO 65 是以英国的 BS 1387为基础制订的。ISO 3183 长输管线，参考了世界上普遍采用的美国 API 5L 标准的外径。DIN 4200 经过 ISO 成员国投票通过被采用到 ISO 标准中作为 ISO 4200 的基础。见表 4.1.10。

表 4.1.9　SH/T 3405 直径范围和壁厚分级

钢管类别	公称直径范围	壁厚分级
奥氏体不锈钢无缝钢管	10~400	Sch5s、Sch10s、Sch20s、Sch40s、Sch80s
碳素钢、合金钢无缝钢管	10~600	Sch20、Sch30、Sch40、Sch60、Sch80、Sch100、Sch120、Sch140、Sch160、XXS
奥氏体不锈钢焊接钢管	80~1000	2.0~12mm
碳素钢、合金钢焊接钢管	150~2000	4.0~18mm

表 4.1.10　ISO 配管用钢管标准尺寸的规格概要　mm

标准	标准名称	外径范围/mm	尺寸数量	备注
ISO 65	钢管螺纹	重的、普通的公称直径 6~150 轻Ⅰ、轻Ⅱ的 6~150	1412	外径由最大~最小的范围确定，壁厚有重的、普通的、轻Ⅰ、轻Ⅱ4 种
ISO 4200	焊接和无缝平头钢管尺寸和单位长度重量	外径 10.2~2220	68	外径分为 3 个系列，系列Ⅰ是配管用

续表

标准	标准名称	外径范围/mm	尺寸数量	备注
ISO 559	水、蒸汽和气体用焊接和无缝钢管	公称直径 40~2220 外径 48~2220	26	外径 26 种
ISO 3183	石油和天然气工业用钢管	外径 60.3~1420	33	以 API 5L 标准为基础

(4) 管子外径采购要求。

① 如果按照美标管子外径设计和提出采购要求，碳钢无缝管以及焊接钢管的外径可按 ASME B36.10M 的要求，不锈钢管的外径应符合 ASME B36.19M 的要求。

② 管子应按照指定的外径供货，允差[管端(100mm 以内)最大外径与最小外径之差]为±0.5%的指定外径。

③ 管子的任何截面的椭圆度不得超过公称直径的 1%。某工程采购 *DN*2000 的管子到施工现场，发现拟焊接连接的两个管子管口椭圆度差别较大，无法对缝焊接。因此在设计时需提出椭圆度要求。

五、各国金属管道的外径系列数据比较

各国金属管道的外径系列数据比较见表 4.1.11。

表 4.1.11 各国金属管道的外径系列数据比较

公称直径		外径/mm						
		英制管						公制管
NPS	*DN*	ASME B36.10/ASME B36.19 API 5L	ISO 4200	HG/T 20553 Ⅰ系列	SH/T 3405	JIS	板焊管	HG/T 20553 Ⅱ系列
1/8	6	10.3	10.2	10.2	—	10.5	—	—
1/4	8	13.7	13.5	13.5	—	13.8	—	—
3/8	10	17.1	17.2	17.2	17	17.3	—	14
1/2	15	21.3	21.3	21.3	22	21.7	—	18
3/4	20	26.7	26.9	26.9	27	27.2	—	25
1	25	33.4	33.7	33.7	34	34	—	32
11/4	32	42.2	42.4	42.4	42	42.7	—	38
11/2	40	48.3	48.3	48.3	48	48.6	—	45
2	50	60.3	60.3	60.3	60	60.5	—	57
21/2	65	73	76.1	76.1	76	76.3	—	76
3	80	88.9	88.9	88.9	89	89.1	—	89
31/2	90	101.6	—	—	—	101.6	—	—
4	100	114.3	114.3	114.3	114	114.3	—	108
5	125	141.3	139.7	139.7	140	139.8	—	133
6	150	168.3	168.3	168.3	168	165.2	168.3	159
8	200	219.1	219.1	219.1	219	216.3	219.1	219
10	250	273	273	273	273	267.4	273	273

续表

公称直径		外径/mm						
		英制管						公制管
NPS	DN	ASME B36.10/ASME B36.19 API 5L	ISO 4200	HG/T 20553 Ⅰ系列	SH/T 3405	JIS	板焊管	HG/T 20553 Ⅱ系列
12	300	323.8	323.9	323.9	325	318.5	323.8	325
14	350	355.6	355.6	355.6	356	355.6	355.6	377
16	400	406.4	406.4	406.4	406	406.4	406.4	426
18	450	457	457	457	457	457	457	480
20	500	508	508	508	508	508	508	530
22	550	559	—	559	559	559	559	—
24	600	610	610	610	610	610	610	630
26	650	660	—	660	660	660	660	—
28	700	711	711	711	711	711	711	720
30	750	762	—	762	762	762	762	—
32	800	813	813	813	813	813	813	820
34	850	864	—	864	864	864	864	—
36	900	914	914	914	914	914	914	920
38	950	965	—	965	965	965	965	
40	1000	1016	1016	1016	1016	1016	1016	1020
42	1050	1067	1067	1067	—	1067	1067	—
44	1100	1118	1118	1118	1118	1118	1118	—
46	1150	1168	—	1168	—	1168	1168	—
48	1200	1219	1219	1219	1220	1219	1219	1220
50	1250	1270	—	1270	—	—	1270	—
52	1300	1321	—	1321	1321	—	1321	—
54	1350	1372	—	1372	—	—	1372	—
56	1400	1422	1422	1422	1420	—	1422	1420
58	1450	1473	—	1473	—	—	1473	—
60	1500	1524	—	1524	1524	—	1524	—
64	1600	1626	1626	—	1620	—	1626	1620
66	1650	1676	—	—	—	—	1676	—
68	1700	1727	—	—	1727	—	1727	—
72	1800	1829	1829	—	1820	—	1829	1820
76	1900	1930	—	—	1930	—	1930	—
78	1950	1981	—	—	—	—	1981	—
80	2000	2032	2032	—	2020	—	2032	2020

续表

公称直径		外径/mm						
		英制管						公制管
NPS	DN	ASME B36.10/ASME B36.19 API5L	ISO 4200	HG/T 20553 Ⅰ系列	SH/T 3405	JIS	板焊管	HG/T 20553 Ⅱ系列
84	2100	2134	—	—	—	—	2134	—
88	2200	2235	2235	—	—	—	2235	—
90	2250	2286	—	—	—	—	2286	—
96	2400	2438	—	—	—	—	2438	—
100	2500	2540	2540	—	—	—	2540	—
102	2550	2591	—	—	—	—	2591	—
104	2600	2642	—	—	—	—	2642	—
108	2700	2743	—	—	—	—	2743	—
112	2800	2845	—	—	—	—	2845	—
114	2850	2896	—	—	—	—	2896	—
120	3000	3048	—	—	—	—	3048	—
126	3150	3200	—	—	—	—	3200	—
128	3200	3251	—	—	—	—	3251	—
132	3300	3353	—	—	—	—	3353	—
136	3400	3454	—	—	—	—	3454	—
138	3450	3505	—	—	—	—	3505	—
144	3600	3658	—	—	—	—	3658	—
152	3800	3861	—	—	—	—	3861	—
160	4000	4064	—	—	—	—	4064	—

六、公制管和英制管选用应注意的问题

(1) 公制管。①管子、管件(对焊、承插)、法兰、阀门(对焊、承插)的配套问题；②公制管不能采用管螺纹和螺纹管件。

(2) 英制管。①承插管件，阀门承插口内径与钢管外径的配合见表 4.1.12；②螺纹管件，阀门的螺纹型式(NPT、R、Rc、Rp)与钢管外径的配合见表 4.1.13。

表 4.1.12 阀门承插口内径与钢管外径的配合 mm

NPS	DN	外径			外径正偏差 GB/T 8163	承插口内径(最小)		
		ASME B36.10	ISO 4200 HG/T 20553	SH/T 3405		ASME B16.11	GB/T 14383	SH/T 3410
3/8	10	17.1	17.2	17	0.40	17.55		17.5
1/2	15	21.3	21.3	22	0.40	21.7	21.8	22.5

续表

NPS	DN	外径			外径正偏差 GB/T 8163	承插口内径(最小)		
		ASME B36.10	ISO 4200 HG/T 20553	SH/T 3405		ASME B16.11	GB/T 14383	SH/T 3410
3/4	20	26.7	26.9	27	0.40	27.05	27.4	27.5
1	25	33.4	33.7	34	0.45	33.8	34.2	34.5
11/4	32	42.2	42.4	42	0.45	42.55	42.9	42.7
1 1/2	40	48.3	48.3	48	0.45	48.65	48.8	48.8
2	50	60.3	60.3	60	0.60	61.10	61.1	60.8

表 4.1.13　管螺纹与英制管外径的配用

DN	管螺纹	
	ISO7-1(GB/T 7306)	ASME B1.20.1(GB/T 12716)
	钢管外径/mm	
65	76.1	73
125	139.7	141.3
150	165.1	168.3

七、管径使用限制

(1) 管径的确定是由工艺专业根据生产规模、流量、压力、流速等条件而定。按 ASME 规范要求，通常所取的管道最小通径如下：

工艺管道(中低压)	*DN*15
(高压)	*DN*6
公用物料管道	*DN*15
管廊上管道	*DN*50
地下管道	*DN*50
地下排水管道	*DN*100
黏度大易堵流体的管道	*DN*25
排液管	*DN*20(当主管为 *DN*15 时可用 *DN*15 的排液管)
高点放空管	*DN*15

(2) 蒸汽伴管和仪表管、高压设备检漏管根据需要选择。

(3) 工艺装置管道避免使用：*DN*32、*DN*65、*DN*125、*DN*175、*DN*225、*DN*550、*DN*650、*DN*750、*DN*850、*DN*950 等规格的管子和管件。引进装置如采用英制标准时，应避免使用 1¼″、2½″、3½″、5″、9″等规格的管子和管件。

(4) 当设备连接口的尺寸为上述规格时，应在设备口处使用异径管立即调整为标准规格(除工艺专业有特定的流速等原因外)。

八、中国石化行业标准碳素钢、低合金钢、合金钢、奥氏体不锈钢无缝钢管尺寸及特性数据

中国石化行业标准碳素钢、低合金钢、合金钢、奥氏体不锈钢无缝钢管尺寸及特性数据见表 4.1.14。

表 4.1.14 中国石化行业标准碳素钢、低合金钢、合金钢、奥氏体不锈钢无缝钢管尺寸及特性数据

公称直径		外径	管子	厚度/	内径	惯性矩	断面系数	理论质量	容积/
mm	in	D_o/mm	表号	mm	D_i/mm	I/cm^4	W/cm^3	W_p/(kg/m)	(m^3/m)
15	1/2	22	Sch5S	1.6	18.8	0.5	0.5	0.78	0.0003
			Sch10S	2.0	18.0	0.6	0.6	1.04	0.0003
			Sch20						
			Sch20S	2.5	17.0	0.7	0.7	1.16	0.0002
			Sch30						
			Sch40	3.0	16.0	0.826	0.75	1.33	0.0002
			Sch40S	3.0	16.0	0.826	0.75	1.35	0.0002
			Sch60						
			Sch80	4.0	14.0	0.96	0.87	1.68	0.00015
			Sch80S	4.0	14.0	0.96	0.87	1.70	0.00015
			Sch120						
			Sch140						
			Sch160	5.0	12.0	1.0	1.0		0.0001
20	3/4	27	Sch5S	1.6	23.8	1.0	0.8	1.02	0.0004
			Sch10S	2.0	23.0	1.2	0.9	1.37	0.0004
			Sch20						
			Sch20S	2.5	22.0	1.5	1.1	1.53	0.0004
			Sch30						
			Sch40	3.0	21.0	1.7	1.2	1.78	0.0003
			Sch40S	3.0	21.0	1.7	1.2	1.80	0.0003
			Sch60						
			Sch80	4.0	19.0	2.0	1.2	2.27	0.0003
			Sch80S	4.0	19.0	2.0	1.2	2.30	0.0003
			Sch120						
			Sch140						
			Sch160	5.0	16.0	2.3	1.7	2.92	0.0002
25	1	34	Sch5S	1.6	30.8	2.1	1.3	1.30	0.0007
			Sch10S	2.8	28.4	3.4	2.0	2.19	0.0006
			Sch20						
			Sch20S	3.0	28.0	3.5	2.1	2.33	0.0006
			Sch30						
			Sch40	3.5	27.0	3.9	2.3	2.60	0.0006
			Sch40S	3.5	27.0	3.9	2.3	2.63	0.0006
			Sch60						
			Sch80	4.5	25.0	4.6	2.7	3.27	0.0005
			Sch80S	4.5	25.0	4.6	2.7	3.32	0.0005
			Sch120						
			Sch140						
			Sch160	6.5	21.0	5.6	3.3	4.41	0.0003

续表

公称直径 mm	公称直径 in	外径 D_o/mm	管子表号	厚度/mm	内径 D_i/mm	惯性矩 I/cm^4	断面系数 W/cm^3	理论质量 W_p/(kg/m)	容积/(m^3/m)
(32)	1¼	42	Sch5S	1.6	38.8	4.1	2.0	1.62	0.0012
			Sch10S	2.8	36.4	6.7	3.2	2.75	0.0010
			Sch20						
			Sch20S	3.0	36.0	7.0	3.3	2.93	0.0010
			Sch30						
			Sch40	3.5	35.0	7.9	3.8	3.72	0.0010
			Sch40S	3.5	35.0	7.9	3.8	3.73	0.0010
			Sch60						
			Sch80	5.0	32.0	10.1	4.8	4.56	0.0008
			Sch80S	5.0	32.0	10.1	4.8	4.63	0.0008
			Sch120						
			Sch140						
			Sch160	6.5	29.0	11.8	5.6	5.69	0.0007
40	1½	48	Sch5S	1.6	44.8	6.3	2.6	1.86	0.0016
			Sch10S	2.8	42.4	10.2	4.2	3.17	0.0014
			Sch20						
			Sch20S	3.0	42.0	10.8	4.5	3.38	0.0014
			Sch30						
			Sch40	4.0	40.0	13.5	5.6	3.84	0.0013
			Sch40S	4.0	40.0	13.5	5.6	3.90	0.0013
			Sch60						
			Sch80	5.0	38.0	15.8	6.6	5.30	0.0012
			Sch80S	5.0	38.0	15.8	6.6	5.38	
			Sch120						
			Sch140						
			Sch160	7.0	34.0	19.5	8.1	7.08	0.0009
50	2	60	Sch5S	1.6	56.8	12.5	4.2	2.90	0.0025
			Sch10S	2.8	54.4	20.6	6.9	4.01	0.0023
			Sch20	3.5	53.0	24.9	8.3	4.88	0.0022
			Sch20S	3.5	53.0	24.9	8.3	4.95	0.0022
			Sch30						
			Sch40	4.0	52.0	27.7	9.2	5.52	0.0021
			Sch40S	4.0	52.0	27.7	9.2	5.61	0.0021
			Sch60	5.0	50.0	32.9	11.0	6.78	0.0020
			Sch80	5.5	49.0	35.3	11.8	7.39	0.0019
			Sch80S	5.5	49.0	35.3	11.8	7.50	0.0019
			Sch120	7.0	46.0	41.6	13.9	9.15	0.0017
			Sch140						
			Sch160	8.5	43.0	46.8	15.6	10.79	0.0015

续表

公称直径		外径	管子	厚度/	内径	惯性矩	断面系数	理论质量	容积/
mm	in	D_o/mm	表号	mm	D_i/mm	I/cm^4	W/cm^3	W_p/(kg/m)	(m^3/m)
(65)	2½	76	Sch5S	2.0	72.0	31.8	8.4	3.70	0.0041
			Sch10S	3.0	70.0	45.9	12.1	5.48	0.0038
			Sch20	4.5	67.0	64.8	17.1	7.97	0.0035
			Sch20S	3.5	69.0	52.5	13.8	6.35	0.0037
			Sch30						
			Sch40	5.0	66.0	70.6	18.6	8.75	0.0034
			Sch40S	5.0	66.0	70.6	18.6	8.89	0.0034
			Sch60	6.0	64.0	81.4	21.4	10.36	0.0032
			Sch80	7.0	62.0	91.2	24.0	11.36	0.0030
			Sch80S	7.0	62.0	91.2	24.0	12.09	0.0030
			Sch120	8.0	60.0	100.1	26.3	13.42	0.0028
			Sch140						
			Sch160	9.5	57.0	111.9	29.4	15.58	0.0026
80	3	89	Sch5S	2.0	85.0	51.7	11.6	4.36	0.0057
			Sch10S	3.0	83.0	75.0	16.9	6.46	0.0054
			Sch20	4.5	80.0	106.9	24.0	9.38	0.0050
			Sch20S	4.0	81.0	96.6	21.7	8.51	0.0052
			Sch30						
			Sch40	5.5	78.0	126.2	28.4	11.33	0.0048
			Sch40S	5.5	78.0	126.2	28.4	11.50	0.0048
			Sch60	6.5	76.0	144.1	32.4	13.22	0.0045
			Sch80	7.5	74.0	160.7	36.1	15.07	0.0043
			Sch80S	7.5	74.0	160.7	36.1	15.30	0.0043
			Sch120	9.0	71.0	183.2	41.2	17.76	0.0040
			Sch140						
			Sch160	11.0	67.0	209.0	47.0	21.26	0.0035
100	4	114	Sch5S	2.0	110.0	110.3	19.4	5.61	0.0095
			Sch10S	3.0	108.0	161.2	28.3	8.33	0.0092
			Sch20	5.0	104.0	254.7	44.7	13.44	0.0085
			Sch20S	4.0	106.0	209.2	36.7	11.01	0.0088
			Sch30						
			Sch40	6.0	102.0	297.6	52.2	15.98	0.0082
			Sch40S	6.0	102.0	297.6	52.2	16.22	0.0082
			Sch60	7.0	100.0	338.0	59.3	18.47	0.0079
			Sch80	8.5	97.0	394.3	69.2	22.11	0.0074
			Sch80S	8.5	97.0	394.3	69.2	22.45	0.0074
			Sch120	11.0	92.0	477.2	83.7	27.94	0.0066
			Sch140						
			Sch160	14.0	86.0	560.3	98.3	34.52	0.0058

续表

公称直径		外径	管子	厚度/	内径	惯性矩	断面系数	理论质量	容积/
mm	in	D_o/mm	表号	mm	D_i/mm	I/cm^4	W/cm^3	W_p/(kg/m)	(m^3/m)
(125)	5	140	Sch5S	2.8	134.4	283.6	40.5	9.62	0.0142
			Sch10S	3.5	133.0	349.2	49.88	10.49	0.0139
			Sch20	5.0	130.0	483.5	69.1	16.65	0.0133
			Sch20S	5.0	130.0	483.5	69.1	16.90	0.0133
			Sch30						
			Sch40	6.5	127.0	608.5	86.9	21.40	0.0127
			Sch40S	6.5	127.0	608.5	86.9	21.72	0.0127
			Sch60	8.0	124.0	724.8	103.5	26.4	0.0121
			Sch80	9.5	121.0	833.1	119.0	30.57	0.0115
			Sch80S	9.5	121.0	833.1	119.0	31.03	
			Sch120	13.0	114.0	1056.1	150.9	40.71	0.0102
			Sch140						
			Sch160	16.0	108.0	1217.3	173.9	48.93	0.0092
150	6	168	Sch5S	2.8	162.4	495.0	58.93	11.58	0.0207
			Sch10S	3.5	161.0	611.01	72.74	14.41	0.0204
			Sch20	5.5	157.0	927.4	110.4	20.04	0.0193
			Sch20S	5.0	158.0	850.7	101.3	20.40	0.0196
			Sch30	6.5	155.0	1075.0	128.0	25.89	00189
			Sch40	7.0	154.0	1148.8	136.8	27.79	0.0186
			Sch40S	7.0	154.0	1148.8	136.8	28.21	0.0186
			Sch60	9.5	149.0	1490.0	177.5	37.13	0.0177
			Sch80	11.0	146.0	1679.0	199.9	42.59	0.0167
			Sch80S	11.0	146.0	1679.0	199.9	43.23	0.0167
			Sch120	14.0	140.0	2023.5	240.9	53.17	0.0154
			Sch140						
			Sch160	18.0	132.0	2418.8	287.9	66.58	0.0137
200	8	219	Sch5S	2.8	213.4	1109.4	101.3	15.15	0.0357
			Sch10S	4.0	211.0	1560.9	142.5	18.88	0.0349
			Sch20	6.5	206.0	2450.4	223.8	34.04	0.0333
			Sch20S	6.5	206.0	2450.4	223.8	34.57	0.0333
			Sch30	7.0	205.0	2620.7	239.3	36.60	0.0330
			Sch40	8.0	203.0	2953.9	269.8	41.63	0.0323
			Sch40S	8.0	203.0	2953.9	269.8	42.25	0.0323
			Sch60	10.0	199.0	3591.5	328.0	51.54	0.0311
			Sch80	13.0	193.0	4478.3	409.0	66.04	0.0292
			Sch80S	13.0	193.0	4478.3	409.0	67.03	0.0292
			Sch100	15.0	189.0	5025.3	458.9	75.45	0.0280
			Sch120	18.0	183.0	5783.2	528.1	89.22	0.0263
			Sch140	20.0	179.0	6248.8	570.7	98.15	0.0252
			Sch160	24.0	171.0	7090.6	647.5	115.41	0.0230

续表

公称直径		外径	管子	厚度/	内径	惯性矩	断面系数	理论质量	容积/
mm	in	D_o/mm	表号	mm	D_i/mm	I/cm^4	W/cm^3	W_p/(kg/m)	(m^3/m)
250	10	273	Sch5S	3.5	266.0	2686.0	196.8	23.61	0.0555
			Sch10S	4.0	265.0	3056.7	223.9	26.93	0.0551
			Sch20	6.5	260.0	4831.7	354.0	42.71	0.0531
			Sch20S	6.5	260.0	4831.7	354.0	43.36	0.0531
			Sch30	8.0	257.0	5848.7	428.5	52.28	0.0518
			Sch40	9.5	254.0	6830.8	500.4	61.73	0.0506
			Sch40S	9.5	254.0	6830.8	500.4	62.66	0.0506
			Sch60	13.0	247.0	8990.6	658.7	83.35	0.0479
			Sch80	15.0	243.0	10145.1	743.2	95.43	0.0464
			Sch80S	15.0	243.0	10145.1	743.2	96.87	0.0464
			Sch100	18.0	237.0	11773.1	862.5	113.19	0.0441
			Sch120	22.0	229.0	13759.6	1008.0	136.17	0.0412
			Sch140	25.0	223.0	15119.1	1107.6	152.89	0.0390
			Sch160	28.0	217.0	16373.1	1199.5	169.17	0.0370
300	12	325	Sch5S	4.0	317.0	5193.8	319.6	32.04	0.0789
			Sch10S	4.5	316.0	5816.0	357.9	35.99	0.0784
			Sch20	6.5	312.0	8235.9	506.8	50.89	0.0764
			Sch20S	6.5	312.0	8235.9	506.8	51.66	0.0764
			Sch30	8.5	308.0	10585.1	651.4	66.13	0.0754
			Sch40	10.0	305.0	12280.3	755.7	77.43	0.0730
			Sch40S	9.5	306.0	11705.8	720.4	74.78	0.0735
			Sch60	14.0	297.0	16562.6	1019.2	107.02	0.0692
			Sch80	17.0	291.0	19555.2	1203.4	129.96	0.0665
			Sch80S	17.0	291.0	19555.2	1203.4	130.63	0.0665
			Sch100	22.0	281.0	24147.6	1486.0	163.84	0.0620
			Sch120	25.0	275.0	26677.6	1641.7	184.33	0.0594
			Sch140	28.0	269.0	29047.6	1787.5	204.38	0.0568
			Sch160	34.0	257.0	33333.9	2051.3	243.15	0.0518
350	14	356	Sch5S	4.0	348.0	6839.6	384.3	35.24	0.0951
			Sch10S	5.0	346.0	8477.5	476.3	43.93	0.0940
			Sch20	8.0	340.0	13247.0	744.2	68.65	0.0905
			Sch20S						
			Sch30	9.5	337.0	15536.7	872.6	81.17	0.0892
			Sch40	11.0	334.0	17756.3	997.5	93.58	0.0876
			Sch40S						
			Sch60	15.0	326.0	23402.1	1314.7	126.14	0.0835
			Sch80	19.0	318.0	28647.2	1609.4	157.90	0.0794
			Sch100	24.0	308.0	34669.7	1947.7	196.49	0.0745
			Sch120	28.0	300.0	39083.5	2195.7	226.48	0.0707
			Sch140	32.0	292.0	43158.0	2424.6	255.67	0.0670
			Sch160	36.0	284.0	46911.1	2635.5	284.08	0.0634

续表

公称直径 mm	公称直径 in	外径 D_o/mm	管子表号	厚度/mm	内径 D_i/mm	惯性矩 I/cm^4	断面系数 W/cm^3	理论质量 W_p/(kg/m)	容积/(m^3/m)
400	16	406	Sch5S	4.5	397.0	11418.5	562.5	45.22	0.1237
			Sch10S	5.0	396.0	12640.8	622.7	50.18	0.1231
			Sch20	8.0	390.0	19814.2	976.1	78.52	0.1195
			Sch20S						
			Sch30	9.5	387.0	23268.2	1146.2	92.89	0.1176
			Sch40	13.0	380.0	31021.0	1528.1	125.99	0.1134
			Sch40S						
			Sch60	17.0	372.0	39372.0	1939.5	163.08	0.1087
			Sch80	22.0	362.0	49079.5	2417.7	208.33	0.1029
			Sch100	26.0	354.0	56287.7	2772.8	243.64	0.0984
			Sch120	32.0	342.0	66220.7	3262.1	295.13	0.0919
			Sch140	36.0	334.0	72287.1	3560.9	328.47	0.0876
			Sch160	40.0	326.0	77932.9	3839.1	361.02	0.0835
450	18	457	Sch5S						
			Sch10S						
			Sch20	8.0	441.0	28446.4	1244.9	88.58	0.1528
			Sch20S						
			Sch30	11.0	435.0	38346.2	1678.2	120.98	0.1486
			Sch40	14.0	429.0	47844.7	2093.9	152.94	0.1446
			Sch40S						
			Sch60	19.0	419.0	62813.5	2749.0	205.22	0.1379
			Sch80	24.0	409.0	76748.2	3358.8	256.27	0.1314
			Sch100	30.0	397.0	92173.1	4033.8	315.89	0.1238
			Sch120	35.0	387.0	104002.4	4551.5	364.33	0.1176
			Sch140	40.0	377.0	114949.4	5030.6	411.33	0.1116
			Sch160	45.0	367.0	125059.1	5473.1	457.20	0.1058
500	20	508	Sch5S						
			Sch10S						
			Sch20	9.5	489.0	48520.4	1910.3	116.78	0.1870
			Sch20S						
			Sch30	13.0	482.0	61961.1	2439.4	158.69	0.1825
			Sch40	15.0	478.0	70647.2	2781.4	182.36	0.1795
			Sch40S						
			Sch60	20.0	468.0	91265.0	3593.1	240.68	0.1719
			Sch80	26.0	456.0	114695.9	4515.6	307.76	0.1633
			Sch100	32.0	444.0	136141.4	5359.9	375.62	0.1548
			Sch120	38.0	432.0	155943.7	6139.5	440.43	0.1466
			Sch140	45.0	418.0	177051.5	6970.5	513.79	0.1372
			Sch160	50.0	408.0	190885.4	7515.2	564.71	0.1307

续表

公称直径		外径	管子	厚度/	内径	惯性矩	断面系数	理论质量	容积/
mm	in	D_o/mm	表号	mm	D_i/mm	I/cm^4	W/cm^3	W_p/(kg/m)	(m^3/m)
550	22	559	Sch20	9.5	540	61933.8	2215.9	128.73	0.2290
			Sch30	13	533	83164.7	2975.5	175.04	0.2231
			Sch40	17	525	106425.4	3807.7	227.22	0.2165
			Sch60	22	515	134043.4	4795.8	291.33	0.2083
			Sch80	28	503	165127.3	5908.0	366.64	0.1987
			Sch100	35	489	198685.7	7108.6	452.26	0.1878
			Sch120	42	475	229482.3	8210.5	535.47	0.1772
			Sch140	48	463	253799.4	9080.5	604.86	0.1684
			Sch160	54	451	276297.5	9885.4	672.48	0.1598
600	24	610	Sch20	9.5	591	80824.5	2650.0	140.68	0.2473
			Sch30	14	582	116487.1	3819.3	205.76	0.2660
			Sch40	18	574	146828.5	4814.1	262.78	0.2588
			Sch60	25	560	196957.0	6457.6	360.65	0.2463
			Sch80	32	546	243463.6	7982.4	456.11	0.2341
			Sch100	38	534	280579.3	9199.3	536.01	0.2240
			Sch120	45	520	320830.5	10519.0	626.98	0.2124
			Sch140	52	506	357958.5	11736.3	715.53	0.2011
			Sch160	60	490	396779.1	13009.2	813.78	0.1886

九、中国石化行业标准焊接钢管尺寸及特性数据

中国石化行业标准焊接钢管尺寸及特性数据见表 4.1.15。

表 4.1.15　中国石化行业标准焊接钢管尺寸及特性数据

公称直径		外径	厚度/	内径	惯性矩	断面系数	理论质量 W_p/(kg/m)		容积/
mm	in	D_o/mm	mm	D_i/mm	I/cm^4	W/cm^3	碳钢、合金钢	不锈钢	(m^3/m)
150	6	168	4	160.0	692.1	82.4	16.18	16.42	0.0201
			5	158.0	849.6	101.2	20.10	20.40	0.0196
			6	156.0	1001.3	119.2	23.97	24.33	0.0191
			7	154.0	1147.3	136.6	27.79	28.03	0.0186
			8	152.0	1287.7	153.3	31.56	32.04	0.0182
			9	150.0	1422.7	169.4	35.29	35.82	0.0177
			10	148.0	1552.4	184.8	38.96	39.55	0.0172
200	8	219.0	4	211.0	1558.9	142.4	21.21	21.53	0.0350
			5	209.0	1921.9	175.5	26.39	26.78	0.0343
			6	207	2280.8	208.2	31.52	31.99	0.0337
			7	205	2624.4	239.6	36.60	37.14	0.0330
			8	203	2958.1	270.0	41.63	42.25	0.0324
			9	201	3282.1	299.6	46.61	47.31	0.0317
			10	199	3596.6	328.3	51.54	52.31	0.0311

续表

公称直径		外径	厚度/	内径	惯性矩	断面系数	理论质量 W_p/(kg/m)		容积/
mm	in	D_o/mm	mm	D_i/mm	I/cm^4	W/cm^3	碳钢、合金钢	不锈钢	(m^3/m)
250	10	273.0	4	268.0	1939.8	142.1	26.53	26.93	0.0564
			5	263.0	3774.1	276.5	33.04	33.54	0.0543
			6	261.0	4484.8	328.6	39.51	40.10	0.0535
			7	259.0	5174.7	379.1	45.92	46.61	0.0527
			8	257.0	5848.7	428.5	52.28	53.06	0.0518
			9	255.0	6507.3	476.7	59.10	59.47	0.0510
			10	253.0	7150.5	523.8	64.86	65.83	0.0502
			11	251.0	7778.6	569.9	71.07	72.14	0.0495
			12	249.0	8391.9	614.8	77.24	78.39	0.0487
			13	247.0	8990.6	658.7	83.35		0.0479
300	12	325.0	5	315.0	6424.1	395.3	39.33	39.92	0.0779
			6	313.0	7637.7	470.0	47.05	47.76	0.0770
			7	311.0	8828.3	543.3	54.72	55.54	0.0760
			8	309.0	9996.1	615.1	62.34	63.28	0.0750
			9	307.0	11141.5	685.6	69.91	70.96	0.0740
			10	305.0	12264.7	754.8	77.43	78.59	0.0731
			11	303.0	13366.0	822.5	84.90	86.18	0.0721
			12	301.0	14445.7	889.0	92.33	93.71	0.0712
			13	299.0	1550.41	954.1	99.70		0.0702
			14	297.0	16541.5	1017.9	107.02		0.0693
350	14	356.0	6	344.0	10087.2	566.7	51.79	52.56	0.0929
			7	342.0	11669.0	655.6	60.24	61.15	0.0919
			8	340.0	13223.4	742.9	68.65	69.68	0.0908
			9	338.0	14750.6	828.7	77.01	78.18	0.0897
			10	336.0	16250.9	913.0	85.32	86.60	0.0887
			11	334.0	17724.6	995.8	93.58	94.99	0.0876
			12	332.0	19172.2	1077.1	101.80	103.32	0.0866
			13	330.0	20593.7	1157.0	109.96		0.0855
			14	328.0	21989.7	1235.8	118.07		0.0845
			15	326.0	23360.4	1312.4	126.14		0.0835
400	16	406.0	6	394.0	15056.2	741.7	59.18	60.07	0.1219
			7	392.0	17435.6	858.9	68.88	69.91	0.1207
			8	390.0	19778.8	973.5	78.52	79.70	0.1195
			9	388.0	22086.3	1088.0	88.11	89.43	0.1182
			10	386.0	24358.4	1199.9	97.65	99.12	0.1170
			11	384.0	26595.4	1310.1	107.15	108.75	0.1158
			12	382.0	28797.8	1418.6	116.59	118.75	0.1146
			13	380.0	30965.8	1525.4	125.99		0.1134
			14	378.0	33099.8	1630.5	135.33		0.1122
			15	376.0	35200.3	1734.0	144.63		0.1110

续表

公称直径		外径	厚度/	内径	惯性矩	断面系数	理论质量 W_p/(kg/m)		容积/
mm	in	D_o/mm	mm	D_i/mm	I/cm^4	W/cm^3	碳钢、合金钢	不锈钢	(m^3/m)
450	18	457.0	6	445.0	21607.1	945.6	66.73	67.73	0.1554
			7	443.0	25042.7	1096.0	77.68	78.84	0.1541
			8	441.0	28431.9	1244.3	88.58	89.91	0.1527
			9	439.0	31775.4	1390.6	99.43	100.92	0.1513
			10	437.0	35073.5	1534.9	110.23	111.88	0.1499
			11	435.0	38326.7	1677.3	120.98	122.80	0.1485
			12	433.0	41535.2	1818.7	131.68	133.66	0.1472
			13	431.0	44699.6	1956.2	142.34		0.1458
			14	429.0	47759.4	2090.1	152.94		0.1446
			15	427.0	50832.8	2224.6	163.50		0.1432
			16	425.0	53863.3	2357.3	174.00		0.1419
500	20	508.0	6	496.0	29796.4	1173.1	74.28	74.94	0.1931
			7	494.0	34557.0	1360.5	86.48	87.78	0.1916
			8	492.0	39260.0	1545.7	98.64	100.12	0.1900
			9	490.0	43906.1	1728.6	110.75	112.41	0.1885
			10	488.0	48495.6	1909.3	122.81	124.65	0.1869
			11	486.0	53029.1	2087.8	134.82	136.84	0.1854
			12	484.0	57506.9	2264.1	146.78	148.98	0.1839
			13	482.0	61929.6	2438.2	157.69		0.1824
			14	480.0	66213.1	2606.8	170.55		0.1810
			15	487.0	70521.2	2776.4	182.36		0.1795
			16	476.0	74775.7	2943.9	194.12		0.1780
(550)	22	559.0	6	547.0	39830.6	1425.1	81.82	83.05	0.2349
			7	545.0	46219.4	1653.6	95.29	96.72	0.2332
			8	543.0	52538.3	1879.7	108.70	110.33	0.2315
			9	541.0	58787.7	2103.3	122.07	123.90	0.2298
			10	539.0	64968.2	2324.4	135.38	137.41	0.2281
			11	537.0	71080.2	2543.1	148.65	150.88	0.2264
			12	535.0	77124.4	2759.4	161.87	164.30	0.2247
			13	533.0	83101.1	2973.2	175.04		0.2230
			14	531.0	88897.6	3180.6	188.16		0.2215
			15	529.0	94733.6	3389.4	201.22		0.2198
			16	527.0	100503.8	3595.8	214.25		0.2181
600	24	610.0	6	598.0	51897.3	1701.6	89.37	90.71	0.2807
			7	596.0	60248.8	1975.4	104.09	105.65	0.2788
			8	594.0	68516.6	2246.4	118.76	120.54	0.2770
			9	592.0	76701.4	2514.8	133.39	135.39	0.2751
			10	590.0	84803.6	2780.4	147.96	150.18	0.2733
			11	588.0	92823.8	3043.4	162.48	164.92	0.2714
			12	586.0	100762.6	3303.7	176.96	179.61	0.2696
			13	584.0	107620.6	3561.3	191.39		0.2677
			14	582.0	116249.9	3811.5	205.76		0.2660
			15	580.0	123937.9	4063.5	220.09		0.2642
			16	587.0	131546.8	4313.0	234.37		0.2626

续表

公称直径		外径	厚度/	内径	惯性矩	断面系数	理论质量 W_p/(kg/m)		容积/
mm	in	D_o/mm	mm	D_i/mm	I/cm^4	W/cm^3	碳钢、合金钢	不锈钢	(m^3/m)
(650)	26	660.0	6	648.0	65881.1	1996.4	96.77	98.22	0.3296
			7	646.0	76511.6	2318.5	112.72	114.41	0.3276
			8	644.0	87043.8	2637.7	128.63	130.56	0.3256
			9	642.0	97478.4	2953.9	144.48	146.65	0.3235
			10	640.0	107815.9	3267.1	160.29	162.69	0.3215
			11	638.0	118056.9	3577.5	176.05	178.69	0.3195
			12	636.0	128202.0	3884.9	191.76	194.63	0.3175
			13	634.0	138252.0	4189.5	207.42		0.3155
			14	632.0	148018.4	4485.4	223.03		0.3137
			15	630.0	157867.0	4783.9	238.59		0.3117
			16	628.0	167622.2	5079.5	254.10		0.3098
700	28	711.0	6	699.0	82525.8	2321.4	104.31	105.87	0.3836
			7	697.0	95873.4	2696.9	121.52	123.35	0.3814
			8	695.0	109106.8	3069.1	138.69	140.77	0.3792
			9	693.0	122226.3	3438.2	155.80	158.14	0.3770
			10	691.0	135232.7	3804.0	172.87	175.46	0.3748
			11	689.0	148126.8	4166.7	189.88	192.73	0.3727
			12	687.0	160909.0	4526.3	206.85	209.95	0.3705
			13	685.0	173580.1	4882.7	223.76		0.3683
			14	683.0	185104.7	5214.2	240.63		0.3653
			15	681.0	197484.9	5563.0	257.45		0.3632
			16	679.0	209756.4	5908.6	274.22		0.3610
(750)	30	762.0	7	748.0	118254.8	3103.8	130.33	132.28	0.4392
			8	746.0	134614.8	3533.2	148.75	150.98	0.4369
			9	744.0	150844.4	3959.2	167.12	169.63	0.4345
			10	742.0	166943.8	4381.7	185.44	188.22	0.4322
			11	740.0	182913.3	4800.9	203.72	206.77	0.4299
			12	738.0	198754.1	5216.6	221.94	225.27	0.4275
			13	736.0	214466.5	5629.0	240.11		0.4252
			14	734.0	230051.3	6038.1	258.24		0.4229
			16	730.0	260528.7	6837.5	294.34		0.4185
800	32	813.0	7	799.0	143871.8	3539.3	139.13	141.22	0.5011
			8	797.0	163817.5	4029.9	158.81	161.19	0.4986
			9	795.0	183613.6	4516.9	178.44	181.12	0.4961
			10	793.0	203260.8	5000.3	198.02	200.99	0.4936
			11	791.0	222760.0	5480.0	217.55	220.81	0.4912
			12	789.0	242111.8	5956.0	237.03	240.59	0.4887
			13	787.0	261317.0	6428.5	256.46		0.4862
			14	785.0	280376.4	6897.3	275.85		0.4837
			16	781.0	317655.2	7814.4	314.46		0.4791

续表

公称直径		外径	厚度/	内径	惯性矩	断面系数	理论质量 W_p/(kg/m)		容积/
mm	in	D_o/mm	mm	D_i/mm	I/cm^4	W/cm^3	碳钢、合金钢	不锈钢	(m^3/m)
900	36	914.0	8	898.0	233532.9	5110.1	178.74	181.42	0.6330
			9	896.0	261860.9	5730.0	200.86	203.87	0.6302
			10	894.0	289999.8	6345.7	222.93	226.27	0.6274
			11	892.0	317950.9	6957.3	244.95	248.62	0.6246
			12	890.0	345714.2	7564.9	266.92	270.92	0.6218
			13	888.0	373291.1	8168.3	288.84		0.6190
			14	886.0	400682.4	8767.7	310.72		0.6162
			15	884.0	427888.6	9363.0	332.54		0.6134
			16	882.0	454911.1	9954.3	354.31		0.6107
1000	40	1016.0	8	1000.0	321616.7	6331.0	198.86	201.84	0.7850
			9	998.0	360749.3	7101.4	223.49	226.99	0.7819
			10	996.0	399647.1	7867.1	248.08	251.80	0.7787
			11	994.0	438311.1	8628.2	272.62	276.71	0.7756
			12	992.0	476742.7	9384.7	297.10	301.56	0.7725
			13	990.0	514942.5	10136.7	321.54		0.7694
			14	988.0	552911.4	10884.1	356.93		0.7663
			15	986.0	590650.8	11627.0	370.27		0.7632
			16	984.0	628160.8	12365.4	394.56		0.7601
1200	48	1220.0	10	1200.0	695385.9	11399.8	298.39		1.1304
			11	1198.0	763040.3	12508.9	327.95		1.1266
			12	1196.0	830357.1	13612.4	357.47		1.1229
			13	1194.0	897337.0	14710.4	386.94		1.1191
			14	1192.0	963980.4	15803.0	416.36		1.1154
			15	1190.0	1030290.0	16890.2	445.73		1.1116
			16	1188.0	1096266.0	17971.6	475.05		1.1079
			18	1184.0	1225658.2	20092.8	533.54		1.1010
1400	56	1420.0	10	1400.0	1100319.0	15497.5	347.71		1.5386
			11	1398.0	1207791.0	17011.1	382.21		1.5342
			12	1396.0	1314802.2	18518.3	416.66		1.5298
			13	1394.0	1421354.0	20019.1	451.06		1.5254
			14	1392.0	1527449.0	21513.4	485.41		1.5211
			15	1390.0	1633088.0	23001.2	519.71		1.5167
			16	1388.0	1738270.0	24482.7	553.96		1.5123
			18	1384.0	1944796.6	27391.5	622.32		1.5036
1600	64	1620.0	10	1600.0	1638077.0	20223.2	397.03		2.0096
			11	1598.0	1798544.0	22204.2	436.46		2.0046
			12	1596.0	1958409.0	24177.9	475.84		1.9996
			13	1594.0	2117675.0	26144.1	515.17		1.9946
			14	1592.0	2276341.0	28103.0	554.46		1.9896
			15	1590.0	2434414.0	30054.5	593.96		1.9846
			16	1588.0	2591887.0	31998.6	632.87		1.9796
			18	1584.0	2901355.4	35819.2	711.10		1.9696

续表

公称直径		外径	厚度/	内径	惯性矩	断面系数	理论质量 W_p/(kg/m)		容积/
mm	in	D_o/mm	mm	D_i/mm	I/cm^4	W/cm^3	碳钢、合金钢	不锈钢	(m^3/m)
1800	72	1820.0	10	1800.0	2327494.0	25576.9	446.35		2.5434
			11	1798.0	2556021.0	28088.1	490.71		2.5378
			12	1796.0	2783787.0	30591.1	535.02		2.5321
			13	1794.0	3101786.0	33085.6	579.29		2.5265
			14	1792.0	3237034.0	35571.8	623.50		2.5208
			15	1790.0	3462526.0	38049.7	667.67		2.2152
			16	1788.0	3687257.0	40519.3	711.79		2.5096
			18	1784.0	4129203.5	45375.9	799.87		2.4984
2000	80	2020.0	10	2000.0	3187415.0	31558.6	495.67		3.1400
			11	1998.0	3500946.0	34662.8	544.96		3.1337
			12	1996.0	3813535.0	37757.8	594.21		3.1275
			13	1994.0	4125184.0	40843.4	643.40		3.1212
			14	1992.0	4435901.0	43919.8	962.55		3.1149
			15	1990.0	4745681.0	46986.9	741.65		3.1087
			16	1988.0	5054526.0	50044.8	790.70		3.1024
			18	1984.0	5662209.2	56061.5	888.65		3.1000

十、碳素钢、低合金钢、合金钢、奥氏体不锈钢无缝钢管尺寸及特性数据

碳素钢、低合金钢、合金钢、奥氏体不锈钢无缝钢管尺寸及特性数据见表4.1.16。

表4.1.16 碳素钢、低合金钢、合金钢、奥氏体不锈钢无缝钢管尺寸及特性数据

公称直径		外径	管子	厚度/	内径	惯性矩	断面系数	理论质量	容积/
mm	in	D_o/mm	表号	mm	D_i/mm	I/cm^4	W/cm^3	W_p/(kg/m)	(m^3/m)
15	1/2	21.3	Sch5S	1.6	18.1	0.5	0.5	0.777	0.0003
			Sch10	1.6	18.1	0.5	0.5	0.777	0.0003
			Sch10S	2.0	17.3	0.6	0.5	0.951	0.0002
			Sch20	2.0	17.3	0.6	0.5	0.951	0.0002
			Sch20S	2.6	16.1	0.7	0.6	1.198	0.0002
			Sch30						
			Sch40	2.9	15.5	0.7	0.7	1.315	0.0002
			Sch60						
			Sch80	3.6	14.1	0.8	0.8	1.571	0.0002
			Sch100						
			Sch120						
			Sch140						
			Sch160	4.5	12.3	0.9	0.8	1.863	0.0001

续表

公称直径		外径 D_o/mm	管子表号	厚度/mm	内径 D_i/mm	惯性矩 I/cm^4	断面系数 W/cm^3	理论质量 W_p/(kg/m)	容积/(m^3/m)
mm	in								
20	3/4	26.9	Sch5S	1.6	23.7	1.0	0.8	0.998	0.0004
			Sch10	1.8	23.3	1.1	0.8	1.114	0.0004
			Sch10S	2.0	22.9	1.2	0.9	1.228	0.0004
			Sch20	2.3	22.3	1.4	1.0	1.395	0.0004
			Sch20S	2.6	21.7	1.5	1.1	1.557	0.0004
			Sch30						
			Sch40	2.9	21.7	1.6	1.2	1.716	0.0003
			Sch60						
			Sch80	4.0	18.9	1.9	1.4	2.258	0.0003
			Sch100						
			Sch120						
			Sch140						
			Sch160	5.6	15.7	2.3	1.7	2.940	0.0002
25	1	33.7	Sch5S	1.6	30.5	2.1	1.2	1.266	0.0007
			Sch10	2.0	29.7	2.5	1.5	1.563	0.0007
			Sch10S	2.9	27.9	3.4	2.0	2.202	0.0006
			Sch20	2.6	28.5	3.1	1.8	1.993	0.0006
			Sch20S	3.2	27.3	3.6	2.1	2.406	0.0006
			Sch30						
			Sch40	3.2	27.3	3.6	2.1	2.406	0.0006
			Sch60						
			Sch80	4.5	24.7	4.5	2.7	3.239	0.0005
			Sch100						
			Sch120						
			Sch140						
			Sch160	6.3	21.1	5.4	3.2	4.255	0.0003
(32)	1¼	42.4	Sch5S	1.6	39.2	4.3	2.0	1.609	0.0012
			Sch10	2.6	37.2	6.5	3.0	2.551	0.0011
			Sch10S	2.9	36.6	7.1	3.3	2.824	0.0011
			Sch20	2.9	36.6	7.1	3.3	2.824	0.0011
			Sch20S	3.2	36.0	7.6	3.6	3.092	0.0010
			Sch30						
			Sch40	3.6	35.2	8.3	3.9	3.443	0.0010
			Sch60						
			Sch80	5.0	32.4	10.5	4.9	4.609	0.0008
			Sch100						
			Sch120						
			Sch140						
			Sch160	6.3	29.8	12.0	5.7	5.606	0.0007

续表

公称直径 mm	公称直径 in	外径 D_o/mm	管子表号	厚度/mm	内径 D_i/mm	惯性矩 I/cm^4	断面系数 W/cm^3	理论质量 W_p/(kg/m)	容积/(m^3/m)
40	1½	48.3	Sch5S	1.6	45.1	6.4	2.7	1.842	0.0016
			Sch10	2.6	43.1	9.8	4.0	2.929	0.0015
			Sch10S	2.9	42.5	10.7	4.4	3.245	0.0014
			Sch20	2.9	42.5	10.7	4.4	3.245	0.0014
			Sch20S	3.2	41.9	11.6	4.8	3.557	0.0014
			Sch30						
			Sch40	3.6	41.1	12.7	5.3	3.967	0.0013
			Sch60						
			Sch80	5.0	38.3	16.1	6.7	5.337	0.0012
			Sch100						
			Sch120						
			Sch140						
			Sch160	7.1	34.1	20.1	8.3	7.210	0.0009
50	2	60.3	Sch5S	1.6	57.1	12.7	4.2	2.315	0.0026
			Sch10	2.9	54.5	21.6	7.2	4.103	0.0023
			Sch10S	2.9	54.5	21.6	7.2	4.103	0.0023
			Sch20	3.2	53.9	23.5	7.8	4.504	0.0023
			Sch20S	3.6	53.1	25.9	8.6	5.031	0.0022
			Sch30						
			Sch40	4.0	52.3	28.2	9.3	5.551	0.0021
			Sch60						
			Sch80	5.6	49.1	36.4	12.1	7.550	0.0019
			Sch100						
			Sch120						
			Sch140						
			Sch160	8.8	42.7	48.6	16.1	11.171	0.0014
(65)	2½	76.1	Sch5S	2.0	72.1	32.0	8.4	3.653	0.0041
			Sch10	4.0	68.1	59.0	15.5	7.109	0.0036
			Sch10S	3.2	69.7	48.8	12.8	5.750	0.0038
			Sch20	4.5	67.1	65.1	17.1	7.942	0.0035
			Sch20S	3.6	68.9	54.0	14.2	6.433	0.0037
			Sch30						
			Sch40	5.0	66.1	70.9	18.6	8.763	0.0034
			Sch60						
			Sch80	7.1	61.9	92.5	34.3	12.076	0.0030
			Sch100						
			Sch120						
			Sch140						
			Sch160	10.0	56.1	116.0	30.5	16.293	0.0025

续表

公称直径		外径	管子	厚度/	内径	惯性矩	断面系数	理论质量	容积/
mm	in	D_o/mm	表号	mm	D_i/mm	I/cm^4	W/cm^3	W_p/(kg/m)	(m^3/m)
80	3	88.9	Sch5S	2.0	84.9	51.5	11.6	4.284	0.0057
			Sch10	4.0	80.9	96.3	21.7	8.371	0.0051
			Sch10S	3.2	82.5	79.2	17.8	6.760	0.0053
			Sch20	4.5	79.9	106.5	24.0	9.362	0.0050
			Sch20S	4.0	80.9	96.3	21.7	8.371	0.0051
			Sch30						
			Sch40	5.6	77.7	127.6	28.7	11.498	0.0047
			Sch60						
			Sch80	8.0	72.9	167.9	37.8	15.953	0.0042
			Sch100						
			Sch120						
			Sch140						
			Sch160	11.0	66.9	208.2	46.8	21.122	0.0035
100	4	114.3	Sch5S	2.0	110.3	111.2	19.5	5.536	0.0096
			Sch10	4.5	105.3	234.2	41.0	12.179	0.0087
			Sch10S	3.2	107.9	172.4	30.2	8.763	0.0091
			Sch20	5.0	104.3	256.8	44.9	13.417	0.0085
			Sch20S	4.0	106.3	211.0	36.9	10.875	0.0089
			Sch30						
			Sch40	6.3	101.7	312.6	54.7	16.771	0.0081
			Sch60						
			Sch80	8.8	96.7	408.4	71.5	22.884	0.0073
			Sch100						
			Sch120	11.0	92.3	481.3	84.2	28.009	0.0067
			Sch140						
			Sch160	14.2	85.9	570.3	99.8	35.037	0.0058
(125)	5	139.7	Sch5S	2.9	133.9	291.5	41.7	9.779	0.0141
			Sch10	4.5	130.7	437.0	62.6	14.996	0.0134
			Sch10S	3.6	132.5	356.5	51.0	12.077	0.0138
			Sch20	5.0	129.7	480.3	68.8	16.601	0.0132
			Sch20S	5.0	129.7	480.3	68.8	16.601	0.0132
			Sch30	5.6	128.5	531.0	76.0	18.510	0.0130
			Sch40	6.3	127.1	588.3	84.0	20.716	0.0127
			Sch60	8.0	123.7	719.9	103.1	25.970	0.0120
			Sch80	10.0	119.7	861.5	123.3	31.970	0.0112
			Sch100						
			Sch120	12.5	114.7	1019.5	146.0	39.192	0.0103
			Sch140						
			Sch160	16	107.7	1208.6	173.0	48.785	0.0091

续表

公称直径		外径	管子	厚度/	内径	惯性矩	断面系数	理论质量	容积/
mm	in	D_o/mm	表号	mm	D_i/mm	I/cm^4	W/cm^3	W_p/(kg/m)	(m^3/m)
150	6	168. 3	Sch5S	2. 9	162. 5	515. 2	61. 2	11. 823	0. 0207
			Sch10	5. 0	158. 3	855. 4	101. 7	20. 126	0. 0197
			Sch10S	3. 6	161. 1	631. 6	75. 1	14. 615	0. 0204
			Sch20	5. 6	157. 1	947. 8	112. 6	22. 458	0. 0194
			Sch20S	5. 0	158. 3	855. 4	101. 7	20. 126	0. 0197
			Sch30	6. 3	155. 7	1052. 9	125. 1	25. 157	0. 0190
			Sch40	7. 1	154. 1	1169. 6	139. 0	28. 211	0. 0186
			Sch60	8. 0	152. 3	1296. 6	154. 1	31. 610	0. 0182
			Sch80	11. 0	146. 3	1688. 6	200. 7	42. 650	0. 0168
			Sch100						
			Sch120	14. 2	139. 9	2056. 9	244. 4	53. 937	0. 0154
			Sch140						
			Sch160	17. 5	133. 3	2387. 2	283. 7	65. 049	0. 0139
200	8	219. 1	Sch5S	2. 9	212. 3	1150. 5	105. 0	15. 454	0. 0357
			Sch10	5. 9	207. 3	2245. 0	205. 0	31. 006	0. 0337
			Sch10S	4. 0	211. 1	1563. 0	142. 7	21. 208	0. 0350
			Sch20	6. 3	206. 5	2384. 9	217. 7	33. 045	0. 0335
			Sch20S	6. 3	206. 5	2384. 9	217. 7	33. 045	0. 0335
			Sch30	7. 1	204. 9	2658. 2	242. 6	37. 102	0. 0330
			Sch40	8. 0	203. 1	2958. 1	270. 0	41. 627	0. 0324
			Sch60	10. 0	199. 1	3596. 6	328. 3	51. 541	0. 0311
			Sch80	12. 5	194. 1	4342. 4	396. 4	63. 656	0. 0296
			Sch100	16. 0	187. 1	5293. 9	483. 2	80. 099	0. 0275
			Sch120	17. 5	184. 1	5670. 3	517. 6	86. 962	0. 0266
			Sch140	20. 0	179. 1	6258. 1	571. 3	98. 152	0. 0252
			Sch160	22. 2	174. 7	6736. 2	641. 9	107. 745	0. 0240
250	10	273. 0	Sch5S	3. 6	265. 8	2763. 2	202. 4	23. 906	0. 0555
			Sch10	5. 9	261. 2	4414. 9	323. 4	38. 844	0. 0536
			Sch10S	4. 0	265. 0	3056. 7	223. 9	26. 522	0. 0551
			Sch20	6. 3	260. 4	4693. 4	343. 8	41. 416	0. 0532
			Sch20S	6. 3	26. 0	4693. 4	343. 8	41. 416	0. 0532
			Sch30	8. 0	257. 0	5848. 7	428. 5	52. 256	0. 0518
			Sch40	8. 8	255. 4	6376. 8	467. 2	57. 308	0. 0512
			Sch60	12. 5	248. 0	8693. 0	636. 9	80. 263	0. 0483
			Sch80	16. 0	241. 0	10701. 4	784. 0	101. 357	0. 0456
			Sch100	17. 5	238. 0	11510. 2	843. 2	110. 212	0. 0445
			Sch120	22. 2	228. 6	13853. 7	1014. 9	137. 240	0. 0410
			Sch140	25. 0	223. 0	15119. 1	1107. 6	152. 824	0. 0390
			Sch160	28. 0	217. 0	16373. 1	1199. 5	169. 092	0. 0370

续表

公称直径		外径	管子	厚度/	内径	惯性矩	断面系数	理论质量	容积/
mm	in	D_o/mm	表号	mm	D_i/mm	I/cm^4	W/cm^3	W_p/(kg/m)	(m^3/m)
300	12	323.9	Sch5S	4.0	315.9	5140.6	317.4	31.541	0.0783
			Sch10	5.9	312.1	7449.4	460.0	46.247	0.0765
			Sch10S	4.5	314.9	5756.3	355.4	35.428	0.0778
			Sch20	6.3	311.3	7924.9	489.3	49.320	0.0761
			Sch20S	6.3	311.3	7924.9	489.3	49.320	0.0761
			Sch30	8.8	306.3	10814.5	667.8	68.349	0.0736
			Sch40	10.0	303.9	12152.2	750.4	77.3737	0.0725
			Sch60	14.2	295.5	16490.7	1024.4	108.400	0.0685
			Sch80	17.5	288.9	19822.5	1224.0	132.168	0.0655
			Sch100	22.2	279.5	24058.2	1485.5	165.093	0.0613
			Sch120	25.0	273.9	26386.7	1629.3	184.190	0.0589
			Sch140	28.0	267.9	28727.9	1773.9	204.222	0.0563
			Sch160	32.0	259.9	31614.0	1952.1	230.241	0.0530
350	14	355.6	Sch5S	4.0	347.6	6825.0	383.9	34.666	0.0948
			Sch10	6.3	343.0	10541.9	592.9	54.242	0.0924
			Sch10S	5.0	345.6	8459.3	475.8	43.210	0.0938
			Sch20	8.0	339.6	13194.7	742.1	68.544	0.0905
			Sch20S						
			Sch30	10.0	355.6	16215.3	912.0	85.187	0.0884
			Sch40	11.0	333.6	17685.6	994.7	93.435	0.0874
			Sch60	16.0	323.6	24650.5	1386.4	133.933	0.0822
			Sch80	20.0	315.6	29776.6	1674.7	165.444	0.0782
			Sch100	25.0	305.6	35658.6	2005.5	203.724	0.0733
			Sch120	28.0	299.6	38921.6	2189.1	226.100	0.0705
			Sch140	32.0	291.6	42977.5	2417.2	255.245	0.0667
			Sch160	36.0	283.6	46713.1	2627.3	283.602	0.0631
400	16	406.4	Sch5S	4.0	398.4	10230.9	503.5	39.675	0.1246
			Sch10	6.3	393.8	15841.4	779.6	62.131	0.1217
			Sch10S	5.0	396.4	12694.3	624.7	49.471	0.1233
			Sch20	8.0	390.4	19763.8	977.5	78.561	0.1196
			Sch20S						
			Sch30	10.0	386.4	24463.4	1203.9	97.709	0.1172
			Sch40	12.5	381.4	30015.4	1477.1	121.366	0.1142
			Sch60	17.5	371.4	40482.8	1992.3	167.755	0.1083
			Sch80	22.2	362.0	49580.6	2440.0	210.237	0.1029
			Sch100	28.0	350.4	59871.8	2946.0	261.161	0.0964
			Sch120	30.0	346.4	63191.7	3109.8	278.337	0.0942
			Sch140	36.0	334.4	72483.4	3567.1	328.680	0.0878
			Sch160	40.0	326.4	78146.8	3845.8	361.256	0.0836

续表

公称直径		外径	管子	厚度/	内径	惯性矩	断面系数	理论质量	容积/
mm	in	D_o/mm	表号	mm	D_i/mm	I/cm^4	W/cm^3	W_p/(kg/m)	(m^3/m)
450	18	457.0	Sch5S	4.0	449.0	14595.8	638.8	44.664	0.1583
			Sch10	6.3	444.4	22642.7	990.9	69.989	0.1550
			Sch10S	5.0	447.0	18125.0	793.2	55.707	0.1569
			Sch20	8.0	441.0	28431.9	1244.3	82.539	0.1527
			Sch20S						
			Sch30	11.0	435.0	38326.7	1677.3	120.928	0.1485
			Sch40	14.2	428.6	48439.2	2119.9	154.987	0.1442
			Sch60	20.0	417.0	65648.2	2873.0	215.432	0.1365
			Sch80	25.0	407.0	79374.8	3473.7	266.209	0.1300
			Sch100	30.0	397.0	92126.2	4031.8	315.754	0.1237
			Sch120	36.0	385.0	106206.8	4648.0	373.580	0.1164
			Sch140	40.0	377.0	114890.9	5028.0	411.145	0.1116
			Sch160	45.0	367.0	124995.4	5470.3	456.992	0.1057
500	20	508.0	Sch5S	5.0	498.0	24977.9	983.4	61.992	0.1947
			Sch10	6.3	495.4	31230.7	1229.6	77.908	0.1927
			Sch10S	5.6	496.8	27876.0	1097.5	69.349	0.1937
			Sch20	10.0	488.0	48495.6	1909.3	122.752	0.1869
			Sch20S						
			Sch30	12.5	483.0	59725.1	2351.4	152.670	0.1821
			Sch40	16.0	476.0	74871.1	2947.7	194.037	0.1779
			Sch60	20.0	468.0	91381.4	3597.7	240.574	0.1719
			Sch80	28.0	452.0	121954.2	4801.3	331.283	0.1604
			Sch100	32.0	444.0	136072.0	5357.2	375.454	0.1548
			Sch120	40.0	428.0	162105.7	6382.1	461.429	0.1438
			Sch140	45.0	418.0	176961.4	6967.0	513.562	0.1372
			Sch160	50.0	408.0	190788.2	7511.3	564.462	0.1307

十一、超大口径管道外径选用与工程应用

笔者遇到某焊接碳钢管子 *DN*3600(152″)，外径是按英寸直接乘 25.4mm 还是依据什么标准？经查，按 GB/T 28708《管道工程用无缝及焊接钢管尺寸选用规定》则 *DN*3600(152")的管子标准外径，系列 I 是 3861mm，系列 II 是 3820mm。GB/T 28708 规定了管道工程用碳素钢、合金钢、不锈钢无缝钢管及焊接钢管的尺寸系列和理论质量，管道口径 *DN*6(1/8″)～*DN*4000(160″)，管子外径分为系列 I 和系列 II，系列 I 是通用系列，属推荐选用系列，系列 II 是非通用系列。

十二、常用美标碳钢管和合金钢管的外径壁厚和单重

根据 ASME B36.10，常用美标碳钢管和合金钢管管的外径壁厚和单重见表 4.1.17。

表 4.1.17　常用美标碳钢管和合金钢管管的外径壁厚和单重

DN	NPS	OD		Sch5	Sch10	Sch20	Sch30	STD	Sch40	Sch60	XS	Sch80	Sch100	Sch120	Sch140	Sch160	XXS
6	1/8	10.3	mm	—	1.24	—	1.45	1.73	1.73	—	2.41	2.41	—	—	—	—	—
			kg/m	—	0.28	—	0.32	0.37	0.37	—	0.47	0.47	—	—	—	—	—
8	1/4	13.7	mm	—	1.65	—	1.85	2.24	2.24	—	3.02	3.02	—	—	—	—	—
			kg/m	—	0.49	—	0.54	0.63	0.63	—	0.80	0.80	—	—	—	—	—
10	3/8	17.1	mm	—	1.65	—	1.85	2.31	2.31	—	3.20	3.20	—	—	—	—	—
			kg/m	—	0.63	—	0.70	0.84	0.84	—	1.10	1.10	—	—	—	—	—
15	1/2	21.3	mm	1.65	2.11	—	2.41	2.77	2.77	—	3.73	3.73	—	—	—	4.78	7.47
			kg/m	0.80	1.00	—	1.12	1.27	1.27	—	1.62	1.62	—	—	—	1.95	2.55
20	3/4	26.7	mm	1.65	2.11	—	2.41	2.87	2.87	—	3.91	3.91	—	—	—	5.56	7.82
			kg/m	1.03	1.28	—	1.44	1.69	1.69	—	2.20	2.20	—	—	—	2.90	3.64
25	1	33.4	mm	1.65	2.77	—	2.90	3.38	3.38	—	4.55	4.55	—	—	—	6.35	9.09
			kg/m	1.29	2.09	—	2.18	2.50	2.50	—	3.24	3.24	—	—	—	4.24	5.45
32	1¼	42.2	mm	1.65	2.77	—	2.97	3.56	3.56	—	4.85	4.85	—	—	—	6.35	9.70
			kg/m	1.65	2.69	—	2.87	3.39	3.39	—	4.47	4.47	—	—	—	5.61	7.77
40	1½	48.3	mm	1.65	2.77	—	3.18	3.68	3.68	—	5.08	5.08	—	—	—	7.14	10.15
			kg/m	1.90	3.11	—	3.54	4.05	4.05	—	5.41	5.41	—	—	—	7.25	9.56
50	2	60.3	mm	1.65	2.77	—	3.18	3.91	3.91	—	5.54	5.54	—	—	—	8.74	11.07
			kg/m	2.39	3.93	—	4.48	5.44	5.44	—	7.48	7.48	—	—	—	11.11	13.44
65	2½	73.0	mm	2.11	3.05	—	4.78	5.16	5.16	—	7.01	7.01	—	—	—	9.53	14.02
			kg/m	3.75	5.26	—	8.04	8.63	8.63	—	11.41	11.41	—	—	—	14.92	20.39
80	3	88.9	mm	2.11	3.05	—	4.78	5.49	5.49	—	7.62	7.62	—	—	—	11.13	15.24
			kg/m	4.52	6.46	—	9.92	11.29	11.29	—	15.27	15.27	—	—	—	21.35	27.68

续表

DN	NPS	OD		Sch5	Sch10	Sch20	Sch30	STD	Sch40	Sch60	XS	Sch80	Sch100	Sch120	Sch140	Sch160	XXS
90	3½	101.6	mm	2.11	3.05	—	4.78	5.74	5.74	—	8.08	8.08	—	—	—	—	—
			kg/m	5.18	7.41	—	11.41	13.57	13.57	—	18.63	18.63	—	—	—	—	—
100	4	114.3	mm	2.11	3.05	—	4.78	6.02	6.02	—	8.56	8.56	—	11.13	—	13.49	17.12
			kg/m	5.84	8.37	—	12.91	16.07	16.07	—	22.32	22.32	—	28.32	—	33.54	41.03
125	5	141.3	mm	2.77	3.40	—	—	6.55	6.55	—	9.53	9.53	—	12.70	—	15.88	19.05
			kg/m	9.46	11.56	—	—	21.77	21.77	—	30.97	30.97	—	40.28	—	49.11	57.43
150	6	168.3	mm	2.77	3.40	—	—	7.11	7.11	—	10.97	10.97	—	14.27	—	18.26	21.95
			kg/m	11.31	13.83	—	—	28.26	28.26	—	42.56	42.56	—	54.20	—	67.56	79.22
200	8	219.1	mm	2.77	3.76	6.35	7.04	8.18	8.18	10.31	12.70	12.70	15.09	18.26	20.62	23.01	22.23
			kg/m	14.78	19.97	33.31	36.81	42.55	42.55	53.08	64.64	64.64	75.92	90.44	100.90	111.20	107.90
250	10	273.1	mm	3.40	4.19	6.35	7.80	9.27	9.27	12.70	12.70	15.09	18.26	21.44	25.40	28.58	25.40
			kg/m	22.61	27.77	41.77	51.03	60.31	60.31	81.55	81.55	96.01	114.70	133.00	155.10	172.30	155.10
300	12	323.9	mm	3.96	4.57	6.35	8.38	9.53	10.31	14.27	12.70	17.48	21.44	25.40	28.58	33.32	25.40
			kg/m	31.24	35.98	49.73	65.20	73.88	79.73	108.90	97.46	132.00	159.90	186.90	208.10	238.70	186.90
350	14	355.6	mm	3.96	6.35	7.92	9.53	9.53	11.13	15.09	12.70	19.05	23.83	27.79	31.75	35.71	—
			kg/m	34.34	54.69	67.90	81.33	81.33	94.55	126.70	107.30	158.10	194.90	224.60	253.50	281.70	—
400	16	406.4	mm	4.19	6.35	7.92	9.53	9.53	12.70	16.66	12.70	21.44	26.19	30.96	36.53	40.49	—
			kg/m	41.56	62.64	77.83	93.27	93.27	123.30	160.10	123.30	203.50	245.50	286.60	333.10	365.30	—
450	18	457.2	mm	4.19	6.35	7.92	11.13	9.53	14.27	19.05	12.70	23.83	29.36	34.93	39.67	45.24	—
			kg/m	46.79	70.57	87.71	122.30	105.10	155.80	205.70	139.10	254.50	309.60	363.50	408.20	459.30	—
500	20	508	mm	4.78	6.35	9.53	12.70	9.53	15.09	20.62	12.70	26.19	35.54	38.10	44.45	50.01	—
			kg/m	59.32	78.55	117.10	155.10	117.10	183.40	247.80	155.10	311.10	381.50	441.40	508.10	664.80	—
550	22	559	mm	4.78	6.35	9.53	12.70	9.53	—	22.23	12.70	28.58	34.93	41.28	47.63	53.98	—
			kg/m	65.33	86.54	129.10	171.00	129.10	—	294.20	171.00	373.80	451.40	527.00	600.60	672.20	—

续表

DN	NPS	OD		Sch5	Sch10	Sch20	Sch30	STD	Sch40	Sch60	XS	Sch80	Sch100	Sch120	Sch140	Sch160	XXS
600	24	610	mm	5. 54	6. 35	9. 53	14. 27	9. 53	17. 48	24. 61	12. 70	30. 96	38. 89	46. 02	52. 37	59. 54	—
			kg/m	82. 58	94. 53	141. 10	209. 60	141. 10	255. 40	355. 20	187. 00	442. 00	547. 70	640. 00	720. 10	808. 20	—
650	26	660	mm	—	7. 92	12. 70	—	9. 53	—	—	12. 70	—	—	—	—	—	—
			kg/m	—	127. 30	202. 70	—	152. 80	—	—	202. 70	—	—	—	—	—	—
700	28	711	mm	—	7. 92	12. 70	15. 88	9. 53	—	—	12. 70	—	—	—	—	—	—
			kg/m	—	137. 30	218. 60	271. 20	164. 80	—	—	218. 60	—	—	—	—	—	—
750	30	762	mm	6. 35	7. 90	12. 70	15. 88	9. 53	—	—	12. 70	—	—	—	—	—	—
			kg/m	118. 34	147. 20	234. 60	291. 10	176. 80	—	—	234. 60	—	—	—	—	—	—
800	32	813	mm	—	7. 92	12. 70	15. 88	9. 53	17. 48	—	12. 70	—	—	—	—	—	—
			kg/m	—	157. 20	250. 60	312. 10	188. 80	342. 90	—	250. 60	—	—	—	—	—	—
850	34	864	mm	—	7. 92	12. 70	15. 88	9. 53	17. 48	—	12. 70	—	—	—	—	—	—
			kg/m	—	167. 20	266. 60	332. 10	200. 30	364. 90	—	266. 60	—	—	—	—	—	—
900	36	914	mm	—	7. 92	12. 70	15. 88	9. 53	19. 05	—	12. 70	—	—	—	—	—	—
			kg/m	—	176. 90	282. 20	351. 70	212. 50	420. 40	—	282. 20	—	—	—	—	—	—
950	38	965	mm	—	—	—	—	9. 53	—	—	12. 70	—	—	—	—	—	—
			kg/m	—	—	—	—	224. 56	—	—	298. 26	—	—	—	—	—	—
1000	40	1016	mm	—	—	—	—	9. 53	—	—	12. 70	—	—	—	—	—	—
			kg/m	—	—	—	—	236. 54	—	—	314. 23	—	—	—	—	—	—
1050	42	1067	mm	—	—	—	—	9. 53	—	—	12. 70	—	—	—	—	—	—
			kg/m	—	—	—	—	248. 53	—	—	330. 21	—	—	—	—	—	—
1100	44	1118	mm	—	—	—	—	9. 53	—	—	12. 70	—	—	—	—	—	—
			kg/m	—	—	—	—	260. 52	—	—	346. 18	—	—	—	—	—	—
1150	46	1168	mm	—	—	—	—	9. 53	—	—	12. 70	—	—	—	—	—	—
			kg/m	—	—	—	—	272. 27	—	—	361. 84	—	—	—	—	—	—
1200	48	1219	mm	—	—	—	—	9. 53	—	—	12. 70	—	—	—	—	—	—
			kg/m	—	—	—	—	248. 25	—	—	377. 81	—	—	—	—	—	—

第二节　配管设计金属管道的选用与工程应用

一、管子选用的一般要求和原则

1. 确定管子标准体系

管子标准应根据工程实际要求来定，只有在管子标准确定后，其他管配件标准才能确定，所以管子标准和材质的选择是管道组成件选择的基础。

选用国内材料的管道及管道组成件均应满足 GB、SH、HG 等标准中要求的尺寸、材料及其他要求；选用 ASTM 材料的管道及管道组成件都应满足 ASTM、ASME、API、MSS、BS 等标准中要求的尺寸、材料及其他要求。当采用国内制造厂商生产的 ASTM、API、MSS、BS 标准的管道及其组成件时制造商应取得 ASTM、API、MSS、BS 标准的资格证书。

笔者发现某管道材料等级管子标准有 SH、HG、SY、GB、ASME、ASTM、API、JIS 等，各种标准混用，甚至管子外径系列也混用。究其原因，原来设计人员是利用几个以往项目的管子选用等级拼凑的一个材料等级。例如某管子标准体系选用较好的一个实例：所有油品、工艺管线、不锈钢材质的管线、压力等级≥CL900 的任何介质的管线及其组成件的材料全部选用 ASTM、ASME、API 的相关标准；除上所述管线以外的、压力等级≤CL600 的管道及其组成件的材料选用中国 SH 材料及标准。

有的工程材料等级规定每种物料配了一个材料等级，每种物料一个管子标准体系，普通的三四百台的装置工程，居然有几十个材料等级标准体系，造成设计、采购、施工均非常烦琐并易混淆，造成质量隐患。其实这几十个等级完全可以合并。

2. 确定管子材质［按工业管道（工艺管道）讲述，公用和长输等管道在本书后面章节简述］

（1）普通碳素结构钢不得用于 GC1 级、GCD 级管道。

（2）沸腾钢和半镇静钢（碳素结构钢）不得用于 GCD 级管道和有毒或者可燃介质管道，设计压力应不大于 1.6MPa，使用温度范围为 0~200℃。

（3）Q215A、Q235A 等 A 级镇静钢不得用于 GCD 级管道和有毒或者可燃介质管道，设计压力应不大于 1.6MPa，使用温度不高于 350℃，最低使用温度按照标准的规定。

（4）Q215B、Q235B 等 B 级镇静钢不得用于剧毒介质管道，设计压力应不大于 3.0MPa，使用温度不高于 350℃，最低使用温度按照标准的规定。

（5）用于 GCD 级管道时，设计压力应不大于 1.6MPa，设计温度不高于 300℃。

（6）用于管道组成件的碳素结构钢的焊接厚度应当符合以下要求：沸腾钢、半镇静钢，厚度不得大于 12mm；A 级镇静钢，厚度不得大于 16mm；B 级镇静钢，厚度不得大于 20mm。

（7）碳钢、奥氏体不锈钢钢管及由其制造的对焊管件的使用限制应当符合表 4.2.1 规定。

表 4.2.1 钢管及其对焊管件的使用限制

钢管标准	材料	钢管和管件制造工艺	不允许使用范围
GB/T 3091《低压流体输送用焊接钢管》	碳素结构钢	(1)电阻焊焊管； (2)电熔焊焊管	(1)按标准规定； (2)设计压力大于 1.6MPa； (3)GC1 级管道； (4)剧烈循环工况。 (5)GCD 级管道
SY/T 5037《普通流体输送管道用埋弧焊钢管》	碳素结构钢	电熔焊焊管	
GB/T 13401《钢制对焊管件技术规范》	碳素结构钢(CF370)	无缝及焊接对焊管件	
GB/T 9711《石油天然气工业管线输送系统用钢管》	碳钢(PSL1)	电阻焊焊管	(1)GC1 级、GCD 级管道； (2)剧烈循环工况； (3)设计压力大于 4.0MPa
	碳钢(PSL2)		(1)GC1 级剧毒或气体管道； (2)剧烈循环工况； (3)GCD 级管道
GB/T 8163《输送流体用无缝钢管》	碳钢	无缝管	(1)GC1 级管道； (2)GCD 级管道时，设计压力大于 1.6MPa 或者设计温度高于 300℃
GB/T 3087《低中压锅炉用无缝钢管》			(1)GC1 级管道； (2)GCD 级管道时，设计压力大于 5.3MPa
GB/T 9711《石油天然气工业管线输送系统用钢管》	碳钢(PSL1)		(1)GC1 级管道
GB/T 13401《钢制对焊管件技术规范》	碳钢(CF415，CF485)	无缝及焊接对焊件	
GB/T 12771《流体输送用不锈钢焊接钢管》HG/T 20537.3《化工装置用奥氏体不锈钢焊接钢管技术要求》	奥氏体不锈钢	电熔焊焊管(不添加填充金属或者焊缝不做射线检测)及对接焊管件	(1)GC1 级管道； (2)剧烈循环工况； (3)GCD 级管道设计压力大于等于 16.7MPa，或者设计压力大于等于 4.0MPa，并且设计温度大于或者等于 570℃
HG/T 20537.4《化工装置用奥氏体不锈钢大口径焊接钢管技术要求》		电熔焊焊管(添加填充金属，但是焊缝不做射线检测)及对接焊管件、焊缝不做射线检测	

(8) 碳钢、碳锰钢、低温用镍钢不宜长期在 425℃以上使用。

(9) 铬钼合金钢在 400~550℃ 区间长期使用时，应当根据使用经验和具体情况提出适当的回火脆性防护措施。

(10) 奥氏体不锈钢使用温度高于 540℃(铸件高于 425℃)时，应当控制材料含碳量不低于 0.04%，并且在固溶状态下使用。奥氏体不锈钢在 540~900℃ 区间长期使用时，应当采取适当防护措施防止材料脆化。奥氏体不锈钢在以下条件下，还应当考虑发生晶间腐蚀的可能性：①低碳（C≤0.08 %）非稳定化不锈钢，在热加工或者焊接后使用；②超低碳（C≤0.03 %）不锈钢，在高于425℃长期使用。

（11）为防止硫、铅及其化合物在高温下侵蚀镍基合金导致晶界脆化，镍及镍基合金在含硫环境气氛下的使用温度上限应当符合表4.2.2的规定。

表4.2.2　镍及镍基合金的使用温度上限　℃

材料	不含硫环境			蒸汽	含硫环境	
	氧化	H_2 还原	CO还原		氧化	还原
镍（N4、N6）	1040	1260	1260	425	315	260
镍-铜（NCu30）	540	1100	815	370	315	260
镍-铬-铁（NS312）	1100	1150	1150	815	815	540
镍-铁-铬（NS111、NS112）	1100	1260	1150	980	815	540

（12）金属材料及其焊接接头的冲击韧性应当符合有关安全技术规范及其材料标准的要求。

（13）管道用密封件的选用应当考虑设计压力、设计温度以及介质、使用寿命等的要求，并且符合有关安全技术规范及其相应的密封材料标准的规定。

（14）管道支承件的使用应当符合有关安全技术规范及其相应标准的规定。

3. 确定管子规格

（1）管子公称直径优先选用15、20、25、40、50、80、100、150、200、250、300、350、400、450、500、600、700、800、900、1000mm。公称直径大于1000mm时，宜按200mm递增。

（2）除仪表连接管、蒸汽伴热管和特殊要求者外，管子最小公称直径应为15 mm，且管子内径不应小于6mm。

（3）除了设备、机器内部连接管外，管子一般不使用以下规格：*DN*32（1¼″）；*DN*65（2½″）；*DN*90（3½″）；*DN*125（5″）；*DN*175（7″）；*DN*550（22″）等。如果设备管口采用上述尺寸时，与其相接的管道应选用合适的管件。

4. 确定管子壁厚尺寸

（1）管子壁厚用管子表号（Sch）、重量表号（XS、XXS）、壁厚或计算壁厚表示，一般具体壁厚需按照标准壁厚系列进行选取。

（2）壁厚计算。国内材料的管子壁厚可按照GB/T 20801、GB 50316、SH/T 3059等标准计算；美标ASTM材料的管子壁厚可按照ASME B31.1、ASME B31.3等计算。如果管道材料等级中有特殊说明，可以按照其他标准进行计算。壁厚计算应以设计压力-温度条件，以及腐蚀或磨蚀裕量和机械加工附加量所要求的最小壁厚为依据。壁厚计算应按设计压力和设计温度相偶合时最严重条件进行设计。见本书第三章详述。

（3）壁厚系列遵循的标准。当配管设计选用国内材料时，管子的尺寸和壁厚可执行GB、HG、SH/T 3405标准；当管子的尺寸和壁厚超出GB、HG、SH/T 3405标准规定的范围时，则应执行具体工程规定的要求。

在一般情况下，≤1½″的钢管最小壁厚：碳钢和低合金钢管不小于 Sch80；奥氏体不锈钢管不小于 Sch40S；镀锌钢管选加厚型(例如 GB/T 3091)。

管子壁厚不应小于以下三项中的最大值：①按 SH/T 3059 第 8.2 节规定计算的壁厚；②按 d_o/150(d_o 为管子外径，mm)确定的管子壁厚；③最小选用壁厚应符合表 4.2.3 的要求。

表 4.2.3 管子最小壁厚 mm

材料	公称直径			
	≤100	150~200	250~300	≥350
碳素钢、低合金钢	2.4	3.2	4.0	4.8
高合金钢、奥氏体不锈钢	1.5	2.3		

当选用美标 ASTM 材料时，对于碳钢和低合金管子，其外径和壁厚应执行 ASME B36.10M 标准。对于奥氏体不锈钢，非铁基材料的管子，其外径和壁厚应执行 ASME B36.19M 标准，如果管子的外径和壁厚范围超出 ASME B36.19M 标准，则执行 ASME B36.10M 标准。当管子的尺寸和壁厚超出 ASME B36.10M 规定的范围时，则应执行具体工程规定的要求。

(4) 供货的壁厚偏差应以规范为准。

5. 确定管子焊缝形式

(1) 压力等级<CL600 时，一般性公用工程介质用碳钢管可按下列要求选用：1/2″~10″钢管选用无缝钢管；≥12″的钢管选用直缝焊接钢管。

(2) 压力等级<CL600 时，一般性腐蚀介质、洁净介质用不锈钢管可按下列要求选用：1/2″~6″钢管选用无缝钢管；≥8″的管子选用直缝电熔焊钢管。

(3) 压力等级≥CL600 的普通介质管道，NPS≤20″的管子可选用无缝钢管(某些无缝钢管厂可生产至 *DN*600)。

(4) 奥氏体不锈钢管，通常 *DN*≤40(1½″)采用无缝钢管。*DN*≥50(2″)采用直缝焊接管。

(5) 压力等级 *PN*10.0MPa 或以上，使用无缝钢管。

6. 钢管供货长度要求

钢管的供货长度应符合相应钢管标准的要求。例如，GB/T 8163 规定，钢管的通常长度为 3000 ~12000mm，除非买方另有要求。一般情况下，对钢管长度要求如下：

(1) 无缝钢管供货长度为 6~12m，包装中每捆钢管长度级差小于 1m。每种规格钢管，只允许有不超过该订货批次的 5%为 5.5~6m 的短管，且实际到货长度比料单中的长度至少长 1m，但每种钢管不得多于一支，钢管中间不允许有任何形式的连接。笔者遇到某工程设计采购要求文件，未提出要求，到货时有一堆 1m 的短管，有的短管是几段焊接在一起的，给施工和管子质量造成了不好的影响。

(2) 焊接钢管供货长度不得小于 12m。每种规格钢管，只允许有不超过该订货批次的 5%为 11.5~12m 的短管，且实际到货长度比料单中的长度至少长 1m。供货方不能满足时，需与采购方进行协商。

7. 根据确定的管道材质，选用具体的管子材料标准(见表4.2.4)

表4.2.4　常用的钢管种类、制造工艺和采用的标准

材料	制造工艺	标准
Q235、Q195	ERW 电阻焊	GB/T 3091《低压流体输送用焊接钢管》(*DN*6~*DN*200)
	SAW 埋弧焊	GB/T 3091《低压流体输送用焊接钢管》(*DN*6~*DN*200)
	螺旋 SAW	SY/T 5037《普通流体输送管道用埋弧焊钢管》(≥*DN*200)
20	无缝	GB/T 8163《输送流体用无缝钢管》、GB/T 3087《低中压锅炉用无缝钢管》、GB/T 9948《石油裂化用无缝钢管》、GB/T 6479《高压化肥设备用无缝钢管》
20G	无缝	GB/T 5310《高压锅炉用无缝钢管》
L245	无缝	GB/T 9711《石油天然气工业 管线输送系统用钢管》
	DSAW 双面电弧焊	GB/T 9711《石油天然气工业 管线输送系统用钢管》
	ERW	GB/T 9711《石油天然气工业 管线输送系统用钢管》
20R、20g、16MnD、15CrMoR、A516 等板	DSAW 板焊管	A671《常温和低温用电融化焊钢管》、A672《中温高压用电熔化焊钢管》、A694《高压传输用管法兰、管件、阀门和零件用碳钢和合金钢锻件》
15CrMo 等 CrMo 合金管	无缝	GB/T 5310《高压锅炉用无缝钢管》、GB/T 6479《化肥设备用高压无缝钢管》、GB/T 9948《石油裂化用无缝钢管》
LTCS、3.5Ni 等低温钢，	无缝，	GB/T 18984《低温管道用无缝钢管》
304 等不锈钢	无缝	GB/T 14976《流体输送用不锈钢无缝钢管》
	板焊管	HG/T 20537.4《化工装置用奥氏体不锈钢大口径焊接钢管技术要求》、ASTM A358《高温设备与通用设备用电熔焊奥氏体铬镍不锈钢管》

8. 确定管子端面连接

钢管的端部应依照采购文件中描述的要求加工，一般情况下，螺纹端可按 ASME B1.20.1 或 GB/T 12716 的60°圆锥管螺纹(NPT)执行，平端(PE)和坡口端(BE)可按 ASME B16.25 内 Figure 2 和 Figure 3 或 GB 50236《现场设备，工业管道焊接工程施工及验收规范》第7.2.8条规定。

钢管的连接形式通常包括：螺纹、法兰、咬合、卡箍、对焊、承插焊。所有管道连接优先采用焊接。

(1) 螺纹连接应采用 NPT 螺纹，螺纹标准可参考 GB/T 12716 或 ASME B1.20.1。

(2) 承插焊一般用于≤1½″的管件，对焊一般用于≥2″的管件。

(3) 在丝堵、放空、放净、孔板法兰的取压点、热电偶出口等位置通常是螺纹连接。

(4) 下列情况需在螺纹连接处采用密封焊：氢、烃、有毒介质及高压蒸汽；大气中可自燃的流体介质管道；压力等级≥CL600 的管线。

(5) 采用承插焊连接的管子端部应为平口。对焊连接端部的坡口形式可按 ASME B16.25 的规定，但对高压壁厚管线可按采购规格书的规定。管子坡口宜在施工现场加工。管件、法兰和阀门的对焊端部坡口应在制造厂加工。

9. 确定管子分支形式

支管直接焊接在主管上的支管连接，除下列情况外，均应进行开孔补强校核，并根据校核结果采取相应的补强措施：①支管通过加强管接头与主管连接；②支管连接处作为一个整体受压元件设计、制造并经检验合格。

直接焊接在主管上的支管连接，应符合下列要求：①不宜用于有机械振动、压力脉动和温度急剧变化的部位及设计温度超过 452℃ 的管道；②当支管连接处承受由于支管热变形、外荷载及支架位移等引起的应力时，应对附加荷载在支管连接处产生的影响进行分析并采取必要的加强措施。

10. 技术经济性分析

所有项目经济性也是一个很重要的因素，所以作为管道设计人员，了解常规材料的当前价格也是必要的，检查项目增加，价格依次提高：①ERW(电阻焊)→SAW(埋弧焊)→气体保护焊→热轧→冷拔→冷轧→锻造；②Q235A→Q235B→20→L245→20G→LTCS→CrMo钢→3.5Ni→304→304L→321→347→316→316L。

在条件允许范围内，应采用焊接不锈钢管，以节约投资(凡输送危险介质，且 $PN \leqslant$ 4.0MPa，应采用氩弧焊；一般介质且 $PN \leqslant$ 6MPa，可采用电阻焊)，奥氏体焊接不锈钢管不得用于极度危害介质。

但是，不能只考虑节约初始投资，经济性需要与技术特性相结合，找到技术经济最佳结合点才是最优的设计。

11. 供货状态

钢管内部表面应无砂、土、油脂、锈蚀或其他异物，不能有裂纹、皱褶以及存在买方可以接受的程度以外的任何缺陷。

(1) 碳钢无缝钢管不允许以冷轧状态交货。

(2) 若无其他规定，奥氏体不锈钢管(300 系列)应以符合相关 ASTM 标准的固溶处理状态供货。纵向焊接不锈钢管供货时应以固溶化退火、酸洗以及钝化的状态供货。若有任何机加工，应在最终固溶化热处理前完成。

(3) 全部铬-钼钢管应以正火和回火处理状态供货。

(4) 对于需要进行冲击实验的管材，最低回火温度不应低于 ASME B31.3 要求(C-或C-Mn 钢、C-Ni 钢最低回火温度 630℃)。

(5) 壁厚在 >19mm 的并且包含纵向焊缝和环焊缝的焊接碳钢管，在加工成型和焊接后均可进行满足 ASME B31.3 规范要求的热处理。

12. 考虑采购与成套

①标准管材与非标准管材的考虑；②通用管材、特殊管材与专用管材的考虑；③管材规格的合并、分散的考虑。

13. 考虑管材数量大小

库存、订单与生产的考虑。结合项目实际情况及供货状况选择国际标准或国内标准。

14. 设计文件对管子防护和运输要求

(1) 机加工表面应使用可清除的漆或油脂来防锈。暴露的机械加工表面应涂覆重质防锈漆。所采用的防锈漆应便于在现场清除。制造商应保证有足够的措施防止管子内部生锈。

(2) 焊缝坡口应无灰尘、油污、氧化皮、锈蚀或其他异物。所有碳钢以及铁素体合金钢材质的焊缝坡口，应在清理后在内外两面距离坡口端约 100mm 的范围内涂装对焊缝无害的防锈漆。

（3）奥氏体不锈钢管子在运输或存储期间免受氯化物侵蚀，亦应避免与镀锌的材料（铁丝、管子、管件等）接触。

（4）运输时，应妥善保护管子，避免造成损坏或废屑以及水的侵入。所有开孔应采用木质、金属或塑料材料予以覆盖或堵塞，并固定牢靠，以防止损坏或异物侵入，并适用于安装前的长期室外存放。管子的尺寸大于 *DN* 600 时，应提供支架，避免运输途中造成变形。应在报价时明确所提供的端部保护。镀锌管的螺纹端部以及不锈钢或高合金钢管的端部应用塑料帽保护，以保持管子的清洁。

15. 设计文件对管子采购标记要求

供货商应按照工程确定的标准规范的要求提供标识，供货商应确保此类标识清晰。美标标准 MSS SP 25 可作为最低准则。笔者在施工现场发现有的管子未标识必要的信息，可能造成施工人员领料等错误。

应通过钢印、模版喷绘、压制或刻印方法施加标记。对于不锈钢以及高合金钢材料，不得允许硬冲压钢印。所有管子应标记下述内容：物资编码、工厂炉批号、制造厂标志或名称、制造标准、材料等级及类型、公称口径、表号或壁厚等内容。

对于≤1½″管子，可以以捆为单位，每捆管子上附上牢靠的金属标签并标记以上信息。但是，每单根管子的外表面都应标记上材料规格。对于≥2″管子，每根管上外表面都应包含以上信息。

16. 工程应用

某工程设计、采购和施工中，发现有用结构用钢管代替流体输送用钢管的现象，对工程质量造成不好的影响。结构用无缝钢管 GB/T 8162 主要用于一般结构和机械结构。其代表材质（牌号）：碳素钢 20、45 号钢；合金钢 Q345、20Cr、40Cr、20CrMo、35CrMo、42CrMo 等。结构用不锈钢无缝管 GB/T 14975 是遍及用于化工、石油、轻纺、医疗、食品、机械等工业的耐侵蚀管道和结构件及零件的不锈钢制成的热轧（挤、扩）和冷拔（轧）无缝管。结构用钢管主要用于一般金属结构如桥、梁、钢构架等，它只要求保证强度与刚度，而对钢管的严密性不做要求。流体输送用钢管：主要用于带有压力的流体输送，它除了要保证有符合相应要求的强度与刚度外，还要求保证密闭性，即在出厂前要求逐根进行水压试验。对压力管道来说，它输送的介质常常是易燃、易爆、有毒、有温度、有压力的介质，故应选用流体输送用钢管。

二、无缝钢管和焊接钢管的制造比较与工程应用

1. 无缝钢管制造工艺

无缝钢管因其制造工艺不同，又分为热轧（挤压）无缝管和冷拔（轧）无缝管两种。冷拔（轧）管又分为圆形管和异形管两种。

工艺流程：①热轧（挤压）无缝钢管生产工艺：生产圆管坯→加热→穿孔→三辊斜轧、连轧或挤压→脱管→定径（或减径）→冷却→矫直→水压试验（或探伤）→标记→入库。②冷拔（轧）无缝钢管生产工艺：圆管坯→加热→穿孔→打头→退火→酸洗→涂油（镀铜）→多道次冷拔（冷轧）→坯管→热处理→矫直→水压试验（探伤）→标记→入库。无缝钢管生产工艺

流程参见图 4.2.1 和图 4.2.2。

笔者到某无缝钢管厂调研，仅在生产圆管坯炼炉内加入其他金属元素环节是半人工操作，各生产过程基本是计算机自动化操作，质量、安全、效率全面提升。

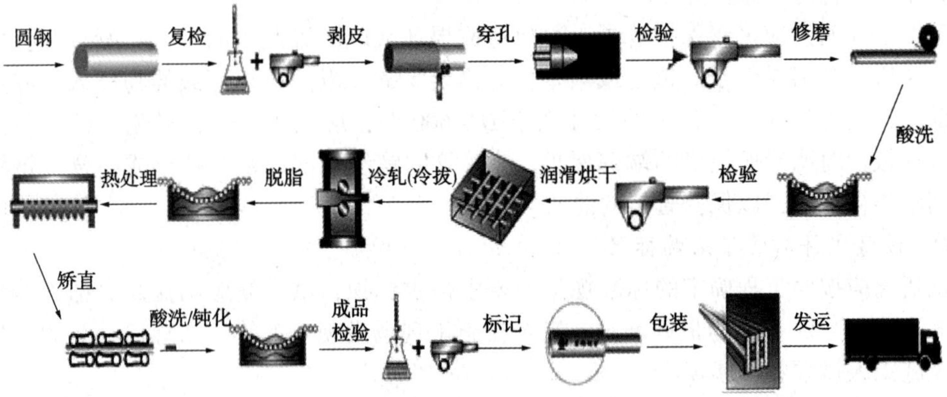

图 4.2.1 不锈钢无缝钢管生产工艺流程

2. 有缝(焊接)钢管制造工艺

钢管按成型工艺分为螺旋焊管、直缝焊接钢管。按焊接工艺分有高频电阻焊和埋弧焊。螺旋焊接管均采用埋弧焊接工艺，直缝焊接管有：埋弧焊直缝管(UOE)，高频电阻焊直缝管(ERW)。生产工艺见图 4.2.3~图 4.2.5。

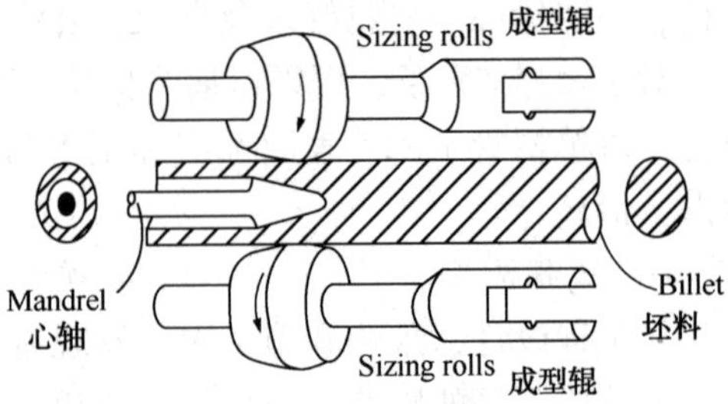

图 4.2.2 无缝钢管的成型

ERW 工艺在焊接过程中不添加任何焊接材料，焊缝成型没有经过热熔化状态，只是焊缝金属经过再结晶过程，故形成的焊缝与母材的化学成分完全一致，钢管焊接后经过退火处理，制造成型冷加工内应力、焊接内应力均得到改善，因此，与埋弧焊相比 ERW 钢管综合机械性能较好。

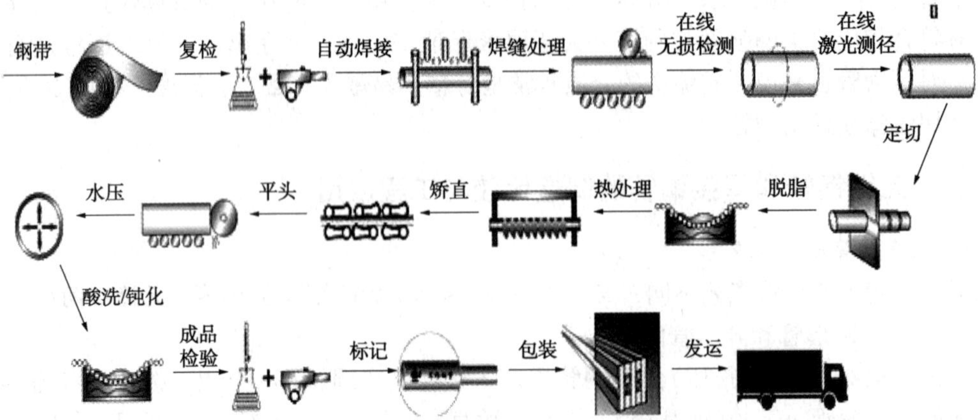

图 4.2.3 不锈钢焊接钢管生产工艺流程

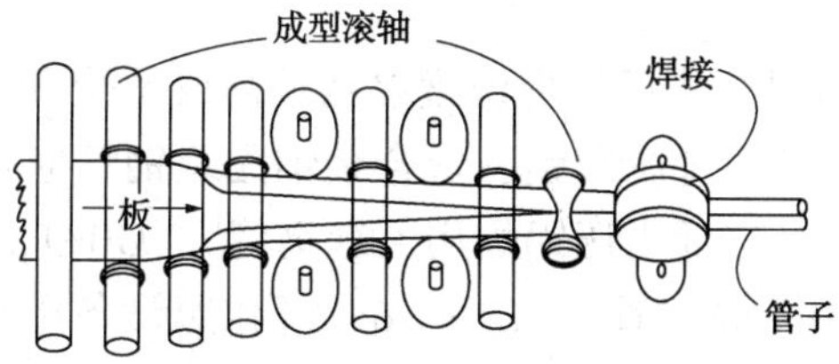

图 4.2.4 直焊缝钢管

图 4.2.5 螺旋钢管

直缝埋弧焊（UOE 钢管）几何尺寸比较精确，采用 UOE 钢管一定程度上消除了部分内应力，对母材热影响区影响程度也小。然而尽管 UOE 钢管的综合性能优于 ERW 钢管，但价格高。

螺旋钢管焊缝呈螺旋状分布，钢管的焊缝区域包括焊缝热影响区，是钢管机械性能较差的部位，而流体管道最大内应力沿轴向分布，螺旋焊接管则将较薄弱的部位避开了内应力最大的方向，从而改善了钢管的性能。此外螺旋钢管焊缝成型及焊缝加强高度等原因，在做外防腐时增加了难度，在焊缝两侧可能会形成空隙，目前有些厂家采用侧向缠绕涂敷三层 PE 或二层 PE 的工艺，可解决螺旋钢管的防腐问题。

3. 无缝钢管与焊接钢管的选用与规格

（1）采用直缝焊接钢管时，应符合有关规范无损检测及焊接接头系数的要求。

（2）剧烈循环操作条件下的管道，宜采用标准中所列的无缝钢管和铜、铝、钛、镍无缝管，如果采用直缝电焊钢管时应符合上一条要求。

（3）GB/T 3092《低压流体输送用焊接钢管》及 GB/T 3091《低压流体输送用镀锌焊接钢管》中的加厚管子，可用于输送设计压力小于或等于 1.6MPa 和设计温度在 0～200℃的 C 类流体。普通厚度的管子仅用于“不可燃、无毒、设计压力小于或等于 1.6MPa 和设计温度 -20～186℃之间”的流体。

（4）无缝钢管用于设计压力≥10MPa 时，制造检验应符合 GB/T 5310《高压锅炉用无缝钢管》的规定，不锈钢管的检验应不低于 GB/T 14976《流体输送用不锈钢无缝钢管》的规定。

（5）钢管最小厚度应符合有关规范的规定。

（6）夹套管的内管宜采用无缝管。

（7）输送氧气用管子宜选用无缝的管子和管件。

（8）钢管规格应符合以下标准：GB/T 17395《无缝钢管尺寸、外型、重量及允许偏差》GB/T 21835《焊接钢管尺寸及单位长度重量》。

GB/T8163、GB/T 3087、GB 6479、GB/T 18984、GB 9948、GB/T 14976 钢管标准均不再给出钢管的规格尺寸，在各自的标准中分别指出按 GB/T 17395《无缝钢管尺寸、外型、重量及允许偏差》中的相应规格尺寸来制造钢管。GB/T 3091、GB/T 13793、GB/T 12771 焊接钢管外径和壁厚均应符合 GB/T 21835《焊接钢管尺寸及单位长度重量》的规定。可以说 GB/T 17395 是统一我国无缝钢管尺寸、外型、重量及允许偏差的规范性标准，GB/T 21835 是统一我国焊接钢管尺寸及单位长度重量的规范性标准。

行业标准有 SH/T 3405《石油化工企业钢管尺寸系列》、HG/T 20553《化工配管用无缝及焊接钢管尺寸选用系列》。

（9）除仪表连接管、蒸汽伴管和特殊要求者外，管子最小公称直径应为 15mm，且管子内径不应小于6mm。

(10) 输送极度危害介质、高度危害介质、可燃介质或压力温度参数较高或承受机械振动、压力脉动及温度剧烈变化的管道，宜选用无缝钢管。碳钢、低合金钢无缝钢管应符合现行GB/T 8163《输送流体用无缝钢管》、GB/T 3087《低中压锅炉用无缝钢管》、GB/T 5310《高压锅炉用无缝钢管》、GB/T 9948《石油裂化用无缝钢管》、GB/T 6479《化肥设备用高压无缝钢管》、GB/T 9711.1~3《石油天然气工业输送钢管》和GB/T 18984《低温管道用无缝钢管》的规定，不锈钢无缝钢管应符合GB/T 14976《流体输送用不锈钢无缝钢管》的规定。

(11) 除标准明确规定，并经设计确认可用于压力、温度参数较高或特定条件外，焊接钢管宜按下列规定选用：

① 电阻焊碳钢直缝钢管，宜用于设计温度不超过200℃的无毒介质管道。

② 螺旋缝埋弧焊钢管主要用于设计温度不超过300℃的非极度、高度危害介质管道。

③ 电弧焊直缝钢管的使用温度，碳钢不宜超过425℃，奥氏体不锈钢不宜超过600℃。

④ 石油天然气管道工程：输油管道应符合GB/T 9711.1《石油天然气工业输送钢管交货技术条件 第1部分：A级钢管》的要求；输送天然气管道应符合GB/T 9711.2《石油天然气工业输送钢管 交货技术条件 第2部分：B级钢管》的要求；对于特殊恶劣条件如海洋、低温和/或酸性环境下可燃流体输送用钢管，应符合GB/T 9711.3《石油天然气工业输送钢管 交货技术条件 第3部分：C级钢管》的要求。

三、无缝钢管的选用与工程应用

(1) 因无缝钢管用途不同而分为如下标准。

① GB/T 8162《结构用无缝管》	主要用于一般结构和机械结构。其代表材质(牌号)：碳素钢20、45号钢；合金钢Q345、20Cr、40Cr、20CrMo、30-35CrMo、42CrMo等。一般不用于压力管道，此处列出避免误用
② GB/T 8163《输送流体用无缝钢管》	热扎(扩)外径φ32~630，冷拔(轧)外径φ6~200。适用于输送普通流体用无缝钢管，注意GB/T 20801、新版管规对GB/T 8163的使用限制。代表材质(牌号)为10、20、Q345、Q390、Q420、Q460
③ GB/T 3087《低中压锅炉用无缝管》	主要用于工业锅炉及生活锅炉输送低中压流体的管道。代表材质为10、20号钢
④ GB/T 5310《高压锅炉用无缝钢管》	主要用于电站及核电站锅炉上耐高温、高压的输送流体集箱及管道。代表材质为20G、12Cr1MoVG、15CrMoG等
⑤ GB/T 5312《船舶用碳钢和碳锰钢无缝管》	主要用于船舶锅炉及过热器用Ⅰ、Ⅱ级耐压管等。代表材质为360、410、460钢级等
⑥ GB/T 6479《高压化肥设备用无缝钢管》	主要用于化肥设备上输送高温高压流体管道。代表材质为20、16Mn、12CrMo、12Cr2Mo等
⑦ GB/T 9948《石油裂化用无缝管》	主要用于石油冶炼厂的锅炉、热交换器及其输送流体管道。其代表材质为20、12CrMo、1Cr5Mo、1Cr19Ni11Nb等
⑧ GB/T 18248《气瓶用无缝钢管》	主要用于制作各种燃气、液压气瓶。其代表材质为37Mn、34Mn2V、35CrMo等
⑨ GB/T 17396《液压支柱用热轧无缝管》	主要用于制作煤矿液压支架和缸、柱，以及其他液压缸、柱。其代表材质为20、45、27SiMn等

续表

⑩ GB/T 3093《柴油机用高压无缝钢管》	主要用于柴油机喷射系统高压油管。其钢管一般为冷拔管，其代表材质为 20A
⑪ GB/T 3639《冷拔或冷轧精密无缝管》	主要用于机械结构、碳压设备用的、要求尺寸精度高、表面光洁度好的钢管。其代表材质 20、45 钢等
⑫ GB/T 3094《冷拔无缝钢管异形钢管》	主要用于制作各种结构件和零件，其材质为优质碳素结构钢和低合金结构钢
⑬ GB/T 8713《液压和气动筒用精密内径无缝钢管》	主要用于制作液压和气动缸筒用的具有精密内径尺寸的冷拔或冷轧无缝管。其代表材质为 20、45 钢等
⑭ GB/T 13296《锅炉、热交换器用不锈钢无缝管》	主要用于化工企业的锅炉、过热器、热交换器、冷凝器、催化管等。用的耐高温、高压、耐腐蚀的钢管。其代表材质为 0Cr18Ni9、1Cr18Ni9Ti、0Cr18Ni12Mo2Ti 等
⑮ GB/T 14975《结构用不锈钢管无缝钢管》	主要用于一般结构(宾馆、饭店装饰)和化工企业机械结构用的耐大气、酸腐蚀并具有一定强度的钢管。其代表材质为 0－3Cr13、0Cr18Ni9、1Cr18Ni9Ti、0Cr18Ni12Mo2Ti 等
⑯ GB/T 14976《流体输送用不锈钢管无缝钢管》	主要用于输送腐蚀性介质的管道。代表材质为 0Cr13、0Cr18Ni9、1Cr18Ni9Ti、0Cr17Ni12Mo2、0Cr18Ni12Mo2Ti 等
⑰ YB/T 5035《汽车半轴套管用无缝管》	主要用于制作汽车半轴套管及驱动桥桥壳轴管用的优质碳素结构钢和合金结构钢热轧无缝钢管。其代表材质为 45、45Mn2、40Cr、20CrNi3A 等

(2) 无缝钢管是采用穿孔热轧等热加工方法制造的不带焊缝的钢管。必要时，热加工后的管子还可以进一步冷加工至所要求的形状、尺寸和性能。目前，无缝钢管(*DN*15~600)是石油化工生产装置中应用最多的管子。

(3) -100~-45℃低温管道应符合 GB/T 18984《低温管道用无缝钢管》的规定，但和该钢管标准配套的国内对焊及锻钢管件标准尚不完善。

(4) 按 GB/T 8163、GB/T 3087、GB/T 9948 制造的碳钢及低合金钢钢管只能用于设计压力小于 10.0MPa 的压力管道。设计压力大于等于 10.0MPa 的压力管道用钢管应采用符合 GB/T 6479 或 GB/T 5310、GB/T 14976 要求的无缝钢管。

(5) GB 50316《工业金属管道设计规范》规定：无缝钢管用于设计压力大于或等于 10.0MPa 时，制造检验应符合现行国家标准 GB/T 5310《高压锅炉用无缝钢管》的规定，不锈钢管的检验应不低于现行国家标准 GB/T 14976《流体输送用不锈钢无缝钢管》的规定。

(6) 根据钢管钢材的冶炼方法和制造检验项目及其他要求所决定的钢管性能比较，钢管性能依次为 GB/T 5310、GB/T 6479>GB/T 9948>GB/T 8163、GB/T 3087。

(7) 在 GB/T 5310、GB/T 6479 和 GB/T 9948 的制造标准中，对钢管的冲击试验提出了要求并给出了冲击功的要求。

(8) GB/T 8163 钢管应用最为广泛，一般用于设计温度小于 350℃，设计压力为中低压的油品、油气和公用物料管道。

(9) GB/T 5310、GB/T 3087 钢管主要用于高、中、低压锅炉的水、汽管道。

(10) GB/T 6479、GB/T 9948 钢管用于石油化工、石油炼制、化肥工业的油品、油气、临氢管道、油气混氢管道。

(11) GB/T 6479 的 10#、16Mn 钢管，GB/T 8163 的 Q345E 级钢管可用于-40～-30℃的低温管道。

(12) GB/T 5310 钢管对制造质量和钢管性能的控制方向主要是控制钢管输送高压蒸汽介质机械性能的可靠性，GB/T 6479 钢管主要控制管道由于各种不同介质对其产生腐蚀而导致破坏的抗腐蚀性能和机械强度，因此 GB/T 6479 和 GB/T 5310 的使用范围是不一样的，GB/T 6479 的使用范围更为广泛。

(13) 无缝钢管的特点及有关标准。无缝钢管的特点是品质均匀和强度高，可用于输送有压力的流体，如蒸汽、高压水、过热水以及有燃烧性、爆炸性和毒性的流体。一般中、低压无缝钢管的公称直径为 6～600mm，工作范围为-40～475℃。对于高温、高压、低温、强腐蚀性等条件下的管道，则可分别采用各种合金钢或耐热钢制成的无缝钢管。

四、焊接钢管的选用与工程应用

(1) 焊接(有缝)钢管用途不同而分为如下标准。

① GB/T 3092《低压流体输送用焊接钢管》	也称一般焊管，俗称黑管。是用于输送水、煤气、空气、油和取暖蒸汽等一般较低压力流体和其他用途的焊接钢管。钢管接壁厚分为普通钢管和加厚钢管；接管端形式分为不带螺纹钢管(光管)和带螺纹钢管。低压流体输送用焊接钢管除直接用于输送流体外，还大量用作低压流体输送用镀锌焊接钢管的原管
②GB/T 3091《低压流体输送用镀锌焊接钢管》	也称镀锌电焊钢管，俗称白管。是用于输送水、煤气、空气油及取暖蒸汽、暖水等一般较低压力流体或其他用途的热浸镀锌焊接(炉焊或电焊)钢管。钢管按壁厚分为普通镀锌钢管和加厚镀锌钢管；按管端形式分为不带螺纹镀锌钢管和带螺纹镀锌钢管
③GB/T 3640《普通碳素钢电线套管》	是工业与民用建筑、安装机器设备等电气安装工程中用于保护电线的钢管
④YB 242《直缝电焊钢管》	是焊缝与钢管纵向平行的钢管。通常分为公制电焊钢管、电焊薄壁管、变压器冷却油管等
⑤ SY/T 5036《承压流体输送用螺旋缝埋弧焊钢管》	是以热轧钢带卷作管坯，经常温螺旋成型，用双面埋弧焊法焊接，用于承压流体输送的螺旋缝钢管。钢管承压能力强，焊接性能好，经过各种严格的科学检验和测试，使用安全可靠。钢管口径大，输送效率高，并可节约铺设管线的投资。主要用于输送石油、天然气的管线
⑥ SY/T 5038《承压流体输送用螺旋缝高频焊钢管》	是以热轧钢带卷作管坯，经常温螺旋成型，采用高频搭接焊法焊接的，用于承压流体输送的螺旋缝高频焊钢管。钢管承压能力强，塑性好，便于焊接和加工成型；经过各种严格和科学检验和测试，使用安全可靠，钢管口径大，输送效率高，并可节省铺设管线的投资。主要用于铺设输送石油、天然气等的管线
⑦ SY/T 5037《一般低压流体输送用螺旋缝埋弧焊钢管》	是以热轧钢带卷作管坯，经常温螺旋成型，采用双面自动埋弧焊或单面焊法制成的用于水、煤气、空气和蒸汽等一般低压流体输送的埋弧焊钢管
⑧ SY/T 5039《一般低压流体输送用螺旋缝高频焊钢管》	是以热轧钢带卷作管坯，经常温螺旋成型，采用高频搭接焊法焊接用于一般低压流体输送的螺旋缝高频焊钢管
⑨ SY/T 5040《桩用螺旋焊缝钢管》	是以热轧钢带卷作管坯，经常温螺旋成型，采用双面埋弧焊接或高频焊接制成的，用于土木建筑结构、码头、桥梁等基础桩用钢管

(2) 板焊管的选用。钢板焊制钢管(板焊管)国内尚无标准，板焊管制造标准可暂参照ASTM A671《常温和低温用电熔焊钢管》、ASTM A672《中温和高压用电熔焊钢管》和 ASTM A691《高温和高压用碳素钢和合金钢电熔焊钢管》，或按照 GB 50235《工业金属管道工程施工及验收规范》和 GB 50316《工业金属管道设计规范》附录的现场制造钢板卷管的规定要求制造。或参照 GB/T 9711.1《石油天然气工业输送钢管 交货技术条件 第 1 部分：A 级钢管》。

(3) 连续炉焊(锻焊)钢管、电阻焊钢管和电弧焊钢管的选用。常用的焊接钢管根据其生产时采用的焊接工艺不同可以分为：连续炉焊(锻焊)钢管、电阻焊钢管和电弧焊钢管三种。

① 连续炉焊(锻焊)钢管：连续炉焊(锻焊)钢管是在加热炉内对钢带进行加热，然后对已成型的边缘采用机械加压方法使其焊接在一起而形成的具有一条直缝的钢管。特点：生产效率高，生产成本低；但焊缝质量差，综合机械性能差。材料牌号：Q195A、Q215A、Q235A 等 3 种。用途：适于设计温度为 0~100℃、设计压力不超过 0.6MPa 的水和压缩空气系统。标准：GB/T 3091《流体输送用焊接钢管》。

② 电阻焊钢管(electric-resistance welded steel pipe)：电阻焊钢管是通过电阻焊或电感应焊焊接方法生产的，带有一条直焊缝的钢管。特点：生产效率高，自动化程度高，焊后的变形和残余应力较小。设备投资高，对焊接接头的质量要求也比较高。由于接头处难免有杂质存在，所以接头塑性和冲击韧性较低。标准：SY/T 5038《普通流体输送用螺旋缝高频焊钢管》，材料牌号：Q195A、Q215A、Q235A 等 3 种，用途：适用于设计温度≤200℃的水、煤气、空气、采暖蒸汽等。标准：GB/T 9711.1《石油天然气工业输送钢管交货技术条件》，材料牌号：L175、L210，L245，L290，L320，L360，L450 等 15 种，用途：石油天然气工业中可燃流体和非可燃流体(中、低压)。

③ 电弧焊钢管(electric-arc-welded steel pipe)：电弧焊钢管是通过电弧焊焊接方法生产的钢管。特点：接头达到完全的冶金结合，接头的机械性能能够完全达到或达到母材的机械性能。在经过适当的热处理和无损检查之后，电弧焊直缝钢管的使用条件可达到无缝钢管的使用条件而取代之。螺旋缝钢管材料牌号：Q195、Q215、Q235 等 3 种，用途：适用于设计温度≤200℃的水、煤气、空气、采暖蒸汽等；标准：SY/T 5037《普通流体输送用螺旋缝埋弧焊钢管》，直缝钢管材料牌号：1Cr18Ni9、0Cr19Ni9、00Cr19Ni11、0Cr18Ni10Ti、0Cr17Ni12Mo2、00Cr17Ni14Mo2 共 12 种(新版标准更新为新的牌号)，用途：设计压力小于5.0MPa，焊缝系数小于 1.0 时，不宜用于极度或高度危害介质；电弧焊钢管标准还有：GB 12771《流体输送用不锈钢焊接钢管》，HG/T 50237.1~4《奥氏体不锈钢焊接钢管》。

(4) 有缝焊接钢管的特点及有关标准。

① 焊接钢管也称焊管，是用钢板或钢带经过卷曲成型后焊接制成的钢管。焊接钢管生产工艺简单，生产效率高，品种规格多，但强度一般低于无缝钢管。20 世纪 30 年代以来，随着优质带钢连轧生产的迅速发展以及焊接和检验技术的进步，焊缝质量不断提高，焊接钢管的品种规格日益增多，并在越来越多的领域代替了无缝钢管。焊接钢管按焊缝的形式分为直缝焊管和螺旋焊管。直缝焊管生产工艺简单，生产效率高，成本低，发展较快。螺

旋焊管的强度一般比直缝焊管高，能用较窄的坯料生产管径较大的焊管，还可以用同样宽度的坯料生产管径不同的焊管。但是与相同长度的直缝管相比，焊缝长度增加 30%～100%，而且生产速度较低。因此，较小口径的焊管大都采用直缝焊，大口径焊管则大多采用螺旋焊。

② GB 50316《工业金属管道设计规范》规定："现行国家标准 GB/T 3092《低压流体输送用焊接钢管》及 GB/T 3091《低压流体输送用镀锌焊接钢管》中的加厚管子，可用于设计压力小于等于 1.6MPa 和设计温度在 0～200℃的 C 类流体。普通厚度的管子仅用于 D 类流体。"

③ 有缝钢管通常用于低压管路。小直径的有缝钢管(公称直径 10～150mm)，常用作水、煤气、空气、低压蒸汽及无侵蚀性流体的管道，工作温度范围为 0～200℃。大直径的有缝钢管包括螺旋缝电焊管(公称直径 200～700mm)和直缝电焊管(公称直径 200～1200mm)。工作温度范围因材料而异。

五、Pipe 与 Tube 管选用比较与工程应用

1. Pipe 管和 Tube 管定义的比较

常有管道设计人员向笔者咨询 Pipe 与 Tube 管道的区别。在 ASME B31.1(动力管道)第 100.2 节中有详细的定义。Pipe 是有圆形截面的空心制品；Tube 是具有连续周圆形或任何其截面形状的空心制品。在规格表示上，Tube 的外径、内径和壁厚可用两个独立参数表示，即国内常用的外径×壁厚($\phi d \times t$)，内径可推算出。Pipe 规格则用公称管道规格 NPS×表示，更完善的表示应是：NPSx Sch y，其中 x 表示直径，y 表示壁厚，它们仅是规格型号而非实际尺寸。当壁厚是标准规格 sch 40 时，可省略。具体内、外径及壁厚尺寸数值要查表(ASME B36.10 表 2、A4 及 ASME B36.19 表 1)。相应的翻译方法还有 pipe：管道或配管；Tube：管子。在不区分时，统称管材。

Pipe 管的通用技术条件为 A530，Tube 管的通用技术条件为 A450，它们的主要差别如下：A530：壁厚用公称壁厚表示，壁厚的允许偏差±12.5%，外径的允许偏差控制较松(如上偏差最小为 0.4mm)，对于扩口试验、卷边试验、硬度均没有要求。A450：壁厚用最小壁厚表示，壁厚的允许偏差负公差位零，外径的允许偏差控制较严(如上偏差最大为 0.4mm)，对于扩口试验、卷边试验、硬度均有要求。

Pipe 管和 Tube 管的规范中有自己的技术要求。对于一般管线具体用 Tube 管还是用 Pipe 管，很难给出明确的界限，但对于胀接的换热器管、炉管、仪表的卡套连接管必须用 Tube 管，对于焊接的管子用 Tube 管和 Pipe 管一般都可以，由于 Tube 管的制造检验要求更为严格，可以用在压力温度更为苛刻的工况，价格也较贵。

ASME 在制定这段规则时，着眼于 Pipe 管和 Tube 管用途的性质。在锅炉和压力容器范围内，Tube 主要着眼于内外传导热量、热交换用途，而 Pipe 则主要立足于将受压介质从一个地方输送到另一个地方的功能。

Tube 可以是任何截面形状，Pipe 要是圆的截面。Pipe 是以公称直径定义，Tube 是以外径和壁厚定义，Pipe 可以焊接、车螺纹，Tube 只能用压紧接头(compress joint type)的管件(fitting)连接。Pipe 与 Tube 的比较见表 4.2.5。

表 4.2.5　Pipe 与 Tube 的比较

Pipe	Tube
(1)流体输送用圆截面中空管； (2)规格采用公称直径、壁厚系列(壁厚)表示； (3)同一公称直径，外径相同而壁厚可不同； (4)工业管道、长输管道、公用管道	(1)中空管子总称； (2)圆形、方形等； (3)规格用外径、内径、壁厚数值三者之二表示； (4)仪表、伴热、液压、气动、洁净、高压锅炉管、换热管、炉管

2. Pipe 管和 Tube 管所属标准规范的比较

管道用钢管(Pipe)美标标准：ASTM A53《无镀层及热浸镀锌焊接与无缝公称管》；API5L《管线钢规范》；ASTM A106《高温用无缝碳钢公称管》；ASTM A312《无缝和焊接奥氏体不锈钢公称管》；ASTM A333《低温用无缝和焊接公称钢管》；ASTM A335《高温用无缝铁素体合金钢公称管》；ASTM A358《高温用电弧熔化焊接奥氏体铬-镍合金钢公称管》——板焊管；ASTM A671《常温和低温用电熔化焊公称管》——板焊管；ASTM A672《中温高压用电熔化焊公称管》——板焊管；ASTM A691《高温高压用碳素钢和合金钢电熔化焊钢公称管》——板焊管；ASTM A530《专门用途碳钢和合金钢公称管通用要求》。

管道用钢管(Tube)美标标准：ASTM A179《换热器及冷凝器用无缝冷拔低碳钢管子》；ASTM A213《锅炉、过热器和换热器用无缝铁素体钢和奥氏体合金钢管子》；ASTM A249《锅炉、过热器、换热器和冷凝器用焊接奥氏体钢管子》；ASTM A334《低温用无缝和焊接的碳钢和合金钢管子》；ASTM A450《碳钢、铁素体合金钢和奥氏体合金钢管子通用要求》。

管道用钢管(Pipe)国内标准：GB/T 3091《低压流体输送用焊接钢管》；GB/T 8163《输送流体用无缝钢管》；GB/T 9711.1《石油天然气工业输送钢管交货技术条件　第 1 部分：A 级钢管》；GB/T 12771《流体输送用不锈钢焊接钢管》；GB/T 14976《流体输送用不锈钢无缝钢管》；GB/T 18984《低温管道用无缝钢管》；HG/T 20537.3《化工装置用奥氏体不锈钢焊接钢管技术要求》；HG/T 20537.4《化工装置用奥氏体不锈钢大口径焊接钢管技术要求》。

另外，下列国标标准虽未区分 Pipe 和 Tube，但也可用于管道用钢管。如：GB/T 3087《低中压锅炉用无缝钢管》；GB/T 5310《高压锅炉用无缝钢管》；GB/T 6479《高压化肥设备用无缝钢管》；GB/T 9948《石油裂化用无缝钢管》。

Pipe 和 Tube 用中文表达时无法分开，均称为管子。我国的钢管标准体系在 20 世纪 90 年代之前不区分 Pipe 和 Tube，近年来我国钢管标准正逐步向 Pipe 和 Tube 标准分离的方向发展。

3. 工程应用

某工程配管设计人员，在统计管道材料填写管子描述时，用某软件将管子的英文翻译为 Tube，于是将所有管子的英文描述错误写成了 Tube，造成了不好的影响。

六、ASME B31.3、GB 50316、GB/T 20801、SH/T 3059 管子选用的比较与工程应用

ASME B31.3、GB 50316、GB/T 20801、SH/T 3059 等管子选用要求各有特点和偏重。

1. ASME B31.3 钢管选用的特点

ASME B31.3 在国内外广泛应用，以前规范名称为“化工厂管道”，后又改名为“工艺管道”，适用于炼油、化工、制药、纺织、造纸、半导体和制冷工厂以及相关的工艺装置的管

子选用。

（1）D类流体工况的管子。下列碳钢管仅可用于D类流体工况：①API 5L，加热炉对接焊管；②ASTM A53，F型；③ASTM A134，用除ASTM A285外的其他钢板制造的管子。

（2）要求安全防护的管子。当用于非D类流体工况时，下列碳钢管应进行安全防护：①ASTM A134用ASTM A285钢板制成的管；②ASTM A139电熔(电弧)焊接钢管(NPS等于和大于6)。

（3）使用于剧烈循环条件下的管子包括以下内容：

（a）碳钢管

API 5L，等级A或B，无缝管

API 5L，等级A或B，埋弧焊直缝管 $E_j \geqslant 0.95$

API 5L，等级X42，无缝管

API 5L，等级X46，无缝管

API 5L，等级X52，无缝管

API 5L，等级X56，无缝管

API 5L，等级X60，无缝管

ASTM A53，无缝管

ASTM A106

ASTM A333，无缝管

ASTM A369，

ASTM A381，$E_j \geqslant 0.90$

ASTM A524，

ASTM A671，$E_j \geqslant 0.90$

ASTM A672，$E_j \geqslant 0.90$

ASTM A691，$E_j \geqslant 0.90$

（b）低、中合金钢管

ASTM A333，无缝管

ASTM A335

ASTM A369

ASTM A426，$E_c \geqslant 0.90$

ASTM A671，$E_j \geqslant 0.90$

ASTM A672，$E_j \geqslant 0.90$

ASTM A691，$E_j \geqslant 0.90$

（c）不锈钢合金管

ASTM A268，无缝管

ASTM A312，无缝管

ASTM A358，$E_j \geqslant 0.90$

ASTM A376，

ASTM A451，$E_j \geqslant 0.90$

（d）铜及铜合金管道

ASTM B42

ASTM B466

(e) 镍及镍合金管道

ASTM B161

ASTM B165

ASTM B167

ASTM B407

(f) 铝合金管道

ASTM B210，0 和 H112 状态

ASTM B241，0 和 H112 状态

(4) ASME B31.3 包了超高压管道的设计要求，其他 3 个标准规范未包含。GB 50316 要求公称压力在 42MPa 及以下，GB/T 20801 不包括公称压力 *PN*420 以上的管道，SH/T 3059 适用于公称压力不大于 *PN*420（CL2500）的金属或金属衬里管道。

(5) ASME B31.3 包含了金属、金属衬里和非金属管道，其他 3 个标准规范包含金属或金属衬里管道。

2. GB 50316 钢管选用的特点

GB 50316 适用于公称压力小于或等于 42MPa 的工业金属管道及非金属衬里的工业金属管道的设计。

(1) 钢管材料的使用温度，不应超出 GB 50316 所规定的温度上下限。

(2) Q235A 材料宜用于 C 及 D 类流体管道[Q235A、Q235AF(GB/T 150)于 2002 年 8 月通知不能使用]，设计压力不宜大于 1.0MPa 。

(3) 奥氏体不锈钢使用温度高于 525℃时，钢中含碳量不应小于 0.04%，低温管道用钢应采用镇静碳钢。

(4) GB/T 3092 及 GB/ T 3091(GB/T 3092 已取消，GB/T 3091 的管径范围已扩大，*DN*≤150有普通和加厚管)的加厚管可用于设计压力小于或等于 1.6MPa 和设计温度在 0~200 ℃ 的 C 类流体。普通厚度的管子仅用于 D 类流体。

(5) 无缝钢管用于设计压力大于或等于 10MPa 时，制造检验应符合 GB 50316 的规定，不锈钢管的检验应不低于 GB/T 14976 的规定。

(6) 采用直缝焊接钢管时，应符合 GB 50316 附录 J 管道的无损检测的要求。

(7) 剧烈循环操作条件下的管道，宜采用国家现行标准中所列的无缝钢管和铜、铝、铁、镍无缝管，采用直缝电焊钢管时应符合 GB 50316 的规定。

(8) 夹套管的内管宜采用无缝钢管。

(9) 输送氧气用管子应符合 GB 50316 中的规定。氧气管道组成件的选用，宜选用无缝的管子和管件。管子管件焊接应采用氩弧焊打底。设计压力大于 3MPa 时，宜采用奥氏体不锈钢。碳素钢和低合金钢管道上设有调压阀时，调压阀前后 1.5m 范围内宜采用奥氏体不锈钢管及管件。

3. GB/T 20801 钢管选用的特点

GB/T 20801 规定了工业金属压力管道设计、制作、安装、检验、试验和安全防护的基本要求。GB/T 20801 的本部分规定了压力管道的适用范围和管道分级等基本要求。规范所指工业金属压力管道包括了工艺装置、辅助装置以及界区内公用工程所属的压力管道。

GB/T 20801 不适用范围：军事装备和核设施的管道；石油、天然气、地热等勘探和采

掘装置的管道；移动设备如铁道机车、汽车、船舶、航空航天器等上的压力管道；GA 类长输管道；GB 类公用管道；GCD 类动力管道；锅炉、压力容器以及加热炉的内部管道以及设备的外接管口；设计压力低于 0.1 MPa(表压)但不低于大气压的输送无毒、不可燃、无腐蚀性流体的管道。

GB 50316 适用范围比 GB/T 20801 更大一些。

4. SH/T 3059 钢管选用的特点

SH/T 3059 主要是石油化工行业钢管的选用，对毒性介质、酸碱腐蚀性介质、高温介质等钢管提出了选用要求。

(1) 设计温度低于或等于-20℃ 的低温管道用钢材，除含碳量小于或等于 0.10%且符合标准的铬镍奥氏体不锈钢，在材料温度不低于-196℃ 时不做低温冲击试验外，其余钢材均应做复比(V 形缺口)低温冲击试验，试验要求应符合 GB/T 150 的规定。

(2) 压力管道受压元件用钢，应采用平炉、电炉或纯氧顶吹转炉冶炼。钢材的技术要求应符合国家标准、行业标准和有关技术条件的规定。

(3) 输送极度危害介质、高度危害介质及液化烃的压力管道应采用优质钢制造；输送可燃介质的管道不得采用沸腾钢制造。含碳量大于 0.24 %的材料，不宜用于焊制管子及管件。

(4) 输送腐蚀性介质管道用材料应有耐腐蚀能力。除晶间腐蚀和其他局部性腐蚀需按具体情况考虑外，一般可根据介质对金属材料的腐蚀速率选用。

(5) 管道金属材料的耐腐蚀能力根据介质对金属材料的腐蚀速率，可分为下列 4 类：①年腐蚀速率不超过 0.05mm 的材料为充分耐腐蚀材料；②年腐蚀速率在 0.05~0.1mm 的材料为耐腐蚀性材料；③年腐蚀速率 0.1~0.5mm 的材料为尚耐腐蚀性材料；④年腐蚀速率超过 0.5mm 的材料为不耐腐蚀材料。

(6) 对于尚耐腐蚀材料，可根据技术经济比较，确定是在较大腐蚀裕量的条件下应用或者另选用较高级别的耐腐蚀材料。

(7) 高温管道钢材，应符合下列要求：①受压元件的钢材使用温度，不应超过 GB/T 150《压力容器》中材料许用应力值所对应的温度上限；②非受压元件的钢材使用温度，不应超过钢材的极限氧化温度；③长期使用在高温条件下，碳素钢的使用温度不应超过 425℃，0.5Mo 钢不应超过 468℃；④含铬 12%以上的铁素体不锈钢受压元件，使用温度不宜超过 370℃；⑤奥氏体不锈钢使用于可能引起晶间腐蚀的环境时，应按 GB 4334.1~4334.5《不锈钢晶间腐蚀试验方法》进行晶间腐蚀倾向性试验。

(8) 对操作温度等于或高于 200℃介质中含有氢气的碳钢及低合金耐热钢管道，应根据最高操作温度加 20~40℃的裕量和介质中氢气分压按 Nelson 曲线(曲线摘自 API RP941《炼油厂和石油化工厂用高温高压临氢作业用钢》)，如图 4.2.6 及图 4.2.7 所示，选择适当的抗氢钢材。

(9) 对操作温度等于或高于 250℃ 、介质为 H_2S+H_2 的材料，应根据高温 H_2S+H_2 对各钢种的腐蚀率按图 4.2.8~图 4.2.15 选用(最新版“柯柏曲线”，SH/T 3129《加工高硫原油重点装置主要管道设计选材导则》和 SY/T 0599《天然气地面设施抗硫化物应力开裂和抗应力腐蚀开裂的金属材料要求》均有此规定)。

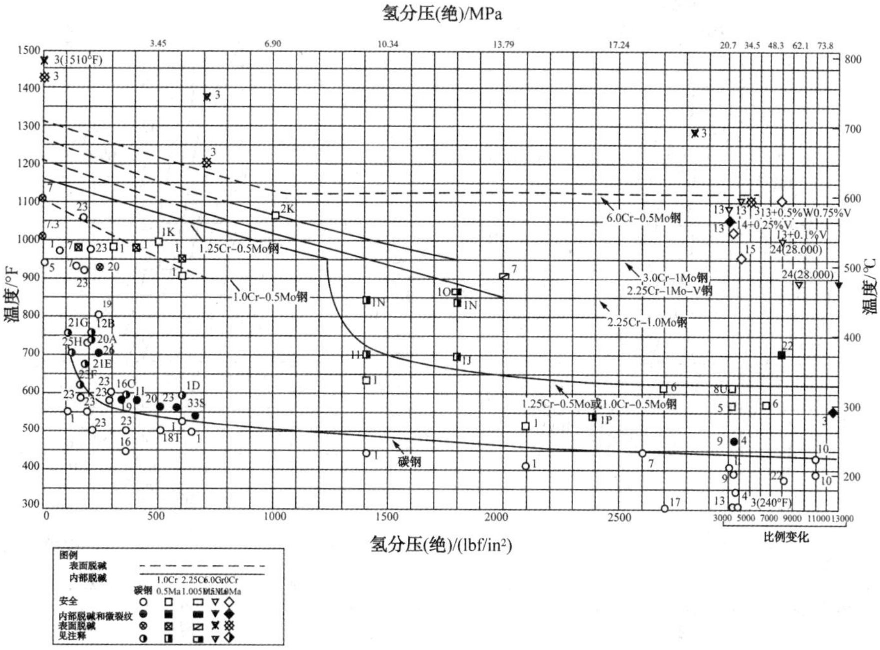

图 4.2.6 临氢作业用钢防止脱碳和微裂的操作极限

注：①本曲线给出的极限是基于 C. A, Nelsom 最初收集的操作经验和 API 征集的补充资料。②奥氏体不锈钢在任何温度条件下或氢压下不会脱碳。③本曲线给出的极限是基于铸钢及退火钢和正火钢采用 ASME 规范第Ⅷ篇第 1 分篇应力值水平，补充资料见 API 941—1997 的 5.3、5.4 节。④1.25Cr1Mo 钢在安全范围报道发生若干裂纹，详见 API941—1997 附录 B。⑤包括 2.25Cr—1MoV 级钢是建立在 1000h 实验室的试验数据，这些合金至少等于 3Gr-1Mo 钢性能，详见 API 941—1997 的 2.2 节。⑥本图摘自 API 941—1997。

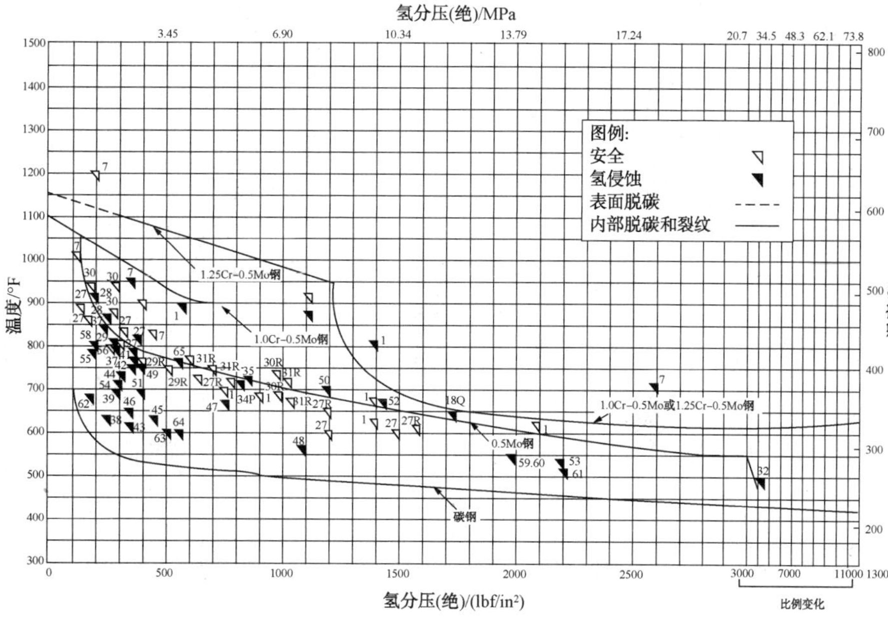

图 4.2.7 Cr-0.5Mo 钢和 Mn-0.5Mo 钢在高温氢环境下的实验

注；①碳钢，1.0Cr-0.5Mo 钢，1.25Cr-0.5Mo 钢曲线仅供参考。②作为参考，本图保留了 API 上一版的符号▽。③参考数字与 API 上一版相同。④0.5Mo 钢曲线与第四版(1990 年)相同。

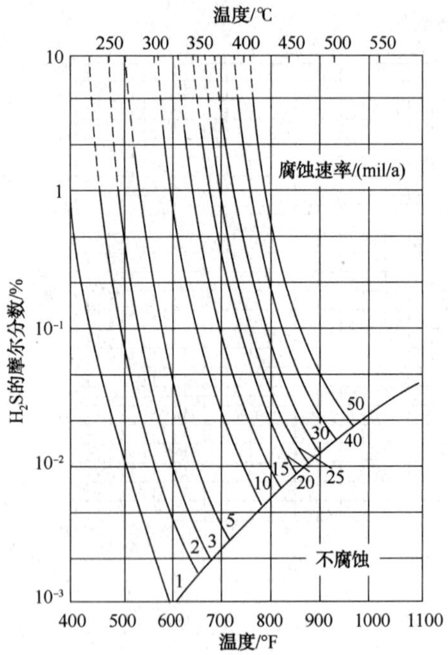

图 4.2.8 温度和 H_2S 含量与碳钢(在轻油中)高温 H_2S/H_2 腐蚀速率的关系

轻油：是指石脑油、汽油、煤油、轻柴油。1mil/a = 0.025mm/a

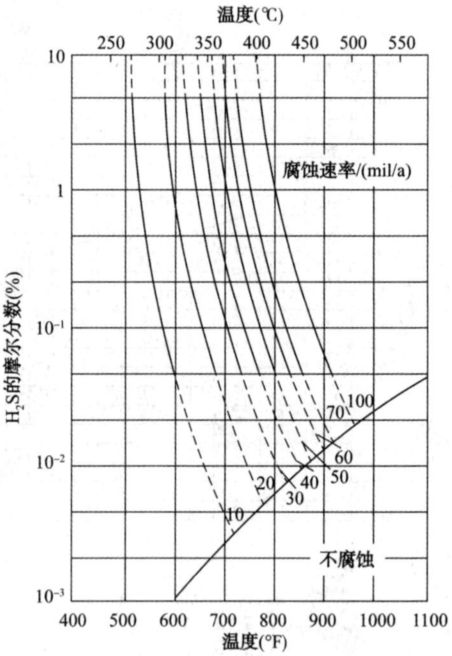

图 4.2.9 温度和 H_2S 含量与碳钢(在重油中)高温 H_2S/H_2 腐蚀速率的关系

重油：是指重柴油或更重的油 1mil/a = 0.025mm/a

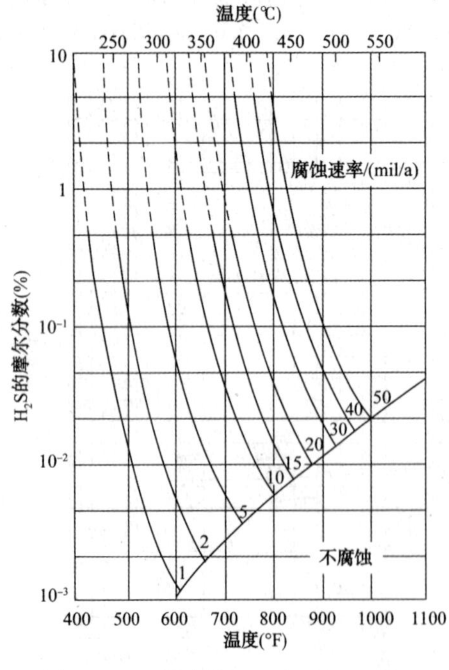

图 4.2.10 温度和 H_2S 与 5Cr-0.5Mo（在轻油中高温 H_2S/H_2 腐蚀速率的关系 1mil/a = 0.025mm/a）

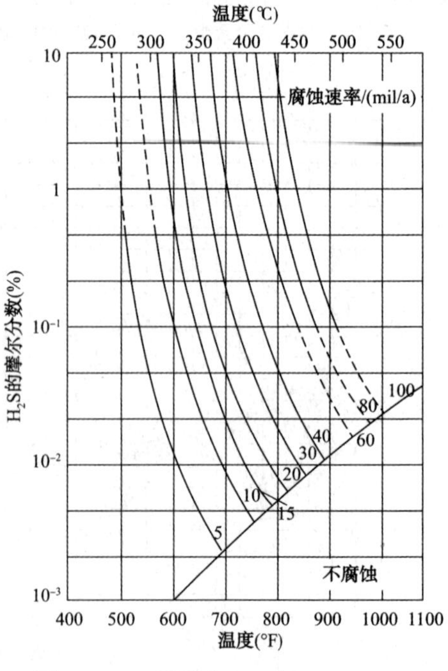

图 4.2.11 温度和 H_2S 与 5Cr-0.5Mo（在重油中高温 H_2S/H_2 腐蚀速率的关系 1mil/a = 0.025mm/a

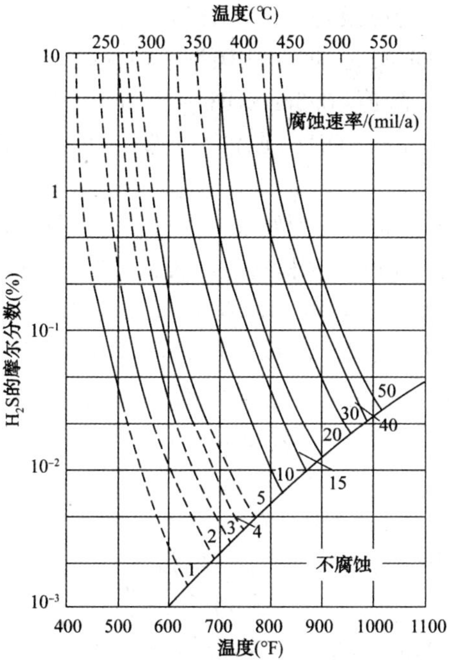

图 4.2.12 温度和 H_2S 含量与 9Cr-1Mo（在轻油中高温 H_2S/H_2 腐蚀速率的关系 1mil/a=0.025mm/a

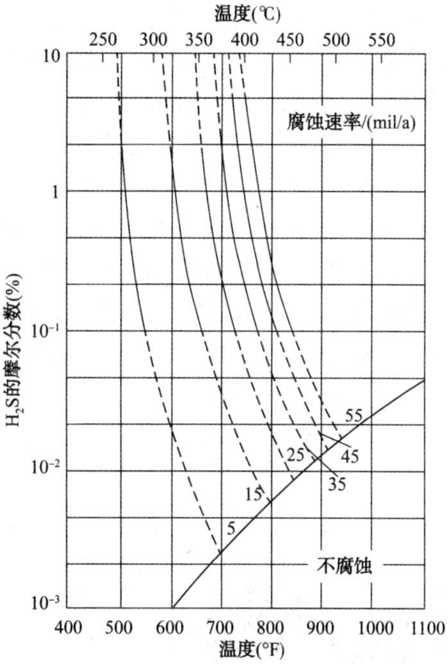

图 4.2.13 温度和 H_2S 含量与 9Cr-1Mo（在重油中高温 H_2S/H_2 腐蚀速率的关系 1mil/a=0.025mm/a）

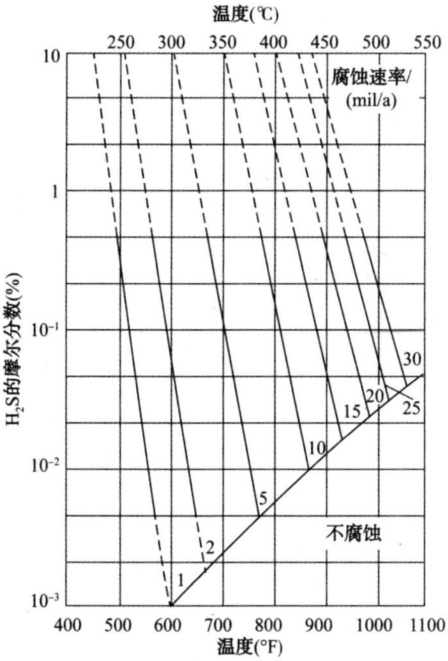

图 4.2.14 温度和 H_2S 含量与 12Cr 不锈钢高温 H_2S/H_2 腐蚀速率的关系 1mil/a=0.025mm/a

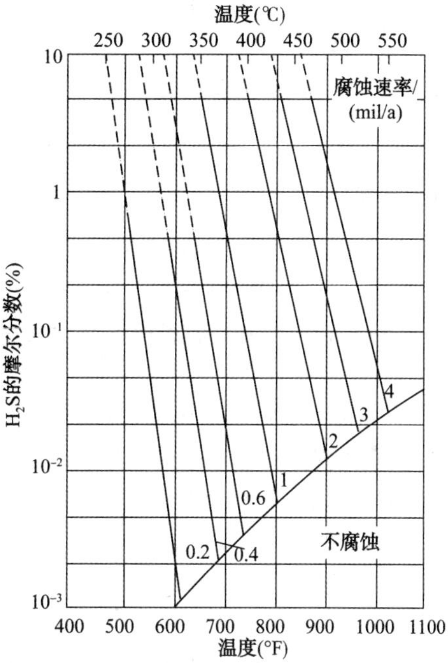

图 4.2.15 温度和 H_2S 含量与 18-18Ni 奥氏体不不锈钢高温 H_2S/H_2 腐蚀速率的关系 1mil/a=0.025mm/a

(10) 高温硫和环烷酸腐蚀用钢应根据原油中总硫及环烷酸的含量，按下列要求选取：①对轻微腐蚀的介质(含 $S<0.5\%$，酸值<0.5mgKOH/g 原油)可用碳钢、15CrMo、1Cr5Mo 或 0Cr13 等材料；②对严重腐蚀介质(含 S≥0.5%，酸值<0.5mgKOH/g 原油)可选用 0Cr13、0Cr19Ni9 等材料；③对环烷酸腐蚀介质(酸值≥0.5mgKOH/g 原油)可选用 OCr17Nil2Mo2、0Crl8Ni13Mo3、0Cr17Ni14Mo2 等材料。

(11) 在湿 H_2S 应力腐蚀环境中，管道用材料应符合下列要求：①材料标准规定的屈服强度 $\sigma_s \leqslant 355$MPa；②材料实测的抗拉强度 $\sigma_s \leqslant 630$MPa；③材料适用状态应为正火或正火+回火、退火调质状态；④碳当量 CE 限制：低碳钢和碳锰钢(CE≤0.40)，低合金钢(包括低温镍钢，CE≤0.45)；⑤压力管道需经焊后热处理，热处理后焊缝(含热影响区)的硬度不大于 200HB；⑥钢板厚度大于 20mm 时，应按 JB 4730《压力容器无损检测》进行超声波探伤，符合Ⅱ级要求；⑦选用镇静碳钢，可用钢材为 Q235B、Q235C、20、20g、16Mn 等。

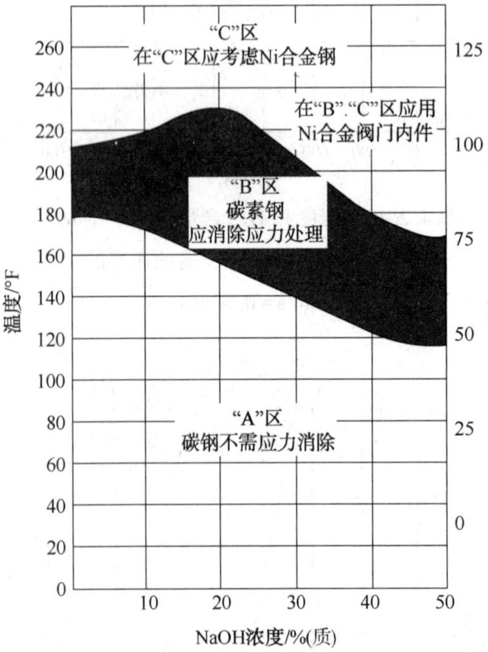

图 4.2.16 用于 NaOH 溶液的曲线(API 581)

(12) NaOH 溶液应力腐蚀用钢应按图 4.2.16 选取。在液氨应力腐蚀环境中，使用低碳钢和低合金高强度钢(包括焊接接头)应符合下列要求：①对 Q235A、Q235B、20、16Mn 钢应采取下列措施之一：a. 焊后应进行消除应力热处理；b. 控制焊接接头(包括热影响区)的硬度值 HB≤200；c. 使液氨含水量大于 0.2%(质)。②对于 15MnV、18MnMoNb 低合金高强度钢，焊后必须进行消除应力热处理。

(13) 除产品标准明确规定，并经设计确认可用于压力、温度参数较高或特定条件外，焊接钢管宜按下列规定选用：①锻焊(炉焊)直缝钢管主要用于水、空气系统，且温度为-100℃，设计压力不超过 1.0MPa；②电阻焊碳钢直缝钢管，宜用于设计温度不超过 200℃ 的无毒介质管道；③螺旋缝埋弧焊钢管主要用于设计温度不超过 300℃ 的非极度、高度危害介质管道；④电弧焊直缝钢管的使用温度，碳钢不宜超过 425℃，奥氏体不锈钢不宜超过 600℃；⑤焊接钢管应符合现行 GB/T 9711.1《石油天然气工业输送钢管交货技术条件 第1部分：A 级钢管》的要求。

5. 工程应用

按照以上规定，含苯的管道(GC1 类)不能再用 GB/T 8163，一般使用 GB/T 5310、GB/T 6479 或 GB/T 9948。但是 TSG D0001《压力管道安全技术监察规程—工业管道》中钢管使用限制，注明：逐根进行超声检验，并且不低于 GB/T 5777 L2.5 级要求者，允许用于设计压力不大于 4.0MPa 的 GC1 管道，也可以使用 GB/T 8163。

七、不同材质牌号钢管的 GB 标准及使用范围

不同材质牌号钢管的 GB 标准及使用范围见表 4.2.6。

表 4.2.6 不同材质牌号钢管的 GB 标准及使用范围

管子名称	标准号	材质	使用温度/℃	公称通径/mm
碳素钢管	GB/T 3091 GB/T 3092	Q235	-15~200	6~150
	GB/T 3087 GB/T 8163 GB/T 6479 GB/T 9948	10	-19~425	6~400 25~600 6~250 6~250
	GB/T 3087 GB/T 8163 GB/T 9948	20	-19~425	6~400 25~600 6~250
	GB/T 6479	20G	-19~425	6~250
低合金钢管	GB/T 6479 GB/T 8163	16Mn	-40~450	6~250 25~600
	GB/T 8163	09Mn2V	-70~100	25~600
合金钢管	GB/T 5310 GB/T 6479 GB/T 9948	12CrMo	上限 525	15~500 6~250 6~250
	GB/T 5310 GB/T 6479 GB/T 9948	15CrMo	上限 550	15~500 6~250 6~250
	GB/T 5310 GB/T 9948	12Cr1MoV 1Cr2Mo 1Cr5Mo	上限 580 上限 580 上限 600	15~500 6~250 6~250
不锈钢管	GB/T 14976	0Cr18Ni9Ti	-196~700	—
	GB/T 14976	00Cr18Ni10	-196~425	φ6~200
	GB/T 14976	0Cr18Ni12Mo2Ti	-196~700	—
	GB/T 14976	00Cr17Ni14Mo2	-196~450	φ50~480

注：表中是材质标准，规格标准详见 HG/T 20553 或 SH/T 3405。

八、不同 GB 标准钢管使用范围

不同 GB 标准钢管使用范围见表 4.2.7。

表 4.2.7 不同 GB 标准钢管使用范围

钢管名称及标准号	规格尺寸范围	钢号	制造方法或/和交货状态	适用范围
低压流体输送用焊接钢管 GB/T 3091	外径：ϕ10.2~2540	GB/T 700：Q195A，Q215A，Q215B，Q235A，Q235B；GB/T 1591：Q295A，Q295B，Q345A，Q345B	直缝高频电阻焊、直缝埋弧焊和螺旋缝埋弧焊；直缝高频电阻焊可按焊缝热处理交货；公称外径不大于508mm 的钢管可镀锌交货	0~200℃，压力不高于1.0MPa，水、燃气、空气、采暖蒸汽等低压流体。不得用于剧烈循环工况
直缝电焊钢管 GB/ T13793	外径：ϕ5~508	GB 699：08F，08，10F，10，15F，15，20；GB 700：Q195，Q215，Q235A，Q235B	不热处理	温度不高于 200℃，不得用于剧烈循环工况
石油天然气工业输送管道交货技术条件　第1部分：A 级钢管 GB/ T 9711.1	外径：ϕ3~2023	L175，L210，L245，L290，L320，L360，L390，L415，L450，L485 和 L555 以及介于 L290 和 L555 之间的中间钢级	采用自动电弧焊或电阻焊接方法制造	石油天然气工业中用于输送可燃流体和非可燃流体(包括水)的非合金钢和合金钢(不包括不锈钢)无缝钢管和焊接钢管。电阻焊焊管不得用于剧烈循环工况
输送流体用无缝钢管 GB/T 8163	热轧外径：ϕ32~630；冷拔外径：ϕ6~200	10，20，Q295，Q345，Q390，Q420，Q460	热轧(挤压、扩)和冷拔(轧)无缝方法制造。热轧(挤压、扩)钢管以热轧或热处理状态交货，冷拔(轧)钢管以热处理状态交货	输送流体用的一般无缝钢管
石油裂化用无缝管 GB/ T 9948	外径：ϕ10~630	10，20，12CrMo，15CrMo，1Cr5Mo，1Cr19Ni9，1Cr-19Ni11Nb	热轧(挤压、扩)和冷拔(轧)无缝方法制造，需方指定某一制造方法时，应在合同中注明。钢管按本标准表 4 规定的热处理制度热处理后交货	石油炼厂的炉管、换热器管和管道
低中压锅炉用无缝钢管 GB 3087	外径：ϕ10~426	10，20	热轧管以热轧状态、冷拔(轧)钢管以热处理状态交货	各种结构的低中压锅炉用和机车锅炉用
高压锅炉用无缝钢管 GB/T 5310	热轧(挤、扩)外径：ϕ22~530；冷拔(轧)外径：ϕ10~114	20MnG，20G，25MnG，15MoG①，20MnG①，12Cr-MoG①，15CrMoG①，12Cr-2MoG①，12Cr1MoVG①，12Cr2MoWVTiB，12Cr3MoVSiTiB，10Cr9Mo1VNb，1Cr18Ni9，1Cr19Ni11Nb	热轧(挤压、扩)和冷拔(轧)无缝方法制造，需方指定某一制造方法时，应在合同中注明。钢管按本标准表 5 规定的热处理制度热处理后交货	适用高压及其以上压力的蒸汽锅炉、管道等用的优质碳素钢、合金钢和不锈耐热钢无缝钢管

续表

钢管名称及标准号	规格尺寸范围	钢号	制造方法或/和交货状态	适用范围
流体输送用不锈钢焊接钢管 GB/T 12771	外径：φ8~630	12Cr18Ni9，06Cr19Ni10，022Cr19Ni10，06Cr25Ni20，06Cr17Ni12Mo2，022Cr17Ni12Mo2，06Cr18Ni11Ti，06Cr18Ni11Nb，022Cr18Ti，022Cr11Ti，019Cr19Mo2NbTi，06Cr13，06Cr13Al，022Cr12Ni	采用添加或不添加金属的单面自动电弧焊接方法或双面自动电弧焊焊接方法制造；钢管以热处理并酸洗状态交货，热处理时须采用连续式或周期式炉全长热处理。推荐的热处理制度按本标准表6，根据需方要求，经供需双方协议，也可按其他状态交货	流体输送用耐蚀不锈钢焊接钢管。不得用于剧烈循环工况
化肥设备用高压无缝钢管 GB/T 6479	外径：φ14~426	10，20，16Mn，15MnV，10MnWVNb，12CrMo，15CrMo，1Cr5Mo，12Cr2Mo，12SiMoVNb	钢管应采用热轧(挤压、扩)和冷拔(轧)无缝方法制造，需方指定某一制造方法时，应在合同中注明。钢管按本标准表4规定的热处理制度进行热处理后交货	-40~600℃、10~32MPa的化工设备和管道用
低压流体输送管道用螺旋缝埋弧焊钢管 SY/T 5037	外径：φ273~2540	GB/T 700：Q195，Q215，Q235	采用热轧钢带作管坯，经常温螺旋成形，螺旋缝采用自动埋弧焊法焊接，内处理弧焊缝各不少于一道	水、污水、燃气、空气、采暖蒸汽等低压流体
低温管道用无缝钢管 GB/T 18984	外径：φ6~630	16MnDG，10MnDG，09DG，09Mn2VDG，06Ni3MoDG	钢管应采用热(扩)或冷拔(轧)方法制造。钢管以正火状态交货。当终轧温度不低于相变临界温度(Ar3)时可视为正火处理	-45~100℃低温压力容器管道以及低温热交换器管道用无缝钢管
流体输送用不锈钢无缝钢管 GB/T 14976	热轧(挤、扩)外径：φ65~426；冷拔(轧)外径：φ6~159	0Cr18Ni9，00Cr19Ni10，0Cr23Ni13，0Cr25Ni20，0Cr18Ni10Ti，0Cr18NillNb，0Cr17Ni12Mo2，00Cr17NI14Mo2，0Cr19Ni13Mo3，00Cr19Ni13Mo3，0Cr18Ni12Mo2Ti，1Cr18Ni12Mo2Ti，0Cr18Ni12Mo3Ti，1Cr18Ni12Mo3Ti，0Cr18Ni12Mo2Cu2，00Cr18Ni14Mo2Cu2，1Cr18Ni9Ti，0Cr13，0Cr26Ni5Mo2	热处理并酸洗	奥氏不锈钢-196~700℃

注：①当热轧15MoG、20MoG、12CrMoG、15CrMoG、12CrMoG、12CrMoGVG钢管的终轧温度符合规定的正火温度时，可以热轧代替正火。

② GB/T 4237、GB/T 20878、GB/T 1220、GB/T 1221 等标准显示不锈钢牌号的表示有些变化，例如：0Cr18Ni9 牌号改为 06Cr19Ni10；0Cr17Ni12Mo2 牌号改为 06Cr17Ni12Mo2；00Cr17Ni14Mo2 牌号改为 022Cr17Ni12Mo2；0Cr18Ni10Ti 牌号改为 06Cr18Ni11Ti。

九、国内外常用钢管标准与牌号的比较

国内外常用钢管标准与牌号的比较见表 4. 2. 8、表 4. 2. 9。

表 4. 2. 8 国内外常用钢管标准与牌号的比较(一)

GB		ASTM		BS	DIN	JIS	钢种	
钢管标准	钢号	钢管	钢材	钢管	钢管	钢管		
		A53-TypeF	A235-A	1387	1615-st33	SGP	低碳素钢	碳素钢
GB/T 8163 GB/T 9948	10	A53-A	A105	3601-360	1629-st37	STPG370	低碳素钢	
GB/T 8163 GB/T 9948	20	A53-B	A105	3601-410	1629-st48. 4	STPG410	中碳素钢	
GB/T 5130	20G	A106B	—	—	17155-st45. 8Ⅲ	STS 410	中碳素钢 (Si 镇静钢)	
GB/T 6479	16Mn	—	—	—	17175- 17Mn4	STS480		
GB/T 6479	10	A105-A	A105	3602-360	17175-s135. 8	STPT370	低碳素钢 (Si 镇静钢)	
GB/T 8163 GB/T 9948	20	A106-B	A105	3602-410	17175-st45. 8	STPT410	中碳素钢 (Si 镇静钢)	
		A106-C	—	3602-460	—	STPT480	中碳素钢 (Si 镇静钢)	
GB/T 9948 GB/T 6479 GB/T 5310	12CrMo	A335-P2	A182-F2	—	17175-15Mo3	STPA20	1/2Mo 钢	合金钢
	15CrMo	A335-P12	A182-F12	3604-620- 440	17175- 13CnMo44	STPA22	1Cr-1/2Mo 钢	
		A355-P11	A182-F11	3604-621	—	STPA23	1¼Cr-1/2Mo 钢	
GB/T 6479 GB/T 5310	12Cr2Mo	A335-P22	A182-F22	3604-622	17175- 10CrMo910	STPA24	2½Cr-1Mo 钢	
	1Cr5Mo	A335-P5	A182-5	3604-625	—	STPA25	5Cr-1/2Mo 钢	
		A335-P9	A182-9	—	—	STPA26	9Cr-1Mo 钢	

续表

GB		ASTM		BS	DIN	JIS	钢种	
钢管标准	钢号	钢管	钢材	钢管	钢管	钢管		
GB 150 GB/T 8163 附录 A， GB 6479	09MnD， 16Mn	A333-Gr1	A350-LF2	3603- 410LT50	17173-TTst35N， 35V	STPL380	AI 镇静钢	低温用钢
		A333-Gr3	A350-LF3	3603- 503LT100	—	STPL450	$3\frac{1}{2}$Ni 钢	
		A333-8	A522	3603- 503LT196	—	STPL690	9Ni 钢	
GB/T 14976	0Cr18Ni9	A312-TP304	A182-F304	3605- 304S18、S25	17458- X5CrNi1810	SUS304TP	18-8 钢	
		A312-TP304H	A182- F304H	3605- 304S59	—	SUS304HTP	高温用 18-8 钢	
GB/T 14976	00Cr19Ni10	A312- TP304L	A182- F304L	3605- 304S14、S22	17458~ X2CrNi1911	SUS304LTP	低碳素 18-8 钢	
		A312-TP309	—	—	—	SUS309SIP	22-12 钢	
		A312-TP310	A182-F310	—	—	SUS310STP	25-20 钢	
GB/T 13296 GB/T 14976	0Cr-18Ni10Ti	A312-TP347	A182-F347	3605- 347S18、S17	17458 X6CrNiTi1810 X6CrNiNb1810	SUS347TP	18-8-(Nb+ Ta)钢	
GB/T 14976	0Cr17Ni12Mo2 00Cr17Ni14Mo2	A312-TP316	A182-F316	3605-316S18、 S26	17458 X5CrNiMo17122 X2CrNiMo17132	SUS316TP	18-8-Mo 钢	
		A312-TP316H	A182-F316H	3605-316S59	—	SUS316HTP	高温用 18-8-Mo 钢	不锈钢
GB/T 14976	0Cr17Ni12Mo2 00Cr17Ni14Mo2	A312-TP376L	A182- F316L	3605- 316S14、S22	—	SUS316LTP	低碳素 18-8-Mo 钢	
GB 13296 GB/T 14976	0Cr18Ni10Ti	A312-TP321	A182-F321	3605- 321S18、S22	17458	SUS321TP	18-8-Ti 钢	
		A312-TP321H	A182-F321H	3605-321S59	—	SUS321HTP	高温用 18-8-Ti 钢	
	0Cr18Ni11Nb	A312-TP347H	A182-F347H	3605-347S59	—	SUS347HTP	高温用 18-8- (Nb+Ta)钢	
		A268-TP329	—	—	—	SUS329JTTP	25-5-Mo 钢	
GB/T 14976	0Cr19Ni13Mo3 00Cr19Ni13Mo3	A312 TP317 A312 TP317L			17458 X5CrNiMo17133 X2CrNiMo18143	SUS317TP SUS317LTP		

表 4.2.9 国内外常用钢管标准与牌号的比较(二)

钢种	中国 GB	日本 JIS		美国 ASTM	德国		
	牌号	牌号	标准号	钢号	钢号	材料号	标准号
碳素钢管	(Q235)	GGP STPY41	G3452 G3457	(A53 钢种 F) A283-D	(St33)	1.0033	DIN1626
	10	STPG38	G3454	A135-A A53-A	(St37)	1.0110	DIN1626
		STPG38	G3456	A106-A	St37-2	1.0112	DIN17175
		STS38	G3455		St35.8 St35.4	1.0305 1.0309	DIN1629/4
		STB30	G3461	A179-C A214-C	St35.8	1.0305	DIN17175
		STB33	G3461	A192 A226	St35.8	1.0305	DIN17175
		STB35	G3461		St35.8	1.0305	DIN17175
	20	STPG42	G3454	A315-B A53-B	(St42) St42-2	1.0130 1.0132	DIN1626
		STPT42	G3456	A106-B	St45-8	1.0405	DIN17175
		STB42	G3461	A106-B	St45-8	1.0405	DIN17175
		STS42	G3455	A178-C A210-A-1	St45-4	1.0309	DIN1629/4
低合金钢管	16Mn	STS49 STPT49	G3455 G3456	A210-C	St52.4 St52	1.0832 1.0831	DIN1629/4 DIN1629/3
	15MnV	STBL39	G3464	—	—	—	—
低温钢管	16Mn	STPL39	G3460	A333-1.6	TT St35N	1.0356	SEW680
	15MnV	STBL39	G3464	A334-1.6			
	09Mn2V			A333-7.9 A334-7.9	TT St35N	1.0356	SEW680
	(06A1Nb CuN)	STPL46 STBL	G3460 G3464	A333-3.4 A334-3.4	10Ni14	1.5637	SEW680
	(20Mn 23A1)			A333-8 A334-8	X8Ni9	1.5662	SEW680

续表

钢种	中国 GB	日本 JIS		美国 ASTM	德国		
	牌号	牌号	标准号	钢号	钢号	材料号	标准号
耐热钢管	16Mo	STPA12 STBA12、13	G3458 G3462	A335-P1、A369-FP1 A250-T1、A209-T1	15Mo3	1.5414	DIN17175
	12CrMo	STBA20	G3462	A335-P2、A369-FP2 A213-T2	—	—	—
	15CrMo	STPA22 STBA22	G3458 G3462	A335-P12、A369-FP12 A213-T12	13CrMo44	1.7335	DIN17175
	12Cr1MoV	STPA23 STBA23	G3458 G3462	A335-P11、A369-FP12 A199-T11、A213-T11	—	—	—
	Cr2Mo 10MoWVNb	STPA24 STBA24	G3458 G3462	A335-P22、A369-FP22 A199-T22、A213-T22	10CrMo910	1.7380	SEW610
	Cr5Mo	STPA25 STBA25 STPA26 STBA26	G3458 G3462 G3458 G3462	A335-P5、A389-FP5 A213-T5 A335-P9、A369-FP9 A199-T9、A213-T9	12CrMo195	1.7362	DIN17175
不锈耐酸钢管	(1Gr13)	SUS410 TP	G3463	A268 TP410	X10Cr13	1.4006	DIN17440
	(2Cr13)			(SISI 420)	X20Cr13	1.4021	DIN17440
	(1Cr17)	SUS430 TB	G3463	A268 TP430/TP429	X8Cr17	1.4016	DIN17440
	0Cr18Ni9	SUS304 TP/TB	G3459 G3463	A312、A376、TP304 A213、A249、A268 TP304	X5CrNi189	1.4301	DIN17440
	(1Cr18Ni9)				X5CrNi189	1.4301	DIN17440
	0Cr18Ni10Ti 1Cr18Ni9Ti	SUS321 TP/TB	G3459 G3463	A312、A376 TP321 A213、A249、A266 TP321	X10CrNiTi189	1.4541	DIN17440
	0Cr18Ni 13Mo2Ti	SUS316 TP/TB	G3459 G3463	A312、A376 TP316 A213、A249、A266 TP316	—	—	—
	0Cr18Ni 13Mo3Ti	SUS317 TP/TB	G3459 G3463	A312、A376 TP316 A213、A249、A268 TP317	—	—	—
	00Cr18Ni10	SUS304L TP/TB	G3459 G3463	A312、A376 TP34L A213、A249、A268 TP304L	X2CrNi189	1.4306	DIN17440
	00Cr17Ni 13Mo2	SUS316L TP/TB	G3459 G3463	A312、A376 TP316L A213、A249、A268 TP316L	X2CrNi810	1.4404	DIN17440
	00Cr17Ni 13Mo3	SUS317L TP/TB	G3459 G3463	A312、A376、TP317L A213、A249、A268 TP317L	—	—	—

注：GB/T 4237、GB/T 20878、GB/T 1220、GB/T 1221 等标准显示不锈钢牌号的表示有些变化，例如：0Cr18Ni91 牌号改为 06Cr19Ni10；0Cr17Ni12Mo2 牌号改为 06Cr17Ni12Mo2；00Cr17Ni14Mo2 牌号改为 022Cr17Ni12Mo2；0Cr18Ni10Ti 牌号改为 06Cr18Ni11Ti。

十、ASTM 标准常用钢、镍、铜、铝、钛及合金管

常用管子规格美标标准有：ASME B36. 10M、ASME B36. 19M、API 5L 等。具体管子材料美标标准如下所述。

1. 无缝碳钢管的 ASTM 材料规范

ASTM 规范	名称
A53	焊接和无缝黑和热浸，镀锌钢管
A106	高温用无缝碳钢管
A333	低温用无缝和焊接钢管
A369	高温用锻制和镗加工(Booed)碳素钢和铁素体合金钢管
API-5L	管线钢管
A524	常温和低温用无缝碳钢管

2. 有缝焊接碳钢管的 ASTM 材料规范

ASTM 规范	名称
A53	焊接和无缝黑和热浸，镀锌钢管
A134	电弧焊钢管(NPS16 及以上)
A135	电阻焊钢管
A139	电熔(弧)焊(NPS16 及以上)的钢管
A211	螺旋焊缝钢管或铁管
A333	低温用无缝和焊接钢管
A381	高压输送系统用金属弧焊钢管
A587	化工用电阻焊低碳钢管
A671	常温或较低温用电熔焊钢管
A672	中温高压用电熔焊钢管
A691	高温高压用电熔焊碳钢和合金钢管
API-5L	管线钢管

3. 无缝碳钢管(Tube) 的 ASTM 材料规范

ASTM 规范	名称
A179	热交换器和冷凝器用无缝冷拔低碳钢管
A192	高压用无缝碳素钢锅炉管件
A210	锅炉和过热器用无缝中碳钢管
A334	低温用无缝和焊接碳素和合金钢管

4. 有缝焊接碳钢管(Tube)的 ASTM 材料规范

ASTM 规范	名称
A178	锅炉用电阻焊接碳钢管和碳锰合金钢管
A214	换热器和冷凝器用电阻焊接碳钢管
A226	高压锅炉和过热器用电阻焊接碳钢管

5. 合金无缝钢管的 ASTM 材料规范

ASTM 规范	名称
A333	低温用无缝和焊接钢管
A335	高温用无缝铁素体合金钢管
A369	高温用锻制和镗加 L 碳素钢管和铁素体合金钢管
A714	高强度低合金焊接和无缝钢管

6. 有缝焊接合金钢管的 ASTM 材料规范

ASTM 规范	名称
A333	低温用的无缝和焊接钢管
A671	常温和较低温用电熔焊钢管
A672	中温高压用电熔焊钢管
A691	高温高压用的电熔焊接的碳钢和合金钢管
A714	高强度低合金焊接和无缝钢管

7. 合金钢无缝管(Tube) 的 ASTM 材料规范

ASTM 规范	名称
A199	无缝冷拔中级合金钢制换热器和冷凝器管件
A213	锅炉、过热器和热交换器用无缝铁素体和奥氏体合金钢管
A334	低温用无缝和焊接碳钢和合金钢管

8. 无缝不锈钢管的 ASTM 材料规范

ASTM 规范	名称
A312	无缝和焊接的奥氏体不锈钢管
A376	总电站高温用奥氏体无缝钢管
A430	高温用锻制和镗加工(Bored)奥氏体钢管
A731	无缝、焊接，铁素体和马氏体不锈钢管
A790	无缝焊接铁素体/马氏体不锈钢管

9. 有缝焊接不锈钢管的 ASTM 材料规范

ASTM 规范	名称
A312	无缝和焊接的奥氏体不锈钢管
A358	高温用电弧焊奥氏体铬镍合金钢管
A409	腐蚀或高温用的大直径焊接奥氏体钢管
A371	无缝、焊接铁素体和马氏体不锈钢管
A790	无缝和焊接铁素体/马氏体不锈钢管

10. 无缝不锈钢管(Tube) 的 ASTM 材料规范

ASTM 规范	名称
A213	锅炉，过热器和热交换器用无缝铁素体和奥氏体合金钢管
A268	一般用无缝和焊接铁素体和马氏体不锈钢管件
A269	一般用无缝和焊接奥氏休不锈钢管件
A789	无缝和焊接铁素体和奥氏体不锈钢管

11. 有缝焊接不锈钢管(Tube) 的 ASTM 材料规范

ASTM 规范	名称
A249	锅炉、过热器、热交换器和冷凝器用焊接奥氏体钢管
A268	一般用无缝和焊接奥氏体不锈钢管
A269	一般用无缝焊接铁素体和马氏体不锈钢管
A789	一般用无缝焊接铁素体和奥氏体不锈钢管件

12. 镍和镍合金无缝管/管(Tube)的 ASTM 材料规范

ASTM 规范	名称
B165	镍铜合金(GNS N04400)无缝管和管(Tubc)
B167	镍铬铁合金(UNS N0600, N06601, N06690, N06025 和 N06045)无缝管和管(Tube)
B407	镍铁铬合金无缝管和管(Tube)
B423	镍铁铬钼铜合金(UNS N08825 和 N08221)无缝管和管(Tube)
B444	镍-铬-钼-铜合金(UNS N06625)管和(Tube)
B622	镍和镍钴合金无缝管和管(Tube)
B690	镍铁铬钼合金(UNS N08366 和 UNS N08367)无缝管和管(Tube)
B729	UNS N08020, UNS N08026 和 UNS N08024 镍合金无缝管和管(Tube)

13. 镍和镍合金有缝焊接管的 ASTM 材料规范

ASTM 规范	名称
B464	焊接 UNS N08020, UNS N08024 和 UNS N08026 合金管
B514	焊接镍-铁-铬合金管
B517	焊接镍-铬-铁合金(UNS N06600、UNS N06025 和 UNS N06045)管
B619	焊接镍和镍钴合金管
B675	UNS N08366 和 UNS N08825 焊接管
B705	镍合金(UNS N06625 和 UNS N08825)焊接管
B804	UNS N08367 焊接管

14. 镍和镍合金有缝焊接管(Tube)的 ASTM 材料规范

ASTM 规范	名称
B161	无缝镍管和管(Tube)
B163	冷凝器和热交换器用无缝镍和镍合金管

15. 镍和镍合金接缝焊接管(Tube)的 ASTM 材料规范

ASTM 规范	名称
B486	焊接 UNS N08020、UNS N08024 和 UNS N08026 合金管(Tube)
B676	UNS N08367 焊接管

16. 铜和铜合金无缝管的 ASTM 材料规范

ASTM 规范	名称
B42	无缝铜管尺寸
B43	无缝红铜管尺寸
B302	无螺纹铜管

17. 铜和铜合金有缝焊接管的 ASTM 材料规范

ASTM 规范	名称
B467	铜-镍焊接管
B608	铜合金焊接管

18. 铜和铜合金无缝管(Tube)的 ASTM 材料规范

ASTM 规范	名称
B315	无缝铜合金管和管(Tube)
B466	无缝铜-镍合金管和管(Tube)

19. 铝和铝合金无缝管(Tube)的 ASTM 材料规范

ASTM 规范	名称
B210	拉制无缝铝和铝合金管
B234	冷凝器和热交换器用铝和铝合金拉制无缝管
B241	铝和铝合金无缝管和挤压制无缝管

20. 铝和铝合金无缝管/管(Tube)的 ASTM 材料规范

ASTM 规范	名称
B345	气体和石油输送和分配管道系统用铝和铝合金无缝管和挤压制无缝管(Tube)

21. 钛和钛合金无缝管和管(Tube)的 ASTM 材料规范

ASTM 规范	名称
B337	无缝和焊接钛和钛合金管
B338	冷凝器和热交换器用无缝和焊接钛和钛合金管(Tube)

22. 钛和钛合金有缝管和管(Tube)的 ASTM 材料规范

ASTM 规范	名称
B337	无缝和焊接钛和钛合金管
B338	冷凝器和换热器用无缝和焊接钛与钛合金管(Tube)

十一、国外配管常用钢管的化学成分和机械性能比较

国外配管常用钢管的化学成分和机械性能比较见表 4. 2. 10。

表 4. 2. 10　国外配管常用钢管的化学成分和机械性能比较

标准名	钢号	化学成分/%					抗拉试验			标准号
		C	Si	Mn	P	S	钢材厚度 t/mm	σ_s/MPa	σ_b/MPa	
JIS	SGP				≤0. 040	≤0. 040			≥300	G3452
ASTM	TypeF				≤0. 080	≤0. 060		≥176	≥316	A53
BS										1387
DIN	St33								232～352	1626Part2
JLS	STPG370	≤0. 25	≤0. 35	0. 30～0. 90	≤0. 040	≤0. 040		≥215	≥370	G3454
ASTM	E-A	≤0. 25		≤0. 95	≤0. 050	≤0. 060		≥211	≥33. 7	A53
ASTM	A	≤0. 25		≤0. 95	≤0. 050	≤0. 060		≥211	≥33. 7	A135
BS	ERW360	≤0. 17	≤0. 35	0. 40～0. 80	≤0. 050	≤0. 050		≥219	367～489	3601
BS	S360	≤0. 17	≤0. 35	0. 40～0. 80	≤0. 050	≤0. 050		≥219	367～489	3601
DIN	St37	≤0. 20			≤0. 080	≤0. 050	≤16	240	370～450	1626Part2
DIN	St37. 2	≤0. 20			≤0. 060	≤0. 050	16<t≤40	230	370～430	
							≤16	240	370～450	1626Part3
							16<t≤40	230	370～450	
ASTM	E-B	≤0. 30		≤1. 20	≤0. 050	≤0. 060		≥24. 6	≥422	A53
ASTM	B	≤0. 30		≤1. 20	≤0. 050	≤0. 060		≥24. 6	≥422	A135
BS	ERW410	≤0. 21	≤0. 35	0. 40～1. 20	≤0. 050	≤0. 050		≥24. 0	418～540	3601

续表

标准名	钢号	化学成分/%					抗拉试验			标准号
		C	Si	Mn	P	S	钢材厚度 t/mm	σ_s/MPa	σ_b/MPa	
BS	S410	≤0.21	≤0.35	0.40~1.20	≤0.050	≤0.050		≥24.0	418~540	3601
DIN	St42	≤0.25			≤0.080	≤0.050	≥16	260	420~500	1626Part2
DIN	St42.2	≤0.25			≤0.060	≤0.050	16<t≤40	250	420~500	
							≤16	260	420~500	1626Part3
							16<t≤40	250	420~500	
ASTM										
BS										
DIN	St35.4	≤0.17	0.10~0.35	≥0.40	≤0.050	≤0.050	≥16	≥240	350~450	1626Part4
							16<t≤40	≥230	350~450	
							>40	≥220	350~450	
ASTM										
BS										
DIN	St45.4	≤0.22	0.10~0.35	≥0.40	≤0.05	≤0.05	≤16	≥260	450~550	1629Part4
							16<t≤40	≥250	450~550	
							>40	≥240	450~550	
ASTM										
BS										
DIN	St52.4	≤0.20	0.10~0.35	≤1.5	≤0.05	≤0.05	≤16	≥360	520~620	1629Part4
							16<t≤40	≥350	520~620	
							>40	≥340	520~620	

续表

标准名	钢号	化学成分/%					抗拉试验			标准号
		C	Si	Mn	P	S	钢材厚度 t/mm	σ_s/MPa	σ_b/MPa	
ASTM	A							≥211	≥337	A106
BS	HFS360	≤0.17	≤0.35	0.40~0.80	≤0.045	≤0.045		≥219	367~501	3602
BS	GFS360	≤0.17	≤0.35	0.40~0.80	≤0.045	≤0.045		≥219	367~501	3602
BS	ERW360	≤0.17	≤0.35	0.40~0.80	≤0.045	≤0.045		≥219	367~501	3602
BS	GEW360	≤0.17	≤0.35	0.40~0.80	≤0.045	≤0.045		≥219	367~501	3602
DIN	St35.8	≤0.17	0.10~0.35	0.40~0.80	≤0.040	≤0.040	≤16	240	367~490	17175
							$16<t\leq40$	230	367~490	
							$40<t\leq60$	219	367~490	
DIN	St37.8	≤0.17	0.10~0.35	0.40~0.80	≤0.040	≤0.040	≤16	240	367~490	17177
ASTM	B							≥246	≥422	A106
BS	HFS410	≤0.21	≤0.35	0.40~1.20	≤0.045	≤0.045		≥250	418~561	3602
BS	GFS410	≤0.21	≤0.35	0.40~1.20	≤0.045	≤0.045		≥250	418~561	3602
BS	ERW410	≤0.21	≤0.35	0.40~1.20	≤0.045	≤0.045		≥250	418~561	3602
BS	GEW410	≤0.21	≤0.35	0.40~1.20	≤0.045	≤0.045		≥250	418~561	3602

续表

标准名	钢号	化学成分/%							抗拉试验		标准号
		C	Si	Mn	P	S	Cr	Mo	σ_s/MPa	σ_b/MPa	
DIN	St45. 8	≤0. 21	0. 10~0. 35	0. 40~1. 20	≤0. 040	≤0. 040	≤16	260	418~540	17175	
							16<t≤40	250	418~540		
							40<t≤60	240	418~540		
DIN	St42. 8	≤0. 21	0. 10~0. 35	0. 40~1. 20	≤0. 040	≤0. 040	≥16	260	418~540	17177	
JIS	STPT480	≤0. 33	0. 10~0. 35	0. 30~1. 00	≤0. 035	≤0. 035			≥275	≥480	G3456
ASTM	C								≥281	≥492	A106
BS	HFS460	≤0. 22	≤0. 35	0. 80~1. 40	≤0. 045	≤0. 045			≥286	470~612	3602
BS	CFS460	≤0. 22	≤0. 35	0. 80~1. 40	≤0. 045	≤0. 045			≥286	470~612	3602
BS	ERW460	≤0. 22	≤0. 35	0. 80~1. 40	≤0. 045	≤0. 045			≥286	470~612	3602
BS	CEW460	≤0. 22	≤0. 35	0. 80~1. 40	≤0. 045	≤0. 045			≥286	470~612	3602
ASTM	B	≤0. 30		≤1. 00	≤0. 040	≤0. 050			≥246	≥422	A139
ASTM	45	≤0. 25		≤1. 35	≤0. 04	≤0. 05			≥316	≥422	A211
BS											
DIN											
ASTM	P1	0. 10~0. 20	0. 10~0. 50	0. 30~0. 80	≤0. 045	≤0. 045		0. 44~0. 65	≥211	≥387	A335
BS											
DIN											
ASTM	P2	0. 10~0. 20	0. 10~0. 30	0. 30~0. 61	≤0. 045	≤0. 045	0. 50~0. 81	0. 44~0. 65	≤211	≥387	A335
BS											
DIN											

续表

标准名	钢号	化学成分/%										抗拉试验			标准号
		C	Si	Mn	P	S	Cr	Mo	Ni	Cu	其他	钢材厚度 t/mm	σ_s/MPa	σ_b/MPa	
ASTM	P12	≤0.15	≤0.50	0.30~0.61	≤0.045	≤0.045	0.80~1.25	0.44~0.65					≥211	≥422	A335
BS	HFS620-460	0.10~0.15	0.10~0.35	0.40~0.70	≤0.040	≤0.040	0.70~1.10	0.45~0.65					≥184	469~622	3604
BS	GFS620-460	0.10~0.15	0.10~0.35	0.40~0.70	≤0.040	≤0.040	0.70~1.10	0.45~0.65					≥184	469~622	3604
BS	ERW620-460	0.10~0.15	0.10~0.35	0.40~0.70	≤0.040	≤0.040	0.70~1.10	0.45~0.65					≥184	469~622	3604
BS	GFW620-460	0.10~0.15	0.10~0.35	0.40~0.70	≤0.040	≤0.040	0.70~1.10	0.45~0.65					≥184	469~622	3604
BS	HFS620-440	0.10~0.18	0.10~0.35	0.40~0.70	≤0.040	≤0.040	0.70~1.10	0.45~0.65					≥296	449~602	3604
BS	GFS620-440	0.10~0.18	0.10~0.35	0.40~0.70	≤0.040	≤0.040	0.70~1.10	0.45~0.65					≥296	449~602	3604
BS	ERW620-440	0.10~0.18	0.10~0.35	0.40~0.70	≤0.040	≤0.040	0.70~1.10	0.45~0.65					≥296	449~602	3604
BS	GFW620-440	0.10~0.18	0.10~0.35	0.40~0.70	≤0.040	≤0.040	0.70~1.10	0.45~0.65					≥296	449~602	3604
DIN	13CrMo44	0.10~0.18	0.10~0.35	0.40~0.70	≤0.035	≤0.035	0.70~1.10	0.45~0.65				≤16	≥296	449~602	17175
												16<t≤40	≥296	449~602	
												40<t≤60	≥286	449~602	
ASTM	P11	≤0.15	0.50~1.00	0.30~0.60	≤0.030	≤0.030	1.00~1.50	0.45~0.65					≥211	≥422	A335
BS	HFS621	≤0.15	0.50~1.00	0.30~0.60	≤0.040	≤0.040	1.00~1.50	0.45~0.65					≥280	428~581	3604
BS	GFS621	≤0.15	0.50~1.00	0.30~0.60	≤0.040	≤0.040	1.00~1.50	0.45~0.65					≥280	428~581	3604
BS	ERW621	≤0.15	0.50~1.00	0.30~0.60	≤0.040	≤0.040	1.00~1.50	0.45~0.65					≥280	428~581	3604
BS	GEW621	≤0.15	0.50~1.00	0.30~0.60	≤0.040	≤0.040	1.00~1.50	0.45~0.65					≥280	428~581	3604
DIN															
ASTM	P22	≤0.15	≤0.50	0.30~0.60	≤0.030	≤0.030	1.90~2.60	0.87~1.13					≥211	≥422	A335
BS	HFS622	0.08~0.15	≤0.50	0.40~0.70	≤0.040	≤0.040	2.00~2.50	0.90~1.20					≥280	500~653	3604
BS	GFS622	0.08~0.15	≤0.50	0.40~0.70	≤0.040	≤0.040	2.00~2.50	0.90~1.20					≥280	500~653	3604
DIN	10CrMo910	0.08~0.15	≤0.50	0.40~0.70	≤0.035	≤0.035	2.00~2.50	0.90~1.20				≤16	≥286	459~612	17175
												16<t≤40	≥286	459~612	
												40<t≤60	≥275	459~612	

续表

标准名	钢号	化学成分/%										抗拉试验			标准号
		C	Si	Mn	P	S	Cr	Mo	Ni	Cu	其他	钢材厚度 t/mm	σ_s/MPa	σ_b/MPa	
ASTM	P5	≤0.15	≤0.50	0.30~0.60	≤0.030	≤0.030	4.00~6.00	0.45~0.65					≥211	≥422	A335
BS	HFS625	≤0.15	≤0.50	0.30~0.60	≤0.030	≤0.030	4.00~6.00	0.45~0.65					≥173	459~612	3604
BS	HFS625	≤0.15	≤0.50	0.30~0.60	≤0.030	≤0.030	4.00~6.00	0.45~0.65					≥173	459~612	3604
DIN															
ASTM	P9	≤0.15	0.25~1.00	30~0.60	≤0.030	≤0.030	8.00~10.00	0.90~1.00					≤211	≥422	A335
BS	GFS629-470	≤0.15	0.25~1.00	30~0.60	≤0.030	≤0.030	8.00~10.00	0.90~1.00					≥189	479~632	3604
DIN															
ASTM	TP304	≤0.08	≤0.75	≤2.00	≤0.040	≤0.030	18.00~20.00		8.00~11.00				≥211	≥527	A312
	304	≤0.08	≤1.00	≤2.00	≤0.045	≤0.030	18.00~20.00		8.00~10.50		N≤0.10				A358
	TP304	≤0.08	≤0.75	≤2.00	≤0.040	≤0.030	18.00~20.00		8.00~11.00				≥211	≥527	A376
BS	304S18	≤0.06	0.20~1.00	0.50~2.00	≤0.040	≤0.030	17.00~19.00		9.00~12.00				≥240	500~704	3605
DIN															
ASTM	TP304H	0.04~0.10	≤0.75	≤2.00	≤0.040	≤0.030	18.00~20.00		8.00~11.00				≥211	≥527	A312
	304H	0.04~0.10	≤1.00	≤2.00	≤0.045	≤0.030	18.00~20.00		8.00~10.50						A358
	TP3.4H	0.04~0.10	≤0.75	≤2.00	≤0.040	≤0.030	18.00~20.00		8.00~11.00				≥211	≥527	A376
BS	304S59	0.04~0.09	0.20~1.00	0.50~2.00	≤0.040	≤0.030	17.00~19.00		9.00~12.00				≥240	500~704	3605
DIN															

续表

标准名	钢号	化学成分/%										抗拉试验			标准号
		C	Si	Mn	P	S	Cr	Mo	Ni	Cu	其他	钢材厚度 t/mm	σ_s/MPa	σ_b/MPa	
ASTM	TP304L	≤0.035	≤0.75	≤2.00	≤0.040	≤0.030	18.00~20.00		8.00~13.00				≥176	≥492	A312
	304LN	≤0.030	≤1.00	≤2.00	≤0.045	≤0.030	18.00~20.00		8.00~12.00		N≤0.10		≥173	≥495	A358
	TP304L	≤0.035	≤0.75	≤2.00	≤0.040	≤0.030	18.00~20.00		8.00~11.00		N0.10~0.16		≤214	≥530	A376
DIN															
BS	304S14	≤0.03	0.20~1.00	0.50~2.00	≤0.040	≤0.030	17.00~19.00		10.00~13.00				≥209	500~704	3605
	304S22	≤0.03	0.20~1.00	0.50~2.00	≤0.040	≤0.030	17.00~19.00		9.00~12.00				≤209	500~704	3605
ASTM	TP309	≤0.15	≤0.75	≤2.00	≤0.040	≤0.030	22.00~24.00		12.00~15.00				≥211	≥527	A312
	309S	≤0.08	≤1.00	≤2.00	≤0.045	≤0.030	22.00~24.00		12.00~15.00				≥209	≥525	A358
BS															
DIN															
ASTM	TP310	≤0.15	≤0.75	≤2.00	≤0.040	≤0.030	24.00~26.00		19.00~22.00				≥211	≥527	A312
	310S	≤0.08	≤1.50	≤2.00	≤0.045	≤0.030	24.00~26.00		19.00~22.00				≥209	≥525	A358
BS															
DIN															
ASTM	TP316	≤0.08	≤0.75	≤2.00	≤0.040	≤0.030	16.00~18.00	2.00~3.00	10.00~14.00				≥211	≥527	A312
	316	≤0.08	≤1.00	≤2.00	≤0.045	≤0.030	16.00~18.00	2.00~3.00	10.00~14.00		N≤0.10		≥209	≥525	A358
	TP316	≤0.08	≤0.75	≤2.00	≤0.040	≤0.030	16.00~18.00	2.00~3.00	10.00~14.00				≥211	≥527	A376

续表

标准名	钢号	化学成分/%										抗拉试验			标准号
		C	Si	Mn	P	S	Cr	Mo	Ni	Cu	其他	钢材厚度 t/mm	σ_s/MPa	σ_b/MPa	
BS	316S18	≤0.07	0.20~1.00	0.50~2.00	≤0.040	≤0.030	16.00~18.50	2.00~3.00	10.00~14.00				≥250	520~724	3605
	316S26	≤0.07	0.20~1.00	0.50~2.00	≤0.040	≤0.030	16.00~18.50	2.00~3.00	10.00~13.00				≥250	520~724	3605
DIN															
ASTM	TP316H	0.04~0.10	≤0.75	≤2.00	≤0.040	≤0.030	16.00~18.00	2.00~3.00	11.00~14.00				≥211	≥527	A312
	316H	0.04~0.10	≤1.00	≤2.00	≤0.045	≤0.030	16.00~18.00	2.00~3.00	10.00~14.00				≥209	≤525	A358
	TP316H	0.04~0.10	≤0.75	≤2.00	≤0.040	≤0.030	16.00~18.00	2.00~3.00	11.00~14.00				≥211	≤527	A376
BS	316S59	0.04~0.09	0.20~1.00	0.50~2.00	≤0.040	≤0.030	16.00~18.00	2.00~2.75	12.00~14.00		B0.001~0.006		≥250	250~724	3605
DIN															
ASTM	TP316L	≤0.035	≤0.75	≤2.00	≤0.040	≤0.030	16.00~18.00	2.00~3.00	10.00~15.00				≥211	≥527	A312
	316L	≤0.030	≤1.00	≤2.00	≤0.045	≤0.030	16.00~18.00	2.00~3.00	10.00~14.00		N≤0.10				A358
	TP316LN	≤0.035	≤0.75	≤2.00	≤0.040	≤0.030	16.00~18.00	2.00~3.00	11.00~14.00		N0.10~0.16		≥219	≥527	A376
BS	316S14	≤0.03	0.20~1.00	0.50~2.00	≤0.040	≤0.030	16.00~18.50	2.00~3.00	12.00~15.00				≥219	500~704	3605
	316S22	≤0.03	0.20~1.00	0.50~2.00	≤0.040	≤0.030	16.00~18.50	2.00~3.00	11.00~14.00				≥219	500~704	3605
DIN															

续表

标准名	钢号	化学成分/%										抗拉试验			标准号
		C	Si	Mn	P	S	Cr	Mo	Ni	Cu	其他	钢材厚度 t/mm	σ_s/MPa	σ_b/MPa	
ASTM	TP321	≤0. 08	≤0. 75	≤2. 00	≤0. 040	≤0. 030	17. 00~20. 00		9. 00~13. 00		Ti5×C~0. 70		≥211	≥527	A312
	321	≤0. 08	≤1. 00	≤2. 00	≤0. 045	≤0. 030	17. 00~19. 00		9. 00~12. 00		Ti5×(C+N)-0. 70N≤0. 10				A358
	TP321	≤0. 08	≤0. 75	≤2. 00	≤0. 040	≤0. 030	17. 00~20. 00		9. 00~13. 00		Ti5×C~0. 60		≥211	≥527	A376
BS	321S18	≤0. 08	0. 20~1. 00	0. 50~2. 00	≤0. 040	≤0. 030	17. 00~19. 00		10. 00~13. 00		Ti5×C~0. 60		≥240	520~724	3605
	S21S22	≤0. 08	0. 20~1. 00	0. 50~2. 00	≤0. 040	≤0. 030	17. 00~19. 00		9. 00~12. 00		Ti5×C~0. 60		≥240	520~724	3605
DIN															
ASTM	TP321H	0. 04~0. 10	≤0. 75	≤2. 00	≤0. 040	≤0. 030	17. 00~20. 00		9. 00~13. 00		Ti4×C%~0. 60		≥211	≥527	A312
	TP321H	0. 04~0. 10	≤0. 75	≤2. 00	≤0. 040	≤0. 030	17. 00~20. 00		9. 00~13. 00		Ti4×C%~0. 60		≥211	≥527	A376
BS	321S59	0. 04~0. 09	0. 20~1. 00	0. 50~2. 00	≤0. 040	≤0. 030	17. 00~19. 00		10. 00~13. 00		Ti5×C%~0. 60		≥199	500~704	3605
DIN															

续表

标准名	钢号	化学成分/%										抗拉试验			标准号
		C	Si	Mn	P	S	Cr	Mo	Ni	Cu	其他	钢材厚度 t/mm	σ_s/MPa	σ_b/MPa	
ASTM	TP347	≤0.08	≤0.75	≤2.00	≤0.040	≤0.030	17.00~20.00		9.00~13.00		Nb+Ta10×C%~1.00		≥211	≥527	A312
	347	≤0.08	≤1.00	≤2.00	≤0.045	≤0.030	17.00~19.00		9.00~13.00		cb+Ta10×C%~1.10				A358
	TP347	≤0.08	≤0.75	≤2.00	≤0.040	≤0.030	17.00~20.00		9.00~13.00		Nb+Ta10×C%~1.00		≥211	≥527	A376
BS	347S18	≤0.08	0.20~1.00	0.50~2.00	≤0.040	≤0.030	17.00~19.00		10.00~13.00		Nb10×C%-20×C%(或1.00)		≥250	520~724	3605
	347S17	≤0.08	0.20~1.00	0.50~2.00	≤0.040	≤0.030	17.00~19.00		9.00~12.00		Nb10×C%~1.00		≥250	520~724	3605
DIN															

标准名	钢号	化学成分/%										抗拉试验		标准号
		C	Si	Mn	P	S	Cr	Mo	Ni	Cu	其他	σ_s/MPa	σ_b/MPa	
ASTM	TP347H	0.04~0.10	≤0.75	≤2.00	≤0.040	≤0.030	17.00~20.00		9.00~13.00		Nb+Ta8×C%~1.00	≥211	≥527	A312

续表

标准名	钢号	化学成分/%										抗拉试验		标准号
		C	Si	Mn	P	S	Cr	Mo	Ni	Cu	其他	σ_s/MPa	σ_b/MPa	
	TP347H	0.04~0.10	≤0.75	≤2.00	≤0.040	≤0.030	17.00~20.00		9.00~13.00		Nb+Ta8×C%~1.00	≥211	≥527	A376
BS	347S59	0.04~0.09	0.20~1.00	0.50~2.00	≤0.040	≤0.030	17.00~19.00		11.00~14.00		Nb(或1.00)10×C%~20×C%	≥250	520~724	3605
DIN														
ASTM	I	≤0.30		0.40~1.06	≤0.050	≤0.060						≥211	≥387	A333
BS	HFS410LT50	≤0.20	≤0.35	0.60~1.20	≤0.045	≤0.045					AI≥0.015	≥240	418~540	3603
	CFS410LT50	≤0.20	≤0.35	0.60~1.20	≤0.045	≤0.045					AI≥0.015	≥240	418~540	3603
	ERW410LT50	≤0.20	≤0.35	0.60~1.20	≤0.045	≤0.045					AI≥0.015	≥240	418~540	3603
	GEW410LT50	≤0.20	≤0.35	0.60~1.20	≤0.045	≤0.045					AI≥0.015	≥240	418~540	3603
DIN														
ASTM	3	≤0.19	0.18~0.37	0.31~0.64	≤0.05	≤0.05			3.18~3.82			≥246	≤457	A333
BS	HFS503LT100	≤0.15	0.15~0.35	0.30~0.80	≤0.025	≤0.020			3.25~3.75			≥250	449~602	3603
	GFS503LT100	≤0.15	0.15~0.35	0.30~0.80	≤0.025	≤0.020			3.25~3.75			≥250	449~602	3603
DIS														
ASTM	8	≤0.13	0.13~0.32	≤0.09	≤0.045	≤0.045			8.40~9.60			≥527	≥703	A333
BS	HFS509LT196	≤0.10	0.15~0.30	0.30~0.80	≤0.025	≤0.020			8.50~9.50			≥520	704~857	3603
	GFS509LT196	≤0.10	0.15~0.10	0.30~0.80	≤0.025	≤0.020			8.50~9.50			≥520	704~857	3603
DIN														

续表

标准名	钢号	化学成分/%										抗拉试验		标准号
		C	Si	Mn	P	S	Cr	Mo	Ni	Cu	其他	σ_s/MPa	σ_b/MPa	
ASTM	304	≤0.08	≤1.00	≤2.00	≤0.045	≤0.030	18.00~20.00		8.00~10.50		N≤0.10	≥209	≥525	A358
	TP304	≤0.08	≤0.75	≤2.00	≤0.040	≤0.030	18.00~20.00		8.00~10.00			≥211	≥527	A409
BS	304S25	≤0.06	0.20~1.00	0.50~2.00	≤0.040	≤0.030	17.00~19.00		8.00~11.00			≥240	500~704	3605
DIN														
ASTM	304L	≤0.030	≤1.00	≤2.00	≤0.045	≤0.030	18.00~20.00		8.00~12.00		N≤0.10	≥173	≥495	A358
	TP304L	≤0.035	≤0.75	≤2.00	≤0.040	≤0.030	18.00~20.00		8.00~13.00			≥173	≥495	A409
BS	304S22	≤0.03	0.20~1.00	0.50~2.00	≤0.040	≤0.030	17.00~19.00		9.00~12.00			≥209	500~704	3605
DIN														
ASIN	309S	≤0.08	≤1.00	≤2.00	≤0.045	≤0.030	22.00~24.00		12.00~15.00			≥209	≥525	A358
	TP309	≤0.15	≤0.75	≤2.00	≤0.040	≤0.030	22.00~24.00		12.00~15.00			≥211	≥527	A409
BS														
DIN														
ASIM	310S	≤0.08	≤1.50	≤2.00	≤0.045	≤0.030	24.00~26.00		19.00~22.00			≥209	≥527	A358
	TP310	≤0.15	≤0.75	≤2.00	≤0.040	≤0.030	24.00~26.00		19.00~22.00			≥211	≥527	A409
BS														
DIN														

续表

标准名	钢号	化学成分/%										抗拉试验		标准号
		C	Si	Mn	P	S	Cr	Mo	Ni	Cu	其他	σ_s/MPa	σ_b/MPa	
ASTM	316	≤0.08	≤1.00	≤2.00	≤0.045	≤0.030	16.00~18.00	2.00~3.00	10.00~14.00		N≤0.10	≥209	≥525	A358
	TP316	≤0.08	≤0.75	≤2.00	≤0.040	≤0.030	16.00~18.00	2.00~3.00	11.00~14.00			≥211	≥527	A409
BS	316S26	≤0.07	0.20~1.00	0.50~2.00	≤0.040	≤0.030	16.00~18.00	2.00~3.00	10.00~13.00			≥250	520~724	3605
DIN														
ASTM	316L	≤0.030	≤1.00	≤2.00	≤0.045	≤0.030	16.00~18.00	2.00~3.00	10.00~14.00		N≤0.10	≥173	≥495	A358
ASTM	316L	≤0.035	≤0.75	≤2.00	≤0.040	≤0.030	16.00~18.00	2.00~3.00	10.00~15.00			≥173	≥495	A409
BS	316S22	≤0.03	0.20~1.00	0.50~2.00	≤0.040	≤0.030	16.0~18.5	2.0~3.0	11.0~14.0			≥219	500~704	3605
DIN														
ASTM	321	≤0.08	≤1.00	≤2.00	≤0.045	≤0.030	17.00~19.00		9.00~12.00		Ti5(C+N)~0.70. N≤0.10	≥209	≥525	A358
ASTM	TP321	≤0.08	≤0.75	≤2.00	≤0.040	≤0.030	17.0~20.0		9.00~13.00		Ti5×C%~1.0	≥209	≥525	A409
BS	321S22	≤0.08	0.20~1.00	0.50~2.00	≤0.040	≤0.030	17.0~19.0		9.00~12.00		Ti5×C%~0.60	≥240	500~724	3605
DIN														
ASTM	347	≤0.08	≤1.00	≤2.00	≤0.045	≤0.030	17.00~19.00		9.00~13.00		Nb+Ta10×C%~1.10	≥209	≥525	A358
	TP347	≤0.08	≤0.75	≤2.00	≤0.040	≤0.030	17.00~20.00		9.00~13.00		Nb+Ta10×C%~1.10	≥211	≥527	A409
BS	347S17	≤0.08	0.20~1.00	0.50~2.00	≤0.040	≤0.030	17.00~19.00		9.00~12.00		Nb+Ta10×C%~1.00	≥250	520~724	3605
DIN														

第三节　配管设计非金属管的选用与工程应用

一、非金属管选用的一般要求

非金属管的选用设计应满足设计条件下的力学、耐腐蚀、蠕变和热膨胀等性能要求，并满足相应材料的国家标准、行业标准。见本书第一章详述。

二、常用非金属材料的使用温度和对公称压力的折减

非金属材料的最低使用温度见表4.3.1。

表4.3.1　非金属材料的最低使用温度　℃

非金属材料	玻璃钢管(FRP)	硬聚氯乙烯管(PVC-U)	聚乙烯管(PE)	聚丙烯管(PP)	丙烯腈-丁二烯-苯乙烯管(ABS)
最低使用温度	-29	-5	-20	-10	-20

非金属材料及其制品的选用应考虑温度对公称压力的折减，折减系数见表4.3.2。钢骨架聚乙烯复合管在输送特殊危险性介质时，应将修正后的公称压力再乘以0.8的折减系数。

表4.3.2　管道组成件的温度对公称压力的折减系数

名称	公称压力/MPa	设计温度/℃	折减系数
玻璃钢管(FRP)	0.6、1.0、1.6	≤80	1
硬聚氯乙烯管(PVC-U)	0.6、1.0、1.6	25	1
		35	0.8
		45	0.63
聚乙烯管(PE)	0.6、1.0、1.6	20	1
		30	0.87
		40	0.74
增强聚丙烯管(FRPP)	0.6、1.0	20	1
		40	0.75
		60	0.65
		80	0.58
		100	0.48
		120	0.30
丙烯腈-丁二烯-苯乙烯管(ABS)	0.6、1.0	20	1
		30	0.91
		40	0.81
		50	0.74
		60	0.66
		70	0.59

续表

名称		公称压力/MPa	设计温度/℃	折减系数
玻璃钢/聚氯乙烯复合管(FRP/PVC)		0.6、1.0、1.6	20	1
			40	0.85
			65	0.54
			80	0.48
名称		公称压力 MPa	设计温度℃	折减系数
聚丙烯/玻璃钢复合管(PP/FRP)	*DN*15~*DN*50	0.6、1.0、1.6	20~100	1
	*DN*65~*DN*150	0.6、1.0、1.6	20	1
			40	0.97
			60	0.81
			80	0.69
			100	0.63
	*DN*200~*DN*300	0.6、1.0、1.6	20	1
			40	0.94
			60	0.75
			80	0.62
			100	0.56
	*DN*350~*DN*600	0.6、1.0、1.6	20	1
			40	0.63
			60	0.50
			80	0.44
			100	0.38
钢骨架聚乙烯复合管		1.0、1.6、2.0、4.0	20	1
			30	0.95
			40	0.90
			50	0.86
			60	0.81
			70	0.76

三、非金属腐蚀的原理与工程应用

（1）非金属腐蚀与金属腐蚀的区别。①绝大多数非金属材料是非电导体，就是少数导电的非金属(如碳、石墨)在溶液中也不会离子化，所以非金属的腐蚀一般不是电化学腐蚀，而是纯粹的化学或物理作用，这是和金属腐蚀的主要区别。②金属的物理腐蚀(如物质转移)只在极少数环境中发生，而非金属的腐蚀许多是由物理作用引起的。金属腐蚀主要是表面现象，内部腐蚀较少见，而非金属内部腐蚀则是常见的现象。

（2）非金属表面和介质接触后，溶液(或气体)会逐渐扩散到材料内部。表面和内部都可能产生一系列变化。如聚合物分子起了变化，可引起物理机械性能的变化，强度降低、软化或硬化等。橡胶和塑料受溶剂作用可能全部或部分溶解或溶胀。液体浸入内部后，可引起溶胀或增重。表面可能起泡、变粗糙、变色或失去透明。内部也可能变色，这在金属中是少见的。

（3）如图4.3.1所示，当聚合物和溶剂接触后形成复杂多层结构。在凝胶层和固体溶胀层中通常含有多量溶剂，更有少量溶剂渗入聚合物内，形成浸润层，聚合物的物理性能改变。有时固体溶胀层由于内应力的作用，可产生破裂。高分子有机物受化学介质作用可能分解，受热作用也可能产生热分解。在日光照射(紫外线)和辐射作用下逐渐变质、老化。一般有机树脂料不耐高温和强氧化性物质，热变形温度超过150℃的不多。

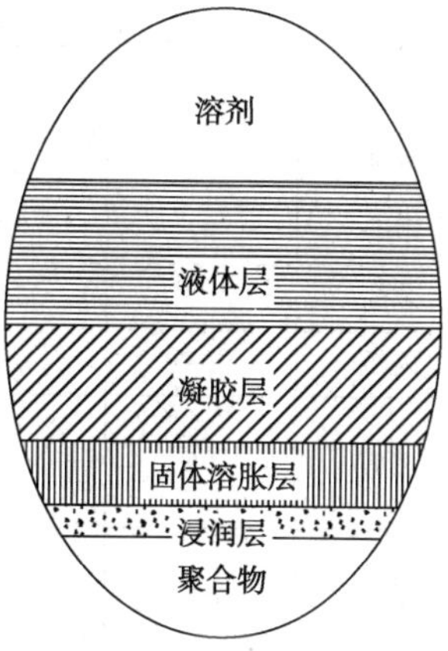

图4.3.1　聚合物和溶剂的界面结构

（4）非金属材料通常由几种物质组成，例如塑料中除合成树脂成分外，还有填料(如玻璃纤维、石英粉、石墨粉)、增塑剂等。这些物质的耐蚀性并不完全相同。在腐蚀环境中有时一种或几种成分有选择性地溶出或变质破坏，整个材料也就被破坏了。如层压塑料(玻璃纤维增强塑料)的胶料树脂被破坏后，就产生了脱层现象。在氢氟酸中，玻璃纤维或其他硅质填料被腐蚀，材料也就解体。这是非金属的选择性腐蚀。在选用非金属材料时，应注意每一种组分的耐蚀性。

（5）非金属因为没有电化学溶解作用，所以，对离子的抗力强，能耐非氧化性稀酸、碱溶液等，金属则会不同程度地受到酸(H^+)、碱(OH^-)、盐(Cl^-等)的侵蚀。金属一般不受有机溶剂的作用，而有机材料则容易受溶剂溶解。也有极少数的非金属材料由于电化学作用而破坏的例子。如电解食盐水过程中在阳极上所产生的氧与碳或石墨阳极反应生成二氧化碳气体，使电极破坏。又如塑料部件和金属的阴极部分接触，当阳极的OH^-浓度增大时，就会使不耐碱的塑料遭到破坏。这类“电化学”腐蚀显然与金属的电化学腐蚀不同。石墨或碳与金属接触或以杂质存在于金属中时，会形成电池，它的电位较高，通常作为阳极，本身不会腐蚀，却往往加速金属的腐蚀。

（6）非金属也会产生应力腐蚀破裂，例如聚乙烯、有机玻璃、不透性石墨在化学介质和应力的同时作用下会破裂。有机玻璃在丙酮中的破裂，有人认为是由于介质进入内部，使吸附面的界面能显著下降，当存在与吸附线方向垂直的拉应力时，材料就沿着这条吸附线破裂。有人认为塑料、木材、混凝土等产生的裂缝，就可能是这种“应力吸附破裂”。当然，还有一种“腐蚀胀裂”或“化学胀裂”的作用，如钢筋混凝土内钢筋生锈，也能使混凝土胀裂。

（7）非金属腐蚀破坏的主要特征是物理、力学性能的变化或外形的破坏，不一定是失重，往往还会增重。对金属而言，因腐蚀且金属逐渐溶解(或成膜)的过程，失重是主要的。对非金属，一般不测失重(腐蚀率)，而以一定时间内的失强变化或变形程度来衡量破坏程度。

四、非金属材料对不同介质的耐蚀

非金属材料对不同介质的耐蚀见表4.3.3。

表4.3.3 非金属材料对不同介质的耐蚀

介质	浓度/%	温度/℃	玻璃钢管（FRP）	硬聚氯乙烯管（PVC-U）	聚乙烯管（PE）	聚丙烯管（PP）	丙烯腈-丁二烯-苯乙烯管(ABS)
汽油	—	20	耐	耐	耐	尚耐	不耐
甲醛	37	20	尚耐	耐	耐	耐	耐
苯酚	5	20	尚耐	—	—	—	—
丙酮	—	20	尚耐	不耐	耐	耐	不耐
乙醇	96	20	尚耐	耐	耐	耐	—
		80	尚耐	—	—	耐	—
二氯乙烷	—	20	不耐	不耐	尚耐	尚耐	不耐
硫酸	30	20	尚耐	耐	耐	耐	耐
		80	耐	—	—	—	—
	80	20	不耐	耐	耐	耐	不耐
	96	20	—	耐	不耐	不耐	不耐
硝酸	5	20	耐	耐	耐	耐	耐
		80	尚耐	—	—	—	—
	20	20	尚耐	—	—	—	—
	65	20	—	尚耐	尚耐	不耐	不耐
盐酸	5	20	耐	耐	耐	耐	耐
		80	尚耐	—	—	尚耐	—
	30	20	尚耐	耐	耐	耐	尚耐
	30	80	尚耐	—	—	—	—
铬酸	30	20	不耐	—	—	—	—
	50	20	—	尚耐	尚耐	尚耐	不耐
铜电解波	—	20	尚耐	耐	耐	耐	耐
		80	耐	—	—	—	—
草酸	饱和溶液	20	耐	耐	耐	耐	耐
		80	尚耐	—	—	—	—
磷酸	30	20	耐	耐	耐	耐	耐
		80	耐	—	—	耐	—
	85	20	耐	耐	耐	耐	耐
		80	耐	—	—	耐	—
冰醋酸	—	20	不耐	尚耐	耐	耐	不耐

续表

介质	浓度/%	温度/℃	玻璃钢管(FRP)	硬聚氯乙烯管(PVC-U)	聚乙烯管(PE)	聚丙烯管(PP)	丙烯腈-丁二烯-苯乙烯管(ABS)
醋酸	5	20	耐	耐	耐	耐	耐
	10	20	—	耐	耐	耐	耐
		80	—	—	—	耐	—
	50	20	—	耐	耐	耐	不耐
	80	20	不耐	—	—	—	—
自来水	—	20	耐	耐	耐	耐	耐
		80	尚耐	—	—	耐	—
氯化钠	全部水溶液	20	耐	耐	耐	耐	耐
		80	耐	—	—	耐	—
碳酸钠	饱和溶液	20	耐	耐	耐	耐	耐
		80	耐	—	—	耐	—
氢氧化钠	10	20	—	耐	耐	耐	耐
	30	20	尚耐	耐	耐	耐	耐
		80	不耐	—	—	—	—
	40	20	—	耐	耐	耐	耐
丙烯腈	工业纯	20	—	不耐	耐	耐	不耐
氨	气	20	—	耐	耐	耐	不耐
		80	—	—	—	—	—
氯化铵	10	20	—	耐	耐	耐	耐
		80	—	—	—	耐	—

五、常用非金属管道的选用表

非金属材料的选用须重点考虑其加工工艺性和连接性，常用非金属管道的选用表见表 4.3.4。

表 4.3.4 常用非金属管道的选用表

序号	管道品种	代号	标准号	使用温度/℃	使用压力/MPa	现有规格尺寸/mm	连接方式	适用范围	备注
1	给水用聚乙烯管	PE	GB/T 13663 ISO 4427	≤60	1.6	*DN*16～1000	热熔焊、 电熔焊对焊	适用于给排水管、埋地管、耐磨管、输水管	—
2	聚丙烯管	PP	SG246	0～+110	1.0	*DN*25～500	法兰、对焊	适用于室内工艺管	不宜用于室外
3	硬聚氯乙烯化工管	PVC-U (或 UPVC)	GB/T 4219 GB/T 4220	≤60	1.6	*DN*25～800	承插、法兰	适用于化工耐酸管、污水管	价格低，不加增塑剂，焊接方便
4	玻璃钢外增强聚乙氯烯复合管	FRP/PVC	HG/T 21636	<80	1.6	*DN*25～800	承插、法兰	适用于工艺酸管	价格较低
5	玻璃钢外增强聚丙烯复合管	FRP/PP	HG/T 21579	-15～+100	1.6	*DN*15～600	承插、法兰	适用于工艺酸管、污水管(酸带溶液)	层间复合黏合要求高
6	玻璃纤维(内)增强聚丙烯管	FRPP(或 RRP)	HG 20539	-20～+120	1.0	*DN*15～500 (800)	对焊 (法兰、螺纹)	适用于工艺酸管，污水管、废气管	可焊性稍差
7	纤维缠绕玻璃钢管	FRP(FW)	JC 552 HG/T 21633	≤120(与树脂有关)	≤1.6	*DN*25～3000	承插、法兰	适用于有压力耐酸管、污水管	常以乙烯基酯树脂为主，机械缠绕为主
	加强玻璃钢	RTR	ASTM D2996	—	—	—	—	—	—
8	钢衬改性聚丙烯复合管	CS/PP	HG/T 2437 HG 20538	-14～+100	1.6	*DN*25～400	法兰(螺纹)	适用于有压力工艺酸管	热膨胀问题应考虑
9	钢衬聚四氟乙烯管(推压管)	CS/F(PTTE)	HG/T 21526 ASTM 1545	-20～+180	1.6	*DN*25～400 (L≤4000)	法兰(螺纹)	适用于高温工艺耐酸管	热膨胀问题应考虑，F4 不能焊接，耐真空度差
10	钢滚衬聚乙烯管	CS/HDPE	ASTM F1545	<60	1.6	*DN*25～1000	法兰	适用于大直径耐磨管	厚度可为 3～5m，要求加工均匀性
11	钢滚衬 F40 管 (钢衬聚四氟乙烯管)	CS/F40(ETFE)	ASTM F1545 HG/T 21562	-20～+180	1.6 真空	*DN*25～1600	法兰	适用于耐酸、耐高温、真空管	熔融一体化紧衬工艺，可制作设备及异形件，厚度可调整
12	钢衬橡胶管	CS/RB	HG 21501	≤85	1.0	*DN*25～400	法兰	适用于耐酸管	易老化

续表

序号	管道品种	代号	标准号	使用温度/℃	使用压力/MPa	现有规格尺寸/mm	连接方式	适用范围	备注
13	建筑硬聚氯乙烯给排水管	UPVC	GR/T 10002. 1 ISO 4422 ISO 3633	≤60	1. 6	*DN*25～250	承插、套管	适用于建筑给排水管	价格低，技术规程为CECS17-90
14	PVC 加筋排水管	（R-Rib）		60	1. 0	*DN*150～400	承插	适用于埋地管	——
15	PVC 双壁波纹排水管	——	GB/T 18477	60	1. 0	*DN*110～500	承插	适用于埋地管	——
16	夹砂玻璃钢管	——	JC/T 838 ASTM D2996 AWWA C950	60	1. 6	*DN*500～2500	承插	适用于埋地管	刚度好、成本低
17	苯乙烯/丁二烯/丙烯腈管	ABS	HG 21561	≤70	1. 0	*DN*15～200	承插、法兰	适用于一般纯水，污水管	耐酸性差
18	聚偏氟乙烯管	PVDF（F2）	——	≤160	1. 0	*DN*25～150	对焊、法兰	适用于高纯水管、强腐蚀性管	价格高，性能同 F4 管，但加工性及可焊性好
19	搪玻璃管	——	HG12130-2142	≤200	1. 0	*DN*50～250 （*L*≤3000）	法兰	适用于一般腐蚀性管	不常用，安装要求高，易损坏
20	钢骨架 PE 管	——	CJ/T123-124 CJ/T 3600-3690	70	2. 5	*DN*50～500	电熔焊	适用于给水管、污水管、燃气管	燃气管另有专用标准
21	交联（高密度）聚乙烯管	XPE（或 XLPE）	DIN 16892 BS 7291 GB/T 18992	95	1. 6	*DN*20～63	卡环加紧式	适用于热冷水管	耐蠕变性好，刚性稍差，性能与交联度有关
22	铝塑复合管	HPPE/Al/HDPE	CJ/T 108 ASTM F1282 GB/T 18977	60	1. 6	*DN* 内 10～50	卡环式加紧	适用于冷水管	连接可靠性差
23	无规聚丙烯管	PPR	GB/T 18742 DIN 8077	60	1. 6	*DN*20～75	热熔	适用于冷、热水管	专用原料
24	聚丁烯管	PB-1	DIN 16968	90	1. 6	*DN*20～32	热熔	适用于热水管	——

六、热塑性材料适宜的物理属性及耐化学腐蚀性

热塑性材料适宜的物理属性见表4.3.5。

表4.3.5 热塑性材料适宜的物理属性

性质*	ASTM试验方法	适宜值在75℃						
		ABS	PVC	CPVC	PE	PEX	PB	PVDF
相对密度	D792	1.08	1.4	1.54	0.95	0.94	0.92	1.76
抗拉强度/(10^3lb/in^2)	D638	7.0	8.0	8.0	3.2	2.8	4.2	7.0
抗拉系数/(10^3lb/in^2)	D638	340	410	420	120	9	55	220
冲击强度，V形缺口/(ft. lb/in)	D256	4	1	1.5	>10	>10	>10	3.8
线性膨胀系数/[10^{-6}in/(in·℉)]	D696	60	30	35	90	90	72	70
导热系数/[Btu·in/(h·ft^2·℉)]	C177	1.35	1.1	1.0	3.2	3.2	1.5	1.5
比热容/[Btu/(lb^2·℉)]	…	0.34	0.25	0.20	0.55	0.55	0.45	0.29
适宜温度范围	…							
无压力状态下/℉		180	150	210	160	210	210	300
℃		(80)	(65)	(100)	(70)	(100)	(100)	(150)
压力状态下/℉		160	130	180	140	200	180	280
℃		(70)	(55)	(80)	(65)	(95)	(80)	(140)

*SI单位相乘的换算因数如下：

① 1psi乘以6.90×10^3等于相应MPa(兆帕)值。

② 1ft·lb/in乘以53.4等于相应MPa(兆帕)值。

③ 1in/(in·℉)乘以1.8等于相应m/(m·℃)值。

④ 1Btu·in/(h·ft^2·℉)乘以344×10^6等于相应的cal·cm/(s·cm^2·℃)。

⑤ Btu/(lb·℉)乘以1.0等于相应的cal/(g·℃)。

表4.3.6 常用热塑性材料常温下的耐化学腐蚀性比较

介质名称	ABS	PVC		CPVC	PE	PEX	PB	PP	PVUF
		Type Ⅰ	Type Ⅱ						
有机物									
稀酸	C	G	L	G	G	G	G	G	G
高浓度酸(<80%)	L	L	L	G	L	L	L	L	G
含氧酸	L	P	P	L	P	L	P	P	G
稀碱	G	G	G	G	G	G	G	G	G
高浓度酸(<80%)	L	G	L	G	G	G	G	G	G
气态HCl和HF(1)	L	L	L	L	L	L	L	L	G
气态HCl和HF(温)	L	G	L	G	L	L	L	L	G
氮气(干)	L	G	L	G	G	G	G	G	G
卤气(干)	L	L	L	L	L	L	L	P	G
含硫气态化合物(干)	P	G	L	G	G	G	L	P	G
酸性盐	G	G	G	G	G	G	G	G	G

续表

介质名称	ABS	PVC		CPVC	PE	PEX	PB	PP	PVUF
		Typc Ⅰ	Type Ⅱ						
碱性盐	G	G	G	G	G	G	G	G	G
中性盐	G	G	G	G	G	G	G	G	G
含氮盐	L	L	L	L	G	G	G	G	G
无机物									
酸类	G	G	G	L	G	G	G	G	G
酸酐类	L	L	L	P	L	L	L	L	L
醇类，甘油	L	G	L	G	L	G	C	G	G
酯、醚、酮	P	P	P	P	L	L	L	L	L
脂肪烃	L	L	L	G	L	L	L	L	G
芳香烃	P	P	P	L	P	L	P	P	G
卤代烃	L	L	L	L	P	L	P	P	L
天然气(燃料)	G	G	G	G	G	G	G	G	G
矿物油	G	G	G	G	G	G	G	G	G
动物油植物油	G	G	G	G	L	G	G	G	G
合成气(燃料)	L	L	L	L	L	L	L	L	G

注：G—表示有良好的耐腐蚀性，L—表示一般的耐腐蚀性，P—差的耐腐蚀性。这些级别评定只作为一般的准则。最终应按实际使用后最终详细报告来考虑其耐腐蚀的适应性。

应采用塑料抗断裂应力的等级。

七、非金属管道的连接

（1）非金属管道的连接通常包括：①法兰连接、②电熔连接（Electrofusion Joint）、③热熔连接（heat fusioin joint）、④缠绕连接、⑤密封圈承插连接。非金属管道的连接典型图见图 4.3.2。

（2）硬聚氯乙烯管（UPVC 管）、聚丙烯管（PP 管）的连接方法，一般有黏接、焊接、法兰、管螺纹连接等方法。①凡采用黏接和焊接连接方法时，必须采用承插口形式。当设计压力较高（>1.0MPa）时，可先黏接，外口再用焊条补强。相当于 TS 法（taper sized solvent welding，黏合焊接法）。用承插口黏接的方法，分为一次插入法和二次插入法。一次插入法适用于管径等于或小于 50mm，而二次插入法适用于管径大于 50mm 的管道。②法兰连接法，可分为焊环活套法兰连接、扩口活套法兰连接、焊接平焊法兰连接和翻边法兰连接。翻边法兰连接仅适用于小管径管道现场操作，大直径管翻边时容易产生裂纹。焊环活套法兰，施工简便，密封面比平焊法兰窄，焊环的焊缝容易拉断，仅适用于大直径管。扩口活套法兰连接能承受一定压力，使用安全可靠，拆卸方便。焊接平焊法兰连接，仅适用于常压管道，这种连接方法结构简单，拆卸方便。管螺纹连接方法既不牢固又易渗漏，不能用

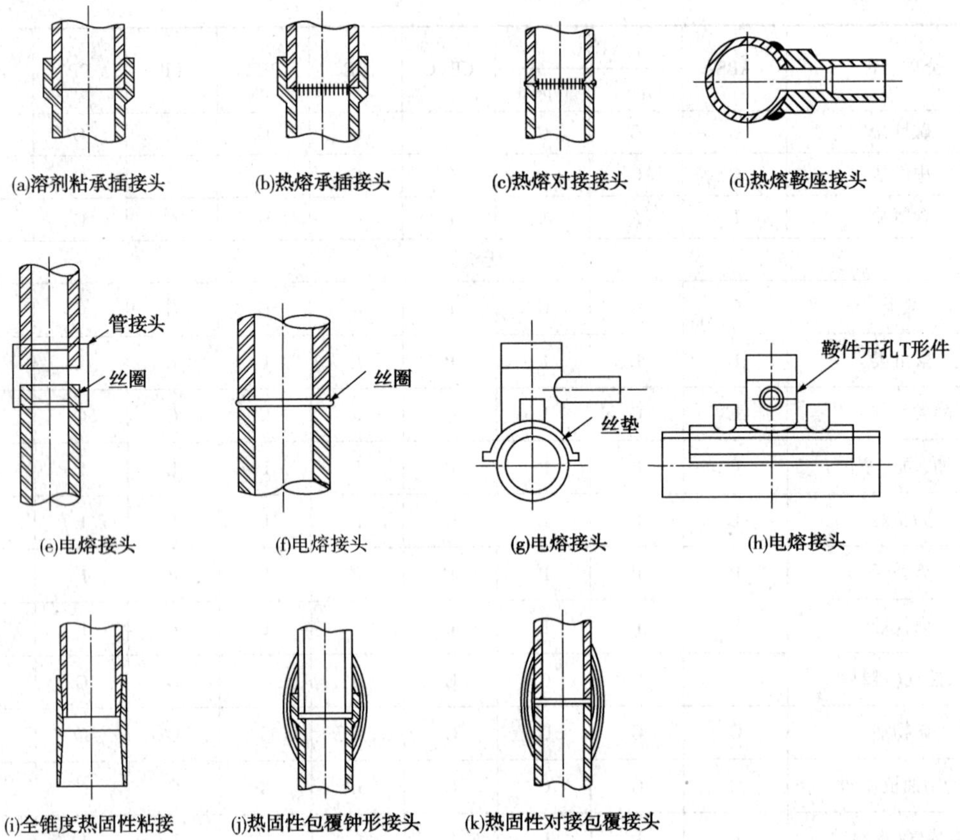

(a)溶剂粘承插接头 (b)热熔承插接头 (c)热熔对接接头 (d)热熔鞍座接头

(e)电熔接头 (f)电熔接头 (g)电熔接头 (h)电熔接头

(i)全锥度热固性粘接 (j)热固性包覆钟形接头 (k)热固性对接包覆接头

图 4.3.2 非金属管道的连接

于有腐蚀性介质的管道连接。

(3) 聚乙烯管(PE 管)的连接方法一般有热熔对接、承插连接、法兰连接、活接式连接等。①热熔对接。通常采用电熔焊机进行，因其机具轻巧、操作方便得到广泛应用。利用热挤压焊原理，在焊接面紧贴加热板，加热至管端呈熔融“翻浆”后撤去加热板，以一定压力使接触面紧压在一起，冷却后即形成坚固焊缝，其强度可超过一般的热风焊。高压聚乙烯管(低密度)熔点为105~110℃，低压聚乙烯管(高密度)熔点为125~130℃。②承插连接。高压聚乙烯管道使用压力较低时，采用一次插入法连接，为提高连接强度也可以采用承插黏接或承插焊接。③法兰连接。可采用翻边活套法兰连接或焊环活套法兰连接。④活接式连接。利用特制管箍螺母，加密封圈以螺纹拧紧。

(4) 玻璃钢管(FRP 管)的连接，有承插(“O”形密封圈连接、承插黏接)法、玻璃布带树脂接头法、螺纹承插法、法兰连接法、承插带法兰连接法等。承插“O”形密封圈连接仅适用于水和非燃烧性介质管道的连接。承插黏接，适用于管道与法兰阀、设备的连接。

热塑性管道的连接及水压试验，见 ASME B31.3 中的规定，接头的爆破试验标准见 ASTM D1599，长期静压强度(LTHS)见 ASTM D2387。玻璃钢管道的连接方式见图 4.3.3。

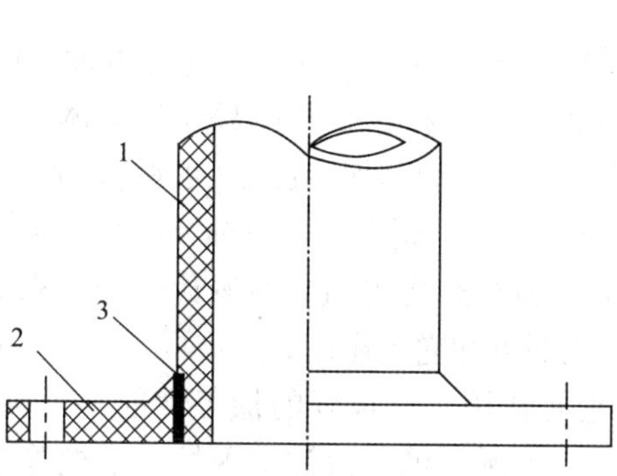

(a)粘结玻璃钢法兰
1—玻璃钢管;2—法兰;3—胶合剂

注：用模压玻璃钢法兰，安装在管子两端，用胶合剂把法兰和管子黏结起来(有的管子出厂时已带有法兰)。

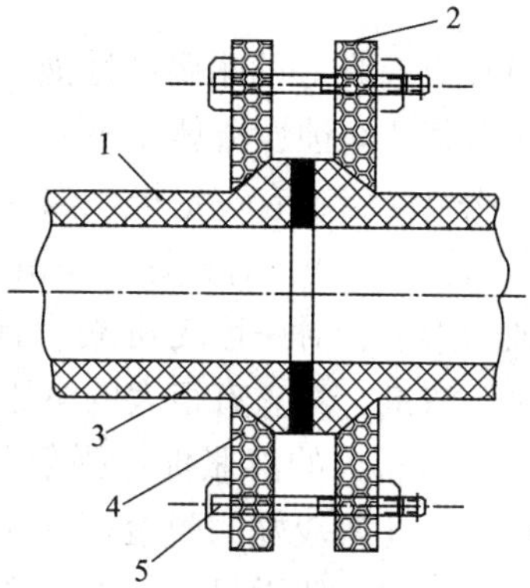

(b)金属或玻璃钢对开式活套法兰
1—玻璃钢管;2—法兰;3—凸缘;4—垫片;5—螺栓、螺母

注：用金属或玻璃钢对开式活套法兰，管子在制造时，两端已特意制成凸缘的形式

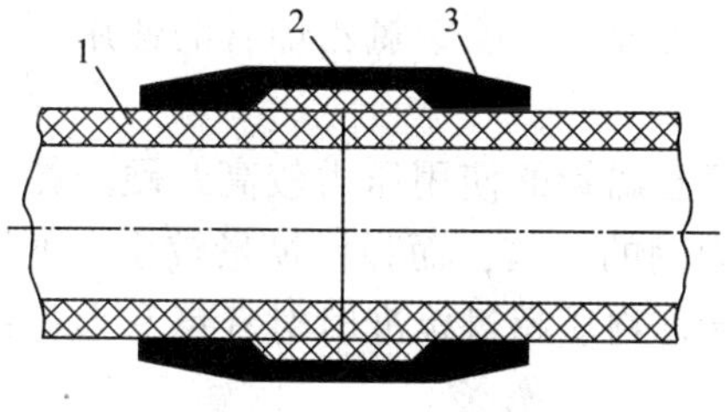

(c)玻璃钢管的套管粘接连接
1—玻璃钢管;2—玻璃钢套管;3—浸透胶合剂的玻璃布带
注：在管子端部及套管处涂上胶合剂对口粘接，
然后再用浸透胶合剂的玻璃布带，
在接口处加缠数层，经自然干燥后即可。

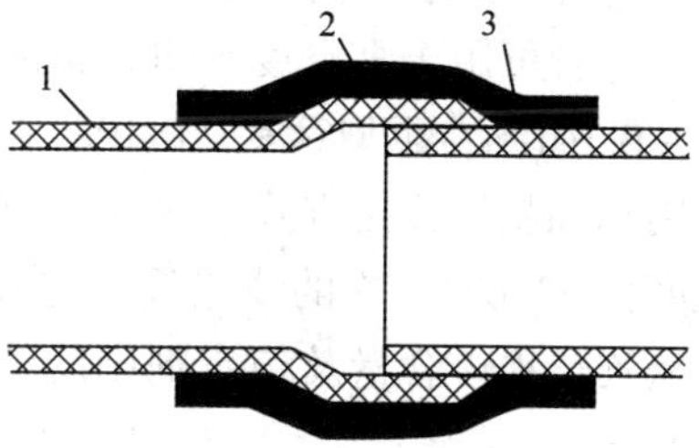

(d)玻璃钢管的承插粘结连接
1—玻璃钢管;2—承插口;3—浸透胶合剂的下班布带
注：在承口内表面和插口外表面涂上胶合剂，
插入粘接后，再用浸透胶合剂的玻璃布带
在该处加缠数层，经自然干燥后即可。

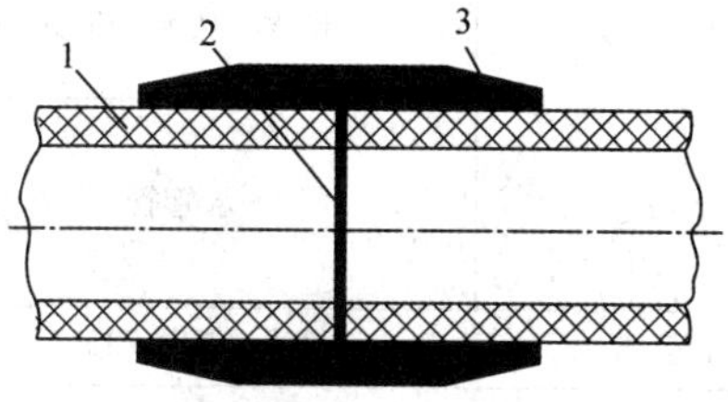

(e)玻璃钢管的平口粘结连接
1—玻璃钢管;2—对口胶合剂:3—浸透胶合剂的玻璃布带
注：在管端涂上胶合剂对口粘接，
并在粘接缝处加浸透胶合剂
的玻璃布缠绕数层，经自然干燥后即可。

(f)螺纹连接(无图)

注：直径在65mm以下的玻璃钢管也可采用螺纹连接，
连接时将螺划处涂上胶合剂，
然后拧紧即可。

图 4.3.3　玻璃钢管道的连接

八、PVC(polyvinyl chloride，聚氯乙烯)的选用与工程应用

(1) 未加工状态下的聚氯乙烯是一种半透明的无色硬聚合物。在可普遍利用的热塑性塑料中，硬聚氯乙烯具有低廉的体积价格，并有很高的强度和刚性。主要用途包括：输水总管、灌溉用管、排水管、通风管(DWV)、下水道、套管、电线导管、动力和通信用

导管。

(2) PVC具有良好的耐腐蚀性能、机加工性能、力学性能。在石油化工方面，PVC管主要用于输送某些腐蚀性流体，不宜用于输送可燃、剧毒和含有固体颗粒的流体。工程塑料管道具有比金属轻、有一定机械强度、优良的耐腐蚀性能和加工性能(可机械加工、热成型和焊接)等特性。PVC有较好的耐溶剂性和化学稳定性，耐石油、汽油、丙烷、丁烷等烷烃类的腐蚀和溶解，对一般无机酸、有机酸、碱类和醇类均耐蚀。但氯代烷烃、酮类、醚类、芳烃类等溶剂，对它有很大的溶胀性，强氧化剂可和它起作用。

(3) PVC有很大的溶胀性，强氧化剂可和它起作用，有很好的加工性能，可机加工、热成型和焊接，还有较好的耐溶剂性和化学稳定性，耐石油、汽油、丙烷、丁烷等烷烃类的腐蚀和溶解，对一般无机酸、有机酸、碱类和醇类均耐蚀。但不耐氯代烷烃、酮类、醚类、芳烃类等溶剂。

(4) PVC管材规格已经标准化，如表4.3.7所示。PVC管适用温度范围为-15~60℃，下限温度使用时容易开裂，高于上限温度使用时软化。PVC管一般分为轻型管和重型管两种。硬聚氯乙烯管可用于真空度<740mmHg的管道。常温下，硬聚氯乙烯管的使用压力如下：轻型管≤0.6MPa；重型管≤1.0MPa。

(5) 采用承插粘接连接方式的挤压成型的硬聚氯乙烯管的使用压力较高。硬聚氯乙烯的热变形温度为73.8℃，它的线胀系数比较大，约为钢的7倍，而弹性模量较小。硬聚氯乙烯管的聚氯乙烯单体含量及稳定剂中的铅、镉等有害物质超过标准时对环境和人身健康有害。

表4.3.7 PVC管材标准

管道材料和产品标准	主要产品或标准的简称	公称规格范围/in	主要应用
ASTM D3311	DWV塑料管件图样(Pattems)	1¼~8	排水、废水和通风
ASTM D2680	ABS和PVC共聚物污水管道	4~15	污水和排水
ASTM F409	热塑可进入和可替代塑料管(Tuhe)和管状管件	1¼~1½	排水、废水和通风
ASTM F480	按标准尺寸比例(SDR)制造的热塑套管和管件连接件，Sch40和Sch80	2~16	水管管
ASTM F1499	共挤制复合DWV管	1¼~8	排水、废水和通风
GSA B181.5	共挤制ABS/PVC DWV管		排水、废水和通风
ASTM F1488	共挤制复合管	2~12	排水、废水和通风；污水和排水；电和通讯导管
ASTM D2513	热塑性塑料气体压力管(Tube)和管件	¼~24	天然气和LPC输送
AASSHTO M278 *	PVC排水管		排水
ASTM D1785	PVC管SCH40、80、12	½~12	工业用冷水
ASTM D2241	PVC压力标定管(SDR系列)	⅛~36	工业用冷水
ASTM D2466	PVC塑料管，管件SCH40	⅛~8	工业用冷水
ASTM D2467	PVC塑料管，管件SCH80	⅛~8	工业用冷水

续表

管道材料和产品标准	主要产品或标准的简称	公称规格范围/in	主要应用
ASTM D2665	PVC DWV 管和管件	1¼~12	排水、废水和通风
ASTM D2672	使用溶解黏固剂的 IPS，PVC 管用接头	⅛~12	工业用冷水
ASTM D2729	PVC 污水管和管件	2~6	排水、过滤场所
ASTM D2949	外径 3.25inPVC，DWV 管和管件	3	排水、废水和通风
ASTM D3034	PSM 型 PVC 污水管和管件	4~15	污水和排水
ASTM F512	地下铺设用光滑壁 PVC 管道 (condhuit)和管件	1~6	电缆管道
ASTM F679	人管径 PVC 自流污水管和管件	18~36	污水和排水
ASTM F758	高速公路机场和类似场所地下 排水系统用 PVC 管	4~8	排水
ASTM F789	PS-46 型和 PS-115 型 PVC 自流污水管和管件	4~15	污水和排水
ASTM F794	基于控制内径的 PVC 成型 自流污水管和管件	4~48	污水和排水
ASTM F891	有多孔芯的共控制 PVC 塑料管	2~18	排水、废水和通风污水和排水
ASTM F949	有光滑内壁的 PVC 波纹 污水管和管件	4~10	污水和排水
ASTM F1336	PVC 垫片污水管件	4~27	污水和排水
ASTM F1483	定向 PVCO 压力管	4~16	水的分配和输送
ASTM F1504	现有污水和水管修复折叠 PVC 管	4~15	现有污水和水管修复
ASTM F1732	含回收物料的 PVC 污水和排水管	2~6	污水和排水
ASTM F1760	含再生物料加工后的 PVC 常压复合管	4~15	排水、废水和通风；污水和排水； 电力和通讯导管
ASTM F1803	基于控制内径发 PCV 密闭成型自流管	18~60	污水和排水
AWWA C900 *	配水用 PVC 管	4~12	分配水
AWWA C905 *	配水用 PVC 管	14~36	水的分配和输送
AWWA C907 *	用填料的 PVC 水管件	4~8	分配水
CSA B137.2 *	用填料的 PVC 水管件		分配水
CSA B137.3 *	加压的 PVC 管		工业用冷水
CSA B181.2 *	PVC、DWV 管和管件		排水、废水和通风
CSA B182.1 *	排水和污水和管件		排水和废水管道
CSA B182.2 *	PVC 废水管和管件		废水集各管
CSA B182.4 *	内壁成型的 PVC 污水管和管件		废水集合管
CSA B182.7 *	含再生物料加工后的 多层 PVC 污水管		废水集合管

续表

管道材料和产品标准	主要产品或标准的简称	公称规格范围/in	主要应用
CSA B196.3 *	地下远程通信 PVC 电缆导管和管件		通讯导管
NEMA TC-2 *	PVC 电线导线管	½~6	电导线管
NEMA TC-3 *	PVC 导线管管件	½~6	电导线管
UL514 *	PVC 电线引出箱和配件	½~6	电导线管
UL651 *	PVC 硬非金属导线管	½~6	电导线管

注：AASHTO 美国国家公路与运输协会(American Association of State Highway and Transportation Officials)；CSA 加拿大标准协会；NEMA 美国电气协会；UL 美国保险商实验室。

九、CPVC[chlorinated polyvinyl chloride，氯化聚氯乙烯(过氯乙烯)]的选用与工程应用

氯化聚氯乙烯(过氯乙烯)(CPVC)是 PVC 的化学改良品种，它的许多性能同 PVC 是非常相似的。包活在室温时的强度和刚性，但在 CPVC 的化学结构中，增加了一个氯原子，CPVC 的最大操作温度比 PVC 材料增加了 50℉(28℃)。CPVC 的主要用途为家用的冷热水管道、灭火管道，因其耐高温能力好和优良的耐腐蚀性能而在工程上应用。CPVC 管道标准见表 4.3.8。

表 4.3.8 CPVC 管道标准

管道材料和产品标准	主要产品成标准的简称	公称尺寸范围/in	主要应用
ASTM F1488	共挤制复合管	2~12	排水、废水与放空；下水道和排水沟；电力与通信管道
ASTM F1803	以控制内径为基础密闭成型自流管和管件	18~60	下水道与排水沟
AWWA C900	水分配用 PVC 管	4~12	输配水
AWWA C905	输配水用 PVC 管	14~36	水分配和输送
AWWA C907	用衬垫装配的 PVC 水管配件	4~8	输配水
CSA B137.2	用衬垫装配的 PVC 水管配件		输配水
CSA B137.3	压力用 PVC 管		冷水，工业用水
CSA B181.2	PVC、DWV 管和管件		排水、废水和通风
CSA B182.1	排水管和下水道及管件		排水管和下水道
CSA B182.2	PVC 下水道及其配件		下水道集水管
CSA B182.4	壁面轮廓的 PVC 下水管及管件		下水道集水管
CSA B182.7	可再循环再处理的 PVC 下水管道		下水道集水管
CSA B196.3	地下无线远程通信 PVC 缆管及配件		通讯管
NEMA TC-2	PVC 电力管	½~6	电线管
NEMA TC-3	PVC 导线管配件	½~6	电线管
UL514	PVC 插座箱及配件	½~6	电线管
UL651	硬的非金属电线 PVC 管	½~6	电线管
ASTM D2846	氯化聚氯乙烯(CPVC)塑料热水和冷水分配系统	⅜~2	热、冷水管

续表

管道材料和产品标准	主要产品成标准的简称	公称尺寸范围/in	主要应用
ASTM F437	有螺纹的 CPVC 管件 Sch80	1/1~6	热、冷水管和工业用水
ASTM F438	承插式 CPVC 塑料管件 Sch40	1/4~6	热、冷水管和工业用水
ASTM F439	CPVC 塑料管件 Sch80	1/4~6	热、冷水管和工业用水
ASTM F441	CPVC 塑料管 Sch40 Sch80	1/4~12	热、冷水管和工业用水
ASTM F442	CPVC 塑料管(SDR-PR)	1/4~12	热、冷水管和工业用水
CSA B137.6	冷热水输配系统 CPVC 管、管道(tuhing)和管件		热、冷水管和工业用水

十、UPVC(unplasticised polyvinyl chloride，硬聚氯乙烯)的选用与工程应用

(1) UPVC 是一种以聚氯乙烯为主体的特级增强聚氯乙烯。有的规范称为 PVC-U。目前，UPVC 塑料管、管件和阀门已广泛使用，见表 4.3.9。

表 4.3.9 UPVC 塑料管、管件和阀门应用情况

介质名称	浓度/%	温度/℃	压力/MPa	产品名称	管子规格/mm
盐酸	浓	45~50	≤0.6	隔膜阀 球阀 管子 各类管件： 90°弯头，45°弯头 管接头、三通 四通、活接头 大小头、束接、 管托、闷盖等	100 80 65 50 40 32 25 20 15
硝酸	45	30	0.5		
硫酸	50	35~40	≤0.6		
铬酸	30	30	≤0.6		
磷酸	45	35~40	0.8		
草酸	10~20	40	0.9		
高氯酸	10	30~35	0.8		
氢氧化钠	浓	50	1.0		
氢氧化钾	浓	45	1.0		
铬酸钾	40	50	1.0		
氨水		55	0.8		
氯化铵	40	50	0.9		
显相洗相液		40~50	1.0		

(2) 石化标准硬聚氯乙烯管和管件(PVC-U)。①硬聚氯乙烯管和管件(PVC-U)的直径以公称外径表示，公称外径范围见表 4.3.10。②管子的长度为 4m、6m 或者根据设计要求确定。③硬聚氯乙烯管的性能及检验要求应符合 GB/T 4219.1《工业用硬聚氯乙烯(PVC-U) 管道系统第 1 部分：管材》的要求。硬聚氯乙烯管件的性能及检验要求应符合 QB/T 3802 的要求。

表 4.3.10 石化标准硬聚氯乙烯管的公称外径范围

公称压力/MPa	公称外径/mm											
0.6	—	—	—	—	—	63	75	90	110	125	140	160
1.6	—	—	—	40	50	63	75	90	110	125	140	160
1.6	—	25	32	40	60	63	75	90	110	125	140	160

续表

公称压力/MPa	公称外径/mm											
0.6	180	200	225	250	280	315	355	400	—	—	—	—
1.0	180	200	225	250	280	315	355	400	—	—	—	—
1.0	180	200	225	250	280	315	355	400	—	—	—	—

十一、PE(polyethylene，聚乙烯)的选用与工程应用

(1) 聚乙烯管由高、低压聚乙烯粒状料挤压成型。它具有良好的耐腐蚀、耐溶剂性能，介电性好、吸水性小、无毒、质轻，可供输送腐蚀性液体用，也可用于埋地输送燃气。

(2) 低压聚乙烯管材承受压力：重型管不超过 1MPa；轻型管不超过 0.5MPa，高压聚乙烯重型管不超过 0.6MPa，轻型管不超过 0.3MPa。使用温度：-20~60℃。

(3) 石化标准聚乙烯管和管件。①聚乙烯管(PE)的直径以公称外径表示，公称外径范围见表 4.3.11。②管子的长度为 6m、9m、12m 或者根据设计要求确定。③聚乙烯管和管件的性能及检验要求应符合 ISO 15494 的要求。

表 4.3.11 石化标准聚乙烯管的公称外径范围

公称压力/MPa	材料	公称外径/mm												
0.6	PE80	20	25	32	40	50	63	75	90	110	125	140	160	180
	PE100	20	25	32	40	50	63	75	90	110	125	140	160	180
1.0	PE80	20	25	32	40	50	63	75	90	110	125	140	160	180
	PE100	20	25	32	40	50	63	75	90	110	125	140	160	180
1.6	PE80	20	25	32	40	50	63	75	90	110	125	140	160	180
	PE100	20	25	32	40	50	63	75	90	110	125	140	160	180
公称压力/MPa	材料	公称外径/mm												
0.6	FE80	200	225	250	280	315	355	400	450	500	650	630	710	—
	PE100	200	225	250	280	315	355	400	450	500	650	630	710	800
1.0	FE80	200	225	250	280	315	355	400	—	—	—	—	—	—
	PE100	200	225	250	280	315	355	400	450	500	650	630	710	—
1.6	PE80	200	225	—	—	—	—	—	—	—	—	—	—	—
	PE100	200	225	—	—	—	—	—	—	—	—	—	—	—

(4) 美标标准工业聚乙烯管道材料分类新旧牌号见表 4.3.12。

表 4.3.12 聚乙烯管道材料分类新旧牌号

按 ASTM D1248 规定的聚乙烯工业材料的类型与级别加上在水温 73℉时最大推荐设计水压力	按照 ASTM D3350 * 相应的最小分类系统
PE2406	PE213333
PE3406	PE324433
PE3408	PE334434

（5）聚乙烯管标准见表 4.3.13。

表 4.3.13　聚乙烯管标准

管道材料和产品标准	主要产品或标准的简称	公称规格范围/in	主要应用
ASTM D2513	热塑气体压力管、管(Tube)和管件	¼~24	天然气和 LPG 分配
CSA B181.3	聚烯烃排水系统		工业用
AASHTO M252	有波纹的 PE 排水管道(Tubng)	3~15	地面下排水
AASHTO M294	有波纹的 PE 管	12~24	地面下排水
API15LE	PE 管道	½~12	石油和气体产品，冷水
ASTM D2104	PE 塑料管 Sch40	½~12	工业用冷水
ASTM D2239	控制内径的聚乙烯(PE)塑料管(SIOR-PR)	½~6	工业用冷水
ASTM D2447	以外径尺寸为基准的 PE 塑料管 Sch40、Sch80	½~12	工业用冷水
ASTM D2609	PE 塑料管用塑料制插入式管件	½~6	冷水
ASTM D2683	控制外径的 PE 管管道(Tubung)的承插型管件	½~4	工业用冷水和天然气
ASTM D2737	PE 塑料管道(Tubog)	½~2	冷水
ASTM D3035	控制外径尺寸为基准的 PE 塑料管(DR-PR)	½~2	工业用冷水
ASTM D3261	PE 塑料管、管道(Tubing)用端面热熔接 PE 塑料管件	½~48	工业用冷水和天然气
ASTM F405	PE 波纹管道(Tubing)和管件	3~6	滤水场所、排水系统
ASTM F667	大直径 PE 波纹管道(Tubing)	8~24	滤水场所、排水系统
ASTM F714	以外径为基准的 PE 塑料管(SOR-PR)	3~48	工业用冷水、汽水和排水
ASTM F771	PE 热塑塑料高压灌溉管道系统	½~6	灌溉
ASTM F810	污水和垃圾处理吸水场所用光滑壁 PE 管	3~6	滤水场所、排水系统
ASTM F892	具有光滑内壁和管件的 PE 波纹管	4	污水、排水导管
ASTM F894	大直径 PE 内壁成型(profile wall)管	18~120	工业污水和排水
ASTM F1055	外径控制 PE 管和管件用电熔融型 PE 管道连接件	½~12	工业用水、天然气
ASTM F1533	变形聚乙烯(PE)衬里	3~18	修复已有的压力和常压管道
ASTM F1759	地面下检查井应用的高密度聚乙烯(HDPE)设计准则		工业污水和排水
AWWA C901	水设施用 PE 管和管(Tube)	½~3	冷水设施
AWWA C906	水分配用 PE 管	4~63	水的输送和分配
CSA B137.1	冷水用 PE 管、管(Tube)和管件		工业用冷水
CSA B137.4	气体设施用 PE 管道		天然气分配
CSA B137.4.1	气体设施用电熔型 PE 管件		天然气分配
CSA B182.6	成型 PE 管和管件		滤水场所、排水系统
CSA B137.9	聚乙烯/铝/聚乙烯复合压力管道		工业用冷水设施

十二、PEX(cross-linked polyethylene，交联聚乙烯)的选用与工程应用

（1）生产 PEX 管的主要原料是 HDPE 以及引发剂、交联剂、催化剂等助剂，如有特殊

要求还可以添加其他改质剂。PEX 管采用世界上先进的一步法(MONSOIL 法)技术制造，采用普通聚乙烯原料加入硅烷接枝料，在聚合物大分子链间形成化学共价键以取代原有的范德华力，从而形成三维交链网状结构的交联聚乙烯，其交联度可达 60%~89%，使其具有优良的理化性能。PEX 管交联剂(添加剂)是对其原线型分子结构起裂解作用形成接枝料，进而形成三维网状结构。抗氧剂及色粒的作用是提高 PEX 管的耐腐性，防止日光长期照射发生物性变化，能够抵御紫外线的长期侵蚀，从而延长其使用寿命。

(2) PEX 管的性能和特点。

① PEX 管与镀锌钢管的性能比较见表 4.3.14。

表 4.3.14　PEX 管与镀锌钢管的性能比较

PEX 管	镀锌钢管
永不生锈，寿命长	易生锈，冷水管寿命 5 年，热水管寿命 2 年
不结垢，不渗漏，不结露	易结垢，易渗漏，结露现象严重
导热系数低，热量损失小，节约能源	导热系数高，热量损失大，浪费能源
管壁光滑，水头损失小，噪声低	管壁粗糙，水头损失大，噪声大
不滋生细菌，无毒、无味，干净卫生	易滋生细菌，二次污染严重
材料轻，安装简便，省时省工，安全可靠	材质重，安装工艺落后，费时费工，故障率高
管路接头少，节省维修、维护费用，保用 50 年其性能不变	管线接头多，每年需进行维护，维护费用高，5~10 年需要更换

② PEX 管与 UPVC 管、铝塑复合管性能异同点。从性能上看，三种管材除具有不锈蚀、不结垢、不滋生细菌和安装简便等共性外，还有一些区别：a. 优良的耐温性能。PEX 管使用温度为 -70 ~ 110℃，UPVC 管使用温度为 5 ~ 45℃，铝塑复合管使用温度为 -40 ~ 85℃。b. 防振性能。UPVC 管由于采用胶水粘接，防振性能略逊色于铝塑复合管和 PEX 管。c. 使用寿命。UPVC 管和铝塑复合管使用寿命约 20 ~ 30 年，PEX 管约 50 年。d. 抗化学腐蚀性能。由于 PEX 管其分子结构，即使处于高温下也能输送多种化学物质，而不被腐蚀。e. 良好的记忆性能。当 PEX 管被加热到适当温度(小于 180℃)时会变成透明状，再冷却时会恢复到原来的形状，即在使用过程中任何错误的弯曲都可以通过热风枪加以矫正，使用起来更加自如。f. 不结垢。水中碳酸氢钙及镁离子的存在易形成沉淀物，慢慢使管道堵塞，而 PEX 管具有较低的表面张力以致使高表面张力的水不会被浸润管壁，从而防止管内水垢的形成。g. 环保性能。PEX 管是无污染环境的绿色管材，不含任何毒素，也不释放有害物质，焚烧后只产生水和二氧化碳。而 UPVC 管在生产过程中加入重金属添加剂，同时本身残存的单体氯乙烯在使用时一起进入输送的介质中，易造成介质污染；铝塑复合管由于中间为铝层，因铝和塑料的膨胀系数不一样，易发生龟裂现象，属不可降解物质，其垃圾易造成环境污染。

(3) PEX 管的领域。①室内给水管、热水管、纯净水输送管。②食品中液体食品输送管道。③水暖供热系统、中央空调管道系统、地面辐射采暖系统、太阳能热水器系统等。④电信、电气用配管。⑤电镀、石油、化工厂输送管道系统。

(4) 交联聚乙烯 PEX 管的主要标准见表 4.3.15。

表 4.3.15　交联聚乙烯 PEX 管道标准

管道材料和产品标准	主要产品或标准的简称	公称规格范围/in	主要应用
ASTM F876	交联聚乙烯(PEX)管道(Tubing)	¼~2	循环加热
ASTM F877	交联聚乙烯(PEX)塑料热冷水分配系统	¼~2	热冷水分配
ASTM F1807	交联 PE 管道(Tubing)金属插入连接件用铜压接环	⅜~1	热、冷水
CSA B137.5*	交联 PE 管道(Tubing)		热、冷水
CSA B137.10*	交联 PE/铝/交联 PE 复合压力管道		循环加热；热、冷水

十三、PP(polypropylene，聚丙烯)的选用与工程应用

(1) 聚丙烯是一种聚合烯烃，比水轻。熔化温度为 165℃±5℃，推荐使用温度小于 120℃。低温性能比 PVC 还差。线胀系数常温下比 PVC 大一倍。热收缩率比 PVC 小。传热性很差(添加石墨可改善导热性能)。短时抗拉强度为 30~38MPa，随温度升高而下降。弹性模量不到 PVC 的一半。抗冲击强度不高。延伸率 20℃下为 12%。长期抗拉强度较低，其蠕变现象比 PVC 更严重，其蠕变极限为 16 MPa。PP 有很好的加工性能，它可以机加工、热成型、焊接和消除应力退火处理。

(2) 聚丙烯管道具有优良的耐化学药品性，对于有机酸、碱或盐类溶液(氧化性除外)几乎温度高到 100℃而无破坏。例如在 100℃以下的浓磷酸、40%硫酸、浓盐酸及盐类溶液中均可使用。但对于发烟硫酸、浓硝酸和氯磺酸等强氧化性酸，即使在室温下也不能使用。对于含有活性氯的次氯酸盐，过氧化氢以及铬酸等氧化性介质，也只能用于低浓度和低温度的情况。对于羧酸(浓醋酸与丙酸除外)仍有较好的耐蚀性。酚类、酮类等介质对其无溶胀作用，烷烃特别是卤代烃则能引起溶胀。温度在 80℃以上时，芳香烃对其有溶解作用。在 100℃以下时，乙醇、乙二醇、丙三醇都可使用。

(3) 聚丙烯性质与高密度 PE 相似，但是它比 PE 更坚硬，并具有更高的抗温能力和更轻的重量，但其韧性差。在耐化学性和热可熔性方面与 PE 也相似。和 PE 一样，PP 通过承插熔接、对接熔接和电熔化与其自身相连接。因其更高的硬度和更好的抗高温性和一些性质的优点，PP 超过 PE，常常优先选用，如用于地下管道和热流体的输送。PP 比 ABS 或 PVC 提供了更好的溶剂阻力，排水管主要采用 PP。

(4) 石化标准聚丙烯管和管件。①聚丙烯管的直径以公称外径表示，均聚聚丙烯管(PP-H)、嵌段共聚聚丙烯管(PP-B)和无规共聚聚丙烯管(PP-R)的公称外径范围见表 4.3.16。②聚丙烯管的长度为 4m、6m 或者根据设计要求确定。③聚丙烯管的性能及检验要求应符合 ISO 15494 的要求。

表 4.3.16　石化标准聚丙烯管的公称外径范围

公称压力/MPa	材料	公称外径/mm												
0.6	PP-H	20	25	32	40	50	63	75	90	110	125	140	160	180
	PP-B	20	25	32	40	50	63	75	90	110	125	140	160	180
	PP-R	20	25	32	40	50	63	75	90	110	125	140	160	180

续表

公称压力/MPa	材料	公称外径/mm												
1.0	PP-H	20	25	32	40	50	63	75	90	110	125	140	160	180
	PP-B	20	25	32	40	50	63	75	90	110	125	140	160	180
	PP-R	20	25	32	40	50	63	75	90	110	125	140	160	180
1.6	PP-H	20	25	32	40	50	63	75	90	110	125	140	160	180
	PP-B	20	25	32	40	50	63	75	90	110	125	140	160	180
	PP-R	20	25	32	40	50	63	75	90	110	125	140	160	180
公称压力/MPa	材料	公称外径/mm												
0.6	PP-H	200	225	250	280	315	355	400	450	500	560	630	710	800
	PP-B	200	225	250	280	315	355	400	450	500	560	—	—	—
	PP-R	200	225	250	280	315	355	400	450	500	560	—	—	—
1.0	PP-H	200	225	250	280	315	355	400	450	500	560	—	—	—
	PP-B	200	225	250	280	315	355	400	—	—	—	—	—	—
	PP-R	200	225	250	280	315	355	400	—	—	—	—	—	—
1.6	PP-H	200	225	—	—	—	—	—	—	—	—	—	—	—
	PP-B	200	225	—	—	—	—	—	—	—	—	—	—	—
	PP-R	200	225	—	—	—	—	—	—	—	—	—	—	—

（5）石化标准增强聚丙烯管和管件。①增强聚丙烯管（FRPP）的直径以公称外径表示，公称外径范围见表4.3.17。②增强聚丙烯管的长度为4m、6m或者根据设计要求确定。③聚丙烯管的性能及检验要求应符合HG 20539的要求。

增强聚丙烯管（FRPP）是以短切玻璃纤维内增强聚丙烯为原料挤出成型的管道，具有轻质高强、耐腐蚀性好、成型方便、致密性好、价格低（与FRP管相比，为其价格的一半）等特点。使用温度不高于120℃，使用压力不大于1.0MPa。

表4.3.17 石化标准增强聚丙烯管的公称外径范围

公称压力/MPa	公称外径/mm											
0.6	17	21	27	34	48	60	75	90	110	125	140	160
1.0	17	21	27	34	48	60	75	90	110	125	140	160
公称压力/MPa	公称外径/mm											
0.6	180	200	225	250	280	315	355	400	450	500	—	—
1.0	180	200	225	250	280	315	355	400	—	—	—	—

（6）聚丙烯管道标准如表4.3.18所示。

表4.3.18 聚丙烯管道标准

管道材料和产品标准	主要产品或标准的简称	公称规格范围/in	主要应用
ASTM D3314	DWV管件图样（paterns）	1¼~8	排水、排废水和
CSA B181.3*	聚烯烃排水系统		工业用
CSA B137.11	带压用聚丙烯烃管和管件		工业用

十四、PB(polybutylene，聚丁烯)的选用与工程应用

聚丁烯是与低密度聚乙烯相似具有坚硬性质的聚烯烃，比高密度的聚丁烯具有更耐久的强度。它最鲜明的特征是其持久强度与聚乙烯相比受到温度增加的影响更小。大多聚乙烯的温度限制约为 60℃，聚丁烯的限制则接近 93℃。聚丁烯管的最主要的用途是供水设施管道，其优点为改进后而提高的温度强度。表 4.3.19 列出了主要聚丁烯(PB)管道标准。

表 4.3.19　聚丁烯(PB)管标准

管道材料和产品标准	主要产品或标准的简称	公称规格范围/in	主要应用
ASTM D2662	以控制内径为基准的聚丁烯(PB)塑料管(SDR-PR)	½~6	工业用热、冷水
ASTM D2666	PB 塑料管道(Tubing)	½~2	工业用热、冷水
ASTM D3000	以控制外径为基准的聚丁烯(PB)塑料管(SDR-PR)	½~6	工业用热、冷水
ASTM D3309	热冷水分配系统用 PB 塑料管	⅛~2	热、冷水
ASTM F809	大直径 PB 管	3~42	工业用热、冷水
ASTM F845	聚丁烯(PB)管道(Tubing)用插入连接件	⅜~¼	水设施热、冷水
ASTM F878	PB 热塑薄壁滴水灌溉管道(Tubing)	½	滴水灌溉
ASTM F1380	PB 管道(Tubing)用金属插入连接件	⅜~1	热、冷水
CSA B137.7*	冷水分配系统用管		水设施热冷水
CSA B137.8*	压力用 PB 管道		工业用热冷水

聚丁烯国内标准有 GB/T 19473《冷热水用聚丁烯(PB)管道系统》。

十五、ABS(acrylonitrile butadiene styrene，丙烯腈-丁二烯-苯乙烯共聚物)的选用与工程应用

(1) ABS 塑料，在国内防腐蚀领域内开始得到应用，见表 4.3.20。

表 4.3.20　ABS 塑料阀门、管件、管子的应用情况

介质名称	浓度/%	温度/℃	压力/MPa	产品名称	管子规格/mm
盐酸	20	35~40	0.3	隔膜阀 球阀 管子 管件； 90°弯头、 45°弯头、 管接头、三通 四通活接头 法兰大小头 束接 管托 闷盖	150　100　80　65　50　40　32　25　20　15
硝酸	5	20	0.3		100　80　65　50　40　32　25　20　15
硫酸	20	25~30	≤0.4		100　80　65　50　40　32　25　20　15
铬酸	<10	25	≤0.3		80　65　50　40　32　25　20　15
次氯酸钠	30	常温	0.3		100　80　65　50　40　32　25　20　15
氢氧化钠	36	45~50	0.6		150　100　80　65　50　40　32　25　20　15
氢氧化钙	30	<50	≤0.6		150　100　80　65　50　40　32　25　20　15
氢氧化钾	30	55~60	≤0.6		150　100　80　65　50　40　32　25　20　15
碳酸氢钠	40	45~55	<0.6		150　100　80　65　50　40　32　25　20　15
氯化钠	>50	40~50	<0.6		150　100　80　65　50　40　32　25　20　15
氯化铵	40	40~45	≤0.6		150　100　80　65　50　40　32　25　20　15
氯酸钾	30	65~75	≤0.6		150　100　80　65　50　40　32　25　20　15
超纯水		常温	≤0.6		200　150　100　80　65　50　40　32　25　20　15
饮用水		常温	≤0.9		150　100　80　65　50　40　32　25　20　15
海水		常温	≤0.9		150　100　80　65　50　40　32　25　20　15

（2）石化标准 ABS 管和管件。①ABS 管的直径以公称外径表示，其公称外径范围见表 4.3.21。②管子的长度为 4m、6m 或者根据设计要求确定。③ABS 管的性能及检验要求应符合 GB/T 20207.1 的要求。ABS 管件的性能及检验要求应符合 GB/T 20207.2 的要求。

表 4.3.21　石化标准 ABS 管的公称外径范围

公称压力/MPa	公称外径/mm											
0.6	—	25	32	40	50	63	75	90	110	125	140	160
1.0	20	25	32	40	50	63	75	90	110	125	140	160
公称压力/MPa	公称外径/mm											
0.6	180	200	225	250	280	315	355	400	—	—	—	—
1.0	180	200	225	250	280	315	355	400	—	—	—	—

（3）ABS 管道标准见表 4.3.22。

表 4.3.22　ABS 管道标准

管道材料和产品标准	主要产品或标准的简称	公称规格范围/in	主要应用
ASTM D3311	DWV 塑料管件图样	1¼～8	排水、废水和通风
ASTM D2680	ABS 和 PVC 共聚物污水管道	4～15	污水和排水
ASTM F409	热塑可进入和可替代塑料管(Tube)管状管件	1¼～1½	排水、废水和通风
ASTM F480	按标准尺寸比例(SDR)制造的热塑套管和管状连接件	2～16	水套管
ASTM F1499	共挤制复合 DWV 管	1¼～8	排水、废水和通风
CSA B181.5	共挤制 ABS/PVC DWV 管		排水、废水和通风
ASTM F1488	共挤制复合管	2～12	排水、废水和通风；污水和排水；电和通讯导线管
ASTM D1527	ASBS 塑料管 Sch40.80	⅛～12	工业用冷水
ASTM D2282	ABS 塑料管(SDR-PR)	⅛～12	工业用冷水
ASTM D2468	ABS 塑料管管件 Sch40	⅙～8	工业用冷水
ASTM D2661	ABS DWV 管和管件	1¼～6	排水、废水和通风
ASTM D2750	公用事业设备的 ABS 导管和管件	1～6	有关电的导管
ASTM D2751	ABS 污水管和管件	3～12	污水和排水
ASTM F628	具有多孔芯的 ABS Sch40 DWV 管	1¼～6	排水、废水和通风
CSA B181.1	ABS DWV 管和管件		排水、废水和通风
ASTM D3311	DWV 塑料管件图样	1¼～8	排水、废水和通风

十六、FRP（glass fiber reinforced plastic pipe，玻璃钢管）的选用与工程应用

（1）玻璃钢又称为玻璃纤维增强塑料，是以玻璃纤维及其制品（玻璃布、玻璃带、玻璃毡）为增强材料，以合成树脂为黏结剂，经过一定的成型工艺制作而成。它集中了玻璃纤维和合成树脂的优点，具有轻质、高强、耐温、耐腐蚀、电绝缘、隔热等优异性能，在工业

应用上日趋广泛，已有定型产品。

（2）玻璃钢管一般分为以下4种：①FRP-W型。FRP-W型管采用双酚A型不饱和聚酯树脂为基材，内衬表面毡，以中碱玻璃纤维织物为骨料。FRP-W型管专用于输送海水、淡水、污水和循环冷却水。②FRP-R型。FRP-R型管以不饱和聚酯为基材，以中碱玻璃纤维织物为骨料，专用于通风管道。③FRP-F型。FRP-F型管一般以环氧树脂为基材，内衬有机表面毡形成富树脂的抗渗层、以中碱玻璃纤维织物为骨料。用于输送石油化工生产中腐蚀性的介质。④FRP-H型。FRP-H型管采用"F"型改性环氧树脂、优质玻璃纤维表面毡，内衬中碱玻璃纤维织物为骨料，管外涂防老化层。专用于输送温度≤120℃严重腐蚀的介质管道。

（3）石化标准玻璃钢管(FRP)和管件。①玻璃钢管的直径以公称外径表示，公称外径范围见表4.3.23。②管子的长度为6m、9m、12m或者根据设计要求确定。③玻璃钢管和管件的性能及检验要求应符合HG/T 21633的要求。

表4.3.23 石化标准玻璃钢管的公称外径范围

公称压力/MPa	公称内径/mm															
0.6	50	80	100	150	200	250	300	350	400	450	500	600	700	800	900	1000
1.0	50	80	100	150	200	250	300	350	400	450	500	600	700	800	900	1000
1.6	50	80	100	150	200	250	300	350	400	450	500	600	—	—	—	—

玻璃钢管的强度校核应根据制造商长期静水压试验中试样外径与壁厚比的大小采用的不同的公式。

（4）玻璃钢管道的标准见表4.3.24。

表4.3.24 玻璃钢管道的标准

产品说明	标准	管道	管件	规格＊NPS(*DN*)	压力/psig(bar)
管件					
接触模压"玻璃纤维"耐腐蚀管和管件	ASTM D6041	否	是	All	0~150(1~10)
公称尺寸	ISO 7370	是	是	1~144(25~3600)	NA
接触模压"玻璃纤维"法	ASTM D5421	否	是	1~96(25~2400)	25~150(2~10)
增强热固树脂法兰	ASTM D4024	否	是	All	50~500(3~34)
无压设备用"玻璃纤维"法兰	ASTM D3840	否	是	8~144(200~3600)	Gravity
低压"玻璃纤维"管道	API 15LR	是	是	1~16(25~400)	up to 1000(68)
"玻璃纤维"压力管件	ASTM D5685	否	是	1~16(25~400)	25~1000(2~68)
航空煤油管线(连接)	ASTM D5677	是	是	All	up to 150(10)
"玻璃纤维"管接头用挠性橡胶密封件	ASTM D4161	是	是	8~144(200~3600)	up to 250(17)
船用玻璃纤维管和管件	ASTM F1173	是	是	1~48(25~1200)	All
接触模压加筋热凝固塑料(RTP)层压板管	ASTM C582	是	是	All	All
管套和"玻璃纤维"管(Tube)	API 15AR	是	否	1~10(25~250)	
高压制造的热固树脂管	ASTM D2997	是	否	All	All
挠丝"玻璃纤维"管	ASTM C582	是	是	All	All

续表

产品说明	标准	管道	管件	规格 * NPS(*DN*)	压力/psig(bar)
公称尺寸	ISO 7370	是	是	1~144(10~3600)	NA
机制"玻璃纤维"管的分类	ASTM D2996	是	否	1~16(25~400)	All
高压"玻璃纤维"管道	API 15HR	是	否	1~8(25~200)	500~1000(34~68)
聚乙烯管道	API 15LR	是	是	1~16(25~400)	up to 1000(68)
机制"玻璃纤维"增强热固树脂管的分类	ASTM D2310	是	否	NA	NA
"玻璃纤维"(玻璃纤维增强热固树脂)污水管	ASTM D3262	是	否	8~144(200~3600)	Gravily
"玻璃纤维"(增强热固树脂)压力管	ASTM D3517	是	否	8~144(200~3600)	≤250(17)
"玻璃纤维"(增强热固树脂)污水和工业压力管	ASTM D3754	是	否	8~144(200~3600)	≤250(17)
"玻璃纤维"(增强热固树脂)压力管	ASTM D3517	是	否	8~144(200~3600)	≤250(17)
"玻璃纤维"(增强热固树脂)污水和工业压力管	ASTM D3754	是	否	8~144(200~3600)	≤250(17)
加工厂管道	BS 6464	是	是	1~36(25~1000)	≤940(64)
供水和污水工程管道	BS 5480	是	是		
供水系统	AWWAC-950 M45 设计手册	是	是	1~44(25~3600)	50~250(3~17)

十七、石化标准 FRP/PVC(玻璃钢/聚氯乙烯复合管)的选用与工程应用

① FRP/PVC(玻璃钢/聚氯乙烯复合管)的直径以公称外径表示，公称外径范围见表 4.3.25。②管子的长度为 4m、6m 或者根据设计要求确定。③FRP/PVC(玻璃钢/聚氯乙烯复合)管和管件的性能及检验要求应符合 HG/T 21636 的要求。

表 4.3.25 石化标准 FRP/PVC(玻璃钢/聚氯乙烯复合管)的公称外径范围

公称压力/MPa	公称直径/mm											
0.6	25	32	40	50	65	80	100	125	150	200	250	300
1.0	25	32	40	50	65	80	100	125	150	—	—	—
1.6	25	32	40	50	—	—	—	—	—	—	—	—

十八、PP/FRP(聚丙烯/玻璃钢复合管)的选用与工程应用

(1) 聚丙烯管表面经特殊处理后与热固性玻璃钢牢固地结合成整体，形成独特的聚丙烯/玻璃钢复合管结构，兼有聚丙烯轻质、耐腐蚀、耐热、无毒无污染的特点，又发挥玻璃钢高强度的优点，显著地提高聚丙烯管抗热、耐压、耐腐蚀等级，普遍用于石油化工、化纤、农药、化肥、染料、制药、电子、机械、冶炼、轻工食品等领域，取代不锈钢管和其他有色金属管材和制品，PP/FRP 复合管密度为金属的 16.7%。

(2) 石化标准 PP/FRP(聚丙烯/玻璃钢复合管)。①PP/FRP 管的直径以公称通径表示，公称外径范围见表 4.3.26。②管子的长度为 4m、6m 或者根据设计要求确定。③PP/FRP

管和管件的性能及检验要求应符合 HG/T 21579 的要求。

表 4.3.26　石化标准 PP/FRP(聚丙烯/玻璃钢复合管)的公称通径范围

公称压力/MPa	公称通径/mm																
0.6	25	32	40	50	65	80	100	125	150	200	250	300	350	400	450	500	600
1.0	25	32	40	50	65	80	100	125	150	200	250	300	350	400	450	500	600
1.6	25	32	40	50	65	80	100	125	150	200	250	300	350	400	450	500	600

十九、钢骨架聚乙烯复合管的选用与工程应用

石化标准钢骨架聚乙烯复合管。①钢骨架聚乙烯复合管的直径以公称内径表示，公称外径范围见表 4.3.27。②管子的长度为 6m、8m、10m、12m 或者根据设计要求确定。③钢骨架聚乙烯复合管和管件的性能及检验要求应符合 HG/T 3691 的要求。

表 4.3.27　石化标准钢骨架聚乙烯复合管的公称内径范围

公称压力/MPa	公称内径/mm												
1.0	50	65	80	100	125	150	200	250	300	350	400	450	500
1.6	50	65	80	100	125	150	200	—	—	—	—	—	—
2.0	50	65	80	100	125	150	—	—	—	—	—	—	—
4.0	50	65	—	—	—	—	—	—	—	—	—	—	—

二十、不透性石墨(impermeable graphite)的选用与工程应用

(1) 不透性石墨是唯一的一种既耐腐蚀又有高的导热、导电性能的非金属材料，常用于石油化工换热设备、氯化氢合成炉、机泵和管子及其组成件。石墨材料有天然石墨和人造石墨之分。目前使用的石墨多以人造为主。在制造石墨的过程中，由于高温焙烧而逸出挥发物以致形成很多微细的孔隙，因此要使之用于制造石油化工设备和管子及其组成件，则必须用适当的方法填充孔隙而使其成为不透性石墨。

(2) 不透性石墨有浸渍石墨、压制石墨和浇注石墨三大类，都是用人造石墨和合成材脂等制成的导热耐蚀材料。不透性石墨膨胀系数小，导热系数高，机械强度不高，冲击韧性很低，其突出的特点是对许多腐蚀介质具有优良的耐蚀性。

(3) 填充不同浸渍剂的不透性石墨管具有不同的性能。常用的浸渍剂为酚醛树脂，约占 95%，其余为聚四氟乙烯、呋喃树脂、二乙烯苯、水玻璃、环氧树脂、有机硅等。使用于制造 $DN \geq 100$ 的管子，使用温度<170℃、使用压力≤0.25MPa(液体)、≤0.15MPa(气体)。酚醛树脂浸渍石墨管可用于 180℃以下的盐酸、硫酸、磷酸、醋酸、氯代醇、芳香族烃、脂肪族烃等介质，但不耐强氧化剂和碱。改性酚醛树脂浸渍的石墨管道既耐酸又耐碱。呋喃树脂浸渍的石墨管道耐酸、碱、盐和有机溶剂。

(4) 压型不透性石墨管以石墨粉为填充剂、合成树脂为黏结剂，经混合后于高压下成型，一般适用于制造 $DN \leq 80$ 的管子，使用温度<170℃，使用压力≤0.3MPa(液体)、≤0.2MPa(气体)。压制的石墨塑料管耐所有浓度的盐酸和 70%以下的硫酸，特别适合于制造需要耐温降的而且又耐蚀的输送管道，但需要铠装，以免撞碎或压碎。浇注石墨的化学稳定性与浸渍类石墨相似。

(5) 浸渍类不透性石墨管使用各种浸渍剂填充人造电极石墨的孔隙制成。用浸渍石墨管或挤压成型的石墨塑料管作输送管道，输送腐蚀性流体，在盐酸和有机氯化物等的生产中均已得到广泛的应用并取得良好的效果。它是一种脆性材料，抗冲击强度比较低，在安装使用时要防止冲击和振动。输送较高压力的介质时可用套管铠装的形式并用胶合剂将它镶在钢管中。输送较高温度的介质或气温变化比较大时，管线会伸长或收缩，故在安装时要增设膨胀节。

(6) 石墨管线可用法兰连接、螺纹连接、对接(外缠树脂浸渍过的玻璃布加强)或用短的套管胶接的方法进行连接，要放置在支架上，防止变形或受外力作用而断裂，最好全部用玻璃布增强，浸渍玻璃布用的浸渍剂，推荐采用环氧树脂。

(7) 标准的石墨管尺寸(外径×内径×长)如下：29×19×200~4000，32×22×2000~4000，38×25×2000~4000，51× 38×2000~4000、68×51×2000~4000，86×64×2000~4000，102×76×2000~4000，133×102×2000~4000，159×127×2000~4000，190×152×2000~4000，254×203×2000~4000，330×254×2000~4000，共 12 种。

(8) 用浸渍石墨制造的管件有：如 90°弯头、45°弯头、三通、四通、管接头、螺纹管接头、管凸缘、管帽(盖)、装配塞、塞子。浇注类不透性石墨产品有管子、弯头、三通等。内径为 25mm 的管子，其爆破强度为 2. 5MPa，三通爆破强度为 2. 0MPa，弯头的渗透压力为 1. 2~1. 5MPa。

(9) 不透性石墨管有关的标准有：HG/T 2059《不透性石墨管技术条件》、GB/T 13465《不透性石墨材料抗弯强度试验方法》等。

二十一、玻璃管(glass pipe)的选用与工程应用

玻璃管道具有化学稳定性高、透明、光滑、耐磨、价廉等许多金属材料不能比拟的特点。它除了氢氟酸、热磷酸及强碱外，能耐任何化学介质的腐蚀，因此常用于极苛刻的腐蚀环境。主要有硼硅玻璃、无硼低碱玻璃、耐高温的硼-硅酸盐玻璃及石英玻璃。

二十二、陶瓷管(stoneware pipe)的选用与工程应用

化工陶瓷管道具有良好的耐腐蚀性能，足够的不透性，耐热性和一定的机械强度，因此在工业生产特别是化工生产中的应用日益增多。化工陶瓷管可分为耐酸管、耐温管和瓷管三种。除氢氟酸、氟硅酸和强碱外，它能耐大多数化工介质的腐蚀。陶瓷管道一般用于不承压的场合，推荐使用温度：耐酸管不大于 90℃，耐温管不大于 150℃，瓷管不大于 120℃。

二十三、自应力钢筋混凝土压力管的选用与工程应用

自应力钢筋混凝土压力管有平口式管和承插式管两种，已成功地用于输送水、煤气和热电厂粉煤灰等。它与铸铁管相比、有下列优点：①刚久性好。据介绍，这种管道在地下可使用 80 年以上。②不导电。能避免杂散电流对管线的腐蚀。③热导率低。外界温度变化对管内影响小。④长期输水内表面不长锈瘤、通水能力不变。⑤有裂缝闭合和愈合之能力。若出现宽度小于 0. 25mm 裂纹，在自压应力作用下能闭合，通常仍可作压力为 0. 6MPa 以内的输水管使用。⑥铺设简便。⑦接头密封性好，使用可靠。⑧价格便宜。

缺点是：①自重大；⑦性脆、易断；②当输送含有面体颗粒的介质时，耐磨性不及铸铁管。

二十四、PTFE(聚四氟乙烯)和PCTFE(聚三氟氯乙烯)的选用与工程应用

(1) 氟塑料是指直链烷烃聚合物系列。其多数或全部的氢已被氟所置换。全部氟化碳氢化合物包括全氟烷氧基(PFA)、聚四氟乙烯(PTFE)和氟化乙丙烯(FEP)。部分氟化塑料包括醚化聚三氟乙烯(ETFE)、三氟氯乙烯(CTFE)、聚三氟氯乙烯(PCTFE)和聚偏三氟乙烯(PVDF)。氟化聚合物拥有突出的抗化学性和优良的抗溶性。它也具有很强的耐高温性能、稳定性和耐久性。氟化塑料还有突出的抗老化和电磁辐射的能力。表4.3.28列出了PVDF管道标准。

表4.3.28　PVDF管道标准

管道材料和产品标准	主要产品或标准的简称	公称规格范围/in	主要应用
ASTM F1673	聚偏氟乙烯(PVDF)腐蚀性废料排放系统	1¼~12	工业用

(2) PCTFE(聚三氟氯乙烯)。①PCTFE是三氟氯乙烯自由基引发聚合的带有主要是重复—CF(Cl)—CF单元线型主链的产物。②PCTFE是结晶性的高分子，熔点为425℉，密度为2.13g/cm^3。PCTFE在室温下对大多数活泼的化学品呈惰性，而在212℃以上可被少数几种溶剂溶解，也可被一些溶剂溶胀，尤其是氯化过的溶剂。PCTFE具有优异的阻隔气体的能力，其膜产品的水蒸气透过性在所有透明塑料膜中是最低的。其电性能与其他全氟聚合物相似。PCTFE可制作厚的(1/8in)光学透明制件。PCTFE虽可用熔融加工，但由于熔体黏度高，有降解趋势导致加工品的性能变坏，故加工困难。③PCTFE树脂可制成用于模塑和挤塑的粒料。膜厚度为0.001~0.010in，亦可制成棒和管。美国市场上经销的PCTFE树脂有3M公司的Kel-FI、Daikin公司的Daiflon、AlliedlSignal公司的Acfon。

(3) PTFE(聚四氟乙烯)。聚四氟乙烯是四氟乙烯的聚合物，商品名为“特氟隆”(tflon)。被美誉为“塑料之王”。聚四氟乙烯广泛应用于各种需要抗酸碱和有机溶剂的场合，它本身对人没有毒性，但是在生产过程中使用的原料之一全氟辛酸铵(PFOA)被认为可能具有致癌作用。聚四氟乙烯由四氟乙烯经自由基聚合而生成。工业上的聚合反应是在大量水存在下搅拌进行的，用以分散反应热，并便于控制温度。应用聚四氟乙烯可采用压缩或挤出加工成型；也可制成水分散液，用于涂层、浸渍或制成纤维。聚四氟乙烯在原子能、航天、电子、电气、化工、机械、仪器、仪表、建筑、纺织、食品等工业中广泛用作耐高低温、耐腐蚀材料，绝缘材料，防粘涂层等。见表4.3.29~表4.3.31。

表4.3.29　聚四氟乙烯(F4，PTFE)的性能

类别	特性
化学性质	(1)绝缘性：不受环境及频率的影响，体积电阻可达1018Ω·cm，介质损耗小，击穿电压高； (2)耐高低温性：对温度的影响变化不大，温域范围广，可使用温度-190~260℃； (3)自润滑性：具有塑料中最小的摩擦系数，是理想的无油润滑材料； (4)表面不黏性：已知的固体材料都不能黏附在表面上，是一种表面能最小的固体材料； (5)耐大气老化性，耐辐照性能和较低的渗透性：长期暴露于大气中，表面及性能保持不变； (6)不燃性：限氧指数在90以下

续表

类别	特性
物理性质	(1)聚四氟乙烯的机械性质较软；具有非常低的表面能； (2)耐高温：长期使用温度200~260℃； (3)耐低温：在-100℃时仍柔软； (4)耐腐蚀：能耐王水和一切有机溶剂； (5)耐气候：塑料中最佳的老化寿命； (6)高润滑：具有塑料中最小的摩擦系数(0.04)； (7)不黏性：具有固体材料中最小的表面张力而不粘附任何物质； (8)无毒害：具有生理惰性；优异的电气性能，是理想的C级绝缘材料 聚四氟乙烯材料广泛应用在国防军工、原子能、石油、无线电、电力机械、化学工业等重要部门
使用性能	(1)20世纪30年代末期发现，40年代投入工业生产。聚四氟乙烯可在260℃长期使用。由于高温裂解时还产生剧毒的副产物氟光气和全氟异丁烯等，所以要特别注意安全防护并防止聚四氟乙烯接触明火。 (2)力学性能：它的摩擦系数极小，仅为聚乙烯的1/5，这是全氟碳表面的重要特征。又由于氟-碳链分子间作用力极低，所以聚四氟乙烯具有不粘性。 (3)聚四氟乙烯在-196~260℃的较广温度范围内均保持优良的力学性能，全氟碳高分子的特点之一是在低温不变脆。 (4)耐化学腐蚀和耐候性：除熔融的碱金属外，聚四氟乙烯几乎不受任何化学试剂腐蚀。例如在浓硫酸、硝酸、盐酸，甚至在王水中煮沸，其重量及性能均无变化，也几乎不溶于所有的溶剂，只在300℃以上稍溶于全烷烃(约0.1g/100g)。聚四氟乙烯不吸潮，不燃，对氧、紫外线均极稳定，所以具有优异的耐候性。耐辐射性能：聚四氟乙烯的耐辐射性能较差(104拉德)，受高能辐射后引起降解，高分子的电性能和力学性能均明显下降

表4.3.30 特氟龙基本类型

类型	性能
特氟龙PTFE	特氟龙PTFE：PTFE不粘涂料可以在260℃连续使用，具有最高使用温度290~300℃，极低的摩擦系数、良好的耐磨性以及极好的化学稳定性
特氟龙FEP	FEP或者F46(氟化乙烯丙烯共聚物)不粘涂料在烘烤时熔融流动形成无孔薄膜，具有卓越的化学稳定性、极好的不粘特性，最高使用温度为200℃
特氟龙PFA	PFA(过氟烷基化物)不粘涂料与FEP一样在烘烤时熔融流动形成无孔薄膜。PFA的优点是具有更高的连续使用温度260℃，更强的刚韧度，特别适合使用在高温条件下防粘和耐化学性领域。
特氟龙ETFE	ETFE是一种乙烯和四氟乙烯的共聚物，该树脂是最坚韧的氟聚合物，可以形成一层高度耐用的涂层，具有卓越的耐化学性，并可在150℃下连续工作

表4.3.31 特氟龙涂装后具有的特性

特氟龙涂装后具有的特性	(1)不黏性：几乎所有物质都不与特氟龙涂膜黏合。很薄的膜也显示出很好的不黏附性能。
	(2)耐热性：特氟龙涂膜具有优良的耐热和耐低温特性。短时间可耐高温到300℃，一般在240~260℃之间可连续使用，具有显著的热稳定性，它可以在冷冻温度下工作而不脆化，在高温下不融化。
	(3)滑动性：特氟龙涂膜有较低的摩擦系数。负载滑动时摩擦系数产生变化，但数值仅在0.05~0.15。
	(4)抗湿性：特氟龙涂膜表面不沾水和油质，生产操作时也不易沾溶液，如粘有少量污垢，简单擦拭即可清除。停机时间短，节省工时并能提高工作效率。
	(5)耐磨损性：在高负载下，具有优良的耐磨性能。在一定的负载下，具备耐磨损和不粘附的双重优点。
	(6)耐腐蚀性：特氟龙几乎不受药品侵蚀，可以保护零件免于遭受任何种类的化学腐蚀

二十五、给排水管材的选用与工程应用

1. 硬聚氯乙烯(PVC-U)管

给排水 PVC-U 管是以聚氯乙烯(PVC)树脂为主要原料，加入稳定剂、润滑剂、填充剂、增色剂等经塑料挤出机挤出成型和注塑机注塑成型，通过冷却、固化、定型、检验、包装等工序以完成管材、管件的生产。PVC-U 管重量轻、耐腐蚀、水流阻力小、节约能源、安装迅捷、造价低。

PVC-U 管应用于城镇自来水输水供水工程、建筑内外供水工程、工矿企业供水工程、地埋消防供水工程、农田水利输水灌溉工程、园林园艺绿化供水工程、水产养殖业供水排水工程等。

2. 聚丙烯(PP-R)管

给排水聚丙烯 PP-R 管又称三型聚丙烯管，采用无规共聚聚丙烯经挤出成为管材，注塑成为管件。是欧洲 20 世纪 90 年代初开发应用的新型塑料管道产品。PPR 管价格适中、性能稳定，耐热保温，耐腐蚀，内壁光滑不结垢，管道系统安全可靠，并不渗透，使用年限可达 50 年。是不易结垢、生锈的绿色给水管材料，具有较好的抗冲击性能和长期蠕变性能。但是，聚丙烯 PP-R 管施工技术要求高，需采用专用工具及专业人士进行施工，方能确保系统安全。

PPR 管应用于建筑物的冷热水系统，包括集中供热系统；建筑物内的采暖系统、包括地板、壁板及辐射采暖系统；可直接饮用的纯净水供水系统；中央(集中)空调系统；输送或排放化学介质等工业用管道系统。

3. 铝塑复合给水管

给排水铝塑复合管基本构成应为五层，即由内而外依次为塑料、热熔胶、铝合金、热熔胶、塑料，是最早替代铸铁管的供水管。铝塑复合管有较好的保温性能，内外壁不易腐蚀，因内壁光滑，对流体阻力很小，又因为可随意弯曲，所以安装施工方便。

市场上铝塑给水管包括以下几类。①PE/Al/PE(polyethylene/aluminum/polyethylene)内外层为聚乙烯；一般用于冷水管道系统。②PE/Al/PEX(polyethylene/aluminum/crosslinked polyethylene)内层为交联聚乙烯；一般用于热水管。③PEX/Al/PEX(crosslinked polyethylene/aluminum/crosslinked polyethylene)内外层均为交联聚乙烯，中部层均为铝层。一般用于热水管。

4. 铜管

给排水铜管又称紫铜管。有色金属管的一种，是压制的和拉制的无缝管。铜管的特点是具有一定抑制细菌滋生的作用。机械强度、抗破坏性也较好，但其不耐酸，在潮湿的环境下易氧化产生铜绿，铜绿也是一种有毒物质。另外由于其导热系数过大，如用于输送热水就必须做良好的保温处理。铜管具有高强度，高可塑性等优点，同时不含有害物质，纯净、天然，抗锈蚀能力强，不污染环境，热胀冷缩系数小，抗高温环境，防火，在北方更能抗严寒气候，适合输送热水。但是，铜管价格高。

5. 薄壁不锈钢管

给排水薄壁不锈钢管是由厚为0.6~2.0mm的不锈钢带或不锈钢板，用自动氩弧焊等熔焊焊接工艺制成的管材。国内薄壁不锈钢水管是20世纪90年代末问世的新型管材，具有安全卫生、强度高、耐蚀性好、坚固耐用、寿命长、免维护等特点，同时力学性能卓越，耐磨损性能强，安全卫生性能好，耐温性能良好，保温性能较好，内壁光滑水阻小；外表美观、清洁、时尚，100%可回收再利用；有利于节约水资源；使用范围广；使用寿命长，综合成本低。

薄壁不锈钢管大量应用于建筑给水和直饮水管道。

6. 热浸镀锌钢管

给排水热浸镀锌钢管分为冷镀锌管、热镀锌管，前者已被禁用。热镀锌管是使熔融金属与铁基体反应而产生合金层，从而使基体和镀层二者相结合。热镀锌是先将钢管进行酸洗，为了去除钢管表面的氧化铁，酸洗后，在氯化铵或氯化锌水溶液或氯化铵和氯化锌混合水溶液槽中进行清洗，然后送入热浸镀槽中。

热镀锌具有镀层均匀，附着力强，使用寿命长等优点。热镀锌钢管基体与熔融的镀液发生复杂的物理、化学反应，形成耐腐蚀的结构紧密的锌-铁合金层。合金层与纯锌层、钢管基体融为一体。故其耐腐蚀能力强。但是，如果镀锌管作为水管，管内产生大量锈垢，流出的黄水不仅污染洁具，而且夹杂着不光滑内壁滋生的细菌，锈蚀造成水中重金属含量过高，严重危害人体的健康。从2000年起国内外标准规范开始禁用镀锌管，目前新建小区的冷水管已经很少使用镀锌管了。

热浸镀锌钢管在煤气输送、大棚、采暖中等应用广泛。

7. 焊接钢管

给排水焊接钢管可分为直缝焊管和螺旋焊管。直缝焊管：生产工艺简单，生产效率高，成本低，发展较快。螺旋焊管：强度一般比直缝焊管高，能用较窄的坯料生产管径较大的焊管，还可以用同样宽度的坯料生产管径不同的焊管。

但是与相同长度的直缝管相比，焊缝长度增加30%~100%，而且生产速度较低。因此，较小口径的焊管大都采用直缝焊，大口径焊管则大多采用螺旋焊。焊接钢管具有强度高，抗应变能力强的特点。但是，焊接钢管耐腐蚀性能差，应作防腐处理。同管径的钢管具有不同的厚度，所以在选择的时候应注明壁厚。

焊接钢管应用于消防供水管网。

8. 氯化聚氯乙烯(PVC-C)给水管

氯化聚氯乙烯给水管是以PVC-C树脂为母料，加入抗冲剂、稳定剂等辅料经高速挤出而成。氯化聚氯乙烯给水管坚固、安装方便、耐腐蚀、阻燃性良好、不受余氯的影响、耐酸碱、细菌不易繁殖、热膨胀系数低和耐老化性能好、卫生性能优越。

氯化聚氯乙烯给水管应用于化工行业，如氯碱工业、冶炼工业、石油工业、造纸工业等。

9. 聚乙烯(PE)管

给排水聚乙烯管是以聚乙烯(PE)树脂为主要原料、经挤出成型的给水管材。聚乙烯管加工时不添加重金属盐稳定剂，材质无毒性，无结垢层，不滋生细菌，解决了城市饮用水的二次污染。除少数强氧化剂外，可耐多种化学介质的侵蚀；无电化学腐蚀。在额定温度、压力状况下，PE 管道可安全使用 50 年以上。PE 管韧性好，耐冲击强度高，重物直接压过管道，不会导致管道破裂。PE 管热熔或电熔接口的强度高于管材本体，接缝不会由于土壤移动或活载荷的作用断开。管道质轻，焊接工艺简单，施工方便，工程综合造价低。

聚乙烯管应用于室内外低温给水管道等。

10. 聚丙烯腈-丁二烯-苯乙烯(ABS)塑料给水管

聚丙烯腈-丁二烯-苯乙烯塑料给水管构造：制造管材的材料为聚丙烯腈一丁二烯一苯乙烯的混配料，仅加入为提高其物理、力学性能及加工性能所需的添加剂，添加剂应分散均匀。

聚丙烯腈-丁二烯-苯乙烯塑料给水管应用于输送饮用水的氯化聚氯乙烯管道系统应符合 GB/T 17219 的要求。根据材料的耐化学性及卫生性，适用于承压给排水输送、污水处理与水处理、石油、化工、电力电子、冶金、采矿、电镀、造纸、食品饮料、空调、医药等领域粉体、液体和气体等流体的输送。

11. 涂塑钢管

给排水涂塑钢管以无缝钢管、焊接钢管为基管，内壁涂装高附着力、防腐、食品级卫生型的聚乙烯粉末涂或环氧树脂涂料。口径范围 $DN15 \sim DN1200$，可带法兰及带压槽涂装。长度 6m、9m、12m 及不定尺长度涂层壁厚 100~500μm 之间，通常为 350μm。涂塑钢管卫生无毒、不积垢，不滋生微生物、保证流体品质，耐化学腐蚀、耐土壤和海洋生物腐蚀，耐阴极剥离，安装工艺成熟、方便快捷、与普通镀锌管连接雷同，耐候性好，适用沙漠、盐碱等苛刻环境，管壁光滑，输送效率高、使用寿命长。

常见的钢塑复合管有：钢衬聚丙烯复合管(GSF. PP)，钢衬聚氯乙烯复合管(GSF. PVC)，钢衬聚乙烯复合管(GSF. PE)，钢衬聚四氟乙烯复合管(GSF. F4)。

涂塑钢管应用于各种形式的循环水系统(民用循环水、工业循环水)消防供水系统，各建筑的给排水输送(特别适用于宾馆、酒店、高档住宅区的冷、热水系统)，各种化工流体输送(耐酸、碱、盐的腐蚀)，电线电缆的地埋管、过路管，矿山、矿井的通风管、供、排水管。性能优良，防腐年限可达 50 年。

12. 衬塑钢管

给排水衬塑钢管以镀锌无缝钢管、焊接钢管为基管，内壁去除焊筋后，衬入与镀锌管内等径的食品级聚乙烯(PE)管材，聚乙烯衬层厚度要求符合 CJ/T 136 标准，最后加压加热一定时间后成型，是传统镀锌管的升级型产品。衬塑钢管包括：①直缝焊管：生产工艺简单，生产效率高，成本低，发展较快。②螺旋焊管：强度一般比直缝焊管高，能用较窄的坯料生产管径较大的焊管，还可以用同样宽度的坯料生产管径不同的焊管。但是与相同长度的直缝管相比，焊缝长度增加 30%~100%，而且生产速度较低。因此，较小口径的焊管大都采用直缝焊，大口径焊管则大多采用螺旋焊。

衬塑钢管广泛应用于各类建筑的冷热水的给水系统。

13. 铸铁管

给排水铸铁管为铸铁管的一种。和钢管比价格便宜，制造简易，耐腐蚀性强。但是，质脆，重量大。铸铁管可应用于埋地敷设的给水管。

14. 高密度聚乙烯(HDPE)排水管

高密度聚乙烯是一种结晶度高、非极性的热塑性树脂。原态 HDPE 的外表呈乳白色，在微薄截面呈一定程度的半透明状。在给排水管道系统中，塑料管材逐渐取代了铸铁管和镀锌钢管等传统管材成为主流使用管材。高密度聚乙烯排水管和传统管材相比，具有重量轻，耐腐蚀，水流阻力小，节约能源，安装简便迅速，造价较低等显著优势。

高密度聚乙烯排水管应用于市政工程供水系统，建筑物室内给水系统，室外埋地给水系统及居住小区、厂区埋地给水系统，旧管线修复，水处理工程管道系统，园林、灌溉及其他领域的工业用水管等。

15. 增强聚丙烯(FRPP)模压管

增强聚丙烯(FRPP)模压管采用经偶联剂处理的玻璃纤维改性聚丙烯原料生产。具有耐腐蚀、强度高、抗渗漏、内阻小、抗拉、抗弯、造价低、寿命长、安装维修方便等特点。

增强聚丙烯(FRPP)模压管广泛应用于石油、化工、电力、纺织、冶金、制药、造纸、食品、矿山、垃圾处理、建筑等行业，用作腐蚀性液体输送及工艺管道。

16. 玻璃纤维增强塑料夹砂(RPM)管

给排水玻璃纤维增强塑料夹砂管以高强的玻璃钢作为内外增强层、中间以价廉的石英砂/树脂作芯层用以提高管材刚度，再辅以韧性的耐酸碱腐蚀的内衬层和满足工作环境要求的外保护层构成复合管壁结构。RPM 管可采用离心浇铸或缠绕工艺生产管材。因而有缠绕管复合管和离心浇铸管两种类型。采用离心浇铸工艺时，玻璃纤维采用短切纤维；采用缠绕工艺时，玻璃纤维采用长纤维。离心浇铸的 RPM 管最大口径为 2400mm，纤维缠绕的 RPM 管最大口径可达 4000mm。玻璃纤维增强塑料夹砂(RPM)管为热固性塑料管材。

玻璃纤维增强塑料夹砂管耐腐蚀性好，轻质高强，安装方便，内表面光滑，具有较高的流通能力，耐低温性能好，隔热性能好。

二十六、埋地给排水管道材料的选用与工程应用

(1) 给排水系统的合理设置及给排水管道的管材、防腐、阀门等的合理选择，防止了地下水和土壤受到污染，保证了石油化工企业安全运行。埋地给排水管道用的管材应根据内水压力、流量、环境介质及管材材质等综合因素确定。

(2) 给排水系统。石化给排水系统一般可分为给水系统和排水系统。给水系统包括生活给水、生产给水、循环水、消防水及回用水系统。排水系统可分为含油污水系统、生产污水系统、清净雨水系统、生活污水系统等。

①含油污水系统主要排放各生产装置、辅助设施排出的含油污水，含油污水通过排污井或漏斗收集，重力流进入隔油池，预处理后由泵提升至厂区内污水处理场处理达标后排

放。装置污染区 15min 前的初期雨水也进入含油污水系统。②生产污水系统主要排放装置污染区 15min 以后的后期雨水，通过明沟收集进入生产污水系统，经泵加压提升至污水处理场处理达标后排放。③清净雨水系统为厂区道路雨水，通过管道收集后进入雨水调峰池，经监测无污染后可直接外排或处理后再利用。④生活污水系统来自厕所、食堂、浴室生活污水，经化粪池后压力排往污水处理场的生化池。生活污水需单独收集，个别生活污水需排入生产污水、含油污水系统时，在接入前需设水封设施，以防止生产污水系统的有害气体窜入生活设施。

（3）管材选用。除生活给水管室内部分采用塑料管外，其余给水管道一般钢管，焊接连接。含油污水、生产污水管道建议采用输送流体用无缝钢管，焊接连接，也有的采用低压流体输送用焊接钢管。雨水管道一般采用球磨铸铁管，承插连接。球墨铸铁管耐腐蚀性能较强、管壁较厚、对管道基础的要求较低、施工费用低。生活污水管道室内部分一般采用建筑排水用 PVC-U 管道，粘接连接；室外部分一般采用低压流体输送用焊接钢管，焊接连接，以避免过路时生活污水管道被压损。钢骨架增强塑料复合管作为新型管材，具有机械强度高、耐温性能好、双面防腐、节能等优点，适用于绝大部分石油化工给埋地排水管道。常用地下管道材料的选用见表 4.3.32。

表 4.3.32　常用地下管道材料的选用与工程应用

管道类别	介质	管材	口径范围	特点
重力流管道	雨水、污染雨水、生活污水、生产污水	混凝土管、钢筋混凝土管	*DN*150～3000	价格低廉，耗钢材少。采用预制管时，施工时间短。但不适用含酸碱的污水
		排水铸铁管(灰口铸铁)	*DN*50～1000	管材质量不稳定，易爆管，一般不使用
		高密度聚乙烯双壁波纹管	*DN*200～1200	耐腐蚀性，柔性好；管材使用寿命长，易施工，接口牢固，口径大则成本比较高。*DN*800 以上口径环刚度只能达到 S1 级(≥4kN/m^2)，故最好用在 *DN*600 以下较好
		高密度聚乙烯缠绕增强管	*DN*300～3000	耐腐蚀性，柔性好；管材使用寿命长，易施工，接口牢固，最大环刚度可达到≥16kN/m^2，管道埋深可达 10m 以上。由于需要使用 100%的原料，成本较高。
		硬聚氯乙烯管(UPVC)	*DN*20～*DN*400	耐化学品性好，柔性较好；可用于酸碱环境，不产生二次污染
		碳钢管	最大可生产到 *DN*4000	对于排水，在超过 2m 的情况下使用

续表

管道类别	介质	管材	口径范围	特点
压力流管道	循环冷却水、新鲜水、生产用水、生活用水、消防水	碳钢管	最大可生产到*DN*4000	被广泛使用，特别是在东北严寒地区；但有时会产生二次污染
		玻璃钢	最大管径可达到*DN*4000	耐蚀性好，口径范围也广，环刚度高，价格较高，接口易撕裂
		镀锌钢管	一般在*DN*200以下	特殊要求下使用
		聚丙烯(PP)	最高可以应用到*DN*300	内壁光滑，粗糙系数小，耐蚀性好，不产生给水二次污染和严密性强，最大特点耐热性优良，可输送热水
		氯乙烯管(CPVC)	最高可以生产到*DN*400	内壁光滑，粗糙系数小，耐蚀性好，不产生给水二次污染和严密性强，可输送热水，价格昂贵
		钢塑复合管	最高可以生产到*DN*500	耐蚀性好，最高可以耐压2.0MPa
		HDPE管	最高可以生产到*DN*250	内壁光滑，粗糙系数小，耐蚀性好，不产生给水二次污染，严密性强
		PE管	最高可以生产到*DN*1000	内壁光滑，粗糙系数小耐蚀性好，不产生给水二次污染，严密性强
		球墨铸铁管	*DN*40~*DN*2600	具有较好的韧性，耐腐蚀，抗氧化，耐高压。广泛用于输水，输气及其他液体输送

（4）防腐蚀设计。给排水管道外防腐的好坏直接影响管道寿命，因此根据实际情况选择合适防腐方案及等级是非常重要的。根据SH/T 3022《石油化工设备和管道涂料防腐蚀设计标准》，埋地管道外防腐可采用石油沥青漆、环氧煤沥青漆、聚乙烯胶黏带进行防腐。石油沥青防腐涂层结构成本低，但需在施工现场加热石油沥青，且对环境有一定的污染，已渐渐淡出市场。聚乙烯胶黏带防腐层防腐性能优异，但其成本高、施工工艺较复杂、焊缝处易形成空鼓、补口操作复杂。环氧煤沥青防腐涂层结构成本较聚乙烯胶黏带低，具有一次成膜厚、耐酸碱、施工简单等优点，一般选用环氧煤沥青漆进行埋地管道防腐。管道穿井壁处需设置防水套管，防止管道泄漏。

二十七、非金属管道选用常用标准规范

GB 50690《石油化工非金属管道工程施工质量验收规范》

SY/T 6769.1《非金属管道设计、施工及验收规范 第1部分：高压玻璃纤维管线管》

SY/T 6769.2《非金属管道设计、施工及验收规范 第2部分：钢骨架聚乙烯塑料复合管》附录2

SY/T 6769.3《非金属管道设计、施工及验收规范 第3部分：塑料合金防腐蚀复合管》附录3

SY/T 6770.1《非金属管材质量验收规范 第1部分：高压玻璃纤维管线管》附录4

SY/T 6770.2《非金属管材质量验收规范 第2部分：钢骨架聚乙烯塑料复合管》附录5

SY/T 6770.3《非金属管材质量验收规范 第3部分：塑料合金防腐蚀复合管》附录6

SH/T 3161《石油化工非金属管道技术规范》

ASTM C14《水泥污水管道、雨水管道及下水管道》

ASTM C301《陶瓷粘土管试验方法》

ASTM C582《抗蚀设备用接触压制热固性强化塑料(RTP)层压片 ASTM D2321 柔性热塑性塑料管道地下安装方法》

ASTM D2837《热塑性塑料管道取得静压设计基础的试验方法》

ASTM D2992《“玻璃纤维”(玻璃纤维-RTR)管道和管件取得静压或压力设计基础方法》

ASTM D3839《玻璃纤维管道的地下安装》

AWWA C900《4~12in PVC 压力管道》

AWWA C950《玻璃纤维-增强的热固性树脂压力管道》

第四节　配管设计衬里管道的选用与工程应用

一、衬里管道(lined pipe)选用一般要求和原则

(1) 衬里管道的目的是防腐、电绝缘、减少流体阻力、增加耐磨性能、防止金属离子的混入和污染。所谓衬里是指根据使用介质和工况的不同，在光管里面或外面粘敷不同的材料和涂塑。衬里管道的制作多采用粘敷、喷涂、镶嵌、真空注塑的方法，还有一种是通过冷拔形成外管为钢管内管为塑料管的钢塑复合管的方法。

(2) 设计选用时应根据所输送介质的腐蚀、磨蚀情况以及电绝缘、阻力降等要求选用适当的材料和型式的管材。设计选用衬里管时，要注意对基管的规格尺寸的要求，尽量选用标准钢管作为基管。衬里管道的耐腐蚀性能、物理性能以及规格尺寸、偏差等可从相关的设计资料、设计手册查找。由于衬里管道的标准化程度不如钢管高，使用时要注意各制造厂在制造工艺、规格尺寸、各种性能等方面的差异。

(3) 非金属衬里管道和管件的设计符合 GB 50316、SH/T 3059 等的规定。衬里材料应符合下列要求：

① 聚四氟乙烯(PTFE)树脂应符合 HC/T 2902 的规定。衬里层表观密度应不低于 2.16g/cm^3，且不允许有气泡、微孔、裂纹和杂质存在；

② 聚全氟乙丙烯(FEP)树脂应符合 HG/T 2904 的规定，采用 M3 型。衬里层表观密度应不低于 2.14g/cm^3，且不允许有气泡、微孔、裂纹和杂质存在；

③ 无规共聚聚丙烯(PP-R)应符合 GB/T 18742.1 的规定；

④ 交联聚乙烯(PE-D)应符合 CJ/T 159 的规定，其密度不低于 0.94g/cm^3，且不允许有气泡、微孔、裂纹、杂质存在；

⑤ 可熔性聚四氟乙烯(PFA)应符合 ASTM D3307 的规定；

⑥ 硬聚氟乙烯(PVC-U)树脂应符合 GB/T 4219 的规定。

(4) 相应的法兰垫片宜选用非金属垫片。

(5) 非金属衬里材料使用范围可按表 4.4.1 选用，还应考虑流体介质腐蚀性、使用压

力及材料成分与性能差异等因素。

表 4.4.1 非金属衬里材料使用范围

衬里材料	介质温度/℃		适用介质
	正压下	真空运行下	
聚四氟乙烯(PTFE)	-80~200	-80~180	除熔融金属钠和钾、三氟化氯和气态氟外的任何浓度的硫酸、盐酸、氢氟酸、苯、碱、王水、有机溶剂和还原剂等强腐蚀性介质
聚全氟乙丙烯(FEP)	-80~180	-18~180	
可溶性聚四氟乙烯(PFA)	-80~250	-18~180	
交联聚乙烯(PE-D)	-30~90	-30~90	水、N_2、乙二酸、石蜡油、苯肼、80%磷酸、50%酞酸、40%重铬酸钾、60%氯氧化钾、丙醇、乙烯醇、皂液、36%苯甲酸钠、氯化钠、氟化钠、氢氧化钠、过氧化钠、动物脂肪、防冻液、芳香族酸、CO_2、CO
无规共聚聚丙烯(PP-R)	-15~90	-15~90	pH 值在 1~14 范围内的高浓度酸和碱
硬聚氯乙烯(PVC-U)	-15~60	-15~60	水

(6) 非金属衬里直管及其管道组成件端部连接形式可按表 4.4.2 选取。

表 4.4.2 非金属衬里直管及其管道组成件端部连接形式

类型	端部连接形式
直管	二端平焊法兰
	一端平焊法兰、一端松套法兰
弯头及弯管	二端平焊法兰
	一端平焊法兰、一端松套法兰
三通	平焊法兰
	平焊法兰和松套法兰结合
四通	平焊法兰
	平焊法兰和松套法兰结合
异径管	平焊法兰
	平焊法兰和松套法兰结合

(7) 非金属衬里直管及其管道组成件端部应采用金属法兰连接，衬里应延伸覆盖整个法兰密封面。

(8) 聚四氟乙烯衬里直管的长度不宜大于 3m，其他非金属衬里直管的长度不宜大于 6m。

(9) 非金属衬里管道及其组成件的搬运、堆放和安装等过程中，应避免强烈震动或碰撞。不得对已衬里的管道进行施焊、加热、扭曲或敲打等作业。施工应满足 SH/T 3501、GB 50235 等的要求。非金属衬里管道安装后应进行压力试验，试验压力应为设计压力的 1.5 倍。

(10) 衬里管道有关的标准规范：

ASTM F423《聚四氟乙烯塑料衬里铁类金属管，管件和法兰的标准》

ASTM F491《聚偏氟乙烯塑料衬里的黑色金属管道及管件的标准》
ASTM F492《丙烯及聚丙烯塑料衬里的黑色金属管和管件的标准》
ASTM F546《全氟共聚物(FEP)塑料衬里的铁类金属管和管件的标准》
ASTM F546《全氟(乙烯-丙烯)共聚物(FEP)塑料衬里的铁类金属管和管件的标准》
ASTM F599《聚合(偏二氯乙烯)(PVDC)塑料衬里铁类金属管和管件的标准》
ASTM F781《全氟(烷氧基烷烃)共聚物(PFA)塑料衬里的铁类金属管和管件的衬里》
ASTM F1545《塑料衬里铁类金属管，管件和法兰的标准》
SY/T 6623《内覆或衬里耐腐蚀合金复合钢管规范》
SH/T 3154《石油化工非金属衬里管道技术规范》

二、钢衬橡胶管道

（1）橡胶是一种良好的耐酸又耐碱的非金属防腐蚀材料，特别对氢氟酸有很好的耐蚀性。橡胶分天然橡胶和合成橡胶二大类。用于化工防腐蚀衬里，以天然橡胶为多，经过硫化处理而成，具有一定的耐热性能、机械强度和耐蚀性能。它可分为软橡胶、半硬橡胶和硬橡胶三种。见表 4.4.3。

表 4.4.3　钢衬橡胶管道的分类

衬里管	基体金属材料	内衬橡胶	
橡胶衬里管	碳素钢管	天然橡胶	软橡胶(硫黄含量 1%~3%)
			半硬橡胶(硫黄含量~30%)
			硬橡胶(硫黄含量>40%)
		合成橡胶	氯丁橡胶
			丁基橡胶
			氟橡胶
			丁腈橡胶
			苯乙烯橡胶

（2）橡胶衬里层的选择原则，主要应考虑腐蚀介质的特性、操作条件及具体施工的可能性。①介质腐蚀性强，但温度变化不大，无机械振动的管道、管件，宜用 1~2 层硬橡胶，总厚度约为 3~6mm。②对于腐蚀性气体，为了避免气体的扩散渗透作用，用二层硬橡胶衬里为宜。③凡介质含有固体悬浮物，需考虑耐磨性时，可采用厚 2mm 硬橡胶作底层，再衬贴所需厚度软橡胶作面层。④管道、设备外表面可能经受撞击时，可采用软橡胶作底层，半硬橡胶作面层。⑤在真空条件下，一般不采用软橡胶作底层。⑥在有剧烈振动的场合，不能使用橡胶衬里。⑦在同一管件、设备上，不能同时用硫化条件不同的两种硬橡胶或软橡胶进行橡胶衬里。

（3）橡胶衬里管道的使用范围：①使用温度。a. 硬橡胶衬里长期使用温度为 0~65℃，短时间加热允许提高至 80℃；半硬橡胶、软橡胶及硬橡胶复合衬里的使用温度为-25~75℃，软橡胶衬里短时间加热允许提高至 100℃。b. 根据目前资源，天然橡胶、顺丁橡胶、丁基橡胶等作软橡胶衬里，使用温度约为-60~+65℃；丁腈橡胶、丁苯橡胶、乙丙橡胶等也可在-30~+50℃的情况下作衬里使用。c. 橡胶的使用寿命与使用温度有关，温度过高，会加速橡胶的老化，破坏橡胶与金属间的结合力，导致脱落；温度过低，橡胶会失去弹性(橡胶的膨胀系数比金属大三倍)。由于两种基材收缩不一，导致应力集中而拉裂橡胶层。由于软橡胶的弹性比硬橡胶好，故它的耐寒性亦较好。②使用压力。一般用于压力低于0.6MPa，真空度不大于80kPa。橡胶衬里的管件有弯头、三通、四通等。衬胶管子与管件均应用焊接法兰连接。③橡胶衬里管道的衬里结构，见图4.7.1。

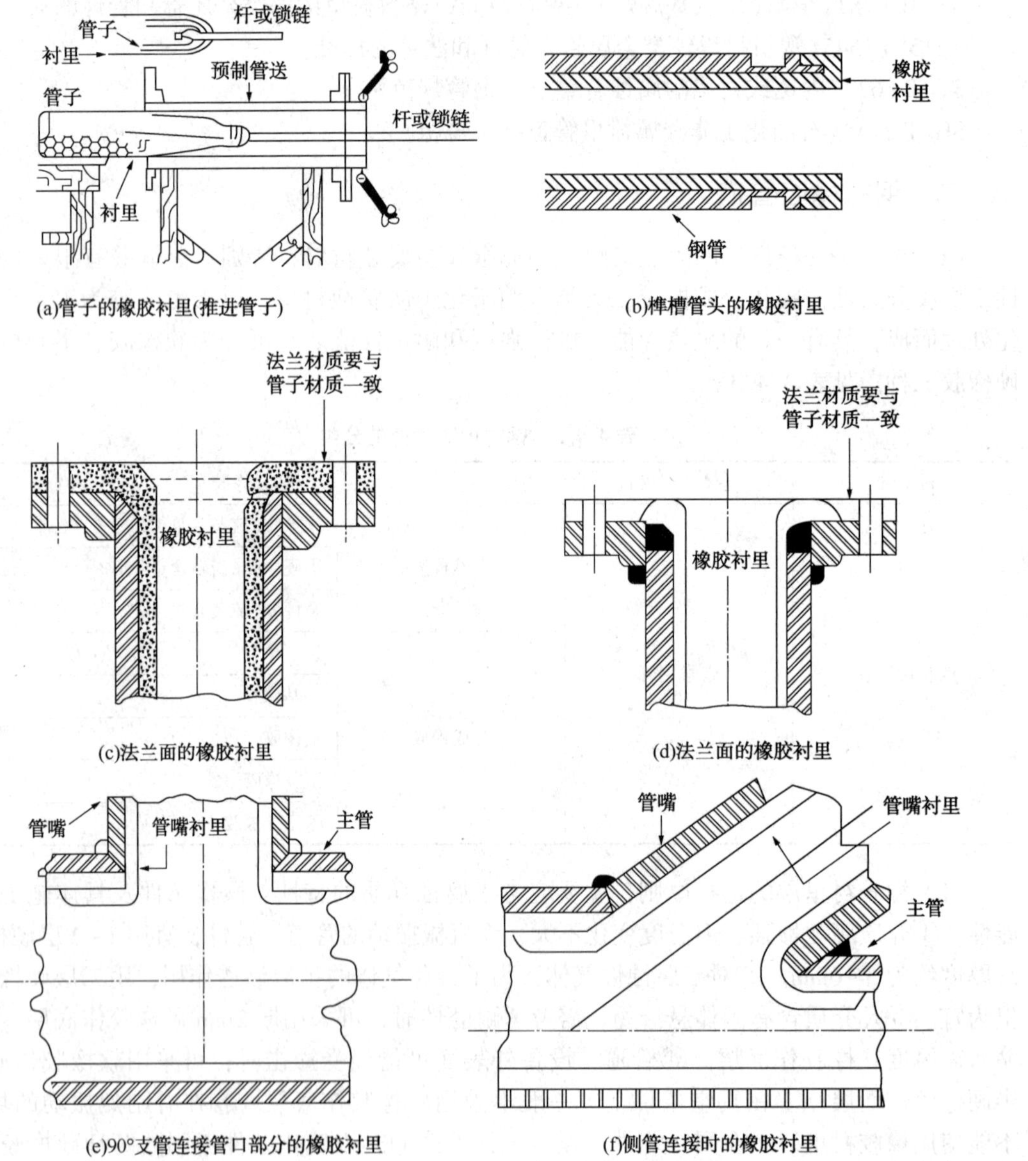

图4.7.1 橡胶衬里管道的衬里结构

三、钢衬玻璃管道

(1) 钢衬玻璃管道是钢管、管件与玻璃的复合体，系将熔融的玻璃以吹制法衬在经过焙烧预热的碳钢管或管件内壁，使玻璃牢固地黏附在管子、管件的内壁上，并处于一定的压缩状态。除吹制法外，尚有膨胀法及喷涂法。

（2）吹制衬玻璃管道使用温度为 0～150℃，使用压力小于等于 0.6MPa，冷冲击 ΔT80℃，热冲击 ΔT120℃，使用介质与玻璃管道相同。

（3）应用实例有稀硫酸(100℃)管线，EDTA 输送管线，苯烃液化介质(HCl，105℃)，橡胶胶浆输送管线(易堵)等。

四、搪玻璃管道

（1）搪玻璃系由非金属无机物质以搪烧的方法施涂在金属底材上面形成的一种玻璃状瓷层(通常称其为瓷釉层)与金属紧密结合的复合材料。

（2）搪玻璃管道标准见 HG/T 2130。搪玻璃管道瓷釉厚度一般为 0.8～1.5mm，它能耐大多数无机酸、有机酸、有机溶剂等介质的腐蚀，特别是对常温盐酸、硝酸、王水等介质，具有优良的耐蚀性，也因其表观光滑而用于要求不挂料的化工生产中。耐磨性和电绝缘性也很好。

（3）搪瓷管道的使用温度一般在-30～250℃，受压管道一般在 0～180℃，冷冲击应小于 110℃，热冲击应小于 120℃。使用压力≤0.3MPa。

五、塑料衬里管道

（1）钢管内衬聚乙烯或聚丙烯的产品，国内已有生产和应用。但最有实用意义的还是钢管内衬氟塑料。氟塑料是各种含氟塑料的总称，应用较多的品种有聚四氟乙烯(PTFE 或 F4)、可熔性聚四氟乙烯(PFA)、聚全氟乙丙烯(FEP 或 F46)、聚三氟氯乙烯(PCTFE 或 F3)等。

（2）氟塑料具有高度的化学稳定性和耐高低温性能。F4 衬里管道已在各种工业部门得到成功的应用，经常接触到的介质有盐酸、硫酸、硝酸、王水、氢氟酸、多种有机酸、强氧化剂和多种有机溶剂。已使用过的最高温度为 220℃，最高工作压力 0.8MPa。

六、硬质聚氨酯泡沫塑料包覆管道

（1）硬质聚氨酯泡沫塑料具有密度小、强度高、绝热、吸水率低、耐蚀自熄等待点，作为石油化工输油输热水管道的外包覆材料(既绝热又防腐)，已得到广泛应用。

（2）聚氨酯硬质泡沫塑料是以多元羧基化合物和异氰酸为主要原料，在催化剂、发泡剂的作用下，经加工聚合发泡而成。硬质聚氨酯泡沫塑料包覆管及夹克管已成功地用于输油管、热力管数百公里。

第五节　配管设计金属软管的选用与工程应用

一、金属软管(metal hose)的特点和用途

对于外表面铠装金属丝或金属带编织网套的、长细比值≥3 的环形或螺旋形的波纹管，称作金属软管。在欧美国家，习惯称其为柔性管(flexible tube)、波纹管(gorrugated hose)或金属软管(flexible metal hose)。

（1）一般情况下，金属软管以它的弯曲和挠性去弥补管路系统因安装造成的位置偏差；去承担两端接点正常工作所需的相对位移。见图 4.5.1。在某些管路系统中，它还起着减振、消除噪声的作用。②金属软管结构紧凑、连接牢固，与橡胶塑料或其他材料制成的软管相比，具有柔性好、重量轻、体积小、弯曲灵活、安装方便，并且耐腐蚀、耐温性好，不老化，承受压力高，密闭性好，使用寿命长等优点。它具有三维补偿功能。在管系中是温度补偿、消除机械移位、吸收振动、降低噪声的极有效的元件。

（2）码头用金属软管。码头输油管线的柔性连接在吃水较深的江边或海边，当囤船距离岸口很近的时候，A、B 两处的柔性连接管件所承担的角方向位移补偿是很大的。见图 4.5.2。一般来讲，在该角度大于或等于 10°的情况下，均采用金属软管。对于运动频率高、位移补偿量偏大的使用场合，推荐选用钢丝网套编织的金属软管；对于运动频率低、位移补偿量偏小的使用场合，推荐选用钢带网套编织的金属软管。关于金属软管的长度，仍根据其最小弯曲半径和所需位移补偿角度的大小计算后确定。在吃水较浅的江边或海边，囤船将通过铁桥伸向距离岸口较远的地方。铁桥越长，A、B 两处柔性连接管件所承担的角方向位移补偿量就越小。一般来讲，在该角度小于 10°的情况之下，可不采用金属软管，而采用角向波纹补偿器。

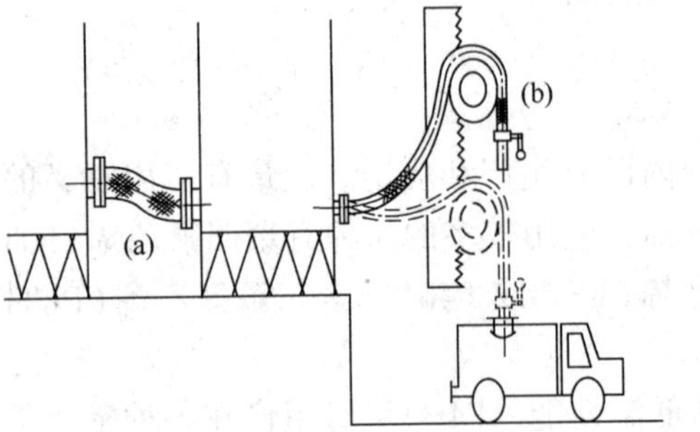

图 4.5.1　金属软管的应用

(a)补偿安装位置偏差；(b)补偿工作端位移

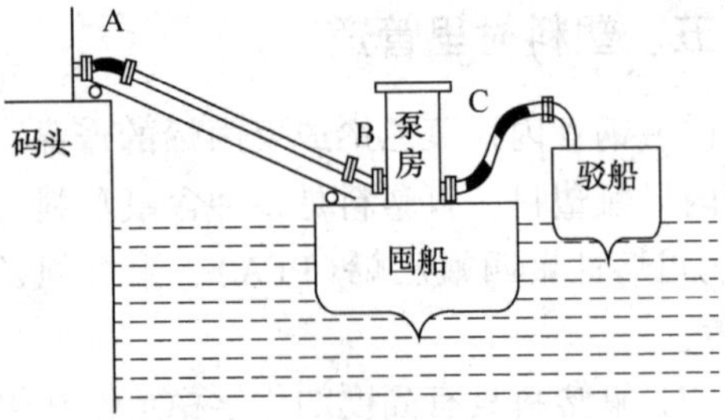

图 4.5.2　码头用金属软管

（3）站台用金属软管。为了卸下油龙的负荷，铁道两侧每隔一定的距离就须安置一个多关节的弯曲臂。那些关节在高温下，不够活络，在低温下，又常常不能密封。为了对准接口，往往要费很大的力气才能将油龙向前或向后挪动一点点。而金属软管则轻便灵活，弯曲自如，即使油龙停靠位置有些误差，它也能够轻而易举地接上。见图 4.5.3。金属软管使用方便、造价低廉、寿命长久、设计也容易，最低档次的金属软管都可以在这类工程上使用。当然，当装卸盐酸、磷酸、稀硫酸之类介质时，所用波纹管的材质应要求相应的抗腐蚀能力。

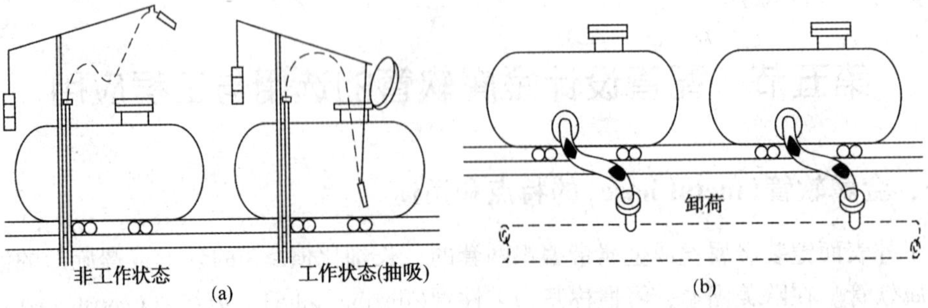

图 4.5.3　站台液体装卸用金属软管

(4) 蒸气冲扫用金属软管。近年来，在石油化工管线蒸气冲扫的装置中，在各类槽罐压力试验的装置中，金属软管也开始被采用了。当然，在选型的问题上，须对它们不同的应用特点提出不同的技术要求。

(5) 泵用金属软管。泵用金属软管可以减振。压缩机、合成塔、反应器、系统管路的振动都可以通过金属软管来控制或减振。使用多长的金属软管，能够将振动减小到何种程度，能够使噪声降低至多少分贝？这些问题，要根据具体的情况来定，如客观条件、工艺方法、产品本身在制造允差范围内的差异等。甚至任意两种规格、型号、尺寸完全相同的金属软管，在同样的条件下使用，从定量这个角度上来看，它们减振的能力也不一定完全相同。因此，对于要求定量吸收振动的金属软管，目前尚无法通过查表的方法直接查得，必须通过试验的方法才能确定。不仅可以利用金属软管减少振动，还可以利用它去切断或隔开力的传递。

(6) 储罐与管路系统的柔性连接。首先根据储罐的具体情况和基础地质的条件，计算出储罐与连接管道在单位时间内可能产生的最大位移量；尔后根据这个量值的大小、压力的高低、流速的快慢和所储介质的腐蚀能力等条件，选择合适的型号和规格；最后，再计算出安装时两端预留空间的距离。这是一项十分复杂的工作，设计方法极不统一。近年来，有关部门经过大量的调查、分析、试验、研究，编制了补偿各类油罐基础下沉的压力等级 $10kgf/cm^2$ 金属软管，这样，设计人员就可以将具体工程中立体交叉的多维关系，简化为平面上的二维关系，通过直接查表的方法，选择所需要的产品型号和规格。

金属软管或波纹补偿器应设置在罐前阀与管线连接处，使储罐与管线之间形成软连接。在罐前阀经常处于密闭状态的管线上选用金属软管或波纹补偿器时，应在其管线上设置泄压装置。选用金属软管或波纹补偿器时，不宜设置独立支撑，如需要设置时，宜与罐基础成一整体。对两个或两个以上的罐和罐群，当其各罐罐前工艺管线不是独立系统时，安装金属软管或波纹补偿器应设置控制阀。见图 4.5.4。

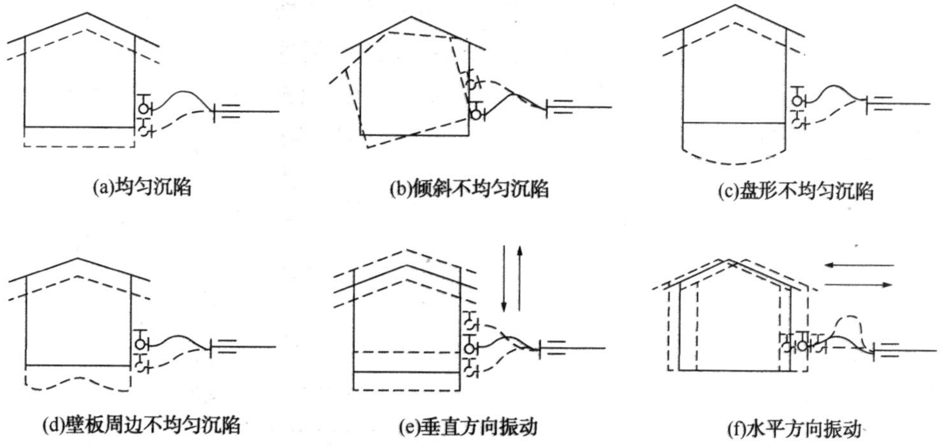

图 4.5.4　金属软管波纹补偿储罐基础下沉

二、金属软管设置的目的和原则

(1) 金属软管设置的目的。工程中使用金属软管其主要目的是对关系进行热补偿，消除机械位移，吸收振动，降低噪声，灵活移动，可便利地改变流体移动方向。

（2）在石油化工装置中设置金属软管，原则上有以下几种情况：①大型石油化工产品、原料储罐：在大型储罐的进出口管道上设置金属软管，可以防止因地基沉降、地震等因素造成的管道损坏和所储物品的遗漏；避免国家财产损失和环境污染。在地震多发区建造大型储罐时更应注意安装金属软管。②大型机、泵的进出口。在工程中采用的泵、压缩机、离心机等设备，在工作状态下会产生振动和噪声，危及工程质量和人身健康。尤其是大型机泵、离心机，应在其进出口处加设一定长度的金属软管，这样可以减震降噪，提高工程质量和延长机泵的使用寿命，并给机泵的安装带来一定的方便。③槽车、油轮：火车、汽车槽车以及油轮装卸用的鹤管目前多用金属软管。使用金属软管不仅可以密闭装卸，减少油品挥发，而且安装、拆卸方便，可移动给操作带来不少方便。④电子称量设备：在化工装置中尤其是聚合装置中经常遇到配料的情况。精确的配料比要靠精确的计量来实现。要进行称量的配料罐安装后不允许承受轴向力，与之相连的所有管线均需要采用金属软管进行柔性连接，以消除管系对称量精度的影响。⑤需经常拆卸或工艺要求有一定位移的设备，这类设备如过滤器、灌装设备、移动式泵或压缩机等与固定设备或管件之间的连接，最好采用金属软管连接。⑥其他。穿越建筑物膨胀缝的管线，最好采用金属软管连接，以补偿两侧墙体的沉降不一。在配管空间不足、操作温度较高的情况下，在设备管口上加设金属软管，以吸收管系的膨胀量，消除管系对设备管口的推力。另外金属软管在较低的温度下不变形，并具有良好的柔性，被广泛用于低温管路。由于它的密闭性好，可用于高真空度的真空系统。

三、金属软管的组成和分类

金属软管是由管体、网套和连接件组成。其管体和网套均为不锈钢，连接件根据工艺要求分为不锈钢和碳钢两种。其管体波纹又有螺旋形和环形两种，按连接形式可分为法兰连接和管接头连接两大类。金属软管的法兰可根据用户的不同要求安装国际法兰、机械工业部标准法兰、化工部标准法兰等，还可进行不同标准、不同连界面的法兰组合。金属软管的管接头可以是球头外套螺母、内锥接头、锥管螺纹接头、櫂槽接头、union 接头、爪型快速接头、开启式快速接头、接管等，还可以根据用户要求进行任意组合。使用非常灵活、方便，几乎不受任何控制。见表 4.5.1。

表 4.5.1　波纹金属软管的常见分类

序号	软管或部件	定义术语	结构图
1	螺旋波纹管	波纹呈螺旋状的波纹管	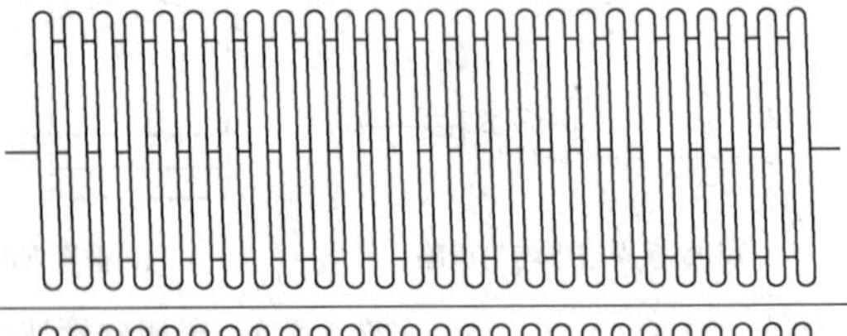
2	环形波纹管	波纹呈闭合圆环状的波纹管	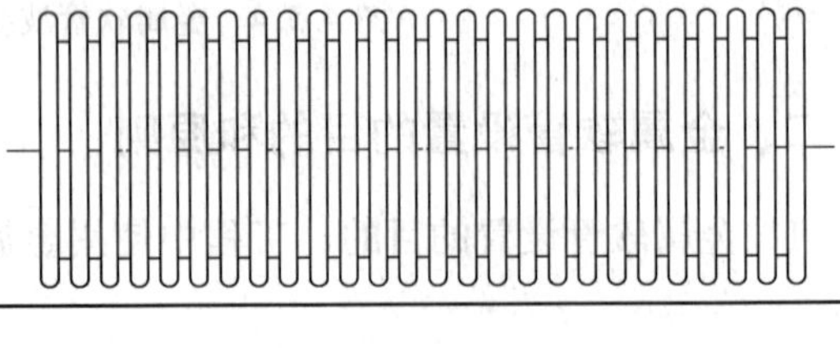

续表

序号	软管或部件	定义术语	结构图
3	网套	波纹管外表面的金属编织物	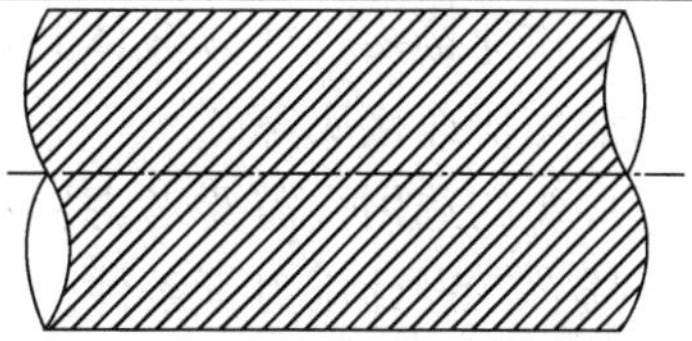 钢丝网套 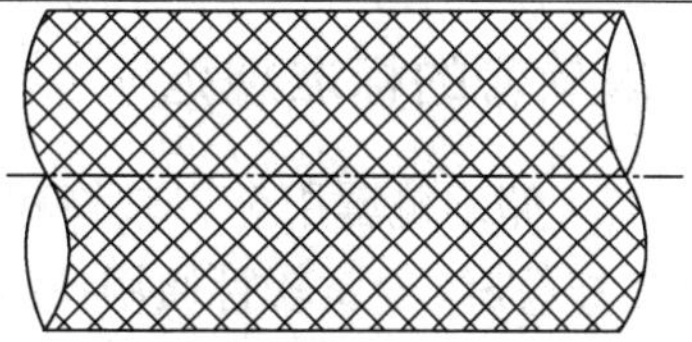 钢带网套
4	软管	波纹管、网套和接头的组合或波纹管和接头的组合	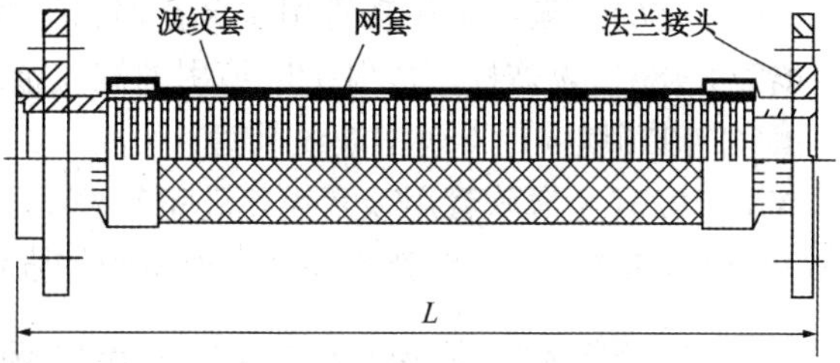

四、软管接头(hose connection)及快速接头(quick coupling)

(1) 金属软管接头是现代工业管路中的一种高品质的柔性管道。它主要由波纹管、网套和接头组成。它的内管是具有螺旋形或环形的薄壁不锈钢波纹管，波纹管外层的网套，是由不锈钢丝或钢带按一定的参数编织而成。软管两端的接头或法兰是与客户管道的接头或法兰相配的。软管的波纹管是由极薄壁的无缝或众焊不锈钢钢管经过高精度塑性加工成形的。由于波纹管轮廓的弹性特性决定了软管具有良好的柔软性和抗疲劳性，使它很容易吸收各种运动变形的循环载荷，尤其在管路系统中有补偿大位移量的能力。典型快速接头见图 4.5.5。

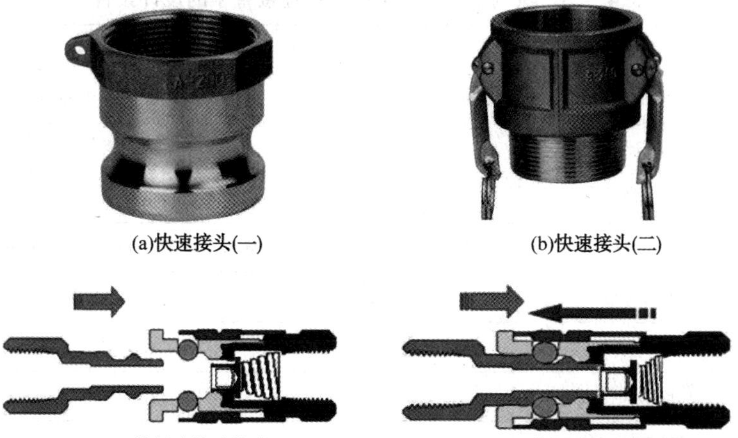

(a)快速接头(一)　(b)快速接头(二)

(c)快插式快速接头(一)　(d)快插式快速接头(二)

图 4.5.5　典型快速接头

(2) 快速连接/断开接头是一种机械装置，在不使用任何工具的情况下，可以快速、简单、保险地重复连接和断开几乎任何流体或气体管道。快速接头可分为：空气用快速接头、氧气燃料气体用快速接头、气体液体共用快速接头、油压用快速接头、惰性气体用快速接头、冷却水温油用快速接头等。

(3) 快速接头的选用，需要考虑：①尺寸；②温度，介质温度和环境温度；③应用端口形式；④介质；⑤设计压力等条件。

(4) 有关标准见 GB/T 16693《软管快速接头》。

五、金属软管的标准规范

SY/T 4037《储罐抗震用金属软管和波纹补偿器选用标准》

GB/T 14525《波纹金属软管通用技术条件》

SH/T 3412《石油化工管道用金属软管选用、检验及验收》

GB/T 18615《波纹金属软管用非合金钢和不锈钢接头》

GB/T 1861《爆炸性环境保护电缆用的波纹金属软管》

CJ/T 197《燃气用不锈钢波纹软管》

YB/T 023《金属软管用碳素钢冷轧钢带》

BS EN 853《软管和软管组件金属丝编织加强液压型规范》

六、某软管站金属软管选用与工程应用

(1) 设计条件见表 4.5.2。

表 4.5.2 需要设置软管的流体介质条件

介质名称	状态	工作温度/℃		工作压力/MPa(G)		设计温度/℃	设计压力/MPa(G)
		正常	最大	正常	最大		
氮气	气	AMB	—	0.7	—	65	1.00

(2) 根据设计条件编制所连接管子材料采购要求表，见表 4.5.3。

表 4.5.3 氮气软管及快速接头所连接管子的设计条件

特殊件号	HC01
管接头形式	快速接头插口
介质	氮气
口径	1″
连接管道的材料描述	ASTM A106-B SMLS PE XS ASME B36.10M
压力等级	CL150
设计工况 Design Condition	
设计压力/MPa(G)	1.0
设计温度/℃	65

(3) 软管快装接头器材要求及示意图(图 4.5.6)。

快装接头材料要求：口径 1″，(插口)，ASTM A105，用于氮气快速接头 HC01。软管材料要求：口径 1″，软管 $L=15\text{m}$，材质：橡胶；两端带快装接头(承口)，材质：ASTM A105，用于氮气快速接头 HOSE01。所有软管两端都是快装接头承口，各软管站的接口都是快装接头插口。

(a)施工现场需要连接软管的接头

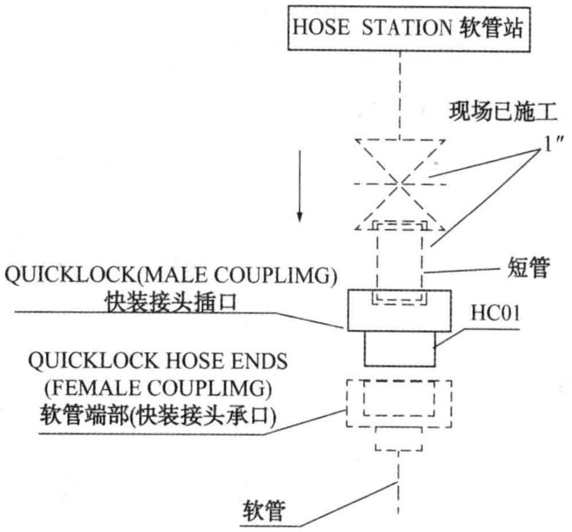

(b)用于氮气的快装接头

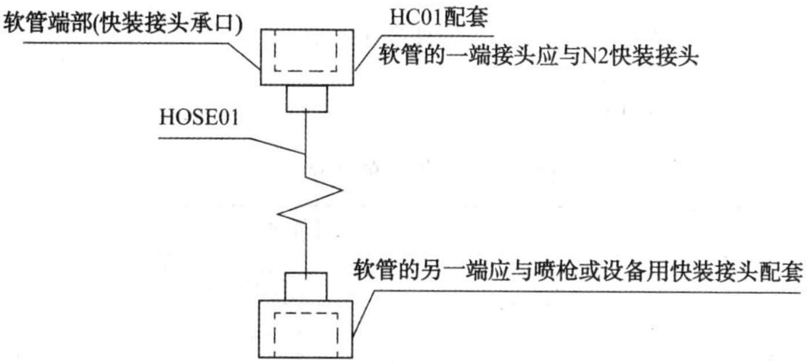

(c) 用于氮气的软管

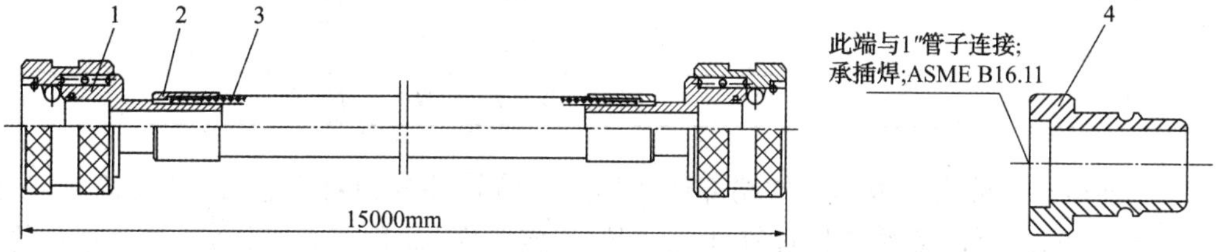

(d)氮气软管及快速接头

1—1″快速接头A105；2—收口护套20#；3—1″橡胶软管橡胶；4—1″外配接头A105。

图 4.5.6 用于氮气的快装接头和软管

第六节 配管设计管件的选用与工程应用

一、管件的分类与生产工艺

(1) 管件(pipe fitting)在管系中起着改变走向、改变标高或改变直径、封闭管端以及由主管上引出支管的作用。在石油化工装置中管道品种多，管系复杂，形状各异，简繁不等，所用的管件品种、材质、数量也就很多，选用时需要考虑的因素也复杂。管件的基本概念如图 4.6.1 所示。管件的种类很多，这里根据用途、连接、材料、加工方式分类。

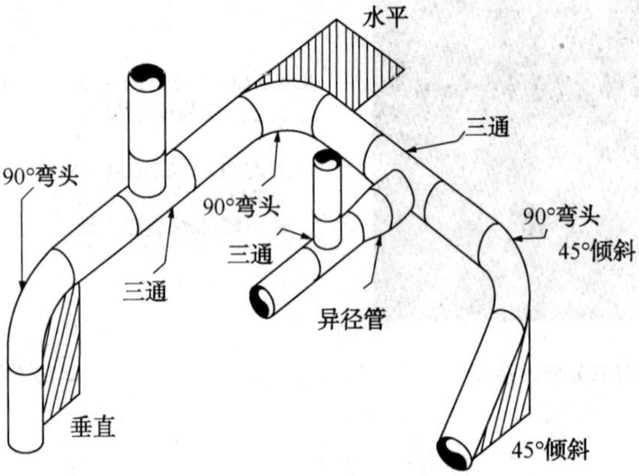

图 4.6.1 管件的基本概念

① 按用途分类，见表 4.6.1。

表 4.6.1 管件的用途

用途	管件名称
直管与直管连接	活接头、管箍等
改变走向	弯头、弯管等
分支	三通、四通、承插焊管接头、螺纹管接头、加强管接头、管箍、管嘴等
改变管径	异径管(大小头)、异径短节、异径管箍、内外丝等
封闭管端	管帽、丝堵等
其他	螺纹短节、翻边管接头、过桥等

② 按连接形式分类：根据管件端部连接形式可将管件分为对焊连接管件(简称对焊管件)、承插焊连接管件(简称承插焊管件)、螺纹连接管件(简称螺纹管件)、法兰连接管件、卡套连接管件、卡箍连接管件、粘接连接管件、热熔连接管件以及其他管件。在石油化工装置的配管设计中，常用对焊管件、支管台、承插焊及螺纹连接管件的形式。法兰管件多用于特殊配管场合，使用范围及数量相对比较少。可根据 GB/T 17185《钢制法兰管件》的规定选用。

③ 按材料分类：a. 碳素钢管件；b. 合金钢管件；c. 不锈钢管件；d. 塑料管件；e. 橡胶管件；f. 铸铁管件；g. 锻钢管件等。

④ 按加工方式分：无缝、焊接、锻制、铸造。

(2)管件的生产工艺。管件的分类和规格非常多，生产工艺可能不同，了解管件的基本生产工艺，对管件选用和配管设计有一定的用处。典型金属管件的生产工艺见图 4.6.2。

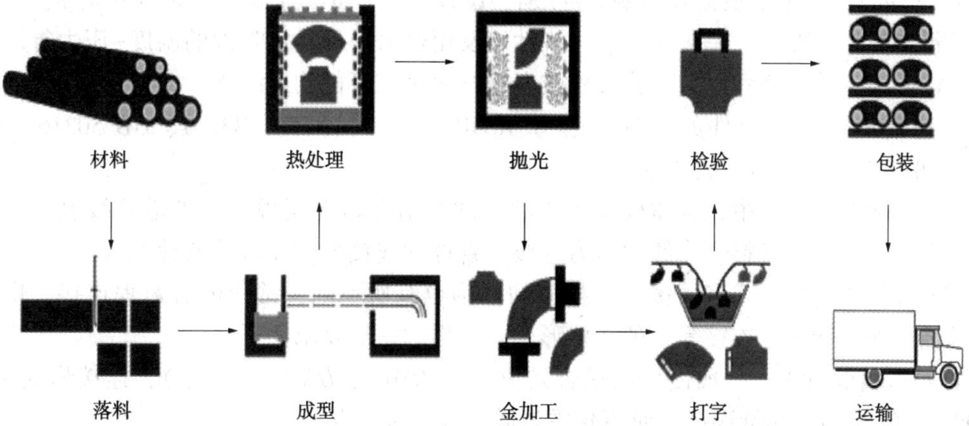

图 4.6.2 典型金属管件的生产工艺

二、管件规格标准系列

(1) 管件的尺寸标准。

① 可锻铸铁螺纹管件：ASME B16.3；螺纹锻钢管件 ASME B16.11。

② 承插焊和螺纹管件：应符合 SH/T 3410、GB/T 14626 或 ASME B16.11 的规定。承插焊管件可使用至 *DN*40(NPS 1½)，螺纹管件可使用至 *DN*50(NPS 2)，对焊管件宜用于 *DN*50(NPS 2)及更大的尺寸。

③ 对焊管件：SH/T 3408、SH/T 3409、ASME B16.9、ASME B16.28、MSS SP 43。对焊、无缝和钢板制对焊管件均等效采用 ASME B16.9 和 ASME B16.28。锻钢制承插焊和螺纹管件均等效采用 ASME B16.11。但各标准同类管件的结构尺寸不尽相同。

对焊管件的厚度应与相接管子的公称壁厚相同或更厚。

④ 未被包括在标准内的管件采用制造厂标准时，应征得业主的确认。

(2) 管件的公称直径、外径和壁厚系列与对应的管子的尺寸系列是一致的。

① 外径系列。国家管件标准 GB/T 12459《钢制对焊无缝管件》、GB/T 13401《钢板制对焊管件》和 GB/T 14383《锻制承插焊和螺纹管件》外径分为 A、B 两个系列，其中 A 系列与 ASME B36.10《焊接和无缝钢管》的管子外径系列是一致的，即与 ASME B16.9 和 ASME B1.28 是一致的；而 B 系列是沿用过去我国炼油等行业使用的系列，B 系列中 $DN \leqslant 150$mm(除 *DN*80 外)的外径系列就是常说的“小外径”系列。

② 壁厚系列。国家标准 GB/T 12459、GB/T 14383 和 GB/T 14626《锻钢制螺纹管件》的壁厚是以管子表号表示，其中 GB/T 12459 有 12 个系列，GB/T 14383 只有 Sch80 和 Sch160 等 2 个系列，GB/T 14626 有 Sch80、Sch160 和 XXS 3 个系列；GB/T 13401 的壁厚分别按重量和管子表号两种方法表示，有 LG、STD、XS 和 Sch5S、Sch10S、Sch20S、Sch40、Sch80 等 8 个系列。

三、管件选用的原则和一般要求

(1) 选择的原则。

① 管件的选择是指根据管道级(类)别、设计条件(如设计温度、设计压力)、介质特性、材料加工工艺性能、焊接性能、经济性以及用途来合理确定管件的温度-压力等级、管件的连接形式，并以公称压力、管表号或者壁厚表示该管件的等级。

② 通常情况下，管件的选择应遵守 ASME B31.3、ASME B31.1、GB 50316、SH/T 3059、GB/T 20801 等标准的规定。

(2) 实际工程设计中，具体根据工程项目的管道器材选用规定、管道等级表以及管道布置要求选择管件的材料、管件的压力等级、管件的连接形式和管件的种类。

(3) 管件的连接形式多种多样，相应的结构也有所不同，常用的有对焊连接、螺纹连接、承插焊连接和法兰连接等 4 种连接形式。选用的一般要求如下。

① 可锻铸铁管件。一般使用的场合是 *PN*≤1.0MPa，*DN*≤40(1½″)，连接形式是 55°或 60°锥管螺纹加密封带连接。使用介质为低压水、氮、空气等。

② 钢制对焊管件(包括不锈钢及合金钢)，一般用于工艺介质和公用系统介质，压力从常压至高压，*DN*≥50(2″)。

③ 承插焊及螺纹锻钢管件，一般 *DN*≤40(1½″)，压力等级有 2000、3000、6000、9000 等 4 种，螺纹连接管件一般用于放空、放净的末端及仪表接头。

④ 异径短管(swage nipple)一般作为小尺寸的管子 *DN*≤40(1½″)的异径接头之用，有同心与偏心二种，端部一般为平端或螺纹端，平端形式的一般作为承插焊的插入端，螺纹端应是阳螺纹。标准采用 MSS SP-95。

⑤ 承插焊或螺纹连接的活接头，*DN*≤40(1½″)、压力等级小于等于 CL.3000 的活接头，用于非工艺介质，需要经常拆卸的部位。如机泵的密封油、冷却水的进出口连接，伴热管的分支连接等。标准采用 MSS SP-83。

⑥ 钢板卷焊的异径管，用于 *PN*<2.5MPa 的场合。

⑦ 对焊支管台选用 MSS SP-97，按主管或支管壁厚系列号的大者选用；壁厚系列为 Std、XS，而非 Sch40、80；等级为 Sch160 的支管台仅限用于主管规格不大于 *DN*600-Sch160，且支管规格不大于 *DN*150-Sch160；尽量不要选用等径支管台，应选用三通等。

⑧ 对焊管件的强度计算。最小设计厚度应不小于管件最小壁厚，采用支管连接管件者可不计算。

四、管道连接方式的选用与工程应用

(1) 管道材料等级中管道的连接形式，应根据工艺物料特性和工艺要求确定。

(2) 由于管法兰处容易泄漏，对于高温、高压管道除必须用法兰连接外，其他应避免用法兰连接。焊接连接的管道是保证管道无渗漏的最佳、最经济的方法。对焊连接适用于公称直径≥*DN*50 的管道连接。≤*DN*40 的管道一般用承插焊连接或管螺纹连接，但下列情况除外：①壁厚大于等于 Sch160 的小口径管道；②有缝隙腐蚀敏感介质存在的小口径管道；③润滑油系统的小口径管道。管道与设备、容器阀门等相连接或需要定期拆卸清扫、检修时，才用法兰连接。法兰连接不仅易泄漏且价格较高。对焊连接、承插焊接、管螺纹连接三者的比较，见表 4.6.2。

表 4.6.2　对焊连接、承插焊接、管螺纹连接三者的比较

焊接形式	对焊连接	承插焊接连	管螺纹连接
示意图	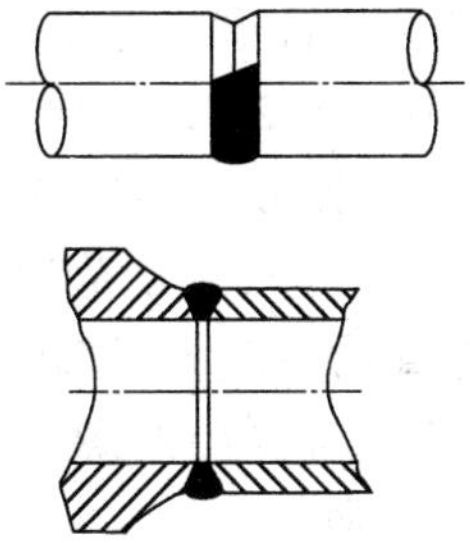 对焊(Butt Welded，BW)	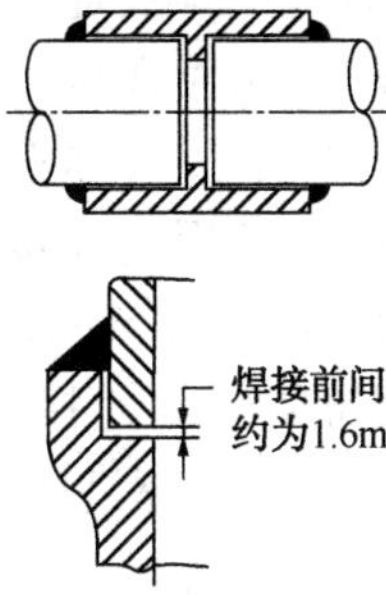 承插焊(Socket Welded，SW)	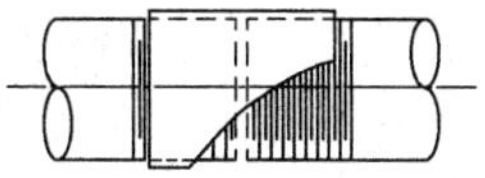 螺纹(Screwed，SCR'D)
适用范围	适用于绝大部分大口径的工艺、公用工程管道	适用于 *DN*50 以下输送易燃、易爆、有毒或价格昂贵的介质，不允许有渗漏的管道用于中高压蒸汽管道	适用于小口径(一般 *DN*50 以下)的工艺管道和公用工程管道
施工方法	管子和管件连接部分要做成坡口、中间留有焊接间隙，点焊对准，然后连接焊	管子端部切成平口，插入管件、法兰、阀门(留 1~2mm 膨胀间隙)沿周边连续焊	—
优点	管子和管件的连接可靠，不渗漏	(1)比对接焊容易，不需点焊对准；(2)不可能有焊渣进入管道系统；(3)接头不渗漏	(1)容易施工；(2)不需动火，在有可燃气体和液体的区域内施工方便、安全
缺点	焊口处的焊渣可能进入管道系统，焊口内侧焊缝可能影响介质的流动	(1)膨胀间隙内可能积液；(2)若预见有严重腐蚀或冲蚀者不能使用	(1)不允许使用于有严重腐蚀冲蚀、振动和温度高于 450℃ 的管道；(2)容易渗漏；(3)为防止渗漏需增加密封焊；(4)螺纹要减薄管壁厚度，使管子强度降低，或需增加管螺纹处的管壁厚度

注：①装置内除输送空气、惰性气和小口径管道外，所有的螺纹连接管道均需密封焊。②装置外所有输送烃类、危险、有毒、腐蚀性介质及价格昂贵的介质管道螺纹连接要施密封焊。SH/T 3012 对此类密封焊也有规定。ASME B31.3 规定，考虑管道连接处强度时，不应计入密封焊。

(3) 除安装、维护、检修必须拆卸处外(如与阀门、仪表、设备等需要用法兰或螺纹连接者外)，管道应采用焊接连接，并应符合下列规定：

① 公称直径小于或等于 40mm 的管道，宜采用承插焊连接，承插焊连接不应用于可能发生缝隙腐蚀介质的管道；产生缝隙的腐蚀性介质有 HF、HCl 等介质。公称直径等于或大于 50mm 的管道宜采用对焊连接。

② 除镀锌管道外，螺纹连接宜用于公称直径小于或等于 40mm 的管道，并应符合下列规定：

a. 管螺纹应符合现行 GB/T 12716《60°密封管螺纹》或 GB/T 7306.1《55°密封管螺纹 第 1 部分圆柱内螺纹与圆锥外螺纹》和 GB/T 7306.2《55°密封管螺纹 第 2 部分圆锥内螺纹与圆锥外螺纹》的规定。

b. 螺纹连接的内外管螺纹应采用锥管螺纹。当采用圆锥外螺纹与圆柱内螺纹配合时，其设计温度不得超过150℃，设计压力不得大于0.5MPa，且不得用于毒性程度为高度、极度介质及可燃性介质管道。

c. 对水、低压蒸汽和空气系统管道的螺纹连接，可使用密封剂或密封带。

d. 对工艺介质及介质渗透性较强或对泄漏率控制较严的管道，可采用密封焊；GB 50160《石油化工企业设计防火标准》规定，公称直径等于或小于25mm的可燃气体、液化烃、可燃液体的金属管道和阀门采用锥管螺纹连接时，除含氢氟酸等产生缝隙腐蚀的腐蚀性介质管道外，应在螺纹处采用密封焊。GB 50316《工业金属管道设计规范》规定，A1类流体、A2类流体和B类流体的管道用锥管螺纹连接时，公称直径不应大于20mm，且应采用密封焊。密封焊时不得使用密封剂(填料)，密封焊缝应覆盖全部露出的螺纹。密封焊缝仅可以用于防止螺纹接头的泄漏，不应要求其能承担接头的任何强度。

e. 可能发生应力腐蚀或由于振动、压力脉动及温度变化等可能产生交变荷载的部位，不宜采用螺纹连接。

f. 可能产生缝隙腐蚀、严重冲蚀或循环荷载的工况，应避免采用螺纹接头。

g. 表号Sch5、10、5S、10S壁厚管子不允许加工密封管螺纹。

(4) 法兰连接形式应根据管道设计压力、设计温度、介质特性及泄漏率等要求选用。

(5) 扩口、卡箍及其他特种管道连接，应按管接头标准规定的压力、温度等使用条件及所连接管子材料、规格要求选用。但当用于极度危害介质、高度危害介质、可燃介质或承受压力温度条件剧烈变化的管道时，应经过类似工况条件的性能试验或实际使用证明安全可靠方可采用。

(6) 除设计另有规定外，活接头不宜用于有毒介质管道。

(7) 连接不同压力等级管道的阀门、法兰等管道组成件，应按苛刻条件选用。

① 堵头、放空、放净、孔板法兰的取压点和热电偶出口通常采用螺纹连接。

② 需要在螺纹连接处采用密封焊的介质：a. 氢、烃类或有毒介质；b. 所有漏入大气能自燃的介质；c. 保温管线上的水压试验用的堵头(试压后)；d. 所有10MPa(CL.600)和更高压力等级的管道。

③ 需要采用密封焊的螺纹连接，不得采用密封剂或密封带，焊前应消除油渍，并旋紧螺纹连接达到全螺纹啮合，密封焊缝宽度为6~12mm，应覆盖全部露出的螺纹。

④ 不采用密封焊的阀门和管件：铸铁、可锻铸铁及球墨铸铁件；调节阀；疏水器；放空和放净阀上的丝堵或管帽；活接头的压紧螺母；仪表接头。

⑤ 不采用密封焊的螺纹连接，在安装时要使用聚四氟乙烯密封带。

⑥ 不应采用活接头的工况：a. $PN\geqslant10.0$MPa的管道；b. 所有设计温度高于200℃的物料管道；c. H_2和液态烃类管道。

⑦ 支管连接，所有连接到其他管道上的管子，包括放空、放净及仪表接口等均为支管连接。a. 当主管尺寸$DN\leqslant40$(1½″)时，支管连接应采用三通管件。b. 当主管尺寸$DN\geqslant50$(2″)时，支管的连接形式可采用开孔焊、开孔补强焊、对焊三通等。

(8) 对焊管件。

① 通常用于$DN\geqslant50$mm的管道，广泛应用于石油化工装置中的易燃、可燃介质，以及较高温度-压力参数的其他介质管道。对焊管件比其他连接形式的管件连接可靠、施工方便、价格便宜、没有泄漏点。管件的壁厚等级用管子表号表示，常用的管子表号为Sch40、

Sch80，选用对焊管件时，管件的管子表号应和与其连接的管子表号相同，即管件与管子等强度(而不是等壁厚)，只是管件端部的壁厚与管子的壁厚相同。我国钢制对焊管件的国家标准 GB/T 12459、SH 3408 基本与 ASME B16.9、ASME B16.28、JIS、JPI-7S、JPI-7S-1 相同。

② 常用的对焊管件包括弯头、三通、异径管(大小头)和管帽，前三项大多采用无缝钢管或焊接钢管通过推制、拉拔、挤压而成，后者多采用钢板冲压而成。

③ 它们通过公称壁厚等级(管子表号或壁厚值)来实现与管子等强度，至于其局部应力集中的补强，是制造厂应解决的事情。制造厂应对焊管件的强度进行设计，并通过验证试验法进行验证。

(9) 承插焊管件。

① 如表 4.6.3 中图所示。通常情况下，承插焊管件用于 $DN \leqslant 40$mm、管壁较薄的管子和管件之间的连接。包括弯头、三通、加强管口、加强管接头、管帽、管箍、异径短节、活接头、丝堵、仪表管口、软管站快速接头、水喷头等。

表 4.6.3　承插焊管件

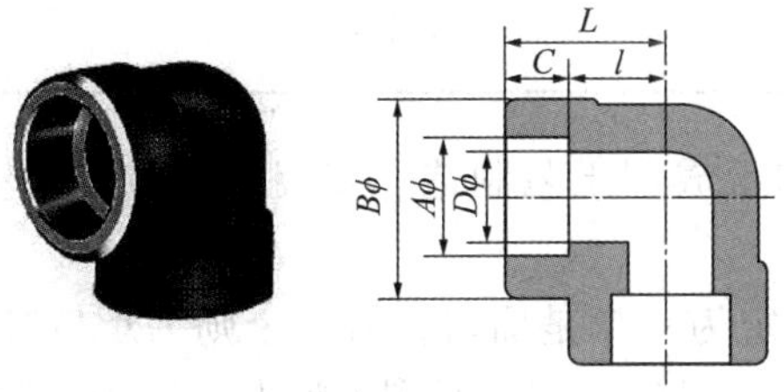

90°弯头

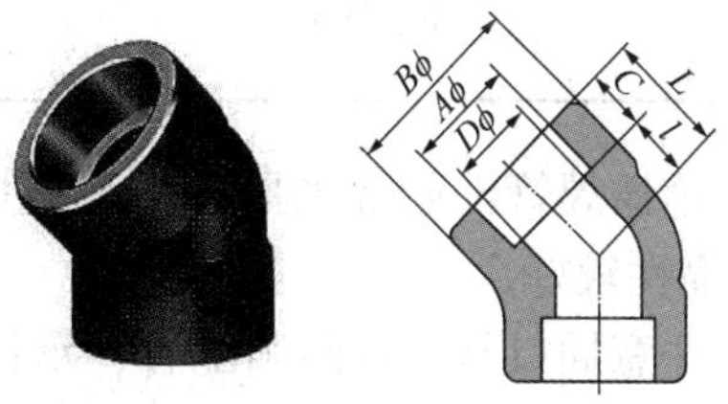

45°弯头

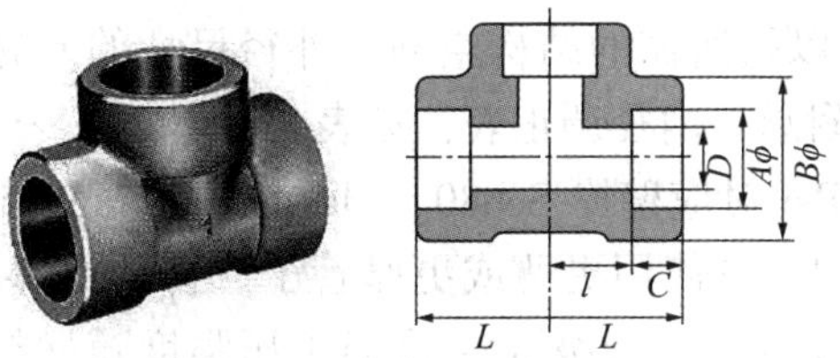

同径三通

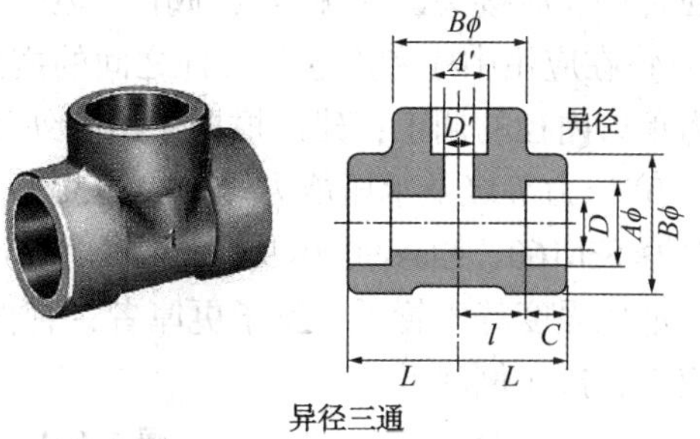

异径三通

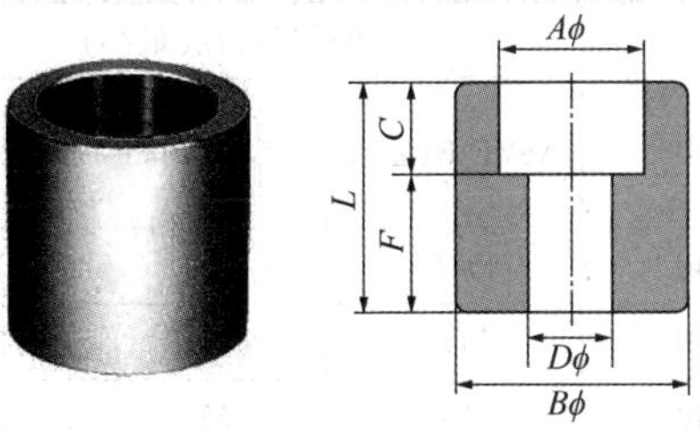

半管接头

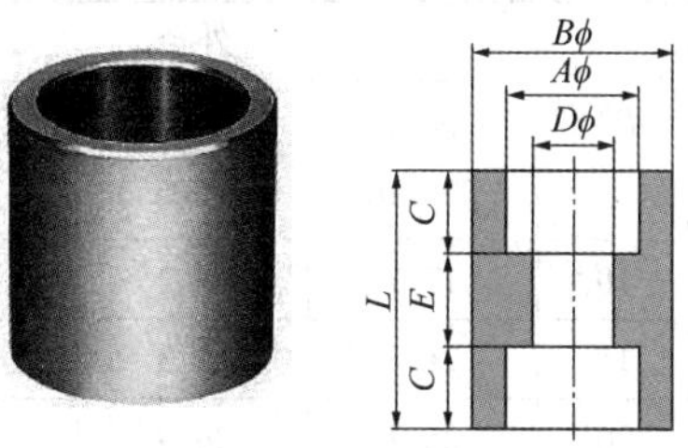

管接头

续表

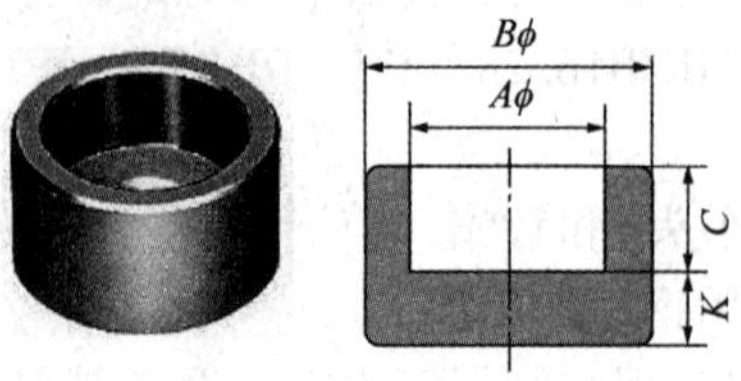

管帽

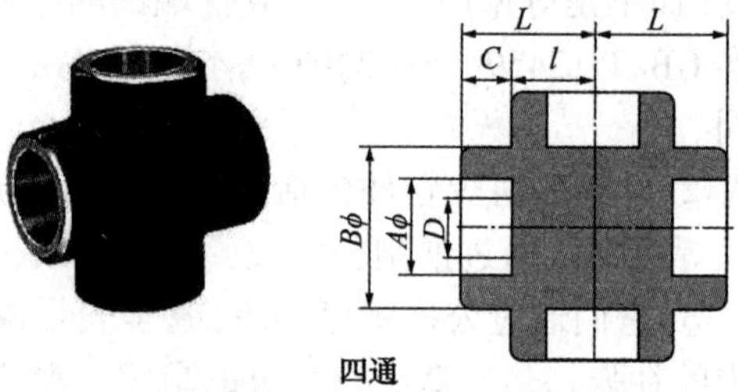

四通

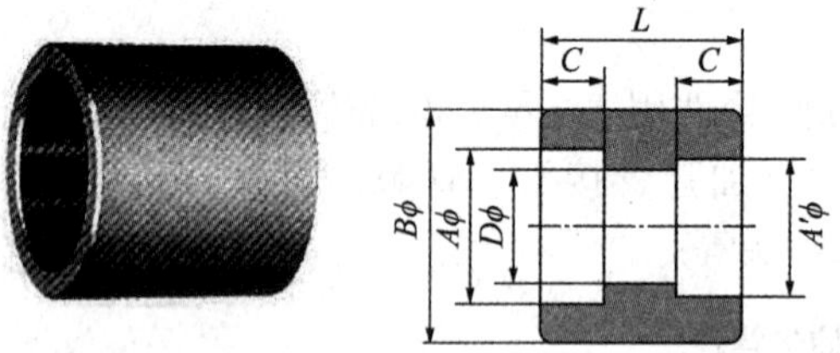

异径管座

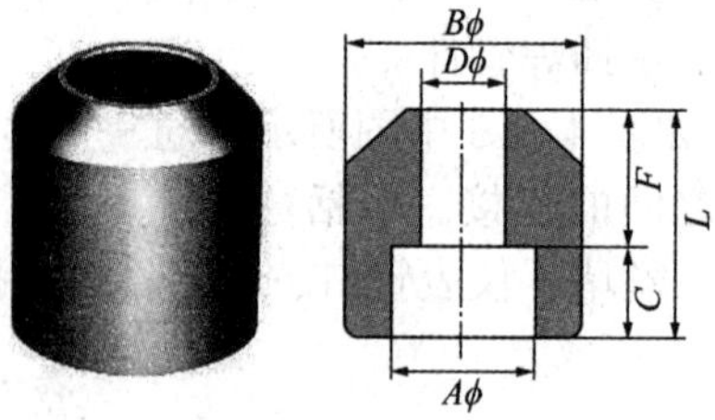

支管台

② 承插焊管件通常采用模压锻造后再机械加工成型工艺制造。安装施工方便，不拍片，可靠性较好。

③ 注意插口与承口阴阳配合，承插焊连接必定为一个是插口，另一个则为承口管件。阳(插口)：管，短管，异径短节，螺纹短节堵头；阴(承口)：管件(弯头、三通、管帽、加强管口、活接头、管箍等)，阀门，法兰。

④ 在应用中应考虑这些管件之间的搭配组合以及所需的结构空间。外径尺寸的差异带来为承口内径的调正；建议根据采用的外径系列附承口内径调正表，见表 4. 6. 4。

⑤ 压力等级及承压能力。a. Class3000(3M) Psi 对应壁厚 Sch80，Class6000(6M) Psi 对应壁厚 Sch160，Class9000(9M) Psi 对应壁厚 XS。b. 可使用更薄或更厚管子。管子更薄者，管件承压强度等于管子；管子更厚者，管件承压强度等于磅级 psi；高温承压强度随材料许用应力，按比例降低。

表 4. 6. 4 外径与承插口内径 mm

NPS	*DN*	外径			外径正偏差 GB 8163	承插口内径(最小)		
		ASME B36. 10	ISO 4200 HG 20553	SH/T 3405		ASME B16. 11	GB 14383	SH 3410
3/8	10	17. 1	17. 2	17	0. 40	17. 55		17. 5
1/2	15	21. 3	21. 3	22	0. 40	21. 7	21. 8	22. 5
3/4	20	26. 7	26. 9	27	0. 40	27. 05	27. 4	27. 5
1	25	33. 4	33. 7	34	0. 45	33. 8	34. 2	34. 5
1 1/4	32	42. 2	42. 4	42	0. 45	42. 55	42. 9	42. 7
1 1/2	40	48. 3	48. 3	48	0. 45	48. 65	48. 8	48. 8
2	50	60. 3	60. 3	60	0. 60	61. 10	61. 1	60. 8

(10) 螺纹管件。

① 常用材料有锻钢、铸钢、铸铁、可锻铸铁，石油化工装置的工艺管道大多选用锻钢制锥管螺纹管件。常用锻钢制螺纹管件的标准有HG/T 21632、GB/T 14626、GB/T 19326、ASME B16.1、GB/T 3287、MSS SP83《活接头》、MSS SP97《支管台》、MSS SP95《异径短管及管堵》、GB/T 8464《水暖内螺纹》、API 602《小口径闸阀》。螺纹连接也多用于 $DN \leqslant 40$ 的管子及其元件之间的连接。常用于不宜焊接或需要可拆卸的场合。螺纹连接件有阳螺纹(male screw)和阴螺纹(female screw)之分。管螺纹分圆锥管螺纹和圆柱管螺纹两种，管螺纹如图4.6.3、图4.6.4所示，在管连接中常被采用。如一般把管件、设备加工成圆柱形内螺纹，把管子加工成圆锥形外螺纹，除安装方便外且密封性能好，可锻铸铁管件大都采用锥形内螺纹，它与管子圆锥形外螺纹连接，效果极佳。管连接中的“锥接锥”螺纹接口和“柱接锥”螺纹接口如图4.6.5所示。

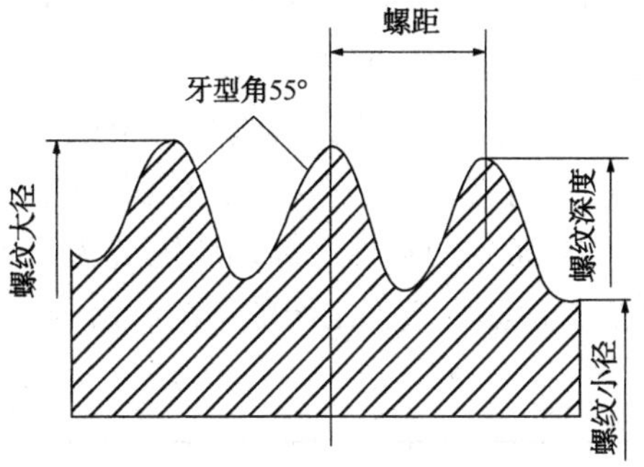

图4.6.3　管螺纹基本参数

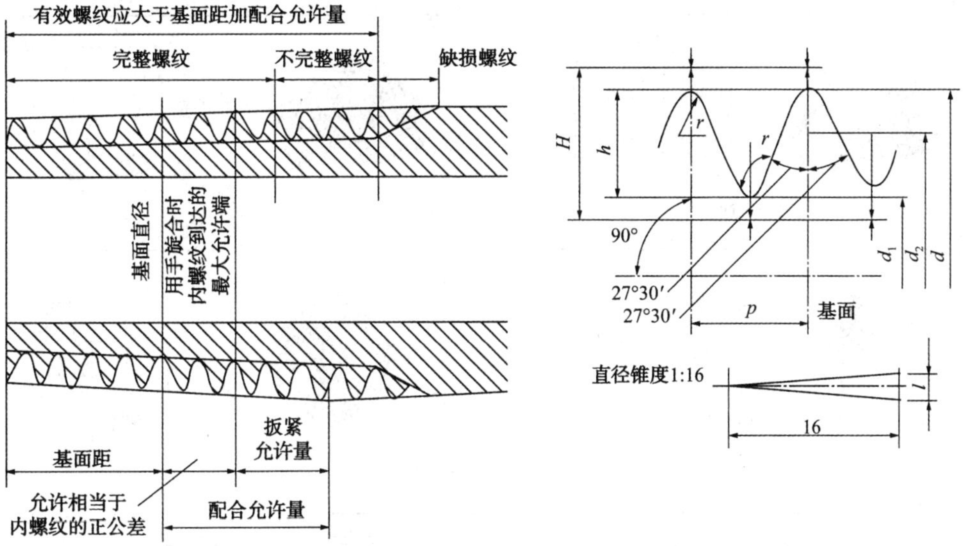

图4.6.4　圆锥管螺纹

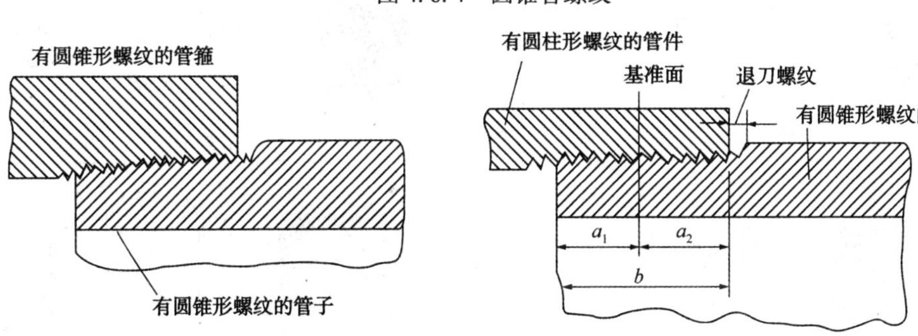

(a)“锥接锥”螺纹接口　(b)“柱接锥”螺纹接口

图4.6.5　螺纹连接最佳方式

② 常用的锥管螺纹可分为55°管螺纹(多用于欧洲)和60°锥管螺纹(多用于美国)。

a. ISO 7/1为55°锥管螺纹，日本标准同时包含55°锥管螺纹和60°锥管螺纹两种。

b. GB/T 7306为55°锥管螺纹等同采用ISO 7/1，螺纹锥度为1∶16，牙型角55°，尺寸范围1/16″~6″，螺纹标志代号R(圆锥外螺纹)，Rc(圆锥内螺纹)。

c. GB/T 12716为60°锥管螺纹，等同采用ASME 1.20.1，螺纹锥度为1∶16，牙型角60°，尺寸范围1/16″~12″，标识NPT，两种圆锥管螺纹不能互换。

③ 常用的管件中，螺纹短节为阳螺纹，而弯头、三通、管帽、活接头等多为阴螺纹，使用时应注意它们之间的搭配和组合。螺纹管件见表4.6.5。

表4.6.5 螺纹管件

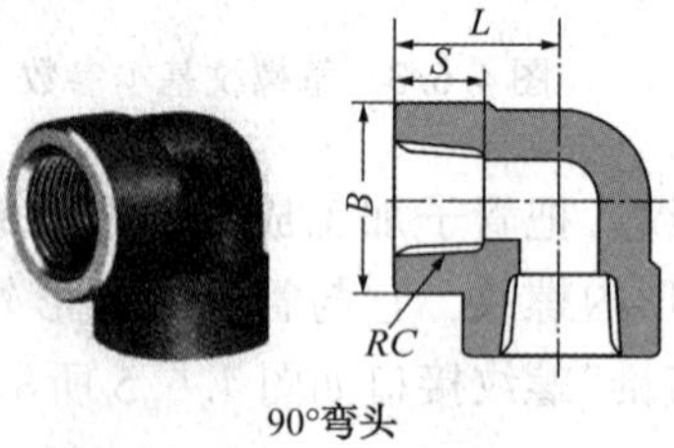 90°弯头	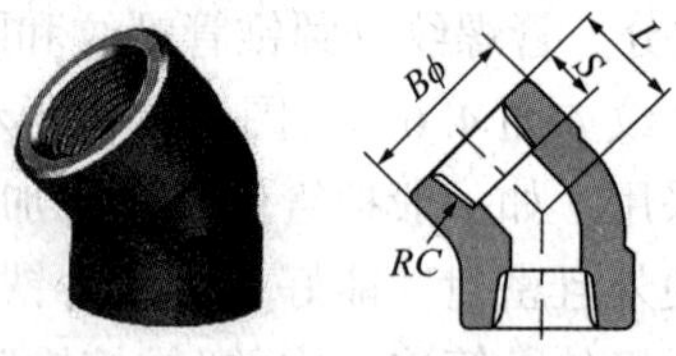 45°弯头
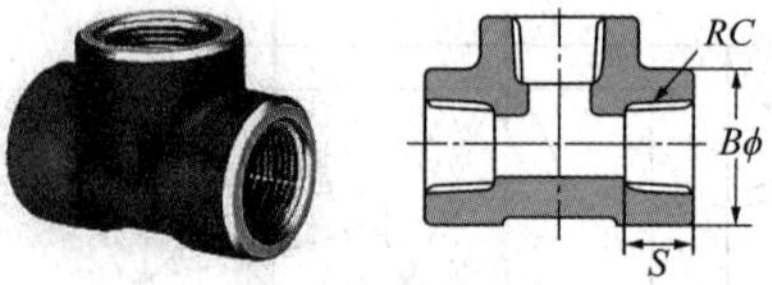 同径三通	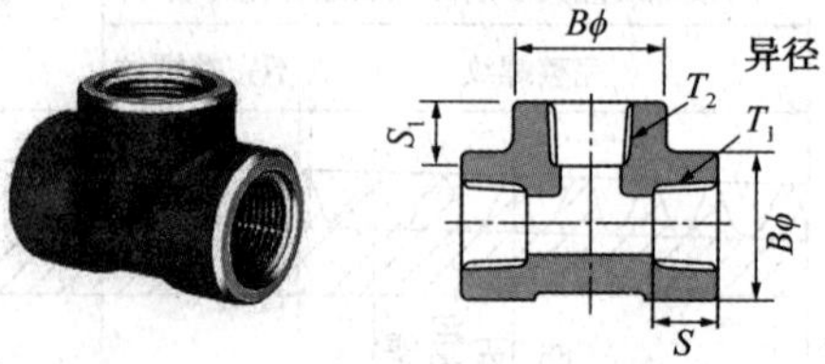 异径三通
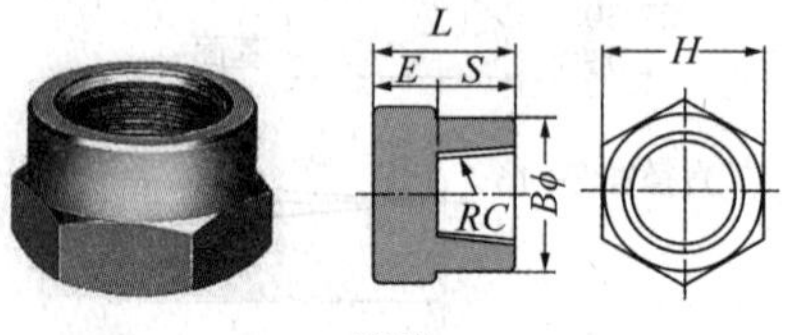 管帽	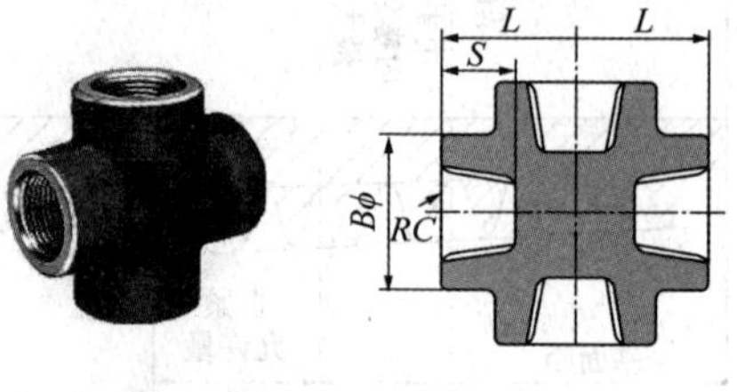 四通
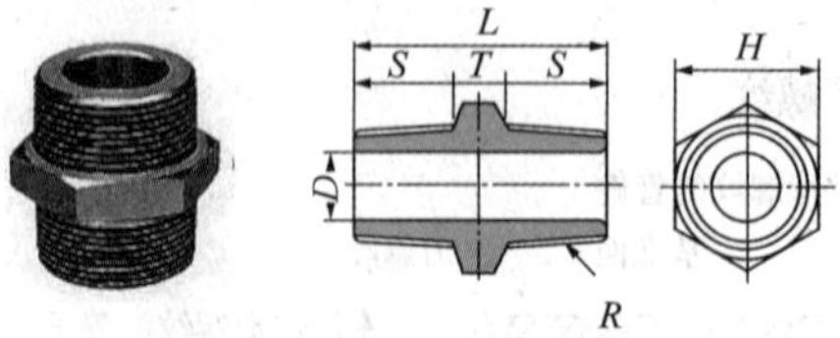 同径短节	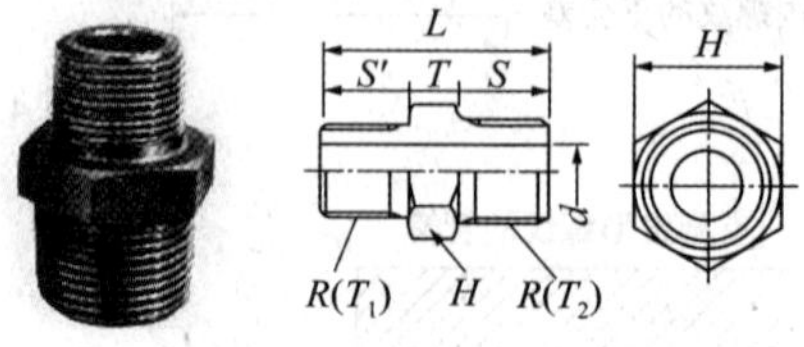 异径短节
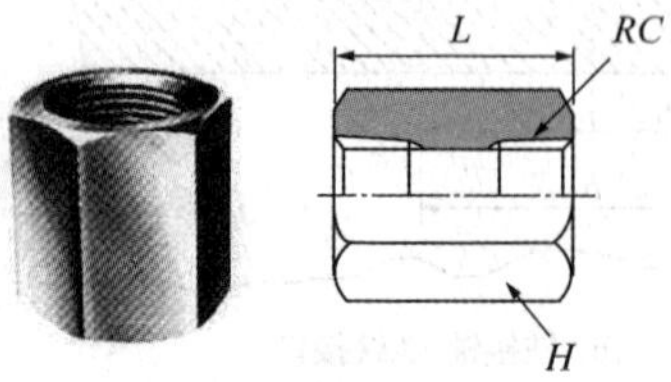 管箍1(coupling)	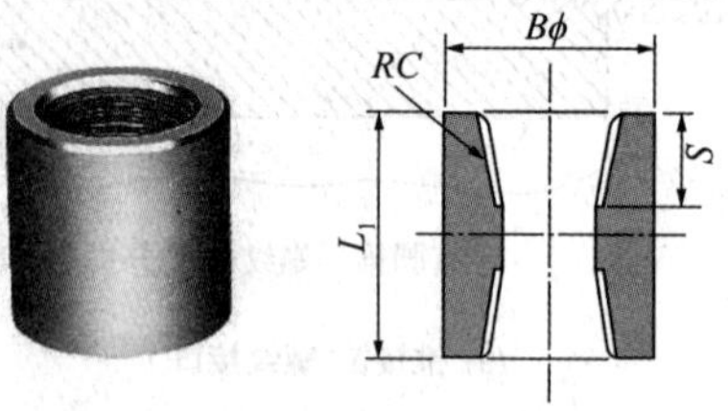 管箍2

续表

<table>
<tr>
<td>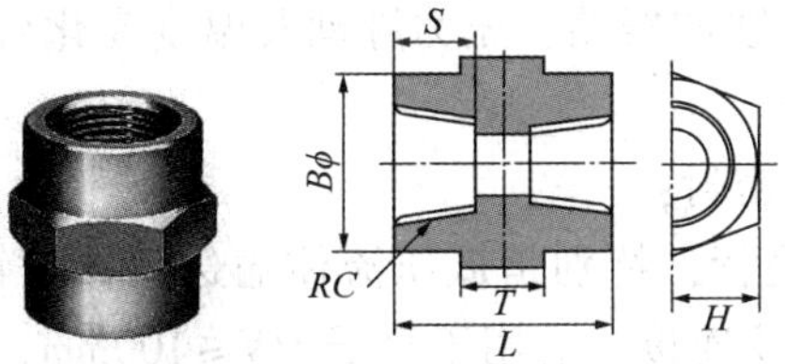

管箍3</td>
<td>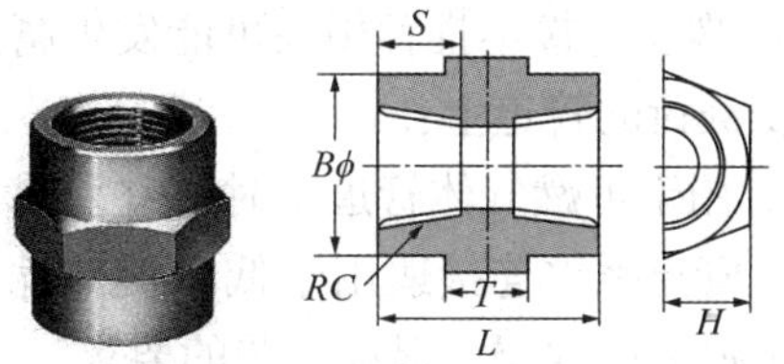

管箍4</td>
</tr>
<tr>
<td>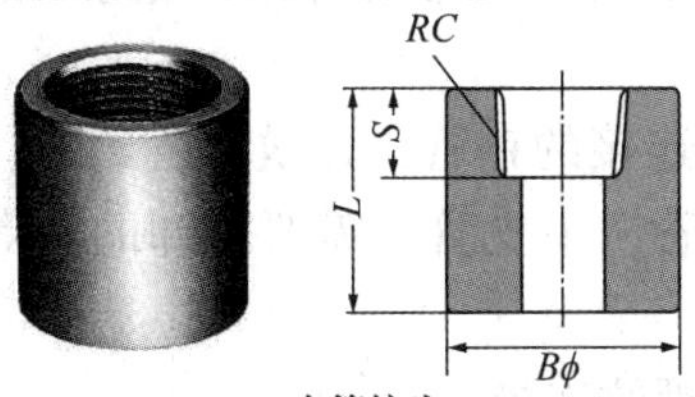

半管接头</td>
<td>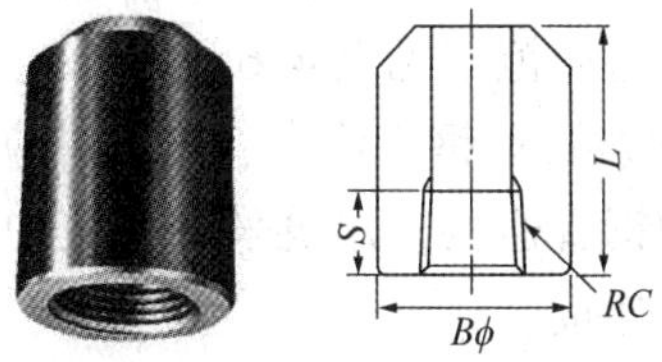

支管台</td>
</tr>
<tr>
<td>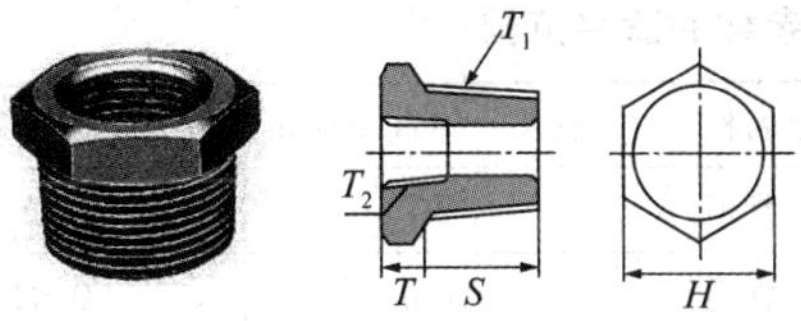

补芯</td>
<td>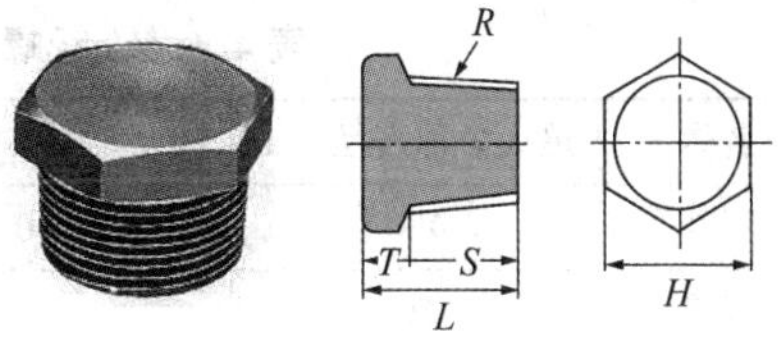

堵头1</td>
</tr>
<tr>
<td>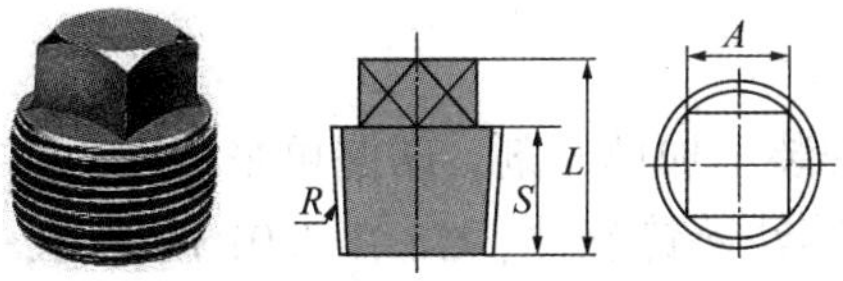

堵头2</td>
<td>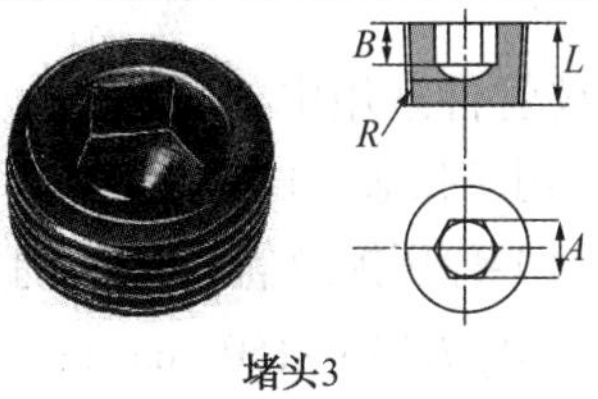

堵头3</td>
</tr>
<tr>
<td>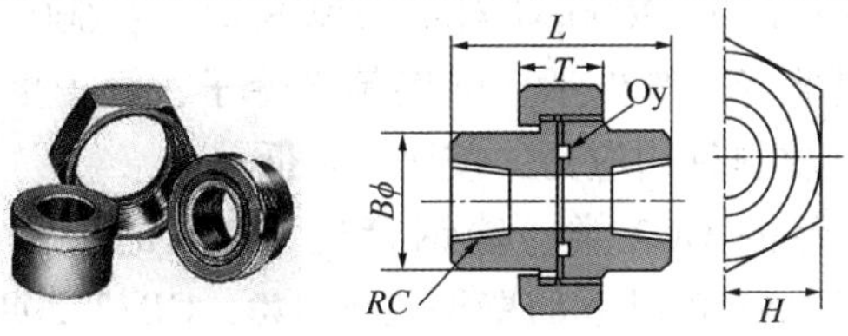

活接头1(O形密封圈)</td>
<td>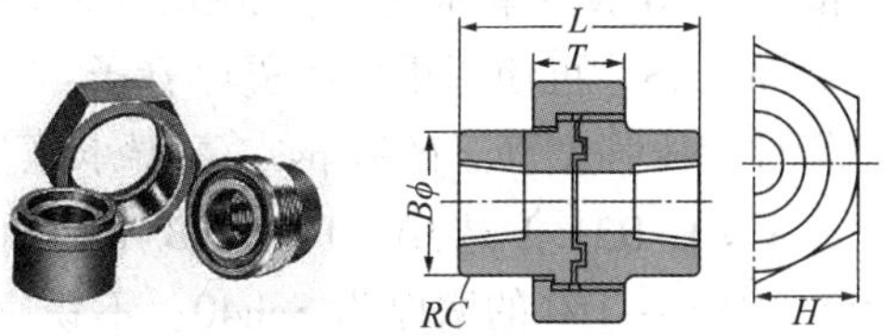

活接头2(榫槽型)</td>
</tr>
<tr>
<td>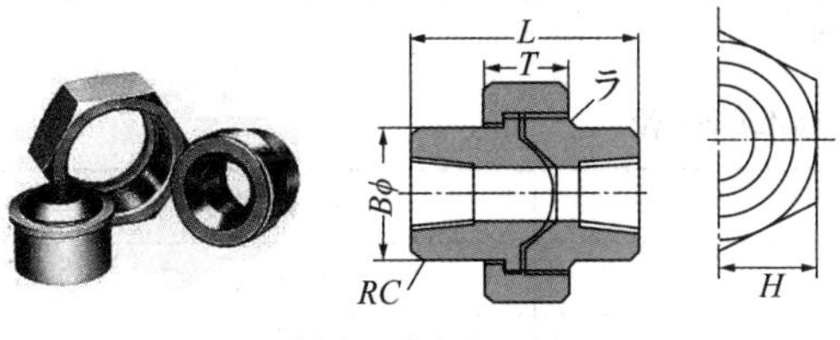

活接头3(球头锥面型)</td>
<td>—</td>
</tr>
</table>

④ 螺纹连接与焊接相比，其接头强度低，密封性能差，因此其使用时，常受下列条件的限制：

a. 螺纹连接的管件应采用锥管螺纹；

b. 螺纹连接不推荐用在大于200℃及低于-45℃的温度下；

c. 螺纹连接不得用在剧毒介质管道上；

d. 螺纹连接不推荐用在可能发生腐蚀、缝隙腐蚀或振动、压力脉动及温度变化可能产生交变载荷的管道上；

e. 用于可燃气体管道上时，宜采用密封焊进行密封；

f. 管道螺纹连接适用于低压流体输送用焊接钢管，特别是低压流体输送用镀锌钢管，为了不损坏镀锌层，保证工艺的要求，必须采用螺纹连接。适用于管子 *DN*≤100mm，介质工作压力在 1.0MPa 以下，温度在 100℃以内，且便于检查和维修的管道。管螺纹连接对介质参数的适用范围见表 4.6.6。

g. 建筑镀锌钢管给水、热水供应，建筑卫生洁具连接的钢管，建筑铜管给水，建筑燃气供应的钢管连接，建筑采暖系统中连接散热器的立管、横支管，需要拆卸的管等一般均采用螺纹连接。

h. 管道与带螺纹的设备、附件的连接也必须采用螺纹连接。

表 4.6.6 管螺纹连接对介质参数的适用范围

管道名称	最大公称直径/mm	最大工作压力/MPa	管道名称	最大公称直径/mm	最大工作压力/MPa
给水管道	100	1.0	蒸汽管道	50	0.2
排水管道	50	—	煤气管道	100	0.02
热水管道	100	1.0	压缩空气管道	50	0.6

⑤ 螺纹管件选用中的问题。

a. NPT 用于仪表、阀门、工艺系统螺纹管件，安装不加填充剂，防漏可采用密封焊。R-Rp 用于公用工程用螺纹管件和阀门、GB 3287 可锻铸铁镀锌管件、GB/T 3091 镀锌管，适用口径 *DN*10~50，*DN*15~150(max)；公制管系统不能用。安装可加填充剂，不采用密封焊。

b. 压力等级及承压能力：2000psi 对应壁厚 Sch80；3000psi 对应壁厚 Sch160；6000psi 对应壁厚 XXS。可使用更薄或更厚管子：管子更薄者，管件承压强度等于管子，管子更厚者，管件承压强度等于磅级 psi，高温承压强度随材料许用应力，按比例降低。

c. ASME B31.3 选用 NPT，GB/T 20801 规范的 GC2 类，碳钢管道 *DN*40 的壁厚为 Sch80，*DN*50~150 的壁厚为 Sch40；不锈钢管道 *DN*150 以下的壁厚为 Sch40；GB/T 20801 规范的 GC3 类管道的各种材料小于 *DN*300，为计算壁厚；当用于有毒、易燃介质时，大于 *DN*50 应加安全防护。管螺纹标准的比较见表 4.6.7。

表 4.6.7 管螺纹标准的比较

	螺纹密封		非螺纹密封
ISO	ISO 7/1，R、Rp、Rc	—	ISO 228，G
ASME	—	ASME B1.20.1，NPT	—
GB	GB/T 7306，R、Rp、Rc	GB/T 12716，NPT	GB/T 7307，G
螺纹角	55°	60°	55°
锥度/平行外	1：16 锥度，R	1：16 锥度，NPT	平行，G
内	平行，Rp	1：16 锥度，NPT	平行，G
内	1：16 锥度，Rc	—	—

续表

	螺纹密封		非螺纹密封
JIS	JIS B0203，PT、PT、PS(平)	—	JIS B0202，PF
BS	BS 21，BSPT	—	BS 2779，BSPF
DIN	DIN 2999R(外)，R (内、平)	—	DIN 259，R(内)、K(外)

注：Rc、Rp、R 都属于英制螺纹，其中 Rc 表示圆锥内螺纹，Rp 表示圆柱内螺纹，R 表示圆锥外螺纹，它们的牙型角都是 55°。NPT 螺纹属于美制螺纹，牙型角是 60°。G 是 55°非螺纹密封管螺纹，属惠氏螺纹一种，标记为 G 代表圆柱螺纹。国家标准可查阅 GB/T 7307(多用于压力为 1.57MPa 以下的水、煤气管道)。G 就是管螺纹的统称，俗称管圆。即螺纹由一圆柱面加工而成。ZG 俗称管锥，即螺纹由一圆锥面加工而成，国标标注为 Rc(锥内管螺纹)。G 螺纹与 Rp 螺纹都是 55°圆柱管螺纹。Rp 是 ISO 的代号。

(11) 管道连接方法还有：法兰连接、沟槽连接、热熔连接、卡套连接、卡箍连接、卡压连接方法等。见图 4.6.6。

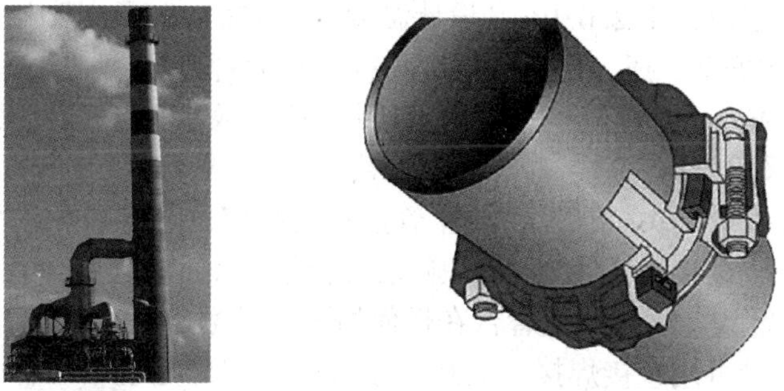

(a)钢管道与混凝土烟囱的连接　(b)卡箍连接

(c)　(d)

图 4.6.6 其他常见管道连接件

五、分支管连接件的设计与工程应用

(1) 管道分支处补强方式的选择，一般是通过定性分析和定量计算相结合的方式来确定。定量计算的详细讲述见本书第三章中支管连接形式的选用与强度计算工程应用。

(2) 分支管连接方式的选用，主要根据管道的设计温度、设计压力、腐蚀余量等设计条件确定。分支的方法基本为两种，对于低压大直径管则直接把分支管焊于主管上；其他多数是利用分支管件进行分支。

① 当从主管引出支管，支管直径与主管直径的比值大于等于 0.5 时，采用异径三通或等径三通；当主支管为等径时，应采用三通。GB 50316 规定：公称压力大于或等于 10MPa 的管道，主支管为异径时，不宜采用焊接支管，宜采用三通或在主管上开孔并焊接支管台。当主管直径大于 *DN*65 而支管直径为 *DN*40 和以下时，根据设计压力的大小，采用支管台或半管接头。

有的规范规定，一般主管尺寸的一半并降低两个尺寸系列，就没有三通可供使用了，如主管为12″，标准三通一般可做到5"(不常用的口径)，再低就没有三通可供选用了。

② 普通无腐蚀性的低温介质(如LNG)，在中、低压条件下(一般不大于9MPa)，小尺寸的分支(≤2″)，选用半管接头(half coupling)，在高压条件下(一般大于9MPa)，小尺寸的分支(≤2")选用对焊支管座(weldolet)。

③ 普通无腐蚀性的低温介质(如LNG)，在中、低压条件下(一般<6MPa)，大尺寸的分支(>2″)，选用补强板连接(reinforcing pad)；在高压条件下(一般大于6MPa)，大尺寸的分支(>2″)选用对焊支管座(Weldolet)。

④ 等级表中低温管道的分支形式主要包括标准三通、半管接头、对焊支管座、补强板连接、直接开口(较少)等形式。

⑤ 其他工况支管连接方式的选用：

a. 主管直径小于*DN*50时，支管小于主管，则用异径三通或等径三通加异径短管。

b. 设计压力等于或大于2.0MPa、设计温度超过250℃以及支管与主管公称直径之比大于0.8，或承受机械振动、压力脉动和温度急剧变化的管道分支，应采用等径异径三通；公称直径小于或等于40mm的管道，应采用承插焊(或螺纹)锻制三通；公称直径等于或大于50mm的管道，应采用对焊三通、对焊加强管接头(对焊支管台)或嵌入式(鞍形)支管接头。

c. 支管通过加强管接头(支管台)与主管连接是指将一个螺纹、承插焊或对焊的管接头或半管接头(支管台)直接焊于主管上而制成，螺纹、承插焊支管台用于直径≤*DN*40(NPS 1½)的支管连接。螺纹、承插焊支管台在任何情况下其额定等级应大于等于2000lb。

d. 其他支管连接可用直接焊接，但必须经校核后明确是否增加补强。直接焊接在主管上的支管连接，不宜用于有机械振动、压力脉动和温度急剧变化的部位及设计温度超过425℃的管道，当支管连接处承受由于支管热变形，外荷载及支架位移等引起的应力时，应对附加荷载在支管连接处产生的影响进行分析并采取必要的加强措施。

⑥ 依据管道等级中已经确定的法兰压力等级或公称压力来选用支管连接件。

一般，当法兰的公称压力公称压力≤2.5MPa(磅级系列≤150lb)时，综合考虑其他工况后，支管可直接焊接在主管上；当公称压力≥4.0MPa(磅级系列公称压力≥300lb)时，则根据主管支管公称直径的不同按对焊三通、对焊加强管接头、承插焊或螺纹连接三通、承插焊或螺纹加强管接头的顺序选用。

(3) 管件壁厚。在确定支管连接件的管子表号时，应根据管子与管件等强度的原则以及管件与管子连接方式而定。例如，当管子与管件采用对焊连接时，管子与管件的管子表号应一致；而当管子与管件采用承插焊或螺纹连接时，标准的承插焊和螺纹管件的管子表号只有Sch80、Sch60、XXS，最低的管子表号就是Sch80，也就是说只要当承插焊或螺纹管件所连接的管子表号不大于Sch80时，承插焊或螺纹管件的管子表号就选Sch80。而当所连接的管子表号大于Sch80时，承插焊或螺纹管件的管子表号就选Sch60或XXS。

当对焊三通主管、支管所连接的管子的管子表号不同时，应注意三通主管、支管端部的管子表号应分别与其所连接的管子的管子表号相同，这样就非常方便管道施工，管件不必现场再打坡口。

(4) 支管直接焊于主管的补强计算。GB/T 20801、SH/T 3059、GB 50316等规范与ASME B31.3关于面积补强法的计算基本相同。

(5) 分支管与主管连接的管件选择参见表4.6.8。

表 4.6.8 分支管与主管连接的管件选择参考

支管公称直径/mm(in) \ 主管公称直径/mm(in)	15 (1/2″)	20 (3/4″)	25 (1″)	32 (1¼″)	40 (1½″)	50 (2″)	65 (1½″)	80 (3″)	100 (4″)	125 (5″)	150 (6″)	200 (8″)	250 (10″)	300 (12″)	350 (14″)	400 (16″)	450 (18″)	500 (20″)	550 (22″)	600 (24″)
15(1/2″)	T	T	T	T	B	B	B	B	B	B	B	B	B	B	B	B	B	B	B	B
20(3/4″)		T	T	T	T	B	B	B	B	B	B	B	B	B	B	B	B	B	B	B
25(1″)			T	T	T	T、B	B	B	B	B	B	B	B	B	B	B	B	B	B	B
32(1¼″)				T	T	T、B	T、B	B	B	B	B	B	B	B	B	B	B	B	B	B
40(1½″)					T	T	T、B	T、B	B	B	B	B	B	B	B	B	B	B	B	B
50(2″)						M	M	M	M	M	B	B	B	B	B	B	B	B	B	B
65(2½″)							M	M	M	M	M	B	B	B	B	B	B	B	B	B
80(3″)								M	M	M	M	M	B	B	B	B	B	B	B	B
100(4″)									M	M	M	M	M	B	B	B	B	B	B	B
125(5″)										M	M	M	M	M	N	N	N	N	N	N
150(6″)											M	M	M	M	M	N	N	N	N	N
200(8″)												M	M	M	M	M	N	N	N	N
250(10″)													M	M	M	M	M	N	N	N
300(12″)														M	M	M	M	M	N	N
350(14″)															M	M	M	M	M	N
400(16″)																M	M	M	M	M
450(18″)																	M	M	M	M
500(20″)																		M	M	M
550(22″)																			M	M
600(24″)																				M

注：①SH/T 3059 6.3.3 规定设计压力等于或大于 2.0MPa、设计温度超过 250℃以及支管与主管公称直径之比大于 0.8，或承受机械振动、压力脉动和温度急剧变化的管道分应采用三通、45°斜三通和四通连接；公称直径小于或等于 40mm 的管道，应采用承插焊(或螺纹)锻制三通；公称直径等于或大于 50mm 的管道，应采用对焊三通。

②M—对焊三通；B—半管接头、支管台接头；T—承插焊或螺纹三通；N—焊接短管(低压配管用)。

六、国内外标准规范对管件选用的比较与工程应用

(1) ASME 标准适用范围较大，是针对国外材料牌号的管件选用要求。国内标准规范对管件的选用要求是针对国外材料牌号，对选用要求更加具体和细致。

(2) ASME B31.1、ASME B31.3 管件的选用。ASME B31.1 对动力管道的管件提出了选用和限制要求，ASME B31.3 对工艺管道的四种流体工矿的金属管道、非金属管道的管件选用提出了选用和限制要求，与我国的 GB/T 20801、GB 50316、SH/T 3059 等规范基本相同。

(3) SH/T 3059 管件的选用。SH/T 3059 主要针对石油化工行业的管件选用，物料、温度、压力等工况偏重于石化行业。主要不同特点如下。

① 钢制对焊无缝管件(SH/T 3408)和钢板制对焊管件(SH/T 3409) 弯头、三通、异径管、管帽等管件的材质、压力等级或管子表号(壁厚)应与所连接的管子一致或相当，并应符合下列要求：a. 钢制无缝管件应符合现行 SH/T 3408《钢制对焊无缝管件》或与其相当的标准规定；b. 钢制有缝管件应符合现行 SH/T 3409《钢板制对焊管件》或与其相当的标准规定；c. 锻钢制造管件应符合现行 SH/T 3410《锻钢制承插焊管件》及 GB /T 14626《锻钢制螺纹管件》或与其相当的标准规定。

② 弯头宜选用长半径弯头，当采用短半径弯头时，其最高工作压力不宜超过同规格长半径弯头允许最高工作压力的 0.8 倍。

③ 斜接弯头的曲率半径，不宜小于其公称直径的 1.5 倍，斜接角度大于 45°的斜接弯头，不宜用于极度和高度危害可燃介质管道，或可能承受由于机械振动、压力脉动及温度变化产生交变荷载的部位。

④ 无缝管件材料牌号和标准号如表 4.6.9 所示；制造管帽的钢板材料牌号、标准和钢板制对管件材料牌号、标准如表 4.6.10 所示。

表 4.6.9 无缝管件材料牌号和标准

材料牌号	钢管标准号	材料牌号	钢管标准号	材料牌号	钢管标准号
10	GB/T 3087 GB/T 8163 GB/T 6479 GB/T 9948	Q345(16Mn)	GB/T 8163	1Cr5Mo(12Cr5Mo)	GB/T 9948
		12Cr1MoVG	GB/T 5310	06Cr19Ni10(0Cr18Ni9) 07Cr19Ni10	GB/T 5310
		12Cr2MoG	GB/T 5310	07Cr19Ni11Nb(1Cr19Ni11Nb)	GB/T 9948
20	GB/T 3087 GB/T 8163 GB/T 9948 GB/T 6479	12CrMoG 12CrMo 12CrMo	GB/T 5310 GB/T 6479 GB/T 9948	06Cr19Ni10(0Cr18Ni9) 022Cr19Ni10(00Cr19Ni10) 06Cr17Ni12Mo2(0Cr17Ni12Mo2) 022Cr17Ni12Mo2 (00Cr17Ni14Mo2) 06Cr18Ni11Ti(0Cr18Ni10Ti) 06Cr18Ni11Nb(0Cr18Ni11Nb) 07Cr18Ni11Ti(1Cr18Ni11Ti) (1Cr18Ni9Ti)[a]	GB/T 14976
		15CrMoG 15CrMo 15CrMo	GB/T 5310 GB/T 6479 GB/T 9948		
20G	GB/T 5310	12Cr5Mo (1Cr5Mo)	GB/T 6479		
16Mn	GB/T 6479				
16MnDG 09Mn2VDG	GB/T 18984				

a. 不推荐使用。

表 4.6.10　钢板材料牌号和标准

材料牌号	钢板标准号	材料牌号	钢板标准号	材料牌号	钢板标准号
Q235B	GB/T 3274 GB 912	Q345R	GB 713	06Cr19Ni10(0Cr18Ni9) 022Cr19Ni10(00Cr19Ni10) 06Cr17Ni12Mo2(0Cr17Ni12Mo2) 022Cr17Ni12Mo2 (00Cr17Ni14Mo2) 06Cr18Ni11Ti(0Cr18Ni10Ti) 06Cr18Ni11Nb(0Cr18Ni11Nb) (1Cr18Ni9Ti)[a]	GB/T 3280 GB/T 4237 GB/T 4238
10 20	GB/T 711	16MnDR 09MnNiDR	GB 3531		
Q245R	GB 713	12Cr2Mo1R 12Cr1MoVR 14Cr1MoR 15CrMoR	GB 713		

a. 不推荐使用。

⑤ 管件的热处理根据 SH/T 3408、SH/T 3409 的规定，采用冷加工成形的管件，成形后必须进行消除应力热处理；采用热加工成形的管件，对铬钼钢和不锈钢材料，必须进行热处理；对碳素钢材料，其最终成形温度低于 750℃ 时，也应进行热处理。材料的热处理要求如表 4.6.11 所示。奥氏体不锈钢管件热处理后应进行酸洗钝化处理。

表 4.6.11　材料热处理

材料牌号	热处理要求	
	冷成形	热成形
Q235B 10 20(20G) Q245R(20R)	正火或消除应力	正火
Q345R(16MnR/16MnG) 16MnDR(16MnDG) 09Mn2VDG 09MnNiDR 12Cr1MoVR(12Cr1MoVG)	正火+回火	
12Cr2MoG(12Cr2Mo1R) 12CrMo(12CrMoG) 14Cr1MoR 15CrMo(15CrMoG/15CrMoR) 1Cr5Mo(12Cr5Mo)	正火+回火	正火+回火
07Cr19Ni10 07Cr19Ni11Nb(1Cr19Ni11Nb) 06Cr19Ni10(0Cr18Ni9) 022Cr19Ni10(00Cr19Ni10) 06Cr17Ni12Mo2(0Cr17Ni12Mo2) 022Cr17Ni12Mo2(00Cr17Ni14Mo2)	固溶热处理	固溶热处理
06Cr18Ni11Ti(0Cr18Ni10Ti) 06Cr18Ni11Nb(0Cr18Ni11Nb) 07Cr18Ni11Ti(1Cr18Ni11Ti)	固溶热处理+稳定化热处理	固溶热处理+稳定化热处理

⑥ 管件的硬度应符合表4.6.12的要求。

表4.6.12 管件硬度

材料	硬度值 HBW	材料	硬度值 HBW
Q235B、10、20 Q245R(20R)、20G	≤156	12Cr2MoG、12Cr2Mo1R、 12Cr1MoVR、12Cr1MoVG 14Cr1MoR、15CrMoR、 15CrMoG	≤180
16Mn、 Q345R(16MnR/16MnG) 16MnDR、09MnNiDR	≤170	1Cr5Mo	≤230
		奥氏体不锈钢	≤190

⑦ SH/T 3408、SH/T 3409的管件端部壁厚与直管壁厚相同，是等强度不等壁厚。

⑧ 石油化工锻钢制承插焊和螺纹管件SH/T 3410规定了*DN*10～80的锻钢制承插焊弯头、三通、四通、管箍、管帽的尺寸、技术要求等。

⑨ 锻钢制承插焊管件的材料牌号和标准如表4.6.13所示。

表4.6.13 材料牌号和标准

材料牌号	锻件标准号	材料牌号	锻件标准号
20 16Mn 15CrMo 12Cr1MoV 14Cr1Mo 12Cr2Mo1 1Cr5Mo	NB/T 47008	S30408(0Cr19Ni9) S30403(00Cr19Ni10) S31608(0Cr17Ni12Mo2) S31603(00Cr17Ni14Mo2) S32168(0Cr18Ni10Ti) S31668(0Cr18Ni12Mo2Ti)	NB/T 47010
16MnD 10Ni3MoVD 09MnNiD	NB/T 47009		

低温材料，应按GB/T 150附录进行低温夏比冲击试验。

(4) GB 50316对管件选用的要点

GB 50316的编制方是石油化工行业，与ASME B 31.3一致。主要不同特点如下。

① 剧烈循环操作条件管件的选用：a. 采用锻造件及轧制无缝管件；b. 轧制焊接件，焊接接头系数应大于或等于0.9；c. 铸钢件，铸件质量系数E_c不应小于0.9；d. 不锈钢对焊管件的厚度应符合规范“剧烈循环条件或A1类流体的管道采用不锈钢管子及对焊管件时最小厚度”规定。

② 普通管件及非标准异径管的选用：a. 普通管件包括弯头、三通、四通、异径管及管帽等工厂制造的标准管件。b. 选用对焊端的圆弧弯头时应采用长半径(弯曲半径为公称直径的1.5倍)的弯头。短半径弯头仅可在布置特殊需要时使用。c. 采用钢板热压成形及组焊(两半焊接合成)的管件时，应符合管道组成件制造的无损检测的规定。d. 无特殊要求时，宜优先选用钢制管件。螺纹连接的可锻铸铁定型管件，宜用于D类流体的地上管道中。e. 对焊端的标准管件的外径系列及端部名义厚度应在工程设计中指定。管件内部厚度应根

据设计压力、设计温度及腐蚀附加量条件由制造厂决定。管件内部可局部加厚，但各部位均不应小于其端部厚度。f. 钢板卷焊的非标准异径管设计压力不宜超过 2.5MPa，并应按规范进行计算。

③ 焊接支管及预制的支管连接件的选用应符合下列规定：

a. 除采用上述的三通及四通外，可根据本节要求选用下列的支管连接结构：焊接支管，见图 4.6.7（a）、（b）、（c）、（d）；半管接头，见图 4.6.8；支管台，见图 4.6.9；嵌入式支管，见图 4.6.7（e）。b. 支管连接应符合支管连接焊缝的形式（图 4.6.7）的结构要求。补强应符合规范的规定。当用于剧烈循环操作条件时，应采用图 4.6.7（b）、（d）或（e）的结构。c. 设计压力大于 6.3MPa 的管道主支管为异径时，不宜采用现场制造的焊接支管，宜采用三通，或在主管上开孔并焊接支管台。当主支管为等径时宜采用三通。d. 选用半管接头作为支管连接时，其公称直径不宜大于 50mm。e. 有振动的管道可采用三通或支管台或嵌入式支管。不应采用焊接支管。f. 主管外径与厚度之比 $\left(\dfrac{D_o}{T_{tm}-C_{tm}}\right)$ 大于或等于 100 时，支管外径应小于主管外径的 1/2。

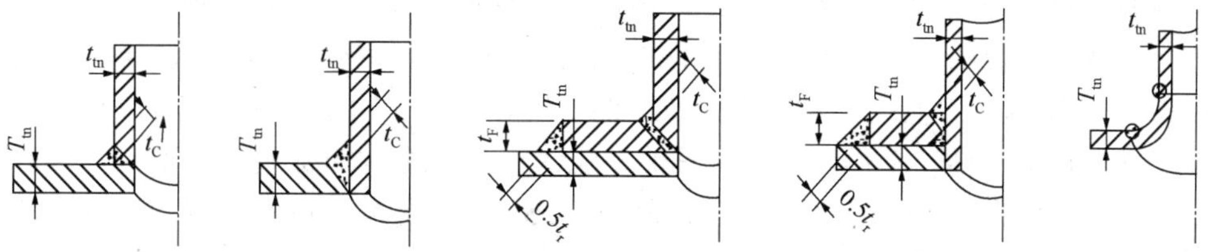

(a)焊接支管　(b)焊接支管　(c)带补强板的焊接支管　(d)带补强板的焊接支管　(e)嵌入式支管

图 4.6.7　支管连接焊缝的形式

注：①T_{tm}—主管名义厚度(mm)；t_m—支管名义厚度(mm)；t_c—角焊缝计算的有效厚度，可取 $0.7t_m$ 或 6.5mm 两者中的较小值；t_r—补强板名义厚度(mm)。

②所示尺寸为最小的合格焊缝尺寸。③采用图 5.9.6(c) 及(d)连接方式时，应在补强板的高位开有 $\phi5$ 的排气孔；补强板应与主管和支管很好地贴合。采用图 5.9.6(a) 和(c)时，支管内径和主管开孔直径之间偏差不应大于 3mm

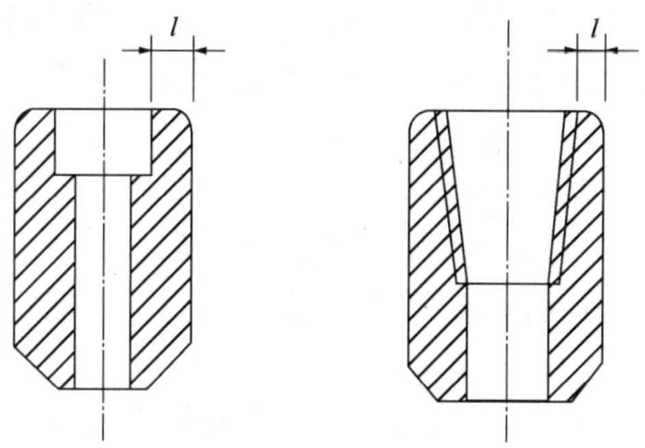

图 4.6.8　半管接头

④ 预制的突缘短节的选用应符合 GB 50316 的规定。

⑤ 采用圆弧弯管应符合下列规定：a. 按照国家现行标准制造、弯曲后的弯管其外侧减薄处厚度不应小于直管的计算厚度加上腐蚀附加量之和。b. 管道中不应使用折皱弯管。c.

钢管弯曲后截面不圆度应符合下列规定：a)受内压时，任一横截面上最大外径与最小外径之差不应超过名义外径的 8 %；b)受外压时，任一横截面上最大外径与最小外径之差不应超过名义外径的 3 %。

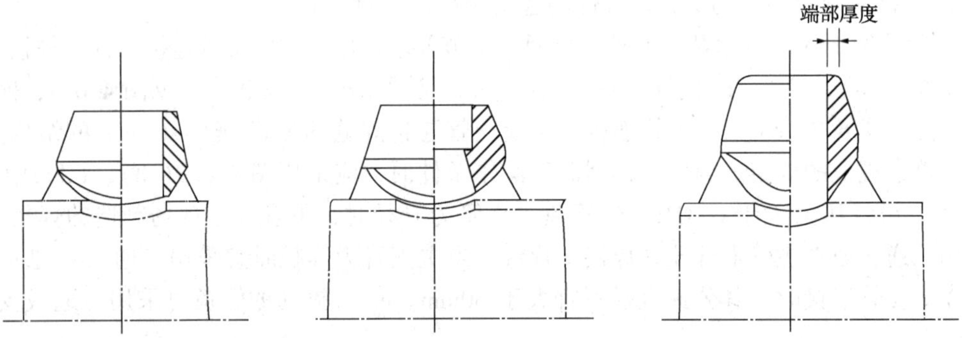

图 4.6.9　支管台

⑥ 采用斜接弯管应符合下列规定：a. 按本规范规定进行耐压计算、制造、焊接的斜接弯管，可与制造弯管的直管一样用于相同的工作条件。但斜接弯管的设计压力不宜超过 2.5MPa。b. 斜接弯管，其一条焊缝方向改变的角度 α 得用于输送其他类流体。大于 45°者，仅可用于输送 D 类流体，不得用于输送其他类流体。c. 剧烈循环条件下的管道中采用斜接弯管时，其一条焊缝方向改变的角度不应大于 22.5°。d. 夹套管道的内管应采用圆弧弯头或弯管，不应采用斜接弯管。

七、弯头(elbow)的选用与工程应用

1. 弯头的分类

(1) 以材质划分：①碳钢：ASTM A234(中、高温用锻制碳钢和合金钢管道配件)WPB、WPC；②合金：ASTM A234 WP1、WP12、WP11、WP22、WP5、WP 91、WP911；③不锈钢：ASTM A403(锻制奥氏体不锈钢管配件)WP304、304L、304H、304LN、304N，ASTM A403 WP 316、316L、316H、316LN、316N、316Ti ，ASTM A403 WP321、321H，ASTM A403 WP 347、347H；④高性能钢：ASTM A860(锻制高强度低合金钢对焊配件)WPHY 42、46、52、60、65、70；⑤铸钢，合金钢，不锈钢，铜，铝合金，塑料，氩铬沥，PVC(聚氯乙烯)，PPR、RFPP(增强聚丙烯)等。

(2) 以制作方法划分可分为推制、压制、锻制、铸造等。

(3) 以制造标准划分可分为国标、化标、美标、电标、船标、水标、德标、日标、俄标等。

(4) 按它的曲率半径来分：可分为长半径弯头和短半径弯头。长半径弯头指它的曲率半径等于 1.5 倍管子的外径，即 $R=1.5D$；短半径弯头指它的曲率半径等于管子外径，即 $R=1.0D$(D 为弯头直径，R 为曲率半径)。

(5) 若按压力等级来分：大约有 17 种，和美国的管子标准是相同的，有：Sch5S、Sch10S、Sch10、Sch20、Sch30、Sch40S、STD、Sch40、Sch60、Sch80S、XS；Sch80、Sch100、Sch120、Sch140、Sch160、XXS；其中最常用的是 STD 和 XS2 种。

（6）按照不同形状用途可以分为：对焊弯头、承插弯头、法兰弯头、沟槽式弯头、卡套式弯头、双承弯头、异径弯头、呆座弯头、内外牙弯头、冲压弯头、推制弯头、内丝弯头等。

2. 弯头的选用

（1）弯头常用于管道的弯曲部位，用以改变管道的走向，常用的有45°弯头和90°弯头。

（2）长半径弯头(long radius elbow)($R=1.5DN$)：一般情况下，应优先采用。

（3）短半径弯头(short radius elbow)($R=1.0DN$)：多用于尺寸受限制的场合。其最高工作压力不宜超过同规格长半径弯头的0.8倍短半径弯头，通常用在管系安装位置较紧凑的场合，或者为了降低成本的场合。

（4）斜接弯头(mitered elbow)是用普通钢管切成，用于大直径的管线比弯头便宜，用于小直径管线则较贵，并且有其他缺点，但在斜接管中压力降低比弯头大，故斜接管一般用于低压大口径管线。通常用于低压(设计压力2.0MPa)、水以及类似流体介质条件比较缓和的大尺寸管道上，当斜接弯头的单节变方向角大于45°时，不宜用于有毒、可燃介质管道，或承受振动、压力脉动及由于温度变化产生交变载荷的管道上。

（5）弯管(bend)($R=nDN$)：用于缓和介质在拐弯处的冲刷和动能，可用到$R=3DN$、$6DN$、$10DN$、$20DN$。

（6）推制弯头和挤压弯头：常用于介质条件比较苛刻的中小尺寸管道上。

（7）焊制斜接弯头：常用于介质条件比较缓和的大尺寸管道上，同时要求其弯曲半径不宜小于其公称直径的1.5倍。

（8）其他，例如：180°弯头，内外螺纹弯头，活接头弯头等。

典型弯头如图4.6.10所示。

3. 工程应用

设计条件：流体为火炬气，设计压力100psig，设计温度200℉。

弯头材料选用：ELBOW，PIPE：BUTT WELD，60″ NPS X 0.625″（15.88 mm）WT，90 DEG，LR，CS，A234 GR. WPB ，WX(注1)，ASME B16.9.

弯头，对焊，60″公称尺寸，壁厚0.625″(15.88 mm)，90°，长半径，碳钢，ASTM A234 WPB等级，双焊缝，按ASME B16.9尺寸标准。

注：WX表示双焊缝。另外还有S表示无缝(seamless)，W表示有缝(welded)。

八、三通(tee)和四通(cross)的选用与工程应用

（1）三通接头是管件的一种，它的连接形式就是直接将三通与钢管对焊，三通接头的主要制造标准一般是GB/T 12459《钢制无缝焊接管件》、GB/T 13401《钢板制对焊管件》、ASME B16.9《工厂制造的锻轧制对焊管配件》、SH/T 3408《钢制对焊无缝管件》、SH/T 3409《钢板制对焊管件》、HG/T 21635《碳钢、低合金钢无缝对焊管件》、HG/T 21631《钢制有缝对焊管件》、SY/T 0510《钢制对焊管件》。

（2）①按照管件口径分一般有等径三通(straight tee)，异径三通(reducing tee)等。②按照支管方向分有正三通和斜三通(Y形三通)，斜三通常常代替一般正三通，用于输送有固体颗粒或冲刷腐蚀较严重的管道上。③按照材料分有碳钢、合金钢、不锈钢、铜 、PVC等三通。④按照连接方式分有普通三通、螺纹三通、卡套三通、承插三通。典型三通及连接见图4.6.11。

(a)长半径90°弯头

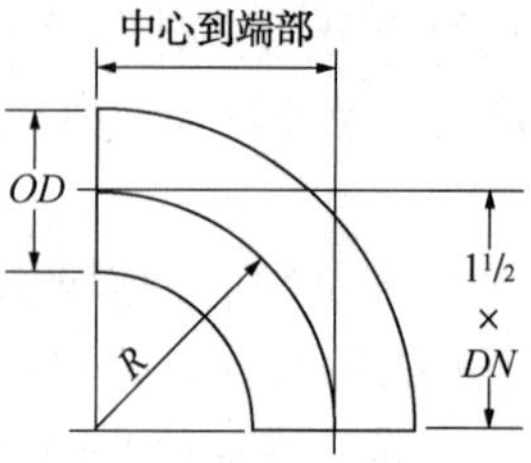

(b)长半径90°弯头

(c)长半径和短半径90°弯头

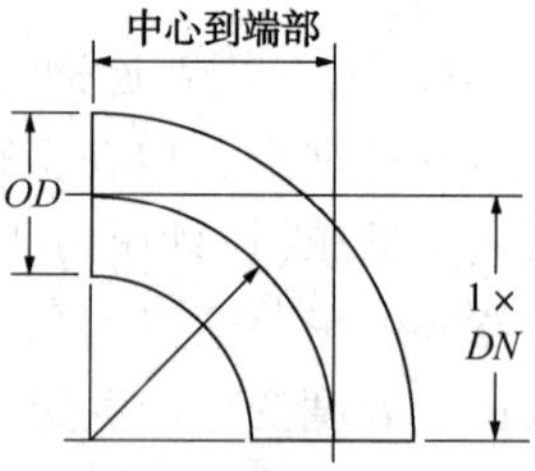

(e)短半径90°弯头规格

(f)45°弯头

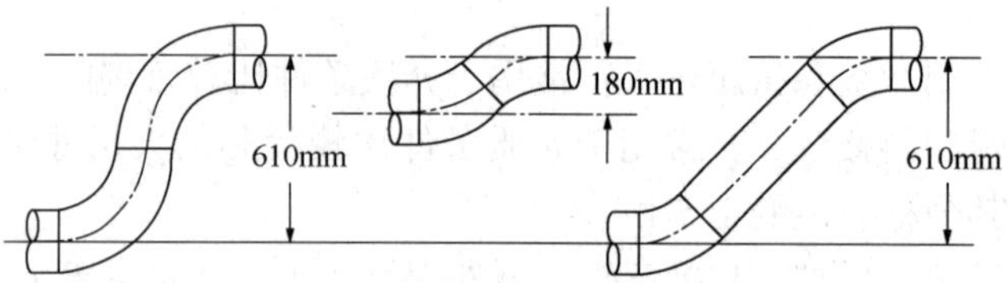

(g)DN200的45°弯头和90°弯头的连接

(h)180°弯头

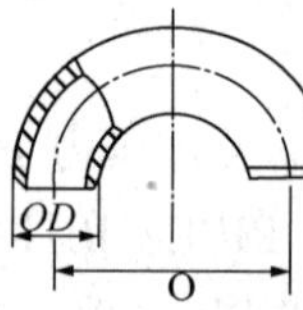

(i)180°弯头

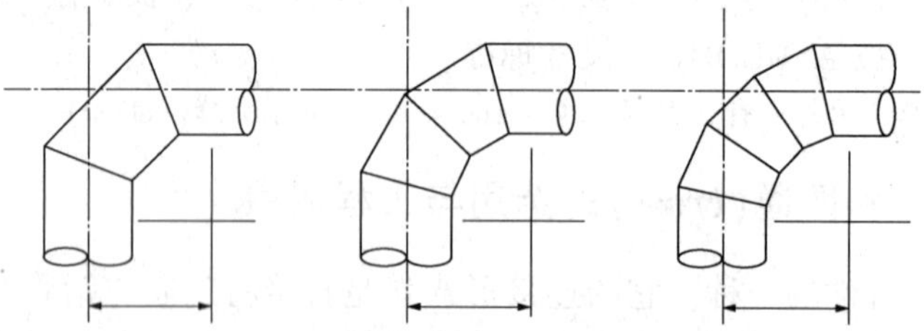

(j)斜接弯头

注：斜接弯头不是一种实际的管件，它是由两节焊或者更多节钢管焊接而成，焊接的段数取决于流体流动稳定性的要求，两节焊的将比四节焊的产生更多的湍流。

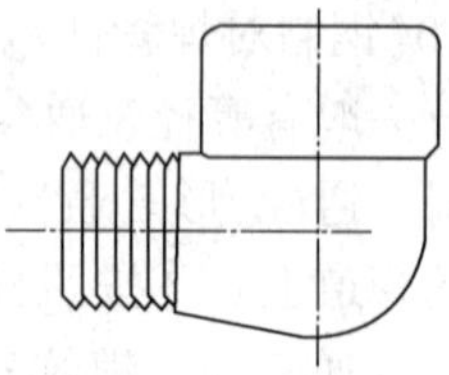

(h)内外螺纹弯头(elbow with M and FM thread)

图 4.6.10　典型弯头

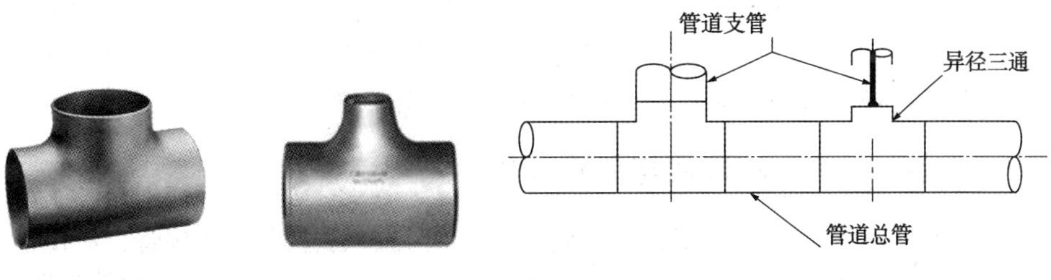

(a)等径三通　(b)异径三通　(c)三通的连接

图 4.6.11　典型三通及连接

（3）三通接头成形是将大于三通直径的管坯，压扁约至三通直径的尺寸，在拉伸支管的部位开一个孔；管坯经加热，放入成形模中，并在管坯内装入拉伸支管的冲模；在压力的作用下管坯被径向压缩，在径向压缩的过程中金属向支管方向流动并在冲模的拉伸下形成支管。整个过程是通过管坯的径向压缩和支管部位的拉伸过程而成形。与液压胀形三通不同的是，三通接头支管的金属是由管坯的径向运动进行补偿的，所以也称为径向补偿工艺。由于采用加热后压制三通，材料成形所需要的设备吨位降低。热压三通对材料的适应性较宽，适用于低碳钢、合金钢、不锈钢的材料；特别是大直径和管壁偏厚的三通，通常采用这种成形工艺。

（4）四通(cross)为管件、管道连接件，用在主管道要分支管处，又称管件四通、四通管件、四通接头。四通有等径和异径之分，等径四通的接管端部均为相同的尺寸；异径的四通的主管接管尺寸相同，而支管的接管尺寸小于主管的接管尺寸。对于采用无缝管制造四通来讲，目前通常所采用的工艺有液压胀形和热压成形两种。四通以制作方法划分可分为顶制、压制、锻制、铸造等。制造标准有 GB/T 12459，GB/T 13401，ASME B16.9，SH/T 3408，SH/T 3409，HG/T 21635，DL/T 695，SY/T 0510，DIN 2615 等。典型四通见图 4.6.12。

(a)　(b)　(c)

图 4.6.12　典型四通

（5）对于异径三通，首先给出最大端的公称通径，然后是与最大端相对应的那一端的公称通径，最后给出支管瑞的公称通径；对于异径四通，首先给出最大端的公称通径，其次是与最大端相对应的另一端的公称通径，第三个给出的是另外两端中的较大端的公称通径，最后给出剩余一端的公称通径(见图 4.6.13)。

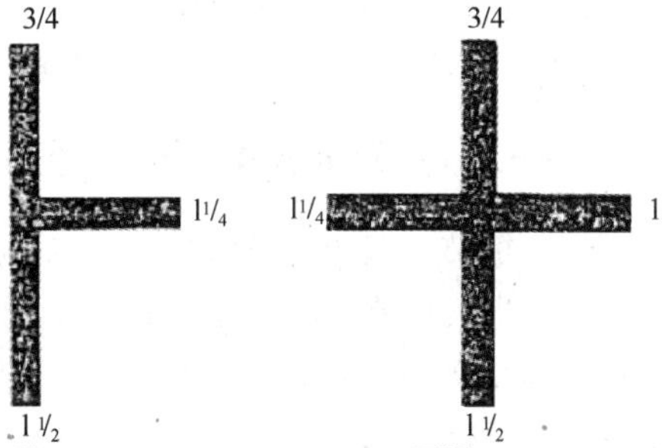

(a)三通1 ¹/₂X ³/₄X/ ¹/₄　(b)四通1¹/₂X³/₄X1¹/₄X¹/₂

图 4.6.13　异径管件公称通径的表示方法

九、插管(stub-in)的选用与工程应用

插管不是配管附件，但为另一种接支管方

法，插管可与主管口径相同或较主管口径小。这种方法经常使用，唯其应力均集中在连接口，因此不适用于高温或高压场合。插管比三通便宜，也比三通少两个焊缝。在歧管的相邻二插管，距离可查歧管距离表获得。一般最好不要少于 3″。

十、支管台(outlet)的选用与工程应用

(1) 支管台又叫支管座、鞍座、鞍形管接头、管台、管座或加强接管，有的也称为半管接头，提供了一个大口径管道向小口径管道的分支，支管台焊接其上的管道称为主管，焊接于支管台之上的管道称为支管。主管补强措施以避免裂纹、角焊缝和边的锥形增固，从而避免管件和主管焊接时发生的壁厚陡变。强型管件，代替使用异径三通、补强板、加强管段等支管连接形式，具有安全可靠、降低造价[可代替插管(stub-in)，其强度较插管强很多，不需加强板，且比有加强板的插管便宜]、施工简单、改善介质流道、系列标准化、设计选用方便等突出优点，尤其在高压、高温、大口径、厚壁管道中使用日益广泛，取代了传统的支管连接方法。

(2) 支管台本体采用优质锻件，用材与管道材料相同，有碳钢、合金钢、不锈钢等。支管座与主管均采用焊接，与支管或其他管[如短管、丝堵(plug)等]、仪表、阀门的连接有对焊连接、承插焊连接、螺纹连接 3 种形式。支管台常用制造和尺寸等执行标准有 MSS SP-97《整体加强锻制分支引出端管件——承插焊式、螺纹式与对焊式端头》、GB/T 19326《钢制承插焊、螺纹和对焊支管座》、HG/T 21632《锻钢承插焊螺纹和对焊接管台》等标准。

(3) 法兰连接管件多用于特殊配管场合，实际用量相对比较少。其他常用的管件还有加强管接头，例如螺纹加强管接头(threadolet)、承插焊加强管接头(sockolet)、对焊加强管接头(weldolet)、插入加强管接头(insert weldolet)、斜接加强管接头(latrolet)、弯头加强管接头(elbolet)以及马鞍座(sweepolet)加强管接头。

典型加强管接头如图 4.6.14 所示。这些加强管接头可直接焊在主管上，与三通一样从主管上引出支管，不需另外补强，适用于高、中压管道。国内有化工标准 HG/T 21632《锻钢承插焊螺纹和对焊接管台》。图 4.6.14 (e)所示的插入加强管接头(insert weldolet)、弯头加强管接头(elbolet)以及 sweepolet 加强管接头与主管连接的焊缝可进行无损探伤检查，焊接可靠，克服了"马鞍焊"的角焊缝质量不易保证、检查困难的缺点，适用于火灾危险分类为甲、乙类介质和剧毒介质的管道，是理想的管接头。图 4.6.14(f)所示是承插焊和螺纹连接的变径管接头，用于 *DN*50 以下管道及其管配件的连接。

例如：某项目的材料描述为"WELDOLET *DN* 800×15，Sch80×160"，意思是：主管规格是 *DN*800，Sch80，支管规格是：*DN*15，Sch160。

十一、短节(nipple)及变径短接管(swage)的选用与工程应用

(1) 短节是长度小于 12in(0.3m)，两端或一端有螺纹并便于进行焊接或机械连接的一段管子。当长度在 12in (0.3m)以上时，则被称为短管(cut pipe)。普通类型的短节是全外牙型，螺纹接口的长度大约为标准管螺纹的两倍，且没有肩部。任何长度的带肩螺纹管接头的两个管螺纹间有肩部；短管螺纹管接头是比全外牙型螺纹管接头稍长的带肩螺纹管接头，且对于不同管径的管子的特定长度均要符合制造商标准。长螺纹管接头是比短节长的切成特定长度的短节。典型短节见图 4.6.15。

(a)螺纹加强管接头(Threadolet)

注：也称螺纹支管台，基部与对焊支管台相同，但是其分支连接采用螺纹连接，不需要焊接。螺纹支管台有3000#、6000#两个压力等级。

(b)承插焊加强管接头(Sockolet)

注：也称承插支管台，基部与对焊支管台相同，但是其分支连接采用承插焊连接。承插支管台有3000#、6000#两个压力等级。

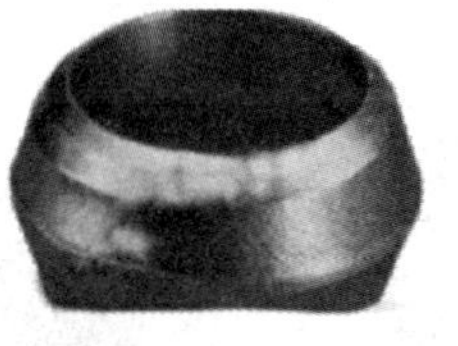

(c)对焊加强管接头(Weldolet)

注：也称对焊支管台，是最常见的分支连接件。它端部制成坡口，与直管对焊连接，因而被认为是一个对焊管件。对焊支管台的设计使应力集中最小化，提供了整体补强。对焊支管台有STD、XS和Sch160三个压力等级。

(d)插入焊接(Insert Weldolet)

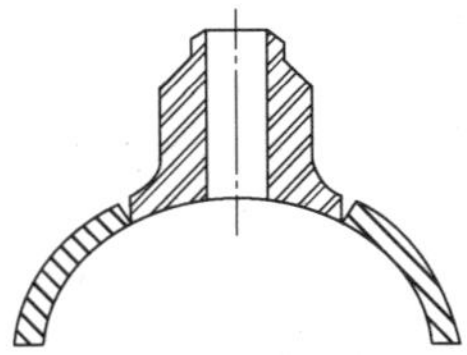

(e)插入焊接(Insert Weldolet)

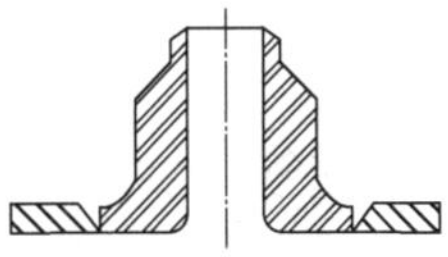

(f)插入焊接(Insert Weldolet)

(g)短管支管台(nipolet)

注：常用于阀门安装及排气。厚度有XS和XXS两个等级，长度从$3^1/_2''$至$6^1/_2''$，端部为插口或外螺纹。

(h)马鞍座(sweepolet)

注：也称嵌入式管座，外形为波状，整体补强。与支管为对焊连接，常用于低压管路。

(i)法兰支管台(flaolet)

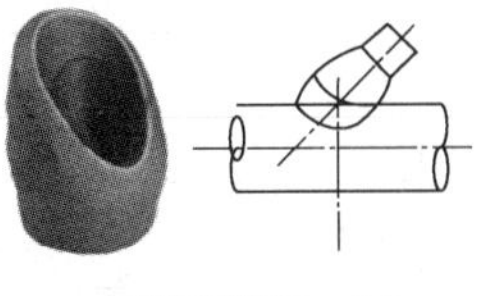

(j)斜接支管台(Latrolet)

注：用于45°分支。与支管连接可以采用对焊、承插焊和螺纹连接的方式。

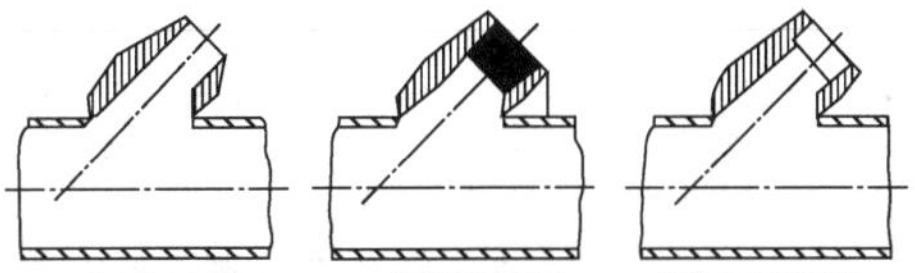

斜接对焊连接　斜接螺纹连接　斜接承插焊连接

(k)斜接加强管接头(latrolet)

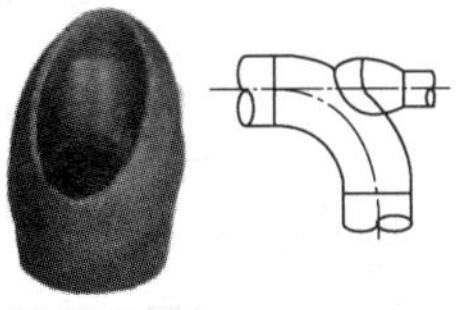

(l)弯头支管台(elbolet)

注：用于在长半径弯头或者短半径弯头上提供分支连接。与支管连接可以采用对焊、承插焊和螺纹连接的方式。

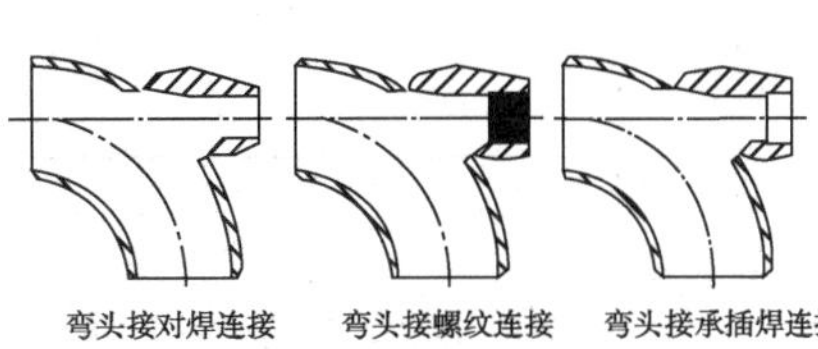

弯头接对焊连接　弯头接螺纹连接　弯头接承插焊连接

(m)弯头加强管接头(elbolet)

图 4.6.14　典型加强管接头

(a)两平端短节 (plain both end)　(b)一端螺纹短节 (threaded one end)　(c)两端螺纹短节 (pipe nipple threaded both end)

图 4.6.15　短节典型图

（2）①变径短接管(也称异型短节，渐缩管)(swage)与大小头(异径管)相同，用以减小管线口径，但是变径短接管可设计为螺纹或者承插焊连接。螺纹变径短接管有阳螺纹(male threads 或者 external treads)。②变径短接管和异径管一样有同心和偏心。③螺纹变径短接管(screwed swage)有螺纹端(thread ends，TE)，承插焊变径短接管有平端(plain ends，TE)，对焊变径短接管有对焊坡口端(beveled ends，BE)。变径短接管大端及小端分别有平端、坡口端、锥管外螺纹端三种：大、小端的各种组合共计有九种配合可能，如表 4.6.14 所示。典型变径短接管见图 4.6.16。

表 4.6.14　变径短接管大端及小端的端部型式组合

型式序号	大 端(Large End)	小端(Small End)
1		平端
2	平端(plain)	坡口端
3		螺纹端
4		平端端
5	坡口端(bevel)	坡口端
6		螺纹端
7		平端
8	螺纹端(thread)	坡口端
9		螺纹端

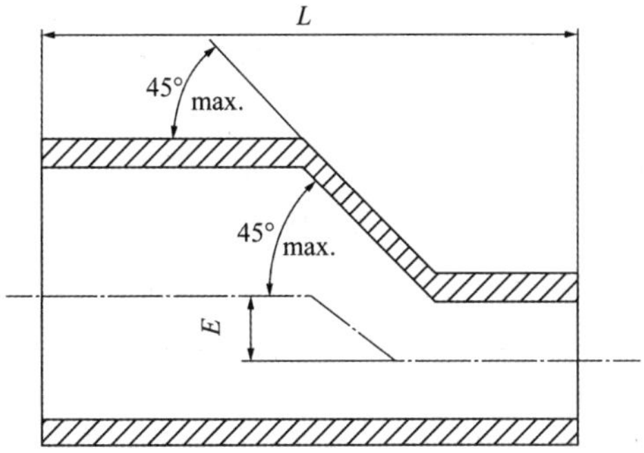

(a)偏心变径短接管结构

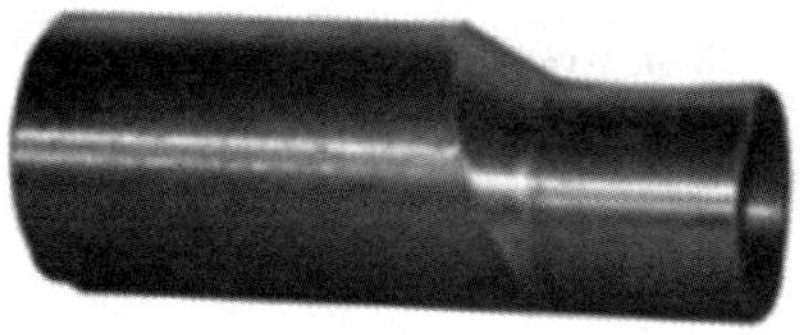

(b)偏心变径短接管(eccentric swage)

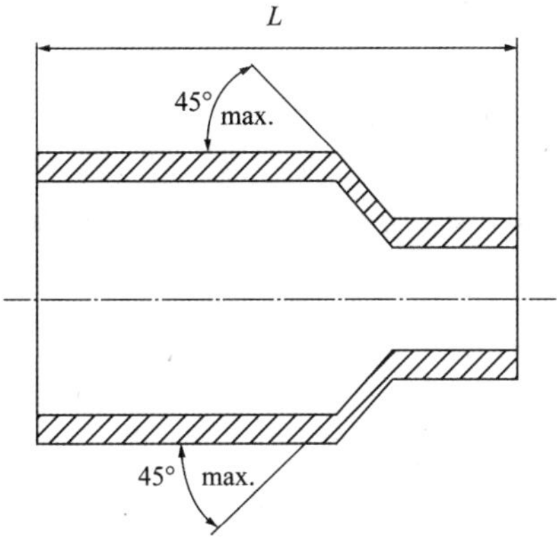

(c)同心变径短接管结构

(d)同心变径短接管(concentric swage)

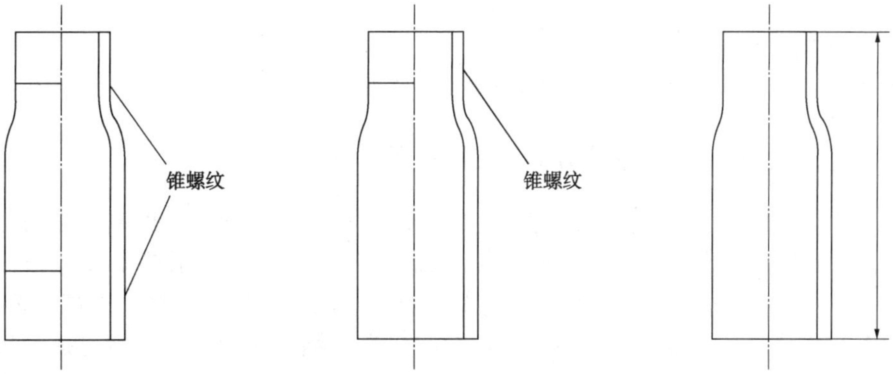

两端螺纹 单端螺纹 两端平口

(e)承插端及螺纹端变径短接管

图 4.6.16 典型变径短接管及结构

十二、翻边(stub-end)的选用与工程应用

翻边和松套法兰搭配使用，与管子连接，另一端作为法兰密封面。翻边的标准见表 4.6.15，典型翻边见图 4.6.17。

表 4.6.15　翻边短节有关标准体系

美洲体系	欧洲体系
ASME B16.9(长型) MSS SP-43(短型)	—
HG/T 20615(短型)	HG/T 20592
GB /T 9118 I 型(长)、II 型(短)	—
SH/T 3406LL 型(长)、L 型(短)	—

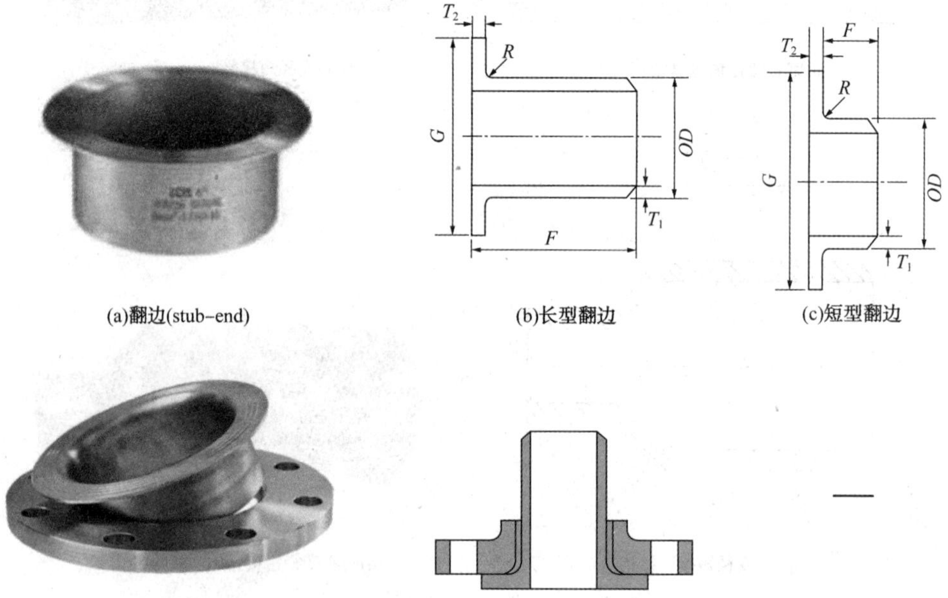

(a)翻边(stub-end)　(b)长型翻边　(c)短型翻边

(d)松套法兰(也称翻边法兰)　(e)松套法兰的翻边

图 4.6.17　典型翻边

十三、管箍(coupling)的选用与工程应用

管箍也叫外接头，它是工业管道连接中常用的一种配件。管箍是用来连接两根管子的一段短管。管箍因为其使用方便，广泛应用于民用建筑、工业、农业等领域。按照材料分类有：碳钢、不锈钢、合金钢、PVC、塑料等。连接方法有：螺纹连接、焊接、熔接工艺。按其制造工艺来分可分为锻制和铸造两种：锻制是指用钢锭或圆棒加热锻打成型后，上车床加工螺纹后而成；铸造是指将钢锭熔化后倒入一个固定的管箍的模型后，待其冷却后而成。管箍的主要制造标准有 GB/T 14383《锻钢制承插焊管件》、ASME B16.11《承插焊和螺纹锻造管件》、BS 3799《石油工业用钢管配件、螺旋管接头和套管焊接规范》。

十四、活接头(union)的选用与工程应用

活接头又叫由壬或由任，是一种能方便安装拆卸的常用管道连接件，而有时则用于装配配件，有时也用法兰代替它。主要由螺母、云头、平接三部分组成。由圆钢或钢锭模锻成型后机加工的管道连接件，它的连接形式分承插焊接和螺纹连接。承插焊接是将钢管插入承插孔内进行焊接，因此，被称为“承插活接头”；螺纹连接是将钢管旋入螺孔内进行连

接，因此，被称为“螺纹活接头”。主要制造标准为 ASME B16.11《承插焊和螺纹锻造管件》、MSS SP-83《承插和螺纹配件》。典型活接头见图 4.6.18。

(a)承插活接头(socket union)　(b)内外丝活接头(NPTM-NPTF)　(c)螺纹活接头(treaded union)

(e)承插活接头结构　(f)活接弯头(union elbow)　(g)螺纹活接头结构

图 4.6.18 活接头典型图

承插活接头的品种有等径和异径。承插活接头由插口、承口、承插槽等组成，其特征在于在插口上有承插槽，插口、承口分别位于两端；与现有技术相比，设计合理、操作简单、实用性强，提高操作质量与便捷性。承插活接头可广泛应用于不同口径的管道，也可用于水表、阀门。由于采用承插结构，使得管道接头降低了成本，安装、使用、维修极为方便，同时还有极高的防漏能力。

螺纹活接头，是指带螺纹的管道连接件，是工业和生活中最常见的一种管件，螺纹活接头使管道的连接变得更简单，拆卸更换也更容易，大大节省了管道连接的成本。工业上用的螺纹活接头一般是金属制造，耐压较高，材料有碳钢、不锈钢、合金钢和黄铜等；生活上用的螺纹活接头材料一般有 PC、PVC、PE 等。

十五、异径管(reducer)的选用与工程应用

(1) 异径管又称大小头，用于两种不同管径的连接，分为同心异径管(同心大小头)(concentric reducer)和偏心异径管(偏心大小头)(eccentric reducer)。典型异径管见图 4.5.19。

(2) 生产工艺：①异径管的质量应符合现行国家标准 GB/T 12459《钢制对焊无缝管件》及 GB/T 13401《钢板制对焊管件》的规定。异径管的材质执行 SY/T 5037、GB/T 9711、GB/T 8163、ASTM A106/A53 GRB，API 5L、ASTM A105、ASTM A234、DIN 德国标准及客户要求标准。②无缝异径管的制作：异径管(大小头)是用于管道变径处的一种管件。通常采用的成形工艺为缩径压制、扩径压制或缩径加扩径压制，对某些规格的异径管也可采用冲压成形。缩径/扩径成形异径管的缩径成形工艺是将与异径管大端直径相等的管坯放入成形模

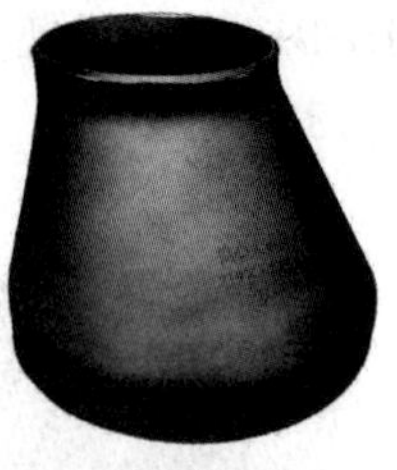

(a)偏心异径管

(b)同心异径管

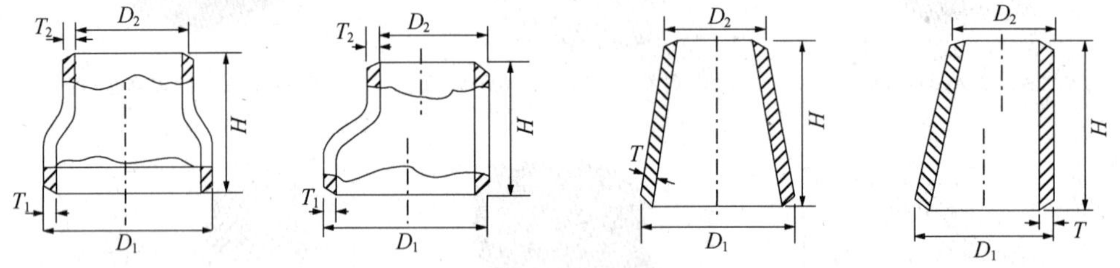

(c)异径管结构图

图 4.5.19　典型异径管及结构

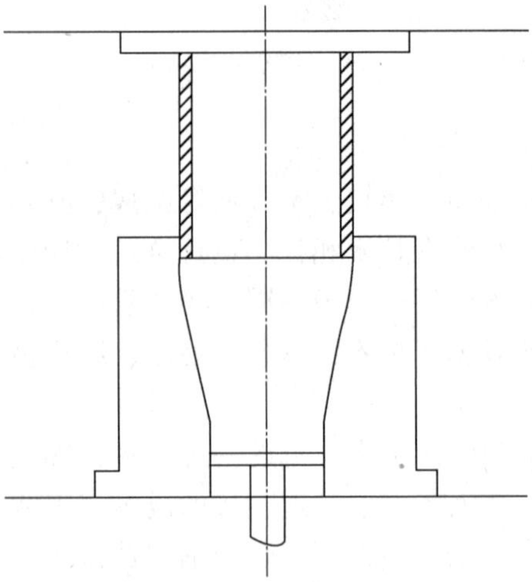

图 4.6.20　同心异径管的缩径成形示意图

中，通过沿管坯轴向方向的压制，使金属沿模腔运动并收缩成形。根据异径管变径的大小，分为一次压制成形或多次压制成形。图 4.5.20 为同心异径管的缩径成形示意图。a. 扩径成形是采用小于异径管大端直径的管坯，用内冲模沿管坯内径扩径成形。扩径工艺主要解决变径偏大的异径管不易通过缩径成形的问题，有时根据材料和产品成形需要，将扩径与缩径的方法合并使用。在缩径或扩径变形压制过程中，根据不同材料和变径情况，确定采用冷压或热压。通常情况下，尽量采用冷压，但对多次变径而引起严重的加工硬化的情况、壁厚偏厚的情况或合金钢的材料宜采用热压。b. 冲压成形。除使用钢管为原料生产异径管外，对部分规格的异径管还可用钢板采用冲压成形工艺进行生产。拉伸所使用的冲模形状参照异径管内表面尺寸设计，用冲模将下料后的钢板冲压拉伸成形。

(3) 异径管的选用：①相对于支管连接件而言，异径管的选择就没有那么复杂了。同样根据等强度的原则，异径管应采用与所连接的管子相同的管子表号。是选择同心异径管还是偏心异径管，应根据工艺流程和配管布置的要求而定。②通常情况下，对于 $DN \geq$ 50mm 的管道上的异径管，多采用对焊异径管，而对于 $DN \leq 40$mm 的管道，则采用承插焊异径管箍。但对于镀锌管道上的异径管则要采用螺纹连接形式。

(4) 异径管件公称通径的表示方法：对于异径弯头和异径双接口管箍，首先给出大端的公称通径，然后为小端的公称通径。

(5) 异径管壁厚的表示：①综合材料表(material bulk list)的时候，常发现有些设计人员对于异径管的壁厚不表示出来。比如异径管 100×50，表示一下标准号 GB 12459，材料

20#，壁厚一般不表示。开材料的时候不表示壁厚是错误的做法，这样的材料表无法定货。②但对于如何表达异径管的壁厚：a. 如有异径管 *DN*100 和 *DN*50，则各取各自的管道壁厚；如 *DN*100 为 Sch20，50 为 Sch40，则可表示为 100×50(Sch20×Sch40)。这样的话两段壁厚等级是不一样的。b. 如果是取两者壁厚较厚的一种，统一取 Sch40。异径管大小端壁厚是与相同表号(Sch)下管道的壁厚相对应的，采用与管道统一的表号即可。选用异径管时按高表号管道选取，即选用 Sch40。c. 至于该异径管两端管口不一样厚，没有任何必要去操心，这是制造厂的事，他们在生产过程中就是按照这个条件去加工管件的。表示该异径管的方法：RC 表示同心，RE 表示偏心，(RC)*DN*100×50 20# GB/T 8163 BW GB/T 12459(B 系列) SCH20(L)×SCH40(S)。③同心/偏心异径管的材料描述：大端公称直径×小端公称直径，材料，标准号，连接方式，系列号，大端管子表号×小端管子表号。

(6) 异径管连接的管件选择见表 4. 6. 16。

十六、管帽(cap)的选用与工程应用

(1) 管帽也称：封头、堵头、盖头、管子盖、闷头，是焊接在管端或装在管端外螺纹上以盖堵管子的管件。用来封闭管路，作用与管堵相同。与盲板的形式相接近，只不过盲板是可以拆卸的封堵，而焊接管帽则是不可以拆卸的。管帽包括凸形管帽、锥壳、变径段、平盖及紧缩口、异径封头等类型。管帽有关标准包括：GB/T 12459《管件的种类和代号》，GB/T 13401《钢板制对焊管件》，ASME B16. 9《工厂制造的锻轧制对焊管配件》，SH/T 3408《钢制对焊无缝管件》，SH/T 3409《钢板制对焊管件》，HG/T 21635《碳钢、低合金钢无缝对焊管件》，DL/T 695《电站钢制对焊管件》，SY/T 0510《钢制对焊管件》，DIN 2617《焊入式钢管配件》。典型管帽及结构见图 4. 6. 21。

(a)对焊管帽　(b)承插焊管帽　(c)螺纹焊管帽　(d)管帽结构图

图 4. 6. 21　典型管帽及结构

(2) 平封头制造较容易，价格也较低，但其承压能力不如标准椭圆封头，故它常用于 *DN*≤100、介质压力低于 1. 0MPa 的条件下。标准椭圆封头为一带折边的椭圆封头，椭圆的内径长短轴之比为 2∶1，它是应用最广的封头。在很多情况下，如管廊上的管子端部，管帽都由法兰代替，以便于管子的吹扫和清洗。对于 *DN*≤40 的管子及其元件，因为它的壁厚一般较薄，采用对焊连接时错口影响较大，容易烧穿，焊接质量不易保证，故此时一般不采用对焊连接。但下列几种情况例外：①对于 *DN*≤40、壁厚大于等于 Sch. 160 的管道及其元件，其壁厚已比较厚，采用对焊连接时前面所述的问题已不存在，故也常用对焊连接；②有缝隙腐蚀介质(如氢氟酸介质)存在的情况下，即使 *DN*≤40、壁厚小于 Sch. 160，也采用对焊连接，以避免缝隙腐蚀的发生，此时在焊接施工时常采用小焊丝直径、小焊接电流的氩弧焊而不用一般的电弧焊；③对润滑油管道，当采用承插焊连接时，其接头缝隙处易积存杂质而对机械设备产生不利影响，此时也应采用对焊连接。

表 4.6.16　异径管连接的管件选择

小管径端/mm(in)	大管径端 DN/mm(in) 20(3/4″)	25(1″)	32(1¼″)	40(1½″)	50(2″)	65(2½″)	80(3″)	100(4″)	125(5″)	150(6″)	200(8″)	250(10″)	300(12″)	350(14″)	400(16″)	450(18″)	500(20″)	550(22″)	600(24″)
15(1/2″)	C	C	C																
20(3/4″)		C	C	C															
25(1″)			C	C	C														
32(1¼″)				C	C	C													
40(1½″)					C	C	C												
50(2″)						R	R	R	R										
65(2½″)							R	R	R	R									
80(3″)								R	R	R	R								
100(4″)									R	R	R	R							
125(5″)										R	R	R	R						
150(6″)											R	R	R	R					
200(8″)												R	R	R	R				
250(10″)													R	R	R	R			
300(12″)														R	R	R	R		
350(14″)															R	R	R	R	
400(16″)																R	R	R	R
450(18″)																	R	R	R
500(20″)																		R	R
550(22″)																			R

注：①当小端 $DN \geqslant 50$mm、大端 $DN \geqslant 150$mm 时，可连接两个大小头变径，例如 DN150mm 变径至 DN50mm，没有标准的大小头一次变径，这时可用 DN150mm×80mm 加上一个 DN80mm×50mm 两个大小头。

②表中符号说明：C—异径管箍(承插焊、螺纹)；R—异径管(大小头)。

十七、补芯(bushing)的选用与工程应用

补芯是一个英译名词(也称：六角内外丝螺纹接头，内外螺纹缩接，衬套)；衬套一般由六角棒切割锻打后加工而成，使用的螺纹类型有很多种，它是连接两段口径不一样管道的内外螺纹管件的，在管道连接中有不可代替的作用。典型补芯见图 4.6.22。

图 4.6.22　典型补芯

当管子需要变径时会用到补芯。例如 *DN*15 的水管要变径成 *DN*20 的水管。*DN*15 的水管是外丝管，连接补芯内丝的一头。*DN*20 的水管是内丝管，连接到补芯外丝的一头。如果 *DN*20 的水管是外丝管，可以在 *DN*20 外丝管和补芯之间连接一个内丝缩接。螺纹连接能与任何水器具和阀表方便连接。工业上经常用来对接管内外螺纹(牙)来改变管径的大小。

补芯和大小头的区别：补芯是一头内丝一头外丝，根据情况有承插连接和螺纹连接。而大小头的两边都是内丝。

十八、对开三通(split tee)的选用与工程应用

对开三通主要用于带压不停输开孔(hot tap)。带压不停输开孔是在不停产情况下进行开孔接点，适用于除氧气以外的任何介质以及不同直径的各类管道。开孔机在开孔过程中是在完全封闭的空腔内进行的，刀具切削过程与空气隔绝，无着火、爆炸的可能性。由于封闭开孔、无泄漏，有毒有害介质不能排放到大气中，因此对环境无污染。管道不停输带压开孔、封堵技术可避免作业风险，提高安全性，使维修既迅速又经济可靠。此技术先进，设备操作简单，与停产开孔作业相比，其经济效益和社会效益显著。在石油、天然气管道及热力管线上均可带压开孔。典型对开三通见图 4.6.23。

(a)　(b)　(c)

图 4.6.23　典型对开三通

对开三通有关标准规范：API 2201《Safe Hot Tapping Practices in the Petroleum & Petrochemical Industries》；SY/T 6554《石油工业带压开孔作业安全规程》。

十九、卡套(ferrule connection)的选用与工程应用

卡套式管接头一般主要由接头体、卡套、螺母三部分组成。当卡套和螺母套在钢管上插入接头体后，旋紧螺母时，卡套前端外侧与接头体锥面贴合，内刃均匀地咬入无缝钢管，形成有效密封，见图 4.6.21。卡套接头的工作原理是将钢管插入卡套内，利用卡套螺母锁紧，抵触卡套，切入管子而密封。它与钢管连接时不需焊接，有利于防火、防爆和高空作业，并能消除焊接不慎带来的弊端，是炼油、化工、石油、天然气、食品、制药、仪器仪表等系统自控装置管路中的一种较为先进的连接件，适用于油、气、水等介质管路连接。在石化装置内一般用于外径小于等于 25mm 管子，适用于蒸汽伴管、检漏管和仪表控制系

统。卡套式管接头见图 4. 6. 24。

有关标准有 GB/T 3733～3765 等，适用的压力可达 40MPa，适用于油、水、气等非腐蚀性或有腐蚀性介质。

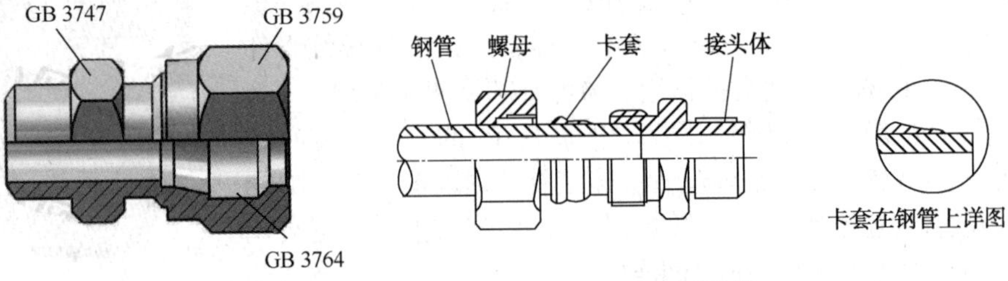

(a)卡套式焊接管接头　　(b)卡套连接

图 4. 6. 24　卡套式管接头

二十、卡箍(clamp connection)的选用与工程应用

卡箍连接也称沟槽管件连接，尽管在国内的开发时间晚于国外，但国内技术进步较快，被国内市场接收。在一部分流体管道范围，已逐渐取代了法兰、焊接两种传统管道连接方式。

卡箍连接也可用于金属管插入非金属管，在插口处用金属箍紧。适用于公用物料站，需临时和经常拆洗的洁净管，管与管之间用 O 形密封圈，凸缘外用金属沿扎紧。

笔者考察某石化装置、某大型体育场馆内的消防管道大多采用了卡箍连接。某石化装置管廊上的消防管线拟设计成卡箍连接，但业主说某装置卡箍管道出现泄漏问题较多，经业主与设计方共同协商，这次设计就改成焊接连接了。

卡箍是连接带沟槽的管件、阀门以及管路配件的一种连接装置，用在对快接头之间起紧箍连接作用，一般接头带有垫片。其性能良好，密封度高，安装简易。卡箍按材料可分为：不锈钢双钢丝卡箍；碳素钢双钢丝卡箍；磷铜双钢丝卡箍；镀锌双钢丝卡箍；镀镍双钢丝卡箍。

卡箍连接管件包括两个大类产品：①起连接密封作用的管件有刚性接头、挠性接头、机械三通和卡箍式法兰；②起连接过渡作用的管件有弯头、三通、四通、异径管、盲板等。

起连接密封作用的卡箍连接管件主要有三部分组成：密封橡胶圈、卡箍和锁紧螺栓。位于内层的橡胶密封圈置于被连接管道的外侧，并与预先滚制的卡箍相吻合，再在橡胶圈的外部扣上卡，然后用二颗螺栓紧固即可。由于其橡胶密封圈和卡箍采用特有的可密封的结构设计，使得卡箍连接件具有良好的密封性，并且随管内流体压力的增高，其密封性相应增强。

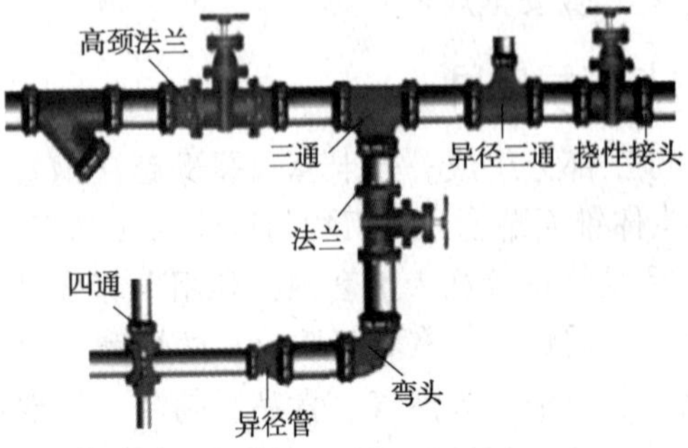

图 4. 6. 25　典型卡箍连接

卡箍管件的连接操作是非常简易的，无需特殊的专业技能，普通工人经过简单的培训即可操作，与传统的焊接、法兰管道连接方式比较，更省时省力。但是，卡箍连接配管设计时需注意管间距的影响，还需注意管道热膨胀后对卡箍严密性的影响。

卡箍的有关标准规范见 GB/T 826《卡箍式柔性管接头型式与尺寸》、T/CECS 151《沟槽式连接管道工程技术规程》等。典型卡箍连接见图 4. 6. 25。

二十一、常用 ASTM 钢、镍、铜、铝、钛及合金管件标准

（1）有缝焊接碳钢管(tube)的 ASTM 材料规范见表 4.6.17。

表 4.6.17 有缝焊接碳钢管(tube)的 ASTM 材料规范

ASTM 规范	名称
A178	锅炉用电阻焊接碳钢和碳锰合金钢管
A214	换热器和冷凝器用电阻焊接碳钢管
A226	高压锅炉和过热器用电阻焊接碳钢管

（2）碳钢管件的 ASTM 材料规范见表 4.6.18。

表 4.6.18 碳钢管件的 ASTM 材料规范

ASTM 规范	名称
A105	锻制用于管件的碳钢
A181	一般管道用锻制碳钢
A234	中温或高温用锻制碳钢和合金钢的管件
A350	管道用的锻制，碳钢和低合金钢的缺口韧性试验
A420	低温用的锻制碳钢和合金钢管件
A694	管法兰、管件、阀门和高压输送用的零件的锻制，碳钢和合金钢

（3）合金钢管件的 ASTM 材料规范见表 4.6.19。

表 4.6.19 合金钢管件的 ASTM 材料规范

ASTM 规范	名称
A182	锻制或轧制合金钢管法兰，高温用锻制管件、阀门和元件
A234	中温和高温用锻压碳钢和合金钢管件
A350	需要对管件进行切口韧性试验的碳素和低合金钢锻件
A420	低温用锻压碳钢和合金钢的管件
A694	高压输送用碳素钢及合金钢管法兰，管件，阀门及元件用锻件

（4）不锈钢管件的 ASTM 材料规范见表 4.6.20。

表 4.6.20 不锈钢管件的 ASTM 材料规范

ASTM 规范	名称
A182	高温用锻制或冷轧的合金钢管法兰，锻制管件和阀门和元件
A403	锻制奥氏体不锈钢管件

（5）镍和镍合金管件的 ASTM 材料规范见表 4.6.21。

表 4.6.21 镍和镍合金管件的 ASTM 材料规范

ASTM 规范	名称
B160	镍棒材和镍条材
B164	镍铜合金棒材，条材和线材
B166	镍铬铁合金(UNS N06600、N06601、N06690、N06025 和 N06045)和镍铬钴钼合金(UNS N06617)棒材，条材和线材
B366	制造厂锻制镍和镍合金管件
B402	腐蚀和高温用锻制或轧制 UNS N08020、UNS N08024，UNS N08026 和 UNS N08367 合金管法兰，锻制管件，阀门和元件
B564	镍合金锻件

(6) 铜和铜合金管件的 ASTM 材料规范见表 4.6.22。

表 4.6.22 铜和铜合金管件的 ASTM 材料规范

ASTM 规范	名称
B21	海军用黄铜棒材，条材和型材
B98	铜-硅合金棒材，条材和型材
B133	铜棒材，条材和型材
B150	铝青铜棒材，条材和型材

(7) 铝和铝合金管件的 ASTM 材料规范见表 4.6.23。

表 4.6.23 铝和铝合金管件的 ASTM 材料规范

ASTM 规范	名称
B247	铝和铝合金压模锻件，手工锻件和轧制环形锻件
B361	工厂加工的锻制铝和铝合金焊接管件

(8) 钛和钛合金管件的 ASTM 材料规范见表 4.6.24。

表 4.6.24 钛和钛合金管件的 ASTM 材料规范

ASTM 规范	名称
B381	钛和钛合金锻件

二十二、管件选用常用各国标准规范

1. 国家标准

GB/T 12459《钢制对焊无缝管件，*DN*=10~500mm，A、B 系列》

GB/T 13401《钢板制对焊无缝管件，*DN*=350~1200mm，A、B 系列》

GB/T 14383《锻钢制承插焊管件，*DN*=15~80mm，A、B 系列》

GB/T 14626《锻钢制螺纹管件，*DN*=8~100》

GB/T 17185《钢制法兰管件，*DN*=25~600mm，*PN*2.0、5.0、11.0、15.0、26.0MPa》

GB/T 19326《钢制承插焊．螺纹和对焊支管座》

GB/T 3733~3765《卡套式接头》

GB/T 5625~5653《扩口式接头》

GB/T 8259~8261《卡箍柔性管式接头》

GB/T 3289《可锻铸铁管路连接件型式尺寸》

GB/T 10752《船用钢管对焊接头》

2. 石化标准

SH/T 3408《钢制对焊无缝管件，DN=15~500mm》

SH/T 3409《钢板制对焊管件，DN=200~1200mm》

SH/T 3410《锻钢制承插焊管件，DN=10~80mm》

3. 石油标准

SY/T 0510《钢制对焊管件，DN=15~600mm》

SY/T 5257《钢制弯管》

4. 化工标准

HG/T 21634《锻钢制承插焊管件，1/2″~1½″，3000 及 6000 磅》

HG/T 21635《碳钢、低合金钢无缝对焊管件，DN = 50 ~ 600mm，PN25、40、64、100kgf/cm^2》

HG/T 21631《钢制有缝对焊管件，DN=300~1000mm》

HG/T 21632《锻钢承插焊、螺纹和对焊接管台》

5. 电力标准

GD 2000《火力发电厂典型汽水管道设计手册》

DL/T 515《电站弯管》

GD 87-1101《火力发电厂汽水管道零件及部件典型设计手册》

6. 美标标准

ASME B16.9《工厂制造的锻钢对焊管件》

ASME B16.11《承插焊和螺纹锻造管件》

ASME B16.28《钢制对焊小半径弯头和回头弯》

MSS SP-43《锻制不锈钢对焊管件》

MSS SP-79《承插焊异径插入件》

MSS SP-83《承插焊和螺纹活接头》

MSS SP-97《承插焊、螺纹和对焊端的整体加强式管座》

MSS SP-95《异径短管及管堵》

7. 德国标准

DIN 2605《钢制对焊管件，弯头标准》

DIN 2615《钢制对焊管件，三通标准》

DIN 2616-1《钢对焊管件，异径管标准》

8. 日本标准

JIS B2311《一般用途的钢制对焊管配件》

JIS B2312《钢制对焊管件》

JIS B2313《钢板制对焊管件》

JIS B2316《钢制承插焊管件》

第七节 典型工况管子和管件和选用工程应用

一、氧气管子和管件的选用和工程应用

(1) 氧气管子和管件选用的一般要求。

① 氧气管道材料的选用应根据管道的压力、温度和流速不同选用碳钢、不锈钢和镍基合金等材料；

② 管子宜采用无缝钢管；管件宜选用无缝对焊管件；

③ 阀门采用全通径阀门，但其操作状态应为全开或全关状态，不得使其处于半开半关状态；并且切断阀操作过程中两端压差不能过大，阀门宜采用法兰连接；

④ 垫片宜采用带内环的聚四氟乙烯缠绕式垫片；

⑤ 阀门填料不应采用易脱落碎屑、纤维的材料或可燃的材料制成，宜采用聚四氟乙烯材料；

⑥ 三通宜采用等径三通；如采用异径三通，可能导致氧气流体超速，造成潜在危险；

⑦ 氧气管子、管件、阀门等应进行脱脂处理。

(2) 流速应是在不同工作压力范围内的管内氧气流速。

流速均指管内氧气在工作状态下的实际流速。氧气管道中最高流速不应超过表 4.7.1 的规定。

表 4.7.1 管道中氧气最高允许流速

材质	工作压力 p/MPa					
	$p\leqslant0.1$	$0.1<p\leqslant1.0$	$1.0<p\leqslant3.0$	$3.0<p\leqslant10.0$	$10.0<p<15.0$	$p\geqslant15.0$
碳钢	根据管系压降确定	20m/s	15m/s	不允许	不允许	不允许
奥氏体不锈钢		30m/s	25m/s	$p\times v\leqslant45$MPa·m/s（撞击场合） $p\times v\leqslant80$MPa·m/s（非撞击场合）	4.5m/s（撞击场合） 8.0m/s（非撞击场合）	4.5m/s

注 1：最高允许流速是指管系最低工作压力、最高工作温度时的实际流速。

注 2：撞击场合和非撞击场合：使流体流动方向突然改变或产生旋涡的位置，从而引起流体中颗粒对管壁的撞击，这样的位置称做撞击场合；否则称为非撞击场合。

注 3：铜及铜合金(含铝铜合金除外)、镍及镍铜合金，在小于或等于 21.0MPa 条件下，流速在压力降允许时没有限制。

(3) 氧气管道的组成件要求。氧气管材使用的材质有很多种，它的选择取决于下列三个要素：氧气的化学性质对管材的特殊要求，如防腐蚀、防锈、防火等；氧气的温度，如在低温下工作要求管道不失其韧性；氧气压力的高低。在选择管材时，首先应满足氧气的化学性质对管材的特殊要求，然后根据温度和压力条件确定管材。一般情况下，氧气管道的主要管材是碳素钢，但由于碳素钢的冷脆性不能用于低温<-30℃，也由于它在氧气中会氧化锈蚀，故在某些管段上需要采用不锈钢管、铜管或铝合金管。

工作压力较高的氧气管道采用黄铜管或紫铜管，不采用碳钢管，因为管内高压氧气气

流急速，气流中微粒与管壁摩擦产生静电，容易产生火花引起爆炸，特别是流过阀门、弯头、孔板等处，采用铜管可以避免火花，铜在低温下不失去其韧性，因此，低温氧气管道采用有色金属管材。

采用碳素钢管作氧气管道管材时应注意以下三点：a. 工作压力超过 1. 6MPa 的碳素钢管，在阀门、节流孔板及管路弯头后面宜装一段 1. 5 ~2m 长的铜管。b. 快速切断阀门后采用一段长度不小于 1. 5m 的铜管。c. 液氧排放管应采用不锈钢管或铜管，以防腐蚀。

① 氧气管道材质选用见表 4. 7. 2。

② 氧气管道管件选用

a. 氧气管道的弯头严禁采用褶皱弯头，当采用冷弯或热弯弯制碳钢弯头时，弯曲半径不应小于公称直径的 5 倍；当采用压制对焊弯头时，宜选用长半径弯头。

对工作压力不大于 0. 1MPa 的钢板卷焊管，可以采用斜接弯头，90°弯头应采用中间为大于或等于二段管制作的管件，弯头内壁应平滑，无锐边、毛刺及焊瘤。

b. 氧气管道的变径管宜采用压制对焊管件，当焊接制作时，变径部分长度不宜小于两端管外径差值的 3 倍；其内壁应平滑，无锐边、毛刺及焊瘤。

c. 氧气管道的三通宜采用压制对焊，当不能取得时，应在工厂或现场预制，加工到无锐角、无突出部位及焊瘤。

③ 氧气管道管子管件焊接应采用氩弧焊打底。氧气管道选用全通径阀，不用快开、快闭，严禁用闸阀。阀门的填料应采用聚四氟乙烯或膨胀石墨。垫片及填料不易脱落碎屑、纤维材料或可燃气体。氧气管道垫片宜选用缠绕式垫片。宜选用 RF 法兰带内外定位环缠绕垫片。氧气管道、阀门、管件、仪表、垫片及其他附件必须脱脂处理。

氧气管道的连接应采用焊接，但不可避免地与设备、阀门连接时可以采用法兰用一氧化铅、水玻璃或聚四氟乙烯薄膜作为填料，严禁用涂铅红的麻或棉丝，或其他含油脂的材料。

氧气管道应有导除静电的接地措施。

(4) 氧气管道管件的选用。当氧气管道工作压力≤4MPa 时，三通可以采用现场直接开口焊接制成，异径管采用卷制焊接而成。当工作压力>4MPa 时，三通和异径管应采用锻制三通和锻制异径管。氧气管道工作压力≤1. 6MPa，管道直径<50mm 和需要用螺纹连接处，可以采用可锻铸铁配件，螺纹填料采用聚四氟乙烯生料带，不得用铅油和麻丝。氧气管道所用的压力表应采用专供氧气使用的禁油压力表。

(5) 工程应用。某氧气管道，不锈钢管子选用 ASTMA312-TP304(同中国旧标准的 0Cr18Ni9，新标准的 06Cr19Ni10)无缝管。不锈钢管件选用 ASTM A312-TP304。

如果选用镍及镍合金，则管子选用 ASTMB167-600 (UNS N06600)，管件选用 ASTM A312-TP304。ASTM B366-WPNCI(UNS N06600)。

(6) 氧气管道设计常用标准规范。

GB 16912《深度冷冻法生产氧气及相关气体安全技术规程》

GB 50030《氧气站设计规范》

IGC DOC 13/02/E《氧气管道系统(Oxygen Pipeline Systems)》欧洲工业气体协会标准(EIGA)

表 4.7.2 氧气管道材质选用

工作压力 p/MPa	$p\le0.6$		$0.6<p\le3.0$		$3.0<p\le10$		$p>10$		
管材类别	一般场所	分配主管上阀门频繁操作区阀后，放散阀后	一般场所	阀后5倍公称直径(并不小于1.5m)范围；调节阀组前后各5倍公称直径(各不小于1.5m)范围内；氧压车间内部；放散阀后；湿氧输送	一般场所	阀后5倍公称直径(并不小于1.5m)范围；调节阀组前后各5倍公称直径(各不小于1.5m)范围内；氧压车间内部；放散阀后；湿氧输送	一般场所	氧气充装台、汇流排	液氧管道
钢板卷焊管	√	×	×	×	×	×	×	×	×
焊接钢管(GB/T 3091、SY/T 5037)	√	×	×	×	×	×	×	×	×
无缝钢管(GB/T 8163)	√	×	√	×	×	×	×	×	×
不锈钢焊接钢管(GB/T 12771)	√	√	√	×	×	×	×	×	×
不锈钢板卷焊管	√	√	√	×	×	×	×	×	×
不锈钢无缝钢管(GB/T 14976)	√	√	√	×	√	×	√	×	√
铜及铜合金挤制管(YS/T 662)	√	√	√	√	√	√	√	√	√
铜及铜合金拉制管(GB/T 1527)	√	√	√	√	√	√	√	√	√
镍及镍基合金	√	√	√	√	√	√	√	√	√

注1："√"允许采用，"×"不允许采用。

注2：碳钢钢板卷焊管宜用于工作压力小于0.1MPa，且管径超过现有焊接钢管、无缝钢管产品管径情况下。

注3：表中阀指干管阀门、供一个系统的支管阀门、车间入口阀门。

注4：氧气储罐区内氧气管道宜采用不锈钢。

注5：工作压力大于3.0MPa的铜合金管不包括含铝铜合金。

二、氢气管子和管件的选用和工程应用

1. 氢气管道最大流速

碳素钢管中氢气最大流速，应符合表 4.7.3 的规定。

表 4.7.3　碳素钢管中氢气最大流速

设计压力/MPa	最大流速/(m/s)	设计压力/MPa	最大流速/(m/s)
>3.0	10	<0.1	按允许压力降确定
0.1~3.0	15		

2. 氢气管道管子和管件的选用

(1) 氢气管道的管材应采用无缝钢管。氢气管道的连接，应采用焊接。但与设备、阀门的连接，可采用法兰或锥管螺纹连接。螺纹连接处，应采用聚四氟乙烯薄膜作为填料。

(2) 氢气管道穿过墙壁或楼板时，应敷设在套管内，套管内的管段不应有焊缝。管道与套管间，应采用不燃材料填塞。氢气管道与其他管道共架敷设或分层布置时，氢气管道宜布置在外侧并在上层。

(3) 当操作温度≥200℃时，按临氢作业用钢防止脱碳和微裂的操作极限(Nelson 曲线)选择适当的抗氢钢材，参照 API RP 941《炼油厂和石油化工厂用高温高压临氢作业用钢》。

3. 工程应用

某操作温度为 160℃的氢气管道，管子材质选用 ASTM A234 Gr. WPB，管件选用 ASTM A234 Gr. WPB。

WPB 材料是国内外比较常用的中、高温条件下的碳钢管件材料，其来源可以是钢管(如 ASTM A106 Gr. C)，也可以是钢板(如 ASTM A285 GR. C)。国标 GB/T 8163 的 20#及 GB 5310 的 20G 无缝钢管，GB/T 3274 的 Q235A、Q235B 中厚板的化学成分及机械性指标与 ASTMA234GR. WPB 比较，国标满足 WPB 材料要求。

4. 氢气管道设计常用标准规范

ASME B31.12《氢用管道和管线》

API RP 941《炼油厂和石油化工厂用高温高压临氢作业用钢》

GB 50177《氢气站设计规范》

GB 4962《氢气使用安全技术规程》

SY/T 4117《高含硫化氢气田集输管道焊接技术规范》

三、乙炔管子和管件的选用和工程应用

(1) 乙炔气体属甲类火灾危险性物品，乙炔气是一种易燃易爆的气体，它不但与空气或氧混合可产生氧化爆炸，而且纯乙炔在一定条件下，其自身还能产生分解爆炸，而爆炸又可分为爆燃和爆轰。爆燃的爆压一般可达其初压的 13 倍左右(绝对压力)，而爆轰的爆压可达其初压的几十倍，其反射压力则更高，所以乙炔管道的管材选择，要考虑到其耐爆的强度。

如某厂室外布置的某中压乙炔储罐，发生爆炸，罐体的铁片飞出 1km 多。如果乙炔设

施布置在室内，也有较大的危险性，例如，按美国防火标准 NFPA51 规定，在建筑物内储存的燃气气瓶，除正在使用或接上准备使用者外，乙炔及非液化气体的储存量不应超过 $2500ft^3$($70m^3$)。

(2) 乙炔压力等级的划分：

低压≤0. 02MPa；中压>0. 02~≤0. 15MPa；高压>0. 15~2. 5MPa。

(3) 乙炔在管子中的最大流速，宜符合下列要求：装置厂区和车间乙炔管道，乙炔的工作压力为 0. 02~0. 15MPa 时，其最大流速为 8m/s；乙炔站内的乙炔管道，乙炔的工作压力为 2. 5MPa 及以下时，其最大流速为 4m/s。

(4) 低压乙炔管道，工作压力不超过 0. 02MPa，宜采用无缝钢管材质或焊接钢管。低压乙炔管道不得采用镀锌钢管，因为锌与乙炔接触后起化学作用，可生成易爆炸的化合物，宜采用无缝钢管或焊接钢管。中压乙炔管道，工作压力为 0. 02~0. 15MPa，应采用无缝钢管，管内径不应超过 80mm，管壁厚度不应小于表 4. 7. 4 的规定。

表 4. 7. 4　中压乙炔管道无缝钢管管壁的最小厚度

管外径/mm	≤φ22	φ28~32	φ38~45	φ57	φ73~76	φ89
最小壁厚/mm	2	2. 5	3	3. 5	4	4. 5

乙炔工作压力为 0. 15~2. 5MPa 的高压乙炔管道，应采用无缝钢管，管内径不应超过 20mm，管壁厚度不应大于表 4. 7. 5 的规定。乙炔管道直接埋地敷设时，应考虑土壤对管壁的腐蚀影响，其管壁厚度应增加不小于 0. 5mm 的腐蚀裕度。

表 4. 7. 5　高压乙炔管道无缝钢管管壁的最小厚度

管外径/mm	≤φ10	φ12~16	φ18~20	φ22	φ25~28	φ32
最小壁厚/mm	2	3	4	4. 5	5	6

在管内径大于 50mm 的中压乙炔管道上，不应有盲板或死端头，并不应选用闸阀。乙炔管道的阀门、附件的选用和管道的连接，应符合下列要求：阀门和附件应采用钢、可锻铸铁或球墨铸铁制造，也可采用含铜量不超过 70 %的铜合金制造。中、低压乙炔管道可采用对焊法兰，用石棉橡胶板垫片；高压乙炔管道应采用对焊高颈法兰，用波纹金属垫片。

(5) 管道的连接，宜采用焊接和高压卡接头，但与设备、阀门和附件的连接处，可采用法兰或螺纹连接。

(6) 乙炔管道应有导除静电的接地装置。当每对法兰或螺纹接头间电阻值超过 0. 03Ω 时，应有跨接导线。对有阴极保护的管道，不应做接地。

(7) 架空乙炔管道靠近热源敷设时，宜采取隔热措施；管壁温度严禁超过 70℃。乙炔管道严禁穿过生活间、办公室。厂区和车间的乙炔管道，不应穿过不使用乙炔的建筑物和房间。架空乙炔管道可与不燃气体管道(不包括氯气管道)、压力不超过 1. 3MPa 的蒸汽管道、热水管道、给水管道和同一使用目的的氧气管道共架敷设。乙炔管道穿过墙壁或楼板处，应敷设在套管内，套管内的管段不应有焊缝。管道与套管之间，应用石棉绳和防水材料填塞。

四、氢氟酸管子和管件的选用和工程应用

某管道的物料主要为含水的气液混合状态氢氟酸，温度在 350℃左右高温含氟化氢，管

子和管件选用分析如下。

1. 普通碳钢

碳钢广泛应用于60%~70%以上的氢氟酸和无水氢氟酸温度不宜超过65℃。在浓度边界60%~65%时使用要特别小心，稀酸的腐蚀性很强，根据试验结果：碳钢在93%酸内(20℃)，腐蚀率为0.9mm/a，在48%酸内，腐蚀率为13mm/a。低碳钢的耐蚀性最好。

由于氢氟酸与碳钢作用能在其表面形成氟化铁薄膜，阻止进一步腐蚀，因此碳钢普遍适用于100℃以下的液相或气相氢氟酸。温度超过100℃时，腐蚀速率随温度升高而迅速增加。为防止表面氟化铁保护层遭到破坏，通常要求流体流速在室温下不得超过1m/s，在较高温度下，线速度要求更低。这种限制也适用于与氢氟酸接触的其他金属。对于HF(氢氟酸)水溶液，其腐蚀速率随浓度增加而降低。HF浓度为85%时就产生某种程度的腐蚀；浓度75%时，年腐蚀率为0.5mm；浓度65%时，年腐蚀率为1.5mm。因此在HF浓度低于70%时，不推荐使用碳钢。低于60%的氢氟酸即使在低温下也能迅速地腐蚀钢材。即使是浓度大于85%的氢氟酸，如果钢材没有进行消除晶格缺陷和应力，也可能发生原子氢向钢板内层迁移，引起“起泡”现象。

2. 铸铁

普通铸铁对氢氟酸的耐腐蚀能力远远不及碳钢和铸钢，因此与氢氟酸接触的部件不宜采用。

3. 不锈钢

氢氟酸能破坏不锈钢表面的保护膜。但是，室温下无水氟化氢可以用不锈钢。一般不锈钢不用来处理氟化物溶液。稀氢氟酸中如果含有硝酸或其他强氧化剂，可以减轻对不锈钢的腐蚀。

高合金不锈钢对充气的氢氟酸有较好的耐蚀性，也适用于无水氟化氢，但使用60%以下的酸时要小心。有些工厂用此材料制作泵、阀、喷嘴等。

奥氏体镍铬钢对氢氟酸的耐腐蚀能力并不优于碳钢，而且不能用于较高温度。在室温下，浓度低于10%的氢氟酸对奥氏体钢(316型)有中等的腐蚀性。高合金奥氏体钢(如Carpenter20和Durimet20)耐腐蚀性较好，而蒙耐尔、哈氏C则具有更好的耐腐蚀性。在选用20号合金管材时，建议首选无缝管而不用焊管。

奥氏体钢在稀氢氟酸中100℃以上能产生应力裂纹。在氟离子的存在下，即使在较低温度也可能促进应力腐蚀裂纹的形成，特别是304不锈钢，如果不进行充分的应力释放，这种现象尤为严重。

4. 镍、蒙耐尔(Monel)、因康(Inconel)合金

蒙耐尔在室温下对浓度高于50%的氢氟酸有很好的耐腐蚀性，为了防止钝化层破坏，同样也要求限制物料的流速和搅动。对于无水至50%的氢氟酸，在温度达到80℃以上时出现一定程度的腐蚀。

冷成形或焊接的蒙耐尔制品，如果没有进行有效的应力释放，将发生应力腐蚀裂纹。在焊接时，不要使用蒙耐尔60焊条，否则焊缝将被HF腐蚀。氧化剂和还原硫化合物的存在会增大所有这些材料的腐蚀速率。

5. 铜、青铜(Bronze)

铜在室温下可用于浓度60%~90%的氢氟酸，到达沸点温度时出现中等程度的腐蚀。青铜在室温下也具有可接受的抗腐蚀性，有时用它来制造氢氟酸泵体部件，但不适用于较高温度。

6. 塑料

聚甲基丙烯酸甲酯、聚四氟乙烯可用于氟化氢气体的设备和管道。

五、盐酸管子和管件的选用和工程应用

1. 工程应用

某30%盐酸管道，常温，应当选择什么管道？笔者调研，有的用户用聚丙烯(三型聚丙烯PPR)管、有的用PVC(氯化聚氯乙烯)管，有的用CPVC(氯化聚氯乙烯)管，有的用玻璃钢加强管、有的用钢衬PTFE。

某30%盐酸管道约2km，选用HDPE管，承插热熔焊，但每隔一段距离设一个膨胀节。夏季温度高，HDPE管道很容易变形，选择了法兰式膨胀节，但是，常在法兰口处有漏点。

某*DN*80口径30%盐酸输送1km距离，采用了玻璃钢管道，厂家将制作好的6m/根的玻璃钢管道，在施工现场手工糊玻璃钢对接，使用了一段时间，运行良好。

某用户用钢衬PE的管道对接法兰，且钢衬的PE易脱落、鼓泡等。如果采用PVC、PP等管道，强度低、连接处易泄漏，热胀冷缩变化大，对于30%盐酸存在着较大的安全隐患，配管设计时，需设置事故状态紧急排放。

某用户的浓盐酸管道用的是PVC-U管，阀门也选用PVC-U阀门，其填料是橡胶，设计人员说手册里说明橡胶可以耐盐酸腐蚀，但是2个月后阀门密封填料发生膨胀，阀门不能动作。

某用户采用PP管输送盐酸，管子膨胀系数较大，使用温度不宜过高。但是，管道易老化出现泄漏现象，另外因为管道强度不够，出现管道变形情况。后来，用户采用双套管输送盐酸，内管是PP，外管(套管)是PVC管，情况有所改观。

某用户用ABS管道输送浓盐酸，管道和阀门也是ABS，20年了运行良好。

2. 耐盐酸腐蚀金属材料

盐酸属于还原性强酸，能严重腐蚀碳钢，而且盐酸中氯离子能引起不锈钢孔蚀，还能引起不锈钢的应力腐蚀损坏。但是大多数非金属对盐酸都有良好的耐蚀性，为保证管道强度，有的用钢衬塑料管道。在输送不含水的氯化氢气体时，可用钢管输送。在对盐酸进行加热时，一般选用石墨换热器，因为石墨具有高热导率，而且能耐热的浓盐酸腐蚀。

管道耐化学品表见表4.7.6，可根据配管设计具体工况选择钢衬管道或热塑性材料，从经济上比较，一般情况下，玻璃钢最贵，其次是钢衬塑，热塑性材料管最便宜。配管设计时，尽量不要把酸碱输送管道布置在走道的上方，尽可能避开人员经过的地方，管道宜设置低点漏液报警等措施。

表 4.7.6　管道耐化学品表

腐蚀介质					耐化学性										
介质	分子式	沸点/℃	浓度	温度/℃	PVC-U	PVC-C	ABS	PE	PP-H	PVDF	EPDM	FPM	NBR	CR	CSM
盐酸	HCl		38%，含水	20	+	+	–	+	○	+	+	+	–	–	+
				40	+	+		+		+	○	+			
				60	+	+				+					
				80		○				+					
				100						+					
				120											
				140											
氢氰酸	HCN	26	工业纯	20	+	+	–	+	+	+	+	+	○	○	+
				40	+	+		+	+	+	○	○	–	–	○
				60	○	+		+	+	+					
				80						+					
				100											
				120											
				140											
氢氟酸	HF		40%	20	+	–	–	+	+	+	–	+	–	–	+
				40	○			+	+	+		+			+
				60	○			○	+	+		○			○
				80						+					
				100						+					
				120											
				140											

注：①+ 表示抗腐蚀。②O 表示有条件地使用。③-表示不推荐。④不同供应商的产品性能上有差异。

六、硫酸管子和管件的选用和工程应用

（1）某浓硫酸管道选用了碳钢管道，运行多年运行良好。但在另一工程，某浓硫酸管道仍选用了碳钢管道，但是在试运行阶段就开始到处泄漏，后来换成316L管后，才运行正常。

（2）纯净的硫酸是无色、无味、黏滞状液体。市售硫酸通常浓度为98%（质量分数，指的是溶质质量/溶液质量×100%）。高浓度的硫酸是一种强氧化剂，可使具有钝化能力的金属进入钝态，可以使这些金属在浓硫酸中腐蚀速率很低。低浓度的硫酸则没有氧化能力，仅有强酸性的作用，其腐蚀性很大。硫酸的腐蚀性取决于许多因素，主要是温度与浓度，其他因素如氧化还原剂的存在、流速、悬浮固体物等，也会影响硫酸对各种管道材料的耐蚀性。

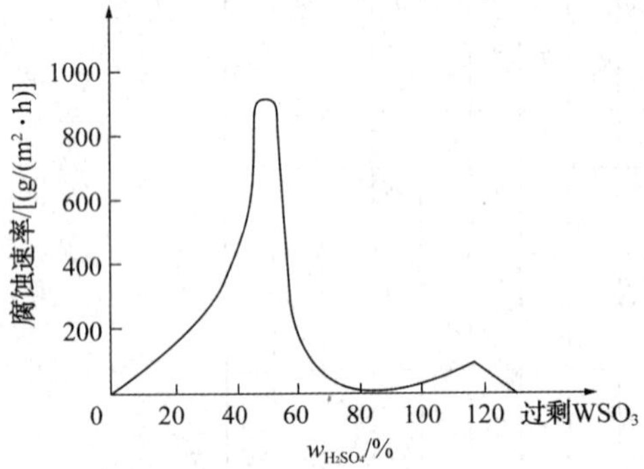

图 4.7.1　铁在硫酸中的腐蚀速率与浓度的关系

（3）耐硫酸腐蚀金属材料。

① 铁在硫酸中的腐蚀速率与浓度的关系见图 4.7.1。在稀硫酸中，腐蚀速率随硫酸浓度的增大而增加，当 H_2SO_4 达到 50%时，由于钝化作用，腐蚀速率迅速下降，最后达到最低值。但酸浓度超过 100%以后，随过剩 SO_3 含量的增加，腐蚀速率又开始增大，在一定浓度时出现第二个最大值，SO_3 含量继续增加，腐蚀速率又下降。

作为耐硫酸用的材料，广泛被采用的金属是铅和铅合金以及碳钢。它们的耐蚀性范围刚好可以相互补充。分别使用这两种材料就可以适应硫酸的广泛的浓度和温度范围。图 4.7.2 和图 4.7.3 表示了铁和铅的腐蚀速率与硫酸浓度的关系。由图可见，低于 70%浓度的硫酸对碳钢的腐蚀极严重，而碳钢在室温下对高于 70%浓度的硫酸却有足够好的耐蚀性，因此钢铁材料可用于制造浓度为 70%～100%的浓硫酸的储罐与运输管线。而浓度小于 70%的硫酸可以用铅制的设备储运。碳钢通常也可以用于浓度超过 101%的中温发烟硫酸，但应注意两个问题：一是硫酸是一种强吸水剂，暴露于空气中会因吸水而自动稀释，从而进入高腐蚀区；其二是钢铁材料在硫酸中所生成的黏附性良好的硫酸盐保护膜（$FeSO_4$）易受溶液流动冲刷等机械作用而破坏。

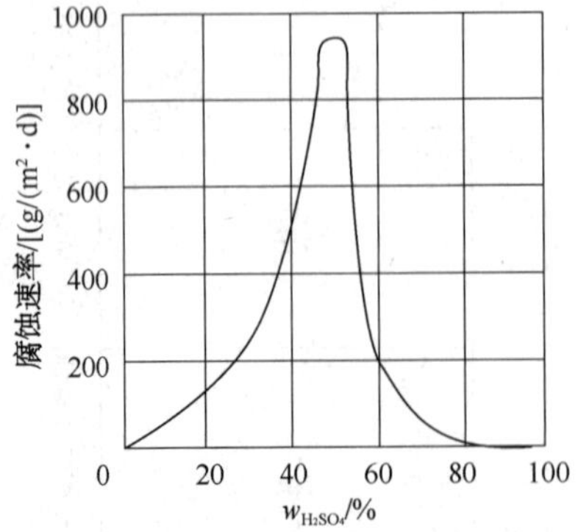

图 4.7.2　碳钢的腐蚀速率与硫酸浓度的关系（20℃）

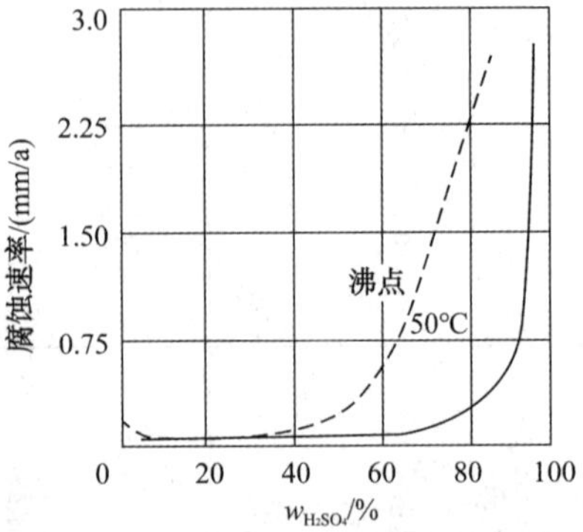

图 4.7.3　铅的腐蚀速率与硫酸浓度的关系（20℃）

钢和铅之所以耐硫酸腐蚀，都是因为表面上生成黏结性好的 $FeSO_4$ 或 $PbSO_4$ 保护膜，这些硫酸盐膜在强氧化性环境中被氧化，通常变为钝态的氧化膜。

② 钢的腐蚀与硫酸的浓度和温度的关系见图 4.7.4，图中的曲线为钢的等腐蚀速率曲线，曲线分别代表 0.1、0.5、1.5mm/a。碳钢在任何温度下都不宜在浓度约 65%以下的硫酸中使用；在高于 70%的硫酸中，根据温度情况可考虑使用碳钢；浓度在 100%以下，温度超过 80℃时，碳钢腐蚀速率达 1~5mm/a，一般不宜再使用。在 101%附近浓度硫酸中碳钢的腐蚀速率较高，但该区的数据尚不够充分，故用虚线表示。

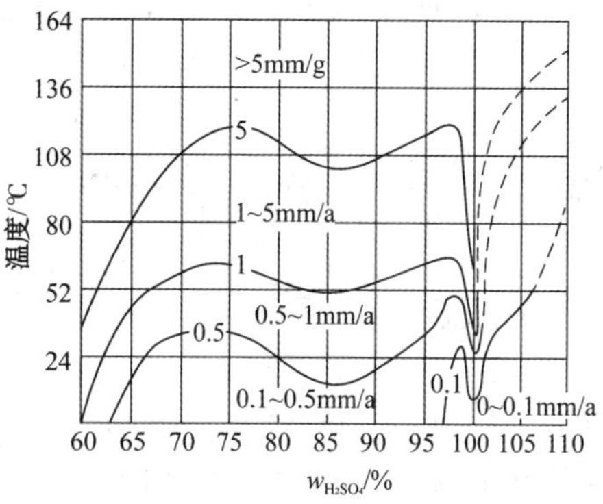

图 4.7.4 在硫酸中碳钢的腐蚀与浓度和温度的关系

③ 流速对腐蚀速率有很大影响，表 4.7.7 示出了输送硫酸时流速对钢管寿命的影响。浓硫酸中充气对钢的腐蚀没有影响，因为浓酸本身就具有氧化性。浓酸中带进空气泡时，空气泡沿着管子顶部流动则会产生冲刷破坏作用。

表 4.7.7 硫酸管道寿命与流速的关系

硫酸的质量分数	流速/$m \cdot s^{-1}$	寿命/a
0.93	0.1	10
0.98	0.3	15
0.93	1.1	5
0.93	1.7	5~8
0.93	2.0	3~5
0.98	2.0	1.5
0.99	3.6	1

铅在低浓度硫酸中，腐蚀速率小于 0.1mm/a，但随温度和浓度增加，腐蚀速率上升。在浓酸中腐蚀很快，这是因为硫酸铅表面膜溶于浓酸。过去一个时期曾认为在硫酸浓度小于 85%的范围内铅有很好的耐蚀性，得到广泛应用，但是铅硬度低、有毒、焊接困难等原因，已很少使用。

④ Durimet20 合金是为了在硫酸中使用而发展起来的一种铸态合金，它可用于硫酸的全部浓度范围，在发烟硫酸中的耐蚀性也非常好。其成分为：<0.07%C，29%Cr，20%Ni，3.25%Cu，2.25%Mo。

⑤ 硫酸对不锈钢的腐蚀作用与酸中共存的氧化剂有很大关系。在不含别的氧化剂的硫酸中，能够自钝化的范围仅限于低浓度的稀硫酸和具有氧化性的高浓度的硫酸。在中间浓度的范围内，必须在硫酸中有溶解氧或与其他氧化剂共存的条件下，才能发挥不锈钢的钝态耐蚀性。图 4.7.5 表示 18-8 不锈钢在 5%H_2SO_4，60℃时的阳极极化曲线和钢表面上的 Fe^{3+} 离子阴极极化曲线。Fe^{3+} 的浓度为 0. 054g/L 时，不锈钢处于稳定的钝态，耐蚀性良好；Fe^{3+} 的浓度为 0.01g/L 时，不锈钢不能自钝化而处于活化态，因而不耐蚀。因此，不锈钢在硫酸中的耐蚀性取决于不锈钢本身的阳极溶解行为及共存的氧化剂的阴极还原行为的相对

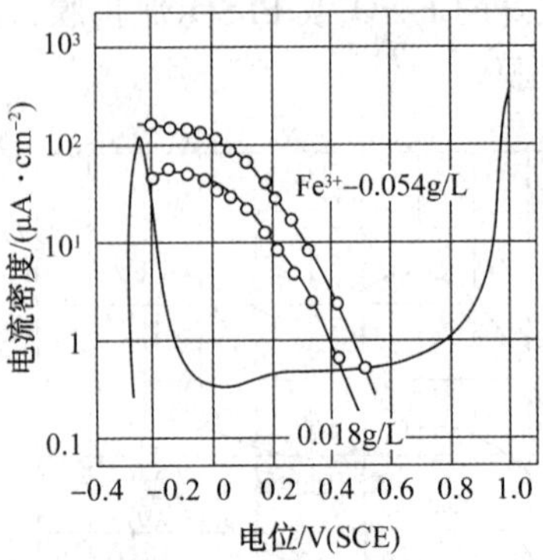

图 4.7.5　18-8 不锈钢在硫酸中的阳极极化曲线及 Fe^{3+} 的阴极极化曲线（5%H_2SO_4，60℃，N_2 饱和，静置）

关系。在中等浓度的稀硫酸中，对奥氏体不锈钢而言，只有含 Mo 的奥氏体不锈钢才是可用的，其中性能较好的有 0Cr23Ni28N03Cu3Ti。

某些镍基合金，如哈氏合金 825（Hastelloy825）可以在一个很宽的浓度范围内应用于硫酸介质中。铜与铜基合金一般不太应用于硫酸，它们对氧化性条件很敏感。铝青铜因有较好的耐磨蚀性，适用于炼油厂处理含碳质泥渣的硫酸的设备。锆可应用于热硫酸介质中，但硫酸浓度不得高于 60%。

20 号合金适用于常压下任何浓度温度的硫酸，不过价格偏高。哈氏合金更耐腐蚀，但是价格比 20#合金更贵。一般很少去考虑它。

⑥ 耐硫酸腐蚀金属材料。浓度 75%以下呈还原性（或呈中性），超过 75%呈氧化性。

不锈钢（SUS316、SUS316L）：温度 40℃以下，浓度 20%左右；

904 钢（SU904、SUS904L）：适于温度 40～60℃、浓度 20%～75%；温度 80℃、浓度 60%以下；

高硅铸铁（STSi15R）：室温到 90℃之间各种浓度；

纯铅、硬铅：室温的各种浓度；

S-05 钢（0Cr13Ni7Si4）：90℃以下的浓硫酸，高温浓硫酸（120～150℃）；

普通碳钢：室温 70%以上的浓硫酸；

铸铁：温度为室温的浓硫酸；

蒙乃尔、金属镍、因可耐尔：中温中等浓度的硫酸；

钛钼合金（Ti-32Mo）：沸点以下、60%的硫酸和 50℃以下、98%的硫酸；

哈氏合金 B、D：100℃以下、75%的硫酸；

哈氏合金 C：100℃左右的各种浓度；

镍铸铁（STNiCr202）：室温 60%～90%的硫酸。

（4）耐硫酸腐蚀非金属材料

稀硫酸有极强酸性，根据实际工厂应用，碳钢、316L 不锈钢都不能很好地抗腐蚀，建议使用非金属管道，即选用衬里管道及管件，现在常用的衬里管道有钢衬塑料与钢衬搪玻璃管。钢衬塑料管道输送硫酸温度不可过高，衬塑管道虽然有优异的耐腐蚀性能，但是在实际工业应用中，生产厂家多，质量参差不齐，使用时易留下隐患，如不耐负压，输送泵启动或者关闭时，内衬塑料管道容易发生“抽瘪”现象导致管道堵塞，虽然现在有所改进，但是在热酸管道中仍然无法避免，另外氟塑料衬里在烧结过程中，由于烧结质量不稳定，易存留小孔或者裂纹，一旦出现，在使用过程中与酸液接触，造成管道腐蚀漏酸现象。搪玻璃管能耐各种浓度的硫酸，但是一般使用压力不超过 1.0 MPa，设计温度范围为-20～200℃，见 HG/T 2130《搪玻璃管》。

（5）工程应用。某管道输送浓硫酸、常温，输送压力低于 1.6MPa，选用了 PVC/FRP 管道；输送压力高于 1.6 MPa，选用了 CPVC 管道。如果使用 PP 或 PE 管，在室外架空，阳光暴晒下会很快老化。

七、硝酸管子和管件的选用和工程应用

硝酸有强酸的腐蚀性，又具有强氧化性。对于浓度在70%以下的稀硝酸，铬和铬镍不锈钢都有优良的耐蚀性，适用温度可到沸点。对于浓度更高的硝酸，常温下可适用，但是超过65℃将加快腐蚀，对于高温高浓度的浓硝酸，可以选用高铬、镍成分的不锈钢。硝酸浓度在80%以下时，铝和铝合金迅速腐蚀，在常温下，80%浓度以下的硝酸和硝酸蒸气中，铝和铝合金有良好的耐蚀性。高硅铸铁能耐各种浓度和温度（沸点）的硝酸，价格适中，应用广泛。

高硅铸铁（STSi15R）：浓度93%以下的一切温度：

高铬铸铁（Cr28）：浓度80%以下的一切温度；

不锈钢（SUS304、SUS316、SUS316L）：浓度80%以下的一切温度；

S-05钢（0Cr13Ni7Si4）：浓度98%以下的一切温度；

工业纯钛（TA1、TA2）：沸点以下的一切浓度（除发烟外）；

工业纯铝（Al）：室温的一切浓度（仅用于容器）。

八、磷酸管子和管件的选用和工程应用

磷酸也是一种强腐蚀性酸，腐蚀性能与硫酸类似，但是腐蚀性比硫酸小。304不锈钢可耐5%以下的沸酸和10%常温下的酸。316L不锈钢对磷酸的耐蚀性最好，可适用于50%以下的沸酸和50%~85%的热酸（100℃左右）。如果磷酸温度不高，可用非金属管道，这里考虑到安全因素，纯塑料管道如FRP管道或者FRP+PP管道强度不够，建议使用碳钢衬里管道，耐腐蚀，而且相对于不锈钢管，能降低成本。由于磷酸的生产方法不同，最终的产品会带有一些杂质，比如氟化物、氯化物、硫酸，因此实际选择材料过程中还应该对磷酸中所含杂质有所了解，之后根据实际工况进行选材。

不锈钢（SUS316、SUS316L）：浓度85%以下的沸点磷酸；

Durimet20（20号合金）：浓度85%以下，沸点以下的温度，耐蚀耐磨合金；

CD-4Mcu（双相不锈钢，Z3CNUD26.05M）：时效硬化合金，耐蚀耐磨合金。

九、醋酸管子和管件的选用和工程应用

醋酸又名乙酸，是腐蚀性最强的有机酸之一。不锈钢在醋酸工业中使用广泛，其中含钼的铬镍钢（316型）对醋酸的耐蚀性最好，能用于一切浓度的醋酸溶液，而且适合于稀醋酸蒸气，也适合于高温环境中。普通不锈钢比含钼的不锈钢耐蚀性差些，但是也常用于醋酸蒸气和各浓度醋酸。

此外，铝以及铝合金也有非常优良的耐醋酸腐蚀性，在常温下，对于任何浓度的酸，腐蚀速率只有约0.03mm/a，耐蚀率随着温度的上升而增大，在50℃环境下，铝材在不同浓度醋酸中腐蚀速率可参考表3。铝材在醋酸中的使用温度，在50%浓度的醋酸中约为70℃，50%以上的醋酸溶液中约为80℃，对于冰醋酸的使用温度可到沸点。

十、NaOH管子和管件的选用和工程应用

某NaOH溶液，浓度小于29%，设计压力1.2MPa，设计温度为常温。NaOH溶液的材

质选用详述见本书第一章。对于这个工况，管道材料可以选用20#钢；如果是美标材料，管子选用ASTM A106-B无缝钢管，管件选用ASTM A234-WPB。

十一、低温工况管子和管件的选用和工程应用

(1) 按照国内外标准要求的温度工况，一般分类见表4.7.8。笔者在此处主要讲述-40℃以下工况管子和管件材料的选用。

表4.7.8 按照温度工况管子分类

分类名称	工作温度	分类名称	工作温度
常温管道	-40~120℃	中温管道	121~450℃
低温管道	-40℃以下	高温管道	>450℃

(2) 设计温度≤-20℃的低温管道用国内钢材可按SH/T 3059、GB/T 20801或GB 50316等规范要求进行管道材料的低温冲击试验。ASTM材料的低温管道设计可按ASME B31.1、ASME B31.3的要求进行低温冲击试验。

(3) 管道材料的最低允许使用温度可根据ASME B31.3、SH/T 3059、GB/T 20801或GB 50316等规范确定，管线的设计温度不得低于管道材料的允许最低使用温度。本书第一章也有最低使用温度列表和综合讲述。

(4) 当奥氏体材料应用于设计温度-101℃以下的工况时，必须考虑焊缝及铸钢可能存在的铁素体对其允许最低使用温度的影响，并对相应的元件材料进行低温冲击试验。

(5) 工程应用。

① 某0.5MPa，-48℃普通工艺流体，*DN*200管子选用了ASTM A333 Gr.6材质，*DN*700管子选用了ASTM A671 CC60材质。

② 某1.6MPa，-100℃工艺流体，*DN*150管子选用了ASTM A312 TP304焊接钢管，*DN*800管子选用了ASTM A358 304焊接钢管。

③ 某LNG流体管道，设计温度通常选-196℃，对LNG管道使用的主流材料进行强度、韧性、塑性、焊接性、线膨胀系数和耐腐蚀性等性能对比，综合材料性能和经济性，在无腐蚀的情况下不锈钢304和304L仍是LNG管道材料的最佳选择，在海洋腐蚀环境易发生晶间腐蚀与应力腐蚀开裂，所选用材料应具备与316L相当的耐腐蚀性能；选用双牌号不锈钢时，应综合考虑该材料的经济性进行取舍。随着9%镍钢生产技术的成熟，以后可能成为LNG管道的主流材料。

某*DN*150的LNG管子选用ASTM A312 TP304无缝管，弯头选用A403 WP304材质。*DN*400的LNG管子选用A358 TP304 CL.1 EFW焊管，弯头选用WP304材质。

(6) 有关标准规范。

ASTM A333《低温用无缝与焊接钢管》

GB/T 37577《低温管道用大直径焊接钢管》

GB/T 18984《低混管道用无缝钢管》

BS 6364《低温阀门》

十二、高温工况管子和管件的选用和工程应用

(1) 按照国内外标准要求的温度工况，见表4.7.8，此处主要讲述450℃以上工况管子

和管件材料的选用。

（2）受压元件的钢材使用温度，不应超过标准规范规定的材料许用应力值所对应的温度上限。ASME B31.（3）ASME B31.1、GB 50316、GB/T 20801、SH/T 3059 等标准中规定了材料允许温度上限。本书在第一章有材料许用应力值所对应的温度上限的讲述。

（3）非受压元件的钢材使用温度，不应超过钢材的极限氧化温度。长期使用在高温条件下，碳素钢、碳锰钢及低温用高镍钢的使用温度不应超过 425℃，碳钼钢不应超过 470℃。奥氏体不锈钢的使用温度高于 525℃时，钢的含碳量不应小于 0.04%。对高温硫和环烷酸腐蚀介质，应以该装置的原料来源、介质的实际含硫含酸量、介质的流速、介质温度等为参数，可按 SH/T 3129 等标准规范的规定选择适当的材料。

（4）工程应用。

① 某工艺管道设计温度 520℃，设计压力 0.8MPa，口径 *DN*400 管子选用了 ASTM A312 TP304H 无缝材料，*DN*600 管子选用了 ASTM A358 TP304H 焊接材料。

② 某蒸汽管道设计温度 510℃，设计压力 11MPa，口径 *DN*100 管子选用了 ASTM A335 P22 材料，*DN*600 管子选用了 ASTM A335 P91 材料。

十三、普通公用流体介质管子和管件的选用和工程应用

（1）压缩空气、工业用水管道，设计压力小于 1.0MPa，温度小于 150℃的，宜选用锻焊直缝碳钢管、螺旋焊缝碳钢管，钢管标准为 GB/T 3091、GB/T 3092、SY/T 5037。

（2）净化压缩空气、饮用水介质，当 *DN*≤40 时，应采用镀锌有缝碳钢管 GB/T 3091；当 *DN*≥50 时，可采用无缝碳钢管 GB/T 8163。新的国家标准，对饮用水不提倡使用镀锌钢管，饮用水用 PVC、PPR、PE、不锈钢等材质管子较多。对于仪表空气管道，一般可用镀锌钢管，但是，有的仪表要求仪表空气需用不锈钢钢管。

（3）中低压氮气、化学试剂等介质应采用 GB/T 8163 碳素钢无缝钢管；高压氮气（PN≥10.0MPa）、高压除焦水（PN≥10.0MPa）应采用 GB/T 9948 碳素钢无缝钢管。

（4）①锅炉给水（包括除盐水、除氧水）、蒸汽凝结水，设计压力小于 10.0MPa，设计压力小于等于 1.0MPa 的低压蒸汽和低压过热蒸汽应采用 GB/T 3087 无缝碳钢管；②高压锅炉给水及中、高压过热蒸汽应采用 GB/T 5310 无缝钢管。③温度大于 60℃的脱盐水应采用不锈钢无缝钢管（GB/T 14976）。

十四、普通工艺流体介质管子和管件的选用和工程应用

（1）工艺介质：①当设计压力小于 10.0MPa，或设计温度小于 350℃时，应采用 GB/T 8163 无缝碳钢管（*DN*≤600）和焊接钢管（*DN*>600）；②当设计压力大于 10.0MPa，或设计温度大于 350℃（但小于 425℃）时，应采用 GB/T 9948 或 GB/T 6479 碳素钢无缝钢管，或采用 ASTM A106 无缝钢管；③当设计温度低于−20℃（但大于−40℃），应采用 GB/T 6479 标准中的 20G 或 16Mn 无缝钢管，同时要求对原材料和焊缝进行低温冲击韧性试验；④温度大于 425℃时，应根据具体情况采用 GB/T 9948、GB/T 14976 标准中的铬钼钢或不锈钢无缝钢管；⑤对于要求洁净的介质，或带腐蚀性的介质，宜采用 GB/T 14976 不锈钢无缝钢管或电弧焊直缝焊接不锈钢钢管。

（2）中低压碱性介质（包括烧碱、液氨、气氨），宜采用 GB/T 8163 碳素钢无缝钢管。

(3) 含 H_2S 的油品、油气，除在工艺方面采取相应防腐蚀措施之外，宜选用 GB/T 8163 标准中的 20#碳素钢无缝钢管，并要求消除加工残余应力和焊接残余应力。

十五、压缩机不允许承插口焊接的工程应用

API 617《石油、化学和气体工业用轴流、离心压缩机及膨胀机-压缩机》规定：由于可能结垢，不允许承插口焊接。用于润滑油、密封油或气体密封操作的辅助接管，只应使用带颈法兰或承插焊法兰。某工程压缩机这些管道采用了承插焊口，运行后，发生了结垢堵塞。

十六、蒸汽管道三通是否可以用焊接支管替代

某大口径中压蒸汽管道漏采购了三通，施工现场咨询笔者是否可以直接在主管道上开孔焊接支管。由于这根中压蒸汽管道设计压力和温度较高，经判断只能用三通连接。

例如，在 GB 50316《工业金属管道设计规范》中规定：设计压力大于 6.3MPa 的管道主支管为异径时，不宜采用现场制造的焊接支管，宜采用三通，或在主管上开孔并焊接支管台。当主支管为等径时宜采用三通。

SH/T 3059《石油化工管道设计器材选用规范》规定：

(1) 支管直接焊接在主管上的支管连接，除下列情况外，均应进行开孔补强校核，并根据校核结果采取相应的补强措施：

① 支管通过加强管接头与主管连接；

② 支管连接处作为一个整体受压元件设计、制造并经检验合格。

(2) 直接焊接在主管上的支管连接，应符合下列要求：

① 不宜用于有机械振动、压力脉动和温度急剧变化的部位及设计温度超过 425℃ 的管道；

② 当支管连接处承受由于支管热变形、外荷载及支架位移等引起的应力时，应对附加荷载在支管连接处产生的影响进行分析并采取必要的加强措施。

(3) 设计压力等于或大于 2.0MPa、设计温度超过 250℃ 以及支管与主管公称直径之比大于 0.8 或承受机械振动、压力脉动和温度急剧变化的管道分支，应采用三通、45°斜三通和四通连接；公称直径小于或等于 40mm 的管道，应采用承插焊(或螺纹)锻制三通；公称直径等于或大于 50mm 的管道，应采用对焊三通。

十七、火力发电厂汽水管子和管件的选用与工程应用

(1) 汽水管道的材料选择应符合下列规定：① 管道组成件所选用钢材应符合现行国家标准或电力行业标准的规定。

② 选用 DL/T 5054《火力发电厂汽水管道设计规范》未列出的国内材料，应符合国家或电力行业现行的相应材料标准。选用 DL/T 5054《火力发电厂汽水管道设计规范》未列出的国外材料，应根据国外相关的最新材料。标准经分析确认适合使用条件时才能采用。

③ 钢材的许用应力是指钢材许用拉应力，许用应力取值应符合《火力发电厂汽水管道设计规范》DL/T 5054 的规定。

(2) 汽水管道的管道组成件的一般要求：

① 管道组成件应根据系统和布置的要求，按公称尺寸、设计参数、介质种类及所采用的标准进行选择。管道组成件应是符合国家标准或行业标准的成熟产品。重要的、新型结构的管道组成件需另行设计制造时，应经鉴定合格。管道组成件的计算符合

DL/T 5054《火力发电厂汽水管道设计规范》的要求，选择管道组成件时，还应注意减少品种和规格。

②管道组成件的连接，除需经常拆卸的以外，应采用焊接连接。对于采用衬胶或衬塑的管道，应采用法兰连接。

③ 设计压力大于 1.6MPa 或设计温度大于 200℃的低压流体输送用焊接钢管不应采用螺纹连接方式。

④ 弯管、弯头、三通和异径管等管道附件的通流面积不应小于相连接管道通流面积的 95%。

⑤ 弯管、弯头、异径管、三通、封头的材料宜与所连接的管子材料一致。

(3) 汽水管道用管子的选择。

① 管子应根据管内介质的性质、参数及在各种工况下运行的安全性和经济性进行选择。

② 无缝钢管适用于各类参数的管道。符合 GB/T 8163《输送流体用无缝钢管》规定的无缝钢管可用于设计压力小于或等于 1.6MPa 的管道；符合现行国家标准 GB/T 3087《低中压锅炉用无缝钢管》规定的无缝钢管可用于设计压力小于等于 5.3MPa 的管道；符合 GB 5310《高压锅炉用无缝钢管》规定的无缝钢管可用于设计压力大于 5.3MPa 的管道。

③ 中温高压或高温高压用直缝电熔焊钢管可用于设计压力不高于 10MPa，且不宜持续使用在蠕变范围内。

④ 低压流体用焊接钢管应符合 GB/T 3091《低压流体输送用焊接钢管》的规定，电熔焊钢管可用于设计压力不高于 1.6MPa 且设计温度不高于 300℃的管道，电阻焊碳钢钢管不应用于设计压力大于 1.6MPa 或设计温度大于 200℃的管道。

⑤ 不锈钢管的选用应符合 GB/T 14976《流体输送不锈钢无缝钢管》的规定。

⑥ 存在汽水两相流的流水和再循环管道，调节阀后管道宜采用 CrMo 合金钢材料，且壁厚宜加厚一级。

⑦ 低压给水管道不宜采用焊接钢管。

⑧ 用于输送海水介质的管道，可选用衬胶或衬塑的碳钢管或采取其他防腐措施。

⑨ 化学加药、取样管道的选用应满足以下规定：

a. 化学加药系统的管道药液管及低压氧气管、配药用水管道应采用不锈钢管，压力大于 9.8MPa 的高压氧气管道应采用铜管道，并应符合 DL/T 5024《火力发电厂油气管道设计规程》相关要求。

b. 所有取样管材、冷却水管道应采用不锈钢管道，且管材及壁厚应与水汽样品的参数相适应。

(4) 汽水管道用弯头和弯管的选用。

① 主蒸汽、再热蒸汽等主要管道宜采用弯管，弯管弯曲半径宜为管子外径的 3~5 倍。根据布置情况也可采用符合国家标准或行业标准的热压弯头。

② 公称压力 *PN*10 以下、公称尺寸 *DN*50 以下的管道可采用冷弯弯管。

③ 弯头宜采用长半径弯头。短半径弯头仅在布置特殊需要时使用。

④ 公称压力大于 *PN*16 的管道上应采用无缝热压弯头，且宜带直管段。低温再热蒸汽管道可采用与管子同质量电熔焊钢管热成型弯头。

⑤ 焊接弯头的工作压力不应超过 1. 0MPa，工作温度不应超过 300℃。

十八、火力发电厂高温蒸汽管子和管件的选用和工程应用

(1) 火力发电厂高温蒸汽管道包括温度≥400℃的管道、联箱、导汽管和管件(弯头三通、异径管)。

(2) 高温蒸汽管道及管件用钢应具有以下性能：

① 合适的力学性能，包括室温、高温拉抻性能、冲击吸收能量；

② 优异的蠕变强度、持久强度、持久塑性、抗氧化性能和抗高温腐蚀性能；

③ 在高温下长期运行中，组织稳定性好；

④ 良好的工艺性能，特别是焊接性能。

(3) 亚临界 300MW 级、600MW 级机组的主蒸汽管道可选 P91，再热蒸汽管道可选 P91、P22；超临界机组主蒸汽管道、高温蒸汽管道可选 P91；超超临界机组主蒸汽管道可选 P92，高温再热蒸汽管道可选 P92 或 P91。具有相同温度的高温联箱、高温管件及导气管的选材可参考主蒸汽管道、高温蒸汽管道的选材。

(4) 壁温小于或等于 520℃/550℃的导汽管、联箱可选用 P12/15CrMoG；500~560℃间的蒸汽管道、导汽管、联箱可选用 P22/12Cr2MoG、12Cr1MoVG。

(5) 高温蒸汽管道、高温联箱及高温管件的材质验收，应满足以下规定：

① 国产钢管的技术要求及质量检验应满足现行国家标准 GB 5310《高压锅炉用无缝钢管》、GB/T 16507. 2《水管锅炉 第 2 部分：材料》的规定，锻造钢管应满足国家现行标准 YB/T 4173《高温用锻造镗孔厚壁无缝钢管》的规定。

② 国产管道锻件的技术要求及质量检验应满足国家现行标准 NB/T 47008《承压设备用碳素钢和合金钢锻件》、NB/T 47010《承压设备用不锈钢和耐热钢锻件》的规定。

③ 进口钢管的技术要求及质量检验应符合相应牌号的国外标准及订货技术条件，重要的钢管技术标准有美国的 ASME SA-335《高温用铁素体合金钢制无缝钢管 技术条件》、欧盟的 DIN EN 10216. 2《承压无缝钢管技术条件 第 2 部分：高温用碳钢和合金钢管》，同时应满足现行国家标准 GB 5310《高压锅炉用无缝钢管》的规定。

④ 弯管按国家现行标准 DL/T 515《电站弯管》的规定，钢制对焊管件按国家现行标准 DL/T 695《电站钢制对焊管件》的规定，大直径三通按国家现行标准 DL 473《大直径三通锻件技术条件》的规定。

⑤ 9%~12%Cr 钢制高温蒸汽管道、高温再热蒸汽管道、高温联箱及导汽管用无缝钢管的硬度应符合国家现行标准 DL/T 438《火力发电厂金属技术监督规程》的规定。

⑥ 进口锻制弯管、大直径三通锻件的技术要求及质量检验可按美国的 ASME SA-234《中高温用锻制碳钢、合金钢管件 技术条件》、ASME SA-182《高温用锻制或轧制合金钢和不锈钢管道法兰、锻制管件、阀门和部件 技术条件》、ASME SA-960《锻制钢管管件通用技术条件》和欧盟的 DIN EN 10222《承压用钢制锻件》执行。

(6)高温蒸汽管道、高温再热蒸汽管道、高温联箱、高温管件及导气管常用钢牌号、特性及其主要应用范围见国家现行标准 DL/T 715《火力发电厂金属材料选用导则》的附录。

(7) 对于主蒸汽、再热蒸汽和高压给水等主要管道，宜采用较大弯曲半径的弯管，弯管弯曲半径宜为管子外径的 3~5 倍。

(8) 管道对支管连接的规定。

① 公称压力为 *PN*25 及以下，在满足补强要求的前提下可采用直管开孔连接；公称压力大于或等于 *PN*40、设计温度大于 250℃的支管连接应采用成型管件。

② 三通不宜采用带加强元件的辅助加强型式。

③ 管道的三通型式宜按表 4.7.9 选用。

表 4.7.9 三通型式

管道类别	机组参数			
	超超临界参数	超临界参数	亚临界参数	亚临界以下参数
主蒸汽管道	锻制、挤压	锻制、挤压	锻制、挤压	挤压
高温再热蒸汽管道	锻制、挤压	锻制、挤压	锻制、挤压	挤压
低温再热蒸汽管道	焊接	焊接	焊接	焊接、挤压
高压给水管道	挤压、焊接	挤压、焊接	挤压、焊接	挤压

④ 亚临界及以上参数机组的主蒸汽、再热蒸汽管道的合流或分流三通宜采用斜三通或“Y”型三通。

十九、输油管道管子和管件的选用和工程应用

(1) 输油管道选用的钢管、管道附件的材质选择应根据设计压力、设计温度和所输介质的物理性质，经技术经济比较后确定。

(2) 输油管道线路用钢管应采用管线钢，钢管应符合现行国家标准 GB/T 9711《石油天然气工业 管线输送系统用钢管》的有关规定；输油站内的工艺管道应优先采用管线钢，也可采用符合现行国家标准 GB/T 8163《输送流体用无缝钢管》规定的钢管。

(3) 管道附件和其他钢管材料应采用镇静钢。采用的钢管和钢材应具有良好的韧性和可焊性。

(4) 当钢管储存、运输、施工的环境温度或运行温度低于 0℃时，应对钢管和管道附件材料提出韧性要求。

(5) 液化石油气管道及管道附件，应考虑低温下的脆性断裂和运行温度下的塑性止裂性能。

(6) 钢制锻造法兰及其他锻件，应符合国家现行标准 NB/T 47008《承压设备用碳素钢和合金钢锻件》、NB/T 47009《低温承压设备用合金钢锻件》和 NB/T 47010《承压设备用不锈钢和耐热钢锻件》的有关规定。

(7)钢制管件应符合下列规定：

① 冷弯管、热煨弯管宜采用与直管段相同的钢级材料制作。

② 制作冷弯管的钢管管型宜与两侧连接的直管段相同，热煨弯管不宜采用螺旋焊缝钢管制作。

③ 用为了达到规定的最低屈服强度而进行过冷加工(控轧、冷扩)的母管制作的热煨弯管，其许用应力应按现行国家标准 GB/T 50253《输油管道工程设计规范》的规定取值。

④ 钢制管件的制造、检验、试验、标志和验收应符合现行国家标准 GB/T 12459《钢制对焊无缝管件》和国家现行标准 SY/T 0609《优质钢制对焊管件规范》、SY/T 0510《钢制对焊管件规范》和 SY/T 5257《油气输送用感应加热弯管》的有关规定。管件与直管段不等壁厚的焊接应符合现行国家标准 GB 50253《输油管道工程设计规范》的规定。

(8) 管道附件设计应符合下列规定;

① 管道附件应按设计内压力、设计温度和最低环境温度选择和设计，并应按管道附件能承受作用在其上的外压、内压、外压与内压之间最大压差进行核算。

② 管道附件的非金属镶装件、填料、密封件，应选择耐油、耐温的材料。

(9) 钢制异径接头的设计应符合现行国家标准 GB/T 150. 1～150. 4《压力容器》的有关规定。无折边异径接头的半锥角应小于或等于 15°，异径接头的材质宜与所连接钢管的材质相同或相近。

(10) 钢制平封头或凸封头的设计应符合现行国家标准 GB/T 150. 3《压力容器　第 3 部分：设计》的有关规定。

(11) 绝缘接头、绝缘法兰的设计应符合国家现行标准 SY/T 0516《绝缘接头与绝缘法兰技术规范》的有关规定。公称压力大于 5MPa，直径大于 30mm 的输油管道宜采用绝缘接头。

(12) 输油管道的刚度应满足钢管运输、管道施工和运行时的要求。钢管的外直径与壁厚的比值不宜大于 100。

(13) 输油管道应计算由设计内压力、外部载荷和温度变化所产生的应力，并应使其小于管道、管道附件及所连接设备的安全承受能力。

(14) 管道和管道附件的开孔补强应符合下列规定：

① 在主管上直接开孔焊接支管，当支管外径小于 0. 5 倍主管外径时，可采用补强圈进行局部补强，也可增加主管和支管管壁厚度进行整体补强。支管和补强圈的材料，宜与主管材料相同或相近。

② 当相邻两支管中心线的间距小于两支管开孔直径之和，但大于或等于两支管开孔直径之和的 2/3 时，应进行联合补强或加拿大主管管壁厚度。当进行联合补强时，支管两中心线之间的补强面积不得小于两开孔所需总补强面积的 1/2。当相邻两支管中心线的间距小于两支管开孔直径之和的 2/3 时，不得开孔。

③ 当开孔直径小于或等于 50mm 时，可不补强。

④ 当支管外径大于或等于 0. 5 倍主管外径时，应采用三通或采用全包型补强。

⑤ 三通和主管开孔宜采用等面积补强。

⑥ 开孔边缘距主管焊缝宜大于主管管壁厚的 5 倍。

二十、输气管道管子和管件的选用和工程应用

(1) 输气管道选用钢管及管道附件的选材，应根据设计压力、温度、介质特性、使用地区等因素，经技术经济比较后确定。采用的钢管和钢材，应具有良好的韧性和焊接性能。

（2）输气管道选用的钢管应符合 GB/T 7911《石油天然气工业管线输送系统用钢管》中的 PSL2 级、GB/T 5310《高压锅炉用无缝钢管》、GB/T 6479《高压化肥设备用无缝钢管》及 GB/T 8163《输送流体用无缝钢管》的有关规定。

（3）输气管道所采用钢管和管道附件，应根据强度等级、管径、壁厚、焊接方式及使用环境温度等因素对材料提出韧性要求。

（4）钢级不明的材料不应用于管道及其管道附件制作。铸铁和铸钢不应用于制造管件。

（5）钢管应在工厂逐根进行静水压试验，管体或焊缝不得渗漏，管壁应无明显的鼓胀。一级一类地区采用 0.8 设计系数的钢管，工厂静水压试验压力产生的环向应力不应小于管材标准规定的最小屈服强度的 95%。其他设计系数使用的钢管，工厂静水压试验压力产生的环向应力不宜小于管材标准规定的最小屈服强度的 90%。

（6）处于寒冷地区地面安装的承压元件、法兰及紧固件等材料的力学性能应满足设计最低温度的使用要求。

（7）放空管道、管件和放空立管的材料宜按低温低应力工况校核。

（8）管道附件应符合下列规定：

① 管件的制作应符合 GB/T 13401《钢制对焊管件　技术规范》、GB/T 12459《钢制对焊管件　类型和参数》和 SY/T 0510《钢制对焊管件规范》、SY/T 5257《油气输送用钢制感应加热弯管》的有关规定，钢制管法兰、法兰盖、法兰紧固件及法兰用垫片应符合 GB/T 9112～GB/T 9131 系列标准的有关规定；

② 快开盲板的设计制作应符合 SY/T 0556《快速开关盲板技术规范》的有关规定。

（9）管道附件与没有轴向约束的直管连接时，应按 GB/T 50251《输气管道工程设计规范》规定的方法进行承受热膨胀的强度校核。

（10）异径接头可采用带折边或不带折边的两种结构形式，强度设计应符合 GB/T 150.3《压力容器 第 3 部分：设计》的有关规定。

（11）管封头应采用长短轴比值为 2 的标准型椭圆形封头，结构、尺寸和强度应符合 GB/T 150.3《压力容器 第 3 部分：设计》的有关规定。

（12）管兰法的选用应符合现行国家标准的规定。法兰的密封垫片和紧固件应与法兰配套选用。绝缘接头和绝缘法兰的设计、制造及检验应符合 SY/T 0516《绝缘接头与绝缘法兰技术规范》的有关规定。

（13）在防爆区内使用的阀门，应具有耐火性能。防爆区采用的设备应具有相应的防爆等级，输气站及阀室的爆炸危险区域划分应符合 GB 50251《输气管道工程设计规范》的规定。

（14）与工艺管道连接的设备、管道附件和压力容器应满足管道系统 1.5 倍设计压力的强度试验要求。

（15）需要通过清管器和检测仪器的阀门，应选用全通径阀门。

（16）主管上不宜直接开孔焊接支管。当直接在主管上开孔与支管连接或自制三通时，开孔削弱部分可按等面积补强，结构和计算方法应符合 GB 50251《输气管道工程设计规范》的规定。当支管外径大于或等于 1/2 主管内径时，应采用标准三通件。

二十一、城镇燃气管子和管件的选用和工程应用

(1) 用于城镇燃气的管子和管件的管材，必须具有足够的机械强度、优良的抗腐蚀性、抗震性、气密性及易于连接等各项性能。

① 钢管：能承受较大的应力，有良好的塑性，便于焊接。与其他金属相比，在相同的敷设条件下，管壁较薄，因此能节省金属用量。但钢管的耐腐蚀性较差，随着生产技术的发展，钢管的性能还在不断改进，将可提高燃气管网安全运行的可靠性。

根据制造方法不同钢管可分为无缝钢管与焊接钢管两种：

a. 无缝钢管：无缝钢管有高、中、低压锅炉用无缝钢管、工业管道中化工与石油化工用的无缝钢管以及输送各种压力流体的无缝钢管等；

b. 焊接钢管：焊接钢管按焊接方式可分为埋弧焊、高频焊、电阻焊等多种焊接钢管。按成型方式又可分为螺旋焊钢管和直缝焊缝钢管。

② 铸铁管：与钢管相比，铸铁管有极好的抗腐蚀性能，所以在城镇中、低压燃气管网中应用十分普遍。

铸铁管有灰铸铁与球墨铸铁管。它不易焊接，材质较脆，不能承受较大的应力，所以在动荷载较大的地区与重要地段，仍需采用钢管。

③ 塑料管：硬质聚氯乙烯和聚乙烯塑料管具有质轻、抗腐蚀、摩擦阻力小、接口严密、抗位强度较大以及施工简便等一系列优点，广泛应用在中、低压燃气管网中，但其老化问题还有待研究进一步解决。

④ 钢骨架聚乙烯塑料复合管：这种管材利用了钢材强度高而塑料抗腐性能好的特点，可用于中、低压燃气管道。

⑤ 其他管材，国外有时还使用有色金属管材，如铜管和铝管等，以铝管应用较多，大都用于室内燃气计量表之后的管道。也有使用玻璃钢管作燃气管道的。

(2) 中压和低压燃气管道宜采用聚乙烯管、机械接口球墨铸铁管、钢管或钢骨架聚乙烯塑料复合管，并应符合下列要求：

① 聚乙烯燃气管应符合 GB 15558.1《燃气用埋地聚乙烯(PE)管道系统　第1部分：管材》和 GB 15558.2《燃气用埋地聚乙烯(PE)管道系统　第2部分：管件》的规定。

② 机械接口球墨铸铁管应符合 GB/T 13295《水及燃气管道用球墨铸铁管、管件和附件》的规定。

③ 钢管采用焊接钢管、镀锌钢管或无缝钢管时，应分别符合 GB/T 3091《低压流体输送用焊接钢管》、GB/T 8163《输送流体用无缝钢管》的规定；

④ 钢骨架聚乙烯塑料复合管应符合 CJ/T 125《燃气用钢骨架聚乙烯塑料复合管及管件》的规定。

⑤ 根据 CJJ 63《聚乙烯燃气管道工程技术规程》的规定，聚乙烯管和钢骨架聚乙烯塑料复合管严禁用于室内燃气管道和室外明设燃气管道。

(3) 次高压燃气管道应采用钢管。其管材和管件应符合高压燃气管道采用材质的要求。次高压钢质燃气管道直管段壁厚计算应按高压燃气计算直管段壁厚计算公式计算确定。最小公称壁厚不应小于规范的规定。

(4) 高压燃气管道采用的钢管和管道附件材料应符合下列要求：

① 燃气管道所用钢管、管道附件材料的选择，应根据管道的使用条件(设计压力、温度、介质特性、使用地区等)、材料的焊接性能等因素，经技术经济比较后确定。

② 燃气管道选用的钢管，应符合 GB/T 9711《石油天然气工业　管线输送系统用钢管》(L175 级钢管除外)和 GB/T 8613《输送流体用无缝钢管》的规定，或符合不低于上述 2 项标准相应技术要求的其他钢管标准。三级和四级地区高压燃气管道材料钢级不应低于 L245。

③ 燃气管道所采用的钢管和钢道附件应根据选用的材料、管径、壁厚、介质特性、使用温度及施工环境温度等因素，对材料提出冲击试验和(或)落锤撕裂试验要求。

④ 当管道附件与管道应采用焊接连接时，两者材质应相同或相近。

⑤ 管道附件中所用的锻件，应符合 NB/T 47008《承压设备用碳素钢和合金钢锻件》、NB/T 47009《低温承压设备用低合金钢锻件》的有关规定。

⑥ 管道附近不得采用螺旋焊缝钢管制作，严禁采用铸铁制作。

(5) 工程应用。某中压燃气管线，工作压力 0. 3MPa，根据 GB/T 15558. 1《燃气用埋地聚乙烯(PE)管道系统 第 1 部分：管材》、GB/T 15558. 2《燃气用埋地聚乙烯(PE)管道系统第 2 部分：管件》等规范，埋地部分选用了中压 PE 管 dn250，PE100 SDR17 GB/T 15558. 1，地上部分选用了 20#钢管子 GB/T 8163 Φ273X9. 5。

二十二、城镇供热管子和管件的选用和工程应用

(1) 城镇供热管网管道应采用无缝钢管、电弧焊或高频焊焊接钢管。管道及钢制管件的钢材钢号不应低于表 4. 7. 10 的规定。管道和钢材的规格及质量应符合相关标准的规定。

表 4. 7. 10　供热管道钢材钢号及适用范围

钢号	设计参数	钢板厚度
Q235AF	$p \leq 1.0$MPa $t \leq 95$℃	≤8mm
Q235A	$p \leq 1.6$MPa $t \leq 150$℃	≤16mm
Q235B	$p \leq 2.5$MPa $t \leq 300$℃	≤20mm
10、20、低合金钢	可用于 CJJ 34《城镇供热管网设计规范》适用范围的全部参数	不限

(2) 城镇供热管网凝结水管道宜采用具有防腐内衬、内防腐涂层的钢管或非金属管道。非金属管道的承压能力和耐温性能应满足设计技术要求。

(3) 室外采暖计算温度低于-5℃地区露天敷设的不连续运行的凝结水管道放水阀门，室外采暖计算温度低于-10℃地区露天敷设的热水管道设备附件均不得采用灰铸铁制品；室外采暖计算温度低于-30℃地区露天敷设的热水管道，应采用钢制阀门及附件；蒸汽管道在任何条件下均应采用钢制阀门及附件。

(4) 热力网管道的连接应采用焊接，管道与设备、阀门等连接也宜采用焊接；当设备、

阀门等需要拆卸时，应采用法兰连接；公称直径小于或等于 25mm 的放气阀，可采用螺纹连接，但连接放气阀的管道应采用厚壁管。

(5) 管道附件包括弯头、异径管、三通、法兰、阀门及放气、放水装置等。

① 弯头、三通、法兰、变径管均选用标准件。弯头的壁厚不应小于管道壁厚。焊接弯头应采用双面焊接。

② 钢管焊接三通应对支管开孔进行补强；承受干管轴向荷载较大的直埋敷设管道，应对三通干管的轴向补强，其技术要求应按 CJJ/T 81《城镇供热直埋热水管道技术规程》的规定执行。

③ 变径管的制作应采用压制或钢板卷制，壁厚不应小于管道壁厚。

第五章　配管设计法兰、紧固件与垫片的选用与工程应用

第一节　法兰

一、法兰的定义与生产工艺

1. 法兰的定义

法兰(flange)，又叫法兰盘或凸缘盘。法兰是使管子与管子相互连接的零件，连接于管端；也有用在设备进出口上的法兰，用于两个设备之间的连接，如减速机法兰。法兰连接或法兰接头，是指由法兰、垫片及螺栓三者相互连接作为一组组合密封结构的可拆连接，管道法兰系指管道装置中配管用的法兰，用在设备上系指设备的进出口法兰。法兰上有孔眼，螺栓使两法兰紧连。法兰间用衬垫密封。法兰分螺纹连接(丝扣连接)法兰和焊接法兰和卡夹法兰。法兰是确定管道公称压力等级的基准件。法兰的种类很多，不同型式的法兰，其密封性能不同，适用场合也不同。法兰、垫片与紧固件的组合见图 5.1.1。

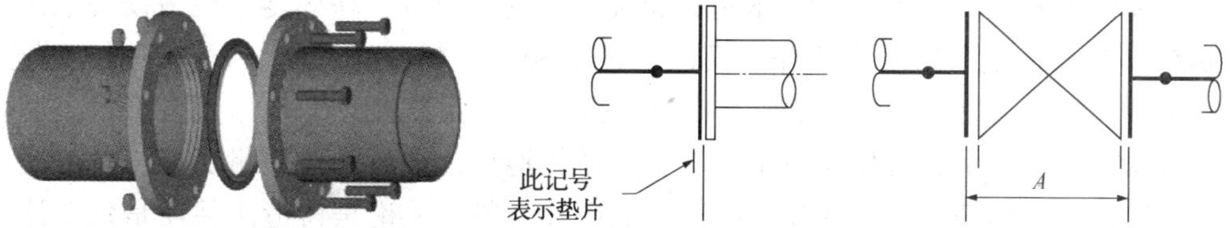

(a)法兰安装均配有垫片　(b)法兰与垫片图面表示　(c)A尺寸表示阀门加两个垫片尺寸

图 5.1.1　法兰、垫片与紧固件的组合

2. 法兰的生产工艺

(1) 生产工艺主要分为锻造、铸造、割制、卷制这四种。

(2) 铸造法兰和锻造法兰。①铸造出来的法兰，毛坯形状尺寸准确，加工量小，成本低，但有铸造缺陷(气孔、裂纹、夹杂)；铸件内部组织流线型较差(如果是切削件，流线型更差)。②锻造法兰一般比铸造法兰含碳低，不易生锈，锻件流线型好，组织比较致密，机械性能优于铸造法兰；锻造工艺不当也会出现晶粒大或不均、硬化裂纹现象，锻造成本高于铸造法兰。锻件比铸件能承受更高的剪切力和拉伸力。③铸件的优点在于可以获得比较复杂的外形，成本比较低；锻件优点在于内部组织均匀，不存在铸件中的气孔、夹杂等有害缺陷。④从生产工艺流程区别铸造法兰和锻造法兰的不同，比如离心法兰就属于铸造法兰的一种。离心法兰属于精密铸造方法生产的法兰，该种铸造较普通砂型铸造组织要细很多，质量提高不少，不易出现组织疏松、气孔、沙眼等问题。离心浇铸制作平焊法兰的工艺方法及产品，其特征是该产品经过下列工艺步骤加工而成：

a. 将所选原材料钢材放入中频电炉熔炼，使钢水温度达到 1600~1700℃；

b. 将金属模具预加热到800~900℃保持恒温；

c. 启动离心机，将步骤a中钢水注入步骤b中预热金属模具；

d. 铸件自然冷却到800~900℃保持1~10min；

e. 用水冷却至接近常温，脱模取出铸件。

(3) 锻造法兰的生产工艺流程。锻造工艺过程一般由以下工序组成，即选取优质钢坯下料、加热、成形、锻后冷却，如图5.1.2所示。锻造的工艺方法有自由锻、模锻和胎膜锻。生产时，按锻件质量的大小，生产批量的多少选择不同的锻造方法。自由锻生产率低，加工余量大，但工具简单，通用性大，故被广泛用于锻造形状较简单的单件、小批生产的锻件。自由锻设备有空气锤、蒸汽-空气锤和水压机等，分别适合小、中和大型锻件的生产。模锻生产率高，操作简单，容易实现机械化和自动化。模锻件尺寸精度高，机械加工余量小，锻件的纤维组织分布更为合理，可进一步提高零件的使用寿命。

① 自由锻工艺。自由锻造时，锻件的形状是通过一些基本变形工序将坯料逐步锻成的。自由锻造的基本工序有镦粗、拔长、冲孔、弯曲和切断等。a. 镦粗。镦粗是对原坯料沿轴向锻打，使其高度减低、横截面增大的操作过程。这种工序常用于锻造齿轮坯和其他圆盘形类锻件。镦粗分为全部镦粗和局部锻粗两种。b. 拔长。拔长是使坯料的长度增加，截面减小的锻造工序，通常用来生产轴类件毛坯，如车床主轴、连杆等。c. 冲孔。用冲子在坯料上冲出通孔或不通孔的锻造工序。d. 弯曲。使坯料弯曲成一定角度或形状的锻造工序。e. 扭转。使坯料的一部分相对另一部分旋转一定角度的锻造工序。f. 切割。分割坯料或切除料头的锻造工序。

② 模锻工艺。模锻全称为模型锻造，将加热后的坯料放置在固定于模锻设备上的锻模内锻造成形的。a. 模锻的基本工序。模锻工艺过程：下料、加热、预锻、终锻、冲连皮、切边、调质、喷丸。常用工艺有镦粗、拔长，折弯、冲孔、成型。b. 常用模锻设备有模锻锤、热模锻压力机、平锻机和摩擦压力机等。通俗地讲，锻造法兰质量更好，一般是通过模锻生产，晶体组织细密，强度高，当然价格也贵一些。无论是铸造法兰还是锻造法兰都属于法兰常用制造方法，看需要使用的部件的强度要求，如果要求不高，还可以选用车削制法兰。

(4) 割制法兰。在中板上直接切割出法兰的留有加工量的内外径及厚度的圆盘，再进行螺栓孔及水线的加工。这样生产出来的法兰就叫作割制法兰，此类法兰最大直径以中板的幅宽为限。

(5) 卷制法兰。用中板割条子然后卷制成圆的工艺叫作卷制，多用于一些大型法兰的生产。卷制成功之后进行焊接，然后压平，再进行水线及螺栓孔的工艺的加工。

二、法兰选用的一般要求与工程应用

笔者在国外某工程公司设计校审时，发现某国外设计人员将60″的法兰标准错误写成了ASME B16.5，实际上应该是ASME 16.47B。并非所有类型的法兰都具备全尺寸和全压力等级范围，ASME B16.5和ASME B16.47法兰的尺寸、类型和压力等级见表5.1.24、表5.1.25、表5.1.26。

在我国，有HG、GB、SH、JB、ASME、API、MSS、ISO等法兰标准体系，究竟按哪个法兰标准体系？需结合行业、工程项目的特点来确定。

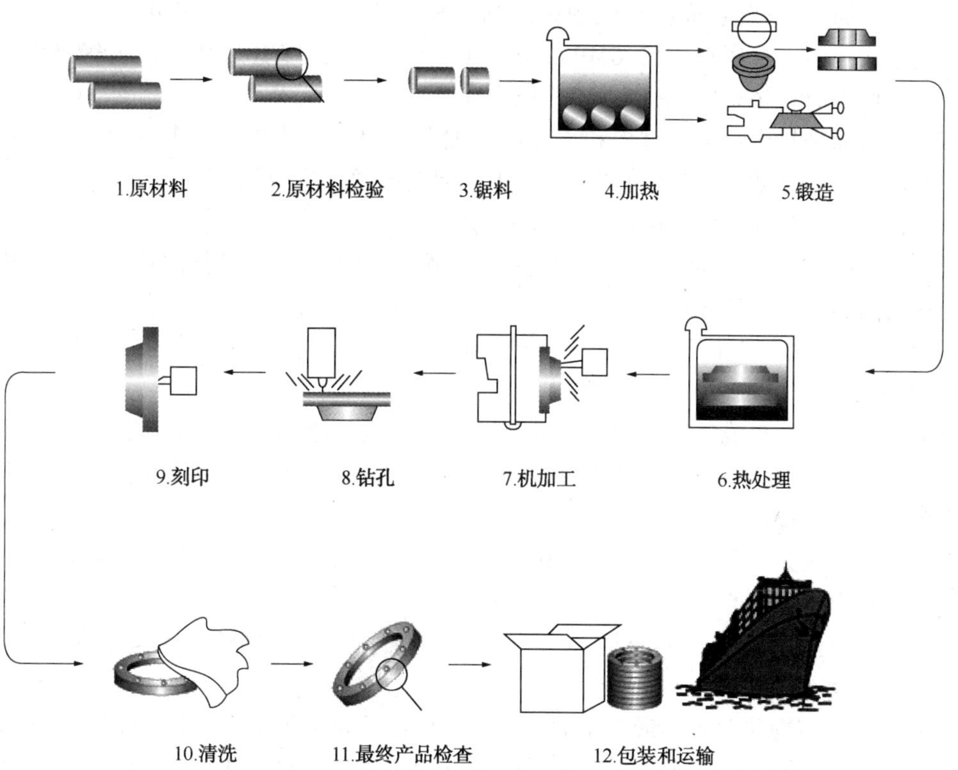

图 5.1.2　法兰生产工艺典型流程

1. 法兰标准的选用

(1) 当 DN≤600(24″)时，按照 ASME B16.5、SH/T 3406、HG/T 20592 或 HG/T 20615 选用。

(2) 当 650(26″)≤DN≤1500(60″)时，按照，ASME B16.47 B 系列、或 ASME B16.47 A 系列、或 SH/T 3406、或 HG/T 20592、或 HG/T 20615 选用。

(3) 当 DN>1500(60″)时，或者没有包括在上述标准内时，可按照 ASME SEC Ⅷ D1 的附录 2 来计算，国内标准可用 GB/T 150《压力容器》的规定来计算，也可不用计算直接参照 JB/T 4700~4707《压力容器法兰》来选用。

2. 设计条件

(1) 法兰的压力等级确定，须高于管子的设计压力，以达到法兰面充分密封，无泄漏的要求。根据压力、温度介质特性选择恰当的法兰连接型式、密封面型式及压力等级。

(2) 选择法兰须考虑法兰的温度-压力之间关系及垫片与紧固件的情况。

(3) 当法兰接头中的两个法兰具有不同的压力-温度额定值时，则该法兰接头的额定值不得超过其中较低者。

(4) 根据系统的设计条件，考虑管道推力和弯矩折算当量压力，可高于容器设计压力或提高压力等级。

3. 密封面型式的选用

(1) 全平面密封面：常与平焊型式配合以适用于操作条件比较缓和的(PNg1.0)工况下；常用于铸铁法兰或与铸铁连接的钢法兰，或铝制设备的配对法兰。

(2) 凸台面(RF)密封面：是应用最广的一种型式，它常与对焊和承插焊型式配合使用，在美式法兰中，常用在 *PN*2.0MPa、*PN*5.0MPa 和部分 *PN*10.0MPa 压力等级中；在欧式法兰中常用在 *PN*1.6MPa、*PN*2.5MPa 压力等级。

(3) 凹凸面密封面：常与对焊和承插型式配合使用，在美式法兰中不常采用，在欧式法兰中常用在 *PN*4.0MPa、*PN*6.4MPa 等级中。但它不便于垫片的更换。

(4) 榫槽面密封面：使用情况同凹凸面法兰。

(5) 环槽面(RJ)密封面：常与对焊连接型式配合(不与承插焊配合)使用，主要用在高温、高压或二者均较高的工况。在美式法兰中，常用在 *PN*10.0MPa(部分)、*PN*15.0MPa、*PN*25.0MPa、*PN*42.0MPa 压力等级中。在欧式法兰中常用在 *PN*10.0MPa、*PN*16.0MPa、*PN*25.0MPa、*PN*32.0MPa、*PN*42.0MPa。

(6) 公称压力小于或等于 *PN*40(Classl50)钢法兰与铸铁法兰连接的密封面宜采用全平面(FF)型式，垫片应为全平面非金属平垫片，如采用突面密封面和突面非金属平垫片，应控制上紧扭矩，防止过紧。

(7) 与公称压力大于或等于 *PN*40MPa 的阀门配用时，阀门上的整体法兰如为凹面时，管法兰的密封面应为凸面。

(8) 密封面型式：凹凸面、榫槽面优于突面。密封面表面粗糙度与垫片有关。

4. 结构型式的选用

(1) (高颈)对焊法兰，是最常用的一种，它与管子为对焊连接，焊接接头质量比较好，而且法兰的颈部利用锥度过渡，可以承受较苛刻的条件，主要用于温度、压力较高和荷载剧烈变化的工艺管道。公称压力小于或等于 2.0MPa 的标准管法兰采用缠绕式垫片或金属环垫时，宜选用对焊式或松套式法兰。

(2) 平焊法兰，主要用于温度、压力较低和荷载变动平稳、流体介质条件比较缓和的工艺和公用系统管道，如低压非净化压缩空气、低压循环水，它的优点是价格比较便宜。

(3) 承插焊法兰，常用于载荷变化平稳和不会引起间隙腐蚀、$DN \leq 40(1\frac{1}{2}'')$ 的工艺和公用系统管道。

(4) 螺纹法兰，主要用于 $DN \leq 100(4'')$ 的公用系统镀锌管道。石化装置目前很少采用。高颈对焊法兰和承插焊法兰的内径应与连接管道的内径一致。

(5) 承插焊、带颈平焊、螺纹法兰一般用于“常温~260℃”。

(6) 板式平焊法兰、螺纹法兰、对焊环松套法兰和平焊环松套法兰不应使用于剧烈循环工况。在剧烈循环工况下，应选用带颈对焊法兰或整体法兰。工艺物料、可燃介质管道不得采用板式平焊法兰。

(7) 螺纹法兰和承插焊法兰不应用于可能发生缝隙腐蚀或严重腐蚀的场合。

(8) 松套法兰常用于介质温度和压力都不高而介质腐蚀性较强的情况。当介质腐蚀性较强时，法兰接触介质的部分(翻边短节)为耐腐蚀的高等级材料如不锈钢等材料，而外部则利用低等级材料如碳钢材料的法兰环夹紧它以实现密封。

(9) 整体法兰，常常是将法兰与设备、管子、管件、阀门等做成一体，这种型式在设备和阀门上常用。

(10) 带颈对焊法兰的端部厚度应小于相应材料的钢管名义厚度。如钢管材料的屈服强度大于 275MPa(标准规定最低值)，而与其连接的带颈对焊法兰材料的屈服强度较低时，应按比例增加法兰的端部厚度。

三、法兰与管子连接形式分类及选用

1. 对焊法兰(welding neck flange, WN)

对焊法兰是将法兰焊颈端与管子焊接端加工成一定形式的焊接坡口后直接焊接，施工比较方便。由于法兰与管子焊接处有一段圆滑过渡的高颈，法兰颈部厚度逐渐过渡到管壁厚度，降低了结构的不连续性，法兰强度高，承载条件好，适用于压力温度波动幅度大或高温、高压和低温管道。见图 5.1.3。

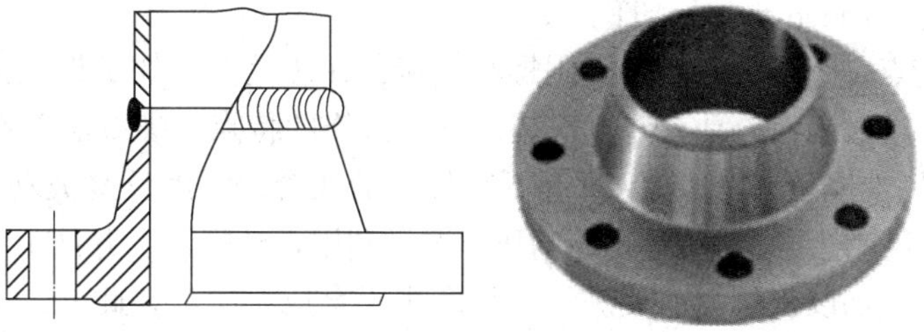

图 5.1.3　对焊法兰

2. 平焊法兰(slip-on welding flange, SO)

平焊法兰是将管子插入法兰内孔中进行正面和背面焊接，具有容易对中，价格便宜等特点。多用于介质条件比较缓和的情况下，如低压非净化压缩空气、低压循环水。这种法兰也有两种：一种是板式平焊法兰，这种法兰刚性较差，焊接时易引起法兰面变形，甚至在螺栓力作用下法兰也会变形，引起密封面转角而导致泄漏，因而一般用于压力温度较低，相对不太重要的管道上，石化工业中一般规定只宜用于 $PN \leq 1.0$MPa 的水、低压蒸汽和空气管道上。另一种是带颈平焊法兰(slip-on flange)，这种法兰的短颈使法兰刚度和其承载能力大有提高。法兰本身的制造工艺比对焊法兰要简单，与管子连接的焊接与板式平焊法兰一样为角焊缝结构，施工比较简单省事，带颈平焊法兰的公称压力等级由低到高，范围较广，完全适用于过去国内习惯使用板式平焊法兰的场合，但在有频繁的大幅度温度循环的管道上不应使用。见图 5.1.4。

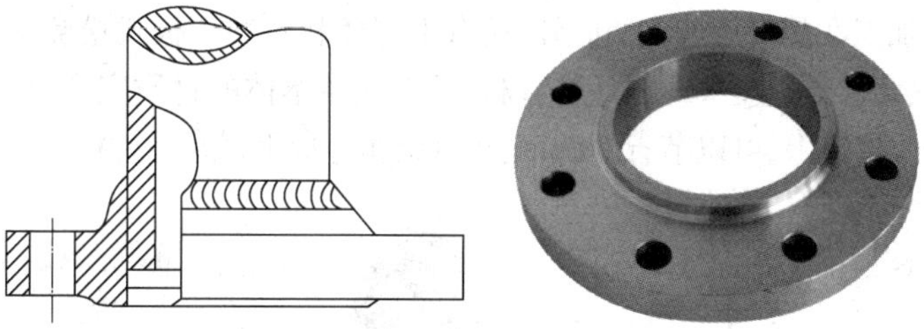

图 5.1.4　平焊法兰

3. 承插焊法兰(socket welding flange, SW)

承插焊法兰与带颈平焊法兰相似，只是将管子插入法兰的承插孔中进行焊接，一般只在法兰背面有一条焊缝。见图 5.1.5。常用于 $PN \leq 10.0$MPa，$DN \leq 40$ 的管道中；美国法兰标准 ASME B16.5 不推荐承插焊法兰用于具有热循环或较大温度梯度条件下的高温≥260℃或低温≤-45℃的管道上。在可能产生裂隙腐蚀或严重浸蚀的管道上也不应使用这种法兰。

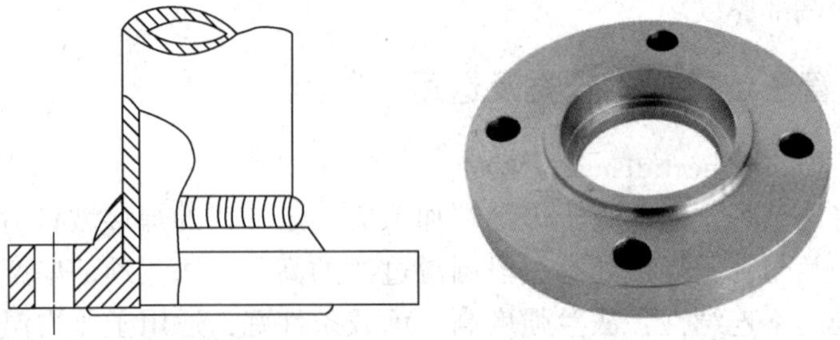

图 5.1.5 承插焊法兰

4. 螺纹法兰(threaded flange, TF)

螺纹法兰的特点是管子与法兰之间用螺纹连接，在法兰内孔加工螺纹，将带螺纹的管子旋合进去，不必焊接。因而，具有方便安装、方便检修的特点。螺纹法兰有两种：一种螺纹法兰公称压力较低，一般用在镀锌钢管等不宜焊接的场合，温度反复波动或高于 260℃和低于-45℃的管道也不宜使用。另一种用于高压工况，利用带外螺纹，并加工成一定形状密封面的两个管端配透镜垫加以密封。这种法兰以往多用于合成氨生产。此外，在任何可能发生裂隙腐蚀、严重浸蚀或有循环荷载的管道上，应避免使用螺纹法兰。见图 5.1.6。

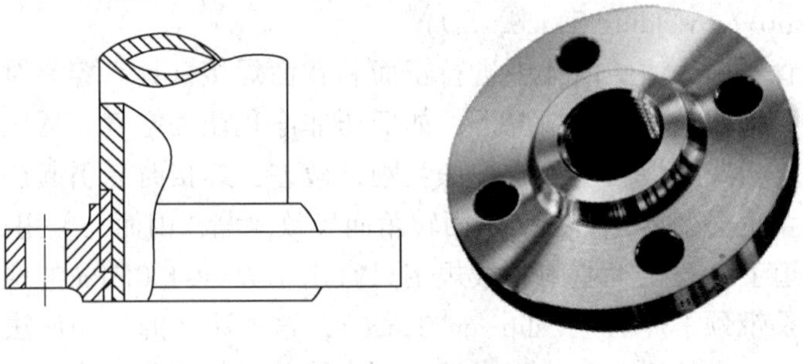

图 5.1.6 螺纹法兰

5. 松套法兰(lap joint flange , LJ)

松套法兰常用于介质温度和压力都不高而介质腐蚀性较强的情况。松套法兰一般与翻边短节(stub end)组合使用,即将法兰圈松套在翻边短节外,管子与翻边短节对焊连接,法兰密封面(凹凸面、榫槽面除外)加工在翻边短节上。此外,还有平焊环和对焊环板式松套法兰。由于法兰本身不与介质相接触,只要求翻边短节或焊环与管材一致,法兰本体的材质完全可与管材不同,因而尤其适用于腐蚀性介质管道上,可以节省不锈钢、有色金属等贵重耐腐蚀材料。见图 5.1.7。

(a)松套法兰组合　(b)松套法兰组合　(c)松套法兰

图 5.1.7 松套法兰

6. 整体法兰(integral flange, IF)

整体法兰是一种法兰的连接方式，也是属于带颈对焊钢制管法兰的一种。材质有碳钢、不锈钢、合金钢等。生产工艺为锻制。多用于压力较高的管道之中。常常是将法兰与设备、管子、管件、阀门等做成一体，这种型式在设备和阀门上常用。见图 5.1.8。

7. 法兰盖(blind flange, BF)

法兰盖又称盲法兰。盲法兰就是用在两法兰连接处堵死管道设备等的一块实心板，或是常用钢板。设备、机泵上不需接出管道的管嘴，一般用法兰盖封死，而在管道上主要用于管道端部作封头用。管道设备的试压、试漏时常用到。盲法兰产品采用凸面或环形舌榫接合衬垫表面。在美标标准内，盲法兰产品具有 A (MSS SP44)或 B (API 605)两个系列，符合 ASME B16.5 和 ASME B16.47 规范。为了与法兰匹配，基本上有一种法兰就有相应的法兰盖。见图 5.1.9。

图 5.1.8 整体法兰

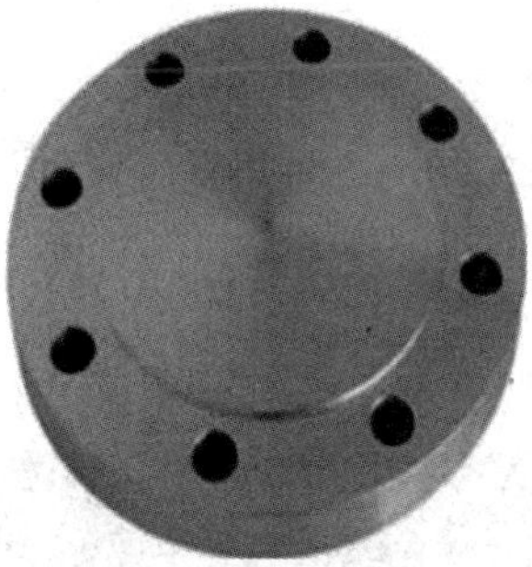

图 5.1.9 法兰盖

8. 大小法兰(reducing flange)

大小法兰也称异径法兰。除接管口径外，法兰的尺寸为两口径中较大口径的标准平焊法兰尺寸，只是接管口径，比该法兰的正常口径要小，这种法兰一般不推荐使用，只有当设备、机泵管嘴口径大于所要连接的管子，且安装尺寸又不允许装大小头或装几个大小头显得很不合理时才选用大小兰法。目前大小法兰仅限于 $PN \leqslant 2.5$MPa 且只有石油行业有此标准。生产工艺包括：专业整体锻打，锻压制造、中板卷制、中板割制等。见图 5.1.10。

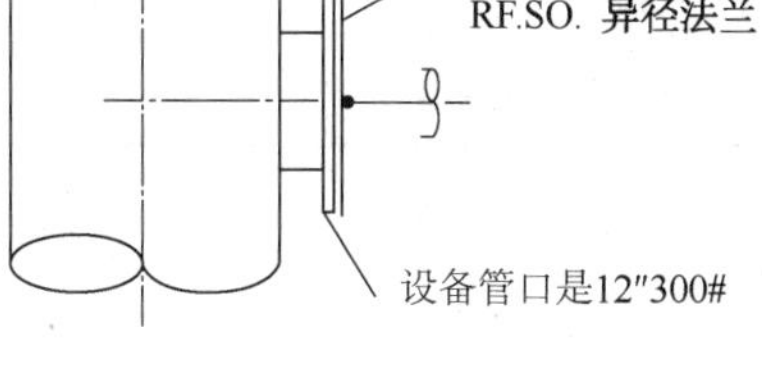

图 5.1.10 异径法兰

9. 孔板法兰

(1) ASME B16.36 标准适用于具有孔板压差连接的法兰(类似 ASME B16.5 中所包括的

法兰），接线范围如下：

① 300、400、600、900、1500 和 2500 磅级 WN（高颈对焊法兰）。

② 300 磅级平焊和螺纹连接法兰。

（2）HG/T 20592 标准提供了压力等级为 *PN*10、*PN*16、*PN*25、*PN*40、*PN*63、*PN*100、*PN*160 的带颈对焊孔板法兰。测压孔有 NPT 管螺纹连接和承插焊连接两种。起重螺栓（Jack screw Bolt，孔板法兰上的起重螺栓是用来作为顶起螺栓用的，与管塞呈 90°的法兰中心线处的孔中配用螺栓作为顶起螺栓，以顶起法兰面。8 字盲板的法兰也配有起重螺栓）与测压孔呈 90°分布。HG/T 20615 标准提供了压力等级为 Class150（*PN*20）、Class300（*PN*50）、Class600（*PN*110）、Class900（*PN*150）、Class1500（*PN*260）、Class2500（*PN*420）的带颈对焊孔板法兰（KMN），测压孔有 NPT 管螺纹连接和承插焊连接两种。法兰公称直径范围 *DN*25～*DN*600。见图 5.1.11。

图 5.1.11 孔板法兰

10. 其他

除了以上常见法兰，还有特种法兰、夹套法兰、绝缘法兰等。

不同的标准法兰与管子连接形式的对比，见表 5.1.1。

表 5.1.1 结构型式代号对照表

序号	SH/T 3406	HG/T 20592（*PN*） HG/T 20615（CLASS）	JB/T	GB/T 9112～9124
1	对焊（WN）	对焊（WN）	对焊（-）	对焊（-）
2	承插焊（SW）	承插焊（SW）	—	承插焊（-）
3	平焊（SO）	平焊（SO）	平焊（-）	平焊（-）

续表

序号	SH/T 3406	HG/T 20592(*PN*) HG/T 20615(CLASS)	JB/T	GB/T 9112~9124
4	螺纹(PT)	螺纹(Th)	—	螺纹(-)
5	松套(LJ)	松套(PJ/LF)	松套(-)	松套(-)
6	法兰盖(不标注)	法兰盖(BL)	法兰盖(-)	法兰盖(-)
7	—	整体法兰(IF)	整体法兰(-)	整体法兰(-)

四、法兰密封面分类及选用

1. 全平面密封面(flat face; full face, FF)

全平面密封面常与平焊型式配合以适用于操作条件比较缓和的(ASME B16.5 仅 *PN*2.0 的法兰有这种密封面)工况下；常用于铸铁设备和阀门的配对法兰。我国石化工业管道很少用这种密封面的法兰。

2. 凸台面密封面(raised face, RF)

凸台面密封面是应用最广的一种型式，尤其是国外不少公司所有公称压力等级的法兰几乎都用 RF 密封面，它常与对焊和承插焊型式配合使用，在“美式法兰”中，常用在 *PN*2.0MPa、*PN*5.0MPa 和部分 *PN*10.0MPa 压力等级中；在“欧式法兰”中则常用在 *PN*1.6MPa、*PN*2.5MPa 压力等级。这种法兰的法兰面上有凸出的密封面，凸台高度国内机标法兰与 *DN* 有关，*DN*15~32 为 2mm；*DN*40~250 为 3mm；*DN*300~500 为 4mm；$DN \geqslant 600$ 为 5mm；与公称压力无关，而美国法兰则与公称压力有关，$PN \leqslant 300$psi 的凸面高度一律 1.6mm，$PN \geqslant 400$psi 则为 6.4mm，与公称直径无关。

3. 凹凸面密封面(male-female face, MF)

凹凸面密封面常与对焊和承插型式配合使用，由两个不同的密封面一凹一凸组成。这种密封面减少了垫片被吹出的可能性，但不能保护垫片不挤入管中，它不便于垫片的更换。在“美式法兰”中不常采用，在“欧式法兰”中常用在 *PN*4.0MPa 的法兰，*PN*6.4MPa、*PN*610MPa 的法兰也有用这种密封面的。

4. 榫槽面密封面(tongue-groove face, TG)

榫槽面密封面使用情况同凹凸面法兰。

5. 环槽面密封面(ring joint face, RJ)

环槽面密封面常与对焊连接型式配合(不与承插焊配合)使用，主要用在高温、高压或二者均较高的工况。在“美式法兰”中，常用在 *PN*10.0MPa(部分)、*PN*15.0MPa、*PN*25.0MPa、*PN*42.0MPa 压力等级中。在“欧式法兰”中常用在 *PN*10.0MPa、*PN*16.0MPa、*PN*25.0MPa、*PN*32.0MPa、*PN*42.0MPa 压力等级中。

法兰密封面如图 5.1.12 所示。

6. 密封面的名称、代号

不同的标准其法兰的密封面的名称、代号略有区别，见表 5.1.2。

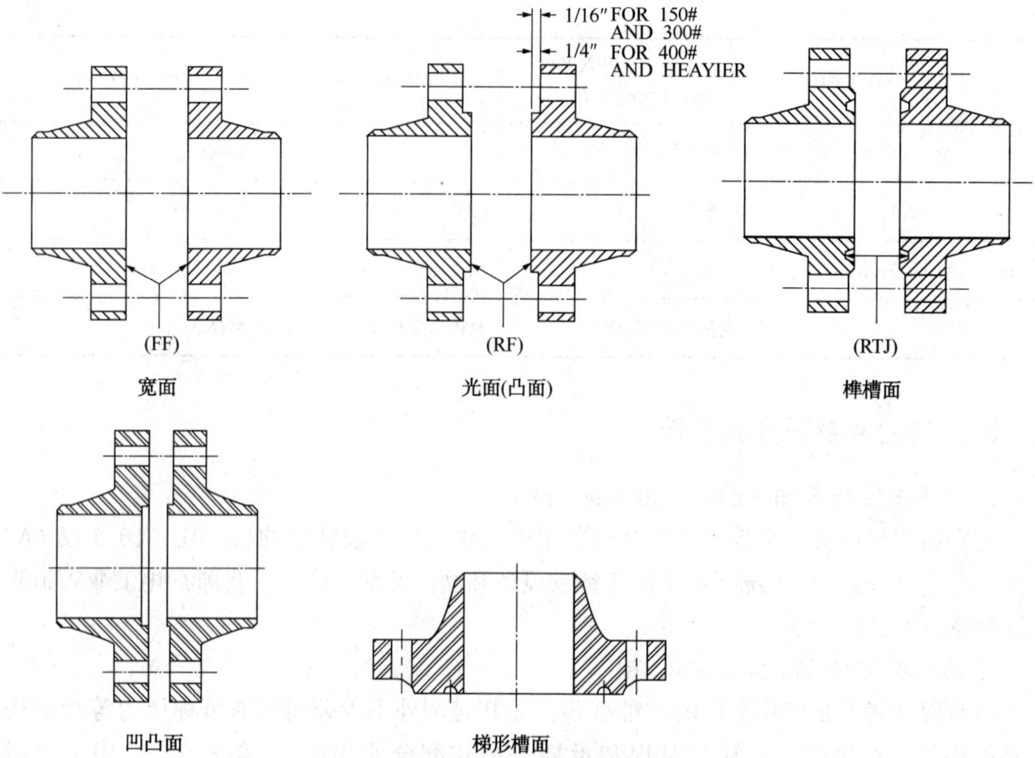

图 5.1.12 法兰密封面的型式

表 5.1.2 法兰密封面名称及代号对照表

密封面名称	SH/T 3406	HG/T 20592(*PN*) HG/T 20615(CLASS)	JB/T	GB	美国 ASME
宽面	全平面(FF)	全平面(FF)	--	平面(FF)	全平面(FF)
光面	凸台面(RF)	突面(RF)	凸面	凸面(RF)	凸面(RF)
凸台面	凹凸面(MF)	凹凸面(MFM)	凹凸面	凹凸面(MF)	凹凸面(L、M、F) (S、M、F)
榫槽面	榫槽面(TG)	榫槽面(TG)	榫槽面	榫槽面(TG)	榫槽面(L、T、G) (S、T、G)
梯形槽面	环槽面(RJ)	环连接面(RJ)	环连接面	环连接面(RJ)	环连接面(RJ)

7. 法兰和密封面型式的选用

化工法兰标准，给出了石油石化、化工工程常用的法兰及密封面的组合，见表 5.1.3 和表 5.1.4 所示。

表 5.1.3 法兰和密封面常用型式选用表

法兰类型	密封面型式	公称尺寸	压力等级(Class)/MPa	使用场合
带颈平焊法兰(SO)	突面(RF)	*DN*15～*DN*600	2.0(Class 150) 5.0(Class 300)	公用工程及非易燃易爆介质； 密封要求不高； 工作温度-45～+200℃

续表

法兰类型	密封面型式	公称尺寸	压力等级(Class)/MPa	使用场合
螺纹法兰(Th)	突面(RF)	DN15～DN 150	2. 0(Class 150)	≤DN150，公用工程、仪表等习惯使用锥管螺纹连接的场合； 使用压力较高时，推荐采用 NPY 螺纹
对焊环松套法兰(LF/SE)	突面(RF)	DN15～DN600	2. 0(Class 150) 5. 0(Class 300)	不锈钢、镍基合金、钛等配管的法兰连接
承插焊法兰(SW)	突面(RF)	DN15～DN50	2. 0(Class 150)～ 15. 0(Class 900)	<DN50，非剧烈循环场合(温度、压力交变荷载)经常使用
带颈对焊法兰(WN) 整体法兰(IF)	突面(RF)	DN15～DN1500 (>600 A、B)	2. 0(Class 150)～ 15.0(Class 900)	经常使用
	环连接面(RJ)	DN15～DN1500 (>600 A、B)	11. 0(Class 600)～ 42. 0(Class 2500)	高温或高压，≥Class600
各种法兰类型	全平面(FF)	DN15～DN600	2.0(Class 150)	与铸铁法兰、管件、阀门(Class 125)配合使用的场合
各种法兰类型	凹面/凸面 榫面/槽面	DN15～DN600	≥5. 0(Class 300)	仅用于阀盖与阀体连接等构件内部连接的场合，极少用于与外部配管、阀门的连接

注：法兰盖的密封面型式选用与配合连接的法兰相同。

表 5.1.4　法兰密封面型式选用表

法兰类型	使用工况			
	一般	易燃、易爆、高度和极度危害	PN≥10. 0MPa 高压	配用铸铁法兰
整体法兰(IF) 带颈对焊法兰(WN)	突面(RF)	突面(RF) 凹凸面(MFM) 榫槽面(TG)	突面(RF) 环连接面(RJ)	全平面(FF)
螺纹法兰(Th) 板式平焊法兰(PL)	突面(RF)	注	—	全平面(FF)
对焊环松套法兰(PJ/SE)	突面(RF)	突面(RF)	—	—
平焊环松套法兰(PJ/RJ)	突面(RF)	突面(RF) 凹凸面(MFM) 榫槽面(TG)	—	—
承插焊法兰(SW)	突面(RF)	突面(RF) 凹凸面(MFM) 榫槽面(TG)	突面(RF)	—
带颈平焊法兰(SO)	突面(RF)	突面(RF) 凹凸面(MFM) 榫槽面(TG)	—	全平面(FF)
法兰盖(BL)	突面(RF)	突面(RF) 凹凸面(MFM) 榫槽面(TG)	突面(RF) 环连接面(RJ)	全平面(FF)

续表

法兰类型	使用工况			
	一般	易燃、易爆、高度和极度危害	PN≥10.0MPa 高压	配用铸铁法兰
衬里法兰盖[BL(S)]	突面(RF)	突面(RF) 凸面(M) 榫面(T)	—	—

注：与 PN≥4.0MPa 的阀门或设备配用时，阀门上的整体法兰一般为凹面，而管法兰的密封面应为凸面。

五、法兰适用标准的选用

(1) 在本书第二章已经详细讲述了标准体系。国际上管法兰主要有两个体系，一是以德国 DIN(包括苏联)为代表的法兰体系，公称压力为 0.1、0.25、0.6、1.0、1.6、2.5、4.0、6.3、10.0、16.0、25.0、32.0、40.0MPa，公称直径范围 6~4000mm，法兰类型有板式平焊、带颈对焊、螺纹、翻边松套、平焊环松套、对焊环松套、法兰盖等，密封面有全平面、突面、凹凸面、榫槽面、环连接面、透镜面等。另一体系是以美国 ASME B16.5 为代表的法兰体系，其公称压力为 2.0、25.0、6.8、10.0、(11.0)、15.0、25.0、(26.0)、42.0MPa，公称直径范围 15~600mm，法兰类型有带颈平焊、承插焊、螺纹、松套、带颈对焊和法兰盖，密封面有全平面、突面、大小凹凸面、大小榫槽面和环连接面。

(2) 我国目前使用的法兰标准较多，但归纳起来也是分别靠国际上的两个体系。以往使用较多的机械部标准法兰(JB)靠德国标准；中国石化法兰标准(SH)靠美国 ASME B16.5；国标法兰(GB)根据公称压力分别靠两个体系；中国化工部法兰标准(HG)很清楚地分为欧洲与美洲系列，分别靠德国与美国的法兰标准，而且在欧洲系列中有两种接管外径尺寸，能适应不同外径系列的管道，因而适用性大大提高。

(3) 表示管法兰特征的应是法兰类型、公称压力、密封面形式、公称直径和材质。所有法兰标准均有各自的范围，因此必须查找有关法兰标准核实后方能正确选用所需要的法兰。见表 5.1.5 ~表 5.1.10。

表 5.1.5 HG/T 20592 欧洲体系各种形式法适用范围 mm

法兰类型	密封面型式	公称压力 PN								
		2.5	6	10	16	25	40	63	100	160
板式平焊法兰(PL)	突面(RF)	DN10~DN2000	DN10~DN600					—		
	全平面(FF)	DN10~DN2000	DN10~DN600			—				
带颈平焊法兰(SO)	突面(RF)	—	DN10~DN300	DN10~DN600				—		
	凹面(FM) 凸面(M)	—		DN10~DN600				—		
	榫面(T) 槽面(G)	—		DN10~DN600				—		
	全平面(FF)	—	DN10~DN300	DN10~DN600		—				

续表

法兰类型	密封面型式	公称压力 PN								
		2.5	6	10	16	25	40	63	100	160
带颈对焊法兰(WN)	突面(RF)	—		DN10~DN2000		DN10~DN600		DN10~DN400	DN10~DN350	DN10~DN300
	凹面(FM) 凸面(M)	—		DN10~DN600				DN10~DN400	DN10~DN350	DN10~DN300
	榫面(T) 槽面(G)	—		DN10~DN600				DN10~DN400	DN10~DN350	DN10~DN300
	全平面(FF)	—		DN10~DN2000		—				
	环连接面(RJ)	—						DN15~DN400		DN15~DN300
整体法兰(IF)	突面(RF)	—	DN10~DN2000			DN10~DN1200	DN10~DN600	DN10~DN400		DN10~DN300
	凹面(FM) 凸面(M)	—		DN10~DN600				DN10~DN400		DN10~DN300
	榫面(T) 槽面(G)	—		DN10~DN600				DN10~DN400		DN10~DN300
	全平面(FF)	—	DN10~DN2000			—				
	环连接面(RI)	—						DN15~DN400		DN1S~DN300
承插焊法兰(SW)	突面(RF)	—		DN10~DN50						—
	凹面(FM) 凸面(M)	—		DN10~DN50						—
	榫面(T) 槽面(G)	—		DN10~DN50						—
螺纹法兰(Th)	突面(RF)	—	DN10~DN150					—		
	全平面(FF)	—	DN10~DN150			—				
对焊环松套法兰(PJ/SE)	突面(RF)	—	DN10~DN600					—		
平焊环松套法兰(PJ/RJ)	突面(RF)	—	DN10~DN600			—				
	凹面(FM) 凸面(M)	—		DN10~DN600		—				
	榫面(T) 槽面(G)	—		DN10~DN600		—				
法兰盖(BL)	突面(RF)	DN10~DN2000		DN10~DN1200		DN10~DN600		DN10~DN400		DN10~DN300
	凹面(PM) 凸面(M)	—		DN10~DN600				DN10~DN400		DN10~DN300
	榫面(T) 槽面(G)	—		DN10~DN600				DN10~DN400		DN10~DN300
	全平面(FF)	DN10~DN2000		DN10~DN1200		—				
	环连接面(RJ)	—						DN15~DN400		DN15~DN300

续表

法兰类型	密封面型式	公称压力 *PN*								
		2.5	6	10	16	25	40	63	100	160
衬里法兰盖(BL(S))	突面(RF)	—	*DN*40~*DN*600					—		
	凸面(M)	—		*DN*40~*DN*600				—		
	槽面(T)	—		*DN*40~*DN*600				—		

表 5.1.6　公称尺寸和钢管尺寸　mm

公称尺寸 *DN*		10	15	20	25	32	40	50	65	80
钢管外径	A	17.2	21.3	26.9	33.7	42.4	48.3	60.3	76.1	88.9
	B	14	18	25	32	38	45	57	76	89
公称尺寸 *DN*		100	125	150	200	250	300	350	400	450	500
钢管外径	A	114.3	139.7	168.3	219.1	273	323.9	355.6	406.4	457	508
	B	108	133	159	219	273	325	377	426	480	530
公称尺寸 *DN*		600	700	800	900	1000	1200	1400	1600	1800	2000
钢管外径	A	610	711	813	914	1016	1219	1422	1626	1829	2032
	B	630	720	820	920	1020	1220	1420	1620	1820	2020

注：①HG/T 20592 标准适用的钢管外径包括 A、B 两个系列，A 系列为国际通用系列(俗称英制管)，B 系列为国内沿用系列(俗称公制管)。其公称尺寸 *DN* 和钢管外径按表 5.1.5 的规定。采用 B 系列钢管的法兰，应在公称尺寸 *DN* 的数值后标记“B”，以示区别。但采用 A 系列钢管的法兰，不必在公称尺寸 *DN* 的数值后标记“A”。

②标准适用于公称压力 *PN*2.5~*PN*160 的钢制管法兰和法兰盖。法兰公称压力等级采用 *PN* 表示，包括下列九个等级：*PN*2.5、*PN*6、*PN*10、*PN*16、*PN*25、*PN*40、*PN*63、*PN*100、*PN*160。

表 5.1.7　HG/T 20615 美洲体系各种类型法兰的密封面型式及其适用范围　mm

法兰类型	密封面型式	公称压力 Class(*PN*)					
		150 (20)	300 (50)	600 (110)	900 (150)	1500 (260)	2500 (420)
带颈平焊法兰(SO)	突面(RF)	*DN*15~*DN*600				*DN*15~*DN*65	—
	凹面(FM) 凸面(M)	—	*DN*15~*DN*600			*DN*15~*DN*65	
	榫面(T) 槽面(G)	—	*DN*15~*DN*600			*DN*15~*DN*65	
	全平面(FF)	*DN*15~*DN*600	—				
带颈对焊法兰(WN) 长高颈法兰(LWN)	突面(RF)	*DN*15~*DN*600					*DN*15~*DN*300
	凹面(FM) 凸面(M)	—	*DN*15~*DN*600				*DN*15~*DN*300
	榫面(T) 槽面(G)	—	*DN*15~*DN*600				*DN*15~*DN*300
	全平面(FF)	*DN*15~*DN*600	—				
	环连接面(RJ)	*DN*25~*DN*300	*DN*15~*DN*600				*DN*15~*DN*300

续表

法兰类型	密封面型式	公称压力 Class(*PN*)					
		150 (20)	300 (50)	600 (110)	900 (150)	1500 (260)	2500 (420)
整体法兰(IF)	突面(RF)	*DN*15~*DN*600					*DN*15~*DN*300
	凹面(FM) 凸面(M)	—	*DN*15~*DN*600				*DN*15~*DN*300
	榫面(T) 槽面(G)	—	*DN*15~*DN*600				*DN*15~*DN*300
	全平面(FF)	*DN*15~*DN*600	—				
	环连接面(RJ)	*DN*25~*DN*600	*DN*15~*DN*600				*DN*15~*DN*300
承插焊法兰(SW)	突面(RF)	*DN*15~*DN*80				*DN*15~*DN*65	—
	凹面(FM) 凸面(M)	—	*DN*15~*DN*80		*DN*15~*DN*65		
	榫面(T) 槽面(G)	—	*DN*15~*DN*80		*DN*15~*DN*65		
	环连接面(RJ)	*DN*25~*DN*80	*DN*15~*DN*80		*DN*15~*DN*65		
螺纹法兰(Th)	突面(RF)	*DN*15~*DN*150		—			
	全平面(FF)	*DN*15~*DN*150	—				
对焊环松套法兰(LF/SE)	突面(RF)	*DN*15~*DN*600			—		
法兰盖(BL)	夹面(RF)	*DN*15~*DN*600					*DN*15~*DN*300
	凹面(FM) 凸面(M)	—	*DN*15~*DN*600				*DN*15~*DN*300
	榫面(T) 槽面(G)	—	*DN*15~*DN*600				*DN*15~*DN*300
	全平面(FF)	*DN*15~*DN*600	—				
	环连接面(RJ)	*DN*25~*DN*600	*DN*15~*DN*600				*DN*15~*DN*300

密封面型式		公称压力 Class(*PN*)			
		150(20)	300(50)	600(110)	900(150)
突面(RF)	A 系列	*DN*650~*DN*1500			*DN*650~*DN*1000
	B 系列	*DN*650~*DN*1500		*DN*650~*DN*900	
环连接面(RJ)	A 系列	—	*DN*650~*DN*900		

注：适用于公称压力 Class150（*PN*20）~Class2500(*PN*420)的钢制管法兰和法兰盖。法兰公称压力等级采用 Class 表示，包括下列六个等级：Class150、Class300、Class600、Class900、Class1500、Class2500。

表 5.1.8 法兰的公称压力等级对照表

Class	*PN*	Class	*PN*
Class150	*PN*20	Class900	*PN*150
Class300	*PN*50	Class1500	*PN*260
Class600	*PN*110	Class2500	*PN*420

表 5.1.9 压力等级 Class 和公称压力对照表

ASME 磅级 ASME Class	150	300	400	600	800	900	1500	2500
公称压力 MPa	0.6MPa 1.0MPa 1.6MPa 2.0 MPa	2.5MPa 4.0 MPa 5.0 MPa	6.4MPa	10.0MPa	—	15.0MPa	25.0MPa	42.0MPa
公称压力 *PN*	*PN*6 *PN*10 *PN*16 *PN*20	*PN*25 *PN*40 *PN*50	*PN*6.4	*PN*100	—	*PN*150	*PN*250	*PN*420

表 5.1.10 钢管公称尺寸 *DN* 和钢管外径

公称尺寸	*DN*	15	20	25	32	40	50	65	80	100
	NPS	½	¾	1	1¼	1½	2	2½	3	4
钢管外径		21.3	26.9	33.7	42.4	48.3	60.3	76.1	88.9	114.3

公称尺寸	*DN*	125	150	200	250	300	350	400	450	500	600
	NPS	5	6	8	10	12	14	16	18	20	24
钢管外径		139.7	168.3	219.1	273.0	323.9	355.6	406.4	457	508	610

注：①公称压力 Class150(*PN*20)~Class 900(*PN*150)的大直径带颈对焊钢制管法兰和法兰盖。法兰的公称压力等级采用 Class 表示，包括下列四个等级：Class150、Class300、Class600、Class900。标准包括 A 和 B 两个尺寸系列的大直径钢制管法兰，选用时必须明确标记。

②大口径钢管公称尺寸 *DN* 和钢管外径按表 5.1.11 的规定。

表 5.1.11 大口径钢管公称尺寸 *DN* 和钢管外径

公称尺寸	*DN*	650	700	750	800	850	900	950	1000
	NPS	26	28	30	32	34	36	38	40
钢管外径/mm		660	711	762	813	864	914	965	1016

公称尺寸	*DN*	1050	1100	1150	1200	1250	1300	1350	1400	1450	1500
	NPS	42	44	46	484	50	52	54	56	58	60
钢管外径/mm		1067	1118	1168	1219	1270	1321	1372	1422	1473	1524

(4) 国际上管法兰标准主要的体系。

① 欧洲 EN 管法兰标准体系。a. 欧洲 *PN* 系列。EN 1092-1(法兰及其连接件——管道、阀门、管件和附件用圆盘法兰，*PN* 标识——第 1 篇：钢制法兰)，是在原 DIN、NF 和 BS 管法兰标准的基础上制定的。EN 1092-1(*PN* 标识)包含了公称压力为 *PN*2.5、*PN*6、*PN*10、*PN*16、*PN*25、*PN*40 和 *PN*100 共 7 档，公称尺寸为 *DN*10~*DN*4000。法兰的结构型式有板式平焊、对焊环松套、平焊环松套、翻边松套、带颈对焊、整体、螺纹和法兰盖共 8 种。密封面型式有全平面、突面、凹面/凸面、榫面/槽面和 O 形圈槽。与英制管系列钢管配合使用。b. 欧洲 Class 系列。在参照 ASME B16.5 的基础上还制定了 EN 1759-1(法兰及其连接件——管道、阀门、管件和附件用圆盘法兰，Class 标识——第 1 篇，钢制法兰，

NPS1/2~24)。c. EN管法兰标准包括了国际上两大管法兰标准体系。根据欧盟成员国的内部章程规定，成员国应将EN标准原封不动地作为各成员国的国家标准使用，并废除与EN标准中相冲突的其他国家标准。

② 美洲ASME管法兰标准体系。a. 美国ASME B16.5(管法兰和法兰管件)是一套完整的、系统的、使用广泛的管法兰标准。其公称压力为Class150、Class300、Class400、Class600、Class900、Class1500和Class2500共7档，公称尺寸为*DN*15~*DN*600，法兰结构型式有带颈平焊、承插焊、螺纹连接、对焊环松套、带颈对焊和法兰盖，密封面型式有突面、全平面、凹面/凸面(分大、小两种)、榫面/槽面(分大、小两种)以及金属环连接面。ASME B16.5中，除螺栓尺寸和螺栓孔尺寸以外，采用了米制单位，英制单位尺寸列在附录中。ASME B16.47(大直径钢法兰)适用于公称尺寸大于*DN*600的法兰，内容包含A、B两个尺寸系列，A系列为通用的大直径钢法兰(原MSS SP44)，B系列为用于石油工业的紧凑型钢法兰(原API 605)。b. AWWA C207包含：B(86psi，*DN*100~3600) PL；D(150psi，*DN*100~2400，3600) SO，PL；E(275psi，*DN*100~2400，3600) SO，PL；F(300psi，*DN*100~1200)PL。

③ ISO管法兰标准体系。a. ISO 7005-1是国际标准化组织发布的管法兰标准，ISO 7005-1是把美国ASME B16.5与原德国DIN两套标准合并而成的。管法兰的公称压力分两个系列，第一系列为*PN*10、*PN*16、*PN*20、*PN*50、*PN*110、*PN*150、*PN*260、*PN*420，第二系列为*PN*2.5、*PN*6、*PN*25、*PN*40。在两个压力系列中，*PN*2.5、*PN*6、*PN*10、*PN*16、*PN*25、*PN*40的法兰尺寸按照DIN(欧洲体系)确定，*PN*20、*PN*50、*PN*110、*PN*150、*PN*260、*PN*420的法兰尺寸按ASME B16.5(美洲体系)确定。法兰的结构型式有板式平焊、平焊环松套、翻边环松套、对焊环松套、带颈对焊、带颈平焊、螺纹法兰、承插焊法兰和法兰盖共9种类型。密封面有突面、全平面、凹面/凸面、榫面/槽面、橡胶环连接、环连接面共6种。b. 由于ISO 7005-1在公称压力系列上处理不当，即：把两个体系混合编排，造成使用中的体系混乱；而且把欧洲体系的公称压力限制在*PN*40以下，致使欧洲体系的使用不便；美洲体系公称压力用*PN*表示，且管子外径按ISO4200的规定，致使美洲体系的使用不便。为此，ISO 7005-1发布后，实际上并未获得国际上原使用欧洲体系和美洲体系各国的认同。c. ISO 7005-1在2007版修订时，主要更正了上述存在的问题，同时又纳入JIS的K系列，实际上认同了国际上三个公称压力系列的管法兰标准并存的现实，即：*PN*系列、Class系列和K系列。*PN*系列中公称压力用*PN*标识，公称尺寸用*DN*标识，管法兰标准采用EN 1092-1，管子外径按ISO4200的规定。Class系列中公称压力用Class标识，公称尺寸用NPS标识，管法兰标准采用ASME B16.5或ASME Bl6.47，管子外径按ASME B36.10M的规定。K系列中公称压力用K标识，公称尺寸用A标识，管法兰标准采用JIS B2220，管子外直径按JIS B2220的规定。因此，ISO 7005-1是一个通用的原则性标准。

④ K管法兰标准体系。在我国石油化工装置中不多用，或仅用于公用管道工程。JIS B2220：5K，*DN*10~1500，PL、SO、BL；10K，*DN*10~1500，PL、SO、BL；16K，*DN*10~600，SO、BL；20K，*DN*10~600，SO、BL；30K，*DN*10~400，SO、WN、BL。

六、可配合使用的管法兰标准

(1) 管法兰与管子标准系列，见表5.1.12。

表 5.1.12 国内常用管法兰标准

配管	欧洲体系（*PN* 系列）	美洲体系（Class 系列）
英制管	GB/T 9112～9124 HG/T 20592～20605	GB/T 9112～9124 HG/T 20615～20626 SH/T 3406
公制管	HG/T 20592～20605 JB/T 74～86	—

HG/T 20592～20635《钢制管法兰、垫片、紧固件》包括了欧洲体系的英制管和公制管以及美洲体系的英制管的使用。在编制上参照 ISO 7005-1（1992）、ISO 7483-1991 和 ASME B16.5 等标准。在化工、炼油、冶金、电力、轻工、医药、化纤等行业部门的配管、设备专业广泛使用。

（2）欧洲体系管法兰。法兰（*PN* 系列）的连接尺寸（包括密封面尺寸）与表 5.1.13 所列标准的管法兰基本相同，可配合使用。

表 5.1.13 可配合使用的欧洲体系管法兰

标准编号	标准名称	压力等级 *PN*（bar）
EN1092-1	钢制法兰	2.5，6，10，16，25，40，63，100，160
JB/T 74～90	管路法兰	2.5，6，10，16，25，40，63，100
HG/T 20592	钢制管法兰	2.5，6，10，16，25，40，63，100，160
GB/T 9112～9124	钢制管法兰	2.5，6，10，16，25，40，63，100，160

注：JB/T 74～90 管路法兰中，管法兰 *PN*2.5-*DN*500、*PN*6-*DN*500 和 *PN*10-*DN*80 与 HG/T 20592 不能配合使用。

（3）美洲体系管法兰。法兰（Class 系列）的连接尺寸（包括密封面尺寸）与表 5.1.14、表 5.1.15 所列标准的管法兰基本相同，可配合使用。

表 5.1.14 可配合使用的美洲体系管法兰（≤*DN*600）

标准编号	标准名称	压力等级
ASME B16.5	管法兰和法兰管件	Class150，Class300，Class600，Class900，Class1500，Class2500
EN 1759-1	钢制法兰及法兰管件	Class150，Class300，Class600，Class900，Class1500，Claass2500
JPI 7S-15	钢制法兰及法兰管件	Class150，Class300，Class600，Class900，Class1500，Class2500
GB/T 9112～9124	钢制管法兰	*PN*20，*PN*50，*PN*110，*PN*150，*PN*260，*PN*420
SH/T 3406	石油化工钢制管法兰	*PN*20，*PN*50，*PN*100，*PN*150，*PN*250，*PN*420

表 5.1.15 可配合使用的美洲体系管法兰（>*DN*600）

标准编号	标准名称	压力等级	备注
ASME B16，47	大直径钢制法兰	Class150，Class300，Class600，Class900	A 系列 B 系列
JPI 75-43	大直径钢制法兰	Class150，Class300，Class600，Class900	A 系列 B 系列
SH/T 3406	石油化工钢制管法兰	*PN*20，*PN*50	B 系列

七、法兰压力等级的确定

1. 法兰压力等级确定的原则

（1）法兰标准体系的识别；

（2）管道系统管道等级承压能力的确定；

（3）阀门压力等级及压力-温度额定值；

（4）压力-温度额定值与法兰计算的关系；

（5）活套法兰取决于法兰用材；

（6）夹套法兰取决于内管 *P*；

（7）更高温度按比例折算；

（8）外力和弯矩的折算；

（9）高 *PN* 法兰可用于低 *PN* 管道，反之不行。

2. 石化行业的压力等级标准

（1）石化行业应用标准体系的法兰标准 SH/T 3406 等效采用了 ASME B16.5 和 API 605 标准，属于“美式法兰”。

（2）SH/T 3406 在结构尺寸和密封面型式上与 ASME B16.5/API 605 有着很好的互换性，因此它能与 ASME、API、MSS 等标准的管道元件配套使用。

（3）因为 SH/T 3406 采用了我国材料标准而不是美国材料标准 ASTM，故二者的温度-压力表有少许偏差，故在考虑二者互换时，应注意并核对它们的温度-压力对应允许值。

（4）SH/T 3406 标准的公称压力等级共包括：*PN*1.0、*PN*2.0（CL150）、*PN*5.0（CL300）、*PN*6.8（CL400）、*PN*10.0（CL600），*PN*15.0（CL900）、*PN*25.0（CL1500）、*PN*42.0(CL2500)等 8 个等级。

3. 化工行业的压力等级标准

（1）化工行业应用标准体系的管法兰标准 HG/T 20592 和 HG/T 20615 参照了 ISO 7005-1 标准的编写模式，即同时包含了“欧式法兰”和“美式法兰”两个体系。

（2）其欧式法兰标准 HG/T 20592 的公称压力等级共包括 *PN*0.25、*PN*0.6、*PN*1.0、*PN*1.6、*PN*2.5、*PN*4.0、*PN*6.3、*PN*10.0、*PN*16.0、*PN*25.0 等 10 个压力等级，公称直径范围为 *DN*10～*DN*2000，法兰型式有板式平焊、带颈平焊、带颈对焊、整体式、承插焊、螺纹、对焊环松套、平焊环松套、法兰盖、衬里法兰等 10 种，密封面型式有突面、凹凸面、榫槽面、环连接面、全平面等 5 种。它可以与我国的 JB 阀门配套使用。

（3）其美式法兰标准 HG/T 20615 基本上等效采用了 ASME 标准。其中，对于 *DN*≤600mm 的法兰则等效采用了 ASME B16.5 标准，而对 *DN*≥650mm 的法兰则等效采用 API 605 标准。法兰的公称压力等级共包括 *PN*2.0、*PN*5.0、*PN*11.0、*PN*15.0、*PN*26.0 和 *PN*42.0 等 6 个压力等级，公称直径范围为 *DN*15～*DN*1500，法兰型式有带颈平焊、带颈对焊、整体法兰、承插焊、螺纹、松套等 5 种，密封面型式有突面、凹凸面、榫槽面、环连接面、全平面等 5 种型式。

（4）化工行业压力管道应用标准体系也是一个相对比较完整的标准体系，而且经历了若干年的生产实践检验，具有成熟的使用经验。其使用面比较广，它既可以与国外的 ASME、DIN、ISO 等标准配合使用，又可以与国内的 GB、SH、JB 等标准配合使用。

4. 国内外法兰公称压力体系比较

见表 5.1.16。

表 5.1.16 国内外法兰公称压力体系比较

国内外标准	公称压力体系													备注
ASME B16.5	—	—	150	300	400	600	900	1500	2500	—	—	—	—	单位：psig
DIN	0.1	0.25	0.6	1.0	1.6	2.5	4.0	6.4	10.0	16.0	25.0	32.0	40.0	单位：MPa
ISO 7500-1	10	16	20	50	—	110	150	260	420	—	—	—	—	1 系列 基本系列 单位：bar
	—	2.5	6	—	—	25	40	—	—	—	—	—	—	2 系列 单位：bar
HG/T 20592	—	—	150/ 2.0	300/ 5.0	—	600/ 11.0	—	1500/ 26.0	2500/ 42.0	—	—	—	—	美洲系列 单位：psig/MPa
HG/T 20615	—	0.25	0.6	1.0	1.6	2.5	4.0	6.3	10.0	16.0	25.0	—	—	欧洲系列 单位：MPa
GB/T 9112～ GB/T 9124	—	—	2.0	5.0	—	11.0	15.0	26.0	42.0	—	—	—	—	美洲系列 单位：MPa
	—	0.25	0.6	1.0	1.6	2.5	4.0	6.3	10.0	16.0	—	—	—	欧洲系列 单位：MPa
SH/T 3406		1.0	2.0	5.0	6.8	10.0	15.0	25.0	42.0					单位：MPa

八、法兰压力等级的含义及 Class 与 *PN* 之间的换算

1. 公称压力、压力额定值和压力-温度

(1) 欧洲体系 *PN* 系列常温屈服强度 225MPa 为基准值，如大于此值仍按 225MPa；低于此值或高温按比例进行换算；奥氏体钢按 0.2% 条件屈服强度；材料分组有：铸，锻，板。

(2) 美国体系 Class 值的含义

法兰许用应力为 8750 psi(即 60.3MPa)时的压力额定值(psi)；作为该压力等级法兰的 Class 后跟数值；8750 psi 为碳钢材料在 850℉(454℃)时法兰许用应力；但 Class150 法兰在(850℉，8750lb/in^2)的允许工作压力不足 150psi，仅为 115psi。Class150 实际上应称为 Class115。

(3) Class 是高温、法兰许用应力为 8750 psi(即 60.3MPa)时的压力额定值(psi)；*PN* 是常温、法兰许用应力为 150.8MPa 时的压力额定值(bar)；法兰额定基准材料 $\sigma_b = 70000$ psi，法兰安全系数 $n_b = 3.2$，所以，法兰许用应力为 150.8MPa

2. Class300 与 *PN*50 的换算

(1) 高温，300×0.06895 = 20.685 bar；常温，(20.685×150.8)÷60.3 = 51.7bar。所以，Class300 又称 *PN*50。

(2) Class150 与 *PN*20 的换算：高温，115×0.06895 = 7.93bar；常温，(7.93×150.8)÷

60.3=19.8bar。所以，Class150 又称 *PN*20。

3. 法兰压力-温度额定值的确定方法——许用应力折算法

法兰压力-温度额定值 *p*，850℉(454℃)，CS 材料(A105，WCB)的许用应力 8750psi (60.3MPa)；法兰的额定工作压力值，psi；常温与 454℃的额定工作压力值之比 2.5；常温与 454℃的许用应力值之比 2.5；基准值 8750×2.5×3.2=70000psi(抗拉)。

九、钢制管法兰国标和美标材料的比较

(1) 欧洲体系钢制管法兰用材料如表 5.1.17 所示。

表 5.1.17 欧洲体系(HG/T 20592)钢制管法兰用材料

类别	钢板		锻件		铸件	
	材料牌号	标准编号	材料牌号	标准编号	材料牌号	标准编号
碳素钢	—	—	A105 16Mn 16MnD	GB/T 12228 JB 4726 JB 4727	WCB	GB/T 12229
碳素钢	Q345R	GB/T 713	—	—	WCC LC3、LCC	GB/T 12229 JB/T 7248
碳素钢	16MnDR	GB/T 3531	08Ni3D25	JB 4727 GB/T 12228	LCB	JB/T 7248
碳素钢	Q235A，Q235B 20Q245R 09MnNiDR	GB/T 3274 (GB/T 700) GB/T 711 GB/T 713 GB/T 3531	20 09MnNiD	JB 4726 JB 4727	WCA	GB/T 12229
铬钼钢 (1~1.25Cr-0.5Mo)	14Cr1MoR 15CrMoR	GB/T 713 GB/T 713	14Cr1Mo 15CrMo	JB 4726 JB 4726	WC6	JB/T 5263
铬钼钢 (2.25Cr-1Mo)	12Cr2Mo1R	GB/T 713	12Cr2Mo1	JB 4726	WC9	JB/T 5263
铬钼钢 (5Cr-0.5Mo)	—	—	1Cr5Mo	JB 4726	ZG16Cr5MoG	GB/T 16253
铬钼铬钢 (9Cr-1Mo-V)	—	—	—	—	C12A	JB/T 5263
304	0Cr18Ni9	GB/T 4237	0Cr18Ni9	JB 4728	CF3 CF8	GB/T 12230 GB/T 12230
316	0Cr17Ni12Mo2	GB/T 4237	0Cr17Ni12Mo2	JB 4728	CF3M CF8M	GB/T 12230 GB/T 12230
304L 316L	00Cr19Ni10 00Cr17Ni14Mo2	GB/T 4237 GB/T 4237	00Cr19Ni10 00Cr17Ni14Mo2	JB4728 JB4728	—	—
321	0Cr18Ni10Ti	GB/T 4237	0Cr18Ni10Ti	JB4728	—	—
347	0Cr18Ni11Nb	GB/T 4237	—	—	—	—
CF8C	—	—	—	—	CF8C	GB/T 12230

注：①管法兰材料一般应采用锻件或铸件，不推荐用钢板制造。
②钢板仅可用于法兰盖、衬里法兰盖、板式平焊法兰、对焊环松套法兰、平焊环松套法兰。
③表内铸件仅适用于整体法兰。管法兰用对焊环可采用锻件或钢管制造(包括焊接)。
④新旧牌号的对照见本书前面章节详述。

（2）美洲体系（HG/T 20615）钢制管法兰用材料如表 5.1.18 所示。

表 5.1.18 钢制管法兰用材料

类别	钢板		锻件		铸件	
	材料牌号	标准编号	材料牌号	标准编号	材料牌号	标准编号
碳素钢	Q235A， Q235B 20Q245R	GB/T 3274 （GB/T 700） GB/T 711 GB713	20	JB4726	WCA	GB/T 12229
碳素钢			A105 16Mn 16MnD	GB/T 12228 JB 4726 JB 4727	WCB	GB/T 12229
碳素钢	Q345R	GB 713	—	—	WCC LC3、LCC	GB 12229 JB/T 7248
碳素钢	16MnDR	GB 3531	08Ni3D 25	JB 4727 GB/T 12228	LCB	JB/T 7248
碳素钢	09MnNiDR	GB 3531	09MnNiD	JB 4727		
铬钼钢（1.25Cr-0.5Mo）	14Cr1MoR	GB 713	14Cr1Mo	JB 4726	WC6	JB/T 5263
铬钼钢（2.25Cr-1Mo）	12Cr2Mo1R	GB 713	12Cr2Mo1	JB 4726	WC9	JB/T 5263
铬钼钢（5Cr-0.5Mo）	—	—	1Cr5Mo	JB 4726	ZG16Cr5MoG	GB/T 16253
铬钼铬钢（9Cr-1Mo-V）	—	—	—	—	C12A	JB/T 5263
铬钼钢（1Cr-0.5Mo）	15CrMoR	GB 713	15CrMo	JB 4726		
304	0Cr18Ni9	GB/T 4237	0Cr18Ni9	JB 4728	CF3 CF8	GB/T 12230 GB/T 12230
316	0Cr17Ni12Mo2	GB/T 4237	0Cr17Ni12Mo2	JB 4728	CF3M CF8M	GB/T 12230 GB/T 12230
304L 316L	00Cr19Ni10 00Cr17Ni14Mo2	GB/T 4237	00Cr19Ni10 00Cr17Ni14Mo2	JB 4728	—	—
321	0Cr18Ni10Ti	GB/T 4237	0Cr18Ni10Ti	JB 4728	—	—
347	0Cr18Ni11Nb	GB/T 4237	—	—	—	—
CF8C	—	—	—	—	CF8C	GB/T 12230

注：① 管法兰材料一般应采用锻件或铸件，带颈法兰不得用钢板制造。

② 钢板仅可用于法兰盖。

③ 表列铸件仅适用于整体法兰。

④管法兰用对焊环可采用锻件或钢管制造（包括焊接）。

⑤新旧牌号的对照见本书前面章节详述。新旧牌号的对照见本书前面章节详述。

（3）HG/T 20592 和 HG/T 20615 法兰交货材料代号见表 5.1.19，应附有产品质量证明文件。每个法兰（包括法兰盖）的外圆柱表面上应以钢印标志表 5.1.19 规定的内容。

表 5.1.19　材料代号

钢号	代号	钢号	代号
Q235A，Q235B	Q	12Cr2Mo1，12Cr2Mo1R	C2M
20，Q245R	20	1Cr5Mo	C5M
25	25	9Cr-1Mo-V	C9MV
A105	A105	08Ni3D	3.5Ni
09Mn2VR	09MnD	0Cr18Ni9	304
09MnNiD	09NiD.	00Cr19Ni10	304L
16Mn，Q345R	16Mn	0Cr18Ni10Ti	321
16MnD，16MnDR	16MnD	0Cr17Ni12Mo2	316
09MnNiD，09MnNiDR	09MnNiD	00Cr17Ni14Mo2	316L
14Cr1Mo，14Cr1MoR	14CM	0Cr18Ni11Nb	347
15CrMo，15CrMoR	15CM		

注：①新旧牌号的对照见本书前面章节详述。

（4）ASME B16.5 管法兰材料见表 5.1.20。值得注意的是法兰盖除可用钢板外还可用所列锻件材料铸造或锻造，法兰和法兰管件可用铸造或锻造。材料被分成 36 种，包括碳钢（1~11），不锈钢（12~19）和高合金钢（20~37）。

表 5.1.20　ASME B16.5 管法兰材料

	公称化学成分	适用的 ASTM 标准		
		锻件	铸件	板材
1	C-Si C-Mn-Si C-Mn-Si-V	A 105 A 350 Gr，LF2 A 350 Cr，LF6 Cl. 1	A 216 Gr，WCB	A 515 Gr，70 A 516 Gr，70 A537 Cl，1
2	C-Mn-Si C-Mn-Si-V 2½Ni 3½Ni	A 350 Gr，LF 6 Cl，2 A 350 Gr，LF3	A 216 Gr，WCC A 352 Gr，LCC A 352 Gr，LC2 A 352 Gr，LC3	A 203 Gr，B A 203 Gr，E
3	C-Si C- Mn-Si 2½Ni 3½Ni		A 352 Gr，LCB	A 515 Gr，65 A 516 Gr，65 A 203 Gr，A A 203 Gr，D
4	C-Si C-Mn-Si	A 350 Gr，LF1 Cl. 1		A 515 Gr，60 A 516 Gr，60
5	C-½Mo	A 182 Gr，F1	A 217 Gr，WC1 A 352 Gr，LC1	A 204 Gr，A A 204 Gr，B
6	C-½Mo ½Cr-½Mo Ni-½Cr-½Mo ¾Ni-¾Cr-1Mo	A182 Gr，F2	A 217 Gr，WC4 A 217 Gr，WC5	A 204 Gr，C

续表

	公称化学成分	适用的 ASTM 标准		
		锻件	铸件	板材
7	1Cr-½Mo 1¼Cr-½Mo 1¼Cr-½Mo-Si	A 182 Gr, F12 Cl, 2 A 182 Gr, F11 Cl, 2	A 217 Gr, WC6	A 387 Gr, 11 Cl, 2
8	2¼Cr-1Mo	A 182 Gr F22 Cl, 3	A 217 Gr, WC9	A387 Gr, 22 Cl, 2
9	5Cr-½Mo	A 182 Gr, F5 A 182 Gr, F5a	A 217 Gr, C5	
10	9Cr-1Mo	A 182 Gr, F9	A 217 Gr, C12	
11	9Cr-1Mo-V	A182 Gr, F91	A217 Gr, C12A	
12	18Cr-8Ni	A 182 Gr, F304 A 182 Gr, F304H	A 351 Gr, CF3 A 351 Gr, CF8	A 240 Gr, 304 A 240 Cr, 304H
13	16Cr-12Ni-2Mo 18Cr-13Ni-3Mo 19Cr-10Ni-3Mo	A182 Gr, F316 A 182 Gr, F316H	A 351 Gr, CF3M A 351 Gr, CF8M A 351 Gr, CG8M	A 240 Gr, 316 A 240 Gr, 316H A 240 Gr, 317
14	18Cr-8Ni 16Cr-12Ni-3Mo	A 182 Gr, F304L A 182 Gr, F316L		A 240 Gr, 304L A 240 Gr, 316L
15	18Cr-10Ni-Ti	A 182 Gr, F321 A 182 Gr, F321H		A 240 Gr, 321 A 240 Cr, 321H
16	18Cr-10Ni-Cb	A 182 Gr, F347 A 182 Gr, F347H A 182 Gr, F348 A 182 Cr, F348H	A 351 Gr, CF8C	A 240 Gr, 347 A 240 Gr, 347H A 240 Gr, 348 A 240 Gr, 348H
17	25Cr-12Ni 23Cr-12Ni		A 351 Gr, CH8 A 351 Gr, CH20	A 240 Gr, 309S A 240 Gr, 309H
18	25Cr-20Ni	A 182 Gr, F310	A 351 Gr, CK20	A 240 Gr, 310S A 240 Gr, 310H
19	20Cr-18Ni-6Mo 22Cr-5Ni-3Mo-N 25Cr-7Ni-4Mo-N 24Cr-10Ni-4Mo- V 25Cr-5Ni-2Mo-3Cu 25Cr-7Ni-3.5Mo-W-Cb 25Cr-7Ni-3.5Mo-N-Cu-W	A 182 Gr, F44 A 182 Gr, F51 A 182 Gr, F53 A 182 Gr, F55	A 315 Gr, CK3MCuN A 315 Gr, CE8Mn A 351 Gr, CD4MCu A 351 Gr, CD3MWCuN	A 240 Gr, S31254 A 240 Gr, S31803 A 240 Gr, S32750 A 240 Gr, S32760
20	35Ni-35Fe-20Cr-Cb	B 462 Gr, N08020		B 463 Gr, N08020
21	99.0Ni	B 160Gr, N02200		B 162Gr, N02200
22	99.0Ni-Low C	B 160 Gr, N02201		B 162 Gr, N02201

续表

	公称化学成分	适用的 ASTM 标准		
		锻件	铸件	板材
23	67Ni-30Cu 67Ni-30Cu-S	B 564，Gr，N04400 B 164Gr，N04405		B 127 Gr，N04400
24	72Ni-15Cr-8Fe	B 564 Gr，N06600		B 168 Gr，N06600
25	33Ni-42Fe-21Cr	B 564 Gr，N08800		B 409 Gr，N08800
26	65 Ni-28Mo-2Fe	B 335 Gr，N10665		B 333 Gr，N10665
27	54Ni-16Mo-15Cr 60Ni-22Cr-9Mo-3. 5Cb 62Ni-28Mo-5Fe 70Ni-16Mo-7Cr-5Fe 61Ni-16Mo-16Cr 42Ni-21. 5Cr-3Mo-2. 3Cu	B 564Gr，N10276 B 564Gr，N06625 B 335Gr，N10001 B 573Gr，N10003 B 574Gr，N06455 B 564Cr，N08825		B 575Gr，N10276 B 443Gr，N06625 B 333Cr，N10001 B 434Gr，N10003 B 575Gr，N06455 B 424Gr，N08825
28	47Ni-22Cr-9Mo- 18Fe	B 572Gr，N06002		B 435Gr，N06002
29	25Ni-46Fe-21Cr-5Mo	B 672Gr，N08700		B 599Gr，N08700
30	44Fe-25Ni-21Cr-Mo	B 649Gr，M08904		B 625Gr，N08904
31	26Ni-43Fe-22Cr-5Mo 47Ni-22Cr-20Fe-7Mo	B 621Gr，N08320 B 581Gr，N06985		B 620Gr，N08320 B 582Gr，N06985
32.	49Ni-25Cr-18Fe-6Mo Ni-Fe-Cr-Mo-Low Cu	B 581Gr，N06975 B 564Gr，N08031		B 582Gr，N06975 B 625Gr，N08031
33	47Ni-22Cr-19Fe-6Mo	B 581Gr，N06007		B 582Gr，N06007
34	33Ni-42Fe-21Cr	B 564Gr，N08810		B 409Gr，N08810
35	35Ni-19Cr-1/4Si	B 511Gr，N08330		B 536Gr，N08330
36	29Ni-20. 5Cr-3. 5Cu - 2. 5Mo			A 351 Gr，CN7M

注：①也可以采用满足所列入 ASTM 标准的 ASME BPV 规范第 II 卷的材料。

②列出的板材，仅用于法兰盖在 ASME B16. 34 中列出的其他板材，可以用于 B16. 34 相应的标准额定级别。

③用于阀门的材料见 ASME B16. 34。

（5）ASME B16. 47 大外径管法兰材料见表 5. 1. 21，法兰盖除可用钢板外还可用所列锻件材料铸造或锻造。材料被分成 18 种，包括碳钢(1~10)和不锈钢(11~18)。

表 5. 1. 21　ASME B16. 47 大外径管法兰材料

	公称化学成分	适用的 ASTM 标准		
		锻件	铸件	板材
1	C-Si C-Mn-Si	A105 A350 Gr，LF2	A216 Gr，WCB	A515 Gr，70 A516 Cr，70 A537 Cl，1
2	C-Mn-Si 2½Ni 3½Ni	 A350 Gr，LF3	A216 Gr，WCC A352 Gr，LCC A352 Gr，LC2 A352 Gr，LC3	 A203 Gr，B A203 Gr，E

续表

	公称化学成分	适用的 ASTM 标准		
		锻件	铸件	板材
3	C-Si C-Mn-Si 2½Ni 3½Ni	—	A352 Gr. ICB	A515 Gr, 65 A516 Gr, 65 A203 Gr, A A203 Gr. D
4	C-Si C-Mn-Si	A350 Gr, LF1 CL, 1	—	A515 Gr, 60 A516 Gr, 60
5	C-½Mo	A182 Gr, F1	A217 Gr, WC1 A352 Gr, LC1	A204 Gr, A A204 Gr, B
6	C-¼Mo ½Cr-½Mo Ni-½Cr-½Mo ¾Ni-¾Cr-1Mo	A182 Cr, F2	A217 Cr, WC4 A217 Cr, WC5	A204 Cr, C
7	1Cr-½Mn 1¼Cr-½Mo 1¼Cr-½Mo-Si	A182 Gr, F12 CL2 A182 Gr, F11 CL2	A217 Gr, WC6	A387 Gr, 11 CL2
8	2¼Cr-1Mo	A182 Gr F22 CL3	A217 Gr, WC9	A387 Gr, 22 CL2
9	5Cr-½Mo ¾Ni-1Mo-¾Cr	A182 Ge, F5 A182 Gr, F5a	A217 GR, C5	—
10	9Cr-1Mo	A182 Gr F9	A217 Gr, C12	
11	18Cr-8Ni	A182 Gr, F304 A182 Gr, F304H	A351 Gr, CF3 A351, Gr, CF8	A240 Gr, 304 A240 Gr, 304H
12	16Cr-12Ni-2Mo 18Cr-13Ni-3Mo 19Cr-10Ni-3Mo	A182 Gr, F316 A182 Gr, F316H	A351 Gr, CF3M A351 Gr, CF8M A351 Gr, CG8M	A240 Gr, 316 A240 Gr, 316H A240 Gr, 317
13	18Cr-8Ni 16Cr-12Ni-2Mo	A182 Gr, F304L A182 Gr, F316L	—	A240 Gr, 304L A240 Gr, 316L
14	18Cr-10Ni-Ti	A182 Gr, F321 A182 Gr, F321H	—	A240 Gr, 321 A240 Gr, 321H
15	18Cr-10Ni-Cb	A182 Gr, F347 A182 Gr, F347H A182 Gr, F348 A182 Gr, F348H	A351 Gr, CF8C	A240 Gr 347 A240 Gr, 347H A240 Gr, 348 A240 Gr, 348H

续表

	公称化学成分	适用的 ASTM 标准		
		锻件	铸件	板材
16	25Cr-12Ni 23Cr-12Ni	—	A351 Gr, CH8 A351 Gr, CH20	A240 Gr, 309S A240 Gr, 309H
17	25Cr-20Ni	A182 Gr, F310	A351 Gr, CK20	A240 Gr, 310S A240 Gr, 310H
18	20Cr-18Ni-6Mo 22Cr-5Ni-3Mo-N 25Cr-7Ni-4Mo-N	A182 Gr F44 A182 Gr F51 A182 Gr F53	A351 Gr, CK3MCuN	A240 Gr, S31254 A240 Gr, S31803 A240 Gr, S32750

十、HG、GB 50316、SH/T 3059 法兰选用的比较与工程应用

1. GB 50316 法兰选用的要点

(1) 下列任一种情况的管道，应采用对焊法兰。不应采用平焊(滑套)法兰。①预计有频繁的大幅度温度循环条件下的管道；②剧烈循环条件下的管道。

(2) 在刚性大，不便于拆装或公称直径大于或等于 400mm 的管道上设盲板时宜在法兰上设顶开螺栓(顶丝)[某国外公司标准，从 *DN*300mm(12″)起使用顶丝(JACKSCREN)]。

(3) 在有频繁大幅度温度循环的情况下，承插焊法兰和螺纹法兰不宜用于高于 260℃及低于-45℃。

(4) 配用非金属垫片的法兰，法兰的密封面粗糙度宜为 3.2~6.4μm。对于配用缠绕式垫的法兰，应为光滑的密封面，粗糙度宜为 1.6~3.2μm，并应采用公称压力大于或等于 2.0MPa 的法兰。

(5) 当金属法兰与非金属法兰连接或采用脆性材料的法兰时，两者宜为全平面(FF)；当必须采用突面(RF)型法兰时，应有防止螺栓过载而损坏法兰的措施。

2. SH/T 3059 法兰选用的要点

(1) 工艺物料、可燃介质管道不得采用板式平焊法兰。

(2) 承插焊法兰不得使用在可能发生间隙腐蚀或严重腐蚀处。在可能发生间隙腐蚀、严重腐蚀条件下，不得采用螺纹法兰。

(3) 公称压力小于或等于 2.0MPa 的标准法兰采用缠绕式垫片或金属环垫时，宜选用对焊式或松套式法兰。

(4) 突面(凸台面)法兰除采用非金属垫片其法兰面可以车水线外，其他法兰面均不得车制水线。

(5) 以标准管法兰盖作异径法兰时，开孔直径不大于表 5.1.22 的规定。

表 5.1.22　法兰盖开孔直径　　mm

法兰盖公称直径 DN_1	最大开孔公称直径 DN_2	法兰盖公称直径 DN_1	最大开孔公称直径 DN_2
25、40	15	150、200	80
50	25	≥250	100
80、100	40		

(6) 当管道法兰连接承受较大附加外荷载时，本书前面章节列有同样的公式 。法兰设计压力不应小于按下式确定的压力值：

$$p_{FD}=p+p_{eq} \tag{5.1.1}$$

$$p_{eq}=\frac{16M}{\pi D_G^2}+\frac{4F}{\pi D_G^2} \tag{5.1.2}$$

式中　p_{FD}——法兰设计压力，MPa；

p——管道设计压力，MPa；

p_{eq}——由附加外载产生的当量压力，MPa；

M——附加在法兰处的弯矩，N·mm；

D_G——垫片压紧力作用中心圆直径，mm；

F——附加在法兰连接处的轴向拉伸力，N。

(7) 在剧烈循环工况下，应选用对焊式法兰。

十一、HG 欧洲系列法兰的选用要点

(1) 欧洲(*PN*)系列法兰的型式见图 5.1.13。

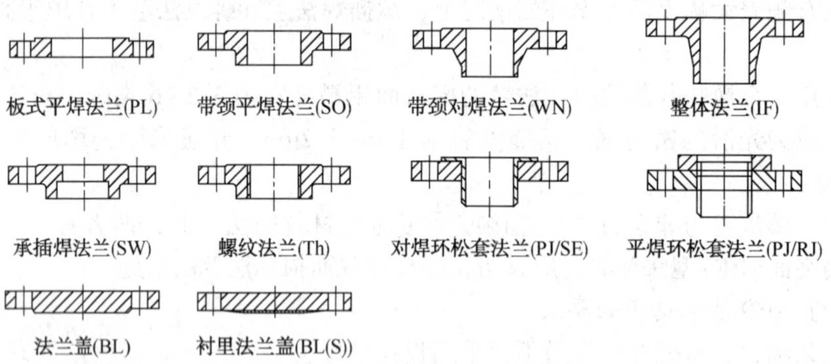

图 5.1.13　*PN* 系列法兰的型式

(2) 公称压力参照 EN1092-1，公称压力范围为 *PN*2.5 ~ *PN*160。没有 *PN*250 等级，*PN*250 主要用于高压法兰，由于配合的钢管壁厚增加，为了维持管内的通径，必须对钢管的外径尺寸进行调整，加大钢管的外径。

(3) 法兰类型有板式平焊法兰、带颈平焊法兰、带颈对焊法兰、整体法兰、承插焊法兰、螺纹法兰、对焊环松套法兰、平焊环松套法兰、法兰盖和衬里法兰盖、孔板法兰及夹套法兰共计 12 种。

① 板式平焊法兰。板式平焊法兰的适用范围从 *PN*25 提高到 *PN*40，建议不使用在易燃易爆和高度、极度危害介质等要求严格的场合。其密封面型式包括突面和全平面。国内外

管法兰标准中板式平焊法兰的适用压力范围见表 5. 1. 23。

表 5. 1. 23　板式平焊法兰的适用压力范围

标　准	适用压力范围	标　准	适用压力范围
EN1092-1	*PN*2. 5～*PN*100	JIS B2220	*PN*7～*PN*14(5K、10K)
ISO 7005-1，GB/T 9112	*PN*2. 5～*PN*40	HG/T 20592	*PN*2. 5～*PN*40
JB/T 81	*PN*2. 5～*PN*25		

② 带颈平焊法兰和承插焊法兰。与带颈对焊法兰相比，带颈平焊法兰和承插焊法兰的颈部高度低，生产采用滚轧或模锻的工艺，比带颈对焊法兰简单。一方面，在引进的石油化工装置中普遍使用带颈平焊法兰和承插焊法兰结构型式。另一方面，带颈平焊法兰和承插焊法兰采用填角焊缝结构，现场安装较方便。对施工单位可以省略焊缝拍片探伤的工序，所以，比较受欢迎。

③ 螺纹法兰。螺纹法兰是工程设计中广泛使用的一种法兰结构，具有现场安装方便，不需要焊接的优点。螺纹法兰仅适用于英制管尺寸系列。采用的管螺纹分为按 GB/T 7306 规定的 55°圆锥内螺纹(Rc)、按 GB/T 7306 规定的 55°圆柱内螺纹(Rp)和按 GB/T 12716 规定的 60°圆锥管螺纹(NPT)。在采用不同的管螺纹型式时应注意：采用 55°管螺纹时，*DN*150 法兰配用的钢管外径应为 165. 1mm；采用 60°圆锥管螺纹时，*DN*65 法兰配用的钢管外径应为 73mm，*DN*125 法兰配用的钢管外径应为 141. 3mm。

④ 对焊环松套法兰和平焊环松套法兰。对焊环松套法兰和平焊环松套法兰主要适用于具有腐蚀性介质的管道系统，法兰和对焊环、平焊环可以采用不同的材料，所以能节省不锈钢的用量，降低法兰成本，提高使用性能。松套法兰中法兰的变形并不直接导致密封面的转角。平焊环松套法兰的制作较为简单，尤其适合设备制造厂单件生产，可以避免单件、小批采购的困难。

⑤ 不锈钢衬里法兰盖。不锈钢衬里法兰盖的使用可以节省不锈钢等贵重金属材料，降低成本。本标准不锈钢衬里法兰盖除可以用作内压法兰盖外，也适用于真空条件。衬里层与法兰盖的外侧填角焊缝，实际上不承受强度，且与密封无关，因此，凸面或榫面衬里法兰盖可采用间断焊。

⑥ 孔板管法兰。孔板管法兰是由美国 ASME B16. 36 中移植到 *PN* 系列管法兰标准中的法兰型式。孔板管法兰与孔板配合，用于测定管内流体速度，广泛用于配管工程中。孔板法兰的适用公称压力和公称尺寸范围参考 ASME B16. 36 定为 *PN*10～*PN*160 和 *DN*25～*DN*600，密封面型式仅有突面一种，测压孔型式有 NPY 管螺纹连接和承插焊连接，适用于 A、B 两个钢管尺寸系列。

⑦ 夹套管法兰。夹套管法兰是石油化工配管工程中经常使用的一种法兰结构型式。主要用于夹套管的管道连接，夹套管内的蒸汽等介质对内管介质进行加热。夹套法兰的适用公称压力和公称尺寸范围参照了 SH/T 3040《石油化工管道伴管和夹套管设计规范》。夹套法兰的连接型式有板式平焊夹套管法兰、带颈平焊夹套管法兰和带颈对焊夹套管法兰 3 种，密封面型式有突面、凹面/凸面和榫面/槽面三种，适用于 A、B 两个钢管尺寸系列。夹套法兰的压力额定值是按内管所承受的压力来确定。

(4) 法兰的压力-温度表。法兰的压力-温度表数值是指法兰在不同的工作温度下所能承受的最大允许工作压力，是标准法兰选用的重要参数，尤其是对高温下使用的法兰。EN1092-1 中设定材料屈服强度 225MPa 为基准。设计强度取下列最小值：①当工作温度低于材料的蠕变温度时，取材料的屈服强度；②蠕变温度时取材料最大许用应力的 1.5 倍；③材料的设计强度高于 225MPa 者，仍取 225MPa。由于法兰的失效并非仅强度失效，而大多为刚度-变形-密封失效。因此，当材料的设计强度高于 225MPa 时，并不增加承载能力。

十二、HG 美洲系列法兰的选用要点

(1) HG 美洲(CLASS)系列法兰的型式见图 5.1.14。

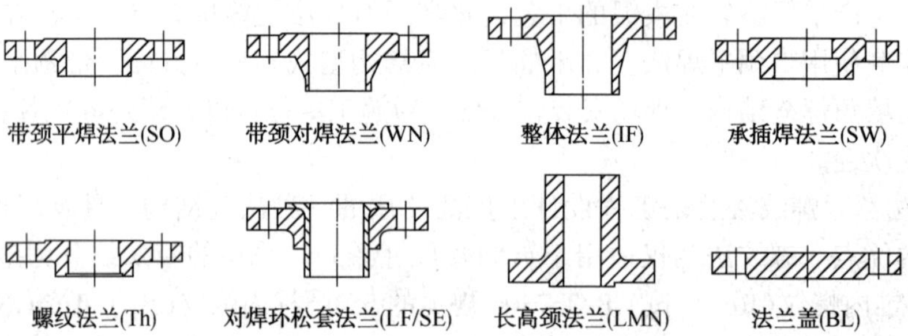

图 5.1.14　Class 系列法兰的型式

(2) 公称压力和适用的钢管外径系列。钢制管法兰(Class 系列)部分的编制以 ASME B16.5 和 ASME B16.47(大直径)为依据，直径在 *DN*15～*DN*600 时，公称压力设 Class150、Class300、Class600、Class900、Class1500、Class2500 等 6 个等级，直径在 *DN*650～*DN*1500 时，公称压力范围定为 Class150、Class300、Class600、Class900 等 4 个等级。

(3) 法兰的类型本标准包括的法兰类型有带颈平焊法兰、带颈对焊法兰、整体法兰、长高颈法兰、承插焊法兰、螺纹法兰、对焊环松套法兰、法兰盖、孔板法兰以及夹套法兰共计 10 种。

① 长高颈法兰(LWN)。长高颈法兰其实是带颈对焊法兰的一种扩展型式。法兰颈部为直筒形，颈部高度取 229mm[*DN*100 或 305mm(>*DN*100)]。法兰颈端部不加工坡口，坡口的加工可参照本标准相关要求与用户协商确定。长高颈法兰在 Class 系列管法兰中经常使用，在公称尺寸小于或等于 *DN*50 的管法兰与筒体配合时，采用长高颈法兰也可避免法兰颈端部壁厚太薄引起焊接困难。

② 孔板管法兰。孔板管法兰是参照美国 ASME B16.36 为依据的法兰型式。孔板管法兰与孔板配合，用于测定管内流体速度，广泛用于配管工程中。孔板法兰的适用公称压力和公称尺寸范围参考 ASME B16.36，定为 Class150～Class2500 和 *DN*25～*DN*60。密封面型式有凸面和环连接面两种，测压孔型式有 NPY 管螺纹连接和承插焊连接。

③ 夹套管法兰。夹套管法兰是石油化工配管工程中经常使用的一种法兰结构型式。主要用于夹套管的管道连接，夹套管内的蒸汽等介质对内管介质进行加热。夹套管法兰的适用公称压力和公称尺寸范围参照了 SH/T 3040，并结合工程实际使用经验，定为 Class150 和 Class300，*DN*15×40～*DN*350×450，夹套管法兰的连接型式有带颈平焊夹套管法兰和带颈对焊夹套管法兰两种，密封面型式有突面、凹面/凸面、榫面/槽面和环连接面四种。夹套管法兰的压力额定值按内管所承受的压力确定。

④ 大直径管法兰。大直径管法兰基本按 ASME B16.47。美国于 1990 年将 API 605 以及 MSS SP-44 两套以大口径为主的管法兰标准合并，建立了 ASME B16.47，内有 A、B 两个系列，A 为符合 MSS SP-44 标准，B 系列为符合 API 605 标准，同时 API 605《大直径碳钢法兰》被收回，被 ASME B16.47—1996 代替。GB/T 13402 大直径法兰将 ASME B16.47 的 B 系列和 A 系列混合编制，易产生混淆，工程设计时不宜采用。

十三、各种管法兰标准的识别

(1) 按公称压力进行识别。①欧洲体系，*PN*2.5~40.0；(含 JB74~86，JB2768~2778 高压管件)。②美洲体系，Class150~2500(含铸铁 Class125，250，800psi；API 6A；AWWA C207(给水工程用钢制管法兰，4″~144″)等)。

(2) 适用管子外径的标识。①焊接式欧洲体系法兰的两种管子外径和标识；②美国体系 仅一种管子外径；③整体法兰不涉及管子外径；④螺纹法兰仅用于英制管，但应注意管螺纹与英制管外径系列的配合。

(3) 美国体系大直径法兰的标识。①ASME B16.47 含 A，B 系列；②HG，SH 法兰标准为 B 系列；③GB/T 13401 标准为 A 系列；④美国体系铸铁法兰 ASME B16.1 为 A 系列；⑤ AWWA C207(给水工程用钢制管法兰，4″~144″)为 A 系列。

十四、A 系列钢管螺纹法兰

(1) HG/T 20592 标准规定的螺纹法兰仅适用于 A 外径系列钢管。

(2) 螺纹法兰采用的管螺纹分为三种情况：①采用按 GB/T 7306 规定的 55°圆锥内螺纹(Rc)。②采用按 GB/T 7306 规定的 55°圆柱内螺纹(Rp)。③采用按 GB/T 12716 规定的 60°圆锥管螺纹(NPT)。用户应在订货时注明螺纹代号。如未标注螺纹代号，则表示为 Rp 管螺纹。

(3) 采用 55°管螺纹时，*DN*150 法兰配用的钢管外径应为 165.1mm。采用 60°圆锥管螺纹时，*DN*65 法兰配用的钢管外径应为 73mm；*DN*125 法兰配用的钢管外径应为 141.3mm。

(4) 螺纹法兰的内孔管螺纹加工，应使钢管拧入后的端部靠近但不超出法兰密封面。

十五、WN 法兰端部最小厚度

法兰端部最小厚度应不小于材料屈服强度 275MPa 时的钢管设计厚度；工业管道用 CS、AS、SS 材料屈服强度一般不大于 275MPa，因此无核算必要。长输管道用 X42 以上高强度材料需核算；欧标法兰 EN 1091-1 WN 法兰端部最小厚度见表 5.1.24。

表 5.1.24　EN 1091-1 WN 法兰端部最小厚度　　mm

DN \ *PN*	2.5	6	10	16	25	40	63	100
10	1.8	1.8	1.8	1.8	1.8	1.8	1.8	1.8
15	2.0	2.0	2.0	2.0	2.0	2.0	2.0	2.0
20	2.3	2.3	2.3	2.3	2.3	2.3	2.6	2.6

续表

DN \ PN	2.5	6	10	16	25	40	63	100
25	2.6	2.6	2.6	2.6	2.6	2.6	2.6	2.6
32	2.6	2.6	2.6	2.6	2.6	2.6	2.9	2.9
40	2.6	2.6	2.6	2.6	2.6	2.6	2.9	2.9
50	2.9	2.9	2.9	2.9	2.9	2.9	2.9	3.2
65	2.9	2.9	2.9	2.9	2.9	2.9	3.2	3.6
80	3.2	3.2	3.2	3.2	3.2	3.2	3.6	4
100	3.6	3.6	3.6	3.6	3.6	3.6	4	5
125	4	4	4	4	4	4	4.5	6.3
150	4.5	4.5	4.5	4.5	4.5	4.5	5.6	7.1
200	6.3	6.3	6.3	6.3	6.3	6.3	7.1	10
250	6.3	6.3	6.3	6.3	7.1	7.1	8.8	12.5
300	7.1	7.1	7.1	7.1	8	8	11	14.2
350	7.1	7.1	7.1	8	8	8.8	12.5	16
400	7.1	7.1	7.1	8	8.8	11	14.2	
450	7.1	7.1	7.1	8	8.8	12.5		
500	7.1	7.1	7.1	8	10	14.2		
600	7.1	7.1	7.1	8.8	11	16		
700	7.1	7.1	8	8.8	12.5			
800	7.1	7.1	8	10	14.2			
900	7.1	7.1	10	10	16			
1000	7.1	7.1	10	10	17.5			
1200	7	8	11	12.5				
1400	7	8	12	14.2				
1600	8	9	14	16				
1800	9	10	15	17.5				
2000	10	11	16	20				
2200	10	12	18					
2400	10	13	20					
2600	10	14	22					
2800	10	15	22					
3000	10	16	24					
3200	10	16						

续表

PN / DN	2.5	6	10	16	25	40	63	100
3400	10	18						
3600	10	18						
3800	10							
4000	10							

十六、法兰连接不严的原因和解决方法

法兰连接不严，要及时找出原因进行处理，常见的法兰不严的原因和解决方法见表5.1.25。

表5.1.25 法兰连接处不严的原因和解决方法

主要原因	消除方法
垫片失效 1. 材料选择不当 2. 垫片过厚，被高压介质刺穿 3. 垫片有皱纹、裂纹或断折 4. 垫片长期使用后失效 5. 法兰张开后未换垫片重又合上	1. 更换新垫片，垫片材料应按介质种类和工作参数选用； 2. 改装厚度符合规定的垫片； 3. 改装质量合格的垫片； 4. 定期更换新垫片； 5. 安装新垫片
法兰密封面上有缺陷	1. 深度不超过1mm的凹坑、径向刮伤等，在车床上旋平 2. 深度超过1mm的缺陷，在清理缺陷表面后用电焊焊补，经手锉清理再磨平或旋平
相连接的两个法兰密封面不平行	热弯法兰一侧的管子：在需要进行弯曲的一侧上，用氧炔焰管嘴将长度等于3倍直径、宽度不大于半径的带形面加热，然后弯曲管子使两个法兰密封面平行
管道投入运行后，未适当再拧紧法兰螺栓	在管道投入运行时，当温度和压力升高到一定值时，要适当再拧紧螺栓。在运行的最初几天应进行经常检查并继续拧紧

十七、ASME法兰的尺寸、类型和压力等级范围

并非所有类型的法兰都具备全尺寸和全压力等级范围，ASME B16.5 和 ASME B16.47 法兰的尺寸、类型和压力等级见表5.1.26~表5.1.28。

表5.1.26 ASME B16.5 法兰的尺寸、类型和压力等级

压力等级	带颈对焊	带颈平焊	承插焊	螺纹	松套	法兰盖
CL150(*PN*20)	1/2″~24″	1/2″~24″	1/2″~3″	1/2″~24″	1/2″~24″	1/2″~24″
CL300(*PN*50)	1/2″~24″	1/2″~24″	1/2″~3″	1/2″~24″	1/2″~24″	1/2″~24″
CL400	1/2″~24″	1/2″~24″	1/2″~3″	1/2″~24″	1/2″~24″	1/2″~24″
CL600(*PN*110)	1/2″~24″	1/2″~24″	1/2″~3″	1/2″~24″	1/2″~24″	1/2″~24″
CL900(*PN*150)	1/2″~24″	1/2″~24″	1/2″~3″	1/2″~24″	1/2″~24″	1/2″~24″

续表

压力等级	带颈对焊	带颈平焊	承插焊	螺纹	松套	法兰盖
CL1500(*PN*260)	1/2″~24″	1/2″~2½″	1/2″~2½″	1/2″~2½″	1/2″~24″	1/2″~24″
CL2500(*PN*420)	1/2″~12″	—	—	1/2″~2½″	1/2″~12″	1/2″~12″

表 5.1.27 ASME B16.47 法兰 A 系列（与 MSS SP-44 等同）

压力等级	对焊	法兰盖
150	26″~60″	26″~60″
300	26″~60″	26″~60″
400	26″~60″	26″~60″
600	26″~60″	26″~60″
900	26″~48″	26″~48″

表 5.1.28 ASME B16.47 法兰 B 系列（与 API 605 等同）

压力等级	对焊	法兰盖
75	26″~60″	26″~60″
150	26″~60″	26″~60″
300	26″~60″	26″~60″
400	26″~36″	26″~36″
600	26″~36″	26″~36″
900	26″~36″	26″~36″

十八、8 字盲板、插环及插板的选用与工程应用

1. 8 字盲板

(1) 8 字盲板(spectacle blind; figure 8 blind)是一种管道用件，一半是盲板一半是铁圈。盲板主要用于将生产介质完全隔离，防止由于切断阀关闭不严而影响生产，甚至造成事故。

(2) 材质主要有碳钢、不锈钢、合金，可根据管路压力等级和管路介质进行选择。

(3) 8 字盲板就是插环(spacer)和插板(blind)的结合体，一般 8 字盲板用在小管上，插环和插板用于比较大的管道上。八字盲板与插环、插板比较有以下两个优点：①不用考虑更换后的处理问题；②可以清楚地看到管线是处于断开还是开通状态。八字盲板两个缺点：①重量问题，特别是大直径的八字盲板；②安装空间限制，需要更大空间。

(4) 8 字盲板、插环及插板，它们常被夹在两片法兰之间以实现不同用途。它们都应有两个和匹配法兰同样的密封面。见图 5.1.15。

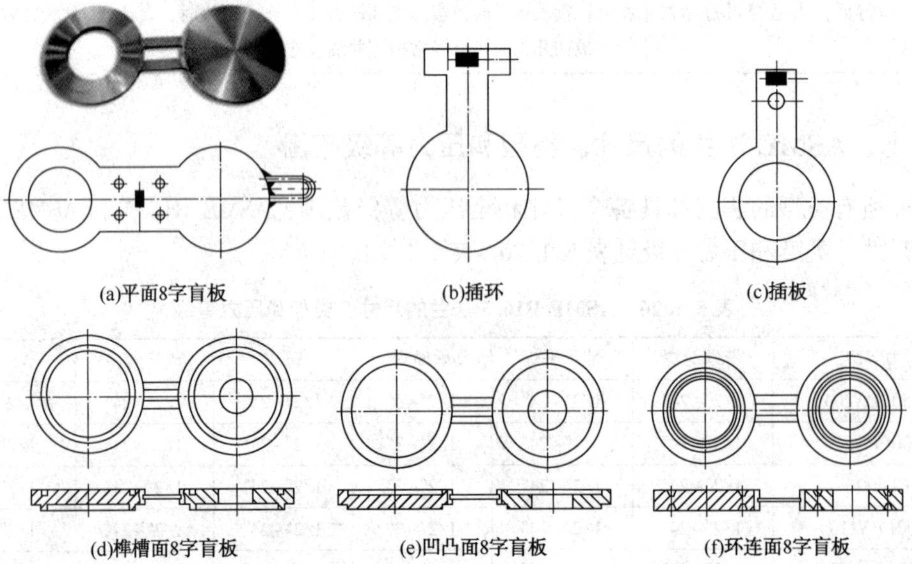

(a)平面8字盲板 (b)插环 (c)插板

(d)榫槽面8字盲板 (e)凹凸面8字盲板 (f)环连面8字盲板

图 5.1.15 8 字盲板、插板以及垫环

2. 盲板设置的场合

（1）原始开车准备阶段，在进行管道的强度试验或严密性试验时，不能和所相连的设备（如透平、压缩机、气化炉、反应器等）同时进行的情况下，需在设备与管道的连接处设置盲板。

（2）界区外连接到界区内的各种工艺物料管道，当装置停车时，若该管道仍在运行之中，在切断阀处设置盲板。

（3）装置为多系列时，从界区外来的总管道分为若干分管道进入每一系列，在各分管道的切断阀处设置盲板。

（4）当装置内停运维修时，装置外有可能或要求继续运行的管道，在装置边界处除设置切断阀外，还应在阀门的靠装置一侧的法兰处设置盲板。

（5）充压管道、置换气管道（如氮气管道、压缩空气管道）与工艺管道或设备相连时，在切断阀处设置盲板。

（6）设备、管道的低点排净，若工艺介质需集中到统一的收集系统，在切断阀后设置盲板。运行中，当有的设备需切断检修时，在阀门与设备之间法兰接头处应设置盲板。对于能点燃并在空气中连续燃烧的流体管道、阀门与盲板之间装有小放空阀时，放空阀后的管道，应引至安全地点。

（7）设备和管道的排气管、排液管、取样管在阀后应设置盲板或丝堵。无毒、无危害健康和非爆炸危险的物料除外。

（8）装置分期建设时，有互相联系的管道在切断阀处设置盲板，以便后续工程施工。

（9）装置正常生产时，需完全切断的一些辅助管道，一般也应设置盲板。

（10）流体温度低于-5℃时，或大气腐蚀严重的场合，宜使用分离式盲板，即插板与垫环。不宜使用“8”字盲板。

（11）插板与垫环应有识别标记，标记部位应伸出法兰。

（12）其他工艺要求需设置盲板的场合。

盲板设置的场合见图 5. 1. 16。

3. 盲板的有关标准

（1）API 590（八字盲板、插板、垫环）；

（2）HG/T 21547（管道用钢制插板、垫环、8 字盲板）；

（3）HG/T 20570. 23（盲板的设置）。

十九、管法兰常用标准

GB/T 9112 钢制管法兰 类型与参数

GB/T 9113 整体钢制管法兰（对应 BS EN 1092-1 中的法兰类型 type21）

GB/T 9114 带颈螺纹钢制管法兰（对应 BS EN 1092-1 中的法兰类型 type13）

GB/T 9115 对焊钢制管法兰（对应 BS EN 1092-1 中的法兰类型 type11）

GB/T 9116 带颈平焊钢制管法兰（对应 BS EN 1092-1 中的法兰类型 type12）

GB/T 9117 带颈承插焊钢制管法兰（BS EN 1092-1 中无该法兰类型，只对应于 ASME B16. 5）

GB/T 9118 对焊环带颈松套钢制管法兰（BS EN 1092-1 中无该法兰类型，只对应于

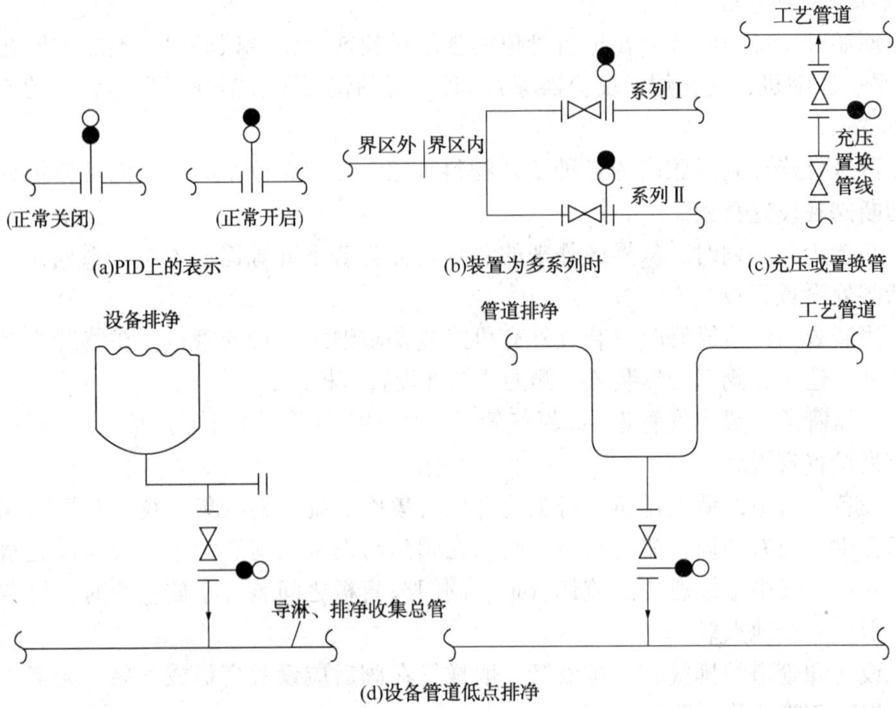

图 5.1.16　盲板设置的场合

ASME B16.5)

GB/T 9119 板式平焊钢制管法兰(对应 BS EN 1092-1 中的法兰类型 type01)

GB/T 9120 对焊环板式松套钢制管法兰(对应 BS EN 1092-1 中的法兰类型 type04 和 type34)

GB/T 9121 平焊环板式松套钢制管法兰(对应 BS EN 1092-1 中的法兰类型 type02 和 type32)

GB/T 9122 翻边环板式松套钢制管法兰(对应 BS EN 1092-1 中的法兰类型 type02 和 type36，37)

GB/T 9123 钢制管法兰盖(对应 BS EN 1092-1 中的法兰类型 type05)

GB/T 9124 钢制管法兰 技术条件

GB/T 9125 管法兰连接用紧固件

GB/T 13402 大直径碳钢管法兰

GB 17241 铸铁管法兰(等效 ISO7005-2)：*PN*2.5、6、10、16、25、40，*DN*10~4000；

HG/T 20592~20635-2009 钢制管法兰、垫片、紧固件

HG/T 20592 钢制管法兰标准(*PN* 系列)

HG/T 20606~20607、HG/T 20609~20612 钢制管法兰用垫片标准(*PN* 系列)

HG/T 20613 钢制管法兰用紧固件(*PN* 系列)

HG/T 20614 钢制管法兰、垫片、紧固件选配规定(*PN* 系列)

HG/T 20615 钢制管法兰标准(Class 系列)

HG/T 20623 大直径钢制管法兰标准(Class 系列)

HG/T 20635 钢制管法兰、垫片、紧固件选配规定(Class 系列)

SH/T 3406 石油化工钢制管法兰

JB/T 4700~4707 压力容器法兰（不作为管法兰）

ASME B16.1 铸铁管法兰和法兰管件(25、125、250 磅级)

ASME B16.5 管法兰和法兰管件

ASME B16.47 大直径管钢制法兰

ASME B16.1 球墨铸铁管法兰和法兰管件

AWWA C207 给水工程用钢制管法兰(4″~144″)

AS 2129 澳大利亚标准 管子、阀门和管件法兰（*DN*15 ~ *DN*3000，设计压力 Max. 19300kPa，设计温度-200~525℃）

MSS SP 44 钢制管道法兰

第二节 螺栓/螺母的选用

一、螺栓

1. 螺栓的分类

螺栓(bolt)：由头部和螺杆(带有外螺纹的圆柱体)两部分组成的一类紧固件，需与螺母配合，用于紧固连接两个带有通孔的零件。这种连接形式称螺栓连接。如把螺母从螺栓上旋下，又可以使这两个零件分开，故螺栓连接是属于可拆卸连接。

根据结构型式的不同，螺栓可分为六角头螺栓(又称单头螺栓)(hexagonal head bolt)和螺柱(又称双头螺栓)(stud bolt)两类，而双头螺栓又分为通丝和非通丝两种。见图 5.2.1 和图 5.2.2。常用的螺母为 $H=0.8D$ 和 $H=1D$，H 为螺母高度，D 为螺栓直径。螺柱本身又分全螺纹螺柱(通丝型)和等长双头螺柱(非通丝型)。

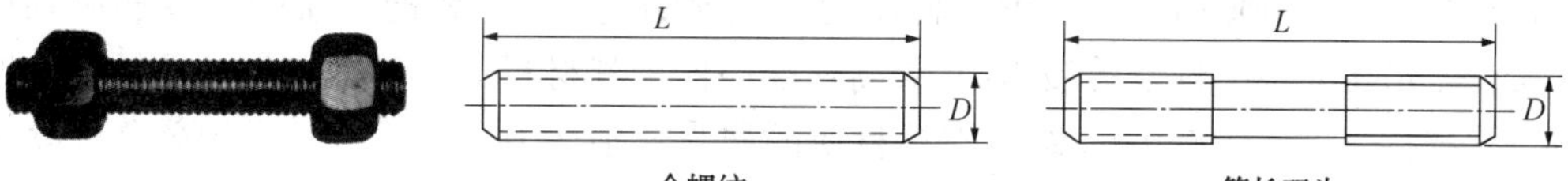

图 5.2.1 螺柱(又称双头螺栓)(Stud Bolt)

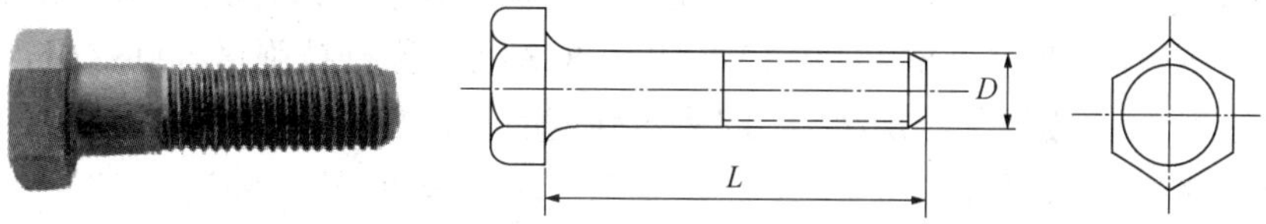

图 5.2.2 六角头螺栓(又称单头螺栓)(Hexagonal Head Bolt)

2. 双头螺柱

一般双头螺柱有 4 种形状，如图 5.2.3 所示。四种形状的双头螺柱，均可为高温用螺柱，其中全螺纹螺柱由于制造方便而广泛使用，等长双头螺纹中间直径较细者，适用于承受反复冲击载荷而容易引起疲劳破坏的场合。由于中部较细，易于产生弹性变形，其伸长量与其载荷成反比，所以当受到冲击荷载时，螺栓伸长与冲击内力成反比，即它抵抗冲击效果好。但它的抗拉强度比其他的低些；等长双头螺柱中间较粗者，适用于450℃以上或在高压下、重视蠕变的场合使用；等长双头螺柱中间局部直径较粗者，适用于承受剪切的场合。

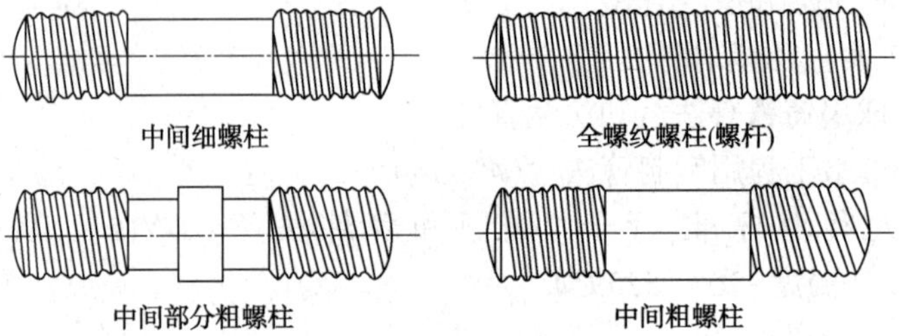

图 5.2.3　双头螺柱的四种形状

3. 螺纹的分类

螺栓/柱、螺母的螺纹大致有以下几类：①公制粗牙螺纹；②公制细牙螺纹；③统一标准粗牙螺纹；④统一标准细牙螺纹；⑤威氏粗牙螺纹；⑥威氏细牙螺纹。现在，威氏螺纹已在一些国家废止，从各国的意向看，多采用 ISO 公制螺纹和 ISO 英制螺纹，一般用途的螺纹则采用 ISO 公制螺纹的全系列：我国普遍采用的 GB196 普通螺纹，基本尺寸与 ISO 公制螺纹一致，齿角 60°，齿高 $H=\frac{\sqrt{3}}{2}p$。对紧固件的设计和选用应符合有关标准的规定。

4. 螺栓性能

连接用螺栓性能等级分 3.6、4.6、4.8、5.6、6.8、8.8、9.8、10.9、12.9 等 10 余个等级，其中 8.8 级及以上螺栓材质为低碳合金钢或中碳钢并经热处理（淬火、回火），通称为高强度螺栓，其余通称为普通螺栓。螺栓性能等级标号由两部分数字组成，分别表示螺栓材料的公称抗拉强度值和屈强比值。例如：性能等级 4.6 级的螺栓，其含义是：螺栓材质公称抗拉强度达 400MPa 级；螺栓材质的屈强比值为 0.6；螺栓材质的公称屈服强度达 400×0.6＝240MPa 级。性能等级 10.9 级高强度螺栓，其材料经过热处理后，能达到：螺栓材质公称抗拉强度达 1000MPa 级；螺栓材质的屈强比值为 0.9；螺栓材质的公称屈服强度达 1000×0.9＝900MPa 级。

螺栓性能等级的含义是国际通用的标准，相同性能等级的螺栓，不管其材料和产地的区别，其性能是相同的，设计上只选用性能等级即可。强度等级所谓 8.8 级和 10.9 级是指螺栓的抗剪切应力等级为 8.8GPa 和 10.9GPa。8.8 级公称抗拉强度 800N/mm^2，公称屈服强度 640 N/mm^2。一般的螺栓是用"X.Y"表示强度的，$X\times100$＝此螺栓的抗拉强度，$X\times100\times(Y/10)$＝此螺栓的屈服强度。（因为按标识规定：屈服强度/抗拉强度＝$Y/10$）。如 4.8 级，则此螺栓的抗拉强度为：400MPa，屈服强度为：400×8/10＝320MPa。

5. 螺栓的分类

螺柱型式分为等长双头螺柱、全螺纹螺柱和拧入双头螺柱。

等长双头螺柱、全螺纹螺柱的型式和尺寸应符合 GB/T 901《等长双头螺柱 B 级》的要求，螺柱的端部按 GB/T 2《紧固件外螺纹零件的末端》倒角端的要求。螺纹尺寸和公差应符合 GB/T 196，GB/T 197《普通螺纹基本尺寸公差与配合》的要求。

拧入双头螺柱的型式和尺寸应符合《高压管、管件及紧固件通用设计》中的 H 16、H 17 的要求，螺纹尺寸和公差应符合 GB/T 196，GB/T 197《普通螺纹基本尺寸公差与配合》和 H 5《高压管、管件及紧固件通用设计》的要求。螺柱的端部按 GB/T 2《紧固件外螺纹零件的末端》倒角端的要求。见表 5. 2. 1。

表 5. 2. 1　螺柱规格

标　准	规　格
GB/T 901 B 级 等长双头螺柱	M10、M12、M16、M20、M24、M27、M30×2、 M33×2、M36×3、M39×3、M45×3 M48×3、M52×3、M56×4
全螺纹双头 螺柱	M10、M12、M16、M20、M24、M27、M30×2、 M33×2、M36×3、M39×3、M45×3 M48×3. M52×4. M56×4
H 16 H 17 拧入双头螺柱	M14×2、M16×2、M20×2. 5、M24×3、M27×3 M30×3. 5. M33×3. 5、M36×4、M39×4、 M45×4. 5

6. 六角头螺栓

管法兰螺栓在采用六角头螺栓时，六角头螺栓的型式和尺寸应符合 GB/T 5782《六角头螺栓-A 级和 B 级》和 GB/T 5785《六角头螺栓—细牙—A 级和 B 级》的要求，螺栓的端部按 GB/T 2((紧固件外螺纹零件的末端》倒角端的规定。见表 5. 2. 2。

表 5. 2. 2　六角头螺栓规格

标　准	规　格
GB/T 5782—A、B 级(粗牙〉	M10 M12 M16 M20 M24 M27
GB/T 5785—A、B 级(细牙)	M30×2 M33×2 M36×3 M39×3 M45×3 M52×3 M56×3

二、螺母

螺母(nut)就是螺帽，是与螺栓或螺杆拧在一起用来起紧固作用的零件，是所有生产制造机械必须用的一种元件。螺母的种类繁多，我们常见的有国标，德标，英标，美标，日标的螺母。螺母根据材质的不同，分为碳钢、高强度、不锈钢、塑钢等几大类型。根据产品属性对应国家不同的标准号分为普通、非标、国标、美制、英制、德标。按大小不同、螺纹不等分为不同的规格。一般国标、德标用 M 表示(例如 M8、M16)，美制、英制则用分数或#表示规格(如 8#、10#、1/4、3/8)。

螺母是将机械设备紧密连接起来的零件，通过内侧的螺纹，同等规格螺母和螺丝，才能连接在一起，例如 M4-0. 7 的螺母只能与 M4-0. 7 的螺杆搭配(在螺母中，M4 指螺母内径大约为 4mm，0. 7 指两个螺纹牙之间的距离为 0. 7mm)；美标产品也同样，例如 1/4-20 的螺母只能与 1/4-20 的螺杆搭配(1/4 指螺母内径大约为 0. 25in，20 指每一英寸中，有 20 个牙)。

螺母常用国家标准：①GB/T 41(型六角螺母—C 级)；②GB/T 6170(型六角螺母—A、

B级)；③GB/T 6171(Ⅰ型六角螺母—细牙—A、B级)；④GB/T 6172(六角薄螺母—A、B级—倒角)；⑤GB/T 6173(六角薄螺母—细牙—A、B级)；⑥GB/T 6174(六角薄螺母—B级—无倒角)；⑦GB/T 6175(Ⅱ型六角螺母—A、B级)；⑧GB/T 6176(Ⅱ型六角螺母—细牙—A、B级)；⑨GB/T 6177(六角法兰面螺母—A级)⑩GB/T 55(六角厚螺母)⑪GB/T 56(六角超厚螺母)⑫GB/T 1229(大六角螺母(钢结构用高强度))。

不锈钢螺母系列有：①六角螺母(GB/T 6170/DIN 934)；②薄螺母(GB/T 6172/DIN 439)；③重型螺母(公制、美制)、尼龙锁紧螺母(DIN 985-DIN 982厚型)；④全金属锁紧螺母(DIN 980M)；⑤盖型螺母(DIN 1587)；⑥法兰面螺母(GB/T 6177/DIN 6923)；⑦法兰面螺母尼龙锁紧螺母(DIN 6926)；⑧四角焊接螺母(DIN 928)；⑨六角焊接螺母(DIN 929)；⑩蝶帽(GB/T 62、DIN 315)等。

合金钢螺母系列：①六角螺母(GB/T 6170/DIN 934、GB/T 6175，见图5.2.4)；②法兰面螺母(GB/T 6177/DIN 6923)；③圆螺母(GB/T 812)；④小圆螺母(GB/T 810)；⑤美制方螺母、美制六角螺母(ASME B18.2.2)。

关于螺母，由于已被证明增加螺母高度尺寸是解决 $H=0.8D$ 螺母脱扣问题的最可行方法，为简化品种，现在石油化工管法兰已大多采用 $H=1D$ 的六角形螺母。

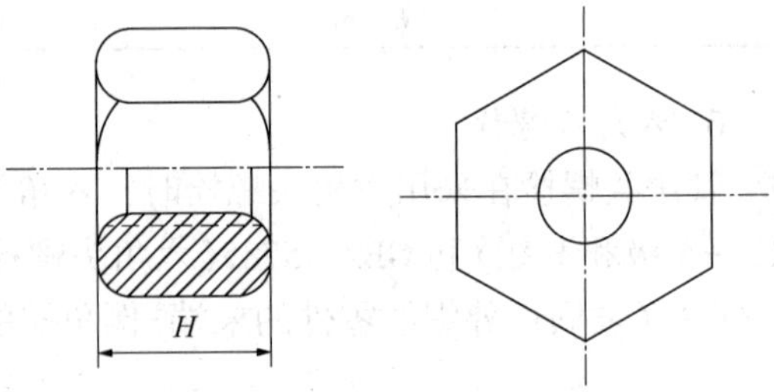

图 5.2.4 六角螺母

螺母型式和尺寸应符合GB/T 41《1型六角螺母一C级》，GB/T 56《六角头螺母》，GB/T 6170《1型六角螺母一A级和B级》，GB/T 6171《1型六角螺母—细牙—A级和B级》，以及H 19，H 5《高压管、管件及紧固件通用设计》的要求。螺母的规格见表5.2.3。

表 5.2.3 螺母的规格

标 准	规 格
GB/T 41	M10、M12、M16、M20、M24、M27
GB/T 6170	M10、M12、M16、M20、M24、M27
GB/T 6171	M30×2、M33×2、M36×3、M39×3、M45×3 M48×3、M52×4、M56×4
H19	M14×2、M16×2、M20×2.5、M24×3、M27×3 M30×3.5、M33×3.5、M36×4、M39×4、M45×4.5

三、螺栓/螺母选用的原则和一般要求

(1) 设计条件。选择法兰连接用紧固件材料时，应同时考虑管道操作压力、操作温度、介质种类和垫片类型等因素。垫片类型和操作压力、操作温度一样，直接对紧固件材料强度提出了要求。例如，采用缠绕式垫片密封的低压剧毒介质管道的法兰连接，尽管管道的操作压力和温度都不高，但因为使缠绕式垫片形成初始密封时所需要的比压力较大，从而要求紧固件的承受载荷也大，因此，在这种情况下就要求紧固件采用高强度合金钢材料。

(2) 螺栓/螺母形式的选择。六角头螺栓宜用于 $PN \leq 2.0$MPa 的法兰连接。$PN>2.0$MPa

或高温条件下应采用全螺纹螺柱或等长双头螺柱。屈服强度不超过 235MPa 的低强度紧固件，仅使用于 PN≤2.0MPa 非金属垫片的法兰连接，不得应用于剧烈循环操作工况，碳钢低强度紧固件使用温度范围为-20~200℃。经变形硬化的奥氏体不锈钢紧固件用于非软质垫片法兰连接时，应验算紧固件承载能力是否符合连接要求，且使用温度不得超过 500℃。①六角头螺栓(单头螺栓)(hexagonal head bolt)：常与平焊法兰和非金属垫片配合用于操作较缓和的工况下。常配 $H=0.8D$ 螺母，六角头螺栓常用材料是 BL3 或者是 Q235B；石化工业中一般用于压力温度较低的冷却水、空气等公用工程管道上。②螺柱(双头螺栓)(stud bolt)：没有头部的，仅有两端均外带螺纹的一类紧固件。常与对焊法兰配合使用在操作条件比较苛刻的工况下。③螺柱的通丝型双头螺栓上没有截面形状的变化，故其承载能力强。而非通丝型双头螺栓则相对承载能力较弱。④螺柱适用于所有公称压力等级的管法兰，以往规定 PN≤2.5MPa 的法兰可配六角头螺栓亦可配螺柱，而 PN≥4.0MPa 的法兰只配螺柱。SH/T 3059《石油化工管道设计器材选用通则》规定除 PN<5.0MPa，采用软质垫片的法兰连接可选用六角头螺栓外，其他法兰连接均应选用全螺纹螺柱。ASME B16.5 也有类似规定，PN≥400psi 法兰连接均采用螺柱。⑤由于同样直径螺栓的保证载荷与最小拉力载荷，细牙螺纹均比粗牙螺纹要大，中国石化集团公司标准规定 M≥36mm 一律用螺距为 3mm 的细牙螺纹。原化工部标准规定螺纹直径 M10~27 时，采用粗牙螺纹；M30~45 时采用细牙螺纹。⑥螺母材料常根据与其配合的螺栓材料确定，这些组合在一般的标准中都有规定。一般情况下，螺母材料应稍低于螺栓材料，并保证螺母硬度比螺栓硬度低 HB30 左右。

(3)①螺柱应为通丝，并带有两个螺母，螺母应选用Ⅱ型($m=1d$)六角螺母。六角头螺栓应配用Ⅰ型($m=0.8d$)六角螺母。②商品级六角螺栓，其产品公差等级采用 A 级和 B 级，性能等级为 8.8 级，仅用于 PN≤1.6MPa，配用非金属软垫片及非易燃、易爆和危害程度不高的场合。其最高使用温度为 250℃相应的螺母性能等级为 8 级。③商品级双头螺柱，其产品公差等级采用 A 级和 B 级，性能等级为 8.8 级，仅用于 PN<4.0M Pa，配用非金属软垫片。其最高使用温度为 250℃，相应的螺母性能等级为 8 级。④专用级的螺栓(柱)、螺母的选配应符合 HG/T 20613 和 20634《钢制管法兰、垫片、紧固件》中的有关规定。其材质的选择要以使用温度一压力为基准。⑤垫圈在一般情况时不宜使用，只有在金属螺栓(柱)和螺母用于紧固非金属或有色金属连接件时才使用。⑥螺柱，螺栓和螺母的公差等级均分 A、B、C 三级。C 级过去称粗制，A、B 级过去有的分别叫精制、半精制，也有的统称为精制。石油化工管法兰紧固件标准规定一律符合 B 级产品要求。HG 规定压力≤0.6MPa 时可采用 C 级产品。

(4) 螺栓/螺母材料的选择。①螺母材料常根据与其配合的螺栓材料确定，这些组合在一般的标准中都有规定。一般情况下，螺母材料应稍低于螺栓材料，并保证螺母硬度比螺栓硬度低 HB30 左右。②垫片类型和操作压力、操作温度一样，都直接对紧固件材料强度提出了要求。例如，采用缠绕式垫片密封的低压剧毒介质管道的法兰连接，尽管管道的操作压力和温度都不高，但因为使缠绕式垫片形成初始密封时所需要的比压力较大，从而要求紧固件的承受载荷也大，因此，在这种情况下就要求紧固件采用高强度合金钢材料。③合金钢螺柱均应采用高级优质钢．即材料牌号后均应加字母 A，如 35CrMoA、25CrMoVA。④管法兰大量采用专用级紧固件，这种用材料牌号表示的螺栓螺母的机械性能根据 GB 150 的规定。⑤螺母的机械性能稍低于螺栓/螺柱。

(5) ①低温用紧固件，应对其材料的低温冲击韧性作出规定。②紧固件在蠕变温度范围内使用时，应考虑螺栓松弛引起的螺栓载荷损失，此将影响法兰接头的密封能力。③高温用紧固件材料应与法兰材料具有相近的热膨胀系数。④低强度紧固件仅用于公称压力小于或等于 *PN*16、采用非金属平垫片的法兰接头，不应使用于剧烈循环的工况。⑤六角头螺栓仅适用于公称压力小于或等于 *PN*16 的场合。公称压力大于或等于 *PN*40 或高温工况下，应采用全螺纹螺柱。

（6）螺柱/螺栓的长度及数量应符合法兰的标准要求。

（7）设计压力和温度。①公称压力≥10.0MPa 时，或温度压力变化急剧频繁时，可采用全螺纹螺柱。②公称压力≤6.3MPa 时，可采用等长双头螺柱。③公称压力≤1.6MPa 可选用六角头螺栓。

四、螺栓(柱)、螺母的材料级别

（1）螺栓(柱)的材料级别分为 5.6、5.9、6.6、6.9、8.8、10.9、12.9 共 7 个级别。它是按螺栓(柱)的机械性能分级表示的，第一位数值表示材料的抗拉强度值的 1/10，第二位数值表示材料的屈服比即屈服极限/抗拉强度。

（2）材料为 35 钢、45 钢、1Cr5Mo，40Cr，35CrMoA，25Cr2MoA，0 Cr18Ni9，0Cr17Ni12Mo2 等。当机械性能分级规定不能满足使用要求时，可写出材料的具体牌号等。

（3）螺母的材料级别是按材料的机械性能分级表示的(即材料的抗拉强度的 1/10)，分为 5、6、8、10、12 共 5 个级别。材料为 25 钢、45 钢、1CrMo、30CrMo、0Cr18Ni9、0Cr17Ni12Mo2 等。当机械性能分级规定不能满足使用要求时，可写出材料的具体牌号。

（4）紧固件材料。紧固件材料强度等级，分“低、中、高”；商品紧固件含 4.6、5.6、8.8；A2-50、A2-70、A4-50、A4-70。专用紧固件含 35CrMo(B7)、25Cr2MoV(B16)、304、316、CI.2 。

五、紧固件的标记

紧固件的标记：公称直径×长度(注：螺母不标记长度。例如：①六角头螺栓，直径 20mm、长 100m ，标记为：螺栓 M20×100。②螺柱，直径 16mm、长 100mm，标记为：螺柱 M20×100。③薄型六角螺母，直径 20mm，标记为：螺母 M20)。

六、螺栓长度的计算

（1）螺栓长度的计算方法。

① *PN*0.25～*PN*2.0MPa 平面和突面法兰用螺栓长度按式(5.2.1)计算：

$$l=2(C+\Delta C)+m+Z+T_1+\Delta l+T \tag{5.2.1}$$

② *PN*0.25～*PN*2.0MPa 对焊环带颈松套法兰和翻边环松套法兰用螺栓长度按式(5.2.2)计算：

$$l = 2(C + \Delta C) + 2t_2(\text{或 } 2S_2) + m + Z + T_1 + \Delta l + T \tag{5.2.2}$$

③ *PN*0.25～*PN*2.0MPa 的对焊环和平焊环板式松套法兰用螺栓长度按式(5.2.3)计算：

$$l = 2(C + \Delta C) + 2F + m + Z + T_1 + \Delta l + T \tag{5.2.3}$$

④ *PN*11.0MPa，*PN*15.0MPa 和 *PN*26.0MPa 以外的突面法兰用螺柱长度按式(5.2.4)计算。

$$l = 2(C + \Delta C) + 2m + 2Z + 2T_1 + \Delta l + T \tag{5.2.4}$$

⑤ PN11.0MPa、PN15.0MPa 和 PN26.0MPa 的突面法兰用螺柱长度按式(5.2.5)计算：

$$l = 2(C + \Delta C) + 2f + 2m + 2Z + 2T_1 + \Delta l + T \tag{5.2.5}$$

⑥ 对焊环带颈松套法兰用螺柱长度按式(5.2.6)计算：

$$l = 2(C + \Delta C) + 2t_2 + 2m + 2Z + 2T_1 + \Delta l + T \tag{5.2.6}$$

⑦ 对焊环和平焊环板式松套法兰用螺柱长度按式(5.2.7)计算：

$$l = 2(C + \Delta C) + 2F + 2m + 2Z + 2T_1 + \Delta l + T \tag{5.2.7}$$

⑧ 所有凹凸面和榫槽面法兰用螺柱长度按式(5.2.8)计算：

$$l = 2(C + \Delta C) + 2f_1 - f_2 + 2m + 2Z + 2T_1 + \Delta l + T \tag{5.2.8}$$

⑨ 所有环连接面法兰用螺柱长度按式(5.2.9)计算：

$$l = 2(C + \Delta C + E) + S + 2m + 2Z + T_1 + \Delta l + T \tag{5.2.9}$$

式中　l——紧固件(六角头螺栓、双头螺柱和全螺纹螺柱)长度，mm；

C——法兰厚度(按相应的法兰标准确定)，mm；

ΔC——法兰厚度偏差(见表 5.2.4)，mm；

f——突面法兰的突面高度(按相应的法兰标准)，mm；

f_1、f_2——凹凸面、榫槽面法兰的凸面、榫面高度(按相应法兰标准)，mm；

F——对焊环和平焊环板式法兰的焊环厚度(按相应法兰标准)，mm；

t_2——对焊环带颈松套法兰的对焊环厚度(按用户订货要求)，mm；

S_2——翻边环松套法兰的翻边环厚度(按相应法兰标准)，mm；

E——环连接面法兰的凸台高度(按相应法兰标准)，mm；

S——环连接面法兰间近似距离(按表 5.2.5 或相应的法兰标准)，mm；

m——螺母最大厚度(见表 5.2.6)，与螺栓配合时为 m_1，与螺柱配合时为 m_2，mm；

Z——紧固件倒角端长度(见表 5.2.6)，mm；

T_1——六角头螺栓或螺柱安装时的最小伸出长度(按一个螺距计算，见表 5.2.6)，mm；

Δl——螺栓或螺柱的长度偏差(见表 5.2.7)，mm；

T——垫片厚度，mm。

表 5.2.4　法兰厚度偏差　　mm

法兰厚度 C	法兰厚度偏差 ΔC
$C \leqslant 18$	+2
$18 < C \leqslant 50$	+3
$C > 50$	+4

表 5.2.5　环连接面法兰间的近似距离　　mm

公称通径	环连接面法兰间的近似距离 S					
	PN2.0(MPa)	PN5.0(MPa)	PN11.0(MPa)	PN15.0(MPa)	PN26.0(MPa)	PN42.0(MPa)
15		3	3	4	4	4
20		4	4	4	4	4
25	4	4	4	4	4	4

续表

公称通径	环连接面法兰间的近似距离 S					
	PN2.0(MPa)	PN5.0(MPa)	PN11.0(MPa)	PN15.0(MPa)	PN26.0(MPa)	PN42.0(MPa)
32	4	4	4	4	4	3
40	4	4	4	4	4	3
50	4	6	5	3	3	3
65	4	6	5	3	3	3
80	4	6	5	4	3	3
100	4	6	5	4	3	4
125	4	6	5	4	3	4
150	4	6	5	4	3	4
200	4	6	5	4	4	5
250	4	6	5	4	4	6
300	4	6	5	4	5	8
350	3	6	5	4	6	
400	3	6	5	4	8	
450	3	6	5	5	8	
500	3	6	5	5	10	
600	3	6	6	6	11	

表 5.2.6 螺母最大厚度、紧固件倒角端长度及螺栓和螺柱的最小伸出长度 mm

螺纹规格	M10	M12	M14	M16	M20	M24	M27	M30	M33	M36×3	M39×3
m_1	8.4	10.8	12.8	14.8	18	21.5	23.8	25.6	28.7	—	—
m_2	—	—	14.3	16.4	20.4	24.4	27.4	30.4	33.5	36.5	39.5
Z	1.5	2	2	2	2.5	2.5	2.5	3	3	2.5	2.5
T_1	1.5	1.75	2	2	2.5	3	3	3.5	3.5	3	3

螺纹规格	M42×3	M45×3	M48×3	M52×4	M56×4	M64×4	M70×4	M76×4	M82×4	M90×4
m_1	—	—	—	—	—	—	—	—	—	—
m_2	—	45.5	48.5	52.5	56.5	64.5	70.5	76.5	82.5	90.5
Z	2.5	2.5	2.5	2.5	2.5	2.5	2.5	2.5	2.5	2.5
T_1	3	3	3	4	4	4	4	4	4	4

表 5.2.7 长度偏差 mm

六角头螺栓或螺柱长度 l	长度偏差 Δl	六角头螺栓或螺柱长度 l	长度偏差 Δl
$30<l\leqslant 50$	1.25	$250<l\leqslant 315$	2.6
$50<l\leqslant 80$	1.5	$315<l\leqslant 400$	2.85
$80<l\leqslant 120$	1.75	$400<l\leqslant 500$	3.15
$120<l\leqslant 180$	2.0	$500<l\leqslant 630$	3.5
$180<l\leqslant 250$	2.3	$630<l\leqslant 800$	4.0

(2) ①HG/T 20634 的螺栓长度就是针对 Class 系列而规定的，但这个长度跟 ASME

B16.5 不一样。ASME 标准中不包括端部具体长度这部分，按 ASME B16.5 购买螺栓偏短。②关于螺栓的长度影响因素很多，包括最后的圆整，一般是以 10mm 为基数，SH 标准就是以 5mm 为基数的。③同样是美标系列的螺栓标准，HG/T 20634 标准和 SH/T 3404 表示方法就不一样，HG/T 20634 的螺栓是根据压力等级、公称直径的法兰直接确定螺栓大小和尺寸，SH/T 3404 的螺栓长度是要设计者自己计算确定的。

七、三维软件内的螺栓长度

螺栓如果过长，会容易生锈影响拆装，还有螺栓的倒角是在制造厂用车床车出来的，要在现场倒角也比较麻烦；螺栓如果过短，会影响连接效果，或直接作废。因此对螺栓的长度要求比较高。三维软件的螺栓长度都是软件自动计算出来的，即把法兰厚度、垫片厚度和附加长度，三者加和后以 5mm 进行圆整。附加长度里包括了螺母厚度、两个螺距及法兰和螺母的厚度正偏差。如果中间还有对夹元件，螺栓长度计算时也会把对夹元件的长度加进去。经过比较，旧版的 HG 标准的螺栓长度过长，AMSE B16.5 标准里的螺栓偏短。而 2009 新版的 HG 标准里的螺栓长度做过调整，长度适宜，可以参考。因为三维软件的螺栓长度是其自动计算出来的，所以没法做到标准规范里的长度一模一样，但最好也要通过调整螺栓的附加长度使其控制在±5mm 的偏差内。

八、美标螺栓材料、长度的选用与工程应用

1. 美标螺栓材料的选用

（1）高强度螺栓。许用应力值不低于 ASTM A193 B7 级应力值的螺栓材料被视为高强度螺栓。这些材料和强度相当的其他材料可用于任何法兰接头。

（2）中强度螺栓。列于 ASME B16.5 的中强度螺栓材料和强度相当的其他材料，可用于任何法兰接头，只要用户能证明这些螺栓与所选垫片的密封能力和在预期操作条件下维持接头密封的能力。

（3）低强度螺栓。最小规定屈服强度不大于 30kpsi 的螺栓材料被视为低强度螺栓。列于 ASME B16.5 中。这些材料和强度相当的其他材料仅能用于 150 磅级、300 磅级的法兰接头

用低强度碳钢螺栓连接的法兰不应用于温度 400℉以上或-20℉以下。

2. 螺栓孔

螺栓孔数应为 4 的倍数，孔距应相等，成对的螺栓孔应跨中管件的中心线。

3. 螺栓尺寸

两端带螺纹或全长带螺纹的双头螺柱，或螺栓可用作法兰螺栓。螺栓、双头螺柱和螺母的推荐尺寸和推荐的螺栓材料见 ASME B16.5。

4. 螺栓长度的选用

ASME 体系各标准之间对螺栓长度有着不同要求，见图 5.2.5 。①ASME B31.3 对螺栓长度要求：所有螺母应全部拧入螺栓。如果达不到此要求，但未完全啮合的螺纹小于 1 牙时，仍可认为合格。而对于一定的连接厚度，只有唯一的螺栓长度。②ASME B18.2.1 要求：标准长度的所有螺栓应该小于等于标准螺纹长度，公称直径小于 1in 的螺栓总的伸长量小于 2.5 倍螺距，大于 1in 的螺栓小于 3.5 倍螺距。③美国钢结构设计协会 AISC 的计算方

法包括握厚(除垫圈外所有连接材料的总厚度)加上以螺栓直径而定的一个增量，然后再向上化整。AISC 计算长度的方法引用 ASME B18.2.6 规定，螺栓长度是从支撑面到包括端部的最末端的尺寸，然后按照 0.25in 的增量向上化整。

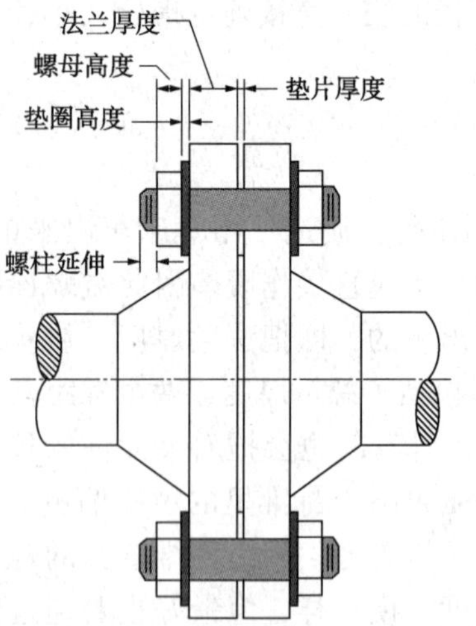

图 5.2.5 常用螺栓长度计算示意图

ASME B16.5 推荐螺栓长度的选取非强制性的，规范附录 C 中详细介绍了螺栓长度 L 的计算方法。ASME B16.5 附录 C“螺栓计算长度”计算公式：$L=A+n$，A 由法兰的最小厚度、法兰厚度允许偏差、加厚螺母厚度等六个参数计算，凸面、凸凹面和槽榫面法兰的垫片厚度取 3.0mm(0.12in)，n 是螺栓长度的负公差。松套连接的法兰，对于环形坡口的端面连接，需要加上管子壁厚。对于其他情况需要参考表格进行计算。

ASME B16.5 规定环垫接头法兰间距近似值参考附录表格。ASME B16.5 单头螺栓的推荐长度是包括端部伸长量的，而螺柱的推荐长度不包括端部。见图 5.2.6。ASME B16.5 指出因锻造、铸造法兰的螺栓支承面的局部加工或背面加工产生的法兰正公差与公称直径有关且符合 MSS SP-9 的规定。

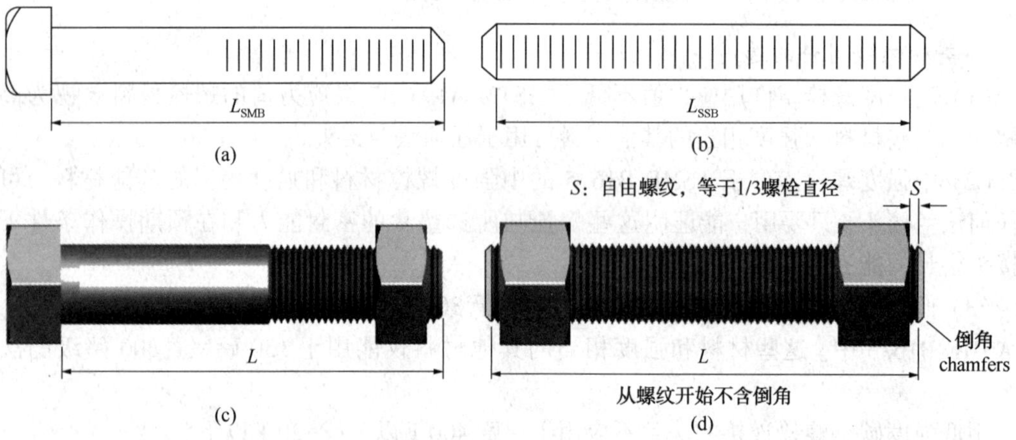

图 5.2.6 美标螺栓长度

螺栓长度的取值可从 ASME B16.5 中的推荐值来选择，但是，还需要考虑螺栓自身的牙型、施工安装位置、连接件长度等因素。RF、RTJ 法兰用螺栓的规格和长度，Class150 见表 5.2.8，Class300 见表 5.2.9，Class600 见表 5.2.10，Class900 见表 5.2.11，Class1500 见表 5.2.12，Class2500 见表 5.2.13。

表 5.2.9~表 5.2.13 备注：1 螺柱长度的尺寸公差：长度≤12in，±1.6mm；长度>12in 而≤18in，±3.2mm；长度>18in，±6.4mm。2 螺柱的长度不包括端部倒角螺纹的长度。

表 5.2.8　Class150 法兰用螺栓的规格和长度

法兰尺寸/in	螺栓直径/in	RF 法兰螺栓长度/mm	RTJ 法兰螺栓长度/mm	螺栓数量
1/2	1/2	55	—	4
3/4	1/2	65	—	4
1	1/2	65	75	4
1¼	1/2	70	85	4
1½	1/2	70	85	4
2	5/8	85	95	4
2½	5/8	90	100	4
3	5/8	90	100	4
3½	5/8	90	100	8
4	5/8	90	100	8
5	3/4	95	110	8
6	3/4	100	115	8
8	3/4	110	120	8
10	7/8	115	125	12
12	7/8	120	135	12
14	1	135	145	12
16	1	135	145	16
18	1⅛	145	160	16
20	1⅛	160	170	20
24	1¼	170	185	20

表 5.2.9　Class300 法兰用螺栓的规格和长度

法兰尺寸/in	螺栓直径/in	RF 法兰螺栓长度/mm	RTJ 法兰螺栓长度/mm	螺栓数量
1/2	1/2	65	75	4
3/4	5/8	75	90	4
1	5/8	75	90	4
1¼	5/8	85	95	4
1½	3/4	90	100	4
2	5/8	90	100	8
2½	3/4	100	115	8
3	3/4	110	120	8
3½	3/4	110	125	8
4	3/4	115	125	8
5	3/4	120	135	8

续表

法兰尺寸/in	螺栓直径/in	RF 法兰螺栓长度/mm	RTJ 法兰螺栓长度/mm	螺栓数量
6	3/4	120	140	12
8	7/8	140	150	12
10	1	160	170	16
12	1⅛	170	185	16
14	1⅛	180	190	20
16	1¼	190	205	20
18	1¼	195	210	24
20	1¼	205	220	24
24	1½	230	255	24

表 5.2.10　Class600 法兰用螺栓的规格和长度

法兰尺寸/in	螺栓直径/in	RF 法兰螺栓长度/mm	RTJ 法兰螺栓长度/mm	螺栓数量
1/2	1/2	75	75	4
3/4	5/8	90	90	4
1	5/8	90	90	4
1½	5/8	95	95	4
1½	3/4	110	110	4
2	5/8	110	110	8
2½	3/4	120	120	8
3	3/4	125	125	8
3½	7/8	140	140	8
4	1	145	145	8
5	1⅛	165	165	8
6	1⅛	170	170	12
8	1¼	190	195	12
10	1⅜	215	215	16
12	1⅜	220	220	20
14	1½	235	235	20
16	1⅝	255	255	20
18	1¾	275	275	20
20	1¾	285	290	24
24	2	330	335	24

表 5.2.11 Class900 法兰用螺栓的规格和长度

法兰尺寸/in	螺栓直径/in	RF 法兰螺栓长度/mm	RTJ 法兰螺栓长度/mm	螺栓数量
1/2	3/4	110	110	4
3/4	3/4	115	115	4
1	7/8	125	125	4
1¼	7/8	125	125	4
1½	1	140	140	4
2	7/8	145	145	8
2½	1	160	160	8
3	7/8	145	145	8
4	1⅛	170	170	8
5	1¼	190	190	8
6	1⅛	190	195	12
8	1⅜	220	220	12
10	1⅜	235	235	16
12	1⅜	255	255	20
14	1½	275	280	20
16	1⅝	285	290	20
18	1⅞	325	335	20
20	2	350	360	20
24	2½	440	455	20

表 5.2.12 Class1500 法兰用螺栓的规格和长度

法兰尺寸/in	螺栓直径/in	RF 法兰螺栓长度/mm	RTJ 法兰螺栓长度/mm	螺栓数量
1/2	3/4	110	110	4
3/4	3/4	115	115	4
1	7/8	125	125	4
1¼	7/8	125	125	4
1½	1	140	140	4
2	7/8	145	145	8
2½	1	160	160	8
3	7/8	145	145	8
4	1⅛	170	170	8
5	1¼	190	190	8
6	1⅛	190	195	12
8	1⅜	220	220	12

续表

法兰尺寸/in	螺栓直径/in	RF法兰螺栓长度/mm	RTJ法兰螺栓长度/mm	螺栓数量
10	1⅜	235	235	16
12	1⅜	255	255	20
14	1½	275	280	20
16	1⅝	285	290	20
18	1⅞	325	335	20
20	2	350	360	20
24	2½	440	455	20

表5.2.13 Class2500法兰用螺栓的规格和长度

法兰尺寸/in	螺栓直径/in	RF法兰螺栓长度/mm	RTJ法兰螺栓长度/mm	螺栓数量
1/2	3/4	120	120	4
3/4	3/4	125	125	4
1	7/8	140	140	4
1¼	1	150	150	4
1½	1⅛	170	170	4
2	1	180	180	8
2½	1⅛	195	205	8
3	1¼	220	230	8
4	1½	255	260	8
5	1¾	300	310	8
6	2	345	355	8
8	2	380	395	12
10	2½	490	510	12
12	2¾	540	560	12

5. 大于24in的法兰螺栓的选用

大于24in的法兰螺栓的选用见ASME B16.47。

6. 工程应用

某3in蒸汽管道，设计温度360℃，设计压力1.7MPa，工作温度260℃，工作压力1.2MPa，Class300RF法兰闸阀的螺栓，按表5.2.9选用，8套3/4in螺栓螺母，长度为110mm（STUD BOLT/HEX. NUT，ASME－B18.2.1/B18.2.2，ASTM A193－B7/ASTM A194－2H，FULL THRD/HEAVY NUT-110 mm Length）。

九、国内外标准螺栓/螺母选用的比较与工程应用

1. GB 50316螺栓/螺母选用的要点

（1）管道用紧固件，包括六角头螺栓、双头螺柱、螺母和垫圈等零件，应选用国家现

行标准中的标准紧固件，并在规范所规定材料的范围内选用。

（2）用于法兰连接的紧固件材料，应符合国家现行的法兰标准的规定，并与垫片类型相适应。

（3）法兰连接用紧固件螺纹的螺距不宜大于3mm。直径M30以上的紧固件可采用细牙螺纹。

（4）碳钢紧固件应符合国家现行法兰标准中规定的使用温度。

（5）用于各种不同法兰的紧固件应符合下列规定。①在一对法兰中有一个是铸铁、青铜或其他铸造法兰，则紧固件要使用较低强度的法兰所配的紧固件材料。但符合下列条件时，可按所述任一个法兰配选紧固件材料：a. 两个法兰均为全平面，并采用全平面的垫片；b. 考虑到持续载荷、位移应变、临时荷载以及法兰强度各方面的因素，对拧紧螺栓的顺序和扭矩已作了规定。②当不同等级的法兰以螺栓紧固在一起时，拧紧螺栓的扭矩应符合低等级法兰的要求。

（6）在剧烈循环条件下，法兰连接用的螺栓或双头螺柱，应采用合金钢的材料。

（7）金属管道组成件上采用直接拧入螺柱的螺纹孔时，应有足够的螺孔深度，对于钢制件其深度至少应等于公称螺纹直径，对于铸铁件不应小于1.5倍的公称螺纹直径。

2. SH/T 3059 螺栓/螺母选用的要点

（1）法兰紧固件，应能保证垫片达到初始密封条件，并在整个操作过程中保持垫片的密封性。

（2）六角头螺栓宜用于$PN \leq 2.0$MPa的法兰连接。$PN > 2.0$MPa或在高温条件下应采用全螺纹螺柱或等长双头螺柱。

（3）屈服强度不超过235MPa的低强度紧固件，仅使用于焊后热处理2.0MPa非金属垫片的法兰连接，并不得应用于剧烈循环操作工况，碳钢低强度紧固件工作温度范围为-20～200℃。

（4）经变形硬化的奥氏体不锈钢紧固件用于非软质垫片法兰连接时，应验算紧固件承载能力是否能符合连接要求，且使用温度不得超过500℃。

（5）紧固件应符合现行SH/T 3404《管法兰用紧固件》或与其相当标准的规定。

3. SH/T 3404 螺栓/螺母选用的要点

（1）等长双头螺柱和全螺纹螺柱如图5.2.7所示。螺柱长度包括两端倒角部分。

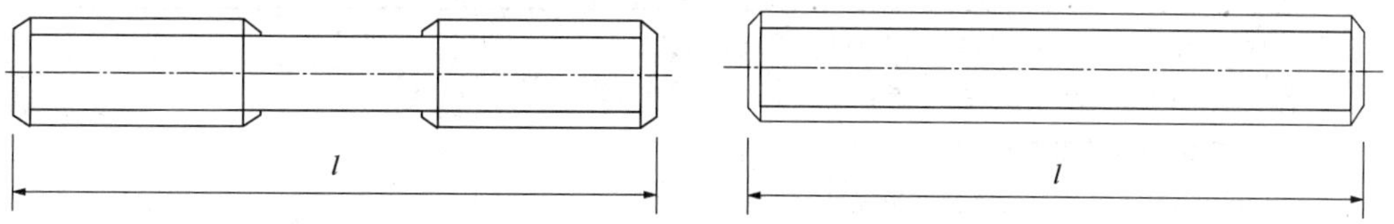

图5.2.7　等长双头螺柱和全螺纹螺柱

（2）六角螺母如图5.2.8所示，分为Ⅰ型、Ⅱ型，Ⅰ型为薄型（$m_1 = 0.8d$）螺母；Ⅱ型为厚型（$m_2 = 1.0d$）螺母。

（3）技术条件。

① 紧固件材料及产品机械性能应符合表5.2.14的规定。

表 5.2.14 管法兰用紧固件材料及产品机械性能

材料		名称	规格	机械性能									使用温度范围/℃
材料牌号	标准号			抗拉强度 σ_{bmin}/MPa	屈服强度 $\sigma_{0.2min}$/MPa	冲击功 A_{kumin}/J	伸长率 $\delta_5 \geqslant$/%	保证应力 $S_P \geqslant$ MPa	硬度 HV min	硬度 HV max	硬度 HR min	硬度 HR max	
BL_3	GB/T 715③	螺栓	M10~48	400	240								-20~200
BL_2		螺母	M10~48					510	117	302		30	
35	GB/T 699④	螺母 螺柱	M10~20	800	640	30	12				25	32	-20~350
			M22~48	830	660	30	12				25	35	
25		螺母	M10~16					840	188	302		30	
			M18~39					920	233	353		38	
			M42~48						207				
40Cr	GB/T 3077⑤	螺柱	M10~39	900	720	25	10					32	-20~400
		螺母	M10~39					920	188	302		30	
			M42~90						207	353		38	
35CrMoA	GB/T 3077	螺柱	M10~39	800	640	30	12				25	32	-100~500
			M42~90	830	660	30	12				25	35	
		螺母	M10~16					840	188	302		30	
			M18~39					920	233	353		38	
			M42~90						207				
25CrMoVA	GB/T 3077	螺柱	M10~39	800	640	30	12				25	32	-20~550
			M42~90	830	660	30	12				25	35	
		螺母	M10~16					840	188	302		30	
			M18~39					920	233	353		38	
			M42~90						207				
0Cr19Ni9①	GB/T 1220⑥	螺栓 螺柱	M10~39	520	206		40②						-196~700
		螺母	M10~39										

注：① 当规格>M39 时，材料的机械性能由供、需双方协议。

② 伸长量≥0.6*d*(*d* 为螺柱、螺母直径)。

③ GB/T 715《标准件用碳素钢热轧圆钢》。

④ CB/T 699《优质碳素结构钢技术条件》。

⑤ GB/T 3077《合金结构钢技术条件》。

⑥ GB/T 1220《不锈钢棒》。

② 螺纹的基本尺寸应符合 GB/T 196《普通螺纹基本尺寸(直径 1~600mm)》的规定。螺纹精度应符合 GB/T 197《普通螺纹公差与配合(直径 1~355mm)》的规定，其中螺栓和螺柱为 6G 级，螺母为 6H 级。

③ 螺纹牙侧的表面粗糙度不大于 Ra6.3。

④ 螺栓、螺柱、螺母的其他尺寸及形位公差应符合 GB 3103.1《紧固件公差螺栓螺钉和

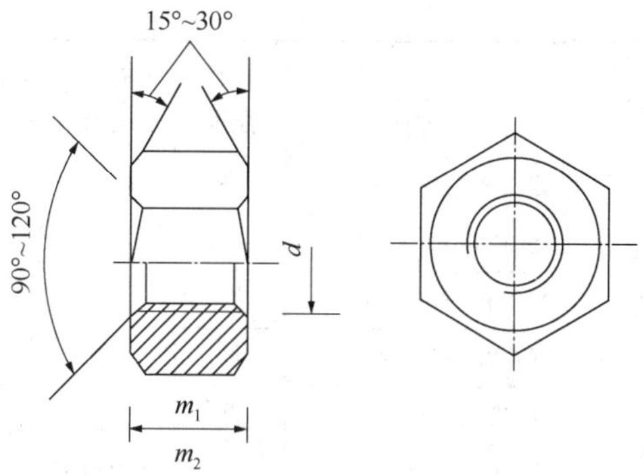

图 5.2.8　六角螺母

螺母》B 级产品的规定。

⑤ 紧固件的表面缺陷应分别符合 GB 5779.1 和 GB 5779.2 中有关规定。

⑥ 螺栓和螺柱末端按 GBZ 的规定加工。

⑦ 碳素钢及合金结构钢制成的紧固件应进行焊后热处理；不锈钢制成的紧固件不做表面处理。

4. HG/T 20613 和 HG/T 20634 螺栓/螺母选用的要点

（1）HG/T 20613 紧固件包括：六角头螺栓、等长双头螺、全螺纹螺柱和螺母。HG/T 20634 紧固件包括：六角头螺栓、全螺纹螺柱和 I 型六角螺母和专用螺母。

（2）紧固件的型式及使用压力和温度范围、紧固件材料的强度等级按 HG/T 20613（*PN* 系列）和 HG/T 20634（Class 系列）60 规定。

（3）法兰、紧固件和垫片的选配，见表 5.2.15~表 5.2.18。

表 5.2.15　HG/T 20613 螺栓和螺母选配

螺栓/螺母				紧固件强度	公称压力等级	使用温度/℃	使用限制
型式	标　准	规　格	材料或性能等级				
六角头螺栓 I 型六角螺母（粗牙、细牙）	GB/T 5782 GB/T 6170，GB/T 6171	M10~M33 M36×3~M56×4	5.6/6	低	≤*PN*16	>-20 ~+300	非有毒、非可燃介质以及非剧烈循环场合；配用非金属平垫片
			8.8/8				
			A2-50 A4-50	低		-195~+400	
			A2-70 A4-70	中			
双头螺柱 I 型六角螺母（粗牙、细牙）	GB/T901 GB/T 6170，GB/T 6171	M10~M33 M36×3~M56×4	5.6/6	低	≤*PN*16	>-20~+300	非有毒、非可燃介质以及非剧烈循环场合
			8.8/8	高			
			A2-50 A4-50	低		-196~+400	
			A2-70 A4-70	中			

续表

螺栓/螺母				紧固件强度	公称压力等级	使用温度/℃	使用限制
型式	标 准	规 格	材料或性能等级				
全螺纹螺柱 Ⅱ型六角螺母 (粗牙、细牙)	HG/T 20634 GB/T 6175， GB/T 6176	M10 ~M33 M36×3~ M56×4	35CrMo/30CrMo	高	≤*PN*160	-100~+525	
			25Cr2MoV/30CrMo	高		>20~+575	
			42CrMo/30CrMo	高		-100 ~+525	
			0Cr18Ni9	低		-196~+800	
			0Cr17Ni12Mo2	低		-196~+800	
			A193，B8 C1，2/ A194-8	中		-196~+525	
			A193，B8M C1，2/ A194-8M	中			
			A320，L7/A194，7	高		-100~+340	
			A453,660/A194-8,8M	中		-29~+525	

表 5.2.16 HG/T 20613 紧固件和垫片选配

公称压力 *PN*	垫片类型	螺栓强度等级
2.5~16	• 非金属平垫片 • 聚四氟乙烯包覆垫	低强度、中强度[a]、高强度[a]
	• 缠绕式垫片	中强度、高强度[b]
25	• 非金属平垫片 • 聚四氟乙烯包覆垫	中强度、高强度[b]
	• 缠绕式垫片 • 具有覆盖层的齿形垫或金属平垫	中强度、高强度[b]
	金属包覆垫	高强度
40	• 非金属平垫片 • 聚四氟乙烯包覆垫	中强度、高强度[b]
	• 缠绕式垫片 • 具有覆盖层的齿形垫或金属平垫	中强度、高强度
	• 金属包覆垫	高强度
63	• 增强柔性石墨板 • 高温蛭石复合增强板	中强度、高强度
	• 缠绕式垫片 • 具有覆盖层的齿形垫或金属平垫	中强度、高强度
	• 金属包覆垫 • 金属环垫	高强度

续表

公称压力 PN	垫片类型	螺栓强度等级
≥100	• 缠绕式垫片 • 具有覆盖层的齿形垫或金属平垫	中强度、高强度
	• 金属包覆垫 • 金属环垫	高强度

注：a. 应采用全平面垫片或控制上紧扭矩。

b. 应控制上紧扭矩。

表 5.2.17　HG/T 20634 螺栓和螺母选配

螺栓/螺母				紧固件强度	公称压力等级	使用温度/℃	使用限制
型式	标　准	规　格	材料或性能等级				
六角头螺栓 Ⅰ型六角螺母 (粗牙)	GB/T 5782 GB/T 6170	M14~M33	5.6/6	低	≤Class150 (PN20)	>-20 ~+300	非有毒、非可燃介质以及非剧烈循环场合； 配用非金属平垫片
			8.8/8	高			
			A2-50 A4-50	低		-196~+400	
			A2-70 A4-70	中			
全螺纹螺柱 专用重型 六角螺母 (粗牙、细牙)	HG/T 20634	M14~M33 M36×3~ M90×3	35CrMo/30CrMo	高	≤Class2500 (PN420)	-100~+525	—
			25Cr2MoV/30CrMo	高		>-20~+575	
			42CrMo/30CrMo	高		-100~+525	
			0Cr18Ni9	低		-196~+800	
			0Cr17Ni12Mo2	低		-196~+800	
			A193，B8 Cl2/ A194-8	中		-196~+525	
			A193，B8M Cl2/ A194-8M	中			
			A320，L7/ A194，7	高		-100~+340	
			A453,660/A194-8,8M	中		-29~+525	

表 5.2.18　HG/T 20634 紧固件和垫片选配

公称压力 Class	垫片类型	螺栓强度等级
150	• 非金属平垫片 • 聚四氟乙烯包覆垫	低强度、中强度[a]、高强度[b]
	• 缠绕式垫片 • 具有覆盖层的齿形垫	中强度、高强度[b]
	• 金属环垫(一般不采用)	高强度

续表

公称压力 Class	垫片类型	螺栓强度等级
300	• 非金属平垫片 • 聚四氟乙烯包覆垫	中强度、高强度[b]
	• 缠绕式垫片 • 具有覆盖层的齿形垫或金属平垫	中强度、高强度
	• 金属包覆垫 • 金属环垫	高强度
600	• 增强柔性石墨板 • 高温蛭石复合增强板	中强度、高强度[b]
	• 缠绕式垫片 • 具有覆盖层的齿形垫或金属平垫	中强度、高强度
	• 金属包覆垫 • 金属环垫	高强度
≥900	• 缠绕式垫片 • 具有覆盖层的齿形垫或金属平垫	高强度
	• 金属包覆垫(一般不采用) • 金属环垫	高强度

注：a. 应采用全平面垫片或控制上紧扭矩。

b. 应控制上紧扭矩。

(4)六角头螺栓。螺栓的端部应采用倒角端，如图 5.2.9 所示。六角头螺栓见图 5.2.10，六角头螺栓的规格及性能等级如表 5.2.19 所示。

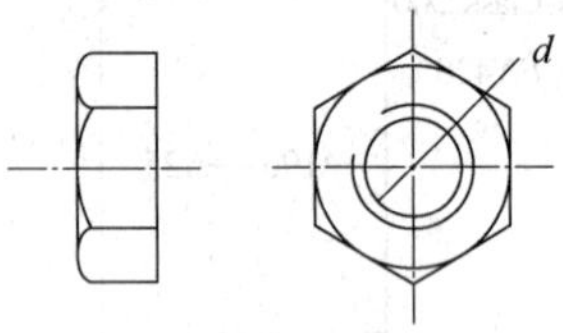

图 5.2.9 螺母典型图

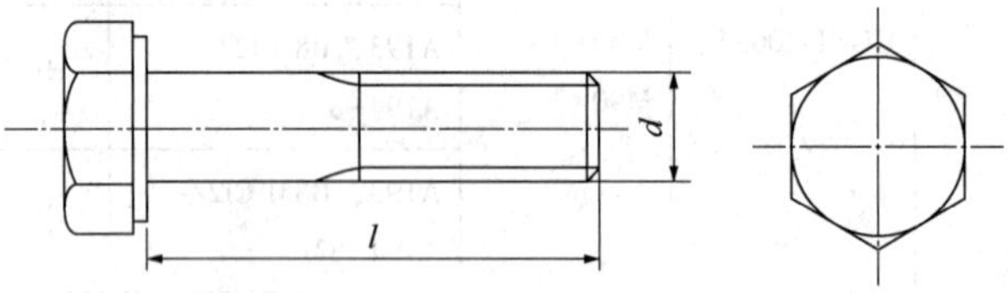

图 5.2.10 六角头螺栓

表 5.2.19 六角头螺栓的规格和性能等级

标 准	规 格	性能等级(商品级)
GB/T 5782(粗牙) A 级和 B 级 (*PN* 系列)	M10，M12，M16，M20，M24，M27，M30，M33	5.6 8.8 A2-50 A4-50 A2-70 A4-70
GB/T 5785(细牙)(*PN* 系列)	M36×3，M39×3，M45×3，M52×4，M56×4	
GB/T 5782 A 级和 B 级 (Class 系列)	M14，M16，M20，M24，M27，M30，M33	5，6，8.8，A2-50，A4-50，A2-70，A4-70

(5) 等长双头螺柱。等长双头螺柱典型图见图 5.2.11。等长双头螺柱的规格和性能等级见表 5.2.20，Class 系列没有等长螺柱。

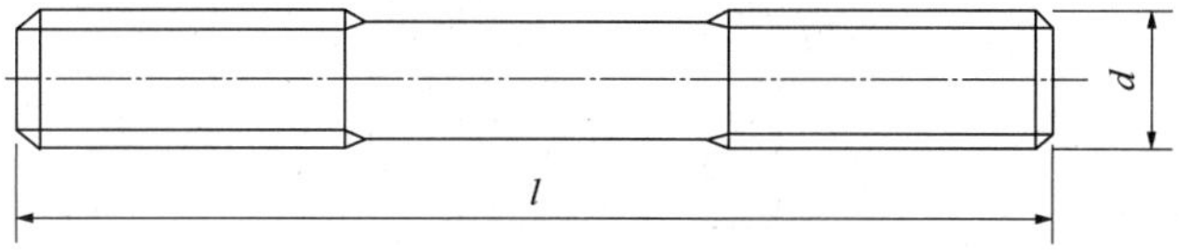

图 5.2.11　等长双头螺柱典型图

表 5.2.20　等长双头螺柱的规格和性能等级

标　准	规　格	性能等级(商品级)
GB/T901 (*PN* 系列)	M10，M12，M16，M20，M24，M27，M30，M33，M36×3，M39×3，M45×3，M52×4，M56×4	8.8 A2-50 A2-70 A4-50 A4-70

(6)全螺纹螺柱。全螺纹螺柱典型图见图 5.2.12。全螺纹螺柱的规格和性能等级见表 5.2.21。

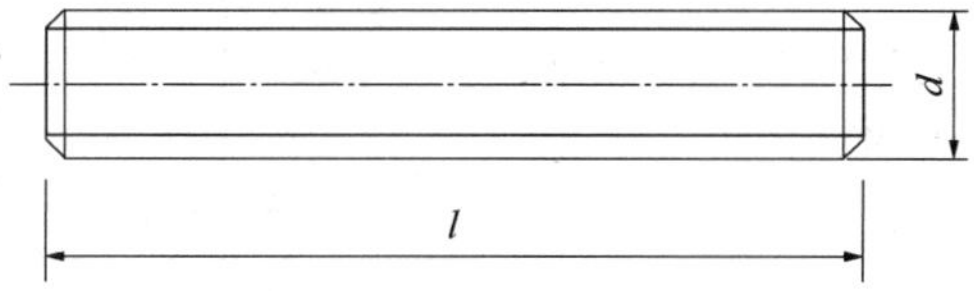

图 5.2.12　全螺纹螺柱典型图

表 5.2.21　全螺纹螺柱的规格和性能等级

标　准	规　格	材料
HG/T 20613 (全螺纹螺柱)	M10，M12，M16，M20，M24，M27，M30，M33，M36×3，M39×3，M45×3，M52×4，M56×4	35CrMo 42CrMo 25Cr2MoV 0Cr18Ni9 0Cr17Ni12Mo2 A193，B8 Cl2[a] A193，B8M Cl 2[b] A320，L7[b] A453，660[b]
HG/T 20634 (全螺纹螺柱)	M14，M16，M20，M24，M27，M30，M33，M36×3，M39×3，M42×3，M45×3，M48×3，M52×3，M56×3，M64×3，M70×3，M76×3，M82×3，M90×3	35CrMo，42CrMo，25Cr2MoV，0Cr18Ni9，0Cr17Ni12Mo2， A193，B8 Cl2[a] A193，B8MCl 2[b] A320，L7[b]， A453，660[b]

注：a. A193，B8 CL 2 和 A193，B8M CL 2 为应变硬化不锈钢螺栓材料，按 ASTM A193《高温用合金钢和不锈钢螺栓材料》的规定使用。

b. A320，L7 按 ASTM A320《低温用合金钢和不锈钢螺栓材料》的规定使用，A453，660 按 ASTM A453《膨胀系数与奥氏体不锈钢相当的高温用螺栓材料》的规定使用。

（7）螺母。管法兰用螺母的型式和尺寸应符合 GB/T 6170、GB/T 6171 的要求。见图 5.2.13。螺母的规格和性能等级见表 5.2.22。

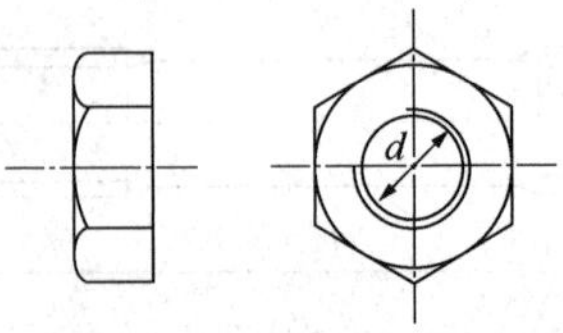

图 5.2.13 螺母典型图

注：Ⅰ型六角螺母的高度约为 0.8*d*，Ⅱ型六角螺母的离度约为 1.0*d*

表 5.2.22 螺母的规格和性能等级

<table>
<tr><th rowspan="2">标准编号</th><th rowspan="2">规 格</th><th colspan="2">性能等级</th></tr>
<tr><th>商品级[a]</th><th>专用级材料牌号</th></tr>
<tr><td>GB/T 6170
（PN 系列）</td><td>M10，M12，M16，M20，M24，M27，M30，M33</td><td rowspan="2">6
8
A2-50
A2-70
A4-50
A4-70</td><td rowspan="2">—</td></tr>
<tr><td>GB/T 6171
（PN 系列）</td><td>M36×3，M39×3，M45×3，M52×4，M56×4</td></tr>
<tr><td>GB/T 6175
（PN 系列）</td><td>M10，M12，M16，M20，M24，M27，M30，M33</td><td rowspan="2">—</td><td rowspan="2">30CrMo
35CrMo
0Cr18Ni9
0Cr17Ni12Mo2
A194，8、8M[a]
A194，7[a]</td></tr>
<tr><td>GB/T 6176
（PN 系列）</td><td>M36×3，M39×3，M45×3，M52×4，M56×4</td></tr>
<tr><td>GB/T 6170
A 级和 B 级
（Class 系列）</td><td>M14，M16，M20，M24，M27，M30，M33</td><td>6，8，A2-50，A2-70，A4-50，A4-70</td><td>—</td></tr>
<tr><td>HG/T 20634
（专用螺母）
（Class 系列）</td><td>M14，M16，M20，M24，M27，M30，M33，M36×3，M39×3，M42×3，M45×3，M48×3，M52×3，M56×3，M64×3，M70×3，M76×3，M82×3，M90×3</td><td>—</td><td>30CrMo，35CrMo，0Cr18Ni9，0Cr17Ni12Mo2，A194，8、8M[a]，A194、7[a]</td></tr>
</table>

注：按 ASTM A194—2006a《高压或（和）高温用碳钢和合金钢螺母》的规定。

（8）紧固件材料，见表 5.2.23。

表 5.2.23 紧固件材料

紧固件材料		
高强度	中强度	低强度
GB/T 3098.1，8.8 GB/T 3077，35CrMo 25Cr2MoV DL/T 439.42CrMo ASTM A320，L7	GB/T 3098.6，A2-70 A4-70 ASTM A193，B8-2 B8M-2 ASTM A453，660	GB/T 1220，0Cr17Ni12Mo2（316） 0Cr18Ni9（304） GB/T 3098.1，5.6 GB/T 3098.6，A4-50 A2-S0

注：低强度紧固件材料仅用于压力等级≤*PN*40（或者压力等级为 Class 150 和 Class 300）的法兰以及非金属垫片。

(9) 紧固件的使用规定。

① 商品级六角头螺栓及螺母使用条件应符合下列各条要求：a. *PN* ≤ 2.0MPa (Class150)；b. 非剧烈循环场合；c. 配用非金属垫片；d. 介质为非易燃、易爆及毒性危害程度较大的场合。

② 商品级双头螺柱及螺母的使用条件应符合下列要求：a. *PN*≤4.0MPa(Class300)；b. 非剧烈循环场合。

③ 对于美洲体系除上述①外，对于欧洲体系除上述①、②外应选用专用级螺柱(双头螺柱或全螺纹螺柱)和专用级螺母。缠绕垫、金属包覆垫、齿形组合垫、金属环垫等半金属或金属垫片应使用 35CrMoA 或 25Cr2MoVA 等高强度螺柱(双头螺柱或全螺纹螺柱)。

④ 高温、剧烈循环场合或 *PN*≥16.0MPa 的高压条件下应选用全螺纹螺柱。

⑤按紧固件的型式、产品等级、采用的性能等级和材料牌号，确定其使用的公称压力和工作温度范围，应符合表 5.2.24、表 5.2.25 的规定。

⑥六角螺栓、螺柱与螺母的配用如表 5.2.26、表 5.2.27 所示。

表 5.2.24　紧固件使用压力和温度范围(美洲体系)

型式	标　准	规　格	性能等级	公称压力	使用温度/℃
六角头螺栓	GB/T 5782	M14~M33	5.6 8.8	≤Class150 (*PN*20)	>-20~+300
			A2-50 A4-50 A2-70 A4-70		-196~+400
全螺纹螺柱	HC/T 20634	M14~M33 M36×3~M90×3	35CrMo	≤Class2500 (*PN*420)	-100~+525
			25Cr2MoV		>-20~+575
			42CrMo		-100~+525
			0Cr18Ni9		-196~+800
			0Cr17Ni12Mo2		-196~+800
			A193, B8 Cl, 2		-196~+535
			A193, B8M Cl, 2		
			A320, L7		-100~+340
			A453, 660		-29~+525
Ⅰ型六角螺母	GB/T 6170	M14~M33	6, 8	≤Class150 (*PN*20)	>-20~+300
			A2-50, A4-50 A2-70, A4-70		-196~+400
管法兰专用螺母	HG/T 20634	M14~M33 M36×3~M90×3	30CrMo	≤Class2500 (*PN*420)	-100~+525
			35CrMo		-100~+525
			0Cr18Ni9		>-20~+800
			0Cr17Ni12Mo2		-196~+800
			A194, 8, 8M		-196~+525
			A194.7		-100 ~+575

表 5.2.25　紧固件使用压力和温度范围(欧洲体系)

型式	标　准	规　格	性能等级	公称压力	使用温度/℃
六角头螺栓	GB/T 5782 GB/T 5785 GB/T 901	M10~M33 M36×3~M56×4	5.6 8.8	≤*PN*16	>-20~+300
等长双头螺柱			A2-50 A4-50 A2-70 A4-70		-196~+400
等长双头螺柱	GB/T 901	M10~M33 M36×3~M56×4	8.8	≤*PN*40	>-20~+300
			A2-50 A4-50 A2-70 A4-70		-196~+400
全螺纹螺柱	HG/T 20613	M10~M33 M36×3~M56×4	35CrMo	≤*PN*160	-100~+525
			25Cr2MoV		>-20~+575
			42CrMo		-100~+525
			0Cr18Ni9		-196~+800
			0Cr17Ni12Mo2		-196~+800
			A193，B8Cl，2		-196~+525
			A193，B8M Cl，2		
			A320，L7		-100~+340
			A453，660		-29~+525
Ⅰ型六角螺母	GB/T 6170 GB/T 6171	M10~M33 M36×3~M56×4	6 8	≤*PN*16	>-20 ~+300
			A2-50 A4-50	≤*PN*40	-196~+400
			A2-70 A4-70		-196~+400
Ⅱ型六角螺母	GB/T 6175 GB/T 6176	M10~M33 M36×3~M56×4	30CrMo	≤*PN*160	-100~+525
			35CrMo		-100~+525
			0Cr18Ni9		>-20~+800
			0Cr17Ni12Mo2		-196~+800
			A194，8、8M		-196~+525
			A194，7		-100~+575

表 5.2.26 六角螺栓、螺柱与螺母的配用(美洲体系)

六角头螺栓、螺柱		螺母	
型式 (标准编号)	性能等级 或材料牌号	型式及产品等级 (标准编号)	性能等级 或材料牌号
六角头螺栓 GB/T 5782 A 级和 B 级	5.6 8.8	I 型六角螺母 GB/T 6170 A 级和 B 级	6 8
	A2-50 A4-50		A2-50 A4-50
	A2-70 A4-70		A2-70 A4-70
全螺纹螺柱 HC/T 20634	35CrMo	管法兰专用螺母 HG/T 20634	35CrMo
	25Cr2MoV		30CrMo
	42CrMo		
	0Cr18Ni9		0Cr18Ni9
	0Cr17Ni12Mo2		0Cr17Ni12Mo2
	A193, B8 Cl, 2		A194, 8 A194, 8M
	A193, B8M Cl, 2		
	A453, 660		
	A320, L7		A194.7

表 5.2.27 六角螺栓、螺柱与螺母的配用(欧洲体系)

六角头螺栓、螺柱		螺母	
型式 (标准编号)	性能等级 或材料牌号	型式 (标准编号)	性能等级 或材料牌号
六角头螺栓 GB/T 5782、GB/T 5782 双头螺柱 GB/T 901 B 级	5.6, 8.8	I 型六角螺母 GB/T 6170, GB/T 6171	6, 8
	A2-50, A4-50		A2-50, A4-50
	A2-70, A4-70		A2-70, A4-70
全螺纹螺柱 HG/T 20613	42CrMo	Ⅱ型六角螺母 GB/T 6175, GB/T 6176	35CrMo
	35CrMo		30CrMo
	25Cr2MoV		
	0Cr18Ni9		0Cr18Ni9
	0Cr17Ni12Mo2		0Cr17Ni12Mo2
	A193, B8 Cl.2		A194, 8 A194, 8M
	A193, B8M Cl. 2		
	A453, 660		
	A320, L7		A194, 7

十、国内外螺检/螺母材料的选用

1. GB 标准法兰用螺检/螺母材料

(1) GB 标准法兰用螺检/螺母材料见表 5.2.28。

表 5.2.28 GB 标准法兰用螺栓螺母材料

材料牌号	公称压力/MPa	最高使用温度/℃
Q235A 35	≤2.5 ≤5.0	300
35Cr2Mo	≤42.0	500
25Cr2MoVA		550
25Cr2Mo1VA		
20Cr1Mo1VN$_b$B 20Cr1Mo1VTiB		570
2Cr12WMoVN$_b$B		600

注：螺母材料的硬度应低于螺栓材料的硬度。

（2）低温管道法兰紧固用螺栓材料见表 5.2.29。

表 5.2.29 低温管道法兰紧固用螺栓

序 号	钢 号	材料标准号	使用状态	螺栓规格/mm	最低试验温度/℃
1	35	GB/T 699	正火	≤M22	-30
				M24~M48	-20
			调质	≤M48	-30
2	40Cr	GB/T 3077	调质	≤M56	-30
3	40MnB 40MnVB		调质	≤M56	-40
4	35CrMoV 30CrMoA		调质	≤M56	-100
5	0Cr19N19 0Cr17Ni12Mo2	GB/T 1220	固溶	≤M48	免做
			固溶+冷加工	≤M32	免做

注：铁素体钢螺栓用棒材的钢厂供货状态与使用状态不同，一般均需重新按性能要求进行热处理(正火或调质)。铁素体钢螺栓用棒材的低温冲击试验为协议项目。

（3）低温管道法兰紧固用螺母材料见表 5.2.30。

表 5.2.30 低温管道法兰紧固用螺母

相应螺栓材料	使用状态	最低使用温度/℃	螺母材料	材料标准号	使用状态	最低试验温度/℃
35	正火或调质	-30	A3、AY3	GB 700	热轧或正火	免做
			15	GB 699		
40Cr 40MnB 40MnVB	调质	-40	35 45 40Mn	GB 699	正火或调质	免做
35CrMoA 30CrMoA	调质	-100	30Mn2 30CrMo 35CrMo	GB 3077	调质	-70
0Cr19Ni9 0Cr17Ni12Mo2	固溶或固溶+冷加工	-196	0Cr19Ni9 0Cr17Ni12Mo2	GB 1220	固溶	免做

注：铁素体钢螺母用棒材的供货状态与使用状态不同，一般均需重新按性能要求进行热处理(正火或调质)。铁素体钢螺母用棒材的低温冲击试验为协议项目。螺母材料的低温冲击试验温度比螺栓提高 30℃。

2. ASME 标准法兰用螺栓/螺母材料

(1) ASME 标准法兰用螺栓材料见表 5. 2. 31。

表 5. 2. 31　螺栓材料标准一览表(适用的 ASTM 标准)

高强度②			中强度③			螺栓材料① 低强度④			镍及镍合金⑤		
材料		注	材料		注	材料		注	材料		注
标准号	级别		标准号	级别		标准号	级别		标准号	级别	
A193	B7	—	A193	B5	—	A193	B8C1. 1	⑥	B164	—	⑦⑧⑨
A193	B16	—	A193	B6	—	A193	B8 C1. 1	⑥			
			A193	B6X	—	A193	B8M C1. 1	⑥	B166	—	⑦⑧⑨
A320	L7	⑩	A193	B7M	—	A193	B8T C1. 1	⑥			⑦
A320	L7A	⑩	A193	B8 C1. 2	⑪	A193	B8A	⑥	B335	N10665	⑦
A320	L7B	⑩	A193	B8C C1. 2	⑪	A193	B8CA	⑥			
A320	L7C	⑩	A193	B8M C1. 2	⑪	A193	B8MA	⑥	B408	—	⑦⑧⑨
A320	L43	⑩	A193	B8T C1. 2	⑪	A193	B8TA	⑥			
									B473	—	⑦
A354	BC	—	A320	B8 C1. 2	⑪	A370	B	⑫			
A354	BD	—	A320	B8C C1. 2	⑪				B 574	N10276	⑦
			A320	B8F C1. 2	⑪	A320	B8 C1. 1	⑥			
A540	B21	—	A320	B8M C1. 2	⑪	A320	B8C C1. 1	⑥			
A540	B22	—	A320	B8T C1. 2	⑪	A320	B8M C1. 1	⑥			
A540	B23	—				A320	B8T C1. 1	⑥			
A540	B24	—	A449	—	⑬						
			A453	651	⑭						
			A453	660	⑭						

通注：螺栓材料使用温度不应超过规范规定的温度范围。

注：① 禁止对螺栓材料进行焊补。

② 这些螺栓材料可以与所有列出的材料和垫片一起使用。

③ 这些螺栓材料可以与所有列出的材料和垫片一起使用，但是，必须证明在额定工作压力和温度下，能够保持接头的密封性能。

④ 这些螺栓材料可以与所有列出材料的 150 磅级和 300 磅级法兰一起使用。

⑤ 这些材料可以用于连接类似的镍合金和特殊合金的螺栓。

⑥ 这些奥氏体不锈钢已做碳化物固溶处理，但未做形变硬化处理、使用 A491 相应级别的材料。

⑦ 螺母可以用相同材料加工，也可以是 ASTMAt 弘相应级别的材料。

⑧ 最高操作温度定在 500℉，已做退火、固溶退火或热修整的材料除外，因为较高温度的回火对蠕变破裂范围的设计应力值有不利影响。

⑨ 不允许为锻造状态的质量，除非加工者对最终加热或加工的这些零件，按同一个材料标准中其他允许状态的要求进行试验，并确认其最终的抗拉强度、屈服强度和延伸性能等于或超过其他允许状态之一的要求。

⑩ 这些铁素体材料打算做低温用途。用 A194Gr. 4 或 Gr. 7 螺母。

⑪ 这些奥氏体不锈钢已做碳化物固溶处理和形变硬化处理。用 A194 相应材料的螺母。

⑫ 该碳钢紧固件不应用于 400℉以下或-20℉以下。也可见注④。不应使用钻孔螺栓或小头螺栓。

⑬ 淬火加回火的螺栓可配用 A194Gr. 2 和 2H 螺母。螺母的机械性能要求应与螺栓相同。

⑭ 这些特殊合金打算与奥氏体不锈钢一起用于高温场合。

（2）美国 ASME B16.5 推荐的法兰螺栓/螺母标准，见表 5.2.32。

表 5.2.32　推荐的法兰螺栓/螺母标准(ASME B16.5)

产　品	碳　钢	合金钢
双头螺柱	ASME B18.2.1	ASME B18.2.1
螺栓，<3/4in	ASMEB18.2.1， 方头或重型六角头	ASMEB18.2.1， 重型六角头
螺栓，≥3/4in	ASME B18.2.1， 方头或六角头	ASME B18.2.1， 重型六角头
螺母，<3/4in	ASME B18.2.2，六角	ASME B18.2.2，六角
螺母，≥3/4in	ASME B18.2.2，六角或重型六角	ASME B18.2.2，六角
外螺纹	ASME B1.1，2A 级 粗牙系列	ASME B1.1，2A 级 粗牙系列，≤1in 8 牙/in 系列，>1in
内螺纹	ASME B1.1，2B 级 粗牙系列	ASME B1.1，2B 级 粗牙系列，≤1in 8 牙/in 系列，>1in

十一、某工程螺栓导致的泄漏事故

$50m^3$的氯化苄储槽，刚进料 $30m^3$左右，进料阀(底阀)未关，底阀外接口法兰处破裂，氯化苄泄漏，发现时，但也处理了 4 个小时。经检查发现，竟然是 4 颗 A2-70 的螺丝中有 3 颗齐根部断裂。以前用铁螺丝的时候虽然腐蚀很严重但也没有遇到过这样的问题。

不锈钢中在含氯氛围内使用，易发生应力腐蚀。但从现场实物中看出，整齐的切口全部是在根部，极有可能是在根部应力集中处发生的。

十二、法兰螺栓/螺母拧紧的顺序

拧紧螺栓时应对称成十字交叉进行，如图 5.2.14 所示。①第一次对称扳紧，其扳紧程度达 50 %；②第二次扳紧，扳紧程度达 60%～70%；③第三次对称扳紧，其扳紧程度达 70%～80%；④最后顺序扳紧，扳紧程度 100%。

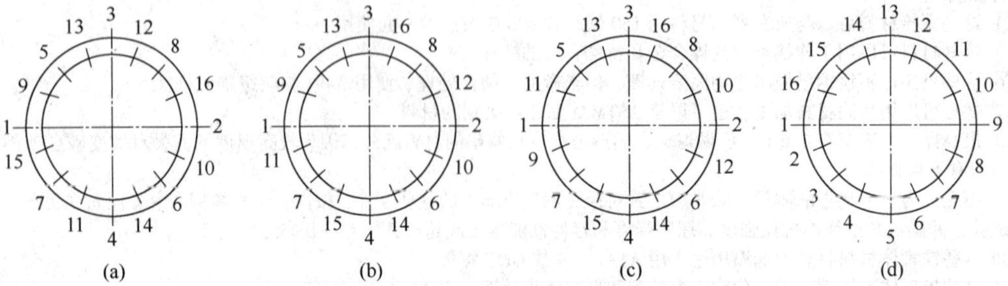

图 5.2.14　拧紧螺栓位置和顺序

十三、紧固件常用标准

GB/T 41 I 型六角螺母 C 级

GB/T 6170 I 型六角螺母 A 级和 B 级

GB/T 6171 I 型六角螺母细牙 A 级和 B 级

GB/T 6176 I 型六角螺母—细牙— A 级和 B 级

GB/T 897~900 双头螺柱

GB/T 901 等长双头螺柱 B 级

GB/T 953 等长双头螺柱 C 级

GB/T 5780~5786 六角头螺栓

HG/T 20613 钢制管法兰用紧固件(*PN* 系列)

HG/T 20634 钢制管法兰用紧固件(Class 系列)

SH/T 3404 管法兰用紧固件

ASME B16. 5 管法兰和法兰管件

ASME B18. 2. 1 四角和六角螺栓和螺钉

ASME B18. 2. 2 四角和六角螺母

第三节　垫片的选用

一、管法兰垫片的分类

垫片(gasket)是两个物体之间的机械密封，通常以防止两个物体之间受到压力、腐蚀、和管路自然地热胀冷缩泄漏。由于机械加工表面不可能完美，使用垫片即可填补不规则性。

1. 按垫片材质分类

- 垫片
  - 非金属垫片(软垫片)
    - 石棉垫片
    - 合成树脂或离分子垫片
    - 橡胶垫片
    - 动物皮革、植物纤维垫片
  - 半金属垫片
    - 缠绕式垫片
    - 金属包覆垫片
    - 夹金属丝(网)垫片
  - 金属垫片
    - 纯铁、钢、铜、铝、铅等平形
    - 波形、齿形、环形垫片

不同类型垫片材料见表 5. 3. 1。

(1) 非金属垫片(non-metallic gasket)，有石棉橡胶垫片、橡胶垫片、聚四氟乙烯垫片、合成橡胶垫片、膨胀石墨、皮革等。非金属包覆垫片(non-metallic jacket gasket)外包一层合成树脂等。

(2) 半金属垫片(semimetallic gasket)用金属和非金属材料制成的垫片，如缠绕式垫片、金属包覆垫片。

① 缠绕式垫片(spiral wound gasket)由 V 形或 W 形断面的金属带夹非金属带，金属带与

非金属带螺旋缠绕成环形垫片。金属带与非金属带交替缠绕，由于其具有较好的弹性，广泛用于石化、化工、电力等行业的法兰密封结构中，根据具体部位，可在垫片的内层或外层加上钢环来定位或加强。内环(inner ring)是设置在缠绕式垫片内圈的金属环。外环(outer ring)是设置在缠绕式垫片外圈的金属环。②金属包覆。

(3) 金属垫片(metallic gasket)是用钢、铝、铜、镍或蒙乃尔合金等金属制成的垫片。

表 5.3.1 不同类型垫片材料

垫片名称	垫片型式图	材料
非金属平垫片	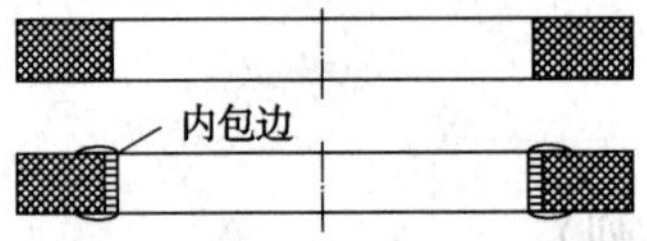	天然橡胶、合成橡胶、石棉橡胶板、合成纤维的橡胶压制板、改性或合成的聚四氟乙烯板
聚四氟乙烯包覆垫片	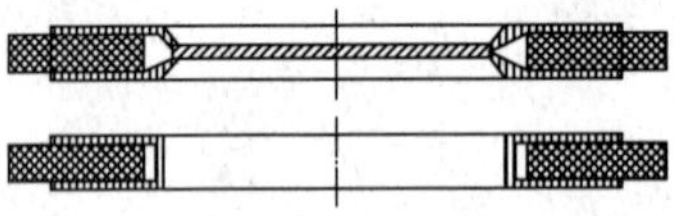	聚四氟乙烯板、不锈钢薄板
柔性石墨复合垫片	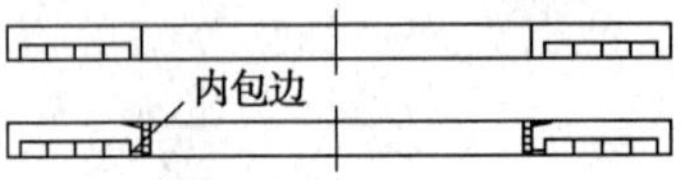	柔性石墨复合垫片由冲击式冲孔金属芯板与膨胀石墨粒子复合而成
金属包覆垫片	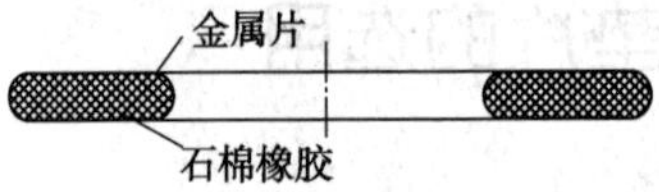	外包覆材料为纯铝片、纯铜片或低碳钢薄片、不锈钢片，内包材料通常为：石棉板、石棉橡胶板
金属缠绕垫片	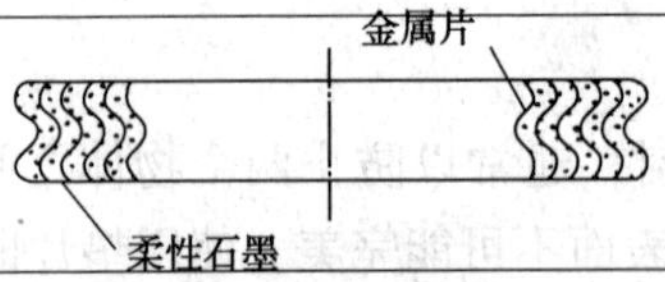	外包覆材料为不锈钢带，内包材料为特种石棉纸、柔性石墨、聚四氟乙烯
齿形组合垫片	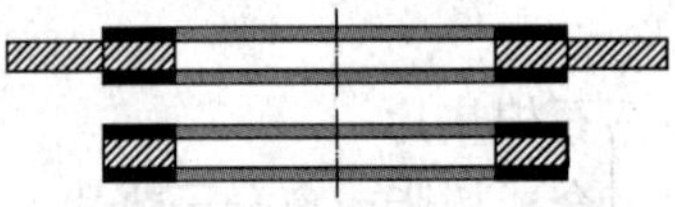	垫片由金属齿环(由碳钢或不锈钢材料制成)和上下两面覆盖柔性石墨或聚四氟乙烯薄板等非金属平垫片材料组合而成
金属环垫	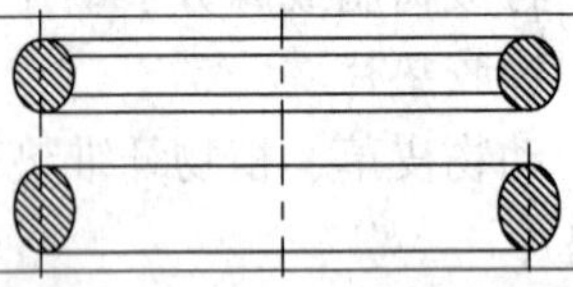	优质碳素钢、不锈钢
碳化纤维复合垫片	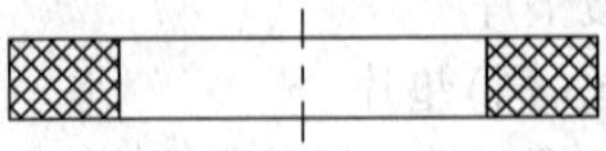	碳化纤维、聚四氟乙烯树脂

2. 按垫片形状分类

垫片：
- 环状平垫片
- 复合型
- 波纹型
- 环状

不同形状垫片如图 5.3.1 所示。

(a)环形平垫片

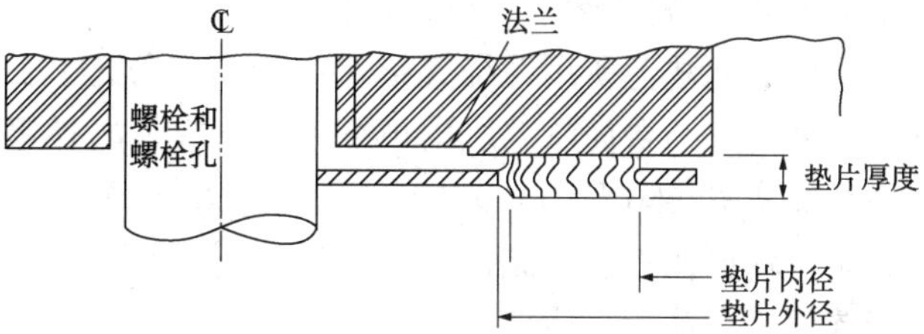

(b)垫片的安装

(c)环状垫片

图 5.3.1　不同形状垫片

二、垫片选用的一般要求与工程应用

(1) 选用垫片时，必须综合考虑法兰密封面形式、工作介质、操作条件和垫片本身性能等诸多因素，一般应考虑温度、介质适应性、压缩率、回弹率、蠕变性，密封比压等因素。合理正确选用垫片的材质、结构型式是保证管道系统连续安全生产，无跑、冒、泄漏的根本原则。首先，所选垫片的密封压力必须能满足使用压力的要求；其次，所选垫片材料的物理化学性能要适应被密封介质的性质，并满足抗腐蚀性和抗氧化性等要求；再次，所选垫片要和法兰密封面的型式相匹配。此外，还需要符合相应的标准和规定，参考同行业的使用经验，考虑垫片的经济性等。

(2) 垫片的材质选用，应使所需的密封负荷与法兰的设计压力、密封面、法兰强度及其螺栓连接相适应。通常在高温高压工况多采用金属垫片，常压、低压、中温工况多采用非金属垫片，介于两者之间用半金属垫片。垫片与介质相接触，直接受到工作介质、温度和压力的影响，因而必须用能满足以下要求的材料制作：①具有良好的弹性和复原性，较少应力松弛现象；②有适当的柔软性，能与密封面很好吻合，有较大的抗裂强度，压缩变形适当；③有良好的物理性能，不因低温硬化脆变，不因高温软化塑流，也不会因与介质接触而产生膨胀和收缩；④材料本身能耐工作介质的腐蚀，不污染工作介质和不腐蚀法兰密封面；⑤有良好的加工性，制作容易且成本低廉，易于在市场上购买。⑥用于不锈钢法兰的非金属垫片，其氯离子的含量不得$>50\times10^{-6}$。

(3) 垫片规格的确定。①垫片厚度的确定。当密封面加工良好，压力不太高时，宜选用薄垫片。在压力较高时，对应于螺栓的伸长，薄垫片的回弹太小，不能达到必要的复原量而易产生泄漏，因而压力较高时，应选用较厚的垫片。②垫片宽度，太窄不能起密封作用，太宽必须相应地增大预紧力。预紧力不够会影响密封效果，且太宽必将增加生产成本。

如果采用国内标准，缠绕式垫片可按 SH/T 3407，金属环垫可按 SH/T 3403，复合垫可按 HG/T 20629，特殊垫片按制造厂标准。

(4) 凹凸面法兰所用缠绕式垫片应带内定位环。凸台面法兰所用缠绕式垫片应带外定位环，下列情况凸台面法兰所用缠绕式垫片应带内外定位环：①压力等级≥CL600 的法兰；②压力等级 < CL600 且 DN > 600 的法兰；③聚四氟乙烯缠绕垫。

外定位环材质一般为碳钢；内定位环材质根据设计条件决定，一般情况下，其耐蚀性应相当或优于金属带材质。

石棉垫片或含有石棉的垫片均不允许使用。

管法兰用螺栓和螺母。<M36 的螺栓、螺母宜选用粗牙螺纹，≥M36 的螺栓、螺母应选用细牙螺纹。管法兰用螺栓应选用全螺纹螺柱，螺母应为Ⅱ型($m=1.0d$)，国内标准技术要求可按 SH/T 3404 的规定。

(5) 在满足使用要求前提下，应尽量归并材料品种，切忌不必要的多样化。事实上各种垫片已有各自的系列尺寸和材质，只需根据工作介质和操作条件正确选用与法兰密封面相匹配的垫片。

(6) 垫片材料的选用。

1) 非金属垫片(non-metallic gasket)。适用范围：T≤260℃，PN≤2.0MPa(SH 3401)；T≤400℃，PN≤4.0MPa(GB 标准)；用于水、空气、氮气、酸、碱、油品等介质工况下。其中聚四氟乙烯(PTFE)包覆垫片(PTFE impregnated asbestos gasket)：适用范围：T=-180~200℃，PN≤4.0MPa；常用于低温或者要求干净的场合下。

非金属垫片的特点：适用温度较低；介质适应性好；Y_{min}小，m 小，密封预紧力小，密封面粗糙度大；但有时有渗透性，有一定泄漏率；压溃强度 Y_{max} 也小，不适用于高压；密封面粗糙度不宜太低(摩擦力小，易吹出)；垫片宽度大，可降低泄漏率，防压溃。

常用非金属垫片：①天然橡胶(NR)。对弱酸和碱，盐和氯化物溶液具有良好的耐蚀性能，对油和溶剂耐蚀性能是差的，并不推荐用于臭氧介质。推荐工作温度-57~93℃。②氯丁橡胶(CR)。氯丁橡胶是一种合成橡胶，适应于耐中等腐蚀的酸、碱和盐溶液的腐蚀。对商业用油和燃料具有良好的耐腐蚀作用。但对强氧化性酸、芳香烃和氯化碳氢化合物其耐腐蚀性能是差的。推荐工作温度-51~121℃。③氟橡胶。对油、燃料、氯化物溶液、芳香烃和脂类碳氢化合物和强酸具有良好的耐腐蚀性能，但不适应用于胺类、脂类、酮类和蒸汽，推荐工作温度-40~232℃。④氯磺酰化聚乙烯合成橡胶。对酸、碱和盐物溶液具有良好的耐蚀性能，同时不受气候、光照、臭氧、商业燃料(如柴油和煤油等)影响。但不适应用于芳香烃、氯化碳氢化合物、铬酸和硝酸。推荐工作温度-45~135℃。⑤硅橡胶。对热空气具有良好的耐蚀性能。硅橡胶不受阳光和臭氧影响。但不适应用于蒸汽、酮类、芳香烃和脂类碳氢化合物。⑥乙丙橡胶。对强酸、强碱、盐和氯化物溶液具有良好的耐蚀性能。但不适应用于油类、溶剂、芳香烃和碳氢化合物。推荐工作温度-57~176℃。⑦石墨。该材料为不含树脂或无机物的全石墨材料，可分为掺入金属或不掺入金属元素石墨材料。该材料可黏接以至可制造直径超过 600mm 管道垫片。对许多酸、碱、盐和有机合物和传热溶液，甚至高温溶液具有非常优异的耐蚀性能。它不能熔化，但超过 3316℃时将升华。在高温条件下，在强氧化性介质中使用该材料应慎重。除用于垫片外，该材料也可制作填料和缠绕垫片中的非金属缠绕带。⑧陶瓷纤维。成型于带材的陶瓷纤维是一种适用于高温和低压工况及轻型法兰条件下的优异垫片材料，推荐工作温度1093℃，可制作缠绕垫片中的非金属缠绕带。⑨聚四氟乙烯(PTFE)。集中了大多数塑料垫片材料的优点，包括耐温从-180~200℃。除游离氟和碱金属外，对化学物品、溶剂、氢氧化物和酸具有优异的耐蚀性能。PTFE材料能充填玻璃，其目的是降低PTFE的冷流性和蠕变性。⑩石棉橡胶垫片(asbestos rubber gasket)，它是通过向石棉中加入不同的添加剂压制而成。在美国，很多标准中都将石棉制品列为致癌物质而禁用。但在世界范围内，石棉仍以其弹性好、强度高、耐油性好、耐高温、易获得等优点而得到广泛应用。石棉橡胶垫片，最高使用温度应根据垫片牌号决定(一般用于温度低于250℃的场合)，最低使用温度不应低于-50℃。其最高公称压力不应超过5.0MPa。根据工艺需要可选用耐酸、耐油或耐碱型石棉橡胶板。耐高温的石棉橡胶板，最高使用温度可达400℃。垫片标准为SH 3401或ASME B16.21。

2）半金属垫片。半金属垫片有缠绕式垫片、金属包覆垫片和柔性石墨缠绕垫三大类。缠绕式垫片：是半金属垫片中最理想、也是应用最普遍的垫片。特点：压缩回弹性好、强度高，有利于适应压力和温度的变化，能在高温、低温、冲击、振动及交变载荷下保持良好的密封性能。缠绕钢带：20、1Cr13、0Cr19Ni9、0Cr18Ni10Ti、0Cr17Ni12Mo2等材料。

常用半金属垫片：

① 聚四氟乙烯包覆垫片，一般用于耐腐蚀介质、防黏结或介质要求纯度高的情况。其最高公称压力为*PN* 5.0，最高工作温度为150℃。金属包覆垫片的最高使用温度见表5.3.2。垫片标准为SH/T 3402、HG/T 20609和HG/T 20630等。

② 缠绕式垫片的使用温度与金属带材料和非金属带材料种类有关，金属带材料的使用温度范围见表5.3.3，非金属带材料的使用温度范围见表5.3.4，缠绕式垫片的型式及代号见表5.3.5。缠绕垫片的结构见图5.3.2。

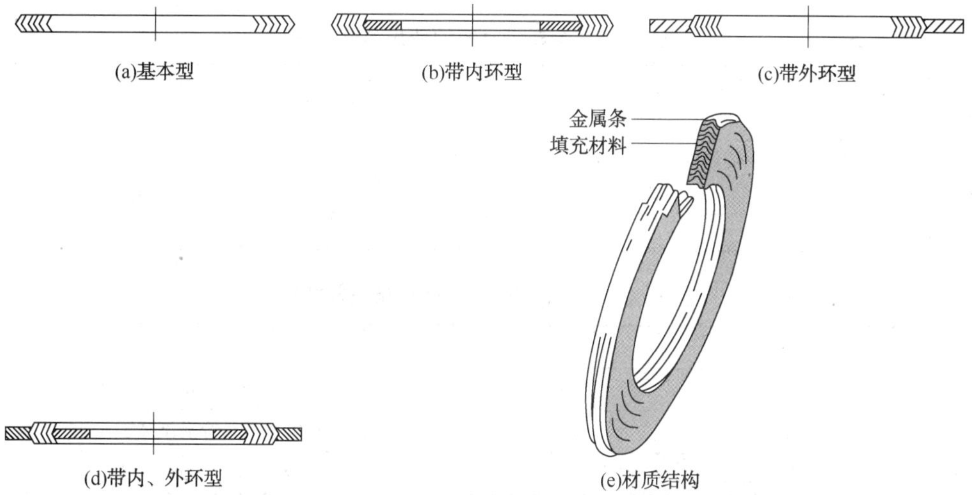

图5.3.2　缠绕垫片的结构

缠绕式垫片适用于极度危害介质、高度危害介质、可燃介质或温度高、温差大、受机械振动或压力脉动的工艺介质管道，适用于温度≥450℃或压力大于*PN*2.0MPa的蒸汽管道；缠绕式垫片选用应符合下列规定：

凸台面法兰应采用带外环型缠绕式垫片；

凹凸面法兰应采用带内环型缠绕式垫片；

榫槽面法兰应采用基本型缠绕式垫片。

公称压力等于或大于 15.0MPa 的凸台面法兰应采用带内外环型缠绕式垫片。缠绕式垫片选用标准为 SH/T 3407、ASME B16.20、HG/T 20610、HG/T 20631 等。柔性石墨复合垫片的最高公称压力为 10.0MPa，最高使用温度取决于金属芯板材料；

③ 铁包式垫片：密封性能不如缠绕式垫片，故压力管道中用得不多，它常用在换热器封头等大直径的法兰连接密封副上。

④ 柔性石墨复合垫由冲齿或冲孔金属芯板与膨胀石墨粒子复合而成。钢制管法兰用齿形组合垫见标准 HG/T 20611 和 HG/T 20632，适用于突面、凹凸面和榫槽面法兰。齿形组合垫的最高使用温度见表 5.3.6。

表 5.3.2　金属包覆垫片的最高使用温度

<table>
<tr><th colspan="2">包覆金属材料</th><th colspan="2">填充材料</th><th rowspan="2">最高使用温度/℃</th></tr>
<tr><th>名称</th><th>标　准</th><th>名称</th><th>标准</th></tr>
<tr><td>纯铝板 L3</td><td>GB/T 3880</td><td rowspan="4">石棉橡胶板</td><td rowspan="4">GB 3985</td><td>200</td></tr>
<tr><td>纯铜板 T3</td><td>GB/T 2040</td><td>300</td></tr>
<tr><td>镀锡薄钢板</td><td>GB/T 2520</td><td rowspan="2">400</td></tr>
<tr><td>镀锌薄钢板</td><td>GB/T 2518</td></tr>
<tr><td>08F</td><td>GB/T 710</td><td rowspan="2">石棉橡胶板</td><td rowspan="2">GB 3985</td><td>400</td></tr>
<tr><td>0Cr18Ni9
00Cr19Ni10
00Cr17Ni14Mo2</td><td>GB/T 3280</td><td>500</td></tr>
</table>

表 5.3.3　金属带材料的使用温度范围

金属带材料	使用温度/℃
0Cr13	-120~540
0Cr18Ni9、1Cr18Ni9Ti、0Cr17Ni12Mo2	-196~700
0Cr25Ni20	-196~810
00Cr17Ni14Mo2、00Cr19Ni10	-196~450

表 5.3.4　非金属带材料的使用温度范围

非金属带材料	使用温度/℃
特制石棉	-50~500
柔性石墨	-196~800(氧化性介质不高于 600)
聚四氟乙烯	-196~200

表 5.3.5　缠绕式垫片的型式及代号

<table>
<tr><th rowspan="2">形式</th><th rowspan="2">适用密封面型式</th><th colspan="4">垫片型式代号</th></tr>
<tr><th>SH 3407</th><th>HG 20610</th><th>JB/T 90</th><th>GB 4622.1</th></tr>
<tr><td>基本型</td><td>榫槽面</td><td>A</td><td>A</td><td>A</td><td>A</td></tr>
<tr><td>带内环</td><td>凹凸面</td><td>C</td><td>B</td><td>B</td><td>C</td></tr>
</table>

续表

形式	适用密封面型式	垫片型式代号			
		SH 3407	HG 20610	JB/T 90	GB 4622.1
带外环	凸台面	B	C	C	B
内外环	凸台面 $PN \geqslant 5.0MPa$，$T \geqslant 350℃$时	D	D	D	D

表 5.3.6　齿形组合垫的最高使用温度

金属齿形环材料	覆盖层材料	最高使用温度/℃
10 或 08	柔性石墨	450
0Cr13	柔性石墨	540*
0Cr18Ni9、0Cr17Ni12Mo2	柔性石墨	650*
	聚四氟乙烯	200

3）金属垫片。金属垫片常用在高压力等级法兰上，以承受比较高的密封比压。常用的金属垫片有平垫、八角形垫和椭圆形垫三种。金属平垫片：常与凸台面、凹凸面、榫槽面法兰使用。八角形金属垫片和椭圆形金属垫片：常与环槽面法兰使用。与椭圆形金属垫片相比八角形金属垫片容易加工，故其应用比较多。

金属垫片的材料应配合法兰材料选用，且要求金属环垫材料硬度值应比法兰材料硬度值低 30~40HB。特点：适用温度较高；介质适应性较好；Y_{min}较大，m 较大，密封预紧力较大，密封面粗糙度要求较光滑；泄漏率低；压溃强度 Y_{max}大，适用于高压；垫片宽度小，可降低预紧力。

金属环垫，一般使用在温度≥450℃或压力 $PN \geqslant 25.0MPa$ 的工艺和公用系统介质的管道上。选用标准为 SH 3403 或 ASME B16.20。在下列情况下，缠绕式垫片需加内环：$PN \leqslant 5.0MPa$，$DN \geqslant 600mm$ 的管道；$PN \geqslant 10.0MPa$，$DN \geqslant 250mm$ 的管道；真空管道；压缩机入口的管道。

金属垫片材料：①碳钢。推荐最大工作温度不超过 538℃，特别当介质具有氧化性时。优质薄碳钢板不适合应用于制造无机酸、中性或酸性盐溶液的设备，如果碳钢受到在的应力，用于热水工况条件下的设备事故率非常高。碳钢垫片通常用于高浓度的酸和许多碱溶液。布氏硬度约 120。②304 不锈钢。18-8（铬 18%~20%、镍 8%~10%），推荐最大工作温度不超过 760℃。在温度 -196~538℃区间内，易发生应力腐蚀和晶界腐蚀。布氏硬度 160。③304L 不锈钢。含碳量不超过 0.03%。推荐最大工作温度不超过 760℃。耐腐蚀性能类似 304 不锈钢。低的含碳量减少了碳从晶格的析出，耐晶界腐蚀性能高于 304 不锈钢。布氏硬度约 140。④316 不锈钢。18-12（铬 18%、镍 12%），在 304 不锈钢中增加约 2%钼，提高其强度和耐腐蚀性能。当温度提高时比其他普通不锈钢具有更高抗蠕变性能。推荐最大工作温度不超过 760℃。布氏硬度约 160。⑤316L 不锈钢。推荐最大连续工作温度不超过 760~815℃。316 不锈钢更具在更优秀的耐应力和晶界腐蚀。布氏硬度约 140。⑥20 合金。45%铁、24%镍、20%铬和少量钼和铜。推荐最大工作温度不超过 760~815℃。特别适用于制造耐硫酸腐蚀的设备，布氏硬度约160。⑦铝。铝含量不低于99%。铝具有优秀耐腐蚀性能和加工性能，适用于制造双夹垫片。布氏硬度约35。推荐最大连续工作温度不超过426℃。⑧紫铜。紫铜的成分接近于纯铜，其含有微量的银以增加其连续工作温度。推荐最大连续工作温度不超过260℃。布氏硬度约80。⑨黄铜(铜66%、锌34%)。在大多数工况条件下，具有良好耐腐蚀性能，但不适应醋酸、氨、盐和乙炔。推荐最大连续工作温度不超过260℃。布氏硬度约58。⑩哈氏B-2(26%~30%钼、62%镍和4%~6%铁)。推荐最大工作温度不超过1093℃。具有优异的耐热浓度盐酸腐蚀性能。也具有优异的耐湿氯化氢气体腐蚀和硫酸、磷酸和还原性盐溶液腐蚀的性能。在高温条件下具有高的强度。布氏硬度约230。⑪哈氏C-276(16%~18%钼、13%~17.5%铬、3.7%~5.3%钨、4.5%~7%铁、其余均为镍)。推荐最大工作温度不超过1093℃。具有优异的耐腐蚀性能。对各种浓度的冷硝酸或浓度达到70%的沸腾硝酸具有优异的耐腐蚀性能，具有良好的耐盐酸和硫酸腐蚀性能及优异的耐应力腐蚀性能。布氏硬度约210。⑫英科耐尔600。镍基合金(77%镍、15%铬和7%铁)。推荐最大工作温度不超过1093℃。在高温条件下具有高的强度，通常用于需解决应力腐蚀问题的设备。在低温条件下，具有优异的同加工性能。布氏硬度约150。⑬蒙乃尔400(铜30%、镍60%推荐最大连续工作温度不超过815℃。除强氧化性酸外，对大多数酸和碱具有优异耐腐蚀性能。在氟酸、氯化汞、汞介质中易产生应力腐蚀裂纹，因而，不适应用于上述介质。被广泛用于制造氢氟酸的设备。布氏硬度约120。⑭钛。推荐最大工作温度不超过1093℃。在高温条件下，具有优异的耐腐蚀性能。众所周知钛材耐氯离子的侵蚀，在较宽的温度和浓度区间，具有优异的耐硝酸腐蚀。钛材在大多数碱溶液中用的很少，适应用于氧化工况条件。布氏硬度约216。

常用金属环垫的最高使用温度见表5.3.7。常用垫片类型见表5.3.8，垫片材料的选用见表5.3.9。

表5.3.7 常用金属环垫的最高使用温度

材料	最高使用温度/℃	最大硬度值/HB
软铁	450	90
08或10	450	120
1Cr5Mo	550	130
0Cr13	540	140
0Cr18Ni9	700	160
0Cr18Ni10Ti	700	160
0Cr17Ni12Mo2	700	160
00Cr19Ni10	450	160
00Cr17Ni14Mo2	450	150

表 5.3.8　常用垫片类型

垫片形状	垫片名称	说　明	应用场合	推荐法兰面	材　料	m	y/MPa
环状平垫片	非金属平垫片	纸布和橡胶	122℃以下	齿形槽(俗称法兰水线)		0.5~1.75	0~7.8
		石棉橡胶板	在炼油厂、化工厂中最为广泛应用，常用温度350℃以下，最适宜范围为200℃以下	齿形槽	3mm 厚	2.0	11
					1.5mm 厚	2.75	25.5
					0.75mm 厚	3.50	44.8
		石棉织物	适用于搪玻璃法兰，205℃以下				
	金属平垫片	可用多种金属制作		齿形槽	铁或软钢	5.5	124.1
					不锈钢	6.5	179.3
	齿形金属垫片	金属平垫片用机床加工切出同心槽	比平垫片所需的螺栓力小，密封性能好，在很多场合用于代替金属平垫片	光制	铁或软钢	3.75	53.5
					蒙乃尔或4%~6%铬钢	3.75	63.3
					不锈钢	4.25	71.1
复合型	金属套	石棉板外包金属套	用于815℃以下，需要的螺栓力比平面金属垫片小，特别适于高温高压场所	光制	铁或软钢	3.75	52.4
					不锈钢	3.75	62.1
	缠绕式、石墨复合垫	金属带夹石棉带缠绕制成 石墨夹金属骨架制成		光滑	碳钢	3.00	69
					不锈钢或蒙乃尔	3.00	69

注：各种垫片适用的温度范围，本表数值仅供参考，应根据标准规定或制造厂推荐数值选用。按 GB 150 明确规定，含石棉的材料应受到法律制约。石棉制品不符合国际环保公约，已在很多国家、地区被禁用，我国尚无禁用的法规。石棉制品中的耐油、耐酸石棉橡胶板垫片，虽然在石棉材料中加入了橡胶和一些填充剂，仍无法将那些串通的微小孔隙完全填满，存在微量泄漏。当用于较高温油品介质时，通常在使用后期，由于橡胶和填充剂碳化，垫片强度降低而变疏松，在界面和垫片内部产生渗漏并出现结焦和发烟现象，且易黏结在法兰密封面上；石棉垫片在油品和溶剂类介质中会发生溶胀现象；石棉橡胶板含氯离子和硫化物，吸水后容易与金属法兰形成腐蚀原电池，尤其耐油石棉橡胶板中硫黄含量高出普通石棉橡胶板几倍，故在非油品介质中不宜使用。

表 5.3.9　垫片材料的选用

密封垫片类型	适用范围	经济性能
石棉橡胶垫	最高使用压力 5.0MPa，最高使用温度由垫片材质决定，最低使用温度-50℃	便宜
聚四氟乙烯包覆垫	适用于耐腐蚀、防黏结和要求清洁度高的管道密封，最高使用压力 5.0MPa①，最高使用温度为 150℃	一般
金属缠绕垫	石棉缠绕垫：最高使用压力 25.0MPa；使用温度：-50~500℃	一般
	石墨缠绕垫：最高使用压力 25.0MPa；使用温度：-196~600℃	
	聚四氟乙烯缠绕垫：最高使用压力 10.0MPa：使用温度：-196~200℃	
金属包覆垫	最高使用压力 6.4MPa，使用温度为 300~450℃	一般

续表

密封垫片类型	适用范围	经济性能
柔性石墨复合垫	最高使用压力6.3MPa，最高工作温度取决于金属芯板材料，低碳钢为450℃，不锈钢为650℃(用于氧化性介质时为450℃)	一般
金属齿形垫	主要应用于中，高压管道法兰的密封	较贵
波齿复合垫	主要用于温度或压力波动较 大的场合，最高使用压力为25.0MPa	贵
金展环垫	多用于高温、高压的法兰密封，最高使用温度取决于所用金属材料	贵

注：①SH规定使用压力一般不大于4.0MPa；HG标准规定适用于*PN*0.6～4.0MPa(欧洲体系法兰)/2.0MPa(Class150)，5.0MPa(Class300)(美洲体系法兰)。

②非氧化性介质为800℃。

三、垫片系数 m 和预紧比压力 γ

影响垫片密封效果的因数很多，诸如垫片的厚度、宽度、垫片质的强度、耐热性、耐压性、弹性以及垫片的压紧力(紧固力)等。这些因素又都是互相关联的，其中，垫片压紧力的因素尤为复杂，而压紧力又与垫片系数 m 和预紧力(预紧比压力) γ 有关。

垫片的预紧比压力 γ 和垫片系数 m 的概念：为形成初始密封条件而必须施加在垫片单位面积上的最小压紧力称为预紧密封比压 γ。在操作条件下，发生临界泄漏时，单位密封面上所具有的密封压紧力称为工作密封比压，工作密封比压 σ_E 与介质操作压力 p 的比值称为垫片系数 m，即：γ 和 m 是反映垫片性能的两个重要参数，其数值与垫片的种类和材质有关，γ 和 m 值大表明垫片达到密封时需要更大的螺栓载荷。

垫片的预紧比压(或叫比压、最小设计压紧应力、或最小有效压紧应力等) γ 就是作用到垫片上的单位密封面积压紧力，使垫片在弹性内变形且足以将法兰表面上微观的不平度填补严密不致产生泄漏的最小数值。即：

$$\gamma = P/A$$

式中：P——垫片的有效压紧力；

A——垫片有效面积。

不同的垫片具有不同的 γ 值，它与管系的工作压力无关，即使管系工作压力很低，垫片的 γ 值也不变。当管系升压到达操作压力时，因内压产生的轴向力作用，趋于将两片法兰分开。于是作用在垫片上的紧固力减少。当垫片的有效截面上的紧固压力小至某一临界值时，仍能保持密封，这时在垫片上剩余紧固力即为有效紧固压力。当小至临界值以下时就会发生泄漏，甚至将垫片吹掉。因此，垫片的有效紧固力必须超过管系的操作压力的 m 倍，即：

$$m = P/p_1$$

式中：P——垫片的有效压紧力；

p_1——管系的工作压力。

通常称 m 为垫片系数或剩余比压系数，不同的垫片有不同的 m 值，且 m 随垫片的硬度增大而增大。

垫片系数 m 值与预紧比压 γ 值都是垫片本身特有的数值，其值因垫片的形状、材质等不同而异。如果垫片在螺栓预紧时承受了过大的压紧力，有可能被压缩成塑性变形而失去回弹能力，当法兰密封面在介质压力作用下产生分离时，垫片不能产生回弹去“贴紧”密封面，使其间不能保持足够的接触力(即垫片压紧力)而引起泄漏。因此，垫片在预紧时，既要压紧以使其单位有效密封面积上的压紧力不小于 γ 值，又不能使其压紧力过大以致被压成塑性变形。对平面密封的情况，为防止垫片被压成塑性变形应控制垫片预紧压紧力不大于 4γ。垫片在预紧时，如果单位有效密封面积上的压紧力小于 γ，会使“泄漏通道”不能消除，而达不到预密封要求；相反，当垫片预紧力过大($>4\gamma$)时，由于垫片失去弹性，会使垫片在内压作用时产生泄漏。垫片计算中垫片最小宽度的校核就是出于这一目的。但此校核允许以经验替代，即垫片的最小宽度可按经验确定(参考有关垫片标准决定)。当无经验时，建议对其进行校核，以确保密封的可靠性。

垫片泄漏率是垫片密封性能的主要指标，各种垫片的泄漏率均按(GB 12358)《管法兰用垫片密封性能试验方法》测定。此方法同时可测定垫片的 m、γ 值。非金属和半金属垫片的应力松弛率按 GB/T 12621《管法兰垫片应力松弛试验方法》测得。这两类垫片的压缩率和回弹率按 GB/T 12622《管法兰垫片压缩率及回弹率试验方法》测定。此外，国标还规定了缠绕垫的试验方法，见 GB/T 14180。γ 和 m 参数见表 5.3.10 和表 5.3.11。

表 5.3.10　垫片参数(ASME 及 GB 150)

材　料		厚度/mm	m	γ_{min}/MPa	γ_{max}/MPa
橡胶		3	0.50	1.4	15
夹布橡胶			1.25	2.8	
柔性石墨		0.8，1.6	—	—	17
PTFE		1.5	3.2	23	40
		3	2.5	20	
填充 PTFE		1.5	3.2	23	50
		3	2.5	20	
PTFE 包覆垫		2.8	3.5	15	
			4.0	20	
石棉橡胶		0.8	3.5	45	30
		1.5	2.75	26	20
		3	2	11	15
缠绕垫		4.5	3	69	300
环垫	软钢，低 C 钢	—	5.5	124	—
	Cr5Mo	—	6	150	—
	不锈钢	—	6.5	180	—

表 5.3.11　垫片参数(EN 1591)

垫片材料	γ_{min}/ MPa	γ_{max}/ MPa							m
		20	100	200	300	400	500	600	
橡胶	0.5	28	18	12	—	—	—	—	0.9
PTFE	10	50	35	20	—	—	—	—	1.3
膨胀 PTFE	12	150	150	150	—	—	—	—	

续表

垫片材料	γ_{min}/ MPa	γ_{max}/ MPa							m
		20	100	200	300	400	500	600	
柔性石墨	10	100	100	95	90	—	—	—	1.3
柔性石墨多孔板加强	15	150	145	140	130	—	—	—	
柔性石墨金属板加强	10	100	90	80	70	—	—	—	
柔性石墨多层板加强	15	270	250	230	210	—	—	—	1.3
非石棉<1mm	40	100	90	70	—	—	—	—	1.6
非石棉≥1mm	35	80	70	60	—	—	—	—	
软钢齿形垫覆 PTFE	10	350	330	290	250	—	—	—	1.3
不锈钢齿形垫覆 PTFE	10	500	480	450	420	—	—	—	
软钢齿形垫覆石墨	15	350	330	290	250	—	—	—	1.3
合金钢齿形垫覆石墨	15	400	390	360	320	270	220	—	
不锈钢齿形垫覆石墨	15	500	480	450	420	390	350	—	
不锈钢齿形垫覆银	125	600	570	540	500	460	400	250	1.8
PTFE 缠绕垫带外环	20	110	100	90	80	—	—	—	1.6
PTFE 缠绕垫带内外环	20	180	170	160	150	—	—	—	
石墨缠绕垫带外环	20	110	110	100	90	80	—	—	1.6
石墨缠绕垫带内外环	50	300	280	250	220	180	—	—	
铝	50	100	85	60	20	—	—	—	2.0
紫铜	100	210	190	155	110	50	—	—	
软铁	175	380	340	280	220	160	100	—	
软钢	200	440	410	360	300	220	140	—	2.0
合金钢	225	495	490	460	420	370	300	—	
不锈钢	250	550	525	495	460	425	370	300	
不锈耐热钢	300	660	630	600	560	510	445	360	
不锈钢或镍合金包覆垫内外 PTFE	10	150	150	150	150	—	—	—	1.3
碳钢或合金钢包覆垫内外石墨	20	300	300	300	300	300	300	—	1.3
铝包覆垫填充石墨	50	135	120	90	60	—	—	—	1.6
铜包覆垫填充石墨	60	150	140	130	120	100	—	—	
碳钢包覆垫填充石墨	80	180	170	160	150	140	120	—	
合金钢包覆垫填充石墨	100	250	240	220	200	180	140	—	

四、垫片基本密封宽度

垫片基本密封宽度见表 5. 3. 12。

表 5.3.12　垫片基本密封宽度

压紧面形状(简图)		垫片基本密封宽度 b_0 I	垫片基本密封宽度 b_0 Ⅱ
1a	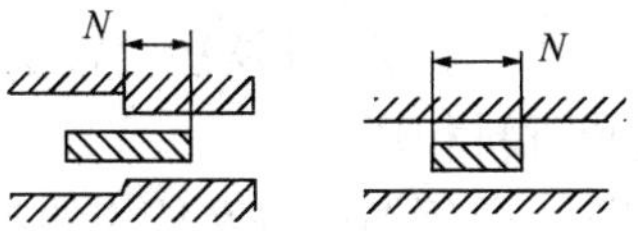	$\frac{N}{2}$	$\frac{N}{2}$
1b	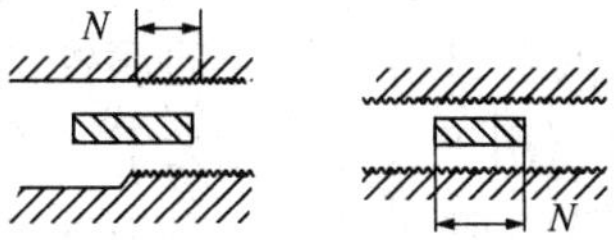		
1c	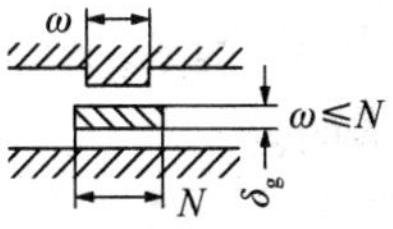	$\frac{\omega+\delta_g}{2}\left(\frac{\omega+N}{4}\text{最大}\right)$	$\frac{\omega+\delta_g}{2}\left(\frac{\omega+N}{4}\text{最大}\right)$
1d	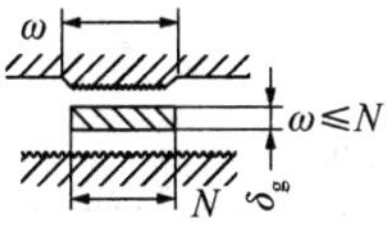		
2	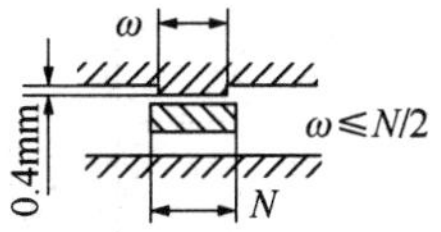	$\frac{\omega+N}{4}$	$\frac{\omega+3N}{8}$
3	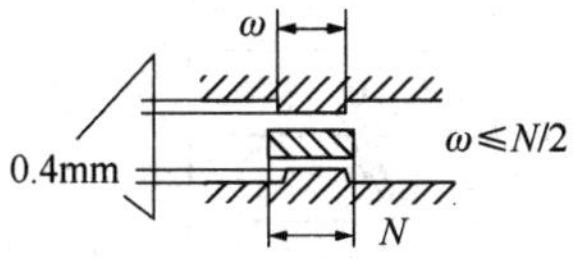	$\frac{N}{4}$	$\frac{3N}{8}$
4①	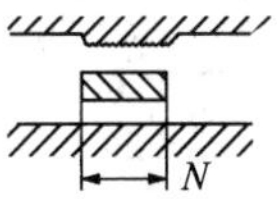	$\frac{3N}{8}$	$\frac{7N}{16}$
5①	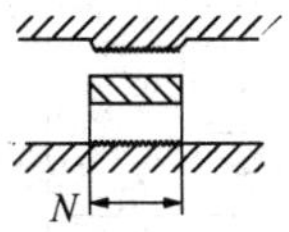	$\frac{N}{4}$	$\frac{3N}{8}$
6	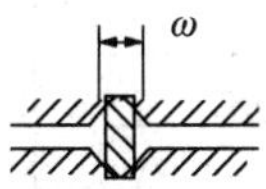	$\frac{\omega}{8}$	

注：①当锯齿深度不超过 0.4mm，齿距不超过 0.8mm 时，应采用 1b 或 1d 的压紧面形状。

五、国内外标准垫片选用的比较与工程应用

(1) 国内垫片选用标准有 GB、HG、NB、SH、JB 等，其中国内欧洲体系标准与 EN 等标准一致，国内美洲体系标准与 ASME 等标准一致。

(2) 垫片的型式和材料应根据流体、使用工况(压力、温度)以及法兰接头的密封要求选用。法兰密封面型式和表面粗糙度应与垫片的型式和材料相适应。

(3) 垫片的密封载荷应与法兰的额定值、密封面型式、使用温度以及接头的密封要求相适应。紧固件材料、强度以及上紧要求应与垫片的型式、材料以及法兰接头的密封要求相适应。

(4) ①聚四氟乙烯包覆垫片不应用于真空或其嵌入层材料易被介质腐蚀的场合。一般采用 PMF 型，PMS 型对减少管内液体滞留有利，PFT 型用于公称尺寸大于或等于 *DN*350 的场合。②石棉或柔性石墨垫片用于不锈钢和镍基合金法兰时，垫片材料中的氯离子含量不得超过 50×10^{-6}。③柔性石墨材料用于氧化性介质时，最高使用温度应不超过 450℃。④石棉和非石棉垫片不应用于极度或高度危害介质和高真空密封场合。⑤具有冷流倾向的聚四氟乙烯平垫片，其密封面型式宜采用全平面、凹凸面、榫槽面。

(5) 公称压力小于或等于 *PN*16 的法兰，采用缠绕式垫片、金属包覆垫片等半金属垫或金属环垫时，应选用带颈对焊法兰等刚性较大的法兰结构型式。

垫片的适用条件见表 5.3.13、表 5.3.14。

表 5.3.13 垫片的适用条件(*PN* 系列)

垫片型式			公称压力 *PN*	最高使用温度/℃	最大(p×T)/(MPa×℃)	公称尺寸 *DN*
非金属	天然橡胶		2.5~16	-50~+80	60	10~2000
	氯丁橡胶			-20~+100	60	
	丁腈橡胶			-20~+110	60	
	丁苯橡胶			-20~+90	60	
	三元乙丙橡胶			-30~+140	90	
	氟橡胶			-20~+200	90	
	石棉橡胶板 耐油石棉橡胶板		2.5~25	-40~+300	650	
	非石棉纤维橡胶板	无机纤维	2.5~40	-40~+290	960	
		有机纤维		-40~+200	—	
	聚四氟乙烯板		2.5~16	-50~+100	—	
	膨胀或填充改性聚四氟乙烯板或带		≤40	-200~+200	—	
	增强柔性石墨板		10~63	-240~+650(450)	1200	
	高温云母复合板		10~63	-196~+900	—	
聚四氟乙烯包覆垫			6~40	150	—	10~600
金属包覆垫			25~100	[a]	—	10~900
缠绕垫			16~160	[b]		10~2000

续表

垫片型式	公称压力 PN	最高使用温度/℃	最大(p×T)/(MPa×℃)	公称尺寸 DN
齿形组合垫	16~160	[c]		10~2000
金属环垫	63~160	700		15~400

注：a. 垫片的最高使用温度按包覆金属材料和填充材料中较低者确定。

b. 垫片的最高使用温度按金属带材料和填充材料中较低者确定。

c. 垫片的最高使用温度按覆盖层材料和齿形金属环材料中较低者确定。

表 5.3.14 垫片的适用条件(Class 系列)

垫片型式			公称压力 Class	最高使用温度/℃	最大(p×T)/(MPa×℃)	公称尺寸 DN
非金属	天然橡胶		150	−50 ~ +80	60	15~1500
	氯丁橡胶			−20~+100	60	
	丁腈橡胶			−20~+110	60	
	丁苯橡胶			−20~+90	60	
	三元乙丙橡胶			−30~+140	90	
	氟橡胶			−20~+200	90	
	石棉橡胶板 耐油石棉橡胶板			−40~+300	650	
	非石棉纤维橡胶板	无机纤维	150~300	−40~+290	960	
		有机纤维		−40~+200	—	
	聚四氟乙烯板		150	−50~+100	—	
	膨胀或填充改性聚四氟乙烯板或带		150~300	−200 ~+200	—	
	增强柔性石墨板		150~600	−240~+650(450)	1200	
	高温云母复合板		150~600	−196 ~+900	—	
聚四氟乙烯包覆垫			150~300	150	—	15 ~600
金属包覆垫			300~900	[a]	—	15~600
缠绕垫			150~2500	[b]	—	15~1500
齿形组合垫			150~2500	[c]	—	15~1500
金属环垫			150~2500	700	—	15~900

注：a. 垫片的最高使用温度按包覆金属材料和填充材料中较低者确定。

b. 垫片的最高使用温度按金属带材料和填充材料中较低者确定。

c. 垫片的最高使用温度按覆盖层材料和齿形金属环材料中较低者确定。

(6)非金属平垫片内径和缠绕垫内环内径可能大于相应法兰的内径，当使用中要求垫片(或内环)内径与法兰内径齐平时，用户应提出下列要求：①采用整体法兰、对焊法兰或承插焊法兰；②向垫片制造厂提供相应的法兰内径，作为垫片内径。

(7) 垫片型式选用见表 5.3.15、表 5.3.16。

表 5.3.15　垫片型式选用(*PN* 系列)

<table>
<tr><th colspan="2">垫片型式</th><th>公称压力
PN</th><th>公称尺寸
DN
（A，B）</th><th>最高使用
温度/
℃</th><th>密封面
型式[a]</th><th>密封面的
表面粗糙度
Ra/μm</th><th>法兰型式</th></tr>
<tr><td rowspan="8">非金属[b]</td><td>橡胶垫片</td><td>≤16</td><td rowspan="7">10~2000</td><td>200[a]</td><td rowspan="5">突面
凹面/凸面
榫面/槽面
全平面</td><td rowspan="5">3.2~12.5</td><td>各种型式</td></tr>
<tr><td>石棉橡胶板</td><td>≤25</td><td>300</td><td>各种型式</td></tr>
<tr><td>非石棉纤维橡胶板</td><td>≤40</td><td>290[b]</td><td>各种型式</td></tr>
<tr><td>聚四氟乙烯板</td><td>≤16</td><td>100</td><td>各种型式</td></tr>
<tr><td>膨胀或填充改性聚四氟乙烯板或带</td><td>≤40</td><td>200</td><td>各种型式</td></tr>
<tr><td>增强柔性石墨板</td><td>10~63</td><td>650(450)[c]</td><td>突面
凹面/凸面
榫面/槽面</td><td rowspan="3">3.2~6.3</td><td>各种型式</td></tr>
<tr><td>高温云母复合板</td><td>10 ~63</td><td>900</td><td>突面
凹面/凸面
榫面/槽面</td><td>各种型式</td></tr>
<tr><td>聚四氟乙烯包覆垫</td><td>6~40</td><td>10~600</td><td>150</td><td>突面</td><td>各种型式</td></tr>
<tr><td rowspan="2">半金属</td><td>缠绕垫</td><td>16~160</td><td rowspan="2">10~2000</td><td>[a]</td><td>突面
凹面/凸面
榫面/槽面</td><td>3.2~6.3</td><td>带颈平焊法兰
带颈对焊法兰
整体法兰
承插焊法兰
法兰盖</td></tr>
<tr><td>齿形组合垫</td><td>16~160</td><td>[c]</td><td>突面
凹面/凸面
榫面/槽面</td><td>3.2 ~6.3</td><td>带颈平焊法兰
带颈对焊法兰
整体法兰
承插焊法兰
法兰盖</td></tr>
<tr><td>半金属
/金属</td><td>金属包覆垫</td><td>25~100</td><td>10~900</td><td>[d]</td><td>突面</td><td>1.6~3.2
（碳钢、有色金属）
0.8~1.6
（不锈钢、镍基合金）</td><td>带颈对焊法兰
整体法兰
法兰盖</td></tr>
<tr><td>金属</td><td>金属环垫</td><td>63~160</td><td>15~400</td><td>700</td><td>环连接面</td><td>0.8~1.6
（碳钢、铬钢）
0.4~0.8
（不锈钢）</td><td>带颈对焊法兰
整体法兰
法兰盖</td></tr>
</table>

注：a. 各种天然橡胶及合成橡胶使用温度范围不同，详 HG/T 20606。

b. 非石棉纤维橡胶板的主要原材料组成不同，使用温度范围不同，详见有关标准并可向生产厂咨询。

c. 增强柔性石墨板用于氧化性介质时，最高使用温度为 450℃。

d. 金属包覆垫根据包覆金属和填充材料的不同组合，使用温度范围不同，详见 HG/T20609。

e. 缠绕垫根据金属带和填充材料的不同组合，使用温度范围不同，详见 HG/T20610。

f. 齿形组合垫根据金属齿形环和覆盖层材料的不同组合，使用温度范围不同，详见 HG/T20611，

g. 各种类型法兰的密封面型式及其适用 *DN* 范围标准。

h. 非金属材料垫片的使用温度和压力的乘积($p \times T$)最大值不应超过 HG/T 20606 的规定或按标准附录 A 确认的厂商牌号，向有关垫片生产厂咨询。

表 5.3.16　垫片型式选用(Class 系列)

垫片型式	公称压力 Class		公称尺寸 *DN*	最高使用温度/℃	密封面型式[a]	密封面的表面粗糙度 *Ra*/μm	法兰型式
非金属[b]	橡胶垫片	150	15~1500	200[a]	突面 凹面/凸面 榫面/槽面 全平面	3.2~12.5	各种型式
	石棉橡胶板	150		300			各种型式
	非石棉纤维橡胶板	150~300		290[b]			各种型式
	聚四氟乙烯板	150		100			各种型式
	膨胀或填充改性聚四氟乙烯板或带	150~300		200			各种型式
	增强柔性石墨板	150~600		650(450)[c]	突面 凹面/凸面 榫面/槽面	3.2~6.3	各种型式
	高温云母复合板	150~600		900	突面 凹面/凸面 榫面/槽面		各种型式
	聚四氟乙烯包覆垫	150~300	15~600	150	突面		各种型式
半金属	缠绕垫	150~2500	15~1500 (A、B)	d	突面 凹面/凸面 榫面/槽面	3.2~6.3	带颈平焊法兰 带颈对焊法兰 长高颈法兰 整体法兰 承插焊法兰 对焊环松套法兰 法兰盖
	齿形组合垫	150~2500		e	突面 凹面/凸面 榫面/槽面	3.2~6.3	带颈平焊法兰 带颈对焊法兰 长高颈法兰 整体法兰 承插焊法兰 法兰盖
	金属包覆垫	300~900		f	突面	1.6~3.2 (碳钢，有色金属) 0.8~1.6 (不锈钢、镍基合金)	带颈对焊法兰 长高颈法兰 整体法兰 法兰盖
金属	金属环垫	150~2500		700	环连接面	0.8~1.6 (碳钢，铬钢) 0.4~0.8 (不锈钢)	带颈对焊法兰 长高颈法兰 整体法兰 法兰盖

六、不同流体工况垫片的选用与工程应用

(1) 一般性流体(海水、饮料水、蒸汽、工业用水、空气、氮气等)垫片的选用见图5.3.3。

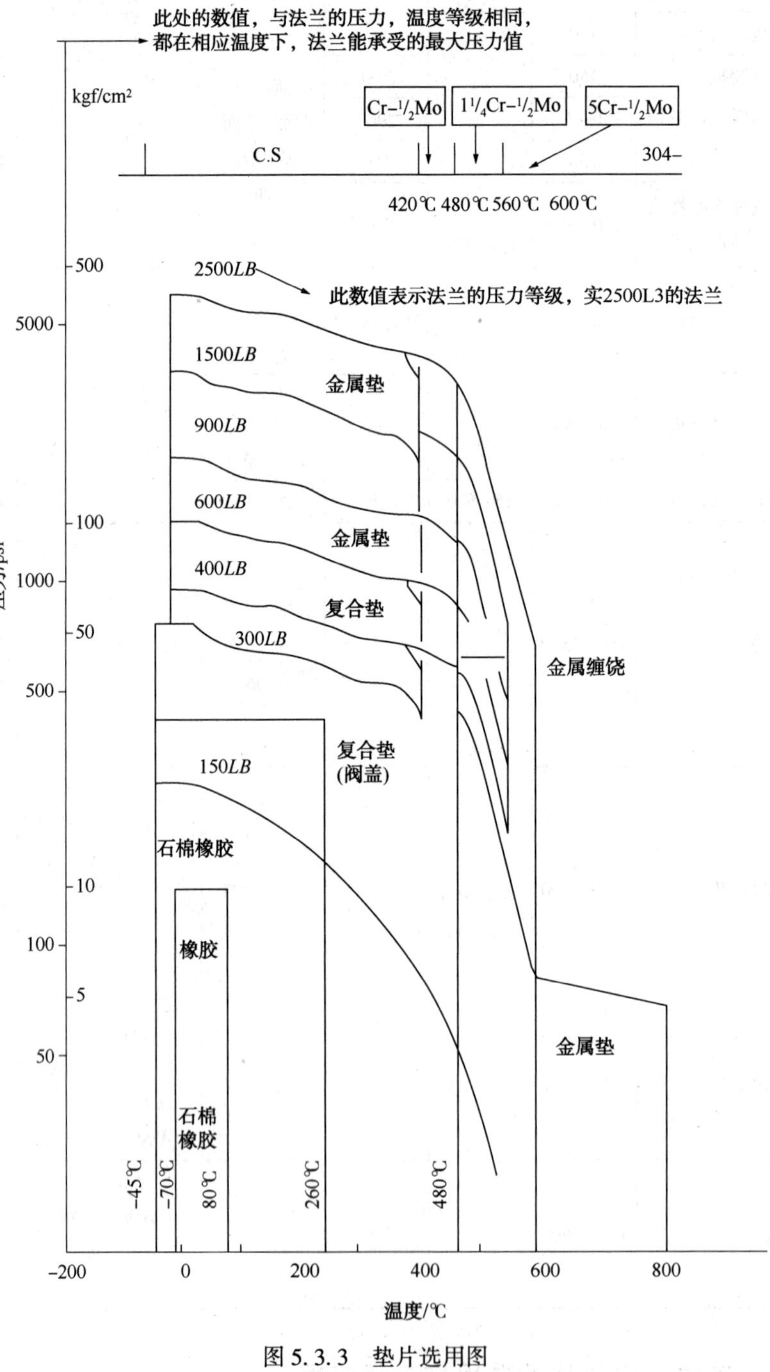

此处的数值，与法兰的压力，温度等级相同，
都在相应温度下，法兰能承受的最大压力值
kgf/cm²
Cr−1/2Mo
11/4Cr−1/2Mo
5Cr−1/2Mo
C.S
304−
420℃ 480℃ 560℃ 600℃
500
2500LB
此数值表示法兰的压力等级，实2500L3的法兰
5000
1500LB
金属垫
900LB
600LB
100
金属垫
400LB
1000
复合垫
50
300LB
金属缠饶
500
复合垫
(阀盖)
150LB
石棉橡胶
10
橡胶
100
5
50
金属垫
石棉
橡胶
−45℃
−70℃
80℃
260℃
480℃
压力/psi
−200
0
200
400
600
800
温度/℃

图 5.3.3 垫片选用图

（2）毒性气体和可燃性气体垫片的选用见图 5.3.4。

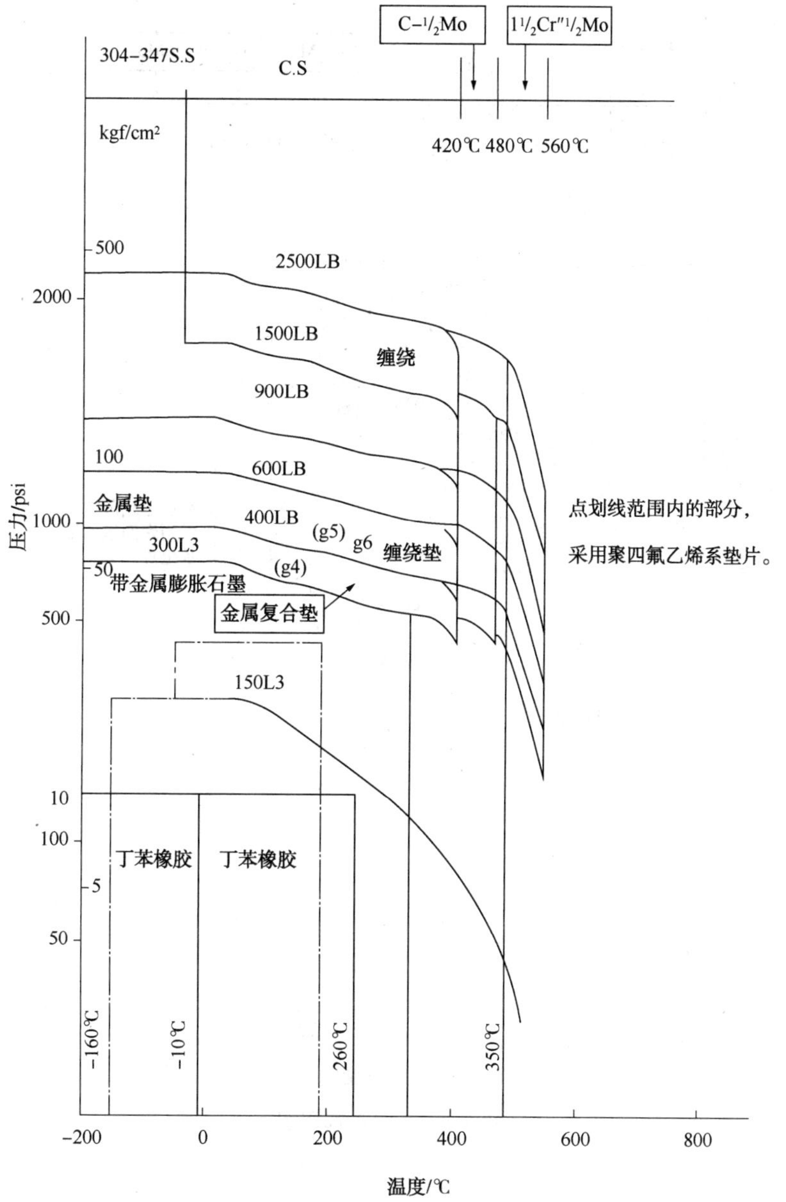

图 5.3.4 垫片选用图

(3) 助燃性流体垫片的选用见图 5.3.5。

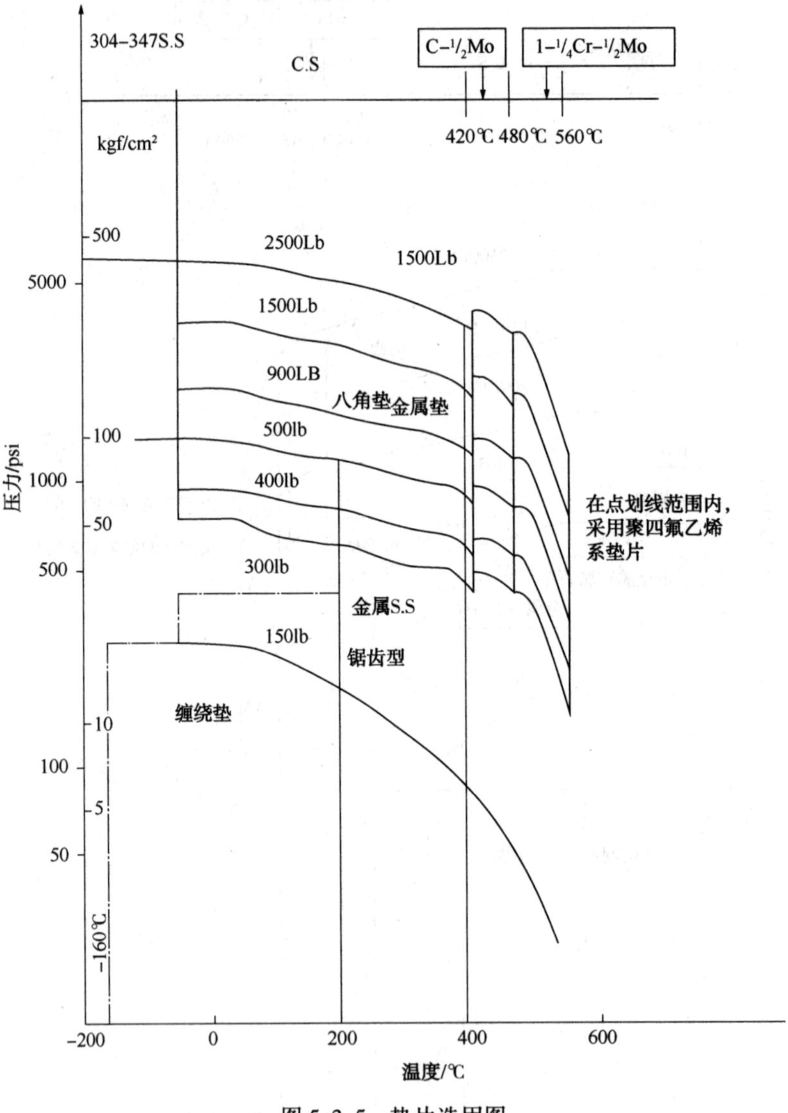

图 5.3.5　垫片选用图

（4）有机溶剂系流体垫片的选用见图 5. 3. 6。

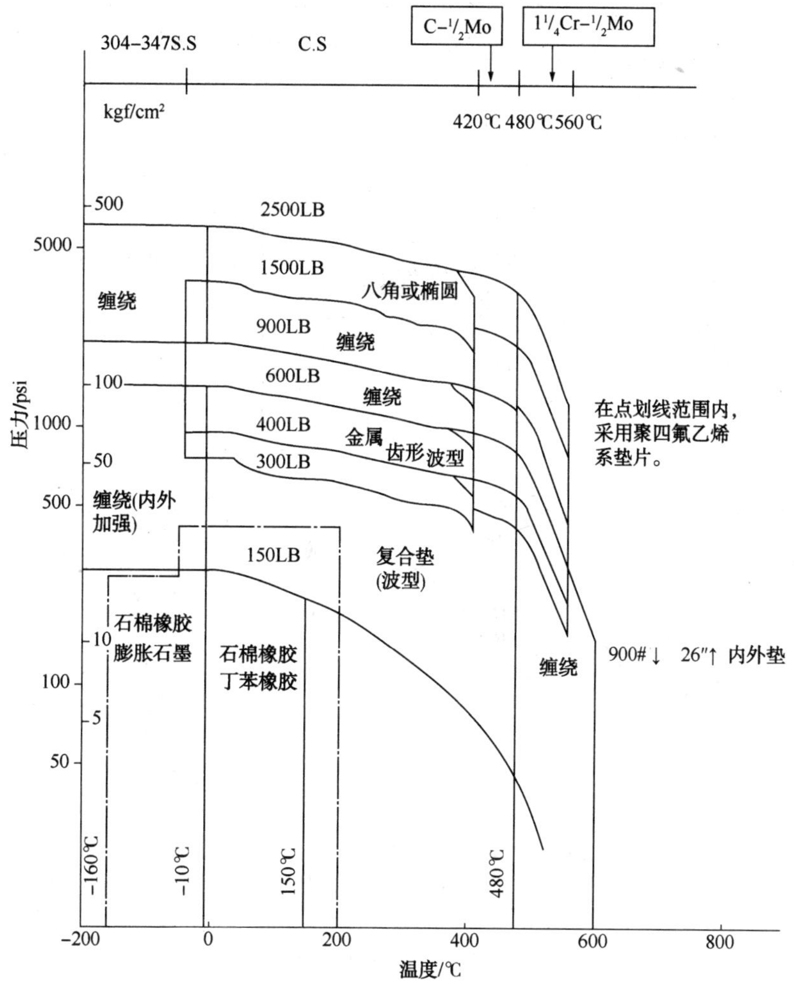

图 5. 3. 6　垫片选用图

（5）油系流体（碳氢化合物，液化石油气、甲烷、油、燃料气等）垫片的选用见图5.3.7。

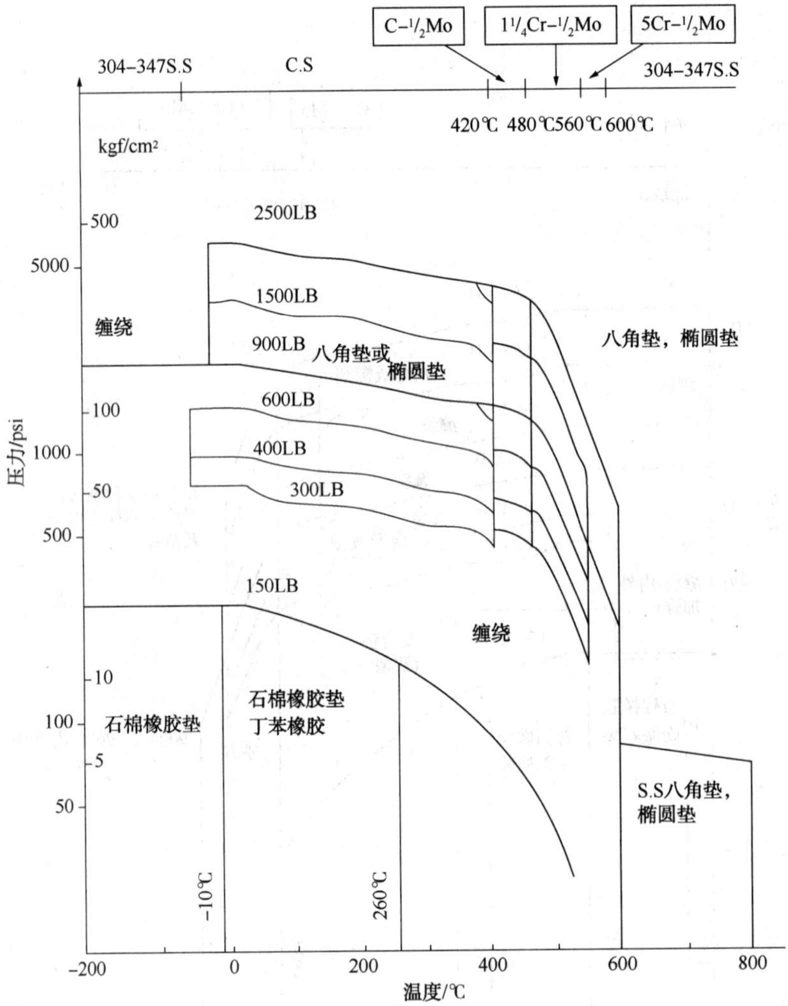

图5.3.7 垫片选用图

七、陶瓷纤维垫片的工程应用

某*DN*1200火炬气管道，设计温度-19～110℃，设计压力0.4MPa，火炬筒体与水平火炬管*DN*1200法兰接口，选用了陶瓷纤维垫片，见图5.3.8。

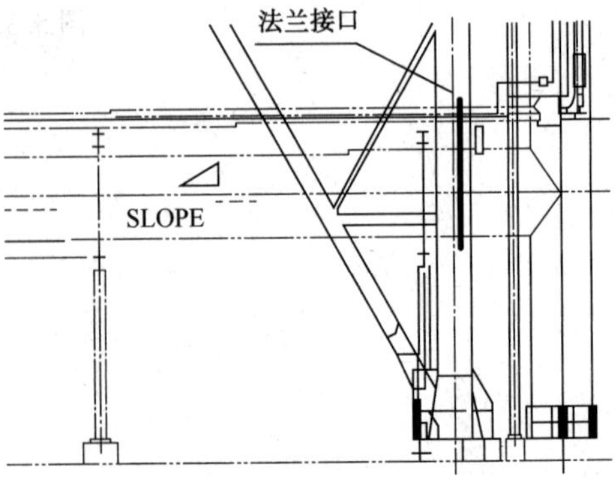

图5.3.8 陶瓷纤维垫片的应用

陶瓷纤维密封垫片是新型环保的耐高温垫片，它由陶瓷和能被分解的矿质纤维组成，不仅能耐高温（1100℃），而且具有很低的热传导性，是一种理想的绝缘隔热材料，广泛应用于钢铁、炼油、发电、玻璃工业、机器制造等行业。具有良好的抗酸碱腐蚀性和抗铝锌等熔融金属侵蚀能力，良好的高温强度和保温隔热性能，比玻璃纤维更高一级的电绝缘性和高温电绝缘性；无毒、无害、无气味。产品为非脆性材质，强度高、尺寸准确，可根据客户要求制作各种形态。产品具有良好的耐火隔热效果，可直接接触火焰。产品特性：低热容量、低热导率、优良的热稳定性、优良的抗热震性能、优良的抗风蚀性能。

八、某垫片设计错误引起的事故

某苯乙烯装置分离系统接料试运行，脱轻组分塔在苯循环升温过程中，脱轻组分塔釜底泵出口单向阀入口端法兰处突然泄漏，液体苯大量喷出，在关闭釜底泵阀门过程中，一名操作工没有佩戴正压式空气呼吸器，只是佩戴了巡检使用的防毒面具，防毒面具滤毒罐被高浓度苯击穿，且在撤离中晕倒在下风处，长时间接触苯，造成中毒致死。经调查分析，认定事故的原因是脱轻组分塔底泵出口单向阀第一道法兰垫片因施工残留的石棉板被苯溶剂浸透冲出，致使法兰密封失效，大量苯发生泄漏。

九、某热水管线的非金属垫片的替换

某热水管线垫片设计时，选用的是非金属垫片（ethylene－propylene－diene tripolymer，EPDM），EPDM 中文名称：乙烯－丙烯－环戊二烯三元共聚物（三元乙丙橡胶）），共计 118 片。后来，在施工阶段，考虑到如果运行时热水管道出现问题，需要停车检修，影响较大，决定更换垫片为石墨复合垫，更换后材料柔性石墨复合垫片 HG/T 20627 304S. S/GRAP. *PN*2. 0MPa RF 1. 5 mm。

十、法兰垫片选用工程应用

某管道材料为 20#钢：蒸汽设计压力为 1. 6MPa，设计温度为 330°C；蒸汽设计压力为 2. 6MPa，设计温度为 260℃。管道等级的最小压力级别为 4. 0MPa。法兰、垫片可以为以下组合形式：

（1）HG 法兰：①*PN*4. 0 WN－MFM；垫片：*PN*4. 0 带内环缠绕垫。②*PN*4. 0 WN－MFM；垫片：*PN*4. 0 柔性石墨复合垫。

（2）GB 法兰：①*PN*4. 0 WN－MF；垫片：*PN*4. 0 带内环缠绕垫。②*PN*4. 0 SO－RF；垫片：*PN*4. 0 带外环缠绕垫。

（3）JB 法兰：*PN*4. 0WN－MFM；垫片：*PN*4. 0 带内环缠绕垫。

十一、垫片常用标准

1. 垫片标准

ASME B16. 20 管法兰用环垫式、螺旋缠绕式和夹层式金属垫片

ASME B16. 21 管法兰用非金属平垫片

JIS B2404 管法兰用垫片尺寸

GB/T 4622. 1 用缠绕式垫片 分类

GB/T 4622. 2 缠绕式垫片 管法兰用垫片尺寸

GB/T 4622. 3 缠绕式垫片 技术条件

GB/T 9126 管法兰用非金属平垫片 尺寸
GB/T 9128 钢制管法兰用金属环垫 尺寸
GB/T 9129 管法兰用非金属平垫片 技术条件
GB/T 9130 钢制管法兰连接用金属环垫技术条件
GB/T 13403 大直径碳钢管法兰用垫片
GB/T 13404 管法兰用聚四氟乙烯包覆垫片
GB/T 14180 缠绕式垫片试验方法
GB/T 15601 管法兰用金属包覆垫片
GB/T 19066.1 柔性石墨金属波齿复合垫片 分类
GB/T 19066.2 柔性石墨金属波齿复合垫片 管法兰用垫片尺寸
GB/T 19066.3 柔性石墨金属波齿复合垫片 技术条件
GB/T 19675.1 管法兰用金属冲齿板柔性石墨复合垫片 尺寸
GB/T 19675.2 管法兰用金属冲齿板柔性石墨复合垫片 技术条件
JB/T 87 管路法兰用石棉橡胶垫片
JB/T 88 管路法兰用金属齿形垫片
JB/T 89 管路法兰用金属环垫
JB/T 90 管路法兰用缠绕式垫片
JB/T 6628 柔性石墨复合增强(板)垫
JB/T 8559 金属包垫片
JB/T 4718 管壳式换热器用金属包垫片
JB/T 4719 管壳式换热器用缠绕垫片
JB/T 4720 管壳式换热器用非金属垫片
HG/T 20606 钢制管法兰用非金属平垫片(*PN* 系列)
HG/T 20607 钢制管法兰用聚四氟乙烯包覆垫片(*PN* 系列)
HG/T 20609 钢制管法兰用金属包覆垫片(*PN* 系列)
HG/T 20610 钢制管法兰用缠绕式垫式(*PN* 系列)
HG/T 20611 钢制管法兰用齿形组合垫(*PN* 系列)
HG/T 20612 钢制管法兰用金属环垫(*PN* 系列)
HG/T 20627 钢制管法兰用非金属平垫片(Class 系列)
HG/T 20628 钢制管法兰用聚四氟乙烯包覆垫片(Class 系列)
HG/T 20629 钢制管法兰用柔性石墨复合垫片(Class 系列)
HG/T 20630 钢制管法兰用金属包覆垫片(Class 系列)
HG/T 20631 钢制管法兰用缠绕式垫片(Class 系列)
HG/T 20632 钢制管法兰用具有覆盖层的齿形组合垫(Class 系列)
HG/T 20633 钢制管法兰用金属环形垫(Class 系列)
SH/T 3401 管法兰用石棉橡胶板垫片
SH/T 3402 管法兰用聚四氟乙烯包覆垫片
SH/T 3403 管法兰用金属环垫
SH/T 3407 管法兰用缠绕式垫片

2. 相关标准

GB/T 12385 管法兰用垫片密封性能试验方法

GB/T 12621 管法兰垫片 应力松弛试验方法

GB/T 12622 管法兰垫片压缩率及回弹率试验方法

GB/T 539 耐油石棉橡胶板

GB/T 540 耐油石棉橡胶板试验方法

GB/T 541 石棉橡胶板试验方法

GB/T 3985 石棉橡胶板

JB/T 7758.2 柔性石墨板技术条件

JB/T 9141.1 柔性石墨板材 密度测试方法

JB/T 9141.2 柔性石墨板材 拉伸强度测试方法

JB/T 9141.3 柔性石墨板材 压缩强度测试方法

JB/T 9141.4 柔性石墨板材 压缩率、回弹率测试方法

JB/T 9141.5 柔性石墨板材 灰分测定方法

JB/T 9141.6 柔性石墨板材 固定碳含量测定方法

JB/T 9141.7 柔性石墨板材 热失重测定方法

JB/T 9141.8 柔性石墨板材 滑动摩擦系数测试方法

JB/T 9141.9 柔性石墨板材 取样方法

JB/T 8558 石棉/聚四氟乙烯混编填料

JB/T 8560 碳化纤维/聚四氟乙烯混编填料

JB/T 9142 阀门用缓蚀石棉填料技术条件

JB/T 9143 缓蚀石棉填料腐蚀试验方法

第四节 法兰、紧固件与垫片选用的综合应用

一、同一体系国内外管法兰标准的配用

国际(包括国内)管法兰标准主要有两大体系，即欧洲体系(以 DIN 标准为代表)以及美洲体系[以美国 ASME B16.5、ASME B16.47(A 系列，B 系列)标准为代表]。同一体系内，各国的管法兰标准基本上是可以互相配用的(指连接尺寸和密封面尺寸)，两个不同体系的法兰是不能互相配用的。表 5.4.1 所示为各国管法兰标准一览表。

表 5.4.1 各国管法兰标准一览表

	欧洲体系		美洲体系	
	标 准	压力等级	标 准	压力等级
管法兰	DIN	2.5，6，10，16，25，40，64，100，160，250，400bar	ASME B16.5 B16.47A(MSS SP44) B16.47B(API 605)	150，300，(400)，600，900，1500，2500，(75)lb
	ISO 7005-1	2.5，6，10，16，25，40bar	ISO 7005—1	20，50，110，150，260，420bar
	BS 4504 3.1	2.5，6，10，16，25，40bar	BS 1560 3.1	150，300，600，900，1500，23001b

续表

	欧洲体系		美洲体系	
	标 准	压力等级	标 准	压力等级
管法兰	NFE 29203	2.5，6，10，16，25，40bar	NFE 29203	20，50，100，150，250，420bar
	—	—	JP 17S-15	150，300，600，900，1500，2500lb
	HG/T 20592	0.25，0.6，1.0，1.6，2.5，4.0，6.3，10.0，16.0，25.0MPa	HG/T 20615[③]	2.0，5.0，11.0，15.0，26.0，42.0MPa
	GB/T 9112	0.25，0.6，1.0，1.6，2.5，4.0MPa	GB/T 9112	2.0，5.0，10.0，15.0，26.0，42.0MPa
	GB/T 2501~2508 船用 GB/T 10745 ~ 10749 船用	0.25，0.6，1.0，2.5，4.0，6.4MPa	SH/T 3406	2.0，5.0，10.0，15.0，26.0，42.0MPa
公制管	HG/T 20592	0.25，0.6.1.0，1.6，2.5，4.0，6.3，10.0，16.0，25.0MPa	—	—
	JB/T 74-90 I II[①②]	0.25，0.6，1.0，1.6，2.5，4.0，6.3，10.0，(16.0，20.0) MPa	—	—
	ΓOCT 12815~12822[①]	0.25，0.6，1.0，1.6，2.5，4.0，6.3，10.0，16.0，(20.0) MPa	—	—

注：① JB/T 74~90 中的 *PN*16.0，20.0MPa 法兰以及 ΓOCT 12815~12822 中的 *PN*20.0MPa 法兰与 DIN，HG 标准 中的 *PN*16.0，25.0MPa 法兰不能相互配用。

② JB/T 74~90 中有三个法兰（PN0.25MPa/DN500，PN0.6MPa/DN500，PN1.0MPa/DN80）与其他标准法兰不能相互配用。

③ HG/T 20615 中无 75，400lb 压力等级(非常用等级)，其大口径法兰为 ASME B16.47 的 B 系列。

二、美标体系法兰不同标准的配合使用

管法兰配合使用对应表见表 5.4.2 和表 5.4.3，包含连接尺寸、密封面尺寸的配合使用。

表 5.4.2　美标体管法兰(*DN*≤600)配合使用对应表

标准号	标准名称	压力等级 *PN*/MPa
ISO 7005-1	钢法兰	*PN*2.0、5.0、11.0、15.0、26.0、42.0
ASME B16.5	管法兰和法兰管件	Class 150、300、600、900、1500、2500
BS 1560 section 3.1	钢法兰及法兰管件	Class 150、300、600、900、1500、2500
NFE 29203	钢法兰	*PN* 2.0、5.0，10.0、15.0、25.0、42.0
JPI 7S-15-93	钢法兰及法兰管件	Claas 150、300、600、900、1500、2500
GB/T 9112~9124	钢制管法兰	*PN* 2.0、5.0，11.0、15.0、26.0、42.0
SH/T 3406	钢制管法兰	*PN* 2.0，5.0、10.0、15.0、25.0、42.0
SH/T 3406	钢制管法兰	*PN*2.0、5.0、10.0、15.0、25.0、42.0
HG/T 20615~20635	钢制管法兰	*PN* 2.0、5.0、11.0、15.0、26.0、42.0

表 5.4.3 美标体大直径管法兰(*DN*>600)配合使用对应表

标准号	标准名称	压力等级 *PN*/MPa	备 注
ASME B16.47	大直径钢法兰	Class 150、300、600、900	B 系列
API 605	大直径钢法兰	Class 150、300、600、900	
JPI 7S-43	大直径钢法兰	Class 150、300、600、900	
SH/T 3406	钢制管法兰	*PN* 2.0、5.0	
HG/T 20615~20635	钢制管法兰	*PN* 2.0、5.0、11.0、15.0	

注：本标准系列未列入 ASME B16.47 中 A 系列。如需采用可按 GB/T 13402(大直径碳钢管法兰)。

三、欧标体系法兰不同标准的配合使用

欧标体系法兰不同标准的配合使用见表 5.4.4。

表 5.4.4 欧标体系管法兰(*DN*≤600)配合使用对应表

标准号	标准名称	压力等级 *PN*/MPa
ISO 7005-1	钢法兰	0.25、0.6、1.0、1.6、2.5、4.0
DIN 2527	法兰盖	0.25~10.0
DIN 2543~2549	铸钢整体法兰	1.6~25.0
DIN 2566	螺纹法兰	1.0、1.6
DIN 2628~2638	带颈对焊法兰	0.25~25.0
DIN 2573、DIN 2576	板式平焊法兰	0.6、1.0
DIN 2641、DIN2642	翻边环板式活套法兰	0.6、1.0
DIN 2655、DIN 2656	平焊环板式活套法兰	0.25~4.0
DIN 2673	带颈对焊环板式活套法兰	1.0
BS 4504-3.1	钢法兰	0.25、0.6、1.0、1.6、2.5、4.0
NFE 29203	钢法兰	0.25、0.6、1.0、1.6、2.5、4.0
JB/T 74~90	管路法兰	0，25、0.6、1.0、1.6、2.5、4.0、6.3、10.0①②
HG/T 20527 HG/T 20529	钢制管法兰	0.25、0.6、1.0、1.6、2.5、4.0、6.3、10.0、16，0
GB/T 9112~9124	钢制管法兰	0.25、0.6、1.0、1.6、2.5、4.0、6.3、10.0、16.0

注：①JB/T 74 管路法兰中的 *PN*16.0、*PN*20.0MPa 者，与本标准法兰不能配合使用。

②JB/T 74-90 管路法兰中仅三个法兰：*PN*0.25MPa-*DN*500、*PN*0.6MPa-*DN*500、*PN*1.0MPa-*DN*80 与本标准法兰不能配合使用。

四、公制与英制压力等级的对照

公制与英制压力等级的对照见表 5.4.5。

表 5.4.5 公(SI)制压力等级与英制压力等级的对照

SI 制压力等级 PN/MPa		英寸制压力等级	SI 制压力等级 PN/MPa		英寸制压力等级
新	旧	(Class)	新	旧	(Class)
1.0	1.0	75	11.0	10.0	600
2.0	2.0	150，铸铁 125	15.0	15.0	900
5.0	5.0	300，铸铁 250	26.0	25.0	1500
6.8(SH)	—	400①	42.0	42.0	2500

注：①ISO、BS、GB 及 HG 标准中已取消与 Class400 对应的压力等级，SH 标准仍有 400(Class)。

五、法兰、垫片和紧固件选配表

法兰、垫片和紧固件选配表见表 5.4.6~表 5.4.8。

表 5.4.6 法兰、垫片和紧固件选配表(欧洲体系)

垫片型式	使用压力 PN(MPa)	密封面型式	密封面表面粗糙度	法兰型式	垫片最高使用温度/℃	紧固件型式	紧固件性能等级或材料牌号(注②③④)				
							200℃	25C℃	300℃	500℃	550℃
橡胶垫片(注⑤)	≤1.6	突面、凹凸面、榫槽面、全平面	密纹水线或 Ra6.3~12.5	各种形式	200	六角螺栓 双头螺栓 全螺纹螺栓	8.8 级 35CrMoA 25Cr2MoVA				
石棉橡胶板垫片(注⑥)	≤2.5	突面、凹凸面、榫槽面、全平面	密纹水线或 Ra6.3~12.5	各种形式	300	六角螺栓 双头螺栓 全螺纹螺栓		8.8 级 35CrMoA 25Cr2MoVA	8.8 级 35CrMoA 25Cr2MoVA		
合成纤维橡胶垫片	≤4.0	突面、凹凸面、榫槽面、全平面	密纹水线或 Ra6.3~12.5	各种形式	290	六角螺栓 双头螺栓 全螺纹螺栓		8.8 级 35CrMoA 25Cr2MoVA	8.8 级 35CrMoA 25Cr2MoVA		
聚四氟乙烯垫片(改性或填充)	≤4.0	突面、凹凸面、榫槽面、全平面	密纹水线或 Ra6.3~12.5	各种形式	260	六角螺栓 双头螺栓 全螺纹螺栓		8.8 级 35CrMoA 25Cr2MoVA	8.8 级 35CrMoA 25Cr2MoVA		
柔性石墨复合垫	1.0~6.3	突面、凹凸面、榫槽面	密纹水线或 Ra6.3~12.5	各种形式	650 (450)	六角螺栓 双头螺栓 全螺纹螺栓		8.8 级 35CrMoA 25Cr2MoVA		35CrMoA 25Cr2MoVA	25Cr2MoVA
聚四氟乙烯包覆垫	0.6~4.0	突面	密纹水线或 Ra6.3~12.5	各种形式	150 (200)	六角螺栓 双头螺栓 全螺纹螺栓	8.8 级 35CrMoA 25Cr2MoVA				
缠绕垫	1.6~16.0	突面、凹凸面、榫槽面	Ra6.3~12.5	带颈平焊法兰、带颈对焊法兰、整体法兰、承插焊法兰、对焊环松套法兰、法兰盖	650	双头螺栓 全螺纹螺栓				35CrMoA 25Cr2MoVA	25Cr2MoVA
金属包覆垫	2.5~10.0	突面	Ra1.6~3.2(碳钢) Ra6.3~12.5(不锈钢)	带颈平焊法兰、整体法兰、法兰盖	500	双头螺栓 全螺纹螺栓				35CrMoA 25Cr2MoVA	

续表

垫片型式	使用压力PN(MPa)	密封面型式	密封面表面粗糙度	法兰型式	垫片最高使用温度/℃	紧固件型式	紧固件性能等级或材料牌号(注②③④)				
							200℃	25C℃	300℃	500℃	550℃
齿形组合垫	1.6~25.0	突面、凹凸面	Ra3.2~6.3	带颈平焊法兰、整体法兰、法兰盖	650	双头螺栓 全螺纹螺栓				35CrMoA 25Cr2MoVA	25Cr2MoVA
金属环垫	6.3~25.0	环连接面	Ra0.8~1.6(碳钢、铬钼钢) Ra6.3~12.5(不锈钢)	带颈平焊法兰、整体法兰、法兰盖	600	双头螺栓 全螺纹螺栓				35CrMoA 25Cr2MoVA	25Cr2MoVA

注：①凹凸面、榫槽面仅用于 *PN*1.0~16.0MPa、*DN*10~600mm 的整体法兰、带颈对焊法兰、带颈平焊法兰、承插焊法兰、平焊环松套法兰、法兰盖和衬里法兰盖。

②表列紧固件使用温度系指紧固件的金属温度。

③表列螺栓、螺柱材料可使用在比表列温度低的温度范围(不低于-20℃)，但不宜使用在比表列温度高的温度范围。

④表列紧固件材料，除 35CrMoA 外，使用温度下限为-20℃，35CrMoA 使用温度低于-20℃时应进行低温夏比冲击试验。最低使用温度-100℃。

⑤各种天然橡胶及合成橡胶使用温度范围不同，详见 HG/T 20606。

⑥石棉橡胶板的 $p \times t \leq 650$MPa×℃。

表 5.4.7 法兰、垫片和紧固件选配表(美洲体系)

垫片型式	使用压力PN(MPa)	密封面型式	密封面表面粗糙度	法兰型式	垫片最高使用温度/℃	紧固件型式	紧固件性能等级或材料牌号(注②③④)				
							200℃	25C℃	300℃	500℃	550℃
橡胶垫片(注⑤)	2.0	突面、全平面	密纹水线或 Ra6.3~12.5	各种形式	200	六角螺栓 双头螺栓 全螺纹螺栓	8.8 级 35CrMoA 25Cr2MoVA				
石棉橡胶板垫片(注⑥)	2.0	突面、全平面	密纹水线或 Ra6.3~12.5	各种形式	300	六角螺栓 双头螺栓 全螺纹螺栓		8.8 级 35CrMoA 25Cr2MoVA	8.8 级 35CrMoA 25Cr2MoVA		
合成纤维橡胶垫片	2.0~5.0	突面、凹凸面、榫槽面	密纹水线或 Ra6.3~12.5	各种形式	290	六角螺栓 双头螺栓 全螺纹螺栓		8.8 级 35CrMoA 25Cr2MoVA	8.8 级 35CrMo)A 25Cr2MoVA		
聚四氟乙烯垫片(改性或填充)	2.0~5.0	突面、凹凸面、榫槽面	密纹水线或 Ra6.3~12.5	各种形式	260	六角螺栓 双头螺栓 全螺纹螺栓		8.8 级 3SCrMoA 25Cr2MoVA	8.8 级 35CrMoA 25Cr2MoVA		

续表

垫片型式	使用压力 PN(MPa)	密封面型式	密封面表面粗糙度	法兰型式	垫片最高使用温度/℃	紧固件型式	紧固件性能等级或材料牌号(注②③④)				
							200℃	25C℃	300℃	500℃	550℃
柔性石墨复合垫	2.0~ 11.0	突面、凹凸面、榫槽面	密纹水线或 Ra6.3~12.5	各种形式	650 (450)	六角螺栓 双头螺栓 全螺纹螺栓		8.8 级 35CrMoA 25Cr2MoVA		35CrMoA 25Cr2MoVA	25Cr2MoVA
聚四氟乙烯包覆垫	2.0~ 5.0	突面	密纹水线或 Ra6.3~12.5	各种形式	150 (200)	六角螺栓 双头螺栓 全螺纹螺栓	8.8 级 35CrMoA 25Cr2MoVA				
缠绕垫	2.0~ 26.0	突面、凹凸面、榫槽面	Ra3.2 ~6.3	带颈平焊法兰、带颈对焊法兰、整体法兰、承插焊法兰、对焊环松套法兰、法兰盖	650	双头螺栓 全螺纹螺栓				35CrMoA 25Cr2HoVA	25Cr2MoVA
金属包覆垫	5.0~ 15.0	突面	Ra1.6~3.2(碳钢) Ra0.8~1.6(不锈钢)	带颈平焊法兰、整体法兰、法兰盖	500	双头螺栓 全螺纹螺栓				35CrMoA 25Cr2MoVA	
齿形组合垫	5.0~ 42.0	突面	Ra3.2~6.3	带颈平焊法兰、带颈对焊法兰、整体法兰、承插焊法兰、法兰盖	650	双头螺栓 全螺纹螺栓				35CrMoA 25Cr2HoVA	25Cr2MoVA
金属环垫	11.0~ 42.0	环连接面	Ra0.8 ~ 1.6(碳钢、铬钼钢) Ra0.4~0.8(不锈钢)	带颈平焊法兰、整体法兰、承插焊法兰、法兰盖	600	双头螺栓 全螺纹螺栓				35CrMoA 25Cr2MoVA	25Cr2MoVA

注：①凹凸面、榫槽面仅用于 $PN \geq 5.0$MPa(Class300)、DN15~600mm 的整体法兰、带颈对焊法兰、带颈平焊法兰、承插焊法兰、法兰盖。
②表列紧固件使用温度系指紧固件的金属温度。
③表列螺栓、螺柱材料可使用在比表列温度低的温度范围(不低于-20℃)，但不宜使用在比表列温度高的温度范围。
④表列紧固件材料，除 35CrMoA 外，使用温度下限为-20℃，35CrMoA 使用温度低于-20℃时应进行低温夏比冲击试验。最低使用温度-100℃。
⑤各种天然橡胶及合成橡胶使用温度范围不同，详见 HG 20627。
⑥石棉橡胶板的 $p \times t \leq 650$MPa×℃。

表 5.4.8　法兰、垫片和紧固件选配表(SH 标准)

法兰公称压力(MPa)	紧固件材料 / 温度范围 / 垫片	-196~101℃	-100~-41℃	-40~-21℃	-20~100℃	101~150℃	151~200℃	201~300℃	301~350℃	351~400℃	401~500℃	501~550℃	551~650℃	651~700℃
2.0	石棉橡胶板	—	—	—	Q235A/Q235A			35CrMoA/35		—	—	—	—	—
	聚四氟乙烯包覆垫片	—	—	35CrMoA/30CrMoA			—	—	—	—	—	—	—	—
	缠绕式垫片	0Cr19Ni9/0Cr19Ni9	35CrMoA/30CrMoA		35CrMoA/35						35CrMoA/30CrMoA	25Cr2MoVA/35CrMoA	0Cr19Ni9/0Cr19Ni9	0Cr15Ni25Ti2MoAlVB/0Cr15Ni25Ti2MoAlVB
	金属环垫													
	柔性石墨复合垫片													—
5.0	石棉橡胶板	—	—	—	35CrMoA/35					—	—	—	—	—
	聚四氟乙烯包覆垫片	—	—	—			—	—		—	—	—	—	—
	缠绕式垫片	0Cr19Ni9/0Cr19Ni9	35CrMoA/30CrMoA		35CrMoA/35						35CrMoA/30CrMoA	25Cr2MoVA/35CrMoA	0Cr19Ni9/0Cr19Ni9	0Cr15Ni25Ti2MoA1VB/0Cr15Ni25Ti2MoA1VB
	金属环垫													
	柔性石墨复合垫片													
	齿形组合垫													—
	金属包覆垫片											—	—	—
6.8	缠绕式垫片	—	35CrMoA/30CrMoA		35CrMoA/35						35CrMoA/30CrMoA	25Cr2MoVA/35CrMoA	0Cr19Ni9/0Cr19Ni9	0Cr15Ni25Ti2MoA1VB/0Cr15Ni25Ti2MoA1VB
	金属环垫													
	柔性石墨复合垫片													
	齿形组合垫													—
	金属包覆垫片											—	—	—
10.0	缠绕式垫片	—	35CrMoA/30CrMoA		35CrMoA/35						35CrMoA/30CrMoA	25Cr2MoVA/35CrMoA	0Cr19Ni9/0Cr19Ni9	0Cr15Ni25Ti2MoA1VB/0Cr15Ni25Ti2MoA1VB
	金属环垫													
	柔性石墨复合垫片													
	齿形组合垫													—
	金属包覆垫片											—	—	—

续表

法兰公称压力（MPa）	紧固件材料 温度范围 垫片	-196~101℃	-100~-41℃	-40~-21℃	-20~100℃	101~150℃	151~200℃	201~300℃	301~350℃	351~400℃	401~500℃	501~550℃	551~650℃	651~700℃
15.0	缠绕式垫片	—	35CrMoA/30CrMoA		35CrMoA/35						35CrMoA/30CrMoA	25Cr2MoVA/35CrMoA	0Cr19Ni9/0Cr19Ni9	—
	金属环垫													
	齿形组合垫													—
	金属包覆垫片											—	—	—
25.0	缠绕式垫片	—	35CrMoA/30CrMoA		35CrMoA/35						35CrMoA/30CrMoA	25Cr2MoVA/35CrMoA	0Cr19Ni9/0Cr19Ni9	—
	金属环垫													
	齿形组合垫													—
42.0	金属环垫	—	35CrMoA/30CrMoA		35CrMoA/35						35CrMoA/30CrMoA	25Cr2MoVA/35CrMoA	0Cr19Ni9/0Cr19Ni9	—
	齿形组合垫													—

注：斜线上方为螺柱和螺栓材料，下方为螺母材料。

六、法兰外荷载校核方法比较与工程应用

某工程管道法兰在试运行时，发现泄漏，管道专业设计人员认为是施工方未拧紧螺栓，但是在施工人员加强了螺栓拧紧度后，法兰又泄漏。经核算发现此处法兰外荷载偏大，修改了管道走向，减少了法兰外荷载，才消除了事故。

在单一管道流体压力工况下，螺栓荷载、垫片反力和介质内压力的合成力矩会引起法兰产生变形(转角)而导致密封失效。但是在工程实际，管道运行过程中还会受到附加外力及力矩，法兰接头除承受内压外还要承受上述附加载荷。如果法兰压力等级的确定，仅从法兰器材选用内压的角度考虑设计往往是不够的，还需考虑设备管道布置、管道应力等因素。工程上法兰密封的失效常常是施工不规范或工程设计中忽略了较大的外载荷而导致的，工程设计中应重视对法兰外载荷的校核。

法兰密封面与垫片之间存在着无数很细小的流动通道，介质将可能通过这些细小的通道而泄漏。密封的基本原理就是要使得介质在流经这种细小通道时的压力降大于密封腔内、外的压力差。法兰在力矩作用下，如果刚度不足，就会形成对垫片压紧力的不均匀，从而导致在垫片一侧压紧力较小不能形成有效密封，而在垫片另一侧压力过大导致垫片压溃，这就引起了法兰接头密封的失效即泄漏。

管道的法兰除承受内外压外，还要承受管道及介质质量、热膨胀、振动等引起的轴向力和弯矩的作用。通常法兰的设计，例如 ASME B16. 5 没有考虑管道外加荷载、弯矩等的影响，为防止在操作条件下发生泄漏和可能出现的损坏事故，必要时需要对已经选定的标准法兰进行可靠性校核，以判断是否需要采取进一步的安全措施。法兰外荷载校核方法有很多种，详细讲述见《管道应力分析与工程应用》一书。下面仅对管道设计人员需掌握的基本内容做简述。

1. 当量压力法[Kellogg 当量压力法(Peq 法)]

Kellogg 当量压力法(equivalent pressure method)认为法兰连接处的所有外部载荷均作用在垫片上，轴向应力应处于安全范围内。在这个方法中，没有考虑螺栓力的影响，作用在法兰上的轴向力和弯矩转化成了当量压力(Peq)。将这两个当量压力与设计压力相加得到总的当量压力，并根据法兰材料与 ASME B16. 5 中的压力-温度等级表进行对比。如果总的当量压力小于等级表中相应温度下的许用压力，即判定法兰不会泄漏。此方法简单可靠，但是过于保守。因为，外部载荷实际上并不只作用于垫片，外部载荷在垫片处产生的最大应力是在最外边沿处，而由压力产生的应力是均匀分布的。

如图 5. 4. 1 所示，将由于管道所受重力和热膨胀而产生的作用在法兰上的轴向力 F 和弯矩 M(M 为作用在法兰上的合力矩)转换成当量压力 p_{e1} 和 p_{e2}，p_{e1} 和 p_{e2} 相加得出总的当量压力 P_e

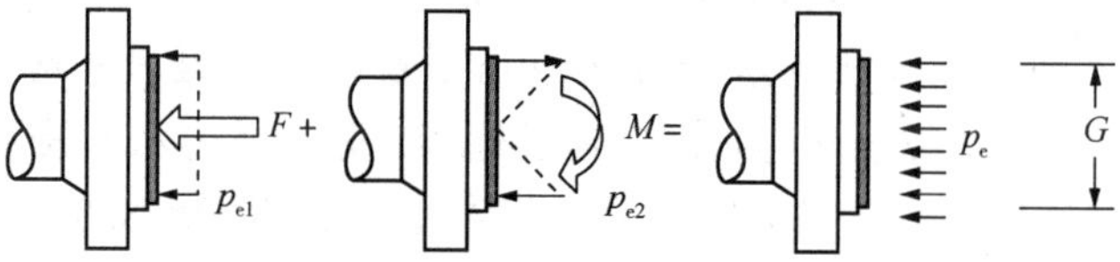

图 5. 4. 1　当量压力法法兰外荷载校核

轴向力产生的当量压力：

$$p_{e1} = 4F/(\pi G^2)$$

弯矩产生的当量压力：

$$p_{e2} = 16M/(\pi G^3)$$

总当量压力：

$$p_e = p_{e1} + p_{e2}$$

将 p_e 与 p_d 相加计算出总的压力 p_t：

$$p_t = p_e + p_d$$

式中 p_t——总压力，MPa；

p_e——总当量压力，MPa；

p_d——设计压力，MPa；

M——作用在法兰上的合力矩，N·mm；

G——垫片上的有效直径，mm；

F——作用在法兰上的轴向力，N。

将计算得到的总压力 p_t 与 ASME B16.5 中与法兰材料相关的对应温度下的压力进行对比。当 p_t 小于此压力时，理论上认为法兰不会发生泄漏，否则，认为存在泄漏的可能。

所需数据：法兰材料、压力等级、工作压力、工作温度、垫片内直径和有效宽度、外部轴向力和外部力矩，可以在下列规范找到。

法兰材料：ASME B16.5 Table 1A，ASME B16.47 Table 1。

温压曲线：ASME B16.5 Table 2，ASME B16.47 Table 3~Table 27。

垫片材料：ASME B16.5 NONMANDATORY APPENDIX B，ASME B16.47 Table B-1。

垫片尺寸：ASME B16.20，ASME B16.21。

2. ASME Section VIII Division 1 法兰外荷载校核方法

ASME Section VIII Division 1 Appendix 2 所采用的法兰设计方法是华脱尔斯法((E-.D. Waters)，沿用至今已达半个多世纪。该方法是简单理论分析并带有经验性质的设计方法，是否能可靠保证密封性能存在质疑。补充了刚度校核及与其配套的 ASME PCC-1《承压范围螺栓法兰连接件的装配指南》，基本能够保证工程设计的泄漏要求，因此仍被采用。

3. ASME BPVC VIII Division 2 法兰外荷载校核方法

ASME BPVC VIII Division 2 与 Division 1 类似，主要区别在于：Division 1 参考 ASME Section II Part D Table 1A 和 1B 的许用应力(采用最大主应力确定)；Division 2 参考 Table 5A 和 5B 的许用应力(采用变形能理论或 Von Mises 屈服准则的确定)。Division 2 考虑了由于施加在法兰上的轴向力和弯曲力矩而产生的附加外部力矩。

4. ASME Section III Division 1-Subsection NC 法兰外荷载校核方法

此校核方法源于 ASME BPVC III-1-NC 分卷第 3658.3 节，因此称为 NC 3658.3 法，也称为 NC 3658.3 最大屈服强度法。这个方法也是当量压力，但只考虑了弯矩的等效压力。ASME BPVC III-I-NC 卷是关于核电站部件建设标准，采用此方法对法兰泄漏进行校核需要满足一定的要求。当下列 2 个条件同时满足时，才能使用 NC 3658.3 法校核法兰泄漏：

(1) 法兰、螺栓、垫片符合 ASME 1316.5 中的要求；

(2) 螺栓材料在 100℉(38℃)下的许用应力不小于 20000psi(138 MPa)。

此方法认为管道介质内压以及由管道变形所产生的弯矩或扭矩都施加在螺栓上，并且假定应力都均匀分布在螺栓孔所处圆周上，如果螺栓发生破坏，则法兰产生泄漏。根据 ASME BPVC III-1-NC 分卷第 3658.3 节，M_{fs}满足式(5.4.1)的要求。

$$M_{fs} \leqslant 3\,125(S_y/36000)CA_b \tag{5.4.1}$$

式中　S_y——法兰材料在设计温度下的屈服强度，MPa；

C——螺栓环直径，mm；

A_b——螺栓横截面积之和，mm^2；

M_{fs}——在设计或操作状态下，由于管道所受重力、管道热膨胀、持续恒定位移、泄放阀稳定持续机械载荷而产生的作用于连接法兰上的弯矩或扭矩，N · mm。

在设计或操作条件下，由于弯矩或扭矩 M_{fs}、动载荷而产生的作用于连接法兰上的弯矩或扭矩应满足式(5.4.2)的要求。

$$M_{fd} \leqslant 6250(S_y/36000)CA_b \tag{5.4.2}$$

式中(S_y/36000)应小于等于 1。

由上面两式推导得：

$$S_1 = 36000 \cdot M_{fs}/(3125 \cdot C \cdot A_b) \leqslant S_y \tag{5.4.3}$$

$$S_2 = 36000 \cdot M_{fd}/(6250 \cdot C \cdot A_b) \leqslant S_y \tag{5.4.4}$$

式中　S_1、S_2——作用在法兰上的应力值，MPa；

M_{fd}——在设计或操作条件下，由于弯矩或扭矩 M_{fs}、动载荷而产生的作用于连接法兰上的弯矩或扭矩，N · mm。

当根据计算式得出的值小于等于 S_y 时，则认为法兰不会发生泄漏，否则认为会发生泄漏，需要采取方法(如提高法兰磅级)解决。

当量压力法不适用于动载荷分析。

5. GB/T 20801 法兰外荷载校核方法

GB/T 20801 法兰外荷载校核列出了 4 种方法。

当管法兰承受外加轴向力或外加弯矩时，可按下列方法之一评估：

(1) 法兰压力-温度额定值-当量压力方法。

按式(5.4.5)计算其外加轴向力或外加弯矩的当量压力 p_e，设计压力与当量压力之和应不大于法兰的压力-温度额定值。经设计者同意，设计压力也可采用相应工况下的最大工作压力。

$$p_e = \frac{16M}{\pi D_G^3} + \frac{4F}{\pi D_G^2} \tag{5.4.5}$$

(2) 泰勒方法-当量压力方法、泰勒方法-当量力方法、泰勒方法-修正当量力方法。

对于法兰刚度，必要时还可按 GB/T 17186.1 的规定校核法兰刚度。

6. 法兰外荷载校核过程

法兰应放在受外部弯矩尽可能小的地方。并不是每一处法兰有了外加荷载都需要详细的校核。一般情况可根据管道专业设计人的经验，对下列法兰进行详细的外荷载校核：①法兰等级在 900 磅及以上的高压法兰连接处；②法兰口径在 24 " 及以上的法兰连接处；③承载高温、剧毒、易燃、易爆等流体的法兰连接处；④根据管道专业设计人员经验，认为需要详细法兰外荷载校核处；⑤其他。

Kellogg Peg 法认为法兰连接处的所有外部载荷均作用在垫片上。NC 3658.3 方法认为管道介质内压以及由管道变形所产生的弯矩和扭矩都施加在螺栓上。而 ASME Section VIII 方法主要是对法兰应力进行计算比对。Kellogg Peq 法输入简便快捷，而 ASME Section VIII 和 NC 3658.3 方法需要在相关标准中查阅大量数据。Kellogg Peq 法相对较保守，计算结果与现场实际情况有偏差，ASME Section III 和 NC 3658.3 方法相对更精确，与实际情况更接近。

在国内外一些大型工程公司中一般结合这几种方案按以下流程校核法兰泄漏，都能保证现场实际运行过程的安全稳定。首先用 Peq 方法(Kellogg 当量压力法)校核，如果通过，则设计法兰不泄漏；若校核不通过，再用 ASME Section VIII 方法校核，通过则设计法兰不泄漏，失败就需要分析具体的原因，修改调整后再重新校核，直到通过为止。仅螺栓的预紧应力在不论是否有轴向力和弯矩的情况下，均超出许用应力值时，才使用 NC 3658.3 方法进行校核。见图 5.4.2 所示。法兰外荷载校核方法详细讲述见《管道应力分析与工程应用》、《工业管道配管设计与工程应用》两书。

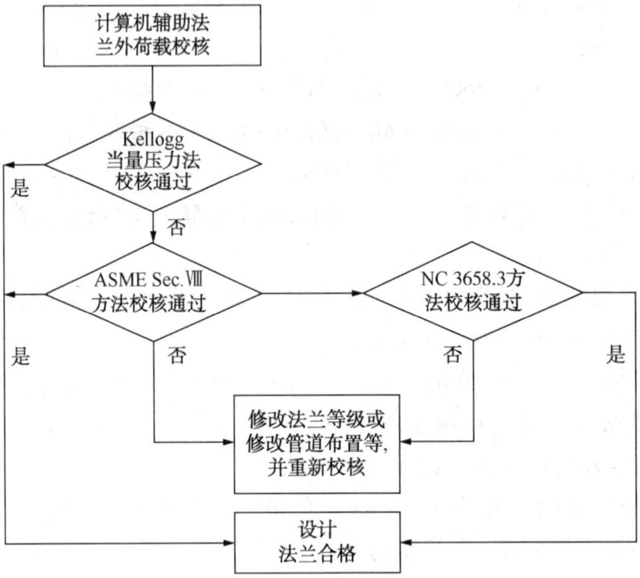

图 5.4.2 法兰外荷载校核一般过程

七、法兰保护罩的选用与工程应用

某国外工程配管设计时，对人员可能接触到的某些法兰选用设计了法兰保护罩。法兰防护罩主要是为了避免法兰连接不紧密、密封垫片失效以及管道压力过大产生液体喷溅、泄漏，对现场工作人员及周围设备造成伤害而起到的防护作用。见图 5.4.3 所示。现在越来越多的生产企业意识到预防的重要性，及时做到防患于未然，在工程设计阶段要求增加法兰保护罩。

法兰保护罩主要用于液体管路法兰、阀门、设备法兰等的防护，用于防止法兰泄漏造成对人的冻伤、烫伤、腐蚀性、刺激性等伤害，用于防止法兰泄漏造成设备损坏。需根据法兰尺寸选择相应规格的法兰保护罩。法兰防护罩有：四氟、PVC、丙纶、不锈钢、碳钢等多种不同的材质，需根据不同的工况进行选用设计。

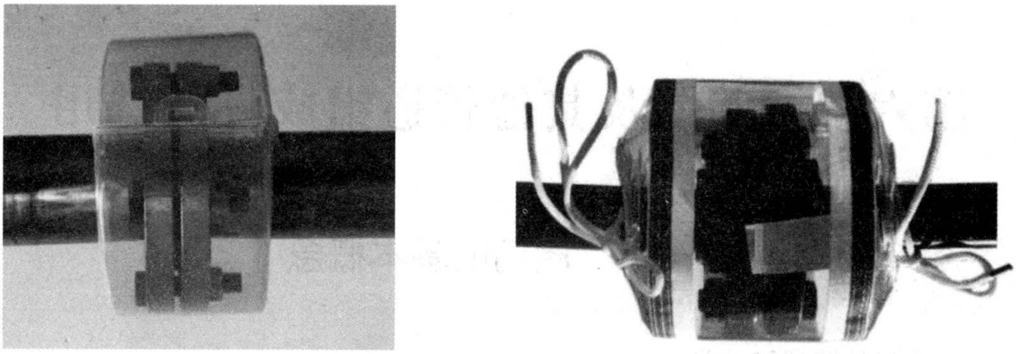

(a) (b)

图 5.4.3 法兰保护罩的工程应用

第六章　阀门及其他管道组成件的选用

第一节　阀门的基本概念

一、阀门的概述和分类

阀门是管道系统的重要组成部件，其主要功能是：接通和截断介质，防止介质倒流，调节介质压力、流量；分离、混合或分配介质，防止介质压力超过规定数值，以保证管道或设备安全运行等。阀门投资约占装置配管费用的40%~50%。选用阀门主要从装置的操作和经济两方面考虑。

阀门是随着流体管道的产生而产生的，人类使用阀门已经有近4000年的历史了。中国古代从盐井中吸卤水制盐时，就曾在竹制管路中使用过木塞阀。公元前1800年，古埃及人为了防止尼罗河泛滥而修建大规模水利时，也曾采用过类似的木制旋塞来控制水流的分配。这些都是阀门的雏形。工业用阀门的大量应用，是从瓦特发明蒸汽机以后才开始的。

随着现代工业的不断发展，阀门需求量不断增长，一个现代化的石油化工装置需要上万个各式各样的阀门，阀门使用量大，开闭频繁。但是由于制造、使用选型、维修不当，常常发生跑、冒、滴、漏现象，由此引起火焰、爆炸、中毒、烫伤事故，或者造成产品质量低劣，能耗提高，设备腐蚀，物耗提高，环境污染，甚至造成停产等事故，已屡见不鲜。因此，人们希望获得高质量的阀门，同时也要求提高阀门的使用、维修水平，这时对阀门操作人员、维修人员以及工程技术人员，提出了新的要求，除了要精心设计、合理选用、正确操作阀门之外，还要及时维护、修理阀门，使阀门的"跑、冒、滴、漏"及各类事故降到最低限度。阀门可按以下情况分类：

(1) 按动力分：①自动阀门，依靠介质自身的力量进行动作的阀门，如止回阀、减压阀、疏水阀、安全阀等；②驱动阀门，依靠人力、电力、液力、气力等外力进行操纵的阀门，如截止阀、节流阀、闸阀、碟阀、球阀、旋塞阀等。

(2) 按结构特征(图6.1.1)，根据关闭件相对于阀座移动的方向分：①截门形，关闭件沿着阀座中心移动；②闸门形，关闭件沿着垂直阀座中心移动；③旋塞和球形，关闭件是柱塞或球，围绕本身的中心线旋转；④旋启形，关闭件围绕阀座外的轴旋转；⑤碟形，关闭件的圆盘，围绕阀座内的轴旋转；⑥滑阀形，关闭件在垂直于通道的方向滑动。

(3) 根据阀门的不同用途分：①开断用，用来接通或切断管路介质，如截止阀、闸阀、球阀、蝶阀等；②止回用，用来防止介质倒流，如止回阀；③调节用，用来调节介质的压力和流量，如调节阀、减压阀；④分配用，用来改变介质流向、分配介质，如三通旋塞、分配阀、滑阀等；⑤安全阀，在介质压力超过规定值时，用来排放多余的介质，保证管路系统及设备安全，如安全阀、事故阀；⑥他特殊用途，如疏水阀、放空阀、排污阀等。

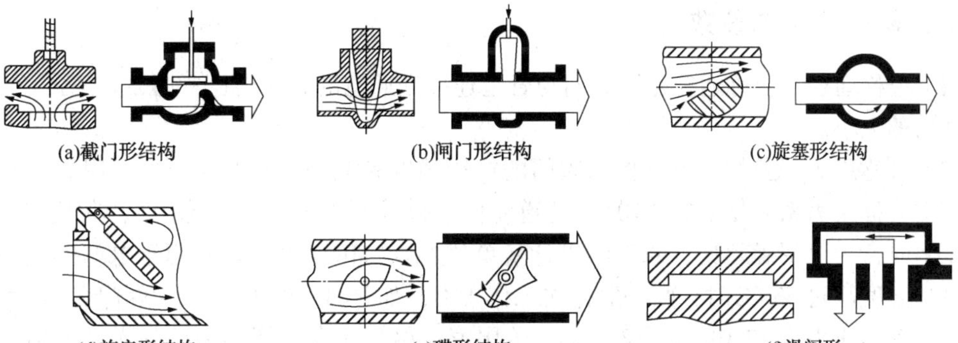

图 6.1.1　按结构特征阀门的分类

(4) 根据不同的驱动方式分：①手动，借助手轮、手柄、杠杆或链轮等，有人力驱动，传动较大力矩时，装有蜗轮、齿轮等减速装置，如图 6.1.2 所示；②电动，借助电机或其他电气装置来驱动；③液动，借助(水、油)来驱动；④气动，借助压缩空气来驱动。

图 6.1.2　阀门链轮

(5) 根据阀门的公称压力分：①真空阀，绝对压力<0.1MPa，即 760mmHg 高的阀门，通常用 mmHg 或 mmH_2O 表示压力；②低压阀：公称压力 $PN \leqslant 1.6$MPa 的阀门(包括 $PN \leqslant 1.6$MPa 的钢阀)；③中压阀，公称压力 PN2.5~6.4MPa 的阀门；④高压阀，公称压力 PN10.0~80.0MPa 的阀门；⑤超高压阀，公称压力 $PN \geqslant 100.0$MPa 的阀门。

(6) 根据阀门工作时的介质温度分：①普通阀门，适用于介质温度为-40~425℃的阀门；②高温阀门，适用于介质温度为 425~600℃的阀门；③耐热阀门，适用于介质温度为 600℃以上的阀门；④低温阀门，适用于介质温度为-40~-150℃的阀门；⑤超低温阀门，适用于介质温度为-150℃以下的阀门。

(7) 根据阀门的公称通径分：①小口径阀门，公称通径 DN<40mm 的阀门；②中口径阀门，公称通径 DN50~300mm 的阀门；③大口径阀门，公称通径 DN350~1200mm 的阀门；④特大口径阀门，公称通径 $DN \geqslant 1400$mm 的阀门。

(8) 根据阀门与管道连接方式分：①法兰连接阀门，阀体带有法兰，与管道采用法兰连接的阀门；②螺纹连接阀门，阀体带有内螺纹或外螺纹，与管道采用螺纹连接的阀门；③焊接连接阀门，阀体带有焊口，与管道采用焊接连接的阀门；④夹箍连接阀门，阀体上带有夹口，与管道采用夹箍连接的阀门；⑤卡套连接阀门，采用卡套与管道连接的阀门。

(9) 按阀体材料分类：①非金属材料阀门，如陶瓷阀门、玻璃钢阀门、塑料阀门；②金属材料阀门，如铜合金阀门、铝合金阀门、铅合金阀门、钛合金阀门铁阀门、碳钢阀门、低合金钢阀门、高合金钢阀门；③金属阀体衬里阀门，如衬铅阀门、衬塑料阀门、衬搪瓷阀门。

二、阀门的基本参数

(1) 公称通径。公称通径是指阀门与管道连接处通道的名义内径，用*DN*表示。它表示阀门规格的大小。

(2) 公称压力。公称压力是指与阀门的机械强度有关的设计给定压力，用*PN*或Class表示。①公称压力系列见GB/T 1048《管道元件　公称压力的定义和选用》。在我国，涉及公称压力时，为了明确起见，通常给出计量单位，以"MPa"表示。对用于电站的阀门，当介质最高温度超过530℃时，则一般标注工作压力，如P_{54}17.0MPa，表示阀门在540℃下的最大允许工作压力为17.0MPa。②在英、美国家，尽管在有关标准中已列入了公称压力的概念，但仍采用磅级(Class)。由于公称压力和磅级的温度基准不同，因此两者没有严格的对应关系。③日本的K级制，其温度基准与英、美国家的磅级相同，但计量单位采用米制，K级与磅级之间的关系见表6.1.1。

表6.1.1　K级和磅级参考对应表

K级	10	20	40	63	100
磅级 Class	150	300	600	900	1500

(3) 适用介质。按照阀门材料和结构形式的要求，阀门能适用的介质有：①气体介质：如空气、蒸汽、氨、石油气和煤气等；②液体介质：如油品、水、液氨等；③含固体介质；④腐蚀性介质和剧毒介质。

(4) 试验压力。①强度试验压力：按规定的试验介质，对阀门受压零件材料进行强度试验时规定的压力。②密封试验压力：按规定的试验介质，对阀门进行密封试验时规定的压力。

(5) 端部连接形式。法兰连接；承插连接；螺纹连接；对焊连接；其他连接(例如仪表管件，卫生卡箍等)。

① 焊接连接。阀门的焊接连接端有两种型式：a. 对焊连接(BW)，阀体对焊端焊接坡口与钢管焊接坡口对接，焊接后使阀门和管道牢固地成为一体，一般用于高压、高温的阀体端部。b. 承插焊连接(SW)，阀体端口为承插孔，钢管插入承插孔内，通过外侧单面角焊，将阀门与管道连成一体，一般仅用于*DN*50以下小口径锻钢阀门，阀门端部为承插口。

ASME B16.25规定了*DN*65~900阀门对焊端坡口型式及尺寸。

② 法兰连接。管道与阀门由法兰、垫片(垫环)和紧固件连接。连接处密封性能较好。法兰连接装拆方便，便于检修更换，使用十分广泛。对于超高压蒸汽管道阀门的端部连接，一般选用对焊而不选用法兰。

③ 螺纹连接。阀门的螺纹连接端是一种可拆卸连接。工业装置常用的阀门连接端为内螺纹的NPT (60°螺纹密封管螺纹)，低压公用工程也常使用R/Rp (55°螺纹密封管螺纹)。使用R/RP (55°螺纹密封管螺纹)时，允许在密封副间添加密封填料，如F4生料带。

④ 对夹式连接。是将短结构长度的阀门夹持在上、下游管道两法兰之间的一种连接方式。阀门两端密封面采用平面(FF)型或突面(RF)型。对夹式短结构阀门可缩短管道长度，

对夹连接端相当于法兰连接，装拆方便，但连接端的密封性差。采用对夹连接端的阀门有刀形闸阀、蝶阀、止回阀等。

（6）阀体最小厚度。

① 阀体最小厚度的计算。通径计算公式：

$$T = \frac{1.5pD}{2\sigma - 1.2p} + C \tag{6.1.1}$$

式中 T——阀体厚度，mm；

p——压力，MPa；

σ——许用应力，MPa；

D——通径，mm；

C——厚度附加量，mm。

② 美标阀门阀体最小厚度见 ASME B16.34(阀门——带法兰、有螺纹和焊接端部)要求。

③ *PN* 阀门阀体最小厚度见 EN 12516-1(壁厚)，GB 12224(钢制阀门一般要求)。

④ API 闸阀最小厚度见 API 600《石油和天然气工业用螺栓连接阀盖的钢制闸阀》，ISO 10434《石油和天然气工业用栓接阀盖的钢制闸阀》。

（7）阀门结构长度、高度、手轮直径与重量。①阀门结构长度。Class 阀门按 ASME B16.10(阀门结构长度)；②法兰式结构长度唯一性(除 Class150～300 球阀外，≥NPS6～8 有短型)；③对焊式阀门有长短型结构之分；④小口径承插或螺纹阀门按厂商样本。

（8）阀门高度、手轮直径、重量按标准规范或者厂家的样本。

（9）内件金属材料。①阀桿，阀芯(闸板，阀瓣，球，旋塞，蝶板)，密封面(阀芯和阀座)；②金属(本体，堆焊，喷焊)；③非金属(本体，衬里)，复合材料；④表面处理(镀镍，磷化，离子氮化)；⑤可根据需要，另行组合(内件材料之间，内件与阀体材料之间)，采用其他材料(内件本体和密封面)及组合。

（10）常用阀门密封面(包括衬里)的非金属材料：①PTFE、RPTFE、PEEK、对位聚苯、橡胶、氯磺化聚乙烯(隔膜)、聚全氟烷基醚(PFA，可熔铸)、聚全氟化乙丙烯(FEP，可熔铸)。②密封材料，PTFE，柔性石墨，碳纤维；O 形圈、丁腈橡胶、氟橡胶、EPDM(乙丙橡胶，食品级)。

三、国内阀门型号的命名比较与工程应用

我国 JB/T 308 标准《阀门型号编制方法》。这个标准适用于工业管道的闸阀、截止阀、节流阀、球阀、碟阀、隔膜阀、旋塞阀、止回阀、安全阀、减压阀、疏水阀，包括了各种基本的类型。国内个别阀门生产厂家不采用 JB/T 308 的阀门型号编制方法，而自己另外采用一种方法编制阀门型号；国外厂家阀门产品代码和中国的不同，不过阀门型号编制方法大同小异。有些工程设计单位仅进行材料描述，不用阀门编号。

我国 NB/T 47037《电站阀门型号编制方法》规定了电站用阀门的型号编制方法，与 JB/T 308 标准《阀门型号编制方法》基本一致。

阀门的型号是由七个单元组成，用来表明阀门类别、驱动种类、连接和结构形式、密封面或衬里材料、公称压力及阀体材料。按照《阀门型号编制方法》规定，阀门型号分七个单元，在五、六单元之间，用一横杠连接：

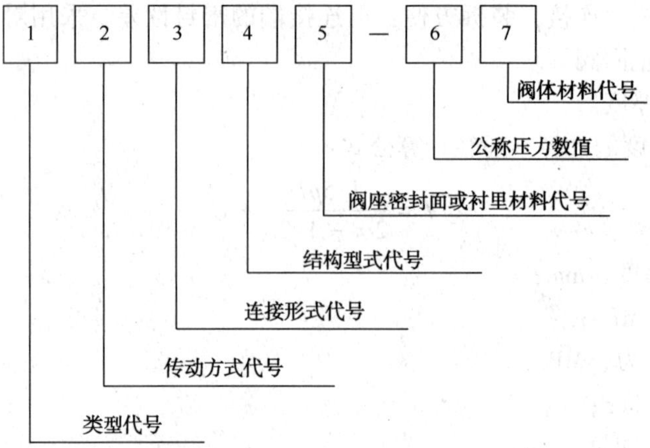

各单元的代号见表6.1.2~表6.1.18。

表6.1.2 阀门类型代号

阀门类型	代　号	阀门类型	代号
弹簧载荷安全阀	A	排污阀	P
蝶阀	D	球阀	Q
隔膜阀	G	蒸汽疏水阀	S
杠杆式安全阀	GA	柱塞阀	U
止回阀和底阀	H	旋塞阀	X
截止阀	J	减压阀	Y
节流阀	L	闸阀	Z

注：NB/T 47037阀门类型代号还有：调节阀T、给水分配阀F、堵阀SD、减温减压阀WY。

表6.1.3 具有其他功能作用的阀门表示代号(代号写在阀门类型代号前)

第二功能作用名称	代号	第二功能作用名称	代号
保温型	B	排渣型	P
低温型	D[a]	快速型	Q
防火型	F	(阀杆密封)波纹管型	W
缓闭型	H	—	—

a. 低温型指允许使用温度低于-46℃以下的阀门。

表6.1.4 阀门驱动方式代号

驱动方式	代　号	驱动方式	代　号
电磁动	0	锥齿轮	5
电磁-液动	1	气动	6
电-液动	2	液动	7
蜗轮	3	气-液动	8
正齿轮	4	电动	9

表6.1.5 阀门连接端连接形式代号

连接形式	代　号	连接形式	代　号
内螺纹	1	对夹	7
外螺纹	2	卡箍	8
法兰式	4	卡套	9
焊接式	6	—	—

表 6.1.6 闸阀结构形式代号

结构形式				代号
阀杆升降式(明杆)	楔式闸板	弹性闸板		0
		刚性闸板	单阀板	1
			双闸板	2
	平行式闸板		单阀板	3
			双闸板	4
阀杆非升降式(暗杆)	楔式闸板		单阀板	5
			双闸板	6
	平行式闸板		单阀板	7
			双闸板	8

表 6.1.7 截止阀、节流阀和柱塞阀结构形式代号

结构形式		代 号	结构形式		代 号
阀瓣非平衡式	直通流道	1	阀瓣平衡式	直通流道	6
	Z 形流道	2		角式流道	7
	三通流道	3		—	—
	角式流道	4		—	—
	直流流道	5		—	—

表 6.1.8 球阀结构形式代号

结构形式		代 号	结构形式		代 号
浮动球	直通流道	1	固定球	直通流道	7
	Y 形三通流道	2		四通流道	6
	L 形三通流道	4		T 形三通流道	8
	T 形三通流道	5		L 形三通流道	9
	—	—		半球直通	0

表 6.1.9 蝶阀结构形式代号

结构形式		代 号	结构形式		代 号
密封型	单偏心	0	非密封型	单偏心	5
	中心垂直板	1		中心垂直板	6
	双偏心	2		双偏心	7
	三偏心	3		三偏心	8
	连杆机构	4		连杆机构	9

表 6.1.10　隔膜阀结构形式代号

结构形式	代　号	结构形式	代　号
屋脊流道	1	直通流道	6
直流流道	5	Y 形角式流道	8

表 6.1.11　旋塞阀结构形式代号

结构形式		代　号	结构形式		代　号
填料密封	直通流道	3	油密封	直通流道	7
	T 形三通流道	4		T 形三通流道	8
	四通流道	5		—	—

表 6.1.12　止回阀结构形式代号

结构形式		代　号	结构形式		代　号
升降式阀瓣	直通流道	1	旋启式阀瓣	单瓣结构	4
	立式结构	2		多瓣结构	5
	角式流道	3		双瓣结构	6
—	—	—	蝶形止回式		7

表 6.1.13　安全阀结构形式代号

结构形式		代　号	结构形式		代　号
弹簧载荷 弹簧封闭结构	带散热片全启式	0	弹簧载荷弹簧 不封闭且带扳手结构	微启式、双联阀	3
	微启式	1		微启式	7
	全启式	2		全启式	8
	带扳手全启式	4		—	—
杠杆式	单杠杆	2	带控制机构全启式		6
	双杠杆	4	脉冲式		9

表 6.1.14　减压阀结构形式代号

结构形式	代　号	结构形式	代　号
薄膜式	1	波纹管式	4
弹簧薄膜式	2	杠杆式	5
活塞式	3	—	—

表 6.1.15　蒸汽疏水阀结构形式代号

结构形式	代　号	结构形式	代　号
浮球式	1	蒸汽压力式或膜盒式	6
浮桶式	3	双金属片式	7
液体或固体膨胀式	4	脉冲式	8
钟形浮子式	5	圆盘热动力式	9

表 6.1.16 排污阀结构形式代号

结构形式		代 号	结构形式		代 号
液面连接排放	截止型直通式	1	液底间断排放	截止型直流式	5
	截止型角式	2		截止型直通式	6
	—	—		截止型角式	7
	—	—		浮动闸板型直通式	8

表 6.1.17 密封面或衬里材料代号

密封面或衬里材料	代 号	密封面或衬里材料	代 号
锡基轴承合金(巴氏合金)	B	尼龙塑料	N
搪瓷	C	渗硼钢	P
渗氮钢	D	衬铅	Q
氟塑料	F	奥氏体不锈钢	R
陶瓷	G	塑料	S
Cr13 系不锈钢	H	铜合金	T
衬胶	J	橡胶	X
蒙乃尔合金	M	硬质合金	Y

表 6.1.18 阀体材料代号

阀体材料	代 号	阀体材料	代 号
碳钢	C	铬镍钼系不锈钢	R
Cr13 系不锈钢	H	塑料	S
铬钼系钢	I	铜及铜合金	T
可锻铸铁	K	钛及钛合金	Ti
铝合金	L	铬钼钒钢	V
铬镍系不锈钢	P	灰铸铁	Z
球墨铸铁	Q	—	—

注：CF3、CF8、CF3M、CF8M 等材料牌号可直接标注在阀体上。

3. 阀门命名的工程应用

(1) 如果阀门的铭牌上标示着：D741X-2.5，则表示：液动、法兰连接、垂直板式、阀瓣密封面材料为橡胶、公称压力 PN0.25MPa、阀体材料为灰铸铁的碟阀。

(2) “Q21F-40P”表示手动、外螺纹连接、浮动直通式、阀座密封面为氟塑料、公称压力 PN4.0MPa、阀体材料为 1Cr18Ni9Ti 钢的球阀。

(3) “电动机传动、焊接、直通式、阀座密封面材料为堆焊硬质合金、公称压力为 PN16MPa、阀体材料为 12Cr1MoV 钢的截止阀”，应表示为：J961Y-160V。

(4) 闸阀 Z541H — 16C 的含义：根据 JB/T 308 的规定：Z 代表闸阀，5 代表传动方式：伞齿轮，4 代表连接方式：法兰连接，1 代表结构形式：刚性单闸板，H-代表密封面材质：Cr13 序不锈钢，16 代表公称压力 1.6MPa，C 代表阀体材质为碳钢

(5) 现在的 JB/T 308 标准《阀门型号编制方法》还是不够完备的，它未能包括新发展的

结构型式和新材料，因此编制方法必将不断补充和改进。但新的方法产生时，阀门的结构和材料又有了新的发展；它们之间的差距将永远存在。对于上述方法未能包括的阀门，可以参照这个方法，自行编制型号。

四、阀门的标识

为了从阀门的外观看出它的结构、材质和基本特性，要求在阀体上铸造、打印或安上铭牌，表明阀门型号、公称直径、介质流向及厂名，并在阀体、手轮及法兰外缘上按规定刷不同颜色的漆。按照 JB/T 106《阀门的标志和涂漆》规定，表示阀体材料的油漆应刷在阀体不加工外表面上，其颜色与阀体材料的关系见表 6. 1. 19。

表 6. 1. 19　阀体材料的油漆颜色

阀体材料	刷漆颜色	阀体材料	刷漆颜色
灰铸铁、可锻铸铁	黑色	耐酸钢或不锈钢	浅蓝色
球墨铸铁	银色	合金钢	蓝色
碳素钢	灰色		

但耐酸钢或不锈钢阀体，也可以不涂漆。有色金属阀体，不必涂漆。

表示密封面材料的油漆，刷在手轮、手柄或自动阀件的盖上，其颜色与密封面材料的关系见表 6. 1. 20。

表 6. 1. 20　表示密封面材料的油漆颜色

密封面材料	刷漆颜色	密封面材料	刷漆颜色
青铜或黄铜	红色	硬质合金	灰色周边带红色条
巴氏合金	黄色	塑料	灰色周边带蓝色条
铝	铝白色	皮革或橡胶	棕色
耐酸钢或不锈钢	浅蓝色	硬橡皮	绿色
渗氮钢	浅紫色	直接在阀体上制作密封面	同阀体颜色

带有衬里的阀门，应在连接法兰的外圆表面上刷以补充的识别油漆，颜色见表 6. 1. 21。

表 6. 1. 21　带有衬里的阀门颜色

衬里材料	刷漆颜色	衬里材料	刷漆颜色
搪瓷	红色	铝锑合金	黄色
橡胶及硬橡胶	绿色	铝	铝白色
塑料	蓝色		

五、阀门的通径

(1) ASME B16. 34 提出了 Class 阀门的最小通径，见表 6. 1. 22。

(2) 其他标准对阀门通径的要求。①API 602《法兰、螺纹、焊接连接和阀体加长连接的紧凑型钢制闸阀》、ISO 15761《石油和天然气工业用尺寸为 *DN*100 及更小的钢闸阀、球阀和止回阀》；②API 608《法兰、螺纹和焊连接的金属球阀》、ISO 17292《石油、石化和相关工业用金属球阀》；③API 6D《管线阀门》、ISO 14313《石油和天然气工业——管道输送系统——管道阀》、GB/T 19672《管线阀门》。

表 6.1.22　阀门的最小通径

管子口径	Class						
	150	300	400	600	900	1500	2500
½	0.50	0.50	0.50	0.50	0.50	0.50	0.44
¾	0.75	0.75	0.75	0.75	0.69	0.69	0.56
1	1.00	1.00	1.00	1.00	0.87	0.87	0.75
1¼	1.25	1.25	1.25	1.25	1.12	1.12	1.00
1½	1.50	1.50	1.50	1.50	1.37	1.37	1.12
2	2.00	2.00	2.00	2.00	1.87	1.87	1.50
2½	2.50	2.50	2.50	2.50	2.25	2.25	1.87
3	3.00	3.00	3.00	3.00	2.87	2.75	2.25
4	4.00	4.00	4.00	4.00	3.87	3.62	2.87
5	5.00	5.00	5.00	500	4.75	4.37	3.62
6	6.00	6.00	6.00	6.00	5.75	5.37	4.37
8	8.00	8.00	8.00	7.87	7.50	7.00	5.75
10	10.00	10.00	10.00	9.75	9.37	8.75	7.25
12	12.00	12.00	12.00	11.75	11.12	10.37	8.62
14	13.25	13.25	13.12	12.87	12.25	11.37	9.50
16	15.25	15.25	15.00	14.75	14.00	13.00	10.87
18	17.25	17.00	17.00	16.50	15.75	14.62	12.25
20	19.25	19.00	18.87	18.25	17.50	16.37	13.50
22	21.25	21.00	20.75	20.12	19.25	18.00	14.87
24	23.25	23.00	22.62	22.00	21.00	19.62	16.25
26	25.25	25.00	24.50	23.75	22.75	21.25	17.62
28	27.25	27.00	26.37	25.50	24.50	23.00	19.00
30	29.25	29.00	28.25	27.37	26.25	24.62	20.37

六、阀门的质量要求

（1）内漏问题。是否有内漏或内漏的大小是衡量一个阀门质量的主要技术指标，对于压力管道来说，处理的介质大都是可燃、易燃、易爆、有毒的介质，阀门关闭时，希望通过阀板的泄漏（内漏）越少越好，甚至有些介质的泄漏要求为零。常用的评判阀门内漏的标准有 API 598、ASME B16.104 和 JB/T 9092。

（2）外漏问题。外漏是指通过阀杆填料和阀盖垫片处的介质外泄漏。它同样是衡量阀门好坏的一个重要指标。对有些介质，外漏的要求甚至比内漏要求更严格，因为它直接泄入大气，会直接引起事故造成人身伤害。对于这种情况，有时不得不采用波纹管密封阀或隔膜阀来保证阀门的外漏为零。限制外漏的标准目前大多数采用美国环保局的规定，即不超过 500×10^{-6}。关于阀门泄漏问题，见下面的详细讲述。

（3）材料质量。材料质量是衡量阀门强度可靠性和使用寿命的一个重要指标。众所周知，大多数 $DN\geqslant50$ 的阀门都是铸造阀体，如果质量不好，会直接影响到阀门的可靠性和使用寿命。ASTM 和我国的材料标准通常情况下的要求都是比较低的，为了保证在苛刻情况下材料能较好地适应操作条件的要求，这些标准中都设置许多选择性附加检验项目，设计人员如何根据使用条件来选择这些附加项目是一个技术性很强的问题，如果要求不当，会无意义地增加基建投资。

（4）阀门出厂前试验要求。①阀门出厂前要根据 JB/T 9092《阀门的检验与验收》进行壳体压力试验和密封试验。密封试验分上密封、低压密封和高压密封试验。②根据阀门类别不同选择密封试验。闸阀和截止阀要进行上密封和低压密封试验。③壳体压力试验，一般采用温度不超过 52℃的水或黏度不大于水的非腐蚀性流体，以 38℃时 1.5 倍的公称压力进行。④低压密封试验，一般采用空气或惰性气体，以 0.5～0.7MPa 压力进行。SH/T 3064《石油化工钢制通用阀门选用、检验及验收》对不同等级的压力管道提出了相应的检验要求，比 JB/T 9092 要求更严格。

七、阀门常见泄漏与工程应用

1. 阀门的泄漏

（1）某罐区轻烃(液化气)爆燃着火事故，事故的原因是裂解碳四储罐阀门处突然发生泄漏，爆炸现场可燃气体浓度达到极限，当班操作人员进行紧急处理过程中发生爆炸，造成多人遇难和受伤。本次事故是阀门的泄漏事故。对于泄漏的原因分析，主要包括内漏、外漏、操作原因等。

（2）内漏。外面看不到，介质也不会跑出来，标准规范是允许的，根据不同的阀门的结构而定，就是“阀门泄漏标准”了。泄漏标准分 7 级，泄漏等级越高越不漏。7 级就是理论上的零泄漏了，如球阀、三偏心蝶阀、单座阀等。如果工作场合是高温高压，防爆要求高，且经过的介质是有毒、挥发性强的气体，那么对阀门的精密性要求越高。内漏跟阀体结构、制造精密度有关，在一定范围内允许。

（3）外漏，是能看到的漏，是不允许的泄漏，例如：阀杆填料问题，松动了、被腐蚀了，或者是阀体有破裂等原因。外漏跟阀杆、填料、阀体有关。泄漏的原因主要包括：

① 阀体和阀盖的泄漏。铸铁件铸造质量不高，阀体和阀盖体上有砂眼、松散组织、夹渣等缺陷；天冷冻裂；焊接不良，存在着夹渣、未焊透、应力裂纹等缺陷；铸铁阀门被重物撞击后损坏。

② 填料处的泄漏。填料选用不对，不耐介质的腐蚀，不耐高压或真空、高温或低温；填料安装不对，存在着以小代大、螺旋盘绕接头不良、上紧下松等缺陷；填料超过使用期，已老化，丧失弹性；阀杆精度不高，有弯曲、腐蚀、磨损等缺陷；填料圈数不足，压盖未压紧；压盖、螺栓和其他部件损坏，使压盖无法压紧；操作不当，用力过猛等；压盖歪斜，压盖与阀杆间空隙过小或过大，致使阀杆磨损，填料损坏。

③ 密封面的泄漏。密封面研磨不平，不能形成密合线；阀杆与关闭件的连接处顶心悬空、不正或磨损；阀杆弯曲或装配不正，使关闭件歪斜或不逢中；密封面材质量选用不当或没有按工况条件选用阀。

④ 密封圈连接处的泄漏。密封圈碾压不严；密封圈与本体焊接，堆焊质量差；密封圈连接螺纹、螺钉、压圈松动；密封圈连接而被腐蚀。

⑤ 关闭件脱落产生泄漏。操作不良，使关闭件卡死或超过上死点，连接处损坏断裂；关闭件连接不牢固，松劲而脱落；选用连接件材质不对，经不起介质的腐蚀和机械的磨损。

（4）对于操作的原因分析。①由于阀门内存在沙石等异物，造成阀门关闭时，关闭不到位，工作人员采取蛮力，并使用辅助工具强行关闭阀门，造成阀门铜套受到硬物挤压，铜套断裂。②操作人员不清楚阀门结构，在开关阀门过程中经常认为力量不够、阀门太沉等因素，致使阀门开关不到位，进而使用管钳等加力辅助设施，开关阀门。③工程施工过程中，管线吹扫质量不合格，管线内依然存在杂质等异物。

对于操作错误的防范措施：①开关阀门时，应平稳操作，遇阻塞物无法关闭时，可开关二至三次，直至阻塞物被冲刷掉，方可关闭到位；②加强员工对阀门内部构造及阀门操作保养相关知识的培训，杜绝类似人为事件的发生；③施工过程中，加强监管，严格落实每一道程序，杜绝安全隐患。

泄漏等级和密封实验的关系，在 GB/T 13927 中密封的泄漏等级分为 A、AA、B、C、CC、D、E、EE、F 和 G 级。SH/T 3521《石油化工仪表工程施工技术规程》中也有泄漏量分级的规定。这些等级与 ISO 5208 一致，API 598 和 API 6D 也有一致的泄漏等级。

普通气体流体，使用软密封，可以达到 A 或者 AA 等级。采用金属密封，对应 D 等级，特殊设计 C 等级也可以达到。易燃气体的阀门需零泄漏，如果是电动、气动还得防爆。A 是零泄漏，但实际上会有一点点泄漏，AA 就是为了“一点点”而设置的对照等级。ISO 标准的允许泄漏量，和口径成正比。

2. 液氨管道阀门事故分析

（1）某液氨球罐，输送液氨的进口管道中安全阀的下部截止阀发生破裂，管道内液氨向外泄漏，造成中毒事故。事故发生时，截止阀底部发生破裂，底部一块圆形阀体外壳破裂飞出，液氨大量泄漏。公司生产操作记录，该管道实际运行压力为 2. 2MPa，没有发现有超压情况的证据。

（2）事故分析。

① 事故直接原因。截止阀存在原始缺陷，在应力作用下，材料没有韧性，裂纹扩展，在达到临界尺寸时，裂纹贯穿，液氨泄漏，由于液氨汽化吸收热量，造成截止阀温度降低，导致阀体在低温下发生低应力脆性断裂，液氨大量泄漏。

② 设计错误。按照 GB/T 12233《通用阀门铁制截止阀与升降式止回阀》的规定，对阀体材料为灰铸铁的铁制截止阀的可用压力登记，标准推荐最高选用到 1. 6MPa，而事故截止阀的公称压力却为 2. 5MPa，公称通径为 80mm。对于公称压力为 2. 5MPa，公称通径为 80mm 的铁制截止阀，标准规定阀体材料应选用球墨铸铁或铸钢。

对于公称压力为 2. 5MPa，公称直径为 80mm 的球墨铸铁截止阀和铸钢截止阀，GB/T 12233《通用阀门铁制截止阀与升降式止回阀》规定阀体最小壁厚分别为 10mm 和 9. 9mm，而事故截止阀的阀体最小壁厚仅为 8. 8mm，明显偏薄。

③ 制造违反标准，产品质量低劣。该截止阀制造单位违反标准，制造超过标准推荐范围之外的 *Pg*25，*Dg*80 的灰铸铁截止阀。按照灰铸铁最低牌号 HT100 的要求，事故截止阀存在碳含量超标、抗拉强度低于标准规定值、阀体实际最小壁厚小于标准规定最小壁厚、阀体壁厚不均匀等质量问题。

八、阀门规格书一般要求及工程应用

1. 阀门规格书一般要求

通常阀门规格书应包括：采用的标准代号；阀门的名称、公称压力、公称直径；阀体材料、阀体对外连接方式；阀座密封面材料；阀杆与阀盖结构、阀杆等内件材料，填料种类；阀体中法兰垫片种类、紧固件结构及材料；设计者提出的阀门代号或标签号；其他特殊要求。

有的设计单位采购时仅提出了阀门型号，而阀门型号表示方法，对阀杆及内件材料、填料种类、中法兰垫片种类、中法兰紧固件材料种类等均无规定，不能全面说明阀门的属性，容易发生采购错误。

2. 阀门规格书工程应用

某阀门规格书实例见表6.1.23、表6.1.24。

表6.1.23 阀门规格书举例(一)

物料： 燃料气	材料等级： A12C89
阀门形式： 闸阀	标准： API-600/ASME B16.34/B16.10/B16.5
子类型： SOLID WEDGE，BOLTED BONNET，OS & YS	涂漆： 外部涂漆按附件工程规定
压力等级： CL-150	口径： 2in
末端连接： RAISED FACE，FLANGED	操作形式： HANDWHEEL
防火： □YES ______ ☑NO ______	最高温度：220℉(105℃)（℃ of ℉） 最低温度：-20℉(-29℃)（℃ of ℉）
安装方向： Pipe：Horizontal Valve Stem：Vertical	MAOP： 最大允许操作压力：254 PSIG
Botly/Bonnd 阀体和阀盖： ASTM A216 GR. WCB(NOTE-3)	阀杆： 410 SS
气门座镶圈： API TRIM NO. 8	闸板/蝶板/阀球/旋塞： API TRIM NO. 8
填料： GRAPHITE	螺栓： STUD BOLTS. ASTM A 193 GR B7 WITH A194 GR 2H HEAVY HEX. NUTS

表6.1.24 阀门规格书举例(二)

口径范围	压力等级Class	端部连接/结构型式	材料				垫片	填料	标准规范			检验标准	管道等级
			阀体	内件					尺寸	制造	连接		
				蝶板	密封面	阀杆							
3~6	150	对夹式 WAFER，双偏心	A216GR. WCB	304	PTFE	304	S.S./柔性石墨	柔性石墨	API609	B16.34	B16.5	API 598	81A1.

第二节 阀门的选用

一、阀门选用的一般要求和工程应用

1. 阀门选用的设计条件

(1) 输送流体的性质。阀门是用于控制流体的，而流体的性质有各种各样，应明确流体状态(液体、气体、蒸汽、浆液、悬浮液、黏稠液等)，明确流体的腐蚀性、毒性等。选用阀门时需考虑阀门的功能，是用于切断、调节流量还是安全类阀门，若只是切断用，则还需考虑有无快速启闭的要求，阀门是否必须关得很严。根据用途及操作工况要求，确定阀门类型为：闸阀、截止阀、球阀、蝶阀、安全阀、疏水阀、旋塞阀等。国内外各设计单位专业分工可能不同，但是，无论专业如何分工，管道设计人员应清楚阀门类型的选用。

(2) 设计温度和设计压力。应根据阀门的工作温度和压力来决定阀门的材质和压力等级。

(3) 阀门压力-温度额定值。不同的材料在不同的温度下，其力学性能与上述基准值不同时，管道元件(如管法兰和阀门)的压力额定值将随之变动，这就是 ASME B16.34 等阀门基础标准规定的压力-温度额定值。公称压力 *PN* 系列是以钢材常温屈服强度 210MPa 为基准值命名的，压力等级 CLASS 系列是以 454℃碳钢 WCB、WCC 的压力额定值为基准值命名的。铸铁材料应符合 GB/T 12226《通用阀门灰铸铁技术条件》和 GB/T 12227《通用阀门球墨铸铁技术条件》等标准的规定。

2. 阀门选择要考虑的主要参数

(1) 所输送的流体性质，这将影响阀型和阀结构材料的选择。

(2) 功能要求(调节还是切断)，这主要影响阀型选择。

(3) 操作条件(是否频繁)，这将影响阀型和阀门材料选择。

(4) 流动特性和摩擦损失。

(5) 阀门公称尺寸的大小(公称尺寸很大的阀门只有在有限范围的阀型中才能找到)。

(6)其他特殊要求，如自动关闭、平衡压力等。

3. 阀门通用标准

ASME B16.34《法兰、焊接、螺纹端阀门》及 GB/T 12224《钢制阀门一般要求》是最常用的钢制(包括镍基合金)阀门通用标准，这两个标准都包括了除各种阀型的具体细节外的阀门各项基本要求。ASME B16.34 压力等级 CLASS150~4500，GB/T 12224 压力等级 *PN*20~760(CLASS150~4500)，公称直径均为 6~1250。ASME B16.34 是 CLASS 系列钢及镍基合金阀门的通用标准，GB/T 12224 是我国在参照采用 ASME B16.34 要求的基础上，添加 *PN* 系列压力等级而制定的钢制 CLASS 系列和 *PN* 系列工业阀门通用标准。

4. 阀门连接端

阀门与管道通过连接端相连。相连方式有多种，如：螺纹连接、法兰连接、焊接连接、对夹连接、卡箍连接、卡套连接、快速接头连接等。连接端尺寸关系到阀门与管道的连通顺畅和密封不外漏，阀门的连接端型式和尺寸与阀门结构长度对阀门的选用及维修有直接影响。

(1) 阀门螺纹连接端型式。常用的阀门连接端为内螺纹的 NPT (60°螺纹密封管螺纹)，低压公用工程也常使用 R/R_p(55°螺纹密封管螺纹)。使用 R/R_p(55°螺纹密封管螺纹)时，允许在密封副间添加密封填料，如 F4 生料带。两种螺纹无法互换通用。

NPT60°螺纹密封管螺纹，圆锥内螺纹与圆锥外螺纹配合，常用标准为 ASME 1.20.1《通用管螺纹 NPT》和 GB/T 12716《60 螺纹密封管螺纹》，常用于 *DN*50 以下工艺装置用阀门。

R/RP55°螺纹密封管螺纹，圆柱内螺纹与圆锥外螺纹配合，常用标准为 GB/T 7306.1《55 密封管螺纹第① 部分：圆柱内螺纹与圆锥外螺纹》，常用于 *DN*150 以下低压公用工程用阀门。

R/RC 55°密封管螺纹，圆锥内螺纹与圆锥外螺纹配合，常用标准为 GB/T 7306.2《55°密封管螺纹 第 2 部分：圆锥内螺纹与圆锥外螺纹》，虽有标准，但阀门中实际应用很少。

一般用于公称尺寸不超过 *DN*40 的管道系统中，但不能用于有缝隙腐蚀的流体介质。螺纹连接不得用于剧毒、可燃介质的管道上，同时也应避免使用在循环载荷的工况上。目前工程中使用在压力不高的场合。在可燃或高度危害介质的管道上，如果安装需要，必须采用螺纹连接时，此时公称尺寸不应超过 *DN*20，在螺纹连接后再进行密封焊。

(2) 法兰连接端。管道与阀门由法兰、垫片(垫环)和紧固件连接，连接处密封性能较好。法兰连接装拆方便，便于检修更换，使用十分广泛。

(3) 焊接连接端。焊接连接端是指通过焊接方式将阀门与管道连接的一种不可拆卸的连接形式。阀门的焊接连接端有两种型式：对焊连接(BW)，承插焊连接(SW)。对焊连接(BW)，阀体对焊端焊接坡口与钢管焊接坡口对接。焊接后使阀门和管道牢固地成为一体。一般用于高压、高温的阀体端部。承插焊连接(SW)，阀体端口为承插孔，钢管插入承插孔内，通过外侧单面角焊，将阀门与管道连成一体。一般仅用于 *DN*50 以下小口径锻钢阀门，阀门端部为承插口。ASME B16.25 规定了 *DN*65~900 阀门对焊端坡口型式及尺寸。当管线钢管屈服强度大于阀体时，阀体的对焊端坡口尺寸应按 ASME B31.8 附录 I。

由于对焊接头强度高、密封性好，所以在化工系统中对焊连接的阀门大多应用在一些高温、高压、有剧毒介质、易燃易爆的场合。例如超高压蒸汽阀门两端采用焊接连接。

(4) 对夹式、凸耳式连接端。对夹式连接是将短结构长度的阀门夹持在上、下游管道两法兰之间的一种连接方式。对夹连接端阀门的结构简单、紧凑小巧、重量轻、体形薄，密封面采用平面(FF)型或凸面(RF)型。对夹式短结构阀门可大大缩短管道长度，又可减小管道支承力，法兰连接，装拆方便，便于维修、更换阀门，但连接端的密封性差，结构长度短。并且对夹连接端相当于法兰连接，装拆方便，便于维修、更换阀门，但连接端的密封性差。

5. 阀门结构长度

阀门结构长度是指阀门两连接端(面-面或端-端)之间的距离。阀门结构长度标准：ASME B16.10《阀门结构长度》Class 系列。GB/T 12221《金属阀门结构长度)(*PN*+Class 系列)。相关阀门产品标准规定的阀门结构长度，如管线系统使用的闸阀、球阀、旋塞阀、止回阀、管线阀门的阀门结构长度在 API 6D 标准中自行规定。

6. 阀体最小壁厚

阀体最小壁厚通常用于工业阀门承压强度的主要标志。钢制阀门的阀体最小壁厚主要有标准型壁厚和重型壁厚两类。此外，承插和螺纹端口的小口径锻钢阀和旋塞阀产品标准又有其特定的阀体最小壁厚。

标准型阀体壁厚标准见 ASME B16.34、GB/T 26640 表 1、GB/T 12224；重型阀体壁厚标准见 API 600、GB 26640 表 2、GB/T 12234；重型小口径阀体壁厚标准见 API 602、GB/T 26640 表 4、JB/T 7746。

7. 阀门通径

阀门流道最小直径也就是阀门通径，是阀门流通能力的重要工艺参数。阀门流量系数和流阻系数与阀门的通道(流道)面积，亦即阀体流道最小直径有关。标准型使用最广泛，除球阀、小口径锻钢阀(API 602)以及管线阀(API 6D)外，适用于其他各种阀门。此类阀门，如用户未对通径作出特定要求，阀门通径按 ASME B16. 34 和 GB/T 12224 的规定。管线用阀的全通径由于管线用阀需通球清管的特定要求，API 6D 对全通径作出特定要求。球阀通径由于球阀结构的特殊性，因此 AP1 608、GB/T 12237 等球阀标准中的所谓"通径"比上述标准型阀门的通径要小一些，而且还列入了通径更小的"缩径"及"双缩径"。用户选型时必须注意，并在阀门数据表中明示，以免发生纠纷。小口径锻钢阀的通径由于小口径锻钢阀由实心锻件机加工而成，因此，API 602 和 JB/T 7746 等小口径锻钢阀标准中规定最小通径比上述标准型阀门通径要小得多。

根据流体的流量和允许的压力损失来确定阀门的尺寸，一般应与管道的尺寸一致。阻力损失管道内的压力损失有相当一部分是由于阀门所造成。有些阀门结构的阻力大，但各种阀门又有其固有的功能特性。同一种型式的阀门有的阻力大，有的阻力小。阀门口径的确定应与管道相匹配。管道设计应用的标准体系是决定管道其他元件应用标准的基础。

8. 阀门材质的选用

(1)当阀门的压力、温度、等级和流体特性确定后，就应选择合适的材质。阀门的不同部位：阀体、压盖，阀瓣、阀座等，可能是由几种不同材质制造的，按照技术经济的最优效果，确定阀门的壳体及内部零件的材料(铸铁、铸钢、锻造阀门、合金钢、不锈钢等)。

对于小口径($DN \leqslant 40$)一般选用锻件，大口径($DN>40$)一般选用铸件。锻件阀体的端法兰，应该优先选择整体锻制阀体，如果法兰是焊接在阀体上，则对焊缝应该进行 100%射线检验。对焊和承插焊碳钢阀体的含碳量应不大于 0.25%，并且碳当量应不大于 0.45%。

铸铁阀体最高允许 200℃；钢阀体可以到 425℃，超过 425℃就要考虑使用合金阀；超过 550℃ 就应选用耐高温的 Cr-Ni 不锈钢。当流体腐蚀性强，普通奥氏体不锈钢不能使用时，应考虑采用一些特种材料，如 904L、双相钢(如 S31803 等)、蒙乃尔合金、塑料等制作，也可采用防腐材料衬里等。

① 铸铁。灰铸铁(A126-B)一般使用在低压阀门上，不推荐在工艺管道上使用。球墨铸铁(A395)的性能(强度和韧性)要比灰铸铁好。

② 碳钢。在阀门制造中最常见的碳钢材料有 A216-WCB(铸件)和 A105(锻件)。应特别注意碳钢长时间在 400℃以上工作，会影响到阀门的寿命。对于低温工况的阀门，常用的有 A352-LCB(铸件)和 A350-LF2(锻件)。

③ 奥氏体不锈钢。奥氏体不锈钢材料通常应用在具有腐蚀性工况或超低温工况。其中常用的铸件有 A351-CF8、A351-CFBM、A351-CF3 和 A351-CF3M。常用的锻件有 A182-F304、A182-F316、A182-F304L 和 A182-F316L。

④ 合金钢材料。对于低温工况的阀门，常用的有 A352-LC3(铸件)，A350-LF3(锻件)。对于高温工况的阀门，常用的有 A217-WC6(铸件)，A182-F11(锻件)和 A217-WC9(铸件)，A182-F22(锻件)。由于 WC9、F22 属于 2-1/4Cr-1 Mo 系列，相比属于 1-1/4Cr-1/2Mo 系列的 WC6、F11 含有更高的 Cr、Mo，所以具有更好的抗高温蠕变性能。

(2) 阀门材质的选用主要包括：阀体和阀盖材料的选用、阀门密封面(阀座和关闭件相互接触形成密封的部分)材料的选用、阀杆用填料密封材料的选用、阀杆用低泄漏填料材料的选用、阀门中法兰用的螺栓和螺母紧固件材料的选用。

① 阀体和阀盖是阀门的主要承压件，不同工况条件下阀体和阀盖等承压件材料选用是否合理，将直接影响阀门使用的安全可靠性和使用寿命，是阀门质量的关键因素之一。阀体材质的选择首先取决于流体对阀体材质的腐蚀性大小；其次应考虑流体的设计温度。国内外阀门常用的承压件材料按工况条件主要分为五大类：铸铁、碳素钢、低温钢、高温钢、不锈钢；按材料的成型工艺主要也分为五大类：铸件、锻件、锻焊件、板焊件、管件。

② 阀门密封面应耐磨损、耐腐蚀、耐冲蚀、耐擦伤，有足够的挤压强度，在高温下有足够的抗氧化性和热疲劳性，密封面与阀体的热膨胀系数相近，具有良好的加工性能和焊接性能，且应在价格和材料性能之间综合考虑。阀门的密封面分为金属密封面、软密封面和密封剂密封三种。

API 600 列入了钢制闸阀密封面材料的 18 种不同组合及最低的硬度要求。选用时，应根据材料的性能综合考虑。目前国内最常用的内件号是 1，2，5，8，10。API 600 列入的内件号除用于 API 600 闸阀外，还经常用于其他各种金属阀门，作为阀门金属密封面材料组合的代号。

软密封面最常用的材料是橡胶和聚四氟乙烯。

③ 阀杆与阀芯材质的选择。阀杆与阀芯在阀门开启和关闭过程中，除承受拉力、摩擦、压力和扭矩的作用外，还与流体直接接触。因此，对阀杆和阀芯除要求具有一定的机械性能外，还要具有良好的耐腐蚀性能和耐摩擦性能。阀杆与阀芯材质的选择通常应根据阀门的使用场合来选择，首先其材质应具有良好的耐腐蚀性能，其次应考虑工作温度，第三应考虑工作压力的高低。

④ 垫片与填料材质的选择。正确选用垫片和填料材质是避免跑、冒、滴、漏的有效办法。垫片和填料的材质选择同阀体材质的选择一样，流体的工作温度、工作压力是选择垫片和填料的重要因素。阀门用阀杆填料主要有盘根填料和成型填料。

9. 利用阀门样本资料，选择合适的阀门产品

阀门型号确定后，可查出所选阀门的几何参数：结构长度、法兰连接形式及尺寸（或其他方式连接启闭时阀门高度、连接的螺栓孔尺寸及数量、整个阀门的外形尺寸及重量等，为阀门现场安装打下基础。

10. 其他一般要求

(1) 工艺介质及剧毒、易燃、易爆、可燃介质管道用的闸阀、截止阀和止回阀应选用严密性好、安全可靠性高的石油化工专用阀门，其采购、制造和验收应执行工程设计规定。油品、油气、液化石油气、氢气等管道应选用钢阀。装置内水、空气等公用物料管道可选用钢阀。

(2) 当工艺介质管道需采用非金属阀座的球阀、旋塞阀时，阀门必须有防火、防静电结构。阀门的压力温度等级可按 ASME B16. 34 的规定。设计上应有二次金属密封特性，可根据 API 607 进行测试。球阀的密封件压力-温度额定值可按 API 608 的规定，蝶阀的密封件压力-温度额定值可按 API 609 的规定。

(3) 管道上用的阀门须根据管道内被输送流体的相态(液、汽)，含固量、压力大小、温度高低、腐蚀性质等诸方面进行考虑，此外，操作上可靠无故障，费用上经济合理也是

重要考虑因素。

(4) 工艺介质管道需采用非金属阀座的球阀、旋塞阀时，阀门应有防火、防静电结构，且压力温度等级应根据设计条件校核。

(5) API 594 对夹式蝶形止回阀用于≤CL600。蝶阀的结构长度可按 API 609 的规定。用于循环水管道≥*DN*100 的阀门宜选用蝶阀，工艺管道 *DN*≥200 的阀门为减小结构和管道荷载，也可以考虑选用蝶阀。弹性阀座蝶阀用于水/空气或腐蚀性介质，硬密封蝶阀用于工艺介质或温度超过 200℃ 的工况条件。

法兰端和对焊端球阀的结构长度可按 ASME B16. 10 的规定。

对夹式止回阀一般不用于往复式设备或其他苛刻条件。14″以上的对夹式止回阀，在管道布置时应考虑阀瓣开启时所需要的足够的空间。*DN*≤40mm(1½″)的止回阀结构应为柱塞或球形并带复位弹簧。

聚四氟乙烯阀座的密封使用温度应不高于 200℃。

(6) 对一般介质用法兰连接阀盖的阀门，当压力等级小于 CL600 时，其垫片使用柔性石墨复合垫或不锈钢缠绕垫；当压力等级等于 CL600 时，可选用缠绕垫，但对 H_2介质应使用金属环垫。压力等级≥CL900，≥2″的阀门应选用压力自紧式密封阀盖。压力等级≥CL600 的蒸汽阀门的阀内件宜选用 Stellite 硬质合金密封面。

(7) 阀门的齿轮驱动装置是为了降低操作强度。CL1500 和 CL2500 的阀门，其阀盖应采用压力密封型。一般介质用阀门的阀杆填料应选用石墨填料。

(8) 材料的标志。所有阀门和管件、法兰等，应在适当的位置做出标志。标志内容应包括公称直径、公称压力、壁厚、材质等，同时标出设计单位规定的编码号。

二、按功能阀门的选用与工程应用

确定阀门的功能。根据操作介质的性质、温度、压力选择符合有关标准规定的阀门。掌握各种阀门的功能，选择符合要求的阀门。

(1) 对于紧急泄放、消防冷却水系统或开关频繁的阀门应选用具有快开式特性曲线的阀门。

(2) 一般用于液面或流量控制或者系统需要通过阀门的压降比较稳定的，应选择具有线性特性的阀门。线性特性的相对行程和相对流量成直线关系。单位行程的变化所引起的流量变化是不变的，流量大时，流量相对值变化小，流量小时，则流量相对值变化大。

(3) 一般用于工艺要求压降有较大变化或只允许阀门处有小百分比的压降变化及用于温度和压力控制的环路，应选用具有等百分比特性(对数)的阀门。等百分比特性的相对行程和相对流量不成直线关系，在行程的每一点上单位行程变化所引起的流量变化和此点的流量成正比，流量的百分比是相等的。所以它的优点是在低流量范围时，流量变化较小；在大流量范围时，流量变化也大，在不同开度上具有相同的调节精度。

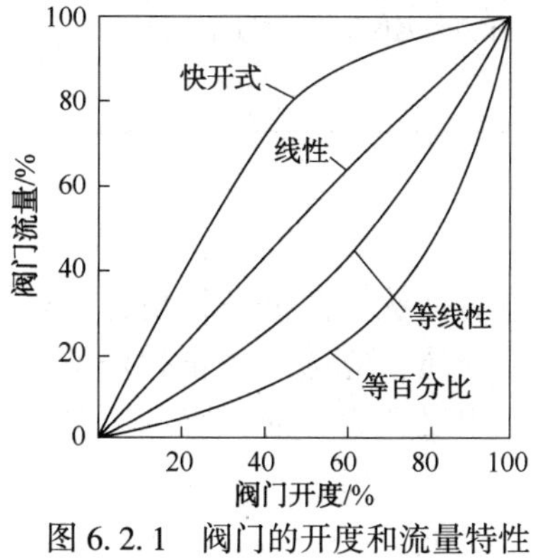

图 6. 2. 1 阀门的开度和流量特性

(4) 具有等线性特性的阀门，其曲线位于线性和等百分比的中间，流量按行程的二次方成比例变化，大体具有线性和等百分比的中间特性。图 6. 2. 1 是阀门的开度和流量的关系。

在上述三种具有调节特性曲线(线性、等百分比和等线性)的特性分析中可以看出，就其调节性能上讲，以等百分比特性为最优，其调节稳定，调节性能良好。而等线性具有百分比特性和线性特性两者兼有的调节性特性，可根据使用场合的要求不同，挑选其中任何一种流量特性。

(5) 了解阀门启闭件的运动方式，选择适合操作需要的阀门。阀门启闭件有 4 种运动方式，即闭合式、滑动式、旋转式、夹紧式，每种运动方式都有其优缺点。各种运动方式的优缺点见表 6.2.1。

表 6.2.1 各种运动方式的优缺点

类别	图 示	优 点	缺 点
闭合式	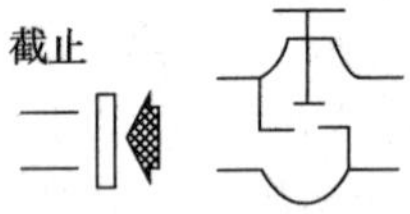	切断和调节性能最佳	压头损失大
滑动式	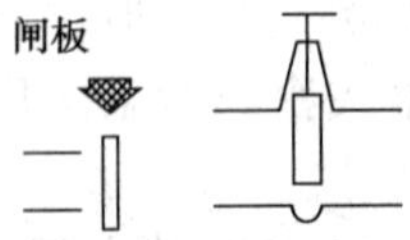	直流压头损失小	动作缓慢、体积大
旋转式		快速动作 直流	温度受聚四氟乙烯阀门衬套的限制，而且需要注意带润滑的阀门的“润滑”
	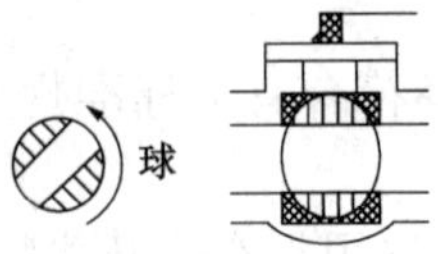	快速动作 直流 易于操作	温度受阀座材料的限制
	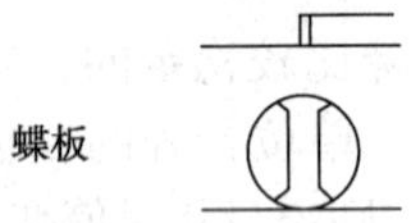	快速动作 切断性能良好 双偏心大于15°后无摩擦 三偏心，无摩擦	弹性阀座的阀门，工作温度受阀座材料的限制
夹紧式	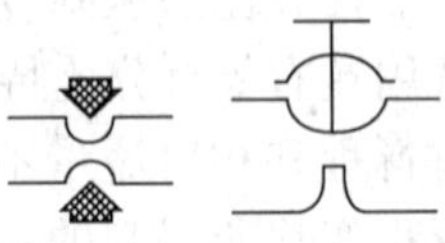	无填料 对污液断流可靠	压力和温度受隔膜材料的限制

三、按介质阀门的选用与工程应用

(1) 极度、高度危害、可燃介质管道的软质密封阀门，应有防火、防静电结构，其密封件压力温度参数应满足设计条件的要求，如球阀。极度危害介质，应选用防止阀杆填料处泄漏的阀门。阀盖应为法兰连接，至少用 4 根螺栓。高度、中度危害介质，宜选用防止阀杆填料处泄漏密封结构型式的阀门。

(2) 根据介质及功能要求常用阀门类型的选用，见表 6.2.2 和表 6.2.3。

表 6.2.2　根据介质选用阀门(一)

介质状态	介质性质	阀功能	阀门形式	说　明
液　体	无腐蚀性介质（水、油等）	开/关	闸阀	用于油品输送时，不可用天然橡胶
			球阀	
			旋塞	
			隔膜阀	
			蝶阀	
		调　节	截止阀	V 形通道阀芯
			球阀	
			蝶阀	
			旋塞	V 形通道阀芯
			隔膜阀	用于油品输送时，不可用天然橡胶
			针形阀	只用于小流量
	腐蚀性介质（酸、碱等）	开/关	闸阀	抗腐蚀①，（OS&Y），（波纹管密封）
			球阀	抗腐蚀①，（衬里）
			旋塞	抗腐蚀①，（润滑），（衬里）
			隔膜阀	抗腐蚀①，（衬里）
			夹管阀	抗腐蚀①
			蝶阀	抗腐蚀①，（衬里）
		调节	截止阀	抗腐蚀①，（OS&Y），（隔膜或波纹管密封）
			球阀	V 形通道阀芯
			隔膜阀	抗腐蚀①，（衬里）
			旋塞	V 形通道阀芯
			夹管阀	抗腐蚀①
			蝶阀	抗腐蚀①，（衬里）
	要求卫生的介质（饮料、食品和药品）	开/关	球阀	不锈钢阀体和球，白阀座②
			蝶阀	特制阀板②，白阀座②
			夹管阀	卫生衬里，白内壁②
			隔膜阀	卫生衬里，白隔膜②
		调节	蝶阀	特制阀板②，白阀座②
			隔膜阀	卫生衬里，白隔膜②
			球阀	不锈钢阀体和球，V 形球，白阀座②
			夹管阀	卫生衬里，白内壁②
	浆　液	开/关	球阀	
			蝶阀	耐磨衬里
			隔膜阀	耐磨阀板、弹性阀座
			旋塞	耐磨衬里
			夹管阀	
		调节	蝶阀	耐磨阀板、弹性阀座
			旋塞	无润滑，V 形通道阀芯
			隔膜阀	衬里①
			夹管阀	
	带纤维的悬浮液	开/关，调节	闸阀	单阀座、刀闸阀、弹性阀板
			隔膜阀	
			闸阀	单阀座
			夹管阀	

续表

介质状态	介质性质	阀功能	阀门形式	说明
气体	无腐蚀性介质（空气、蒸汽等）	开/关	闸阀 截止阀 球阀 旋塞 蝶阀	需选用合适的阀芯 （不适合蒸汽）
		调节	截止阀 针形阀 蝶阀	（只用于小流量）
	腐蚀性介质（酸性气体、氯气等）	开/关	蝶阀 球阀 隔膜阀 旋塞	抗腐蚀① 抗腐蚀① 抗腐蚀① 抗腐蚀①
		调节	蝶阀 截止阀 针形阀 隔膜阀	抗腐蚀① 抗腐蚀①，（OS&Y） 抗腐蚀①，（只用于小流量） 抗腐蚀①
	真空	开/关	闸阀 截止阀 球阀 蝶阀	波纹管密封 隔膜或波纹管密封 弹性阀座
固体粉料	磨蚀性粉料（硅石粉等）	开/关、调节	夹管阀	
	润滑性的粉料（石墨、滑石粉等）	开/关、调节	夹管阀 闸阀	单阀座
	催化剂	开/关、调节	球阀 闸阀	金属硬密封、耐磨 耐磨

注：① 由于介质的性质有很大的变化，故阀门材料必须随着介质的变化而选用合适的材料。

② 阀板表面应当光滑，无螺栓和凹槽；由卫生的材料如不锈钢制造，或由白的塑料或橡胶全包。

表 6.2.3 根据介质选用阀门(二)

阀门类型		流束调节形式			介质				
						带悬浮颗粒			
类型	型号	截断	节流	换向分流	无颗粒	带磨蚀性	无磨蚀性	黏滞性	清洁
闭合式	截止阀：								
	直通式	可用	可用		可用				
	角式	可用	可用		可用				
	柱塞式	可用	可用		可用	可用			

续表

阀门类型		流束调节形式			介　质				
类型	型号	截断	节流	换向分流	无颗粒	带悬浮颗粒		黏滞性	清洁
						带磨蚀性	无磨蚀性		
滑动式	闸阀：								
	楔式刚性单闸板	可用			可用	适当可用	可用		
	楔式弹性单闸板	可用			可用		适当可用		
	楔式双闸板	可用			可用				
	平行式双闸板	可用			可用				
旋转式	旋塞阀：								
	非润滑式(直通)	可用	适当可用		可用	可用			可用
	(三通，四通)	可用		可用	可用	可用			
	润滑式(直通)	可用	适当可用		可用	可用	可用		
	(三通，四通)	可用		可用	可用	可用	可用		
	球阀	可用		可用	可用	可用	可用	可用	
	蝶阀	可用	可用		可用	可用	可用	可用	可用
挠曲式	隔膜阀：								
	堰式	可用	适当可用		可用	可用			可用
	直通式	可用	适当可用		可用	可用		可用	可用

(3) 根据阀体材质适用的温度、介质、压力、通径范围等条件对阀门类型的选用见表6.2.4和表6.2.5。

表6.2.4　阀门类型的选用——根据阀体材质适用条件(一)

序号	阀门类型	阀体材质	适用温度/℃	适用介质	公称压力范围/MPa	公称通径范围/mm	备注
一	闸阀	碳钢(C)	≤425	水、蒸汽、油品	1.6、2.5	15~1000	
		铬镍钛钢(P)	≤200	硝酸类	4.0	15~600	
		铬镍钼钛钢(R)	≤200	醋酸类	6.4	15~500	
		铬钼钢(I)	≤550	油品、蒸汽	10.0	15~400	
					16.0	15~300	
		铬镍钛钢(P_{I})	≤50	水、蒸汽、油品	1.6、2.5、4.0	50~300	
		铬镍钛钢(P_{II})	≤650	烟气、空气	1.6、2.5、4.0	50~300	
		不锈钢及耐磨衬里	650~730	催化裂化催化剂、高温烟气、蒸汽	1.6、2.5、4.0	80~600	
二	截止阀	碳钢(C)	≤425	水、蒸汽、油品	1.6、2.5、4.0	15~300	即是氨阀类
		碳钢(C)	≤425	水、蒸汽、油品	6.4~16.0	15~200	

续表

序号	阀门类型	阀体材质	适用温度/℃	适用介质	公称压力范围/MPa	公称通径范围/mm	备注
		碳钢(C)	-40~130	氨、液氨	2.5	15~200	
		铬镍钛钢(P)	≤200	硝酸类	1.6、2.5、4.0、6.4	15~200	
		铬镍钛钢(P)	≤100	硝酸类	10.0	15~200	
		铬镍钼钛钢(R)	≤200	醋酸类	1.6、2.5、4.0、6.4	15~200	
		铬镍钼钛钢(R)	≤100	醋酸类	10.0	15~200	
		铬钼钢(I)	≤550	油品、蒸汽	1.6~2.5	15~300	
		铬钼钢(I)	≤550	油品、蒸汽	4.0~16.0	15~200	
三	止回阀	碳钢(C)	≤425	水、蒸汽、油品	1.6	50~600	
		碳钢(C)	≤425	水、蒸汽、油品	2.5、4.0	15~600	
		碳钢(C)	≤425	水、蒸汽、油品	6.4	15~500	
		碳钢(C)	≤425	水、蒸汽、油品	10.0	15~400	
		碳钢(C)	≤425	水、蒸汽、油品	16.0	15~300	
		铬镍钛钢(P)	≤200	硝酸类	1.6、2.5、4.0、6.4	15~200	
		铬镍钼钛钢(R)	≤200	醋酸类	1.6、2.5、4.0、6.4	15~200	
		铬钼钢(I)	≤550	油品、蒸汽	1.6、2.5、4.0	50~600	
		铬钼钢(I)	≤550	油品、蒸汽	6.4~16.0	50~300	
四	球阀						
1	软密封球阀	碳钢(C)	≤150	水、蒸汽、油品	1.6、2.5、4.0	15~200	密封材质为聚四氟乙烯
		碳钢(C)	≤180	水、蒸汽、油品	1.6、2.5、4.0	15~200	密封材质为增强聚四氟乙烯
		碳钢(C)	≤250	水、蒸汽、油品	1.6、2.5、4.0	15~200	密封材质为对位聚苯
		铬镍钼钛钢(P)	≤180	硝酸类	1.6、2.5、4.0	15~200	密封材质为增强聚四氟乙烯
		铬镍钛钢(P)	≤180	硝酸类	6.4	15~150	
		铬镍钼钛钢(R)	≤180	醋酸类	1.6、2.5、4.0	15~200	密封材质为增强聚四氟乙烯
		铬镍钼钛钢(R)	≤180	醋酸类	6.4	15~150	
2	硬密封球阀	碳钢(C)	≤425	水、蒸汽、油品	1.6、2.5、4.0	150~200	
		碳钢(C)	≤425	水、蒸汽、油品	6.4	15~150	
		优质碳钢(C)	≤425	水、蒸汽、油品	10.0	50~300	

续表

序号	阀门类型	阀体材质	适用温度/℃	适用介质	公称压力范围/MPa	公称通径范围/mm	备注
		铬镍钼钛钢(P)	≤200	硝酸类	1.6、2.5、4.0	15~200	
		铬镍钛钢(P)	≤200	硝酸类	6.4	15~150	
		铬镍钼钛钢(R)	≤200	醋酸类	1.6、2.5、4.0	15~200	
		铬镍钼钛钢(R)	≤200	醋酸类	6.4	15~150	
五	碟阀						
1	软密封蝶阀	碳钢(C)	≤150	水、蒸汽、油品、煤气	1.0、1.6、2.5	50~150	手动操作
		碳钢(C)	≤150	水、蒸汽、油品、煤气	1.6、2.5	50~1200	蜗轮手动及电动
		铬镍钛钢(P)	≤200	硝酸等腐性介质	1.6、2.5	80~1000	
		铬镍钼钛钢(R)	≤200	醋酸等腐性介质	1.6、2.5	80~1000	
2	金属密封蝶阀	碳钢(C)	≤425	水、蒸汽、油品	1.6、2.5	50~700	蜗轮手动
		铬镍钛钢(P)	≤540	蒸汽、油品、空气等	1.6、2.5	300~1200	

表 6.2.5　阀门类型的选用——根据阀体材质适用条件(二)

使用条件	阀门基本形式					
	闸阀	截止阀	止回阀	球阀	旋塞阀	蝶阀
温度、压力						
常温-高压	●	●	●	●	◆	◆
常温-低压	○	○	○	○	○	○
高温-高压	○	●	●	▲	◆	◆
高温-低压	○	○	○	▲	▲	▲
中温-中压	○	○	○	●	●	●
低温	○	●	●	◆	◆	◆
公称直径/mm						
>1000	▲	◆	▲	◆	▲	○
>500	○	◆	▲	◆	◆	○
300~500	○	◆	●	▲	◆	○
<300	○	○	○	●	●	●
<50	●	○	●	○	○	◆

注：符号表示：○适用、●可用、▲适当可用、◆不适用。

(4) 根据场合要求和介质切断阀的选用见表 6.2.6。

表 6.2.6　切断阀的选用

应用场合	流　体	最高流体设计温度和温压等级	阀的数目(任何形式)	闸阀的阀板
在线设备的切断(包括仪表)如：备用设备，设备可以被旁通：装置边界；储罐和容器：调节阀站(不包括旁通阀)	非危险性介质	$T \leqslant +573$℃和温压等级≤600#	单阀	150#采用刚性或弹性阀板
	危险性介质		单阀	
	任何	$T \leqslant +573$℃或压力等级>600#	双阀	300#及以上选用弹性阀板或双阀板①
产品分隔防止混合如：产品管线间的连接线、设备的旁通，如：反应器	任何	$T \leqslant 240$℃和温压等级≤300#	单阀②	150#采用刚性或弹性阀板
		$T > 240$℃或温压等级>300#	双阀	300#及以上选用弹性阀板或双阀板①
考虑安全因素如：周期动作的重整和再生阀	任何	任何	双阀③④	双阀板弹性楔形阀板或双阀板楔形分裂阀板①⑤
浆液管线如：固体含量大于12g/L	任何	$T \leqslant 240$℃和任何温压等级	单阀	150#采用刚性或弹性阀板
		$T > 240$℃和任何温压等级	双阀	300#及以上选用弹性阀板或双阀板①
一般用途如：公用工程与设备，压力泄放系统，DN50以上等调节阀旁通、工艺冷却水⑥、放空、放净、冲洗⑧和清扫接头加热炉和锅炉的燃烧器配管⑦、取样管⑧	任何	$T \leqslant +573$℃和温压等级≤600#	单阀	刚性阀板或弹性阀板
		$T > +573$℃和压力等级>600#	双阀	
安全切断如码头、公路上的立交桥公路和铁路	任何	任何	单阀	刚性或弹性阀板

注：① *DN*50及以可采用刚性楔形阀板。
② 应用软密封阀。
③ 填料应能承受650℃的外缠Inconel金属丝补强的石棉线，掺入石墨，加防腐蚀剂。
④ 工厂应做高压阀座液压试验和纸压空气阀座试验。
⑤ 一年的开关频率≥10次的应用带Stelliet6号合金的楔形阀板导向硬表面。
⑥ *DN*100以上时，可用软密封蝶阀。
⑦ 可用旋塞阀。
⑧ 可能产生自冷冻现象处，应装双阀。
⑨ 阀内件材料按API 600选用。

四、阀门驱动装置的选用与工程应用

(1) 阀门驱动装置分类。①手动：手柄、手轮式(包括齿轮传动)；弹簧杠杆式。②电动：电磁式；电动机式。③气动：隔膜式；气缸式；叶片式；空气发动机。④液压：液压缸式；液压马达式。

另外，按阀杆的运动形式，阀门驱动装置可以分为多回转阀门驱动装置和部分回转阀门驱动装置两大类。多回转是指驱动装置输出轴的转动圈数大于1，如闸阀、截止阀、节流阀和隔膜阀用的驱动装置。部分回转是指驱动装置输出轴的转动圈数小于1，如球阀、蝶阀和旋塞阀用驱动装置。我国阀门驱动装置的连接标准 GB/T 12222《多回转阀门驱动装置的连接》和 GB/T 12223《部分回转阀门驱动装置的连接》，分别等效采用了 ISO 5210 和 ISO 5211 标准。

(2) ①阀门的驱动装置就是利用外加动力启闭阀门并与阀门相连接的的装置。使用驱动装置的目的是使阀门的操作省力、方便、迅速、可靠，或实现自动控制和远程控制。阀门驱动装置可以用手动、电力、气力、液力或其组合形式的动力源来驱动，其运动过程可由行程、转矩或轴向推力的大小来控制。②对阀门驱动装置的基本要求是：转矩或推力能满足阀门的启闭需要，对行程和转矩的控制精确可靠，动力的选用适合现场情况，启闭动作符合控制要求，装置本身轻小。

(3) 电力驱动阀门。在工程公司电力驱动阀门一般由工艺和仪表专业负责选用，在这里仅作简介。①电动执行机构。电动执行机构一般由电机、减速箱、手操机构、机械位置指示机构等一些部件组成。与其他阀门驱动装置相比，电动驱动装置具有动力源广泛，操作迅速、方便等特点，并且容易满足各种控制要求。所以，在阀门驱动装置中，电动装置占主导地位。②电力驱动阀门是常用的驱动方式的阀门，通常称这种驱动装置形式的驱动装置为阀门电动装置，阀门电动装置的特点如下：启闭迅速，可以大大缩短启闭阀门所需的时间；可以大大减轻操作人员的劳动强度，特别适用于高压、大口径阀门；适用于安装在不能手动操作或难于接近的位置，易于实现远距离操纵，而且安装高度可以不受限制；有利于整个系统的自动化；电源比气源和液源容易获得，其电线的敷设和维护也比压缩空气和液压管线简单得多；电力供应方便、容易调整、出力大，适合于遥控和自动控制的需要，使用较为广泛。但在设计制造时需要考虑室外、易燃易爆等环境条件对电动装置的影响，且结构较为复杂。③阀门电动装置的缺点是构造复杂，在潮湿的地方使用更为困难，用于易爆介质时，需要采用隔爆措施。④阀门电动装置按所驱动的阀门类型不同，可分为Z型和Q型两大类。Z型阀门电动装置的输出轴可以转出很多圈，适用于驱动闸阀、截止阀、隔膜阀等；Q型阀门电动装置的输出轴只能旋转90°，适用于驱动旋塞阀、球阀和蝶阀等。按其防护类型有普通型、隔爆型(以B表示)、耐热型(以R表示)和三合一型(即户外、防腐、隔爆，以S表示)。⑤电动执行机构一般由电机、减速箱、手操机构、机械位置指示机构等一些部件组成。与其他阀门驱动装置相比，电动驱动装置具有动力源广泛，操作迅速、方便等特点，并且容易满足各种控制要求。在阀门驱动装置中，电动装置占主导地位，见图6.2.2。

(4) 气动和液动阀门。在工程公司气动和液动阀门一般由工艺和仪表专业负责选用，在这里仅作简介。①气动阀门和液动是以一定压力的空气、水或油为动力源，利用气缸(或液压缸)和活塞的运动来驱动阀门的，一般气动的空气压力小于0.8MPa，液动的水压或油压为2.5~25MPa。回转型气、液驱动装置用于驱动球阀、蝶阀或旋塞阀。②液动装置的驱动力大，适用于驱动大口径阀门。如用于驱动旋塞阀、球阀和蝶阀时，必须将活塞的往复运动转换为面回转运动。除了采用气缸或液压缸的活塞来驱动外，不能采用气动薄膜驱动，

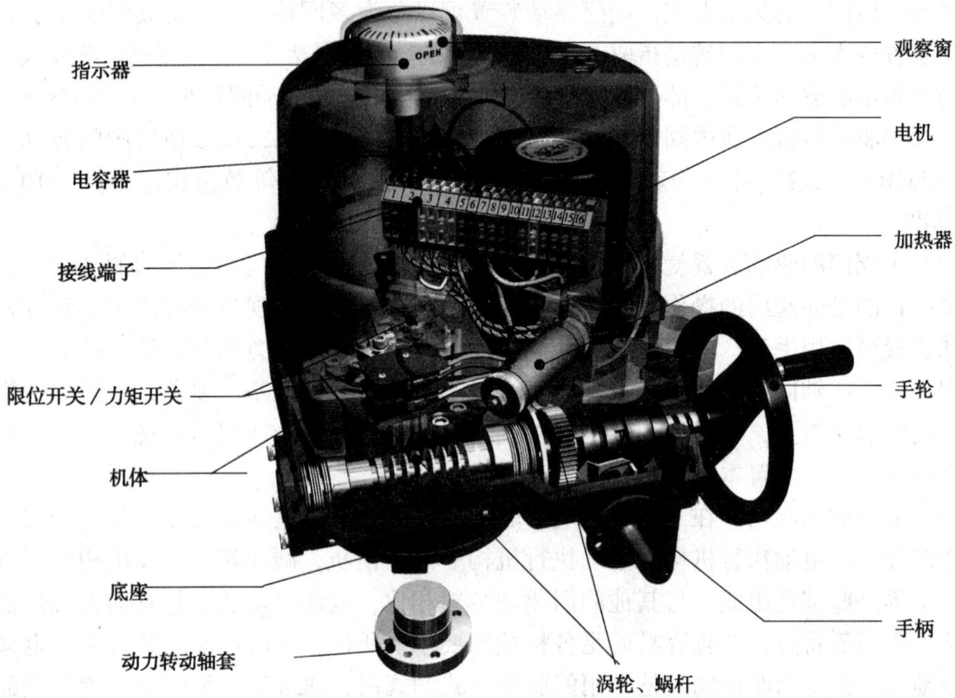

图 6.2.2　电动执行机构的构造

因其行程和驱动力较小，故主要用于调节阀。③气动执行机构，阀门气动驱动装置安全、可靠、成本低，使用维修方便，是阀门驱动机构中的一大分支。气动装置在具有防爆要求的场合应用较多。阀门气动驱动装置采用气源的工作压力较低，结构尺寸不大，阀门气动驱动装置的总推力也不很大。④它们都有结构紧凑、启闭迅速的特点，适用于室内或有腐蚀、易燃易爆的环境；其缺点是配管较复杂，不适于远距离控制。气动装置的压力一般为 $(4\sim6)\times10^5$Pa，出力较小。液动装置采用较高的压力，出力较大。

（5）手动阀门。①手动阀门是最基本的驱动方式的阀门。它包括用手轮、手柄或扳手直接驱动和通过传动机构进行驱动两种。②手轮或手柄驱动。在启闭阀门所需的力矩小于 100kg · m 时，采用手动驱动。手轮或手柄采用正方、锥方、键和螺纹等形式直接固定在阀杆或阀杆螺母上，阀门的启闭是通过手轮、阀杆和阀杆螺母来实现的。它常用于驱动公称通径小于 300mm 的阀门。③齿轮蜗轮驱动。当阀门启闭所需的力矩较大时，一般采用齿轮或蜗轮驱动。齿轮驱动有正齿轮和伞齿轮，其传动比通常取 1∶3，多用于闸阀、截止阀和球阀。蝶阀和旋塞阀通常采用蜗轮驱动。④配备手动齿轮操作机构的阀门压力等级和尺寸宜按表规定。但是，将手轮或手柄开到一半的位置时的操作力不能超过 35kgf。手动阀门的最大尺寸见表 6.2.7。5 阀门的齿轮操作机构应以最大传输压力设计，这类阀门的关闭试验压力应降低到该管线的最大设计压力。但是，除了阀门的齿轮操作机构外，阀门的其他部件应以足够的压力等级设计。阀门的关闭试验压力应按照 API 598 的规定。

表 6.2.7　应用齿轮传动阀门的情况

阀门类型	Class 150	Class 300	Class 600	Class 900	Class 1500	Class 2500
闸阀，截止阀(升杆)	$\geqslant DN$ 350	$\geqslant DN$ 350	$\geqslant DN$ 250	$\geqslant DN$ 100	$\geqslant DN$ 80	$\geqslant DN$ 80
球阀(API 608)	$\geqslant DN$ 150		—	—		
旋塞阀						
同心弹性蝶阀(NSS SP67)	$\geqslant DN$ 250		—	—	—	—
偏心蝶阀(MSS SP68)	$\geqslant DN$ 150	$\geqslant DN$ 100	—	—	—	
层状密封偏心蝶阀	$\geqslant DN$ 80			—	—	—

(6) 某大口径阀门驱动选用的工程应用。某卧式设备上部有一新增 72″大口径蝶阀，根据所在国家管道设计标准规范，一般口径大于 12″的阀门驱动装置不能用手动，因此如果设计单位把这个大口径蝶阀改为非手动驱动的阀门，将增加很多费用。后来经过仔细研究这个国家的管道设计标准规范，发现对于很少进行操作的大于 12″的阀门驱动装置可以采用手动驱动，并设置相应的操作平台。

五、阀体、阀盖、启闭件材料的选用与工程应用

(1) 阀门材料主要是指阀体、阀盖、启闭件的材料。选择阀门主要部件的材料除考虑到操作介质的温度、压力和介质的性质(尤其腐蚀性)外，还应了解介质的清洁程度(有无固体颗粒)。有许多材料可以满足阀门的要求，但是正确、合理地选择阀门的材质，可以获得阀门最经济的使用寿命和最佳的性能。①灰铸铁适用于工作温度在-15~200℃，公称压力 $PN \leqslant 1.6$MPa 的低压阀门。适用介质为水、煤气等。②黑心可锻铸铁适用于工作温度在-15~300℃之间，公称压力 $PN \leqslant 2.5$MPa 的中低压阀门。适用介质为水、海水、煤气、氨等。③球墨铸铁适用于工作温度在-30~350℃之间，公称压力产 $PN \leqslant 4.0$MPa 的中低压阀门。适用介质为水、海水、蒸汽、空气、煤气、油品等。④碳素钢(WCA、WCB、WCC)适用于工作温度在-29~425℃之间的中高压阀门。其中 16Mn、30Mn 工作温度为-40~450℃，常用来替代 ASTM A105。适用介质为饱和蒸汽和过热蒸汽，高温和低温油品、液化气体、压缩空气、水、天然气等。⑤低温碳钢(LCB)适用于工作温度在-46~345℃之间的低温阀门。⑥合金钢 WC6、WC9 适用于工作温度在-29~595℃ 之间的非腐蚀性介质的高温高压阀门；CS、C12 适用于工作温度在-29~650℃之间的腐蚀性介质的高温高压阀门。⑦奥氏体不锈钢适用于工作温度在-196~600℃ 之间的腐蚀性介质的阀门。⑧蒙乃尔合金主要适用于含氢氟酸介质的阀门。⑨哈氏合金主要适用于稀硫酸等的强腐蚀性介质的阀门。⑩钛合金主要适用于各种强腐蚀介质的阀门。⑪铸造铜合金主要适用于工作温度在-273~200℃之间氧气管路和海水管路用的阀门。⑫塑料、陶瓷这两种材料都属于非金属材料。非金属材料阀门的最大特点是耐腐蚀性强，甚至有金属材料阀门所不具备的优点。一般适用于公称压力 $PN \leqslant 1.6$MPa，工作温度不超过-60℃的腐蚀性介质中，无毒塑料阀也适用于给水工业中。⑬上述阀门壳体材质为一般工业管道阀门用。石油化工企业中输送可燃介质管道上的阀门均为锻钢或铸钢壳体，一般不采用灰铸铁阀门，可锻铸铁或球墨铸铁也不用于蒸汽和可燃介质的阀门。

(2) 阀门内件常用的材质及使用温度见表 6.2.8。

表 6.2.8 阀门内件常用的材质及使用温度

阀门内件材质	使用温度下限/℃(℉)	使用温度上限/℃(℉)	阀门内件材质	使用温度下限/℃(℉)	使用温度上限/℃(℉)
304 型不锈钢	-268(-450)	316(600)	440 型不锈钢 60RC	-29(-20)	427(800)
316 型不锈钢	-268(-450)	316(600)	17-4PH	-40(-40)	427(800)
青铜	-273(-460)	232(450)	6 号合金(Co-Cr)	-273(-460)	816(1500)
因科镍尔合金	-240(-400)	649(1200)	化学镀镍	-268(-450)	427(800)
K 蒙乃尔合金	-240(-400)	482(900)	镀铬	-273(-460)	316(600)
蒙乃尔合金	-240(-400)	482(900)	丁腈橡胶	-40(-40)	93(200)
哈斯特洛依合金 B	-198(-325)	371(700)	氟橡胶	-23(-10)	204(400)
哈斯特洛依合金 C	-198(-325)	538(1000)	聚四氟乙烯	-268(-450)	232(450)
钛合金	-29(-20)	316(600)	尼龙	-73(-100)	93(200)
镍基合金	-198(-325)	316(600)	聚乙烯	-73(-100)	93(200)
20 号合金	-46(-50)	316(600)	氯丁橡胶	-40(-40)	82(180)
416 型不锈钢 40RC	-29(-20)	427(800)			

(3) 阀门密封面常用材料及适用介质和允许使用的温度范围见表 6.2.9。

表 6.2.9 阀门密封面常用材料及适用介质

密封面材料	使用温度/℃	硬 度	适用介质
青铜	-273~232		水、海水、空气、氧气、饱和蒸汽等
-316L	-268~316	14HRC	蒸汽、水、油品、气体、液体气体等轻微腐蚀且无冲蚀的介质
17-4PH	-40~400	40~45HRC	具有轻微腐蚀但有冲蚀的介质
0Cr13	-101~400	37~42HRC	具有轻微腐蚀但有冲蚀的介质
司太立合金	-268~650	40-45HRC(常温) 38HRC(650℃)	具有冲蚀和腐蚀性的介质
蒙乃尔合金 K S	-240~482	27~35HRC 30~38HRC	碱、盐、食品，不含空气的酸溶剂等
哈氏合金 B S	371 538	14HRC 23HRC	腐蚀性矿酸、硫酸、磷酸、湿盐酸气、无氯酸溶液、强氧化性介质
20 号合金	-45.6~316 -253~427		氧化性介质和各种浓度的硫酸

(4) 常用阀门内件材料的组合见表 6.2.10。

表 6.2.10 常用内件材料的组合

序 号	阀 杆	阀瓣(闸板等)	阀座面
1	13%Cr	13%Cr	13%Cr
2	13%Cr	13%Cr	同太立合金
3	13%Cr	司太立合金	13%Cr

续表

序　号	阀　杆	阀瓣(闸板等)	阀座面
4	13%Cr	13%Cr	蒙乃尔合金
5	13%Cr	司太立合金	司太立合金
6	17-APH	司太立合金	司太立合金
7	蒙乃尔合金	蒙乃尔合金	蒙乃尔合金
8	304(304L)	304(304L)	304(304L)
9	316(316L)	316(316L)	316(316L)
10	321	321	321
11	20 号合金	20 号合金	20 号合金
12	17-4PH	17-4PH	17-4PH
13	哈氏合金 B、C	哈氏合金 B、C	哈氏合金 B、C

六、阀门阀座和关闭件的选用与工程应用

阀门密封副由阀座和关闭件组成，依靠阀座和关闭件上两个经过精密加工的密封面紧密接触或密封面受压塑性变形而取得密封，它是保证阀门可靠工作的主要部位。阀门密封副有如下 5 种形式。①平面密封：密封副的两个接触面为平面。此类型式制造维修方便，在截止阀上使用时，关闭瞬间没有摩擦现象，但阀杆所受的同向力较大。②锥面密封：密封副的两个接触面为锥面。此种型式，在其他条件相同于平面密封时，能获得较高的密封力，密封性能好，锥面密封一般用在高压小口径的阀门上(如针形阀和旋塞阀)。③球面密封：密封副的两个接触面有一个(线接触)或两个(面接触)为球面。此种型式密封性好，但制造和维修困难，球阀和截止阀采用较多。④刀形密封：密封的两个接触面中有一个是刀口形，这是一种介于线与平面接触之间的密封。此种形式的密封，在真空阀和其他密封要求不高的条件下使用较多。⑤柱形密封。如图 6.2.3 所示。

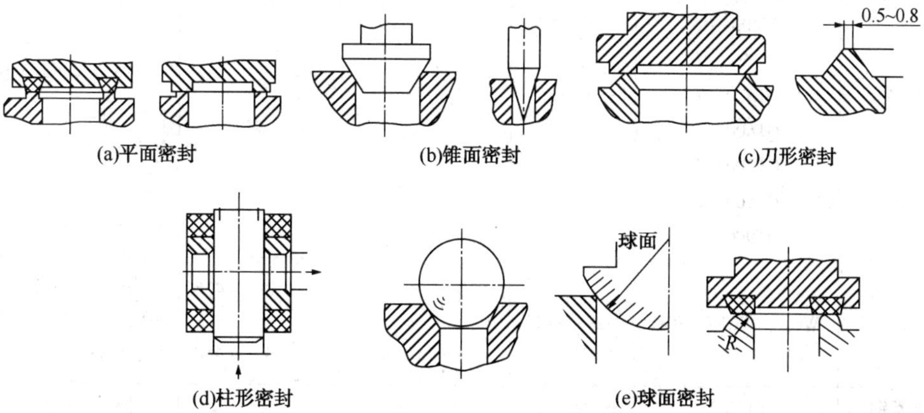

图 6.2.3　阀门密封副典型图

七、阀门填料函的选用与工程应用

(1) 阀门填料函又名填料箱，就是阀杆部分的密封装置，填料函通常在阀盖上部，防

止气体、液体物料等介质从阀杆和阀盖的间隙处漏出。填料的材料和填料函的结构是保证阀门在填料函不渗漏的重要条件。

(2) 阀门填料函是由填料压盖、填料和填料垫等组成。要求填料函结构简单、密封可靠、装拆方便。填料函结构分为压紧螺母式、压盖式和波纹管式三种。

八、国内外标准阀门材料的选用比较

1. 国内标准阀门材料的选用

根据零件的结构尺寸、形状决定采用锻造或铸造工艺。石油化工企业使用的通用阀门选用材料应执行行业标准 SH/T 3064《石油化工钢制通用阀门选用、检验及验收》。国内标准阀门用材料的使用温度范围见表 6.2.11。用于输送介质温度为-20～425℃碳素钢制阀门的主要零件材料见表 6.2.12。用于输送介质温度低于或等于 550 ℃ 的合金钢制阀门的主要零件材料见表 6.2.13。用于输送温度低于或等于 200℃的硝酸、醋酸的不锈钢制阀门主要零件材料见表 6.2.14。

表 6.2.11 阀体国标材料的选用

名称	铸件		锻件		说明
	牌号	使用温度/℃	牌号	使用温度/℃	
灰铸铁	HT200、HT250 HT300、HT350	-15～+250	—	—	用于 $PN \leqslant 1.6$MPa 的低压阀门
黑心可锻铸铁	KTH300—06 KTH330—08 KTH350—10 KH370—12	-15～+250	—	—	用于 $PN \leqslant 2.5$MPa 的中低压阀门
球墨铸铁	QT350—22 QT400—18 QT400—15 QT450—10 QT500—7 QT600—3 QT700—2 QT800—2 QT900—2	-30～+350	—	—	用于 $PN \leqslant 4.0$MPa 的中低压阀门
碳素铸钢	WCA、WCB、WCC	-29～+425	20、25、35、40	-29～+425	用于中高压阀门、16Mn、30Mn 常用来代 ASTM A105
			16Mn、30Mn	-40～+450	
低温碳素钢	(LCB)	-46～+345	—	—	用于低温阀
合金钢	(WC6) (WC9)	-29～+595 -29～+595	15CrMo 25Cr2MoV	-29～+595 -29～+595	用于非腐蚀性介质的高温高压阀
	(C5) (C12)	-29～+650	1Cr5Mo	-29～+650	用于腐蚀性介质的高温高压阀

续表

名　称	铸　件		锻　件		说　明
	牌　号	使用温度/℃	牌　号	使用温度/℃	
奥氏体不锈钢	ZG00Cr18Ni10 ZG0Cr18ZNi9 ZG1Cr18Ni9 ZG0Cr18Ni9Ti ZG1Cr18Ni9Ti ZG0Cr18Ni12Mo2Ti ZG1Cr18Ni12Mo2Ti ZG1Cr17Mn9Ni14Mo3Cu2N ZG1Cr18Mn13Mo2CuN	-196～+600	00Cr18Ni10 0Cr18Ni9 1Cr18Ni9 0Cr18Ni9Ti 1Cr18Ni9Ti (00Cr17Ni14Mo2) 0Cr18Ni12Mo2Ti	-196～+600	用于腐蚀性介质
	CF8 CF8M CF3 CF3M CF8C (CN7M)	—	(304) (316) (304L) (316L) (321) B462	—	
蒙乃尔合金	—	—	NiCu28-2.5-1.5	-29～+450	主要用于含氢质
铸钢合金	ZCuSn3Zn11Pb4 ZCuSn5PbZn5 ZCuSn10P1 ZCuSn10Zn2 ZCuAl9Mn2 ZCuAl10Fe3 ZCuZn25Al6Fe3Mn3 ZCuZn38Mn2Pb2 ZCuZn33Pb2 ZCuZn16Si4	-273～+200	—	—	主要用于氧气管路

注：带( )号的材料，国内厂家可制造，但还未列入国家标准或行业标准。

表 6.2.12　碳素钢制阀门的主要零件材料

零件名称	材　料		
	名　称	牌　号	标　准
阀体、阀盖、启闭件、支架	碳素铸钢	WCB[a]、WCC[a]	GB/T 12229
	碳素锻钢	20	GB/T 12228
阀座、启闭件的密封面[b]	铬不锈钢	—	GB/T 1220
	钴铬钨合金	—	GB/T 984
	聚四氟乙烯	—	—
阀杆	铬不锈钢	2Cr13、1Cr13	GB/T 1220
阀杆螺母	铝青铜 铸铝青铜	QAl9-4 ZCuAl10Fe3 ZCuAl9Fe4Ni4Mn2	GB/T 4429 GB/T 12225

续表

零件名称	材料		
	名称	牌号	标准
螺栓	合金结构钢	35CrMoA	GB/T 3077
螺母	优质碳素钢	35、30CrMoA	GB/T 699、GB/T 3077
垫片[c]	不锈钢带-柔性石墨缠绕垫片	—	技术条件按 SH 3407
	不锈钢带-特制石棉缠绕垫片	—	
	柔性石墨复合垫片	—	技术条件按 HG 20608
	金属环垫	—	技术条件按 SH 3403
填料[c,d]	柔性石墨填料环	—	JB/T 6617
	柔性石墨编织填料	—	JB/T 7370
手轮	可锻铸铁	KTH330-08 KTH350-10	GB/T 5679
	球墨铸铁	QT400-15 QT450-10	GB/T 12227

注：a. WCB、WCC 适用介质温度下限为-29℃。

b. 阀座、启闭件的密封面选用其他非金属密封材料时应注明。

c. 垫片、填料也可按合同要求选用。

d. 当填料采用柔性石墨填料环，应与柔性石墨编织填料组合装配。

表 6.2.13 合金钢制阀门的主要零件材料

零件名称	材料		
	名称	牌号	标准
阀体、阀盖	铬钼铸钢	ZG1Cr5Mo	—
	铬钼钢	1Cr5Mo	GB/T 1221
阀座、启闭件	铬钼铸钢	ZG1Cr5Mo	—
	铬镍钛铸钢	ZG1Cr18Ni9Ti	GB/T 12230
	铬镍钛钢	06Cr18Ni11Ti （旧牌号 0Cr18Ni10Ti）	GB/T 1221
阀座、启闭件的密封面	钴铬钨合金	—	GB/T 984
阀杆	铬镍钛钢	06Cr18Ni11Ti （旧牌号 0Cr18Ni10Ti）	GB/T 1221
	铬钼钒钢	25Cr2Mo1VA	GB/T 3077
阀杆螺母	铝青铜 铸铝青铜	QAl9-4 ZCuAl10Fe3 ZCuAl9Fe4Ni4Mn2	GB/T 1176
螺栓	铬钼钒钢	25Cr2MoVA	GB/T 3077
螺母	铬钼钢	35CrMoA	GB/T 3077

续表

零件名称	材料		
	名　称	牌　号	标　准
垫片[a]	不锈钢带-柔性石墨缠绕垫片	—	技术条件按 SH/T 3407
	柔性石墨复合垫片	—	技术条件按 HG 20608
	金属环垫	—	技术条件按 SH/T 3403
填料[a,b]	柔性石墨填料环	—	JB/T 6617
	柔性石墨编织填料	—	JB/T 7370
手轮	可锻铸铁	KTH330-08、KTH350-10	GB/T 9440
	球墨铸铁	QT400-15、QT450-10	GB/T 12227

注：a. 垫片、填料也可按合同要求选用。

b. 当填料采用柔性石墨填料环，应与柔性石墨编织填料组合装配。

表 6.2.14　不锈耐酸钢阀门主要零件材料

零件名称	材料		
	名　称	牌　号	标　准
阀体、阀盖、启闭件	铬镍钛铸钢	ZG0Cr18Ni9Ti ZG1Cr18Ni9Ti	GB/T 12230
	铬镍铸钢	ZG0Cr18Ni9 ZG00Cr18Ni10	
	铬镍钼钛铸钢	ZG0Cr18Ni12Mo2Ti ZG1Cr18Ni12Mo2Ti	
	铬镍钼铸钢	022Cr19Ni10(304L) (旧 00Cr19Ni10) CF3M、CF8M	
	铬镍钛钢	06Cr18Ni11Ti	GB/T 1220
	铬镍钢	06Cr19Ni10	
	铬镍钼钛钢	0Cr18Ni12Mo2Ti 1Cr18Ni12Mo2Ti	
	铬镍钼钢	00Cr17Ni14Mo2 0Cr17Ni12Mo2	
阀杆	铬镍钛钢	06Cr18Ni11Ti	GB/T 1220
	铬镍钢	00Cr19Ni10 0Cr18Ni9	
	铬镍钼钛钢	1Cr18Ni12Mo2Ti 0Cr18Ni12Mo2Ti	
	铬镍钼钢	00Cr17Ni14Mo2 0Cr17Ni12Mo2	

续表

零件名称	材料		
	名称	牌号	标准
阀杆螺母	铝青铜 铸铝青铜	QAl9-4 ZCuAl10Fe3 ZCuAl9Fe4Ni4Mn2	GB/T 4429 GB/T 1176
阀座、启闭件的密封面	本体材料	—	—
	钴铬钨合金	—	GB/T 984
	聚四氟乙烯	—	—
螺栓	铬镍钢	1Cr17Ni2、1Cr18Ni9	GB/T 1220
垫片	聚四氟乙烯包覆垫片	—	SH/T 3402
	柔性石墨复合垫片	—	HG 20608
垫片[a]	不锈钢带—柔性石墨缠绕垫片	—	SH/T 3407
	不锈钢带—聚四氟乙烯缠绕垫片	—	
垫片[a,b]	柔性石墨填料环	—	JB/T 6617
	柔性石墨编织填料	—	JB/T 7370
	膨胀聚四氟乙烯带	—	—
	聚四氟乙烯编织填料	—	JB/T 6626
	聚四氟乙烯环	—	—
手轮	可锻铸铁	KTH330-0B、KTH350-10	GB/T 5679
	球墨铸铁	QT400-15、QT450-10	GB/T 12227

注：a. 垫片、填料也可按合同要求选用。

b. 当填料采用柔性石墨填料环，应与柔性石墨编织填料组合装配。

c. 表内材料牌号有的已经更新为新的牌号，需按照新牌号。

2. 美洲标准阀门材料的选用

美洲标准阀门材料的选用，见表 6.2.15～表 6.2.18。

表 6.2.15　美洲标准阀门材料的选用

ASME B16.34 材料分类号	标准钢号	锻件		铸件		说明
		代号	使用温度/℃	代号	使用温度/℃	
1.1	碳素钢	A105	-29～+425	A216-WCB	-29～+425	1. A105、WCB、WCC 长时期处在 425℃以上高温时，碳素钢的碳化相可能变成石墨相
1.2	碳素钢	—	—	A216-WCC	-29～+425	
	2½Ni	—	—	A352-LC2	-29～+325	
	3½Ni	A350-LF3	-29～+370	A352-LC3	-29～+345	

续表

<table>
<tr><th rowspan="2">ASME B16.34
材料分类号</th><th rowspan="2">标准钢号</th><th colspan="2">锻　件</th><th colspan="2">铸　件</th><th rowspan="2">说　明</th></tr>
<tr><th>代号</th><th>使用温度/℃</th><th>代号</th><th>使用温度/℃</th></tr>
<tr><td>1.3</td><td>碳素钢</td><td>—</td><td>—</td><td>A352-LCB</td><td>-46~+345</td><td rowspan="26">2. F1、WC1 长时期处在 470℃以上高温时，碳相钢的碳化物相可能变为石墨相
3. WC1、WC4、WC5、WC6、WC9、C5、C12 仅用于正火和回火材料
4. CF8，使用温度或焊接温度超过 260℃，不得采用含铅牌号的材料
5. F304、F316、CF8M、F321、F347、CF8C、F348、CH8、CH20、F310、CK20，如果含碳量超过或等于 0.04%，温度超过 540℃才使用
6. F310、工作温度 565℃或大于上述温度者，必须保证晶粒不低于 ASTM No. 6 的规定。
7. B462、B160-No2200 仅用退火的材料
8. CN-7M 仅用固溶处理的材料</td></tr>
<tr><td>1.4</td><td>碳素钢</td><td>A350-LF1</td><td>-29~+345</td><td>—</td><td>—</td></tr>
<tr><td rowspan="2">1.5</td><td rowspan="2">C-½Mo</td><td>A182-F1</td><td>-29~+455</td><td>A217-WC1</td><td>-29~+455</td></tr>
<tr><td>—</td><td>—</td><td>A352-LC1</td><td>-59~+345</td></tr>
<tr><td rowspan="3">1.7</td><td>1/2Cr-½Mo</td><td>A182-F2</td><td>-29~+540</td><td>—</td><td>—</td></tr>
<tr><td>Ni-Cr-½Mo</td><td>—</td><td>—</td><td>A217-WC4</td><td>-29~+540</td></tr>
<tr><td>Ni-Cr-1Mo</td><td>—</td><td>—</td><td>A217-WC5</td><td>-29~+565</td></tr>
<tr><td rowspan="2">1.9</td><td>1Cr-½Mo</td><td>A182-F12</td><td>-20~+595</td><td>—</td><td>—</td></tr>
<tr><td>1¼Cr-½Mo</td><td>A182-F11</td><td>-29~+595</td><td>A217~WC6</td><td>-29~+595</td></tr>
<tr><td>1.10</td><td>2¼Cr-1Mo</td><td>A182-F22</td><td>-29~+595</td><td>A217-WC9</td><td>-29~+595</td></tr>
<tr><td>1.11</td><td>3Cr-1Mo</td><td>A182-F21</td><td>-29~+595</td><td>—</td><td>—</td></tr>
<tr><td rowspan="2">1.13</td><td rowspan="2">5Cr-½Mo</td><td>A182-F5a</td><td>-29~+650
-+540</td><td>—</td><td>—</td></tr>
<tr><td>A182-F5</td><td>-29~+650
-+540</td><td>—</td><td>—</td></tr>
<tr><td>1.14</td><td>9Cr-1Mo</td><td>A182-F9</td><td>-29~+650
-+540</td><td>A217~C12</td><td>-29~+650</td></tr>
<tr><td rowspan="4">2.1</td><td rowspan="4">18Cr8Ni</td><td>A182-F304</td><td>-254~+800
~+540</td><td>—</td><td>—</td></tr>
<tr><td>A182-F304H</td><td>-254~+800
~+540</td><td>—</td><td>—</td></tr>
<tr><td></td><td></td><td>A351-CF3</td><td>-254~+425</td></tr>
<tr><td></td><td></td><td>A351-CF8</td><td>-254~+800</td></tr>
<tr><td rowspan="6">2.2</td><td rowspan="2">16Cr12Ni2Mo</td><td>A182-F316</td><td>-254~+800①
~+540②</td><td>—</td><td>—</td></tr>
<tr><td>A182-F316H</td><td>-254~+800②
~+540②</td><td>—</td><td>—</td></tr>
<tr><td rowspan="2">18Cr13Ni3Mo</td><td>—</td><td>—</td><td>A351-CF3A</td><td>-254~+345</td></tr>
<tr><td>—</td><td>—</td><td>A351-CF8A</td><td>-254~+345</td></tr>
<tr><td rowspan="2">18Cr9Ni2Mo</td><td>—</td><td>—</td><td>A351-CF3M</td><td>-254~+455</td></tr>
<tr><td>—</td><td>—</td><td>A351-CF8M</td><td>-254~+800①
~+540②</td></tr>
<tr><td rowspan="2">2.3</td><td>18Cr8Ni</td><td>A182-F304L</td><td>-254~+425</td><td>—</td><td>—</td></tr>
<tr><td>18Cr12Ni2Mo</td><td>A182-F316L</td><td>-254~+450</td><td>—</td><td>—</td></tr>
</table>

续表

ASME B16.34 材料分类号	标准钢号	锻件		铸件		说明
		代号	使用温度/℃	代号	使用温度/℃	
2.4	18Cr10NiTi	A182-F321	-254~+540	—	—	
		A182-F321H	-254~+800① ~+540②	—	—	
2.5	18Cr10NiTb	A182-F347	-254~+540	—	—	
		A182-F347H	-254~+450	—	—	
		A182-F348	-254~+540	—	—	
		A182-F348H	-254~+450	—	—	
2.6	20Cr12Ni	—	—	A351-CH8	-29~+880① ~+540②	
		—	—	A351-CH20	-29~+880① ~+540②	
2.7	25Cr20Ni	A182-F310	—	A351-CK20	-29~800① ~+540②	
3.1	Cr-Ni-Fe-Mo	B462	-29~+450	A351-CN-7M	-29~+450	
3.2	镍合金200	B160-No2200	-29~+450	—	—	

注：① 仅适用于对焊连接阀门。

② 适用于法兰连接阀门。

③ 表内国内材料牌号有的已经更新为新的牌号，需按照新牌号。

表 6.2.16 美标铸钢阀门主要零件材料

零件名称 \ 材质代号	A	B	C	D	E
阀体	A216-WCB	A351-CF8	A351-$CF8_M$	A351-$CF3_M$	A217-WC6.9
阀杆	A276-420	A182-F304	A182-F316	A182-$F316_L$	A182-F316
密封面	Cr13/钴基	A182-F304	A182-F316	A182-$F316_L$	钴基

表 6.2.17 美标锻钢阀门主要零件材料

零件名称 \ 材质代号	A	B	C	D	E
阀体	A105	A182-F304	A182-F316	A182-F316	A182-F316(高温阀)
阀杆	A276-420	A182-F304	A182-F316	A182-$F316_L$	A182-F316
密封面	Cr13/钴基	A182-F304	A182-F316	A182-$F316_L$	钴基

表 6.2.18　美标低温阀门主要零件材料

材质及温度代号		A	B	C	D(锻钢)
主要零件材料	阀体	A352-LCB	A352-LC_3	A351-CF8 FBM	A182-F304 F316
	阀杆	A182-F304，F316			
	密封面	钴基(Cr13/钴基)			
	填料	根据温度和介质选用			
	垫片	根据温度和介质选用			
适用温度		-45℃	-101℃	-196℃	-196℃

注：表中“A、B、C、D”分别为材质及温度代号，选用时需注明代号。

九、国内外标准低温阀门材料的选用比较

1. 低温阀门国内标准材料的选用

用于输送介质温度为-40～-196℃的法兰连接和焊接连接的阀门，其主要零件材料的选用见表 6.2.19。

表 6.2.19　低温阀门主要零件材料

零件名称	材　　料	
	-100℃≤*t*≤-40℃	-196℃<*t*<-100℃
阀体、阀盖、阀瓣	3.5Ni	ZG0Cr18Ni9 ZG1Cr18Ni9 ZG0Cr18Ni9Ti ZG1Cr18Ni9Ti 0Cr18Ni12Mo2Ti
阀杆、阀座	1Cr17Ni2	1Cr18Ni9、0Cr19Ni9、1Cr18Ni9Ti
密封面	F2201F(JBF22-45、SH、F221) (SJ-Co2、Co2、F221) F2202F(F22-42、Co-1) F2203F(F222、SH)(F222、F22-47) F2204F(Stellite No6) F2205F(STellite No12)	
填料	聚四氟乙烯、柔性石墨、浸聚四氟乙烯石棉绳	
中法兰垫片	纯铜、纯铝、蜡浸石棉橡胶板、聚三氟氯乙烯、不锈钢缠绕式垫片	
中法兰螺栓 中法兰螺母	ZG0Cr18Ni9 ZG1Cr18Ni9 ZG0Cr18Ni9Ti ZG1Cr18Ni9Ti 0Cr18Ni12Mo2Ti	

注：表内有的材料牌号可按照新牌号，见本书第一章。

2. 低温阀门常用标准

国内阀门标准 GB/T 24925《低温阀门技术条件》，BS 6364《低温阀门标准》。

3. 低温阀门美标标准材料的选用

(1) 低温阀门。美标标准分为6种温度级：0～-46℃；-47～-60℃；-61～-70℃；-72～-101℃；-102～-196℃；-253以下。我国低温阀门一般定义为用于介质温度-40℃以下的各种阀门。将温度进行分级为：-40℃，-1010℃，-196℃3级。

(2) 低温阀门材料。①适用不同最低温度的阀门壳体材料见表6.2.20。②LCB低温钢。LCB低温钢用于制造最低使用温度-46℃的低温阀门。其化学成分和机械性能与WCB几乎相同，但LCB材料有低温冲击韧件的指标要求。在-46℃时，其冲击流不得小于18J。WCB材料只能达到4.51~6.5J，低于LCB的指标规定。因此不能用WCB制造低温阀门。③LC3低温钢(3.5Ni钢)。LC3低温钢是铁素体类型的低合金钢，最低使用温度-101℃，按ASTM A352标准规定其化学成分和机械性能。③CF8超低温钢。在超低温时多采用奥氏体不锈钢，即使在-196℃时，其韧性与常温相差无几。

表6.2.20 低温阀壳材料及最低使用温度

温度级(最低使用温度)/℃	材料名称	ASTM	
		铸件	锻件
-46	碳素钢	A352 LCB	A350 LF1/LF2
-60	0.5Mo钢	A352 LC1	
-70	2.5Ni钢	A352 LC2	
-101	3.5Ni钢	A352 LC3	A350 LF3
-196	18-8不锈钢	A352 CF8	A182 F304
-253	18-8不锈钢	A522	

十、阀门材料国内外牌号的比较

(1) 铸铁标准及牌号对照见表6.2.21。

表6.2.21 铸铁标准及牌号对照表

中国 GB		美国 ASTM		日本 JIS		英国 BS		德国 DIN		
标准	种类代号	标准	种类代号	标准	种类代号	标准	种类代号	标准	种类代号	牌号
灰铸铁										
GB/T 9439	HT150	A48	CLNo20A	G5501	FC15	1452	150	1691	GC-15	0.6015
—	—	A48	CLNo20B	—	—	—	—	—	—	—
—	—	A48	CLNo20C	—	—	—	—	—	—	—
—	—	A48	CLNo20S	—	—	—	—	—	—	—
GB/T 9439 GB/T 12226	HT200	A48	CLNo25A	G5501	FC20	1452	180	1691	GG-20	0.6020
—	—	A48	CLNo25B	—	—	—	—	—	—	—
—	—	A48	CLNo25C	—	—	—	—	—	—	—
—	—	A48	CLNo25S	—	—	—	—	—	—	—

续表

中国 GB		美国 ASTM		日本 JIS		英国 BS		德国 DIN		
标准	种类代号	标准	种类代号	标准	种类代号	标准	种类代号	标准	种类代号	牌号
灰铸铁										
GB/T 9439 GB/T 12226	HT200	A48	CLNo30A	G5501	FC20	1452	220	1691	GG-20	0. 6020
—	—	A48	CLNo30B	G5501	FC20	1452	Gr220	1691	GG-20	0. 6020
—	—	—	CLNo30C	—	—	—	—	—	—	—
—	—	—	CLNo30D	—	—	—	—	—	—	—
GB/T 9439 GB/T 12226	HT 250	—	CLNo35A	—	FC25	—	Gr260	—	GG-20	0. 6025
—	—	—	CLNo35B	—	—	—	—	—	—	—
—	—	—	CLNo35C	—	—	—	—	—	—	—
—	—	—	CLNo35S	—	—	—	—	—	—	—
GB/T 9439 GB/T 12226	HT300	—	CLNo40A	—	FC30	—	Gr300	—	GG-30	0. 6030
—	—	—	CLNo40B	—	—	—	—	—	—	—
—	—	—	CLNo40C	—	—	—	—	—	—	—
—	—	—	CLNo40S	—	—	—	—	—	—	—
GB/T 9439 GB/T 12226	HT300	—	CLNo45A	—	FC30	—	Gr300	—	GG-30	0. 6030
—	—	—	CLNo45B	—	—	—	—	—	—	—
—	—	—	CLNo45C	—	—	—	—	—	—	—
—	—	—	CLNo45S	—	—	—	—	—	—	—
GB/T 9439 GB/T 12226	HT350	—	CLNo50A	—	FC35	—	Gr300	—	GG-35	0. 6035
—	—	—	CLNo50B	—	—	—	—	—	—	—
—	—	—	CLNo50C	—	—	—	—	—	—	—
—	—	—	CLNo50S	—	—	—	—	—	—	—
—	—	—	CLNo55A	—	—	—	Gr400	—	GG-40	0. 6040
—	—	A48	CLNo55B	—	—	—	—	—	—	—
—	—	—	CLNo55C	—	—	—	—	—	—	—
—	—	—	CLNo55S	—	—	—	—	—	—	—
—	—	—	CLNo60A	—	—	—	—	—	—	—
—	—	—	CLNo60B	—	—	—	—	—	—	—

续表

中国 GB		美国 ASTM		日本 JIS		英国 BS		德国 DIN		
标准	种类代号	标准	种类代号	标准	种类代号	标准	种类代号	标准	种类代号	牌号
灰 铸 铁										
—	—	—	CLNo60C	—	—	—	—	—	—	—
—	—	—	CLNo60S	—	—	—	—	—	—	—
GB/T 9439	HT150	A126	CLA	G5501	FC-15	1452	Gr150	1691	GG-15	06015
GB/T 9439 GB/T 12226	HT200	—	CLB	—	FC-20	—	Gr220	—	GG-20	06020
GB/T 9439 GB/T 12226	HT300	—	CLC	—	FC-30	—	Gr300	—	GG-30	06030
GB/T 9439	HT100	—	—	—	FC-10	—	—	—	GG-10	06010
球 墨 铸 铁										
—	—	A395	—	G5502	FCD45	2789	Gr420/12	1698	GGG-40	07049
GB/T 1348 GB/T 12227	QT400-18	A536	Gr60-40-18	—	FCD40	2789	Gr420/12	—	GGG-40	07049
—	—	—	Gr64-40-12	—	FCD45	—	Gr500/7	—	GGG-50	07050
GB/T 1348 GB/T 12227	QT500-7	—	—	G5502	FCD50	2789	Gr500/7	—	—	—
GB/T 1348 GB/T 12227	QT600-3	—	Gr80-55-06	—	FCD60	—	Gr600/3	1693	GGG-60	07060
GB/T 1348 GB/T 12227	QT700-2	—	Gr100-70-08	—	FCD70	—	Gr700/2	—	GGG-70	07070
		—	Gr120-90-02	—	—	—	—	—	—	—
白心可锻铸铁										
GB/T 9440	KTB400-05	A220	Gr40010	—	—	3838	Gr P440/7	—	—	—
—	KTB450-07	—	Gr45006	G5704	FCMP45	—	—	—	—	—
—	KTB450-07	—	Gr45008	—	—	—	—	—	—	—
—	—	—	Gr5000S	—	FCMP50	—	Gr P510/4	—	—	—
—	—	—	Gr6004S	—	FCMP55	—	Gr P570/3	—	—	—
—	—	—	Gr70003	—	FCMP60	—	—	—	—	—
—	—	—	Gr80002	—	FCMP70	—	Gr P690/2	—	—	—
—	—	—	Gr90001	—	—	—	—	—	—	—
—	—	—	—	G5704	FCMP55	3838	Gr P540/5	—	—	—

续表

中国 GB		美国 ASTM		日本 JIS		英国 BS		德国 DIN		
标准	种类代号	标准	种类代号	标准	种类代号	标准	种类代号	标准	种类代号	牌号
黑心可锻铸铁										
GB/T 9440	KTH300-06	A47	—	G5702	FCMB28	310	B18/6	1692	GTS35-10	—
—	KTH330-08	A47	—	G5702	FCMB32	310	B20/10	—	GTS45-06	—
—	KTH350-10	A47	Gr32510	G5702	FCMB35	310	B22/14	—	GTS55-04	—
—	KTH370-12	A47	Gr35018	G5702	FCMB37	—	—	—	GTS65-02	—

（2）铸钢标准及牌号对照见表 6.2.22。

表 6.2.22 铸钢标准及牌号对照

种类	GB		ASTM		JIS		BS		DIN		
	标准	种类代号	标准	种类代号	标准	种类代号	标准	种类代号	标准	种类代号	牌号
可焊高温用碳素钢铸钢	—	WCA	A216	WCA	G5151	SCPH1	1504	161Cr-430F	17245	GS-C25	1.0619
	—	—	—	—	G5102	SCW42	5100	A1	—	—	—
	—	WCB	A216	WCB	G5151	SCPH2	1504	161Cr.480E	—	—	—
	—	—	—	—	G5102	SCW49	—	—	—	—	—
	—	WCC	A216	WCC	—	—	—	—	—	—	—
	—	ZG20Mo	A217	WC1	G5151	SCPH-11	1504	245E	17245	GS-22Mo4	15419
	—	—	—	—	—	—	3100	B1	—	—	—
高温高压用合金钢铸钢	—	—	A217	WC4	G5151	SCPH-21	1504	621E	17245	GS-17CrMo55	17357
	—	ZG20CrMo	A217	WC5	—	—	3100	B2	—	—	—
	—	WC6	A217	WC6	—	—	—	—	—	—	—
	—	WC9	A217	WC9	G5151	SCPH-32	1504	622E	—	—	—
	—	ZG15Cr1MoV	—	—	—	—	3100	B3	—	—	—
	—	—	A217	WC11	—	—	—	—	—	—	—
	—	C5	A217	C5	—	SCPH61	1504	625E	VDEh SPW595	GS-12CrMo195	17363
	—	C12	A217	C12	—	—	1504	629E	VDEh SPW595	G-X12CrMo101	17389
	—	—	—	—	—	—	3100	B6	—	—	—
耐热用Fe-Cr系和Fe-Cr-Ni系合金钢铸钢	GB/T 2100	ZG1Cr13	A217	CA15	G5121	SCS1-T2	1504	420C29E	—	—	—
	—	—	—	—	—	—	3100	420C29	—	—	—
	—	—	A297	HC	G5122	SCH2	—	—	—	—	—
	—	—	A297	HD	G5122	SCH11	—	—	—	—	—
	—	—	A297	HE	G5122	SCH17	3100	309C40[3]	—	—	—
	—	—	A297	HF	G5122	SCH12	3100	302C85[6]	17465	G-X40CrNiSi229	14826[8]

续表

种类	GB		ASTM		JIS		BS		DIN		
	标准	种类代号	标准	种类代号	标准	种类代号	标准	种类代号	标准	种类代号	牌号
耐热用Fe-Cr系和Fe-Cr-Ni系合金钢铸钢	—	—	A297	HH	G5122	SCHI3	3100	309C80(6)	17465	G-X40CrNiSi2512	14837(8)
	—	—	—	—	—	—	3100	309C85(12)	—	—	—
	—	—	A297	HI	G5122	SCH18	—	—	—	—	—
	—	—	A297	HK	G5122	SCH22(1)	3100	310C40	17465	G-X40CrNiSi2520	14845(8)
	—	—	—	—	G5122	SCH22-CF	—	—	—	—	—
	—	—	—	—	G5122	SCH21	—	—	—	—	—
	—	—	A297	HL	G5122	SCH23	—	—	—	—	—
	—	—	A297	HN	G5122	SCH19	3100	311CH(6)	—	—	—
	—	—	A297	HP	G5122	SCH24	—	—	17465	G-X40CrNiSi3525	14857
	—	—	A297	HT	G5122	SCH15	3100	330C11(4)	—	—	—
	—	—	—	—	G5122	SCH16	3100	330C12(6)	—	—	—
高温用奥氏体铸钢	—	—	`A297	HU	G5122	SCH20	3100	331C40	VDEh SPW471	G-X40 NiCiSi3818	14365
	—	—	A297	HW	—	—	3100	334C11(6)	—	—	—
	—	—	A297	HX	—	—	—	—	—	—	—
奥氏体铸钢	GB/T 12230	ZG00Cr18Ni10	A351	CF3	G5121	SCS19A	1504	304C12E	—	—	—
	GB/T 12230	CF33	—	—	—	—	3100	304C12	—	—	—
	—	—	A351	CF3A	—	—	—	—	—	—	—
	GB/T 12230	ZG0Cr18Ni9Ti	A351	CF8	G5121	SCS134	1504	304C15E	17445	G-X6CrNi189	14308(1)
	GB/T 12230	CF8	—	—	—	—	3100	304C15	VDEh SPW595	G-X8CrNi1910	14815(1)
	—	—	A351	CF8A	—	—	—	—	—	—	—
	GB/T 12230	CF3M	A351	CF3M	G5121	SCS16A	1504	316C12E	—	—	—
	—	—	—	—	—	—	3100	316C12	—	—	—
	—	—	A351	CF3MA	—	—	—	—	—	—	—
	GB/T 12230	ZGoCr18Ni12Mo2Ti	A351	CF8M	G5121	SCS14A	1504	316C16E	17445	G-X6CrNiMo1810	14408(1)
	GB/T 12230	CF8M	—	—	—	—	3100	316C16	—	—	—
	—	—	—	—	—	—	1504	316C71E(10)	—	—	—
	—	—	—	—	—	—	3100	316C71	—	—	—
	GB/T 12230	CF8C	A351	CF8C	G5121	SCC21	1504	347C17E	17445	G-X7CrNiNb189	14552(1)
	—	—	—	—	—	—	3100-76	347C17	VDEh SPW595	G-X8CrNiNb1910	14827(1)
	—	—	A351	CH8	—	—	—	—	—	—	—

续表

种类	GB		ASTM		JIS		BS		DIN		
	标准	种类代号	标准	种类代号	标准	种类代号	标准	种类代号	标准	种类代号	牌号
奥氏体铸钢	—	—	A351	CH10	G5121	SCS17	—	—	—	—	—
	—	—	A351	CH20	G5121	SCS17	—	—	—	—	—
	—	—	A351	CK20	G5121	SCS18	—	—	VDEh SPW595	G-X15 CrNi2520	14840
	—	—	A351	HK30	G5122	SCH21(1)	—	—	—	—	—
	—	—	A351	HK40	G5122	SCH22	1504	310C40E	17465	G-X40 CrNiSi2520	14848
	—	—	—	—	G5122	SCH22-CF	3100	310C40	—	—	—
	—	—	A351	HT30	—	—	—	—	—	—	—
	—	—	A351	CF10MC	G5122	SCS22(4)	—	—	—	—	—
	—	CN-7M	A351	CN-7M	G5122	SCS23(4)	1504	332CHE	—	—	—
	—	—	A351	CD4NCu	—	—	—	—	—	—	—
	—	—	A351	CD6MMN	—	—	—	—	—	—	—
低温高压用铁素体系铸钢	—	—	A352	LCA	—	—	—	—	—	—	—
	—	—	A352	LCB	G5152	SCPL1	—	—	VDEh SPW685	GS-CK24	11156
	—	—	A352	LCC	—	—	—	—	—	—	—
	—	—	A352	LCC	—	—	—	—	—	—	—
	—	—	A352	LC1	G5152	SCPL11	1504	245LT50	—	—	—
	—	—	—	—	—	—	3100	BLI	—	—	—
	—	ZG0CrMnVA1	A352	LC2	G5152	SCPI21	—	—	—	—	—
	—	—	A352	LC2. 1	—	—	—	—	—	—	—
	—	—	A352	LC3	G5152	SCPL31	1504	503L	VDEh SPW685	GS-10Ni14	15638
	—	—	—	—	—	—	3100	BI2	—	—	—
	—	—	A352	LC4	—	—	—	—	—	—	—
高温用离心铸造铁素体钢管	—	—	A426	CP1	—	—	1504	245E	17245	GS-22Mo4	15419
	—	—	—	—	—	—	3100	B1	—	—	—
	—	—	A426	CP2	—	—	1504	660E(9)	—	—	—
	—	—	—	—	—	—	3100	B7	—	—	—
	—	—	A426	CP5	—	—	1504	625E	VDEh SPW595	GS-12CrMo195	17363
	—	—	A426	CP56	—	—	3100	B5	—	—	—
	—	—	A426	CP7	—	—	—	—	—	—	—
	—	—	A426	CP9	—	—	1504	629E	VDEh SPW595	G-X12 CrMo101	17389
	—	—	—	—	—	—	3100	B6	—	—	—
	—	—	A426	CP11	—	—	1504	621E	17245	GS-17CrMo55	17357

续表

种类	GB		ASTM		JIS		BS		DIN		
	标准	种类代号	标准	种类代号	标准	种类代号	标准	种类代号	标准	种类代号	牌号
高温用离心铸造铁素体钢管	—	—	—	—	—	—	3100	B2	—	—	—
	—	—	A426	CP12	G5202	SCPH21-CF	—	—	—	—	—
	—	—	A426	CP15	G5202	SCPH11-CF	1504	245E	—	—	—
	—	—	—	—	—	—	3100	B1	—	—	—
	—	—	A426	CP21	G5202	SCPH32-CF	—	—	—	—	—
	—	—	A426	CP22	G5202	SCPH32-CF	1504	622E	17245	GS-18Cr Mo310	17379
	—	—	—	—	—	—	3100	B3	VDEh SPW595	GS-12Cr Mo910	17380
	—	—	A426	CPCA15	—	—	1504	420C29E	—	—	—
	—	—	—	—	—	—	3100	420C29	—	—	—
高温用Cr-Ni系合金铸钢高温用离心铸钢管	—	—	A447	Ⅰ型	G5122	SCH13	3100	309C32	—	—	—
	—	—	A447	Ⅱ型	—	—	—	—	—	—	—
	—	—	A660	WCA	G5202	SCPH1-CF	1504	161Cr430E	17245	GS-C25	10619
	—	—	A660	WCB	G5202	SCPH2-CF	1504	161Cr480E	—	—	—
	—	—	A660	WCC	—	—	—	—	—	—	—
一般用耐蚀性Cr-Ni系铸钢	GB/T 12230	ZG0Cr18Ni9	A748	CF-8	G5121	SCS13A	1504	304C15	17445	G-X6 CrNi189	14308
	GB/T 12230	CF8	—	—	—	—	3100	304C15	VDEh SPW595	G-X8 CrNi1910	14815
	—	—	A748	CG-12	—	—	—	—	—	—	—
	—	—	A748	CF-20	G5121	SCS12	3100	302C25	VDEh SPW390	G-X12 CrNi1811	13955
	GB/T 12230	ZG0Cr18Ni 12Mo2Ti	A748	CF-8M	G5121	SCS14A	1504	316C16	17445	G-X6 CrNiMo1810	14408
	GB/T 12230	CF8M	—	—	—	—	3100	316C16	—	—	—
	—	—	—	—	—	—	1504	316C71	—	—	—
	—	—	—	—	—	—	3100	316C71	—	—	—
	GB/T 12230	CF8C	A748	CF-8C	G5121	SCS21	1504	347C17	17445	G-X7 CrNiNb189	14552
	—	—	—	—	—	—	3100	347C17	VDEh SPW595	G-X8 CrNiN1910	14827
	—	—	A748	CF-16F	G5121	SCS12	3100	302C25	VDEh SPW390	G-X12 CrNi1811	13955
	—	—	A748	CF-20	G5121	SCS17	—	—	—	—	—
	—	—	A748	CK-20	G5121	SCS18	—	—	VDEh SPW595	G-X15 CrNi2520	6K
	—	—	A748	CE-30	—	—	—	—	—	—	—
	—	—	A748	CA-15	C5121	SCS1-T2	1504	420C29	17445	G-X12Cr14	14008
	—	—	—	—	—	—	3100	420C29	—	—	—

续表

种类	GB		ASTM		JIS		BS		DIN		
	标准	种类代号	标准	种类代号	标准	种类代号	标准	种类代号	标准	种类代号	牌号
一般用耐蚀性Cr-Ni系铸钢	—	—	—	—	G5121	SCS1-T1	3100	410C21	—	—	—
	—	—	A748	CA-15M	G5121	SCS3	—	—	—	—	—
	—	ZGCr17Ni2	A748	CB30	—	—	—	—	—	—	—
	—	—	A748	CC-50	—	—	—	—	—	—	—
	—	—	A748	CA-40	G5121	SCS2	1504	420C29	—	—	—
	—	—	—	—	—	—	3100	420C29	—	—	
	GB/T 12230	CF3M	A743	CF-3M	G5121	SCS16A	1504	316C12	—	—	—
	—	—	—	—	—	—	3100	316C12	—	—	—
	GB/T 12230	ZGOCr18Ni12Mo2Ti	A743	CF-8M4	—	SCS14A	1504	317C16	—	—	—
	GB/T 12230	CF8M	—	—	—	—	3100	317C16	—	—	—
	—	—	—	—	G5121	SCS-22	1504	318C17	17445	G-X7CrNiMoNb1810	14581
	—	—	A743	CN-7M	G5121	SCS-23	1504	332C11	—	—	—
	—	—	A743	CN-7MS	—	—	—	—	—	—	—
	—	—	A743	CN-12M	—	—	—	—	—	—	—
	—	—	A743	CY-40	—	—	—	—	—	—	—
	—	—	A743	C2-100	—	—	—	—	—	—	—
	—	—	A743	M-35-1	—	—	—	—	—	—	—
	—	—	A743	M-35-2	—	—	—	—	—	—	—
	—	—	A743	N-12M	—	—	—	—	—	—	—
	—	—	A743	CA-6NM	—	—	3100	425C11	VDEh SPW410	G-X5 CrNi134	14313
	—	—	A743	CD-4MCu	—	—	—	—	—	—	—
	—	—	A743	CA-6N	—	—	—	—	—	—	—
特殊用耐蚀性Cr-Ni系铸钢	GB/T 12230	CF8	A744	CF-8	G5121	SCS13A	3100	304C15	17445	G-X6Ni189	14308
	GB/T 12230	ZG0Cr18Ni9	—	—	—	—	1504	304C15E	VDEh SPW596	G-X8 CrNi1910	14815
	GB/T 12230	CF8M	A744	CF-8M	G5121	SCS14A	3100	316C16	17445	G-X6 CrNiMo1810	14408
	GB/T 12230	ZG0Cr18Ni12Mo2Ti	—	—	—	—	1504	316C16E	—	—	—
	—	—	—	—	—	—	3100	316C71	—	—	—
	—	—	—	—	—	—	1504	316C71E	—	—	—
	GB/T 12230	CF8C	A744	CF-8C	G5121	SCS21	1504	3147C17E	17445	G-X7 CrNiNb189	14552
	—	—	—	—	—	—	3100	347C17	VDEh SPW595	G-X8 CrNiNb1910	14827
	GB/T 12230	CF3	A744	CF-3	G5121	SCS19A	3100	304C12	—	—	—

续表

种类	GB		ASTM		JIS		BS		DIN		
	标准	种类代号	标准	种类代号	标准	种类代号	标准	种类代号	标准	种类代号	牌号
特殊用耐蚀性Cr-Ni系铸钢	GB/T 12230	ZG00Cr18Ni10	—	—	—	—	1504	304C12E	—	—	—
	GB/T 12230	CF3M	A744	CF-3M	G5121	SCS16A	3100	316C12	—	—	—
	—	—	—	—	—	—	1504	316C12E	—	—	—
	—	—	A744	CG-8M	—	—	3100	317C16	—	—	—
	—	—	—	—	—	—	1504	317C16E	—	—	—
	—	—	A744	CN-7M	G5121	SCS23	1504	33211E	—	—	—
	—	—	A744	CN-7MS	—	—	—	—	—	—	—

（3）锻钢标准及牌号对照见表 6.2.23。

表 6.2.23 锻钢标准及牌号对照

种类	GB		ASTM		JIS		BS		DIN		
	标准	种类代号	标准	种类代号	标准	种类代号	标准	种类代号	标准	种类代号	牌号
碳素钢	GB/T 699	30Mn25	A105	—	G3201	SF50A	1503	221Gr. 490	17100	St50-2	10050
	—	—	A181	CL. 60		SF45A		221Gr. 410		St44-2	10044
	—	—		CL. 70		SF50A		221Gr. 490		St50-2	10050
	—	—	A266	CL. 1		SF45A		221Gr. 410		St44-2	10044
	—	—		CL. 2		SF50A		221Gr. 490		St50-2	10050
	—	—		CL. 3		SF55A		221Gr. 510		St52-3	10570
	—	—		CL. 4		SF50A		221Gr. 490		St52-2	10050
	—	—	A290	CL. A		SF60A		—		—	—
	—	—		CL. B		—		—		—	—
	—	—		CL. C		—		—		—	—
	—	—		CL. D		—		—		—	—
	—	—	A291	CL. 1		SF60A		—		—	—
	—	—		CL. 2		—		—		—	—
	—	—	A350	Cr. LF1		—		224Gr. 410LT	VDEh SEW680	TTSt41	10437
	—	—	—	Cr. LF2		—		224Gr. 490LT	—	—	—
	—	—	A372	型Ⅰ		SF45A		221Gr. 430	17100	St44-2	10044
	—	—		型Ⅱ		SF55A		221Gr. 530		St52-3	10570
	—	—		—		SF55B		—		—	—
	—	—		型Ⅲ		SF65B		—		—	—
	—	—	A668	CL. A		SF35A		—		St37-2	10037
	—	—		CL. B		SF45A	970 第 1 部分	070M20		St44-2	10044
	—	—		CL. C		SF50A		070M26		St50-2	10050
	—	—		CL. D		SF55A		070M36		St52-3	10570
	—	—		CL. F		SF65B		080M46		St60-2	10060

续表

种类	GB		ASTM		JIS		BS		DIN		
	标准	种类代号	标准	种类代号	标准	种类代号	标准	种类代号	标准	种类代号	牌号
合金钢	YB6	1Gr5Mo	A336	CL. F5	G3213	SFHV25	—	—	VdTuV 1207	12CrMo195	1. 7362
	YB6	1Cr9Mo		CL. F9	—	SFHV26B	—	—	—	—	—
	YB6	12Cr3Mo VSiTiB		CL. F21	—	—	—	—	—	—	—
	—	—		CL. F22	—	SFHV24B	1503	622Cr. 560	—	—	—
	—	—		—	—	—	—	622Cr. 650	—	—	—
	—	—	A350	Gr. LF3	—	—	1503	503Cr. 490	VDEh SEW680	10Ni14	1. 5637
	—	—		—	—	—	—	—		-16Ni14	1. 5622
	—	—		Gr. LF5	—	—	—	—		14Ni6	1. 5622
	—	—		LF9	—	—	—	—	—	—	—
不锈钢	GB/T 1220	0Cr18Ni9 (06Cr19Ni10)	A182	Gr. F304	G3214	SUSF304	1503	304S31	17440	X5CrNi189	1. 4301
	—	—		Gr. F304H		SUSF304H		304S51		—	—
	GB/T 1220	00Cr19Ni1		Gr. F304U		SUSF304L		304S11		X2CrNi189	1. 4306
	GB/T 1220	00Cr18Ni10N (022Cr19Ni10N)		Gr. F304N		—		—		—	—
	GB/T 1220	00Cr18Ni10N (022Cr19Ni10N)		Gr. F304LN		—		—		X2CrNi810	1. 4311
	GB/T 1220	Cr25Ni20		Gr. F310		SUSF310		310S31		—	—
	GB/T 1220	0Cr17Ni12Mo2		Gr. F316		SUSF316		316S31		X5CrNi Mo1810	14401
	—	—		—		—		316S33		X5CrNi Mo1810	14436
	—	—		Gr. F316H		SUSF316H		316S51		—	—
	GB/T 1220	00Cr17 Ni14Mo2		Gr. F316L		SUSF316L		316S11		X2CrNi Mo1810	14404
	—	—		—		—		316S13		X2CrNi Mo1812	1. 4435
	GB/T 1220	0Cr17Ni12 Mo2N		Gr. F316N		—		—		—	—
	GB/T 1220	00Cr17Ni12 Mo2N		Gr. F316N	—	—	—	—		X2CrNi Mo1812	1. 4406
	—	—		—	—	—	—	—		X2CrNi MoN1813	1. 4429
	GB/T 1220	1Cr18Ni9Ti		Gr. F321	—	—	—	321S31		X10CrNiTi189	1. 4541
	—	—		Gr. F321H	—	—	—	321S51-490		—	—
	—	—		—	—	—	—	321S51-510		—	—

续表

种类	GB		ASTM		JIS		BS		DIN		
	标准	种类代号	标准	种类代号	标准	种类代号	标准	种类代号	标准	种类代号	牌号
不锈钢	GB/T 1220	00Cr18 Ni11Nb		Gr. F347	—	—	—	347S31	17440	X10CrNi Nb189	1. 4550
	—	—		Gr. F347H	—	—	—	347S51		—	—
	—	—		—	—	—	—	40SS17		X7CrA113	1. 4002
	GB/T 1220	8Cr17		Cr. F430	—	—	—	—		X8Cr17	1. 4016
	GB/T 1220	1Cr13		Gr. F6aCl. 1	—	—	—	410S21		X10Cr13	1. 4006
	GB/T 1220	1Cr13		Gr. F6aCl. 2	—	—	—	410S21		X10Cr13	1. 4006
	GB/T 1220	2Cr13	—	—	—	—	—	420S29		X20Cr13	1. 4021
	—	—	A433	302 型	—	—	970-第 4 部分	Gr302S25		—	—
	—	—		303 型	—	—		Gr303S21		X12CrNi8188	1. 4305
	—	—		303SC 型	—	—		Gr303S41		—	—
	GB/T 1220	0Cr19Ni9		304 型	G3214	SUSF304		Gr304S15		X5CrNi189	1. 4301
	GB/T 1220	00Cr19Ni11		304L 型		SUSF304L		Gr304S12		X2CrNi189	1. 4306
	—	—		310 型		SUSF310		Gr310S24		—	—
	GB/T 1220	0Cr17Ni12 Mo2Ti		316 型		SUSF316		Gr316S16		X5CrNi M01810	1. 4401
	—	—		—		—		—		X5CrNi Mo1812	1. 4436
	GB/T 1220	00Cr17 Ni14Mo2		316L 型		SUSF316L		Gr316S12		X2CrNi Mo1810	1. 4404
	—	—		—		—		—		X2CrNi Mo1812	1. 4438
	GB/T 1220	1Cr18Ni9Ti		321 型		SUSF321		Gr321S12		X10CrNi Tib189	1. 4541
	—	—		—		—		Gr321520		—	—
	GB/T 1220	0Cr18Ni11Nb		347 型		SVSF347		Gr347S17		X10CrNiNb189	1. 4550
	GB/T 1220	0Cr13		405 型		—		—		X7CrA113	1. 4002
	GB/T 1220	8Cr17		430 型		—		Gr430S15		X8Cr17	1. 4016
	GB/T 1220	1Cr13		430 型		—		Gr403S17		—	—
	GB/T 1220	1Cr13		410 型		—		Gr410S21		X10Cr13	1. 4006
	GB/T 1220	Gr14		416 型		—		Gr416S21		—	—
	—	—		416SC 型		—		Gr416S41		—	—
	GB/T 1220	2Cr13	A473	420 型		—		Gr420S29 Gr420S37		X20Cr13	1. 4021
	GB/T 1220	1Cr17Ni2		431		—		Cr431S29		X22CrNi17	1. 4057

注：表内国内材料牌号有的已经更新为新的牌号，需按照新牌号。

十一、国内外各行业阀门选用的比较与工程应用

1. 国内外各行业阀门选用基本原理大同小异，但各行业标准均有不同的特殊要求和特点

(1) 公用管道燃气用阀门：阀门用量大，其类型多，主要需要球阀、旋塞阀、减压阀、安全阀等。

(2) 公用管道供热用阀门：需用大量的金属密封蝶阀、水平平衡阀及直埋式球阀等。因这类阀解决管道纵向、横向水力失调问题，达到节能、代热平衡的目的。

(3) 城市建筑用阀门：国内城市建筑需用阀门多为平衡阀、软密封闸阀、蝶阀等。城建系统一般采用低压阀门，环保型的胶板阀、平衡阀及中线蝶阀、金属密封蝶阀正在逐渐取代低压铁制闸阀。

(4) 环保用阀门：国内环保系统中，给水系统主要需用中线蝶阀、软密封闸阀、球阀、排气阀(用于排除管道中的空气)。污水处理系统主要需用软密封闸阀、蝶阀等。

(5) 长输管线用阀门：长输管线主要为原油、成品油及天然气管线。这类管线需用量居多的阀门是锻钢三体式全通径球阀、抗硫平板闸阀、安全阀和止回阀。

(6) 电力用阀门：电力动力管道用阀门主要包括大口径及高压的安全阀、减压阀、截止阀、闸阀、蝶阀、紧急切断阀及流量控制阀、球面密封仪表截止阀等。

(7) 冶金用阀门：冶金行业主要用耐磨料浆阀(在流式截止阀)、调节疏水阀等。炼钢行业主要用金属密封球阀、蝶阀及氧化球阀、截止阀和四通换向阀等。

(8) 海洋平台用阀门：海洋平台主要用关断球阀、止回阀、多路阀等。

(9) 食品医药用阀门：主要用不锈钢球阀、无毒全塑球阀及蝶阀等。其中仪表阀门、针型阀、闸阀、截止阀、止回阀、球阀、蝶阀使用量较多。

(10) 煤化工用阀门：煤化工装置用的阀门主要为闸阀、截止阀、止回阀、安全阀、球阀、蝶阀、疏水阀等。闸阀需量占装置阀门总数的80%左右。

(11) 石化装置用阀门：

① 炼油装置。炼油装置用的阀门主要为闸阀、截止阀、止回阀、安全阀、球阀、蝶阀、疏水阀等。闸阀需量占装置阀门总数的80%左右。

② 轻工装置。轻工化纤产品主要有涤纶、腈纶、维纶，需用的阀门主要为球阀、夹套阀(夹套球阀、夹套闸阀、夹套截止阀)等。

③ 丙烯腈装置。丙烯腈装置主要有闸阀、截止阀、止回阀、球阀、疏水阀、针型阀、旋塞阀等。闸阀占装置阀门总量的70%左右。

④ 合成氨装置。根据合成氨工艺流程不同，所需阀门的技术性能也不同。合成氨装置主要有闸阀、截止阀、止回阀、疏水阀、蝶阀、球阀、隔膜阀、调节阀、针型阀、安全阀、高温低温阀等。截止阀约占装置用阀总量的50%，闸阀约占30%，疏水阀约占8%，安全阀约占3%，其他阀门约占12%。

⑤ 乙烯装置。乙烯装置主要有闸阀、截止阀、止回阀、球阀等，其中闸阀占比较大。乙烯和高压聚乙烯装置需用超高温、超低温及超高压等阀门。

⑥ 空分空压装置。空分空压装置主要用截止阀、安全阀、止回阀、调节阀、球阀、蝶阀、低温阀等。

⑦ 聚丙烯装置。聚丙烯是以丙烯为原料，经聚合而成的高分子化合物，主要用闸阀、

截止阀、止回阀、针型阀、球阀、疏水阀等。

2. GB 50316 阀门选用的要点

(1) 当开启力大于400N时，宜采用手动齿轮操纵结构。

(2) 阀盖与阀体连接螺栓少于4个的阀门，应仅用于输送D类流体的管道；$PN>1.6$MPa的蒸汽管道不应使用螺纹连接的阀盖。

(3) 用于高温或低温流体的阀门，宜采用阀盖加长结构形式。

(4) 输送B类流体的管道上使用软密封球阀时，应选用防(耐)火型球阀。

(5) 对于磨蚀性大的流体、阀座、阀芯，应选用耐磨损的材料；对于有磨损的流体，选用阀时，宜为明杆结构形式。

(6) 除耐腐蚀的要求外，输送B类流体的管道上宜用钢制阀体阀门。

(7) 端部焊接的小阀，当焊接及热处理过程中阀座会变形时，应选用长体型或带短管的阀门。

(8) 对于氧气管道不应使用快开、快关型阀门。阀内垫片及填料不应采用易脱落碎屑、纤维的材料或可燃材料制成。

3. SH/T 3059 阀门选用的要点

(1) 除另有规定外，工艺物料及极度、高度危害介质和可燃介质管道用阀门，应选用石油化工钢制通用阀门及API阀门。

(2) 用于工艺物料及极度、高度危害介质和可燃介质管道的球阀、旋塞阀及其他通用结构的特种阀门，应有防火、防静电结构。

(3) 具有软质密封的阀门，其密封件的压力温度参数应符合管道设计条件的要求。

(4) 对于低温蒸汽系统的弹性闸板阀，应在其进口侧的阀盘上开一个排气孔。

(5) 带螺纹阀盖的阀门，不应用于极度、高度危害介质和液化烃管道。

4. SH/T 3064(石油化工钢制通用阀门选用、检验及验收)阀门选用的要点

(1) 闸阀适用于经常保持全开或全关的场合，不宜做节流和调节用。

(2) 截止阀适用于频繁开关的场合，可做截断用，但不宜用于双向流动的工艺管道和含有颗粒介质的管道。

(3) 止回阀适用于防止介质逆向流动的管道，要求冲击力小、流阻低。当介质流量范围波动大时，止回阀应设缓冲装置。

(4) 蝶阀具有截断和开放的功能，当开启角度为150°~700°时可起流量调节作用。

(5) 球阀具有截断、开放和适度节流的功能，可用于黏度高和带有悬浮颗粒介质的管道。

(6) 内螺纹连接的阀盖，宜用于$DN\leqslant50$mm且不经常拆卸的闸阀和截止阀；外螺纹连接的阀盖，宜用于$DN\leqslant80$mm的阀门；在可能产生压力腐蚀，压力脉动及温度变化频繁，有毒、可燃、易爆介质管道上不宜采用螺纹连接的阀盖。

(7) 法兰连接的阀盖，可用于SH/T 3064《石油化工钢制通用阀门选用、检验及验收》标准规定的各种PN和DN的阀门。

5. JB/T 5300(工业用阀门材料选用导则)阀门选用的要点

(1) 碳素钢制阀门用于公称压力$PN\leqslant32.0$MPa，温度为-30~450℃的水、蒸汽、空气、氢气、氨、氮及石油产品等介质的碳素钢制阀门，主要零件材料按表6.2.24选用。

表 6.2.24　碳素钢制阀门主要零件材料

零件名称	材料		
	名　称	牌　号	标准号
阀体、阀盖、阀座启闭件、支架、法兰、插杆、压紧螺母	碳素铸钢	WCA、WCB、WCC	GB/T 12229
	优质碳素钢	20，25，30，35	GB/T 699
	低合金结构钢	Q345	GB/T 1591
阀杆	不锈钢	1Cr13、2Cr13、3Cr13	GB/T 1220
阀座、启闭件的密封面	不锈钢	TDCr1a-x、TDCrlb-x	GB/T 984
		1Cr13、2Cr13	GB/T 1220
		1Cr18Ni9Ti(奥 132)	—
		1Cr18Ni9Ti(奥 137)	—
	铬锰合金		
	铬锰合金和铬钼合金		—
	钴铬钨合金	TDCoCr1-x，TDCoCr2-x，TDCoCr3-x	GB/T 984
		粉 201、粉 202	
	喷焊铁基合金粉末	FFe-1、FFe-2、FFe-3、FFe-4、FFe-5	
	聚四氟乙烯	SFB-1、SFB-2、SFB-3	QB/T 3625
		SFBN-1，SFBN-2，SFBN-3	ZB G33 033
阀杆螺母	铸造铝青铜	ZCuA19Mn2、ZCuA19Fe4N14Mn2	GB/T 1176
	铸造铝黄铜	ZCuZn25A16Fe3Mn3	
螺柱、螺栓	优质碳素钢	25、35	GB/T 699
	合金结构钢	30CrMo、35CrMo	GB/T 3077
螺母	优质碳素钢	35、45	GB/T 699
垫片	不锈钢与石棉缠绕	1Cr13 和 XB450	GB/T 2598
		1Cr18Ni9 和 XB450	GB/T 3985
	波形垫	08	GB/T 708
	橡胶石棉板	XB350、XB450	GB/T 3985
填料	聚四氟乙烯	SFT-1、SFT-2、SFT-3、SFT-4	HG 2—538
	浸聚四氟乙烯石棉绳	—	—
	缓蚀石棉	—	—
	石墨石棉绳	—	—
	柔性石墨	—	—
手轮	可锻铸件	KTH 330-08、KTH350-10	GB/T 9440
	球墨铸铁	QT400-15、QT450-10	GB/T 12227
	碳素铸钢	WCC	GB/T 12229

注：“喷焊铁基合金粉末”材料用于 $PN \leqslant 16.0$MPa。

(2) 高温钢制阀门。用于公称压力 $PN \leqslant 16.0$MPa，温度小于或等于 550℃ 的蒸汽及石油产品等介质的高温钢制阀门，主要零件材料按表 6.2.25 选用。

表 6.2.25 高温钢制阀门主要零件材料

零件名称	材料		
	名称	牌号	标准号
阀体、阀盖、摇杆	铬钼铸钢	ZGCr5Mo	
	铬钼钒铸钢	ZG20CrMoV ZG15Cr1Mo1V	ZB JC8015
	铬钼钢	1Cr5Mo	GB/T 1221
	铬钼钒钢	12CrMoV、12Cr1MoVA	GB/T 3077
启闭件、阀座	铬镍钛铸钢	ZG1Cr18Ni9Ti	GB/T 2100
	铬镍钛钢	1Cr18Ni9Ti	GB/T 1221
销轴	铬不锈钢	1Cr13、2Cr13	
阀杆	铬硅钼钢	4Cr9Si2，4Cr10Si2Mo	GB/T 1221
	铬硅钒钢	25Cr2MoV，25Cr2Mo1V	GB/T 3077
阀座、启闭件的密封面	铬镍硅合金和铬镍硅钼合金	—	—
	钴铬钨合金	TDCoCr1-x、TDCoCr2-x、TDCoCr3-x	GB/T 984
		粉 201、粉 202	—
阀杆螺母	铸造铝青铜	ZCuAl9Mn2、ZCuAl9Fe4Ni4Mn2	GB/T 1176
	铸造铝黄铜	ZCuZn25Al6Fe3Mn3	
双头螺栓	铬钼钒钢	25Cr2MoV、25Cr2Mo1V	GB/T 3077
螺母	铬钼钢	30CrMo，35CrMo	
垫片	耐热钢板	0Cr18Ni9、1Cr18Ni9	GB/T 3280
填料	柔性石墨	—	—
	石墨石棉绳	—	—
	耐高温石棉绳	—	—
手轮	可锻铸铁	KTH330-08、KTH350-10	GB/T 9440
	球墨铸铁	QT400-15、QT450-10	GB/T 12227
	碳素铸钢	WCC	GB/T 12229

（3）低温钢制阀门。用于公称压力 $PN \leqslant 6.4$MPa，温度高于或等于-196℃ 的乙烯、丙烯、液态天然气及液氮等介质的低温钢制阀门，主要零件材料按表 6.2.26 选用。

表 6.2.26 低温钢制阀门主要零件材料

零件名称	材料		
	名称	牌号	标准号
阀体、阀盖、阀座、启闭件、摇杆	奥氏体不锈铸钢	ZG0Cr18Ni9、ZG1Cr18Ni9	GB/T 2100
		ZG0Cr18Ni9Ti、ZG1Cr18Ni9Ti	
	奥氏体不锈钢	0Cr18Ni9、1Cr18Ni9	GB/T 1220
		0Cr18Ni9Ti、1Cr18Ni9Ti	
阀杆	铬镍钢	1Cr17Ni2、1Cr18Ni9	
	铬镍钛钢	1Cr18Ni9Ti	
销轴	不锈钢	1Cr13、2Cr13、3Cr13	

续表

零件名称	材料		
	名　称	牌　号	标准号
阀座、启闭件的密封面	钴铬钨合金	TDCoCr1-x、TDCoCr2-x、TDCoCr3-x	GB/T 984
		粉 201、粉 202	—
阀杆螺母	铸造铝青铜	ZCuA19Mn2、ZCuA19Fe4Ni4Mn2	GB/T 1176
	铸造铝黄铜	ZCuZn25A16Fe3Mn3	
双头螺栓	铬镍钢	1Cr17Ni2、1Cr18Ni9	GB/T 1220
	铬镍钛钢	1Cr18Ni9Ti	
螺母	不锈钢	0Cr13、1Cr13、2Cr13	
	铬镍钛钢	1Cr18Ni9Ti	
	黄铜	HPb 59-1	GB/T 5232
垫片	纯铜	T2、T3	GB/T 5231
	纯铝	L2、L3	GB/T 3190
	蜡浸石棉橡胶板	—	—
填料	聚四氟乙烯	SFT-1、SFT-2、SFT-3、SFT-4	HG 2—538
	浸聚四氟乙烯石棉绳	—	—
	柔性石墨	—	—
手轮	可锻铸铁	KTH 330-08、KTH 350-10	GB/T 9440
	球墨铸铁	QT 400-15、QT 450-10	GB/T 12227
	碳素铸钢	WCC	GB/T 12229

(4) 不锈耐酸钢制阀门。用于公称压力 $PN \leq 6.4$MPa，温度低于或等于 200 ℃的硝酸、醋酸等介质的不锈耐酸钢制阀门，主要零件材料按表 6.2.27 选用。

表 6.2.27　不锈耐酸钢制阀门主要零件材料

零件名称	材料			
	名　称		牌　号	标准号
阀体、阀盖、阀座、摇杆、销轴、启闭件	耐硝酸	铬镍钛铸钢	ZG0Cr18Ni9Ti、ZG1Cr18Ni9Ti	GB/T 2100
		铬镍铸钢	ZG00Cr18Ni10	
		铬镍钛钢	0Cr18Ni9Ti、1Cr18Ni9Ti	GB/T 1220
		铬镍钢	1Cr17Ni2、00Cr18Ni10	
		铬镍硅铝钛钢	1Cr18Ni11Si4AlTi	
	耐醋酸和尿素	铬镍钼钛铸钢	ZG0Cr18Ni12Mo2Ti	GB/T 2100
			ZG1Cr18Ni12Mo2Ti	
		铬镍钼钛钢	0Cr18Ni12Mo2Ti、1Cr18Ni12Mo2Ti	GB/T 1220
			0Cr18Ni12Mo3Ti、1Cr18Ni12Mo3Ti	
		铬锰钼氮钢	0Cr17Mn13Mo2N	
		铬锰镍钼氮钢	1Cr18Mn10Ni5Mo3N	

续表

零件名称	材料		
	名称	牌号	标准号
阀杆	铬镍和铬镍钛钢	1Cr18Ni12Mo2Ti、1Cr18Ni9Ti	GB/T 1220
	铬镍钼钛钢	1Cr18Ni12Mo2Ti、1Cr18Ni12Mo3Ti	
	铬锰钼氮钢	0Cr17Mn13Mo2N	
阀体或阀启闭体的密封面	钴铬钨合金	TDCoCr1-x、TDCoCr2-x、TDCoCr3-x	GB/T 984
		粉 201、粉 202	—
	聚四氟乙烯	SFB-1、SFB-2、SFB-3	QB/T 3625
		SFBN-1、SFBN-2、SFBN-3	ZB G33 003
阀杆螺母	铸造铝青铜	ZCuAl9Mn2、ZCuAl9Fe4Ni4Mn2	GB/T 1176
	铸造铝黄铜	ZCuZn25A16Fe3Mn3	
双头螺栓	铬镍钢	1Cr17Ni2、1Cr18Ni9	GB/T 1220
螺母	铬和铬镍钢	0Cr13、1Cr13、2Cr13、1Cr18Ni9	
垫片	耐酸钢板	0Cr18Ni9Ti、1Cr18Ni9Ti	GB/T 3280
		0Cr17Ni13Mo3Ti、1Cr17Ni13Mo2Ti	
	聚四氟乙烯	SFB-1、SFB-2、SFB-3	ZB G33 002
	铬镍钢与耐酸石棉	—	—
填料	聚四氟乙烯	SFT-1、SFT-2、SFT-3、SFT-4	HG 2—338
	浸聚四氟乙烯石棉绳	—	—
	柔性石墨	—	—
手轮	可锻铸铁	KTH 330-08、KTH 350-10	GB/T 9440
	球墨铸铁	QT 400-15、QT 450-10	GB/T 12227
	碳素铸钢	WCC	GB/T 12229

注：耐酸和尿素材料也可用于温度低于或等于 200℃ 的高压阀门。

6. API 阀门选用的要点

（1）铸钢阀门。API 铸钢阀门主要零件材料见表 6.2.28。

表 6.2.28 API 铸钢阀门主要零件材料

材质代号 / 零件名称	A	B	C	D	E
阀体	A216-WCB	A351-CF8	A351-CF8M	A351-CF3M	A217-WC6.9
阀杆	A276-420	A182-F304	A182-F316	A182-F316L	A182-F316
密封面	Cr13/钴基	A182-F304	A182-F316	A182-F316L	钴基

注：表中的材质代号 A、B、C、D、E 表示各类阀门的零件材料代号，选用时需注明。

（2）锻钢阀门。API 锻钢阀门主要零件材料见表 6.2.29。

表 6.2.29　API 锻钢阀门主要零件材料

零件名称＼材质代号	A	B	C	D	E
阀体	A105	A182-F304	A182-F316	A182-F316L	A182-F316
阀杆	A276-420	A182-F304	A182-F316	A182-F316L	(高温阀)
密封面	Cr13/钴基	A182-F304	A182-F316	A182-F316L	A182-F316 钴基

注：表中的材质代号 A、B、C、D、E 表示各类阀门的零件材料代号，选用时需注明。

(3) 低温阀门。API 低温阀门主要零件材料见表 6.2.30。

表 6.2.30　API 低温阀门主要零件材料

材质及温度代号		A	B	C	D(锻钢)
主要零件材料	阀体	A352-LCB	A352-LC3	A351-CFB FBM	A182-F304 F316
	阀杆	A182-F304，F316			
	密封面	钴基(Cr/钴基)			
	填料	根据温度和介质选用			
	垫片	根据温度和介质选用			
适用温度		-46℃	-101℃	-196℃	-196℃

注：表中 A、B、C、D 分别为材质及温度代号，选用时需注明代号。

十二、国内阀门不同型号的选用与工程应用

1. 阀门的一般适用范围，见表 6.2.31。

表 6.2.31　阀门的一般适用范围

阀门类型	阀体材质	适用温度/℃	适用介质
闸阀	碳钢	≤425	水、蒸汽、油品及其他普通工艺介质等
	铬镍钛钢	≤200	硝酸类
	铬镍钼钛钢	≤200	醋酸类
	铬钼钢	≤550	油品、蒸汽及其他工艺介质等
	铬钼钢	≤550	油品、蒸汽及其他工艺介质等
	铬镍钛钢	≤50	水、蒸汽、油品及其他工艺介质等
	铬钼钛钢	≤650	烟气、空气
	不锈钢及耐磨衬里	650~730	催化裂化催化剂、高温烟气、蒸汽
截止阀	碳钢	≤425	水、蒸汽、油品及其他工艺介质等
	碳钢	≤425	水、蒸汽、油品及其他工艺介质等
	碳钢	-40~130	氨、液氨
	铬镍钛钢	≤200	硝酸类
	铬镍钛钢	≤100	硝酸类
	铬镍钼钛钢	≤200	醋酸类

续表

阀门类型	阀体材质	适用温度/℃	适用介质
截止阀	铬镍钼钛钢	≤100	醋酸类
	铬钼钢	≤550	油品、蒸汽及其他工艺介质等
	铬钼钢	≤550	油品、蒸汽及其他工艺介质等
止回阀	碳钢	≤425	水、蒸汽、油品
	碳钢	≤425	水、蒸汽、油品及其他工艺介质等
	碳钢	≤425	水、蒸汽、油品及其他工艺介质等
	碳钢	≤425	水、蒸汽、油品及其他工艺介质等
	碳钢	≤425	水、蒸汽、油品及其他工艺介质等
	铬镍钛钢	≤200	硝酸类
	铬镍钼钛钢	≤200	醋酸类
	铬钼钢	≤550	油品、蒸汽及其他工艺介质等
	铬钼钢	≤550	油品、蒸汽及其他工艺介质等
软密封球阀	碳钢	≤150	水、蒸汽、油品及其他工艺介质等
	碳钢	≤180	水、蒸汽、油品及其他工艺介质等
	碳钢	≤250	水、蒸汽、油品及其他工艺介质等
	铬钼钼钛钢	≤180	硝酸类
	铬镍钛钢	≤180	硝酸类
	铬镍钼钛钢	≤180	醋酸类
	铬镍钼钛钢	≤180	醋酸类
硬密封球阀	碳钢	≤425	水、蒸汽、油品及其他工艺介质等
	碳钢	≤425	水、蒸汽、油品及其他工艺介质等
	优质碳钢	≤425	水、蒸汽、油品及其他工艺介质等
	铬镍钼钛钢	≤200	硝酸类
	铬镍钛钢	≤200	硝酸类
	铬镍钼钛钢	≤200	醋酸类
	铬镍钼钛钢	≤200	醋酸类
软密封蝶阀	碳钢	≤150	水、蒸汽、油品、煤气及其他工艺介质等
	碳钢	≤150	水、蒸汽、油品、煤气及其他工艺介质等
	铬镍钛钢	≤200	硝酸等腐蚀性介质及其他工艺介质等
	铬镍钼钛钢	≤200	醋酸等腐蚀性介质及其他工艺介质等
金属密封蝶阀	碳钢	≤425	水、蒸汽、油品及其他工艺介质等
	铬镍钛钢	≤540	蒸汽、油品、空气等及其他工艺介质等

2. 常用阀体材料的选用

常用阀体材料的选用主要依据 JB/T 5300。见表 6. 2. 32~表 6. 2. 41。

表 6.2.32　阀体材料性能

灰铸铁制阀门	公称压力不大于 *PN*16	温度为-10~100℃	油类、一般性质的液体介质
	公称压力不大于 *PN*10	温度为-10~200℃	蒸汽、一般性质气体、煤气、氨气等介质
可锻铸铁制阀门	公称压力不大于 *PN*25	温度为-10~300℃	蒸汽、一般性质气体和液体、油类等介质
球墨铸铁制阀门	公称压力不大于 *PN*25	温度为-10~300℃	蒸汽、一般性质气体及油类等介质
铜合金制阀门	—	温度为-40~180℃	氧气、一般性质气体、油类、蒸汽等介质
钛合金制阀门	—	温度为-30~316℃	海水、氯化物、氧化性酸、有机酸、碱类等介质的钛合金制阀门
碳素钢制阀门	—	温度为-29~425℃	蒸汽、非腐蚀性气体和液体、石油及相关制品等介质
高温钢制阀门	—	温度大于 425℃	蒸汽及石油及相关制品等介质
低温钢制阀门	—	温度低于-46℃以下	低温介质
不锈耐酸钢制阀门	—	温度为-30~200℃	腐蚀性等介质

表 6.2.33　灰铸铁制阀门主要零件材料

零件名称	材　　料		
	名　　称	牌　　号	标准号
阀体、阀盖启闭件、支架	灰铸铁	HT200、HT250	GB/T 12226
		HT300、HT350	
阀杆、轴	铬不锈钢	1Cr13、2Cr13、3Cr13	GB/T 1220
	优质碳素钢	35 表面氮化	GB/T 699
	铝青铜	QA19-2、QA19-4	GB/T 4423
	锰黄铜	HMn58-2	
轴套	铸铝青铜	ZCuA19Mn2、ZCuAl9Fe4Ni4Mn2	GB/T 1176
	铸锰黄铜	ZcuZn38Mn2Pb2	
摇杆	碳素铸钢	WCA、WCB、WCC	GB/T 12229
	优质碳素钢	20、25、35	GB/T 699
弹簧	弹簧钢	50CrVA	GB/T 1222
		60Si2Mn、60Si2MnA	
阀座、启闭件的密封面	铸铝黄铜	ZCuZn25Al6Fe3Mn3	GB/T 1176
	铸铝青铜	ZCuAl9Mn2、ZCuAl9Fe4Ni4Mn2	
	铸锰黄铜	ZCuZn38Mn2Pb2	

续表

零件名称	材料		
	名称	牌号	标准号
阀座、启闭件的密封面	不锈钢	1Cr13、2Cr13、3Cr13	GB/T 1220
		1Cr18Ni9、1Cr18Ni9Ti	—
	堆焊锡黄铜	丝221	—
	增强聚四氟乙烯	SFBN-1、SFBN-2、SFBN-3	QB/T 3625
	橡胶	—	—
阀杆螺母	铸铝黄铜	ZCuZn25Al6Fe3Mn3	GB/T 1176
	铸铝青铜	ZCuAl9Mn2、ZCuAl9Fe4Ni4Mn2	
	铸锰黄铜	ZCuZn38Mn2Pb2	
填料	聚四氟乙烯	SFT-1、SFT-2、SFT-3	—
	橡胶	—	—
	浸聚四氟乙烯石棉绳	—	—
	柔性石墨	—	—
手轮	可锻铸铁	KTH330-08、KTH350-10	GB/T 9440
	球墨铸铁	QT400-15、QT450-10	GB/T 12227
	碳素钢	Q235	GB/T 700

注：灰铸铁阀门一般用于公称压力不大于*PN*10。但对于公称尺寸不大于*DN*100的截止阀、升降式止回阀，也可用于公称压力*PN*16。

表6.2.34 可锻铸铁制阀门主要零件材料

零件名称	材料		
	名称	牌号	标准号
阀体、阀盖、启闭件	可锻铸铁	KTH300、KTH330-08、KTH350-10	GB/T 9440
阀杆、轴	不锈钢	1Cr13、2Cr13、3Cr13	GB/T 4423
	铝青铜	QAl9-2、QAl9-4	
	锰黄铜	HMn58-2	
轴套	铸铝青铜	ZCuAl9Mn2、ZCuAl9Fe4Ni4Mn2	GB/T 1176
	铸锰黄铜	ZCuZn38Mn2Pb2	
摇杆	碳素铸钢	WCA、WCB、WCC	GB/T 12229
	优质碳素钢	20、25、30	GB/T 699
弹簧	弹簧钢	50CrVA	GB/T 1222
		60Si2Mn、60Si2MnA	
阀座、启闭件的密封面	铸铝黄铜	ZCuZn25Al6Fe3Mn3	GB/T 1176
	铸锰黄铜	ZCuZn38Mn2Pb2	
	铸铝青铜	ZCuAl9Mn2、ZCuAl9Fe4Ni4Mn2	
	不锈钢	1Cr13、2Cr13、1Cr18Ni9、1Cr18Ni9Ti	GB/T 1220
	增强聚四氟乙烯	SFBN-1、SFBN-2、SFBN-3	QB/T 3625
	橡胶	—	—

续表

零件名称	材料		
	名称	牌号	标准号
阀杆螺母	铸铝青铜	ZCuAl9Mn2、ZCuAl10Fe4	GB/T 1176
	铸锰黄铜	ZCuZn38Mn2Pb2	
	铸铝黄铜	ZCuZn25Al6Fe3Mn3	
填料	聚四氟乙烯	SFT-1、SFT-2、SFT-3	—
	橡胶	—	—
	柔性石墨	—	—
手轮	可锻铸铁	KTH330-08、KTH350-10	GB/T 9440
	球墨铸铁	QT400-15、QT450-10	GB/T 12227

表 6.2.35　球墨铸铁制阀门主要零件材料

零件名称	材料		
	名称	牌号	标准号
阀体、阀盖、启闭件、支架	球墨铸铁	QT400-15、QT450-10、QT500-7	GB/T 12227
阀杆、轴	铬不锈钢	1Cr13、2Cr13、3Cr13	GB/T 1220
	铝青铜	QAl9-2、QAl9-4	GB/T 4423
	锰黄铜	HMn58-2	
轴套	铸铝青铜	ZCuAl9Mn2、ZCuAl9Fe4Ni4Mn2	GB/T 1176
	铸锰黄铜	ZCuZn38Mn2Pb2	
摇杆	碳素铸钢	WCA、WCB、WCC	GB/T 12229
	优质碳素钢	20、25、35	GB/T 699
弹簧	弹簧钢	50CrVA	GB/T 1222
		60Si2Mn、60Si2MnA	
阀座、启闭件的密封面	铸铝黄铜	ZCuZn25Al6Fe3Mn3	GB/T 1176
	铸锰黄铜	ZCuZn38Mn2Pb2	
	铸铝青铜	ZCuAl9Mn2、ZCuAl9Fe4Ni4Mn2	
	不锈钢	1Cr13、2Cr13、1Cr18Ni9、1Cr18Ni9Ti	GB/T 1220
	喷焊铁基合金粉末	PT3101、PT3102、PT3103、PT3104、PT3105	JB/T 7744 QB/T 3625
	增强聚四氟乙烯	SFBN-1、SFBN-2、SFBN-3	—
	橡胶	—	
阀杆螺母	铸铝青铜	ZCuAl9Mn2、ZCuAl9Fe4Ni4Mn2	GB/T 1176
	铸锰黄铜	ZCuZn38Mn2Pb2	
	铸铝黄铜	ZCuZn25Al6Fe3Mn3	
填料	聚四氟乙烯	SFB-1、SFB-2、SFB-3	—
	橡胶	—	—
	柔性石墨	—	—

续表

零件名称	材料		
	名称	牌号	标准号
手轮	可锻铸铁	KTH330-08、KTH350-10	GB/T 9440
	球墨铸铁	QT400-15、QT450-10	GB/T 12227

表 6.2.36 铜合金制阀门主要零件材料

零件名称	材料		
	名称	牌号	标准号
阀体、阀盖、启闭件	铸锡青铜	ZCuSn3Zn11Pb4、ZCuSn5Pb5Zn5、ZCuSn10Zn2	GB/T 1176
	铸硅黄铜	ZCuZn16Si4	
	铸铝青铜	ZCuAl9Mn2、ZCuAl9Fe4Ni4Mn2	GB/T 12225
	铸铝黄铜	ZCuZn31Al2	
	黄铜	H62、HPb59-1	GB/T 4423
	铝青铜	QAl9-2、QAL9-4	
阀杆	不锈钢	1Cr13、2Cr13、3Cr13	GB/T 1220
		1Cr18Ni9、1Cr18Ni9Ti、304、316	
	铝青铜	QAl9-2、QAl9-4	GB/T 4423
填料	聚四氟乙烯	SFT-1、SFT-2、SFT-3	—
	柔性石墨	—	—
垫片	缠绕垫片	柔性石墨缠绕垫、聚四氟乙烯缠绕垫	GB/T 4622.1~4622.3
手轮	可锻铸铁	KTH330-08、KTH350-10	GB/T 9440
	球墨铸铁	QT400—15、QT450—10	GB/T 12227

注：铜合金材料一般用于中、低压阀门，也可用于常温高压的小口径气瓶阀。

表 6.2.37 钛合金制阀门主要零件材料

零件名称	材料		
	名称	牌号	标准号
阀体、阀盖、摇杆	铸钛及钛合金	ZTAl、ZTA2、ZTA7	GB/T 6614
	钛	TA0、TAl、TA2、TA3	—
启闭件、阀杆、销轴	钛合金	TC4、TC6、TC9	GB/T 2965
	不锈钢	0Cr18Ni9、0Cr18Ni9Ti、1Cr18Ni9Ti	GB/T 1220
		1Cr13、2Cr13	
启闭件	奥氏体不锈铸钢	ZG08Cr18Ni9、ZG12Cr18Ni9、ZG08Cr18Ni9Ti、ZG12Cr18Ni9Ti	GB/T 12230
垫片	增强聚四氟乙烯	SFTN-1、SFN-2、SFN-3	—
	柔性石墨缠绕	柔性石墨缠绕垫	GB/T 4622.1~4622.3

续表

零件名称	材料		
	名称	牌号	标准号
阀杆螺母	铸铝青铜	ZCuAl9Mn2、ZCuAl10Fe3	GB/T 1176
	铸锰黄铜	ZCuZn38Mn2Pb2	
	铸铝黄铜	ZCuZn25Al6Fe3Mn3	
螺栓	钛合金	TC4、TC6、TC9	GB/T 2965
	不锈钢	1Cr17Ni2、1Cr18Ni9	GB/T 1220
螺母	钛合金	TC4、TC6、TC9	GB/T 2965
	不锈钢	1Cr13、2Cr13、1Cr18Ni9Ti	GB/T 1220
填料	聚四氟乙烯	SFT-1、SFT-2、SFT-3、SFT-4	—
	橡胶	—	—
	柔性石墨	—	—
手轮	可锻铸铁	KTH330-08、KTH350-10	GB/T 9440
	球墨铸铁	QT400—15、QT450—10	GB/T 12227
	碳钢	Q235B	GB/T 700
		ZG 230—450	GB/T 12229

表 6.2.38 碳素钢制阀门主要零件材料

零件名称	材料		
	名称	牌号	标准号
阀体、阀盖、支架、法兰、摇杆、压紧螺母	碳素铸钢	WCA、WCB、WCC	GB/T 12229
	优质碳素钢	20、25、30、35	GB/T 699
	低合金结构钢	16Mn	GB/T 1591
阀杆	铬不锈钢	1Cr13、2Cr13、3Cr13	GB/T 1220
销轴	优质碳素钢	35、45	GB/T 699
弹簧	弹簧钢	50CrVA、30W4Cr2VA	GB/T 1222
		60Si2Mn、60Si2MnA	
	不锈钢丝	1Cr18Ni9、1Cr18Ni9Ti	GB/T 4240
阀座、启闭件的密封面	不锈钢	TDCr1a-x、TDCr1b-x	GB/T 984
		1Cr13、2Cr13	GB/T 1220
		1Cr18Ni9Ti(奥 132 酸性)	GB/T 983
		1Cr18Ni9Ti(奥 137 酸性)	
	铬锰合金	—	—
	铬锰合金和铬钼合金	—	—
	钴铬钨合金	EDCoCr-A-x、EDCoCr-B-x、EDCoCr-C-x	GB/T 984
		PT2101、PT2102	IB/T 7744
	喷焊铁基合金粉末	PT3101、PT3102、PT3103、PT3104、PT3105	
	聚四氟乙烯	SFB-1、SFB-2、SFB-3	QB/T 3625
		SFBN-1、SFBN-2、SFBN-3	QB/T 3626

续表

零件名称	材料		
	名称	牌号	标准号
阀杆螺母	铸铝青铜	ZCuAl9Mn2、ZCuAl9Fe4Ni4Mn2	GB/T 1176
	铸铝黄铜	ZCuZn25Al6Fe3Mn3	
	高镍铸铁	D-2	ASTM A 439
螺柱、螺栓	优质碳素钢	25、35	GB/T 699
	合金结构钢	30CrMo、35CrMo	GB/T 3077
螺母	优质碳素钢	35、45	GB/T 699
垫片	缠绕垫	0Cr13/柔性石墨	GB/T 4622.1~4622.3
		0Cr18Ni9Ti/柔性石墨、1Cr18Ni9Ti/柔性石墨	
	波形垫	08	GB/T 708
	金属环形垫	0Cr13、0Cr18Ni9、0Cr17Ni12Mo2、08、10	GB/T 9130
填料	聚四氟乙烯	SFT-1、SFT-2、SFT-3	—
	柔性石墨	—	
手轮	可锻铸铁	KTH330-08、KTH350-10	GB/T 9440
	球墨铸铁	QT400—15、QT450—10	GB/T 12227
	碳钢	Q235B	GB/T 700
	碳素铸钢	WCB	GB/T 12229

表 6.2.39 高温钢制阀门主要零件材料

零件名称	材料		
	名称	牌号	标准号
阀体、阀盖	铬钼铸钢	ZGCr5Mo	—
		WC6、WC9、C5、Cl2A	ASTM A217/A217M
	铬钼钒铸钢	ZG20CrMoV、ZG15Cr1Mo1V	JB/T 9625
	铬钼钢	1Cr15Mo	GB/T 1221
	铬钼钒钢	12CrMoV、12Cr1MoVA、F91	GB/T 3077 ASTM A182
	奥氏体不锈钢	CF3、CF3M、CF8、CF8M、CF8C	ASTM A351/A351M
	铬镍铸钢	CH8、CH20、CK20	
启闭件、阀座、摇杆	铬镍钛铸钢	ZG12Cr18Ni9Ti	GB/T 12230
	铬镍钛钢	1Cr18Ni9Ti	GB/T 1221
销轴	铬不锈钢	1Cr13、2Cr13	
阀杆	铬硅钼钢	4Cr9Si2、4Cr10Si2Mo	GB/T 1220
	铬硅钒钢	25Cr2MoV、25Cr2Mo1V	GB/T 3077
	铬钼钒钢	F91	ASTM A182
弹簧	弹簧钢	30W4Cr2VA	GB/T 1222

续表

零件名称	材料		
	名　称	牌　号	标准号
阀座、启闭件的密封面	铬镍硅合金和铬镍硅钼合金	—	—
	钴铬钨合金	EDCoCr-A-x、EDCoCr-B-x、EDCoCr-C-x	GB/T 984
		PT2101、PT2102	JB/T 7744
阀杆螺母	铸铝黄铜	ZCuA19Mn2、ZCuAl9Fe4Ni4Mn2	GB/T 1176
		ZCuZn25Al6Fe3Mn3	
	高镍铸铁	D-2	ASTM A439
双头螺柱	铬钼钒钢	25Cr2MoV、25Cr2Mo1VA	GB/T 3077
螺母	铬钼钢	30CrMo、35CrMo	
垫片	柔性石墨缠绕	0Cr18Ni9Ti/柔性石墨、1Cr18Ni9Ti/柔性石墨	GB/T 4622.1~4622.3
	耐垫钢板	0Cr18Ni9、1Cr18Ni9	GB/T 3280
填料	柔性石墨	—	—
	石墨石棉绳	—	—
手轮	可锻铸铁	KTH 330-08、KTH 350-10	GB/T 9440
	球墨铸铁	QT400—15、QT450—10	GB/T 12227
	碳钢	Q235B	GB/T 700
	碳素铸钢	WCB	GB/T 12229

表 6.2.40　低温钢制阀门主要零件材料

零件名称	材料		
	名　称	牌　号	标准号
阀体、阀盖、阀座、启闭件、摇杆	奥氏体不锈铸钢	ZG08Cr18Ni9、ZG12Cr18Ni9	GB/T 12230
		ZG08Cr18Ni9Ti、ZG12Cr18Ni9Ti	
		CF3、CF8、CF3M、CF8M	ASTM A351/A351M
	碳钢	LCA、LCB	JB/T 7248
	碳锰钢	LCC	
	镍钢	LC2、LC3、LC4、LC9	
	碳钼钢	LC1	ASTM A352/A352M
	镍铬钼钢	LC2-1、CA6NM	
	奥氏体不锈钢	0Cr18Ni9、1Cr18Ni9Ti	GB/T 1220
		0Cr18Ni9Ti、1Cr18Mi9Ti	
阀杆	奥氏体不锈钢	0Cr18Ni9、1Cr18Ni9	
		1Cr18Ni9Ti	
销轴	奥氏体不锈钢	1Cr18Ni9Ti	GB/T 1220

续表

零件名称	材料		
	名称	牌号	标准号
阀座、启闭件的密封面	钴铬钨合金	EDCoCr-A-x、EDCoCr-B-x、EDCoCr-C-x	GB/T 984
		PT2101、PT2102	JB/T 7744
阀杆螺母	铸铝青铜	ZCuAl9Mn2、ZCuAl9Fe4Ni4Mn2	GB/T 1176
	铸铝黄铜	ZCuZn25Al6Fe3Mn3	
	高镍铸铁	D-2	ASTM A439
双头螺柱	奥氏体不锈钢	1Cr18Ni9、1Cr18Ni9Ti	GB/T 1220
螺母	奥氏体不锈钢	1Cr18Ni9Ti	
	黄铜	HPb59-1	GB/T 4423
垫片	不锈钢与柔性石墨缠绕	0Cr18Ni9Ti/柔性石墨、1Cr18Ni9Ti/柔性石墨	GB/T 4622.1~4622.3
	纯铜	T2、T3	GB/T 2040、GB/T 2059
	纯铝	L2、L3	GB/T 3880.1
填料	聚四氟乙烯	SFT-1、SFT-2、SFT-3、SFT-4	—
	浸聚四氟乙烯石棉绳	—	—
	柔性石墨	—	—
手轮	可锻铸铁	KTH330-08、KTH350-10	GB/T 9440
	球墨铸铁	QT400—15、QT450—10	GB/T 12227
	碳钢	Q235B	GB/T 700
	碳素铸钢	WCB	GB/T 12229

表 6.2.41 不锈耐酸钢制阀门主要零件材料

零件名称	材料			
	名称		牌号	标准号
阀体、阀盖、阀座、启闭件、摇杆、销轴	耐硝酸	铬镍钛铸钢	ZG08Cr18Ni9Ti、ZG12Cr18Ni9Ti	GB/T 12230
		铬镍铸钢	ZG03Cr18Ni10	
		铬镍钛钢	0Cr18Ni9Ti、1Cr18Ni9Ti	GB/T 1220
		铬镍钢	1Cr17Ni2、00Cr18Ni10	
		铬镍硅铝钛钢	1Cr18Ni11Si4AlTi	
	耐硝酸和尿素	铬镍钼钛铸钢	ZG08Cr18Ni12Mo2Ti	GB/T 12230
			ZG12Cr18Ni12Mo2Ti	
		铬镍钼钛钢	0Cr18Ni12Mo2Ti、1Cr18Ni12Mo2Ti	GB/T 1220
			0Cr18Ni12Mo3Ti、1Cr18Ni12Mo3Ti	
		铬锰钼氮钢	0Cr17Mn13Mo2N	
		铬锰镍钼氮钢	1Cr18Mn10Ni5Mo3N	
阀杆	铬镍和铬镍钛钢		1Cr18Ni12Mo2Ti、1Cr18Ni9Ti	
	铬镍钼钛钢		1Cr18Ni142Mo3Ti	
	铬锰钼氮钢		0Cr17Mn13Mo2N	GB/T 1220

续表

零件名称	材料		
	名　称	牌　号	标准号
阀体或阀座、启闭件的密封面	钴铬钨合金	EDCoCr-A-x、EDCoCr-B-x、EDCoCr-C-x	GB/T 984
		PT2101、PT2102	JB/T 7744
	聚四氟乙烯	SFB-1、SFB-2、SFB-3	QB/T 3625
		SFBN-1、SFBN-2、SFBN-3	QB/T 3626
阀杆螺母	铸铝青铜	ZCuAl9Mn2、ZCuAl9Fe4Ni4Mn2	GB/T 1176
	铸铝黄铜	ZCuZn25Al6Fe3Mn3	
	高镍铸铁	D-2	ASTM A439
双头螺柱	铬镍钢	1Cr17Ni2、1Cr18Ni9	GB/T 1220
螺母	铬和铬镍钢	0Cr13、1Cr13、2Cr13、1Cr18Ni9	
垫片	柔生石墨缠绕	0Cr18Ni9Ti/柔性石墨	GB/T 4622.1～4622.3
		0Cr18Ni12Mo2Ti/柔性石墨	
	聚四氟乙烯	SFB-1、SFB-2、SFB-3	QB/T 3625
填料	聚四氟乙烯	SFB-1、SFB-2、SFB-3、SFB-4	—
	柔性石墨	—	—
手轮	可锻铸铁	KTH330-08、KTH350-10	GB/T 9440
	球墨铸铁	QT400—15、QT450—10	GB/T 12227
	碳钢	Q235	GB/T 700
	碳素铸钢	WCB	GB/T 12229

表 6.2.42　常用阀体材料的选用

阀体材料	材料牌号	代号	适用压力 *PN*/MPa	适用温度 *t*/℃	适用介质举例
优质碳素钢	ZG25	C	≤16	≤450	水、蒸汽、油类及其他普通工艺介质等
	25、35、40		<32	≤200	氮、氨、氢气等
铬钼合金钢	15CrMo ZG20CrMo	I	P10	540	蒸汽等
	Cr5Mo ZGCr5Mo		≤16	≤550	油类及其他普通工艺介质等
镍、铬、钛耐酸钢	1Cr18Ni9Ti ZG1Cr18Ni9Ti	P	≤6.4	≤200	硝酸等腐蚀性介质
				-100～-196	乙烯等低温介质
				≤600	高温蒸汽、气体等
铬钼钒合金钢	12Cr1MoV 15Cr1MoV ZG15Cr1MoV	V	P14	570	蒸汽等
镍、铬、钼、钛耐酸钢	Cr18Ni12Mo2Ti ZGCr18Ni12Mo2Ti	R	≤20	≤200	尿素、醋酸等

续表

阀体材料	材料牌号	代号	适用压力 PN/MPa	适用温度 t/℃	适用介质举例
钢合金	HSi80-3	T	≤1.6	≤2	水、蒸汽、气体等
灰铸铁	HT20-14	Z	≤1.6	≤200	水、蒸汽、油类及其他普通工艺介质等
	HT25-47		≤2.5	≥-40	
可锻铸铁	KT30-6	K	≤2.5	≤300	
	KT30-8		≤2.5	≥-43	
球墨铸铁	QT40-17	Q	≤4	≤350	
高硅铸铁	NSTSi-15	G	≤0.6	≤120	硝酸等腐蚀性介质

3. 阀门密封面材料的选用，见表6.2.43。

表6.2.43 阀门密封面材料的选用

阀门密封面材料		代号	适用压力 PN/MPa	适用温度 t/℃	适用阀类
聚四氟乙烯		F	≤6.4	≤150	球阀、截止阀、旋塞阀、闸阀等
巴氏合金		B	≤2.5	-70~150	截止阀
钢合金	QSn6-6-3 HMn58-2-2	T	≤1.6	≤200	闸阀、截止阀、止回阀、旋塞阀
不锈钢	2Cr13、3Cr13 TDCr-2 TDCrMn	H	≤3.2	≤450	中、高压阀门
橡胶		X	≤0.1	≤60	截止阀、隔膜阀、蝶阀、止回阀
尼龙		N	≤32	≤80	球阀、截止阀等

4. 闸阀、截止阀、止回阀、球阀、蝶阀、旋塞阀、节流阀、隔膜阀、安全阀的选用，见表6.2.44~表6.2.45。

表6.2.44 闸阀的选用

名　称	型　号	公称压力 PN/MPa	适用介质	适用温度 </℃	公称通径 DN/mm
楔式双闸板闸阀	Z42W-1	0.1	煤气	100	300~700
伞齿轮传动楔式双闸板闸阀	Z542W-1				600~1400
电动楔式双闸板闸阀	Z942W-1				600~2000
电动暗杆楔式双闸板闸阀	Z946T-2.5	0.25	水		1200~1800
电动暗杆楔式闸阀	Z945T-6	0.6			1200~1400
楔式闸阀	Z41T-10	1.0	蒸汽、水	200	50~700
楔式闸阀	Z41W-10		油品	100	50~700
电动楔式闸阀	Z941T-10		蒸汽、水	200	100~450
平行式双闸板闸阀	Z44T-10				50~400
平行式双闸板闸阀	Z44W-10		油品	100	50~400
液动楔式闸阀	Z741T-10		水		100~600

续表

名　称	型　号	公称压力 PN/MPa	适用介质	适用温度 ≤/℃	公称通径 DN/mm
电动平行式双闸板闸阀	Z944T-10	1.0	蒸汽、水	200	80~400
电动平行式双闸板闸阀	Z944W-10		油品	100	80~400
暗杆楔式闸阀	Z45T-10		水		40~700
暗杆楔式闸阀	Z45W-10		油品		40~450
正齿轮传动暗杆楔式闸阀	Z445T-10		水		800~1000
电动暗杆楔式闸阀	Z945T-10		水		80~1000
电动暗杆楔式闸阀	Z945W-10		油品		80~1000
楔式闸阀	Z40H-16C	1.6	油品、蒸汽、水	350	50~600
电动楔式闸阀	Z940H-16C				50~1000
气动楔式闸阀	Z640H-16C				200~500
楔式闸阀	Z40H-16Q				65~200
电动楔式闸阀	Z940H-16Q				65~200
楔式闸阀	Z40W-16P		硝酸类	100	50~600
楔式闸阀	Z40M-16R		醋酸类		50~600
楔式闸阀	Z40Y-16I		油品	550	200~500
楔式闸阀	Z40H-25	2.5	油品、蒸汽、水	350	50~600
电动楔式闸阀	Z940H-25				50~1000
气动楔式闸阀	Z640H-25				50~400
楔式闸阀	Z40H-25Q				50~200
电动楔式闸阀	Z940H-25Q				50~200
伞齿轮传动楔式双闸板闸阀	Z542H-25		蒸汽、水	300	300~500
电动楔式双闸板闸阀	Z942H-25				150~1000
承插焊楔式闸阀	Z61Y-40	4.0	油品、蒸汽、水	425	15~50
楔式闸阀	Z41H-40				15~600
楔式闸阀	Z40H-40				50~400
正齿轮传动楔式闸阀	Z440H-40				300~600
电动楔式闸阀	Z940H-40				50~600
气动楔式闸阀	Z640H-40				50~400
楔式闸阀	Z40H-40Q			350	50~200
电动楔式闸阀	Z940H-40Q				50~200
楔式闸阀	Z40Y-40P		硝酸类	100	80~400
正齿轮传动楔式闸阀	Z440Y-40P				300~600
楔式闸阀	Z40Y-40I		油品	550	50~300
楔式闸阀	Z40H-64	6.4	油品、蒸汽、水	425	50~300
正齿轮传动楔式闸阀	Z440H-64				150~600
电动楔式闸阀	Z940H-64				50~600

续表

名称	型号	公称压力 PN/MPa	适用介质	适用温度 </℃	公称通径 DN/mm
电动楔式闸阀	Z940Y-64I	6.4	油品	550	300~600
楔式闸阀	Z40Y-64I				50~250
楔式闸阀	Z40Y-100	10.0	油品、蒸汽、水	450	50~300
正齿轮传动楔式闸阀	Z440Y-100				
电动楔式闸阀	Z940Y-100				150~350
承插焊楔式闸阀	Z61Y-160	16.0	油品		50~400
楔式闸阀	Z41H-160				15~50
楔式闸阀	Z40Y-160				15~300
电动楔式闸阀	Z940Y-160				50~300
楔式闸阀	Z40Y-160I			550	65~150
电动楔式闸阀	Z940Y-160I				50~200

表 6.2.45 截止阀的选用

名称	型号	公称压力 PN/MPa	适用介质	适用温度 </℃	公称通径 DN/mm
衬胶直流式截止阀	J45J-6	0.6	酸、碱类	50	50~200
衬铅直流式截止阀	J45Q-6		硫酸类	100	25~150
焊接波纹管式截止阀	WJ61W-6P		硝酸类		10~25
波纹管式截止阀	WJ41W-6P				32~50
内螺纹截止阀	J11W-16	1.6	油品	100	15~65
内螺纹截止阀	J11T-16		蒸汽、水	200	15~65
截止阀	J41W-16		油品	100	15~200
截止阀	J41Y-16		油品、蒸汽、水	200	10~400
截止阀	J41W-16P		硝酸类	100	10~400
截止阀	J41W-16R		醋酸类		10~400
外螺纹截止阀	J21W-25K	2.5	氨、氨液	-40~+150	6~25
外螺纹角式截止阀	J24W-25K				6~25
外螺纹截止阀	J21B-25K				10~25
外螺纹角式截止阀	J24B-25K				10~25
截止阀	J41B-25Z				20~200
角式截止阀	J44B-25Z				32~50
波纹管式截止阀	WJ41W-25P		硝酸类	100	10~250
直流式截止阀	J45W-25P				25~100
外螺纹截止阀	J21W-40	4.0	油品	200	6~25
卡套截止阀	J91W-40				6~10

续表

名　称	型　号	公称压力 PN/MPa	适用介质	适用温度 <$/$℃	公称通径 DN/mm
卡套截止阀	J91H-40	4.0	油品、蒸汽、水	425	15~25
卡套角式截止阀	J94W-40		油品	200	6~10
卡套角式截止阀	J94H-40		油品、蒸汽、水	425	15~25
外螺纹截止阀	J21H-40		油品、蒸汽、水	425	6~25
外螺纹角式截止阀	J24W-40		油品	200	6~10
外螺纹角式截止阀	J24H-40		油品、蒸汽、水	425	15~25
外螺纹截止阀	J21W-40P		硝酸类	100	6~25
外螺纹截止阀	J21W-40R		醋酸类		6~25
外螺纹角式截止阀	J24W-40P		硝酸类		6~25
外螺纹角式截止阀	J24W-40R		醋酸类		6~25
承插焊截止阀	J61Y-40		油品、蒸汽、水	425	10~50
截止阀	J41H-40				15~400
截止阀	J41W-40P		硝酸类	100	15~400
截止阀	J41W-40R		醋酸类		15~200
电动截止阀	J941H-40		油品、蒸汽、水	425	50~200
截止阀	J41H-40Q			350	32~150
角式截止阀	J44H-40			425	32~50
截止阀	J41H-64	6.4			15~200
电动截止阀	J941H-64				50~100
截止阀	J41H-100	10.0	油品、蒸汽、水	450	15~200
电动截止阀	J941H-100				50~100
角式截止阀	J44H-100				32~50
承插焊、截止阀	J61Y-160	16.0	油品		15~50
截止阀	J41H-160				15~100
截止阀	J41Y-160I			550	15~100
外螺纹截止阀	J21W-160			200	6~15

表 6.2.46　止回阀的选用

名　称	型　号	公称压力 PN/MPa	适用介质	适用温度 <$/$℃	公称通径 DN/mm
内螺纹升降式底阀	H12X-2.5	0.25	水	50	50~80
升降式底阀	H42X-2.5				50~300
旋启双瓣式底阀	H46X-2.5				350~500
旋启多瓣式止回阀	H45X-2.5				1200~1800
旋启多瓣式止回阀	H45X-6	0.6			1200~1800

续表

名　称	型　号	公称压力 PN/MPa	适用介质	适用温度 ≤/℃	公称通径 DN/mm
旋启多瓣式止回阀	H45X-10	1.0	水	50	800~1000
旋启式止回阀	H44X-10				50~600
旋启式止回阀	H44T-10		蒸汽、水	200	50~600
旋启式止回阀	H44W-10		油品	100	50~600
内螺纹升降式止回阀	H11T-16	1.6	蒸汽、水	200	15~65
内螺纹升降式止回阀	H11W-16		油品	100	15~65
升降式止回阀	H41T-16		蒸汽、水	200	25~150
升降式止回阀	H41W-16		油品	100	25~150
升降式止回阀	H41W-16P		硝酸类		10~400
升降式止回阀	H41W-16R		醋酸类		10~400
外螺纹升降式止回阀	H21B-25K	2.5	氨、氨液	-40~150	15~25
升降式止回阀	H41B-252				32~50
旋启式止回阀	H44H-25		油品、蒸汽、水	350	15~600
升降式止回阀	H41H-40	4.0		425	10~400
升降式止回阀	H41H-40Q			350	32~150
旋启式止回阀	H44H-40			425	15~600
旋启式止回阀	H44Y-40I		油品	550	50~250
旋启式止回阀	H44W-40P		硝酸类	100	25~500
外螺纹升降式止回阀	H21W-40P				15~25
升降式止回阀	H41W-40P				10~400
升降式止回阀	H41W-40R		醋酸类		10~400
升降式止回阀	H41H-64	6.4	油品、蒸汽、水	425	10~200
旋启式止回阀	H44H-64				15~700
旋启式止回阀	H44Y-64I		油品	550	50~500
升降式止回阀	H41H-100	10.0	油品、蒸汽、水	450	10~200
旋启式止回阀	H44H-100				15~450
旋启式止回阀	H44-160	16.0	油品、水		15~300
旋启式止回阀	H44Y-160I		油品	550	15~300
升降式止回阀	H41H-160			450	10~200
承插焊升降式止回阀	H61Y-160				15~50

表 6.2.47 球阀的选用

名 称	型 号	公称压力 *PN*/MPa	适用介质	适用温度 ≤/℃	公称通径 *DN*/mm
内螺纹球阀	Q11F-16	1.6	油品、水	100	15~65
球阀	Q41F-16C				15~200
电动球阀	Q941F-16C				25~200
球阀	Q41F-16P		硝酸类		15~200
球阀	Q41F-16R		醋酸类		15~200
L 形三通式球阀	Q44F-16Q		油品、水		15~150
T 形三通式球阀	Q45F-16Q				15~150
蜗轮转动固定式球阀	Q347F-25	2.5		150	200~500
气动固定式球阀	Q647F-25				200~500
电动固定式球阀	Q947F-25				200~500
外螺纹球阀	Q21F-40	4.0			10~25
外螺纹球阀	Q21F-40P		硝酸类	100	10~25
外螺纹球阀	Q21F-40R		醋酸类		10~25
球阀	Q41F-40Q		油品、水	150	32~100
球阀	Q41F-40P		硝酸类	100	15~200
球阀	Q41F-40R		醋酸类		15~200
气动球阀	Q641F-40Q		油品、水	150	50~100
电动球阀	Q941F-40Q				50~100
球阀	Q41N-64	6.4	油品、天然气	80	50~100
气动球阀	Q64N-64				50~100
电动球阀	Q941N-64				50~100
气动固定式球阀	Q647F-64				125~200
电动固定式球阀	Q947F-64				125~500
电-液动固定式球阀	Q247F-64				125~500
气-液动固定式球阀	Q847F-64				125~500
气-液动焊接固定式球阀	Q867F-64				400~700
电-液动焊接固定式球阀	Q267F-64				400~700

表 6.2.48 蝶阀的选用

名 称	型号	公称压力 *PN*/MPa	适用介质	适用温度≤/℃	公称通径 *DN*/mm
液动蝶阀	D741X-2.5	0.25	油品、水	50	2200~3000
电动蝶阀	D941X-2.5				1600~3000
电动蝶阀	D941X-6	0.6			1200~1400
电动蝶阀	D941X-10	1.0			250~1000
气动蝶阀	D641X-10				250~1000
蜗轮传动蝶阀	D341X-10				250~1000
蝶阀	D41X-10				100~200

表 6.2.49 旋塞阀的选用

名　称	型　号	公称压力 *PN*/MPa	适用介质	适用温度 ≤/℃	公称通径 *DN*/mm
旋塞阀	X43W-6	0.6	油品	100	100~150
T形三通式旋塞阀	X44W-6				25~100
内螺纹旋塞阀	X13W-10T	1.0	水		15~50
内螺纹旋塞阀	X13W-10		油品		15~50
内螺纹旋塞阀	X13T-10		水		15~50
旋塞阀	X43W-10		油品		25~80
旋塞阀	X43T-10		水		25~80
油封T形三通式旋塞阀	X48W-10		油品		25~100
油封旋塞阀	X47W-16	1.6			25~150
旋塞阀	X43W-16I		含砂油品	580	50~125

表 6.2.50 节流阀的选用

名　称	型　号	公称压力 *PN*/MPa	适用介质	适用温度 ≤/℃	公称通径 *DN*/mm
外螺纹节流阀	L21W-25K	2.5	氨、氨液	-40~+150	0~25
外螺纹角式节流阀	L24W-25K				10~15
外螺纹节流阀	L21B-25K				20~25
外螺纹角式节流阀	L24B-25K				20~25
节流阀	L41B-25Z				32~50
角式节流阀	L44B-25Z				32~50
外螺纹节流阀	L21W-40	4.0	油品	200	6~25
卡套节流阀	L91W-40				6~10
外螺纹节流阀	L21W-40P		硝酸类	100	6~25
外螺纹节流阀	L21W-40R		醋酸类		6~25
外螺纹节流阀	L21H-40		油品 蒸汽、水	425	15~25
卡套节流阀	L91H-40				15~25
节流阀	L41H-40Q			350	32~50
节流阀	L41H-40			425	10~400
节流阀	L41W-40P		硝酸类	100	15~400
节流阀	L41W-40R		醋酸类		15~400
节流阀	L41H-100	10.0	油品、蒸汽、水	450	15~200

表 6.2.51　隔膜阀的选用

名　称	型　号	公称压力 PN/MPa	适用介质	适用温度 ≤/℃	公称通径 DN/mm
隔膜阀	G41W-6	0.6	酸、碱类	65	25~400
衬胶隔膜阀	G41J-6				25~400
气动衬胶隔膜阀	G641J-6				125~200
气动常开式衬胶隔膜阀	G6$_K$41J-6				25~200
气动常闭式衬胶隔膜阀	G6$_B$41J-6				25~200
电动衬胶隔膜阀	G941J-6				25~300
搪瓷隔膜阀	G41C-6			100	15~250

表 6.2.52　安全阀的选用

名　称	型　号	公称压力 PN/MPa	密封压力/MPa	适用介质	适用温度 ≤/℃	公称通径 DN/mm
外螺纹弹簧式安全阀	A27W-10T	1.0	0.4~1.0	空气	120	15~20
外螺纹弹簧式带扳手安全阀	A27H-10K		0.1~1.0		200	10~40
弹簧式带扳手安全阀	A47H-16	1.6	0.1~1.6	空气、蒸气、水		40~100
外螺纹弹簧封闭式安全阀	A21H-16C			空气、氨气、水、氨液		15~25
外螺纹弹簧封闭式安全阀	A21W-16P			硝酸等		15~25
弹簧封闭式安全阀	A41H-16C			空气、氨气、水、氨液、油品	300	25~100
弹簧封闭式安全阀	A41W-16P			硝酸等	200	32~80
弹簧式带扳手安全阀	A47H-16C			空气、蒸汽、水	350	25~100
双联弹簧封闭式安全阀	A43H-16C			空气、蒸汽		80~100
弹簧全启式安全阀	A40H-16C			油品、空气	450	50~150
弹簧全启式安全阀	A40Y-16I				550	50~150
弹簧封闭全启式安全阀	A42H-16C		0.06~1.6		300	40~200
弹簧封闭全启式安全阀	A42W-16P			硝酸等	200	40~200
弹簧封闭带扳手全启式安全阀	A44H-16C		0.1~1.6	油品、空气	300	50~150
弹簧全启式安全阀	A48H-16C			空气、蒸汽	350	25~150
外螺纹弹簧封闭式安全阀	A21H-40	4.0	1.6~4.0	空气、氨气、水、氨液	200	15~25
外螺纹弹簧封闭式安全阀	A21W-40P			硝酸等		15~25
弹簧封闭式安全阀	A41H-40		1.3~4.0	空气、氨气、水、氨液、油品	300	25~100
弹簧封闭式安全阀	A41W-40P		1.6~4.0	硝酸等	200	32~80
弹簧式带扳手安全阀	A47H-40P		1.3~40	空气、蒸汽	350	25~100
双联弹簧封闭式安全阀	A43H-40					80~100
弹簧全启式安全阀	A40H-40		0.6~4.0	油品、空气	450	50~150
弹簧全启式安全阀	A40Y-40I				550	50~150
弹簧封闭全启式安全阀	A42H-40		1.3~4.0		300	40~150
弹簧封闭全启式安全阀	A42W-40P		1.6~4.0	硝酸等	200	40~150

续表

名 称	型 号	公称压力 *PN*/MPa	密封压力/MPa	适用介质	适用温度 ≤/℃	公称通径 *DN*/mm
弹簧封闭带扳手全启式安全阀	A44H-40	4.0	1.3~4.0	油品、空气	300	50~150
弹簧全启式安全阀	A48H-40		3.2~10	空气、蒸汽	350	50~150
弹簧封闭式安全阀	A41H-100	10		空气、水、油品	300	32~50
弹簧全启式安全阀	A40H-100		1.6~8.0	油品、空气	450	50~100
弹簧全启式安全阀	A40Y-100I				550	50~100
弹簧全启式安全阀	A40H-100P				600	50~100
弹簧封闭全启式安全阀	A42H-100		3.2~10	氮氢气、油品、空气	300	40~100
弹簧封闭带扳手全启式安全阀	A44H-100			油品、空气		50~100
弹簧全启式安全阀	A48H-100			空气、蒸汽	350	50~100
弹簧封闭式安全阀	A41H-160	16	10~16	空气、氮氢气、水、油品	200	15~32
弹簧全启式安全阀	A41H-160			油品、空气	450	50~80
弹簧全启式安全阀	A40Y-160I				550	50~80
弹簧全启式安全阀	A40Y-160P			氮氢气、油品、空气	600	50~80
弹簧封闭全启式安全阀	A42H-160				300	15. 32~80
弹簧封闭式安全阀	A41H-320	32	16~32	空气、氮氢气、水、油品	200	10、15. 32
弹簧封闭全启式安全阀	A42H-320			氮氢气、油品、空气	300	32~50

5. GB 标准阀门选用见表 6.2.53。

表 6.2.53　GB 标准阀门选用

阀门类型	连接型式	公称直径/DN	选用标准
闸阀	法兰端、对焊端	25~600	GB/T 12234
截止阀、升降式止回阀	法兰端	25~400	GB/T 12235
旋启式止回阀	法兰端	50~600	GB/T 12236
球阀	法兰端、对焊端	10~500	GB/T 12237
旋塞阀	法兰端、对夹	50~900	GB/T 12238
蝶阀	法兰端、对焊端	10~400	GB/T 12239

6. 某蒸汽管道阀门选用工程应用

某蒸汽管道轴测图见图 6.2.4，蒸汽设计温度 450℃，设计压力 3.0MPa，DN300 闸阀选用了 Z41Y-40I，直接标在管道轴测图和材料描述上。

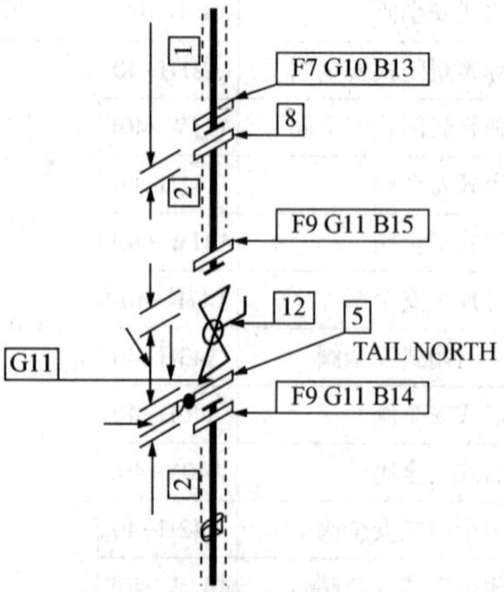

图 6.2.4　某蒸汽管道轴测图阀门的选用与标注

十三、国外阀门不同型号的选用与工程应用

（1）美洲标准阀门型号、规格和适用范围见表 6.2.54。

（2）美国 API 610 标准见表 6.2.55、表 6.2.56。

表 6.2.54 美洲标准阀门型号、规格和适用范围

公称直径范围/in \ 型号 / 名称	ASME 150	ASME 300	ASME 600	ASME 800	ASME 900	ASME 1500	ASME 2000	ASME 2500	结构	应用标准 设计制造	应用标准 检验试验	连接形式
铸钢闸阀	2~36/2-36、2-24/2~24		2~24		2~18	2~12		2~4	B. B；OS&Y	API 600	API 598	法 兰
锻钢闸阀	½~2—				½~2				B. B；OS&Y	API 602	API 598	承插焊
锻钢法兰闸阀	½~2/½~2		½~2						B. B；OS&Y	API 602	API 598	法 兰
压力自紧密封阀盖铸钢闸阀					½~18		2~10	½~10	P. B；OS&Y	ASME B16. 34	API 598	承插、螺纹
铸钢夹套闸阀	½~8/ ½~8	½~8/ ½~8							B. B；OS&Y OS&Y-G	API 600	API 598	法 兰
铸钢截止阀	2~12/2~12	2~12/	2~8		2~10	2~8		2~8	B. B；OS&Y	BS 1873	API 598	法 兰
锻钢法兰截止阀	½~2/½~2		½~2						B. B；OS&Y	BS 5352	API 598	法 兰
锻钢截止阀	½~2—		½~2						B. B；OS&Y	BS 5352	API 598	承插、螺纹
锻钢截止阀					½~2			½~2	B. B；OS&Y	ASME B16. 34	API 598	承 插
压力自紧密封阀盖铸钢截止阀					2½~8			2½~4	P. B；OS&Y	ASME B16. 34	API 598	对 焊
压力自紧密封阀盖锻钢截止阀					½~2			½~2	P. B；OS&Y	ASME B16. 34	API 598	承 插
夹套铸钢法兰截止阀	½~6/	½~6/	½~2						B. B；OS&Y-G	ASME B16. 34	API 598	法 兰
锻钢法兰针形阀	½~2 ½~2		½~2						B. B；OS&Y-N	BS 5352	API 598	法 兰
锻钢针形阀	½~2—		½~2						B. B；OS&Y-N	BS 5352	API 598	承插、螺纹
铸钢旋启式止回阀	2~36/2~36		2~24		2~16	2~12		2~8	B. B 旋启式	BS 1868 JIS B 2071	API 598	法 兰

续表

公称直径范围/in 型号 名称	ASME		ASME						结构	应用标准		连接形式
	150	300	600	800	900	1500	2000	2500		设计制造	检验试验	
锻钢法兰升降式止回阀	½~2/		½~2		½~2	½~2		½~2	升降式	BS 5352	API 598	法　兰
锻钢升降式止回阀	½~2/		½~2			½~2			升降式	BS 5352	API 598	承插、螺纹
压力自紧密封铸钢旋启式止回阀					2~16	2~12		2~4	旋转式阀瓣压力自紧密封的盖板	ASME B16.34	API 598	对　焊
高性能蝶形止回阀	2~12/	2~12/							对夹式、蝶形	API 6D	API 598	对　夹
对夹式止回阀	*PN* 4.0MPa<200℃ *DN* 20~100mm									DIN RL567-40R		对　夹
对夹式止回阀	*PN* 1.0MPa<200℃ *DN* 20~100mm									DIN RL564-10R		对　夹
Y 型止回阀	*PN* 10.0MPa<200℃ *DN* 25mm									DIN RL569-100R		法　兰
落球式止回阀	*PN*0.6*DN*15~200；*PN*1.0 *DN*25；*PN* 2.5；*PN*4.0；*DN*25、50、100								衬里	R9701-10 DIN R9701-25 R9712-40		法　兰
对分式法兰球阀通径	½~10/½~10								耐火，防静电，B.B；浮动球	BS 5351	API 598	法　兰
对分式法兰球阀缩径	½~12/½~12 ½~10/½~10								耐火，防静电，B.B；浮动球	BS 5351	API 598	法　兰
全通径浮动球法兰球阀	3/4~8/									API 607		法　兰
全通径固定球法兰球阀	8~20/	6~20/								API 607		法　兰
不锈钢球阀	*PN*4.0MPa<200℃ *DN*20.25mm									DIN VH575-40P		法　兰
不锈钢球阀	10K<120℃；*DN*40~200mm									JIS E0105-10KR		法　兰

表 6.2.55　API 610 规定的法兰端和对焊端阀门的压力-温度等级

温度/℃(°F)	150 磅级	300 磅级	400 磅级	600 磅级	900 磅级	1500 磅级	2500 磅级
	额定值/MPa(1bf/in²)						
-29~38 (-20~100)	1.90 (275)	4.97 (720)	6.62 (960)	9.93 (1440)	14.90 (2160)	24.83 (3600)	41.38 (6000)
66 (150)	1.86 (270)	4.86 (705)	6.48 (940)	9.76 (1415)	14.62 (2120)	24.41 (3540)	40.66 (5895)
93 (200)	1.79 (260)	4.66 (675)	6.21 (900)	9.31 (1350)	13.97 (2025)	23.28 (3375)	38.79 (5625)
121 (250)	1.76 (255)	4.59 (665)	6.10 (885)	9.17 (1330)	13.76 (1995)	22.93 (3325)	38.24 (5545)

表 6.2.56　API 602　规定的 800 磅级小口径碳钢闸阀的压力-温度等级

使用温度/℃	额定压力/MPa	使用温度/℃	额定压力/MPa
-29~38	13.79	315.5	10.62
65.5	13.58	343.5	9.86
93.5	13.38	371	9.00
121	13.20	399	8.14
149	13.07	426.5	7.00
176.5	12.93	454.5	5.52
204.5	12.76	482	4.14
232	12.48	510	2.93
260	11.96	538	1.62
288	11.31		

注：其他钢种的温度-压力基准可参照 BS 5351 的规定。

(3) API 常用内件金属材料编号见表 6.2.57。

表 6.2.57　API 常用内件金属材料编号

序号	阀杆(包括阀芯和阀座本体)	密封面	密封面 HB
1	410(13Cr)HB200~275	13Cr	≥250
2	304	304	
3	310	310	
4	410(13Cr)HB200~275	13Cr	≥750
5	410(13Cr)HB200~275	CoCr 堆焊(HF)	≥350
5A	410(13Cr)HB200~275	NiCr 堆焊(HFA)	≥350
6	410(13Cr)HB200~275	13Cr/CuNi	≥250/≥175
7	410(13Cr)HB200~275	13Cr/ 13Cr	≥300/≥750
8	410(13Cr)HB200~275	13Cr/ CoCr 堆焊(HF)	≥250/≥350
8A	410(13Cr)HB200~275	13Cr/ NiCr 堆焊(HFA)	≥250/≥350
9	Monel(NiCu)	Monel(NiCu)	
10	316	316	
11	Monel(NiCu)	Monel(NiCu) / CoCr 堆焊(HF)	/≥350

续表

序号	阀杆(包括阀芯和阀座本体)	密封面	密封面 HB
11A	Monel(NiCu)	Monel(NiCu) / NiCr 堆焊(HFA)	/≥350
12	316	316/ CoCr 堆焊(HF)	/≥350
12A	316	316/ NiCr 堆焊(HFA)	/≥350
13	20Alloy	20Alloy	
14	20Alloy	20Alloy/ CoCr 堆焊(HF)	/≥350
14A	20Alloy	20Alloy /NiCr 堆焊(HFA)	/≥350
15	304	CoCr 堆焊(HF)	≥350
16	316	CoCr 堆焊(HF)	≥350
17	347	CoCr 堆焊(HF)	≥350
18	20Alloy	CoCr 堆焊(HF)	≥350

(4)英国 BS 标准见表 6.2.58、表 6.2.59。钢制法兰端和对焊端阀门可参照 ASME B16.34。

表 6.2.58 BS 5351 规定的球阀阀座的最小压力-温度等级

阀门公称通径		使用温度/℃									
		-30~40	50	75	90	100	125	150	175	200	230
通孔	缩孔	最小非振动压力/MPa									
8~20	8~25	6.9	6.6	5.6	5.1	4.7	3.8	2.9	2.0	1.1	0
25~65	32~80	5.0	4.9	4.8	4.8	4.7	3.8	2.9	2.0	1.1	0
80~100	100~150	4.2	4.2	4.2	4.2	3.9	3.2	2.4	1.7	0.9	0
150	200~250	3.1	3.1	3.1	3.1	2.9	2.3	1.8	1.2	0.7	0
200~400	300~400	2.1	2.1	2.1	2.1	2.0	1.6	1.2	0.8	0.5	0

注：表中给出的压力-温度等级是以无填充剂的 PTFE 树脂制造的阀座圈为基础的，该树脂为完全不含再生材料的纯材料。

表 6.2.59 BS 5351 规定的 800 磅级阀体的压力-温度等级

阀体材料代号	碳钢	5Cr½Mo	1¼Cr ¼Mo	2¼Cr1Mo	18-8	18-8 低碳	18-10-2	18-10-2 低碳	18-8Ti	18-8Nb
棒料阀体	钢	B5	B11	B22	B304	B304L	B316	B316L	B321	B347
铸造阀体	钢	C5	WC6	WC9	CF8	CF3	CF8M	CF3M		CF8C
锻造阀体	钢	F52	F11	F22	F304	F304L	F316	F316L	F321	F347
使用温度/℃	最小非振动使用压力/MPa									
-30~38	13.8	13.8	13.8	13.8	11.8	9.8	13.8	9.8	13.8	13.8
50	13.7	13.7	13.7	13.7	11.5	9.8	13.7	9.8	13.7	13.7
75	13.5	13.5	13.5	13.5	11.0	9.8	13.5	9.8	13.5	13.5
100	13.3	13.3	13.3	13.3	10.3	9.8	13.3	9.8	13.3	13.3
125	13.2	13.2	13.2	13.2	9.85	9.75	13.2	9.75	13.2	13.2
150	13.0	13.0	13.0	13.0	9.45	9.5	13.0	9.15	13.0	13.0
175	12.9	12.9	12.9	12.9	9.05	8.9	12.9	8.4	12.9	12.9
200	12.8	12.8	12.8	12.8	8.65	8.2	12.8	7.7	12.8	12.8
225	12.5	12.5	12.5	12.5	8.35	7.6	12.5	7.75	12.5	12.5
250	12.2	12.2	12.2	12.2	8.0	7.0	12.2	7.1	12.2	12.2
275	11.6	11.6	11.6	11.6	7.75	6.65	11.6	6.8	11.6	11.6

(5) API标准阀门选用标准见表6.2.60。

表6.2.60　API标准阀门选用

阀门类型	连接形式	公称直径	选用标准
闸阀、截止阀、止回阀	法兰端、对焊端	1″~24″	API 600、BS1863、ASME B16.34
	承插端、螺纹端	1/2″~2″	API 602、MSS SP-118
止回阀	对夹、凸耳、双法兰	2″~48″	API 594
球阀	法兰端、对焊端	1/2″~20″	API 608
	承插端、螺纹端	1/2″~2″	API 608
旋塞阀	法兰端、对焊端	1″~24″	API 599
蝶阀	对夹、凸耳、双法兰	2″~48″	API 609

第三节　阀门的结构特征及工程应用

一、闸阀(gate valve)的选用与工程应用

1. 闸阀的概述

闸阀，也叫闸板阀、闸门阀，是广泛使用的一种阀门。它的闭合原理是，闸板密封面与闸座密封面高度光洁、平整与一致，互相贴合，可阻止介质流过，并依靠顶楔、弹簧或闸板的楔形，来增强密封效果。典型阀门见图6.3.1。

(a)　(b)　(c)

图6.3.1　典型阀门

2. 闸阀的分类

(1) 闸阀的总分类见图6.3.2。

(2) 按阀杆可分为明杆式和暗杆式(图6.3.3)。①明杆式。阀杆螺纹露在上部，与之配合的阀杆螺母装在手轮中心，旋转手轮就是旋转螺母，从而使阀杆升降。这种阀门，启闭程度可以从螺纹中看出，便于操作；对于阀杆螺纹的润滑和检查很方便；特别是螺纹与

介质不接触，可避免腐蚀性介质的腐蚀，所以石油化工管道中采用较多。但螺纹外露，容易粘上空气中的尘埃，加速磨损，故应尽量安装于室内。②暗杆式。阀杆螺纹在下部，与闸板中心螺母配合，升降闸板依靠旋转阀杆来实现，而阀杆本身看不出移动。这种阀门的唯一优点是，开启时阀杆不升高，适合于安装在操作位置受到限制的地方。它的缺点很明显，启闭程度难以掌握，阀杆螺纹与介质接触，容易腐蚀损坏。③大口径或高中压阀门用明杆，*DN*50 以下的低压的无腐蚀介质阀门通常采用暗杆。

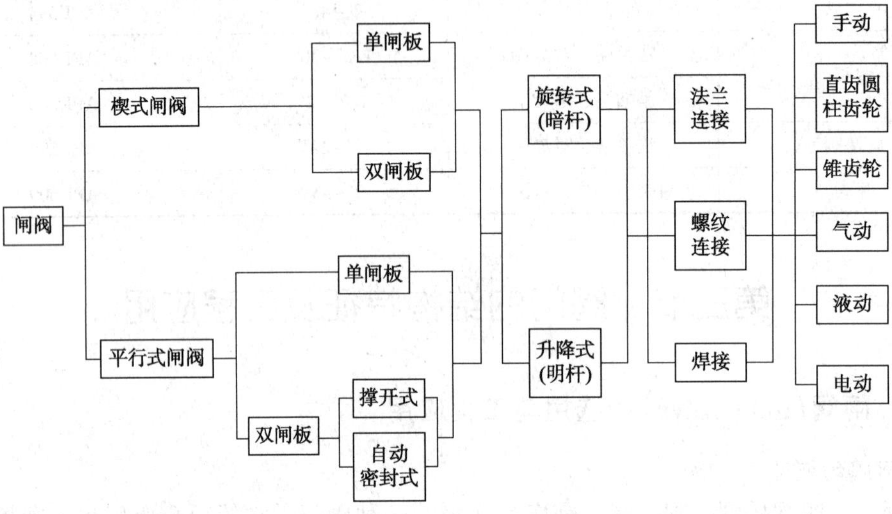

图 6.3.2 阀门的分类

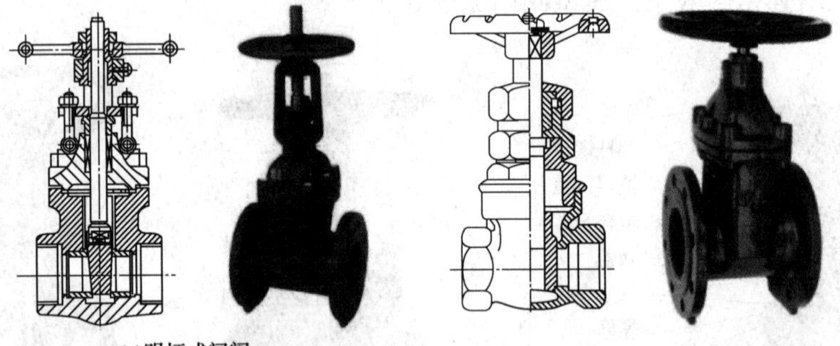

(a)明杆式闸阀 (b)暗杆式闸阀

图 6.3.3 按阀杆闸阀的分类

（3）按闸板构造分类。

① 楔式刚性单闸板。闸板是一楔形整体密封面与闸板垂直中心线成一定倾角，其特点是结构简单，尺寸小，使用比较可靠。单闸板和阀座密封面的楔角加工精度要求很高，加工维修均较困难，且在启闭过程中密封面易发生擦伤，温度变化时闸板易卡住。这种闸板是用于常温、中温、各种压力的闸阀。

② 楔式弹性单闸板。在闸板中部开环状槽或由两块闸板组焊而成，中间为空心楔角加工。其特点是结构简单，密封面可靠，能自行补偿，由于异常负荷而引起的阀体变形，可以防止闸板卡住，但关闭力矩不宜过大，以防超过闸板弹性范围。弹性闸板适用于各种压力、温度的中、小口径闸阀，及启闭频繁的场合，但要求介质中含固体杂质少且不适用于

易结焦的介质。

③ 楔式双闸板。由两块原板组成用球面顶心铰接，称楔式闸板。闸板密封面的楔角可以靠顶心自动调整，温度变化时不易被卡住，也不易产生擦伤现象。其缺点是结构复杂，零件较多，闸板容易脱落，不适用于黏性介质，一般用于水和蒸汽介质。

④ 平行式双闸板。闸板两密封面相互平行，分为自动密封式和撑开式两种。自动密封式平行双闸板闸阀，是依靠介质的压力把闸板推向出口侧，阀座密封面达到单面密封的目的。若介质压力较低，其密封性不易保证，因此在两块闸板之间放置一个弹簧，在关闭时弹簧被压缩，靠弹簧力的作用，以实现密封。由于弹簧把闸板压紧在阀座上，密封面易被擦伤和磨损，目前已很少采用这种型式的闸阀。撑开式是用顶楔把块闸板撑开压紧在阀座密封面上，达到强制密封。见图 6.3.4。

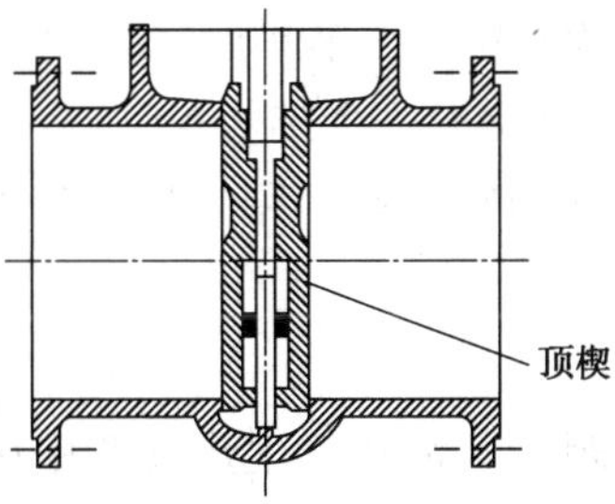

(a)下顶式双闸板

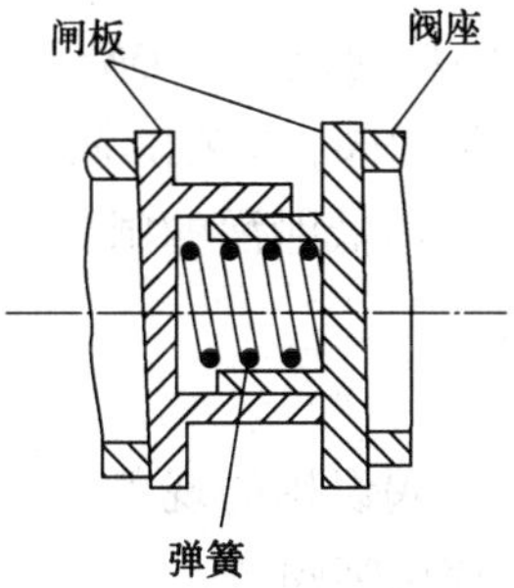

(b)弹簧式双闸板图

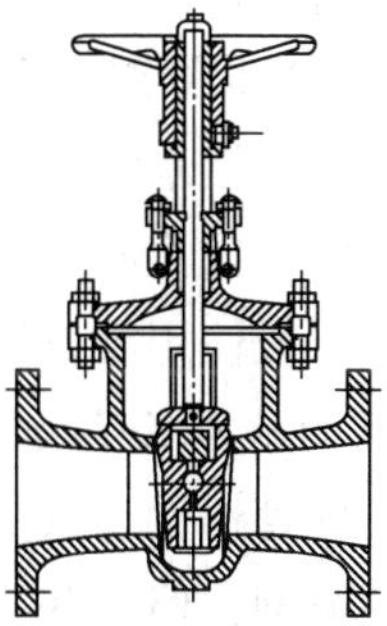

(c)楔式双闸板阀门

(d)电动闸阀

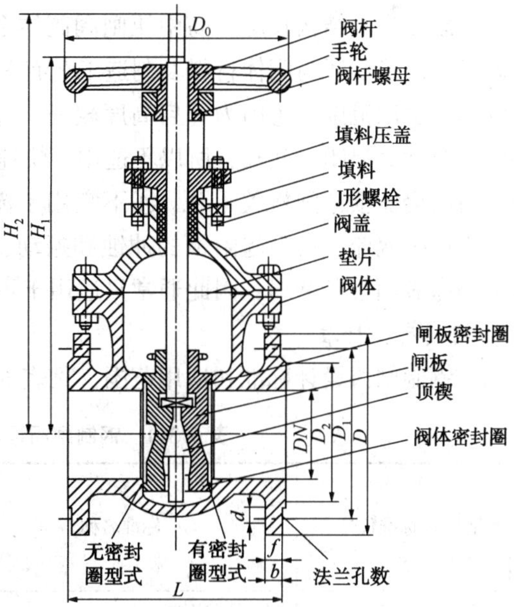

(e)低压升降杆平行式双闸板闸阀

图 6.3.4　典型闸板闸阀

3. 适用范围

(1) 闸阀在管路中主要起切断作用。关闭件(闸板)沿闸座中心线的垂直方向移动。闸阀与截止阀相比，流阻小、启闭力小，密封可靠，是最常用的一种阀门。

(2) 当部分开启时，介质会在闸板背面产生涡流，易引起闸板的冲蚀和振动，阀座的密封面也易损坏，故一般不作为节流用。

(3) 与球阀和蝶阀相比，闸阀开启时间较长，结构尺寸较大，不宜用在直径较大的情况。可双向流动，重量较重。

(4) 明杆适用于腐蚀介质及室内管道。

(5) 闸阀不宜用于有固体沉降的流体，也不宜用于流量调节。

(6) 如密封性要求极其严格，可采用双闸板式。

(7) 在 $DN \leqslant 50$ 时一般使用刚性单闸板，在 $DN>50$ 时一般使用弹性单闸板。

(8) 对于低温系统的弹性单闸板闸阀，应在其高压侧的闸板上开一个排气孔。

(9) 在要求低泄漏的工况，应采用低泄漏的闸阀。低泄漏的闸阀有多种结构，其中在化工装置中一般使用波纹管式闸阀。

4. 闸阀的缺点及不适用范围

笔者发现管道设计人员经常有闸阀误用的现象。虽然闸阀是石油化工生产装置中用得较多的一种类型，但有些工况不宜使用闸阀。

闸阀共同缺点：高度大；启闭时间长；在启闭过程中，密封面容易被冲蚀；修理比截止阀困难；不适用于含悬浮物和析出结晶的介质；也难于用非金属耐腐蚀材料来制造。阀体与阀盖多采用法兰连接。阀体截面的形状主要取决于公称压力，如低压阀门的阀体多为扁平状，以缩小其结构长度。高中压闸阀阀体多为椭圆形或圆形，以提高其承压能力，减小壁厚。阀体形状还与阀体材料及制造工艺有关。

闸阀不适用范围：①因为开启高度较高，操作所需空间较大，所以不适用于操作空间较小的场合。②启闭时间长，所以不适用于快速启闭场合。③不宜用于有固体沉降的流体。因为密封面会磨损，闸板关不死。④不宜用于流量调节。因为闸阀部分开启时，介质会在闸板背面产生涡流，易引起闸板的冲蚀和振动，阀座的密封面也易损坏。⑤频繁操作阀门会导致阀座表面过度磨损，因此通常只适用于不频繁操作的情况。

5. 闸阀有关标准

(1) 钢制闸阀设计标准和适用范围，见表 6.3.1。

表 6.3.1 钢制闸阀设计标准和适用范围

序号	类别	标准代号	标准名称	适用范围		
				公称通径/mm	公称压力或压力等级	应用
1	锻钢	JB/T 7746	缩径锻钢阀门	10~50	2.5~25MPa	通用
2	铸钢	JIS B2073	$10kgf/cm^2$ 法兰连接铸钢制明杆闸阀	40~600	10K	通用
		JIS B2083	$20kgf/cm^2$ 法兰连接铸钢制明杆闸阀	40~700	20K	通用
		JPI-7S-46	法兰连接铸钢阀门	32~350	150、300 磅级	石油、石油化工

续表

序号	类别	标准代号	标准名称	适用范围		
				公称通径/mm	公称压力或压力等级	应用
3	锻钢或铸钢	API 602	紧凑型碳钢闸阀	15~50	150、300、600、800 磅级	石油、石油化工
		API 606	紧凑型延长阀体钢制闸阀	15~50	150、300、600、800 磅级	
		BS 5352	公称通径小于或等于 50mm 的钢制楔式闸阀、截止阀和止回阀	15~50	150、300、600、800、1500、磅级	
		JPI-7S-36	小型钢制阀门(锻钢或铸钢)	10~40	800 磅级	
		API 6D	管线用钢制闸阀、旋塞阀、球阀和止回阀	50~1600	150~2500 磅级	
		API 597	法兰和对焊连接钢制缩口闸阀	50~600	150~600 磅级	
		API 600	法兰和对焊连接钢制闸阀	25~600	150~2500 磅级	
		API 603	150 磅级耐腐蚀闸阀	15~300	150 磅级	
		BS 1414	法兰和对焊连接钢制闸阀	25~600	150~2500 磅级	
		MSS-SP-42	150 磅级耐腐蚀法兰、对焊连接闸阀、截止阀、角阀和止回阀	15~50	150 磅级	通用
		GB/T 12234	通用阀门法兰和对焊连接钢制闸阀	25~600	1.6~42MPa	通用
		ASME-B 16.34	阀门-法兰或对焊连接	15~750	150~2500 磅级	
		MSS-SP-81	无盖、法兰连接不锈钢刀型闸阀	50~600	150 磅级	通用
		BS 5157	通用平行闸板钢制闸阀	40~600	1.6，2.5，4.0，6.4，10MPa	

(2) 铁制闸阀设计标准和适用范围见表 6.3.2。

表 6.3.2 铁制闸阀设计标准和适用范围

序号	类别	标准代号	标准名称	适用范围		
				公称通径/mm	公称压力或压力等级	应用
1	灰铸铁、可锻铸铁	GB/T 12232	通用阀门 法兰连接铁制闸阀	50~1800	0.1~4.0MPa	通用
		ISO 5996	铸铁闸阀	40~1000	0.1~5.0MPa	通用
		ISO 7259	主要靠扳手操作的地下用铸铁闸阀	50~300	1.0~4.0MPa	通用
2	灰铸铁	API 595	法兰连接铸铁闸阀	50~600	125、250 磅级	石油、石油化工
		MSS-SP-70	法兰和螺纹端的铸铁闸阀	法兰 50~1200 螺纹 50~1500	125、250、800 磅级	通用
		BS 5150	通用楔式单闸板或双闸板铸铁闸阀	10~1000	0.6~2.5MPa	通用
		BS 5151	通用铸铁(平行闸板)闸阀	40~1000	1.0~2.5MPa	通用

续表

序号	类别	标准代号	标准名称	适用范围		
				公称通径/mm	公称压力或压力等级	应用
2	灰铸铁	JIS B2031	灰铸铁闸阀	400~300	5K、10K	通用
		JIS B2062	水道用平行单闸板闸阀	50~1500	最高使用压力0.735MPa	通用
		JPI-7S-37	法兰连接铸铁上螺纹闸阀	40~350	125 磅级	石油、石油化工
		JIS B2043	$10kgf/cm^2$ 法兰连接铸铁制暗杆闸阀	50~300	10K	通用
		JIS B2044	$10kgf/cm^2$ 法兰连接铸铁制明杆闸阀	50~300	10K	通用
3	可锻铸铁	JIS B2052	$10kgf/cm^2$ 螺纹连接可锻铸铁闸阀	15~50	10K	通用
4	球墨铸铁	GB/T 12232	法兰连接铸铁闸阀	50~1800	0.1~4.0MPa	通用
		API 604	法兰连接球墨铸铁闸阀	15~600	150、300 磅级	石油、石油化工

（3）闸阀有关其他标准。

GB/T 12232《通用阀门 法兰连接铁制闸阀》

GB/T 12234《通用阀门 法兰和对焊连接钢制闸阀》

GB/T 8464《内螺纹连接闸阀、截止阀、球阀、止回阀 通用技术条件》

GB/T 8465.1《内螺纹连接闸阀、截止阀、球阀、止回阀 基本尺寸 铁制闸阀》

JB/T 53162《闸阀 产品质量分等》

JB/T 5298《管线用钢制平板闸阀》

JB/Z 243《闸阀 静压寿命试验规程》

JB/T Q648《铁制对夹式平板闸阀》

JB/T 53200《铁制对夹式平板闸阀 产品质量分等》

JB/T 53242《钢制平板闸阀 产品质量分等》

AWWA C515《供水系统用薄壁弹性密封闸阀》

（4）闸阀国内外标准比较见表 6.3.3

表 6.3.3 闸阀国内外标准比较

国内阀门标准	国外阀门标准
GB/T 12224 钢制阀门 一般要求（Class+*PN* 系列闸阀）	ASME B16.34 法兰、焊接、螺纹端阀门（闸阀）
GB/T 12234 石油、天然气工业用螺栓连接阀盖的钢制闸阀（Class+*PN* 系列）（重型）	API 600 法兰端和对焊端螺栓连接阀盖钢制闸阀（重型）
GB/T 12224 钢制阀门 一般要求（Class+*PN* 系列闸阀）	API 603 法兰端和对焊端螺栓连接阀盖的耐腐蚀闸阀
GB/T 19672 管线阀门 技术条件（Class+*PN* 系列，闸阀） GB/T 20173 石油天然气工业 管道输送系统 管道阀门（Class+*PN* 系列，闸阀）	API 6D 管线阀门（闸阀）
GB/T 12232 通用阀门 法兰连接铁制闸阀（*PN* 系列）	—

续表

国内阀门标准	国外阀门标准
GB/T 24924 供水系统用弹性密封闸阀(*PN* 系列)	AWWA C209 供水系统用弹性密封闸阀
JB/T 10637 撑开式金属密封阀门(Class+*PN* 系列闸阀)	—
JB/T 8691 无阀盖刀形闸阀(*PN*)系列	—
GB/T 8464 铁制和铜制螺纹连接阀门(*PN* 系列闸阀)	—
常用小口径、螺纹、承插端阀门标准	
JB/T 7746 紧凑型钢制阀门(Class 系列钢制闸阀、截止阀和止回阀)	API 602 石油和天然气工业用公称尺寸小于和等于 *DN* 100 的钢制闸阀、截止阀和止回阀
GB/T 28776 石油和天然气工业用钢制闸阀、截止阀和止回阀(≤*DN* 100)(Class 系列钢制闸阀、截止阀和止回阀)	
GB/T 8464 铁制和铜制螺纹连接阀门(*PN* 系列闸阀、截止阀和止回阀)	—

(5) 国外闸阀规范应用。设计、制造按 API 600。结构长度按 ASME B16. 10。连接端法兰尺寸按 ASME B16. 5；对接焊端按 ASME B16. 25；承插口尺寸按 ASME B16. 11；螺纹端按 ASME Bl. 20. 1。阀门检查和试验按 API 598。

二、截止阀(globe valve)的选用与工程应用

1. 截止阀概述

截止阀，也叫截门、球心阀、停止阀、切断阀，是使用最为广泛的一种阀门。它所以广受欢迎，是由于开闭过程中，密封面之间摩擦力小，比较耐用；开启高度不大；制造容易，维修方便；不仅适用于中低压，而且适用于高压、超高压。它的闭合原理是，依靠阀杆压力，使阀瓣密封面与阀座密封面紧密贴合，阻止介质流通。截止阀只许介质单向流动，安装时有方向性。它的结构长度大于闸阀，同时流体阻力较大，长期运行时，它的密封可靠性也不强。截止阀的动作特性是，关闭件(阀瓣)沿阀座中心线移动。它的作用主要是切断，也可粗略调节流量，但不能当节流阀使用。典型截止阀如图 6. 3. 5 所示。

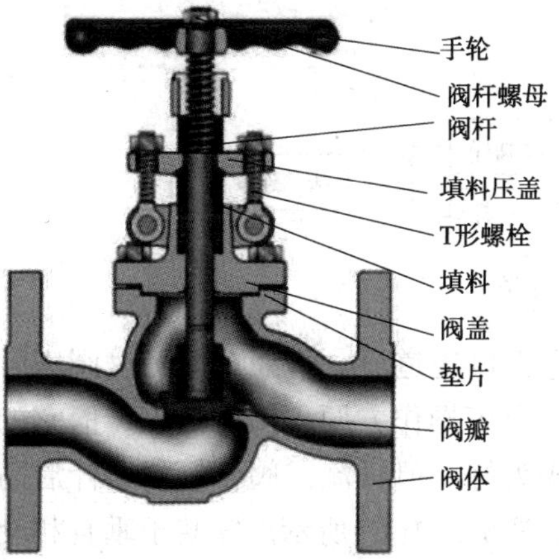

ASME B16.34/BS 5352-BOLTED/ WELDED BONNET-REDUCED/ FULL PORT

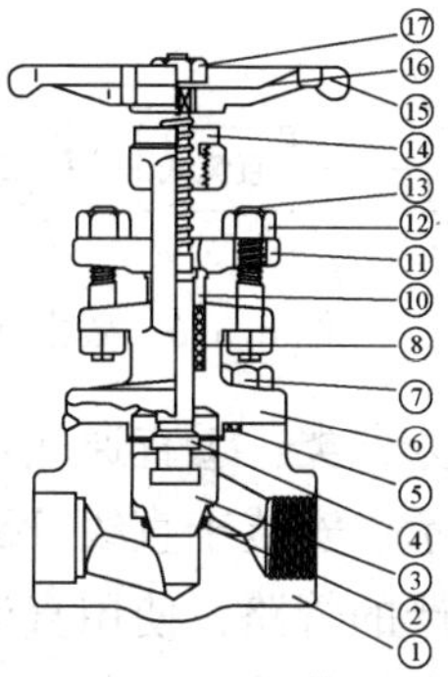

No.	Parts	Material	A.S.T.M
1	Body	Forged Steel	A105N
2	Seat	Integrol Hardfoced Stellite 6	
3	Disc	13Cr Stainless Steel	A217-CA15
4	Sterm	13Cr Stainless Steel	A276-410
5	Gasket	304 Spiral Wound Grophite	
6	Bonnet	Forged Steel	A105N
7	Bonnet Bolt	Alloy Steel	A193-87
8	Glond Packing	Grophcil	
10	Gland	Stainless Steel	A27B-316
11	Glond Flonge	Forged Steel	A105
12	Glond Nut	Corbon Steel	A194-2H
13	Clond Bolt	Stainless Steel	A193-86
14	Yoke Bush	13Cr Stoinless Steel	A582-416
15	Handwheel	Molleoble Iron	A47
16	Name Plate	Aluminum	
17	Hondwheel Nut	Carben Steel	A194-2H

(a)典型截止阀

图 6. 3. 5　典型截止阀

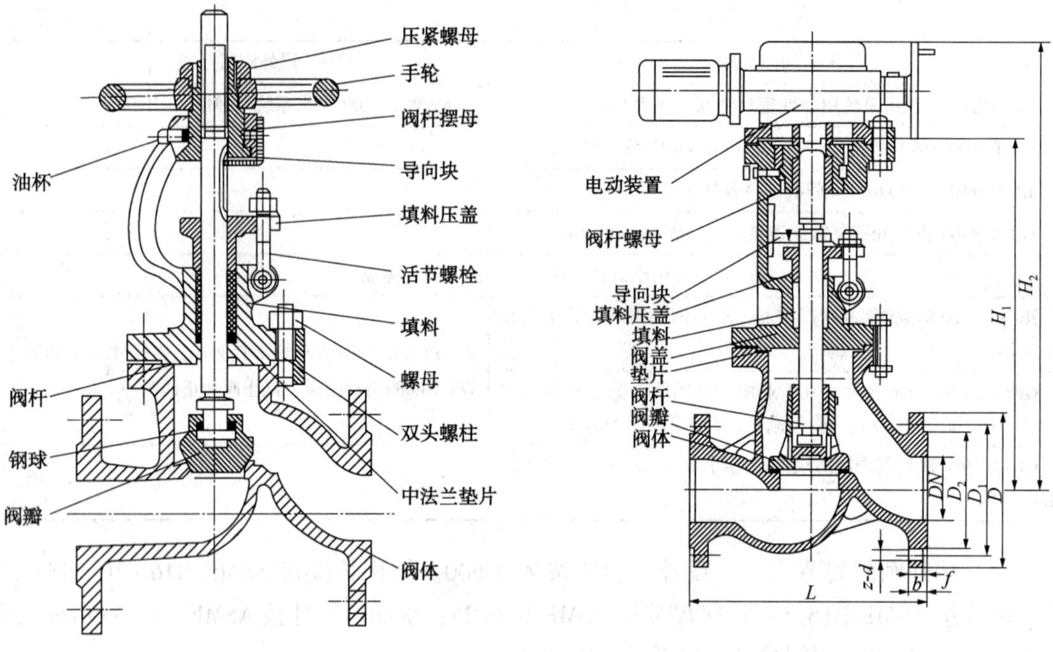

(b)手动锥面密封截止阀　　(c)电动平面密封截止阀

图 6.3.5　典型截止阀(续)

2. 截止阀的分类

(1) 总分类见图 6.3.6。

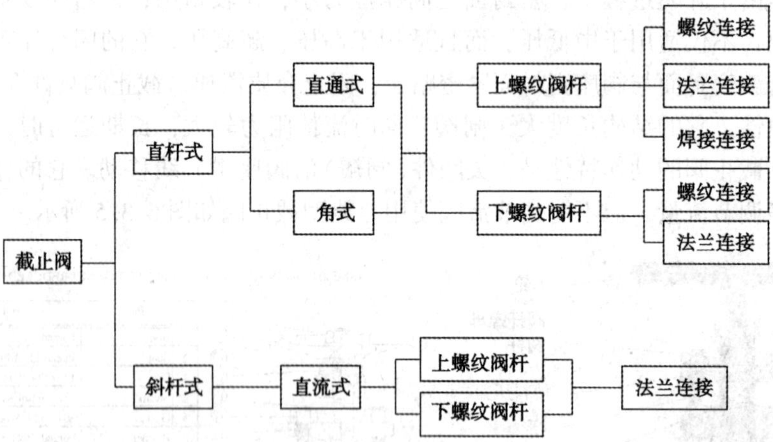

图 6.3.6　截止阀的分类

(2) 截止阀可按通道方向分三类：①直通式：进出口通道成一直线，但经过阀座时要拐 90°的弯。如图 6.3.7(a)所示。安装于直线管路，由于操作方便，用得最多。但它的流体阻力大，对于阻力损失要求严的管路，使用直流式为好。但直流式阀杆倾斜，开启高度大，操作不便。②直角式：进出口通道成一直角。如图 6.3.7(b)所示。安装于垂直相交的管路，流动阻力小，常用于高压。③直流式：进出口通道成一直线，与阀座中心线相交。这种截止阀，阀杆是倾斜的。阀体与阀杆成 45°，流动阻力小，压力降小，便于检修和更换。如图 6.3.7(c)所示。

(3) 按连接方式截止阀分为：内螺纹式、外螺纹式、焊接式、法兰式等。见图 6.3.8。

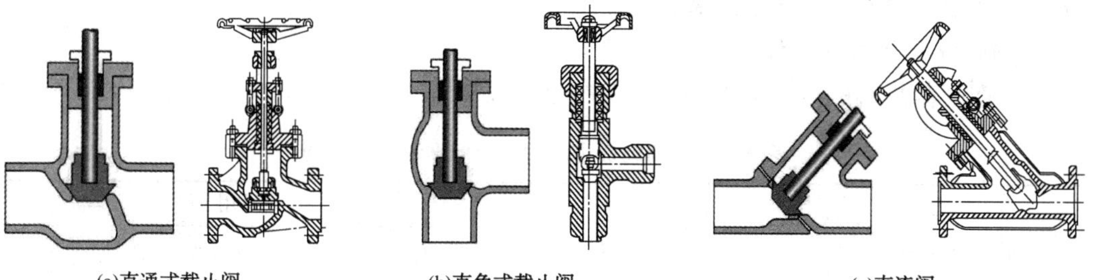

(a)直通式截止阀　(b)直角式截止阀　(c)直流阀

图 6.3.7　截止阀的分类——按通道方向

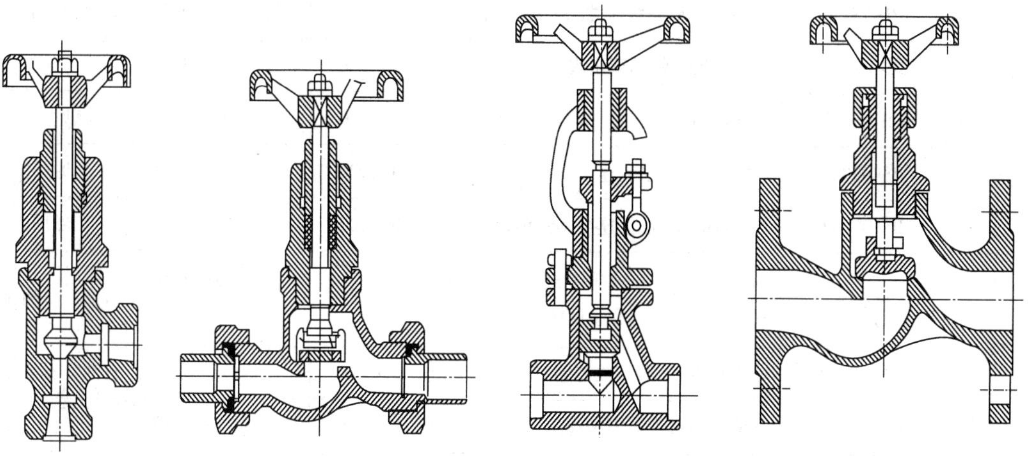

(a)内螺纹　(b)外螺纹　(c)焊接　(d)法兰

图 6.3.8　截止阀的分类——按连接方式

3. 适用范围

(1) 与闸阀相比截止阀具有一定的调节作用，故常用于调节阀组的旁路。经常需要调节压力和流量的部位，应选用节流阀。

(2) 截止阀单向流动。

(3) 截止阀在关闭时需要克服介质的阻力。截止阀与相同规格的闸阀相比，结构长度较大，一般用于 $DN \leqslant 250$ 的管道上，因为大口径的截止阀加工和制造都比较麻烦，且密封性能不如小口径的截止阀。

(4) 对要求有一定调节作用的开关场合(如调节阀旁路、软管站等)和输送液化石油气、液态烃介质的场合，宜选用截止阀以代替闸阀。

(5) 用于手动调节流量，结构简单，制造维护方便，密封面结构较耐腐蚀，流体阻力大。流体向上流过阀座，阀座上有沉淀物时影响严密性，不宜用于悬浮固体及黏度较大的流体。

(6) 直通式和直流式的截止阀、节流阀可安装在水平和垂直管道上，角式截止阀和节流阀需安装在垂直相交的管道上，安装时要注意阀体的指示方向与介质的流向一致。

(7) 针形阀是带细微锥形塞子的截止阀，可用于小流量微调或用作取样阀，通常应用于小口径。如果口径大，也需要有调节功能，可以采用节流阀，此时阀瓣为抛物线等形状。

(8) 要求低泄漏的工况，应采用低泄漏的截止阀。低泄漏的截止阀有多种结构，其中在化工装置中一般使用波纹管式截止阀。

4. 钢制截止阀的设计标准和适用范围

(1) 钢制截止阀的设计标准和适用范围见表 6.3.4。

表 6.3.4 钢制截止阀的设计标准和适用范围

序号	类别	标准代号	标准名称	适用范围		
				公称通径/mm	公称压力或压力等级	应用
1	锻钢	JB/T 7746	缩径锻钢阀门	10~50	2.5~25MPa	通用
2	铸钢	JPI-7S-46	150、300 磅级法兰式铸钢阀门	32~350	150、300 磅级	石油、石油化工
		JIS B2071	法兰连接铸钢截止阀	40~200	10K、20K	通用
		JIS B2072	10kgf/cm^2 法兰连接铸钢角阀	40~200	10K	通用
		JIS B2081	20kgf/cm^2 法兰连接铸钢截止阀	40~200	20K	通用
		JIS B2082	20kgf/cm^2 法兰连接铸钢角阀	40~200	20K	通用
3	铸钢、锻钢	BS 5352	公称通径小于或等于 50mm 钢制楔式闸阀、截止阀和止回阀	15~50	150、300、600、800 磅级	石油、石油化工
		JPI-7S-36	小型钢制(锻钢或铸钢)阀门	10~400	600 磅级	石油、石油化工
		ASME B16.34	法兰和对焊端钢制阀门	15~750	150~2500 磅级	通用
		BS 1873	法兰和对焊端钢制截止阀和截止止回阀	15~400	150~2500 磅级	石油、石油化工
		MSS-SP-42	150 磅级法兰端和对焊端耐腐蚀闸阀、截止阀、角阀和止回阀	15~50	150 磅级	通用
		GB/T 12235	通用阀门 法兰连接钢制截止阀和升降式止回阀	25~150	1.6~16MPa	通用
		BS 5160	通用钢制截止阀、截止止回阀和升降式止回阀	10~450	1.6~4.0MPa	通用

(2) 截止阀有关其他标准。

GB/T 12233《通用阀门 铁制截止阀与升降式止回阀》

JB/T 53174《截止阀 产品质量分等》

JB/T 53165《高压平衡截止阀 产品质量分等》

GB/T 587《船用法兰青铜截止阀》

GB/T 590《船用法兰铸铁截止阀》

GB/T 8464《内螺纹连接闸阀、截止阀、球阀、止回阀 通用技术条件》

GB/T 8465.2《内螺纹连接闸阀、截止阀、球阀、止回阀 基本尺寸 铁制截止阀》

（3）截止阀、止回阀国内外标准比较见表6.3.5。

表6.3.5　截止阀、止回阀国内外标准比较

国内阀门标准	国外阀门标准
GB/T 12224 钢制阀门一般要求（Class+*PN* 系列截止阀，截止止回阀，升降式止回阀，柱塞阀）	ASME B16.34 法兰、焊接、螺纹端阀门（截止阀，截止止回阀，升降式止回阀）
GB/T 12235 石油、石化及相关工业用钢制截止阀和升降式止回阀（Class+*PN* 系列）（重型）	API 600 法兰端和对焊端螺栓连接阀盖钢制闸阀（截止阀，截止止回阀，升降式止回阀）（重型）
	BS 1873 石油、石化及相关工业用法兰和对焊连接钢制截止阀，升降式止回阀（Class+*PN* 系列）（重型）
GB/T 12233 通用阀门 铁制截止阀与升降式止回阀（*PN* 系列）	—
GB/T 12224 钢制阀门 一般要求（Class+*PN* 系列旋启式止回阀，柱塞阀）	ASME B16.34 法兰、焊接、螺纹端阀门（旋启式止回阀）
GB/T 12236 石油、化工及相关工业用钢制旋启式止回阀（Class+*PN* 系列旋启式止回阀）（重型）	API 600 法兰端和对焊端螺栓连接阀盖钢制闸阀（旋启式止回阀）（重型）
	BS 1868 石油、石化及相关工业用法兰和对焊连接钢制截止阀（Class+*PN* 系列）（重型）
GB/T 13932 铁制旋启式止回阀（*PN* 系列）	
GB/T 12236 石油、化工及相关工业用钢制旋启式止回阀（Class+*PN* 系列旋启式止回阀）（重型）	API 594 法兰、凸耳对夹、对夹及对焊连接止回阀（重型）
JB/T 8937 对夹式止回阀（Class+*PN* 系列）	
GB/T 21387 轴流式止回阀（Class+*PN* 系列）	—

（4）国外截止阀规范应用。设计、制造按BS 1873、BS 5352、ASME B16.34。结构长度按ASME B16.10。连接端法兰尺寸ASME按ASME B16.5；对接焊端按ASME B16.25；承插口尺寸按ASME B16.11；螺纹端按ASME Bl.20.1。阀门检查和试验按API 598。

三、节流阀（throttle valve）的选用与工程应用

1. 节流阀概述

节流阀，也叫针形阀，外形跟截止阀并无区别，但阀瓣形状不同，用途也不同。它以改变通道面积的形式来调节流量和压力。有直角式和直通式两种，都是手动的。通常用于压力降较大的场合。但它的密封性能不好，作为截止阀是不合适的。同样，截止阀虽能短时间粗略调节流量，但作为节流阀也不行，当形成狭缝时，高速流体会使密封面冲蚀磨损，失去效用。节流阀的分类见图6.3.9。

2. 最常见的节流阀

最常见的节流阀阀瓣为圆锥形的。用这种阀瓣做成的节流阀也是最常见的节流阀，见图6.3.10。节流阀特别适用于节流，用于改变通道截面积，调节流量或压力。

3. 节流阀有关标准

SY/T 5148《石油钻采设备用气动元件单向节流阀》

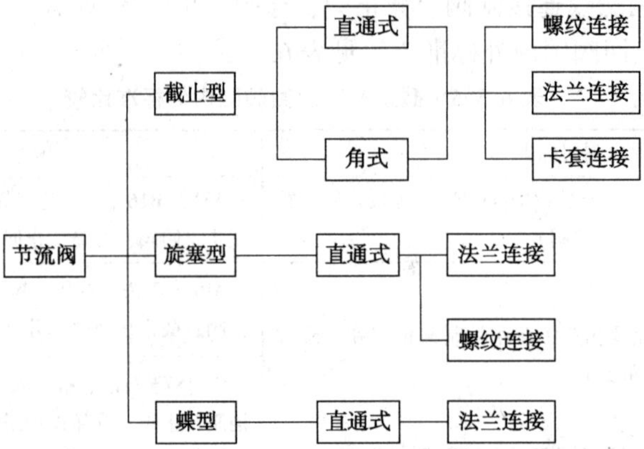

图 6.3.9 节流阀的分类

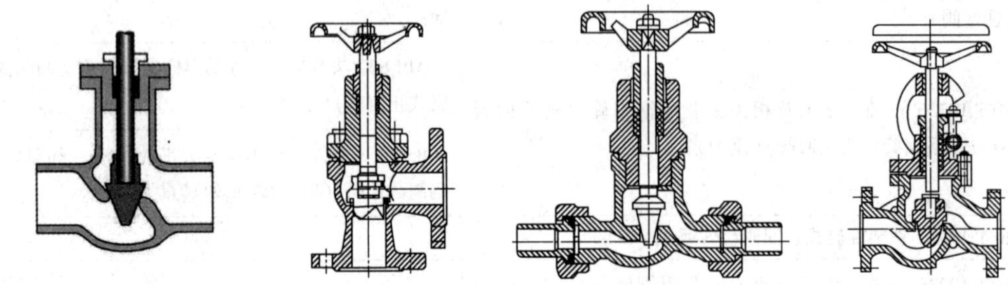

(a)阀瓣为锥形针形，阀杆通常为细螺纹，以取得细微调节 (b)角式 (c)外螺纹 (d)法兰式

图 6.3.10 典型节流阀

GB/T 8100《板式连接液压压力控制阀(不包括溢流阀)顺序阀、卸荷阀、节流阀和单向阀安装面》

JB/T 53368《液压节流阀产品质量分等》

JB/T 9081《空气分离设备用低温截止阀和节流阀技术条件》

JB/T 53155《空气分离设备用低温截止阀和节流阀 产品质量分等》

JB/T 10368《液压节流阀》

NF E48423《液压传动减压阀、顺序阀、卸载阀、节流阀和止回阀装配面》

BS ISO 5781《液压传动减压阀、顺序阀、卸荷阀、节流阀和止回阀安装面》

JIS B8664《液压动力压力控制阀(不包括减压阀)、顺序活门、释荷阀、节流阀和止回阀．安装表面》

JIS B8653《比例电动液压节流阀试验方法》

四、止回阀(check valve)的选用与工程应用

1. 止回阀概述

止回阀又称逆止阀、单向阀，止回阀主要作用是防止介质导流、泵及其驱动装置反转以及容器内介质的泄漏，它只允许介质向一个方向流动，当介质顺流时阀瓣会自动开启，当介质反向流动时能自动关闭。安装时，应注意介质的流动方向与止回阀上的箭头方向一致。对于要求能自动防止介质倒流的场合应选用止回阀。

2. 止回阀的分类

止回阀的分类见图 6. 3. 11。

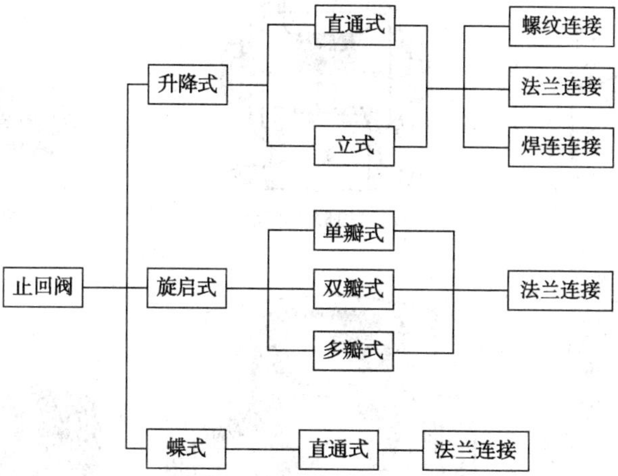

图 6. 3. 11　止回阀的分类

（1）升降式止回阀(lift check valve)，是靠介质压力将阀门打开，当介质逆向流动时，靠自重关闭(有时是借助于弹簧关闭)，因此升降式止回阀只能安装在水平管道上；受安装要求的限制，常用于小直径场合 $DN \leqslant 40$。作为锅炉给水和蒸汽切断用阀，它具有升降式止回阀和截止阀或角阀的综合功能。它是开闭和逆止功能同时存在的阀门。

（2）旋启式止回阀(swing check valve，flap check valve)，是靠介质压力将阀门打开，靠介质压力和重力将阀门关闭，因此它既可以用在水平管道上，又可用在垂直管道上(此时介质必须是自下而上)。一般用于 $DN \geqslant 50$。旋启式止回阀还包括：①单瓣(One Flapper)阀，适用于中等口径的旋启式止回阀；②双瓣(double flapper)阀，适用于较大口径 $DN \leqslant 600$ 旋启式止回阀；③多瓣阀，启闭件是由多个小直径的阀瓣组成，介质停留时或倒流时小阀瓣不会同时关闭，可以减弱水力冲击。由于阀瓣关闭动作平稳，所以阀瓣对阀座的撞击力较小，不会造成密封面的损坏。适用于 $DN>600$ 的止回阀。

（3）对夹式止回阀(wafer type check valve)，结构尺寸小，制造成本低，常用来代替升降式和旋启式止回阀。

（4）梭式止回阀是解决 $DN40$ 的升降式止回阀不能用在竖管上的问题。

（5）底阀(foot valve)，是在泵的吸入管的吸入口处使用的阀门。为防止水中混有异物被吸入泵内，设有过滤网。使用底阀的目的是：开泵前灌注水使泵与入口管充满水；停泵后保持入口管及泵体充满水，以备再次启动；否则泵就无法启动。

典型止回阀见图 6. 3. 12。

3. 止回阀的选用

（1）为防止介质逆流，在设备、装置和管道上都应安装止回阀。止回阀一般适用于清净介质，不宜用于含有固体颗粒和黏度较大的介质。

（2）水平升降式止回阀一般用于 $DN \leqslant 50$ 的场合，只能安装在水平管道上。立式升降式止回阀通常用于 $DN \leqslant 100$ 的场合，安装在垂直管道上。$DN \geqslant 450$ 时，宜选用缓冲型(tillting-disc)止回阀；$DN=100 \sim 400$，也可以采用对夹式止回阀，其安装位置不受限制。升降式止回阀可以选用带弹簧的形式，此时的密封性能要比不带弹簧的好。

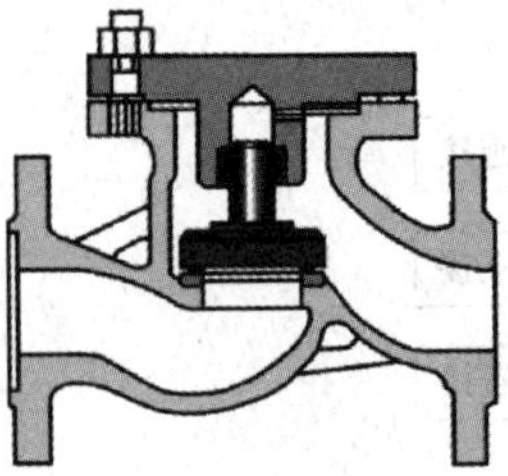
(a)卧式升降式止回阀

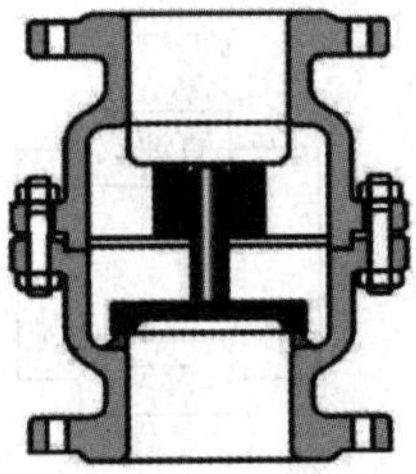
(b)立式升降式止回阀

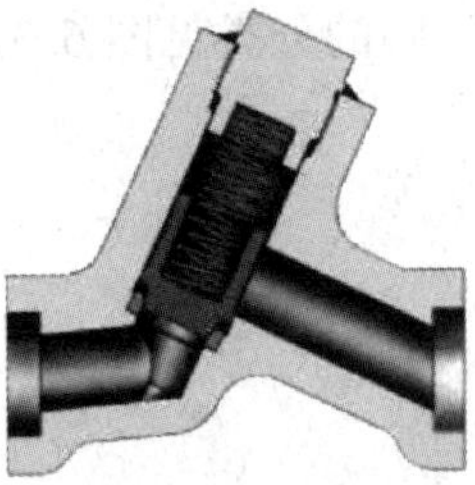
(c)升降式止回阀

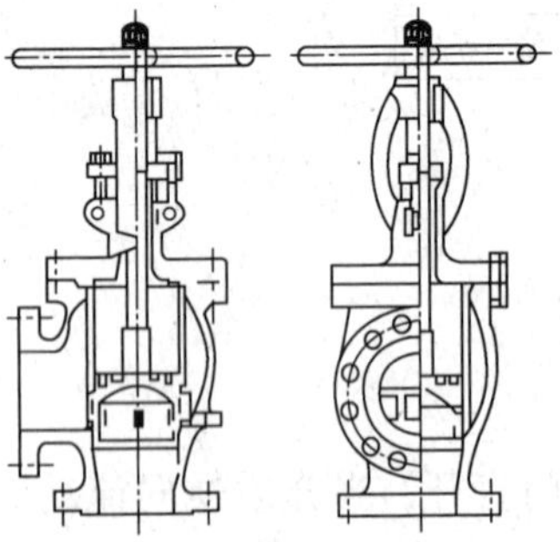
(d)压紧式止回阀

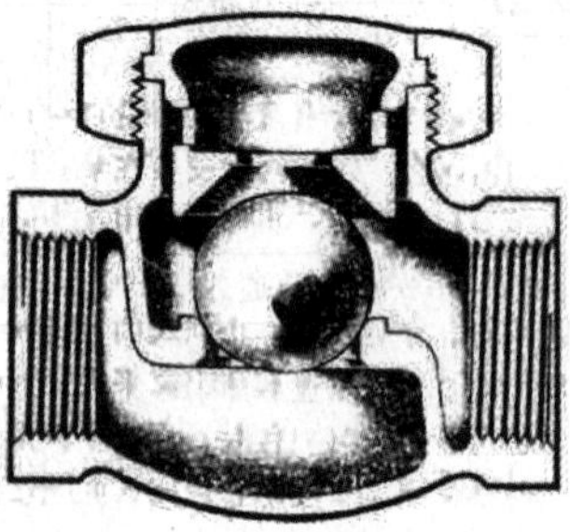
(e)球形止回阀

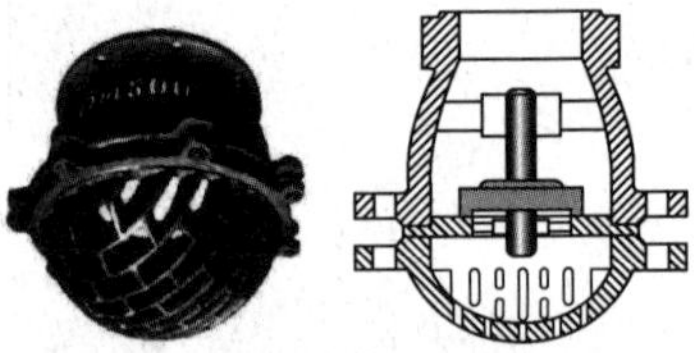
(f)底阀

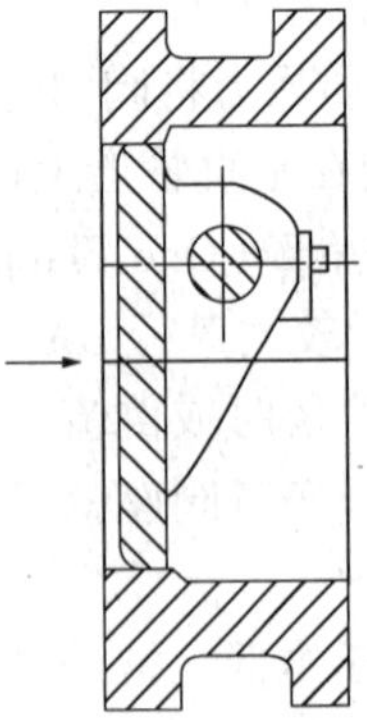
(g)对夹蝶式止回阀

(h)单瓣旋启式止回阀

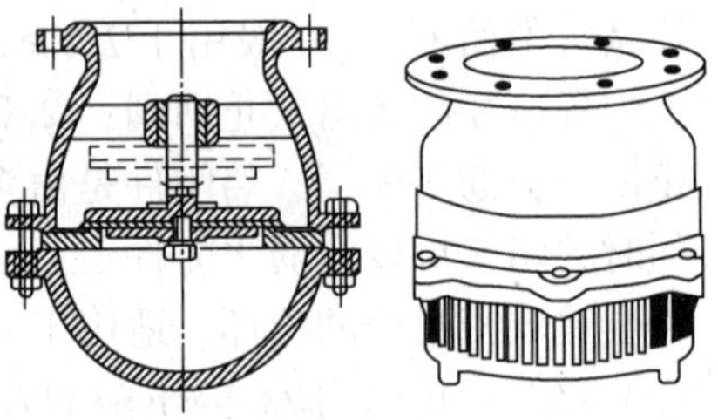
(i)底阀

(j)单瓣旋启式止回阀

(k)双瓣旋启式止回阀

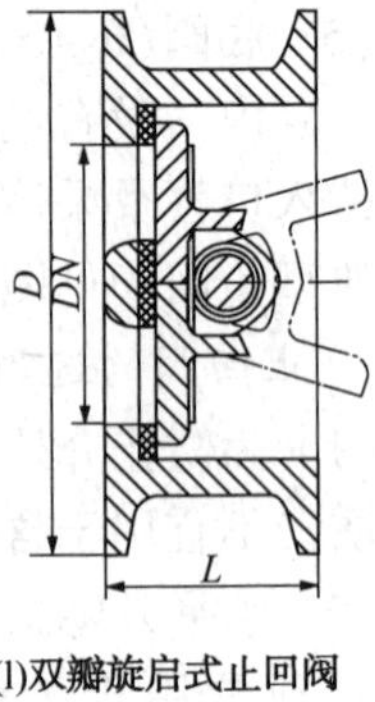

(l)双瓣旋启式止回阀

图 6.3.12 典型止回阀

DN=50~400 时，宜采用旋启式止回阀，不允许装在介质由上到下的垂直管道上，可以用在水平管道上，也可用在垂直管道上(流体必须是自下而上)，但易引起水锤现象。双瓣止回阀(double disc)往往是对夹式的，是止回阀中最节省空间的，便于管道布置，在大口径上尤其使用广泛。由于普通旋启式止回阀(单瓣型)的阀瓣不能完全开启到 90°，有一定流阻，所以当工艺有要求时，可以提出特殊要求(要求阀瓣全启)或采用 Y 型升降式止回阀。在有可能产生水锤现象的情况下，可以考虑采用带缓闭装置和阻尼机构的止回阀。这种阀门利用管路内介质进行缓冲，在止回阀关闭的瞬间，达到消除或减小水锤的作用，保护管路和防止泵倒流。

(3) 直通式升降止回阀在水平管道和垂直管道上都可安装。

(4) 对于水泵进口管道，宜选用底阀，底阀一般只安装在泵进口的垂直管道上，并且介质自下而上流动。

(5) 升降式较旋启式密封性好，流体阻力大，卧式宜装在水平管进上，立式装在垂直管道上。

(6) 旋启式止回阀的安装位置不受限制，它可装在水平、垂直或倾斜的管道上，如装在垂直管道上，介质流向要由下而上。

(7) 旋启式止回阀不宜制成小口径阀门，可以做成很高的工作压力，PN 可以达到 42MPa，而且 DN 也可以做到很大，最大可达到 2000mm 以上。根据壳体及密封件的材质不同可以适用任何工作介质和任何工作温度范围。介质为水、蒸汽、气体、腐蚀性介质、油品、药品等。温度范围在-196~800℃之间。

(8) 蝶式止回阀的安装位置不受限制，可以安装在水平管道上，它也可以安装在垂直或倾斜的管道上。

(9) 隔膜式止回阀适用于易产生水击的管道上，隔膜可以很好地消除介质逆流时产生的水击，它一般使用在低压常温管道上。特别适用于自来水管道上，一般介质工作温度在-20~120℃之间，工作压力<1.6MPa，隔膜式止回阀 DN 最大可以达到 2000mm 以上。

(10) 球形止回阀可以做成大口径。球形止回阀的壳体材料可以用不锈钢制作，密封件的空心球体可以包聚四氟乙烯材料，在一般腐蚀性介质的管道上也可应用，工作温度在-101~150℃之间，其公称压力≤4.0MPa，公称通径范围在 200~1200mm 之间。

(11) 对于 DN50 以下的高中压止回阀，宜选用立式升降止回阀和直通式升降止回阀。对于 DN50 以下的低压止回阀，宜选用蝶式止回阀、立式升降止回阀和隔膜式止回阀。对于 DN 大于 50mm 小于 600mm 的高中压止回阀，宜选用旋启式止回阀。对于 DN 大于 200mm、小于 1200mm 的中低压止回阀. 宜选用无磨损球形止回阀。对于 DN 大于 50mm、小于 2000mm 的低压止回阀，宜选用蝶式止回阀和隔膜式止回阀。对于要求关闭时水击冲击比较小或无水击的管道，宜选用缓闭式旋启止回阀和缓闭式蝶形止回阀。

4. 止回阀的安装应注意事项

(1) 在管线中不要使止回阀承受重量，大型的止回阀应独立支撑，使之不受管系产生的压力的影响。

(2) 安装时注意介质流动的方向应与阀体所示箭头方向一致。

(3) 升降式垂直瓣止回阀应安装在垂直管道上。

(4) 升降式水平瓣止回阀应安装在水平管道上。

5. 止回阀形式的失效

(1) 止回阀内漏形式。

① 密封面破坏：

a. “水锤”现象。止回阀在关闭的瞬间，介质是反向流动的。随着阀瓣的关闭，介质从最大倒流速率迅速降至零，压力迅速升高，产生“水锤”现象，导致阀门损坏。同其他类型的止逆阀相比，旋启式止回阀动作时，“水锤”现象比较明显、冲击力较大。

b. 介质冲刷。在工况不稳，流量、压力波动较大的情况下，阀芯附件受介质的冲刷。

c. 介质腐蚀。高浓度氢气对阀门内部构件的腐蚀作用，导致材料性能下降。

② 阀瓣破碎：止回阀前后介质压力处于接近平衡而又互相“拉锯”的状态，阀瓣经常与阀座拍打，某些脆性材料制造的阀瓣被打碎。

③ 杂质沉积：物料中有杂质，沉积在密封面上，导致密封不严。

(2) 阀体损坏。阀门的轴在高压下吹出。

6. 止回阀有关标准

止回阀有关标准，见表 6.3.6。

表 6.3.6 钢制止回阀的设计标准和适用范围

序号	类别	标准代号	标准名称	适用范围		
				公称通径/mm	公称压力或压力等级	应用
1	铸钢	JIS B2074	$10kgf/cm^2$ 铸钢制法兰连接旋启式止回阀	50~300	1.0MPa	通用
		JIS B2084	$20kgf/cm^2$ 铸钢法兰连接旋启式止回阀	50~300	20K	通用
		JIS B2071	法兰连接铸钢阀门	40~200	10K、20K	通用
2	锻钢 铸钢	GB/T 12236	通用阀门钢制旋启式止回阀			
		ASME B16.34	法兰和对焊端钢制阀门	15~150	150~2500 磅级	通用
		GB/T 12235	通用阀门法兰连接钢制截止阀和升降式止回阀	6~150	1.6~16MPa	通用
		MSS-SP-42	150 磅级法兰和对焊连接耐腐蚀闸阀、截止阀、角阀和止回阀	15~50	150 磅级	通用
		API 6D	管线阀门(钢制闸阀、旋塞阀、球阀和止回阀)	50~800	150~2500 磅级	管线用
		API 594	对夹式旋启止回阀	50~1200	125~2500 磅级	石油、石油化工
		BS 1868	法兰和对焊连接钢制止回阀	15~600	150~2500 磅级	石油、石油化工
		BS 5352	小于或等于 50mm 钢制楔式闸阀、截止阀、截止止回阀以及升降式止回阀	15~50	150、300、600、800 磅级	石油、石油化工
		BS 5160	法兰式钢制截止阀、截止止回阀以及升降式止回阀	10~450	1.0~4.0MPa	通用
		BS 1873	钢制截止阀和截止止回阀	15~400	150~2500 磅级	石油、石油化工
		JPI-7S-36	小型钢制(锻和铸)阀门	10~400	600 磅级	石油、石油化工

7. 有关其他标准

GB/T 12233《通用阀门 铁制截止阀与升降式止回阀》

GB/T 13932《通用阀门 铁制旋启式止回阀》

GB/T 12235《石油、石化及相关工业用截止阀与长降式止回阀》

GB 8464《内螺纹连接闸阀、截止阀、球阀、止回阀 通用技术条件》

GB 8465. 4《内螺纹连接闸阀、截止阀、球阀、止回阀 基本尺寸 铁制止回阀》

JB/T 53036《止回阀 产品质量分等》

JB/T 7746《紧凑型钢制阀门》

8. 国外止回阀规范应用

铸钢旋启式止回阀设计制造按 BS 1868；锻钢法兰升降式止回阀设计制造按 BS5352。结构长度 150~2500lb 按 ASME B16. 10。连接端法兰尺寸 ASME 按 ASME B16. 5；对接焊端按 ASME B16. 25；承插口尺寸按 ASME B16. 11；螺纹端按 ASME Bl. 20. 1。阀门检查和试验按 API 598。

五、蝶阀(butterfly valve)的选用与工程应用

1. 蝶阀概述

蝶阀也叫蝴蝶阀，它的关键性部件好似蝴蝶逆风，自由回旋。实际上，它的阀瓣是圆盘，围绕阀座内的一个轴旋转。旋角的大小，便是阀门的开闭度。这种阀门具有轻巧的特点，比其他阀门要节省许多材料；结构简单；开闭迅速(只需旋转 90°)；切断和节流都能用；流体阻力小；操作省劲。在工业生产中，蝶阀日益得到广泛的使用。但它用料单薄，经不起高压高温，通常只用于风路、水路和某些气路。

2. 蝶阀的分类

蝶阀的分类，见图 6. 3. 13。

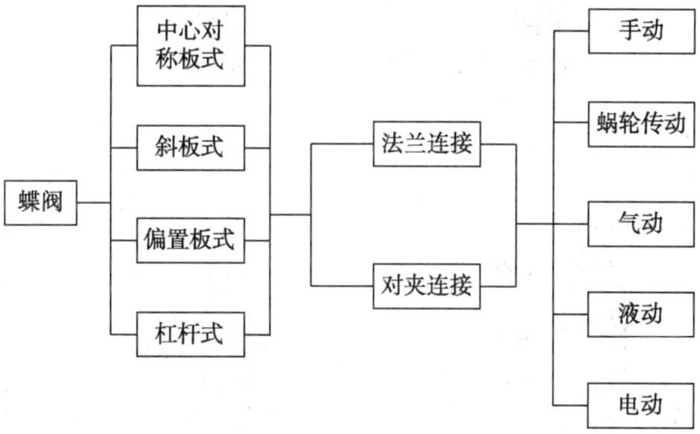

图 6. 3. 13　蝶阀的分类

(1) 蝶阀可以做成很大口径。大口径蝶阀，往往用蜗轮蜗杆或电力、液压来传动。

(2) 密封性能不如闸阀可靠，在某些条件下可以代替闸阀。能够使用蝶阀的地方，最好不要使用闸阀，因为蝶阀比闸阀要经济，而且调节流量的性能也要好。

(3) 对于设计压力较低，管道直径较大，要求快速启闭的场合一般选用蝶阀。

(4) 硬密封蝶阀与软密封蝶阀的区别。①硬密封蝶阀：密封副的两侧均是金属材料或较硬的其他材料的被称为“硬密封”。这种密封的密封性能较差，但耐高温，抗磨损，机械性能

好，如：钢+钢，钢+铜，钢+石墨，钢+合金钢，这里的钢也可能是铸铁、铸钢、合金钢，也可能是堆焊，喷涂的合金。②软密封蝶阀：密封副的两侧一侧是金属材料，另一侧是有弹性的非金属材料的被称为“软密封”。这种密封的密封性能较好，但不耐高温，易磨损，机械性较差，如：钢+橡胶，钢+聚四氟乙烯，等转子泵。软密封蝶阀的优点是密封性能好，缺点是容易老化、磨损、使用寿命短。硬密封蝶阀使用寿命长，但是密封性相对比软密封差。

典型蝶阀如图 6.3.14 所示。

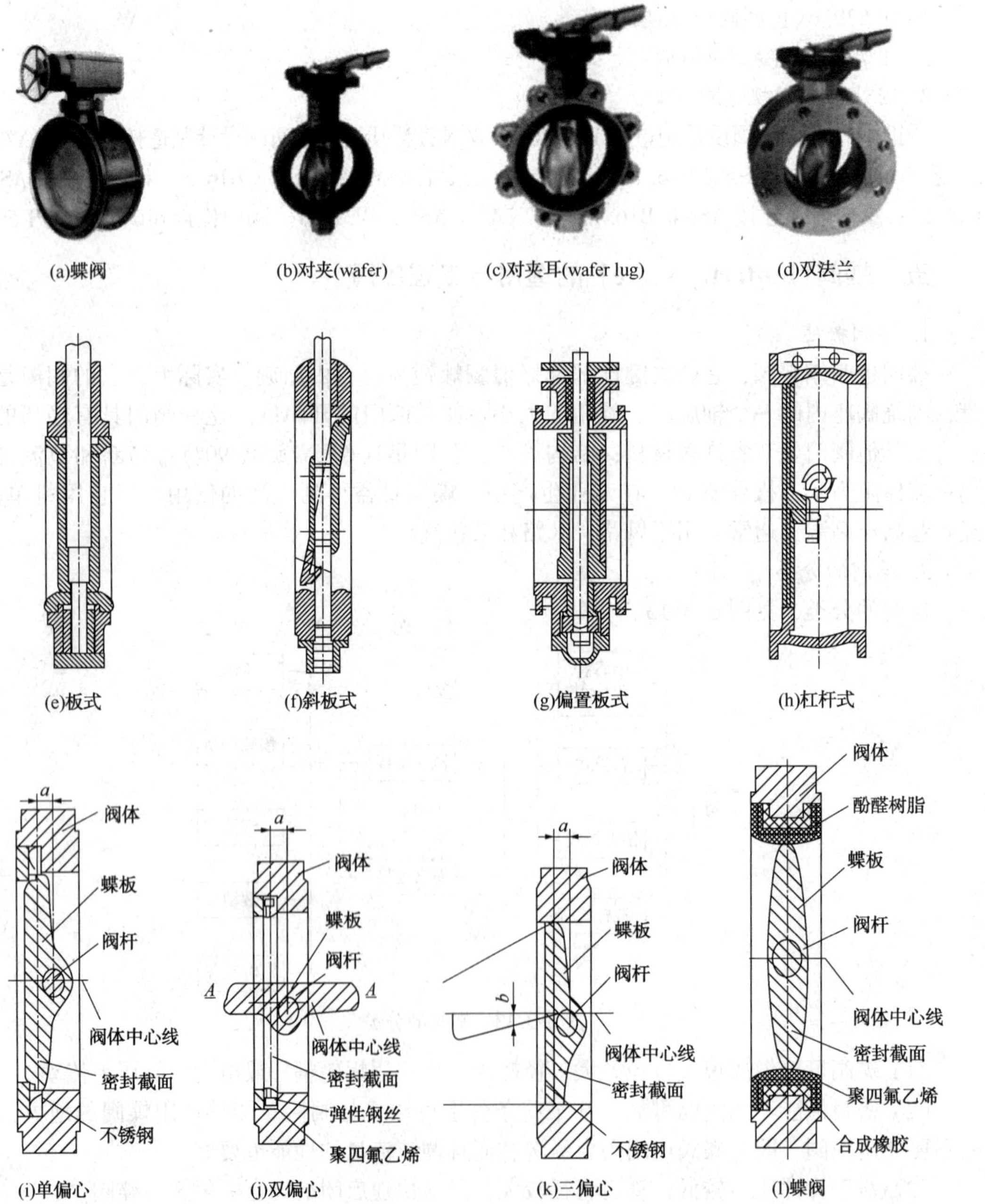

图 6.3.14 蝶阀典型图

3. 蝶阀有关标准规范

蝶阀有关标准规范见表 6.3.7。

表 6.3.7 蝶阀设计标准和适用范围

类别	标准代号	标准名称	适用范围		
			公称通径/mm	公称压力或压力等级	应用
钢、铸铁、青铜制蝶阀	GB/T 12238	通用阀门法兰和对夹连接蝶阀	40~2000	0.25~2.5MPa	通用
	API 609	凸耳和平板式蝶阀	40~600	<800 磅级	石油、石油化工
	BS 5155	通用铸铁和碳钢蝶阀	40~2000	125、150、300 磅级	通用
	BS 3952	通用铸铁蝶阀	40~2000	0.6~4.0MPa	通用
	MSS-SP-67	蝶阀	40~600	125、150、300 磅级	通用
	MSS-SP-68	高压偏心阀座蝶阀	80~600	150、300、600 磅级	通用
	JIS B2032	平板式橡胶密封蝶阀	50~600	10K~16K	
	JIS B2064	水道用蝶阀	200~1500	4.5K、7.5K、10K	水道用

4. 蝶阀的主要标准

GB/T 12238《通用阀门 法兰和对夹连接蝶阀》

JB/T 53171《蝶阀 产品质量分等》

JB/Z 248《蝶阀 静压寿命试验规程》

5. 蝶阀国内外标准的比较

蝶阀国内外标准的比较见表 6.3.8

表 6.3.8 蝶阀国内外标准的比较

国内阀门标准	国外阀门标准
—	API 609 双法兰式、对夹式及凸耳式蝶阀
GB/T 12238 法兰和对夹连接弹性密封蝶阀(*PN* 系列)	AWWA C504 橡胶密封蝶阀
GB/T 26144 法兰和对夹连接钢制衬氟塑料蝶阀(*PN* 系列)	—
JB/T 8527 金属密封蝶阀(Class+*PN* 系列)	—

6. 国外蝶阀规范应用

蝶阀设计制造按 API 609。结构长度按 API 609。阀门检查和试验按 API 598。

六、球阀(ball valve)的选用与工程应用

1. 球阀概述

对于要求快速启闭的场合一般选用球阀。球阀的动作原理与旋塞阀一样，都是靠旋转阀芯来使阀门畅通或闭塞；球阀的阀芯是一个带孔的球，当该孔的中心轴线与阀门进出口的中心轴线重合时，阀门畅通；当旋转该球 90°，使该孔的中心轴线与阀门进出口的中心轴线垂直时，阀门闭塞。球阀与旋塞阀相比，开关轻便，相对体积小，所以可以做成很大通经的阀门。球阀密封可靠，结构简单，维修方便，密封面与球面常在闭合状态，不易被介质冲蚀。目前，球阀已在石油、化工、发电、食品、原子能、航空、火箭等领域广泛使用。

2. 球阀的分类

球阀的分类见图 6.3.15。

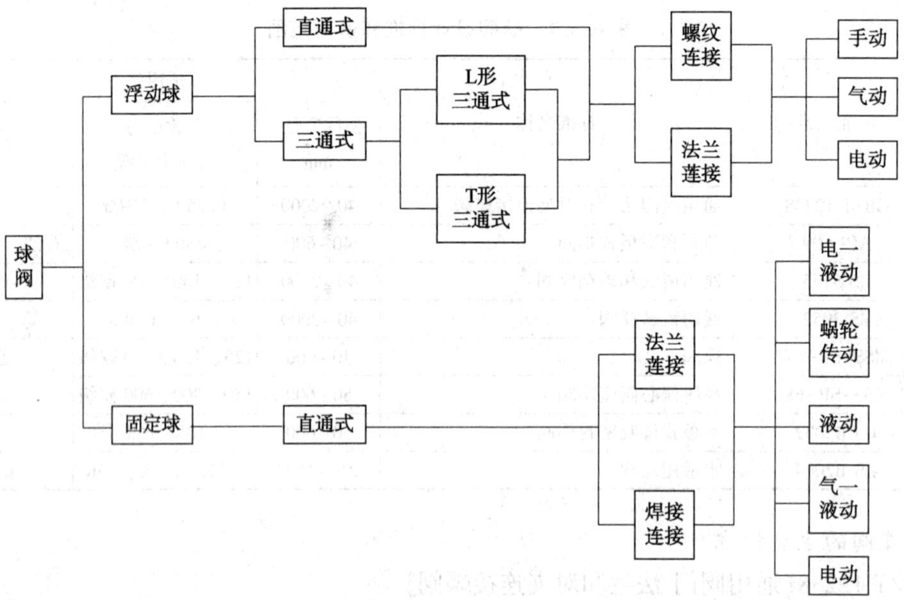

图 6.3.15 球阀的分类

(1) 球阀可分两类：浮动球式，固定球式。①浮动球阀。它的球体有一定浮动量，在介质压力下，可向出口端位移，并压紧密封圈。这种球阀结构简单，密封性好。但由于球体浮动，将介质压力全部传递给密封圈，使密封圈负担很重；考虑到密封圈承载能力的限制，又考虑到大型球阀如采用这种结构形式，势必操作费劲，所以只作为中低压小口径阀门。②固定球阀。它的球体是固定的，不能移动。通常上下支承处装有滚动轴承或滑动轴承，开闭较轻便。这种结构适合于制作高压大口径阀门。

(2) 阀座密封圈，常用聚四氟乙烯做成，因为它摩擦系数小，耐腐蚀性能优异，耐温范围宽(-180~200℃)。也用聚三氟氯乙烯，它比前者耐腐蚀性能稍差，但机械强度高，橡胶密封性能很好，耐压、耐温性能较差，只用于温度不高的低压管路。此外，尼龙等塑料，也可在一定条件下使用。大型球阀，可以做成机械传动，还可以由电力、液力、气力来操作。

(3) 球阀与旋塞阀一样，可以做成直角、三通、四通等形式。

典型球阀如图 6.3.16 所示。

3. 球阀的选用

(1) 球阀的最大特点是在众多的阀门类型中其流体阻力最小，流动特性最好。其密封性能较可靠。与蝶阀相比，它的重量较大，结构尺寸也比较大，故不宜用于直径太大的管道。

(2) 与蝶阀一样，长期影响它不能在石化生产装置上应用的问题是热胀或磨损后会造成密封不严。软密封球阀虽有较好的密封性能，但当它用于易燃、易爆介质管道上时，尚须经受火灾安全试验和防静电试验。因此，石化生产装置上球阀应用得也不多，近年来，许多球阀生产厂开发出了一些新型结构的球阀，如：轨道球阀、偏心球阀等，一些球阀将阀座设置成金属弹性阀座，使其在热胀和磨损的情况下仍有良好的密封。因此，这些球阀也在石化生产装置上开始应用。

（3）直通球阀用于截断介质，三通球阀可改变介质流动方向或进行分配。球阀启闭迅速，便于实现事故紧急切断。由于节流可能造成密封件或球体的损坏，一般不用球阀节流。全通道球阀不适用于调节流量。

(a)球阀

(b)球阀

(c)球阀

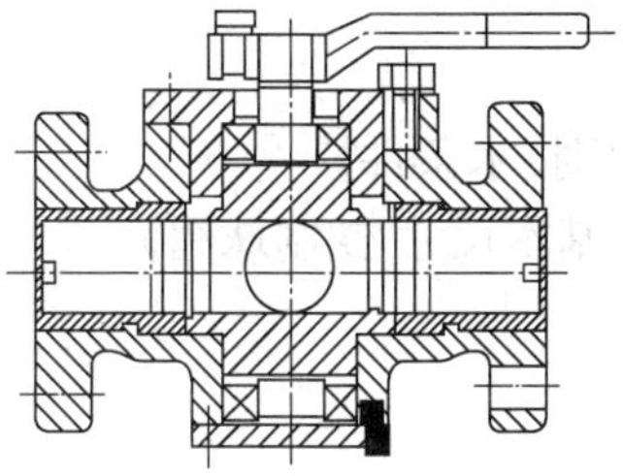

(d)球阀

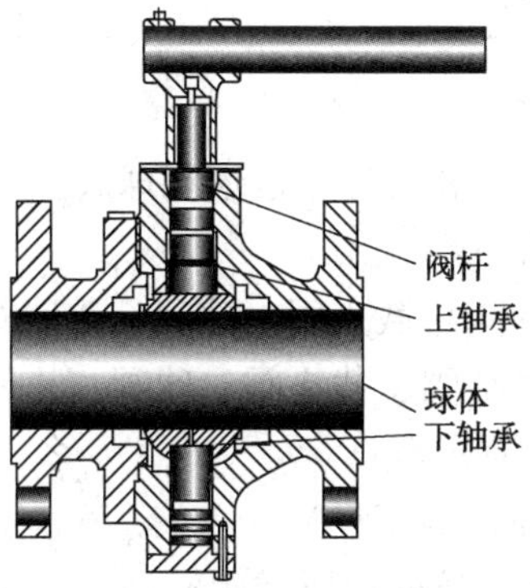

(e)浮动球阀

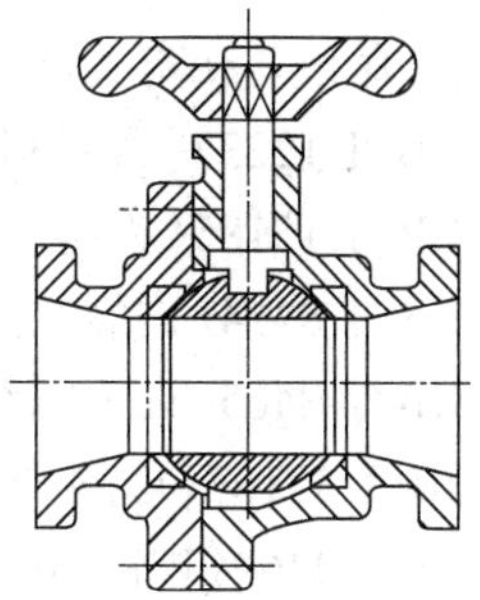

(f)浮动球阀

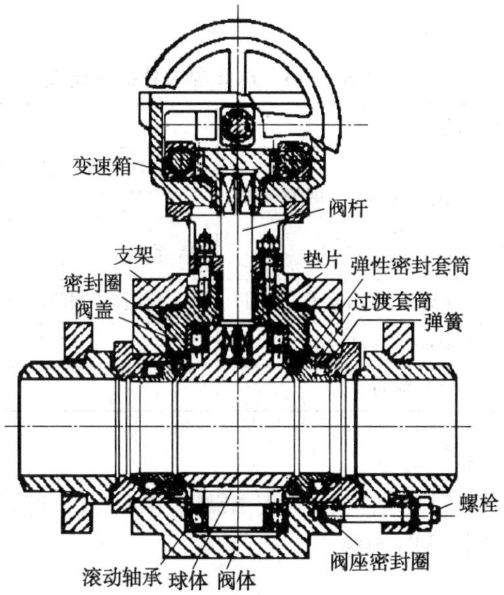

(g)固定球阀

图 6.3.16　典型球阀

4. 球阀有关标准规范

球阀有关标准规范见表 6.3.9。

表 6.3.9 球阀的设计标准和适用范围

标准代号	标准名称	适用范围		
		公称通径/mm	公称压力或压力等级	应用
ISO 7121	法兰和对焊连接钢制球阀	15~400	1.0~10MPa	通用
GB/T 12237	通用阀门法兰和对焊连接钢制球阀	10~500	1.6~10MPa	通用
MSS-SP-72	法兰和对焊连接球阀(钢、球墨、铸铁、青铜)	15~900	150~900 磅级	通用
API 6D	管线阀门(钢制闸阀、旋塞阀、球阀和止回阀)	50~900	150~900 磅级	石油管线
JPI-7S-48	法兰连接球阀	15~350	150、300 磅级 1.0、4.0MPa	
BS 5351	钢制球阀	8~400	150~800 磅级	石油、石油化工
BS 5159	通用铸铁和碳钢球阀	10~600	1.0~10.0MPa	通用
ASME B16.34	法兰和对焊连接钢制阀门	15~750	150~2500 磅级	通用

5. 球阀其他有关标准规范

GB/T 12237《通用阀门 法兰和对焊连接钢制球阀》

GB/T 15185《铁制和铜制球阀》

GB/T 8464《内螺纹连接闸阀、截止阀、球阀、止回阀通用技术条件》

GB/T 8465.3《内螺纹连接闸阀、截止阀、球阀、止回阀 基本尺寸 铁制球阀》

JB/T 53167《球阀 产品质量分等》

JB/Z 2469《球阀 静压寿命试验规程》

API 608《法兰、螺纹和焊连接的金属球阀》

6. 球阀国内外标准比较

球阀国内外标准比较见表 6.3.10。

表 6.3.10 球阀国内外标准比较

国内阀门标准	国外阀门标准
GB/T 12237 石油、石化及相关工业用的钢制球阀(Class+*PN* 系列)	API 608 法兰、螺纹和焊接连接的金属球阀
	BS 5351 石油、石化及相关工业用的钢制球阀(Class+*PN* 系列)
GB/T 19672 管线阀门技术条件(球阀，Class+*PN* 系列)	API 6D 管线阀门(球阀)
GB/T 21385 金属密封球阀(Class+*PN* 系列)	—
GB/T 26146 偏心半球阀(Class+*PN* 系列)	—

7. 国外球阀规范应用

球阀设计制造按 BS5351。结构长度按 ASME B16.10。连接端法兰尺寸 ASME 按 ASME B16.5。阀门检查和试验按 API 598。

七、旋塞阀(plug valve) 的选用与工程应用

1. 旋塞阀概述

(1) 旋塞阀是关闭件或柱塞形的旋转阀，通过旋转 90°使阀塞上的通道口与阀体上的通

道口相同或分开，实现开启或关闭。旋塞阀的阀塞的形状可成圆柱形或圆锥形。在圆柱形阀塞中，通道一般成矩形；而在锥形阀塞中，通道成梯形。这些形状使旋塞阀的结构变得轻巧，但同时也产生了一定的损失。旋塞阀最适于切断和接通介质以及分流使用，但是依据适用的性质和密封面的耐冲蚀性，有时也可用于节流。

（2）由于旋塞阀密封面之间运动带有擦拭作用，而在全开时可完全防止与流动介质的接触，故它通常也能用于带悬浮颗粒的介质。旋塞阀的另一个重要特性是它易于适应多通道结构，以致一个阀可以获得两个、三个，甚至四个不同的流道。这样可以简化管道系统的设计、减少阀门用量以及设备中需要的一些连接配件。

（3）旋塞阀是一种结构比较简单的阀门，流体直流通过，阻力降小、启闭方便、迅速。旋塞阀有填料式、润滑式和塞阀。近年来发展了一种在阀体和旋塞间有聚四氟乙烯衬套的旋塞和一种与液体接触表面全衬聚四氟乙烯的旋塞。

2. 旋塞阀的分类

旋塞阀的分类见图 6.3.17。典型旋塞阀见图 6.3.18。

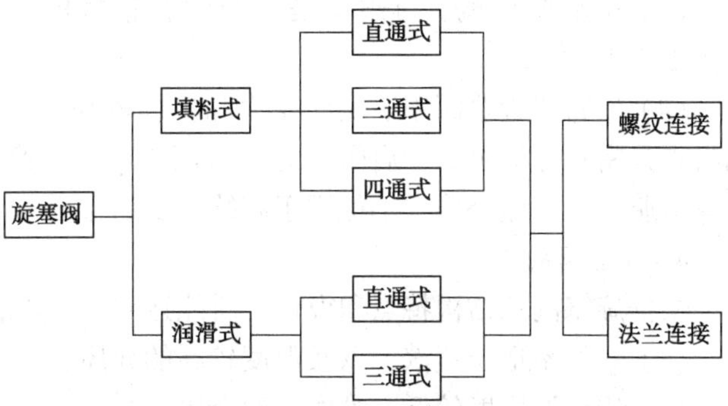

图 6.3.17 旋塞阀的分类

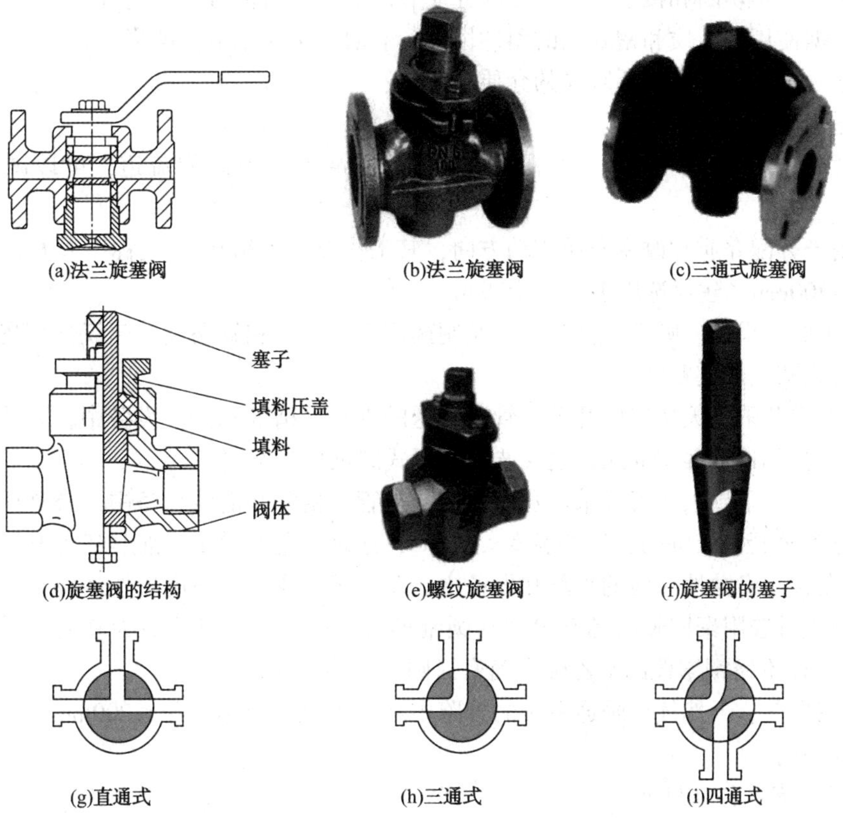

图 6.3.18 典型旋塞阀

3. 旋塞阀结构特点

(1) 旋塞阀的启闭件成柱塞状，通过旋转90℃使阀塞的接口与阀体接口相合或分开。旋塞阀主要由阀体、塞子、填料压盖组成，见图6.3.18(d)。

(2) 旋塞阀最适用于作为切断和开启以及分流使用。它易于适应多通道结构，以至一个阀可以获得两个、三个甚至四个不同的流道，这样可以简化管道系统的设计，减少阀门用量以及设备中需要的一些连接配件。图6.3.18(g)为直通式，截断介质；图6.3.18(h)为三通式，两方通路，一方关闭，改变介质方向或进行介质分配；图6.3.18(i)为四通式，改变介质方向或进行介质分配。

(3) 旋塞阀的塞子与阀体是一个配合很好的圆锥体。其锥度一般为1∶6或1∶7，见图6.3.18(f)。

(4) 填料式旋塞阀用于表面张力和黏性较高的液体时，密封效果较好。润滑式旋塞阀的特点是密封性能可靠、启闭省力。适用于压力较高介质，但使用温度受润滑脂限制，由于润滑脂污染输送介质，不得用于高纯物质的管道。

4. 旋塞阀的选用

根据旋塞阀的结构特点和设计上所能达到的功能，可以按下列原则选用：

(1) 一般不适于蒸汽，以及温度较高的介质。

(2) 用于温度度较低、黏度大的介质(水、油品、酸性介质)。

(3) 用于要求快速启闭的场合。

(4) 主要用于切断和接通介质、分配介质和改变介质流动方向的场合。

(5) 依据使用的性质和密封面的耐冲蚀性，有时也可用于节流的场合。

(6) 通常也可用于带悬浮颗粒的介质。

(7) 适用于接通、排地用。

(8) 适用于多通道结构，一个阀门可以获得2~4个不同的流道，可以减少阀门的用量。

(9) 用于分配介质和改变介质流动方向，其工作温度≤300℃，公称压力PN≤1.6MPa、公称通径≤300mm，建议选用多通路旋塞阀。

(10) 牛奶、果汁、啤酒等食品企业及制药厂等的设备和管路上，建议选用奥氏体不锈钢制的紧定式圆锥形旋塞阀。

(11) 油田开采、天然气田开采、管道输送的支管、精炼和清洁设备中，公称压力等级≤Class300、公称通径≤300mm，建议选用油封式圆锥形旋塞阀。

(12) 油田开采、天然气开采、管道输送的支管、精炼和清洁设备中，公称压力等级≤CL2500、公称通径≤900mm、工作温度≤340℃，建议选用油封式圆锥形旋塞阀。

(13) 在含有腐蚀性介质的管路和设备中，要求开启或关闭速度较快的场合，对于以硝酸为基的介质可选用聚四氟乙烯套筒密封圆锥形旋塞阀；对于以醋酸为基的介质，可选用Cr18Ni12Mo2Ti不锈钢镶聚四氟乙烯套筒密封圆锥形旋塞阀。

(14) 在煤气、天然气、暖通系统的管路中和设备上，公称通径≤200mm，宜选用填料式圆锥形旋塞阀。

5. 旋塞阀有关标准规范

旋塞阀有关标准规范见表6.3.11。

表 6.3.11 旋塞阀设计标准和适用范围

序号	名称	标准代号	标准名称	适用范围		
				公称通径/mm	公称压力或压力等级	应用
1	钢制旋塞阀	GB/T 22130	钢制旋塞阀(重型)(Class+*PN*)	—	—	石油石油石化
		API 599	法兰或对焊连接钢制旋塞阀	25~600	150~2500 磅级	
		BS 1570	法兰或对焊连接钢制旋塞阀	25~600	150~2500 磅级	
		API 6D	管线阀门(钢制闸阀、旋塞阀、球阀和止回阀)	50~900	150~2500 磅级	
		BS 5353	旋塞阀	15~600	150~2500 磅级	通用
		BS 5158	通用铸铁和碳钢旋塞阀	6~100	1.0~10MPa	通用
		ASME B16.34	法兰对焊连接钢制阀门	15~750	150~2500 磅级	通用
2	铸铁旋塞阀	GB/T 12240	通用阀门铁制旋塞阀(Class+*PN*)	15~200	1.6MPa	通用
		BS 5158	通用铸铁和碳钢旋塞阀	6~100	1.0~10MPa	通用
		NSS-SP-78	法兰和螺纹连接铸铁旋塞阀			
		API 593	法兰连接球墨铸铁旋塞阀	25~600	150、300 磅级	
3	青铜旋塞阀	JIS B 2191	螺纹连接青铜制旋塞阀	10~50	1.0MPa	通用
		JIS B 2192	螺纹连接青铜制填料旋塞阀			
		DIN 7113	耐酸硅铸铁带排出口的填料旋塞主要尺寸			
		DIN 7116	耐酸硅铸铁制三通填料旋塞主要尺寸			

6. 国外旋塞阀规范应用

旋塞阀设计制造按 API 599。结构长度按 ASME B16.10。法兰尺寸按 ASME B16.5。阀门检查和试验按 API 598。

八、隔膜阀(diaphragm valve)的选用与工程应用

1. 隔膜阀概述

隔膜阀的结构形式与一般阀门很不相同，是一种特殊形式的截断阀，它的启闭件是一块用软质材料制成的隔膜，把阀体内腔与阀盖内腔及驱动部件隔开，它是依靠柔软的橡胶膜或塑料膜来控制流体运动的。隔膜阀的工作温度通常受隔膜和阀体衬里所使用材料的限制，它的工作温度范围大约为-50~175℃。隔膜阀结构简单，只由阀体、隔膜和阀盖组合件三个主要部件构成。该阀易于快速拆卸和维修，更换隔膜可以在现场及短时间内完成。隔膜阀的工作原理见图 6.3.19(a)。典型隔膜阀见图 6.3.19(b)~(f)。

2. 隔膜阀的分类

(1) 按衬里，隔膜阀有衬胶隔膜阀、衬氟隔膜阀、无衬里隔膜阀、塑料隔膜阀等。

(2) 按结构形式分三类。①屋脊式，也称突缘式，是最基本的一类。它的结构形状如图 6.3.19(b)所示。阀体是衬里的；隔膜阀阀体衬里，就是为了发挥它的耐腐蚀特性。这类结构除直通式之外，还可做成直角式。如图 6.3.19(c)、图 6.3.19(d)所示。②截止式，结构形状与截止阀相似，见图 6.3.19(e)。这种形式的阀门，流体阻力比屋脊式大，但密封面积大，密封性能好，可用于真空度高的管路。③闸板式，结构形式与闸阀相似，见图

6.3.19(f)。闸板式隔膜阀，流体阻力最小，适合于输送黏性物料。隔膜材料，常用天然橡胶、氯丁橡胶、丁腈橡胶、异丁橡胶、氟化橡胶和聚全氟乙丙烯塑料(F_{46})等。

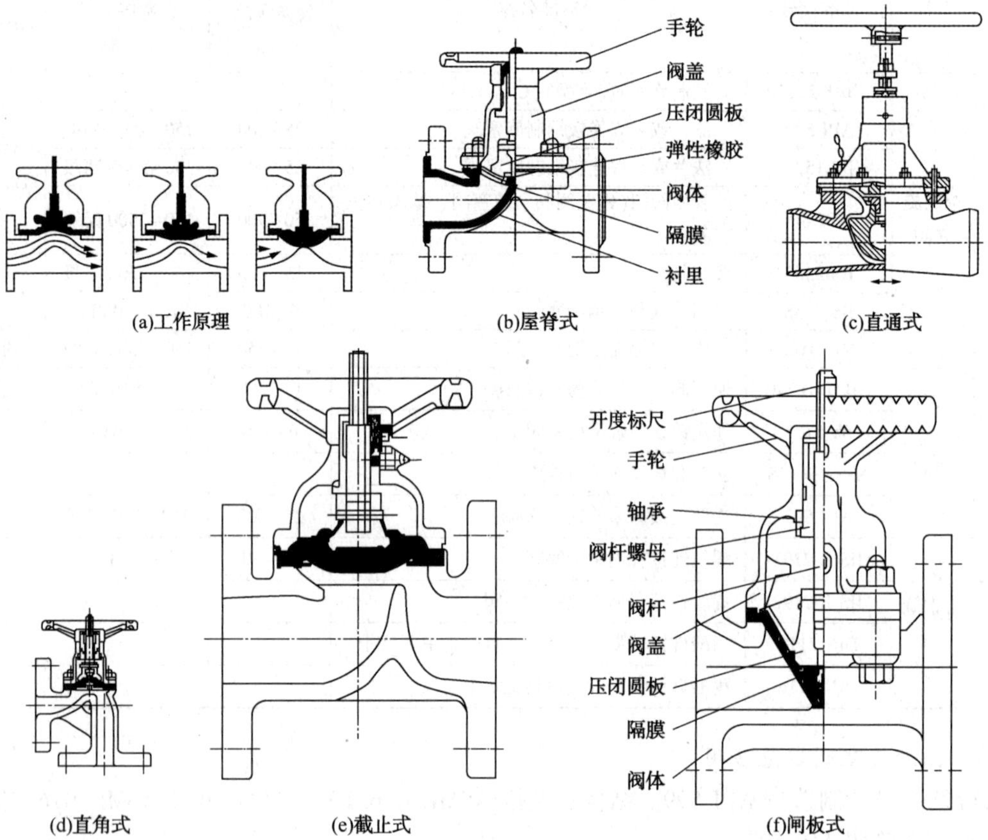

图 6.3.19 典型隔膜阀及工作原理

3. 隔膜阀的优点

(1) 流体阻力小。

(2) 能使用于含硬质悬浮物的介质。

(3) 由于介质只跟阀体和隔膜接触，所以无须填料函，不存在填料函泄漏问题，对阀杆部分无腐蚀的可能。

(4) 只要对衬里材料和隔膜进行恰当的选择，便可适应广泛的腐蚀介质，例如酸、碱类流体。

4. 隔膜阀有关标准规范

隔膜阀有关标准规范见表 6.3.12。

表 6.3.12 隔膜阀的设计标准和适用范围

标准代号	标准名称	适用范围		
		公称通径/mm	公称压力或压力等级	应用
GB/T 12239	通用阀门隔膜阀	8~400	<1.6MPa	通用
MSS-SP-88	隔膜阀	15~400	125 磅级 150 磅级	通用

续表

标准代号	标准名称	适用范围		
		公称通径/mm	公称压力或压力等级	应用
BS 5156	一般用途的隔膜阀	10~300	0.6、0、1.6MPa	通用
ISO 5752	隔膜阀	15~300	<1.6MPa	通用

九、安全阀(safety valve)的选用与工程应用

1. 安全阀概述

安全阀也称安全门或保险阀，是一种安全保护用阀，它的启闭件在外力作用下处于常闭状态，当设备或管道内的介质压力升高，超过规定值时自动开启，通过向系统外排放介质来防止管道或设备内介质压力超过规定数值。当压力恢复正常后，在压力回降到工作压力或略低于工作压力时阀门再行关闭并阻止介质外流。安全阀属于自动阀类，主要用于锅炉、压力容器和管道上，控制压力不超过规定值，对人身安全和设备运行起重要保护作用。

2. 安全阀的分类

安全阀的分类见图 6.3.20。

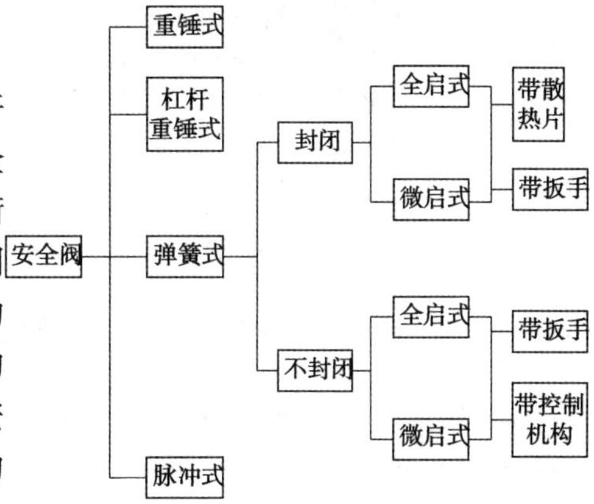

图 6.3.20　安全阀的分类

(1) 按结构及加载机构可以分为重锤杠杆式、弹簧式和脉冲式三种。①重锤杠杆式安全阀。重锤杠杆式安全阀是利用重锤和杠杆来平衡作用在阀瓣上的力。根据杠杆原理，它可以使用质量较小的重锤通过杠杆的增大作用获得较大的作用力，并通过移动重锤的位置(或变换重锤的质量)来调整安全阀的开启压力。重锤杠杆式安全阀结构简单，调整容易而又比较准确，所加的载荷不会因阀瓣的升高而有较大地增加，适用于温度较高的场合，过去用得比较普遍，特别是用在锅炉和温度较高的压力容器上。但重锤杠杆式安全阀结构比较笨重，加载机构容易振动，并常因振动而产生泄漏；其回座压力较低，开启后不易关闭及保持严密。②弹簧微启式安全阀。弹簧微启式安全阀是利用压缩弹簧的力来平衡作用在阀瓣上的力。螺旋圈形弹簧的压缩量可以通过转动它上面的调整螺母来调节，利用这种结构就可以根据需要校正安全阀的开启(整定)压力。弹簧微启式安全阀结构轻便紧凑，灵敏度也比较高，安装位置不受限制，而且因为对振动的敏感性小，所以可用于移动式的压力容器上。这种安全阀的缺点是所加的载荷会随着阀的开启而发生变化，即随着阀瓣的升高，弹簧的压缩量增大，作用在阀瓣上的力也跟着增加。这对安全阀的迅速开启是不利的。另外，阀上的弹簧会由于长期受高温的影响而使弹力减小。用于温度较高的容器上时，常常要考虑弹簧的隔热或散热问题，从而使结构变得复杂起来。③脉冲式安全阀。脉冲式安全阀由主阀和辅阀构成，通过辅阀的脉冲作用带动主阀动作、其结构复杂，通常只适用于安全泄放量很大的锅炉和压力容器。

(2) 按照介质排放方式的不同，安全阀又可以分为全封闭式、半封闭式和开放式等三

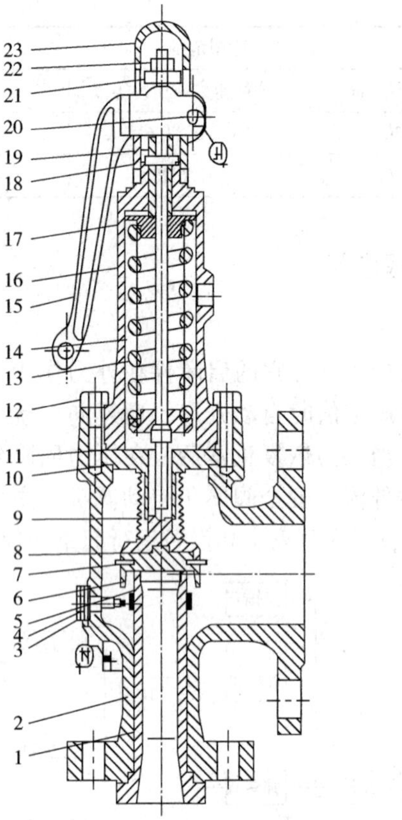

图 6.3.21　法兰连接带手柄波纹管全启式安全阀
1—阀座；2—阀体；3—调整齿轮销垫片；4—调整齿轮销；5—齿轮调整圈；6—反冲盘；7—销轴；8—阀瓣；9—波纹管；10—连接盘；11—中法兰垫片；12—螺栓；13—弹簧；14—轴；15—手柄；16—阀盖；17—弹簧托；18～22—销紧螺母；19—调整螺套；20—销轴；21—指示牌；23—阀罩

种。①全封闭安全阀。全封闭式安全阀排气时，气体全部通过排气管排放，介质不能间外泄漏，主要用于介质为有毒、易燃气体的容器。②半封闭式安全阀。半封闭式安全阀所排出的气体一部分通过排气管，也有一部分从阀盖与阀杆间的间隙中漏出，多用于介质为不会污染环境的气体的容器。③开放式安全阀。开放式安全阀的阀盖是敞开的，使弹簧腔室与大气相通，这样有利于降低弹簧的温度，主要适用于介质为蒸汽，以及对大气不产生污染的高温气体的容器。

（3）按照阀瓣开启的最大高度与安全阀流道直径之比来划分，安全阀又可分为弹簧微启封闭高压式安全阀和弹簧全启式安全阀两种。①弹簧微启封闭式高压安全阀。微启式安全阀的开启高度小于流道直径的1/4，通常为流道直径的1/40～1/20。微启式安全阀的动作过程是比例作用式的，主要用于液体场合，有时也用于排放量很小的气体场合。②弹簧全启式安全阀。全启式安全阀的开启高度大于或等于流道直径的1/4。全启式安全阀的排放面积是阀座喉部最小截面积。其动作过程是属于两段作用式，必须借助于一个升力机构才能达到全开启，全启式安全阀主要用于气体介质的场合。③中启式安全阀。开启高度介于微启式与全启式之间。即可以做成两段作用式，也可以做成比例作用式。

法兰连接带手柄波纹管全启式安全阀如图 6.3.21 所示，典型安全阀如图 6.3.22 所示。

3. 安全阀的工作原理及特点

（1）弹簧式仍然是最通用的一种。弹簧式安全阀作用原理是，弹簧力与介质作用于阀瓣的正常压力相平衡，使密封面密合；当介质压力过高时，弹簧受到压缩，使阀瓣离开阀座，介质从中泄出；当压力回降到正常值时，弹簧力又将阀瓣推向阀座，密封面重新密合。

（2）在一些重要部位往往使用带扳手的双弹簧微启式安全阀。这种结构形状如图 6.3.22(b)所示。

（3）脉冲式安全阀，就是一个大的安全阀（主阀）和一个小的安全阀（辅阀）配合动作，通过辅阀的脉冲作用带动主阀启闭。大的安全阀比较迟钝，小的安全阀则比较灵敏。将通向主阀的介质与辅阀相连通，压力过高时，辅阀开启，介质从旁路进入主阀下面的一个活塞，推动活塞将主阀打开。压力回降时，辅阀关闭，主阀活塞下的介质压力降低，主阀瓣也跟着下降密合。这种安全阀结构复杂，只有在通径很大的情况下才采用。

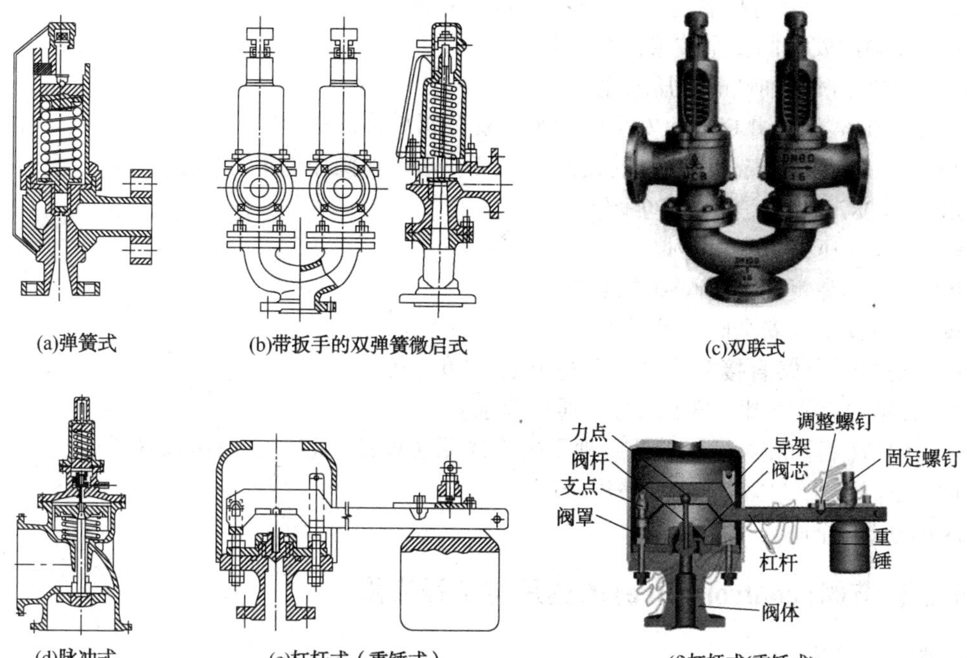

(a)弹簧式　(b)带扳手的双弹簧微启式　(c)双联式

(d)脉冲式　(e)杠杆式（重锤式）　(f)杠杆式(重锤式)

图 6. 3. 22　典型安全阀

(4) 杠杆式安全阀(重锤式)安全阀，是一种古老的阀门。它依靠杠杆和重锤来平衡阀瓣的压力。通过重锤在杠杆上的移动，调整压力的大小。它与弹簧式安全阀比较，显得笨重而迟钝。好处是因为没有弹簧，不怕介质的热影响，所以至今还在某些锅炉上使用。结构形状如图 6. 3. 22(e)、图 6. 3. 22(f)所示。

4. 安全阀形式的选择

(1) 排放气体或蒸汽时，选用全启式安全阀。

(2) 排放液体时，选用全启式或微启式安全阀。

(3) 排放水蒸气或空气时，可选用带扳手的安全阀。

(4) 对设定压力大于 3MPa，温度超过 235℃的气体，则选用带散热片的安全阀，以防止泄放介质直接冲蚀弹簧。

(5) 排放介质允许泄漏至大气的，选用开式阀帽安全阀；不允许泄漏至大气的，选用闭式阀帽安全阀。

(6) 排放有剧毒、有强腐蚀、有极度危险的介质，选用波纹管安全阀。

(7) 高背压的场合，选用背压平衡式安全阀或导阀控制式安全阀。

(8) 在某些重要的场合，有时要安装互为备用的两个安全阀。两个安全阀的进口和出口切断阀宜采用机械联锁装置，以确保在任何时候(包括维修，检修期间)都能满足容器所要求的泄放面积。

5. 安全阀有关标准规范

GB/T 12241《安全阀一般要求》

GB/T 12242《安全阀性能试验方法》

GB/T 12243《弹簧直接载荷式安全阀》

ZBJ 98013《电站安全阀技术条件》

JB/T 53170《弹簧直接载荷式安全阀 产品质量分等》
TSG ZF001《安全阀安全技术监察规程》
SY/T 0525.1《石油储罐液压安全阀》
SY/T 10006《海上井口地面安全阀和水下安全阀规范》
SY/T 10024《井下安全阀系统的设计、安装、修理和操作的推荐作法》
GB/T 14087《船用空气瓶安全阀》
JB/T 6441《压缩机用安全阀》
JB/T 2203《弹簧式安全阀 结构长度》
JB/T 9624《电站安全阀技术条件》
JB/T 53170《弹簧直接载荷式安全阀 产品质量分等》
ISO 4126-1《安全阀　第1部分：通用要求》
ISO 10417《石油和天然气工业　地下安全阀系统设计、装配、操作和修理》
HG 3157《液化气体罐车用弹簧安全阀》
BS 6759《安全阀》

十、调节阀(control valve)的选用与工程应用

1. 调节阀概述

调节阀一般属于仪表和工艺专业的选用工作范围，在这里仅作简介。调节阀又名控制阀，通过接受调节控制单元输出的控制信号，借助动力操作去改变流体流量。调节阀一般由执行机构和阀门组成。如果按其所配执行机构使用的动力，调节阀可以分为气动调节阀、电动调节阀、液动调节阀三种。调节阀适用于空气、水、蒸汽、各种腐蚀性介质、泥浆、油品等介质。典型调节阀见图6.3.23。

(a)电动调节阀　(b)调节阀　(c)直行程调节阀

图6.3.23　典型调节阀

2. 调节阀的分类

(1) 调节阀按行程特点可分为：直行程和角行程。直行程包括：单座阀、双座阀、套调节阀筒阀、笼式阀、角形阀、三通阀、隔膜阀；角行程包括：蝶阀、球阀、偏心旋转阀、全功能超轻型调节阀。

(2) 调节阀按驱动方式可分为：手动调节阀、气动调节阀、电动调节阀和液动调节阀，即以压缩空气为动力源的气动调节阀，以电为动力源的电动调节阀，以液体介质(如油等)

压力为动力的电液动调节阀。

（3）按调节形式可分为：调节型、切断型、调节切断型。

（4）按流量特性可分为：线性、等百分比、抛物线、快开。、

3. 调节阀的选用

在具体选择时，可做如下考虑：

（1）阀芯形状结构。主要根据所选择的流量特性和不平衡力等因素考虑。

（2）耐磨损性。当流体介质是含有高浓度磨损性颗粒的悬浮液时，阀的内部材料要坚硬。

（3）耐腐蚀性。由于介质具有腐蚀性，尽量选择结构简单阀门。

（4）介质的温度、压力。当介质的温度、压力高且变化大时，应选用阀芯和阀座的材料受温度、压力变化小的阀门，当温度≥250℃时应加散热器。

（5）防止闪蒸和空化。闪蒸和空化只产生在液体介质中。在实际生产过程中，闪蒸和空化会形成振动和噪声，缩短阀门的使用寿命，因此在选择阀门时应防止阀门产生闪蒸和空化。

十一、爆破片（rupture disk）的选用与工程应用

1. 爆破片概述

爆破片的作用是在设备或管道压力突然升高尚未引起爆炸前，由于爆破片两侧压力差达到预定温度下的预定值时，即先行破裂，排出设备或管道内的高压介质。因此爆破片是防止设备或管道破裂的一种安全泄放装置。爆破片安全装置具有结构简单、灵敏、准确、无泄漏、泄放能力强等优点。能够在黏稠、高温、低温、腐蚀的环境下可靠地工作，还是超高压容器的理想安全装置。爆破片典型图见图 6. 3. 24。

2. 爆破片的分类

按照结构型式来分类，爆破片主要有三种，即平板型、正拱型和反拱型。平板型爆破片的综合性能较差，主要用于低压和超低压工况，尤其是大型料仓。正拱型和反拱型的应用场合较多。对于传统的正拱型爆破片，其工作原理是利用材料的拉伸强度来控制爆破压力，爆破片的拱出方向与压力作用方向一致。在使用中发现，所有的正拱型爆破片都存在相同的局限：爆破时，爆破片碎片会进入泄放管道；由于爆破片的中心厚度被有意减弱，易于因疲劳而提前爆破；操作压力不能超过爆破片最小爆破压力的 65%，由此导致了反拱型爆破片的出现。这种爆破片利用材料的抗压强度来控制其爆破压力，较之传统的正拱型爆破片，其具有抗疲劳性能优良、爆破时不产生碎片且操作压力可达其最小爆破压力 90% 以上的优点。细分之下，反拱型爆破片包括反拱刻槽型、反拱腭齿型以及反拱刀架型等。

3. 爆破片的特点

爆破片与安全阀比较，具有结构简单、灵敏、可靠、经济、无泄漏、适用性强等优越性，但也有其局限性，其特点如下：

（1）密封性能好，在设备正常工作压力下能保持严密不漏。

（2）泄压反应迅速，爆破片的动作一般在 2～10ms 内完成，而安全阀则因为机械滞后作用，全部动作时间要高 1～2 个数量级。

（3）对黏稠性或粉末状污物不敏感。即使气体中含有一定量的污物也不致影响它的正常动作，不像安全阀那样，容易黏结或堵塞。

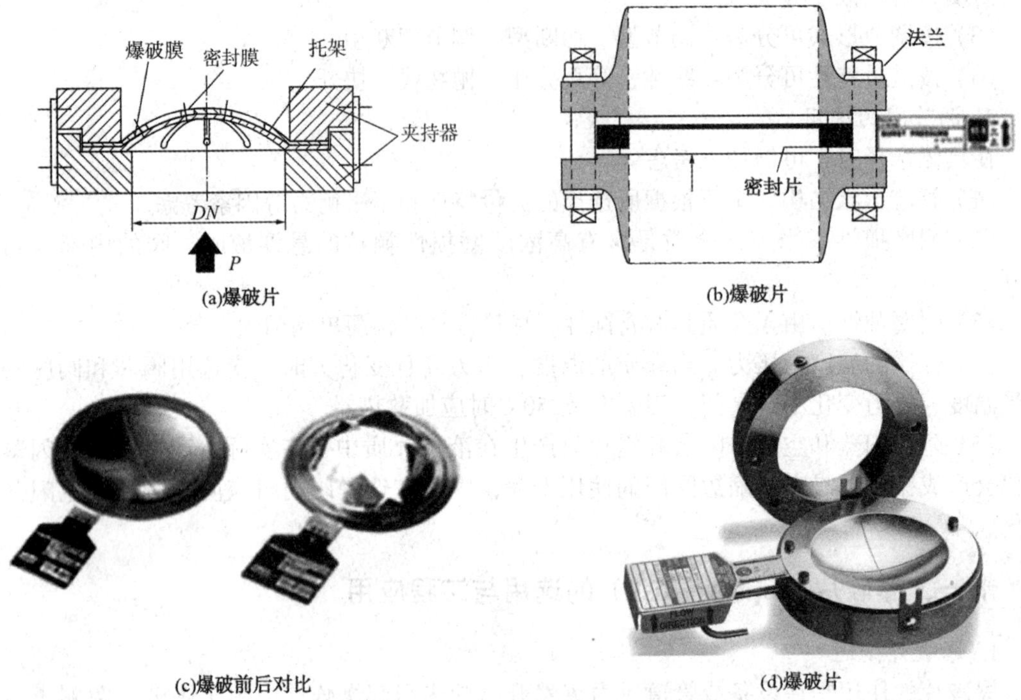

图 6.3.24　爆破片典型图

(4) 爆破元件(膜片)动作后不能复位，不但设备内介质全部流失，设备也得中止运行。

(5) 动作压力不太稳定，爆破片的爆破压力允许偏差一般都比安全阀的稳定压力允许偏差大一些。

(6) 爆破片的使用寿命较短，常因疲劳而早期失效。

4. 爆破片的适用场所

(1) 独立的压力容器和/或压力管道系统设有安全阀、爆破片装置或这二者的组合装置。

(2) 满足下列情况之一应优先选用爆破片：

① 压力有可能迅速上升的；

② 泄放介质含有颗粒、易沉淀、易结晶、易聚合和介质黏度较大；

③ 泄放介质有强腐蚀性，使用安全阀时其价值很高；

④ 工艺介质十分昂贵或有剧毒，在工作过程中不允许有任何泄漏，应与安全阀串联使用；

⑤ 工作压力很低或很高时，选用安全阀则其制造比较困难；

⑥ 当使用温度较低而影响安全阀工作特性时；

⑦ 需要较大泄放面积。

(3) 对于一次性使用的管路系统(如开车吹扫的管路放空系统)，爆破片的破裂不影响操作和生产的场合，设置爆破片。

(4) 为减少爆破片破裂后的工艺介质的损失，可与安全阀串联使用。

(5) 作为压力容器的附加安全设施，可与安全阀并联使用，例如爆破片仅用于火灾情况下的超压泄放。

(6) 为增加异常工况(如火灾等)下的泄放面积，爆破片可并联使用。

(7) 爆破片不适用于经常超压和温度波动很大的场合。

5. 爆破片选用程序

(1) 确定被保护设备或压力管道系统是否需要设置爆破片。

(2) 根据工艺介质和操作条件确定爆破片的形式及材料。

(3) 根据被保护管道系统的最高压力及选用的爆破片形式，按标准规范确定爆破片的最小标定爆破压力，设计爆破压力。

(4) 根据工艺条件、物理参数计算爆破片的安全泄放量，选定爆破片的泄放面积和泄放口径。

(5) 填写爆破片装置规格书，提供给材料采购专业，作为订货的技术条件。

6. 爆破片有关标准规范

HG/T 20570.3《工艺系统工程设计技术规定——爆破片的设置和选用》

GB 567《爆破片与爆破片装置》

GB 12353《拱型金属爆破片装置分类与安装尺寸》

GB/T 14566《正拱形金属爆破片型式与参数》

GB/T 14567《反拱形金属爆破片型式与参数》

GB/T 14568《开缝形金属爆破片型式与参数》

GB/T 16181《爆破片装置夹持器型式和外形尺寸》

7. 安全阀与爆破片性能比较

安全阀与爆破片性能比较见表 6.3.13。

表 6.3.13　安全阀与爆破片性能比较

对比内容			爆破片	安全阀
结构形式	1	种类	多	较少
	2	基本结构	简单	复杂
适用范围	3	口径范围	ϕ3～ϕ1000mm	—
	4	压力范围	几十毫米水柱～几千大气压力	很低压力或很高压力
	5	温度范围	-250～500℃	—
	6	介质腐蚀性	可选用各种耐腐蚀材料或可作简单防护	选用耐腐蚀材料有限，防护结构复杂
	7	介质黏稠，有沉淀结晶	不影响动作	明显影响动作
	8	对温度敏感性	高温时动作压力降低低温时动作压力升高	不很敏感
	9	工作压力与动作压力差	较大	较小
	10	造价	低	高
	11	经常超压的场合	不适用	适用
防超压动作	12	动作特性	一次性爆破	泄压后可以复位，多次使用
	13	灵敏性	惯性小，急剧超压时反应迅速	不很及时
	14	正确性	一般±5%	波动幅度大
	15	可靠性	一旦受损伤，爆破压力降低	甚至不起跳或不闭合
	16	密闭性	无泄漏	可能泄漏
	17	泄放	彻底泄放	不彻底泄放
	18	动作后对生产造成损失	中断生产	不中断生产

续表

对比内容			爆破片	安全阀
维护与更换	19	—	不需要特殊维护，更换简单	要定期检验
	20	寿命	寿命较长	寿命短

十二、减压阀(pressure reducing valve)的选用与工程应用

1. 减压阀概述

减压阀的作用是依靠敏感元件，如膜片、弹簧等来改变阀瓣的位置，将介质压力降低，达到减压的目的。减压阀是一种自动降低管路工作压力的专门装置，它可将阀前管路较高的液体压力减少至阀后管路所需的水平。减压阀是气动调节阀的一个必备配件，主要作用是将气源的压力减压并稳定到一个定值，以便于调节阀能够获得稳定的气源动力用于调节控制。减压阀与节流阀不同，虽然它们都利用节流效应降压，但是节流阀的出口压力是随进口压力和流量的变化而变化的。但减压阀却能进行自动调节，使阀后压力保持稳定。典型减压阀见图 6. 3. 25。

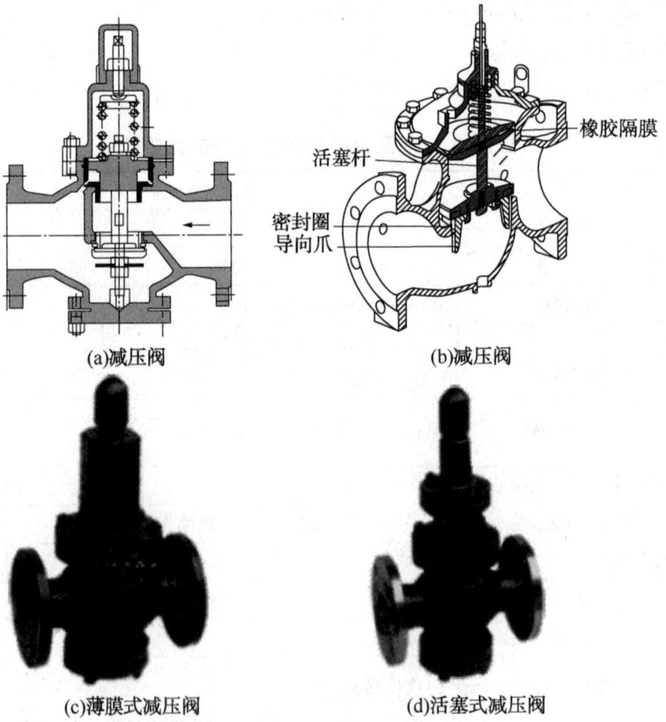

图 6. 3. 25 典型减压阀

2. 减压阀的分类

(1) 按作用方式分类：①直接作用式；②先导式。

(2) 按结构形式分类：①薄膜式减压阀；②弹簧薄膜式减压阀；③活塞式减压阀；④波纹管式减压阀；⑤杠杆式减压阀。

(3) 按阀座数目可分为单座式和双座式。

(4) 按阀瓣的位置不同可分为正作用式和反作用式。

3. 减压阀的选用

选用减压阀时除考虑其公称直径、公称压力和工作温度外，还应考虑减压阀的出口压力范围。同时要考虑所选用的减压阀静态特性偏差和不灵敏性偏差。当要求灵敏度较高时可选用弹簧薄膜式减压阀；当介质温度较高时，则应选用活塞式减压阀。

4. 减压阀有关标准规范

JB/T 2203《减压阀结构长度》

JB/T 103679《液压减压阀》

GB/T 12246《先导式减压阀》

GB/T 12244(减压阀一般要求)

GB/T 10868《电站减温减压阀》

十三、蒸汽疏水阀(steam trap valve) 的选用与工程应用

1. 蒸汽疏水阀概述

蒸汽疏水阀(简称疏水阀)的作用是自动排除加热设备或蒸汽管道中的蒸汽凝结水及空气等不凝气体，且不漏出蒸汽。由于疏水阀具有阻气排气的作用，可使蒸汽加热设备均匀给热，充分利用蒸汽潜热防止蒸汽管道中发生水锤。典型蒸汽疏水阀见图 6. 3. 26。

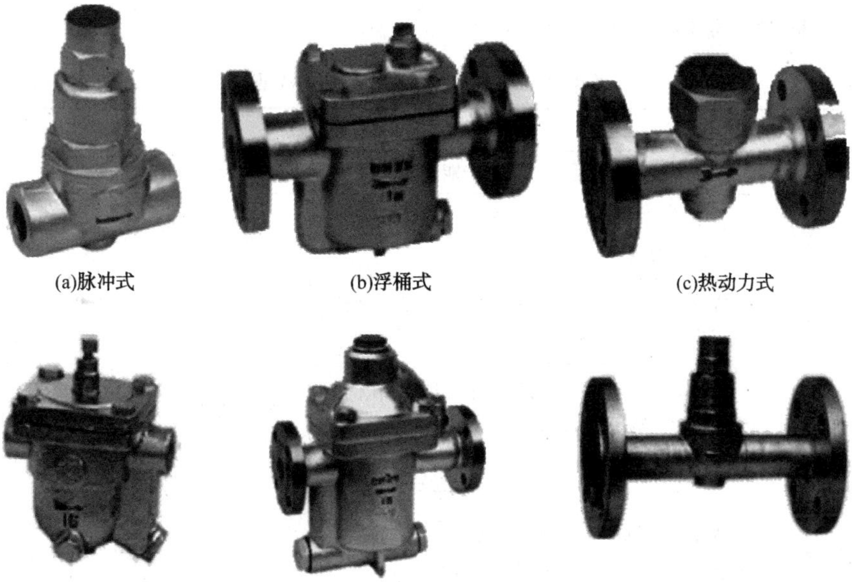

(a)脉冲式 (b)浮桶式 (c)热动力式

(d)自由浮球式 (e)钟形浮子式 (f)金属片式

图 6. 3. 26 典型蒸汽疏水阀

2. 蒸汽疏水阀的分类

蒸汽疏水阀的分类见表6.3.14。

表6.3.14 蒸汽疏水阀的分类

基础分类	动作原理	中分类	小分类
机械型	蒸汽和凝结水的密度差	浮球式	杠杆浮球式 自由浮球式 自由浮球先导活塞式
		开口向上浮子式	浮桶式 差压式双阀瓣浮桶式
		开口向下浮子式	倒吊桶式(钟形浮子式) 差压式双阀瓣吊桶式
热静力型	蒸汽和凝结水的温度差	蒸汽压力式	波纹管式
		双金属片式	圆板双金属式
热动力型	蒸汽和凝结水的热力学特性	圆盘式	大气冷却圆盘式 空气保温圆盘工 蒸汽加热凝结水冷却圆盘式
		孔板式	脉冲式

3. 各种疏水阀的主要特征

各种疏水阀的主要特征见表6.3.15。

表6.3.15 各种疏水阀的主要特征

形式		优点	缺点
机械型	浮桶式	动作准确、排放量大、抗水击能力强	排除空气能力差、体积大、有冻结的可能
	倒吊桶式	排除空气能力强、没有空气气阻、排量大、抗水击能力强	有冻结的可能
	杠杆浮球式	排放量大、排除空气性能良好、能连续(按比例动作)排除凝结水	体积大、抗水击能力差、排除凝结水时有蒸汽卷入
	自由浮球式	排量大、排除空气性能好、能连续(按比例动作)排除凝结水、体积小、结构简单、浮球和阀座易互换	抗水击能力比较差、排除凝结水时有蒸汽卷入
热静力型	波纹管式	排量大、排除空气性能良好、不泄漏蒸汽、不会冻结、可控制凝结水温度、体积小	反应迟钝、不能适应负荷的突变及蒸汽压力的变化、不能用于过热蒸汽、抗水击能力差、只适用于低压场合
	圆板双金属式	排量大、排除空气性能良好、不会冻结、动作噪声小、无阀瓣堵塞事故、抗水击能力强、可利用凝结水的显热	很难适应负荷的急剧变化、在使用中双金属的特性有变化

续表

形式		优点	缺点
热动力型	脉冲式	体积小、重量轻、排除空气性能良好、不易冻结、可用于过热蒸汽	不适用于大排量、泄漏蒸汽、易有故障、背压容许度低(背压限制在30%)
	圆盘式	结构简单、体积小、重量轻、不易冻结、维修简单、可用于过热蒸汽、抗水击能力强	动作噪声大、背压容许度低(背压限制在50%)不能在低压(0.03MPa以下)使用、蒸汽有泄漏、不适用于大排量

4. 疏水阀的选用

(1) 在某一压差下排除同量的凝结水，可采用不同形式疏水阀。各种疏水阀都具有一定的技术性能和最适宜的工作范围。要根据使用条件进行选择，不能单纯地从最大排水量的观点去选用，更不应只根据凝结水管径的大小去选用疏水器。

(2) 一般在选用时，首先要根据使用条件、安装位置参照各种疏水阀的技术性能选用最为适宜的疏水阀形式。再根据疏水阀前后的工作压差和凝结水量，从制造厂样本中选定疏水阀的规格、数量。

(3) 在凝结水负荷变动到低于额定最大排水量的15%时不应选用孔板式疏水阀。因在低负荷下将引起部分新鲜蒸汽的泄漏损失。

(4) 在凝结水一经形成后必须立即排除的情况下，不宜选用孔板式和不能选用热静力型的波纹管式疏水阀，因二者均要求一定的过冷度(约1.7~5.6℃)

(5) 由于孔板式和热静力型疏水阀不能将凝结水立即排除，所以不可用于蒸汽透平，蒸汽泵或带分水器的蒸汽主管，即使透平外壳的疏水，亦不可选用。上述情况均选用浮球式疏水阀，必要时也可选用热动力式疏水阀。

(6) 热动力式疏水阀有接近连续排水的性能，其应用范围较大，一般都可选用。但最高允许背压不得超过入口压力的50%，最低工作压力不得低于0.05MPa。但要求安静的地方应选用浮球式疏水阀。

(7) 间歇操作的室内蒸汽加热设备或管道，可选用倒吊桶式疏水阀，因其排气性能好。

(8) 室外安装的疏水阀不宜用机械型疏水阀，必要时应有防冻措施(如停工放空，保温等)。

(9) 疏水阀安装的位置虽各不相同，但根据凝结水流向及疏水阀的方向大致分为三种情况，如图6.3.27所示。

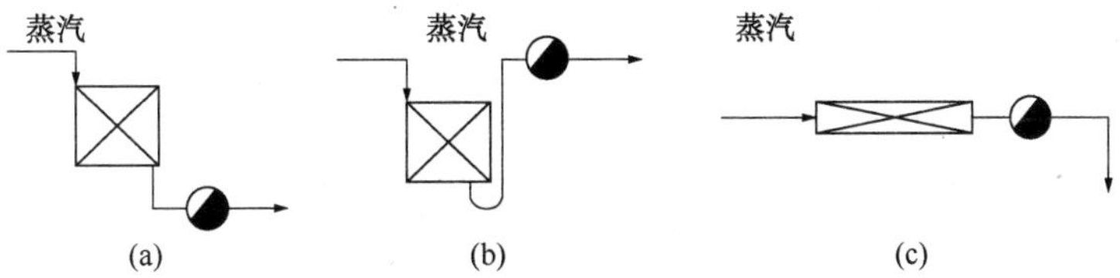

图6.3.27　疏水阀安装位置示意图

注：(a)所示可选用任何形式的疏水阀。(b)所示不可选用浮筒式，可选用双金属式疏水阀。(c)所示凝结水的形成与疏水阀位置的标高基本一致，可选用浮筒式、热动力式或双金属式疏水阀。

(10) 疏水阀的进出口压差大，动作频繁，易于损坏，对于产生凝结水量大的加热设备，可用液面控制阀代替疏水阀，一般可以得到良好的使用效果。

5. 蒸汽疏水阀有关标准规范

蒸汽疏水阀有关标准规范见表 6.3.16。

表 6.3.16 蒸汽疏水阀有关标准规范

序号	标准代号	标准名称	序号	标准代号	标准名称
1	ZBJ 16007	蒸汽疏水阀技术条件	7	ISO 6552	自动蒸汽疏水阀术语
2	GB/T 12248	蒸汽疏水阀术语	8	ISO 6553	自动蒸汽疏水阀标志
3	GB/T 12249	蒸汽疏水阀标志	9	ISO 6554	法兰连接自动蒸汽疏水阀结构长度
4	GB/T 12250	蒸汽疏水阀结构长度	10	ISO 6948	自动蒸汽疏水阀出厂检验和工作特性试验
5	GB/T 12251	蒸汽疏水阀试验方法	11	ISO 6704	自动蒸汽疏水阀分类
6	GB/T 12247	蒸汽疏水阀分类			

6. 某蒸汽疏水阀选用工程应用

某中压蒸汽凝液疏水器，集液包 150mm×250mm，疏水管径 1″，阀前操作温度 260~340℃，压力 1.0~1.6MPa(G)，阀后操作温度 150~230℃，压力 0.4~1.6MPa(G)，疏水阀选用了热动力和倒吊桶式，材质 CS。疏水器压降 0.09MPa(G)，自带过滤器。双金属疏水阀的选用见图 6.3.28。

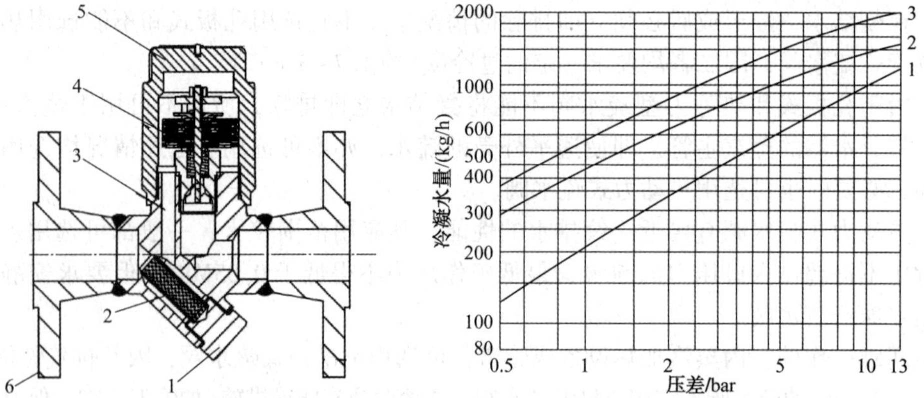

(a)疏水阀外形图

注：阀门设计标准按照GB/T 22654，阀门检验试验按照GB/T12251，阀门结构长度设计标准按照GB/T 12250

1—过滤网盖(CS)；2—过滤网(SS)；

3—阀体(GB/T 122280 锻钢ASTM A105)；

4—双金属元件；5—阀盖锻钢(ASTM A105)；

6—法兰(ASME B16.5锻钢ASTM A105)

(b)疏水阀排水量图

注：1、2、3三条线分别表示疏水阀在10℃、20℃、30℃过冷度下排水量。

图 6.3.28 双金属疏水阀的选用

十四、夹套阀(jacketed valve)的选用与工程应用

笔者见某全夹套管道阀门选用了普通非夹套阀门，造成管道内物料凝固堵塞，管道设计人员不了解夹套阀门的原理。夹套阀是采用蒸汽或导热油加热夹套结构，具有保温、加热功能的阀门，夹套阀的类型有夹套闸阀、夹套截止阀、夹套球阀等，见图 6.3.29。夹套阀有关规范见 JB/T 13458《保温夹套阀门》。

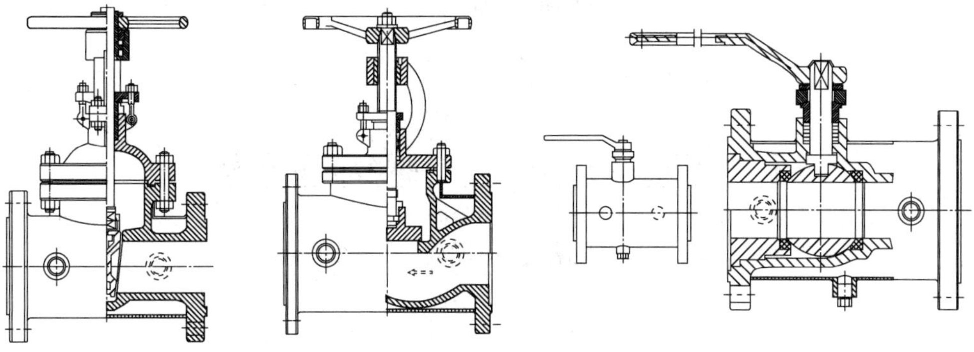

图 6.3.29 夹套阀门的选用

夹套阀是由阀门和夹套共同焊接为一体组成，分为法兰式夹套阀(又称全夹套阀)和管帽式夹套阀(又称半夹套阀)两种型式。石油化工装置通常采用法兰式夹套阀型式，其夹套是焊装于阀门的两端法兰之间，夹套上设置有进蒸汽(或其他热载体)连接口、出蒸汽(或其他热载体)连接口和凝液出口。通过连接口，夹套中可自由地流过蒸汽或其他热载体，排出凝液。为夹套与阀门组焊方便，且与管路系统的夹套法兰配合，夹套阀的端法兰应比常规阀门的端法兰大1~2个规格。应符合表6.3.17要求。

表 6.3.17 夹套阀的端法兰 *DN* mm

压力等级	夹套阀 *DN*	15	20	25	40	50	80	100	150	200	250	300	350
*PN*16~40 CLASS150、300	端法兰 *DN*1	40	40	50	80	80	125	150	200	250	300	400	450

阀门夹套上应设置进气连接口和出气连接口，分别位于夹套两侧或底部，必要时可增设排污口以排泄夹套内的凝液和积聚污物。连接口和排污口端部连接形式可为内螺纹连接、法兰连接或承插焊接连接。连接口和排污口的尺寸，可按表6.3.18的要求。

表 6.3.18 夹套阀接口 mm

阀门公称尺寸 *DN*	50~100	125~200	≥250
辅助连接件公称尺寸	15	20	25

第四节 阀门的检验

一、阀门检验的一般要求

阀门在总装完成后必须进行性能试验，以检查产品是否符合设计要求和是否达到国家所规定的质量标准。阀门的材料、毛坯、热处理、机加工和装配的缺陷一般都能在试验过程中暴露出来。常规试验有壳体强度试验、密封试验、低压密封试验、动作试验等，并且根据需要，依次序逐项试验合格后进行下一项试验。阀门检验程序见图6.4.1。

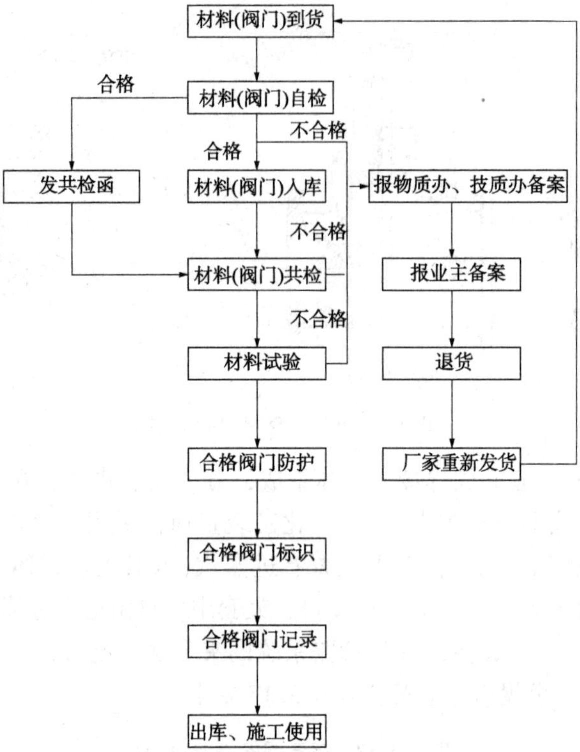

图 6.4.1　阀门检验程序

二、阀门压力试验的一般要求

(1) 每台阀门应按表 6.4.1 或表 6.4.2 的要求进行压力试验。

(2) 公称通径小于或等于 100mm、公称压力小于或等于 25MPa 及公称通径大于或等于 125mm、公称压力小于或等于 10MPa 的阀门应按表 6.4.1 进行试验。

(3) 公称通径小于或等于 100mm、公称压力大于 25MPa 和公称通径大于或等于 125mm、公称压力大于 10MPa 的阀门应按表 6.4.2 进行试验。

三、高压密封试验

在表 6.4.1 和表 6.4.2 中，有几种类型的阀门必须进行高压密封试验，一些类型的阀门其高压密封试验虽是任选的，但这些阀门应能通过高压密封试验(作为阀门密封结构的试验)。

表 6.4.1　压力试验(一)

试验项目	阀门类型					
	闸阀	截止阀	旋塞阀	止回阀	浮动式球阀	蝶阀和固定式球阀
壳体	必须	必须	必须	必须	必须	必须
上密封①	必须	必须	不适用	不透用	不适用	不适用
低压密封	必须	任选	必须②	选择②	必须	必须
高压密封③	任选	必须④	必须②	必须	任选	任选

注：①所有具有上密封性能的阀门都应进行上密封试验，波纹管密封阀门除外。

②对于油封式旋塞阀，高压密封试验是必须的，低压密封试验任选。

③如经需方同意，阀门制造厂可用低压密封试验代替高压密封试验。

④弹性密封阀门经高压密封试验后，可能降低其在低压工况的密封性能；对于动力驱动的截止阀，高压密封试验的试验压力应是选定动力驱动装置所使用的设计压差的 110%。

表 6.4.2　压力试验(二)

试验项目	阀门类型					
	闸阀	截止阀	旋塞阀	止回阀	浮动式球阀	蝶阀和固定式球阀
壳体	必须	必须	必须	必须	必须	必须
上密封①	必须	必须	不适用	不适用	不适用	不适用
低压密封	任选	任选	任选	选择②	必须	任选
高压密封③	必须	必须④	必须	必须	任选	必须

注：①所有具有上密封性能的阀门都应进行上密封试验，波纹管密封阀门除外。

②如经需方同意，阀门制造厂可用低压密封试验代替高压密封试验。

③弹性密封阀门经高压密封试验后，可能降低其在低压工况的密封性能。

④对于动力驱动的截止阀，高压密封试验的试验压力应是选定动力驱动装置所使用的设计压差的 100 %。除节流阀外，无论是切断用阀还是调节用阀，均应具有一定的关闭密封性，故阀门出厂前需逐台进行密封试验，带上密封的阀门还要进行上密封试验。试验通常是在常温下以公称压力进行的。以水为试验介质时，易使阀门产生锈蚀，通常要根据技术要求控制水质，并在试验后将残水吹干或烘干。

闸阀和球阀由于有两个密封副，故需进行双向密封试验。试验时，先将阀门开启，把通道一端封堵住，压力从另一端引入，待压力升高到规定值时将阀门关闭，然后将封堵端的压力逐渐卸去，并进行检查。另一端也重复上述试验。闸阀的另一种试验方法是在体腔内保持试验压力，从通道两端同时检查阀门的双密封性。试验止回阀时，压力应从出口端引入，在入口端进行检查。

密封试验时，阀门的关闭力矩应按公称压力与公称通径决定。手动阀门通常只允许用正常体力关闭，而不得借助于其他辅助器械，当手轮直径≥320mm 时允许由两人关闭。有驱动装置的阀门，应在使用驱动装置的情况下试验。当技术要求上规定有关闭力矩要求时，需用测力扳手测关闭力矩。密封试验应在阀门总装后的强度试验后进行，因为不仅要检验阀门的关闭密封性，还应检验填料及中法兰垫片的密封性。

密封试验通常在强度试验时一并进行。试验时并阀杆升高到限位置，使阀杆与阀盖密封面紧密接触，将填料压盖松开后检查其密封性。用于气体介质的阀门或图纸技术规范书要求做低压气密封试验的阀门，必须按试验标准规范进行，试验介质为氮气或干燥清洁的空气，试验压力为 0.6MPa。

四、性能试验

试验介质同壳体强度试验和密封试验，在壳体强度试验和密封试验合格后进行。手动阀门动作性能试验：阀门处于开启状态，阀腔内充压到试验压力，用规定的力矩关闭阀门，在阀瓣的一侧减压，以在开启阀门最不利和方向建立压差，然后以规定的力矩开启阀门，如此进行至少 3 次以上完整的带载循环动作，以检查阀门开和关的操作是否正常、动作是否灵活、开和关的位置指示是否正确等；止回阀动作性能试验，在规定的压差下做阀门开启试验，试验次数不少于 3 次。

电动和气动阀门动作性能试验，按阀门技术规格书的规定进行，阀门技术规格书无明确规定时，应以额定执行机构操作阀门完成 3 次完整的带载循环动作，在整个试验中，阀门必须运行平稳、灵活，阀门开、关必须到位，位置指示必须正确。

五、试验介质

（1）壳体试验、高压上密封试验和高压密封试验的试验介质应是水、空气、煤油或黏度不高于水的非腐蚀性液体。试验介质的温度不超过 52 ℃ 。低温阀门的试验介质温度可在订单中规定。

（2）低压密封和低压上密封试验，其试验介质应是空气或惰性气体。

（3）当用空气或其他气体进行壳体试验、密封试验和上密封试验时，制造厂应采用正确的检漏方法。如用水或其他液体进行试验，应将阀门内部的空气排除。

（4）各项试验用的水可以含有水溶性油或防锈剂，当需方有规定时，水中可含有润滑剂。奥氏体不锈钢阀门试验时，所使用的水含氯化物量不应超过 100mg/L 。

六、高压气体的壳体试验

（1）当订货合同中有规定，要求进行高压气体的壳体试验时，该试验应在壳体液体试验后进行并要有相应的安全措施。

（2）高压气体的壳体试验压力为 38 ℃时最大允许工作压力的 1.1 倍或按订货合同的规定，试验时不允许有可见泄漏。

七、试验压力

（1）壳体试验压力为 38 ℃时最大允许工作压力的 1.5 倍。

（2）高压密封试验和高压上密封试验压力为 38 ℃ 时最大允许工作压力的 1.1 倍。

（3）低压密封试验和低压上密封试验压力为 0.4~0.7MPa 。

（4）按用户采购规范规定的蝶阀，密封试验压力为设计压差的 1.1 倍。

（5）止回阀的密封试验压力为 38 ℃ 时的公称压力。

八、试验持续时间

对于各项试验，保持试验压力的最短时间按表 6.4.3 的规定。

表 6.4.3 保持试验压力的持续时间

<table>
<tr><th rowspan="3">阀门规格
DN/mm</th><th colspan="5">保持试验压力最短持续时间 t/s</th></tr>
<tr><th colspan="2">壳体</th><th rowspan="2">上密封</th><th colspan="2">密封</th></tr>
<tr><th>止回阀</th><th>其他阀门</th><th>止回阀</th><th>其他阀门</th></tr>
<tr><td>≤50</td><td>60</td><td>15</td><td>15</td><td>60</td><td>15</td></tr>
<tr><td>65~150</td><td>60</td><td>60</td><td rowspan="3">60</td><td>60</td><td>60</td></tr>
<tr><td>200~300</td><td>60</td><td>120</td><td>60</td><td>120</td></tr>
<tr><td>≥350</td><td>120</td><td>300</td><td>120</td><td>120</td></tr>
</table>

注：保持试验压力最短持续时间是指阀门内试验介质压力升至规定值后，保持规定试验压力的最少时间。

九、泄漏量

（1）对于壳体试验和上密封试验，不允许有可见的泄漏。如果试验介质为液体，则不得有明显可见的液滴或表面潮湿。如果试验介质是空气或其他气体，应无气泡漏出。试验时应无结构损伤。

(2) 对于低压密封试验和高压密封试验，不允许有明显可见的泄漏通过阀瓣、阀座与阀体接触面等处，并无结构上的损坏。在试验持续时间内，试验介质通过密封面的允许泄漏率见表 6.4.4。

(3) 陶瓷等非金属密封副的阀门，其密封试验的允许泄漏率应按表 4.4.55 的同类型、同规格的金属密封阀门的规定。

表 6.4.4　密封试验的最大允许泄漏率

阀门规格	所有弹性密封副阀门/	除止回阀外的所有金属密封副阀门		金属密封副止回阀	
DN/mm	(滴/min)(气泡/min)	液体试验①/(滴/min)	气体试验/(气泡/min)	液体试验(mL/min)	气体试验/(m^3/h)
≤50	0	0②	0②	$\frac{DN}{25}\times3$	$\frac{DN}{25}\times0.042$
65~150		12	24		
200~300		20	40		
≥350③		28	56		

注：①对于液体试验介质，1mL (cm^3) 相当于 16 滴。

②在规定的最短试验时间内(见表 6.4.4)无渗漏，对于液体试验，“0”滴表示在每个规定的最短试验时间内无可见渗漏；对于气体试验，“0”气泡表示在每个规定的最短试验时间内泄漏量小于 1 个气泡。

③对于口径规格大于 *DN*600 的止回阀，允许的泄漏量应由供需双方商定。

十、强度试验

阀门可看成是受压容器，故需满足承受介质压力而不渗漏的要求，故阀体、阀盖等零件的毛坯不应存在影响强度的裂纹、疏松气孔、夹渣等缺陷。阀门制造厂除对毛坯进行外表及内在质量的严格检验外，还应逐台进行强度试验，以保证阀门的使用性能。

强度试验一般是在总装后进行。毛坯质量不稳定或补焊后必须热处理的零件，为避免和减少因试验不合格而造成的各种浪费，可在零件粗加工后进行中间强度试验(常称为毛泵)。经中间强度试验的零件总装后，如用户未提出要求，阀门可不再进行强度试验。苏阀为了保证质量，在中间强度试验后，阀门都全部最后再进行强度试验。

试验通常在常温下进行，为确保使用安全，试验压力 *P* 一般为公称压力 *PN* 的 1.25~1.5 倍。试验时阀门处于开启状态，一端封闭，从另一端注入介质并施加压力。检查壳体(体、盖)外露表面，要求在规定的试验持续时间(一般不小于 10min)内无渗漏，才可认为该阀门强度试验合格。为保证试验的可靠性，强度试验应在阀门涂漆前进行，以水为介质时应将内腔的空气排净。

渗漏的阀门，如技术条件允许补焊的可按技术规范进行补焊，但补焊后必须重新进行强度试验，并适当延长试验持续时间。

盲板式试压台见图 6.4.1。试压时阀门的一侧法兰用螺栓在试压台下压紧，从下侧打压，上侧观察密封，或上侧用盲板密封，下侧打压检查强度。由于试验时阀体两端直接承受压紧力而容易引起密封变形，以致影响试验的准确性，因此，压紧力不宜过大，在保证阀门端面不渗漏的前提下，压紧力愈小愈好。

图 6.4.1　盲板式试压台

十一、阀门检验、试验国内外标准的比较

阀门检验、试验国内外标准的比较见表 6.4.5。

表 6.4.5 阀门检验、试验国内外标准的比较

阀门检验、试验标准	
国内阀门标准	国外阀门标准
GB/T 26480 阀门的检验和试验 JB/T 9092 阀门的检验与试验	API 598 阀门的检验和试验
GB/T 13927 工业阀门 压力试验	
	ABME B16.104(FCI70-2-98)调节阀阀座泄漏检验
GB/T 26479 弹性密封部分回转阀门 耐火试验	API 607 部分回转阀门弹性密封耐火试验
	API 6FA 阀门耐火试验规范
	API 6FB 端部耐火试验
SY/T 6746 倒密封阀耐火试验规范	API 6FC 阀门倒密封耐火试验
GB/T 26482 止回阀 耐火试验	API 6FD 止回阀耐火试验
	ISO15848-1 阀门的逸散性型式试验和评定
GB/T 26481 阀门的逸散性试验	ISO15848-2 阀门的逸散性试验
	API 622 阀门填料试验规范
阀门材料检验、试验标准	
JB/T 7927 阀门铸钢件外观质量要求	MSS SP55 阀门铸钢件外观检测
JB/T 6440 阀门受压铸钢件射线照相检验	MSS SP54(ASME B16.34 附录Ⅰ)阀门铸钢件射线检测
JB/T 6439 阀门受压件磁粉探伤检验	ASTM E709(ASME B16.34 附录Ⅱ)阀门铸钢件磁粉检测
JB/T 6902 阀门液体渗透检测	ASTM E165(ASME B16.34 附录Ⅲ)阀门液体渗透检测
JB/T 6903 阀门锻钢件超声波检查方法	ASTM A388, A609(ASME B16.34 附录Ⅳ)阀门锻钢件,铸钢件超声波检测
GB/T 20972 石油天然气工业 油气开采中用于含硫化氢环境的材料	NACE MR0175 油田耐硫化氢腐蚀金属材料

第五节 阀门标准规范与比较

一、ISO 阀门标准

ISO 阀门标准见表 6.5.1。

表 6.5.1 ISO 阀门标准

序号	标准代号	标准名称
	ISO	
1	5029	工业用阀门标记
2	5752	法兰管路系统中金属阀门的结构长度

续表

序号	标准代号	标准名称
	ISO	
3	5996	铸铁闸阀
4	6552	自动蒸汽疏水阀 术语定义
5	6553	自动蒸汽疏水阀 标志
6	6554	法兰连接自动蒸汽疏水阀 结构长度
7	6704	自动蒸汽疏水阀 分类
8	6948	自动蒸汽疏水阀 产品试验和工作特性试验
9	7121	法兰连接钢制球阀
10	7259	主要靠扳手操作的地下用铸铁闸阀
11	7508	受压管路用未增塑氯乙烯(PVC-U)阀门米制系列基本尺寸
12	7841	自动蒸汽疏水阀 漏气量测定 试验方法
13	7842	自动蒸汽疏水阀 排水量测定 试验方法
14	8233	热塑性塑料阀门 转矩试验方法
15	ISO/DIS 4126	安全阀的一般要求
16	ISO/DIS 5208	工业用阀门 阀门的压力试验
17	ISO/DIS 5210	多回转型阀门驱动装置连接
18	ISO/DIS 5211	部分回转型阀门驱动装置连接
19	ISO/DIS 6002	阀盖用螺栓连接的钢制闸阀
20	ISO/DIS 10631	普通用途的金属蝶阀
21	8242	受压管用聚丙烯阀门 基本尺寸 米制系列

二、ASME 阀门标准

ASME 阀门标准见表 6.5.2。

表 6.5.2　ASME 阀门标准

序号	代号	名称
1	ASME B1.1	统一英制螺纹(UN 及 UNR 螺纹形成)
2	B1.5	梯形螺纹(ACME)
3	B1.8	短齿梯形螺纹(ACME)
4	B1.20.1	管螺纹一般用途
5	B1.20.3	密封管螺纹
6	B2.1	管螺纹(干密封螺纹除外)
7	B16.1	铸铁管法兰和法兰管件
8	B16.5	管法兰和法兰管件
9	B16.10	阀门的面至面和端至端尺寸
10	B16.11	承插焊与螺纹连接锻制管件

续表

序号	代号	名称
11	B16. 14	钢铁管管塞、衬套和锁紧螺母(带管螺纹)
12	B16. 20	槽形钢法兰与环型金属垫片
13	B16. 21	非金属平垫片(管法兰用)
14	B16. 24	青铜法兰和法兰管件 CL150 和 CL300
15	B16. 25	对焊端
16	B16. 34	法兰、螺纹与焊接连接的阀门
17	B16. 42	可锻铸铁管法兰及管件
18	B18. 2. 2	方螺母和六角螺母(英制系列)
19	B18. 5	圆头螺钉
20	B31. 3	工艺管道
21	B36. 10M	焊接管与轧制无缝钢管
22	B46. 1	表面结构(表面粗糙度、波纹度)
23	B95. 1	减压装置的术语

三、ASTM 阀门标准

ASTM 阀门标准见表 6. 5. 3。

表 6. 5. 3 ASTM 阀门标准

序号	代号	名称
1	ASTM 27	一般用途碳钢铸件
2	A36	结构钢规范
3	A48	灰铸铁件
4	A105	高温用锻制或轧制钢管法兰、锻制管件、阀门及零件规范
5	A106	高温用无缝碳钢管规范
6	A108	标准级冷静轧碳素钢棒规范
7	A126	阀门、法兰及管件用灰铸铁管件规范
8	A181	一般用途锻制或轧制钢管法兰、锻制管件、阀门及零件规范
9	A182	高温用锻制或轧制钢管法兰、锻制管件、阀门及零件规范
10	A193	高温用合金钢螺栓材料
11	A194	高温高压螺栓用碳钢和合金钢螺母
12	A203	压力容器用镍合金钢板规范
13	A216	高温用适合熔焊的碳钢铸件规范
14	A217	高温用承压合金钢铸件规范
15	A240	压力容器用耐热铬及铬镍不锈钢中厚板、薄板及带材
16	A250	锅炉和过热器用电阻焊铁素体合金钢管规范
17	A276	不锈与耐热钢棒和型钢规范

续表

序号	代号	名称
18	A278	高温不超过 345℃的承压部件用灰铸铁件规范
19	A283	低和中抗拉强度的碳钢压力容器板材规范
20	A285	压力容器用低中抗拉强度法兰与燃烧室的碳素碳板
21	A307	60000PSI 拉伸强度碳钢螺柱与螺栓标准规范
22	A312	无缝或焊接的不锈钢管规范
23	A320	低温用合金钢螺栓材料标准规范
24	A333	低温用无缝和焊接钢管标准规范
25	A335	无缝铁素体合金钢管规范
26	A336	压力容器与高温部件用合金锻件规范
27	A350	高温用锻制或轧制碳钢和合金钢法兰、锻制管件、阀门及零件规范
28	A351	高温用奥氏体钢铸件规范
29	A352	高温用铁素体钢承压铸件规范
30	A356	蒸汽透平用厚壁碳钢和低合金钢铸件
31	A387	压力容器板、合金钢、铬铝钢标准规范
32	A395	球墨铸铁件规范
33	A105	高温用经特殊热处理的无缝铁素体合金钢管规范
34	A439	奥氏体球墨铸铁件规范
35	A479	合金钢棒材和型材规范
36	A484	不锈和耐热钢棒材、钢坯和锻件一般要求标准规范
37	A516	中温及低温压力容器用碳钢板规范
38	A356	球墨铸铁件标准规范
39	A582	热轧或冷加工无机加不锈钢和耐热钢棒规范
40	A694	高压管路用锻造碳钢和合金钢法兰、管件、阀门及其他部件
41	A744	严酷条件下使用的耐腐蚀铁、铬、镍、镍基合金铸件规范
42	B16	切丝机用易车削黄铜棒条及型材的标准规范
43	B62	合成青铜或铜合金铸件的标准规范
44	B462	腐蚀高温作业用锻造或轧制的铬、镍、钼、铜、铌稳定合金管法兰、锻造管件阀门和管件
45	B473	镍合金棒和丝
46	B564	镍合金锻件规范
47	B584	一般用途的铜合金砂铸件
48	E10	金属材料布氏硬度试验方法

四、API 阀门标准

API 阀门标准见表 6.5.4。

表 6.5.4　API 阀门标准

序号	代号	名称
1	APt STD 526	钢制法兰安全阀
2	527	金属对金属密封座安全阀的阀座密封性(工业级)
3	591	炼油阀门的用户验收
4	593	球墨铸铁法兰旋塞阀
5	594	对夹式止回阀
6	595	铸铁法兰闸阀
7	597	钢制法兰和对焊缩口闸阀
8	598	阀门检查和试验
9	599	钢制和球墨铸铁旋塞阀
10	600	钢制法兰和对焊闸阀
11	601	凹凸式道法法兰和法兰连接用金属垫片(包覆式和缠绕式)
12	602	紧凑型钢制闸阀
13	603	铸造耐腐蚀 CL150 闸阀
14	604	球墨铸铁法兰闸阀
15	605	大口径碳钢法兰(CL75~900、*DN*26-60in)
16	606	紧凑型钢制闸阀 延伸阀体
17	607	1/4 回转阀门软密封座的耐火试验
18	608	法兰和对焊端的金属球阀
19	609	凸耳对夹型和对夹型蝶阀
20	API 6D	管线阀门规范
21	6FA	阀门耐火试验规范

五、BS 阀门标准

BS 阀门标准见表 6.5.5。

表 6.5.5　BS 阀门标准

序号	标准代号	标准名称
	BS	
1	1123	空气储存器及压缩空气设备用的安全阀、仪表和其他安全附件
2	970	阀门钢
3	1212	固定球球阀
4	1414	石油化学及有关工业用法兰和对焊连接的楔形闸阀
5	1415	配料阀第一部分 非恒温无补偿配料阀
6	1552	低压煤气用调节旋塞阀
7	1655	石油工业用法兰连接的自动调节阀结构长度
8	1873	石油、石油化学工业及有关工业用法兰和对焊端钢制截止阀结构长度

序号	标准代号	标准名称
	DIN	
9	BS	石油、石油化学及有关工业和对焊连接阀门结构长度
10	$4062T_2$	油压控制阀试验
11	5146	石油、石油化学及有关工业用钢阀的检验和试验技术要求
12	5150	一般用途的铸铁楔式单闸板或双闸板闸阀
13	5151	一般用途的铸铁(平行闸板)闸阀
14	5152	一般用途的铸铁截止阀和截止止回阀
15	5153	一般用途的铸铁止回阀
16	5154	一般用途的铜合金截止阀、截止-止回阀、止回阀、闸阀
17	5155	一般用途的铸铁和碳钢蝶阀
18	5156	隔膜阀
19	5157	一般用途的(平行式闸板)钢闸阀
20	5158	铸铁旋塞阀
21	5159	一般用途的铸铁和碳钢球阀
22	5160	一般用途的钢制截止阀、截止-止回阀、升降式止回阀
23	5163	供水系统用闸阀技术条件
24	5351	石油、石油化学和有关工业用钢制球阀
25	5352	石油、石油化工和有关工业用 50mm 以下的楔式钢阀门、球阀和单向阀
26	5353	旋塞阀技术规范
27	5417	一般用工业阀门检验
28	5418	一般用工业阀门标志
29	5433	供水用地下闸阀技术规范
30	6364	低温用阀
31	6683	阀门的安装和使用
32	6755	第一部分：阀门试验 产品压力试验要求
33	6755	第二部分：阀门试验 耐火试验要求

六、DIN 阀门标准

DIN 阀门标准见表 6.5.6。

表 6.5.6　DIN 阀门标准

序号	标准代号	标准名称
	DIN	
1	3202	阀门结构长度——第一部分：法兰连接阀
2	3202	阀门结构长度——第二部分：焊接连接阀
3	3202	阀门结构长度——第三部分：对夹式连接阀

续表

序号	标准代号	标准名称
	DIN	
4	3202	阀门结构长度——第四部分：内螺纹连接阀
5	3202	阀门结构长度——第五部分：管螺纹连接阀
6	3211	管道阀门的定义
7	3230	第一部分：阀门供货技术条件——咨询、订货和供货
8	3230	第二部分：阀门供货技术条件——一般要求
9	3230	第三部分：阀门供货技术条件——试验汇总
10	3230	第四部分：阀门供货技术条件——饮水设备用阀门的要求和检验
11	3230	第五部分：阀门供货技术条件——煤气管路和煤气设备用截止阀的要求和检验
12	3320	安全阀概念、尺寸确定、标记
13	3352	第一部分：闸阀一般要求
14	3352	第二部分：铸铁制金属密封暗杆式闸阀
15	3352	第三部分：铸铁制金属密封明杆式闸阀
16	3352	第四部分：铸铁制软密封略杆式闸阀
17	3352	第八部分：明杆式耐低温钢制阀门
18	3351	第四部分：蝶阀 一般情况
19	3356	第一部分：阀门 一般要求
20	3356	第二部分：铸铁制截止阀
21	3356	第三部分：合金钢截止阀
22	3356	第四部分：耐热钢截止阀
23	3356	第五部分：不锈钢截止阀
24	3388	第一部分：热控式煤气炉用废气阀
25	3388	第二部分：机械控制煤气炉用废气阀
26	3392	煤气消耗设备用煤气压力调节阀
27	3430	供气设备用阀 角式截止球阀
28	3431	供气设备用阀 角式螺旋连接球阀
29	3432	供气设备用阀 直通螺旋球阀
30	3441	第二部分：硬聚氯乙烯制阀门 球阀尺寸
31	3441	第三部分：硬聚氯乙烯制阀门 隔膜阀尺寸
32	3441	第四部分：硬聚氯乙烯阀件 斜座阀尺寸
33	3680	疏水阀的系统和定义
34	3684	疏水阀进口带螺纹接管、出口为螺纹套管的疏水阀的连接尺寸
35	3841	采暖用阀，加热器阀，公称压力 *PN*0.1~1.6MPa
36	3844	供暖设备阀门 *PN*1.6MPa 铜合金制动阀止推螺旋
37	3845	供暖设备阀门 *PN*1.6MPa 铜合金止回阀止推螺旋

续表

序号	标准代号	标准名称
	DIN	
38	17480	阀门材料交货技术条件
39	25418	原子设备中阀门的材料、制造和试验
40	74279	压缩空气制动系统的溢流阀
41	83409	气密式通风阀
42	86251	*DN*20～300mm、*PN*1.0MPa 和 1.6MPa 的铸铁制法兰连接式截止阀
43	86252	*DN*20～300mm、*PN*1.0MPa 和 1.6MPa 的铸铁制法兰连接式截止止回阀
44	86260	*DN*20～300mm、*PN*1.0MPa 和 1.6MPa 炮铜制法兰连接式截止阀
45	86261	*DN*20～300mm、*PN*1.6MPa 炮铜制法兰连接式截止止回阀
46	86262	*DN*20～300mm、*PN*1.6MPa 炮铜制法兰连接式非截止止回阀
47	86510	炮铜制螺纹阀盖截止阀 带非焊接环形衬套式接头
48	86511	炮铜制螺纹阀盖截止阀 带铜焊 25°锥形衬套管接头

七、NF 阀门标准

NF 阀门标准见表 6.5.7。

表 6.5.7　NF 阀门标准

序号	标准代号	标准名称
	NF	
1	E29-306	阀门术语及定义
2	E29-312	工业阀门-阀门的流量和流阻系数定义、计算及实测方法
3	E29-323	工业阀门-地面设施用法兰连接铸铁闸阀 ISO *PN*10MPa、16MPa
4	E29-324	工业阀门-用于地下装置的法兰连接铸铁闸阀
5	E29-327	工业阀门-铸钢闸阀 ISO *PN*1.6MPa、2.0MPa、2.5MPa、4.0MPa、5.0MPa、10.0MPa
6	E29-328	工业阀门-锻钢或锻焊闸阀
7	E29-332	工业阀门-铜合金制螺纹联接闸阀 *PN*1.0MPa
8	E29-335	工业阀门-法兰连接夹套式不锈钢闸阀系列 *PN*0.6～16.0MPa
9	E29-337	工业阀门-ISO 系列，公称压力 *PN*1.0～6.4MPa 法兰连接的夹套不锈钢闸阀
10	E29-350	工业闸阀-钢制截止阀(和节流阀)技术规范
11	E29-354	工业阀门-铸铁截止阀(及其他形式的截止阀)技术条件
12	E29-358	工业阀门-法兰连接钢制截止阀和升降式止回阀公称压力 *PN*6.4～10.0MPa
13	E29-359	工业阀门-法兰连接钢制截止阀和升降止回阀公称压力 *PN*10.0MPa
14	E29-371	工业阀门-法兰连接铁制旋启式止回阀 ISO *PN*1.0MPa、1.6MPa、2.5MPa、4.0MPa、CL150、CL300

续表

序号	标准代号	标准名称
	NF	
15	E29-373	工业阀门-法兰连接钢制旋启式止回阀 ISO *PN*1.6MPa、2.0MPa、2.5MPa、4.0MPa、5.0MPa、10.0MPa
16	E29-376	工业阀门-法兰连接钢制旋启式止回阀 *PN*10.0MPa
17	E29-410	工业阀门-安全阀技术术语定义
18	E29-411	工业阀门-安全阀一般设计、排量计算、试验、标记、包装
19	E29-412	工业阀门-安全阀性能和排量试验
20	E29-413	工业阀门-安全阀排量计算方法
21	E29-414	工业阀门-安全阀结构长度和温压关系
22	E29-415	阀门安全阀 G2 型安全阀气量等于流量的计算
23	E29-420	安全阀-技术规范及可靠性证明
24	E29-413	工业阀门-通用蝶阀技术规范
25	E29-431	地下管道用蝶阀规范
26	E29-444	自动蒸汽疏水阀-蒸汽漏损试验
27	E29-470	工业阀门-钢制球阀规格
28	M87-150	石油工业用-阀门和法兰在不同温度下的最大允许工作压力
29	M87-401	石油工业阀门的试验和验收检查

八、MSS 阀门标准

MSS 阀门标准见表 6.5.8。

表 6.5.8 MSS 阀门标准

序号	标准号	标准名称
1	MSS SP-6	阀门和管件法兰连接端和管法兰密封面的表面粗糙度标准
2	MSS SP-9	铜、铁和钢制法兰螺栓孔锪端面尺寸
3	MSS SP-25	阀门、管件、法兰和活接头标准标志方法
4	MSS SP-44	钢制管道法兰
5	MSS SP-45	旁通和排放口的连接标准
6	MSS SP-53	阀门、法兰、管件及其他管路附件的铸、锻钢件质量标准(磁粉探伤方法)
7	MSS SP-54	阀门、法兰、管件及其他管路附件的铸钢件质量标准(X 射线检查方法)
8	MSS SP-55	阀门、法兰、管件及其他管路附件的铸、锻钢件质量标准(目视方法)
9	MSS SP-71	法兰和螺纹连接铸铁旋启式(止回阀)

九、GB 阀门家标准及等效国外标准

GB 阀门家标准及等效国外标准见表 6.5.9。

表 6.5.9　阀门国家标准及等效国外标准

国家标准		国外标准	
代号	名称	代号	名称
GB/T 12220	通用阀门 标志	ISO 5209	通用阀门 标志
GB/T 12221	金属阀门-结构长度	ISO 5752	法兰连接金属阀门的结构长度
GB/T 12222	多回转阀门 驱动装置的连接	ISO 5210-1～5210-3	多回转阀门驱动装置的连接
GB/T 12223	部分回转阀门 驱动装置的连接	ISO 5211-1～5211-3	部分回转阀门驱动装置的连接
GB/T 12241	安全阀 一般要求	ISO 4126	安全阀 一般要求
GB/T 12247	蒸汽疏水阀 分类	ISO 6704	蒸汽疏水阀 分类
GB/T 12248	蒸汽疏水阀 术语	ISO 6552	蒸汽疏水阀 术语
GB/T 12249	蒸汽疏水阀 标志	ISO 6553	蒸汽疏水阀 标志
GB/T 12250	蒸汽疏水阀 结构长度	ISO 6554	法兰连接蒸汽疏水阀 结构长度
GB/T 12251	蒸汽疏水阀 试验方法	ISO 6948	蒸汽疏水阀出厂检验和 工作特性试验
GB/T 12224	钢制阀门 一般要求	ASME B16. 34	阀门 法兰连接和对焊连接
GB/T 7927	阀门铸钢件 外观质量要求	MSS SP55	阀门、法兰、管件及其他 管件的铸钢件质量标准
GB/T 12226	通用阀门 灰铸铁件技术条件	ISO/DIS 185 BS1452	灰铸铁分级灰铸铁件技术条件
GB/T 12228	通用阀门 碳素钢铸件技术条件	ASTM A105 ASTM A181	管路附件用碳钢锻件技术规范 常用管路碳钢锻件规范
GB/T 12229	通用阀门 碳素钢铸件技术条件	ASME/ASTM A216 ASTM A703	高温用可熔焊碳钢铸件受压 铸钢件技术条件
GB/T 12230	通用阀门 奥氏体钢铸件技术条件	ASTM A351 ASTM A703	高温用奥氏体钢铸件规范受压 铸钢件技术条件
GB/T 12242	安全阀 性能试验方法	ASME PTC25. 3	安全阀和泄压阀性能试验规范
GB/T 12245	减压阀 性能试验方法	JIS 8372　JIS B8410　DSS 405	空气减压阀 水道用 减压阀 蒸汽减压阀
GB/T 12232	通用阀门 法兰连接铁制闸阀	BS 5150　ISO/DIS 5996	普通铸铁楔式闸阀及 双闸板闸阀铸铁闸阀
GB/T 12234	通用阀门 法兰和对焊连接钢制闸阀	API 600	法兰或对焊连接钢制闸阀
GB/T 12235	通用阀门 法兰连接钢制截止阀和 升降式止回阀	API 600	法兰或对焊连接钢制闸阀
GB/T 12236	通用阀门 钢制旋启式止回阀	API 600	法兰或对焊连接钢制闸阀
GB/T 12237	通用阀门 法兰和对焊连接钢制球阀	ISO/DIS 7121　API 607	法兰或对焊连接钢制球阀 1/4 回转阀门软密封座的耐火试验
GB/T 12238	通用阀门 法兰和对夹连接螺阀	BS 5155	一般用途的铸铁和碳钢螺阀

续表

国家标准		国外标准	
GB/T 12239	通用阀门 隔膜阀	BS 5156	一般用途的隔膜阀
GB/T 12240	通用阀门 铁制旋塞阀	API 593	球墨铸铁法兰旋塞阀
GB/T 12243	弹簧直接载荷式安全阀	JIS B8210	蒸汽及气体用弹簧安全阀
GB/T 12244	减压阀 一般要求	JIS 8372 JIS B8410 DSS 405	空气减压阀 水道用减压阀 蒸汽减压阀
GB/T 12246	先导式减压阀	JIS 8372 JIS B8410 DSS 405	空气减压阀 水道用减压阀 蒸汽减压阀

十、各标准之间的比较

美国标准与其他国家标准合作出版以满足国际化的要求，但几乎没有任何一个标准能够完好的跨越国界。选用标准时，如传统的美国标准和 ISO 阀门标准之间就存在着或多或少的冲突。国外常用的这些标准并不是以相同方式制定。API 阀门标准是由一组终端用户、制造商、设计工程师和政府机构代表等共同制定的。标准内容在分组委员会和委员会会议上进行讨论，其他相关各小组对此内容进行投票。ISO 标准制定过程中也有委员会和分委员会，但一个重大的区别在于每个国家仅持有一份投票权，这一制度造成了制造厂、终端用户等意见难以统一及矛盾的复杂性。

在阀门进口端的问题上，ISO 与 API 6D 管道阀门标准联合发布 ISO 14313《管线阀门规范》。在防腐蚀方面，ISO 与 NACE(美国腐蚀工程师学会) 联合制定 NACE MR 0175《硫化氢环境选材标准》、ISO 15156《石油和天然气工业——在石油和天然气生产中，用于含有 H_2S 环境的材料》。

有些国际阀门标准已成功地跨越国界。例如，英国标准学会(BSI)的 BS 6364《阀门低温试验》已经成为低温试验的主要标准，尽管其他标准制定机构已经制定了低温试验标准，英国标准依然是目前最常采用的标准。

对于阀门压力试验，API 598《阀门检验和试验》是比较常用的标准，同时还有 ISO 5208《工业阀门——金属阀门的压力试验》。ISO 5208 与 API 598 基本一致。API 6D《管道阀门》有详细的管道阀门试验要求，保压时间高于 API 598 和 ISO 5208。MSS SP-61《钢制阀门压力试验》提供了对 API 和 ISO 试验标准的另一选择，但是，MSS SP-61 不适用于 API 6D、API 598 和 ISO 5208 所制造和使用产品的试验。

ANSI FCI 70-2《控制阀座泄漏》是由流体控制学会(FCI)制定，由 ANSI 核准。该标准最初为 ASME B16. 104《控制阀门阀座泄漏标准》。该标准的主要目的在于控制阀门的关闭件，但 ANSI FCI 70-2 是要求精确测量泄漏量时的试验标准。ANSI FCI 70-2 对于泄漏的要求有 6 个等级，从无试验要求(Ⅰ级)至非常严格的金属密封(Ⅴ级)和软密封(Ⅵ级)。

英国标准 BS 6364《低温阀门》规定了低温试验程序。其他相关标准也存在并在应用中。MSS SP-134《对低温阀门及其阀体阀盖加长体的要求》包括了对阀体、阀盖加长的要求。MSS SP 134 所规定的低温试验规范不同于英国标准的低温试验要求，尤其在允许泄漏量方面的要求不尽相同。

常用阀门标准见表 6. 5. 10，阀门通用标准见表 6. 5. 11，阀门产品标准见表 6. 5. 12。

表 6.5.10　常用阀门标准

阀门类型	材料	标准		
闸阀	钢	API 600	ISO 10434	
	灰铸铁	MSS SP-70	ISO 5996	
	球墨铸铁	MSS SP-128		
	青铜	MSS SP-80		
	防腐蚀	API 603	API 600	
	管线	API 6D	ISO 14313	
	小型	API 602	ISO 15761	
	水系统	AWWA C500	AWWA C500	
刀闸阀	不锈钢	MSS SP-81		
	高压	MSS SP-135		
蝶阀	钢	API 609	MSS SP-66	ISO 10631
	铁	MSS SP-67		
止回阀	钢	API 594		
	钢，中心导向	MSS SP-126		
	铁，中心导向	MSS SP-125		
	灰铸铁	API 594	MSS SP-71	MSS SP-125
	球墨铸铁	API 594	MSS SP-136	
	青铜	MSS SP-80		
	小型，钢	API 602	ISO 15761	MSS SP-118
	管线	API 6D	ISO 14313	
	水系统	AWWA C519	AWWA C508	
球阀	钢	API 608	MSS SP-72	ISO 17292
	青铜	MSS SP-110		
	管线	API 6D	ISO 14313	
	水系统	AWWA C507		
截止阀	钢	BS 1873	ISO 12149	
	灰铸铁	MSS SP-85		
	青铜	MSS SP-80		
	小型、钢	API 602	ISO 15761	MSS SP-118
旋塞阀	钢	API 599		
	灰铸铁	MSS SP-78		
	弹性阀座铁	MSS SP-108		
	管线	API 6D/ISO 14313		

表 6.5.11　阀门通用标准

	美标体系		国标体系	
1. 设计标准	ASME B16. 34	Class	GB/T 12224	*PN*+Class
2. 结构尺寸	ASME B16. 10	Class 法兰 对焊 对夹	GB/T 12221 GB/T 12221. 1 GB/T 12221. 2 GB/T 12221. 3 GB/T 12221. 4 GB/T 12221. 5	*PN*+Class 法兰 对焊 对夹 内螺纹 外螺纹
3. 阀门试验	API 598(JB 9092)	—	JB/T 9092	—
	—	—	GB/T 13927	A、B、C、D 级
	MSS SP61《钢制阀门压力试验》、MSS SP82《阀门压力试验方法》	—	—	—
4. 阀座密封性	FCI70-2《控制阀阀座泄漏率》	V，Ⅵ级	—	—
5. 阀门耐火试验	API 6FA	高压或低压	JB 6899	高压或低压
	API 607	低压	—	—
	BS 5146	—	—	—
6. 材料				
碳钢铸钢	ASTMA216	WCB 等	GB/T 12229	WCB 等
不锈钢铸钢	ASTMA351	CF8M 等	GB/T 12230	CF8M 等
合金钢铸钢	ASTMA217	WC6，9，12 等	JB/T 5263	WC6，9，12A 等，
低温钢铸钢	ASTMA352	LCB 等	JB/T 7248	LCB 等
碳钢锻钢	ASTMA105	—	JB/T 4726	16Mn 等
合金，不锈钢锻钢	ASTMA182	F11，F316 等	JB/T 4726、JB/T 4728	15CrMo，316 等
低温钢锻钢	ASTMA350	LF2，3 等	JB/T 4727	16MnD 等
灰铸铁	—	—	GB/T 12226	HT200~350
球墨铸铁	—	—	GB/T 12227	QT350-22 等
铜合金铸件	—	—	G/T 12225	锡青铜，铝青铜，锰黄铜，铝黄铜
7. 无损检测(nondestructive testing，NDT)，又称无损探伤				
铸钢目视	MSS SP55	—	JB/T 7927	—
铸钢 RT	MSS SP54	—	JB/T 6440	—
铸钢 UT	MSS SP94	—	—	—
铸钢，锻钢 MT	MSS SP53	—	JB/T 6439	—
铸钢，锻钢 PT	MSS SP93	—	JB/T 6902	—
锻钢 UT	ASMEB16. 34 附录 E	—	JB/T 6903	—

表 6.5.12 阀门产品标准

	美标体系，Class		国标体系，*PN*（+Class）	
（1）小口径闸阀、截止阀、升降式止回阀	API 602、ISO 15761、MSS SP 118、BS 5352	锻钢；SW、Th（内、外）法兰、BW；Class150～1500，*DN*15～100	JB/T 7446	锻钢；SW、Th（内）法兰、BW；*PN*25～250，*DN*10～50
	—	—	GB/T 8464	水暖用内螺纹；铁、铜；*PN*16、*DN*100
（2）石油天然气管线用阀	API 6D/ISO 15761；闸阀、旋启式止回阀、对夹双板止回阀、球阀、旋塞阀	钢制；法兰、BW；Class150～2500，*DN*15～1500	GB/T 19672；闸阀、旋启式止回阀、对夹双板止回阀、球阀、旋塞阀	钢制；法兰、BW；Class2500～*PN*16，*DN*15～1200
	—	—	JB/T 5298 管线用平板闸阀	钢制；法兰、BW；*PN*16～160，*DN*50～1000
	—	—	JB/T 7745 管线用球阀	钢制；法兰、BW，*PN*16～100，*DN*50～1000
（3）石油，天然气用重型闸阀	API 600/ISO 10434	钢制；法兰，BW；Class150～2500，*DN*25～600	—	—
	BS 1414	钢制；法兰，BW；Class150～Class2500，*DN*25～1050	BS 1414	钢制；法兰，BW；*PN*10～*PN*400 *DN*25～600
（4）通用闸阀			GB/T 12234	钢制，法兰，BW；*PN*16～Class2500，*DN*25～600
	MSS SP 70	CI（铸铁），DI（球墨铸铁）；法兰，Th；Class125，150，*DN*50～1200	GB12232	CI（铸铁），DI（球墨铸铁）；法兰；*PN*1～40，*DN*50～1800
（4）刀形闸阀	MSS SP 81	法兰；不锈钢；Class150，*DN*50～900	JB/T 8937	对夹；无法兰 CI（铸铁），DI（球墨铸铁），钢；*PN*2.5～25；*DN*50～700
（6）石油天然气用重型截止阀、升降式止回阀	API 600/ISO 10434	钢制；法兰，BW；Class150～2500，*DN*25～600	—	—
	BS 1873（包括 Y 型，角阀，截止止回阀）	钢制；法兰，BW；Class150～2500，*DN*25～400	BS 1873；（包括 Y 型、角阀、截止止回阀）	钢制；法兰，BW；*PN*10～*PN*400，*DN*15～400

续表

	美标体系，Class		国标体系，*PN*（+Class）	
（7）通用截止阀，升降式止回阀	—	—	GB/T 12235（包括节流阀）	钢制；法兰；*PN*16 ~ 160，*DN*25 ~ 150
	MSS SP 85	CI（铸铁）；法兰，内螺纹；Class125、250，*DN*50 ~ 300	GB/T 12233（包括柱塞阀，节流阀）	CI（铸铁），MI（可锻铸铁）；法兰，内螺纹；*PN*10 ~ 40，*DN*15 ~ 200
	—	—	JB/T 7747 针形阀（包括角式）	钢制；SW，内外螺纹；*PN*320，NPS1/8 ~ 1
	—	—	JB/T 6990 排污阀（包括截止阀，闸阀）	CI（铸铁），DI（球墨铸铁），钢制；法兰、BW；*PN*10 ~ 320，*DN*15 ~ 80
（8）石油，天然气用重型旋启式止回阀	API 600/ISO 10434	钢制；法兰，BW；Class150 ~ 2500，*DN*25 ~ 600	—	—
	BS 1868（包括升降式、垂直、水平、角式）	钢制，法兰，BW；Class150 ~ Class2500；*DN*25 ~ 600	BS 1868（包括升降式、垂直、水平、角式）	钢制；法兰，BW；*PN*10 ~ *PN*400，*DN*25 ~ 600
（9）通用旋启式止回阀	—	—	GB12236	钢制，法兰；*PN*16 ~ 160，*DN*50 ~ 500
	MSS SP71	CI，DI；Fl，Th；Class125，250 *DN*50 ~ 600	GB13932	CI，DI；Fl；*PN*2.5 ~ 40，*DN*50 ~ 1800
（10）对夹式止回阀	API 594	钢制，CI（铸铁），DI（球墨铸铁）；对夹（无，带凸耳），法兰；Class125 ~ 2500，*DN*50 ~ 1500	JB/T 8937（双板、旋启、升降、蝶式）	钢制，CI（铸铁），DI（球墨铸铁）；对夹（无，带凸耳）；*PN*10 ~ Class2500，*DN*15 ~ 1200
（11）石油，天然气用球阀	API 608/ISO 17292；PTFE，RPTFE；浮球，固定球；全径、缩径、双缩径	钢制，金属；法兰，BW，SW，Th；*PN*16 ~ 110，*DN*8 ~ 500	—	—
	BS 5351；浮球，固定球；全径，缩径，双缩径	钢制；法兰，BW，SW，Th；*PN*10 ~ 110，*DN*8 ~ 400	BS 5351；浮球，固定球；全径，缩径，双缩径	钢制；法兰，BW，SW，Th；*PN*10 ~ 110，*DN*8 ~ 400

续表

	美标体系，Class		国标体系，*PN*（+Class）	
（12）通用球阀	MSS SP72；浮球，固定球；全径，缩径，双缩径	钢制，CI（铸铁），DI（球墨铸铁），Cu（铜）；法兰，BW；Class125～900，*DN*15～900	GB/T 12237；浮球，固定球；全径，缩径	钢制，法兰，BW；*PN*16～100，*DN*10～500
	—	—	GB/T 15185《法兰连接铁制和铜制球阀》，浮球，固定球；全径，缩径	CI（铸铁），DI（球墨铸铁），MI（可锻铸铁），Cu（铜）；法兰，内螺纹；≤*PN*40 *DN*8～300
（13）石油天然气用蝶阀	API 609；PTFE，RPTFE；同心，偏心	钢制，CI（铸铁），DI（球墨铸铁），Cu，衬里；对夹，法兰；Class125～600，*DN*50～1200	—	—
（14）通用蝶阀	MSS SP 67 非金属密封（同心）	CI（铸铁），DI（球墨铸铁）；对夹（带凸耳），法兰；≤Class350 *DN*40～1800	GB/T 12238；非金属密封（同心，偏心）	钢制，CI（铸铁），DI（球墨铸铁），Cu；衬里，对夹（带凸耳），法兰；*PN*2.5～25，*DN*40～2000
	MSS SP 68 非金属密封（偏心）	钢制；对夹（带凸耳）；Class150～600，*DN*80～1200	JB/T 8527；弹性，非弹性，金属密封偏心	钢制，DI（球墨铸铁）；对夹（带凸耳），法兰；*PN*0.5～50，*DN*50～900
	—	—	JB/T 8692《烟道蝶阀》截流、调节型、同心	钢制；≥*PN*6；≥600℃，*DN*100～6000
（15）石油天然气用重型旋塞阀	API 599《法兰端、螺纹端和焊接端金属旋塞阀》	钢制，DI（球墨铸铁）；法兰，BW；Class150～2500，NPS1/2～24	—	—
（16）通用旋塞阀	MSS SP 78《法兰端和螺纹端铸铁旋塞阀》	CI（铸铁），Cu（旋塞）；法兰，内螺纹；Class125、250、800 法兰端 NPS2～24，螺纹端 NPS2～6	GB/T 12240《铁制旋塞阀》	CI（铸铁）；法兰，内螺纹；*PN*2.5～25，≥300℃，*DN*15～600
（17）隔膜阀	MSS SP 88《隔膜阀》	Class125、150，NPS1/2～16	GB/T 12239《工业阀门 金属隔膜阀》；堰式、直通、角式、Y 形、直流	CI（铸铁），Cu，钢制；法兰，Th；≤*PN*16，*DN*8～400
（18）截止阀和闸阀的波纹管密封	MSS SP 117	材料，循环次数，设计行程和检验	—	—

第六节　其他管道组成件的选用与工程应用

一、过滤器(filter)的选用与工程应用

1. 过滤器概述

过滤器是输送介质管道上不可缺少的一种装置，通常安装在减压阀、泄压阀、定水位阀或其他设备的进口端，用来消除介质中的杂质，以保护阀门及设备的正常使用。典型过滤器见图 6.6.1。

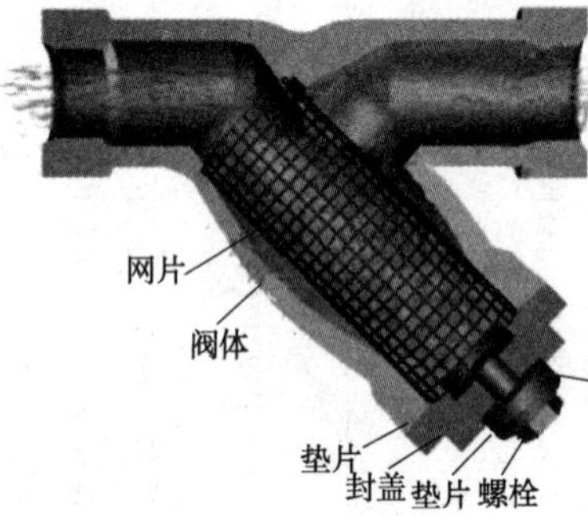

(a)Y型管道过滤器

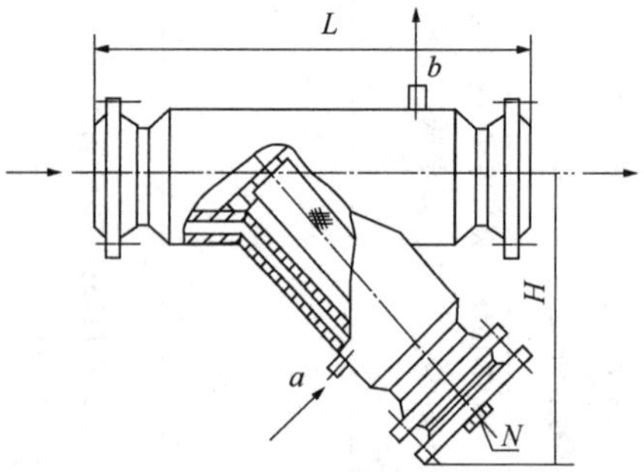

(b)Y型管道过滤器

(c)T型管道过滤器

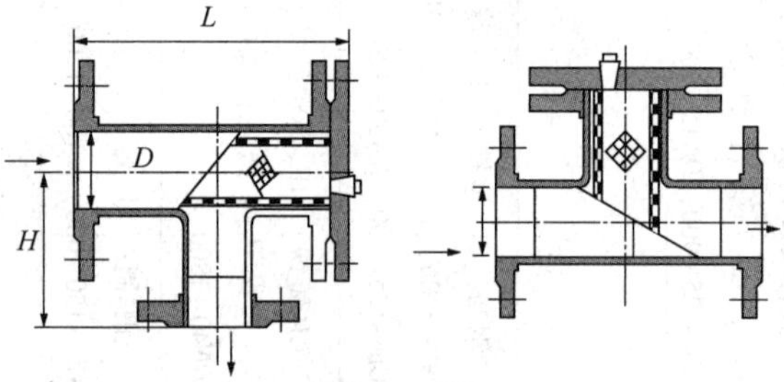

(d)T型管道过滤器

(e)篮式过滤器

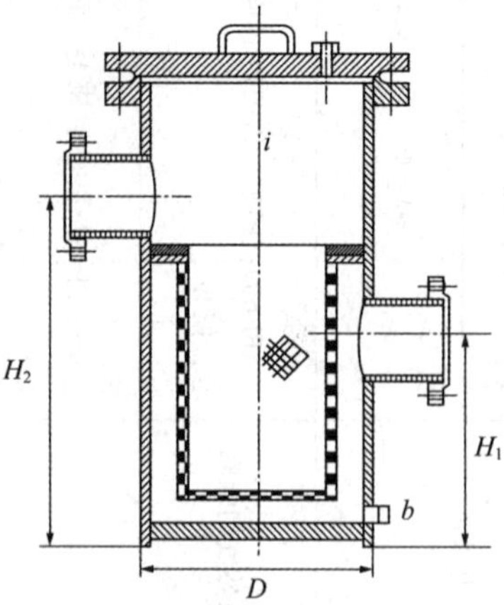

(f)篮式过滤器

图 6.6.1　过滤器典型图

2. 管道过滤器分类

管道过滤器比较类型常用的主要有 T 型管道过滤器，Y 型管道过滤器，双联切换过滤器，以及篮式过滤器。

（1）篮式过滤器。过滤器是除去液体中少量固体颗粒的小型设备，可保护设备的正常工作，当流体进入有一定规格滤网的滤筒后，其杂质被阻挡，而清洁的滤液则由过滤器出口排出，当需要清洗时，只要将可拆卸的滤筒取出，处理后重新装入即可，因此，使用维护极为方便。使用一段时间后打开上盖，取出像提篮子式的过滤网，一经洗刷即可恢复如新。

（2）T 型管道过滤器。该过滤器采用优质不锈钢制造，内筒为不锈钢薄板冲孔成形滤筒，紧配丝网结构，活节连接，拆卸清洗方便，可根据用户实际使用情况，选用 20~100 目不锈钢丝网配套。管道过滤器是管道输送液体过程中清除固体杂质的设备。液体流经过滤器时，其中的杂质被滤出，可保护机泵、压缩机、仪表和其他设备正常工作。当需要清洗时，只要将可拆卸的滤筒取出，去除滤出的杂质后，重新装入即可，使用维护极为方便。该设备具有占地少、水头损失小、不加药剂、操作简单、使用寿命长、维护修理方便等优点，可广泛运用于各种敞开式、封闭式冷热水系统，是避免系统堵塞和减轻水泵磨损，保证系统正常运行的理想设备。

（3）Y 型管道过滤器。Y 型过滤器是使用水力控制阀及精密的易堵塞的机械产品所必须具备的过滤设备，是输送介质的管道系列不可缺少的一种装置。通常安装于水力控制阀、减压阀、泄压阀、定水位阀等设备的进口端，用来消除介质中的杂质，防止颗粒性杂质进入通道，造成墙塞，以保护设备管道上的配件免受磨损和堵塞。

（4）锥型管道过滤器。锥形过滤器又称临时过滤器，其外形为椎体，属于管道粗过滤系列，形式简单。

3. 管道过滤器一般要求

（1）液体物料泵前的入口管道上应设过滤器。

（2）过滤器的设计压力不应低于管道系统的设计压力，过滤器的设计温度应与所连接管道系统的设计温度一致。

（3）滤筒宜采用不锈钢材料制作，当液体物料或工艺过程对滤筒材料有特殊要求时，可选用其他材料。过滤器的壳体材料应满足输送介质的性质及管道操作条件的要求。

（4）过滤器接口端面为法兰连接时，其公称压力、密封面型式与所连接管道法兰一致；接口端面为焊接和螺纹连接时，其尺寸应与所连接管道一致，材质与管道相匹配。

（5）滤网规格及其技术要求应符合 GB/T 5330《工业用金属编织方孔筛网》的规定。

4. 管道过滤器的选用

（1）按安装、操作、检修要求选用过滤器：

① 安装空间受限时宜选用 Y 型或 T 型过滤器；

② 介质流向有 90°变化处宜选用折流式 T 型过滤器；

③ 需经常清洗或更换滤筒的过滤器宜选用快开篮式过滤器；

④ 正常工况下不能拆卸且需经常吹扫时，应选用具有反冲洗功能的过滤器；

⑤ 临时使用的过滤器宜选用锥型过滤器；

⑥ 拆卸法兰或封头重量大于 15kg 时，宜选用带有铰链的过滤器；拆卸法兰或封头重量大于 50kg 时，宜选用带有吊柱的过滤器。

(2)按介质性质选用过滤器：输送操作温度下黏度高于 20mm²/s 介质时，宜选用篮式过滤器；输送职业性接触危害程度Ⅰ级、Ⅱ级介质时，宜选用接口端面为焊接的过滤器；输送操作温度低于等于-45℃的介质时，宜选用接口端面为焊接的过滤器。

(3) 按泵的类型选用过滤器：螺杆泵宜选用篮式过滤器；磁力泵应选用磁性复合过滤器。

(4) 管道公称直径≤100mm 时，宜选用 Y 型过滤器，公称直径>100mm、≤350mm 时，宜选用 T 型过滤器；管道公称直径≥400mm 时，宜选用篮式过滤器。

(5)锥型过滤器的倍数宜为 1.5～2 倍，Y 型、T 型过滤器的倍数宜为 2～3 倍；篮式过滤器的倍数宜为 3～10 倍。

(6)过滤器滤网目数的选择：过滤器滤网的目数不宜大于 80 目；输送操作温度下黏度大于 20mm²/s 的介质时，宜选用 10～40 目；输送润滑油类油品时，宜选用 40 目；当泵对过滤精度有特殊要求时，应按泵的要求进行选用。

5. 管道过滤器的工程应用

某 *DN*150 工艺物料管道，压力等级 Class150，选用 T 型过滤器，端部选用法兰连接，过滤器壳体采用 316L，内件选用 18-8 不锈钢滤网，滤网规格需根据实际情况选择。

6. 过滤器有关标准规范

GB/T 14295《空气过滤器》

GB/T 14382《管道用三通过滤器》

GB/T 17486《液压过滤器》

HG/T 21637《化工管道过滤器》

JB/T 7538《管道用篮式过滤器》

SH/T 3411《石油化工泵用过滤器选用》

SY/T 0523《油田水处理过滤器》

JB/T 7374《气动空气过滤器》

HG/T 20570.22《管道过滤器》

JB/T 10410《业用水自动反冲洗过滤器》

二、阻火器(flame arrester)的选用与工程应用

1. 阻火器概述

阻火器又名防火器，是用来阻止易燃气体和易燃液体蒸气的火焰蔓延的安全装置。在石油工业中，阻火器被广泛应用在石油及石油产品的储罐上。当储存轻质石油产品的油罐遇到明火或雷击时，就可能引起火灾。为了防止这种危险的产生而使用阻火器。阻火器也常用在输送易燃气体的管道上。假若易燃气体被引燃，气体火焰就会传播到整个管网。为了防止这种危险的发生，也要采用阻火器。阻火器也可以使用在有明火设备的管线上，以防止回火事故。但它不能阻止敞口燃烧的易燃气体和液体的明火燃烧。阻火器的工作原理，目前主要有两种观点：一是基于传热作用；二是基于器壁效应。

(1) 传热作用。燃烧所需要的必要条件之一就是要达到一定的温度，即着火点。低于着火点，燃烧就会停止。依照这一原理，只要将燃烧物质的温度降到其着火点以下，就可以阻止火焰的蔓延。当火焰通过阻火元件的许多细小通道之后将变成若干细小的火焰。设计阻火器内部的阻火元件时，则尽可能扩大细小火焰和通道壁的接触面积，强化传热，使

火焰温度降到着火点以下，从而阻止火焰蔓延。

（2）器壁效应。燃烧与爆炸并不是分子间直接反应，而是受外来能量的激发，分子键遭到破坏，产生活化分子，活化分子又分裂为寿命短但却很活泼的自由基，自由基与其他分子相撞，生成新的产物，同时也产生新的自由基再继续与其他分子发生反应。当燃烧的可燃气通过阻火元件的狭窄通道时，自由基与通道壁的碰撞概率增大，参加反应的自由基减少。当阻火器的通道窄到一定程度时，自由基与通道壁的碰撞占主导地位，由于自由基数量急剧减少，反应不能继续进行，也即燃烧反应不能通过阻火器继续传播。

典型阻火器见图 6.6.2。

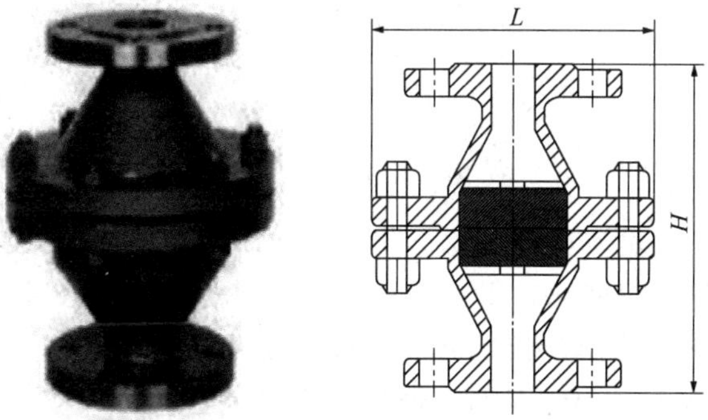

图 6.6.2　阻火器典型图

2. 阻火器分类

阻火器按功能可分为阻爆燃型和阻爆轰型两种。包括波纹阻火器、抽屉式波纹阻火器、氧气管道阻火器、天然气阻火器等。

3. 阻火器的选用

（1）阻火器的选用，安全阻火速度应大于安装位置可能达到的火焰传播速度。与燃烧器连接的可燃气体输送管道，在无其他防回火设施时，应设阻火器。

（2）阻止以亚音速传播的火焰，应使用阻爆燃型阻火器，其安装位置宜靠近火源。

（3）阻止以音速或超音速传播的火焰应使用阻爆轰型阻火器，其安装位置应远离火源。

（4）不同公称直径的阻爆轰型阻火器，距火源最小安装距离要求。

（5）在寒冷地区使用的阻火器，应选用部分或整体带加热套的壳体，也可采用其他伴热方式。

（6）在特殊情况下，可根据需要选用设有冲洗管、压力计、温度计、排污口等接口的阻火器。

（7）安装于管端的阻火器，当公称直径小于 *DN*50 时宜采用螺纹连接；当公称直径大于或等于 *DN*50 时，应采用法兰连接。

4. 阻火器有关标准规范

GB/T 13347《石油气体管道阻火器阻火性能和试验方法》

GB 5908《石油储罐阻火器》

SH/T 3413《石油化工石油气管道阻火器选用、检验及验收》

三、视镜（sight glass）的选用与工程应用

（1）视镜是工业管道装置上的主要附件之一，也称玻璃管视镜、视盅、雷特视镜、管

式视镜，通过它能随时观察管道中气体、液体等介质流动反应情况，监视生产，避免生产过程中事故发生。经常用于石油、化工、化纤、制药等行业的生产管路中。视镜可用于温度高，腐蚀性强、易中毒、危险性较大，易结晶的化工塔器中，以保证其安全生产。视镜主要由钢化硼硅玻璃、法兰、接管等组成。典型视镜见图 6.6.3。

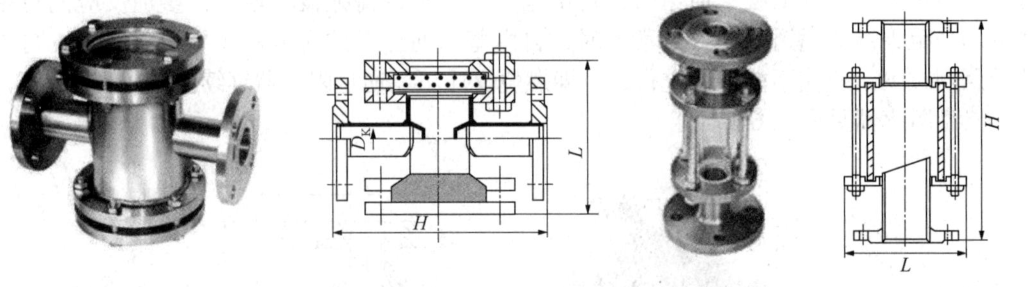

图 6.6.3　典型视镜

（2）①视镜是用于观察液体、气体、蒸汽等介质的流动反应设备，其视窗玻璃应保持干净无灰尘；②视镜的视窗玻璃属于宜损件，安装视镜时要小心轻放；③视镜玻璃耐温耐压有一定的局限，耐温：钢化硼硅玻璃≤180℃、石英玻璃≤1000℃ 。耐压：钢化硼硅玻璃片≤3.0MPa、石英玻璃片≤10.0MPa、钢化硼硅玻璃筒<1.0MPa、石英玻璃筒<1.6MPa；④允许急变温度<60℃，玻璃因温差过大会破裂，需注意保养。

（3）视镜有关的标准规范。

HG/T 21619《视镜》

HG/T 21620《钢化视镜玻璃的制造、验收技术条件》

GB/T 23259《压力容器用视镜玻璃》

四、限流孔板（restriction orifice）的选用与工程应用

1. 限流孔板的作用与形式

限流孔板设置在管道中用于限制流体的流量或降低流体的压力。有的设计单位由管道专业负责选用，有的设计单位由仪表专业负责选用。限流孔板根据 GB/T 2624、HG/T 20570、GD 2000、GD 87 等标准设计制造。限流孔板用于以下几个方面：①工艺物料需要降压且精度要求不高。②在管道中阀门上、下游需要有较大压降时，为减少流体对阀门的冲蚀，当经孔板节流不会产生气相时，可在阀门上游串联孔板。③流体需要小流量且连续流通的地方，如泵的冲洗管道、热备用泵的旁路管道（低流量保护管道）、分析取样管等场所。④需要降压以减少噪声或磨损的地方，如放空系统。

限流孔板为一同心锐孔板，用于限制流体的流量或降低流体的压力。流体通过孔板就会产生压力降，通过孔板的流量则随压力降的增大而增大。但当压力降超过一定数值，即超过临界压力降时，不论出口压力如何降低，流量将维持一定的数值而不再增加。限流孔板就是根据这个原理用来限制流体的流量或降低流体的压力。

限流孔板作为节流元件，由于具有结构简单、易加工、制造成本低、安装方便等优点，在满足工艺要求的前提下，使用限流孔板代替调节阀来限定流量或降低压力，将会大大地降低投资和操作维修费用，因此在国外已被广泛地应用于工艺装置，对装置的安全运行起着重要的作用。

限流孔板按孔板上开孔数分为单孔板和多孔板，按板数可分为单板和多板。公称直径：10mm≤DN≤1000mm。公称压力：PN≤42MPa。工作温度：50℃≤t≤550℃。连接方式：焊接、法兰连接。典型限流孔板见图 6.6.4。

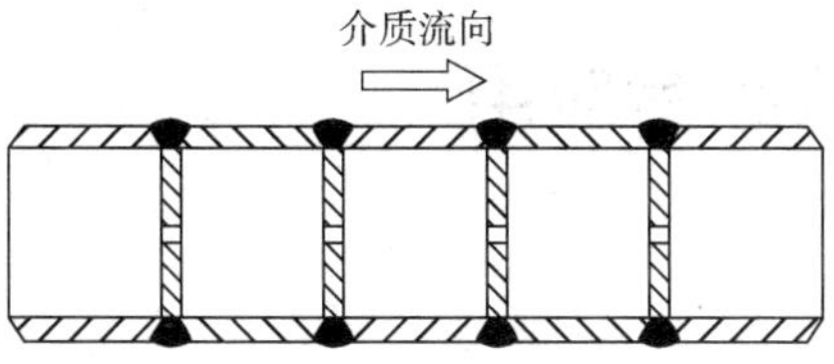

(a)单孔多级焊接式

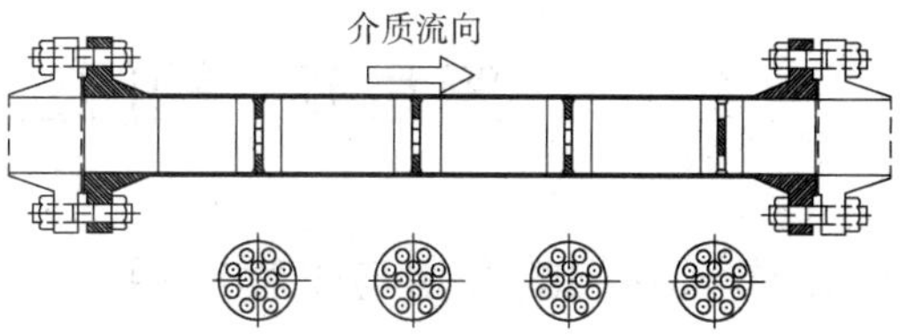

(b)多孔多级法兰式

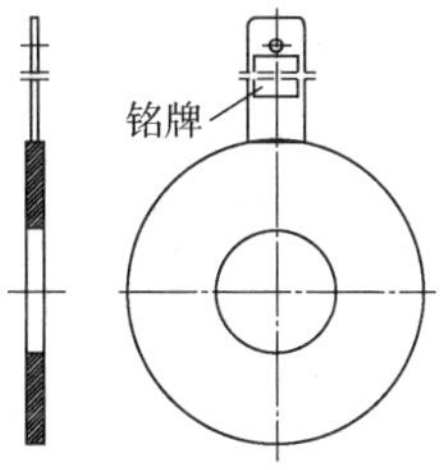

(c)单孔单级RF凸面

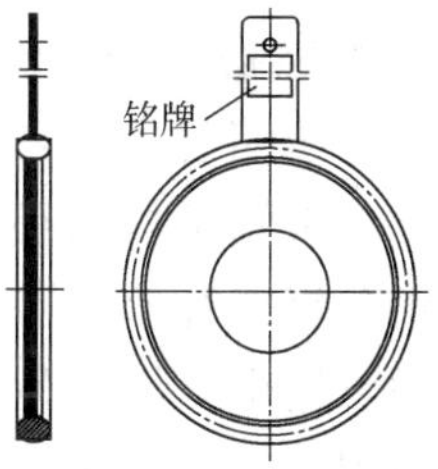

(d)单孔单级RJ环连面

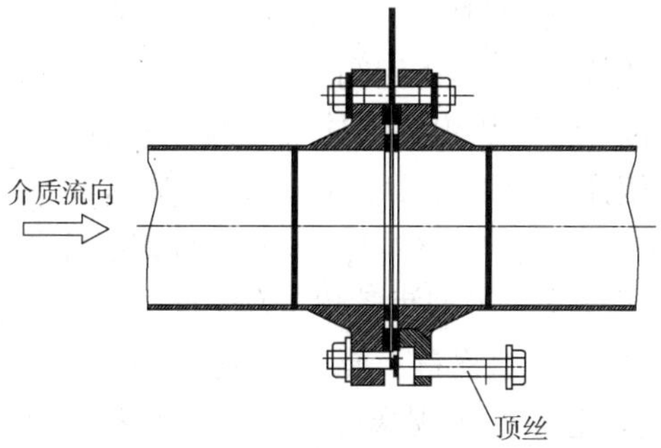

(e)单级法兰限流孔板

图 6.6.4　典型限流孔板

2. 限流孔板选型的一般要求

(1) 气体、蒸汽。为了避免使用限流孔板的管路出现噎塞流，限流孔板后压力(p_2)不能小于板前压力(p_1)的 55%，即 $p_2 \geqslant 0.55p_1$，因此当 $p_2 < 0.55p_1$ 时，不能用单板，要选择多板。板数要保证每板的板后压力大于板前压力的 55%。

(2) 液体。当液体压降小于或等于 2.5MPa 时，选择单板孔板。当液体压降大于 2.5MPa 时，选择多板孔板，且使每块孔板的压降小于 2.5MPa。

3. 孔数的确定

管道公称直径≤150mm 的管路，通常采用单孔孔板；>150mm 时，采用多孔孔板。多孔孔板的孔径(d_0)，一般可选用 12.5mm，20mm，25mm，40mm。在计算多孔孔板时，首先按单孔孔板求出孔径(d)，然后按式(6.6.1)求取选用的多孔孔板的孔数(N)。

$$N = d^2 / d_0^2 \qquad (6.6.1)$$

式中 N——多孔限流孔板的孔数，个；

d——单孔限流孔板的孔径，m；

d_0——多孔限流孔板的孔径，m。

第七节 阀门选用的综合应用

一、氧气阀门的选用与工程应用

1. 氧气管道严禁选用闸阀

管道或阀门内如果存在油脂、橡胶等低燃点的物质时，在局部高温下可被引燃。绝热压缩产生的高温使可燃物燃烧。例如，阀前与阀后有较大压差时，如果将阀门快速打开，阀后氧气温度按绝热压缩公式计算可达500℃以上，已达到某些物质的着火点。闸阀不宜用于调节流量及压力，否则密封面很快磨损，严密性下降，闸阀不能通过缓慢开启进行压力调节，闸阀不适用于氧气管道。

管道内的铁锈、粉尘、焊渣与管道内壁和阀门摩擦产生高温发生燃烧。禁用闸阀的原因其实就是因为闸阀的密封面在相对运动(即阀门的开关)中会因摩擦而引起擦伤损坏，一旦损坏，则有“铁粉”自密封面处脱落，这样细小颗粒的铁粉很容易着火燃烧。截止阀也有类似事故的发生，截止阀的密封面一样会损坏，一样有可能发生危险，很多设计单位把氧气管道全部采用铜基合金阀门，不用碳钢、不锈钢阀门。

按照 GB 16912《深度冷冻法生产氧气及相关气体安全技术规程》中关于阀门材质的规定：压力大于 0.1MPa 时，严禁使用闸阀，$0.1\text{MPa}<p\leqslant 0.6\text{MPa}$ 时，阀瓣采用不锈钢，$0.6\text{MPa}<p\leqslant 10\text{MPa}$ 时，全不锈钢或全铜基合金阀门，$p>10\text{MPa}$ 时，全铜基合金。铜基合金阀门具有机械强度高、耐磨损、安全性好(不产生静电)等优点，所以真正的原因是因为闸阀的密封面极易磨损而产生的铁屑才是罪魁祸首，至于密封性下降与否不是关键。

事实上很多没有用闸阀的氧气管道一样出现爆炸事故，一般都出现在阀门两侧压差较大，阀门开启较快的瞬间，着火源和可燃物是根本原因，规定禁用闸阀只是控制可燃物的一种方法而已，和定期清除铁锈、脱脂、禁油等手段的目的都是一样的。控制流速、做好静电接地等是消除着火源。一些设计单位不管操作压力，一律强行采用铜基合金阀，但也产生了爆炸事故，控制着火源和可燃物，严格安全规程才是最关键的。

2. 氧气管道的阀门应符合的一般要求

(1) 设计压力大于 0.1MPa 的氧气管道上，不得采用闸阀。国内实践中多次发生闸阀类阀门手动开关时，氧气流速突然改变，使管道内的铁锈等颗粒冲撞、摩擦激发能量而引燃、引爆的事故。为避免此类事故发生，在压力大于 0.1MPa 的氧气管道上不得采用闸阀。

(2) 设计压力大于或等于 1.0MPa 且公称直径大于或等于 150mm 的氧气管道上的手动阀门，宜设旁通阀。在欧洲工业气体协会的《氧气管道系统》IGC DOC 13/02/E 中，要求在手动作业的隔离阀设旁通阀，在隔离阀打开前以旁通阀平衡前后压力，避免快速增压和高速、紊流现象的发生。压力分级与 GB 16912《深度冷冻法生产氧气及相关气体安全技术规程》中的规定一致，并增加采用镍及镍基合金的规定。

(3) 设计压力大于 1.0MPa，公称直径大于或等于 150mm 的氧气管道上经常操作的阀门，宜采用气动阀门。

（4）阀门材料选用见表6.7.1。

表6.7.1　阀门材料选用

设计压力 p/MPa	材料
<0.6	阀体、阀盖采用可锻铸铁、球墨铸铁或铸钢，阀杆采用碳钢或不锈钢，阀瓣采用不锈钢
0.6~10	采用全不锈钢、铜基合金或不锈钢与铜基合金组合、镍及镍基合金
>10	采用铜基合金、镍及镍基合金

注：①设计压力大于或等于0.1MPa管道上的压力或流量调节阀的材料，应采用不锈钢或铜基合金或以上两种材料的组合。

②阀门的密封填料宜采用聚四氟乙烯或柔性石墨材料。

（5）氧气管道上的法兰、紧固件应按国家现行标准选用，氧气管道法兰用垫片选用见表6.7.2。氧气管道法兰用垫片除了应满足压力、温度条件外，还要防止垫片老化或被气流冲刷裂成碎粒落入管内，随气流撞击管壁引起火灾。橡胶石棉板结构成分中没有阻燃材料，且在气流冲刷下易破碎，其碎片在压力氧中属可燃、易燃危险引燃物料；金属包覆垫片在氧气管道中不得使用。

表6.7.2　氧气管道法兰用垫片

设计压力 p/MPa	垫片
<0.6	聚四氟乙烯垫片、柔性石墨复合垫片
0.6~3.0	缠绕式垫片、聚四氟乙烯垫片、柔性石墨复合垫片
3.0~10	缠绕式垫片、退火软化铜垫片、镍及镍基合金片
>10.0	退火软化铜垫片、镍及镍基合金片

（6）氧气管道阀门的选用除应注意管道阀门一般选用要求之外，还应符合下列要求：①阀门各部件必须是没有油和油脂的。②工作压力≤3MPa的阀门，可采用可锻铸铁、球墨铸铁或钢制阀门。阀门的密封圈必须采用有色金属、不锈钢或聚四氟乙烯等材料制成，阀门的填料必须采用石墨处理的石棉或聚四氟乙烯等材料。③工作压力>3MPa的阀门，必须采用铜合金或不锈钢制成的阀门。高压的氧气管道应采用高压气体管道截止阀。④阀门内部与氧气接触的部分，严禁使用可燃材料。⑤应优先选用氧气专用阀门。在没有专用阀门时，低压、中压氧气管道也可以选用普通阀门，但必须将油浸石棉盘根更换为石墨处理的石棉盘根或聚四氟乙烯材料。

3. 工程应用

某 *DN*100 氧气管道，设计温度65℃，设计压力2.5MPa，阀门选用截止阀，A351-CF3；TRIM(内件).11-MONEL+HF，BB，OS&Y手轮，氧气低泄漏填料(BB：Bolted Bonnet螺栓连接阀盖；OS&Y：Outside Screw and Yoke明杆支架式)，阀门标准BS EN ISO 1873。

4. 氧气管道阀门选用常用标准规范

IGC DOC 13/02/E《氧气管道系统》

GB 50030《氧气站设计规范》

GB 16912《深度冷冻法生产氧气及相关气体安全技术规程》

JB/T 12955《氧气用阀门 技术条件》

二、氢气阀门的选用与工程应用

(1) 氢气管道阀门的选用应符合下列要求：氢气管道的阀门，宜采用球阀、截止阀；阀门的材料，见表 6.7.3。

表 6.7.3 氢气管道阀门的选用

设计压力/MPa	材料
<0.1	阀体采用铸钢 密封面采用合金钢或与阀体一致
0.1~2.5	阀杆采用碳钢 阀体采用铸钢 密封面采用合金或与阀体一致
>2.5	阀体、阀杆、密封面均采用不锈钢

(2) 氢气管道法兰、垫片的选用见表 6.7.4。

表 6.7.4 氢气管道法兰、垫片的选用

设计压力/MPa	法兰密封面型式	垫片
<2.5	突面式	聚四氟乙烯板
2.5~10.0	凹凸式或榫槽式	金属缠绕式垫片
>10.0	凹凸式或梯形槽	二号硬钢纸板、退火紫铜板

(3) 操作温度≥ 200℃时，按临氢作业用钢防止脱碳和微裂的操作极限(Nelson 曲线)选择适当的抗氢钢材，参照 API RP 941《炼油厂和石油化工厂用高温高压临氢作业用钢》。

(4) 工程应用。某 *DN*150 氢气管道，设计温度 110℃，设计压力 0.8MPa，阀门选用截止阀，A216-WCB；TRIM(内件).8or8A-13Cr+HF，BB，OS&Y，手轮，低泄漏填料(BB：Bolted Bonnet 螺栓连接阀盖；OS&Y ：Outside Screw and Yoke 明杆支架式)，阀门标准 BS EN ISO 1873。

三、腐蚀性介质工况下阀门选用要点

在腐蚀性介质工况下的阀门，防腐蚀是最关键，如果不能正确地选择阀门的金属材料，易造成事故甚至引发灾难。认为不锈钢是“万能材料”，不论什么介质和环境条件都捧出不锈钢，这是不正确的，也是很危险的。下面针对一些常用化工介质介绍阀门选材的要点，在选材时切不可随意和盲目，应多查阅相关资料或借鉴成熟经验。

1. 硫酸介质

硫酸是强腐蚀介质之一，是用途非常广泛的重要工业原料。不同浓度和温度的硫酸对材料的腐蚀差别较大，对于浓度在80%以上、温度小于80℃的浓硫酸，碳钢和铸铁有较好的耐蚀性，但它不适合高速流动的硫酸，不适用作阀门的材料；普通不锈钢如304（0Cr18Ni9）、316（0Cr18Ni12Mo2Ti）对硫酸介质也用途有限。因此输送硫酸的阀门通常采用高硅铸铁（铸造及加工难度大）、高合金不锈钢（20号合金）制造。氟塑料具有较好的耐硫酸性能，采用衬氟阀门（F46）是一种更为经济的选择。如果压力过大，温度升高，塑料阀就不适用，只能选择比它贵得多的陶瓷球阀了。

2. 盐酸介质

绝大多数金属材料都不耐盐酸腐蚀（包括各种不锈钢材料），含钼高硅铁也仅可用于50℃、30%以下盐酸。和金属材料相反，绝大多数非金属材料对盐酸都有良好的耐腐蚀性，所以内衬橡胶泵和塑料泵（如聚丙烯、氟塑料等）是输送盐酸的最好选择。但这样的介质如果温度超过了150℃，或者压力大于1.6MPa时，塑料材质（包括聚丙烯、氟塑料甚至是聚四氟乙烯）将不适用了，可以使用陶瓷球阀。这种阀门的优点是自润滑性，扭矩力小，不老化，寿命比一般的阀门要长得多；它的缺点就是，价格比塑料阀门高得多。

3. 硝酸介质

一般金属大多在硝酸中被迅速腐蚀破坏，不锈钢是应用最广的耐硝酸材料，对常温下一切浓度的硝酸都有良好的耐蚀性，值得一提的是含钼的不锈钢（如316、316L）对硝酸的耐蚀性不仅不优于普通不锈钢（如304、321），有时甚至不如普通不绣钢。而对于高温硝酸，通常采用钛及钛合金材料。

4. 醋酸介质

醋酸是有机酸中腐蚀性最强的物质之一，普通钢铁在一切浓度和温度的醋酸中都会严重腐蚀，不锈钢是优良的耐醋酸材料，含钼的316不锈钢还能适用于高温和稀醋酸蒸气。对于高温高浓醋酸或含有其他腐蚀介质等苛刻要求，可选用高合金不锈钢或氟塑料材质阀门。

5. 碱（氢氧化钠）

钢铁广泛应用于80℃以下、30%浓度内的氢氧化钠溶液，也有许多石化工厂在100℃、75%以下时仍采用普通钢铁，虽然腐蚀增加，但经济性好。普通不锈钢对碱液的耐蚀性与铸铁相比没有明显优点，只要介质中容许少量铁分掺入，不推荐采用不锈钢。对于高温碱液多采用钛及钛合金或者高合金不锈钢。

6. 氨（氢氧化氨）

大多数金属和非金属在液氨及氨水（氢氧化氨）中的腐蚀都很轻微，只有铜和铜合金不宜使用。

7. 氯气（液氯）

大多数金属阀抗氯气的腐蚀都是很有限的，尤其是氯气带水的情况，包括各种合金阀门，这种情况下，聚四氟乙烯阀门是个很不错的选择，但是生产氯碱的化工厂会发现：聚四氟乙烯阀用的时间稍微一长，扭矩力增大，聚四氟乙烯老化的问题就会凸显出来了，这种情况下发生的泄漏就是致命的了。可以考虑用衬聚四氟乙烯陶瓷球芯替换原来的普通衬聚四氟乙烯阀门，利用陶瓷的自润滑性和聚四氟乙烯的耐腐蚀性会有完美的效果。

8. 盐水(海水)

普通钢铁在氯化钠溶液和海水、咸水中腐蚀率不太高，一般须采用涂料保护；各类不锈钢也有很低的均匀腐蚀率，但可能因氯离子而引起局部性腐蚀，通常采用316不锈钢较好。

9. 醇类、酮类、酯类、醚类

常见的醇类介质有甲醇、乙醇、乙二醇、丙醇等，酮类介质有丙酮、丁酮等，酯类介质有各种甲酯、乙酯等，醚类介质有甲醚、乙醚、丁醚等，它们基本没有腐蚀性，常用材料均可适用，具体选用时还应根据介质的属性和相关要求做出合理选择。另外值得注意的是酮、酯、醚对多种橡胶有溶解性，在选择密封材料时避免出错。

10. 某酸性介质阀门选用工程应用

(1) 闸阀：阀体、阀盖(ASTM A216-WCB)；闸板(ASTM A216-WCB/CR13、OVERLAY-NC、ASTM A217-CA15(10英寸及以下NC)；阀杆(ASTM A182-F6a-NC)；手轮(球墨铸铁)；填料(316+石墨)。

(2) 截止阀：阀体、阀盖(ASTM A216-WCB)；阀瓣(ASTM A182-F6a)；阀杆(ASTM A182-F6a-NC)；手轮(球墨铸铁)；填料(316+石墨)。

(3) 止回阀：阀体、阀盖(ASTM A216-WCB)；阀瓣[ASTM A217-CA15-NC(4in及以下)&ASTM A216-WCB/ER410-NC]；摇杆(ASTM A216-WCB)。

(4) 某海水管道阀体材料的替换。国外某10″NPS海水管道，阀门原设计为ASME CL150，RF法兰，阀体为A216 WCB，Epoxy-Phenol Novolac Coating(环氧酚醛树脂涂料)Int. Coated，API Trim No. 8，手轮操作。

由于阀门制造商提出无法生产这种内涂敷环氧酚醛树脂涂料阀门，把阀体和阀杆材料换成了SS A351 VF8M BODY，SS316 TRIM。新换的材料价格较贵。另外，由于管子和法兰螺栓螺母为碳钢，如果用这种不锈钢阀体，还需单独采购阀体与法兰螺栓螺母隔离的配套元件，防止异种钢之间的腐蚀。

四、高温管道阀门的选用与工程应用

这里讲述的高温阀门指使用工况温度超过450℃的阀门。根据工作温度，分为：425~550℃级，550~650℃级，650~750℃级，750~850℃级，>850℃级。

1. 高温阀门的主体材料的选用

425~550℃级，取压力-温度额定值高的高温钢，优选铸钢WC9，其次是铸钢WC6，但两者缺点是Cr含量较低，不具备抗硫腐蚀的性能。C5具备一定的抗氧化、抗硫和氢腐蚀的特性，缺点是成本高。425~550℃级、550~650℃级，如果选压力-温度额定值高的耐热不锈钢材料321和321H，其对应的铸造合金牌号分别为CF8Ti、CF1OTi，因含Ti则会产生碳硫化钛夹杂物，降低了塑性、冲击韧性，并且抵抗腐蚀能力下降，铸造性难度大，因此CF8、304、304H型耐热不锈钢是常用选择。425~550℃级介质无腐蚀工况下，例如水、蒸汽等介质，可选用WC6和WC9，由于C5的特点及其成本低于高铬镍的耐热不锈钢，因而在Cr-Mo系高温铸钢中使用最多。

650~750℃级、750~850℃级，取压力-温度额定值高的耐热不锈钢材料，选用数值最高的 CF8M、316 和 316H 做阀门主体材料。CK-20、310 和 310H 高 Cr、Ni 含量的特点使其在高温工况下比其他耐热不锈钢更能抵抗腐蚀和氧化，同时抵抗高温蠕变及抵抗高温断裂的性能也优于其他耐热不锈钢。由于材料价格高，一般只用于特殊场合。

>850℃级，必须应用增加隔热衬里或通介质冷却等特殊的结构设计。使用最多的是高性能的耐火陶瓷。在此温度下，控制阀门的温度不仅仅靠材料，还要采用特殊的结构。

2. 阀门内件

高温阀门内件材料的选择要考虑材料的膨胀性质，同时考虑运动部件的擦伤可能。在无特别要求工况下，材料一般选用耐腐蚀、强度高的材料，像 316 不锈钢，并且要在表面进行堆焊处理，采用堆焊钨铬钴硬质合金或喷焊陶瓷。

3. 密封副设计

阀体和密封件衔接的地方，利用堆焊硬质合金来提升密封机构的硬度。密封环内表面采用不锈耐酸性钢，型式采用外圆柱面加工环型沟槽，以便后续使用。为符合塑性变形和强度方面的要求，密封环表面相对比阀盖和阀体工作面，硬度要小。填料处结构上采用动负载结构，材料采用柔性石墨增强填料，提升密封效果。

4. 上密封结构的设计

上密封的结构通常有两种方式，整体堆焊和分体式上密封座螺纹对接。分体螺纹对接，高温下，上密封座和阀盖两者材料不同，因此热膨胀系数不同，螺纹容易出现松动。为避免上述问题，一般采用点焊的做法将两者固定。

5. 高温螺栓

在高温下，螺栓紧固件容易出现应力松弛或螺栓咬死。结构上，采用粗牙螺纹，并合理加大中径间隙可有效避免问题出现。

6. 法兰端部

高温高压阀门端部如选用法兰，容易泄漏，因此，工程上常用焊接。

7. 工程应用

某蒸汽管道设计温度 580℃，设计压力 14.5MPa，口径 NPS20，管子选用 A234-WP9，阀门主体材料选用 A217-C12A，阀门标准选用 ASME B16.34。

五、低温管道阀门的选用与工程应用

1. 低温阀门的定义

不同标准对低温阀门有不同定义。BS 6364《低温用阀门》适用于介质温度范围为-50～-196℃。MSS SP 134《对低温阀门及其阀体/阀盖加长体的要求》对低温定义为-100～-195℃。GB/T 24925《低温阀门技术条件》规定介质温度范围为-29～-196℃。壳牌阀门标准《低温及超低温用阀门》适用于介质温度范围为-30～-196℃。

国外根据各种不同气体在常压下的液化温度一般分为：0～-46℃，-47～-60℃，-61～-70℃，-71～-101℃，-102～-196℃，-253℃以下。一般将-46～150℃称为低温，-150℃以下称为超低温。

我国石化行业一般将应用在介质温度-40℃以下的阀门称为低温阀，应用在介质温度-

101℃以下的阀门称作超低温阀门。

低温阀门包括闸阀、截止阀、止回阀、球阀、蝶阀、节流阀，减压阀等。MSS SP 134 标准中涉及低温闸阀、低温截止阀、低温球阀和低温蝶阀，GB/T 24925 标准中涉及低温闸阀、低温截止阀、低温止回阀、低温球阀和低温蝶阀，见图 6.7.1。

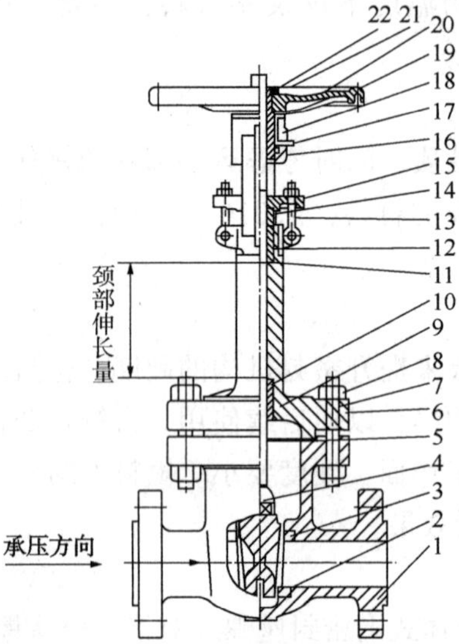

(a)低温闸阀

1—阀体； 2—阀座； 3—闸板； 4—阀杆； 5—垫片； 6—阀盖； 7—螺柱； 8—螺母； 9—上密封座； 10—支撑轴承； 11—填料垫； 12—填料； 13—活节螺柱； 14—填料压套； 15—填料压盖； 16—支架； 17—油杯； 18—阀杆螺母； 19—压盖； 20—手轮； 21—螺母； 22—螺钉

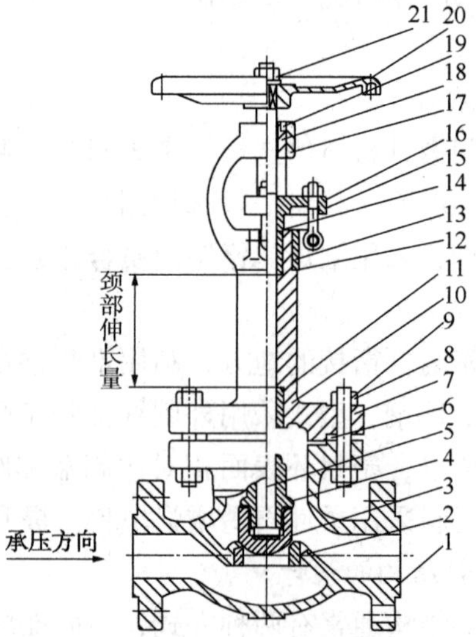

(b)低温截止阀

1—阀体； 2—阀座； 3—阀瓣； 4—阀瓣卡套； 5—阀杆； 6—垫片； 7—阀盖； 8—螺柱； 9—螺母； 10—上密封座； 11—支撑轴承； 12—填料垫； 13—填料； 14—填料压套； 15—活节螺栓； 16—填料压盖； 17—支架； 18—阀杆螺母； 19—螺钉； 20—手轮； 21—螺母

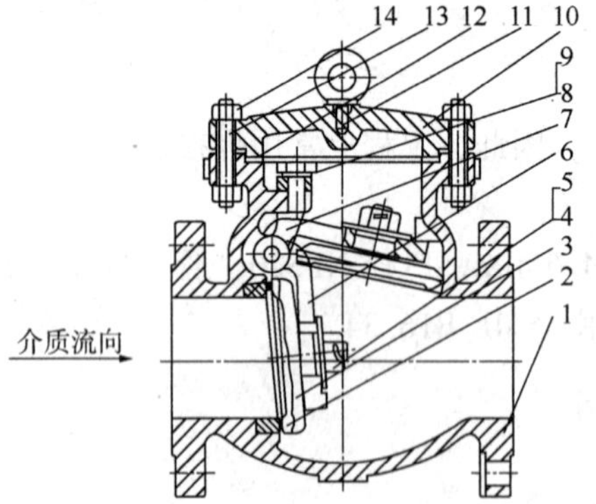

(c)低温旋启式止回阀

1—阀体； 2—阀座； 3—阀瓣； 4—螺母； 5—垫圈； 6—摇臂； 7—支架； 8—螺栓； 9—垫圈； 10—阀盖； 11—螺钉； 12—垫片； 13—螺柱； 14—螺母

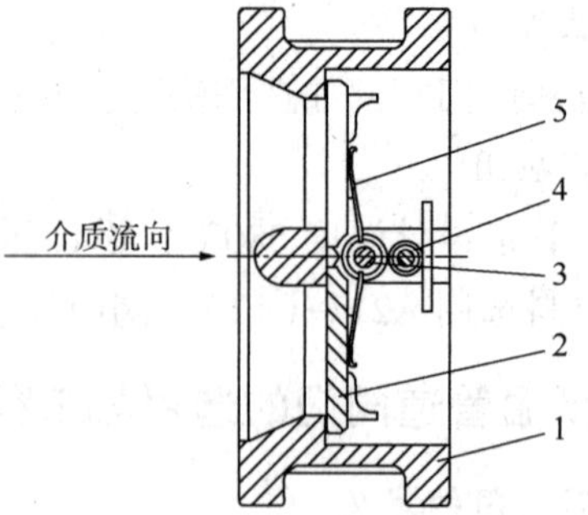

(d)对夹低温止回阀

1—阀体；2—阀瓣；3—销轴；4—挡销；5—扭簧

图 6.7.1 低温阀门

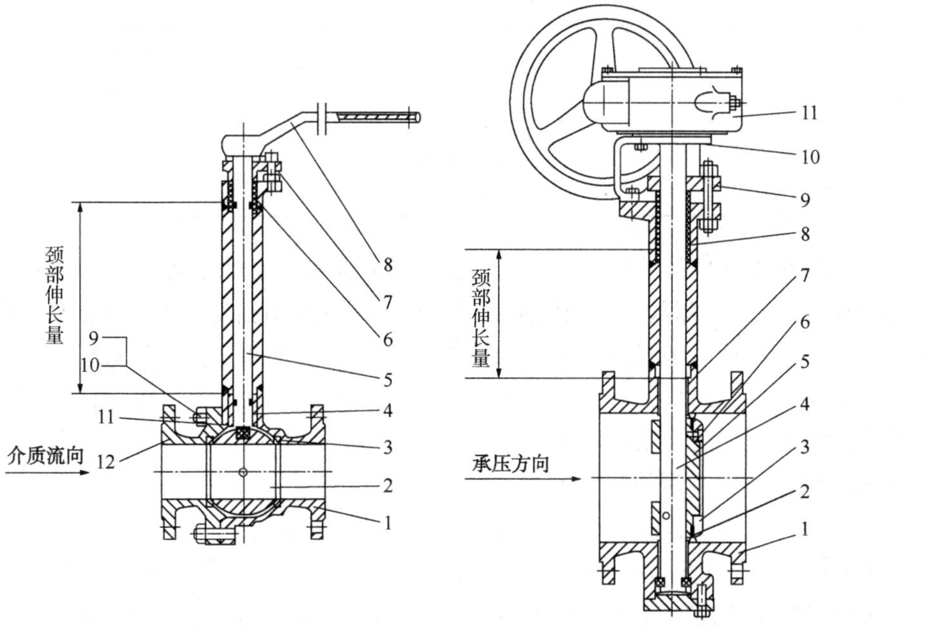

1—右阀体； 4—轴承； 7—填料压盖； 10—螺母；
2—球体； 5—阀杆； 8—手柄； 11—密封垫片；
3—阀座； 6—填料； 9—螺柱； 12—左阀体

1—阀体； 4—阀杆； 7—轴承； 10—支架；
2—密封圈； 5—蝶板； 8—填料； 11—蜗轮装置
3—压板； 6—螺栓； 9—填料压盖；

图 6.7.1 低温阀门(续图)

2. 低温阀门材料选用与设计

(1) 低温阀门阀体、阀盖等耐压零件的材料，通常选用低温强度好的韧性材料，考虑焊接性、机加工性能、稳定性和经济性等因素。-46℃低温级一般选用低温碳钢，-101℃和-196℃低温级一般选用300系列奥氏体不锈钢。根据 ASME B31.3 低温阀门常用材料的最低适用温度见表 6.7.5。

表 6.7.5 低温阀门常用材料的最低适用温度

名称	材料	最低温度/℃
低温碳钢铸件	A352 LCB	-45
	A352 LCC	-45
	A352 LC1	-60
	A352 LC2	-75
	A352 LC3	-100
低温碳钢锻件	A350 LF1	-30
	A350 LF2	-45
	A350 LF3	-100
低温不锈钢铸件	A351 CF3	-255
	A351 CF3M	-255
	A351 CF8	-255
	A351 CF8C	-200
	A351 CF8M	-255

续表

名称	材料	最低温度/℃
低温不锈钢锻件	A182 F304L	-255
	A182 F316L	-255
	A182 F304	-255
	A182 F321	-200

(2) 阀盖。低温阀门的一个最显注的特点就是其阀盖一般为长颈结构，GB/T 24925 规定“低温闸阀、截止阀、球阀、蝶阀的阀盖应根据不同的使用温度要求设计成便于保冷的长颈阀盖结构，以保证填料函底部的温度保持在0℃以上”。主要是为了使阀门操作手柄和填料函结构远离低温区，既可以避免温度太低造成操作人员冻伤，也可以保证填料函和压套在正常的温度下使用，防止填料的密封性能降低，延长填料的使用寿命。此外，由于低温管道一般有着较厚的保冷层厚度，长颈阀盖便于保冷施工，并使填料压盖处于保冷层外，有利于需要时随时紧固压盖螺栓或添加填料而无需损坏保冷层。

BS 6364 规定了 *DN*15 ~ *DN*500 带冷箱的加长尺寸，并规定非冷箱最小加长长度应为250mm。MSS SP 134 包含了 *DN*15 ~ *DN*300 的带冷箱和非冷箱的加长尺寸要求，非冷箱加长尺寸比 BS 6364 规定长，带冷箱加长尺寸比 BS 6364 规定短。

(3) 滴水板结构设计。由于阀门内传递是低温介质，为了避免或减少介质温度向阀杆及其上端的填充材料传递，防止这些材料因冻结而失效，可在阀门中增加滴水板结构。

(4) 泄压部件。当阀门为闭合状态时，阀体内的低温介质吸收环境中热量而逐渐汽化，其体积迅速上升，例如，液化天然气汽化后的体积为液态时的数百倍，导致阀门内部超压，甚至威胁到阀门的安全，导致介质泄漏甚至造成火灾事故，因此要求带中腔自泄压结构，使阀门内腔压力异常超压时，实现自动泄放。

(5) 阀杆。闸阀与截止阀的阀杆应具有上密封。并满足稳定性要求，以防止施加压力负载时产生失稳。阀杆应该能够传递必需的扭矩或推力到阀门关闭件(阀瓣、闸板、球或蝶板等)上，并能承受操作的载荷附加应力。阀杆的危险截面应设置在不与介质接触的可见部位。

(6) 操作力。在工作条件下，手动操作阀门时，在手柄或手轮边缘最大作用力应不超过350N，在阀门开启和关闭瞬间，允许增加到1000N，当装有减速机构和执行机构时，应适应于环境温度及工况要求。

(7) 防静电、防火。用于易燃介质的阀门应设计成防静电结构，以保证阀门的导电性。用于易燃蒸气或液体的具有软阀座或软的关闭插入部件的阀门，在设计时应保证阀体和阀杆具有导电连贯性，放电路径最大电阻不应超过10Ω。为了检测防静电性，一个新的干燥阀门至少开关5次，然后，用直流电源测试时，电阻不超过12V。

当有防火要求时可按 JB/T 6899《阀门的耐火试验》的规定。

(8) 低温阀门的布置。低温阀门在安装时阀杆方向必须在垂直向上的45°角范围内，且应尽量避免安装在垂直管线上，否则低温介质将充满阀盖的加长部分，造成阀门填料失效，并会将冷量传给阀门手柄，给操作人员带来人身伤害。对于有泄压结构的低温阀门，在安装阀门时，要特别注意阀门泄压方向的要求。阀门泄压的方向应在工艺流程图和配管图上标出。

3. 工程应用

某工艺物料管道 NPS12，设计温度-150℃，设计压力 1.1MPa，阀门材料选用 A351-CF8；TRIM.10-316，按 API 600 标准。

4. 标准规范

GB/T 24925《低温阀门技术条件》

BS 6364《低温阀门》

MSS SP 134《对低温阀门及其阀体/阀盖加长体的要求》

ISO 15848《阀门低泄漏性试验》

JB/T 12003《阀门低温试验装置规范》

JB/T 7248《阀门用低温钢铸件技术条件》

JB/T 12621《液化天然气阀门 技术条件》

JB/T 7749《低温阀门技术条件》

第七章　配管隔热设计

一、隔热的分类

有的规范把隔热称为绝热，但定义均一致。隔热设计的目的：①为减少设备、管道及其附件向周围环境散热，在其外表面采取的包覆保温措施；②为减少周围环境中的热量传入低温设备和管道内部，防止低温设备和管道外壁表面凝露，在其外表面采取的包覆保冷措施；③防止设备和管道表面结露；④防止因热表面导致火灾和防止操作人员烫伤；⑤防噪声。隔热的一般分类见表 7.1.1。

表 7.1.1　隔热的一般分类

种类	符号	类别说明
保温(hot insulation)	H	保温(heat conservation)
保冷(cold insulation)	C	保冷(cold conservation)
其他	P	人身防护(personnel protection)
	CP	防结露(condensation prevention)
	W	防冻保温(freeze prevention)
	TS	蒸汽伴热保温(steam tracing)
	TW	热水伴热保温(hot water tracing)
	TO	热油介质伴热保温(oil tracing)
	JS	蒸汽夹套保温(steam jacket)
	JW	热水夹套保温(hot water jacket)
	E	电伴热保温(electric tracing)
	F	防火保温(fire insulation)

二、隔热设计的一般要求与工程应用

1. 保温范围

(1) 工艺生产中外表面温度高于 323K(50℃)的设备和管道及其附件必须保温。

(2) 工艺生产中为了维持介质的表面的温度和保持介质温度在结晶凝固点以上的设备和管道及其附件必须保温。

(3) 其外表面温度高于 333K(60℃)，而工艺生产中不需要隔热的设备、管道及附件为了防止操作人员发生烫伤事故，应对操作人员可能触及的高度(2.1m 以下)和范围(760mm 以内)的设备和管系进行防烫保温。

(4) 对于发出噪声超过 85dB 的设备或管线，要进行控制噪声的特殊保温。

(5) 工艺的特殊要求。

2. 保冷范围

(1) 需阻止或减少冷介质和载冷介质在生产和输送过程中的冷损失者。

(2) 需阻止或减少冷介质和载冷介质在生产和输送过程中的温度升高者。

(3) 需阻止低温设备和管道外壁表面凝露者。

(4) 与低温设备和管道相连的低温仪表需保冷者。

(5) 保冷应用于操作温度低于10℃的设备和管道上，需要吸热的设备和管道除外(工艺要求需要温度升高或汽化者)。

(6) 需减少冷介质在生产或输送过程中的温升或汽化(包括突然减压而汽化产生结冰)。

(7) 阀门的保冷和防结露保冷应做到阀盖为止，安全阀应做到该阀的排放口法兰端。

(8) 通常情况下，操作温度在0℃及其以上工作的泵不应进行保冷。

(9) 与低温设备和低温管道相连的下列低温附件进行保冷时，对于泡沫玻璃保冷材料其保冷层长度不得小于保冷层厚度的4倍；对于聚氨酯泡沫塑料等其保冷层长度不得小于保冷层厚度的6~8倍。①设备支座、裙座、支腿、吊耳；②管道支吊架；③放空和放净管道的支管。

3. 不进行保温的设备和管道

(1) 工艺过程要求裸露的设备和管道。

(2) 要求散热的设备和管道。

(3) 直接通向大气的排凝、放空管道。

(4) 疏水阀及其下游管道，但是对于需回收冷凝水或防止结冰堵塞者除外。

(5) 具有移动元件的部件，如膨胀节、转动接头和滑阀等。

(6) 要求及时发现泄漏的阀门、法兰等处。

(7) 要求经常监测，防止发生损坏的部位。

4. 管壳式换热器

(1) 保温：≤70℃时法兰和管箱不保温。70~177℃法兰体不保温，壳盖法兰表面，管箱筒体段、壳体应保温，需要拆卸法兰的螺栓允许露在外面，不保温。温度高于177℃保温应覆盖整个设备，且壳盖法兰可拆卸。

(2) 保冷：保冷应覆盖整个设备，应使壳盖法兰可拆卸。

5. 管道特殊件和通用件

(1) 管道特殊件，一般均应绝热。如果需要，限流孔板法兰采用可拆装的绝热。

(2) 蒸汽疏水器和其出口管线，其排放的热量要回收时，需要保温。蒸汽伴热管即从蒸汽集气管到伴热管线和从伴热管线到蒸汽疏水器应保温。

(3) 对支架、裙座、支腿转弯处，以及保冷管和设备不保温的支管，绝热将从设备及管子表面延伸至绝热层厚度大约4倍的距离。

(4) 容器裙座保温应用如下：防火裙座，保温应紧接到邻近的防火层上。不需防火裙座，保温应从容器切线以下0.305m处支撑环开始。

(5) 在管道和设备上的检验牌、铭牌等，应露出来以便观察，所有开孔和边缘部分必须做防风雨处理。

三、隔热结构的设计

(1) 隔热结构的种类。根据不同的隔热材料和不同的施工方法，大致可分为十类：

①胶泥结构。②填充结构。③捆扎结构。④缠绕结构。⑤预制口结构。⑥装配式结构。⑦浇灌结构。⑧喷涂结构。⑨金属反射式结构。⑩可拆卸式结构。

（2）隔热结构的一般要求。绝热结构的确定，一般应根据保温或保冷材料、保护层材料以及不同的条件和要求，选择不同的隔热结构，但还应注意以下几点：①要求一定的机械强度，隔热结构应在自重和外力冲击时，不致脱落。②隔热结构简单，施工方便，易于维修。③隔热结构的外表面整洁美观。④经济的隔热结构，即隔热材料是“经济”的材料，经济的厚度和经济的外保护层，构成经济的隔热结构。

（3）保温结构由“保温层(hot insulation lagging)+保护层(jacketing)”构成；保温层或保冷层对维护介质温度稳定起主要作用。保护层包覆在隔热层(保温层或保冷层)的外面，起保护和防止大气、风、雨、雪致使隔热层破坏的作用，延长隔热层的使用寿命、并使隔热结构外形美观。防潮层是保冷结构用于防水、防潮，维护保冷层保冷效果的关键。

（4）保冷结构由“保冷层(cold insulation lagging)+防潮层(moisture resistant lagging)+保护层”构成。典型隔热结构见图7.1.1。

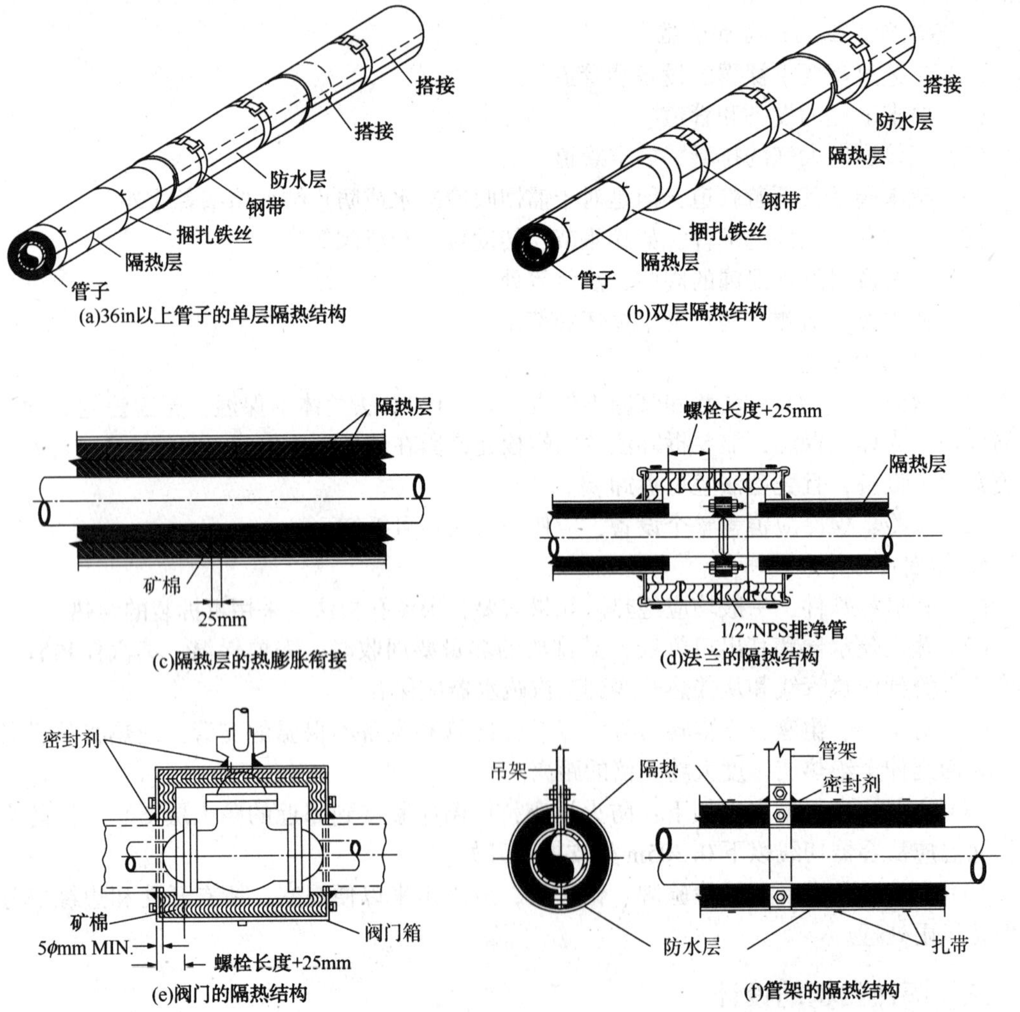

图7.1.1　典型隔热结构

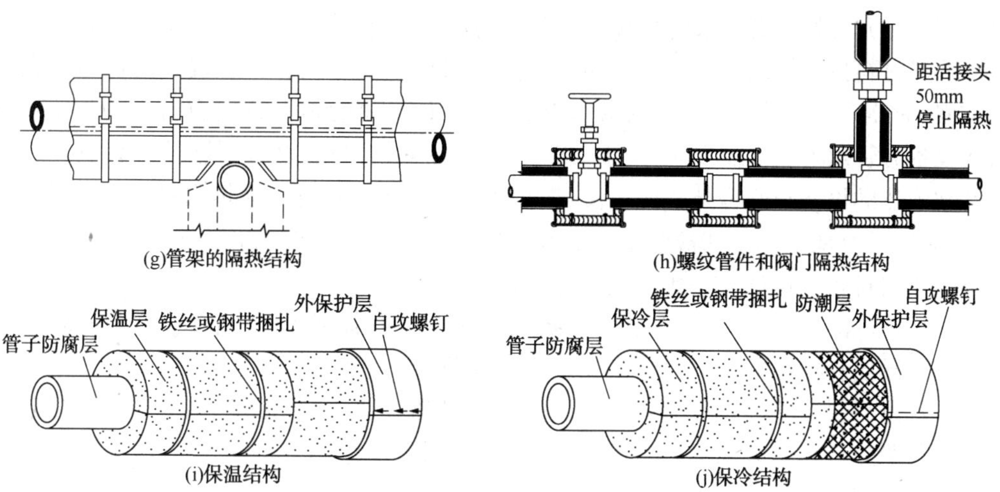

图 7.1.1　典型隔热结构(续)

四、隔热层材料的选用

1. 导热系数的要求

（1）保温材料在平均温度为 70℃时，其导热系数不得大于 0.080W/(m·K)。

（2）用于保冷的泡沫塑料及其制品在平均温度为 25℃时的导热系数不应大于 0.044W/(m·K)。与 GB 50264、SH/T3010、GB/T 4272 等规范是一致的。

（3）泡沫橡塑制品在平均温度为 0℃时的导热系数不应大于 0.036W/(m·K)。

（4）I 类泡沫玻璃制品在平均温度为 25℃时的导热系数不应大于 0.045W/(m·K)，II 类泡沫玻璃制品在平均温度为 25℃时的导热系数不应大于 0.064W/(m·K)。

2. 隔热材料密度、硬度和 pH 值的要求

硬质保温材料的密度不应大于 300kg/m^3，保冷材料制品的密度不应大于 200kg/m^3，半硬质、软质保温材料制品密度不应大于 200kg/m^3。

硬质保温材料的抗压强度不应小于 0.4MPa，硬质保冷材料的抗压强度不应小于 0.15MPa。

隔热材料制品的 pH 值不应小于 7。

3. 隔热材料应符合的标准

用于与奥氏体不锈钢表面接触的隔热材料应符合 GB/T 50185《工业设备及管道绝热工程施工验收规范》有关氯离子含量的规定。硬质隔热材料不宜用于有振动的管道。

4. 隔热材料其他性能要求

（1）隔热材料制品应具有安全使用温度和燃烧性能(不燃性、难燃性、可燃性)资料。

（2）隔热材料制品应具备防潮性能(吸水性、吸湿性、防水性)资料。保温材料含水不得大于 7.5%(质量)，保冷材料的含水率不得大于 1%(质量)。

（3）隔热材料制品应具有抗大气腐蚀性、化学稳定性、热稳定性、渣球含量、纤维直径等测试报告。

（4）设备和管道的保温结构应由非燃烧材料组成；保冷结构可由阻燃材料组成，阻燃性保冷材料制品的氧指数不应小于 30。设备和管道的隔热层除必须采用填充式结构外，宜选用隔热材料制品；保温材料制品的最高安全使用温度应高于设备和管道的设计温度；保

冷材料制品的允许使用温度应低于设备和管道的设计温度。

绝热层材料按照被绝热的工艺设备和管道外表面温度不同，其燃烧性能应符合现行国家标准 GB 8624《建筑材料燃烧性能分级方法》规定的燃烧等级，并应符合下列规定：①被绝热的设备与管道外表面温度 T_0 大于 100℃时，绝热层材料应符合不燃类 A 级材料性能要求。②被绝热的设备与管道外表面温度 T_0 小于或等于 100℃时，绝热层材料不得低于难燃类 B1 级材料的性能要求。③被绝热的设备与管道外表面温度 $T_0 \leqslant 50$℃时，有保护层的泡沫塑料类绝热层材料不得低于一般可燃性 B2 级材料的性能要求。

(5) 隔热材料的防水率应大于或等于 95%；软质隔热材料制品的回弹率应大于或等于 90%。

(6) 对硬质材料必须提供线膨胀或收缩率数据。

(7) 隔热材料应是隔热性能好，并有明确的导热系数方程式或随温度变化的导热系数图表。进行绝热计算时可采用 GB 50264《工业设备及管道绝热工程设计规范》中附录 A 常用绝热材料性能规定的数据。

5. 综合选用

(1) 有多种可供选择的隔热材料时，应首先选用导热系数小、密度小、强度相对高、无腐蚀性、损耗小、价格低、运输距离短、施工条件好的制品。

(2) 如不能同时满足，应优先选用密度小、综合经济效益高的材料或制品。

(3) 设备和管道表面温度高于或等于 450℃时，宜选用复合隔热材料制品。

(4) 保冷应选用闭孔型的材料制品，不宜选用纤维质材料制品。

(5) 选用纤维材料制品时，除管壳外，毡席类制品应由玻璃布或铁丝网缝制。

(6) 不宜选用石棉材料及其制品。

(7) 隔热材料及其制品在长期运行时，材料无变形、熔化、焦化、疏脆、松散、失强等现象。

6. 常用保温材料的选用

常用保温材料的选用见表 7.1.2。

表 7.1.2 常用保温材料的选用

序号	材料名称	使用密度/(kg/m³)	最高使用温度/℃	推荐使用温度 $[T_2]$/℃	常用导热系数 λ_0(平均温度 T_m=70℃时)/[W/(m·K)]	导热系数参考方程(T_m 为平均温度,℃)/[W/(m·K)]	抗压强度/MPa	要求
1	硅酸钙制品	170	650(Ⅰ型)	≤550	0.055	$\lambda=0.0479+0.00010185T_m+9.65015\times10^{-11}T_m^3$ ($T_m<800$℃)	≥0.5	应提供满足 GB/T 10699《硅酸钙绝热制品》中最高使用温度要求的检测报告
			1000(Ⅱ型)	≤900				
		220	650(Ⅰ型)	≤550	0.062	$\lambda=0.0564+0.00007786T_m+7.8571\times10^{-8}T_m^2$ ($T_m<500$℃) $\lambda=0.0937+1.67397\times10^{-10}T_m^3$ ($T_m=500$℃～800℃)	≥0.6	
			1000(Ⅱ型)	≤900				

续表

序号	材料名称		使用密度/(kg/m^3)	最高使用温度/℃	推荐使用温度 $[T_2]$/℃	常用导热系数 λ_0(平均温度 $T_m=70$℃时)/[W/(m·K)]	导热系数参考方程(T_m 为平均温度,℃)/[W/(m·K)]	抗压强度/MPa	要求
2	复合硅酸盐制品	涂料	180~200(干态)	600	≤500	≤0.065	$\lambda=\lambda_0+0.00017(T_m-70)$	—	应提供不含石棉的检测报告
		毡	60~80	550	≤450	≤0.043	$\lambda=\lambda_0+0.00015(T_m-70)$	—	
			81~130	600	≤500	≤0.044		—	
		管壳	80~180	600	≤500	≤0.048	—	≥0.3	
3	岩棉制品	毡	60~100	500	≤400	≤0.044	$\lambda=0.0337+0.000151T_m(-20℃\leq T_m\leq100℃)$ $\lambda=0.0395+4.71\times10^{-5}T_m+5.03\times10^{-7}T_m^2(100℃<T_m\leq600℃)$	—	1. 岩棉制品的酸度系数不应低于1.6; 2. 岩棉制品的加热线收缩率(试验温度为最高使用温度,保温24h),不应超过4%; 3. 应提供高于工况使用温度至少100℃的最高使用温度评估报告,且满足现行国家标准GB/T 11835《绝热用岩棉、矿渣棉及其制品》的要求; 4. 缝毡、贴面制品的最高使用温度均指基材
		缝毡	80~130	650	≤550	≤0.043 ≤0.09 ($T_m=350$℃)	$\lambda=0.0337+0.000128T_m(-20℃\leq T_m\leq100℃)$ $\lambda=0.0407+2.52\times10^{-5}T_m+3.34\times10^{-7}T_m^2(100℃<T_m\leq600℃)$		
		板	60~100	500	≤400	≤0.044	$\lambda=0.0337+0.000151T_m(-20℃\leq T_m\leq100℃)$ $\lambda=0.0395+4.71\times10^{-5}T_m+5.03\times10^{-7}T_m^2(100℃<T_m\leq600℃)$		
			101~160	550	≤450	≤0.043 ≤0.09 ($T_m=350$℃)	$\lambda=0.0337+0.000128T_m(-20℃\leq T_m\leq100℃)$ $\lambda=0.0407+2.52\times10^{-5}T_m+3.34\times10^{-7}T_m^2(100℃<T_m\leq600℃)$		
		管壳	100~150	450	≤350	≤0.044 ≤0.10 ($T_m=350$℃)	$\lambda=0.0314+0.000174T_m(-20℃\leq T_m\leq100℃)$ $\lambda=0.0384+7.13\times10^{-5}T_m+3.51\times10^{-7}T_m^2(100℃<T_m\leq600℃)$		
4	矿渣棉制品	毡	80~100	400	≤300	≤0.044	$\lambda=0.0337+0.000151T_m(-20℃\leq T_m\leq100℃)$ $\lambda=0.0395+4.71\times10^{-5}T_m+5.03\times10^{-7}T_m^2(100℃<T_m\leq400℃)$		

续表

序号	材料名称		使用密度/(kg/m^3)	最高使用温度/℃	推荐使用温度[T_2]/℃	常用导热系数 λ_0(平均温度 $T_m=70$℃时)/[W/(m·K)]	导热系数参考方程(T_m 为平均温度,℃)/[W/(m·K)]	抗压强度/MPa	要求
4	矿渣棉制品	毡	101~130	500	≤350	≤0.043	$\lambda=0.0337+0.000128T_m(-20℃\le T_m\le100℃)$ $\lambda=0.0407+2.52\times10^{-5}T_m+3.34\times10^{-7}T_m^2(100℃<T_m\le500℃)$	—	1. 矿渣棉制品的加热线收缩率(试验温度为最高使用温度,保温24h),不应超过4%; 2. 应提供高于工况使用温度至少100℃的最高使用温度评估报告,且满足GB/T 11835《绝热用岩棉、矿渣棉及其制品》的要求; 3. 缝毡、贴面制品的最高使用温度均指基材
		板	80~100	400	≤300	≤0.044	$\lambda=0.0337+0.000151T_m(-20℃\le T_m\le100℃)$ $\lambda=0.0395+4.71\times10^{-5}T_m+5.03\times10^{-7}T_m^2(100℃<T_m\le400℃)$		
			101~130	450	≤350	≤0.043	$\lambda=0.0337+0.000128T_m(-20℃\le T_m\le100℃)$ $\lambda=0.0407+2.52\times10^{-5}T_m+3.34\times10^{-7}T_m^2(100℃<T_m\le500℃)$		
		管壳	≥100	400	≤300	≤0.044	$\lambda=0.0314+0.000174T_m(-20℃\le T_m\le100℃)$ $\lambda=0.0384+7.13\times10^{-5}T_m+3.51\times10^{-7}T_m^2(100℃<T_m\le500℃)$		
5	玻璃棉制品	毡	24~40	400	≤300	≤0.046	$\lambda=\lambda_0+0.00017(T_m-70)(-20℃\le T_m\le220℃)$	—	1. 应提供比工况使用温度至少高100℃的最高使用温度评估报告,且满足GB/T 13350《绝热用玻璃棉制品》的要求; 2. 贴面制品的最高使用温度均指基材
			41~120	450	≤350	≤0.041			
		板	24	400	≤300	≤0.047			
			32	400	≤300	≤0.044			
			40	450	≤350	≤0.042			
			48	450	≤350	≤0.041			
			64	450	≤350	≤0.040			
		毡	24	400	≤300	≤0.046			
			32	400	≤300	≤0.046			
			40	450	≤350	≤0.046			
			48	450	≤350	≤0.041			
		管壳	≥48	400	≤300	≤0.041			

续表

序号	材料名称		使用密度/(kg/m^3)	最高使用温度/℃	推荐使用温度[T_2]/℃	常用导热系数λ_0(平均温度T_m=70℃时)/[W/(m·K)]	导热系数参考方程(T_m为平均温度,℃)/[W/(m·K)]	抗压强度/MPa	要求
6	硅酸铝棉及其制品	1#毯	96	1000	≤800	≤0.044	$\lambda_L=\lambda_0+0.0002(T_m-70)$($T_m$≤400℃) $\lambda_H=\lambda_L+0.00036(T_m-400)$($T_m$>400℃) (式中$\lambda_L$取上式$T_m$=400℃时计算结果)	—	应提供产品500℃时的导热系数和加热永久线变化，且应满足现行国家标准GB/T 16400《绝热用硅酸铝及其制品》的有关规定
			128	1000	≤800				
		2#毯	96	1200	≤1000				
			128	1200	≤1000				
		1#毡	≤200	1000	≤800				
		2#毡	≤200	1200	≤1000				
		板、管壳	≤220	1100	≤1000				
		树脂结合毡	128	—	350	≤0.044	$\lambda_L=\lambda_0+0.0002(T_m-70)$	—	含黏结剂的硅酸铝制品应提供高于工况使用温度至少100℃的最高使用温度评估报告
7	硅酸镁纤维毯		100±10, 130±10	900	≤700	≤0.040	$\lambda=0.0397-2.741\times10^{-6}T_m+4.526\times10^{-7}T_m^2$(70℃≤$T_m$≤500℃)	—	应提供产品500℃时的导热系数和加热永久线变化，加热永久线变化(试验温度为最高使用温度，保温24h)不大于4%

注：① 设计采用的各种绝热材料的物理化学性能及数据应符合各自的产品标准规定。

② 导热系数参考方程中(T_m-70)、(T_m-400)等表示该方程的数据项。

③ 当选用高出本表推荐使用温度的玻璃棉、岩棉、矿渣棉和含黏结剂的硅酸铝制品时，需由厂家提供国家法定检测机构出具的合格的最高使用温度评估报告，其最高使用温度应高于工况使用温度至少100℃。

7. 常用保冷材料的选用

常用保冷材料的选用见表7.1.3。

表7.1.3 常用保冷材料的选用

序号	材料名称	使用密度/(kg/m^3)		使用温度范围/℃	推荐使用温度范围[T_2]/℃	常用导热系数λ_0/[W/(m·K)]	导热系数参考方程(T_m为平均温度,℃)/[W/(m·K)]	抗压强度/MPa
1	柔性泡沫橡塑制品	40~60		-40~105	-35~85	≤0.036(0℃)	$\lambda=\lambda_0+0.0001T_m$	—
2	硬质聚氨酯泡沫塑料(PUR)制品	45~55		-80~100	-65~80	≤0.023(25℃)	$\lambda=\lambda_0+0.000122(T_m-25)+3.51\times10^{-7}(T_m-25)^2$	≥0.2
3	泡沫玻璃制品	Ⅰ类	120±8	-196~450	-196~400	≤0.045(25℃)	$\lambda=\lambda_0+0.000150(T_m-25)+3.21\times10^{-7}(T_m-25)^2$	≥0.8
		Ⅱ类	160±10	-196~450	-196~400	≤0.064(25℃)	$\lambda=\lambda_0+0.000155(T_m-25)+1.60\times10^{-7}(T_m-25)^2$	≥0.8
4	聚异氰脲酸酯(PIR)	40~50		-196~120	-170~100	0.029(25℃)	$\lambda=\lambda_0+0.000118(T_m-25)+3.39\times10^{-7}(T_m-25)^2$	≥0.22
5	高密度聚异氰脲酸酯(HDPIR)	160±16		-196~120	-196~100	≤0.038(25℃)	$\lambda=\lambda_0+0.000219(T_m-25)+0.43\times10^{-7}(T_m-25)^2$	≥1.6(常温) ≥2.0(-196℃)
		240±24		-196~110	-196~100	≤0.045(25℃)	$\lambda=\lambda_0+0.000235(T_m-25)+1.41\times10^{-7}(T_m-25)^2$	≥2.5(常温) ≥3.5(-196℃)
		320±32		-196~110	-196~100	≤0.050(25℃)	$\lambda=\lambda_0+0.000341(T_m-25)+8.1\times10^{-7}(T_m-25)^2$	≥5(常温) ≥7.0(-196℃)
		450±45		-196~110	-196~100	≤0.080(25℃)	$\lambda=\lambda_0+0.000309(T_m-25)+1.51\times10^{-7}(T_m-25)^2$	≥10(常温) ≥14(-196℃)
		550±55		-196~110	-196~100	≤0.090(25℃)	$\lambda=\lambda_0+0.000338(T_m-25)+5.21\times10^{-7}(T_m-25)^2$	≥15(常温) ≥20(-196℃)

注:① 设计采用的各种绝热材料的物理化学性能及数据应符合各自的产品标准规定。

② 导热系数参考方程中(T_m-25)表示该方程的数据项,λ_0 对应代入 T_m 为25℃时的值。

五、保护层材料的选用

(1) 保护层的种类。根据用材不同和施工方法不同可分为三类：①涂抹式保护层。②金属式保护层。③布毡类保护层。

(2) ①保护层材料应具有强度高的特点，在使用条件下不软化、不脆裂，且应抗老化，使用寿命不小于设计使用年限。②保护层材料应具有防水、抗大气腐蚀、化学性能稳定的特点，不腐蚀隔热层或防潮层，同时还具有不燃性。

(3) 保护层材料应采用不低于 GB 8624《建筑材料及制品燃烧性能分级》中规定的 C 级材料。对储存或输送易燃、易爆物料的设备及管道，以及与其邻近的管道，其保护层必须采用不低于 GB 8624《建筑材料及制品燃烧性能分级》中规定的 A2 级材料。

(4) 绝热结构外层应设置保护层。保护层应严密、防水；应抗大气腐蚀和光照老化；安装应方便，外表应整齐美观；应有足够的机械强度，使用寿命应长。在环境变化与振动情况下，应不渗水、不开裂、不散缝、不坠落。

(5) 保护层宜选用金属材料。腐蚀性环境下宜采用耐腐蚀材料作保护层，有防火要求的设备及管道宜选用不锈钢薄板作保护层。

(6) 金属保护层接缝形式可根据具体情况，选用搭接、插接、咬接及嵌接形式，并应符合下列规定：

① 硬质绝热制品金属保护层纵缝，在不损坏里面制品及防潮层前提下可采用咬接。半硬质和软质绝热制品的金属保护层的纵缝可用插接或搭接，搭接尺寸不得少于 30mm。插接缝可用自攻螺钉或抽芯铆钉连接，搭接缝宜用抽芯铆钉连接。钉的间距宜为 150~200mm。

② 金属保护层的环缝，可采用搭接或插接。搭接时一端应压出凸筋，搭接尺寸不得小于 50mm。水平设备及管道上的纵向搭接应在水平中心线下方 15°~45°的范围内顺水搭接。除有防坠落要求的垂直安装的保护层外，在保护层搭接或插接的环缝上，不宜使用自攻螺钉或抽芯铆钉固定。

(7) 直管段上为热膨胀而设置的金属保护层环向接缝，应采用活动搭接形式。活动搭接余量应能满足热膨胀的要求，且不应小于 100mm，其间距应符合下列规定：

① 硬质保温制品，活动环向接缝应与保温层的伸缩缝设置相一致。

② 软质及半硬质保温制品，介质温度小于或等于 350℃时的活动环向接缝间距为 4~6m，介质温度大于 350℃时的活动环向接缝间距为 3~4m。

(8) 管道弯头起弧处的金属保护层宜布置一道活动搭接形式的环向接缝。

(9) 保冷结构的金属保护层接缝宜用咬接或钢带捆扎结构，不宜使用螺钉或铆钉连接，使用螺钉或铆钉连接时，应采取保护措施。

(10) 保护层应有整体防水功能，应能防止水和水汽进入绝热层。对水和水汽易渗进绝热层的部位应用玛蹄脂或密封胶严缝。

(11) 大型立式设备、储罐及振动设备的金属保护层，宜设置固定支承结构。

(12) 常用金属保护层应符合表 7.1.4 的规定。

表 7.1.4 常用金属保护层

类别	绝热层外径 D_t	外保护层			
		材料	标准	形式	厚度/mm
管道	<760	铝合金薄板	现行国家标准 GB/T 3880.1～3《一般工业用铝及铝合金板、带材》	平板	0.40～0.60
		不锈钢薄板	现行国家标准 GB/T 3280《不锈钢冷轧板和钢带》	平板	0.30～0.35
		镀锌薄钢板	现行国家标准 GB/T 2518《连续热镀锌钢板及钢带》、GB/T 15675《连续电镀锌、锌镍合金镀层钢板及钢带	平板	0.30～0.50
	≥760	铝合金薄板	现行国家标准 GB/T 3880.1～3《一般工业用铝及铝合金板、带材》	平板	0.80
		不锈钢薄板	现行国家标准 GB/T 3280《不锈钢冷轧板和钢带》	平板	0.40～0.50
		镀锌薄钢板	现行国家标准 GB/T 2518《连续热镀锌钢板及钢带》、GB/T 15675《连续电镀锌、锌镍合金镀层钢板及钢带》	平板	0.50～0.70
设备	<760	铝合金薄板	现行国家标准 GB/T 3880.1～3《一般工业用铝及铝合金板、带材》	平板	0.60～0.80
		不锈钢薄板	现行国家标准 GB/T 3280《不锈钢冷轧板和钢带》	平板	0.30～0.35
		镀锌薄钢板	现行国家标准 GB/T 2518《连续热镀锌钢板及钢带》、GB/T 15675《连续电镀锌、锌镍合金镀层钢板及钢带》	平板	0.40～0.50
	≥760	铝合金薄板	现行国家标准 GB/T 3880.1～3《一般工业用铝及铝合金板、带材》	平板	0.80～1.00
		不锈钢薄板	现行国家标准 GB/T 3280《不锈钢冷轧板和钢带》	平板	0.40～0.60
		镀锌薄钢板	现行国家标准 GB/T 2518《连续热镀锌钢板及钢带》、GB/T 15675《连续电镀锌、锌镍合金镀层钢板及钢带》	平板	0.50～0.70
立式储罐	≥3000	铝合金薄板	现行国家标准 GB/T 3880.1～3《一般工业用铝及铝合金板、带材》	压型板	0.60～1.00
		不锈钢薄板	现行国家标准 GB/T 3280《不锈钢冷轧板和钢带》	压型板	0.40～0.60
		镀锌薄钢板	现行国家标准 GB/T 2518《连续热镀锌钢板及钢带》、GB/T 15675《连续电镀锌、锌镍合金镀层钢板及钢带》	压型板	0.50～0.70
平壁及方形设备		铝合金薄板	现行国家标准 GB/T 3880.1～3《一般工业用铝及铝合金板、带材》	压型板	0.60～1.00

续表

类别	绝热层外径 D_t	外保护层			
		材料	标 准	形式	厚度/mm
平壁及方形设备		不锈钢薄板	现行国家标准 GB/T 3280《不锈钢冷轧板和钢带》	压型板	0.40~0.60
		镀锌薄钢板	现行国家标准 GB/T 2518《连续热镀锌钢板及钢带》、GB/T 15675《连续电镀锌、锌镍合金镀层钢板及钢带》	压型板	0.50~0.70
泵、阀门和法兰等不规则表面	所有	铝合金薄板	现行国家标准 GB/T 3880.1~3《一般工业用铝及铝合金板、带材》	平板	0.80~1.00
		不锈钢薄板	现行国家标准 GB/T 3280《不锈钢冷轧板和钢带》	平板	0.40~0.60
		镀锌薄钢板	现行国家标准 GB/T 2518《连续热镀锌钢板及钢带》、GB/T 15675《连续电镀锌、锌镍合金镀层钢板及钢带》	平板	0.50~0.70

保护层材料的应用见表 7.1.5。

表 7.1.5 保护层材料的应用

材料	厚度/mm	应用
镀锌薄钢板	0.4~0.5	管道≤14"(*DN*350)
	0.5~0.7	塔、罐、换热器、阀门、法兰以及其他平壁设备等≥16"(*DN*400)
铝合金薄板	0.5~0.6	管道≤14"(*DN*350)
	0.8~1.0	塔、罐、换热器、阀门、法兰以及其他平壁设备等≥16"(*DN*400)

注：① 需增加刚度的保护层可采用瓦楞(波纹)板形式。
② 一般不推荐采用非金属材料做保护层。
③ 用户有特定要求时也可采用不锈钢保护层。

六、防潮层材料的选用

(1) 防潮层材料应具有抗蒸汽渗透性能、防水性能、防潮性能、化学稳定性能、无毒和耐腐蚀性能，并不得对隔热层和保护层产生腐蚀或溶解作用。防潮层应选用夏季不软化、不起泡、不流淌，低温时不脆裂、不脱落，吸水率不大于1%的材料。

(2) 对于涂抹型防潮层，其软化温度不应低于65℃，粘接强度不应小于0.15MPa，挥发物不得大于30%。

(3) 防潮层类型可分为：①内层为石油沥青玛蹄脂，中层为有碱粗格平纹玻璃布，外层为石油沥青玛蹄脂；②橡胶沥青防水冷胶玻璃布防潮层；③新型冷胶料卷材防潮层、冷涂料防潮层等。使用聚苯乙烯泡沫塑料作保冷层时，应防止与防潮层起化学反应。

(4) 防潮层材料的燃烧性能应符合 GB 50264《工业设备及管道绝热工程设计规范》中的规定。

七、粘接剂、密封剂和耐磨剂的选用

(1) 保冷采用的粘接剂应在使用的低温范围内保持粘接性能，粘接强度在常温时应大于0.15MPa，软化温度应大于65℃。泡沫玻璃采用的粘接剂在-196℃时的粘接强度应大于0.05MPa。

(2) 采用的粘接剂、密封剂和耐磨剂不应对金属壁产生腐蚀及引起保冷材料溶解。在伸缩、振动情况下，耐磨剂应能防止泡沫玻璃因自身或与金属相互摩擦而受损。

(3) 粘接剂、密封剂应选择固化时间短、具有密封性能，在设计使用年限内不得开裂的产品。

八、隔热层厚度的计算

(1) 隔热厚度的计算、保温和人身防护，采用介质正常操作温度，保冷及防结露，采用最小操作流体温度。

(2) 保温厚度的计算，当无特殊工艺要求时，采用“经济厚度”法计算，人身防护保温厚度按“表面温度法”计算，但保温层外表面的温度不得大于60℃。

(3) 保冷层厚度的计算原则：①为减少冷量损失的保冷层，应采用“经济厚度法”计算厚度。②为防止外表面结露的保冷层应采用“表面温度法”计算厚度。③工艺上允许一定量冷损失的保冷层，应用“热平衡法”计算厚度。外表的温度应高于露点温度1~3℃。

(4) 对设备和管道的管口和其他突起部分(包括钢结构部件)，隔热厚度一般将根据上述同样方法决定。塔的内部温度随高度而变化，绝热厚度也相应变化。

(5) 绝热层厚度应以10mm为单位进行分档。硬质泡沫塑料最小厚度可为20mm，其他硬质绝热材料制品最小厚度可为30mm。

圆筒形设备和管道的公称直径大于1m时，应按平面计算绝热层厚度；公称直径小于或等于1m时，应按圆筒计算绝热层厚度。

绝热层厚度大于80mm时，应分两层或多层施工。当内外层采用同种绝热材料时，内外层厚度宜近似相等。当内外层为不同绝热材料时，内外层厚度的比例应保证内外层界面处温度绝对值不超过外层材料推荐使用温度绝对值的0.9倍；对于保冷设计，应取保冷材料推荐使用温度(T_2)下限值的0.9倍。

(6) SH/T 3010《石油化工设备和管道绝热工程设计规范》、GB 50264《工业设备及管道绝热工程设计规范》、GB/T 8175《设备及管道绝热设计导则》、GB/T 4272《设备及管道绝热技术通则》等规范的隔热厚度计算方法基本一致，介绍得非常详细，所以在此就不过多地阐述。

九、紧固件材料的选用

绝热层紧固材料的规定和应用见表7.1.6。

当操作温度>370℃奥氏体不锈钢表面的保温材料及保温保护层为不锈钢时，使用不锈钢丝和钢带。

表 7.1.6 绝热层紧固材料的规定和应用

序号	材料	标准	规格/mm	使用范围
1	镀锌铁丝	现行行业标准《一般用途低碳钢丝》YB/T 5294	ϕ1.2 双股	$D_1 \leqslant 300$ 的管道
			ϕ1.6 双股	$300 \leqslant D_1 \leqslant 600$ 的设备及管道
2	镀锌钢带	现行国家标准《连续热镀锌钢板及钢带》GB/T 2518	12×0.5(宽×厚)	$600 < D_1 \leqslant 1000$ 的设备及管道
			20×0.5(宽×厚)	$D_1 > 1000$ 的设备及管道
3	不锈钢丝	现行国家标准《不锈钢丝》GB/T 4240	ϕ1.2 双股	$D_1 \leqslant 300$ 的管道
			ϕ1.6 双股	$300 \leqslant D_1 \leqslant 600$ 的设备及管道
4	不锈钢带	现行国家标准《不锈钢冷轧板和钢带》GB/T 3280	12×0.5(宽×厚)	$600 < D_1 \leqslant 1000$ 的设备及管道
			20×0.5(宽×厚)	$D_1 > 1000$ 的设备及管道

注：表中 D_1 表示保温层外径(mm)，对平壁或矩形管道 D_1 为当量直径。

十、隔热辅助材料的选用

保温辅助材料规定见表 7.1.7，保冷辅助材料规定见表 7.1.8。

表 7.1.7 保温辅助材料规定

使用目的	材料	应用
接缝充填材料	散装岩棉	充填保温伸缩缝及保温材料空隙
防水填缝	泡沫密封剂或相当材料	保温层安装完后某些突起部分穿透暴露处
抹面水泥	要求：容重<1000kg/m^{3}抗压强度>0.8MPa 干燥后不产生裂纹、脱壳	保护层采用抹面水泥处
补强材料	机织热镀锌六角钢丝网，16mm 网孔，0.64mm 钢丝直径	用于抹面水泥的补强
紧固辅助材料	抽芯铆钉 Φ3.0×30(铝 ML3，ML2)	用于设备封头外壳的紧固
	S 形挂钩(搭扣) 5mm(t)×19mm(w)×50mm(l)	用于立式容器和管道外壳的紧固
	扣环 ϕ6mm	用于设备封头保温钢带或钢丝的紧固
	单头螺钉 M4mm	用于阀门或法兰保温材料的紧固
	双头螺栓 M10mm	用于设备立面、储罐顶部外壳的紧固
勾缝密封	沥青玛琋脂或与保温材料性能相近的胶泥	防水勾缝密封
油漆涂料	按工程规定	表面抹面保护层的涂装及识别色
镀锌钢丝网	机织热镀锌六角形钢丝网；网孔 16~25，0.64~0.81mm 钢丝直径	抹面保护层外，可拆卸金属绝热盒

表 7.1.8 保冷辅助材料规定

使用目的	材料	应用位置
防潮层涂层	玛琋脂或相当材料	用于保冷的防潮层
接缝密封和防水混合物	F/#30-45 泡沫密封剂或相当材料	保冷的接缝密封，安装完后某些凸起部分穿透暴露处的填补
补强材料	玻璃布(10×10 目)	为玛琋脂补强
接缝填充材料	1. 超细玻璃棉 2. 保冷碎块	接缝处 2~10mm 缝隙 接缝处>10mm 缝隙
紧固辅助材料	S. S“S”形挂钩(搭扣) 5mm(t)×19mm(w)×50mm(l)	用于立式容器和管道外壳的紧固
	S. S 扣环 ϕ6mm	用于设备封头保温钢带或钢丝的紧固
	销钉、(铝 ML3，ML2) 抽芯铆钉 ϕ3. 0X30	支撑球罐的聚氨酯板 垂直管道、可拆式保温壳(仅用于保温、人身防护)设备筒体、可拆式保温壳
黏结剂	F/# 81-33 F. R 或相当的	聚氨酯块的黏结
	胶泥	销钉黏结
银色涂料	Elaston #2001 或相当的	不规则表面抹面材料

十一、保温层下腐蚀(CUI)的防护措施与工程应用

笔者调研某不锈钢保温管道，保温外用铝皮防水层，管道已运行若干年，地处海洋环境，维护时将铝皮封套和保温材料去除，修理后又重新封好，仅半年时间修理过的管段发生泄漏，检查不锈钢管外表面已发生应力腐蚀破裂。

笔者究其原因是保温层下腐蚀(corrosion under insulation，CUI)引起。原因是维护人员未把铝皮封套和防水层按要求密闭安装好，达不到防雨水的要求。雨水浸入，使隔热材料变湿。雨水中的氯离子和隔热材料中沥出的氯离子，在不锈钢管表面聚集浓缩。加上管道中存在的残余应力的联合作用，造成了氯化物应力腐蚀破裂，裂缝穿透而引起泄漏。CUI 发生在冷热管道、设备的保温层下。这种腐蚀直到 20 世纪 50 年代才在各种文献中被提及。

CUI 是一种在管道、设备表面，由外及内的腐蚀，由于通常在保温下发展，缺乏日常的关注，成为企业装置内“隐蔽的角落”。有效管理 CUI 风险是配管设计管理的关键部分之一。

1. 碳钢管道 CUI 机理与防护措施的工程应用

保温层下碳钢受到腐蚀原因在于碳钢和水汽的接触：①管道外壁水和其他腐蚀性介质的环形空间或缝隙；②吸水性或浸润性好的保温材料；③保温材料带来的污染物来加速腐蚀或外界污染。

保温层下的水汽主要来自：外界的水汽渗透；冷凝。由于外界保护材料的设计缺陷、安装施工差、机械损伤、疏于维护等原因，都会使水汽进入保温层。当金属表面温度低于环境露点温度时，水汽也会凝结在金属表面。

设备的运行温度同样也会很大程度影响到腐蚀的发生：温度越高，水汽停留在碳钢表面的时间就越短；但是温度越高，越会加速腐蚀，并降低防护涂料、黏结剂的使用寿命。

在一个开放的系统下，水中的氧含量随着温度升高而降低。对于碳钢来说，当温度高于80℃时，腐蚀速率开始下降。但是现场测得的保温层下腐蚀却类似于封闭系统下的腐蚀情况，水汽中的氧含量却是饱和的。这样的话，Oxygen cell corrosion 会在一个密闭的系统中发生。现场测试的数据比实验室数据还会更高。水汽中溶解的盐分更会加速腐蚀。

现场经验显示，碳钢温度在-4～175℃之间在保温层下发生 CUI。当温度低于-4℃时，一般没有腐蚀；当温度高于175℃时，表面可以有足够的热量来保持表面的干燥，也很少发生腐蚀。但是一旦当设备因停机检修等问题，温度区间一到这个范围内时，腐蚀会很快发生。

为什么 CUI 的发生一直强调水汽的存在，其实这其中唯一的原因是由于保温层的存在，保温层材料对 CUI 的发生起着至关重要的作用。①保温层中可溶性盐的残留，例如阻燃剂中的氯化物、硫化物等酸性物质可以加速腐蚀；②水的渗透，保温层材料就是吸水性的；③保温层泡沫中的残留物质可以与水反应生成氯化氢或其他酸。

2. 奥氏体不锈钢和双相不锈钢管道 CUI 机理与防护措施的工程应用

18-8 不锈钢易发生应力腐蚀开裂(SCC)。高镍、铬、钼含量的奥氏体不锈钢，低镍、高铬含量的双相不锈钢对保温层下的应力腐蚀开裂会相对耐受力高一些，但是，双相不锈钢管道在保温层下依然会受到外界应力腐蚀开裂的影响。

外部应力腐蚀开裂(ESCC)在氯化物或其他卤盐存在下会发生，当水汽穿过保温层到达管道、设备的热表面时，盐类在水汽进行蒸发的过程中浓度会变大。保温层在这个过程中起到了一个运输和留存水汽的介质作用，使得金属表面的氯盐浓度变大，会使得 ESCC 发生。

氯化物来自两个方面：①保温材料。例如，保温层，黏结剂，填缝剂，水泥等；②外部。例如，雨水、海岸盐雾、灭火测试溶液、系统泄漏等。保温层在运行一段时间(约5年)后的破坏也会引入这些污染物，外部的这些污染是 CUI 氯盐的大部分来源。不锈钢大多数的 ESCC 发生温度区间在50～175℃。在温度循环的作用下，水汽凝结/蒸发，使得氯化盐的浓度升高聚集在金属表面。

3. CUI 有关标准规范

(1) NACE RP0198 Control of Corrosion Under Thermal Insulation and Fireproofing Materials ——A Systems Approach 对 CUI 进行了规定。

(2) 国内针对保温层的施工、设计规范标准较少，多集中在隔热层的设计上，基本未涉及油漆涂装系统来进行防腐。GB/T 8175《设备及管道绝热设计导则》规定，凡碳钢和铁素体合金钢管道、设备及其附件的外表面，在清净后应涂刷防锈层。不锈钢、有色金属及非金属材料的管道、设备及其附件的外表面，在清净后不需涂刷防锈层。

GB/T 50264 将绝热结构分为保冷结构和保温结构，分别隔绝高温和低温。其中保冷结构应由防锈层、绝热层、防潮层和保护层组成。

GB/T 4272 规定，绝热结构应由防腐层、绝热层、防潮层/防水层和外保护层构成。其中对防腐层规定，凡需进行绝热的碳钢设备、管道及其附件应设防腐层；不锈钢、有色金属及非金属材料的设备、管道及其附件则不需要设防锈层。

十二、人身防护不用保温的设计与工程应用

CUI 除了上述防护措施，从根本上减少管道、设备保温的使用也是许多配管设计工程师的选择，笔者调研了一些防止 CUI 的较好设计，对于防烫人身防护保温，可以通过金属网隔离来实现，见图 7.1.2。从配管设计布置规划阶段，需考虑合理的管间距和空间。

图 7.1.2　人身防护不用保温

十三、地下蒸汽管道隔热层的设计与工程应用

某石化装置，笔者见某设计人员将中压蒸汽管道按地上隔热层的设计直接埋地设计了，由于隔热层很快进水，管道很快被腐蚀泄漏。有的设计人员把蒸汽管道布置在地沟内，隔热层设计与地上配管相同，但沟内需保持良好的排水系统并保持干燥，成本较大。后来采用钢套钢直埋设计，见图 7.1.3，从厂家直接定制预制好的钢套钢内保温管道，直接埋地设计，既节省了管道材料成本，又加快了现场施工进度。

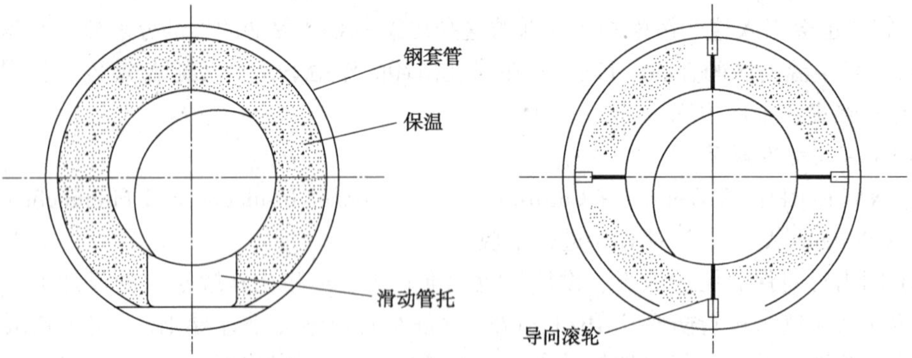

图 7.1.3　中压蒸汽管道隔热层及钢套钢直埋设计

十四、聚氨酯和泡沫玻璃的配管设计比较与选用

某管线设计温度为-46~80℃，如选用泡沫玻璃，管道保冷厚度比聚氨酯厚，导致管道隔热后直径增大，附塔管线排布间距增大，框架上配管布置设计困难；泡沫玻璃密度较大，导致管线荷载增加。管道跨距减小，管道支架增加。这些因素将使得保冷材料、管道支架、

结构、设备费用增加。

根据 GB 50264《工业设备及管道绝热工程设计规范》和 SH/T 3010《石油化工设备和管道绝热工程设计规范》的规定聚氨酯推荐使用温度为-65~80℃，因此，选用了聚氨酯作为这根管道的保冷材料。

十五、某管道保冷结构设计的工程应用

某管道需要保冷设计。保冷材料的选择主要考虑：①抗吸水吸湿性，保冷材料受潮会使孔隙中存在水或冰，使整体导热系数增加，使保冷效果下降。保冷材料体积吸水率每增加 1%，导热系数增加 10%。闭孔型泡沫材料的吸水率远远小于纤维和颗粒状材料，同为闭孔型的无机泡沫玻璃的吸水率、吸湿率又低于有机泡沫塑料。根据 SH/T 3010 规定，可选用闭孔型材料及其制品，不宜选用纤维材料或其制品，保冷材料的含水率不大于 1%。②抗水蒸气渗透性，水蒸气的渗透扩散遵循 Fick 定律，闭孔结构的泡沫塑料类材料和泡沫玻璃均具有良好的抗水蒸气渗透性。其中泡沫玻璃的水蒸气透湿系数几乎为零。③低温热膨胀系数，如果保冷材料与管道的热膨胀系数差别过大，保冷结构可能会因膨胀的差异而损坏。保冷结构设计时应该考虑设置伸缩缝，泡沫玻璃的热膨胀系数为 $8\times10^{-6}K^{-1}$，硬质聚氨酯泡沫塑料和聚苯乙烯泡沫塑料的热膨胀系数为 $7\times10^{-5}K^{-1}$。④阻燃性，有机泡沫塑料具有燃烧性，可能成为火灾的隐患，而无机泡沫玻璃为不燃材料。⑤泡沫玻璃的安全使用温度为-196~400℃，聚氨酯泡沫塑料的使用温度为-100~10℃，在需用蒸汽吹扫的设备和管道上使用泡沫玻璃作内层保冷材料，可满足温度变化的要求。⑥泡沫玻璃的氯离子含量很低，对金属没有腐蚀作用，而有机泡沫塑料材料中的阻燃剂因含有卤素化合物对金属有侵蚀作用，因此，用泡沫玻璃作内层保冷材料可起到防腐效果。⑦泡沫玻璃保冷材料性能优良，但导热系数较大，价格比较昂贵，单一使用泡沫玻璃会增大工程造价，考虑到综合经济效益，利用聚氨酯价格低的优点作复合保冷外层材料，可弥补以上不足之处。⑧聚氨酯泡沫塑料容重轻，大约为泡沫玻璃容重的三分之一，复合保冷时，可减轻设备管道的承重负荷。泡沫玻璃脆性大，不耐磨，聚氨酯韧性好，作为外层保冷，密实完整，易于施工。

以上是保冷结构材料选用需要考虑的因素，保冷结构的辅材设计需考虑：①耐磨剂，由于保冷材料层间会产生摩擦，所以在泡沫玻璃层内侧需要涂抹一层耐磨剂，以增强两层之间的耐磨性能。耐磨剂采用石膏水泥基材料。②防潮层，标准规范中要求防潮层材料应具有抗蒸汽渗透、防水、防潮、无毒、耐腐蚀的性能，不得对隔热层和保护层产生腐蚀或溶解作用，吸水率不应大于 1%。在外保护层内侧，泡沫玻璃层外侧设置第一防潮层可采用脂胶层，聚氨酯层外侧设置第二防潮层可用聚酯类复合材料。③外保护层，如果是腐蚀性潮湿空气，可选用外涂聚酯树脂涂层的镀铝钢板。④密封黏结剂，可选用弹性橡胶。伸缩缝填充物可选用玻璃纤维毡，并使用热固性树脂黏结。保冷主材的缝隙一般不能采用沥青玛琋脂，因为其使用温度为 40~-60℃，如温度低于-60℃，则无法保证质量。

十六、某镀铝铁皮保护层材料的选用

某工程隔热外保护层选用了镀铝铁皮，主要根据环境、耐火等因素考虑：①镀铝铁皮的耐火性能优于铝皮。②耐海边含盐潮气腐蚀，表面的镀铝层耐腐蚀性能优于镀锌铁皮。③如果选用镀锌铁皮，则运行一段时间后，管子外保护层就没那么光亮和美观了，有的铆

钉位置可能会流出铁锈斑痕。

镀铝铁皮的标准 ASTM A463：type1 硅铝合金镀层，黏结性能强，应用于耐热和防腐环境，约 3000 欧元/t。type2 纯铝镀层，应用于防腐环境，约 3500 欧元/t。某大型石化工程大概用量 $4\times10^4m^2$(涉及 0.8、1.2mm 不同厚度)，约要 320t。

十七、某 EO 管线隔热及外保护层材料的选用

笔者发现某设计人员把 EO 管线的隔热材料错误选成了软质橡胶，外保护层材料错误选成了镀锌铁皮。

见本书第一章所述，环氧乙烷具有非常强的自聚性，当操作温度偏高时，环氧乙烷产生自聚，自聚速度不会太快，虽然不会导致管道的爆炸，但是所产生的聚合物会影响管道的畅通性，导致管道、仪表、泄放设施等的堵塞。当温度继续升高时，环氧乙烷的聚合速度加快，聚合时会产生更多的热量，随着聚合和热量的互相促进和加剧，可能会导致管道爆炸事故。因此，一定要严格地控制环氧乙烷的温度。环氧乙烷一般都采用在低温液态下输送，一般控制环氧乙烷的温度在 5℃左右。环氧乙烷输送管路可伴冷，以防止输送过程中环氧乙烷物料升温。

环氧乙烷管道的保冷材料可选用泡沫玻璃，安全可靠，而不应选用常规用于保冷管道上的聚氨酯泡沫或软质橡胶等。管道的保温外壁可选用不锈钢材质，不得使用镀锌铁皮、铝皮等材质材料。

十八、管道假腿的隔热设计与工程应用

见图 7.1.4 所示，安全阀排气反力会在安全阀和管道连接处的三通(或焊接支管)位置产生很大的弯矩，三通(或焊接支管)点是一个应力集中点。减小这个弯矩的办法除了尽量缩短力臂外，还应避免产生其他不必要的弯矩威胁三通(或焊接支管)。在安全阀排气管布置的过程中，尽量将排气管和管道布置在同一个平面内，另外，在位于排气管出口弯头下方做支撑柱(假腿支架)。假腿支架一般应设计隔热，以避免假腿支架由于温差引起的托空，同时由于支撑不托空更加增加了整个排气系统的刚度。见图 7.1.5，刚度的增加会使安全阀排气反力周期 T 越小，安全阀排气反力 DLF(动荷载因数)就越小，会减轻三通(或焊接支管)的应力集中。

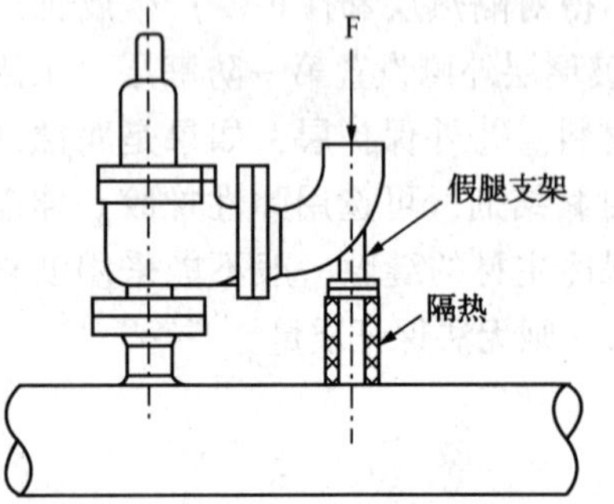

图 7.1.4 管道假腿的隔热设计

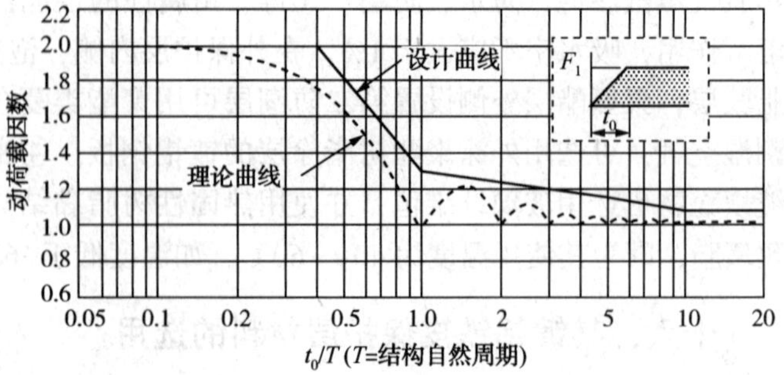

图 7.1.5 安全阀排放反力设计动荷载因数

笔者发现有的设计人员常漏设计假腿的隔热保温，对于三通(或焊接支管)位置的安全保障不太有利。

十九、隔热设计常用国内外标准规范

对温度为-196~850℃的保温(绝热)和人身防护，材料将满足买方的应用要求，常用规范和标准如下：

SH/T 3010《石油化工设备和管道绝热工程设计规范》

GB 50126《工业设备及管道绝热工程施工规范》

GB/T 8175《设备及管道绝热设计导则》

GB/T 4272《设备及管道绝热技术通则》

GB/T 15586《设备及管道保冷设计导则》

GB/T 11790《设备及管道保冷技术通则》

GB 50264《工业设备及管道绝热工程设计规范》

GB 50185《工业设备及管道绝热工程质量检验评定标准》

GB/T 16400《绝热用硅酸铝棉及其制品》

GB/T 10303《膨胀珍珠岩绝热制品》

GB/T 10699《硅酸钙绝热制品》

GB/T 1080.1《绝热用模塑聚苯乙烯泡沫塑料》

GB/T 1080.2《绝热用挤塑(XPS)聚苯乙烯泡沫塑料》

GB/T 11835《绝热用岩棉、矿渣棉及其制品》

GB/T 13350《绝热用玻璃棉及其制品》

GB/T 3807《绝热用聚苯乙烯泡沫塑料》

SY/T 7419《低温管道绝热工程设计、施工和验收规范》

JIS F7008《管道保温隔热标准规范》

ASTM B209M《铝合金板规定(公制)》

ASTM C177《稳态热流测量和热传递特性试验方法》

ASTM C547《矿物纤维管绝缘材料标准规范》

ASTM C591《聚氨酯泡沫成型隔热规定》

ASTM C592《矿物纤维软毡和管壳保温规定》

PIP INSC2000 Installation of Cold Service Insulation Systems

PIP INSH1000 Hot Service Insulation Materials and Installation Specification

PIP INSR1000 Installation of Flexible, Removable/Reusable Insulation Covers for Hot Insulation Service

CD42B1-84《保温 50℃~650℃通用图册》

CD42B2-84《保冷 10℃~-200℃通用图册》

第八章　配管防腐设计

第一节　配管金属材料的腐蚀与防护设计

一、金属材料腐蚀的分类

腐蚀是材料在环境的作用下引起的破坏或变质。金属和合金的腐蚀主要是由于化学或电化学作用引起的破坏，有时还同时伴有机械、物理或生物作用。例如，应力腐蚀破裂即是应力和化学物质共同作用的结果。单纯物理作用的破坏，如合金在浓态金属中的物理溶解，也属于腐蚀范畴，但这类破坏实例不多。单纯的机械破坏，如金属被切削、研磨，不属于腐蚀范畴。按腐蚀发生的机理来分，可分为化学腐蚀、电化学腐蚀和物理腐蚀三大类。按腐蚀形态分类，可分为全面腐蚀、局部腐蚀和应力腐蚀三大类。

二、化学腐蚀(chemical corrosion)与防护设计

化学腐蚀是指金属在非电化学作用下的腐蚀(氧化)过程。通常指在非电解质溶液及干燥气体中，纯化学作用引起的腐蚀破坏。金属在高温气体中的硫腐蚀、金属的高温氧化均属于化学腐蚀。这类腐蚀不普遍，只有在特殊条件下发生，例如，化工厂里的氯气与铁反应生成氯化亚铁化学腐蚀原理比较简单，属于一般的氧化还原反应。

防止化学腐蚀的方法有以下几种：①钝化。例如用铝罐运输冷浓硝酸。②电镀。例如镀锌。③刷隔离层。例如钢铁上刷防腐蚀油漆。

三、电化学腐蚀(electrochemical corrosion)与防护设计

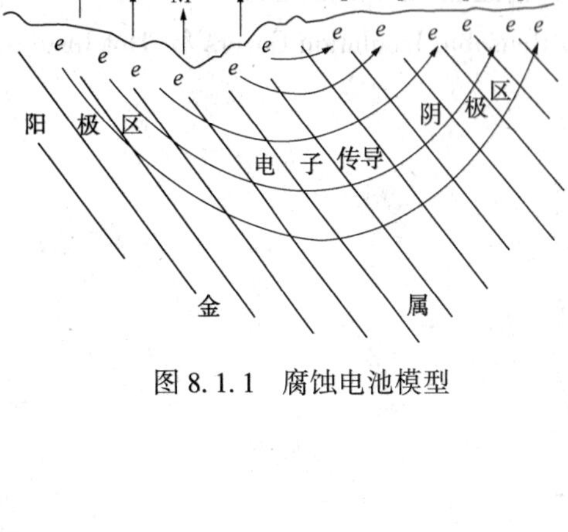

图 8.1.1　腐蚀电池模型

电化学腐蚀是指金属表面与离子导电的介质发生电化学反应而引起的破坏，是至少包含一对电极反应的腐蚀。电化学腐蚀是最普遍、最常见的腐蚀，例如金属在大气、海水、土壤和各种电解质溶液中的腐蚀都属此类。

阳极和阴极是电接通的，电子可以在其间流动，它们接触的电解液也是连通的，离子可以在其间流动。图 8.1.1 是一个腐蚀电池的模型。金属表面存在电位不同的阳极和阴极，是由于表面含有杂质，不完整的氧化膜，不同的结构，以及和表面接触的溶液不均一，如浓度、成分、含氧量、温度等不同，根据能斯特公式表面各部分电

位也将不同，电位较低部分是阳极，阳极反应是金属的离子化（即腐蚀），金属离子进入溶液，同时有相应的电子留在表面。如果阳极是孤立的，随着表面电子的增多，会迅速达到平衡，金属腐蚀将实际停止。由于表面存在电位较高（正）的阴极，电子就可能从阳极源源不断流到阴极，在那里产生吸收电子的反应，阳极腐蚀因而不断进行。

四、物理腐蚀（physical corrosion）与防护设计

物理腐蚀是指金属由于单纯的物理溶解而引起的破坏。其特点是：当低熔点的金属熔入金属材料中时，会对金属材料产生“割裂”作用。由于低熔点的金属强度一般较低，在受力状态下它将优先断裂，从而成为金属材料的裂纹源。应该说，这种腐蚀在工程中并不多见。

五、全面腐蚀（general corrosion）与防护设计

全面腐蚀也称均匀腐蚀，这是在管道较大面积上产生的程度基本相同的腐蚀。均匀腐蚀是危险性最小的一种腐蚀。工业管道设计时给出足够的腐蚀余量就能保证材料的机械强度和使用寿命。金属表面的全部或大部都发生腐蚀，腐蚀程度大致是均匀的。一般表面覆盖一层腐蚀产物膜，能使腐蚀减缓，高温氧化就是一例。又如易钝化的金属如不锈钢、钛、铝等在氧化环境中产生极薄的钝化膜，具有优良的保护性，使腐蚀实质上停止。铁在大气和水中产生的氧化膜（锈）保护性很低。一般均匀腐蚀很严重。也有些均匀腐蚀不产生表面膜，如铁在稀硫酸或盐酸中全面迅速溶化。无膜全面腐蚀很危险，但在现实生活中很少发生，除非选材严重错误，例如，选用铁或铝设备储运盐酸等。

均匀腐蚀的程度可以用腐蚀率来表示。常用两种单位，一是单位时间内，单位表面积上损失的重量，以 $g/(m^2 \cdot h)$ 计；另一是单位时间内腐蚀的平均厚度，以 mm/a 计。二者换算关系见式（8.1.1）。SH 3059 标准中规定：腐蚀速率不超过 0.05mm/a 的材料为充分耐腐蚀材料；腐蚀速率为 0.05～0.1mm/a 的材料为耐腐蚀材料；腐蚀速率为 0.1～0.5mm/a 的材料为尚耐腐蚀材料；年腐蚀速率超过 0.5mm/a 的材料为不耐腐蚀材料。

$$1mm/a = 8.76g/(m^2 \cdot h) \times 1/d \qquad (8.1.1)$$

六、局部腐蚀（local corrosion）与防护设计

局部腐蚀又叫非均匀腐蚀，其危害性远比均匀腐蚀大，因为均匀腐蚀容易被发觉，容易设防，而局部腐蚀则难以预测和预防，往往在没有先兆的情况下，使金属构件突然发生破坏，从而造成重大火灾或人身伤亡事故。局部腐蚀很普遍，据统计，均匀腐蚀占整个腐蚀中的 17.8%，而局部腐蚀则占 80%左右。见表 8.1.1。

表 8.1.1　局部腐蚀的类型

电偶腐蚀	异种金属彼此接触或通过其他导体连通，处于同一介质中，会造成接触部分的局部腐蚀。其中电位较低的金属，溶解速度增大，电位较高的金属，溶解速度反而减小，这种腐蚀称为电偶腐蚀，或称接触腐蚀、双金属腐蚀 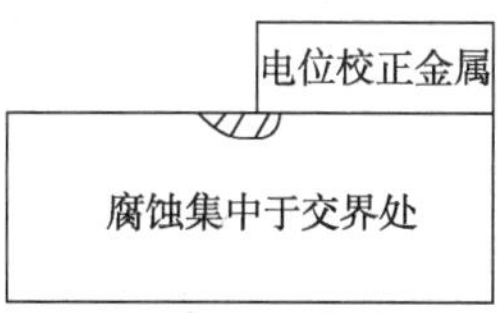

续表

<table>
<tr>
<td>孔蚀(点蚀、坑蚀)</td>
<td>它是一种集中发生在某些点处并向金属内部发展的孔、坑状腐蚀。孔蚀是一种隐蔽性极强、破坏性极大的腐蚀形式，由于难以预估及检测，往往造成金属腐蚀穿孔，引起容器、管道等设施的破坏，而且诱发其他的局部腐蚀形式，导致突发的灾难性事故
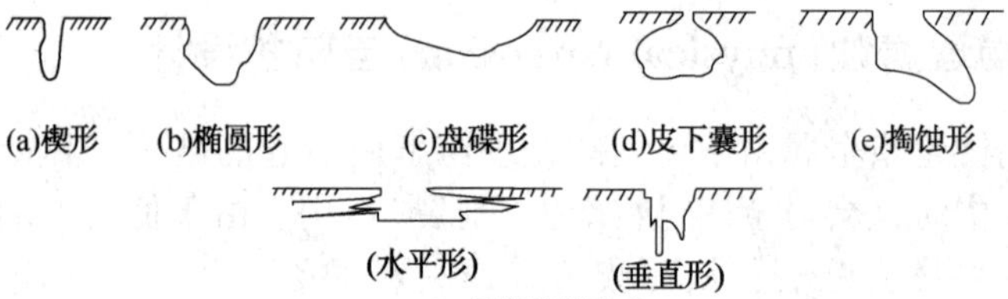

(f)显微结构取向</td>
</tr>
<tr>
<td>缝隙腐蚀</td>
<td>金属部件在介质中，由于金属与金属或金属与非金属之间形成特别小的缝隙，使缝隙内的介质处于滞流状态，引起缝内金属的加速腐蚀
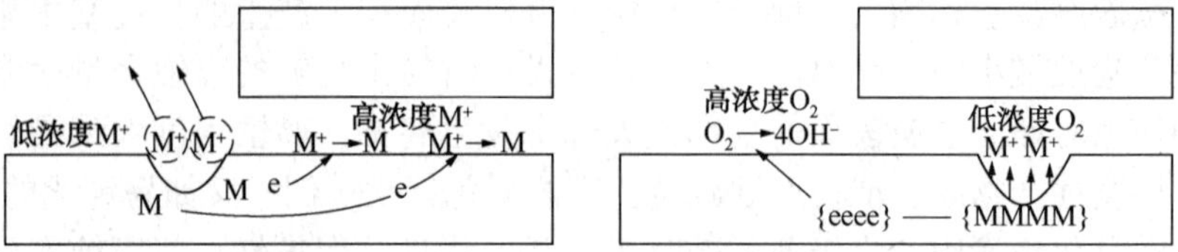

(a) (b)</td>
</tr>
<tr>
<td>沿晶腐蚀
(晶间腐蚀)</td>
<td>腐蚀沿着金属或合金的晶粒边界或其他的邻近区域发展，晶粒本身腐蚀很轻微
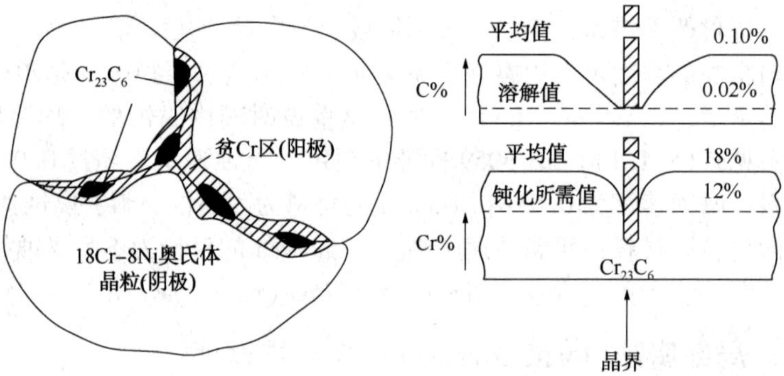
</td>
</tr>
<tr>
<td>选择性腐蚀
(成分选择腐蚀)</td>
<td>合金在腐蚀过程中，腐蚀介质不是按合金的比例侵蚀，而是发生了其中某种成分的选择性溶解，使合金的机械强度下降。例如：灰口铸铁石墨化和黄铜脱锌
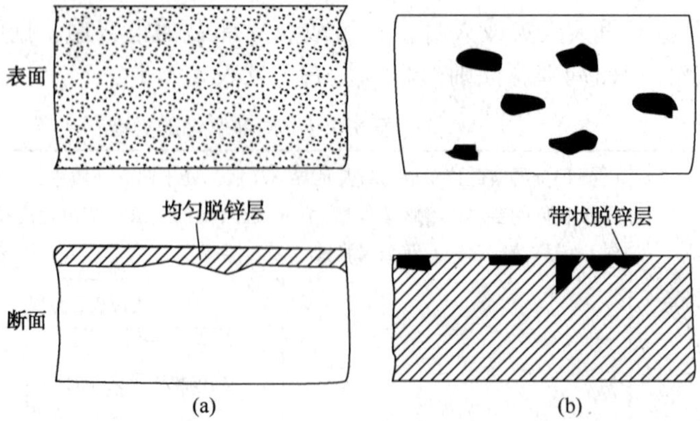

(a) (b)</td>
</tr>
</table>

续表

<table>
<tr><td>应力腐蚀开裂（SCC，简称应力腐蚀）</td><td>它是在拉应力和特定的腐蚀介质共同作用下发生的金属材料的破断现象
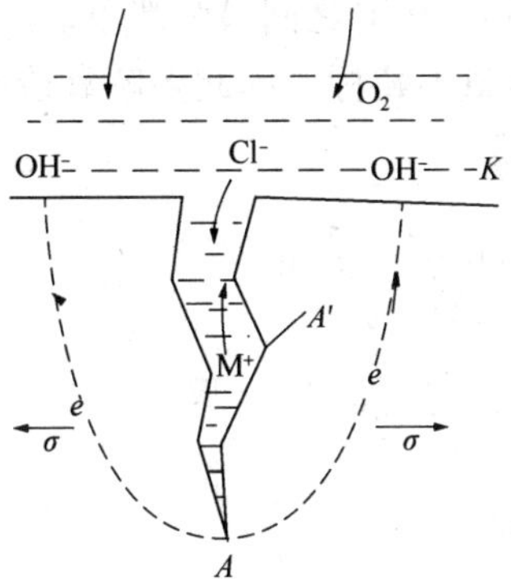</td></tr>
<tr><td>腐蚀疲劳</td><td>金属在腐蚀介质和交变应力共同作用下引起的破坏为腐蚀疲劳
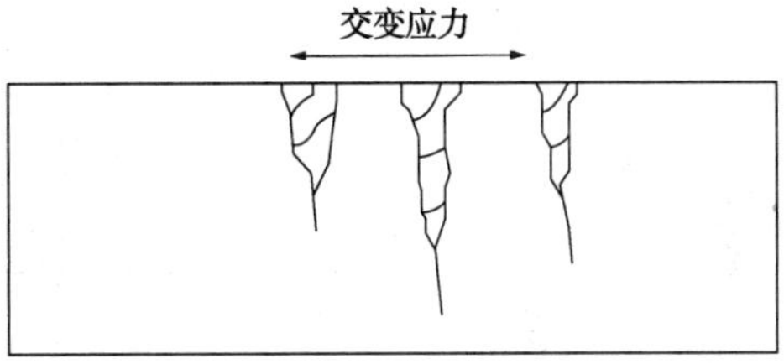</td></tr>
<tr><td>磨损腐蚀</td><td>指在磨损和腐蚀的综合作用下材料发生的加速腐蚀破坏。有三种表现形式：摩振腐蚀、湍流腐蚀和空泡腐蚀
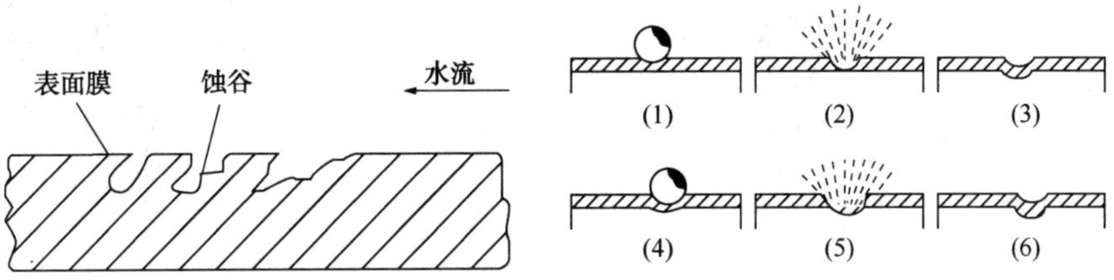</td></tr>
</table>

七、点蚀(pitting)与防护设计

(1) 点蚀是管道最具有破坏性的隐藏的腐蚀形态之一。奥氏体不锈钢管道在输送含氯离子或溴离子的介质时最容易产生点蚀。不锈钢管道外壁如果常被海水或天然水润湿，也会产生点蚀，这是因为海水或天然水中含有一定的氯离子。

(2) 不锈钢的点蚀过程可分为蚀孔的形成和蚀孔的发展两个阶段。①钝化膜的不完整部位(露头位错、表面缺陷等)作为点蚀源，在某一段时间内呈活性状态，电位变负，与其邻近表面之间形成微电池，并且具有大阴极小阳极面积比，使点蚀源部位金属迅速溶解，蚀孔开始形成。②已形成的蚀孔随着腐蚀的继续进行。小孔内积累了过量的正电荷，引起外部 Cl^- 的迁入以保持电中性，继之孔内氯化物浓度增高。由于氯化物水解使孔内溶液酸化，又进一步加速孔内阳极的溶解。这种自催化作用的结果，使蚀孔不断地向深处发展。见图 8.1.2。③溶液滞留容易产生点蚀；增加流速会降低点蚀倾向，敏化处理及冷加工会增

加不锈钢点蚀的倾向；固溶处理能提高不锈钢耐点蚀的能力。钛的耐点蚀能力高于奥氏体不锈钢。④碳钢管道也发生孔蚀，通常是在蒸汽系统(特别是低压蒸汽)和热水系统，遭受溶解氧的腐蚀，温度在80~250℃之间最为严重。虽然蒸汽系统是除氧的，但由于操作控制不严格，很难保证溶解氧量不超标，因此溶解氧造成碳钢管道产生点蚀的情况经常会发生。

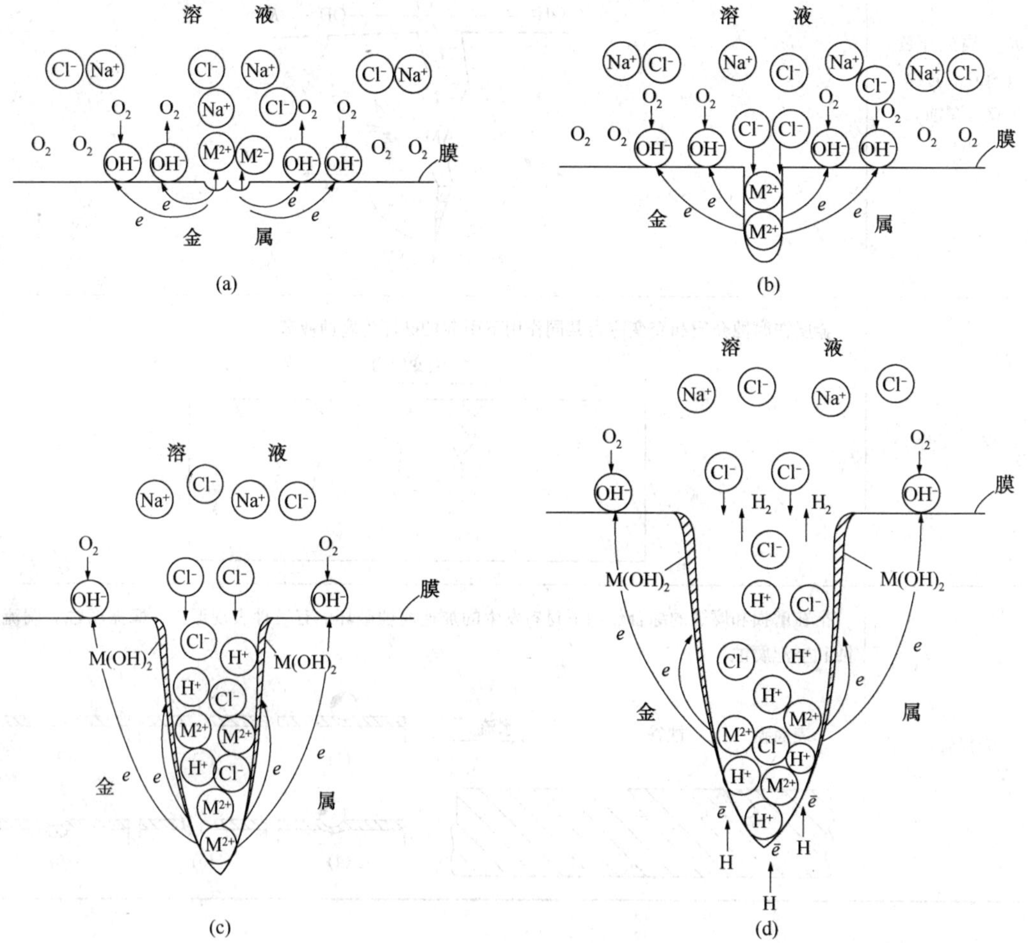

图 8.1.2 孔蚀、缝隙腐蚀发展阶段示意图

(a)纯化膜局部破裂；(b)膜破口腐蚀闭塞区内金属离子增浓；(c)阴离子进入闭塞区，金属离子水解，pH下降；(d)裂缝内产生自催化加速腐蚀过程，H在尖端析出，渗入裂缝前缘，使金属脆化

八、缝隙腐蚀(crevice corrosion)与防护设计

(1) 当管道输送的物料为电解质溶液时，在管道内表面的缝隙处，如法兰垫片处、单面焊未焊透处等，均会产生缝隙腐蚀。一些钝性金属如不锈钢、铝、钛等，容易产生缝隙腐蚀。

(2) 缝隙腐蚀的机理，一般认为是浓差腐蚀电池的原理，即缝隙内和周围溶液之间氧浓度或金属离子浓度存在差异造成的。缝隙腐蚀在许多介质中发生，但以含氯化物的溶液中最严重，其机理不仅是氧浓差电池的作用，还有像点蚀那样的自催化作用。

(3) 依靠氧化膜或钝化层耐腐蚀的金属和合金(如不锈钢)，容易遭受缝隙腐蚀，例如在合成氨项目中湿硫化氢工况一般小口径管线最好选择对焊管件替代承插管件以避免缝隙腐蚀，另外氯化物和溴化物、次氯酸盐等对缝隙腐蚀均非常敏感。

（4）防护措施：①利用对焊连接代替螺纹连接和承插焊连接；②防止采用吸湿的垫片或填料；③设计时尽量避免出现缝隙结构或滞流区，能使结构良好地排除水分或介质；④管线焊接时尽量使用惰性气体保护焊以保证完全焊透并避免气孔和缝隙。

九、焊接接头腐蚀与防护设计

通常发生于不锈钢管道，有三种腐蚀形式。①焊肉被腐蚀成海绵状，这是奥氏体不锈钢发生的δ铁素体选择性腐蚀。为改善焊接性能奥氏体不锈钢通常要求焊缝含有3%～10%的铁素体组织，但在某些强腐蚀性介质中则会发生δ铁素体选择性腐蚀，即腐蚀只发生在δ铁素体相（或进一步分解为σ相），结果呈海绵状。②热影响区腐蚀。造成这种腐蚀的原因，是焊接过程中这里的温度正好处在敏化区，有充分的时间析出碳化物，从而产生了晶间腐蚀。晶间腐蚀是腐蚀局限在晶界和晶界附近而晶粒本身腐蚀比较小的一种腐蚀形态，其结果将造成晶粒脱落或使材料机械强度降低。晶间腐蚀的机理是“贫铬理论”。不锈钢因含铬而有很高的耐蚀性，其铬含量必须超过12%，否则其耐蚀性能和普通碳钢差不多。不锈钢在敏化温度范围内（450～850℃），奥氏体中过饱和固溶的碳将和铬化合成$Cr_{23}C_6$，沿晶界沉淀析出。③第三种形态是熔合线处的刀口腐蚀，一般发生在用Nb及Ti稳定的不锈钢（347及321）中。刀口腐蚀大多发生在氧化性介质中。刀口腐蚀示意图见图8.1.3。

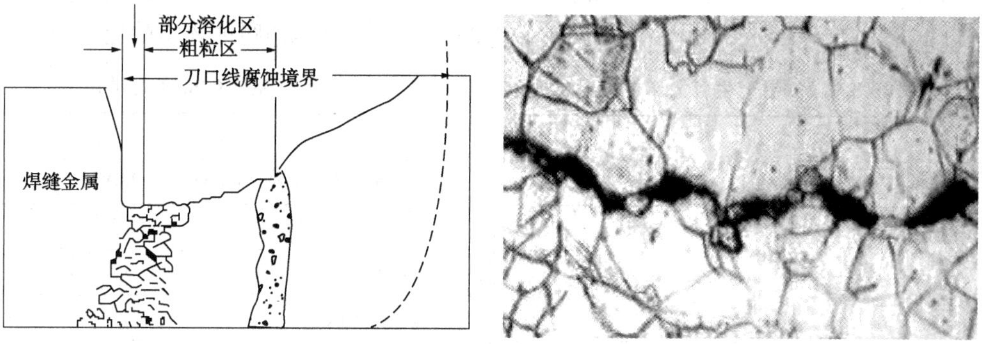

图8.1.3　刀口腐蚀

十、磨损腐蚀与防护设计

磨损腐蚀亦称冲刷腐蚀。当腐蚀性流体在弯头、三通等拐弯部位突然改变方向时，它对金属及金属表面的钝化膜或腐蚀产物层产生机械冲刷破坏作用，同时又在不断露出的金属新鲜表面发生激烈的电化学腐蚀，从而造成比其他部位更为严重的腐蚀损伤。这种损伤是金属以其离子或腐蚀产物从金属表面脱离，而不是像纯粹的机械磨损那样以固体金属粉末脱落。当流体中夹有气泡或固体悬浮物时，则最易发生磨损腐蚀。不锈钢的钝化膜耐磨损腐蚀性能较差，钛则较好。蒸汽系统，$H_2S—H_2O$系统对碳钢管道弯头、三通的磨损腐蚀均较严重。

十一、冷凝液腐蚀和大气锈蚀与防护设计

对于含水蒸气的热腐蚀性气体管道，在保温层中止处或破损处之内壁，由于局部温度降至露点以下，将发生冷凝现象，从而造成冷凝液腐蚀，即露点腐蚀。

涂层破损处的局部大气锈蚀。对于化工厂的碳钢管线，这种腐蚀有时会很严重，因为化工厂区的大气中常常含有酸性气体，比自然大气的腐蚀性强得多。

十二、应力腐蚀（stress corrosion 或 stress corrosion cracking，SCC）与防护设计

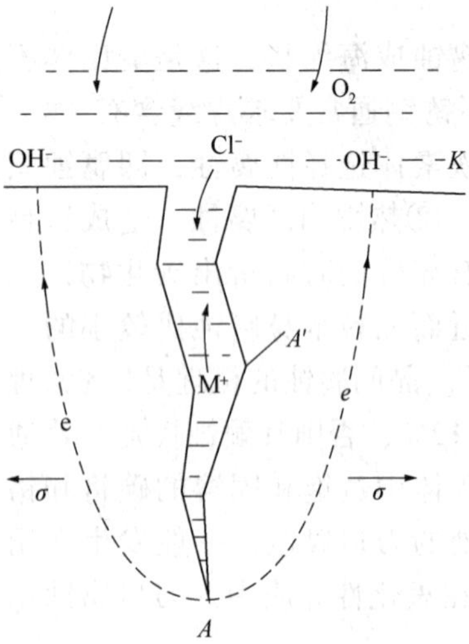

图 8.1.4　应力腐蚀开裂

(1) 金属材料在拉应力和特定腐蚀介质的共同作用下发生的断裂破坏，称为应力腐蚀破裂。发生应力腐蚀破裂的时间有长有短，有经过几天就开裂的，也有经过数年才开裂的，这说明应力腐蚀破裂通常有一个或长或短的孕育期。见图 8.1.4。应力腐蚀裂纹呈枯树枝状，大体上沿着垂直于拉应力的方向发展。裂纹的微观形态有穿晶型、晶间型（沿晶型）和二者兼有的混合型。

(2) 应力的来源，对于管道来说，焊接、冷加工及安装时残余应力是主要的。并不是任何金属与介质的共同作用都引起应力腐蚀破裂。其中金属材料只有在某些特定的腐蚀环境中，才发生应力腐蚀破裂。表 8.1.2 是容易引起应力腐蚀破裂的管道金属材料和腐蚀环境的组合。

表 8.1.2　易产生应力腐蚀开裂的金属材料和环境组合（摘自 SH/T 3059 附录）

材料	环　境	材料	环　境
碳钢及低合金钢	苛性碱溶液	奥氏体不锈钢	高温碱液[NaOH、$Ca(OH)_2$、LiOH]
	氨溶液		氯化物水溶液
	硝酸盐水溶液		海水、海洋大气
	含 HCN 水溶液		连多硫酸
	湿的 CO—CO_2 空气		高温高压含氧高纯水
	硝酸盐和重碳酸溶液		浓缩锅炉水
	含 H_2S 水溶液		水蒸气（260℃）
	海水		260℃硫酸
	海洋大气和工业大气		湿润空气（湿度 90%）
	CH_3COOH 水溶液		$NaCl+H_2O_2$ 水溶液
	$CaCl_2$、$FeCl_3$ 水溶液		热 $NaCl+H_2O_2$ 水溶液
	$(NH_4)_2CO_3$		热 NaCl
	H_2SO_4-HNO_3 混合酸水溶液		湿的氯化镁绝缘物
			H_2S 水溶液

续表

材料	环　　境	材料	环　　境
钛及钛合金	红烟硝酸	铜合金	氨蒸汽及氨水溶液
	N_2O_4(含 O_2、不含 NO　24~74℃)		三氯化铁
	湿的 Cl_2(288℃、346℃、427℃)		水，水蒸气
	HCl(10%，35℃)		水银
	硫酸(7%~60%)		硝酸银
	甲醇，甲醇蒸气	铝合金	氯化钠水溶液
	海水		海水
	CCl_4		$CaCl_2$+NH_4Cl 水溶液
	氟里昂		水银

(3) 防止应力腐蚀的相关措施。①降低设计应力。②改善腐蚀环境。改善腐蚀环境是减轻应力腐蚀行之有效的措施。例如当水的氧含量和氯离子含量控制在 1mg/L 以下时，奥氏体不锈钢就可避免应力腐蚀。如果水是完全脱氧的，则 Cl^- 含量有所增高，也不会发生应力腐蚀。倘若把 H_2S 气体温度保持在水的露点以上，控制液氨的浓度或温度等办法，都能达到预期的效果。③适当选材。有条件时，选材应尽可能避开介质与材料之间特定的腐蚀匹配关系，以回避产生应力腐蚀的条件，如尽可能使用碳钢代替不锈钢，一些特殊场合可采用双相钢等。④消除应力热处理。多数应力腐蚀破裂事故是由于金属内部较高的残余应力所引起的，工程上普遍采用焊后热处理的方法消除设备或管道的热应力，能够有效地防止应力腐蚀。

十三、晶间腐蚀与防护设计

(1) 晶间腐蚀是局部腐蚀的一种，是沿着金属晶粒间的分界面向内部扩展的腐蚀。主要由于晶粒表面和内部间化学成分的差异以及晶界杂质或内应力的存在而产生。晶间腐蚀破坏晶粒间的结合，大大降低金属的机械强度，而且腐蚀发生后金属和合金的表面仍保持一定的金属光泽，看不出被破坏的迹象。但晶粒间结合力显著减弱，力学性能恶化，不能经受敲击，所以是一种很危险的腐蚀。通常出现于黄铜、硬铝合金和一些不锈钢、镍基合金中。不锈钢焊缝的晶间腐蚀是化学工业的一个重大问题。

(2) 产生晶间腐蚀的不锈钢，当受到应力作用时，即会沿晶界断裂、强度几乎完全消失，这是不锈钢的一种最危险的破坏形式。晶间腐蚀可以分别产生在焊接接头的热影响区(HAZ)、焊缝或熔合线上，在熔合线上产生的晶间腐蚀又称刀线腐蚀(KLA)。不锈钢具有耐腐蚀能力的必要条件是铬的质量分数必须大于 10%~12%。当温度升高时，碳在不锈钢晶粒内部的扩散速度大于铬的扩散速度。因为室温时碳在奥氏体中的溶解度很小，约为 0.02%~0.03%，而一般奥氏体不锈钢中的含碳量均超过此值，故多余的碳就不断地向奥氏体晶粒边界扩散，并和铬化合，在晶间形成碳化铬的化合物，如(CrFe)23C6 等。数据表明，铬沿晶界扩散的活化能为 162~252kJ/mol，而铬由晶粒内扩散活化能约为 540kJ/mol，即：铬由晶粒内扩散速度比铬沿晶界扩散速度小，内部的铬来不及向晶界扩散，所以在晶

图 8.1.5 晶间腐蚀

间所形成的碳化铬所需的铬主要不是来自奥氏体晶粒内部，而是来自晶界附近，结果就使晶界附近的含铬量大为减少。当晶界的铬的质量分数低到小于 12%时，就形成所谓的“贫铬区”，在腐蚀介质作用下，贫铬区就会失去耐腐蚀能力，而产生晶间腐蚀。见图 8.1.5。

产生晶间腐蚀的条件：①内因。晶粒和晶界区的组织不同，因而电化学性质存在显著差异。②外因。晶粒和晶界的差异要在适当的环境下才能显露出来。

（3）敏化。含碳量超过 0.03%的不稳定的奥氏体型不锈钢(即不含钛或铌的 0Cr18Ni9 不锈钢)，如果热处理不当则在某些环境中易产生晶间腐蚀。这些钢在 425~815℃之间加热时，或者缓慢冷却通过这个温度区间时，都会产生晶间偏析，这样的热处理造成碳化物在晶界沉淀(敏化作用)，并且造成最邻近的区域铬贫化使得这些区域对腐蚀敏感。敏化作用也可出现于焊接时，在焊接热影响区造成其后的局部腐蚀。

最通用的检查不锈钢敏感性的方法是 65%硝酸腐蚀试验方法。试验时将钢试样放入沸腾的 65%硝酸溶液中连续 48h 为一个周期，共 5 个周期，每个周期测定重量损失。一般规定，5 个试验周期的平均腐蚀率应不大于 0.05mm/m。

（4）预防措施。

① 调整焊缝的化学成分，加入稳定化元素减少形成碳化铬的可能性，如加入钛或铌等。减少焊缝中的含碳量，可以减少和避免形成铬的碳化物，从而降低形成晶界腐蚀的倾向，含碳量在 0.04%以下，称为“超低碳”不锈钢，就可以避免铬的碳化物生成。控制在危险温度区的停留时间，防止过热，快焊快冷，使碳来不及析出。

② 奥氏体不锈钢的抗腐蚀性能来自金属表面形成的氧化铬保护层。如果材料加热到 450~900℃高温，材料的结构就会发生变化，沿晶体边缘会形成碳化铬。这样在晶体边沿就无法形成氧化铬保护层，从而导致抗腐蚀性能降低。由此开发出了 304L 不锈钢和 316L 不锈钢来对抗这种腐蚀。304L 不锈钢和 316L 不锈钢的含碳量都较低，因为碳含量减少，所以就不会产生碳化铬，也就不会产生晶间腐蚀。应该说明的是，较高的晶间腐蚀敏感性并不意味着非低碳材料就更容易腐蚀。在高氯环境中，这种敏感性也高。请注意这种现象缘于高温(450~900℃)。通常焊接是达到这个温度的直接原因。对于软阀座常规蝶阀而言，由于我们并不在阀板上进行焊接操作，因此采用低碳不锈钢并没有多大意义。a. 使用低碳牌号 00Cr19Ni10(304L)或 00Cr17Ni14Mo2(316L)，或稳定的牌号 0Cr18Ni11Ti(321，多见于欧洲)或 0Cr18Ni11Nb(347，多见于美国)，可防止焊接时碳化物沉淀出造成有害影响的数量。b. 如果结构件小，能够在炉中进行热处理，则可在 1040~1150℃进行热处理以溶解碳化铬，并且在 425~815℃区间快速冷却以防止碳的沉淀。

③ 焊接铁素体不锈钢在某些介质中也可能出现晶间腐蚀。这是当钢从 925℃以上快速冷却时，碳化物或氧化物沉淀，金属晶格应变造成的，焊接后进行消除应力热处理可消除

应力并恢复耐腐蚀性能。在1Cr17不锈钢中加入超过8倍碳含量的钛，通常可减少焊接钢结构在一些介质中的晶间腐蚀。然而加入钛在浓硝酸中不是有效的。

④ 合金应用中的预防措施：选用抗晶间腐蚀的合金；选择合适的热处理工艺，如铝合金过时效处理；在确定焊接工艺，铝合金胶接及铣切工艺，回避容易产生晶间腐蚀的温度下处理。

(5) 相关标准。

GB/T 4334《金属和合金的腐蚀　不锈钢晶间腐蚀敏感性试验方法》

ASTM A262《奥氏体不锈钢晶间腐蚀标准方法》

ISO 3651《不锈钢耐晶间腐蚀的测定》

JIS G0571-0575《不锈钢耐晶间腐蚀的测定》

ASTM A763《铁素体不锈钢晶间腐蚀敏感性检测》

GB/T 15260《金属和合金的腐蚀　镍合金晶间腐蚀敏感性试验方法》

GB/T 21433《不锈钢压力容器晶间腐蚀敏感性检验》

CB/T 3949《船用不锈钢焊接接头晶间腐蚀试验方法》

GB/T 26491《铝合金晶间腐蚀试验方法　质量损失法》

ASTM G28《锻造高镍铬轴承合金晶间腐蚀敏感性的检查用标准试验方法》

GB/T 7998《铝合金晶间腐蚀测定方法》

HG/T 3173《尿素级超低碳铬镍钼奥氏体不锈钢晶间腐蚀倾向试验》

十四、碱应力腐蚀与防护设计

(1) 金属在碱液中的应力腐蚀破裂称碱脆。碳钢、低合金钢、不锈钢等多种金属材料皆可发生碱脆。碳钢(含低合金钢)发生碱脆的趋向见图8.1.6。输送NaOH的碳钢或低合金钢管道在一定的条件下，能引起碳钢材料的应力腐蚀开裂(碱脆)。

(2) 由图8.1.6可知，氢氧化钠浓度在5%以上的全部浓度范围内碳钢几乎都可能产生碱脆，碱脆的最低温度为50℃，所需碱液的浓度为40%~50%。以沸点附近的高温区最易发生。裂纹呈晶间型。奥氏体不锈钢发生碱脆的趋向见图8.1.7。氢氧化钠浓度在0.1%以上的浓度时18-8型奥氏体不锈钢即可发生碱脆。以氢氧化钠浓度40%最危险，这时发生碱脆的温度为115℃左右。超低碳不锈钢的碱脆裂纹为穿晶型，含碳量高时，碱脆裂纹则为晶间型或混合型。当奥氏体不锈钢中加入2%钼时，则可使其碱脆界限缩小，并向碱的高浓度区域移动。镍和镍基合金具有较高的耐应力腐蚀的性能，它的碱脆范围变得狭窄，而且位于高温浓碱区。

(3) 一般情况下，当NaOH浓度和温度超出表8.1.3的规定时，应对焊缝(含热影响区)进行消除应力热处理。

表8.1.3　NaOH浓度和温度应对焊缝(含热影响区)进行消除应力热处理的界限

NaOH/%	5	10	15	20	30	40	50	60	70
温度/℃	85	76	70	65	54	48	43	40	38

当NaOH浓度和温度超出表8.1.4的规定时，应考虑采用含镍合金。

表 8.1.4　考虑采用含镍合金的界限

NaOH/%	10	20	30	40	50
温度/℃	105	100	97	82	77

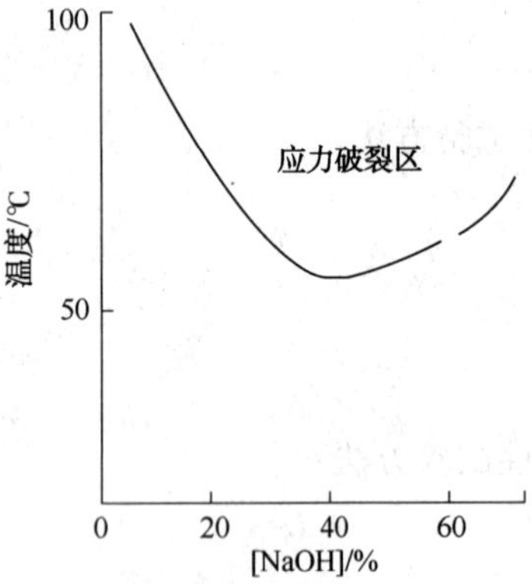

图 8.1.6　碳钢在碱液中的应力腐蚀破裂区

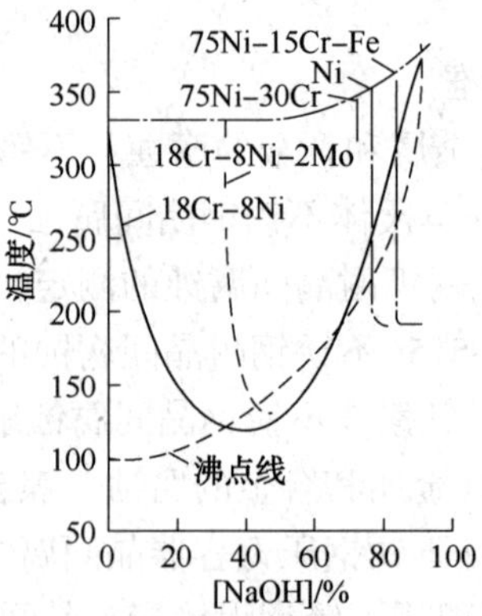

图 8.1.7　产生应力腐蚀破裂的烧破浓度与温度关系
（注：曲线上部为危险区）

（4）碳钢和镍合金钢在 NaOH 溶液中的应用范围见图 8.1.8 所示。

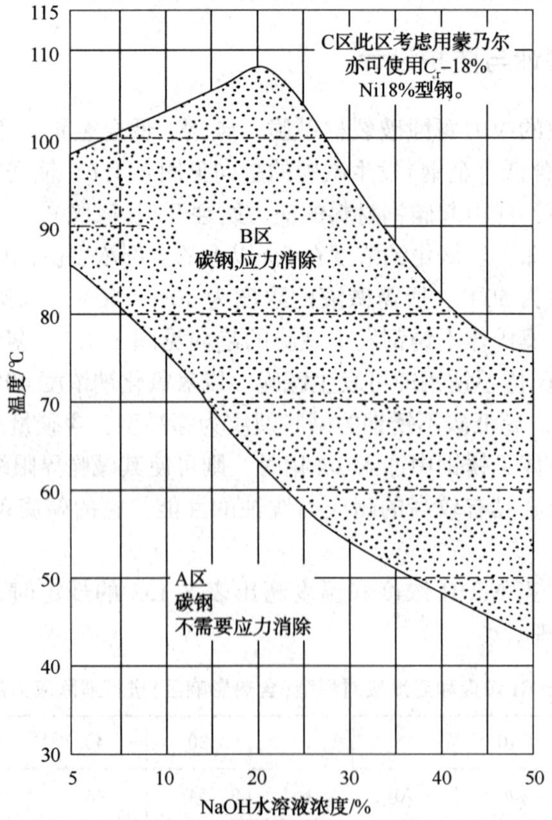

图 8.1.8　碳钢使用在氢氧化钠中的温度与浓度极限

注：本图与第一章的"用于 NaOH 溶液的曲线(API 518)温度单位不同，基本原理相同。

十五、氯离子应力腐蚀与防护设计

氯离子不但能引起不锈钢孔蚀，更能引起不锈钢的应力腐蚀破裂。发生应力腐蚀破裂的临界氯离子浓度随温度的上升而减小，高温下，氯离子浓度只要达到 10^{-6}kg/kg(ppm)，即能引起破裂。发生氯离子应力腐蚀破裂的临界温度为 70℃。具有氯离子浓缩的条件(反复蒸干、润湿)是最易发生破裂的。工业中发生不锈钢氯离子应力腐蚀破裂的情况相当普遍。不锈钢氯离子应力腐蚀破裂不仅发生在管道的内壁，发生在管道外壁的事例也屡见不鲜。

至今人们对氯离子如何使钝化金属转变为活化状态的机理还没有定论，但大致可分为 2 种观点。①成相膜理论的观点认为，由于氯离子半径小，穿透能力强，故它最容易穿透氧化膜内极小的孔隙，到达金属表面，并与金属相互作用形成可溶性化合物，使氧化膜的结构发生变化，金属产生腐蚀。②吸附理论则认为，氯离子破坏氧化膜的根本原因是由于氯离子有很强的可被金属吸附的能力，它们优先被金属吸附，并从金属表面把氧排掉。因为氧决定着金属的钝化状态，氯离子和氧争夺金属表面上的吸附点，甚至可以取代吸附中的钝化离子与金属形成氯化物，氯化物与金属表面的吸附并不稳定，形成了可溶性物质，这样导致了腐蚀的加速。

具有自钝化特性的金属在含有氯离子的介质中，经常发生孔蚀。蚀孔通常沿着重力方向或横向方向发展，孔蚀一旦形成，具有深挖的动力，即向深处自动加速。含有氯离子的水溶液中，不锈钢表面的氧化膜便产生了溶解，其原因是氯离子能优先有选择地吸附在氧化膜上，把氧原子排掉，然后和氧化膜中的阳离子结合成可溶性氯化物，结果在基底金属上生成孔径为 20~30μm 小蚀坑，这些小蚀坑便是孔蚀核。在外加阳极极化条件下，只要介质中含有一定量的氯离子，便可能使蚀核发展成蚀孔。在自然条件下的腐蚀，含氯离子的介质中含有氧或阳离子氧或阳离子氧化剂时，能促使蚀核长大成蚀孔。耐孔蚀不锈钢基本上可分为 3 类：铁素体不锈钢；铁素体-奥氏体双相钢；奥氏体不锈钢。降低氯离子腐蚀的措施有：①设计时应优先选用耐孔蚀材料。②降低氯离子在介质中的含量，操作时严防跑、冒、滴、漏等现象的发生。③在工艺条件许可的情况下，可加入缓蚀剂。对缓蚀剂的要求是，增加钝化膜的稳定性或有利于受损钝化膜得以再钝化。例如，在 10%的 $FeCl_3$ 溶液中加入 3%的 $NaNO_2$，可长期防止 1Cr18Ni9Ti 钢的孔蚀。④采用外加阴极电流保护，抑制孔蚀。加强管理，做好管道的定期检验，以保证管道在合理的寿命期限内安全运行。材料耐氯离子腐蚀能力不仅与氯离子浓度有关系，与介质温度也有关系。

作为管外侧的腐蚀因素，被认为是保温材料的问题，对保温材料进行分析，被检验出含有约 0.5%的氯离子。这个数位可认为是保温材料中含有的杂质，或由于保温层破损、浸入的雨水中带入并经过浓缩的结果。

十六、连多硫酸应力腐蚀与防护设计

以加氢脱硫装置为典型，不锈钢连多硫酸($H_2S_xO_6$，$x=3\sim5$)的应力腐蚀破裂颇为引人注目。管道在正常运行时，受硫化氢腐蚀，生成的硫化铁，在停车检修时，与空气中的氧及水反应生成了 $H_2S_xO_6$。在 Cr-Ni 奥氏体不锈钢管道的残余应力较大的部位(焊缝热影响区，弯管部位等)产生应力腐蚀裂纹。

十七、湿 H_2S 应力腐蚀与防护设计

1. 湿硫化氢环境的定义

国际上湿硫化氢环境的定义，如美国腐蚀工程师协会(NACE)的 MR0175-97《油田设备抗硫化物应力开裂金属材料》规定：①酸性气体系统：气体总压≥0.4MPa，并且 H_2S 分压≥0.0003MPa；②酸性多相系统：当处理的原油中有两相或三相介质(油、水、气)时，条件可放宽为：气相总压≥1.8MPa，且 H_2S 分压≥0.0003MPa；当气相压力≤1.8MPa，且 H_2S 分压≥0.07MPa；或气相 H_2S 含量超过 15%。

国内湿硫化氢环境的定义："在同时存在水和硫化氢的环境中，当硫化氢分压大于或等于 0.00035MPa 时，或在同时存在水和硫化氢的液化石油气中，当液相的硫化氢含量大于或等于 10×10-6 时，则称为湿硫化氢环境"。

2. 硫化氢的电离

在湿硫化氢环境中，硫化氢会发生电离，使水具有酸性。硫化氢电化学腐蚀过程：

阳极：$Fe-2e \rightarrow Fe^{2+}$

阴极：$2H^{+}+2e \rightarrow H_{ad}+H_{ad} \rightarrow 2H \rightarrow H_2\uparrow$

$\downarrow$

[H]→钢中扩散

式中 H_{ad}——钢表面吸附的氢原子；

[H]——钢中的扩散氢

阳极反应产物：$Fe^{2+}+S^{2-} \rightarrow FeS\downarrow$

注：钢材受到硫化氢腐蚀以后阳极的最终产物就是硫化亚铁，该产物通常是一种有缺陷的结构，它与钢铁表面的黏结力差，易脱落，易氧化，且电位较正，因而作为阴极与钢铁基体构成一个活性的微电池，对钢基体继续进行腐蚀。

反应产物氢一般认为有两种去向，一是氢原子之间有较大的亲和力，易相互结合形成氢分子排出；另一个去向就是由于原子半径极小的氢原子获得足够的能量后变成扩散氢[H]而渗入钢的内部并溶入晶格中，溶于晶格中的氢有很强的游离性，在一定条件下将导致材料的脆化(氢脆)和氢损伤。

3. 湿 H_2S 环境中的开裂类型

湿 H_2S 环境中的开裂类型有：氢鼓泡(HB)、氢致开裂(HIC)、硫化物应力腐蚀开裂(SSCC)、应力导向氢致开裂(SOHIC)。见图 8.1.9 和图 8.1.10。

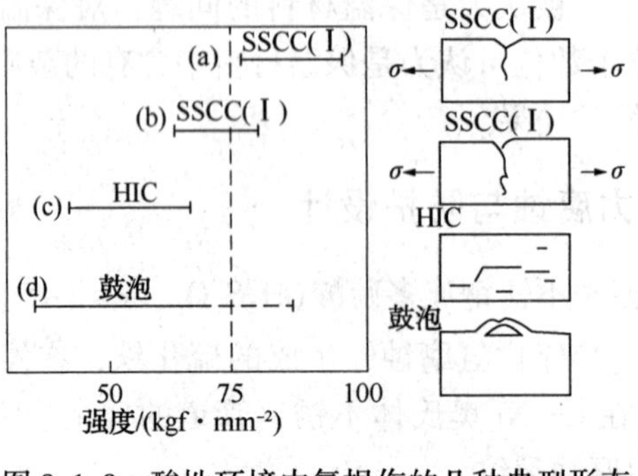

图 8.1.9 酸性环境中氢损伤的几种典型形态

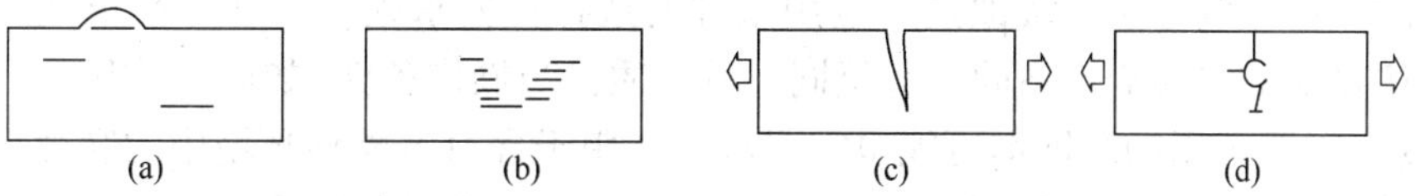

图 8.1.10 硫化氢破坏形式

(a)氢鼓包和直裂纹；(b)台阶状裂纹；(c)、(d)SSC 裂纹

4. 硫化物应力腐蚀开裂(SSCC)

湿 H_2S 环境中腐蚀产生的氢原子渗入钢的内部固溶于晶格中，使钢的脆性增加，在外加拉应力或残余应力作用下形成的开裂，叫作硫化物应力腐蚀开裂，简称硫裂。工程上有时也把受拉应力的钢及合金在湿 H_2S 及其他硫化物腐蚀环境中产生的脆性开裂统称为硫化物应力腐蚀开裂(简称硫裂)。SSCC 通常发生在中高强度钢中或焊缝及其热影响区等硬度较高的区域。在天然气、石油采集，石油加工炼制，石油化学及化肥等工业部门常常发生管道、阀门硫裂事故。发生硫裂所需的时间短则几天，长则几个月到几年不等。但是未见超过十年发生硫裂的事例。硫裂的裂纹较粗，分支较少，多为穿晶型，也有晶间型或混合型。发生硫裂所需的硫化氢浓度很低，只要略超过 10^{-6}，甚至在小于 10^{-6}的浓度下也会发生。

碳钢和低合金钢在 20~40℃温度范围内对硫裂的敏感性最大，但奥氏体不锈钢的硫裂大多发生在高温环境。随着温度升高，奥氏体不锈钢的硫裂敏感性增加。在含硫化氢及水的介质中，如果同时含醋酸，或者二氧化碳和氯化钠，或磷化氢，或砷、硒、锑、碲的化合物或氯离子，则对钢的硫裂起促进作用。对于奥氏体不锈钢的硫裂，氯离子和氧起促进作用，304L 和 316L 不锈钢对硫裂的敏感性有如下的关系：$H_2S+H_2O<H_2S+H_2O+Cl^-<H_2S+H_2O+Cl^-+O_2$(硫裂的敏感性由弱到强)。对于碳钢和低合金钢来说，淬火+回火的金相组织抗硫裂最好，未回火马氏体组织最差。钢抗硫裂性能依淬火+回火组织→正火+回火组织→正火组织→未回火马氏体组织的顺序递降。

钢的强度越高，越易发生硫裂。钢的硬度值越高，越易发生硫裂。在发生硫裂的事故中，焊缝特别是熔合线是最易发生破裂的部位，这是因为这里的硬度最高。NACE 对碳钢焊缝的硬度做了严格的规定：HB≤200。这是因为焊缝硬度的分布比母材复杂，所以对焊缝硬度的规定比母材严。焊缝部位常发生破裂，一方面是由于焊接残余应力的作用，另一方面是由于焊缝金属、熔合线及热影响区出现淬硬组织的结果。为防止硫裂，焊后进行有效的热处理十分必要。

5. 硫化氢腐蚀的预防措施

(1) 选用抗硫化氢材料。抗硫化氢材料主要是指对硫化氢应力腐蚀开裂和氢损伤有一定抗力或对这种开裂不敏感的材料。同时采用低硬度(强度)和完全淬火+回火处理工艺对材料抗硫化氢腐蚀是有利的。对高硫介质的管道器材按 SH/T 3129《加工高硫原油重点装置主要管道设计选材导则》进行选材。酸性天然气系统和酸性天然气-油系统管道材料的选择，应符合 SY/T 0599《天然气地面设施抗硫化物应力开裂和抗应力腐蚀开裂的金属材料要求》的规定。SH/T 3129 里面规定：对于以湿硫化氢为主要腐蚀介质的环境，主材选用应符合规范要求。对含硫化氢介质的管道器材按最新版“柯柏曲线”进行选材。见本书第五章内容。

(2) 添加缓蚀剂。实践证明合理添加缓蚀剂是防止含 H_2S 酸性油气对碳钢和低合金钢设施腐蚀的一种有效方法。缓蚀剂对应用条件的选择性要求很高，针对性很强。不同介质或材料往往要求的缓蚀剂也不同，甚至同一种介质，当操作条件(如温度、压力、浓度、流速等)改变时，所采用的缓蚀剂可能也需要改变。用于含 H_2S 酸性环境中的缓蚀剂，通常为含氧的有机缓蚀剂(成膜型缓蚀剂)，有胺类、咪唑啉、酰胺类和季铵盐，也包括含硫、磷的化合物。

(3) 控制溶液 pH 值。提高溶液 pH 值降低溶液中 H^+ 含量可提高钢材对硫化氢的耐蚀能力，维持 pH 值在 9~11 之间，这样不仅可有效预防硫化氢腐蚀，又可同时提高钢材疲劳寿命。

(4) 金属保护层。在需保护的金属表面用电镀或化学镀的方法镀上 Au、Ag、Ni、Cr、Zn、Sn 等金属，保护内层不被腐蚀。

(5) 保护器保护。将被保护的金属如铁作阴极，较活泼的金属如 Zn 作牺牲性阳极。阳极腐蚀后定期更换。

(6) 阴极保护。外加电源组成一个电解池，将被保护金属作阴极，废金属作阳极。

十八、液氨应力腐蚀的原理及防护

当管道中介质为液氨，并符合下列条件时，则为液氨应力腐蚀环境：①介质为液态氨，含水量小于或等于 0.2%，且有可能受空气(O_2或 CO_2)污染的场合；②介质温度高于-5℃。

在液氨应力腐蚀环境中，使用低碳钢和低合金高强度钢(包括焊接接头)，对于 Q235B、Q235C、20、16Mn 钢，应采取下列措施之一：①焊后应进行消除应力热处理；控制焊接接头(包括热影响区)的硬度值不大于 200HB(教材中为小于等于 185HB)；②使液氨含水量大于 0.2%；③对于 15MnV，18MnMoNb 低合金高强度钢，焊后必须进行消除应力热处理。

十九、二氧化碳腐蚀与防护设计

二氧化碳(CO_2)溶于水后对部分金属材料有极强的腐蚀性，由此而引起的材料破坏统称为二氧化碳(CO_2)腐蚀。二氧化碳(CO_2)在水介质中能引起钢铁迅速的全面腐蚀和严重的局部腐蚀，CO_2 腐蚀典型的特征是呈现局部的点蚀、癣状腐蚀和台面状腐蚀。二氧化碳(CO_2)的腐蚀机理：

阳极反应主要是 Fe 的溶解，可简写为：

$$Fe \rightarrow Fe^{2+} + 2e$$

阴极反应观点不一，较占主导的观点认为，在环境温度下，裸钢在除 O_2 水中的腐蚀是受氢析出动力学控制。

$$H_3O^+ + e \rightarrow H + H_2O$$

反应外，还可以通过下述表面吸附催化作用 H^+ 还原反应析氢机制进行：

$$CO_2 + H_2O = H_2CO_3$$

$$H_2CO_3 + e = H^+ + HCO_3^-$$

$$HCO_3^- + H_3O^+ = H_2CO_3 + H_2O$$

影响 CO_2腐蚀特性的因素很多，归纳起来可以分为以下几个因素：①温度的影响；②CO_2分压(p_{CO_2})影响；③腐蚀产物膜的影响；④流速的影响；⑤pH、Fe^{2+}及介质组成的影响等，这些因素可能导致钢的多种腐蚀破坏，比如可能产生高的腐蚀速率、严重的局部腐蚀穿孔，甚至可能发生应力腐蚀开裂等。

在实际经验和实验室研究中，都发现流速对钢的CO_2腐蚀有重要影响，腐蚀速率随流速增加有很大的增加，可能导致严重局部腐蚀，在充分的试验数据基础上，得出腐蚀率随流速增大的经验公式：

$$CR=B\cdot V^{0.8}$$

式中 CR——腐蚀速率；

V——流速；

B——常数。

由于工业管道中流动情况很复杂，从静止到高速湍流状态都存在，所以在各种流动状态下的腐蚀特性还有待于研究。

对于CO_2腐蚀问题采取的解决方法主要有以下四种：①加注缓蚀剂；②内部刷防腐涂料；③在选材方面考虑；④进行腐蚀情况监测等。

二十、氢损伤(氢鼓泡、氢脆、脱碳和氢腐蚀)与防护设计

氢渗透进入金属内部而造成金属性能劣化称为氢损伤，也叫氢破坏。氢损伤可分为四种不同类型：氢鼓泡、氢脆、脱碳和氢腐蚀。

1. 氢鼓泡(hydrogen blister)

氢鼓泡及氢诱发阶梯裂纹主要发生在含湿硫化氢的介质中。硫化氢在水中离解，钢在硫化氢水溶液中发生电化学腐蚀。钢在这种环境中，不仅会由于阳极反应而发生一股腐蚀，而且由于S^{2-}在金属表面的吸附对氢原子复合氢分子有阻碍作用，从而促进氢原子往金属内渗透。当氢原子向钢中渗透扩散时，遇到了裂缝、分层、空隙，夹渣等缺陷，就聚集起来结合成氢分子造成体积膨胀，在钢材内部产生极大压力(可达数百 MPa)。如果这些缺陷在钢材表面附近，则形成鼓泡，鼓泡机理如图 8.1.11 所示。

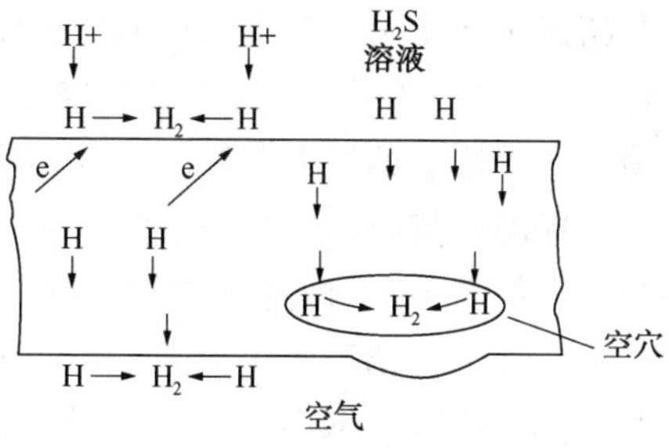

图 8.1.11 氢鼓泡机理示意图

如果这些缺陷在钢的内部深处，则形成诱发裂纹。它是沿轧制方向上产生的相互平行的裂纹，被短的横向裂纹连接起来形成“阶梯”。氢诱发阶梯裂纹轻者使钢材脆化，重者会使有效壁厚减小到管通过载、泄漏甚至断裂。氢鼓泡需要一个硫化氢临界浓度值。有资料介绍，硫化氢分压在 138Pa 时将产生氢鼓泡。如果在含湿硫化氢介质中同时存在磷化氢、砷、蹄的化合物及CN^{2-}离子时，则有利于氢向钢中渗透，它们都是渗氢加速剂。氢鼓泡及氢诱发阶梯裂纹一般发生在钢板卷制的管道上。

2. 氢脆(hydrogen embrittlement)

不论以什么方式进入钢内的氢，都将引起钢材脆化，即延伸率、断面收缩率显著下降，高强度钢尤其严重。若将钢材中的氢释放出来(如加热进行消氢处理)，则钢的机械性能仍可恢复。氢脆是可逆的。H_2S-H_20 介质常温腐蚀碳钢管道能渗氢，在高温高压临氢环境下亦能渗氢；在不加缓蚀剂或缓蚀剂不当的酸洗过程能渗氢，在雨天焊接或在阴极保护过度时亦会渗氢。

3. 脱碳(decarburization)

在工业制氢装置中，高温氢气管道易产生碳损伤。钢中的渗碳体在高温下与氢气作用

生成甲烷：$Fe_3C+2H_2 \rightarrow 3Fe+CH_4\uparrow$。反应结果导致表面层的渗碳体减少，而碳便从邻近的尚未反应的金属层逐渐扩散到该反应区，于是有一定厚度的金属层因缺碳而变为铁素体。脱碳的结果造成钢的表面强度和疲劳极限的降低。

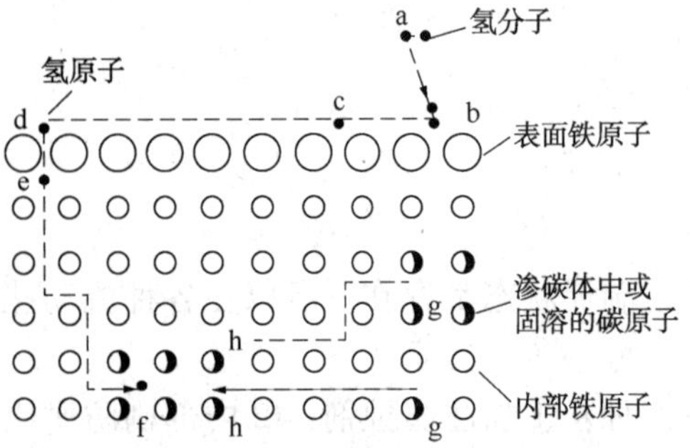

图 8.1.12 氢腐蚀的历程

4. 氢腐蚀

钢受到高温高压氢作用后，其机械性能变劣，强度、韧性明显降低，并且是不可逆的，这种现象叫作氢腐蚀。氢腐蚀的历程可用图 8.1.12 来解释。

$$Fe_3C+4H = 3Fe+CH_4$$

$$C(a\text{-}Fe 中)+4H(a\text{-}Fe 中)\rightarrow CH_4$$

氢腐蚀的过程大致可分为三个阶段：①孕育期。钢的性能没有变化。②性能迅速变化阶段。迅速脱碳，裂纹快速扩展。③最后阶段。固溶体中碳已耗尽。

氢腐蚀的孕育期是重要的，它往往决定了钢的使用寿命。某氢压力下产生氢腐蚀有一起始温度，它是衡量钢材抗氢性能的指标。低于这个温度氢腐蚀反应速率极慢，以至孕育期超过正常使用寿命。碳钢的这一温度大约在 220℃ 左右。氢分压也有一个起始点(碳钢大约在 1.4MPa 左右)，即不管温度多高，低于此分压，只发生表面脱碳而不发生严重的氢腐蚀。各种抗氢钢发生腐蚀的温度和压力组合条件，就是著名的 Nelson 曲线(在很多管道器材选用标准规范内均有此曲线图，例如 SH 3059《石油化工管道设计器材选用通则》)。冷加工变形、提高了碳氢的扩散能力，对氢腐蚀起加速作用。Nelson 曲线是对退火钢所得的经验曲线，如钢在调质或正火-回火状态下使用，则不能完全搬用此曲线。该曲线没有考虑焊缝、热影响区、钢中夹杂物、制造工艺等影响，也未考虑含氢介质中其他气体的影响，因而使用 Nelson 曲线时必须谨慎。

防止氢腐蚀的措施主要是：①合理使用抗氢钢，提高钢的抗氢腐蚀性能。工程设计选材时，碳钢和不同类别铬钼钢的使用极限是按介质的温度和氢分压，根据纳尔逊(Nelson)曲线确定的。Nelson(纳尔逊)曲线摘自 API RP941《炼油厂和石油化工厂用高温高压临氢作业用钢》，见本书第五章所示。该标准规定在选择材料时应在相关曲线之下增加一定的安全储备，曲线温度一般取设计温度加 28℃，曲线压力取设计压力加 0.35MPa。②为避免存在氢的静止积聚形成氢脆，在管件选择上尽可能选择对焊管件。③设计温度≤230℃ 的含氢管道，不管多少压力，使用碳钢是可以的，不需要使用抗氢钢。④18-8 型铬镍钢具有良好的抗氢腐蚀性能，又有优良的耐热性和工艺性，在纳尔逊曲线的所有温度和氢分压范围内使用，均较理想，焊后也无须进行消除应力热处理。

二十一、高温气体腐蚀与防护设计

金属在大气中会自发进行氧化，随着温度增高，大气中水分蒸发，湿腐蚀变成干腐蚀，腐蚀更严重，在工业中成为重要问题。如高温石油化工管道等都存在高温氧化问题。在高温下金属表面产生一层氧化膜。Pilling 和 Bedworth 曾指出，抗氧化性和氧化物与金属的体积比有关。如用 R 表示单位体积，则：

$$R=\frac{Wd}{Dw} \tag{8.1.2}$$

式中　W——氧化物的分子量；

ω——金属的原子量；

D，d——氧化物和金属的密度。

当 $R<1$ 时，氧化物不能覆盖金属表面，因而没有保护性；当 $R>1$ 时，氧化物中将产生较大的应力，膜易破裂脱落，保护性不好。理想的比值应接近 1。此外，保护性高的膜还应具有高熔点，低蒸气压，膨胀系数与金属接近，良好的抗破裂高温塑性，低电导率，对金属离子和氧的扩散系数低等。

金属的高温气体腐蚀也是一个电化学过程。如图 8.1.13所示。阳极反应是金属离子化，在膜-金属界面发生；阴极反应是氧的离子化，在膜-气体界面发生。电子和离子(金属离子和氧离子)在膜中两极之间流动，它和水溶液中的腐蚀电池相似。

阳极反应　$M=M^{n+}+ne$

阴极反应　$\frac{1}{2}O_2+2e=O^{2-}$

防止高温氧化最有效的方法是在基体金属中加入有效的合金成分，使膜中生成保护性很强的二元或三元化合物，使离子扩散更为困难，氧化速度因而下降。

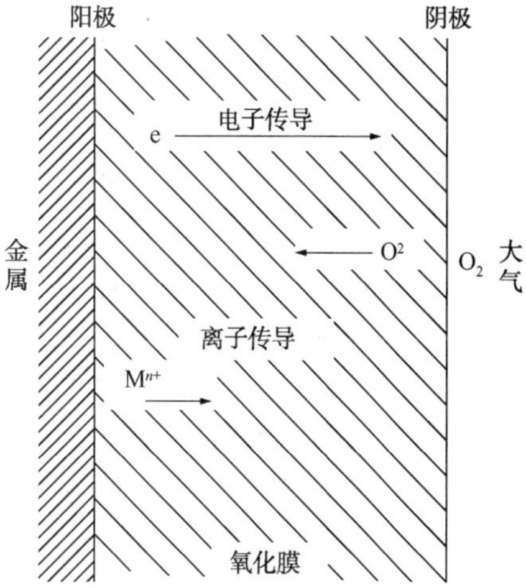

图 8.1.13　干腐蚀电池

二十二、金属材料耐腐蚀性能分类

金属材料耐腐蚀评定方法有重量法和线性极化法。对于均匀腐蚀，根据腐蚀速度不同，将材料的耐腐蚀性能分为 VI 大类。见表 8.1.5。

表 8.1.5　耐腐蚀性能分类

分类	耐腐蚀程度	腐蚀速率/(mm/a)	级别	可用性
Ⅰ	耐腐蚀性极强	<0.001	1	可充分使用
Ⅱ	耐腐蚀性很强	0.001~0.005	2	
		0.005~0.01	3	可使用
Ⅲ	耐腐蚀性强	0.01~0.05	4	
		0.05~0.10	5	尽量不用
Ⅳ	耐腐蚀性较弱	0.10~0.50	6	
		0.5~1.0	7	不可用
Ⅴ	耐腐蚀性弱	1.0~5.0	8	
		5.0~10	9	
Ⅵ	耐腐蚀性很弱	>10	10	

二十三、常用腐蚀介质非金属选材

常用腐蚀介质非金属选材见表 8.1.6。

表 8.1.6 常用腐蚀介质非金属选材(可表示可用)

介质	浓度/%	温度/℃	FRP	PVC-U	PE	PP	ABS
硫酸	30	20	尚可	可	可	可	可
硫酸	30	80	可	—	—	—	—
硫酸	80	20	不可	可	可	可	不可
硫酸	96	20	—	可	不可	不可	不可
硝酸	5	20	可	可	可	可	可
硝酸	5	80	尚可	—	—	—	—
硝酸	20	20	尚可	—	—	—	—
硝酸	65	20	—	尚可	尚可	不可	不可
盐酸	5	20	可	可	可	可	可
盐酸	5	80	尚可	—	—	尚可	—
盐酸	30	20	尚可	可	可	可	尚可
盐酸	30	80	尚可	—	—	—	—
磷酸	30	20	可	可	可	可	可
磷酸	30	80	可	—	—	可	—
磷酸	85	20	可	可	可	可	可
磷酸	85	80	可	—	—	可	—
冰醋酸	—	20	不可	尚可	可	可	不可
醋酸	5	20	可	可	可	可	可
醋酸	10	20	—	可	可	可	可
醋酸	10	80	—	—	—	可	—
醋酸	50	20	—	可	可	可	不可
醋酸	80	20	不可	—	—	—	—
铬酸	30	20	不可	—	—	—	—
铬酸	50	20	—	尚可	尚可	尚可	不可
草酸	饱和溶液	20	可	可	可	可	可
草酸	饱和溶液	80	尚可	—	—	—	—
氯化钠	全部水溶液	20	可	可	可	可	可
氯化钠	全部水溶液	80	可	—	—	可	—
碳酸钠	饱和溶液	20	可	可	可	可	可
碳酸钠	饱和溶液	80	可	—	—	可	—

续表

介质	浓度/%	温度/℃	FRP	PVC-U	PE	PP	ABS
氢氧化钠	10	20	—	可	可	可	可
	30	20	尚可	可	可	可	可
		80	不可	—	—	—	—
	40	20	—	可	可	可	可
丙烯腈	工业纯	20	—	不可	可	可	不可
氨	气体	20	—	可	可	可	不可
		80	—	—	—	—	—
氯化铵	10	20	—	可	可	可	可
		80	—	—	—	可	—
汽油	—	20	可	可	可	尚可	不可
甲醛	37	20	尚可	可	可	可	可
苯酚	5	20	尚可	—	—	—	—
丙酮	—	20	尚可	不可	可	可	不可
乙醇	96	20	尚可	可	可	可	—
		80	尚可	—	—	可	—
二氯乙烷	—	20	不可	不可	尚可	尚可	不可
苯	工业纯	20	尚可	不可	尚可	尚可	不可

二十四、常用腐蚀介质金属选材

有的配管设计人员错误认为不锈钢是“万能不腐蚀材料”，无论什么腐蚀介质和设计条件都用不锈钢，这是非常危险的。

1. 硫酸

作为强腐蚀介质之一，硫酸是用途广泛的重要工业原料。不同浓度和温度的硫酸对材料的腐蚀差别较大，对于浓度在80%以上、温度小于80℃的浓硫酸，碳钢和铸铁有较好的耐蚀性，但它不适合高速流动的硫酸。普通不锈钢如304、316对硫酸介质用途有限。因此输送硫酸的阀通常采用高硅铸铁、高合金不锈钢(20号合金)制造。氟塑料等非金属材料具有较好的耐硫酸性能。

2. 盐酸

大多数金属材料(包括各种不锈钢材料)都不耐盐酸腐蚀，含钼高硅铁也仅可用于50℃、30%以下盐酸。和金属材料相反，绝大多数非金属材料对盐酸都有良好的耐腐蚀性，所以内衬橡胶或塑料(如聚丙烯、氟塑料等)是输送盐酸的较好选择。

3. 硝酸

在硝酸中一般金属易被迅速腐蚀破坏。不锈钢是应用较广的耐硝酸材料，对常温下一切浓度的硝酸都有良好的耐蚀性，含钼的不锈钢(如316、316L)对硝酸的耐蚀性不如普通不锈钢(如304、321)。而对于高温硝酸，通常采用钛及钛合金材料。

4. 醋酸

它是有机酸中腐蚀性最强的物质之一，普通钢铁在一切浓度和温度的醋酸中都会严重腐蚀，不锈钢是优良的耐醋酸材料，含钼的316不锈钢还能适用于高温和稀醋酸蒸气。对于高温高浓醋酸或含有其他腐蚀介质等苛刻要求，可选用高合金不锈钢或氟塑料材料。

5. 碱(氢氧化钠)

碳钢广泛应用于80℃以下、30%浓度内的氢氧化钠溶液，也有许多工厂在100℃、75%以下时仍采用普通碳钢，虽然腐蚀增加，但是综合经济性好。普通不锈钢对碱液的耐蚀性与铸铁碳钢相比没有明显优点。对于高温碱液多采用钛及钛合金或者高合金不锈钢。

6. 氨(氢氧化氨)

大多数金属和非金属在液氨及氨水(氢氧化氨)中的腐蚀都很轻微，铜和铜合金不宜使用。

7. 盐水(海水)

普通碳钢在氯化钠溶液和海水、咸水中腐蚀率不太高，一般须采用涂料保护。各类不锈钢也有很低的均匀腐蚀率，但可能因氯离子而引起局部性腐蚀，通常采用316不锈钢较好。

8. 醇类、酮类、酯类、醚类

常见的醇类介质有甲醇、乙醇、乙二醇、丙醇等，酮类介质有丙酮、丁酮等，酯类介质有各种甲酯、乙酯等，醚类介质有甲醚、乙醚、丁醚等，它们基本没有腐蚀性，碳钢材料均可适用，具体选用时还应根据介质的属性和相关要求做出合理选择。酮、酯、醚等对多种橡胶有溶解性，在选择密封材料时避免出错。

常用腐蚀介质金属选材见表8.1.7。

表8.1.7 常用腐蚀介质金属选材

流体		工况条件		碳素钢	铸铁	不锈钢					青铜	镍	锰	哈氏合金B	哈氏合金C	镍铬铁耐热合金	钛	锆
		质量分数/%	温度/℃			304	316	440C	630	20C-30N								
亚硫酸气	干		常温	A	A	A	A	A	A	A	—	—	—	—	A	A	A	—
			100	A	A	A	A	A	A	A	—	—	—	—	A	A	A	—
	湿	5	常温	C	C	A	A	A	—	A	—	C	—	A	A	A	B	—
		全浓度	100	C	C	C	B	—	—	A	B	C	C	A	A	A	C	—
乙醇	乙基	全浓度	常温	A~B	A~B	A	A	A	A	A	A	A	A	A	A	A	A	A
	甲基	全浓度	常温	A~B	A~B	A	A	A	A	A	A	A	A	A	A	A	A	A
安息香酸		全浓度	常温	C	C	A~B	A~B	A~B	A~B	A~B	A~B	A~B	A~B	A	A	A~B	A	A
氨		100	常温	A	A	A	A	A	A	A	A	A~B	A~B	A	A	A	A	A
丙酮		100	常温	A	A	A	A	A	A	A	A	A	A	A	A	A	A	A
			100	A	A	A	A	A	A	A	A	A	A	A	A	A	A	A

续表

流体	工况条件		碳素钢	铸铁	不锈钢					青铜	镍	锰	哈氏合金B	哈氏合金C	镍铬铁耐热合金	钛	锆
	质量分数/%	温度/℃			304	316	440C	630	20C-30N								
乙炔	100	常温	A	A	A	A	A	A	A	A	A①	A	A	A	A	A	A
		100	A	A	A	A	A	A	A	—	—	—	A	A	A	—	—
乙醛		常温	A	A	A	A	A	A	A	A	A	A	—	A	A	—	A
苯胺	100	常温	A	A	A	A	A~B	A~B	A	C	A~B	A~B	A	A	A	A	A
氨湿蒸汽		常温	A	A	A	A	A	A	A	C	C	C	A	A	A	A	—
		70	B	B	A	A	—	—	A	C	C	C	A~B	A	A	A	—
硫(熔融)	100		A	A	A	A	A	A	A	C	A	A	—	A	A	—	—
乙烷			A	A	A	A	A	A	A	A	A	A	A	A	A	A	A
乙二醇		30	A	A	A	A	A~B	A	A	A~B	—	—	A	A	—	A	A
氯化锌	5	常温	C	C	C②	B②	C	C	A	B	A~B	A~B	A~B	A~B	—	A	A
		沸腾	C	C	C	C	C	C	A	B	—	A~B	A~B	A~B	—	A	A
氯化铝	5	常温	C	C	A	A	—	A	A	C	B	A~B	—	A	A~B	A	A
	1	常温	C	C	A	A	C	—	A	B	A	A	A	A	A	A	A
氯化铵	10	沸腾	C	C	C	B	C	—	A~B	C	A~B	A~B	A	A	A~B	A	A
	28	沸腾	C	C	C	B	C	—	A~B	C	A~B	A~B	A	A	A~B	—	A
	50	沸腾	C	C	C	B	C	—	A~B	C	A~B	A~B	—	A	A~B	—	—
氯化硫(干)			C	C	C	C	C	C	A~B	A~B	A~B	A~B	A~B	A	A~B	—	—
氯化乙烯	100	常温	A③	A~B	A③	A③	A③	A③	A③	A	A	A	A	A	A	A	—
氯化钙	0~60	常温	A~B	A~B	A~B	A~B	A~B	A~B	A~B	A	A	A	A	A	A	A	A
氯化银		常温	C	C	C	C	C	C	B	C	A~B	A~B	C	A~B	—	A	—
氯化钠			C	C	B	A~B	B	B	A	A~B	A	A	A	A	A	A	A
硫酸锌	饱和	常温	—	—	A	A	—	—	A	A	—	—	A	A	A~B	—	—
	25	沸腾	—	—	A	—	—	—	A	B	—	—	A	A	—	—	—
硫酸铵	1~5	常温	—	—	A	A	—	—	A	—	A	A	A	A	A	A	A
硫酸铜	<25	<100	—	—	—	—	—	—	A	—	—	—	—	A	—	A	A
硫酸	50~60	≤30	C	C	C	C	C	C	A	C	C	C	A	A	C	C	A
		≤60	C	C	C	C	C	C	B	C	C	C	A	B	C	C	A
		沸腾	C	C	C	C	C	C	C	C	C	C	B	C	C	C	A~B
	60~75	≤30	C	C	C	C	C	C	A	C	C	C	A	A	C	C	A~B
		≤60	C	C	C	C	C	C	B	C	C	C	A	B	C	C	A~B
		沸腾	C	C	C	C	C	C	C	C	C	C	B	C	C	C	C

续表

流体	工况条件 质量分数/%	工况条件 温度/℃	碳素钢	铸铁	不锈钢 304	不锈钢 316	不锈钢 440C	不锈钢 630	不锈钢 20C-30N	青铜	镍	锰	哈氏合金B	哈氏合金C	镍铬铁耐热合金	钛	锆
硫酸	75~90	≤30	B	C	B	B	C	C	A	C	C	C	A	—	—	—	A
		≤50	C	—	C	B	C	C	B	C	C	C	A	—	—	—	A
		沸腾	C	—	C	C	C	C	C	C	C	C	—	—	—	—	—
	95~100	≤30	A(>98%)	—	A(>98%)	A(>98%)	—	—	A	—	C	C	A	A	—	—	—
		≤50	B(>98%)	—	B(>98%)	B(>98%)	C	C	A~B	—	C	C	A	B~C	—	—	—
		沸腾	—	—	—	—	—	—	C	—	C	C	C	C	—	—	—
	5	常温	—	—	A	A	—	—	A	A	A~B	A~B	A	A	A~B	—	—
盐酸	1~5	<30	C	C	C	B	C	C	B	B	B	B	A	A	B	A~B	A
		<50	C	C	C	C	C	C	B	C	B	B	A	B	B	B	A
		沸腾	C	C	C	C	C	C	C	C	C	C	A	C	C	C	A
	5~10	<30	C	C	C	C	C	C	B	B	B	B	A	A	B	B	A
		<70	C	C	C	C	C	C	C	C	C	C	A	B	C	C	A
		沸腾	C	C	C	C	C	C	C	C	C	C	A	C	C	C	A
	10~20	<30	C	C	C	C	C	C	C	C	C	B	A	A	B	C	A
		<70	C	C	C	C	C	C	C	C	C	C	A	B(<50℃)	C	C	A
		沸腾	C	C	C	C	C	C	C	C	C	C	B	C	C	C	B
	>20	<30	C	C	C	C	C	C	C	C	C	C	A	C	C	C	A
		<80	C	C	C	C	C	C	C	C	C	C	—	C	C	C	A
		沸腾	C	C	C	C	C	C	C	C	C	C	A	C	C	C	B
氯 干		<30	A	A	A	A	A	A	A	A	A	A	A	—	A	C	A
氯 湿		<30	C	C	C	C	C	C	—	A	—	—	A	—	—	A	—
海水		常温	C	C	A[4]	A[5]	C[5]	A[5]	A[5]	A[5]	—	A	A	A	—	A	A
过氧化氢	<30	常温	—	—	A	A	A~B	A~B	A	C	A	A	A	A	A	A	A
苛性钠	<10	<30	A	A	A	A	A	A	A	B	A	A	A	A	A	A	A
		<90	A~B	A~B	A	A	A	A	A	B	A	A	A	A	A	A	A
		沸腾	—	—	A	A	A	A	A	B	A	A	A	A	A	A	A
	10~30	<30	A	A	A	A	A	A	A	B	A	A	A	A	A	A	A
		<100	A	A	A	A	A	A	A	C	A	A	A	A	A	A	A
		沸腾	—	—	B	B	—	—	A	C	A	A	A	A	A	—	—

续表

流体	工况条件 质量分数/%	工况条件 温度/℃	碳素钢	铸铁	不锈钢 304	不锈钢 316	不锈钢 440C	不锈钢 630	不锈钢 20C-30N	青铜	镍	锰	哈氏合金B	哈氏合金C	镍铬铁耐热合金	钛	锆
苛性钠	30~50	<30	A	A	A	A	A	A	A	C	A	A	A	A	A	—	—
		<100	B	B	A	A	—	B	A	C	A	A	A	A	A	—	—
		沸腾	—	—	—	—	—	—	—	C	A	A	A	A	A	—	—
	50~70	<30	C	C	B	B	—	—	B	C	A	A	A	A	A	—	—
		<80	C	C	—	—	—	—	—	C	A	A	A	A	A	—	—
		沸腾	C	C	—	—	—	—	—	C	A	A	A	A	A		
	70~100	≤260	—	—	B	B	—	—	B	—	A	B	B	B	B	—	—
	100	≤480	—	—	C	C	—	—	C	—	A	B	B	B	B	—	—
甲酸	<10	常温	C	C	A	A	C	B	A	C	—	A~B	A	A	A~B	—	A
柠檬酸	5	<70	C	C	A~B	A	A	A	A	C	A~B	A~B	A	A	A	A	A
	15	常温	C	C	A~B	A	B	A~B	A	C	A~B	A~B	A	A	A	A	A
		沸腾	C	C	A~B	A	B	—	A	C	A~B	A~B	A	A	A~B	A	A~B
	浓	沸腾	C	C	C	B	—	—	A	C	—	—	A	A	—	A	—
杂酚油			A	A	A	A	A	A	A	C	A	A	A	A	A	—	—
铬酸	5	<66	C	C	B	B	C	—	A~B	C	C	C	—	A~B	A~B	A	A
	10	沸腾	C	C	C	C	C	—	—	C	C	C		A~B	B	A	A
	浓	沸腾	C	C	C	C	C	—	—	C	C	C	—	—	—	A	A
铬酸钠			—	—	A	A	—	A	—	A	A	A	—	—	A	—	—
醋酸	≤10	≤30	C	C	A	A	A~B	A	A	B~C	A	A	A	A	A	A	A
		沸腾	C	C	A	A	—	—	A	B~C	—	A~B	A	A	A	A	A
	10~20	<60	C	C	A	A	—	—	A	—	A	—	—	A	—	A	A
		沸腾	C	C	A	A	—	—	A	—	—	—	—	A	—	A	A
	20~50	<60	C	C	A	A	—	—	A	—	A	A	A	A	—	A	A
		沸腾	C	C	A	A	—	—	A	—	—	—	A	A	—	A	A
	50~99.5	<60	C	C	A	A	—	—	A	—	—	—	A	A	—	A	A
		沸腾	C	C	A	A	—	—	A	—	—	—	A	A	—	A	A
	无水	常温	C	C	A~B	A	—	—	A	—	—	—	A	A	—	A	A
醋酸钠			A~B	A~B	A~B	A~B	A~B	A~B	A~B	A~B	A~B	A~B	A~B	A~B	A~B	A	A
次亚氯酸钠	<20	常温	C	C	C	B	C	C	B	C	C	C	—	A	C	A	A
四氯化碳			B	B	A	A	B	A	A	A	A	A	A	A	A	A	A

续表

流体	工况条件		碳素钢	铸铁	不锈钢					青铜	镍	锰	哈氏合金B	哈氏合金C	镍铬铁耐热合金	钛	锆
	质量分数/%	温度/℃			304	316	440C	630	20C-30N								
草酸	5	常温	C	C	A~B	A~B	A~B	A~B	A	—	C	A~B	A	A	A	A~B	A
	10	常温	C	C	A~B	A~B	A~B	A~B	A	—	C	A~B	A	A	A	C	A
		沸腾	C	C	C	A~B	C	C	A	—	C	A~B	B	A	A	C	A
	≤0.5	≤30	C	C	A	A	A	A	A	C	C	C	C	A	A	A	A
		≤60	C	C	A	A	A	A	A	C	C	C	C	A	A	A	A
		沸腾	C	C	A	A	A	A	A	C	C	C	C	A	A	A	A
	0.5~20	≤30	C	C	A	A	A	A	A	C	C	C	C	A	A	A	A
		≤60	C	C	A	A	A	A	A	C	C	C	C	A	—	A	A
		沸腾	C	C	A	A	—	—	A	C	C	C	C	A	—	A	A
	20~40	≤30	C	C	A	A	A	A	A	C	C	C	C	A	A	A	A
		≤60	C	C	A	A	—	—	A	C	C	C	C	A	—	A	A
		沸腾	C	C	A	A	—	—	A	C	C	C	C	—	—	C	A
硝酸	40~70	≤30	C	C	A	A	A	A	A	C	C	C	C	—	—	A	A
		≤60	C	C	A	A	—	—	A	C	C	C	C	—	—	A	A
		沸腾	C	C	B	B	—	—	B	C	C	C	C	—	—	C	A
	70~80	≤30	C	C	B	A	A~B	A~B	A	C	C	C	C	—	—	A	A
		≤60	C	C	A	A	—	—	B	C	C	C	C	—	—	A	A
		沸腾	C	C	C	C	—	—	C	C	C	C	C	—	—	C	A
	80~85	≤30	C	C	A	A	—	—	A	C	C	C	C	—	—	A	A
		≤60	C	C	A	A	—	—	B	C	C	C	C	—	—	A	A
		沸腾	C	C	C	C	—	—	C	C	C	C	C	—	—	—	—
	≥95	≤30	A	—	A	A	—	—	A	—	—	—	—	—	—	A	A
硝酸根			C	C	A	A	A~B	A~B	A	C	C	C	A~B	A~B	—	A	A
氢氧化钾	5	常温	A~B	A~B	A	A	A~B	A	A	B	A	A	A~B	A	A~B	A	A
	27	沸腾	A~B	A~B	A	A	A~B	—	A~B	B	A	A	A~B	A~B	A~B	C	A
	50	沸腾	—	—	B	A	—	—	A~B	—	A	A	A~B	A~B	A~B	C	A
氢氧化镁	浓	常温	A	A	A	A	A	A	A	A	A	A	A	A	A	A	A
氢	100	常温	A	A	A	A	A	A	A	A	A	A	A	A	A	A	A
水银	100	沸腾	A	A	A	A	A	A	A	C	A~B	A~B	A	A	A	—	—
硬脂酸	浓	50	—	C	A	A	A~B	A~B	A	C	A~B	A~B	A	A	A~B	A	—
焦油	浓	常温	A	A	A	A	A	A	A	A	A	A	A	A	A	A	A

续表

流体		工况条件		碳素钢	铸铁	不锈钢					青铜	镍	锰	哈氏合金B	哈氏合金C	镍铬铁耐热合金	钛	锆
		质量分数/%	温度/℃			304	316	440C	630	20C-30N								
碳酸钠		全浓度	常温	A	A	A	A	A	A	A	A	A	A	A	A	A	A	A
硫代硫酸钠		20	常温	C	C	A~B	A~B	—	—	A	—	—	B	A	A	—	—	—
松节油				B	B	A	A	—	—	A	A	—	B	A	A	A	A	A
三氮乙烯				A~B	A~B	A	A	A	A	A	A	A	A	A	A	A	A	A
二氧化碳	干		常温	A	A	A	A	A	A	A	A	A	A	A	A	A	A	A
	湿		常温	C	C	A	A	A	A	A	B	—	—	—	A	A	A	A
二硫化碳				A	A	A	A	B	—	A	C	—	B	A	A	A	A	A
苦味酸				C	C	A~B	A~B	A~B	A~B	A	C	C	C	C	A	A~B	—	—
氰酸		混入蒸气		C	C	C	C	C	C	C	C	C	A~B	A	B	C	C	C
		未混空气		C	C	C	A	C	C	C	C	C	A	A	A~B	C	C	C
氟利昂	干			A~B	A~B	A	A	A	A	A	A	—	A	A	A	—	A	—
	湿			B	B	B	A	—	—	A	A	—	A	A	A	—	A	—
丙烷				A	A	A	A	A	A	A	A	A	A	A	A	A	A	A
丁烷				A	A	A	A	A	A	A	A	A	A	A	A	A	A	A
汽油				A	A	A	A	A	A	A	A	A	A	A	A	A	A	A
硼酸				C	C	A	A	B	A	A	A~B	A~B	A~B	A	A	A~B	A	A
甲酸				B	B	A	A	A	A	A	A	A	A	A	A	A	A	A
乳品				—	—	A	A	—	—	A	—	—	—	A	A	—	—	—
丁酮				A	A	A	A	A	A	A	A	A	A	A	A	A	A	A
硫化氢		湿		B~C	C	A~B	A~B	—	A	B	C	C	—	—	A	B	A	—
		≤0.25	≤30	C	C	A	A	C	—	A	A~B	C	A	A	A	—	—	A
			≤60	C	C	A	A	C	A~B	A	A~B	C	A	A	A	—	—	A
			沸腾	C	C	—	—	C	A~B	A	C	C	A	A	A	—	—	A
		0.5~5	≤30	C	C	B	B	C	—	A	C	C	C	A	A	C	C	A
			≤60	C	C	C	B	C	—	A	C	C	C	A	A	C	C	A
			沸腾	C	C	C	C	C	—	A	C	C	C	A	A	C	C	A
		5~25	≤30	C	C	C	B~C	C	C	A	C	C	C	A	A	C	C	A
			≤50	C	C	C	C	C	C	A	C	C	C	A	A	C	C	A
			沸腾	B~C	C	C	C	C	C	B(>80℃)	C	C	C	A	B	C	C	A

续表

流体	工况条件		碳素钢	铸铁	不锈钢					青铜	镍	锰	哈氏合金B	哈氏合金C	镍铬铁耐热合金	钛	锆
	质量分数/%	温度/℃			304	316	440C	630	20C-30N								
硫化氢	25~50	≤30	C	C	C	C	C	C	A	C	C	C	A	A	C	C	A
		≤50	C	C	C	C	C	C	A	C	C	C	A	A	C	C	A
		沸腾	C	C	C	C	C	C	C	C	C	C	B	C	C	C	—
磷酸	≤65	≤30	C	C	A(>50%)	A	—	—	A	—	—	—	A	A	A(>50%)	—	A
		≤70	C	C	A⑥	A⑥	—	—	A⑥	—	—	A⑥	A	A	—	A(>25%)	A
		沸腾	C	C	A~B	A	—	—	A	—	—	—	A	A	—	—	A(>50%)
	65~85	≤30	C	C	C	A	—	—	A	—	—	B	A	—	—	—	—
		≤90	C	C	C	A	—	—	A	—	—	B	A	—	—	—	—
		沸腾	C	C	C	C	—	—	A	—	—	C	A~B	—	—	—	—

① 铜及铜合金当存在水分时会爆炸。

② 有产生凹痕和应力腐蚀龟裂的可能性。

③ 存在水分则应为“C”。

④ 钼的质量分数在30%以上时，在沸腾状态下才成为“B”或“C”。

⑤ 有可能发生孔蚀。

⑥ 蒙乃尔合金时，未混入空气时的数据。

注：1. 表中A、B、C分别表示耐腐蚀性优异、良好、尚可，“—”表示进行试验。

2. 选自《化工机械材料便览》。

第二节 配管腐蚀控制设计与工程应用

一、正确选择配管材料

管道材料的品种很多，不同材料在不同环境中有不同的腐蚀速率，有些腐蚀速率很高，根本不能应用，有些比较低或很低。选材者对某一特定环境选择腐蚀速率低、价格较合适、物理力学性能等又适合设计要求的材料，是常用的、简便而行之有效的控制腐蚀的方法。选择材料是一项复杂的技术工作，必须兼顾耐蚀性、机械性能、加工性能及材料来源经济性等各个方面，进行综合分析，做到合理选用。从防腐蚀角度主要考虑：

1. 管道的使用条件

(1) 介质(组成、组成变化，微量成分或杂质、相态、浓度、流速及其分布情况、pH

值、有无固体悬浮物等)。

(2) 温度(平均温度、变化范围、加热与冷却速度、温度梯度)。

(3) 压力(平均压力、压力分布变化范围、变化方式)。

(4) 装置运转、停止时的条件(启动停止频率、启动条件、停止时的措施)。

2. 材料的耐蚀性能

(1) 应考虑腐蚀速率(一般要求为0.05~0.1mm/a),有无产生局部腐蚀的条件及材料耐局部腐蚀(点蚀、缝隙腐蚀、焊缝腐蚀等)的性能,耐应力腐蚀破裂及腐蚀疲劳性能,使用年限等。

(2) 对于全面腐蚀的腐蚀裕废的确定。如果所选取的材料在管道使用的介质中只产生全面腐蚀,那么在设计时一般把腐蚀与强度问题分开处理,即首先进行材料力学的强度设计,计算出管道壁厚,然后再按照资料提供的年均腐蚀速率(也可来自腐蚀试验的结果或经验),乘以预期的工作年限,得到一个附加的壁厚,即"腐蚀裕度",加到原有的壁厚上去。

(3) 对应力腐蚀破裂的考虑。设计时,尽量避免使用会产生应力腐蚀破裂的金属。但在实际生产中难以避免,因此应设法消除残余应力,以防止应力腐蚀破裂的发生。

残余应力主要来自冷加工和焊接。因此,对在应力腐蚀破裂敏感介质中应用的金属材料,用热加工成型代替冷加工成型,采取热处理等方法来消除焊接残余应力。

3. 材料的货源、价格及经济性

二、调整配管腐蚀环境

如果能消除环境中引起腐蚀的各种因素,腐蚀就会中止或减缓,但是多数环境是无法控制的,如大气和土壤中的水分,海水中的氧等都不可能除去。化工生产流程也不可能任意更改。但是有些局部环境可以调整,例如锅炉进水先去氧(加入脱氧剂亚硫酸钠和肼等),可保护锅炉管免受腐蚀。

三、加入工艺配管缓蚀剂

1. 缓蚀剂概述

在腐蚀性介质中,加入少量的一种或几种物质,能使金属的腐蚀速率大大降低,这种物质或复合物质就称为缓蚀剂。这种保护金属的方法通称为缓蚀剂保护技术。

对于金属管道来说,缓蚀剂保护技术属工艺性防腐方法,缓蚀利的添加是通过工艺操作来实现的。缓蚀剂的防腐机理一般认为是在金属表面上生成了连续的起隔离作用的吸附层保护膜,从而降低金属的腐蚀速率。工业上采用缓蚀剂保护金属管道的事例有:石油和天然气(特别是高含硫的)的采集、输送系统;炼油装置的常减压系统;乙烯裂解装置的工艺水系统;合成氨苯菲尔法脱碳系统;工业冷却水系统等。

2. 缓蚀剂分类

(1) 通常缓蚀剂有多种分类方法,按缓蚀剂的化学组成分类可分为无机缓蚀剂和有机缓蚀剂。见图8.2.1。

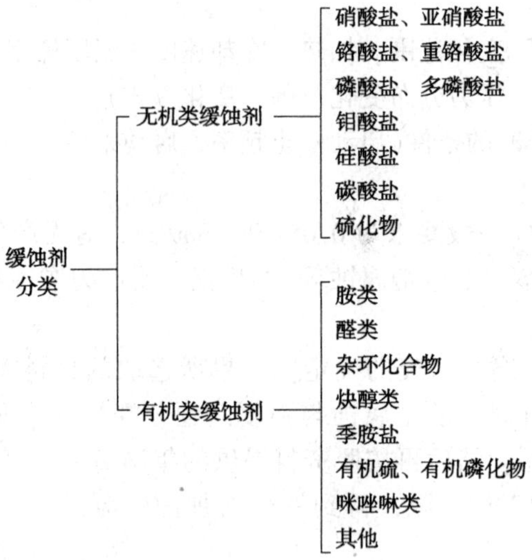

图 8.2.1　缓蚀剂分类

(2) 按缓蚀剂对电极过程的影响分类。金属和电解质溶液接触时，会发生电化学腐蚀。在此过程中铁以铁离子形式进入溶液，铁受到了腐蚀，而溶液中的氢离子则在电极表面的某些区域接受电子，成为氢分子逸出。这两个过程是共轭过程，如果由于在介质中添加了缓蚀剂，使其中的一个过程或两个过程受到阻滞，腐蚀速度就会减缓。

(3) 根据缓蚀剂对腐蚀电化学过程的抑制作用可将缓蚀剂分为以下三类。

① 阳极型缓蚀剂。这类缓蚀剂又称阳极抑制型缓蚀剂。例如：铬酸盐、硝酸盐、正磷酸盐、硅酸盐、苯甲酸盐等。这类缓蚀剂，有的能阻止金属表面阳极部分的离子进入溶液，有的则是因能形成保护膜(钝化膜)从而起到缓蚀作用。应注意的是上述缓蚀剂中苯甲酸盐系非氧化型的，它只有在介质中存在溶解氧的情况下，才能起到抑制腐蚀作用。

② 阴极型缓蚀剂。它又称阴极抑制型缓蚀剂。例如：酸式碳酸钙、聚磷酸盐、硫酸锌、砷离子、锑离子等。它们能使阴极过程减慢，能增大阴极极化，使电位负移。有的阴极型缓蚀剂，如锌盐及碳酸氢钙等，在中性溶液中可与阴极过程产生的 OH^- 结合，生成难溶性的氢氧化物或碳酸盐覆盖于阴极表面，从而阻碍了阴极反应。而有的阴极型缓蚀剂，如 $AsCl_3$、$SbCl_3$、$Bi(SO_4)_3$ 等在酸性溶液中，其相应的金属离子可在阴极表面被还原成 As、Sb、Bi 元素覆盖在电极表面，使氢的过电位显著增加，从而减慢了腐蚀速率。

③ 混合型缓蚀剂。它又称混合抑制型缓蚀剂，这类缓蚀剂主要是一些有机化合物，如含氮、含硫及既含氮又含硫的有机化合物、琼脂、生物碱等。

(4) 按缓蚀剂在金属表面形成保护膜的特征分类，一般可将缓蚀剂分为如下三类：

① 氧化膜型缓蚀剂。这类缓蚀剂有铬酸盐、亚硝酸盐、钼酸盐和钨酸盐等，它们可以使金属表面形成致密的 γ-Fe_2O_3 保护膜，厚度可达 5~10nm。其中钼酸盐和钨酸盐只有在介质中有氧存在时才能起缓蚀作用。

② 沉淀膜型缓蚀剂。这类缓蚀剂如六偏磷酸钠、硫酸锌、聚磷酸钠等，它们能与介质

中的有关离子反应，并在金属表面上的阴极区形成抑制腐蚀的沉淀膜，这种沉淀膜一般要比氧化膜厚(约为几十到100nm)，但其致密性和附着力则比氧化膜差得多。因此，它们的保护效果比氧化膜型缓蚀剂差一些。

③ 吸附膜型缓蚀剂。这类缓蚀剂一般都是有机化合物，它们能吸附在金属表面，使介质不易与金属接触而减缓了腐蚀。根据吸附形式不同，它又可分为物理吸附和化学吸附两类。

（5）按缓蚀剂使用范围分类，可将缓蚀剂分为酸洗缓蚀剂、冷冻水缓蚀剂、油气井酸化缓蚀剂、石油化工工艺缓蚀剂、油田注水缓蚀剂、锅炉用水缓蚀剂、循环冷却用水缓蚀剂等。

3. 影响缓蚀作用的因素

影响缓蚀剂缓蚀效果的因素很多，除了缓蚀剂的组分、结构、介质性质、金属的种类和表面状态诸因素外，还与缓蚀剂的用量、使用温度和介质的运动速度等因素有关。

（1）用量的影响。缓蚀剂用量(浓度)对金属腐蚀速率的影响大致有三种情况：

① 金属腐蚀速率随缓蚀剂浓度的增加而降低。如碳钢在含 H_2S 的油-盐水介质中就是如此。

② 缓蚀剂的浓度与金属腐蚀速率的关系有极限值。这类缓蚀剂当浓度增加到一定程度后，如再继续增加缓蚀剂浓度，金属的腐蚀速率不仅不下降，反而会升高。

③ 缓蚀剂用量不足会加速金属腐蚀。例如，为减缓淡水和盐水腐蚀性常用的缓蚀剂亚硝酸钠就属于这类缓蚀剂，在盐水中亚硝酸钠添加量不足时，碳钢的腐蚀速率不仅加大，而且还会发生明显的点腐蚀。因此，对于这类缓蚀剂添加量太少就非常危险，必须十分注意。大部分氧化剂也属于这类缓蚀剂，如铬酸盐、重铬酸盐、过氧化氢以及硅酸钠等。

（2）温度的影响。金属腐蚀一般随着温度升高而加快，尤其是在腐蚀过程有氢析出的介质中，如钢在酸性介质中就是如此。如果腐蚀过程有氧参与阴极反应(即氧去极化)，则由于温度升高时氧的溶解度降低，腐蚀速率与温度的关系就比较复杂。有可能温度高时的腐蚀速率比温度低时还小，加入缓蚀剂的情况也是同样的情形。

① 温度升高，缓蚀率降低。大多数有机缓蚀剂及许多无机缓蚀剂都属于这种类型。

② 在一定的温度范围内缓蚀率不随温度升高而改变。例如苯甲酸钠在20~80℃温度范围内，对碳钢在水溶液中的腐蚀抑制作用几乎不随温度变化而改变，但在沸腾的水中，苯甲酸钠则不能抑制钢的腐蚀。

③ 温度增高，缓蚀率也增高。有些缓蚀作用特别强的缓蚀剂，不仅能使腐蚀速率减小，而且可以使腐蚀反应速率随温度升高而增加的变化率(即温度系数)减小，从而进一步提高了缓蚀率。属于这类缓蚀剂的有：盐酸溶液中的7701、7801、含氮碱和某些生物碱等。

（3）介质流动速率对缓蚀作用的影响。介质流动速率对缓蚀剂缓蚀作用的影响并不亚于温度、压力、介质的组成及其他因素的影响，这种影响大致有三种情况：

① 流速加快，缓蚀率降低。在大多数情况下，提高介质的流动速率或对介质进行搅拌都会造成缓蚀效率的降低。但有时由于流速增大反而会加快腐蚀。

② 流速增加，缓蚀率提高。当缓蚀剂由于在介质中不能均匀分布而影响保护效果时，增加介质流动速率，有利于缓蚀剂均匀地扩散到金属表面形成面膜，而使缓蚀效率提高。

③ 介质流速对缓蚀效率的影响因缓蚀剂使用浓度不同而出现相反的结果。例如：采用四份六偏磷酸钠和一份氯化锌的混合物作循环冷却水的缓蚀剂，当缓蚀剂的浓度为 8×10^{-6} 以上时，缓蚀率随介质流速增加而提高。当其浓度在 8×10^{-6} 以下时，缓蚀率随流速增大而减小。

四、阴极保护(cathodic protection)

腐蚀电池中的阴极是接受电子产生还原反应的电极，只有阳极才发生腐蚀。利用这个原理，可以从外部导入阴极电流至需要保护的设备上，使管道全部表面成为阴极。阴极保护广泛用于土壤和海水中的管道、电缆、海船、港湾码头设施、钻井平台、水库闸门、油气井、家用水槽等。为了减少电流输入，延长使用寿命，一般和涂料联合应用，是一种经济简便、行之有效的防腐蚀方法。

利用外部阴极电流使金属电位向负的方向移动，使腐蚀原电池的作用减弱，或完全停止，从而达到减缓或停止金属腐蚀的目的，这种技术称为电化学阴极保护技术。外部阴极电流可由两种方法获得：偶接牺牲阳极法和外电源法。

牺牲阳极法是将电位较负的一种金属(如铝、镁、锌及其合金等)连接在被保护的金属管道上，使两者在电解质中构成一个大电池，牺牲阳极电位负被腐蚀，金属管道得到阴极电流而减弱了或停止了腐蚀，见图 8.2.2。

外电源法是把电解质中的金属管道和一直流电流的负极相连，直流电源的正极和一外加的辅助阳极(耐阳极腐蚀的材料如石墨等)相连电路接通后，金属管道获得阴极电流而被保护，见图 8.2.3。

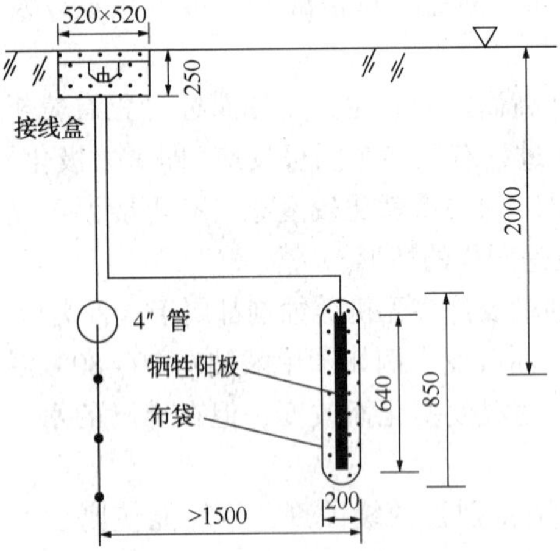

图 8.2.2　牺牲阳极法保护地下管线略图

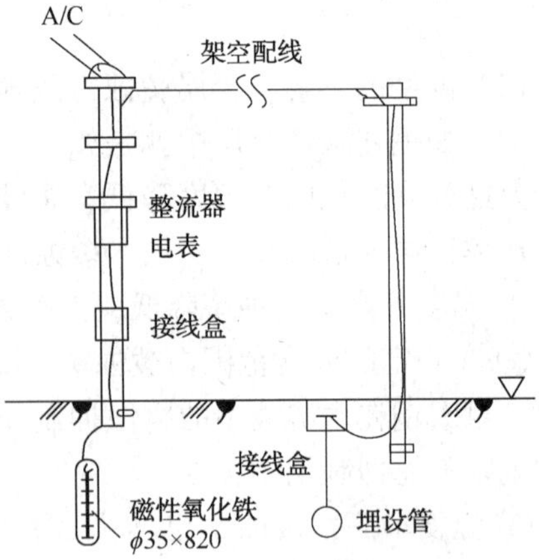

图 8.2.3　外电源法保护地下管线略图

阴极保护技术适用于地下及水下金属管道，已有 NACE 标准(美国国家腐蚀工程师协会标准)。阴极保护通常是和涂料联合使用。单独的防腐涂层，会有针孔及使用中产生的局部脱落，如同时再用阴极保护，则阴极电流只保护针孔和局部脱落处，耗电极小，经济效益更好。

阴极保护(与涂料联合使用)，已成功用于地下输油管道、过江乙烯输气管道及大口径过江、过海输淡水管道的防腐，示意图见图 8.2.4。

涂层加阴极保护是标本兼治、停止腐蚀的办法，是国内外公认最经济、最有效的防腐措施。

其中外防护层是主要防腐手段，即在钢管和腐蚀介质之间建立一个绝缘隔离层，避免腐蚀介质和钢管接触，从根本上防止钢管的电化学腐蚀；阴极保护作为防护层防腐的补充手段，为防护层缺陷处的钢管外表面提供电化学保护。

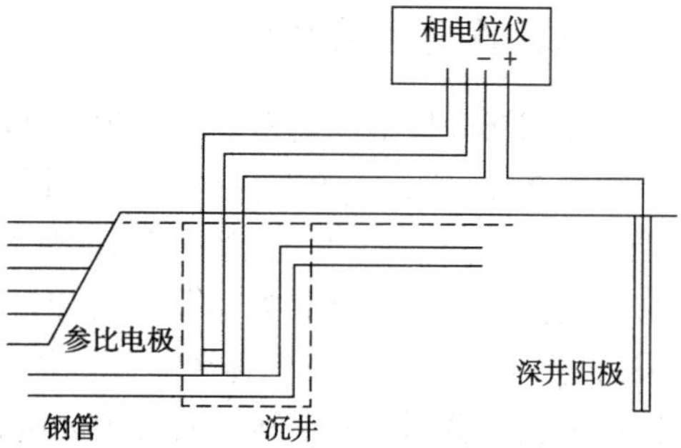

图 8.2.4　过江、过海钢管阴极保护系统示意图

但是，当防腐层质量不佳，破损严重时，若采用增加阴极保护作为主要防护手段，不但使阴极保护投资和维护费用急增，而且管理和维修、保护电流的合理分布都会出现许多难题。所以要进行涂层和阴极保护的联合保护的前提是在涂层质量没有被严重损坏的情况下，通过阴极保护参数的调整从而达到埋地钢制管道的保护。

五、阳极保护(anodic protection)

以管道作为阳极，从外部通入电流，一般将加速腐蚀，腐蚀电流随阳极极化而增大。但是对可以钝化的金属则会出现另一情况，当电位随电流上升，达到致钝电位后，腐蚀电流急速下降，甚至可下降几万倍，以后随电位上升，电流不变，直到过钝区为止。利用这个原理 Edleanu 首先提出阳极保护的概念，以需要保护的设备为阳极，导入电流，使电位保持在钝化区的中段(以免波动时进入活化区)，腐蚀速率可保持很低值，通入的电流就表示设备的腐蚀速率。这种方法需要一台恒电位仪，用以控制设备的电位。因为它只适用于接触钝化溶液的可钝化金属，所以用途受限制。工业上已用于处理硫酸、磷酸、碳酸氢铵生产液、硝铵混肥等的不锈钢或碳钢制的各种管道设备。

六、管道材料合金化

在基体金属中加入能促进钝化的合金成分，当加入量达到一定比例后，得到耐蚀性优良的材料。如铁中加入铬，当铬量达 12%以上时，就成为不锈钢，在氧化环境中由于表面生成钝化膜，有很高的耐蚀性。铬钢中加入镍，可扩大钝化范围，还可提高机械性能。镍铜合金中的镍大于 30%~40%时，可得到含镍 10%~30%的铜镍合金(cupron-nickel)和镍 70 钢 30(Monel)合金，它们比纯铜和纯镍的耐蚀性在一些环境中更优越些。一系列镍合金是有名的耐蚀材料，如镍铸铁有优良的耐碱性。镍钼合金是少数能耐高温非氧化性酸(如盐酸)的合金。镍钼铬铁合金能耐高温氧化性酸、次氯酸盐、海水等，比一般不锈钢更好。

七、管道表面处理

金属在接触使用环境之前先用钝化剂或成膜剂(铬酸盐、磷酸盐、碱、硝酸盐和亚硝酸盐混合液等)处理，表面生成稳定密实的钝化膜，抗蚀性大大增加。它与缓浊剂防护法的不同之处，在于它在以后的使用环境中(如大气、水)不需要再加入缓蚀剂，铝经过阳极处理，表面可以生成比在大气中生成的更为密实的膜。这类膜在温和的腐蚀环境(如大气和水)中有优良的抗蚀能力。钢铁部件表面发蓝也是一个广为应用的例子。

八、管道金属镀层和包覆层

在钢铁表层上可用一薄层更耐腐蚀的金属(如铬、镍、铅等)保护。常用的方法是电镀，一般镀 2~3 层，只有几十微米厚，因而不可避免地存在微孔，溶液可渗入微孔，将构成镀层-底层腐蚀电池。镀层为贵金属(如金、银等)或易钝化金属(如铬、钛)以及镍、铅等，由于电位比铁高，将成为阴极，会加速底层铁腐蚀。因此这类镀层不适于强腐蚀环境(如酸)，但可用于大气、水等环境。除了电镀外，还常用热浸镀(熔融浸镀)、火焰喷镀、蒸气镀和整体金属薄板包镀。后者因无微孔，耐蚀性强，寿命也更长，但价格高些。

九、防腐涂漆

用有机涂料保护大气中的金属结构，是最广泛应用的防腐方式。各类油漆、清漆等都属这一类，主要是由合成树脂、植物油、橡胶浆液、溶剂、助干剂、颜料、填料等配制而成。品种极多，过去以植物油为主的油漆现在多为合成树脂漆所替代。在石油、石化工业的个别部分管线也有采用缓蚀剂技术的。对于城市地下管线及地下长输管线采用阴极保护技术也较普遍。常用防蚀涂料有以下几种：

(1) 环氧树脂防腐蚀涂料。具有附着力强、耐酸耐碱、收缩率低等优点，因此被广泛用于管道内外壁防腐。缺点是耐候性差，漆膜易粉化，特别是固化处理不好时，涂层耐水性差，膜易泛白、变脆。

(2) 沥青防腐蚀涂料。沥青防腐蚀涂料，原料易得，价格低廉，常温能耐稀碱液和稀酸的腐蚀。漆膜弹性好，干燥快，常用作防水层。但沥青涂料不耐各种有机溶剂和强氧化剂，并且低温脆化。现有的定型产品，如煤焦油瓷漆、石油沥青漆、环氧煤沥青，都是改性的沥青漆，目的是为了提高漆膜的硬度、耐温性、耐候性和附着力。沥青涂料的主要用途是防水及地下管道的防腐，用于地下管道防腐时，通常配合采用玻璃布包覆。

(3) 漆酚防腐蚀涂料。漆酚漆是生漆经过脱水缩聚，用有机溶剂稀释而成，改善了生漆毒性大、干燥慢的缺点。漆酚漆耐酸、耐碱、耐氨、耐水，可作为氨气、氨水、氯气和硫化氢气体的防腐蚀涂料，也可作为地下管道的防潮、防腐蚀涂料。

(4) 聚氨酯防腐蚀涂料。聚氨酯漆耐酸、耐碱、耐油、耐水并且耐磨性也较好。作为防腐蚀涂料，主要是单组分的湿固化型和双组分的催化剂固化型及羟基固化型。为了改善某些性能，常和环氧树脂、沥青等混合使用。自制的聚氨酯沥青漆，漆膜固化快、耐水性好，可用于电站压力输水管内壁、油田注水井地下钢管内壁防腐。

(5) 烯烃树脂防腐蚀涂料。主要是以含有乙烯或丙烯分子结构的树脂为原料，再加上改性树脂、填料等制成的漆，耐酸、耐碱、耐水、耐候性均好。

(6) 过氯乙烯树脂防腐蚀涂料。过氯乙烯漆是一种较好的涂料，已广泛地用于化工管道防化工大气腐蚀。其缺点是附着力差，为了提高其附着力，常用环氧树脂改性，取得一定效果。

(7) 氯化橡胶防腐蚀涂料。以天然橡胶或合成橡胶经氯化反应后制得氯化橡胶，再将其溶在有机溶剂中，即制得氯化橡胶漆。特点是耐稀酸、稀碱，抗水渗透性好，附着力好，阻燃，一般用于化工大气防腐蚀，效果较好。

(8) 高温防腐蚀涂料。主要是有机硅树脂耐热漆，使用温度可达 500℃。优点是耐水、耐候、防腐蚀性较好。缺点是附着力较差、价格贵，含铝粉的产品需烘干。也有用磷酸盐铅粉高温涂料的，效果尚好。

（9）富锌防腐蚀涂料。富锌涂料有无机富锌涂料和有机富锌涂料两种。无机涂料由锌粉、硅酸钠（水玻璃）和固化剂等组成；有机涂料由锌粉、树脂（主要是环氧树脂）和固化剂等组成。富锌涂料防腐蚀原理主要是锌粉对钢铁材料能起到阴极保护的作用，因此适用于水、海水、油、海洋大气的防腐蚀。在酸、碱介质中不宜使用。

（10）水泥砂浆主要作为给水管道的内衬涂料。其特点是经济、无污染，已有半个多世纪的应用历史。目前已有聚合物水泥砂浆等改性品种，可适用于热水、海水、污水等管线，并可抑制微生物和苔藓植物的生长。

十、防腐衬里

防腐衬里一般为整片材料，适用于和强腐蚀介质接触的管道内部。如盐酸、稀硫酸的储槽用橡胶或塑料衬里、储放硝酸的储槽用不锈钢薄板衬里等。耐酸砖（硅砖）也广泛用于衬里，它耐强酸；耐火砖衬里则可起隔热作用。搪瓷实际上是一种玻璃衬里，工业上称为搪瓷玻璃，它的耐酸性强，广泛用于食品、医药等工业。

十一、防腐配管布置设计

（1）在设计时，为避免不合适的流动状态对管道造成磨损腐蚀，通常要求流动状态均匀，为避免流体通路断面的急剧变化、不连续变化以及流动方向的急剧变化，应尽量抑制流速差和压力降，以免引起湍流和涡流。管道在转弯及三通处以及孔板流量计的安放位置都应进行合理设计，尽量减少流体中固体颗粒的夹带，见图 8.2.5。

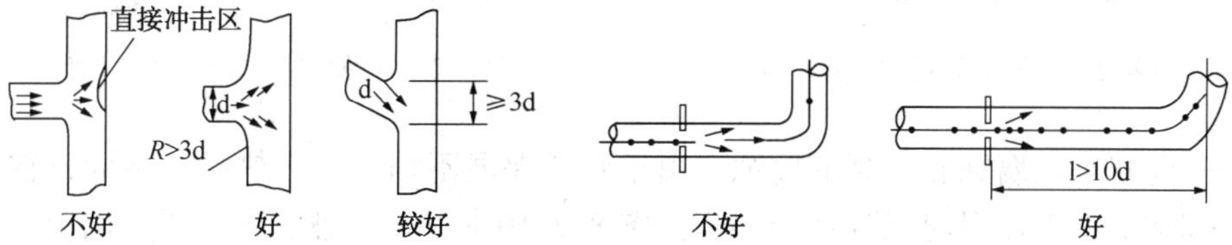

图 8.2.5　合理设计管道以保证合适流动状态实例

在管道布置设计时，尽量避免造成容易腐蚀的环境。见图 8.2.6所示，通常 A 段的死端不超过 1m，如果超过了 1m，流体在 A 段会产生腐蚀环境（有的资料上称为：Dead Leg）。

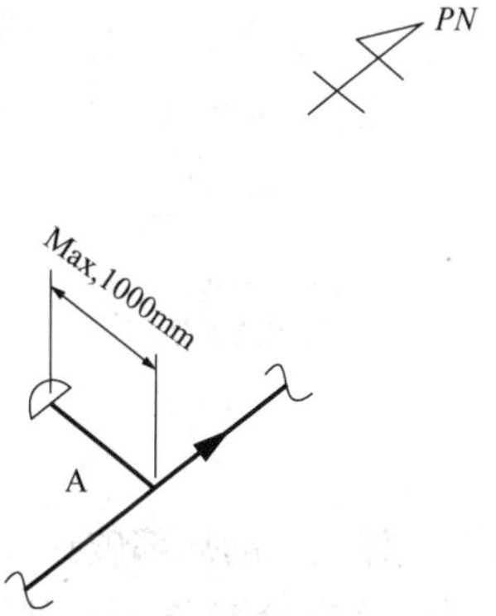

图 8.2.6　合理管道布置以避免腐蚀环境的实例

（2）配管布置设计一般防腐蚀要求。①减小焊接时产生的热应力和残余应力。②减小溶液的停滞和积聚。③减小局部过热。④减小溶液对器壁的冲击速度。⑤减少弯头，增大曲率半径，减少死角。⑥减小应力集中等。⑦增大弯管的曲率半径。⑧增大变径管的过渡区段。⑨分支管与主管焊接点应减小应力集中。⑩管道焊接不留缝隙，以消除可能产生的缝隙腐蚀。⑪管道低洼处设排液阀。⑫清管排污。

（3）管卡。管道与管卡之间可使用衬垫、绝缘胶等进行绝缘，以防止其间可能产生的接触腐蚀和缝隙腐蚀。

(4) 储罐和容器配管布置设计一般防腐蚀要求：罐顶采用有利于排液的形状和结构。储液容器的内部应设计成流线型，以便能方便和完全地排液。罐底应向着排出口方向倾斜，以防储罐排空后积存液体。加热器或加热盘管的位置应尽可能设在容器的中心。进口管应向着容器中心。防止底座与储罐之间的缝隙腐蚀。保温罐应密封，防止液体、湿气渗入。采用合适的通风口结构，防止过量的空气携带到水管线系统中去。在罐的入口处设堰板排去液流中夹带的空气。在飞溅区不要设水平支撑等。

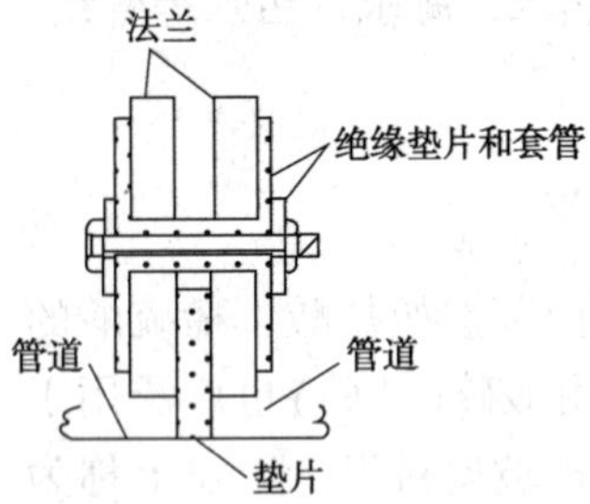

图 8.2.7　法兰之间的绝缘

(5) 电偶腐蚀的防止。管道设计时，对于用在电解质溶液中的管道，应尽可能避免异种金属(电位差超过 50mV)管道直接组焊，否则会造成电偶腐蚀，即在电位较负的金属侧发生宏观电池腐蚀。如必须采用不同金属管道组合，则在设计中要采取绝缘措施，见图 8.2.7。

(6) 缝隙腐蚀的防止。管道单面焊接时焊缝必须满焊和焊透，未焊透不但影响强度，也因在管道内壁造成缝隙(如图 8.2.8所示)，而引起缝隙腐蚀。

管法兰对接时，垫片的内径要尽量和管道的内径相一致，见图 8.2.9。垫片材料也会对缝隙腐蚀造成影响，一些纤维类的材料，由于能渗入电解质溶液而引起缝隙腐蚀。

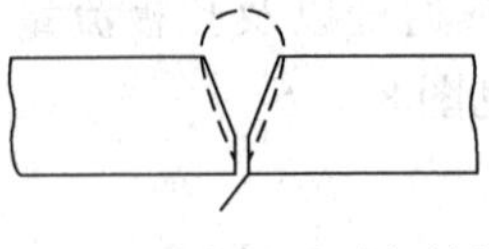
图 8.2.8　因未焊透引起的间隙

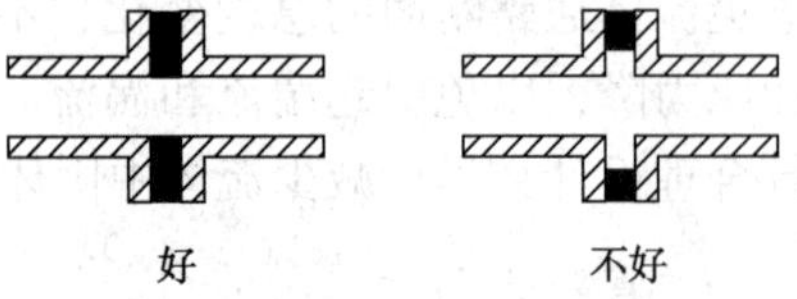

图 8.2.9　管法兰对接垫片的设计

(7) 避免热电池腐蚀和冷凝液腐蚀。由于管道保温不均匀，散热条件不同，在构料不同部位之间造成温差而引起“热电池腐蚀”。图 8.2.10 是一个工业管道支承的例子。

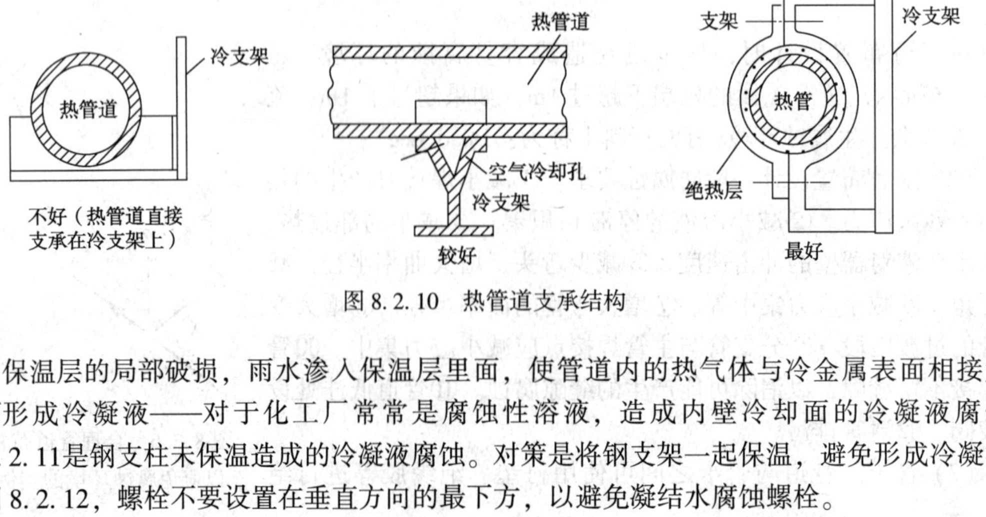

图 8.2.10　热管道支承结构

保温层的局部破损，雨水渗入保温层里面，使管道内的热气体与冷金属表面相接触，从而形成冷凝液——对于化工厂常常是腐蚀性溶液，造成内壁冷却面的冷凝液腐蚀。图 8.2.11是钢支柱未保温造成的冷凝液腐蚀。对策是将钢支架一起保温，避免形成冷凝液。见图 8.2.12，螺栓不要设置在垂直方向的最下方，以避免凝结水腐蚀螺栓。

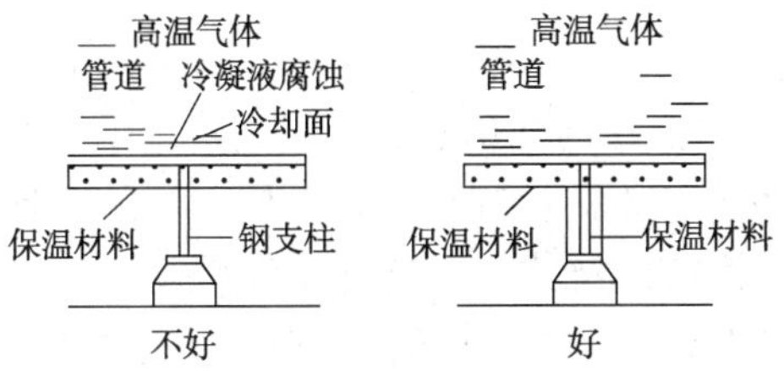

图 8.2.11　钢支柱未保温造成的冷凝液腐蚀

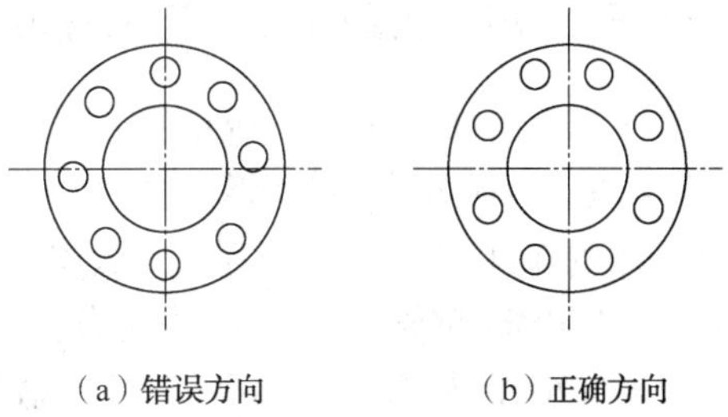

图 8.2.12　凝结水腐蚀螺栓

十二、制造安装及维修时的防腐

1. 焊接

焊接对管道的腐蚀破坏影响很大，特别是对奥氏体不锈钢、低合金高强度钢和钛材。因此对这些材料焊接的严格要求，应在设计的技术条件中给出。

（1）奥氏体不锈钢焊缝热影响区容易产生晶间腐蚀，应尽量采用小规范焊接，使输入热量少，并控制焊接返修次数，避免反复受热，更严格禁止用乙炔焰割、焊，以防渗碳造成晶间腐蚀。不允许有焊接飞溅物存在。

（2）低合金高强度钢是对氢脆很敏感的材料，因此焊接时应使用低氢焊条，焊接操作时应保持干燥，避开雨天，如能采用焊前预热、焊后热处理的措施则更好。

（3）钛材是极易吸氢的材料，钛在焊接时易于吸氢，将使其焊缝严重脆化。因此钛的焊接操作要求极为严格，焊工需经专门训练。

2. 热处理

（1）管道如在应力腐蚀破裂敏感介质中工作，则焊缝应进行消除应力的热处理。对于碳钢和一般低合金钢，通常采用退火热处理，即在 650℃保持 2h。

（2）对于在含湿硫化氢介质中应用的正火的低合金高强度钢，由于对硫裂十分敏感，因此应要求焊接时进行焊前预热，焊后进行高湿回火热处理，保证 HB≤200。

（3）对铬镍奥氏体不锈钢焊缝进行热处理时，切忌在 500～850℃的温度范围内长时间加热，否则会因碳化物析出而造成晶间腐蚀。具体的热处理方案要根据具体情况确定，采用相应的热处理规范。

3. 检修

由于装置在停工检修期间会发生重大腐蚀事故，因此必须采取措施加以预防，这也应在设计文件中给出。例如：炼油厂停工期间奥氏体不锈钢设备连多硫酸应力腐蚀开裂的预防，美国腐蚀工程师协会已有标准，即 NACE RP 0170《炼油装置停车期间奥氏体不锈钢和其他奥氏体合金上连多硫酸应力腐蚀破裂的防护》，其要点是：①采用氮气吹扫的方法，使之与氧（空气）和水隔绝；②采用碱液洗清所有表面，中和各处可能生成的连多硫酸；③用露点低于-15℃的干燥空气吹扫，使之与水隔绝。上述方法可采用一种或多种并用。为了便于应用操作，工程设计方应将 NACE 的相关内容作为设计文件的附件提供给用户。

十三、3PE 管道的设计与工程应用

国内外在输油、输气、城市管网等管道防腐上多采用 3PE(三层即：环氧粉末、胶黏剂、聚乙烯)塑模方法，防腐效果好。1995 年 5 月，由辽河油田建负责引进建设了我国第一条 3PE 涂敷作业线。迄今已有数万公里埋地钢管外防腐采用 3PE 防腐涂层。国内已具有加工 ϕ25~2800mm 钢管 3PE 涂层的能力，加工方式既有缠绕式，也有圆模包覆式。

DIN 30670《钢管和管件聚乙烯涂敷层》和 NFA 49-710《钢管外壁涂敷三层涂层(聚乙烯)技术标准》与我国的 SY/T 0413《埋地钢制管道聚乙烯防腐层》一致。与国外标准相比，SY/T 0413 将 3PE 防腐层的剥离强度、抗冲击的指标大幅提高，并明确规定了一些专用料炭黑含量，保证了 3PE 防腐层的机械强度和耐候性能，并加大了补口剥离强度(即热缩套、热缩带的对底漆钢的剥离强度)抽测频次，更加保证了管道外防腐涂层的质量。

对某正在运行长输管道 1km 长管段进行检测，3PE 防腐层共有破损点 4 个。由破损点的缺陷形式可以看出，防腐层的破损均是由硬物划伤所致。对 3PE 直管和冷弯管 3 个探坑检查，共检测 17 项剥离强度。经验证，防腐层剥离强度低只是个别部位，而且只要防腐层无破损，也不会造成管道腐蚀。环氧粉末涂层是中间连接层，直接决定了 3PE 涂层和钢管的黏结情况，如果黏结力有问题，那么防腐效果大打折扣，甚至导致防腐措施失效。

胶层厚度上下限问题。按照 SY/T 0413 标准中规定为 170~250μm，对于圆模包覆作业线，这一厚度值没有问题；对缠绕作业线，这一厚度范围就无法保证了。

3PE 防腐解决了钢管外壁耐腐蚀，耐磕碰的问题，但是内壁防腐目前国内通常采用液体环氧涂料 IPN8710，该液体环氧常温下需要很长一段时间才能固化，而且内壁采用液体环氧涂料，只能起到减阻的能力，不能达到耐腐蚀和耐冲刷。若用在输水管道中，内壁必须采用热熔结环氧树脂粉末形式可以更好地提高内壁的耐蚀性和耐摩擦能力。其中，某长输管道采用的外 3PE 内熔结环氧复合钢管成功应用到南水北调配套中，具有内壁不易结垢、光滑、耐磨、耐蚀的特点。

十四、FBE 管道的设计与工程应用

(1) FBE(fusion bond epoxy，熔结环氧)，广泛应用于石油化工厂装置、地下穿越工程、顶管工程，输油、输气、输水等长输管线内外壁防腐。FBE 按用途可分为：管道内喷涂用粉、管道外喷涂用粉、石油钻管用粉。管道外喷涂用粉又分为：单层粉、双层粉、三层结构防腐用粉；按固化条件可分为：快速固化、普通固化两种类型。快速固化粉末的固化条件一般为 230℃/(0.5~2min)，主要用于管道外喷涂或三层防腐结构，由于固化时间短，生产效率高，适合流水线作业；普通固化粉末的固化条件一般为 230℃/5min 以上，由于固化时间长，涂层流平好，适用于管道内喷涂。

(2) FEB 粉末一般选择经表面处理的钛白粉、铬绿、铁红等无机颜料。这些颜料除具有很好的防腐性能外，对涂膜与钢管之间的气泡有很好的消除作用，考虑到阴极保护，颜料的选用应尽量避免磁性及导电性物质的引入。填料主要有超细石英粉、云母、三聚磷酸铝等惰性功能填料，适当加入有利于降低涂膜的收缩性和膨胀系数，并使涂层防腐性能大大提高。填料一般要用偶联剂处理，偶联剂分子一端与无机填料连成一个整体，提高了涂

层的致密性及附着力，降低了吸水性，增强了耐盐雾、耐海水及耐阴极剥离的能力。

（3）FBE粉末的涂敷方法主要有：静电喷涂法、热喷涂法、抽吸法、流化床法等。管道内涂敷一般采用摩擦静电喷涂法、抽吸法或热喷涂法；管道外涂敷一般采取静电喷涂法；异型件采用流化床法或静电喷涂法。这几种喷涂方法都有一个共同特点，即喷涂之前需要将工件预热到某一温度，使粉末一接触即熔化，余热使涂膜继续流动，进一步流平覆盖整个钢管表面，特别是在钢管表面的凹陷处，以及焊缝两侧，熔融的涂料流入填平，使涂层与钢管紧密结合，最大限度减少孔隙，并在规定时间内固化，最后用水冷却终止固化过程。

（4）性能特点：①涂层具有良好的耐溶剂性，能够抵御被传输介质中的H_2S、CO_2、O_2、酸、碱、盐、有机物等物质的化学腐蚀，并能长期接触含盐地下水、海水、土壤中微生物产生的各种有机酸等腐蚀性物质；②涂层坚韧耐磨，抗冲击性及抗弯曲性优良，与钢管之间有极佳的附着力，能有效防止施工中的机械损坏及使用过程中的植物根系和土壤环境应力的损坏；③涂层具有良好的绝缘性，能在阴极保护作用下抵抗化学腐蚀，达到长期保护的目的；④涂层具有很高的玻璃化温度，应用温度范围宽，能在-30～100℃保持最佳性能；⑤FBE施工方便，无需底漆，固化迅速，可实现高效率的流水线作业；⑥管道检测和修补简便，涂层质量容易控制。有关的标准规范有SY/T 0315《钢质管道单层熔结环氧粉末外涂层技术规范》、DIN 30670《Polyethylen Coatings of Steel Pipes and Fittings; Requirements and Testing》。

（5）某工程管道内流体为工厂水，是海水淡化水，含有微量的氯离子。在金属管道材料中，普通碳钢、奥氏体不锈钢材料均不耐氯离子腐蚀（氯离子对奥氏体不锈钢会发生晶间腐蚀，氯离子可以破坏奥氏体不锈钢的表面钝化膜。受破坏的表面成活性状态，成为腐蚀电池的阳极，而周围钝化膜完整的部分对阴极），而抗氯离子腐蚀性能优良的双相钢材料（如UNS 31803）、Monel合金等材料价格高昂，大量使用必将大大增加项目建设成本。而耐腐蚀性能优异的内衬防腐蚀衬里、内涂防腐蚀涂层管道材料，如内衬橡胶（PP）、聚四氟乙烯（PTFE）或内涂敷环氧树脂、熔融环氧粉末（FBE）涂层等管道材料，不仅能有效对抗水质中的氯离子腐蚀，且价格相对低廉，可供本项目合理选用。这其中，FBE内涂敷碳钢管道，因其涂层的主要成膜物质环氧树脂和钢铁可以产生牢固的化学结合键，且无需溶剂，从而使FBE防腐涂层除具有耐腐蚀性能优异、涂层光洁平整阻力小的优点外，还具有涂层黏结力强、耐冷热、防腐层坚牢、使用寿命长、环保无污染等优点，因此在本项目中获得采用。见表8.2.1所示。

表8.2.1　某FBE管道材料的选用

材料描述	单位	数量
金属管子 PIPE, METALLIC: 10" NPS X 0.365"(9.27 MM) WT, BARE, API 5L GR. B, SEAMLESS, PSL-2, BEVELED ENDS, (TO BE INTERNALLY FBE COATED).	m	120
闸阀 VALVE: GATE, 10" NPS, ASME CL 150, RF FLANGE, A216 WCB BODY, INTERNALLY FBE COATED, API TRIM NO. 8, HAND WHEEL OPERATED	个	2
管法兰 FLANGE: PIPE, 10" NPS, BORE 10.02", ASME CL 150, WN, RF, ASTM A105N, FORGED, SEAL FACE 3.2-6.4 RA, PER ASME B16.5(TO BE INTERNALLY FBE COATED).	个	7

(6) FBE内涂敷管道现场施工补口方案设计因焊接预留和焊接时热影响破坏，FBE内涂敷管道焊接施工时必须进行焊缝、焊口的防腐涂层修补，即补口，而焊缝、焊口处又是腐蚀的高发区域，更容易引起腐蚀穿孔、应力腐蚀开裂，因此，对焊口、焊缝处防腐层的防腐性能要求更加严格。补口方案设计是否合理、得当，是FBE内涂敷管子、管件能否成功选择和应用的关键。当前，FBE内涂敷管道系统有两种比较成熟且应用较广的补口方式：FBE环氧粉末补口和LBE(liquid bonded epoxy)液态环氧树脂补口。FBE环氧粉末补口技术成熟，但由于FBE补口施工时需要对补口部位加热，随后进行粉末喷涂并冷却，补口工序复杂，用时长，补口效率相对较低。LBE液态环氧树脂补口技术是近年来刚刚逐步发展完善的新技术，其补口材料主要是高固体分无溶剂液态环氧树脂。LBE补口可以采用管道内补口机器人通过编程操控实施，如图8.2.13所示，有效补口距离远，在管内的补口工作距离可达1000m，效率高。

(7) 自动补口机器人除锈及LBE喷涂均为周向环形工作方式，因此不适合进行支管焊缝及其周围FBE热破坏区的补口，该部位的补口目前只能采用增加焊接法兰进行除锈及LBE补口。为此，在进行管道布置设计时，要求在主管上为分支管补口设置法兰，法兰端面与分支管中心线距离不宜大于500mm，以便现场采用手持工具为分支管焊缝及周围的FBE热影响区进行现场除锈及LBE补口，见图8.2.14。为减少支管补口法兰的设置数量，在进行管道布置设计时，应尽可能将支管设计到靠近主管工艺法兰附近，同时，工艺条件允许的话，可将多个分支接管集中布置在同一补口法兰附近。

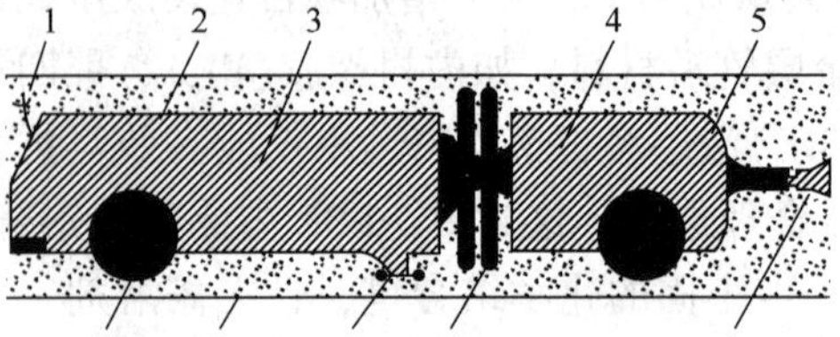

图8.2.13 补口专用自动机器人

1—接收天线；2—驱动小车；3—蓄电池仓；4—喷涂小车；5—旋转摄像头；6—旋转喷杯；7—旋转除锈钢刷；8—吸尘器；9—被作业管道壁；10—行走车轮

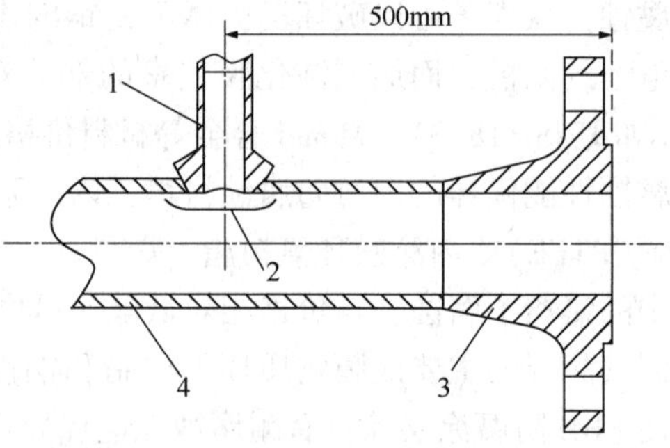

图8.2.14 支管连接处补口法兰设置

1—分支管；2—补口区域；3—补口法兰；4—主管

(8) 对于FBE内涂敷管道系统，其管道支架设计应尽量避免在管道系统上进行焊接，宜选用管夹、卡箍等非直接与管道焊接型支架，尽可能减少因支架焊接对管道内FBE防腐涂层的破坏。对于无法避免的焊接式固定支架、弯管支托、假管支托，可适当采用工厂预制的方式，将支架预焊至直管段或管件上，以减少现场焊接导致的FBE内防腐涂层的破坏。见图8.2.15。

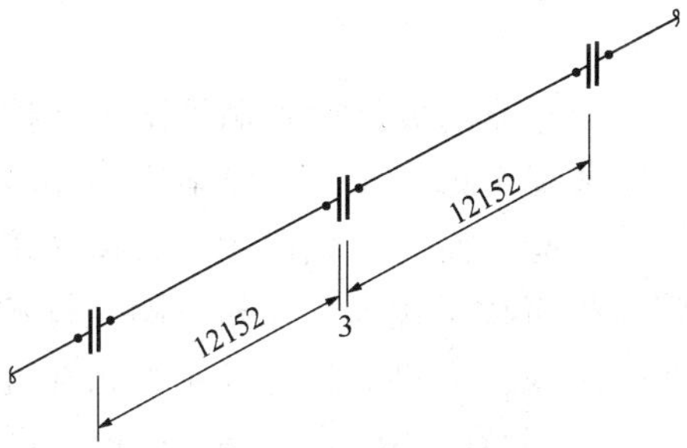

（a）FBE直管配管

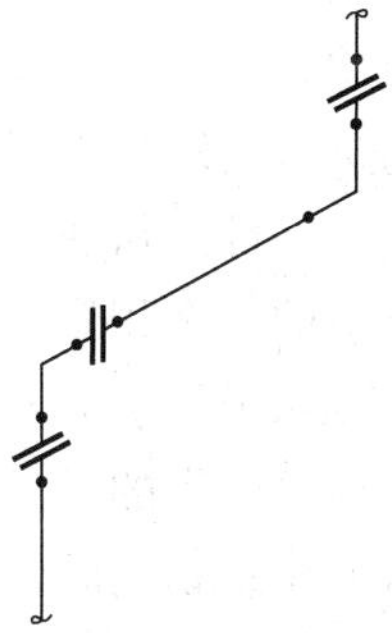

（b）FBE直角管段配管

图 8.2.15　FBE 配管

十五、直埋金属管道阴极保护的设计比较与工程应用

笔者发现有的工程项目直埋金属管道，有时遗漏设计阴极保护，造成管道专业设计安全隐患。有的管道专业设计人员认为，埋地金属管道应该都做阴极保护，因为虽然管道外面做过了防腐处理，但是防腐处理不可能百分之百，还有针孔结构和做的不好的地方，以及在运输施工中都会有破损。阴极保护就是来保护这些点蚀和坑蚀的，以防止以小失大，当然也就延长了管道的使用寿命，节约了资源。所以建议埋地金属管道都做阴极保护。有的管道专业设计人员认为，只要是埋地金属管道，周围有杂散电流或者水都需要做阴极保护，长距离管道一般用外加电流阴极保护。短距离管道用牺牲阳极阳极保护。国内关于直埋金属管道阴极保护的要求比较如下。

（1）GB 50494《城镇燃气技术规范》规定，新建的下列燃气管道必须采用外防腐层辅以阴极保护系统的腐蚀控制措施：①设计压力大于 0.4MPa 的燃气管道，②公称直径≥100mm，且设计压力≥0.01MPa 的燃气管道。

（2）GB 50028《城镇燃气设计规范》规定，采用涂层保护埋地敷设的钢质燃气干管应同时采用阴极保护。并未像 GB 50494 一样给出阴极保护的范围。

地下燃气管道防腐设计，必须考虑土壤电阻率。对高、中压输气干管宜沿燃气管道途经地段选点测定其土壤电阻率。应根据土壤的腐蚀性、管道的重要程度及所经地段的地质、环境条件确定其防腐等级。地下燃气管道的外防腐涂层的种类，根据工程的具体情况，可选用石油沥青、聚乙烯防腐胶带、环氧煤沥青、聚乙烯防腐层、氯磺化聚乙烯、环氧粉末喷涂等。当选用上述涂层时，应符合国家现行有关标准的规定。

市区外埋地敷设的燃气干管，当采用阴极保护时，宜采用强制电流方式，并应符合国家现行标准 SY/T 0036《埋地钢质管道强制电流阴极保护设计规范》的有关规定。市区内埋地敷设的燃气干管，当采用阴极保护时，宜采用牺牲阳极法，并应符合国家现行标准 SY/T 0019《埋地钢质管道牺牲阳极阴极保护设计规范》的有关规定。

地下燃气管道的外防腐涂层一般采用绝缘层防腐，但防腐层难免由于不同的原因而造成局部损坏，对于防腐层已被损坏了的管道，防止电化学腐蚀则显得更为重要。美国、日本等国都明确规定了采用绝缘防腐涂层的同时必须采用阴极保护。石油、天然气长输管道也规定了同时采用阴极保护。实践证明，采取这一措施都取得了较好的防护效果。阴极保护法已被推广使用。

阴极保护的选择受多种因素的制约，外加电流阴极保护和牺牲阳极保护法各自又具有不同的特性和使用条件。从我国当前的实际情况考虑，长输管道采用外加电流阴极保护在技术上是比较成熟的，也积累了不少的实践经验；而对于城镇燃气管道系统，由于地下管道密集，外加电流阴极保护对其他金属管道构筑物干扰大、互相影响，技术处理较难，易造成自身受益，他家受害的局面。而牺牲阳极保护法的主要优点在于此管道与其他不需要保护的金属管道或构筑物之间没有通电性，互相影响小，因此提出城市市区内埋地敷设的燃气干管宜选用牺牲阳极保护。

(3) GB/T 21448《埋地钢质管道阴极保护技术规范》参考了 ISO 15589《石化与天然气工业—管道系统阴极保护》，规定埋地油气长输管道、油气田外输管道和油气田内埋地集输干线管道应采用阴极保护，其他埋地管道宜采用阴极保护。一些其他国家的规范规定，直埋在海边的钢质管道均需阴极保护。

(4) GB 50316《工业金属管道设计规范》规定，埋地钢管道的外表面应制作防腐层，防腐层数应按所设计的管道及土壤情况决定。必要时，对长距离及不便检查维修的区域内的管道，可增加阴极保护措施。

(5) GB/T 20801.4《压力管道规范　工业管道　第 4 部分：制作与安装》规定，埋地管道必要时，应根据设计文件要求采取阴极保护措施。

(6) SH/T 3034《石油化工给水排水管道设计规范》规定：

① 地上和埋地钢管外防腐处理，应执行 SY 0007、SY 0061、SY 0414、SY/T 0407、SY/T 0415、SY/T 0420、SY/T 0447 等的有关规定。

② 埋地钢管道穿越或平行电气化铁路以及通过有杂散电流的地段时，应做特加强级防腐蚀涂层。有特殊要求时可设阴极保护。

十六、伴热站引出管根部阀防腐蚀配管设计与工程应用

如图 8.2.16 所示某蒸汽伴热站，伴热站包括分配站和疏水站。根据国内外标准规范的要求，分配站引出管根部阀 A 设置在距离总管尽量短的位置。如果认为 A 处阀门在管廊高处不方便操作，移到了距离地面较近的 B 处设置阀门，当关闭 B 阀门时会造成死段较长，引起管道死段腐蚀。如果 A 和 B 处均设置阀门，需在 B 上部增加设置排液，避免同时关闭 A 和 B 处阀门时膨胀超压；如果仅关闭 B 阀门而 A 阀门不关闭，会引起管道死段腐蚀。因此，配管设计时 A 和 B 处的阀门，一般仅留 A 处的阀门，B 处一般不设置阀门。

伴热站的疏水站根部阀门 C 的设计原理同 A 阀门。如果 C 处凝结水返回管口径≥2″，凝结水返回管应顺流向方向 45°斜接到凝结水总管。配管设计要求和原理详细讲述见《管道应力分析与工程应用》、《压力管道设计及工程实例》和《工业管道配管设计与工程应用》。

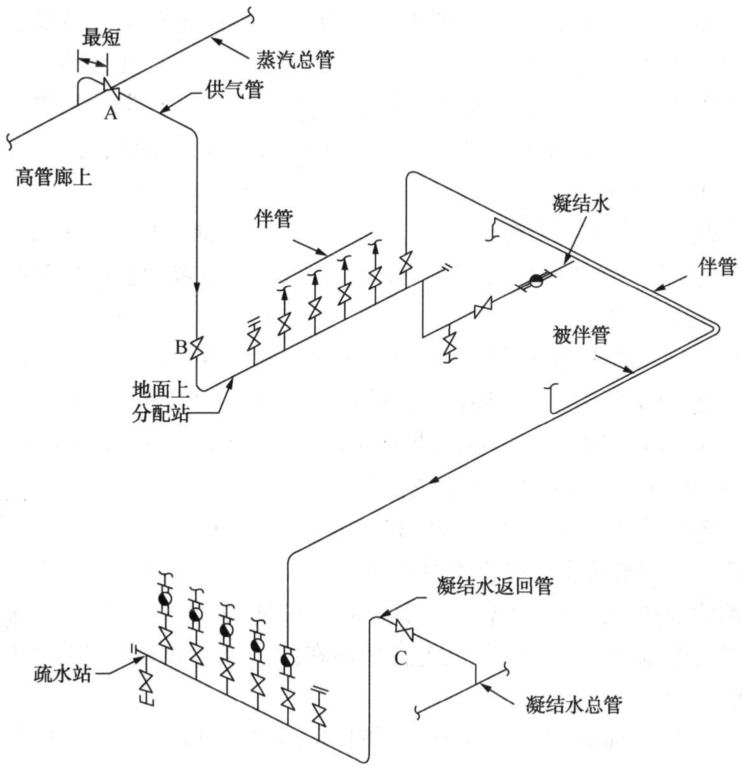

图 8.2.16　伴热站引出管根部阀防腐蚀配管设计

十七、凉凉胶隔热防腐漆的设计与工程应用

凉凉胶隔热防腐漆是一种隔热防晒的工业涂料，采用涂膜层的形式，达到隔热降温的效果。尤其在夏季高温环境中，要求不能升温太高的管道、罐、容器等设施，可减少原降温措施所需要的能源消耗。凉凉胶隔热防腐漆主要是利用漆膜中的特种成份，将日光等热量隔绝、反射，以达到隔热效果，使物体表面和内部有明显温差，降低温度，隔热效果好，同时对金属表面、外表具有很好的防腐作用。笔者参与的多个工程配管设计采用了凉凉胶隔热防腐漆，运行效果较好。

第三节　管道防腐涂漆

一、涂漆的概念及分类

1. 涂漆的概念

油漆(Paint)是能涂覆在被涂物体表面并能形成牢固附着的连续薄膜的材料。防腐油漆(duty paint)一般指在苛刻的腐蚀环境中使用，包括底漆和面漆的配套涂料。

国家标准 GB/T 5206《色漆和清漆术语和定义》术语中，涂料(coating)是涂于物体表面能形成具有保护、装饰或特殊性能(如绝缘、防腐、标志等)的固态涂膜的一类液体或固体材料之总称。早期大多以植物油为主要原料，故有油漆之称。现合成树脂已大部或全部取代了植物油，故称为涂料。现在此类材料之所以称涂料不称油漆，更多的是由于油漆品种及类别的发展所致，是因为油漆名称已涵盖不了行业现有的各类产品，而涂料一词可全部覆盖行业的各类产品，使用涂料名称更准确、更科学。如粉末涂料产品就不宜使用油漆的称谓，涂料与油漆在这里已不可互换。所以，涂料可涵盖固体的粉末涂料和液体的油漆，而替换却不行。

国内有些规范，定义为：涂料(paint)，涂于工件表面能形成具有防止腐蚀、装饰或特殊性能(如标识、绝缘、耐磨等)的连续固态漆膜的一类液态或固态材料总称。

2. 防腐油漆的主要特点

(1) 厚膜化是防腐油漆的重要标志。油漆涂层湿膜厚度(wet film thickness)指未固化的或潮湿的涂膜厚度。油漆涂层干膜厚度(漆膜完全干燥后的厚度)一般为100μm或150μm左右，而防腐油漆干膜厚度则在200μm或300μm以上，也有500~1000μm厚的，甚至高达2000μm。具体应以所执行的国内外标准规范为准。

某施工现场咨询笔者，涂了油漆后发现干膜厚度达不到规范要求，不知道怎么操作。实际上再涂油漆，达到规范要求的干膜厚度即可。

(2) 防腐油漆能在苛刻条件下使用，并具有长效防腐寿命，防腐油漆在化工大气和海洋环境里，一般可使用10年或15年以上，即使在酸、碱、盐和溶剂介质里，并在一定温度条件下，也能使用5年以上。

(3) 油漆附着力(adhesion)指涂层与基层间结合力的总和。笔者调研国外某石化装置内设备管道涂漆，见图8.3.1，从远处看，发现涂完的设备和管道表面像海面的波浪纹路较多，很明显是不合格的涂漆。

图8.3.1 涂漆不合格

(4) 油漆耐久性(durability)指防护涂料体系从涂装完工后到第一次主要维护涂装前的预期使用期限。油漆耐温循环性(temperature cycling resistance)指漆膜经过冷热交替的温度变化作用后保持其原性能的能力。笔者于某建设在海边的现场，发现有些新建管道上的油漆开始呈斑块式脱落，工程总承包商给业主造成了不好的影响。

3. 防腐油漆按照分类

(1) 防腐油漆按照用途分为：橡胶用防腐油漆、船舶用防腐油漆、金属用防腐油漆、汽车用防腐油漆、管道用防腐油漆、家具用防腐油漆、钢结构用防腐油漆。

(2) 防腐油漆按树脂成膜分为：环氧防腐油漆、过氯乙烯防腐油漆、氯化橡胶防腐油漆、聚氨酯防腐油漆、丙烯酸防腐油漆、无机防腐油漆、高氯化聚乙烯防腐油漆。

(3) 防腐油漆按照溶剂可分为：水性防腐油漆、油性防腐油漆。

4. 防腐油漆的作用原理

(1) 屏蔽作用。防腐油漆漆膜阻止腐蚀介质和材料表面接触；隔断腐蚀电池的通路，增大了电阻。如环氧煤沥青漆、环氧玻璃鳞片防腐漆、氯磺化聚乙烯漆、聚脲、丙烯酸聚氨酯漆等。防腐油漆片状颜料能屏蔽水、氧和离子等腐蚀因子透过。树脂和颜料形成的涂层延长腐蚀介质渗入的途径，从而提高涂层的防腐蚀能力。

(2) 缓蚀作用。防腐油漆某些颜料，或其与成膜物或水分的反应产物，对底材金属可起缓蚀作用(包括钝化)，如磷化底漆、磷化、镀锌镀铬、环氧磷酸锌底漆等。

(3) 阴极保护作用。防腐油漆漆膜的电极电位较底材金属低，在腐蚀电池中它作为阳极而“牺牲”，从而使底材金属(阴极)得到保护。如环氧富锌、无机富锌、涂膜镀锌、喷锌、喷铝。防腐油漆在锌粉颗粒之间以及底材和锌粉之间保持直接接触。当水分浸入涂层时，就形成了由锌粉和底材钢板组成的电池。电流从锌向铁流动，从而使底材受到阴极保护。

二、涂漆的范围

1. 表面应该涂漆的材料

(1) 为了防止工业大气、水及土壤对金属的腐蚀，一般以碳钢、低合金钢、铸铁为材料的设备、管道、支架、平台、栏杆、梯子等均应涂漆防腐。管道涂漆要求包括全部管道系统(管子、管件、法兰、管道附件等)，保温或有防火水泥层的设备、管道，例如容器管口、人孔、阀门、安全阀、支架等，其延伸到保温或防火层以外的未保温部分，包括焊口在内，均应涂漆，对螺栓、螺母、铆钉构件的边角及其他不规则形状的表面要充分涂漆。

(2) 下列部件通常涂 1~2 遍底漆：法兰表面；现场预制的容器和球罐的成型板的外表面；所有钢结构(包括钢结构的预制件和管架的型钢)；碳钢的管子和管件外表面。

(3) 下列设备在制造厂的车间内将完成两遍防锈底漆：将在制造厂的车间完全焊接的压力容器和塔(包括分成两部分的塔)；将在制造厂的车间完全焊接的小尺寸常压罐；将在制造厂的车间完全焊接的换热器；压缩机及其附件；现场组装的大尺寸泵和鼓风机；路灯杆。

(4) 下列设备在制造厂车间内将完成两遍底漆两遍面漆(或按制造厂的涂漆标准。有的要求按照工程统一规定完成涂漆，不按制造商的规定。对制造厂已涂面漆的设备，如因运输中涂漆被损坏，对损坏的部位应在现场进行补涂)：阀门；完全在制造厂车间组装的小尺寸泵和鼓风机；电动机和电器设备；仪表、仪表盘；制造厂标准设备。

(5) 有刷色要求的表面。

2. 下列设备和材料不涂漆

(1) 塑料和塑料面的器材；

(2) 有色金属铝、铜、铅等；

(3) 奥氏体不锈钢，除了用含氯离子超过 25×10^{-6} 而又不含阻蚀剂的保温材料外；

(4) 铭牌、标志板和标签；

(5) 泵、压缩机等其他设备在制造厂已完成全部涂漆工作，而刷色也符合工程规定；

(6) 机加工过的表面或垫片表面，机器的精加工部件(如阀杆、调节阀门的填料部件、控制弹簧杆、旋转轴或其他滑动装置，透平机、发动机和电动机的表面罩等)；

(7) 涂防火水泥的金属表面；

(8) 除了焊缝外的镀锌碳钢件的表面；

(9) 不需涂漆(如铝皮、镀锌铁皮等)的保温外表面。

三、涂漆的原则

(1) 设备及管道的使用工况相适应；

(2) 与设备及管道的材料及表面处理相应；

(3) 底漆，中间漆与面漆正确配套；

(4) 经济合理；

(5) 具备施工条件；

(6) 防腐施工必须按国家、行业现行的有关规定及防腐材料生产厂的施工说明执行。设备和管道必须在完成全部热处理、水压试验合格后才能涂漆。只有在设备和管道焊缝质量检查合格时，才能在焊处涂漆。涂底漆前应对组装符合、焊接坡口、螺纹等特殊部位加以保护，以免涂上油漆；

(7) 国内有的标准规定，外防腐设计年限(N)分为三级：$N<5a$，$5a\leqslant N<10a$，$N\geqslant 10a$，作为选择表面处理方法和配套防腐方案的依据。

四、钢材表面处理

(1) 为了使钢材表面与涂层之间有较好的附着力，并能更好地起到防腐作用，所有设备、管道和其他部件等钢材表面在涂漆前都必须进行合格的表面处理。①除油污。钢材表面除油污的防腐有溶剂法、碱液法、电化学法、乳液法等。②除旧漆。钢材表面除旧漆的方法有机械法、碱液溶解法、有机溶剂法、火焰除锈法。③除锈。钢材表面除锈的方法有手工法、机械法、火焰除锈法、化学清洗法和电化学法等。

(2) 在制造厂已涂过底漆的设备和管道表面，需在施工现场对底漆损坏处进行修整，用动力工具或手动工具清理，再修补底漆；然后再涂面漆。在制造厂已涂过面漆的设备和管道表面，需在施工现场对损坏处进行补涂。

(3) 处理被涂表面的方法：溶剂清洗；手动工具清理；动力工具清理；新钢材的火焰清理；喷砂清理；酸洗等。

(4) 设备及管道的钢材表面处理后，需进行检查并评定处理等级。应符合标准规范要求，例如：GB/T 8923《涂覆涂料前钢材表面处理》，SH/T 3022《石油化工企业设备和管道涂料防腐技术规范》，HG/T 20679《化工设备、管道外防腐设计规定所规定》。所有经表面处理后的表面，应在处理后的6h(有的标准规定4h)内涂底漆。钢材表面处理后未及时涂底漆而放置过夜时(或有新锈时)应在涂底漆之前重新进行表面处理。若来不及涂底漆或在涂漆前被雨淋，发现新锈，则在涂漆前应重新进行表面处理。

(5) SH/T 3022对钢材表面处理的分级见表8.3.1。

(6) HG/T 20679对钢材表面处理的分级。管道、设备和钢结构表面处理等级以表示除锈方法的字母“Sa”“St”或“F1”“Be”表示。

① 喷射或抛射除锈的有 Sa1、Sa2、Sa 2.5、Sa3 四个质量等级；

② 手工和动力工具除锈的有 St2 和 St3 两个质量等级；

③ 火焰除锈的有 F1 质量等级；

④ 化学除锈的有 Be 质量等级；

⑤ 高压水喷射除锈分 W1、W2、W3、W4 四个质量等级。

(7) 不同的涂漆种类对应不同的表面处理等级，在 SH/T 3022、HG/T 20679 等规范均有要求。

表 8.3.1　SH/T 3022 对钢材表面处理的分级

级别	除锈工具	除锈程度	除锈要求
St2	手工和动力工具除锈	彻底	钢材表面无可见的油脂和污垢，且没有附着不牢的氧化皮、铁锈和涂料涂层等附着物
St3	手工和动力工具除锈	非常彻底	钢材表面无可见的油脂和污垢，且没有附着不牢的氧化皮、铁锈和涂料涂层等附着物，除锈应比 St2 更为彻底，底材显露部分的表面应具有金属光泽
Sa2	喷射或抛射除锈	彻底	钢材表面无可见的油脂和污垢，且氧化皮、铁锈和涂料涂层等附着物已基本清除，其残留物应是牢固附着的
Sa2.5	喷射或抛射除锈	非常彻底	钢材表面无可见的油脂、污垢、氧化皮、铁锈和涂料涂层等附着物，任何残留的痕迹应仅是点状或条纹状的轻微色斑
Sa3	喷射或抛射除锈	使金属表观洁净	钢材表面无可见的油脂、污垢，氧化皮、铁锈和涂料涂层等附着物，该表面应显示均匀的金属色泽

五、防腐蚀常用涂料的性能比较与工程应用

1. 环氧树脂防腐漆

环氧树脂防腐漆是防腐漆中应用最广泛的品种。适用的环氧树脂有两类：①有双酚 A 和环氧氯丙烷缩聚而成双酚 A 环氧树脂。②以苯酚-甲醛缩聚而得的低分子量酚醛再与环氧氯丙烷缩聚而成得酚醛环氧树脂。

例如，聚酰胺固化环氧树脂防腐油漆。聚酰胺比低分子胺反应活性低，故虽也要分罐包装但是用期长，施工时刺激性也较小，其涂层流平好，耐酸碱，但耐碱较胺固化的差，耐水耐潮湿更好，涂层柔韧抗冲击，对金属表面湿润性好，可适合潮湿或带锈的钢铁表面涂装。

2. 环氧树脂沥青防腐油漆

这类漆类综合了煤焦沥青耐酸、碱性，耐水性，环氧树脂的附着力，机械强度和耐溶剂性等特点，为良好的防腐蚀油漆品种。广泛用于水利工程设施、地下管线外壁以及化工设备和管道内壁。缺点是色暗，且沥青易渗色，用磁漆罩色效果不好，不耐芳烃溶剂，也不耐暴晒。漆的性能和价格与沥青和环氧树脂的配合比有关。已经从实验和应用证明，按重量比 1∶1 配合最合理。环氧树脂沥青防腐油漆可分为：胺固化环氧树脂沥青防腐油漆和

聚酰胺固化环氧树脂沥青防腐油漆。

3. 聚氨酯防腐油漆

聚氨酯是指分子结构中含有氨基甲酸键的高聚物。氨基甲酸酯键由异氰酸基和羟基反应形成：—NCO+—OH→—NHCOO—，故聚氨酯树脂的单体是多异氰酸酯和多羟基化合物。多氰酸酯有芳香族和脂肪族两类。由于前者较廉价，常温下反应活性较大，故在防腐油漆中较多采用，而后者仅在有装饰性要求的户外涂装的面漆中采用。为了改善储存、施工和漆膜性能，常将多异氰酸酯单体制成含游离异氰酸基的聚氨酯预聚物或加成物。聚氨酯防腐漆的优点是适应性和综合性能好，因较其他树脂更易通过分子结构设计获得广泛的物理机械性能，耐化学品与附着力、耐磨损与抗渗透、硬度与弹性等相互存在一定的平衡，从而能适应复杂多变的工作条件。这是由于氨基甲酸键既具有高度极性又有化学惰性，以及异氰酸酯基的高度活性，使有充分手段可按需进行调节的缘故。聚氨酯防腐油漆因在多方面取得长期效果而受到重视，已与环氧树脂和氯化橡胶一起成为重要的高效防腐油漆漆种。聚氨酯防腐漆一般按固化机理分为五类：①氧固化聚氨酯改性油(单组分)。②多羟基化合物固化多异氰酸酯的加成物或预聚物(双组分)。③多羟基化合物固化封闭型多异氰酸酯的加成物或预聚物(单组分)。④湿固化多异氰酸酯预聚物(单组分)。⑤催化湿固化多异氰酸酯预聚物(双组分)。

4. 橡胶树脂防腐油漆

漆用橡胶树脂是以天然或合成橡胶为原料，经过化学处理或物理处理制成。处理的目的为提高溶解性、可塑性、反应性和化学稳定性。橡胶树脂防腐油漆的分类：氯化橡胶防腐油漆、氯磺化聚乙烯防腐油漆、氯丁橡胶防腐油漆、丁基橡胶防腐油漆。

5. 常用防腐结构的优缺点与工程应用

常用防腐结构的优缺点与工程应用，见表 8.3.2。

表 8.3.2　常用防腐结构的优缺点与工程应用

防腐结构	优　点	缺　点	适用范围
石油沥青涂敷层	原材料来源广、造价低	机械强度差； 不耐微生物腐蚀； 施工中环境污染严重	用于少量管道防腐，不宜附设在水下、沼泽或芦苇地带。限用
环氧煤沥青涂敷层	耐土壤腐蚀性能优，尤其耐细菌腐蚀；涂敷及修补性强	施工有一定的环境污染；施工效率低	适用于现场施工；不宜在低温(-5℃以上)下施工
厚浆型环氧涂层	耐腐蚀性能优；机械强度高；涂敷及修补性强	施工有一定的环境污染；施工效率低	适用于现场施工
环氧玻璃鳞片涂层	耐腐蚀性能优；机械强度高；涂敷及修补性强	施工有一定的环境污染；施工效率低	适用于现场施工
无溶剂液体环氧涂层	耐腐蚀性能优；机械强度高；涂敷及修补性强	一次涂层厚、施工效率高；无环境污染	适用于现场和车间施工

续表

防腐结构	优　点	缺　点	适用范围
无溶剂环氧玻璃鳞片涂层	耐腐蚀性能优；机械强度高；涂敷及修补性强	一次涂层厚、施工效率高；无环境污染	适用于现场和车间施工
熔结环氧涂层	耐腐蚀性能优；机械强度高	施工须在车间内进行。现场补口不方便	适用于车间内大批量管道防腐
聚乙烯胶带包覆层	施工方便、效率高；污染小	对复杂的结构表面施工质量不易控制	适用于现场和车间施工
环氧煤沥青冷缠带包覆层	施工方便、效率高；污染小	对复杂的结构施工质量不易控制	适用于现场和车间施工
挤压聚乙烯防腐层	耐腐蚀性能优；机械强度高；无污染	在制造厂进行施工，需要一定的设备。现场补口需要其他配套方法	适用于车间内大批量管道防腐

6. 管道常用防腐蚀涂料的性能与用途

管道常用防腐蚀涂料的性能与用途，见表 8.3.3。

六、管道防腐蚀涂漆设计与工程应用

1. 底漆、中间漆和面漆

根据功能和作用，涂漆层一般由底漆、中间漆和面漆构成：

（1）底漆（primer coat）。作为阴极保护涂层，在被保护金属表面与电解液发生接触时，通过涂层中特殊金属成分的牺牲性消耗，保护金属表面不被腐蚀；作为将金属表面与腐蚀环境（电解液）隔开的第一道隔断层，目的是阻断金属与可能产生腐蚀的电解液的接触。

（2）中间漆（intermediate coat）。是阴极保护底漆的保护层，其作用是封闭底漆的缺陷，将阴极保护底漆与腐蚀性电解液隔离，实现对阴极保护底漆的遮盖；根据腐蚀环境的恶劣程度，增加漆膜的厚度，封闭上层漆膜可能存在的缺陷，实现金属表面与腐蚀环境真正的隔断。

（3）面漆（top coat）。面漆的作用是防止紫外线对漆膜的影响，避免紫外线照射造成环氧树脂类漆膜的粉化；形成坚固、持久的防腐保护层。

涂漆系统是根据金属表面防腐原理、腐蚀环境、涂漆产品的性能和被保护金属表面的温度组成的适合于不同环境条件的涂漆配套。

2. 地上管道的防腐蚀涂漆

（1）SH/T 3022 地上管道的防腐蚀涂料见表 8.3.4。

（2）规范内有建议的涂漆配套方案，也可根据厂家涂漆的特点进行处理。地上管道防腐蚀涂层总厚度，应符合规范的要求。地上设备和管道防腐蚀涂层使用寿命应与装置的检修周期相适应，且不宜少于两年。

（3）防腐蚀常用涂料的性能及用途见表 8.3.5 和表 8.3.6。

表 8.3.3　常用防腐蚀涂料的性能与用途

涂料种类	名称	特性	使用温度/℃	每道最小干膜厚度/μm	主要用途
醇酸树脂涂料	醇酸底漆	附着力良好，防腐性能一般，不耐溶剂或碱液腐蚀	<80	40	适用于低腐蚀性等级的大气环境，可作防腐要求不高的防锈底漆
	醇酸磁漆	耐候性一般，易粉化，耐水性、耐溶剂稍差，不耐碱液腐蚀	<80	40	适用于低腐蚀性等级的大气环境，用于耐老化性能要求不高的场合
环氧煤沥青涂料	环氧煤沥青漆	防腐性好，耐水性能较好，可与阴极保护相兼容	-20~80	100	适用于埋地设备和管道外表面的防腐
环氧树脂涂料	环氧树脂底漆	附着力良好，防腐性好，有一定的耐溶剂性能，耐碱液腐蚀，耐水性良好，坚硬耐久，耐候性一般，易粉化	≤120	40	适用于各类腐蚀性等级的大气环境，用于设备和管道的防腐蚀，也可用于一些特定的浸泡环境
	环氧富锌底漆	附着力强，优异的防腐性能和耐冲击性，耐油和耐潮湿性能良好，干燥快具有阴极保护作用	≤120	50	适用于各类腐蚀性等级的大气环境，尤其适用于中等及以上腐蚀性等级的大气环境及对防腐要求较高的金属表面
	环氧磷酸锌底漆	附着力强，干燥快，可复涂	≤120	50	适用于中等及以下腐蚀性等级的大气环境
	环氧封闭漆	附着力强，对底材具有优异的润湿性，干燥快，可复涂	≤120	25	适用于无机富锌或热喷金属涂层表面与后道涂层的连接漆，封闭孔隙；也可用作喷砂后的临时保护底漆，与其他产品配套组成高性能的防腐体系
	环氧云铁漆	附着力强，干燥快，坚硬耐久，可复涂	≤120	100	适用于各类腐蚀性等级的大气环境，作为高性能防腐蚀涂料体系的中间漆，尤其适用于现场进行最终面漆涂覆的场合
	环氧玻璃鳞片漆	优异的耐腐蚀性能、耐久性和耐磨性，与阴极保护相兼容	≤120	200	适用于很高及以上腐蚀性等级的大气环境。如海洋性气候下的飞溅区及化工厂
	厚浆型环氧漆	附着力好，防腐性良好，单道漆膜成膜厚度高，耐水浸泡，可与阴极保护相兼容	≤120	100	适用于各类腐蚀性等级的大气环境，尤其是很高及以上腐蚀性等级的大气环境、水浸泡或埋地环境的防腐，也可作为防腐涂层的中间漆

续表

涂料种类	名称	特性	使用温度/℃	每道最小干膜厚度/μm	主要用途
环氧树脂涂料	耐磨环氧漆	附着力好，防腐性良好，耐水耐磨性、耐久性和耐候性优异，可以在潮湿环境中固化	≤120	150	适用于浪溅区域、水位变动区域及对耐磨性要求较高的部位
	低表面处理环氧树脂漆	附着力好，防腐性良好，耐磨性和耐水性优异	≤120	100	适用于各类腐蚀性等级的大气环境，亦适用于水浸泡、埋地环境和保温层下的防腐。用于未经或无法彻底清理的钢材表面
	环氧面漆	耐化学品泼溅、耐碱液腐蚀，耐候性一般	≤120	50	适用于低腐蚀性等级的大气环境
	无溶剂环氧漆	附着力好，单道漆膜成膜厚度高，耐水性和耐磨性优异，可与阴极保护相兼容	≤120	150	适用于各类腐蚀性等级的大气环境，尤其是很高及以上腐蚀性等级、水浸泡或埋地环境的防腐
环氧酚醛涂料	环氧酚醛漆	防腐蚀性能、耐化学品性能及耐温循环性能优异	-196~205	100	适用于各类腐蚀性等级的大气环境，尤其适用于水浸泡、埋地、干湿交替区域或保温层下的防腐
环氧烷基胺涂料	环氧烷基胺漆	漆膜附着力好，防腐、耐磨性及耐温性能优异，温度交变工况下涂层不易开裂	-196~205	100	适用于各类腐蚀性等级的大气环境，尤其适用于水浸泡、埋地、干湿交替区域或保温层下的防腐，较环氧酚醛涂层具有更优的防腐性能
无机富锌涂料	无机富锌底漆	漆膜干燥快，防腐性能、耐磨性和耐热性能优异，固化过程对环境温度及湿度要求较高	≤400	50	适用于各类腐蚀性等级的大气环境，与其他中间漆、面漆组合使用构成高性能防腐蚀体系
有机硅耐热涂料	丙烯酸改性有机硅耐热漆	常温干燥，漆膜附着力好，耐水、耐候性和耐久性良好	≤200	20	适用于中温及以下防腐蚀场合
	有机硅耐热漆	常温湿气固化，漆膜附着力好，耐水、耐候性和耐久性良好，成膜厚度小，防腐性能一般	≤400	20	适用于高温防腐蚀场合
	有机硅铝粉耐热漆		≤600	20	
无机共聚物涂料	惰性无机共聚物漆	常温干燥，具有优异的防腐及耐温能力，并且能够在干燥条件下或干湿交替条件下耐热冲击或热循环	-196~650	100	适用于高温防腐蚀场合，尤其适用于保温层下防腐蚀、高低温交变循环及干湿交替的场合

续表

涂料种类	名称	特性	使用温度/℃	每道最小干膜厚度/μm	主要用途
聚氨酯涂料	脂肪族聚氨酯面漆	高光泽，保色性和保光性强，物理机械性能和耐酸、碱、盐类腐蚀性良好，装饰性能优异，耐候性和耐磨性良好	≤120	40	适用于要求耐候性、耐腐蚀性兼备的各类腐蚀性等级的大气环境
聚硅氧烷涂料	聚硅氧烷面漆	漆膜坚韧，光泽度好，耐久性、耐冲击性、耐磨性，耐水性、耐候性和耐化学药品性能优异	≤120	75	适用于防腐性能要求较高并且对于涂料耐老化性能要求很高的钢材表面
丙烯酸涂料	丙烯酸面漆	保光和保色性一般	<80	30	适用于低腐蚀性等级的大气环境，用于耐老化性能要求不高的场合

表 8.3.4 SH/T 3022 地上管道的防腐蚀涂料

涂料用途		涂料种类和性能[a]										
		醇酸树脂涂料	环氧磷酸锌涂料	环氧富锌涂料	无机富锌涂料	环氧树脂涂料	环氧烷基胺涂料	环氧酚醛树脂涂料	聚氨酯涂料	聚硅氧烷涂料	有机硅涂料	惰性无机共聚物涂料
一般防腐		√	√	√	△	√	√	√	√	△	△	△
耐化工大气		○	√	√	√	√	√	√	√	√	○	√
耐无机酸	酸性气体	○	○	○	○	√	√	√	√	√	○	○
	酸雾	×	○	○	○	○	○	√	○	√	×	○
耐有机酸酸雾及飞沫		×	○	○	○	○	○	√	○	√	×	○
耐碱性		×	○	○	×	√	√	√	○	√	√	○
耐盐类		○	√	√	√	√	√	√	√	√	○	√
耐油	汽油、煤油等	×	○	√	√	√	√	√	√	√	×	√
	机油	○	○	√	√	√	√	√	√	√	○	√
耐溶剂	烃类溶剂	×	○	○	√	√	√	√	√	√	○	○
	酯、酮类溶剂	×	×	×	√	×	×	○	×	○	×	○
	氯化溶剂	×	×	×	○	○	○	√	○	√	×	×

续表

涂料用途		涂料种类和性能[a]										
		醇酸树脂涂料	环氧磷酸锌涂料	环氧富锌涂料	无机富锌涂料	环氧树脂涂料	环氧烷基胺涂料	环氧酚醛树脂涂料	聚氨酯涂料	聚硅氧烷涂料	有机硅涂料	惰性无机共聚物涂料
耐潮湿		○	√	√	√	√	√	√	√	√	√	√
耐水		×	○	○	○	√	√	√	○	√	○	√
耐温/℃	常温	√	√	√	√	√	√	√	√	√	△	△
	60<T≤120	○	√	√	√	√	√	√	√	√	△	△
	120<T≤150	×	×	○	√	×	√	√	×	×	△	√
	150<T≤230	×	×	×	√	×	○[b]	√[e]	×	×	√	√
	230<T≤400	×	×	×	√	×	×	×	×	×	√	√
	400<T≤600	×	×	×	○[c]	×	×	×	×	×	○[d]	√
	600<T≤650	×	×	×	×	×	×	×	×	×	○[d]	√
耐候性		×	○	×	√	×	×	×	√	√	√	○
耐温循环性/℃	−45~120	×	○	○	×	√	√	√	√	○	○	√
	−45~150	×	×	○	×	×	√	√	×	○	○	√
	−196~230	×	×	×	×	×	○[b]	√[e]	×	×	×	√
	−196~650	×	×	×	×	×	×	×	×	×	×	√
防腐性能		○	√	√	√	√	√	√	√	√	○	√
附着力		○	√	√	○	√	√	√	√	√	○	√

[a] 表中“√”表示性能较好，宜选用；“○”表示性能一般，可选用；“×”表示性能较差，不宜选用；“△”表示由于价格或施工等原因，不宜选用。

[b] 产品最高使用温度宜小于或等于205℃，产品经特殊改性后最高使用温度可达到250℃。

[c] 面漆采用有机硅铝粉耐热涂料时，无机富锌涂料的最高使用温度可达到540℃。

[d] 有机硅铝粉耐热漆最高使用温度宜小于或等于600℃；有机硅耐热漆可耐温至400℃。

[e] 环氧酚醛树脂涂料的最高使用温度宜小于或等于205℃。

表 8.3.5 常温防腐涂料的选用

腐蚀程度	涂料种类
弱腐蚀	酚醛树脂、醇酸树脂、油基涂料、沥青漆、丙烯酸涂料
中等腐蚀	高氯化聚乙烯漆、聚氨酯漆、脂肪族聚氨酯漆、环氧树脂防腐涂料，环氧煤沥青漆、环氧酚醛漆、富锌涂料、氟碳涂料
强腐蚀	环氧树脂防腐涂料、含玻璃鳞片涂料、脂肪族聚氨酯漆、高氯化聚乙烯漆、环氧煤沥青漆、聚硅氧烷漆、富锌涂料、氟碳涂料

表 8.3.6 耐高温防腐涂料的选用

腐蚀程度	使用温度/℃	涂料种类
弱腐蚀	80~400	有机硅耐热漆
中等腐蚀	80~260	丙烯酸改性有机硅耐热漆、硅酮丙烯酸耐高温漆、环氧酚醛高温漆(230℃)
	80~400	无机富锌底漆、无机硅酸盐高温漆、高温冷喷铝涂料
	80~500	硅酮耐高温漆、无机硅酸盐富锌(铝)高温漆
	80~600	有机硅铝粉耐热漆、无机硅酸盐富铝高温漆、硅酮铝粉耐高温漆

(4) 大气腐蚀条件下防腐材料应根据大气中腐蚀物质的类别、腐蚀程度、设备、管道及钢结构的重要程度以及经济性等因素进行选择，常用的是防腐蚀涂料，防腐结构通常为涂层。在碱性环境中，不宜采用酚醛漆和醇酸漆。富锌涂料只宜做底漆。

(5) 有绝热要求的碳钢、低合金钢设备和管道表面应涂刷防腐底漆，可不涂刷面漆。奥氏体不锈钢设备和管道在采用含有硫或氯离子的绝热材料绝热时，宜涂刷防腐底漆。在碱性绝热材料下应采用合成树脂底漆，不宜采用油性底漆。室外不宜采用酚醛漆、沥青漆和环氧类涂料作为面漆。

(6) 防腐涂层应有完整的涂层结构，包括底漆、中间漆、面漆的种类、涂刷道数和涂膜厚度等。底漆、中间漆和面漆应有良好的配套性。

(7) 防腐涂层的厚度应根据腐蚀环境条件和设计使用年限等因素确定。防腐涂层的总干膜厚度可参考表 8.3.7 的规定。

表 8.3.7 防腐涂层的总干膜厚度 mm

腐蚀程度		室内			室外			有绝热层
		$N<5a$	$5a\leqslant N<10a$	$N\geqslant 10a$	N<5a	$5a\leqslant N<10a$	$N\geqslant 10a$	
弱腐蚀		≥80	≥100	≥160	≥120	≥150	≥200	≥60
中等腐蚀	非富锌配套	≥160	≥200	≥240	≥200	≥240	≥280	≥80
	富锌配套	≥120	≥150	≥200	≥160	≥200	≥240	60~80
强腐蚀	非富锌配套	≥200	≥240	≥280	≥260	≥300	≥340	≥100
	富锌配套	≥160	≥200	≥240	≥200	≥250	≥300	80~100

3. 埋地管道的防腐蚀涂漆

(1) 埋地碳钢管道一般选用石油沥青防腐(现在一般不用沥青了，环氧树脂煤沥青耐水性能优良，由于吸取了煤沥青的特点，而又具环氧树脂的耐腐蚀性能和机械性能）、环氧树脂煤沥青防腐、聚乙烯胶带防腐、环氧粉末防腐等，应根据工程项目的具体情况确定遵循的标准规范。

（2）埋地设备和管道表面处理的除锈等级根据涂漆种类的不同，要求也不同，可参考规范的要求。

（3）埋地设备和管道防腐蚀等级，应根据土壤腐蚀性确定。

（4）埋地管道穿越铁路、道路、沟渠，以及改变埋设深度时的弯管处，防腐蚀等级应为特加强级。

（5）规范内有建议的涂漆配套方案，也可根据厂家涂漆的特点进行处理。地上管道防腐蚀涂层总厚度，应符合规范的要求。

七、涂漆施工与防护

（1）涂漆的环境要求。①温度要求。涂漆的环境温度宜为13~30℃，但不得低于5℃，当温度低于5℃或高于40℃时，不得再涂漆。被涂表面的金属温度在涂漆时应介于5~45℃之间，金属表面温度高于30℃时，易造成油漆干燥太快而难于涂漆。不宜在强烈日光照射下施工。②湿度要求。涂漆的环境相对湿度不宜大于80%，被涂金属表面的温度至少比环境露点温度高出3℃。③风天的要求。当风较大时，应停止涂漆。④雨、雾和雪天的要求，在下雨、有雾和下雪时，不应在户外进行涂漆作业。

（2）与涂漆工作相关的安全与防护要管理好，尤其要注意以下几项要求：①当表面处理采用喷沙器或电动工具清洁时，使用防护罩如护目镜是很必要的。②当涂漆使用有机溶剂在几乎密闭的环境下完成时，要提供适当的通风及照明。③工作现场要使用防火监测器，移走任何不安全火源。

（3）施工完毕的漆层应符合的要求。①漆层均匀，颜色一致；②漆膜附着牢固，无剥落、皱纹、气泡、针孔等缺陷；③漆膜完整，无损坏，无漏涂。

八、管道、设备和钢结构外表面涂色及标志

（1）除非客户另有要求，用于标识在管道内的流体和储罐内的储存原料的颜色、设备、管道和钢结构外表面涂色及标志按相关的标准、规范执行。

（2）石油和化工工程项目，设备的外表面涂色及标志色，按SH/T 3043《石油化工设备管道钢结构表面色和标志规定》规定。见表8.3.8。

表8.3.8 设备的外表面涂色及标志色

序号	设备类别	表面色	标志色	备注
1	静止设备			
	一般容器、反应器、换热器	银	大红	
	重质物料罐	中灰	大红	
	其他	银	大红	
2	工业炉	银	大红	

续表

序号	设备类别	表面色	标志色	备注
3	锅炉	银	大红	
4	机械设备 泵 电机 压缩机、离心机 风机	 出厂色或银 出厂色或苹果绿 出厂色或苹果绿 出厂色或天酞蓝	大红	
5	鹤管	银	大红	
6	钢烟囱	银	大红	
7	火炬	银	大红	
8	联轴器防护罩	淡黄		
9	消防设备	大红	白	

(3) 石油和化工工程项目，地上管道的外表面涂色及标志色按SH/T 3043《石油化工设备管道钢结构表面色和标志规定》规定，见表8.3.9。

表8.3.9　地上管道的外表面涂色及标志色

序号	名称	表面色	标志色
1	物料管道 一般物料 酸、碱	 银 管道紫	 大红 大红
2	公用物料管道 水 污水 蒸汽 空气及氧 氮 氨	 艳绿 黑 银 天酞蓝 淡黄 中黄	 白 白 大红 大红 大红 大红
3	紧急放空管(管口)	大红	淡黄
4	消防管道	大红	白
5	电气、仪表保护管	黑	
6	仪表管道 仪表风管 气动信号管、导压管	 天酞蓝 银	

(4) 管道标志的设置：

① 管道及其分支、设备进出口处和跨越装置边界处应刷字样和箭头。

② 字样表示应采用下列方法之一，同一装置或单元内的字样表示应一致：

a. 介质的中文名称；

b. 介质的英文名称、缩写或代号；

c. 管号。

③ 当介质为双向流动时，应采用双向箭头表示。

(5) 按照 SH/T 3043《石油化工设备管道钢结构表面色和标志规定》规定，管道上的阀门、小型设备表面色，见表 8.3.10。

表 8.3.10　管道上的阀门、小型设备表面色

序号	名　称	表面色	备　　注
1	阀门阀体		或出厂色
	灰铸铁、可锻铸铁	黑	
	球墨铸铁	银	
	碳素钢	中灰	
	耐酸钢	海蓝	
	合金钢	中酞蓝	
2	阀门手轮、手柄		
	钢阀门	海蓝	
	铸铁阀门	大红	
3	小型设备	银	或出厂色
4	调节阀		
	铸铁阀体	黑	
	铸钢阀体	中灰	
	锻钢阀体	银	
	膜头	大红	
5	安全阀	大红	

(6) 基本色的颜色范围和色样，在 SH/T 3043《石油化工设备管道钢结构表面色和标志规定》有规定。GB 7231《工业管道的基本识别色、识别符号和安全标识》对基本色的颜色范围和色样也有相关的规定。

九、防火涂层与防腐涂层的冲突处理

有防火要求的设备、设备支座和钢结构，当采用防火涂料防火时与防腐涂层并不冲突，防火涂料应满足防腐要求。常用的防火涂料涂层由防腐底漆、防火涂层和防火面漆组成，防火涂层应与底漆配套。防火涂料的技术要求、涂层厚度和耐火极限应符合 GB 14907《钢结构防火涂料》的规定。

十、海水管道的防腐涂漆与工程应用

(1) 海水的腐蚀机理。海水中含有大量的可溶性盐，其主要成分是氯化钠和硫酸盐，平均盐度约30‰，这使得海水成为天然的强电解质，海水的电导率越高金属材料的腐蚀越快。氯离子能破坏大多数金属，如钢、铸铁、锌等表面的氧化膜。

海水中还溶解有空气，使海水中有大量的溶解氧，溶解氧含量越高则造成的金属腐蚀将越严重。海洋中的金属材料与上述介质间发生化学或电化学相互作用引起材料的破坏或变质，发生金属腐蚀现象。

在海洋金属上还附着有一些海洋生物，包括某些海洋动物、植物和微生物(如硫酸盐还原菌等)，它们会在金属表面生长繁殖，产生腐蚀性物质或促进电化学腐蚀，在钢结构表面造成点蚀和缝隙腐蚀等局部腐蚀，其代谢物及尸体分解物中含有的硫化氢等酸性成分亦对金属的腐蚀起着加速的作用。某些海洋附着生物在生长过程中还能侵蚀金属表层的保护层，直接破坏保护涂层，引起腐蚀。

海水中的腐蚀性化学成分和海生物腐蚀性代谢产物是导致海水管道快速腐蚀的主要原因。采用正确的防腐涂料避免海水和金属管道接触，同时避免海洋生物在管道表面附着，能够有效地解决管道腐蚀问题，延长海水管道使用寿命。

(2) 有些海水管道采用石墨烯防腐涂料。石墨烯防腐涂料不但适用于石油天然气输送、石油化工等强腐蚀性环境，同时也适用于碎石土壤、定向穿越、海底管道等苛刻的腐蚀环境。对于海水环境的海水流体管道，管道内外采用石墨烯防腐涂料。对腐蚀严重的海水管道弯头、循环水管汇合处、循环水管与循环泵接口处内部采用涂层加厚处理方法。

(3) 对于在陆地上直埋的输送海水的管道，可选用玻璃钢管道，例如对于60″管道，可选用D2996-FRP AWWA C950管子，D2996-FRP AWWA D2996弯头，阀门可选用蝶阀GB 1348 QT450-10 GB/T 12238。

(4) 对于某些海水环境下的海水管道，笔者调研一些国外标准还需“配重涂层(submarine pipe weight coating)”。例如，混凝土配重涂层是应用于管道的钢筋混凝土外层，以提供额外的重量，以确保足够的负浮力。

十一、不锈钢管道的防腐涂漆与工程应用

(1) 奥氏体不锈钢在石化装置中应用非常广泛，具较好的防腐性能。在常用的一些防腐标准中，如：GB 50727《工业设备及管道防腐蚀工程施工质量验收规范》、SH/T 3022《石油化工设备和管道涂料防腐蚀设计标准》、GB/T 50046《工业建筑防腐蚀设计规范》、HG/T 20679《化工设备管道外防腐设计规定》、DL/T 5072《火力发电厂保温涂漆设计规程》、GB 50235《工业金属管道工程施工及验收规范》，均认不锈钢的防腐性能，没有提到“不锈钢涂漆”的要求，其中SH/T 3022和GB 50235提到不锈钢表面不涂漆；HG/T 20679中列明的防腐规定范围不包括不锈钢。

HG/T 20679中提到，有绝热要求的碳钢、低合金钢设备和管道表面应涂刷防腐底漆，可不涂刷面漆。奥氏体不锈钢设备和管道在采用含有硫或氯离子的绝热材料绝热时，宜涂刷防腐底漆。在碱性绝热材料下应采用合成树脂底漆，不宜采用油性底漆。

(2) 奥氏体不锈钢“不锈”的原因。对于奥氏体不锈钢，在不锈钢中要加入一定量的镍，其主要功能是在室温及低于室温的条件下，使钢的奥氏体结构稳定化。不锈钢的防腐有赖于表面形成的钝化膜，铬是使不锈钢能够“不锈”的关键合金元素，一般钢中需要添加10.5%以上的铬来形成保护性氧化膜，并使不锈钢具有耐腐蚀性能以及银色、明亮的外观。

氧化膜在不锈钢自身表面产生，是一层以氧化铬为主，保护性很强的薄膜，使自身抗腐蚀性能增强。比如，304 不锈钢中镍含量为 8%以上，含铬 18%以上，通常称作 18/8，是使用最为广泛的不锈钢。

(3) 奥氏体不锈钢“锈”的情况。对不锈钢“不锈”产生主要贡献的钝化膜，在环境中的氧化能力减小时，将由钝态转化为活态，腐蚀显著增加，如在非氧化性酸(硫酸、盐酸、热磷酸等)中，其耐腐蚀性会降低，某些侵蚀性阴离子，比如氯离子对钝化膜的局部破坏；在海洋大气区，由于海盐中 CaCl 和 MgCl，吸潮性强，存留在金属表面上形成强腐蚀介质湿膜，当昼夜或季节气候变化大时尤为明显，海盐粒子为氯化物，渗透腐蚀强，可以渗进钝化膜，腐蚀底材，不锈钢会因其而产生点蚀；另外，奥氏体不锈钢在温度 50℃以上，容易产生氯离子引起的应力腐蚀开裂。

(4) 在沿海地区的不锈钢设备和管道须要进行外部涂漆，形成防腐保护。在国内外一些标准有要求。

① NACE SP 0108 Corrosion Control Of Off. Shore Structures By Protective Coatings 中指出不锈钢在含氯离子的环境中，易受到缝隙腐蚀和应力腐蚀的情况，须要进行涂漆，且应控制漆中的氯离子含量。

② EN 1473Installation And Equipment For Liquefied Natural Gas 中有明确的要求，在奥氏体不锈钢表面涂漆分为底漆、中间漆、面漆三层，而且要求涂漆防腐中考虑含盐的腐蚀性气体的影响。

③ 在 NFPA 59A 液化天然气(LNG)生产、储存和装运标准中指出：在储存、施工、制造、试验和使用的过程中，应保护奥氏体不锈钢和铝合金，使腐蚀性大气和工业品引起的腐蚀和点蚀减到最小。

④ 海洋环境中的石油行业的腐蚀控制可参照 SY/T 10042《海上生产平台管道系统设计和安装的推荐作法》、SY/T 10037《海底管道系统规范》。在 SY/T 10042《海上生产平台管道系统设计和安装的推荐作法》中指出含有水及氯化物的工艺流体，特别是有氧的存在和温度超过 60℃时，可能使敏感性材料产生裂纹，包括高合金钢和不锈钢，例如 AISI 300 系列的奥氏体不锈钢。

⑤ SY/T 10037《海底管道系统规范》中指出在输送流体中含有水、氧和氯化物的情况下，奥氏体不锈钢可能对局部腐蚀及硫化物应力裂纹比较敏感，应考虑特定环境下材料的抗腐蚀性能。

(5) 防腐保护方法。不锈钢管子管件需要进行适当的防腐保护。不锈钢表面进行涂漆防腐，不锈钢具有自身的特性，所以相比较于普通碳钢，其所用油漆、表面处理等方面都应该有特殊注意的地方，比如以下几点：①油漆要满足工作温度的需要；②油漆中不含有锌、铅、铁的氧化物等；③控制油漆中金属色素、硫、氯化物等会对不锈钢产生不利影响的成分。如在 NACE SP 0108 标准中，要求环氧树脂漆中的可渗透氯化物要控制在不超过 10mg/kg，并要求漆的配方中不能含有金属锌。

十二、管道防腐涂漆常用标准规范

HG/T 20679《化工设备管道外防腐设计规范》

GB 7231《工业管道的基本识别色、识别符号和安全标示》

SH/T 3022《石油化工设备和管道涂料防腐蚀设计标准》

SH/T 3043《石油化工设备管道钢结构表面色和标志规定》

SY/T 0420《埋地钢制管道石油沥青防腐层技术标准》

SY/T 0447《埋地钢制管道环氧煤沥青防腐层技术标准》

DIN 30670《钢管和管件聚乙烯涂敷层》，与我国 GB/T 23257《埋地钢质管道聚乙烯防腐层》、SY/T 0413《埋地钢质管道聚乙烯防腐层》等规范一致

GB/T 15957《大气环境腐蚀性分类》

GB 50046《工业建筑防腐蚀设计规范》

GB/T 8923《涂覆涂料前钢材表面处理》

HG/T 20587《化工建筑涂装设计规定》

ASTM D520 Standard Specification For Zinc Dust Pigment 锌粉颜料的标准

SSPC Paint-20 Standard Specification for Zinc-Rich Primer 富锌底漆的标准

第九章　配管设计综合与工程应用

第一节　设计文件与资质

一、国内外管道设计人资质一般要求与工程应用

管道是一个系统，管道的设计不仅包括管道系统本身的设计，还包括连接的设备、建筑、结构、仪电、道路等设备设施的布置设计。国内外很多管道设计人员同时具有输油管道、输气管道、燃气管道、热力管道、工业管道(含电力管道)等管道的设计资质和工程经验，特别是一些国内外大型设计单位的管道设计专家，对以上类型的管道都具备较多的设计实践经验和较完善的理论知识。

各类管道常用到的国内外标准规范较多，这些标准规范更新变化升版的频次也非常快，有些标准规范的内容也存在着互相矛盾或不适用的内容。配管设计人员一不小心就可能误用。例如：某设计把不锈钢主管道的热水伴热管道选成了 1/2″的不锈钢管，多个工程一直这么选用的，很明显是较大的浪费。还有的设计虽然伴管选用的是普通碳钢，但是与不锈钢主管道之间漏设计“隔离垫”，普通碳钢伴管与不锈钢主管直接接触，造成了整个工程的安全隐患。

ASME B31 要求管道设计人员至少完成 4 年的全日制学位学习，并有 15 年以上有关压力管道设计经验，并有管道荷载、柔性等设计计算经验。国外的一些设计单位，为了提高设计质量，他们对压力管道设计工程师的资质、经验、学历、论文等也提出了较严格的要求，有的比 ASME B31 最低要求更加严格。

我国最新颁布的 TSG 07《特种设备生产和充装单位许可规则》对管道设计工程师也提出了新的资质最低要求。一名管道设计人员按照研究生 25 岁毕业从事管道设计工作，如果一切顺利的话，在工作第 17 年以后，方可获得审定资格。为了保证设计质量和本质安全，一些设计单位颁布的企业标准常比国家最低标准要求更加严格一些，有的设计单位对管道设计人员的学历、资历、论文、资质等均有严格的要求，我国 TSG 07 规定压力管道专业负责人需是高级职称，国外有的管道规范的规定也非常严格。

二、工业管道设计文件组成及签署

(1) 管道专业设计文件及签署要求见国家和行业标准规定，各设计单位可能不同。根据规范要求文件目录和管道布置图需要盖设计单位压力管道印章。工业管道设计文件及签署一般要求见表 9. 1. 1。笔者考察了国外一些设计单位的管道设计文件及签署要求，为了保证设计质量，对压力管道设计文件的深度及多级签署要求均非常严格，例如，有的国外设计单位要求三维模型抽出的重要管线轴测图至少 4 级校审签署。

表 9.1.1　工业管道设计文件及签署一般要求

	序号	文件名称	设计/制图	校核	审核	审定
基础设计	1	文件目录	△	△	—	—
	2	装置管道设计说明	△	△	△	—
	3	装置设备和管道设计规定	△	△	△	△
	4	装置分区图	△	△	—	—
	5	管廊设备布置图	△	△	△	△注①
	6	管道布置图	△	△	△	△注①
	7	管道材料等级规定	△	△	△	△
	8	管道应力设计规定	△	△	△	△
	9	设备及管道隔热设计规定	△	△	△	—
	10	设备及管道涂漆设计规定	△	△	△	—
	11	主要管道应力分析计算书	△	△	△	△注①
	12	管道综合材料表	△	△	△	—
	13	界区管道接点图	△	△	—	—
	14	阀门规格书	∧	△	△	—
详细设计	1	文件目录	△	△	—	—
	2	管道设计说明	△	△	△	—
	3	装置设备和管道设计规定	△	△	△	△注①
	4	管道材料等级规定	△	△	△	△注①
	5	管道应力设计规定	△	△	△	△注①
	6	设备管道隔热设计规定	∨	∨	∨	—
	7	设备管道涂漆涂色防腐设计规定	∨	∨	∨	∨ ①
	8	管道伴热夹套设计规定	∨	∨	∨	∨ ①
	9	装置分区图	∨	∨	—	—
	10	管廊设备布置图	△	△	△	△注①
	11	管道布置图	△	△	△	△注①
	12	轴测图(单线图、单管图)	△	△	△	△注①②
	13	设备管口方位图	△	△	△	—
	14	装置界区管道接点图	△	△	—	—
	15	伴热系统图	△	△	—	△注③
	16	管道伴热连接表	△	△	—	—
	17	管道应力分析计算书	△	△	△	△注①
	18	管道数据表规格书	△	△	△	△注①③
	19	特殊管件强度计算书	△	△	△	△注①
	20	特殊管件制作图	△	△	△	—
	21	管道附件规格书	△	△	△	—
	22	阀门规格书	△	△	△	—

续表

	序号	文件名称	设计/制图	校核	审核	审定
详细设计	23	安全阀、疏水阀等规格书	△	△	△	△注①③
	24	管道支吊架图	△	△	△	—
	25	弹簧支吊架、拉杆、膨胀节等规格书	△	△	△	—
	26	管道综合材料表	△	△	△	—
	27	其他				

注：① GC1 管道需要审定签署。

② 对于三维模型抽出的轴测图，一般需要 3 级签署，对于 GC1 管道需四级签署。对于采用先设计管道平面布置图，后用轴测图软件根据管道平面布置图设计的轴测图，仅需设计与校核 2 级签署。

③ 有的设计单位，此项工作由工艺专业完成。

按照新版 TSG 07 的规定：GCD 设计单位审定人员不少于 2 人，因此 GCD 管道主要设计文件需要几级签字，应以新版规范为准。

（2）管道器材选用有关设计文件。

① 管道材料设计说明。包含管道材料施工、隔热施工、涂漆施工说明。应满足整个工程中所能涉及的管道材料的标准、规范、单位、材料、标记、试验、检验等条款，对常用管子、管件、阀门、法兰、垫片、螺栓、螺柱(母)的尺寸及公差进行选择并做出规定

② 管道材料等级规定

管道材料等级规定(包括管道材料等级索引、管道材料等级表、管道壁厚表，管道分支管连接表，管道与仪表材料分界规定)。

管道材料等级索引：一般应包括管道等级、适用介质、使用温度范围、法兰压力等级、基本材料和腐蚀裕量等内容。在基础工程设计阶段，可供工艺系统、仪表和设备等专业使用。

管道材料等级表：针对某个管道等级，所使用的全部管道组成件包括管子、管件、阀门、法兰、垫片及螺栓(母)以及其他附件所使用的标准、材料、尺寸、型号等作出规定。

管道壁厚表：针对具体等级，将工程中所使用的各种等级管径的管道壁厚进行规定并列出表格。

管道支管连接表：针对每个具体等级，对从主管上引出支管所采用的根部连接形式进行规定。

管道与仪表材料分界规定：将管道上的仪表测量元件按仪表种类、管道的等级对管道和仪表专业进行“元件”归属分工，以保证管道和仪表各自使用元件的不错、不漏，相互匹配。

③ 隔热设计规定。对隔热等级、隔热材料、隔热厚度、隔热结构的要求做具体的规定。

④ 防腐与涂漆设计规定。对防腐等级、防腐材料、防腐要求和涂漆涂色的要求做具体的规定。钢材表面原始锈蚀等级，钢材表面处理，表面除锈质量等级。设备、管道及钢结构的表面色及标志。埋地设备及管道的涂漆外防腐。

⑤ 管道隔热材料汇总表。工程设计中对所有需隔热的管道隔热所用的主、辅材料的统计表。

⑥ 管道涂漆材料汇总表。工程设计中对所有需外部防腐的管道涂漆所用材料的统计表。

⑦ 管道综合材料汇总表。包括：a. 管道综合材料汇总表(分区材料表，如果有)。供管道材料控制专业和用户采购询价用，按管道安装材料分类、分区、并有设计量和采购量的汇总材料表。b. 管架材料汇总表(分区材料表，如果有)。c. 设备、管道隔热材料汇总表(分区材料表，如果有)。工程设计中对所有需隔热的设备、管道隔热所用的主、辅材料的统计表。(有的工程公司设备的材料统计由机械设备专业负责统计数量，然后把材料量提交给管道专业汇总。设备涂漆材料的统计程序也相同)。d. 设备、管道涂漆材料汇总表(分区材料表，如果有)。工程设计中对所有需外部防腐的管道涂漆所用材料的统计表。

⑧ 非标管件图。工程设计中管道所用到的非标管件的制造、检验的设计图。

⑨ 管道材料请购文件。工程设计中编写的一套用于采购的设计文件，包括：请购单、图纸(如果有)、设计数据表以及管道材料请购说明书等。对于本工程采用的工程标准和所采购的材料在制造、检验和试验等方面要求的文件。a. 请购单：工程名称、用户名称、请购单号、工程代号、材料名称、规格、材料、标准、数量以及供货方需要提供文件的份数等买方的具体要求。b. 设计数据表：对所采购材料更具体的要求，如疏水阀数据表、特殊管件数据表。c. 请购说明书：概述、图纸和数据、采购技术要求、试验和检验、标记等。

三、长输管道设计文件组成及签署

长输管道设计文件及签署见表9.1.2。

表9.1.2 长输管道设计文件及签署

序 号	文 件 名 称	序 号	文 件 名 称
1	文件目录	6	线路纵断面图
2	说明书	7	公路穿越、铁路穿越、水域大中型穿(跨)越平面带状图
3	设备表	8	公路穿越、铁路穿越、水域大中型穿(跨)越纵断面图
4	材料表	9	站场、阀室设备及管道布置图
5	线路平面带状图	10	站场、阀室单管图

注：GA1级管道主要设计文件(设备布置图、管道布置图、应力计算书等)需要4级签署，GA2级管道主要设计文件需要3级签署。但是，按照新版TSG 07的规定：GA设计单位审定人员不少于2人，因此GA管道主要设计文件需要几级签字，应以新版规范为准。

四、公用管道设计文件组成及签署

公用管道设计文件及签署见表9.1.3、表9.1.4。

表9.1.3 GB1管道设计文件及签署

序 号	文 件 名 称	序 号	文 件 名 称
1	文件目录	6	线路纵断面图
2	说明书	7	公路穿越、铁路穿越、水域大中型穿(跨)越平面图
3	设备表	8	公路穿越、铁路穿越、水域大中型穿(跨)越纵断面图
4	材料表	9	战场设备及管道布置图
5	线路平面图	10	区域(小区)调压计量安装图

表 9.1.4 GB2 管道设计文件及签署

序 号	文 件 名 称	序 号	文 件 名 称
1	文件目录	5	管道走向图
2	说明书	6	管道安装图
3	设备表	7	站场设备及管道布置图
4	材料表		

注：按照原 TSG R1001 规定 GB1、GB2 级管道主要设计文件需要 3 级签署，但是按照新版 TSG 07 的规定：GB1 设计单位审定人员不少于 2 人，因此 GB1 管道主要设计文件签署级别，应以新版规范为准。

五、管道材料等级设计一般要求

(1) 管道等级表是管道设计、管道材料汇总、采购和工程施工安装、生产维修的重要依据。管道等级应将每个等级中所使用的全部管道组成件的材料、标准、尺寸范围、压力等级、型号及温度与压力的使用关系进行规定。管道等级所规定的内容是工程项目中有关专业遵循的准则。

(2) 管道等级是在工程设计的基础设计阶段进行编制，随着详细设计开展深入，将不断地完善。正确选用管道等级不仅使工程选材合理、保证装置正常安全运行，而且能加快安装速度，节约投资。

(3) 它的编制基础是根据项目开工报告、公用工程专业管道物料特性表、工艺流程图工艺管线表等条件，首先将流体按易燃易爆、腐蚀性、特殊性如：热处理要求、脱脂要求等分类，然后根据用户或外商及专利商的合同确定材料的标准。按输送介质的温度、压力等分成不同类别的等级并考虑仪表、设备专业所选用的标准及配合条件，明确每一等级所用的管子、管件、阀门、紧固件、垫片等规格范围、特性、材料及标准，对本工程应尽量做到统一规格标准。

(4) 管道等级编制一般要求。

① 选用管子和管道组成件需符合工程所在地的国家标准、行业标准或工程企业标准。

② 管道等级代号的编制一般根据材料类别、顺序号和压力等级来确定。有的工程项目是完整的工艺包，已经包含了管道等级文件，已经编制了大部分管道等级代号。

③ 选用的管道组成件等，在同一等级中必须相互匹配，其材料必须满足工艺流体操作等设计条件。

④ 选用的管子和组成件应经济、实用。当选用较昂贵材料时，应做材料的经济比较。

⑤ 管道等级应包括用户名称、设计项目、设计阶段、工程号等。

⑥ 管道等级所列内容应与所在设计单位的工艺专业界定清楚材料分界。国内外各设计单位工艺专业和管道专业的设计分工可能不同。例如，有的设计单位管道等级所列内容，不包括由工艺专业所提安全阀、电动阀、减压阀、疏水器(伴热管用除外)、防爆膜、阻火器、过滤器、消音器等特殊管件(即 SP 类)。

⑦ 管道等级中应注明该等级号的使用范围(温度、压力、流体)。

⑧ 管道等级表的格式和具体内容举例，见表 9.1.5。

表 9.1.5　管道材料等级部分举例　　（等级号：A1A）

名称	公称直径	材料	制造	端部	壁厚	标准号
管子 PIPE	1/2″~ 1. 1/2″	ASTM A106-B	SMLS	PE	SCH80	ASME B36. 10M
	2″~6″	ASTM A106-B	SMLS	BE	SCH40	ASME B36. 10M

六、管道材料等级文件的编制与工程应用

1. 管道等级代号

(1) 管道等级代号一般包含了材料类别、顺序号和压力等级等信息，代号的位数不做限制，有的工程项目用 10 位表示，有的用 3 位、有的用 2 位。下面仅以 3 位表示的管道等级号为例进行讲述。

(2) 国内设计项目，管道材料代号可按上述编制。这些符号究竟如何排序，可由各设计单位自定，要加以说明其代号的意义。其代号不宜过长，简单明了即可，以免复杂和增加管道绘图、计算机 CAD 绘图等的工作量。与国外合作设计工程项目，有的工程项目已经有成熟的工艺包，已编制了基本完整的管道材料等级文件。

(3) 管道等级号的组成见图 9. 1. 1。①第一单元：管道的公称压力(MPa)等级代号，用大写英文字母表示。A ~ K 用于 ASME B16. 5 标准压力等级代号(其中 I、J 不用)，L ~ Z 用于国内标准压力等级代号(其中 O、X 不用)。见图 9. 1. 2 。②第二单元为顺序号，用阿拉伯数字表示，由 1 开始，表示一、三单元相同时，不同的材质和(或)不同的管路连接形式。③第三单元：管道材质类别，用大写英文字母表示，见表 9. 1. 6 为举例。

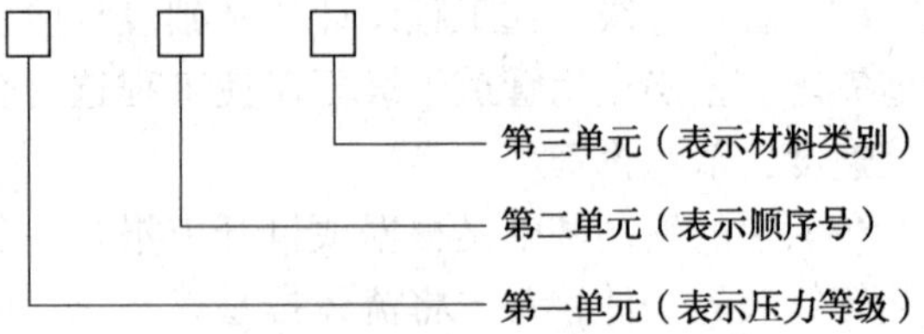

图 9. 1. 1　管道等级号的组成

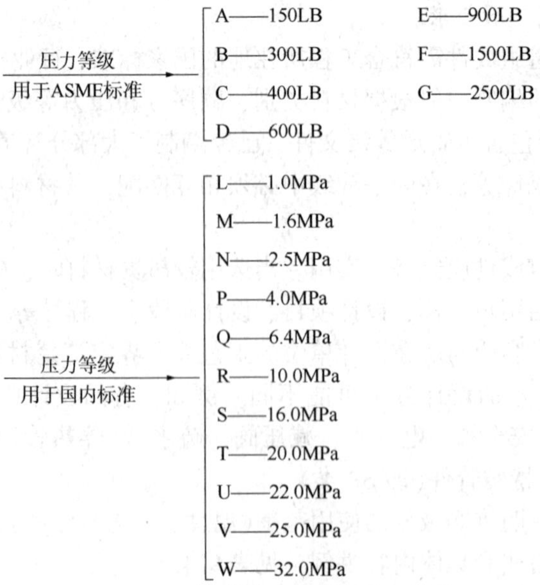

图 9. 1. 2　管道的公称压力等级代号

表 9.1.6 管道材料类别

第三单元	管道材质	材质标号	
		GB 标准及代号	ASTM
S	碳钢	Q235-A	A120，A134
T	碳钢	10、20	A106Gr. A，B
U	碳钢	20	API5L. Gr. B
A	碳钢	Q235-A	A53Gr. A
A	碳钢	20	A53Gr. B
B	1/2Mo	16Mo	A335Gr. P1
C	1Cr-0. 5Mo	15CrMo	A335Gr. P12
D	1Cr-0. 5Mo	12CrMoV	A335Gr. P11
E	2 1/4Cr-0. 5MoV	Cr2Mo	A335Gr. P22
F	—	—	—
G	5Cr-0. 5Mo	Cr5Mo	A335Gr. P5
H	9Cr-1Mo	—	A335Gr. P9
K	18Cr-8Ni	06Cr19Ni10(0Cr18Ni9)	A312Gr. TP304
J	18Cr-8Ni	022Cr19Ni10(00Cr19Ni10)	A312Gr. TP304L
L	18Cr-12Ni-Mo	0Cr18Ni12Mo2Ti 06Cr17Ni12Mo2Ti(0Cr18Ni12Mo3Ti)	A312Gr. TP316 A312Gr. TP317
M	18Cr-12Ni-Mo	022Cr17Ni12Mo2(00Cr17Ni14Mo2) 022Cr19Ni13Mo3(00Cr19Ni13Mo3)	A312Gr. TP316L A240Gr. TP317L
N	18Cr-8Ni-Ti 18Cr-8Ni-Nb	1Cr18Ni9Ti 06Cr18Ni11Nb(0Cr18Ni11Nb)	A312Gr. TP321 A312Gr. TP347
P	22Cr-12Ni 25Cr-20Ni	06Cr25Ni20(0Cr25Ni20)	A312Gr. TP309 A312Gr. TP310
Q	铸铁	—	—
R	低温钢	09Mn2V	A333Gr. 7 or Gr9
V	镇静钢	16Mn	A333Gr. 1or Gr6
W	3. 1/2Ni	(06ALNbCuN)	A333Gr. 3
X	铜，铜合金钢	—	—
Y	铝，铝合金钢	—	—
Z	镀锌	Q-235-A、B	A53 Gr. B(Galv)

2. 管道等级缩写词

管道材料选用及等级规定内的缩写词，可以简化“管道材料等级”表内的材料描述，仅用缩写词就可替代大批量的汉字说明。笔者在国外某单位做管道设计时，发现这些缩写词大同小异，基本国际通用。在国内外各标准均有类似的规定。例如：SH/T 3902《石油化工配管工程常用缩略语》详细规定了一些缩写词，在配管设计平面图、管道材料等级等设计文件广泛应用。例如：BB 螺栓连接型阀盖，BC 螺栓连接型管帽，BE 坡口端，BW 对焊。

3. 管道等级索引

管道等级索引是一般应有管道等级代码、物料代号、介质种类、设计温度、压力范围、管子材料及尺寸范围，供工艺、仪表等专业使用，是工艺专业在基础设计阶段设计的主要依据文件。管道等级索引表的基本格式应用见表 9. 1. 7。

表 9. 1. 7 管道等级索引

等级代号	介质名称	设计温度/℃	设计压力/MPa(G)	法兰等级	材质	腐蚀裕度/mm
A1A	加氢汽油	100	0. 8	CL150	C. S.	1. 5
	燃料油	120	0. 8			
	含油污水	65	0. 8			
	裂解汽油	120	1. 2			
	石脑油	65	0. 8			
A2A	非芳/不合格非芳	65	0. 8	CL150	C. S.	1. 5
	甲烷氢	130	1. 03			
	异丁烷	65	1. 1			
	火炬气	290	0. 35			
	燃料气/天然气	150	1. 0			
	$C_5/C_9/C_4$	65	1. 1/0. 8			
	苯/甲苯/粗甲苯/二甲苯	65	0. 8			
A3A	低压蒸汽/凝液	340	0. 7	CL150	C. S.	1. 5
	工艺凝液	150/120	0. 8/1. 0			
	热水供水/热水回水	120	1. 4			
A4A	清焦空气	65	1. 0	CL150	C. S.	1. 5
	工厂空气/压缩干燥空气	65	1. 0			
	反洗排水	60	0. 45			
	消防水/泡沫混合液	常温	1. 5			
	低压氮气	65	1. 0			
A5A	浓硫酸(98%)	60	1. 0	CL150	C. S.	3. 0
	碱液/废碱液	65	0. 85/1. 0			
A1X	仪表空气	65	1. 0	CL150	C. S. (GALV.)	0
	消防水	常温	1. 5			
B1A	LPG	65	2. 8	CL300	C. S.	1. 5
	苯	65	1. 9			
	弛放气	65	2. 2			
	液氨	65	2. 6			
	C_3/C_4	65	3. 3			
	不合格丙烯	65	2. 6			

续表

等级代号	介质名称	设计温度/℃	设计压力/MPa(G)	法兰等级	材质	腐蚀裕度/mm
B1A	燃料油	300	2.21			
	重芳烃	300	2.21			
	乙烯挥发气/弛放气	65	2.1			
	石脑油/加氢尾油	100	1.8			
	异丁烷	65	3.5			
	裂解 C_4/抽余 C_4	65	1.7			
	开车丙烯/液体丙烯/丙烯	65	3.6			
	污油	365	0.8			
	1-丁烯/1-己烯	65	1.8/1.4			
B2A	丁二烯	65	1.5	CL300	C.S.	1.5
	苯乙烯	65	1.5			
B3A	中压蒸汽/中压凝液	340	1.8	CL300	C.S.	1.5
	热水供水/热水回水	120	1.6			
B1X	仪表空气	65/-15	2.5	CL300	C.S.(GALV.)	0
D1A	氢气	255	4.39	CL600	C.S.	1.5
	高压氮气	65	7.0			
D1C	高压蒸汽/高压凝液	460	4.84	CL600	1.25Cr-0.5Mo	1.5
A1J	放火炬气体	65/-101	0.55	CL150	S.S.	0
A2J	环氧乙烷	65	1.3	CL150	S.S.	0
	乙二醇	65	0.8			
	脱盐水	65	1.0			
B1J	冷排放	65/-100	3.4	CL300	S.S.	0
B2J	过滤水	65	2.5	CL300	S.S.	0
B3J	氧气	65	3.2	CL300	S.S.	0
A1Q	火炬(液)	65/-45	0.35	CL150	LTCS	1.5
	富甲烷气	65/-45	0.72			
	丙烯冷剂	65/-30	1.4			
B1Q	液体乙烯	65/-45	3.3	CL300	LTCS	1.5
	氨火炬气	65/-34	2.2			
	液氨	65/-34	3.5			
D1Q	乙烯	95/-45	6.6	CL600	LTCS	1.5
F1A	高压锅炉给水	180	17	CL1500	C.S.	1.5
L1A	循环冷却水供水/回水	60	0.7	PN1.0	C.S.	1.5
	生产污水/生活污水	60	0.7			
	雨水	60	0.8			

续表

等级代号	介质名称	设计温度/℃	设计压力/MPa(G)	法兰等级	材质	腐蚀裕度/mm
L1Z	阻垢缓蚀剂	60	0.8	PN1.0	CPVC	0
	浓硫酸(93%)	80	0.8			
	次氯酸钠(10%)	60	0.8			
L2Z	生活水	60	0.7	PN1.0	HDPE	0
M1Z	过滤水	60	1.0	PN1.6	碳钢衬胶	0
	盐酸(5%)	60	1.0			

4. 管道等级温度-压力额定值

一般金属、管件等都可使用法兰的温度-压力额定值表，它是指在不同工作温度下所能承受的最大无冲击工作压力，特别是对高温下使用的管件，温度-压力额定值表是设计中极重要的参数。在设计温度下许用的设计压力可按公式计算，实际工程设计中，可从标准规范内查出，例如，ASME B16.5 的强制性附录Ⅱ列出了各磅级温度-压力额定值。有的工程直接拷贝规范的数据。

5. 管道等级腐蚀裕量

(1) 工程中管道的腐蚀裕量的值是按工艺装置生产厂的经验和实验室的试验数据确定。工程设计中一般是按材料在流体中的腐蚀速率(mm/a)乘以装置使用年限而定(一般为 8~15 年)。腐蚀速率与材料选用的关系见表 9.1.8。

表 9.1.8 腐蚀速率与材料选用的关系

选　用	可充分使用	可以使用	尽量不用	不　用
年腐蚀速率/(mm/a)	<0.005	0.05~0.005	0.5~0.05	>0.5
腐蚀程度	不腐蚀	轻腐蚀	腐蚀	重腐蚀
腐蚀裕量/mm	0	>1.5	>3	>5~6

(2) 通常材料在非腐蚀性流体中的腐蚀裕量选取如下：①碳钢>1.0mm；②低合金钢>1.0 mm；③不锈钢 0；④高合金钢 0；⑤有色金属 0；⑥流体为压缩空气、水蒸气和冷却水的碳钢和低合金钢管道，取腐蚀裕量最小为 1.27mm。

(3) 当流体腐蚀性较强时，相应在计算管壁厚度时增大管壁厚度。有时尽管只有 2~5 年的寿命，但由于比不锈钢价廉，采用定期更换也是允许的。这就要进行技术经济比较并在技术文件中清楚地说明，定期测量壁厚和更换管子。

(4) 当使用不锈钢材料时，可在温度不高的部分用非金属材料或衬里材料替代不锈钢。当采用腐蚀裕量较大的碳钢管时，*DN*50 以下的管道可以采用不锈钢材料。

6. 管道等级管道壁厚表

(1) 管道壁厚表，是指导工艺系统、配管及管架等专业工程设计的重要文件之一。管道壁厚表是根据管道壁厚计算，按管道的标准厚度进行调整后的用于工程使用的壁厚表。见表 9.1.9。

（2）编制原则。①管道壁厚表一般应包括管道等级、公称直径、外径和壁厚。②管道壁厚一般以毫米计，保留一位小数，或采用管表号表示。③根据装置的性质和用户要求决定管子选用的尺寸系列。

（3）编制要求。①管道壁厚表一般应将不同类别的材料，按等级分项编制(如碳钢类、不锈钢类、合金钢类)。②当有不同外径管道时，其壁厚表应分开编制。

表 9.1 9　管道壁厚表举例

公称直径（NPS）	管子外径/mm	管道等级		
		M1A	M1K	M3A
15	21.3	3.0	2.0	4.0
20	26.9	3.0	2.0	4.0
25	33.7	3.0	3.0	4.5
32	42.4	3.0	3.0	4.5
40	48.3	3.5	3.0	5.0
50	57	3.5	3.0	5.0

7. 管道等级管道分支表(管道变径表)

（1）分支表是对各管道等级的支管连接形式做出具体的规定。

（2）编制原则。①支管连接表应按各管道等级的要求分别编制，支管连接形式相同的管道等级也可合并编制。②支管连接应在保证管路安全运行、经济合理的前提下选择根部元件连接形式。

（3）编制一般要求。①1.1/2″以下三通一般采用锥管螺纹或承插三通，除有缝隙腐蚀介质外。2″以上采用对焊连接三通。②管道分支表是依据开孔补强计算表，确定其焊接支管是否需要补强。③2″及 2″以上主管、2″以下的支管应优先选用半管接头或支管台。④设计压力大于 6.3MPa 的管道主支管为异径时，不宜采用现场制造的焊接支管，宜采用三通，或在主管上开孔并焊接支管台，当支管为等径时宜采用三通。⑤支管连接表的实例见表 9.1.7。

（4 ）管道分支表(管道变径表)举例见表 9.1.10。

8. 管道综合材料汇总表

（1）供管道材料控制和用户采购询价用，按管道安装材料分类、分区、并有设计量和采购量的汇总材料表。

（2）材料汇总表是按材料种类、规格、材质、型号分区进行统计的汇总表；对按全厂(装置)的汇总表，应包括设计量、施工余量(总承包工程或用户有要求时)、备品量(总承包工程或用户有要求时)、建议采购量的汇总一览表。

（3）对于各装置(区)的综合材料汇总表，一般仅统计实际使用量。对于全厂的综合材料汇总表，一般应表明各装置(区)的实际用量、全厂使用总量、备品(件)量、(建议)采购量。综合材料汇总表编写顺序一般为：

① 按材料顺序为不锈钢、有色金属、合金钢、碳钢、铸铁、金属衬里、非金属。

② 按种类顺序为管子、阀门、法兰、管件、垫片、紧固件、特殊管件、管架材料、隔热材料、涂漆材料。

③ 按压力等级顺序为高压、中压、低压、真空。

主管 \ 支管	1/2	3/4	1	1 1/2	2	2 1/2	3	4	6	8	10	12	14	16	18	20	24
1/2																	
3/4																	
1		①															
1 1/2																	
2																	
2 1/2																	
3																	
4																	
6																	
8																	
10		②															
12											③						
14																	
16							④										
18																	
20										⑤							
24																	

①承插焊三通
②承插焊半管接头
③焊接三通
④焊接支管
⑤带补强板焊接支管

用于A1A，A1B等级

表 9.1.10　分支表举例

④ 按阀门顺序为闸阀、截止阀、节流阀、旋塞阀、球阀、蝶阀、止回阀、安全阀、隔膜阀、角阀(针型阀)、疏水阀、特殊阀。

⑤ 按管件顺序为弯头、异径管、三通、四通、非标准管件。

⑥ 按法兰顺序为对焊、平焊、松套、承插焊、螺纹、盲板、8 字盲板、孔板法兰，并按凸凹面、榫槽面、全平面、突面、环形等连接面列出。

⑦ 特殊管件顺序为消音器、阻火器、视镜、过滤器、爆破板、事故淋浴洗眼器、补偿器等。

⑧ 其他：型钢(工字钢、槽钢、角钢、扁钢、圆钢、钢板)、焊接材料等。

⑨ 尺寸顺序宜从小到大或从大到小。

(4) 综合材料汇总表应在装置的管道材料汇总表，管道、设备隔热材料汇总一览表，管道、设备涂漆材料汇总一览表，管架材料汇总表等各分项汇总表编制完成的基础上进行编制。在编制综合材料汇总表的过程中，应核对各汇总表是否符合各种设计规定中的要求，对不符合要求的应与有关专业协调并更正。综合材料汇总表在编写过程中应严格符合“管道材料设计采购余量系数表”中的有关采购余量系数值，不得随意突破其余量系数值。

七、管道材料等级分界点与工程应用

管道等级划分需遵循工艺流程图上所标示的不同等级分界线。一般有以下要求。

1. 高低压系统连接的管道压力等级

(1) 当一根管子与另一根材质或压力不同的管子相连接时，连接两根管道的阀门或法兰按其中较高等级规格的管子材质或压力等级选用。见图 9.1.3(a)。

(2) 当输送两种不同压力-温度参数的流体连接在一起时，分割两种流体的阀门的选择，

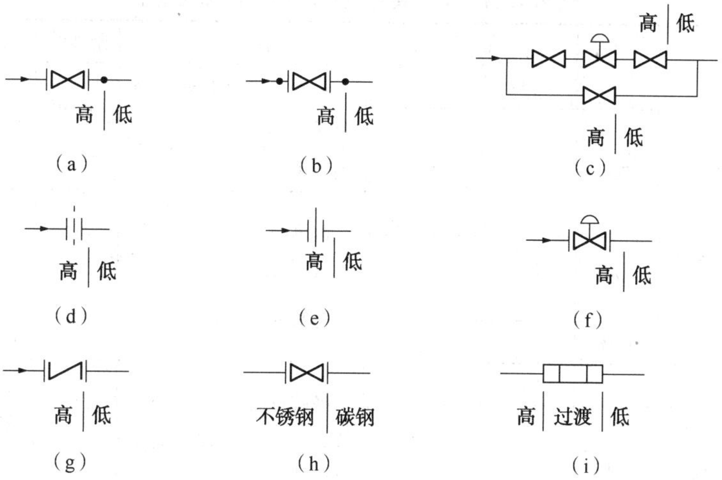

图 9.1.3 管道材料等级分界点和范围

应以严重一端的条件决定。阀门任何一侧的管道，应按它所连接的输送条件选择。

(3) 当多根压力、温度不同的管道连接到同一组成件时。该组成件应按压力-温度两者组合最严重条件下的一组温度-压力划分。

(4) 当采用对焊阀门时，应选用高等级侧的材质焊条进行施焊。见图 9.1.3(b)。

(5) 使用调节阀或减压阀后，介质的压力、温度发生变化时，调节阀后的切断阀和旁路阀应按调节阀前或减压阀前的压力等级考虑。见图 9.1.3(c)。

(6) 当采用节流阀或限流孔板产生低温效应时，节流阀应按低温阀材质考虑，而压力等级按节流前的压力选用。见图 9.1.3(d)、(e)、(f)。

(7) 当通过止回阀后材质发生变化时，止回阀材质应选用高端材料。见图 9.1.3(g)。

(8) 当设备排放管线至水沟或排放至大气时，应以阀门为界，阀前为高等级。

2. 在高温下不同金属的焊接连接和奥氏体钢与碳钢的法兰连接

(1)在奥氏体不锈钢和碳钢之间用法兰连接时，在碳钢管一端用奥氏体不锈钢法兰，由不锈钢法兰与碳钢管焊接。见图 9.1.3(h)。

(2) 当设备为反应器使用不锈钢或高合金钢，而管道为另一种合金或碳钢时，应设计一段过渡短管，该过渡短管含有的合金分别出现在短管两端或介于两种材质之间。在焊接过渡短管时，选用高端的焊条。见图 9.1.3(i)。

(3) 焊接在管子、管件上的组对卡具和管架垫板，其材质应与母材相同。

(4) 铝管道中法兰用钢螺栓、螺母紧固时，应设有垫圈隔离。避免不同材料引起的电化学作用而产生腐蚀。

八、管道综合材料设计附加裕量

管道综合材料设计附加裕量每个工程各不相同，但是需考虑：安装时的损耗、设计用量的统计误差、运输和保管中的差错，同时需避免设计和采购层层加码，造成浪费。具体见《压力管道设计及工程实例》一书第四章详述。某管道综合材料设计附加裕量举例见表 9.1.11。

表 9.1.11 某管道综合材料设计附加裕量

名称	附加量	说明	名称	附加量	说明
管子			碳钢、普通低合金钢螺栓螺母	10%	不足 10 个，但超过 5 个时，加 1 个
碳钢无缝钢管、螺旋焊缝钢管、钢板卷管、有缝钢管、铝管	5%		垫片		
			金属垫片	4%	不足 25 个，但超过 10 个时，加 1 个
合金管、不锈钢无缝钢管、铅管	3%		金属—石棉垫片	5%	不足 20 个，但超过 10 个时，加 1 个
非金属管	10%				
阀门			橡胶石棉垫片	15%	不足 7 个，但超过 3 个时，加 1 个
合金钢、不锈钢阀门、电动阀、风动阀、碳钢阀门	不加		管件		
DN≤100	5%	不足 20 个，超过 10 个时加 1 个	合金钢、不锈钢管件	3%	不足 30 个，但超过 15 个时，加 1 个
DN 150~400	2%	不足 50 个，超过 25 个时加 1 个	碳钢及普通低合金钢管件	5%	不足 20 个，但超过 10 个时，加 1 个
			保温材料		
DN>400	不加		玻璃棉、矿渣棉制品	15%	
铸铁阀门			珍珠岩、硅藻土、蛭石制品	20%	
DN≤40	10%	不足 10 个，超过 5 个时加 1 个			
DN 50~400	5%	不足 20 个，但超过 10 个时，加 1 个	铁丝、铁皮、钢板、自攻螺钉	15%	
DN≥500	不加		玻璃布，油毡纸支架材料	10%	
法兰					
碳钢及普通低合金钢法兰	5%	不足 20 个，但超过 10 个时，加 1 个	各种型钢、钢板等辅助材料	5%	
合金钢、不锈钢法兰	3%	不足 30 个，但超过 15 个时，加 1 个	焊条、电石、氧气等防腐材料	10%	
螺栓、螺母					
合金钢、不锈钢螺栓、螺母	5%	不足 20 个，但超过 10 个时，加 1 个	油漆、沥青、汽油等	10%	

九、管道材料的代用设计与工程应用

材料代用在工程设计与施工阶段经常发生，有很多种原因：有的是采购的原因，有的是管道材料价格的原因，有的是施工现场有多余的管道材料的原因。有的是以“以优代劣”，有的是“以劣代优”，配管设计是一个系统，材料代用会牵涉布置、应力、结构等方方面面的设计内容，牵一发动全身，必须综合考虑各专业设计后再确定材料代用问题，并应尽量减少和避免工程采购、施工阶段中的材料代用现象。

2. 一般要求

(1) 由于设计外原因，造成钢材代用或品种规格代用，都得事先征得设计单位的同意，由施工单位提出材料代用申请单，设计单位审批。

(2) 代用材料的机械性能(强度、塑性、韧性等)、化学成分(特别要注意主要元素含量和有害杂质的差异)以及在设计条件下对流体的腐蚀性的适应性。

(3) 代用材料的制造加工工艺的适应性(特别是所选用的焊接材料、焊接工艺和焊后热处理的适应性)。

(4) 代用材料与原设计材料在标准规范上的差异，如：检验项目、检测标准、检验率等。

(5) 代用材料在金相组织上的差异，是否因膨胀系数上的差异引起热应力及异种钢材间相焊的可行性和可靠性。

(6) 代用材料的经济性。

(7) 对于进口材料的代用。进口材料应符合国外有关标准、规范，并已确认为许用材料。同时应遵守该代用材料的使用范围和有关限制。进口材料还应遵守国内相应材料所适应的温度、压力、流体的限制和使用范围。

(8) 钢材的升级代用。钢材的升级代用不仅在化学成分、常规机械性能上要加以严格控制，更重要的是要注意材料冶金质量上的差异，为此应特别注意检验项目、检验率和检测标准上的差异及适应性。

(9) 设计单位认为有必要时，可要求对钢材金相组织、高低倍数或其他性能通过检测，作为判断依据。

(10) 无合格证和无标准的钢材，不能作为代用材料。

3. 工程应用

某工艺管道的管材，分别是：A106－B、A53－B，A333 GR－1、A335－P11、A312 TP304。需要替换为我国 GB 材料，通过分析国内外不同牌号钢管的化学成分、基本力学性能，确定了上述材料分别替换为 20#、15CrMo、16Mn、15CrMo、0Cr18Ni9(06Cr18Ni10)。我国材料 16Mn 与 A105 和 A106GR-B 材料的化学成分较接近，故其机械性能也相近，但材料使用范围不同，设计选用材料时应注意。

某高压蒸汽管道，采购到施工现场的管子壁厚比设计壁厚大一倍，经核算，管道的垂直荷载和水平荷载均增加了很多，给结构专业重新提了设计，结构进行了加固处理。

某碳钢管道用于管廊上的循环水输送，因业主的原因需替换为玻璃钢管道，玻璃钢管道的膨胀系数比碳钢大很多，确定管道材料替换后，管道自然补偿弯进行了重新设计，管廊结构重新增加了策纵联系梁。

十、配管设计对制造供货的要求与工程应用

1. 一般要求

采购、安装的材料必须符合设计所规定的各种标准、规格、公差及对材料的性能要求。采购部门必须按设计提供的综合材料表或请购单及其附件等进行询价和采购。对于特殊管件还要提供各种采购数据表图。

制造厂返回的报价文件和先期确认[采购数据表(图)]必须经过有关专业设计人员全面的技术评价，签阅意见返回，直到同意并认可，再由制造厂发最终确认版至设计人员。

由于制造或供货引起的代用材料，制造厂必须事先以书面形式征得设计部门同意，否则予以拒收。凡不符合设计所规定的技术条件均可拒收。

2. 工程应用

例如，某管子到施工现场后，大部分管子壁厚为正偏差，比设计要求偏厚较多，采购合同是按照到货后的管子重量计算价格，管道设计人员做的管子 MR 文件没写清楚管子壁厚偏差要求，造成了不好的影响。

第二节　配管设计管道器材采购、施工与工程应用

一、管道器材 MR 文件的定义

MR(material requisition)文件，即材料要求，一般 MR 文件包括两部分内容：①采购材料单②材料供货规定。

如果标书中附有 MR 材料供货规定，管道器材厂商需认真研究这份文件中对于管道器材的非常具体的要求，一般来说，这份 MR 文件是由采购方，按照标书中的要求、工程的实际情况编制，发给管道器材制造厂供货商，这份文件是对采购单上各项目技术要求的补充。

二、管道材料 MR 文件的设计与工程应用

石油化工工程建设中，管道材料采购工作对节约项目投资和保证项目建设进度起着重要作用，管道材料采购询价文件编制的技术水平对顺利进行采购工作起着不可低估的作用。

1. MR 询价文件的组成

询价文件通常由技术文件和商务文件组成。

技术文件：包括材料请购单及其附件，见表 9.2.1，由设计部门负责编制。附件通常有以下内容，可根据具体情况增删：技术数据表，采购说明书，询价图纸，其他技术附件。

表 9.2.1　材料请购单

<table>
<tr><td colspan="4">请购单文件号：</td><td colspan="4">页数：</td></tr>
<tr><td colspan="2">项目名称：</td><td colspan="6">装置名称：</td></tr>
<tr><td>设计：</td><td>校核：</td><td>审核：</td><td colspan="2">设计经理：</td><td colspan="3">日期：</td></tr>
<tr><td rowspan="2">序号</td><td rowspan="2" colspan="2">名称及规格</td><td rowspan="2">数量</td><td colspan="4">附件文件号</td></tr>
<tr><td>图纸</td><td>数据表</td><td colspan="2">采购说明书</td></tr>
<tr><td></td><td colspan="2"></td><td></td><td></td><td></td><td colspan="2"></td></tr>
<tr><td></td><td colspan="2"></td><td></td><td></td><td></td><td></td><td></td></tr>
</table>

商务文件(由采购部门负责编制)包括：询价函报价须知、商务报价表、合同基本条件、检验要求、包装要求、运输要求、保密要求。工程公司商务文件一般均为标准格式。

2. 工程应用

某阀门MR询价文件的一般要求。阀门询价技术文件的组成：请购单、阀门数量清单、阀门数据表、阀门采购说明书(管道材料标识、阀门试验和检验要求以及工程规定)。下面着重讲述阀门采购说明书。

(1) 范围。阀门采购说明书是阀门采购中对阀门的材料、标准、连接形式、驱动方式等的一般要求，其他要求请见阀门数据表和有关附件。如果说明书的具体要求或有关规范与其他相关文件有相互冲突的地方，生产厂家应该在开展工作、预制或采购原材料前，就有争议的地方向买方提出并澄清。

(2) 规范及标准。在阀门数据表中有每种材料应遵循的规范和标准。如果在数据表中出现厂家标准，该类标准应得到买方的批准。

(3) 材料。材料应该根据具体工程要求，遵循国内外标准或得到买方认可的等同国家标准。热处理应参照适用的材料标准。阀门手轮一般应是铸钢、锻钢或可锻铁，不允许用其他铸铁。不允许将铜和铜合金使用在工艺介质的管道上，但除特别说明外，阀杆套可以用铜合金。所有材料都应该是新的，且其内外表面不应有尘土、沙石及腐蚀。

(4) 阀门端部连接形式和法兰面的粗糙度的要求。阀门端部连接形式应遵循国内外标准规范。常用的美标标准：螺纹 ASME B1.20.1、承插焊 ASME B16.11、对焊 ASME B16.25、法兰 ASME B16.5 和 ASME B16.47 等。

凸耳式应带有穿孔。对于连接面是凸面、平面的法兰，粗糙度一般应在3.2~6.3μm之间。

(5) 阀门的驱动。带齿轮驱动阀门需在文件内标明。

(6) 所有闸阀、截止阀的阀盖上应有上密封座。垫片和填料不允许采用石棉材料，垫片和填料依据“阀门数据表”选择。凹凸面法兰阀盖的螺旋缠绕垫应带内环，内环的材料与垫片加强材料相同。按照美标标准，阀杆表面的粗糙度应为32Ra(0.8μm)，或与填料接触的部分更光滑。填料盒的粗糙度为125Ra(3.2μm)或更好。阀盖的螺栓。阀盖螺栓应参照阀体材料选择。

(7) 标识及涂漆。阀门的标识应遵循适用的材料标准和工程规定，一般阀门的标识应标识在阀体、手轮、铭牌上。标识应通过铸造、锻造或冲压、蚀刻等方法。标识内容、位置及材料的颜色区分应遵循工程规定(管道材料识别标记)。涂漆应遵循厂家标准，卖方应提供涂漆程序和规定。

(8) 防锈及端部保护。阀门应适当地保护，以避免在运输过程中损伤。阀门的对焊端应加上盖板或采用其他恰当的保护措施，机械表面(螺纹、斜角等)应涂抹防锈剂。根据制造厂标准应对阀内部进行防锈保护。

(9) 阀门试验和检验。每个阀门的检查、检验应遵循相关材料标准和说明的最低要求。买方或买方代表检验时，应该得到卖方提供的制造数据及记录，例如材料质量证明报告或证明书、射线及其他无损检验、目视检查等。

第三节 输油管道设计要点与工程应用

一、输油管道设计一般要求与计算

用管道输送原油、成品油和液化石油气的建设工程。一般包括输油管道、输油站及辅助设施等工程内容。输油管道系统是各类型输油站、管道及有关设施的统称。输油站是输油管道工程中各类工艺站场的统称。首站是输油管道的起点站。中间站是在输油首站和末站之间设有的各类站场的统称。分输站是在输油管道沿线，为分输油品至用户而设置的站场。中间加热站是在输油首站和末站之间以加热设施为主的输油站。末站是输油管道的终点站。

(1) 输油管道工程设计计算输油量时，年工作天数应按350d计算。应按设计委托书或设计合同规定的输量(年输量、月输量、日输量)作为设计输量。设计最小输量应符合经济及安全输送条件。

(2) 输油管道设计宜采用密闭输送工艺。若采用其他输送工艺，应进行技术经济论证，并说明其可行性。当管输多种油品时，宜采用顺序输送工艺。若采用专管专用输送工艺，应进行技术经济论证。

(3) 输油管道系统输送工艺方案应依据设计内压力、管道管型及钢种等级、管径、壁厚、输送方式、输油站数、顺序输送油品批次等，以多个组合方案进行比选，确定最佳输油工艺方案。

(4) 管输原油质量应符合国家现行标准SY/T 7513的规定；管输液态液化石油气的质量应符合现行国家标准GB 9052.1或GB 11174的规定；管输其他成品油质量应符合国家现行产品标准。

(5) 输油管道系统输送工艺总流程图应标注首站、中间站、末站的输油量，进出站压力及油温等主要工艺参数。并注明线路截断阀、大型穿跨越、各站间及里程、高程(注明是否有翻越点)。

(6) 输油管道系统输送工艺设计应包括水力和热力计算，并进行稳态和瞬态水力分析，提出输油管道在密闭输送中瞬变流动过程的控制方法。

(7) 输油管道的设计应符合现行国家标准GB 50253的规定，其穿跨越工程设计应符合国家现行标准SY/T 0015.1 SY/T 0015.2的有关规定。

(8) 原油管道、成品油管道和液态液化石油气(LPG)管道系统输送工艺的计算及成品油顺序输送混油段长度计算应按现行国家标准GB 50253有关规定计算。

埋地的原油输送管道的沿线温降应按现行国家标准GB 50253有关规定计算。

(9) 原油管道输送要求：

根据被输送原油的物理化学性质及其流变性，通过优化比选，选择最佳输送方式；

加热输送的埋地原油管道，优选加热温度；管道是否需保温，进行管道保温与不保温的技术经济比较，确定合理方案。

(10) 成品油管道输送要求：

按设计委托书或设计合同规定的成品油输量、品种与各品种的比例，以及分输、输入数量，进行成品油管道系统输送工艺设计；

输送多品种成品油时，宜采用单管顺序输送。油品批量输送的排列顺序，将油品性质相近的紧邻排列；

成品油顺序输送管道，在输油站间不宜设置副管；

在顺序输送高黏度成品油(如重油)时宜使用隔离装置；

多品种成品油顺序输送管道，采用连续输送方式；当采用间歇输送时，应采取措施以减少混油量；

采用旁接油罐输送工艺，当多种油品顺序输送混油界面通过泵站时，应切换成泵到泵输送工艺；

根据油罐区的建设和营运费用与混油贬值造成的费用损失两个方面进行综合比较后，确定最佳循环次数。

(11) 液态液化石油气(LPG)管道输送要求：

按设计委托书或设计合同规定的液态液化石油气输量、组分与各组分的比例，进行液态液化石油气管道系统输送工艺设计；

液态液化石油气在管道中输送时，沿线任何一点的压力都必须高于输送温度下液化石油气的饱和蒸气压。沿线各中间站的进站压力应比同温度下液化石油气的饱和蒸气压力高1.0MPa，末站进储罐前的压力应比同温度下液化石油气的饱和蒸气压力高0.5MPa。

液态液化石油气在管道内的平均流速，应经技术经济比较后确定，但要注意因管内摩阻升温而需另行冷却的能耗，可取0.8~1.4m/s，但最大不应超过3m/s。

二、输油管道线路选择与工程应用

(1) 输油管道线路的选择，应根据该工程建设的目的和市场需要，结合沿线城市、工矿企业、交通、电力、环境敏感区、文物区、水利等建设的现状与规划，以及沿途地区的地形、地貌、地质、水文、气象、地震等自然条件，在营运安全和施工便利的前提下，通过综合分析和技术经济比较，确定线路总走向。

(2) 中间站场和大、中型穿跨越工程位置选择应符合线路总体走向；局部线路走向应根据中间站场和大、中型穿跨越位置进行调整。

(3) 管道不应通过饮用水水源一级保护区、飞机场、火车站、海(河)港码头、军事禁区、国家重点文物保护范围、自然保护区的核心区。

(4) 输油管道应避开滑坡、崩塌、塌陷、泥石流、洪水严重侵蚀等地质灾害地段，宜避开矿山采空区、全新世活动断层。当受到条件限制必须通过上述区域时，应选择危害程度较小的位置通过，并采取相应的防护措施。

(5) 管道线路与已建管道路由走向大致相同时，宜利用已建管道走廊并行敷设。

(6) 埋地输油管道除按现行国家标准GB 50253《输油管道工程设计规范》进行强度设计和选择管材外，与地面建(构)筑物的最小间距应符合下列规定：

① 原油、成品油管道与城镇居民点或重要公共建筑的距离不应小于5m；

② 原油、成品油管道临近飞机场、海(河)港码头、大中型水库和水工建(构)筑物敷设时，间距不宜小于20m；

③ 输油管道与铁路并行敷设时，管道应敷设在铁路用地范围边线3m以外，且原油、

成品油管道距铁路线不应小于 25m、液化石油气管道距铁路线不应小于 50m 。如受制于地形或其他条件限制不满足本款要求时，应征得铁路管理部门的同意；

④ 输油管道与公路并行敷设时，管道应敷设在公路用地范围边线以外，距用地边线不应小于 3m 。如受地形或其他条件限制不满足本款要求时，应征得公路管理部门的同意；

⑤ 原油、成品油管道与军工厂、军事设施、炸药库、国家重点文物保护设施的最小距离应同有关部门协商确定。液化石油气管道与军工厂、军事设施、炸药库、国家重点文物保护设施的距离不应小于 100m；

⑥ 液化石油气管道与城镇居民点、重要公共建筑和一般建(构)筑物的最小距离应符合现行国家标准 GB 50028《城镇燃气设计规范》的有关规定。

⑦ 敷设在地面的输油管道同建、构筑物的最小距离，应按表 9.3.1 所规定的距离增加一倍。

⑧ 管道与架空输电线路平行敷设时，其距离应符合现行国家标准 GB 50061《66kV 及以下架空电力线路设计规范》及 GB 50545《110kV ~ 750kV 架空输电线路设计规范》的有关规定。管道与干扰源接地体的距离应符合现行国家标准 GB /T 50698《埋地钢质管道交流干扰防护技术标准》的有关规定。埋地输油管道与埋地电力电缆平行敷设的最小距离，应符合现行国家标准 GB/T 21447《钢质管道外腐蚀控制规范》的有关规定。

管道与通信光缆同沟敷设时，其最小净距(指两断面垂直投影的净距)不应小于 0.3m。

表 9.3.1 埋地输油管道同地面建、构筑物的最小间距① m

序 号	项 目	原油管道	C_5 及 C_5 以上成品油管道	液态液化石油气管道
1	城市居民点、公共建筑	15②	15②	75
2	独立的人群密集的房屋	15②	15②	75
3	飞机场、海(河)港码头、大中型水库和水工建、构筑物、工厂	20②	20②	200
4	与高速公路、一、二级公路平行敷设	10②	10②	10②
5	与三级及以下公路平行敷设	5	5	5
6	与铁路平行敷设	3	3	25
7	与铁路支线平行敷设	3	3	10
8	军工厂、军事设施	同有关部门协商		200
9	易燃易爆仓库			200
10	国家重点文物保护单位			200

注：①上表规定的距离，对于城镇居民点，由边缘建筑物的外墙算起；对于单独的工厂、机场、学校、医院、军工厂、码头、港口、仓库等，应由划定的区域边界线算起。公路用地范围：公路路堤侧坡脚加护道和排水沟外边缘以外 1m；或路堑坡顶截水沟、坡顶(若未设截水沟时)外边缘以外 1m。

②当情况特殊或受地形及其他条件限制时，在采取有效措施保证相邻建(构)筑物和管道安全后，允许缩小规定的距离，但不宜小于 8m(三级及以下公路不宜小于 5m)。对处于地形特殊困难地段与公路平行的局部管段，在采取加强保护措施后，可埋设在公路路肩边线以外的公路用地范围以内。

⑨ 输油管道与已建管道并行敷设时，土方地区管道间距不宜小于 6m，如受制于地形或其他条件限制不能保持 6m 间距时，应对已建管道采取保护措施、石方地区与已建管道并行间距小于 20m 时不宜进行爆破施工。

同期建设的输油管道，宜采用同沟方式敷设；同期建设的油、气管道，受地形限制时局部地段可采用同沟敷设，管道同沟敷设时其最小净间距不应小于 0.5m。

⑩ 笔者参加某输油管道线路勘测时，发现某原有输油管道距离居民区距离不符合规范要求，究其原因是因为当地居民不合规用地引起。

三、输油管道管道布置设计

（1）输油管道管道布置一般要求。

① 输油管道应采用地下埋设方式。当受自然条件限制时，局部地段可采用土堤埋设或地上敷设。

② 当输油管道采取土堤埋设时，土堤设计应符合下列规定：

a. 输油管道在土堤中的径向覆土厚度不应小于 1.0m；土堤顶宽应大于管道直径两倍且不得小于 1.0m；

b. 土堤边坡坡度应根据当地自然条件、填土类别和土堤高度确定。对黏性土土堤，堤高小于 2.0m 时，土堤边坡坡度可采用(1∶0.75)~(1∶1)；堤高为 2~5m 时，可采取(1∶1.25)~(1∶1.5)；

c. 土堤受水浸淹部分的边坡应采用 1∶2 的坡度，并应根据水流情况采取保护措施；

d. 在沼泽和低洼地区，土堤的堤肩高度应根据常水位、波浪高度和地基强度确定；

e. 当土堤阻挡水流排泄时，应设置泄水孔或涵洞等构筑物；泄水能力应满足重现期为 25 年一遇的洪水流量；

f. 软弱地基上的土堤，应防止填土后基础的沉陷；

g. 土堤用土的透水性能宜接近原状土，且应满足填方的强度和稳定性的要求。

③ 地上敷设的输油管道应采取措施补偿管道轴向变形。

④ 埋地管道的埋设深度，应根据管道所经地段的农田耕作深度、冻土深度、地形和地质条件、地下水深度、地面车辆所施加的载荷及管道稳定性的要求等因素，经综合分析后确定。管顶的覆土层厚度不宜小于 0.8m。

⑤ 当埋地输油管道同其他埋地管道或金属构筑物交叉时，其垂直净距不应小于 0.3m，两条管道的交叉角不宜小于 30°；管道与电力、通信电缆交叉时，其垂直净距不应小于 0.5m。

⑥ 输油管道通过人工或天然障碍物（水域、冲沟、铁路、公路等）时，应符合现行国家标准 GB 50423《油气输送管道穿越工程设计规范》和 GB 50459《油气输送管道跨越工程设计规范》的有关规定。液化石油气管道穿越铁路、公路管段的设计系数应按国家现行标准 GB 50253《输油管道工程设计规范》。

⑦ 管沟沟底宽度应根据管沟深度、钢管的结构外径及采取的施工措施确定。其管沟沟底宽度边坡坡度及管沟回填土作业应符合现行国家标准 GB 50253 中的规定。管沟回填土后，应恢复原地貌，并保护耕植层，防止水土流失和积水。

⑧ 当埋地输油管道通过地面坡度大于 18%的地段时，应采取防止地面径流和渗水侵蚀和土体滑动影响管道安全的措施。

⑨ 当输油管道穿越冲沟，或管道一侧邻近发育中的冲沟或陡坎时，应对冲沟的边坡和沟底、陡坎采取加固措施。

（2）输油管道需改变平面走向一般要求。当输油管道能改变平面走向或为适应地形变化改变纵向坡度时，可采用弹性弯曲、冷弯管和热煨弯管，不得采用虾米腰弯头或褶皱弯头。在平面转角较小或地形起伏不大的情况下，应优先采用弹性弯曲敷设。当采用热煨弯管时，其曲率半径不宜小于5倍管子外直径，且应满足清管器或检测器顺利通过的要求。当采用冷弯管改变平面走向或纵向拔度时，冷弯弯管的最小弯管半径应符合表9.3.2的规定。

表9.3.2　冷弯弯管的最小弯管半径

公称直径 DN/mm	最小弯管半径 R_{min}	公称直径 DN/mm	最小弯管半径 R_{min}
≤300	18D	450	27D
		500	30D
350	21D	550≤DN≤1000	40D
400	24D	≥1050	50D

注：D为管外径，弯管两端宜有2m左右的直管段。

（3）输油管道采用弹性敷设的一般要求。在平面转角较小或地形起伏不大的情况下，应优先采用弹性弯曲敷设。

① 弹性敷设管道的曲率半径应满足钢管强度要求，且不宜小于钢管外直径的1000倍。竖向下凹的弹性弯曲管段，其曲率半径尚应大于管道在自重条件下产生的挠度曲线的曲率半径，其曲率半径应按式(9.3.1)计算：

$$R \geqslant 3600\sqrt[3]{\frac{1-\cos\dfrac{\alpha}{2}}{\alpha^4}D^2} \tag{9.3.1}$$

式中　R——管道弹性弯曲曲率半径，m；

D——管道的外径，cm；

α——管道的转角，(°)。

② 弹性敷设管道与相邻的反向弹性弯曲管段之间及弹性弯曲管段与弯管之间，应采用直管段连接，直管段长度不应小于钢管的外径，且不应小于0.5m。

（4）输油管道地上布置的一般要求。

① 应采取补偿管道纵向变形的措施；

② 输油管道跨越道路、铁路的净空高度应符合表9.3.3的规定。

③ 地上管道沿山坡敷设时，应采取防止管道下滑的措施。

④ 对于需要保温的管道应考虑保温措施。

表9.3.3　输油管道跨越道路、铁路净空高度

道路类别	净空高度/m	道路类别	净空高度/m
人行道路	2.2	铁　路	6.0
公　路	5.0	电气化铁路	11.0

（5）当埋地输油管道同其他埋地管道或金属构筑物交叉时，其垂直净距不应小于0.3m；管道与电力、通信电缆交叉时，其垂直净距不应小于0.5m；并应在交叉点处输油管道两侧各10m以上的管段和电缆采用相应的最高绝缘等级防腐层。

（6）当输油管道通过杂散电流干扰区时，应按国家现行标准SY 0007和SY/T 0017的有关规定采取防护措施。

（7）输油管道的防腐蚀设计，应符合国家现行标准 SY 0007、SY/T 0036 和 SY/T 0019 的规定。输油管道保温层的结构应由防腐层、隔热层和保护层组成。隔热层的厚度应根据工艺要求并经综合技术经济比较后确定。

四、输油管道阀门的设计

（1）输油管道沿线应安装截断阀，阀门的间距不宜超过 32km，人烟稀少地区可加大间距。在穿跨越大型河流、湖泊、水库和人口密集地区的管道两端或根据地形条件认为需要的位置均应设置截断阀。输送液态液化石油气管道的地区划分及线路截断阀的最大间距应符合表 9.3.4 的规定。液态液化石油气管道截断阀之间应设置放散阀，其放散管管口高度应比附近建、构筑物高出 2m 以上。需防止管内油品倒流的部位应安装能通清管器的止回阀。

表 9.3.4 液态液化石油气管道地区划分及线路截断间距

地区等级	地区划分①	线路截断阀最大间距/km
一级地区	户数在 15 户或以下的区段	32
二级地区	户数在 15 户以上、100 户以下的区段	24
三级地区	户数在 100 户以上的区段包括市郊、商业区、工业区、不够四级的人口稠密区	16
四级地区	系指地面四层及四层以上楼房普遍集中、交通频繁，地下设施多的地段	8

注：① 液态液化石油气（LPG）管道通过的地区等级划分为沿管道中心线两侧各 200m 任意划分成长度为 2km 的范围内，按划定地段内的户数划分为四个等级，在农村人口聚集的村庄、大院、住宅楼，应以每一独立户作为一个供人居住的建筑物计算。

（2）截断阀应设置在不受地质灾害及洪水影响、交通便利、检修方便的位置，并应设保护设施。

（3）截断阀可采用手动或自动控制。选用的截断阀应能通过清管器或管道内检测仪。

五、输油管道的锚固设计

（1）当管道的设计温度同安装温度存在温差时，在管道出入土端、热煨弯管、管径改变处以及管道同清管器收发设施连接处，宜根据计算设立锚固设施或采取其他能够保证管道稳定的措施。

（2）当管道翻越高差较大的长陡坡时，应校核管道的稳定性。

（3）当管道采取锚固墩（件）锚固时，管道同锁固墩（件）之间应有良好的电绝缘。

六、输油管道的标志设计

（1）管道沿线应设置里程桩、标志桩、转角桩、阴极保护测试桩和警示牌等永久性标志，管道标志的标识、制作和安装应符合国家现行标准 SY/T 6064《管道干线标记设置技术规范》有关规定。

（2）里程桩应设置在油流方向的左侧，沿着管道从起点到终点顺序排列设置，每隔 1km 设置 1 个，不得间断。阴极保护测试桩可与里程桩结合设置。

(3) 在管道改变方向处应设置水平转角桩。转角桩应设置在管道中心线的转角处左侧。

(4) 输油管道穿、跨越人工或天然障碍物时，应在穿、跨越处两侧及地下建、构筑物附近设置标志。通航河流上的穿、跨越工程，必须设置警示牌。

(5) 当输油管道采用地上敷设时，应在行人较多和易遭车辆碰撞的地方，设置标志并采取保护措施。标志应采用具有发光功能的涂料涂刷。

(6) 埋地管道通过人口密集区、有工程建设活动可能和易遭受挖掘等第三方破坏的地段应设置警示牌，并宜在埋地管道上方埋设管道警示带。

七、输油管道的应力分析

(1) 管道、管道附件、支承固定件和支承结构附件，应根据管道敷设形式、所处环境和运行条件，按可能同时出现的永久载荷、可变载荷和偶然载荷的组合后进行设计。

具体荷载种类参见《管道应力分析与工程应用》一书详述。

(2) 输油管道设计压力应符合下列规定：

① 任何一处管道及管道附件的设计内压力不应小于该处的最高稳态操作压力，且不应小于管内流体处于静止状态下该处的静水压力。当设置反输流程时，输油管道设计压力不应小于任何一处的设计内压力的较高者；

② 输送流体的管道及管道附件，应能承受作用在其上的外压与内压之间最大压差。

(3) 输油管道的设计温度，当加热输送时应为被输送流体的最高温度；当不加热输送时，应根据环境条件确定流体的最高或最低设计温度。

设计温度是用于设备或管道机械设计的温度，由最高设计温度和最低设计温度组成。设计温度应结合管道内介质温度、管道运行条件和环境温度综合确定。

(4) 输油管道的设计应作水击分析，并应根据分析结果设置相应的控制和保护设备。在正常操作条件下，由于水击和其他因素造成的瞬间最大压力值，在管道系统中的任何一点都不得超过输油管道设计内压力的 1.1 倍。

(5) 输油管道直管段的许用应力应符合下列规定：

① 线路段管道的许用应力应按式(9.3.2)计算：

$$[\sigma]=K\phi\sigma_s \qquad (9.3.2)$$

式中 $[\sigma]$——许用应力，MPa；

K——设计系数，输送原油、成品油管道除穿跨越段、敏感区域段按照GB 50423 和 GB 50459 的规定取值外，输油站外一般地段设计系数取 0.72；输送液化石油气(LPG)管道设计系数取值，一级地区取 0.72；二级地区取 0.6；三级地区取 0.5；四级地区取 0.4；

σ_s——钢管的最低屈服强度，MPa，应按表 9.3.5 的规定取值；

ϕ——焊缝系数，应按表 9.3.5 的规定取值。

② 输油站内管道的许用应力应按 GB 50253 或 GB 150 或 ASME B31.3 的规定选取。

③ 对于旧钢管，如有出厂证明及制造标准资料，经材料性能检验及试压合格后，可按式(9.3.2)计算许用应力。

④ 对于为了达到规定的最低屈服强度要求而进行过冷加工(控轧、冷扩)，并在其后加热至大于或等于 300℃(焊接除外)的钢管，其许用应力应按式 9.3.2 计算值的 75%取值。

⑤ 钢管的许用剪应力不应超过其最低屈服强度的 45%；支承外载荷作用下的许用应力

(端面承压)不应超过其最低屈服强度的 90%。

⑥ 管道结构支承固定件、结构附件和约束件所用钢材的许用拉应力和压应力不应超过其最低屈服强度的 60%；许用剪应力不应超过其最低屈服强度的 45%；支承应力(端面承压)不应超过其最低屈服强度的 90%。

表 9.3.5 钢管的最低屈服强度、最低抗拉强度和焊缝系数

钢管标准名称	钢号或钢级	最低屈服强度 σ_s/MPa	最低抗拉强度 σ_b/MPa	焊缝系数	备注
GB/T 8163 《输送流体用无缝钢管》	Q295	295(S≤16mm) 275(16mm<S≤30 mm) 255(S>30mm)	390	1.0	S—钢管的公称壁厚
	Q345	345(S≤16mm) 325(16mm<S≤30 mm) 295(S>30mm)	470		
	20	20(S≤16mm) 235(16mm<S≤30 mm) 225(S>30mm)	410		
GB/T 9711 《石油天然气工业管线输送系统用钢管》 PSL1 钢管的钢管等级	L175 L175P	175	310	1.0	—
	L210	210	335		
	L245	245	415		
	L290	290	415		
	L320	320	435		
	L360	360	460		
	L390	390	490		
	L415	415	520		
	L450	450	535		
	L485	485	570		
	L245R L245N L245Q L245M	245	415		
	L290R L290N L290Q L290M	290	415		
	L320N L320Q L320M	320	435		
	L360N L360Q L360M	360	460		
	L390N L390Q L390M	390	490		
	L415N L415Q L415M	415	520		
	L450Q L450M	450	535		
	L485Q L485M	485	570		
	L555Q L555M	555	625		
	L625M	625	695		
	L690M	690	760		
	L830M	830	915		

注 ① PSL1 钢管的钢管等级中后缀字母 P 表明该钢中含有规定含量的磷。

② PSL2 钢管的钢管等级中后缀字母 R、N、Q、M 表示钢管的交货状态。

③ R 表示轧制；

N 表示正火轧制、正火成型、正火或正火加回火；

Q 表示淬火加回火；

M 表示热机械轧制。

(7) 管道及管件强度验算的应力限用值应符合下列规定：

① 根据设计内压力计算出的应力值不应超过钢管的许用应力；

② 对于输送加热油品的管道，当管道轴向受约束时，其当量应力不得超过钢管最低屈服强度的 90%；当管道轴向不受约束时，热胀当量应力不得超过钢管的许用应力；

③ 架空结构构件的强度验算应符合 GB 50459 的规定。

对于液态液化石油气管道跨越强度设计系数，应按输气管道数据取值。

④ 穿越等级公路未加套管的钢管，由设计内压力和外部载荷作用所产生的环向应力不得超过钢管的许用应力；

(8) 管道及管件由于永久载荷、可变载荷所产生的轴向应力之和，不应超过钢管的最低屈服强度的 80%，但不应将地震作用和风载荷同时计入。

(9) 管道的强度校核

① 输油管道应计算由设计压力、外部载荷和热胀冷缩所产生的应力，并应使其小于管道、管道附件和与管道相连接的设备的安全承受能力。

② 穿越管段的强度验算应符合国家现行标准 SY/T 0015.1 的有关规定。

③ 地面和埋地输油管道的强度校核、管道的刚度和稳定应符合现行国家标准 GB 50253 的有关规定。

④ 地面管道的轴向稳定应符合国家现行标准 SY/T 0015.2 的有关规定。

(10) 输油管道材料的计算与选用见本书前面章节。

八、输油站的设计

1. 输油站设计一般要求

输油站间距应通过水力和热力计算确定。有的设计单位由工艺专业负责，有的设计单位由管道专业负责计算。

输油站的站址选择和总平面布置应符合现行国家标准 GB 50183、GB 50253 的有关规定。

输油首站、末站的防洪标准，其重现期不应低于 50 年一遇的洪水；中间站的防洪标准，其重现期不应低于 25 年一遇的洪水。

2. 输油站工艺简介

(1) 输油首站的工艺流程应具有收油、储存、正输、清管、站内循环的功能，必要时还应具有反输和交接计量的功能。

中间(热)泵站工艺流程应具有正输、压力(热力)越站、全越站、收发清管器或清管器越站的功能。必要时还应具有反输的功能。

中间加热站的工艺流程应具有正输、全越站的功能，必要时还应具有反输的功能。

分输站工艺流程除应具有中间站的功能外，尚应具有油品调压、计量的功能。必要时还应具有收油、储存、发油的功能。

输入站工艺流程应具有与首站同等的功能。

末站的工艺流程应具有接受上站来油、储存或不进罐经计量后去用户、接收清管器、站内循环的功能，必要时还应具有反输的功能。

(2) 站场油罐形式、容量、数量应符合下列规定：

① 首站、末站、分输站、输入站应选用浮顶金属油罐；

② 输油首站、输入站、分输站、末站储油罐总容量应按式(9.3.3)计算：

$$V=\frac{G}{350\rho\varepsilon}k \tag{9.3.3}$$

式中　V——输油首站、输入站、分输站、末站原油储油罐总容量，m^3

G——输油首站、输入站、分输站、末站原油年总运转量，t；

ρ——储存温度下原油密度，t/m^3；

ε——油罐装量系数，宜去 0.9；

k——原油储备天数，d。

③ 首站、输入站、分输站、末站原油罐，每站不宜少于 3 座。

(3) 输油站油品储备天数应符合下列规定：

① 输油首站、输入站：

油源来自油田、管道时，其储备天数宜为 3~5d；

油源来自铁路卸油站场时，其储备天数宜为 4~5d；

油源来自内河运输时，其储备天数宜为 3~4d；

油源来自近海运输时，其储备天数宜为 5~7d；

油源来自远洋运输时，其储备天数按委托设计合同确定；油罐总容量应大于油轮一次装油量。

② 分输站、末站：

通过铁路发送油品给用户时，油品储备天数宜为 4~5d；

通过内河发送给用户时，油品储备天数宜为 3~4d；

通过近海发送给用户时，油品储备天数宜为 5~7d；

通过远洋油轮运送给用户时，油品储备天数按委托设计合同确定；油罐总容量应大于油轮一次装油量 ；

末站为向用户供油的管道转输站时，油品储备天数宜为 3d。

③ 中间(热)泵站：

当采用旁接油灌输油工艺时，其旁接油罐容量宜按 2h 的最大管输量计算；

当采用密闭输送工艺时，应设水击泄放罐，其泄放罐容量由瞬态水力分析确定。

(4) 应根据油罐所储原油的物理化学性质和环境条件，通过技术经济比较后，确定油罐加热和保温方式。

(5) 铁路装卸设施应符合下列要求：

① 日装卸油罐车在 8 列及 8 列以上时，装卸线栈桥宜整列双侧布置装卸油鹤管。

② 鹤管的结构应满足各类型油罐车对位要求，鹤管数量应满足在一列车不脱钩的条件下一次到站最多的油罐车数；根据合同要求，装卸油罐车为同一标准型号时，设计鹤管间距宜为 12m，栈桥两端部距最近一鹤管的距离不宜小于 3m，或根据合同规定的油罐车型确定鹤管间距。

③ 铁路日装车列数应按式(9.3.4)计算：

$$n=\frac{mk}{350\varepsilon\rho v} \tag{9.3.4}$$

式中　n——日装卸车列数；

m——年装卸油量，t；

k——铁路来车不均匀系数，按统计资料采用，当无统计资料时宜取 1.2；

ε——油罐车装量系数，宜取 0.9；

ρ——装卸油温下油品的密度，t/m^3；

v——一列油罐车的公称容量，m^3。

（6）码头装卸设施应符合下列要求：

① 油品码头应尽量布置在非油类码头常年风向和强流向的下风侧，安全距离应符合表 9.3.6 的规定。

表 9.3.6 油品码头与其他货种码头的安全距离

油品类型	安全距离/m
甲(闪点<28℃)	150
乙(28℃≤闪点<60℃)	
丙(60℃≤闪点≤120℃)	50

注：① 安全距离系指油品码头相邻其他货种码头所停靠设计船舶首尾间的净距。

② 当受条件限制布置有困难时，可减小安全距离，但应采取必要的安全措施。

② 油品码头相邻两泊位的船舶间距不应小于表 9.3.7 的规定。

表 9.3.7 油品码头相邻两泊位的船舶间距 m

设计船长	<110	110~150	151~182	183~235	>235
间距	25	35	40	50	55

注：① 间距系指油品码头相邻两泊位所停靠设计船舶首尾间的净距。

② 当突堤或栈桥码头两侧靠船时，可不受上述船舶间距的限制。

③ 两泊位以上的码头，应分泊位设置流量计量设施。

④ 油品码头泊位年通过能力可按式(9.3.5)计算：

$$P_t = \frac{TGt_d}{t_z + t_f + t_p} \cdot \rho \qquad (9.3.5)$$

式中 P_t——一个泊位的年通过能力，t；

t_d——昼夜小时数，取 24h；

T——年日历天数，取 365d；

G——设计船型的实际载货量，t；

ρ——泊位利用率。一般根据同类油轮泊位营运资料确定，如无资料，可取 0.5~0.6；

t_z——装卸一艘设计船型所需的时间，h，可根据同类泊位的营运资料和油船装卸设备容量综合考虑。可参照表 9.3.8 和表 9.3.9 中的数值；

t_f——船舶的装卸辅助作业、技术作业时间以及船舶靠离泊时间之和，h。船舶的装卸辅助作业、技术作业时间指在泊位上不能与装卸作业同时进行的各项作业时间。当无统计资料时，部分单项作业时间可参照表 9.3.10 中的数值。船舶靠离泊时间与航道、锚地、泊位前水域及港作方式等条件有关，可取 1~2h；

t_p——油船排压舱水时间，h，可根据同类油船泊位的营运资料分析。

表 9.3.8 卸油港泊位卸油船时效率和净卸油时间

油船泊位吨组 DWT/t	10000	20000	30000	50000	80000	100000	150000	200000	≥250000
卸油船时效率/(t/h)	600~800	1190~1360	1400~1600	2100~2400	2800~3200	3500~4000	5500	6300	≥7300
净卸船时间/h	24~18	27~24	30~26	36~32	36~31	36~31	32	37	≥40

表 9.3.9 装油港泊位净装油时间

油船泊位吨组 DWT/t	10000	20000	30000	50000	80000	100000	150000	200000	≥250000
净装油时间/h	10	10	10	10	13~15	13~15	15	20	≥20

表 9.3.10 部分单项作业时间

项目	靠泊时间	离泊时间	开工准备	结束	公估	联检
时间/h	0.50~1.00	0.50~0.75	0.75~1.00	0.75~1.00	1.50~2.00	1.00~2.00

⑤ 码头输油管道的柔性设计可采用 n 型自然补偿器，波纹补偿器、套筒伸缩节等。

⑥ 码头上输油臂宜布置在操作平台的中部。输油臂的口径、台数和布置等可按表 9.3.11 的规定选取。

输油臂与阀室或其他建筑物之间应有足够距离；两侧靠船的码头，输油管道布置在码头中部；码头应设扫线、消防和通信等设旋。大吨位码头应设登船梯。

输油管道和输油臂等应按有关规定设置防雷和接地装置。输油臂应设绝缘法兰，码头上应设供油船使用的接地装置。

表 9.3.11 油船泊位输油臂及布置参数

油船泊位吨组 DWT/t	输油臂口径/mm	输油臂台数/台	输油臂中心与操作平台边缘距离/m	输油臂间距/m	输油臂驱动方式
10000	DN200	2~3	1.5	2.0~2.5	手动
20000	DN200~250	3	2.0	2.5~3.0	手动或液压驱动
30000	DN250	3	2.0	2.5~3.0	手动或液压驱动
50000	DN300	3~4	2.5~3.0	3.0~3.5	液压驱动
80000	DN300	4	2.5~3.0	3.0~3.5	液压驱动
100000	DN300 或 DN400	4	2.5~3.0	3.0~3.5	液压驱动
150000	DN400	4	2.5	3.5	液压驱动
200000	DN400	4	2.5	3.5	液压驱动
≥250000	DN400	4~5	2.5	3.5	液压驱动

注：对卸油港，输油臂台数可按表列数字减少 1 台

(7)输油主泵宜选用离心泵。输油泵的台数、泵轴功率、电动机动率的选择应符合现行国家标准 GB 50253 的有关规定。

(8) 油品加热输送时，宜采用管式加热炉提高输送油品的温度，加热炉的设置不宜少于 2 台，不设备用炉。加热设备热负荷应按式(9.3.6)计算：

$$Q = q_m C(t_1 - t_2) \tag{9.3.6}$$

式中 Q——加热设备热负荷，W；

q_m——进入加热设备的油品流量，kg/s；

C——加热设备进出口平均温度下油品的比热容，J/kg·℃；

t_1——加热设备出口油品温度,℃；

t_2——加热设备入口油品温度,℃。

(9) 减压站的设置应符合 GB 50253 的有关规定。

减压系统应能保证油品通过上游高点时不出现汽化现象，并应控制下游管道压力不超压。

减压系统应设置备用减压阀，减压阀应选择故障关闭型。减压站不应设置越战管道。

减压阀上、下游应设置远控截断阀，阀门的压力等级应和减压阀压力等级保持一致，应能保证在管道停输时完全隔断静压力。

减压阀组上游应设置过滤器，过滤网孔径尺寸应根据减压阀结构形式确定。

设置伴热保温的减压阀组，每路减压阀组应设置单独的伴热回路。

减压站内的进、出站管道上应设超压保护泄放阀。

(10) 输油站清管设施的设置。

输油管道应设置清管设施；

清管器出站端及进站端管道上应设置清管器通过指示器；设置清管器转发设施的战场，应在清管器转发设施的上游和下游管线上设置清管器通过指示器；

清管器接收、发送筒的结构、筒径及长度应能满足通过清管器或检测器的要求；

当输油管道直径大于 *DN* 500，且清管器总重超过 45kg 时，宜配备清管器提升设施；清管器接收、发送操作场地应根据一次清管作业中使用的清管器(包括检测器)数量及长度确定；清管作业清出的污物应进行集中收集处理。

(11) 输油管道用阀门的选择。

安装于通过清管器管道上的阀门应选择全通径型(阀门通道直径与相连接管道的内径相同)；不通清管器的阀门可选用普通型或缩径型；

埋地安装的阀门宜采用全焊接阀体结构，并采用焊接连接；当阀门与管道焊接连接时；阀体材料的焊接性能应与所连接的钢管的焊接性能相适应；输油管道不得使用铸铁阀门。

(12) 液化石油气管道站场的压缩机组及附件的设置。

站场内宜设置压缩机，对储罐及装卸设备中的气相液化石油气增压；压缩机进出口管道上应设置阀门；压缩机进出口管之间应设置旁通管及旁通阀；

压缩机进出口管道上应设置过滤器；压缩机出口管道上应设置止回阀和安全阀；

可站内无压缩机系统时，罐区内各储罐的气相空间之间、槽车与储罐气体空间应用平衡管车通。

(13)输油站内管道及设备的防腐和保温。

站内地面钢质管道和金属设施应采用防腐层进行腐蚀防护。

站内地下钢质管道的防腐层应为加强级或特加强级，也可采取外防腐层和阴极保护联合防护方式。

地面储罐的防腐设计应符合现行国家标准 GB/T 50393《钢质石油储罐防腐蚀工程技术规范》的有关规定。

保温管道的钢管外壁及钢制设备外壁均应进行防腐，保温层外应设防护层。埋地管道及钢制设备的保温设计应符合现行国家标准 GB/T 50538《埋地钢质管道防腐保温层技术标准》的有关规定。地面钢质管道和设备的保温设计应符合现行国家标准 GB 50264《工业设备及管道绝热工程设计规范》的有关规定。

九、输油管道的施工检验

1. 输油管道焊缝的无损检测

（1）现场环焊缝应采用射线或超声波等方式进行无损检测。在检测之前，应消除渣皮和飞溅物，并达到外观检验合格。

（2）采用手工超声波检测时，应对焊工当天所焊焊缝全部进行检查，并应对其中不小于5%的环焊缝进行全周长射线检测复查，设计可根据工程需要提高射线检测的比例。

（3）采用射线检测时，应对焊工当天所焊焊口不小于15%数量的焊缝全周长进行射线检测，如每天的焊口数量达不到上述抽检比例，可将不大于500m长度内的管道焊口数作为一个检验段进行抽检。

（4）输油站场内以及通过居民区、工矿企业段管道和连头焊缝应进行100%射线和手工100%超声波检测。穿跨越段管道无损检测应符合现行国家标准 GB 50423《油气输送管道穿越工程设计规范》和 GB 50459《油气输送管道跨越工程设计规范》的有关规定。

（5）射线检测和手工超声波检测应符合国家现行标准 SY/T 4019《石油天然气钢质管道无损检测》的有关规定，合格等级应为Ⅱ级或以上等级。

（6）管道采用全自动焊时，宜采用全自动超声波检测仪对全部焊缝进行检测。全自动超声波检测应符合现行国家标准 GB/T 50818《石油天然气管道工程全自动超声波检测技术规范》的有关规定。

（7）液化石油气管道的焊接与检验应符合现行国家标准 GB 50251《输气管道工程设计规范》的有关规定。

2. 输油管道的试压

（1）输油管道必须进行强度试压和严密性试压。

（2）线路段管道在试压前应设临时清管设施进行清管，不得使用站内清管设施。

（3）穿跨越管段试压应符合现行国家标准 GB 50423《油气输送管道穿越工程设计规范》和 GB 50459《油气输送管道跨越工程设计规范》的有关规定，应合格后再同相邻管段连接。

（4）壁厚不同的管段宜分别试压；在不同壁厚相连的管段中，当薄管壁管段上的任意点在试压中的环向应力均不超过0.9倍最小屈服强度时，可与厚壁段管道一同试压。

（5）用于更换现有管道或改线的管段，在同原有管道连接前应单独试压，试验压力不应小于原管道的试验压力。同原管道连接的焊缝，应进行100%射线探伤检验和100%超声波探伤检验。

（6）输油站内的工艺设备和管道应单独进行试压，不同压力等级的管道系统应分别试压。

（7）试压介质应采用无腐蚀性的清洁水。

（8）原油、成品油管道和输油站强度试压和严密性试压应符合下列规定：

① 输油管道一般地段的强度试验压力不应小于管道设计内压力的1.25倍；通过人口稠密区的管道强度试验压力不应小于管道设计内压力的1.5倍；管道严密性试验压力不应小

于管道设计内压力。强度试验持续稳压时间不应小于 4h；当无泄漏时，可降低压力进行严密性试验，持续稳压时间不应小于 24h；

② 输油站内管道及设备的强度试验压力不应小于管道设计内压力的 1.5 倍，严密性试验压力不应小于管道设计内压力。强度试验持续稳压时间不应小于 4h；当无泄漏时，可降低压力进行严密性试验，持续稳压时间不应小于 24h；

③ 强度试压时，管道任一点的试验压力与静水压力之和所产生的环向应力不应大于钢管的最低屈服强度的 90%。

(9) 分段试压合格的管段相互连接的碰死口焊缝，应进行 100%射线探伤检验和 100%超声波探伤检验。全线接通后可不再进行试压。

(10) 液化石油气管道的试压应符合现行国家标准 GB 50251《输气管道工程设计规范》的有关规定。

十、输油管道常用标准规范

GB 50183　《原油和天然气工程设计防火规范》；
GB 50251　《输气管道工程设计规范》；
GB 50253　《输油管道工程设计规范》；
GB/T 150　《压力容器》；
SY/T 0048　《石油天然气工程总图设计规范》；
GB/T 8163　《输送流体用无缝钢管》；
GB/T 9112　《钢制管法兰类型》；
GB/T 9711　《石油天然气工业管线输送系统用钢管》；
GB 50470　《油气输送管道线路工程抗震设计规范》；
GB 9052.1　《油田气液化石油气》；
GB/T 10478　《液化气体铁路罐车》；
GB 11174　《液化石油气》；
GB/T 11345　《焊缝无损检测、超声检测技术、检测等级和评定》；
GB/T 13402　《大直径碳钢管法兰》；
GB 50061　《66KV 及以下架空电力线路设计规范》；
GB/T 34275　《压力管道规范长输管道》；
GB 50423　《油气输送管道穿越工程设计规范》；
GB/T 50459　《油气输送管道跨越工程设计规范》；
SY/T 0017　《埋地钢质管道直流排流保护技术标准》；
SY/T 0019　《埋地钢质管道牺牲阳极、阴极保护设计规范》；
SY/T 0036　《埋地钢质管道强制电流阴极保护设计规范》；
SY 4208　《石油天然气建设工程施工质量验收规范 输油输气管道线路工程》；
SY/T 0516　《绝缘法兰设计技术规定》'
SY 7513　《出矿原油技术条件》；
GB/T 21447　《钢质管道外腐蚀控制规范》；
ASME B31.3　《工艺管线》。

第四节 输气管道设计要点与工程应用

一、输气管道设计一般要求与计算

输气管道工程是用管道输送天然气、煤层气和煤制天然气的工程。一般包括输气管道、输气站、管道穿(跨)越及辅助生产设施等工程内容。

(1) 输气管道工程设计应遵照保护环境、节约能源的原则，优化设计方案，确定经济合理的输气工艺及最佳的参数。

输气管道的设计输送能力应按设计委托书或合同规定的年或日最大输气量计算。当采用年输气量时，设计年工作天数应按350d计算。

进入输气管道的气体应符合现行国家标准GB 17820《天然气》中二类气的指标。

(2) 工艺设计。

① 输气管道的工艺设计应根据气源条件、输送距离、输送量及用户的特点和要求，对管道进行系统优化设计，经综合分析和技术经济对比后确定。

② 工艺设计应包括下列主要内容：确定输气总工艺流程；确定输气站的工艺参数和流程；确定输气站的数量和站间距；确定输气管道的直径、设计压力及压气站的站压比。

③ 管道输气应合理利用气源压力。当采用增压输送时，应合理选择压气站的站压比和站间距。当采用离心式压缩机增压输送时，站压比宜为1.2~1.5，站间距不应小于100km。压气站特性和管道特性应协调。

④ 输气站均应设置越站旁通。进出站管道必须设置截断阀。截断阀的位置应与工艺装置区保持一定距离，确保在紧急情况下便于接近和操作。截断阀应当具备手动操作的功能。输气站应在进站截断阀上游和出站截断阀下游设置泄压放空设施。

⑤ 输气管道的工艺计算应按现行国家标准GB 50251有关规定计算。

⑥ 输气干线截断阀上下游均应设置放空管。放空管应能迅速放空两截断阀之间管段内的气体。放空阀直径与放空管直径应相等。

输气站存在超压可能的受压设备和容器，应设置安全阀。安全阀泄放的气体可引入同级压力的放空管道。

⑦ 输气干线放空竖管应设置在不致发生火灾危险和危害居民健康的地方。其高度应比附近建、构筑物高出2m以上，且总高度不应小于10m。

输气站放空竖管应设在围墙外，与站场及其他建构筑物的距离应符合现行国家标准GB 50183的规定。其高度应比附近建、构筑物至少高出2m，且总高度不应小于10m。

放空竖管的设置应符合下列规定：放空竖管直径应满足最大的放空量要求；严禁在放空竖管顶端装设弯管；放空竖管底部弯管和相连接的水平放空引出管必须埋地；弯管前的水平埋设直管段必须进行锚固；放空竖管应有稳管加固措施。

二、输气管道线路选择与敷设设计

1. 线路选择

(1) 线路走向应根据地形、工程地质、沿线主要进气、供气点的地理位置以及交通运输、动力等条件，经多方案对比后，确定最优线路。

宜避开多年生经济作物区域和重要的农田基本建设设施。

大、中型河流穿、跨越工程和压气站位置的选择，应符合线路总走向。局部走向应根据大、中型穿、跨越工程和压气站的位置，进行调整。

线路必须避开重要的军事设施、易燃易爆仓库、国家重点文物保护区。

线路应避开城镇规划区、飞机场、铁路车站、海(河)港码头、国家级自然保护区等区域。当受条件限制管道需要在上述区域内通过时，必须征得主管部门同意，并采取安全保护措施。

除管道专用的公路隧道、桥梁外，线路严禁通过铁路或公路的隧道、桥梁、铁路编组站、大型客运站和变电所。

(2) 输气管道宜避开不良工程地质地段。当避开确有困难时，对下述地段应选择合适的位置和方式通过：

对规模不大的滑坡，经处理后，能保证滑坡体稳定的地段，可选择适当部位以跨越方式或浅埋通过；

管道宜避开泥石流地段，若不能避开时应根据实际地形和地质条件选择合理的通过方式；

对深而窄的冲沟，宜采用跨越通过。对冲沟浅而宽，沉积物较稳定的地段、宜采用埋设方式通过；

管道通过海滩、沙漠地段时，应对其稳定性进行推断，并采取相应的稳管防护措施；

在地震动峰值加速度等于或大于0.1g的地区，管道宜从断层位移较小和较窄的地区通过，并应采取必要的工程措施；

管道不宜敷设在由于发生地震而可能引起滑坡、山崩、地陷、地裂、泥石流以及沙土液化等地段。

2. 地区等级划分

输气管道通过的地区，应按沿线居民户数和(或)建筑物的密集程度，划分为4个地区等级，并依据地区等级作出相应的管道设计。

沿管道中心线两侧各200m范围内，任意划分长度为2km并能包括最大聚居户数的若干地段，按划定地段内的户数划分为4个等级。在农村人口聚集的村庄、大院、住宅楼，应以每一独立户作为一个供人居住的建筑物计算。

当划分地区等级边界时，边界线距最近一幢建筑物外边缘应大于或等于200m。

在一、二级地区内的学校、医院以及其他公共场所等人群聚集的地方，应按三级地区选取设计系数。

当一个地区的发展规划，足以改变该地区的现有等级时，应按发展规划划分地区等级。

一级地区：户数在15户或以下的区段；

二级地区：户数在15户以上、100户以下的区段；

三级地区：户数在100户或以上的区段，包括市郊居住区、商业区、工业区、发展区以及不够四级地区条件的人口稠密区；

四级地区：系指四层及四层以上楼房(不计地下室层数)普遍集中、交通频繁、地下设施多的区段。

输气管道的居民密度指数和强度设计系数(F)的规定，穿越道路的管段以及输气站和阀室内管道的强度设计系数(F)的规定，见 GB 50251。

3. 管道敷设

(1) 输气管道应采用埋地方式敷设，特殊地段也可采用土堤、地面等形式敷设。

埋地管道覆土层最小厚度应符合表 9.4.1 的规定。在不能满足要求的覆土厚度或外荷载过大，外部作业可能危及管道之外，均应采取保护措施。

表 9.4.1　最小覆土层厚度

m

地区等级	土壤类		岩石类
	旱地	水田	
一级	0.6	0.8	0.5
二级	0.6	0.8	0.5
三级	0.8	0.8	0.5
四级	0.8	0.8	0.5

(2) 管沟沟底宽度应根据管沟深度、钢管的结构外径及采取的施工措施确定，管沟边坡坡度应根据土壤类别和物理力学性质(如黏聚力、内摩擦角、湿度、容重等)确定。其管沟沟底宽度、边坡坡度和回填土作业应符合现行国家标准 GB 50251 中的有关规定。

(3) 当输气管道采用土堤埋设时，土堤高度和顶部宽度，应根据地形、工程地质、水文地质、土壤类别及性质确定、并符合下列规定：

① 输气管道在土堤中的径向覆土厚度，不应小于 0.6m；土堤顶宽应大于管道直径两倍，也不得小于 0.5m；

② 土堤边坡坡度应根据当地自然条件、土壤类别和土堤高度确定。对黏性土土堤，压实际系数宜为 0.94~0.97。堤高小于 2m 时，土堤边坡坡度可采用 1：0.75~1：1；堤高为 2~5m 时，可采取 1：1.25~1：1.5；

③ 土堤受水浸淹部分的边坡宜采用 1：2 的坡度，并应根据水流情况采取保护措施；

④ 在沼泽和低洼地区，土堤的堤肩高度应根据常水位、波浪高度和地基强度确定；

⑤ 当土堤阻挡水流排泄时，应设置泄水孔或涵洞等构筑物，泄水能力应满足重现期为 25 年一遇的洪水流量；

⑥ 软弱地基上的土堤，应防止填土后基础的沉陷，确保管道安全；

⑦ 土堤用土应满足填方的强度和稳定性的要求。

(4) 地上敷设的输气管道跨越道路、铁路的净空高度应符合表 9.4.2 的规定。

表 9.4.2　输气管道跨越道路、铁路净空高度

m

道路类型	净空高度	道路类型	净空高度
人行横道	2.2	铁路	6.0
公路	5.5	电气化铁路	11.0

(5) 埋地输气管道并行敷设。不受地形、地物或规划限制地段的并行管道，最小净距不能小于 6m；

受地形、地物或规划限制地段的并行管道，采取安全措施后净距可小于6m，同期建设时可同沟敷设；同沟敷设的并行管道，间距应满足施工及维护需求且最小净距不应小于0.5m。

穿越段的并行管道，应根据建设时机和影响因素综合分析确定间距。共用隧道、跨越管桥及涵洞设施的并行轨道，净距不应小于0.5m。

石方地段不同期建设的共行管道，后建管道采用爆破开挖管沟时，并行净距宜大于20m且应控制爆破参数。

穿越全新世活动断层的并行管道不宜同沟敷设。

(6) 埋地输气管道与其他埋地管道、电缆的间距。输气管道与其他管道交叉时，垂直净距不应小于0.3m，当小于0.3m时，两管间交叉处应设置坚固的绝缘隔离物，交叉点两侧各延伸10m以上的管段，应确保管道的防腐层无缺陷。

输气管道与电力电缆、通信光(电)缆交叉时，垂直净距不应小于0.5m，交叉点两侧各延伸10m以上的管段，应确保管道防腐层无缺陷。

(7) 埋地输气管道与高压交流输电线路杆(塔)和接地体之间的距离。在开阔地区，埋地管道与高压交流输电线路杆(塔)基脚间的最小距离不宜小于杆(塔)高；

在路由受限地区，埋地管道与交流输电系统的各种接地装置之间的最小水平距离不宜小于表9.4.3的规定。在采取故障屏蔽、接地、隔离等防护措施后，表9.4.3规定的距离可适当减小。

表9.4.3 埋地管道与交流接地体的最小距离

电压等级/kV	≤220	330	500
铁塔或电杆接地/m	5.0	6.0	7.5

(8) 地面敷设的输气管道与架空交流输电线路的距离应符合表9.4.4的规定。

表9.4.4 地面管道与架空输电线路最小距离

<table>
<tr><td colspan="2" rowspan="3">项 目</td><td colspan="9">电压等级/kV</td></tr>
<tr><td rowspan="2">3~10</td><td rowspan="2">35~66</td><td rowspan="2">110</td><td rowspan="2">220</td><td rowspan="2">330</td><td rowspan="2">500</td><td rowspan="2">750</td><td colspan="2">1000</td></tr>
<tr><td>单回路</td><td>双回路(逆相序)</td></tr>
<tr><td colspan="2">最小垂直距离/m</td><td>3.0</td><td>4.0</td><td>4.0</td><td>5.0</td><td>6.0</td><td>7.5</td><td>9.5</td><td>18</td><td>16</td></tr>
<tr><td rowspan="2">最小水平距离/m</td><td>开阔地区</td><td>最高杆(塔)高</td><td>最高杆(塔)高</td><td>最高杆(塔)高</td><td>最高杆(塔)高</td><td>最高杆(塔)高</td><td>最高杆(塔)高</td><td>最高杆(塔)高</td><td colspan="2">最高杆(塔)高</td></tr>
<tr><td>路径受限地区</td><td>2.0</td><td>4.0</td><td>4.0</td><td>5.0</td><td>6.0</td><td>7.5</td><td>9.5</td><td colspan="2">13</td></tr>
</table>

注：表中最小水平距离为边导线至管道任何部分的水平距离。

(9) 用于改变管道走向的弯头的曲率半径应大于或等于5倍的公称直径，并应满足清管器或检测仪器能顺利通过的要求。现场冷弯弯管的最小曲率半径应符合表9.4.5的规定。

表 9.4.5　现场冷弯弯管的最小曲率半径

公称直径 DN/min	最小曲率半径　Rmin	公称直径 DN/min	最小曲率半径　Rmin
≤300	18DN	450	27DN
350	21DN	≥500	30DN
400	24DN		

(10)输气管道采用弹性敷设时，应符合下列要求：

① 弹性敷设管道的曲率半径应满足管子强度要求，且不得小于钢管外径的 1000 倍。

② 弹性敷设管道与相邻的反向弹性弯曲管段之间及弹性弯曲管段和人工弯管之间，应采用直管段连接；直管段长度不应小于管子外径值，且不应小于 500mm.

③ 输气管道平面和竖面不宜同时发生转角。

④ 输气管道的弯头和弯管不得使用褶皱弯或虾米弯。管子对接偏差不得大于 3°。

(11) 输气管道线路截断阀(室)的设置。输气管道应设置线路截断阀(室)，管道沿线相邻截断阀之间的间距应符合下列规定：

以一级地区为主的管段不宜大于 32km；

以二级地区为主的管段不宜大于 24km；

以三级地区为主的管段不宜大于 16km；

以四级地区为主的管段不宜大于 8km；

上述规定的线路截断阀间距，如因地物、土地征用、工程地质或水文地质造成选址受限的可作调增一、二、三、四级地区调增分别不应超过 4km、3km、2km、1km。截断阀可采用自动或手动阀门。在防火区内关键部位使用的阀门，应具有耐火性能。

(12) 管道的锚固和标志。输气管道通过较大的陡坡地段，以及管道受温度变化的影响，将产生较大下滑力或推力时，宜设置管道锚固墩。

输气管道沿线应设置里程桩、转角桩、交叉和警示牌等永久性标志。

里程桩应沿气流前进方向左侧沿管道从起点至终点每隔 1km 设置一个，不得间隔。阴极保护测试桩可同里程桩结合设置。

埋地管道与公路、铁路、河流和地下构筑物的交叉处两侧应设置标志桩(牌)。

对易于遭到车辆碰撞和人畜破坏的管道，应设置警示牌，并应采取保护措施。

(13) 输气管道防腐与保温

输气管道的防腐蚀设计应符合现行国家标准 GB/T 21447《钢质管道外腐蚀控制规范》的有关规定。

管道阴极保护设计应符合现行国家标准 GB/T 21448《埋地钢质管道阴极保护技术规范》的有关规定。阴极保护管道应与非保护构筑物电绝缘。在绝缘接头或绝缘法兰的连接设施上应设置防高压电涌冲击的保护设施。

在交、直流干扰源影响区域内的管道，应按现行国家标准 GB/T 50698《埋地钢质管道交流干扰防护技术标准》和 DB 50991《埋地钢质管道直流干扰防护技术标准》的规定，采取有效的减缓干扰的防护措施。

地面以上敷设的管道如需保温时，应采用防腐层进行防腐，保温层材料和保护层材料的性能应符合现行国家标准 GB 50264《工业设备及管道绝热工程设计规范》的有关规定。

(14)输气管道材料的强度计算与选用见本书前面章节。

(15)输气站的设置见 GB 50251。

三、输气管道的施工与检验

1. 焊接与检验

对接焊缝接头、焊前预热、焊后热处里应符合现行国家标准 GB 50236 和 GB 50369 的有关规定。

焊接工艺评定和焊接工艺规程，线路应符合国家现行标准 SY/T 4103《钢质管道焊接及验收》的有关规定，站场应符合国家现行标准 SY/T 0452《石油天然气金属管道焊接工艺评定》的有关规定。

焊接材料应符合现行国家标准《非合金钢及细晶粒钢焊条》GB/T 5117、《热强钢焊条》GB/T 5118、《气体保护电弧焊用碳钢、低合金钢焊丝》GB/T 8110、《埋弧焊用非合金钢及细晶粒钢实心焊丝和焊丝-焊剂组合分类要求》GB/T 5293、《熔化焊用钢丝》GB/T 14957、《低合金钢药芯焊丝》GB/T 17493 以及《碳钢药芯焊丝》GB/T 10045 的有关规定。

管端焊接接头形式应符合现行国家标准《输气管道工程设计规范》GB 50251 的规定。

焊管之间对接焊时，制管焊缝应错开且间距不宜小于 100mm。输气站内地面安装的有缝管，制管焊缝布置应避开现场开孔的位置。

输气管道穿(跨)越的焊接质量检验应符合现行国家标准《油气输送管道穿越工程设计规范》GB 50423 和《油气输送管道跨越工程设计规范》GB 50459 的有关规定。

2. 输气管道清管扫线与测径

输气管道试压前应采用清管器进行清管，且清管次数不应小于 2 次。清管扫线应设临时清管器收发设施和放空口，不应使用站内设施。管道试压前宜用测径板进行测径。

3. 输气管道试压

输气管道应进行强度试验和严密性试验。试压管段应按规定的地区等级并结合地形分段。一级一类地区采用 0.8 强度设计系数的管道，强度试验应采用压力-体积图法进行监测；埋地管道水压强度试验可按现行国家标准 GB 50251《输气管道工程设计规范》推荐方法进行。

经试压合格的管段间相互连接的焊缝经超声波和射线照相检验合格，可不再进行施压。输气站和阀室应单独进行强度试验，穿(跨)越管段的试压应符合现行国家标准 GB 50423《油气输送管道穿越工程设计规范》和 GB 50459《油气输送管道跨越工程设计规范》的有关规定。

4. 输气管道强度试验

(1) 试验介质：

位于一、二级地区的管段可采用用气体或水作试验介质；

位于三、四级地区的管段及输气站内的工艺管道应采用水作试验介质；

表 9.4.6 全部各项条件时，三、四级地区的管段及输气站内的工艺管道可采用

表 9.4.6 三、四级地区的管段及输气站内的工艺管道空气试压条件

试压时最大环向应力		最大操作压力不超过现场最低试验压力的 80%	所试验的是新管子，并且焊缝系数为 1.0
三级地区	四级地区		
$<50\%\sigma_s$	$<40\%\sigma_s$		

（2）用水作为试压介质时，每段自然高差应保证最低点管道环向应力不大于 $0.9\sigma_s$。水质为无腐蚀性洁净水。试压宜在环境温度 5℃以上进行，否则应采取防冻措施。注水宜连续，排除管道内的气体。水试压合格后，必须将管段内积水清扫干净。

（3）实验压力：

一级地区内的管段不应小于设计压力的 1.1 倍；

二级地区内的管段不应小于设计压力的 1.25 倍；

三级地区内的管段不应小于设计压力的 1.4 倍；

四级地区内的管段不应小于设计压力的 1.5 倍；

输气站内的工艺管道不应小于设计压力的 1.5 倍。

（4）试验的稳压时间不应少于 4h。

5. 严密性试验

严密性试验应在强度试验合格后进行；用气体作为试验介质时，其试验压力应为设计压力并以稳压 24h 不泄漏为合格

6. 输气管道的干燥与置换

管道的干燥应在试压、清管扫水结束后进行，宜采用站间干燥，可采用吸水性泡沫清管塞多次吸附后，再用干燥气体(压缩空气或氮气等)吹扫、真空蒸发、注入甘醇类吸湿剂清洗等方法或以上方法的组合进行管内干燥，管道末端应用水露点检测仪进行检测；

管道内的气体置换应在干燥结束后或投产前进行，置换过程中的混合气体应集中放空，置换管道末端应用检测仪对气体进行监测；

管道干燥结束后。如果不能投入运行，宜用干燥氮气置换管内气体，并应保持内压 0.12~0.15MPa(A)的干燥状态下的密闭封存。

四、工业管道与输气管道设计比较与工程应用

有的设计人员咨询笔者工业管道与输气管道的壁厚计算是否可以统一或者互相替代使用？因两者的壁厚计算具有以下区别，所以肯定是不能混用的。

1. 工业管道与输气管道直管壁厚计算公式比较

（1）壁厚计算理论基础比较。承受内压的直管属于旋转壳体的一种，旋转壳体应力分析理论有两类：一类是忽略弯矩的无力矩理论——薄膜理论，导出的是壁厚计算的薄膜应力公式，该公式计算的是沿壁厚均匀分布的两向应力，即轴向应力和周向应力，忽略了径向应力。另一类是弹性力学应力分析理论——拉美公式，共三个方向的应力，周向应力和径向应力沿壁厚非线性分布，轴向应力沿壁厚均匀分布。

GB 50251《输气管道工程设计规范》采用 ASME B31.8《输气和配气管道系统》的壁厚计算公式，公式源于无力矩理论的薄膜理论应力公式。GB/T 20801、GB 50316、SH/T 3059 等标准采用 ASME B31.3《工艺管道》的壁厚计算公式，公式是拉美公式的经验近似式。输

气管道壁厚计算公式的理论基础采用无力矩理论——薄膜理论，而工业管道采用弹性力学应力分析理论——拉美公式。

(2) 安全系数取值方式的比较。输气管道由于需穿越城市、村镇等，根据管道通过区域的不同条件，采用改变管道应力水平(即改变管道壁厚)以强度确保管道自身的安全，为管道周围环境提供安全保障(采用不同的强度设计系数 F)的理念，同时也体现了管道的经济成本的合理性。GB 50251 中规定的强度设计系数 F 值，一级地区为 0.8，四级地区为 0.4。强度设计系数 F 值的规定与取值源自 ASME B31.8《输气和配气管道系统》。

工业管道壁厚计算中，设计温度下的材料许用应力由材料的力学性能除以相应的安全系数而得，GB/T 20801、GB 50316、SH/T 3059 规定的材料安全系数与 GB 150 中材料安全系数的要求相同。由于工业管道处于有限范围的工厂环境中，材料的安全系数根据材料的类型和力学性能(强度极限、屈服极限、持久强度、蠕变极限)的不同而取值，按照规范规定选取许用应力值。许用应力值的大小与工业管道所处的环境条件完全无关，在 GB/T 20801、GB 50316、SH/T 3059 等中规定使用应力表中的值，既体现了许用应力所表达的安全强度，又体现了工程设计的经济合理性。

输气管道和工业管道壁厚计算公式中安全系数的区别，在安全理念和规范内容上存在差异，在设计上是无法统一的。

(3) 钢管壁厚附加裕量的比较。输气管道在用公式得出计算壁厚之后，圆整到钢管标准规定的壁厚，一般没有考虑材料厚度偏差和腐蚀裕量。但是 ASME B31.8 规定采用该规范所列钢管，已经考虑了钢管的壁厚负偏差，并且加了裕量，例如，如采用 API 5 L，则不必再另加厚度负偏差了。

工业管道的壁厚计算公式中则明确规定了应该考虑厚度减薄附加量 C_1 和腐蚀磨蚀附加量 C_2。

2. 钢管材料选用的比较

由于输气管道距离长，钢管用量大，天然气输送量大，输气管道朝着高压力、大直径方向发展，钢管材料也朝着高强度、微合金的方向发展。与输气管道工程相配套的钢管也有了自成体系的钢管标准，在国际上得到广泛应用的钢管标准是美国标准 API 5L。该标准的最高钢级为 L830M(PSL 2)，规定的屈服强度最小值为 830 MPa。ISO 3183《石油天然气工业管线输送系统用钢管》是在 API 5L《管线钢管规范》基础上编制的。GB/T 9711《石油天然气工业 管线输送系统用钢管》是在 ISO 3183 标准基础上修改编制的，该标准得到了广泛应用。与工业管道用钢管在技术上有重大区别。GB 50349《气田集输设计规范》规定气田集输管道用钢管也是选用 GB/T 9711。

工业管道所属装置的管道流体多样化、设计参数各不相同，工业管道的器材选用尚无自成体系的统一标准，均是使用相应的钢材和钢管标准，例如国标钢管常用标准：GB/T 13793《直缝电焊钢管》，GB/T 9948《石油裂化用无缝钢管》，GB/T 6479《高压化肥设备用无缝钢管》，GB/ T 8163《输送流体用无缝钢管》，GB/T 3087《低中压锅炉用无缝钢管》，GB/T 5310《高压锅炉用无缝钢管》等数十个，工业管道器材选用具体规定与输气管道的材料要求是大不一样的，输气管道与工业管道在材料选用及材料标准上均有很大区别。

3. 管道冲击试验的比较

输气管道(包括输气站)一般都在野外，受自然环境(低温)的影响比较大，输气管道用钢管对低温冲击韧性的要求较高，以防止钢管脆性断裂扩展和控制延性断裂扩展。我国对干线和站场用钢管提出了在 API 5L 的基础上对钢管和焊缝进行夏比冲击试验的要求，规定其试验温度应低于管道通过当地的最低环境温度，一般取-10℃，-20℃、-30℃，夏比冲击韧性合格值根据不同钢级和管径分别为 27J、40J、54J、80J(3 个试样最小平均值)。

工业管道对管道设计温度≤-20℃而高于钢材使用温度下限的碳素钢、低合金钢、中合金钢和高合金铁素体钢，要求进行夏比低温冲击试验，试验冲击功合格值根据不同的钢材分别为 18J、20J、27J、31J(3 个试样平均值)，GB/T 20801、GB/T 50316、SH/T 3059 等标注中均有明确规定。

输气管道与工业管道设计规范对钢管提出了夏比低温冲击试验的要求，在夏比低温冲击试验的试验温度与合格值上差异较大。

五、输气管道常用标准规范

GB/T 9711 《石油天然气工业管线输送系统用钢管》
GB/T 21447 《钢质管道外腐蚀控制规范》
GB/T 21448 《埋地钢质管道阴极保护技术规范》
GB 50183 《石油天然气工程设计防火规范》
GB 50251 《输气管道工程设计规范》
GB 50423 《油气输送管道穿越工程设计规范》
GB 50459 《油气输送管道跨越工程设计规范》
GB 50470 《油气输送管道线路工程抗震设计规范》
GB/T 34275 《压力管道规范长输管道》
SY/T 0036 《埋地钢质管道强制电流阴极保护设计规范》
SY/T 0048 《石油天然气工程总图设计规范》
GB 50369 《油气长输管道工程施工及验收规范》
SY/T 0516 《绝缘法兰设计技术规定》
SY/T 0556 《快速开关盲板》
ASME B31. 8 《输气和配气管道系统》

第五节 城镇热力管道设计要点与工程应用

一、热力管道供热系统和热力网的设计

(一) 供热系统与介质

集中供热系统是指一个或多个集中的热源，通过供热管网向多个热用户供应热能的系统，它主要由热源、热网和热用户组成。其中热源是指将天然或人造的能源形态转化为符合供热要求的热能装置。热网是指由热源向热用户输送和分配供热介质的管道系统，热用户是指从热源获得热能的用热装置。集中供热系统分类方式有三种，可以根据热源分类、根据热媒分类、根据供热管网分类。集中供热系统按热源形式的不同可分为：热电厂供热系统、区域锅炉房供热系统、地热供热系统、工业余热供热系统、核供热堆和太阳能供热

系统等。集中供热系统根据热媒不同分为蒸汽供热系统和热水供热系统。

热水热力网供热介质设计压力小于或等于 2.5MPa，设计温度小于或等于 200℃；蒸汽热力网供热介质设计压力小于或等于 1.6MPa，设计温度小于或等于 350℃。

对民用建筑物采暖、通风、空调及生活热水热负荷供热的城市热力网，宜采用水作供热介质。

对生产工艺热负荷和采暖、通风、空调、生活热水热负荷供热的城市热力网供热介质按下列原则确定：当生产工艺热负荷为主要负荷，且必须采用蒸汽供热时，宜采用蒸汽作供热介质；当以水位供热介质能够满足生产工艺需要（包括在用户处转换为蒸汽），且技术经济合理时，宜采用水作供热介质；当采暖、通风、空调热负荷为主要负荷，生产工艺又必须采用蒸汽供热，经技术经济比较认为合理时，可采用水和蒸汽两种供热介质。

（1）国家现行标准 GJJ/T 34《城镇供热管网设计规范》适用于供热热水介质设计压力小于或等于 2.5MPa，设计温度小于或等于 200℃；供热蒸汽介质设计压力小于或等于 1.6MPa，设计温度小于或等于 350℃的下列城镇供热管网的设计：以热电厂或锅炉房为热源，自热切至建筑物热力人口的供热管网，供热管网新建、扩建或改建的管道、中断泵站和热力站等工艺系统。

（2）国家现行标准 GJJ/T 81《城镇供热直埋热水管道技术规程》适用于新建、改建、扩建的设计温度小于或等于 150℃、设计压力小于或等于 2.5MPa，*DN* 小于或等于 1200mm 的城镇供热直埋热水管道的设计、施工、验收和运行管理。

（3）国家现行标准 GJJ/T 104《城镇供热直埋蒸汽管道技术规程》适用于工作压力小于或等于 2.5MPa，温度小于或等于 350℃，直接埋地敷设的钢质外护蒸汽保温管道的设计、施工、验收及运行维护。

2. 热力网的形式

供热管网按其平面布置形式可分为枝状管网、环状管网和多管制管网。其特点是：

（1）枝状管网。从热源引出主干线沿城镇道路向各热用户供热，形成类似树枝状的管网叫枝状管网。枝状管网是目前我国城镇供热中普遍采用的形式，它形式简单、投资费用低，且运行管理方便，但安全可靠性较差，当管网中距离热源较近的主干线发生故障时，会影响较多的热用户用热。

（2）环状管网。供热管网的主干线之间在适当位置连通构成环形，环状管网运行较安全可靠，局部发生故障可通过环网供热。但投资费用高。

（3）多管制管网。一般用于以下情况：不能间断的热用户；供热系统中热用户所需介质参数差别较大；热负荷变化较大；季节性热负荷占全年总负荷比例较大。

3. 热水热力网形式的确定

热水热力网宜采用闭式双管制。以热电厂为热源的热水热力网，同时有工艺、采暖、通风、空调、生活热水多种热负荷，在生产工艺热负荷与采暖热负荷所需供热介质参数相差较大，或季节性热负荷占总热负荷比例较大，且技术经济合理时，可采用闭式多管制。

当热水热力网具有水处理费用较低的丰富的补给水资源，且技术经济合理时，可采用开式热力网。

当热水热力网具有与生活热水热负荷相适应的廉价低位能热源，且技术经济合理时，可采用开式热水网。

开式热水热力网在生活热水热负荷足够大且技术经济合理时，可不设回水管。

4. 蒸汽热力网形式的确定

蒸汽热力网宜采用单管制。当各用户间所需蒸汽参数相差较大或季节性热负荷占总热负荷比例较大且技术经济合理时，蒸汽热力网可采用双管或多管制。

蒸汽热力网的热负荷分期增长时，可采用双管或多管制。蒸汽供热系统应创造条件采用间接换热系统。当被加热介质泄漏不会产生危害时，其凝结水应全部回收并设置凝结水管道。

当凝结水回收时，用户热力站应设闭式凝结水箱，用水泵将凝结水送回热源。

5. 多供热源热力网形式的确定

供热建筑面积大于 $1000\times10^4m^2$ 的供热系统应采用多热源供热，且各热源热力干线应连通。在技术经济合理时，热力网干线可连接成环状管网。对供热可靠性有特殊要求的用户，有条件时应由两个热源供热，或者设自备热源。

二、热力管道布置设计

(1) 热力管道布置设计原则。

① 城镇供热管网的布置应在城镇规划的指导下，根据热负荷分布、热源位置、其他管道及构筑物、园林绿地、水文、地质条件等因素，经技术经济比较确定。

② 城镇供热管网管道的位置应符合下列规定：

a. 城镇道路上的供热管道应平行于道路中心线，并宜敷设在车行道以外，同一条管道应只沿街道的一侧敷设；

b. 穿过厂区的供热管道应敷设在易于检修和维护的位置；

c. 通过非建筑区的供热管道应沿公路敷设；

d. 供热管网选线时宜避开土质松软地区、地震断裂带、滑坡危险地带以及高地下水位区等不利地段。

③ 管径小于或等于 300mm 的供热管道，可穿越建筑物的地下室或用开槽施工法自建筑物下专门敷设的通行管沟内穿过。用暗挖法施工穿过建筑物时不受管径限制。

④ 热力网管道可与自来水管道、电压 10kV 以下的电力电缆、通信线路、压缩空气管道、压力排水管道和重油管道一起敷设在综合管沟内。在综合管沟内，热力网管道应高于自来水管道和重油管道，并且自来水管道应做绝热层和防水层。

⑤ 地上敷设的供热管道可与其他管道敷设在同一管架上，但应便于检修，且不得架设在腐蚀性介质管道的下方。

(2) 热力管道敷设方式的确定。管道敷设方式分地上敷设和地下敷设两种方式。地上敷设又分为低、中、高支架敷设。地下敷设又分为直埋敷设和管沟敷设。

① 城镇街道上和居住区内的供热管道宜采用地下敷设。当地下敷设困难时，可采用地上敷设，但设计时应注意美观。

② 工厂区的供热管道，应采用地上敷设。

③ 热水供热管道地下敷设时，宜采用直埋敷设。

④ 热水或蒸汽管道采用管沟敷设时，宜采用不通行管沟敷设；穿越不允许开挖检修的地段时，应采用通行管沟敷设，当采用通行管沟困难时，可采用半通行管沟敷设。

⑤ 蒸汽管道采用管沟敷设困难时，可采用保温性能良好、防水性能可靠、保护管耐腐

蚀的预制保温管直埋敷设，其设计寿命应不低于25年。

（3）管沟敷设要求。管沟敷设有关尺寸应符合表9.5.1的规定。

表9.5.1 管沟敷设有关尺寸 m

管沟类型	有关尺寸名称					
	管沟净高	人行通道宽	管道保温表面与沟墙净距	管道保温表面与沟顶净距	管道保温表面与沟底净距	管道保温表面间的净距
通行管沟	≥1.8	≥0.6	≥0.2	≥0.2	≥0.2	≥0.2
半通行管沟	≥1.2	≥0.5	≥0.2	≥0.2	≥0.2	≥0.2
不通行管沟	-	-	≥0.1	≥0.05	≥0.15	≥0.2

注：当必须在沟内更换钢管时，人行通道宽度还应不小于管于外径加0.1m。

工作人员经常进入的通行管沟应有照明设备和良好的通风：人员在管沟内工作时，空气温度不得超过40℃. 通行管沟应设事故人孔：设有蒸汽管道的通行管沟，事故人孔间距不应大于100m；热水管道的通行管沟，事故人孔间距应不大于400m. 对于整体混凝土结构的通行管沟，每隔200m宜设一个安装孔。

（4）热力管道布置间距要求。地下敷设热力网管道的管沟外表面，直埋敷设热水管道或地上敷设管道的保温结构表面与建筑物、构筑物、道路、铁路、电缆、架空电线和其他管道的最小水平净距、垂直净距应符合表9.5.2的规定。

表9.5.2 热力管道布置最小间距 m

建筑物、构筑物或管线名称	与热力网管道最小水平净距	与热力网管道最小垂直净距
地下敷设热力网管道		
建筑物基础：对于管沟敷设热力网管道	0.5	—
对于直埋闭式热水热力网管道 *DN*≤250	2.5	—
DN≤300	3.0	—
对于直埋开式热水热力网管道	5.0	—
铁路钢轨	钢轨外侧3.0	轨底1.2
电车钢轨	钢轨外侧2.0	轨底1.0
铁路、公路路基边坡底脚或边沟的边缘	1.0	—
通讯、照明或10kV以下电力线路的电杆	1.0	—
桥墩（高架桥、栈桥）边缘	2.0	—
架空管道支架基础边缘	1.5	—
高压输电线铁塔基础边缘35~220kV	3.0	—
通讯电缆管块	1.0	0.15
直埋通讯电缆（光缆）	1.0	0.15
电力电缆和控制电缆35kV以下	2.0	0.5
110kV	2.0	1.0
燃气管道		

续表

建筑物、构筑物或管线名称	与热力网管道最小水平净距	与热力网管道最小垂直净距
压力<0.005MPa 对于管沟敷设热力网管道	1.0	0.15
压力≤0.4MPa 对于管沟敷设热力网管道	1.5	0.15
压力≤0.8MPa 对于管沟敷设热力网管道	2.0	0.15
压力>0.8MPa 对于管沟敷设热力网管道	4.0	0.15
压力≤0.4MPa 对于直埋敷设热水热力网管道	1.0	0.15
压力≤0.8MPa 对于直埋敷设热水热力网管道	1.5	0.15
压力>0.8MPa 对于直埋敷设热水热力网管道	2.0	0.15
给水管道	1.5	0.15
排水管道	1.5	0.15
地　铁	5.0	0.8
电气铁路接触网电杆基础	3.0	—
乔木(中心)	1.5	—
灌木(中心)	1.5	—
车行道路面	—	0.7
地上敷设热力网管道		
铁路钢轨	轨外侧 3.0	轨顶一般 5.5 电气铁路 6.55
电车钢轨	轨外侧 2.0	—
公路边缘	1.5	—
公路路面	—	4.5
架空输电线 1kV 以下	导线最大风偏时 1.5	热力网管道在下面交叉通过导线最大垂直时 1.0
1~10kV	导线最大风偏时 2.0	热力网管道在下面交叉通过导线最大垂直时 2.0
35~110kV	导线最大风偏时 4.0	热力网管道在下面交叉通过导线最大垂直时 4.0
220kV	导线最大风偏时 5.0	热力网管道在下面交叉通过导线最大垂直时 5.0
330kV	导线最大风偏时 6.0	热力网管道在下面交叉通过导线最大垂直时 6.0
500kV	导线最大风偏时 6.5	热力网管道在下面交叉通过导线最大垂直时 6.5
树冠	0.5(到树中不大于 2.0)	—

注：① 表中不包括直埋敷设蒸汽管道与建筑物(构筑物)或其他管道的最小距离的规定。

② 当热力网管道的埋设深度大于建(构)筑物基础深度时，最小水平净距应按土壤内摩擦角计算确定。

③ 热力网管道与电力电缆平行敷设时，电缆处的土壤温度与月平均土壤自然温度比较，全年任何时候对于电压 10kV 的电缆不高出 10℃，对于电压 35~110kV 的电缆不高出 5℃时，可减小表中所列距离。

④ 在不同深度并列敷设各种管道时，各种管道间的水平净距不应小于其深度差。

⑤ 热力网管道检查室、方形补偿器壁龛与燃气管道最小水平净距亦应符合表中规定。

⑥ 在条件不允许时，可采取有效技术措施并经有关单位同意后，可以减小表中规定的距离，或采用埋深较大的暗挖法、盾构法施工。

(5) 地上敷设热力网管道穿越行人过往频繁地区，管道保温结构下表面距地面不应小于2.0m；在不影响交通的地区，应采用低支架，管道保温结构下表面距地面不应小于0.3m

(6) 燃气管道不得进入热力网管沟。当自来水、排水管道或电缆与热力网管道交叉必须穿入热力网管道时，应加套管或用厚度不小于100mm的混凝土防护层与管沟隔开，同时不得妨碍热力管道的检修及地沟排水。套管应伸出管沟以外，每侧不应小于1.0m. 热力网管沟与燃气管道交叉，当垂直净距小于300mm时，燃气管道应加套管。套管两端应超出管沟1.0m以上。

(7) 热力网管道进入建筑物或穿过构筑物时，管道穿墙处应封堵严密。

(8) 地上敷设的热力网管道同架空输电线或电气化铁路交叉时，管道的金属部分应接地。接地电阻应不大于10Ω

(9) 地下直埋敷设热力网。

① 当直埋蒸汽管道与其他地下管线交义时，直埋蒸汽管道的管路附件距交叉部位的水平净距宜大于3m。

② 直埋蒸汽管道的最小覆土深度应符合表9.5.3的规定。当不符合要求时，应采取相应的技术措施对管道进行保护。

表9.5.3 直埋蒸汽管道的最小覆土深度

外护管公称直径/mm	最小覆土深度/m	
	车行道	非车行道
≤500	1.0	0.8
600~900	1.1	0.9
1000~1200	1.3	1.0

③ 直埋蒸汽管道敷设方式应符合以下要求：

a. 直埋蒸汽管道的工作管，应采用有补偿的敷设方式；

b. 直埋蒸汽管道敷设坡度不宜小于0.2%；

c. 当采用轴向补偿器时，两个固定支座之间的直埋蒸汽管道不宜有折角；

d. 无补偿敷设的外护管，直管段允许斜切的最大折角应符合国家现行标准CJJ/T104《城镇供热直埋蒸汽管道技术规程》的规定；

e. 当管道由地下转至地上时，外护管应一同引出地面，外护管距地面的高度不宜小于0.5m，并应设防水帽和采取隔热措施；

f. 当直埋蒸汽管道与地沟敷设管道或井室内管道相连接时，直埋蒸汽管道保温层应采取防渗水措施；

g. 当地基软硬不一致时，应对地基做过渡处理；

h. 在地下水位较高的地区，应进行浮力计算。当不能保证直埋蒸汽管道稳定时，应增加埋设深度或采取相应的技术措施；

④ 直埋蒸汽管道还需考虑设置排潮管和检查井。

(10) 热力网管道跨越水面、峡谷地段时，在桥梁主管部门同意的条件下，可在永久性的公路桥上架设。

（11）热力网管道同河流、铁路、公路等交叉时应垂直交叉。特殊情况下，管道与铁路或地下铁路交叉不得小于60°角；管道与河流或公路交叉不得小于45°角。

（12）地下敷设的热力网管道与铁路或不允许开挖的公路交叉，交叉段的一侧留有足够的抽管检修地段时，可采用套管敷设。

（13）管道热补偿。热力网管道受温度的变形应充分利用管道的转角管段进行自然补偿。采用弯管补偿器或波纹管补偿器时，设计应考虑安装时的冷紧。冷紧系数可取0.5。

采用套管补偿器时，应计算各种安装温度下的补偿器安装长度，并保证管道在可能出现的最高，最低温度下，补偿器留有不小于20mm的补偿余量。

采用波纹管轴向补偿器时，管道上应安装防止波纹管失稳的导向支座。采用其他形式补偿器，补偿管段过长时，亦应设导向支座。

采用球形补偿器，铰链型波纹管补偿器，且补偿管段较长时宜采取减小管道摩擦力的措施。

直埋敷设热水管道，经计算允许时，宜采用无补偿敷设方式，并应按CJJ/T81的规定执行。

（14）阀门的设置。热力网管道干线、支干线、支线的起点应安装关断阀门。

热水热力网干线应装设分段阀门。分段阀门的间距宜为：输送年线2000~3000m；输配干线1000~1500m。蒸汽热力网可不设分段阀门。多热源供热系统热源间的连通干线，环状管网环线的分段阀应采用双向密封阀门。

工作压力大于或等于1.6MPa且公称直径大于或等于500mm的管道上的闸阀应设旁通阀。旁通阀的直径为阀门直径的1/10。

公称直径大于或等于500mm的阀门，宜采用电动驱动装置。

热水、凝结水管道的高点应安装放气装置，低点应安装放水装置。

蒸汽管道的低点和垂直升高的管段前应设启动疏水和经常疏水装置。同一坡向的管段，顺坡情况下每隔400~500m，逆坡时每隔200~300m应设启动疏水和经常疏水装置。

公称直径大于或等于500mm的热水热力网干管在低点、垂直升高管段前、分段阀门前宜设阻力小的永久性除污装置。

三、热力管道器材选用

（1）热力网管道应采用无缝钢管、电弧焊或高频焊焊接钢管。管道和钢材的规格及质量应符合国家相关标准的规定。

（2）热力网凝结水管道宜采用具有防腐内衬、内防腐涂层的钢管或非金属管道。非金属管道的承压能力和耐温性能应满足设计技术要求。

（3）热力网管道的连接应采用焊接。当需要拆卸时，采用法兰连接；$DN \leqslant 25$mm的放气阀，可采用螺纹连接。

（4）热力网蒸汽管道应采用钢制阀门及附件。室外采暖计算温度低于-5℃地区露天敷设的不连续运行的凝结水管道放水阀门不得采用灰铸铁阀。

（5）室外采暖计算温度低于-10℃地区露天敷设的热水管道设备附件不得采用灰铸铁制品。室外采暖计算温度低于-30℃地区露天敷设的热水管道，应采用钢制阀门及附件。

（6）弯头的壁厚应满足与管子同强度的要求。焊接弯头应双面焊接。

(7) 钢管焊接三通，支管开孔应进行补强。对于承受干管轴向荷载较大的直埋敷设管道，应考虑三通干管的轴向补强，其技术要求按国家现行标准 CJJ/T 81 的规定执行。

(8) 异经管制作应采用压制或钢板卷制，其壁厚应满足与管子同强度的要求。

四、热力管道防腐和保温的设计

(1) 供热管道及设备的保温结构设计除应符合国家现行标准 CJJ 34《城镇供热管网设计规范》的规定外，还应按现行国家标准 GB/T 4272《设备及管道绝热技术通则》、GB/T 8175《设备及管道绝热设计导则》、GB 50264《工业设备及管道绝热工程设计规范》的有关规定执行。

(2) 需要保温的管道。供热介质设计温度高于 50℃ 的管道、设备，阀门应进行保温。在不通行管沟敷设或直埋敷设条件下，热水回水管道、与蒸汽管道并行的凝结水管道以及其他温度较低的热水管道，在技术经济合理的情况下可不保温

对操作人员需要接近维修的地方，当维修时，设备及管道保温结构的表面温度不得超过 60℃。

(3) 保温材料及其制品，应具有以下主要技术性能：

① 平均工作温度下的导热系数值不得大于 0.12W/(m·k)；

② 密度不应大于 $350kg/m^3$；

③ 硬质制品抗压强度不应小于 0.3MPa，半硬质保温材料压缩 10%时的抗压强度不应小于 0.2MPa。

(4) 保温层设计时应优先采用经济保温厚度。当经济保温厚度不能满足技术要求时，应按技术条件确定保温层厚度

(5) 保温计算。保温厚度计算应按国家现行标准 CJJ34 有关要求计算。

(6) 保温结构。保温层外应有性能良好的保护层，保护层的机械强度和防水性能应满足施工、运行的要求。

直埋敷设热水管道采用钢管、保温层、保护层紧密结合成一体的预制管。

管道采用硬质保温材料保温时，直管段每隔 10~20m 及弯头处，应预留伸缩缝，缝内填充柔性保温材料，伸缩缝外防水层应搭接。

地下敷设管道严禁在沟槽或地沟内用吸水性保温材料进行填充式保温。

阀门、法兰等部位宜采用可拆卸式保温结构。

(7) 防腐涂层。地上敷设和管沟敷设的热水(或凝结水)管道、季节运行的蒸汽管道及附件，应涂刷耐热、耐温、防腐性能良好的涂料。

常年运行的蒸汽管道及附件，可不涂刷防腐涂料。常年运行的室外蒸汽管道及附件，也可涂刷耐常温的防腐涂料。

架空敷设的管道宜采用镀锌钢板、铝合金板、塑料外护等作保护层，当采用普通簿钢板作保护层时，钢板内外表面均应涂刷防腐涂料，施工后外表面应刷面漆。

五、中继泵站和热力站的设计

热力管道中继泵站与热力站范围内的管道属于工业管道设计范围。站内管道的设计原则、设计方法等执行工业管道的相关规定。

1. 中继泵站、热力站应降低噪声，不应对环境产生干扰

当中继泵站，热力站设备的噪声较高时，应加大与周围建筑物的距离，或采取降低噪声的措施，使受影响建筑物处的噪声符合现行国家标准 GB 3096《声环境质量标准》的规定。当中继泵站、热力站所在场所有隔振要求时，水泵基础和连接水泵的管道应采取隔振措施。

2. 中继泵站

中继泵站的位置、泵站数量及中继水泵的扬程，应通过技术经济比较确定。中继泵站不应建在环状管网的环线上。中继泵站应优先考虑采用回水加压方式。

水泵机组的布置应符合下列规定：

(1) 相邻两个机组基础间的净距：当电动机容量小于或等于 55kW 时，不应小于 0.8m；当电动机容量大于 55kW 时，不应小于 1.2m。

(2) 当考虑就地检修时，至少在每个机组一侧留有大于水泵机组宽度加 0.5m 的通道；

(3) 相邻两个机组净距及与墙壁间的净距，应保证泵轴和电动机转子在检修时能拆卸.并不应小于 0.7m，如电动机容量大于 55kW，则不应小于 1.0m；

(4) 中继泵站的主要通道宽度不应小于 1.2m，水泵基础应高出站内地坪 0.15m 以上。

3. 热水热力网热力站

(1) 热水热力网民用热力站最佳供热规模，应通过技术经济比较确定。当不具备技术经济比较条件时，可按下列原则确定：

① 对于新建的居住区，热力站最大规模以供热范围不超过本街区为限；

② 对已有采暖系统的小区，在减少原有采暖系统改造工程的前提下，宜减少热力站的个数。

(2) 采暖系统循环泵、混水装置以及热力站换热器的选择应符合国家现行标准 CJJ 34 的规定。

(3) 热力站换热设备的布置应符合下列规定：

① 换热器布置时，应考虑清降水垢、抽管检修的场地；

② 并联工作的换热器宜按同程连接设计；

③ 换热器组一、二次侧进、出口应设总阀门，并联工作的换热器，每台换热器一、二次侧进、出口宜设阀门；

④ 当热水供应系统换热器热水出口上装有阀门时，应在每台换热器上设安全阀；当每台换热器出口管不设阀门时，应在生活热水总管阀门前设安全阀。

(4) 热力网供水总阀上及用户系统回水总管上，应设除污器。

(5) 热水热力网热力站水泵的布置应符合下列要求：

① 水泵基础应高出地面不小于 150mm；

② 水泵基础之间、水泵基础距墙的距离不应小于 700mm；

③ 电动机功率不大于 20kW 或进水管径不大于 100mm 的两台水泵可做联合基础，机组之间突出部分的净距不应小于 300mm. 但两台以上水泵不得做联合基础。

(6) 热力站内软化水、采暖、通风、空调、生活热水系的设计，应按现行国家标准 GB 50041、GB 50015、GB 50019 的规定执行。

4. 蒸汽热力网热力站

蒸汽热力站应根据生产工艺、采暖、通风、空调及生活热负荷的需要设置分汽缸，蒸汽主管和分支管上应装设阀门。当各种负荷需要不同的参数时，应分别设置分支管、减压减温装置和独立安全阀。蒸汽系统应设疏水装置。

蒸汽热力网用户宜采用闭式凝结水回收系统，热力站中应采用闭式凝结水箱。

凝结水箱的总储水量宜按 10~20min 最大凝结水量计算。

全年工作的凝结水箱宜设两个，每个容积为 50%；当凝结水箱季节工作且凝结水量在 5t/h 以下时，可只设一个。

凝结水泵及其他设施的布置参照 热水热力站。

六、热力管道的施工检验

国家现行标准 CJJ/T 28《城镇供热管网工程施工及验收规范》适用于采用明挖、暗挖、顶管、定向钻等施工工艺，并符合下列参数的城镇供热管网工程的施工及验收：

工作压力小于或等于 1.6MPa，介质温度小于或等于 350℃的蒸汽管网；工作压力小于或等于 2.5MPa，介质温度小于或等于 200℃的热水管网。

七、热力、燃气管道的抗震设计

（1）室外给水、排水和燃气、热力工程中的房屋建筑的抗震设计，应按现行国家标准 GB 50011《建筑抗震设计规范》执行；水工建筑物的抗震设计，应按国家现行标准 SDJ 10《水工建筑物抗震设计规范》执行；本规范中未列入的构筑物的抗震设计，应按现行国家标准 GB 50191《构筑物抗震设计规范》执行。

（2）GB 50032《室外给水排水和燃气热力工程抗震设计规范》规定：

抗震设防烈度为 6 度及高于 6 度地区的室外给水，排水和燃气热力工程设施，必须进行抗震设计。对抗震设防烈度高于 9 度或有特殊抗震要求的工程抗震设计，应按专门研究的规定设计。

（3）具体抗震措施。

① 燃气管道的管材选择，应符合下列要求：材质应具有较好的延性；承插式连接的管道，接头填料宜采用柔性材料；过河倒虹吸管或架空管应采用焊接钢管；穿越铁路或其他主要交通干线以及位于地基土为液化土地段的管道，宜采用焊接钢管。

② 地下直埋或架空敷设的热力管道，当设防烈度为 8 度(含 8 度)以下时，管外保温材料应具有良好的柔性；当设防烈度为 9 度时，宜采取管沟内敷设。

③ 管网上的阀门均应设置阀门井。

④ 管道穿过建(构)筑物的墙体或基础时，应符合下列要求：在穿管的墙体或基础上应设置套管，穿管与套管间的缝隙内应填充柔性材料；当穿越的管道与墙体或基础为嵌固时，应在穿越的管道上就近设置柔性连接。

⑤ 当设防烈度为 7 度、8 度且地基土为可液化土地段或设防烈度为 9 度时，热力管道干线的附件均应采用球墨铸铁或铸钢材料。

⑥ 燃气厂及储配站的出口处，均应设置紧急关断阀。

⑦ 当设防烈度为 7 度且地基土为可液化地段或设防烈度为 8 度、9 度时，泵及压送机

的进，出管上宜设置柔性连接。

⑧ 架空管道的活动支架上，应设置侧向挡板、导向支架。

八、管道电预热无补偿敷设设计与工程应用

某 DN 1000 热力管道，设计温度 120℃，设计压力 1.6MPa，钢管材质为 Q235B 碳素结构钢，聚乙烯外保护壳保温管，阀门采用金属硬密封焊接蝶阀，阀体、阀杆材质为碳钢，密封材料为不锈钢。采用直埋敷设。管道是按照直埋无补偿敷设设计的，这种无补偿设计需要管道施工时采用预热，从而降低管道的应力幅度，经济、安全与可靠。管道常见的预热方式有三种，即热水预热、热风预热和电预热。下面结合工程实际对直埋供热管道的电预热做简单讲述。

电预热的目的是将管道受热后产生的热应力提前释放，见图 9.5.1 设备的输入口处接低电流，高电压，在输出口处接高电流、低电压，一般输出电压不高于 60V，输出电流在 3000~5000A。开机通电后，电流越大，时间越长，产生的热量就越多，使管道不断伸长，当伸长量达到设计预热伸长量时即可进行补偿器焊接固定和管沟回填。如果管子较长可以分段预热，有的工程预热段在 350~900m 左右。施工之前将预热管段两端管道口用端帽密封，防止气体流通。为了使回填过程中管道的伸长量不回缩，需继续预热保持恒温，直到焊接完成、回填结束后方可停止预热。

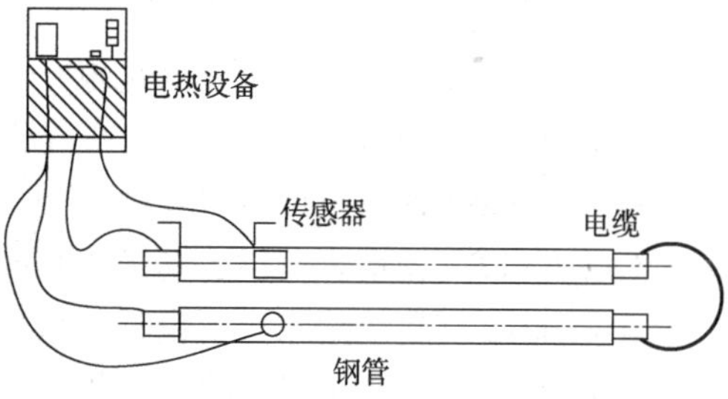

图 9.5.1 管道电预热示意图

2、预热温度的确定

预热安装的基本原理是在管道的最低温度和最高温度之间选取一个温度点 t_m，在该温度下，使管道内应力为 0. 一般情况下，t_m 值选取中间温度，即最低温度和最高温度的平均值。在实际预热安装中，无论采用局部回填还是敞口预热，管段因加热发生伸长时，土壤与管道外壁的摩擦力是不可避免的，它将阻碍管道的自由伸长。因此实际预热温度比中间温度 t_m 略高 5℃. 在该工程中预热温度设定为 65℃，预处理管段的伸长量为：

$$L_{伸} = 0.012 \times L \times (65 - t)$$

式中 L——预处理管段长度，m；

t——安装温度，℃；

0.012——工作钢管的线膨胀系数，m/(m·℃)。

按要求对管道进行回填，回填土为均匀的密石土，要求分层碾压，一般要求回填至管道上端 200~300mm。

在预热管道管网两端设置标尺，以便预热伸长后计算管道伸长量。其设计计算伸长量应该等于管道两端伸长量之和。

在指定的时间内对管沟进行回填。回填时要严格控制管道的回缩量，对回填土每 200~

300mm 就要分层夯实与碾压一次，回填时要按照从预热管道的两端向中间的顺序进行回填。目的是要在管网中形成锚固段，产生预应力，从而使管路的轴向应力降低到冷安装时的一半。回填土回填质量对后续施工质量起到很大制约作用。

管道电预热无补偿配管施工简单方便，施工速度快，预热均匀，预热时间短，热消耗量较小，有效提高管网的安全性和可靠性及使用寿命，电预热设备体积小、易操作、无噪声，自动监控。管道的轴向应力可以降低到冷安装时的一半，取消了一次性补偿器安装中大量使用的一次性补偿，施工费用相对较低。

在石油化工装置配管设计过程中，笔者也采用了类似的无补偿配管设计，具有较好的效果。

九、热力管道常用标准规范

CJJ 34 《城市热力网设计规范》
CJJ 28 《城市供热管网工程施工及验收规范》
GB 50016《建筑设计防火规范》
CJJ/T 81 《城镇直埋供热管道工程技术规程》
GB 50015《建筑给水排水设计规范》
CJJ 88 《城镇供热系统运行维护技术规程》
GB/T 4272《设备及管道绝热技术通则》
GB/T 8175《设备及管道绝热设计导则》
GB 50264《工业设备及管道绝热工程设计规范》
GB 3096 《声环境质量标准》
GB 50032《室外给水排水和燃气热力工程抗震设计规范》
GB 50041《锅炉房设计规范》

第六节　城镇燃气管道设计要点与工程应用

一、燃气输配系统的一般要求

(1) 用气量。城镇燃气一般包括天然气、液化石油气 高炉煤气、工业余气、掺混气、沼气 和人工煤气等

设计用气量应根据当地供气原则和条件确定，包括下列各种用气量：

① 居民生活用气量；
② 商业用气量；
③ 工业企业生产用气量；
④ 采暖通风和空调用气量；
⑤ 燃气汽车用气量；
⑥ 其他气量；
⑦ 当电站采用城镇燃气发电或供热时，还应考虑电站用气量。

用气量应根据燃气发展规划、用气量统计和指标等确定。

（2）城镇燃气输配系统一般由门站、燃气管网、储气设施、调压设施、管理设施、监控系统等组成。城镇燃气输配系统设计，应符合城镇燃气总体规划。

（3）城镇燃气管道按设计压力(p)分为7级，并应符合表9.6.1的要求。

燃气输配系统各种压力级制的燃气管道之间应通过调压装置相连。当有可能超过最大允许工作压力时，应设置防止管道超压的安全保护设备。

（4）燃气管道计算流量和水力计算应按现行国家标准GB50028的要求计算确定。

表9.6.1　城镇燃气管道设计压力(表压)分级

名　称		压力 p/MPa
高压燃气管道	A	$2.5<p\leq4.0$
	B	$1.6<p\leq2.5$
次高压燃气管道	A	$0.8<p\leq1.6$
	B	$0.4<p\leq0.8$
中压燃气管道	A	$0.2<p\leq0.4$
	B	$0.01\leq p\leq0.2$
低压燃气管道		$p<0.01$

二、不大于1.6MPa燃气管道的设计

（1）中压和低压燃气管道宜采用聚乙烯管、机械接口球墨铸铁管、钢管或钢骨架聚乙烯塑料复合管，并应符合下列要求：

① 聚乙烯燃气管应符合现行国家标准GB 15558.1《燃气用埋地聚乙烯(PE)管道系统 第1部分：管材》和GB 15558.2《燃气用埋地聚乙烯(PE)管道系统 第2部分：管件》的规定；

② 机械接口球墨铸铁管应符合现行国家标准GB/T 13295《水及燃气管道用球墨铸铁管、管件和附件》的规定；

③ 钢管采用焊接钢管、镀锌钢管或无缝钢管时，应分别符合现行国家标准GB/T 3091《低压流体输送用焊接钢管》、GB/T 8163《输送流体用无缝钢管》的规定；

④ 钢骨架聚乙烯塑料复合管应符合国家现行标准CJ/T 125《燃气用钢骨架聚乙烯塑料复合管及管件》的规定；

⑤ 根据国家现行标准CJJ63《聚乙烯燃气管道工程技术规程》的规定，聚乙烯管和钢骨架聚乙烯塑料复合管严禁用于室内燃气管道和室外明设燃气管道。

（2）地下燃气管道不应从建筑物和大型构筑物的下面穿越。地下燃气管道与建筑物、构筑物或相邻管道之间的水平和垂直净距，不应小于表9.6.2和表9.6.3的规定。

表9.6.2　地下燃气管道与建筑物、构筑物或相邻管道之间的水平净距　m

项　目		地下燃气管道				
		低　压	中　压		次高压	
			A	B	A	B
建筑物	基　础	0.7	1.0	1.5	—	—
	外墙面(出地面处)	—	—	—	4.5	6.5

续表

项目		地下燃气管道				
		低压	中压		次高压	
			A	B	A	B
给水管		0.5	0.5	0.5	1.0	1.5
污水、雨水排水管		1.0	1.2	1.2	1.5	2.0
电力电缆(含电车电缆)	直埋	0.5	0.5	0.5	1.0	1.5
	在套管内	1.0	1.0	1.0	1.0	1.5
通信电缆	直埋	0.5	0.5	0.5	1.0	1.5
	在套管内	1.0	1.0	1.0	1.0	1.5
其他燃气管道	$DN \leq 300$m	0.4	0.4	0.4	0.4	0.4
	$DN > 300$m	0.5	0.5	0.5	0.5	0.5
热力管	直埋	1.0	1.0	1.0	1.5	2.0
	在管沟内(至外壁)	1.0	1.5	1.5	2.0	4.0
电杆(塔)的基础	≤35kV	1.0	1.0	1.0	1.0	1.0
	>35kV	2.0	2.0	2.0	5.0	5.0
通信照明电杆(至电杆中心)		1.0	1.0	1.0	1.0	1.0
铁路路堤坡脚		5.0	5.0	5.0	5.0	5.0
有轨电车钢轨		2.0	2.0	2.0	2.0	2.0
街树(至树中心)		0.75	0.75	0.75	1.2	1.2

表 9.6.3 地下燃气管道与构筑物或相邻管道之间垂直净距 m

项目		地下燃气管道(当有套管时，以套管计)
给水管、排水管或其他燃气管道		0.15
热力管的管沟底(或顶)		0.15
电缆	直埋	0.50
	在套管内	0.15
铁路轨底		1.2
有轨电车轨底		1.0

(3) 地下燃气管道埋设的最小覆土厚度(路面至管顶)应符合下列要求：

① 埋设在车行道下时，不得小于 0.9m；

② 埋设在非车行道(含人行道)下时，不得小于 0.6m；

③ 埋设在庭院(指绿化地及载货汽车不能进入之地)内时，不得小于 0.3m；

④ 埋设在水田下时，不得小于 0.8m。

输送湿燃气的燃气管道，应埋设在土壤冰冻线以下。燃气管道坡向凝水缸的坡度不宜小于 0.003。

(4) 地下燃气管道的地基宜为原土层。凡可能引起管道不均匀沉降的底端，其地基应进行处理。

（5）地下燃气管道不应在堆积易燃、易爆材料和具有腐蚀性液体的场地下面穿越，并不宜与其他管道或电缆同沟敷设。当需要同沟敷设时，必须采取防护措施。

（6）地下燃气管道穿过排水管、热力管沟、联合地沟、隧道及其他各种用途沟槽时应将燃气管道敷设于套管内。套管伸出构筑物外壁不应小于表 9.6.2 中燃气管道与该构筑物的水平净距。套管两端应采用柔性的防腐、防水材料密封。

（7）燃气管道穿越铁路、高速公路、电车轨道和城镇主要干道时应符合下列要求：

① 穿越铁路和高速公路的燃气管道应加套管；穿越铁路的燃气管道的套管应符合下列要求：

a. 套管埋设深度：铁路轨底至套管顶不应小于 1.2m，并应符合铁路管理部门的要求；

b. 套管宜采用钢管或钢筋混凝土管；

c. 套管内径应比燃气管道外径大 100mm 以上；

d. 套管两端与燃气管的间隙应采用柔性的防腐、防水材料密封，其一端应装设检漏管；

e. 套管端部距路堤坡脚外距离不应小于 2.0m。

② 燃气管道穿越电车轨道和城镇主要干道时宜敷设在套管或地沟内；穿越高速公路的燃气管道的套管、穿越电车轨道和城镇主要干道的燃气管道的套管或地沟，并应符合下列要求：

a. 套管内径比燃气管道外径大 100mm 以上，套管或地沟两端应密封，在重要地段的套管或地沟端部宜安装检漏管；

b. 套管端部距电车道边轨不应小于 2.0m，距道路边缘不应小于 1.0m。

③ 燃气管道宜垂直穿越铁路、高速公路、电车轨道和城镇主要干道。

（8）燃气管道通过河流时，可采用穿越河底或采用管桥跨越的形式。当条件许可也可利用道路桥梁跨越河流，并应符合下列要求：

① 利用道路桥梁跨越河流的燃气管道，其管道输送压力不应大于 0.4MPa。

② 当燃气管道随桥梁敷设或采用管桥跨越河流时，必须采取安全防护措施。

③ 燃气管道随桥梁敷设，宜采取如下安全防护措施：

a. 敷设于桥梁上的燃气管道应采用加厚的无缝钢管或焊接钢管，尽量减少焊缝，对焊缝进行 100%无损探伤；

b. 跨越通航河流的燃气管道管底标高，应符合通航净空的要求，管架外侧应设置护桩；

c. 在确定管道位置时，应与随桥敷设的其他可燃的管道保持一定间距；

d. 管道应设置必要的补偿和减震措施；

e. 过河架空的燃气管道向下弯曲时，向下弯曲部分与水平管夹角宜采用 45°形式；

④ 对管道应做较高等级的防腐保护。

⑤ 对于采用阴极保护的埋地钢管与随桥管道之间应设置绝缘装置。

（9）燃气管道穿越河底时，应符合下列要求：

① 燃气管道宜采用钢管；

② 燃气管道至规划河底的覆土厚度，应根据水流冲刷条件确定，对不通航河流的不应小于 0.5m；对通航的河流不应小于 1.0m，还应考虑疏浚和投锚深度；

③ 稳管措施应根据计算确定；

④ 在埋设燃气管道位置的河流两岸上、下游应设标志；

⑤ 燃气管道对接安装引起的误差不得大于3°，否则应设置弯管，次高压燃气管道的弯管应考虑盲板力。

(10) 跨越河流的燃气管道的支座(架)应采用非燃烧材料。

(11) 穿越或跨越重要河流的燃气管道，在河流两岸均应设置阀门。

(12) 在次高压、中压燃气干管上，应设置分段阀门，并在阀门两侧设置放散管。在燃气支管的起点处，应设置阀门

(13) 地下燃气管道上的检测管、凝水缸的排水管、水封阀和阀门，均应设置护罩或护井。

(14) 室外架空的燃气管道，可沿建筑物外墙或支柱敷设。并应符合下列要求：

① 中压和低压燃气管道，可沿建筑耐火等级不低于二级的住宅或公共建筑的外墙敷设；次高压B、中压和低压燃气管道，可沿建筑耐火等级不低于二级的丁、戊类生产厂房的外墙敷设。

② 沿建筑物外墙的燃气管道距住宅或公共建筑物门、窗洞口的净距：中压管道不应小于0.5m，低压管道不应小于0.3m。燃气管道距生产厂房建筑物门、窗洞口的净距不限。

③ 架空燃气管道与铁路、道路、其他管道交叉时的垂直净距不应小于表9.6.4的规定。

④ 输送湿燃气的管道应采取排水措施，在寒冷地区还应采取保温措施。燃气管道坡向凝水缸的坡度不宜小于0.002。

⑤ 工业企业内燃气管道沿支柱敷设时，尚应符合现行国家标准GB 6222的规定。

表9.6.4 架空燃气管道与铁路、道路、其他管道交叉时的垂直净距

建筑物和管道名称		最小垂直净距/m	
		燃气管道下	燃气管道上
铁路轨顶		6.0	—
城市道路路面		5.5	—
厂区道路路面		5.0	—
人行道路路面		2.2	—
架空电力线电压	3kV以下	—	1.5
	3~10kV	—	3.0
	35~66kV	—	4.0
其他管道，管径	≤300mm	同管道直径，但不小于0.1	同左
	>300mm	0.3	0.3

三、大于1.6MPa燃气管道的设计

(1) 城镇高压燃气管道在沿管道中心线两侧各200m范围内，任意划分为1.6km长并能包括最多供人居住的独立建筑物数量的地段，按地区分级单元内的建筑物的密集程度划分为四个等级：

① 一级地区：有12个或12个以下供人居住的独立建筑物；

② 二级地区：有12个以上，80个以下供人居住的独立建筑物；

③ 三级地区：介于二级和四级之间的中间地区。有 80 个和 80 个以上供人居住的独立建筑物但不够四级地区条件的地区、工业区或距人员聚集的室外场所 90m 内铺设管道的区域；

④ 四级地区：4 层或 4 层以上建筑物(不计地下室层数)普遍且占多数、交通频繁、地下设施多的城市中心城区(或镇的中心区域等)。

(2) 高压燃气管道 钢管和管道附件材料的选用。

① 燃气管道所用钢管、管道附件材料的选择，应根据管道的使用条件(设计压力、温度、介质特性、使用地区等)、材料的焊接性能等因素，经技术经济比较后确定；

② 燃气管道选用的钢管，应符合现行国家标准 GB/T 9711《石油天然气工业 管线输送系统用钢管》(L175 级钢管除外)和 GB/T 8163《输送流体用无缝钢管》的规定，或符合不低于上述 2 项标准相应技术要求的其他钢管标准。三级和四级地区高压燃气管道材料钢级不应低于 L245；

③ 燃气管道所采用的钢管和管道附件应根据选用的材料、管径、壁厚、介质特性、使用温度及施工环境温度等因素，对材料提出冲击试验和(或)落锤撕裂试验要求；

④ 当管道附件与管道采用焊接连接时，两者材质应相同或相近；

⑤ 管道附件中所用的锻件，应符合国家现行标准 NB/T 47008《承压设备用碳素钢和合金钢锻件》、NB/T 47009《低温承压设备用低合金钢锻件》的有关规定；

⑥ 管道附件不得采用螺旋焊缝钢管制作，严禁采用铸铁制作。

(3) 钢质燃气管道直管段壁厚的计算应符合现行国家标准 GB 50028 的有关规定。

(4) 高压地下燃气管道与构筑物或相邻管道之间的水平和垂直净距不应小于表 9.6.2. 和表 9.6.3 次高压 A 的规定。但高压 A 和高压 B 地下燃气管道与铁路路堤坡脚的水平净距分别不应小于 8m 和 6m；与有轨电车钢轨的水平净距分别不应小于 4m 和 3m，当达不到净距要求时，采取行之有效的防护措施后，净距可适当缩小。

(5) 高压燃气管道的布置。

① 高压燃气管道不宜进入城市四级地区；不宜从县城、卫星城、镇或居民居住区中间通过。当受条件限制需要进入或通过这些区域时，应遵守下列规定：

a. 高压 A 地下燃气管道与建筑物外墙面之间的水平净距不应小于 30m(当管道材料钢级不低于 GB/T 9711.1、GB/T 9711.2 标准规定的 1245，管壁厚度 $\delta \geq 9.5$mm 且对燃气管道采取行之有效的保护措施时，不应小于 20m)；

b. 高压 B 地下燃气管道与建筑物外墙面之间的水平净距不应小于 16m(当管道材料钢级不低于 GB/T 9711.1、GB/T 9711.2 标准规定的 L245，管壁厚度 $\delta \geq 9.5$mm 且对燃料气管道采取行之有效的保护措施时，不应小于 10m)；

c. 套管端部距电车道边轨不应小于 2.0m，距道路边缘不应小于 1.0m。

d. 燃气管道宜垂直穿越铁路、高速公路、电车轨道和城镇主要干道。

② 高压燃气管道不应通过军事设施、易燃易爆仓库、国家重点文物保护单位的安全保护区、飞机场、铁路车站、海(河)港码头。当受条件限制管道必须通过时，应采取安全防护措施。

③ 高压燃气管道宜采用埋地方式敷设。当个别地段需要采用架空敷设时，必须采取安全防护措施。

(6) 高压燃气管道阀门的设置应符合下列要求：

① 在高压燃气干管上，应设置分段阀门；分段阀门的最大间距要求如下：以四级地区为主的管段不应大于 8km；以三级地区为主的管段不应大于 13km；以二级地区为主的管段不应大于 24km；以一级地区为主的管段不应大于 32km。

② 在高压燃气支管的起点处，应设置阀门。

③ 燃气管道阀门的选用应符合有关国家现行标准。应选择适用于燃气介质的阀门；需要通过清管器或电子检管器的阀门，应选用全通径阀门。

④ 在防火区内关键部位使用的阀门，应具有耐火性能。

(7) 高压燃气管道及管体设计应考虑日后清管或电子检管的需要，并宜预留安装电子检管器收发装置的位置

(8) 高压燃气管道埋设的最小覆土厚度、穿越铁路和电车轨道、穿越高速公路和城镇主要干道、通过河流的形式和要求等应符合本导则 3.3 节有关条款的规定

(9) 市区外地下高压燃气管道沿线应设置里程桩、转角桩、交叉和警示牌等永久性标志。市区内地下高压燃气管道应设立管位警示标志。在距管顶不小于 500mm 处应埋设警示带

四、燃气管道附属器材的设计与工程应用

1. 套管与检漏管的设计

燃气管道与铁路、公路、地沟及其他管道的阀井交叉，或必须通过居住建筑物和公共建筑物近旁以及埋深过浅时，均应敷设在套管内。可采用开挖施工，也可用顶管法使套管就位，套管内径一般应比燃气管道外径大 100mm 以上。见图 9.6.1。套管常用钢管或钢筋混凝土管。

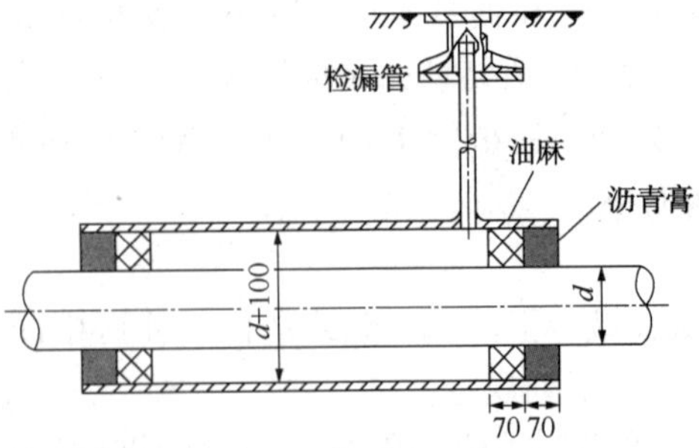

图 9.6.1 燃气管道套管与检漏管的设计

检查检漏管内有无燃气，即可鉴定套管内的燃气管道的严密程度。检漏管应按设计要求装在套管一端或在套管两端各装 1 个，一般是根据套管长度而定。检漏管由检漏管、管箍丝堵与防护罩组成。检漏管常用 ϕ50mm 的镀锌钢管，一端焊接在套管上，另一端安装管箍与丝堵，要伸入安设在地面的保护罩内。检漏管与套管焊接处以及检漏本身要涂防腐涂料。保护罩上侧应与地面一致。在检漏时，打开防护罩，拧开丝堵，然后把燃气指示计的橡胶管插入检漏管内即可。

2. 放散管

当燃气管道投入运行时，要排掉管内的空气及燃气与空气的混合物。检修时，要放掉管内残留的燃气。因此，在燃气管中应设置放散管。放散管装在最高点和每个阀门之前(按燃气流动方向)。放散管上安装球阀，燃气管道正常运行中必须关闭。

3. 排水器

在输送湿燃气时，燃气管道的低点应设排水器，其构造和型号随燃气压力和凝水量不同而不同。小容量的排水器可设在输送经干燥处理燃气的管道上，此时排水器用来排除施工安装时进入管道的水。排水器的排水管也可作修理时吹扫管道和置换通气之用。

4. 绝缘法兰

在管道的某些位置上需要安装绝缘法兰，以切断阴极保护电流，防止电流的流失及对非保护金属构筑物的干扰。原则上绝缘法兰应安装在以下部位：① 管道与站、库的连接处。② 管道与设备的分界处。③ 支管与干管连接处。④ 有防腐覆盖层管段与裸管道的连接处。⑤ 管道大型穿、跨越段的两端。⑥ 新旧管道、不同材质管道的连接处。⑦ 对于杂散电流干扰段，也可采用绝缘法兰减轻干扰。

绝缘法兰结构如图 9.6.2 所示，在两片法兰盘中垫以绝缘垫片，螺栓上套有绝缘套管，螺栓两头用绝缘垫圈隔开，以保证法兰两侧相互绝缘。

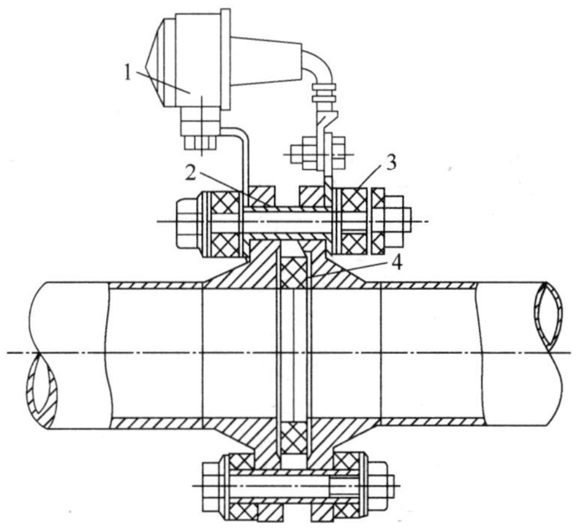

图 9.6.2　绝缘法兰结构

1—避雷器；2—绝缘套筒；3—绝缘垫片；4—绝缘垫

5. 通球清管器

燃气管道施工中大气环境会使钢管内壁生锈，并难免有一些焊渣、泥土、石块、杂物等退落在管道内，一些雨水或地下水也会流入管内，可能引起管道内壁的腐蚀，增大管壁租糙度，大量水、泥土、砖石与腐蚀产物的聚积，还会局部堵塞或缩小管道的交通截面，为解决以上间题，进行管道内壁的清扫是十分必要的，通球扫续是管道施工和生产管理的重要措施，清管的基本目的为：保护管道，使它免遭燃气中有害成分的腐姓，延长使用寿命，改善管槽内部的光洁度，减少摩阻，提高管道输送效率，保证燃气的纯度。

清管器的具体型式很多，从结构特征上可区分为清管球、皮碗清管器和塑料清管器 3 类。任何清管器都要求具有可靠的通过性能(通过弯头、三通和管道变形的能力)，足够的机械强度和良好的清管效果。

清管器收发装置多附设在压缩机站、门站和调压计量站等站场上，以便管理。在施工中需要通球扫线时，往往永久性的收发装置尚未建成，则需制作临时的收发装置。清管器收发装置包括发送筒、接收筒、工艺管线、阀门以及装卸工具和通过指示仪等辅助设备，见图 9.6.3。

6. 风帽

燃气燃烧后产生烟气，排放过多，且房间通风较差时，可靠的办法是安装烟道，以利烟气排出。使用燃具时，一旦操作不当，则产生不完全燃烧，或燃气泄漏，因安装了烟道，就可以预防一氧化碳中毒或燃气着火、爆炸等事故、为避免风、雨、雪进人烟道，应在烟道顶端装设风帽，风帽有 H 型、T 型、下开斜 H 型、斗笠型、多叶型、圆型和旋转式等。如图 9.6.4 所示。

五、室内燃气管道的设计

(1) 用户室内燃气管道的最高压力不应大于表 9.6.5 的规定。

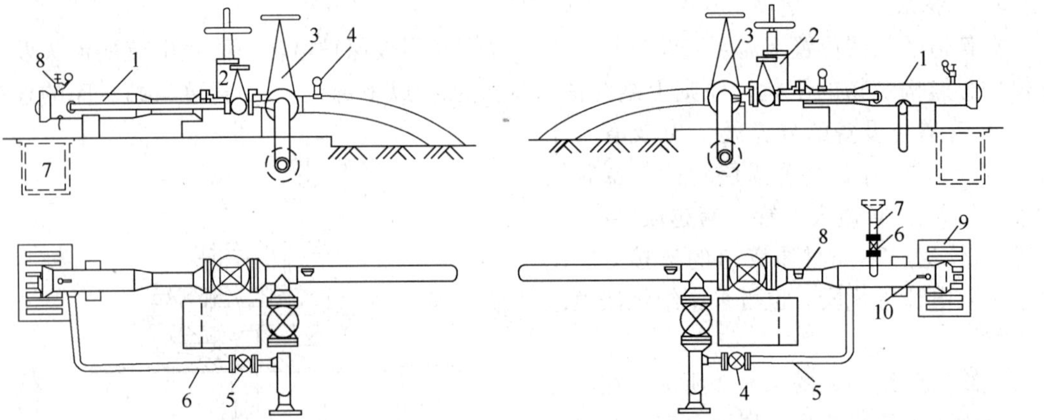

（a）发送装置

1—发送筒；2—发送阀；3—线路主阀；4—通过指示器；5—平衡阀；6—平衡管；7—清洗坑；8—放空管和压力表

（b）接收装置

1—接收筒；2—接收阀；3—线路主阀；4—平衡阀；5—平衡管；6—排污阀；7—排污管；8—通过指示器；9—清洗坑；10—放空管和压力表

图 9.6.3 清管器收发装置

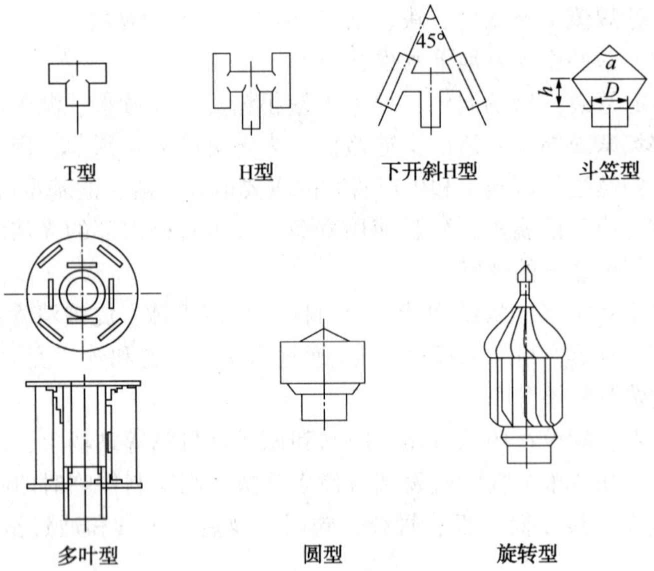

图 9.6.4 风帽

表 9.6.5 用户室内燃气管道的最高压力 MPa(G)

燃气用户	最高压力
工业用户及单独的锅炉房	0.4
公共建筑和居民用户(中压进户)	0.2
公共建筑和居民用户(低压进户)	<0.01

注：当进户管道燃气使用户燃具前燃气压力超过燃具最大允许工作压力时，在用户燃气表或燃具前应加燃气调压器。

（2）燃气供应压力应根据用气设备燃烧器的额定压力及其允许的压力波动范围确定。用气设备的燃烧器的额定压力可按表 9.6.6 采用。

表 9.6.6 用气设备燃烧器的额定压力 kPa(G)

燃烧器＼燃气	人工煤气	天然气		液化石油气
		矿井气、液化气混空气	天然气、油田伴生气	
低压	1.0	1.0	2.0	2.8 或 5.0
中压	10 或 30	10 或 30	20 或 50	30 或 100

(3) 室内中、低压燃气管道应采用镀锌钢管。中压燃气管道宜采用焊接或法兰连接。

(4) 燃气引入管不得敷设在卧室、浴室、地下室、易燃或易爆品的仓库、有腐蚀性介质的房间、配电间、变电室、电缆沟、烟道和进风道等地方。燃气引入管应设在厨房或走廊等便于检修的非居住房间内。当确有困难时，可从楼梯间引入，此时引入管阀门宜设在室外。

(5) 输送湿燃气的引入管，埋没深度应在土壤冰冻线以下，并应有不低于 0.01 坡向凝水缸或燃气分配管道的坡度。

(6) 燃气引入管穿过建筑物基础、墙或管沟时，均应设置在套管中，并应考虑沉降的影响，必要时应采取补偿措施。

(7) 燃气引入管阀门的设置应符合下列要求：

① 阀门宜设置在室内，对重要用户尚应在室外另设置阀门。阀门应选择快速式切断阀。

② 地上低压燃气引入管的直径小于或等于 75mm 时，可在室外设置带丝堵的三通，不另设置阀门。

(8) 建、构筑物内部的燃气管道应明设。当建筑或工艺有特殊要求时，可暗设，但必须便于安装或检修。暗设的燃气管道应符合下列要求：

① 暗设的燃气立管，可设在墙上的管槽或管道井中；暗设的燃气水平管，可设在吊平顶内或管沟中。

② 暗设的燃气管道的管沟应设活动盖板，并填充干沙。

③ 暗设的燃气管道可与空气、惰性气体、上水、热力管道等一起敷设在管道井、管沟或设备层中。此时燃气管道应采用焊接。

④ 当敷设燃气管道的管沟与其他管沟相交时，管沟之间应密封，燃气管道应敷设在钢套管中。

⑤ 燃气管道不得敷设在可能渗入腐蚀性介质的管沟中。

(9) 室内燃气管道不得穿过易燃易爆品仓库、配电间、变电间、电缆沟、烟道和进风道等地方。

(10) 室内燃气管道不应敷设在潮湿或有腐蚀性介质的房间内。当必须敷设时，必须采取防腐蚀措施。

(11) 燃气管道严禁引入卧室。当燃气水平管道穿过卧室、浴室或地下室时，必须采用焊接连接的方式，并必须设置在套管中。燃气管道的立管不得敷设在卧室、浴室或厕所中。

(12) 当室内燃气管道穿过楼板、楼梯平台、墙壁和隔墙时，必须安装在套管中。

六、调压站和调压装置的设计

（1）调压站与调压装置的设置应符合现行国家标准 GB 50028 的有关规定。

（2）调压站（或调压箱或调压柜）的设计应符合下列要求：

① 低压管网不成环的区域调压站和连续生产使用的用户调压装置宜设备用调压器，其他情况下的调压器可不设备用。

② 调压器的燃气进出口管道之间应设旁通管，用户的调压箱可不设旁通管。

③ 高压和次高压燃气调压站室外进、出口管道上必须设置阀门；中压燃气调压站室外进口管道上应设置阀门。阀门距调压站的距离：

a. 当为地上独立建筑时，不宜小于 10m（当为毗连建筑物时，不宜小于 5m）；

b. 当为调压柜时，不宜小于 5m；

c. 当为露天调压站时，不宜小于 10m；

d. 当通向调压站的支管阀门距调压站小于 100m 时，室外支管阀门与调压站进口阀门可合为一个。

④ 在调压器燃气入口处应安装过滤器。在调压器燃气入口（或出口）处，应设防止燃气出口压力过高的安全保护装置。安全保护装置宜选用人工复位型，且必须设定启动压力值并具有足够的能力。

⑤ 放散管管口应高出调压站屋檐 1m 以上。调压柜的安全放散管管口距地面的高度不应小于 4m。

⑥ 调压站内调压器及过滤器前后均应设置指式压力表。调压器后应设置自动纪录式压力仪表。

七、门站、储配站的设计

（1）门站的作用。接受天然气长输管道来气，并根据需要进行净化、调压、计量、加臭后，向城镇燃气输配管网或储配站输送商品燃气。

储配站的主要作用：接受由气源或门站供应的燃气，并根据需要进行净化、储存、加压、调压、计量、加臭后向城镇燃气输配系统输送商品燃气。通常门站与储配站建设在一起，可以节约投资、节省占地、便于运行管理。

门站、储配站一般由储气罐、加压机房、调压计量间、加臭间、变电室、配电间、控制室、水泵房、消防水池、锅炉房、工具库、油料库、储藏室以及生产和生活辅助设施等组成。

（2）储配站内的储气罐与站外的建、构筑物的防火间距应符合现行国家标准 GB 50016《建筑设计防火规范》的有关规定。站内露天燃气工艺装置与站外建、构筑物的防火间距应符合甲类生产厂房与厂外建、构筑物的防火间距的要求

站内露天工艺装置区边缘距明火或散发火花地点不应小于 20m，距办公、生活建筑不应小于 18m，距围墙不应小于 10m. 与站内生产建筑的间距按工艺要求确定。

储配站生产区应设置环形消防车通道，消防车通道宽度不应小于 3. 5m。

（3）门站和储配站管道器材选用。站内工艺管道应采用钢管。燃气管道设计压力大于 0. 4MPa 时，其管材性能应分别符合现行国家标准 GB/T 9711《石油天然气工业管线输送系

统用钢管》、GB/T 8163《输送流体用无缝钢管》的规定；设计压力不大于 0.4MPg 时，其管材性能应符合现行国家标准 GB/T 3091《低压流体输送用焊接钢管》的规定。阀门等管道附件的压力级别不应小于管道设计压力。

(4) 门站和储配站内的消防设施设计应符合现行国家标准 GB 50016《建筑设计防火规范》的规定。

门站和储配站内建筑物灭火器的配置应符合现行国家标准 GB 50140《建筑灭火器配置设计规范》的有关规定。储配站内储罐区应配置干粉灭火器，配置数量按储罐台数每台设置 2 个；每组相对独立的调压计量等工艺装置区应配置干粉灭火器，数量不少于 2 个。

(5) 门站和储配站的供电系统、防爆、防雷、防静电以及环保 的设计。

① 门站和储配站供电系统应符合现行国家标准 GB 50052《供配电系统设计规范》的“二级负荷”设计的规定。

② 门站和储配站电气防爆设计应符合下列要求：

a. 站内爆炸危险场所的电力装置设计应符合现行国家标准 CB 50058《爆炸危险环境电力装置设计规范》的规定；

b. 其爆炸危险区域等级和范围的划分宜符合 GB 50028《城镇燃气设计规范》的规定；

c. 站内爆炸危险厂房和装置区内应装设可燃气体浓度检测报警装置。

③ 储气罐和压缩机室、调压计量室等具有爆炸危险的生产用房应有防雷接地设施，其设计应符合现行国家标准 GB 50057《建筑物防雷设计规范》的“第二类防雷建筑物”设计的规定。

④ 门站和储配站的静电接地设计应符合国家现行标准 HG/T 20675《化工企业静电接地设计规程》的规定。

⑤ 门站和储配站边界的噪声应符合现行国家标准 GB 12348《工业企业厂界环境噪声排放标准》的规定。

八、液化石油气供应的设计

(1) 液化石油气供应基地按其功能可分为储存站、储配站和灌瓶站。

(2) 液化石油气供应基地的规模应以城镇燃气总体规划为依据，根据供应用户类别、户数和用气量指标等因素确定

(3) 当液化石油气供应基地储罐设计容量超过 3000m^3 时，宜将储罐分别设置在储存站和灌瓶站。当储罐设计容量小于 3000m^3 时，可将储罐全部设置在储配站。

(4) 其他详述可参见现行国家标准 GB 51142《液化石油气供应工程设计规范》。

九、燃气管道防腐蚀设计

(1) 管道防腐层的预制、施工过程中所涉及的有关工业卫生和环境保护，应符合现行国家标准 GB 7692《涂装作业安全规程 涂装前处理工艺安全》和 GB 7693《涂装作业安全规程 涂装前处理工艺通风净化》的规定。

(2) 防腐前钢管表面的预处理应符合国家现行标准SY/T 0407《涂装前钢材表面预处理规范》和所使用的防腐材料对钢管除锈的要求。

(3) 管道宜采用喷(抛)射除锈。除锈后的钢管应及时进行防腐，如防腐前钢管出现二次锈蚀，必须重新除锈。

(4) 各种防腐材料的防腐施工及验收要求，应符合下列国家现行标准的规定：

① CJJ 33《城镇燃气输配工程施工及验收规范》；

② CJJ 95《城镇燃气埋地钢质管道腐蚀控制技术规程》；

③ SY/T 0420《埋地钢质管道石油沥青防腐层技术标准》；

④ SY/T 0447《埋地钢质管道环氧煤沥青防腐层技术标准》；

⑤ SY/T 0414《埋地钢质管道聚烯烃胶粘带防腐层技术标准》；

⑥ SY/T 0379《埋地钢质管道煤焦油瓷漆外防腐层技术标准》；

⑦ SY/T 0315《钢质管道熔结环氧粉末外涂层技术标准》；

⑧ SY/T 0413《钢质管道聚乙烯防腐层技术标准》；

⑨ SY/T 0019《埋地钢质管道牺牲阳极阴极保护设计规范》；

⑩ SY/T 0036《埋地钢质管道强制电流阴极保护设计规范》。

十、燃气管道的施工检验

(1) 国家现行标准 CJJ 33《城镇燃气输配工程施工及验收规范》适用于城镇燃气设计压力不大于 4.0MPa 的新建、改建和扩建输配工程的施工及验收。

对于城镇燃气输配工程的场站内部压力管道，不仅要按照 TSG D0001《压力管道安全技术监察规程-工业管道》中的相关规定进行施工及验收，而且应结合城镇燃气输配工程的特点，执行 CJJ 33《城镇燃气输配工程施工及验收规范》中的相关规定进行施工及验收。

(2) 聚乙烯燃气管道焊接接头连接完成后，应符合国家现行标准 CJJ 63《聚乙烯燃气管道工程技术规程》的要求。

(3) 钢骨架聚乙烯塑料复合管连接完成后，应符合国家现行标准 CJ/T 125《燃气用钢骨架聚乙烯塑料复合管和管件》的规定。

十一、燃气管道常用标准规范

GB/T 38942	《压力管道规范公用管道》
GB/T 3091	《低压流体输送用焊接钢管》
GB/T 8163	《输送流体用无缝钢管》
GB/T 9711	《石油天然气工业管线输送系统用钢管》
GB/T 12459	《钢制对焊管件类型与参数》
GB/T 13401	《钢制对焊管件 技术规范》
GB/T 13295	《水及燃气管道用球墨铸铁管、管件和附件》
GB/T 13611	《城镇燃气分类和基本特性》
TSG D2002	《燃气用聚乙烯管道焊接技术规则》
GB 15558.1	《燃气用埋地聚乙烯(PE)管道系统第 1 部分：管材》
GB 15558.2	《燃气用埋地聚乙烯(PE)管道系统第 2 部分：管件》
GB 15558.3	《燃气用埋地聚乙烯(PE)管道系统第 3 部分：阀门》
GB 50028	《城镇燃气设计规范》
GB 50032	《室外给水排水和燃气热力工程抗震设计规范》
GB 50494	《城镇燃气技术规范》

GB 51102	《压缩天然气供应站设计规范》
GB 51142	《液化石油气供应工程设计规范》
GB 51156	《液化天然气接收站工程设计规范》
CJJ 33	《城镇燃气输配工程施工及验收规范》
CJJ 63	《聚乙烯燃气管道工程技术规程》
CJJ 95	《城镇燃气埋地钢质管道腐蚀控制技术规程》
CJ/T 125	《燃气用钢骨架聚乙烯塑料复合管及管件》
GB 27790	《城镇燃气调压器》
GB 27791	《城镇燃气调压箱》
GB 50032	《室外给水排水和燃气热力工程抗震设计规范》

第七节　工业管道设计综合与工程应用

工业管道广泛应用于各工矿企业、事业单位等各行各业中为生产制作各种产品过程所需工艺管道、公用工程管道及其他辅助管道。工业管道有一部分属于压力管道(国家市场监督局技术质量部门监管范围的管道)。在我国，工业管道包含了动力管道。

笔者到国内外一些设计单位调研，石化、炼油等为主业的设计单位工艺和管道专业是分开做设计的，也有一些设计单位工艺管道按一个专业同一拨人做设计。一些长输、动力、公用管道等为主业的设计单位，由于设计的特点，工艺和管道常按一个专业、同一拨人员作设计。我国TSG 07《特种设备生产和充装单位许可规则》和美标规范 ASME B31 均对管道设计专业人员的资质提出了严格的要求，见本书第一章详述，本书讲述的内容遵循以上规范基本要求。

无论是化工、炼油，还是制药装置的管道设计，仅是工艺专业设计内容不同，对于管道专业设计人员，设计原理和内容是相同的，管道设计人员掌握了管廊、塔、容器、反应器、换热设备、加热炉、泵、压缩机、罐等设备、设施及其有关管道的配管设计原理和设计做法，就可以较好地完成这些不同类型装置的设备设施的管道设计。详细讲述见《工业管道配管设计与工程应用》和《压力管道设计及工程实例》两书。

第八节　计算机辅助数字化配管设计

我国一些设计单位在 20 世纪 80 年代就开始并实现了三维协同工厂设计。随着计算机及互联网等新一代信息技术在工程建设行业中的应用，物理工厂与数字空间仿真模型的融合，为工程建设行业智能化发展提供了新的可行方向。智能管道器材选用、智能 P&ID 设计、智能设备和管道建模设计、智能建构筑物建模设计、智能仪电建模设计、三维逆向建模设计、四维协同工厂设计等技术快速发展，推动了我国管道设计技术快速发展。近年，我国完全自主知识产权的二维、三维、四维工厂协同设计智能化软件技术得到了长足的发展，国家开始提倡设计单位优先选用国内自主知识产权的数字化、智能化工程设计计算机软件。

国内外一些计算机软件公司开发了多款智能管道器材选用软件，输入设计条件可自动生成相应的管道材料等级和数据库，在统计配管设计管道材料管段表和综合材料表时，可以较快速地完成，在分批次采购时也可以时时控制需要采购的总量。国内外管道的设计软件向智能化、数字化、工厂全寿命周期信息化等方向发展，对于提高工作效率和质量具有很好的推动作用。

附录一 管道器材描述常用缩写词

缩写词	英 文	中 文
AC	Acoustic	隔声
AG	Asbestos gasket	石棉垫片
AISI	American Iron and Steel Institute	美国钢铁学会
AL	Aluminium	铝
AMB	Ambient	环境(温度)
ANSI	American National Standards Institute	美国国家标准协会
API	American Petroleum Institute	美国石油学会
APP	Approximate	约、近似
APPX	Appendix	附录
AS	Alloy steel	合金钢
ASB	Asbestos	石棉
ASBR	Asbestos rubber	石棉橡胶
ASME	American Society of Mechanical Engineers	美国机械工程师协会
ASTM	American Society for Testing and Materials	美国试验和材料协会
ATM	Atmosphere	大气(压)
AUST	Austenitic	奥氏体
AUTO	Automatic	自动
AV	Angle valve	角阀
AWG	Arciwelding	电弧焊
AWS	American Welding Society	美国焊接协会
AWWA	American Water Works Association	美国水工协会
B	Bolt	螺栓
BAV	Ball valye	球阀
BB	Bolted bennet	螺栓连接的阀盖
BBE	Bevel both ends	双端坡口端面
BC	Bolted cover(cap)	螺栓连接的阀帽
	Bolt circle	螺栓分布圆
BCT	Bolt cold tightening	螺栓冷紧
BE	Bevel end	坡口端面
BED	Basic engineering design	基础工程设计
BF	Blind flange	法兰盖
BFV	Butterfly valve	蝶阀
BFW	Boiler feed water	锅炉给水

续表

缩写词	英　　文	中　　文
BG	Bolted gland	螺栓连接的压盖
BHT	Bolt hot tightening	螺栓热紧
BL	Battery limit	装置(区域)边界线
BLDG	Building	建筑物
BLE	Bevel large end	大端坡口端
BLK	Blank	盲板
BOB	Bottom of beam	梁底
BOD	Basis of design	设计基础
BOM	Bill of material	材料表
BOP	Bottom of pipe	管底
BOS	Bottom of support	支架底
BRS	Brass	黄铜
BRZ	Bronze	青铜
BS	British standard	英国标准
BU	Bushing	内外螺纹接头
BV	Breather valve	呼吸阀
BW	Butt welding	对焊
C	Cold insulation	保冷
CA	Corrosion allowance	腐蚀裕量
CALC	Calculation	计算
CAS	Cast steel	铸钢
CC	Chemical cleaning	化学清洗
CE	Carbon equivalent	碳当量
CHV	Check valve	止回阀
CI	Cast iron	铸铁
CL	Class	等级
	Center line	中心线
CLAS	Cast low alloy steel	低合金铸钢
CN	Construction north	建北
CO	Clean out	清洗(口)
COD	Continued on drawing	接续图
COFF	Cofferdam	围堰
CON	Congentric	同心
CPL	Coupling	管箍
CR	Chloroprene rubber	氯丁橡胶
CS	Carbon steel	碳钢
CSC	Car seal close	铅封关

续表

缩写词	英　文	中　文
CSO	Car seal open	铅封开
CSP	Cold spring	冷紧
CTC	Center to center	中心至中心
CTE	Center to end	中心至端部
CTF	Center to face	中心至面
CU	Copper	紫铜
CV	Capacity factor of valve	CV 值
CWP	Cold working pressure.	冷态工作压力
D	Disc	阀盘(瓣)
	Diameter	直径
DED	Detail engineecting dusign	详细工程设计
DF	Drain funnel	排液漏斗
DI	Ductile iron	可锻铸铁
DIM	Dimension	尺寸
DN	Nominal diameler	公称直径
DR	Drain	排液
DSAW	Double submeiyod are welding	双面埋弧焊
DTL	Detail	详图
DV	Diaphragm valve	隔膜阀
DWG	Drawing	图
EB	Extended bomet	延长阀盖
ECC	Eccentric	偏心
EFW	Electric fusion welding	电熔焊
EJ	Expansion join	膨胀节
EJMA	Expansion eaint Manufacturers Association	膨胀节制造商协会
EL	Elbow	弯头
	Elevation	标高
EOL	Elbolet	弯头支管座(台)
EPDM	Ethylene-propylene-diene monomer	三元乙丙橡胶
EQ	Equal	相等
ERW	Electric Resistance welding	电阻焊
ES	Emergency shower	事故淋浴器
ESD	Emergency shutdown	紧急切断
ET	Electric tracing	电伴热
	Eddy current test	涡流检测
ETE	End to end	端到端
EW	Eye washer	事故洗眼器
EXAM	Examination	检查

续表

缩写词	英 文	中 文
F	Field	现场
FA	Flame arrester	阻火器
FB	Full bore	全通孔
FCPL	Full coupling	双头管箍
FDN	Foundation	基础
FEF	Flange end face	法兰端面
FF	Flat(Full)face	全平面
FG	Flexible graphite	柔性石墨
FIG	Figure	图表(数字)
FL	Floor	楼板(地面)
FLAS	Forged low alloy steel	低合金锻钢
FLB	Floating ball	浮动球
FLG	Flange	法兰
FLGD	Flanged	法兰连接
FMG	Flat metallic gasket	金属平垫片
FNPT	Female nominal pipe threads	60°锥管内螺纹
FOB	Flat on bottom	底平
FOT	Flat on top	顶平
FP	Full port	全通径
FRP	Fiberglass reinforced plastic	玻璃纤维增强塑料(玻璃钢)
FS	Forged steel	锻钢
FTF	Face to face	面到面
FW	Field welding	现场焊接
G	Gauge	表(压)
GALV	Galvanized	镀锌
GF	Groove face	槽面
GLV	Globe valve	截止阀
GRD	Ground	地坪
GMAW	Gas metal-arc welding	熔化极气体保护焊
GMG	Grooved metal gasket	齿形金属垫片
GO	Gear operation	齿轮传动
GR	Grade	(材料)级别
GRAF	Graphite	石墨
GSK	Gasket	垫片
GTAW	gas tungsten-arc welding	钨极气体保护焊
GV	Gate valve	闸阀

续表

缩写词	英文	中文
GW	Gas welding	气焊
H	Hot insulation	保温
	Horizontal	水平
HADT	Hardness testing	硬度试验
HB	Brinnel hardness	布氏硬度
HC	Hose connection	软管接头
HCPL	Half coupling	半管接头
HDPE	High density polyethylene	高密度聚乙烯
HEX	Hexagon	六角形
HF	Hard facing	表面硬化
HFW	High frequency welding	高频焊
HHN	Heavy hexagon nut	重型六角螺母
HP	High point	高点
	High pressure	高压
HRC	Rockwell hardness	洛氏硬度
HS	Hose station	软管站
HT	Heat treatment	热处理
HW	Hand wheel	手轮
HWT	Hot water tracing	热水伴热
HYDT	Hydraulic testing	液压试验
ID	Inside diameter	内径
IF	Integral flange	整体法兰
INS	insulation	绝热
IR	Inner ring	内环
IS	Inside screw	内螺纹
ISBL	Inside battery limit	界区内
ISNS	Inside screw non-rising stem	暗杆内螺纹
ISO	Isometric drawing	管段图
	International Organization for Standardization	国际标准化组织
ISRS	Inside screw rising stem	明杆内螺纹
JT	Jacket tracing	夹套伴热
LAS	Low alloy steel	低合金钢
LAT	Lateral tee	斜三通
LB	Long bonnet	长阀盖
LC	Lock close	锁闭
LER	Lens ring gasket	透镜式金属垫片
LF	Large female face	凹面
LG	Large groove	大槽面

续表

缩写词	英文	中文
LGS	Longitudinal seam	直焊缝
LJ	Lapped joint	松套
LM	Large male face	凸面
LND	Lined	衬里
LO	Lock open	锁开
LOL	Latrolet	斜接支管座(台)
LP	Low point	低点
	Low pressure	低压
LR	Long radius	长半径
LT	Large tongue	大榫面
	Low temperature	低温
LTCS	Low temperature carbon steel	低温碳钢
LW	Lap welding	搭接焊
MAX	Maximum	最大
MEL	Miter elbow	斜接弯头(虾米腰弯头)
MF	Male and female face	凹凸面
MFR	Manufacturer	制造商
MG	Metallic gasket	金属垫片
MH	Metallic hose	金属软管
MIN	Minimum	最小
MJG	Metallic jacket gasket	金属包覆垫片
ML	Match line	图纸分界线(拼接线)
MNL	Manual	手动
MNPT	Male normal pipe thread	60°锥管外螺纹
MP	Medium pressure	中压
MO	Mixing orifice	混合孔板
MSS	Manufacturers Standardization Society of the Valvc-and Fittings Industry	阀门和管件制造厂标准化协会
MT	Magnetic particle test	磁粉检测
MTO	Material takc-off	材料统计
NACE	National Association of Corrosion Engineers	美国国家腐蚀工程师协会
NB	Non-Bonnet	无阀盖
NBR	Nitrile butadiene rubber	丁腈橡胶
NC	Normally close	正常关
NDE	Non-destructive examination	无损检测
NDT	Non-destructive testing	无损检测
NEL	Nozzle elevation	管口标高

续表

缩写词	英文	中文
NEMA	National Electric Manufacturer Association	国际电气制造商协会
NFPA	National Fire Protection Association	美国国家防火协会
NIP	Nipple	短节
NMG	Non-metallic gasket	非金属垫片
NO	Normally open	正常开
NOL	Nipolet	带直管支管座(台)
NPS	Nominal pipe size	管子公称尺寸
NPT	National pipe thread	标准锥管螺纹
NR	Natural rubber	天然橡胶
NV	Needle valve	针形阀
OAC	Oxygen arc cutting	火焰切割
OCR	Octagonal ring gasket	八角形垫片
OD	Qutside diameter	外径
OLET	Out-Let	支管座
OR	Outer ring	外环
OS&Y	Outside screw &yoke	外螺纹阀杆及轭式
OSBL	Outside battery limit	界区外
OVR	Oval ring gasket	椭圆形垫片
P	Pipe	管子
	Pressure	压力
PAC	Plasma arc cutting	等离子切割
PBE	Plain both ends	两端平端
PC	Presure seal cap	压力密封的阀帽
PE	Polyethylene	聚乙烯
	Plain end	平端面
PF	Platform	平台
PFD	Process flow diagram	工程流程图
PH	Preheating	预热
PID	Piping & instrument diagrom	工艺管道及仪表流程图
PL	Plug	丝堵(管堵)
PN	Nominal pressure	公称压力
PNET	Pneumatic testing	气压试验
POE	Plain one end	一端平端
PP	Polypropylene	聚丙烯
	Personnel protection insulation	防烫
PR	Pipe rack	管廊(管桥)
PS	Piping support	普道支架(管架)
PSB	Pressure seal bonnet	压力密封的阀盖

续表

缩写词	英　　文	中　　文
PSE	Plain small end	小端平端
PSV	Pressure safety valve	安全阀
PT	Peneuant testing	渗透检测
PTFE	Polytetrafluoroethylene	聚四氟乙烯
PV	Plug yalve(cock)	旋塞阀
PVC	Polyvinyl chloride	聚氯乙烯
PWHT	Post weld heat Ireatment	焊后热处理
QTY	Quantity	数量
RB	Reducing bore	缩孔
RC	Concentric reducer	同心异径管(同心大小头)
RCPL	Reducing coupling	异径管箍
RD	Rupture disk	爆破片(爆破膜)
RE	Eccentric reducer	偏心异径管(偏心大小头)
RED	Reduced	异径的
REF	Reference	参考
REL	Reducing elbow	异径弯头
REV	Revision	修改
RF	Raised face	突面
RG	Rubber gasket	橡胶垫片
RJ	Ring joint face	环连接面
RJG	Metallic ring joint gasket	金属环垫
RO	Restriction orifice	限流孔板
RP	Reinforcing pad	补强板
	Reduced port	缩径
RS	Rising stem	升杆式(明杆)
RSG	Reinforced sheet gasket	增强密封垫
RT	Radiographic testing	射线检测
RTFE	Reinforced polytetrafluoroethylene	增强聚四氟乙烯
RTG	Rating	压力等级
RTJ	Ring type joint	环连接面
RV	Relief valve	泄压阀
S	Seat	阀座
SAW	Submerged arc welding	埋弧焊
SB	Spectacle blank(blind)	8字盲板
	Stud bolt	螺柱
SBR	Styrene butadiene rubber	丁苯橡胶
SC	Sample cooler	取样冷却器
	Sample connection	采样接口

续表

缩写词	英　文	中　文
SCH	Schedule number	表号
SCV	Stop check valve	截止止回阀
SE	Stub end	翻边短节
SEQ	Sequence	顺序(序号)
SEW	Seal welding	密封焊
SEY	Side entry	侧装
SFR	Synthetic fiber rubber	合成橡胶
SG	Sight glass	视镜
SIL	Silencer	消声器
SMAW	Shielded metal-arc welding	气保护金属极电弧焊
SMG	Semi-metallic gasket	半金属垫片
SMLS	Seamless	无缝的
SNIP	Swaged nipple	异径短节
SO	Slip-on	带颈平焊
	Steam out	蒸汽吹扫(口)
SOL	Sockolet	承插焊支管座(台)
SPR	Separator	分离器
SPS	Spiral seam	螺旋焊缝
SR	Short radius	短半径
	Stress relief	消除应力
SRB	Basket type strainer	篮式过滤器
SRT	T-type strainer	T-型过滤器
SRY	Y-type strainer	Y-型过滤器
SS	Stainless steel	不锈钢
ST	Steam trap	疏水阀
	Steam tracing	蒸汽伴热
STD	Standard	标准
STHU	Straight-through	直通
STL	Stellite	司太立合金
STR	Strainer	过滤器
STRU	Structure	构筑物
SUC	Suction	吸入口
SW	Socket welding	承插焊
SWB	Seal weld bonnet	密封焊接阀盖
SWG	Spiral wound gasket	缠绕式垫片
SWSR	Spring washer	弹簧垫圈
SYM	Symmetrical	对称的

续表

缩写词	英 文	中 文
T	Tee	三通
	Tracing	伴热
	Temperature	温度
TB	Turnbuckle	花篮螺母
	Threaded bonnet	螺纹连接的阀盖
TBE	Threaded both ends	两端螺纹
TE	Threaded end	螺纹端
TEG	PTFE envelope gasket	聚四氟乙烯包覆垫片
TEMP	Temperature	温度
TEY	Top entry	顶装
TF	Tongue face	榫面
TG	Tongue and groove face	榫槽面
THD	Threaded	螺纹
THK	Thickness	壁厚
TL	Tangent line	切线
TLD	Tilting disc	斜盘
TLE	Threaded large end	大端螺纹
TOE	Thread one end	一端螺纹
TOL	Threadolet	螺纹支管座(台)
TOS	Top of support	支架顶
TR	Reducing tee	异径三通
TSE	Threaded small end	小端螺纹
TSO	Tight shut off	严密切断
TSR	Temporary strainer	临时过滤器
TW	Tack welding	定位焊
TWV	3-Way valve	三通阀
UC	Utility connection	公用工程接头
UFD	Utility flow diagram	公用物料流程图
UG	Underground	地下
UID	Utility piping&instrument diagram	公用物料管道和仪表流程图
UN	Union	活接头
US	Utility station	公用工程站
UT	Ultrasonic testing	超声检测
UTL	Utility	公用工程
V	Vertical	竖直、铅直、直立
VE	Visual examination	外观检查
VT	Vent	放空
WAF	Wafer	对夹式

续表

缩写词	英　文	中　文
WB	Welded bonnet	焊接阀盖
WN	Welding neck	对焊
WOL	Weldolet	对焊支管座
WPS	Welding procedure specification	焊接工艺规程
WSR	Washer	垫圈
WT	Weight	重量
WW	Welding wire	焊丝
XS	Extra strong	加厚
XXS	Double extra strong	特厚

注：参见 HG/T 20519.27 和 SH/T 3902。

附录二　常用金属材料线膨胀系数

10^{-6}mm/(mm·℃)

温度/℃	材料														
	低碳钢至3Cr-Mo钢	5Cr-Mo至9Cr-Mo	奥氏体不锈钢18Cr-8Ni	12Cr 17Cr 27Cr	25Cr-20Ni	蒙耐尔合金67Ni-30Cu	3.5Ni	铝	灰铸铁	青铜(Cu-Sn)	黄铜(Cu-Zn)	白铜70Cu-30Ni	Ni-Cr-Te(UNS N08XXX)系列	Ni-Cr-Te(UNS N06XXX)系列	球墨铸铁
-198	9.00	8.46	14.67	7.74		10.00	8.57	17.83		15.12	14.76	11.97			
-180	9.17	8.63	14.82	7.88		10.39	8.88	18.15		15.24	14.86	12.23			
-160	9.35	8.81	14.99	8.02		10.83	9.21	18.53		15.37	14.98	12.50			
-140	9.53	8.99	15.16	8.18		11.28	9.59	18.90		15.50	15.08	12.78			8.37
-120	9.71	9.17	15.33	8.32		11.72	9.89	19.27		15.63	15.20	13.06			8.50
-100	9.91	9.37	15.49	8.47		12.16	10.07	19.65		15.76	15.32	13.33			8.78
-80	10.10	9.52	15.67	8.67		12.42	10.31	20.10		16.02	15.61	13.59			9.08
-60	10.29	9.68	15.89	8.87		12.68	10.49	20.56		16.28	15.90	13.85			9.35
-40	10.48	9.85	16.05	9.04		12.92	10.63	20.97		16.53	16.17	14.09			9.61
-20	10.61	9.99	16.15	9.17		13.09	10.78	21.31		16.75	16.37	14.27			9.87
0	10.75	10.14	16.27	9.28		13.26	10.98	21.65		16.97	16.65	14.47			10.08
20	10.92	10.31	16.39	9.43		13.46	11.25	22.03		17.23	16.81	14.69		12.83	10.33
40	11.05	10.44	16.50	9.54		13.61	11.40	22.34		17.41	16.98	14.85		12.97	10.49
60	11.21	10.61	16.61	9.68		13.80	11.48	22.71		17.66	17.20	15.04		13.10	10.62
80	11.36	10.77	16.73	9.81	15.82	13.99	11.56	23.07	10.35	17.88	17.43	15.23	14.22	13.23	10.75

续表

温度/℃	材料													
	低碳钢至 3Cr-Mo 钢	5Cr-Mo 至 9Cr-Mo	奥氏体不锈钢 18Cr-8Ni	12Cr 17Cr 27Cr	25Cr-20Ni	蒙耐尔合金 67Ni-30Cu	3.5Ni	铝	灰铸铁	青铜 (Cu-Sn)	黄铜 (Cu-Zn)	白铜 70Cu-30Ni	Ni-Cr-Te (UNS N08 XXX)系列	Ni-Cr-Te (UNS N06 XXX)系列	球墨铸铁
100	11.53	10.91	16.84	9.93	15.84	14.16	11.65	23.32	10.39	18.07	17.62	15.41	14.32	13.35	10.89
120	11.67	11.01	16.93	10.04	15.89	14.27	11.78	23.60	10.51	18.14	17.78	15.53	14.60	13.46	11.04
140	11.81	11.10	17.01	10.14	15.94	14.39	11.91	23.81	10.63	18.19	17.93	15.63	14.90	13.56	11.19
160	11.98	11.20	17.09	10.25	15.99	14.51	12.03	24.02	10.73	18.26	18.09	15.75	15.19	13.67	11.34
180	12.10	11.30	17.17	10.34	16.02	14.62	12.13	24.23	10.85	18.33	18.22	15.88	15.48	13.75	11.49
200	12.24	11.39	17.25	10.44	16.05	14.74	12.22	24.43	10.96	18.40	18.38	15.99	15.78	13.84	11.64
220	12.38	11.49	17.32	10.54	16.06	14.86	12.30	24.64	11.08	18.46	18.53		15.83	13.90	11.85
240	12.51	11.60	17.39	10.63	16.06	14.99	12.38	24.83	11.19	18.52	18.69		15.95	13.97	12.08
260	12.64	11.70	17.46	10.73	16.07	15.12	12.47	25.02	11.30	18.58	18.85		16.02	14.04	12.33
280	12.77	11.80	17.54	10.84	16.07	15.24	12.58	25.22	11.43	18.65	18.99		16.08	14.10	12.42
300	12.90	11.91	17.62	10.95	16.07	15.36	12.67	25.42	11.55	18.73	19.14		16.14	14.18	12.50
320	13.04	12.01	17.69	11.06	16.09	15.47	12.77	25.56	11.67	18.80	19.28		16.21	14.23	12.59
340	13.17	12.10	17.76	11.15	16.11	15.60	12.87		11.79	18.86	19.43		16.28	14.30	12.66
360	13.31	12.20	17.83	11.22	16.11	15.73	12.95		11.91	18.91	19.57		16.34	14.37	12.75
380	13.45	12.29	17.89	11.30	16.13	15.86	13.03		12.03	18.97	19.73		16.40	14.42	12.83
400	13.58	12.39	17.99	11.40	16.13	15.97	13.12		12.14	19.03	19.88		16.47	14.49	12.93
420	13.72	12.49	18.06	11.48	16.14	16.09	13.19		12.26	19.10	20.04		15.53	14.56	13.02
440	13.86	12.60	18.14	11.55	16.15	16.21	13.26		12.36	19.17	20.19		16.59	14.58	13.08
460	13.98	12.68	18.21	11.65	16.17	16.34	13.34		12.48	19.23	20.35		16.66		13.18
480	14.10	12.77	18.28	11.73	16.20	16.47	13.40		12.59	19.29	20.50		16.73		13.26

续表

温度/℃	材料													
	低碳钢至3Cr-Mo钢	5Cr-Mo至9Cr-Mo	奥氏体不锈钢18Cr-8Ni	12Cr 17Cr 27Cr	25Cr-20Ni	蒙耐尔合金67Ni-30Cu	3.5Ni	铝	灰铸铁	青铜(Cu-Sn)	黄铜(Cu-Zn)	白铜70Cu-30Ni	Ni-Cr-Te(UNS N08XXX)系列	Ni-Cr-Te(UNS N06XXX)系列	球墨铸铁
500	14.19	12.85	18.36	11.81	16.32	16.60	13.46		12.72	19.34	20.66		16.79		13.35
520	14.28	12.93	18.45	11.87	16.44	16.71	13.52		12.83	19.39	20.80		16.86		13.43
540	14.36	13.00	18.53	11.94	16.53	16.83	13.59		12.94	19.45	20.95		16.93		13.50
560	14.45	13.07	18.60	12.00	16.58	16.95				19.52	21.10		16.99		
580	14.55	13.14	18.67	12.06	16.63	17.07				19.59	21.24		17.05		
600	14.63	13.19	18.72	12.11	16.68	17.18				19.65	21.38		17.12		
620	14.69	13.26	18.79	12.15	16.79	17.29				19.71	21.54		17.19		
640	14.72	13.31	18.84	12.19	16.87	17.41				19.78	21.69		17.25		
660	14.77	13.37	18.89	12.23	16.96	17.53							17.34		
680	14.84	13.42	18.93	12.28	17.06	17.64							17.44		
700	14.89	13.47	18.97	12.32	17.14	17.76							17.53		
720	14.94	13.52	19.01	12.35	17.16	17.86							17.63		
740	15.00	13.56	19.05	12.39	17.18	17.97							17.72		
760	15.05	13.59	19.08	12.42	17.21	18.07							17.82		
780			19.18										17.92		
800			19.25										18.01		
815			19.35										18.09		

注：本表所给出的金属热膨胀系数系指由20℃变化至表中所示温度时的平均热膨胀系数。

附录三　常用非金属材料线膨胀系数

材料	应用温度范围/℃	平均线膨胀系数/(10^{-6}mm/(mm·℃))	备注
聚氯乙烯(硬)	-40~60	55~60	
聚乙烯(低密度)	-70~60	100~200	
(高密度)	-70~60	110~130	
聚三氟氯乙烯	<200	45~120	
聚四氟乙烯	<260	100	
聚丙烯	-14~120	110~120	
聚砜	-100~150	50~70	
聚苯醚	<80~104	59	
聚偏二氯乙烯	-60~150	85	
聚酰胺树脂(尼龙)PI-6	-50~120	83	
PI-66	-50~120	80~150	
PI-11	-50~120	100	
PI-610	-50~120	90	
聚苯乙烯	<70	60~200	
氯化聚醚	-30~120	30~120	
氯化聚氯乙烯(过氯乙烯)	<110	68~76	
丙烯腈-丁二烯-苯乙烯	-40~80	60~130	
玻璃钢(酚醛、玻璃纤维)	<180~280	6~21	
(聚丙烯、玻璃纤维)	<150	30~50	
(环氧、玻璃纤维)	<90~100	60~80	耐热型温度可至150℃
耐酸陶	<90	4.5~6	
工业陶	<90	3~6	
耐酸搪瓷	<200~300	3~13	
混凝土	<700	10	
硼硅玻璃	<200~400	5.2	
耐温硼硅玻璃	<0~500	41~42	"α"为非常温值
不透硅石墨(酚醛玉型)	<170	14.8~19.4	"α"适于100~200℃
(酚醛浸渍)	-15~170	55	
溶浑绿岩(铸石)	<15	40	

附录四　常用钢管使用温度限制和许用应力

碳素钢钢管(焊接管)许用应力

钢号	标准号	使用状态	厚度/mm	常温强度指标		在下列温度(℃)下许用应力/MPa																使用温度下限/℃	注
				σ_b/MPa	σ_s/MPa	≤20	100	150	200	250	300	350	400	425	450	475	500	525	550	575	600		
Q235 A Q235 B	GB/T 14980 GB/T 13793		≤12	375	235	113	113	113	105	94	86	77	—	—	—	—	—	—	—	—	—	0	①
20	GB/T 13793		≤12.7	390	(235)	130	130	125	116	104	95	86	—	—	—	—	—	—	—	—	—	-20	⑤ ①

碳素钢钢管(无缝管)许用应力

钢号	标准号	使用状态	厚度/mm	常温强度指标		在下列温度(℃)下许用应力/MPa																使用温度下限/℃	注
				σ_b/MPa	σ_s/MPa	≤20	100	150	200	250	300	350	400	425	450	475	500	525	550	575	600		
10	GB/T 9948	热轧、正火	≤16	330	205	110	110	106	101	92	83	77	71	69	61	—	—	—	—	—	—	-29 正火 状态	③
10	GB/T 6479 GB/T 8163	热轧、正火	≤15	335	205	112	112	108	101	92	83	77	71	69	61	—	—	—	—	—	—		
			16~40	335	195	112	110	104	98	89	79	74	68	66	61	—	—	—	—	—	—		
10	GB/T 3087	热轧、正火	≤26	333	196	111	110	104	98	89	79	74	68	66	61	—	—	—	—	—	—		

续表

钢号	标准号	使用状态	厚度/mm	常温强度指标		在下列温度(℃)下许用应力/MPa																使用温度下限/℃	注
				σ_b/MPa	σ_s/MPa	≤20	100	150	200	250	300	350	400	425	450	475	500	525	550	575	600		
20	GB/T 8163	热轧、正火	≤15	390	245	130	130	130	123	110	101	92	86	83	61	—	—	—	—	—	—	-20	③⑤
			16~40	390	235	130	130	125	116	104	95	86	79	78	61	—	—	—	—	—	—		
20	GB/T 3087	热轧、正火	≤15	392	245	131	130	130	123	110	101	92	86	83	61	—	—	—	—	—	—		
			16~26	392	226	131	130	124	113	101	93	84	77	75	61	—	—	—	—	—	—		
20	GB/T 9948	热轧、正火	≤16	410	245	137	137	132	123	110	101	92	86	83	61	—	—	—	—	—	—		
20G	GB/T 6479 GB/T 5310	正火	≤16	410	245	137	137	132	123	110	101	92	86	83	61	—	—	—	—	—	—		
			17~40	410	235	137	132	126	116	104	95	86	79	78	61	—	—	—	—	—	—		

低合金钢钢管(无缝管)许用应力

钢号	标准号	使用状态	厚度/mm	常温强度指标		在下列温度(℃)下许用应用/MPa																使用温度下限/℃	注
				σ_b/MPa	σ_s/MPa	≤20	100	150	200	250	300	350	400	425	450	475	500	525	550	575	600		
16Mn	GB/T 6479 GB/T 8163	正火	≤15	490	320	163	163	163	159	147	135	126	119	93	66	43	—	—	—	—	—	-40	
			16~40	490	310	163	163	163	153	141	129	119	116	93	66	43	—	—	—	—	—		
15MnV	GB/T 5479	正火	≤16	510	350	170	170	170	170	166	153	141	129	—	—	—	—	—	—	—	—	-20	⑤
			17~40	510	340	170	170	170	170	159	147	135	126	—	—	—	—	—	—	—	—		
09MnD	—	正火	≤16	400	240	133	133	128	119	106	97	88	—	—	—	—	—	—	—	—	—	-50	④
12CrMo 12CrMoG	GB/T 6479 GB/T 5310	正火加回火	≤16	410	205	128	113	108	101	95	89	83	77	75	74	72	71	50	—	—	—	-20	⑤
			17~40	410	195	122	110	104	98	92	86	79	74	72	71	69	68	50	—	—	—		
12CrMo	GB/T 9948	正火加回火	≤16	410	205	128	113	108	101	95	89	83	77	75	74	72	71	50	—	—	—		

续表

钢号	标准号	使用状态	厚度/mm	常温强度指标		在下列温度(℃)下许用应用/MPa																使用温度下限/℃	注
				σ_b/MPa	σ_s/MPa	≤20	100	150	200	250	300	350	400	425	450	475	500	525	550	575	600		
15CrMo	GB/T 9948	正火加回火	≤16	440	235	147	132	123	116	110	101	95	89	87	86	84	83	58	37	—	—	-20	⑤
15CrMo 15CrMoG	GB/T 6479 GB/T 5310	正火加回火	≤16	440	235	147	132	123	116	110	101	95	89	87	86	84	83	58	37	—	—		
			17~40	440	225	141	126	116	110	104	95	89	86	84	83	81	79	58	37	—	—		
12Cr1MoVG	GB/T 9948	正火加回火	≤16	470	255	147	144	135	126	119	110	104	98	96	95	92	89	82	57	35	—		
12Cr2Mo 12Cr2MoG	GB/T 6479 GB/T 5310	正火加回火	≤16	450	280	150	150	150	147	144	141	138	134	131	128	119	89	61	46	37	—		
			17~40	450	270	150	150	147	141	138	134	131	128	126	123	119	89	61	46	37	—		
1Cr5Mo	GB/T 6479 GB/T 9948	退火	≤16	390	195	122	110	104	101	98	95	92	89	87	86	83	62	46	35	26	18		
	GB/T 6479		17~40	390	185	116	104	98	95	92	89	86	83	81	79	78	62	46	35	26	18		
10MoWVNb	GB/T 6479	正火加回火	≤16	470	295	157	157	157	156	153	147	141	135	130	126	121	97	—	—	—	—		
			17~40	470	285	157	157	156	150	147	141	135	129	121	119	111	97	—	—	—	—		

高合金钢钢管许用应力

钢号	标准号	使用状态	厚度/mm	在下列温度(℃)下许用应力/MPa																				使用温度下限/℃	注
				≤20	100	150	200	250	300	350	400	425	450	475	500	525	550	575	600	625	650	675	700		
06Cr13(0Cr13)	GB/T 14976	退火	≤18	137	126	123	120	119	117	112	109	105	100	89	72	53	38	26	16	—	—	—	—	-20	⑤
0Cr19Ni9 06Cr19Ni10 (0Cr18Ni9)	GB/T 12771	固溶	≤14	137	137	137	130	122	114	111	107	105	103	101	100	98	91	79	64	52	42	32	27	-196	②①
	GB/T 14976		≤18	137	114	103	96	90	85	82	79	78	76	75	74	73	71	67	62	52	42	32	27		
0Cr18Ni11Ti 06Cr18Ni11Ti (0Cr18Ni10Ti)	GB/T 12771	固溶或稳定化	≤14	137	137	137	130	122	114	111	108	106	105	104	103	101	83	58	44	33	25	18	13		②①
	GB/T 14976		≤18	137	114	103	96	90	85	82	80	79	78	77	76	75	74	58	44	33	25	18	13		
06Cr17Ni12Mo2 (0Cr17Ni12Mo2)	GB/T 12771	固溶	≤14	137	137	137	134	125	118	113	111	110	109	108	107	—	—	—	—	—	—	—	—		②
	GB/T 14976		≤18	137	117	107	99	93	87	84	82	81	81	80	79	—	—	—	—	—	—	—	—		
0Cr18Ni 12Mo2Ti	GB/T 14976	固溶	≤18	137	137	137	134	125	118	113	111	110	109	108	107	106	105	96	81	65	50	38	30		②
				137	117	107	99	93	87	84	82	81	81	80	79	78	78	76	73	65	50	38	30		
0Cr19Ni13Mo3	GB/T 14976	固溶	≤18	118	118	118	110	103	98	94	91	89	—	—	—	—	—	—	—	—	—	—	—		②①
00Cr19Ni11 00Cr19Ni10	GB/T 12771	固溶	≤14	118	97	87	81	76	73	69	67	66	—	—	—	—	—	—	—	—	—	—	—		
	GB/T 14976		≤18	118	118	117	108	100	95	90	86	85	84	—	—	—	—	—	—	—	—	—	—		②①
00Cr17Ni14Mo2	GB/T 12771	固溶	≤14	118	97	87	80	74	70	67	64	63	62	—	—	—	—	—	—	—	—	—	—		
	GB/T 14976		≤18	118	118	118	118	118	118	113	111	110	109	—	—	—	—	—	—	—	—	—	—		②
00Cr19Ni13Mo3	GB/T 14976	固溶	≤18	118	117	107	99	93	87	94	82	81	81	—	—	—	—	—	—	—	—	—	—		

注：①GB/T 12771、GB/T13793、GB/T14980 焊接钢管的许用应力，未计入焊接接头系数。

②该行许应力，仅适用于允许产生微量永久变形之元件。

③使用温度上限不宜超过粗线的界限，粗线以上的数值仅用于特殊条件或短期使用。

④钢管的技术要求应符合 GB 150《钢制压力容器》的规定。

⑤使用温度下限-20℃的材料，宜大于-20℃的条件下使用，不需做低温韧性试验。

附录五　常用螺栓使用温度限制和许用应力

碳素钢螺栓许用应力

钢号	标准号	使用状态	螺栓规格/mm	常温强度指标		在下列温度(℃)下许用应力/MPa																使用温度下限/℃	注
				σ_b/MPa	σ_s/MPa	≤20	100	150	200	250	300	350	400	425	450	475	500	525	550	575	600		
Q235A	GB/T 700	热轧	≤M20	375	235	87	78	74	69	62	56	—	—	—	—	—	—	—	—	—	—	0	
35	GB/T 699	正火	≤M22	530	315	117	105	98	91	82	74	69	—	—	—	—	—	—	—	—	—	-20	②
			M24～M27	510	295	118	106	100	92	84	76	70	—	—	—	—	—	—	—	—	—		

低合金钢螺栓许用用力

钢号	标准号	使用状态	螺栓规格/mm	常温强度指标		在下列温度(℃)下许用应力/MPa																使用温度下限/℃	注
				σ_b/MPa	σ_s/MPa	≤20	100	150	200	250	300	350	400	425	450	475	500	525	550	575	600		
40MnB	GB/T 3077	调质	≤M22	805	685	196	176	171	165	162	154	143	126	—	—	—	—	—	—	—	—	-20	②
			M24～M36	765	635	212	189	183	180	176	167	154	137	—	—	—	—	—	—	—	—		
40MnVB	GB/T 3077	调质	≤M22	835	735	210	190	185	179	176	168	157	140	—	—	—	—	—	—	—	—		
			M24～M36	805	685	228	206	199	196	193	183	173	154	—	—	—	—	—	—	—	—		
40Cr	GB/T 3077	调质	≤M22	805	685	196	176	171	165	162	157	148	134	—	—	—	—	—	—	—	—		
			M24～M36	765	635	212	189	183	180	176	170	160	147	—	—	—	—	—	—	—	—		

续表

钢号	标准号	使用状态	螺栓规格/mm	常温强度指标		在下列温度(℃)下许用应力/MPa																使用温度下限/℃	注
				σ_b/MPa	σ_s/MPa	≤20	100	150	200	250	300	350	400	425	450	475	500	525	550	575	600		
30CrMoA	GB/T 3077	调质	≤M22	700	550	157	141	137	134	131	129	124	116	111	107	103	79	—	—	—	—	-100	
			M24～M48	660	500	167	150	145	142	140	137	132	123	118	113	108	79	—	—	—	—		
			M52～M56	660	500	185	167	161	157	156	152	146	137	131	126	111	79	—	—	—	—		
35CrMoA	GB/T 3077	调质	≤M22	835	735	210	190	185	179	176	174	165	154	147	140	111	79	—	—	—	—		
			M24～M48	805	685	228	206	199	196	193	189	180	170	162	150	111	79	—	—	—	—		
			M52～M80	805	685	254	229	221	218	214	210	200	189	180	150	111	79	—	—	—	—		
			M85～M105	735	590	219	196	189	185	181	178	171	160	153	145	111	79	—	—	—	—		
35CrMoVA	GB/T 3077	调质	M52～M105	835	735	272	247	240	232	229	225	218	207	201	—	—	—	—	—	—	—	-20	②
			M110～M140	785	665	246	221	214	210	207	203	196	189	183	—	—	—	—	—	—	—		
25Cr2MoVA	GB/T 3077	调质	≤M22	835	735	210	190	185	179	176	174	168	160	156	151	141	131	72	39	—	—		
			M24～M48	835	735	245	222	216	209	206	203	196	186	181	176	168	131	72	39	—	—		
			M52～M105	805	686	254	229	221	218	214	210	203	196	191	185	176	131	72	39	—	—		
			M110～M140	735	590	219	196	189	185	181	178	174	167	164	160	153	131	72	39	—	—		
40CrNiMoA	GB/T 3077	调质	M50～M140	930	825	306	291	281	274	267	257	244	—	—	—	—	—	—	—	—	—	-50	①

续表

钢号	标准号	使用状态	螺栓规格/mm	常温强度指标		在下列温度(℃)下许用应力/MPa																使用温度下限/℃	注
				σ_b/MPa	σ_s/MPa	≤20	100	150	200	250	300	350	400	425	450	475	500	525	550	575	600		
1Cr5Mo	GB/T 1221	调质	≤M22	590	390	111	101	97	94	92	91	90	87	84	81	77	62	46	35	26	18	-20	②
			M24~M48	590	390	130	118	113	109	108	106	105	101	98	95	83	62	46	35	26	18		

高合金钢螺栓许用应力

钢号	标准号	使用状态	螺栓规格/mm	在下列温度(℃)下许用应力/MPa																		使用温度下限/℃	注
				≤20	100	150	200	250	300	350	400	450	500	525	550	575	600	625	650	675	700		
20Cr13(2Cr13)	GB 1220	调质	≤M22	126	117	111	106	103	100	97	91	—	—	—	—	—	—	—	—	—	—	-20	②
			M24~M27	147	137	130	123	120	117	113	107	—	—	—	—	—	—	—	—	—	—		
06Cr19Ni10 (0Cr18Ni9)	GB/T 1220	固溶	≤M22	129	107	97	90	84	79	77	74	71	69	68	66	63	58	52	42	32	27	-195	
			M24~M48	137	114	103	96	90	85	82	79	76	74	73	71	67	62	52	42	32	27		
06Cr17Ni12Mo2 (0Cr17Ni12Mo2)	GB/T 1220	固溶	≤M22	129	109	101	93	87	82	79	77	76	75	74	73	71	68	65	50	38	30		
			M24~M48	137	117	107	99	93	87	8	82	81	79	78	78	76	73	65	50	38	30		
06Cr18Ni11Ti (0Cr18Ni10T)	GB/T 1220	固溶	≤M22	129	107	97	90	84	79	77	75	73	71	70	69	58	44	33	25	18	13		
			M24~M48	137	114	103	96	90	85	82	80	78	76	75	74	58	44	33	25	18	13		

注：① M80 及以下使用温度下限为-70℃。

② 使用温度下限为-20℃的材料，宜大于-20℃的条件下使用，不需做低温韧性试验。

附录六　管道器材选用常用单位换算

1. 压力

1 兆帕(MPa)= 145 磅/英寸^2(psi)= 10.2 千克力/厘米^2(kgf/cm^2)= 10 巴(bar)= 9.8 大气压(atm)

1N/mm^2=1MPa，1MPa=9.87atm，1MPa=0.101MPa

1 磅/英寸^2(psi)= 0.006895 兆帕(MPa)= 0.0703 千克力/厘米^2(kgf/cm)= 0.089 巴(bar)= 0.068 大气压(atm)

1 巴(bar)= 0.1 兆帕(MPa)= 14.503 磅/英寸^2(psi)= 1.0197 千克力/厘米^2(kgf/cm^2)= 0.987 大气压(atm)

1 大气压(atm)= 0.101325 兆帕(MPa)= 14.696 磅/英寸^2(psi)= 1.0333 千克力/厘米^2(kgf/cm^2)= 1.0133 巴(bar)

2. 温度

°F=(℃×9/5)+32

℃=(°F−32)×5/9

K=℃+273.16

注:°F—华氏温度,℃—摄氏温度，K—开尔文温度。

3. 长度

1 英寸(in)= 25.4 毫米(mm)

1 英尺(ft)= 12 英寸(in)= 0.3048 米(m)

1 码(yd)= 3 英尺(ft)= 0.9144 米(m)

1 英里(milk)= 1760 码(yd)= 1.609 千米(km)

1 海里(nmile)= 1852 米(m)= 1.1500 英里(mile)

1 米(m)= 10 分米(dm)= 100 厘米(cm)= 1000 毫米(mm)= 39.37 英寸(in)= 1.0936 码(yd)= 3.2808 英尺(ft)

1 千米(km)= 0.6214 英里(mile)

参 考 文 献

[1] 国振喜，曲昭嘉编．管道支架设计手册．北京：中国建筑工业出版社，1998

[2] Mohinder L. Nayyar 著．李国成等译．管道手册(第七版) 北京：中国石化出版社，2006

[3] 化学工业部化工工艺配管设计技术中心站组织编写．化工管路手册．北京：化学工业出版社，1986

[4] H. A. 巴克兰诺夫著．化工管路手册．北京：重工业出版社，1954

[5] 沈松泉等主编．压力管道安全技术．南京：东南大学出版社，2000

[6] 宋岢岢编著．管道应力分析与工程应用．北京：中国石化出版社，2010

[7] 国家质量监督检验检疫总局特种设备安全监察局．全国压力管道设计审批人员培训教材．北京：中国石化出版社，2005.

[8] 张德姜，王怀义，刘绍叶主编．石油化工装置工艺管道安装设计手册第二篇管道器材(第四版) 北京：中国石化出版社，2009

[9] 王怀义主编．石油化工管道安装设计便查手册(第三版) 北京：中国石化出版社，2010

[10] 蔡尔辅．石油化工管道设计．北京：化学工业出版社，2002

[11] 汪寿建编著．化工厂工艺系统设计指南．北京：化学工业出版社，1996

[12] 岳进才编．压力管道技术(第二版) 北京：中国石化出版社，2009

[13] 宋岢岢主编．压力管道设计及工程实例．北京：化学工业出版社，2007

[14] 张德姜，王怀义，刘绍叶．石油化工装置工艺管道安装设计手册第五篇设计安装图册．北京：中国石化出版社，2008

[15] 左景伊，左禹编著．腐蚀数据与选材手册．北京：化学工业出版社，1995

[16] 王松汉主编．石油化工设计手册．北京：化学工业出版社，2001

[17] 朱俊华，战长松，往复泵．北京：机械工业出版社，1992

[18] [美]JamesR. FarrMaanH. Jawad 著，郑津洋，徐平，方晓斌，傅强，马夏康译 ASME 压力容器设计指南．北京：化学工业出版社，2003

[19] 顾顺孚，潘秉勤主编．管道工程安装手册．北京：中国建筑工业出版社，1985

[20] 郭邦海主编．管道技术实用手册．北京：中国建材工业出版社，1999

[21] 化工部基建局组织编写．工业管道安装．北京：化学工业出版社，1998

[22] 郑茂鼎，许志远，黄振仁编．管道支架的设计与计算．北京：中国寰球工程公司全国化工配管设计技术中心站，1994

[23] [美]E. 拉彼得斯等著．周佩正等译．化学反应器原理．北京：石油工业出版社，1984

[24] [苏]B. H. 库德里亚夫采夫著．汪一磷等译．机械零件．北京：高等教育出版社，1985

[25] 宋岢岢编著，工业管道配管设计与工程应用．北京：化学工业出版社，2006

[26] M. W. KelloggCo. Design of piping systems Second Edition John Wiley & Sons，Inc.，1956

[27] 陆培文主编. 实用阀门设计手册. 北京：机械工业出版社，2007

[28] 陆培文主编. 阀门选用手册. 北京：机械工业出版社，2009

[29] 陆培文主编. 阀门设计入门与精通. 北京：机械工业出版社，2009

[30] 张德姜主编. 石油化工工艺管道设计与安装(第 2 版). 北京：中国石化出版社，2007

[31] 张德姜主编. 石油化工装置工艺管道安装设计手册　第 1 篇　设计与计算(第 4 版). 北京：中国石化出版社，2009

[32] 张德姜编著. 石油化工装置工艺管道安装设计施工图册. 北京：中国石化出版社，2005